칸트사전

엮은이 편집고문_ 사카베 메구미+아리후쿠 고가쿠

편집위원_ 구로사키 마사오+나카지마 요시미치+마키노 에이지+오하시 요이치로+이시카와 후미야스+후쿠타니 시게루

옮긴이 이신철

도서출판 b

□ 엮은이 □

<편집고문>

사카베 메구미(坂部 惠)_ 1936년생. 오비린(桜美林) 대학 국제학부 교수・도쿄(東京) 대학 명예교수

아리후쿠 고가쿠(有福孝岳)_ 1939년생. 교토(京都) 대학 통합인간학부 교수

<편집위원>

구로사키 마사오(黑崎政男)_ 1954년생. 도쿄(東京) 여자대학 문리학부 교수

나카지마 요시미치(中島義道)_ 1946년생. 덴키추신((電氣通信) 대학 교수

마키노 에이지(牧野英二)_ 1948년생. 호세이(法政) 대학 문학부 교수

오하시 요이치로(大橋容一郎)_ 1952년생. 조치(上智) 대학 문학부 교수

이시카와 후미야스(石川文康)_ 1946년생. 도호쿠가쿠인(東北學院) 대학 교양학부 강사

후쿠타니 시게루(福谷 茂)_ 1953년생. 교토(京都) 대학 문학부 교수

□ 옮긴이 □

이신철(李信哲): 연세대학교 철학과를 졸업하고 건국대학교 대학원에서 형이상학과 인식론, 독일관념론, 특히 헤겔 철학을 공부했다. 현재 건국대학교와 숭실대학교에서 강의하고 있다. 주요 논문으로는 박사학위 논문인 『방법으로서의 체계—헤겔 ‘논리의 학’을 중심으로』가 있으며, 지은 책으로는 『진리를 찾아서』, 『주체사상과 인간중심철학』, 『한국철학의 탐구』, 옮긴 책으로는 『순수이성비판의 기초개념』, 『우리는 어디로 가는가』, 『학문론 또는 이른바 철학의 개념에 관하여』, 『역사 속의 인간』, 『헤겔사전』 등이 있다.

KANT JITEN

by ARIFUKU Kogaku / SAKABE Megumi / ISHIKAWA Fumiyasu / OHASHI Yoichiro / KUROSAKI Masao / NAKAJIMA Yoshimichi / FUKUTANI Shigeru / MAKINO Eiji

서 문

　18, 19세기 독일 고전 철학의 의의를 현대의 관점에서 재발견하고자 하는 시도는 오늘날 텍스트 비판의 비약적인 충실화와 현대 철학과의 활발한 교류를 배경으로 하여 여러 분야에서 확실한 성과를 거두고 있다. 말할 필요도 없이 칸트에 관해서도 특히 1960년대 이후 이미 30년 남짓 분석철학, 실천철학, 사회철학, 해석학 등의 새로운 충격 아래 이루어진 안팎의 연구 상황은 여전히 신칸트학파의 영향이 남아 있던 그 이전 시기와 비교해 볼 때 그야말로 사태를 일신했다고 말해도 지나치지 않을 정도로 분명히 눈부신 진전을 이루었다.

　이러한 새로운 상황에 부응하여 일본에서 두드러진 활동을 펼치고 있는 칸트 연구자들의 힘을 총결집하고 거기에 해외 연구자들의 도움을 받아 오늘날의 관점에서 칸트 철학의 다양한 문제 국면들의 파노라마를 제공함으로써 이후 연구의 더욱 비약적인 진전을 위한 준비를 갖추어 나가자는 것이 이 사전 기획의 취지이다.

　1993년 5월 마침내 출범한 이 기획은 백 몇 십 명에 이르는 집필자의 적극적인 이해와 협력을 받아 칸트 시대와 우리 시대라는 시간적으로 멀리 떨어져 있는 두 커다란 변혁기가 서로 교차되는 양상을 다양한 측면으로부터 개관할 수 있는 모양의 안내서로서 이제 결실을 맺었다. 집필자 여러분의 협력에 다시 한번 감사드린다.

　코분도(弘文堂) 편집부의 우라츠지 유지로(浦辻雄次郎) 씨께서는 처음부터 끝까지 편집 작업을 이끌며 적절하고 정확한 이해를 가지고서 프로듀서의 역할을 맡아주었다. 마찬가지로 스즈키 마유미(鈴木麻由美) 씨는 우라츠지 씨를 도와 번거로울 정도로 팽창된 사전 만드는 실무 작업을 지체 없이 진전시켜 주었다. 이 사전이 햇빛을 보기에 이르러 두 분이 애써 주신 데 대해 진심으로 감사드린다.

1997년 10월
편집고문 · 편집위원 일동

옮긴이 서문

이 『칸트사전』은 일본의 코분도 출판사에서 1997년에 출간한 『カント事典』을 번역하여 우리말 순서에 따라 사항들을 다시 편집하고 거기에 '한국어판 칸트 저작 및 연구문헌 일람'을 덧붙인 것이다. 칸트 철학에 관한 전문적인 연구 성과를 내놓은 일본의 150여명의 학자와 외국의 몇 학자가 집필자로 참여한 이 『칸트사전』은 칸트 철학의 기본개념들 및 칸트 연구와 관련된 기본적인 사항들을 망라하여 설명하고 있을 뿐만 아니라 철학적으로 중요한 개념들과 연구사의 중요 쟁점의 경우에는 짧은 논문의 분량으로 충실히 해설하고 있다. 나아가 이 『칸트사전』에는 칸트 관계 역사 지도와 상세한 칸트 연보 그리고 학술원판 칸트 전집에 수록된 작품 목록 및 일본어판 칸트 저작 일람 및 구미의 방대한 연구문헌 목록도 덧붙여져 있으며, 상세하고도 치밀한 사항 색인과 인명 색인 및 저작명 색인도 포함되어 있다. 한국어판 『칸트사전』은 이 색인들도 충실히 반영하여 빠짐없이 정리했다.

최근 우리 학계에서는 칸트의 중요저작들에 대한 훌륭한 번역들과 다양한 영역에 걸친 깊이 있는 독자적 연구서들이 연이어 출간되고 있다. 칸트 철학이 지닌 중요성에 비추어볼 때 이는 대단히 고무적인 현상이라 할 수 있을 것이다. 사실 칸트의 철학체계와 그 사유의 도정은 그 이전의 철학사 전체가 그곳으로 흘러들어오고 또 그 이후의 모든 철학들이 어떤 모양으로든 그곳으로부터 발원하고 있는 하나의 광대한 호수에 비유될 수 있다. 또한 칸트의 사유 속에서 우리는 철학적 사유가 관여해야 할 모든 영역의 근본문제들과 기초적인 개념들이 다듬어지고 있음을 확인하게 된다. 그렇다면 칸트 철학에 대한 독해는 그 자체로서 의미를 지닐 뿐 아니라 다른 여러 철학들에 대한 이해와 우리의 자기 이해를 위해 단적으로 필수적인 과제라고 할 수 있을 것이다.

그러나 칸트의 저작들을 충분한 이해를 갖추어 독해해 나가고 각각의 주제와 관련된 철학적 쟁점들을 정리하는 것은 그리 쉽지 않은 일이다. 아니 칸트가 다루고 있는 주제의 방대함과 가닥을 찾기 어렵게 얽혀 있는 개념들의 그물망, 나아가 칸트 철학에 대한 서로 대립하기까지 하는 너무도 다양한 해석들은 그때마다의 텍스트 독해 시도를 일종의 자기 회의의 경험으로 만들어버린다. 하지만 마냥 미로를 헤맨다고 할 수 있는 이러한 상황은 우리에게 칸트의 텍스트를 독해할 수 있는 개념적 지도와 영향작용사와 해석의 역사를 이해하기 위해 필수적인 기초적 사항들에 대한 설명이 주어져 있지 않은 데 기인한다고 할 수 있다. 이런 형편에서 최근 비약적으로 충실화된 텍스트 비판에 기초하여 칸트 철학의 의의를 현대의 관점에서 재발견하고자 하는 이 『칸트사전』은 우리에게 칸트 철학의 기초개념들과 기본사항들 및 그것들의 체계적 연관을 제공함으로써 우리로 하여금 칸트의 텍스트들을 거침없이 독해해 나가고 칸트의 철학을 둘러싼 다양한 연구의 논쟁점을 이해할 수 있게 해준다고 할 수 있을 것이다.

옮긴이는 지난 1월 이 현대철학사전 시리즈의 제2권인 『헤겔사전』을 먼저 출판하면서 일본 학계의 놀라울 정도로 짜임새 있는 성과를 바라보는 가운데 우리 철학함의 일반적 상황에 대해 번역자로서의 착잡한 심정을 밝힌 바 있다. 물론 그 상황이란 우리 사회의 몰교양주의와 학문에 대해 적대적이기까지 한 풍조, 역사와 철학에 대한 관심의 일반적인 감소, 학문에 헌신하고자 하는 진지한 학문후속세대의 격감, 양적으로 측정되는 업적에 치중하는 관료적 연구 작업의 만연 등이었다. 시리즈의 제1권인 이 『칸트사전』의 작업을 진행하면서도 옮긴이는 마찬가지 생각을 떨쳐버릴 수 없었다. 하지만 더욱 더 안타까운 것은 그런 어려움을 돌파해나갈 수 없는 우리 철학함의 내적인 무력함이 부인할 수 없는 사실이라는 것이었다. 이러한 안타까움은 '내 위의 별이 빛나는 하늘과 내 안의 도덕법칙'에 대한 경탄과 외경에서 출발하고 '인간이란 무엇인가?'라는 물음으로 총괄되는 칸트의 철학적 사유를 따라 가면서는 점점 더 짙어지지 않을 수 없었다. 그렇다면 이러한 현실은 어떻게 치유될 수 있을까? 물론 우리가 그 대답을 쉽게 찾을 수는 없을 것이다. 다만 그 안타까움이 칸트의 경탄과 물음을 떠올릴 때 더해지는 것이라면, 그 대답의 모색은 안타까운 현실의 근원, 즉 우리의 철학적인 내적 무력함을 정직하게 고백하고 경탄의 순진함과 물음의 순수함을 회복하는 데서 출발하지 않을 수 없을 것이다. 이제 옮긴이로서는 이 『칸트사전』이 그러한 출발점을 발견하고자 하는 사람들의 노력에 자그마하나마 도움이 될 수 있기를 바랄 뿐이다.

이 『칸트사전』을 번역, 출판하는 과정에서도 많은 분들의 도움을 받을 수 있었다. 칸트 연구자인 오진석 학형에게는 누구보다도 먼저 고마움을 표현하지 않을 수 없다. 독일에서 칸트 철학에 관한 학위논문을 마무리하고 있는 그는 바쁘고 어려운 외중에도 번역의 초고를 처음부터 끝까지 꼼꼼히 살펴주었다. 그의 귀중한 제안으로 옮긴이는 수많은 오류를 시정할 수 있었지만, 또한 그 과정은 새삼 그의 공력을 실감하는 경험이기도 했다. 심철민 박사와 나종석 박사는 언제나 그런 것처럼 작업의 처음부터 끝까지 관심을 기울이며 옮긴이의 귀찮은 물음들에 성실히 대답해 주었다. 두 분에게 우정 어린 연대의 마음으로 감사드린다. 출판의 마무리작업에 한창일 때 소식을 전해들은 김상봉 선배께서 일부러 연락하여 격려를 아끼지 않았는데, 이는 항상 위축되어 있는 옮긴이에게는 더할 나위 없는 힘이 되었다. 이 자리를 빌려 선배에게 진심으로 감사드린다. 도서출판 b와의 작업은 언제나처럼 이번에도 즐거운 과정이었다. 조기조 대표와 이성민, 조영일 기획위원이 보여준 신뢰에 대해 이후 그에 걸맞은 성과로 보답할 수 있기를 기원한다. 마지막으로 이번 만큼은 사랑하는 아내와 아들, 심현주와 효섭에게 감사를 표현하지 않을 수 없다. 두 사람은 나의 어쭙잖은 결정과 그로 인한 어려운 상황을 변함없는 믿음과 사랑으로 참아주었다. 다시 한번 두 사람에게 온 마음으로 사랑과 감사의 말을 전한다.

2009년 9월 중계동 우거에서
옮긴이 이신철

집필자 및 협력자 일람

◉ 편집고문 (가나다 순)

사카베 메구미(坂部 惠), 아리후쿠 고가쿠(有福孝岳)

◉ 편집위원

구로사키 마사오(黑崎政男), 나카지마 요시미치(中島義道), 마키노 에이지(牧野英二), 오하시 요이치로(大橋容一郎), 이시카와 후미야스(石川文康), 후쿠타니 시게루(福谷 茂)

◉ 집필자 (부편 및 부록 집필자, 번역 협력자 포함)

가도와키 다쿠지(門脇卓爾), 가마타 야스오(鎌田康男), 가사하라 겐스케(笠原賢介), 가와무라 가츠토시(河村克俊), 가이 히로미(甲斐博見), 가츠니시 요시노리(勝西良典), 가토 야스시(加藤泰史), 가토 히사타케(加藤尚武), 간자키 시게루(神崎 繁), 고마츠 미츠히코(小松光彦), 구고 다카유키(久呉高之), 구리하라 다카시(栗原 隆), 구로사키 마사오(黑崎政男), 구로즈미 도시오(黑積俊夫), 구마가이 마사노리(熊谷正憲), 구마모토 추케이(隈元忠敬), 구보 고지(久保光志), 구츠나 게이조(忽那敬三), 구키 가즈토(九鬼一人), 기무라 히로시(木村 博), 기사카 다카유키(木阪貴行), 기타가와 사키코(北川東子), 기타오 히로유키(北尾宏之), 기타오카 다케시(北岡武司), 나가노 준코(長野順子), 나가오 류이치(長尾龍一), 나가쿠라 세이이치(長倉誠一), 나카가와 히사야스(中川久定), 나카무라 히로오(中村博雄), 나카지마 모리오(中島盛夫), 나카지마 요시미치(中島義道), 노모토 가즈유키(野本和幸), 노에 게이이치(野家啓一), 니시가와 도미오(西川富雄), 니시무라 기요카즈(西村清和), 니시타니 게이(西谷 敬), 닛타 다카히코(新田孝彦), 다나카 마코토(田中 誠), 다니다 신이치(谷田信一), 다루이 마사요시(樽井正義), 다무라 이치로(田村一郎), 다야마 레시(田山令史), 다카미네 가즈미(高峯一愚), 다카하시 가즈오(高橋和夫), 다카하시 가츠야(高橋克也), 다카하시 요시토(高橋義人), 다케무라 야스오(武村泰男), 다케야마 시게미츠(竹山重光), 데라나카 헤이지(寺中平治), 데시로기 요(手代木陽), 도요다 츠요시(豊田 剛), W. 뤼터펠츠, 마쓰야마 쥬이치(松山壽一), 마쓰오 다이(松尾 大), 마츠나가 스미오(松永澄夫), 마키노 에이지(牧野英二), 모치즈키 도시타카(望月俊孝), 무라타 준이치(村田純一), 무라카미 가츠조(村上勝三), 미네 히데키(嶺 秀樹), 미노 다다시(美濃 正), 미시마 요시오미(三島淑臣), 미야지마 미츠시(宮島光志), 미코시바 요시유키(御子柴善之), 바바 요시유키

(馬場喜敬), 반 히로시(伴 博), 사사키 요시아키(佐佐木能章), 사베츠도 요시히로(佐別当義博), 사카베 메구미(坂部 惠), 사카이 기요시(酒井 潔), 사타케 아키오미(佐竹昭臣), 사토 슌지(佐藤俊二), 사토 츠토무(佐藤 勞), 세토 가즈오(瀬戸一夫), 소에지마 요시미치(副島善道島), W. 슈타르크, 스가사와 다츠부미(菅沢龍文), 스기야마 세이이치로(杉山聖一郎), 스미 시노부(角 忍), 스즈키 다카오(鈴木崇夫), 스즈키 아키코(鈴木晶子), 스토 노리히데(須藤訓任), 시모노 마사토시(下野正俊), 시미즈 기요코(志水紀代子), 시미즈 다로(清水太郎), 시부야 하루요시(渋谷治美), 시부야 히사시(澁谷 久), 쓰부라야 유지(円谷裕二), 아리후쿠 고가쿠(有福孝岳), 아사히로 겐지로(朝広謙次郎), 야마구치 마사히로(山口祐弘), 야마모토 마사오(山本正男), 야마모토 미치오(山本道雄), 야마모토 세이이치(山本精一), 야마시타 가즈야(山下和也), 야마와키 나오시(山脇直司), 야마우치 시로(山內志朗), 야하타 히데유키(八幡英幸), 에가와 다카오(江川隆男), 오가와 요시아키(小川吉昭), 오구라 유키요시(小倉志祥), 오구마 세이키(小熊勢記), 오노하라 마사오(小野原雅夫), 오카모토 겐고(岡本賢吾), 오카무라 노부타카(岡村信孝), 오쿠다 가즈오(奧田和夫), 오타 신이치(太田伸一), 오타베 다네히사(小田部胤久), 오하시 요이치로(大橋容一郎), J. 올버그, S. V. 와실리에비치, 와타나베 지로(渡邊二郎), 요시다 슈이치(吉田衆一), 우다가와 나오토(宇田川尚人), 우에무라 쓰네이치로(植村恒一郎), 우츠노미야 요시아키(宇都宮芳明), R. P. 월프, 유아사 마사히코(湯浅正彦), 이나가키 료스케(稻垣良典), 이노우에 마사카즈(井上昌計), 이노우에 요시히코(井上義彦), 이노우에 요이치(井上洋一), 이누타케 마사유키(犬竹正幸), 이소에 가게아츠(磯江景孜), 이시카와 모토무(石川 求), 이시카와 이오리(石川伊織), 이시카와 후미야스(石川文康), 이 엽, 이와쿠마 사토시(岩隈 敏), 이와타 준지(岩田淳二), 이이다 다카이(飯田 隆), 이케가미 데츠지(池上哲司), 이케오 교이치(池尾恭一), 이코타 마사루(伊古田理), 이치요시 츠네야스(市吉経泰), 이토 구니타케(伊藤邦武), 이토 도시오(伊藤利男), 자이츠 오사무(財津 理), 제니야 아키오(銭谷秋生), 츠카모토 마사아키(塚本正明), 츠카자키 사토시(塚崎 智), 치넨 히데유키(知念英行), Th. 콘라드, B. 투쉴링, R. 포쇼, 하마다 요시후미(浜田義文), 하카리 요시하루(量 義治), 호소야 아키오(細谷章夫), 후나바 야스유키(舟場保之), 후세하라 마사오(伏原理夫), 후지사와 겐이치로(藤澤賢一郎), 후지이 마사미(藤井正美), 후쿠다 기이치로(福田喜一郎), 후쿠이 아츠시(福居 純), 후쿠타니 시게루(福谷 茂), 히라노 다카시(平野登士), 히라야마 요(平山 洋), 히라타 도시히로(平田俊博).

사용 안내

【항목 표제어 및 배열】

1. 배열은 사항과 인명, 저작명을 가리지 않고 표제어의 가나다 순을 기준으로 삼았다.

2. 사항 항목의 표제어에는 원칙적으로 그에 대응하는 독일어를 덧붙였다. 칸트가 사용한 철자법과 현행 철자법이 다른 경우에는 학술원판 전집의 표기를 우선으로 했다. 또한 필요에 따라서는 영어, 불어, 라틴어, 그리스어 등도 병기했다.

3. 인명 항목의 표제어는 성만을 표시하고, 이어 [ ] 안에 이름을 완전하게 표기한 다음 생몰년월일을 덧붙였다. 다만 일본인 등의 한자 인명은 우선 한글로 성명을 기록하고, 이어 [ ] 속에 한자를 적은 다음 생몰년월일을 기재했다.

예: 레싱 [Gotthold Ephraim Lessing 1729. 12. 22–81. 2. 15]

　　　다나베 하지메 [田辺元 1885. 2. 3–1962. 4. 29]

4. 저작 항목에서는 일반적으로 통용되는 별칭과 약칭을 ┤ ├안에 병기했다.

예: 『활력의 참된 측정에 관한 고찰』{『활력측정고』}┤[(독) *Gedanken von der Wahren Schätzung der lebendigen Kräfte*, 1749]

5. 검색 빈도가 높은 별칭(다른 역어)과 약칭, 다른 항목의 기술에 포함된 중요 사항 등은 그 항목(비어 있는 표제어)을 내놓고 독립 항목을 지시했다.

예: 안티노미 ⇨이율배반

　　　존재근거 ⇨인식근거/존재근거

【본문 안의 주의 사항】

1. 본문에서 오른쪽에 *를 덧붙인 어구는 본 사전에 항목으로서 수록되어 있는 용어와 인명, 저작명이다. 어디까지나 독자가 참고할 수 있도록 덧붙인 것이지 기술에서의 중요도를 표시하는 것은 아니다. 또한 항목 표제어의 표기와 완전히 일치하지 않는 경우도 있다.

2. 본문 끝의 ⇒ 이하는 해당 항목과 관련하여 참조해 주었으면 하는 항목이다.

3. 항목 끝에 독자가 좀더 상세하게 알기 위한 실마리가 될 수 있도록 參 표시를 달고 참고문헌을 제시하였다.

4. 인명 항목에는 참고문헌 외에 主 표시를 달고 그 인물의 주요저작을 제시하였다. 일본어

번역이 있는 저작에 대해서는 『일본어 번역명』(원저 간행년도), 일본어 번역 출판사 이름의 형식을 원칙으로 했다.

【인용 범례】

1. 칸트의 저작과 강의록에서의 인용 전거는 [ ] 안에 원칙적으로 학술원판 전집의 권(로마 숫자)과 쪽으로 표시했다. 다만 『순수이성비판』은 관례에 따라 제1판(A), 제2판(B)의 쪽으로 표시한다(특히 필요한 경우를 제외하면 B판의 쪽을 우선). 또한 쪽의 표기에는 아라비아 숫자를 사용했지만, 쪽 표시가 로마 숫자로 되어 있는 곳에서는 그대로 로마 숫자로 표시했다.

또한 전집의 권과 쪽만으로 저작을 알기 어려운 경우에는 전집의 권을 표시하는 로마 숫자 앞에 따로 '칸트 주요 저작명 일람표'에 실어놓은 한국어 약칭이나 알파벳 약호를 첨가해 놓았다. 한국어 약칭은 또한 본문을 기술하는 데서도 사용된다.

2. 칸트 이외의 저자 작품들부터의 인용은 오해의 여지가 없는 범위에서 그 저작명을 우리말로 번역하여 표시한다.

【칸트의 주요 저작명 일람표】 (한국어 제목 가나다순)

한국어 제목	한국어 약칭	알파벳 약호
『감성계와 예지계의 형식과 원리』	『형식과 원리』	
『계몽이란 무엇인가라는 물음에 대한 대답』	『계몽이란 무엇인가?』	
『공간에서의 방위 구별의 제1근거에 대하여』	『공간에서의 방위』, 『방위논문』	
『"그것은 이론적으로는 올바르지만, 실천적으로는 쓸모없다"는 속언에 대하여』	『이론과 실천』	
『다양한 인종에 대하여』	『다양한 인종』, 『인종론』	
『멘델스존의 "아침 시간"에 대한 야콥의 시론에 대한 몇 가지 언급』	『야콥 논평』	
『모스카티의 저서 "동물과 인간의 구조 사이에 있는 신체상의 본질적 차이에 대하여"의 논평』	『모스카티 논평』	
『미와 숭고의 감정에 관한 고찰』	『미와 숭고』	
『바람의 이론의 해명에 관한 새로운 주해』	『바람의 이론』	

『반성』	『반성』	Refl.
『변신론에서 모든 철학적 시도의 실패에 대하여』	『변신론』	
『부정량의 개념을 세계지에 도입하려는 시도』	『부정량의 개념』	
『사유에서 방위를 정한다는 것은 어떤 것인가?』	『사유에서의 방위』	
『삼단논법의 네 가지 격의 잘못된 번거로움』	『삼단논법의 네 가지 격』	
『새로운 순수이성비판은 오랜 비판에 의해서 모두 쓸모없게 될 것이라는 발견에 대하여』	『순수이성비판 무용론』	
『세계시민적 견지에서 본 일반사의 이념』	『일반사의 이념』, 『일반사고』	
『순수이성비판』	『순수이성비판』, 제1비판	A(제1판), B(제2판)
『단순한 이성의 한계 안에서의 종교』	『종교론』	Rel.
『슐츠의 인륜론 시론에 관한 논평』	『슐츠 논평』	
『신의 현존재 논증의 유일하게 가능한 증명근거』	『증명근거』	
『실용적 견지에서 본 인간학』	『인간학』	
『실천이성비판』	『실천이성비판』, 제2비판	KpV
『영원한 평화를 위하여』	『영원평화론』	
『오푸스 포스투몸』{『유작』}		Op
『운동과 정지의 새로운 개념』	『운동정지론』	
『인간애로부터 거짓을 말할 수 있다는 잘못 생각된 권리에 대하여』	『거짓말 논문』	
『인륜의 형이상학』		MS
『인륜의 형이상학의 정초』	『정초』, 『원론』	GMS
『1765-1766년 겨울학기 강의계획 공고』	『겨울학기 공고』	
『자연신학과 도덕의 원칙의 판명성』	『판명성』	

『자연과학의 형이상학적 원리』		MA
『질버슐락의 저작 "1762년 7월 23일에 출현한 밝은 유성에 관한 이론"의 논평』	『밝은 유성론』	
『천계의 일반자연사와 이론』	『천계론』	
『철학에서 목적론적 원리의 사용에 대하여』	『목적론적 원리』	
『철학에서 영원한 평화 조약의 임박한 체결의 고지』	『철학에서 영원한 평화』	
『철학에서 최근 고양된 존귀한 어조』	『존귀한 어조』	
『판단력비판』	『판단력비판』, 제3비판	KU
『학부들의 논쟁』		
『학으로서 출현할 수 있는 장래의 모든 형이상학을 위한 프롤레고메나』	『프롤레고메나』	Prol.
『헤르더의 "인류사의 철학 구상"에 관한 논평』	『헤르더 논평』	
『형이상학의 꿈에 의해 해명된 시령자의 꿈』	『시령자의 꿈』	
『형이상학의 진보』에 관한 현상논문	『형이상학의 진보』	
『형이상학적 인식의 제1원리의 새로운 해명』	『새로운 해명』	
『활력의 참된 측정에 관한 고찰』	『활력측정고』	

『가감계와 가지계의 형식과 원리』可感界—可知界—形式—原理
⇨『감성계와 예지계의 형식과 원리』;『가감계와 가지계의 형식과 원리』;『형식과 원리』

가능성可能性 [(독) Möglichkeit]

현실성*, 필연성*과 함께 양상*의 범주*에 속하는 개념*. 양상이란 "사물의 정립*의 양상"[XVIII 232]인데, 가능성은 "오로지 지성*(그 경험적 사용)에 관한 사물의 정립*"[B 287 Anm.]이다. "경험의 형식적 조건들(직관* 및 개념들에 관한)과 합치하는 것은 가능적이다"라는 "가능성의 공준"[B 265]을 고려하게 되면, 어떤 개념이 "오로지 지성에서 경험의 형식적 조건들과 결부되어 있는" 경우에 그 대상*은 가능적이라고 불린다[B 286]. ('가능적 경험' 내지 '경험의 가능성'이란 형식적 조건들로부터 본 경험 일반이지만, 당연히 가능적 대상이라고 불리는 것은 가능적 경험의 대상뿐이다.) 이때 '지성'에 대한 언급은 '형식적 조건들'의 (범주에 대한) 제한을 의미하지 않는다. 오히려 감성적 직관의 형식*인 공간*·시간*의 조건들과의 합치는 모든 개념에 대해 그 대상의 가능성의 요건을 이룬다. 다만 대상의 "가능성을 표현하는" 것은 직관이 아니라 어디까지나 개념으로서[B 627], "감관*의 대상들의 가능성"은 "우리의 사유*에 대한 그것들의 관계"인 것이다[B 609]. 이때 '개념'은 "대상에 관계하는 표상"으로서의 '인식*(cognitio)'[B 376f.]이며, '사유'란 "개념에 의한 인식"이다[B 94]. 이와 같은 개념의 '가능성'은 그 대상의 가능성을 함의한다[vgl. B 627, A 95, B 178]. 또한 이와 같이 직관을 요소로 하는 하나의 인식으로서 '개념'이 이해되는 한, 예를 들어 "두 변으로 이루어진 직선도형

의 개념"은 그 감성화(구성*)에서 "자기 자신에 모순되는 개념"이며[B 348], 그 대상은 '불가능한 것'으로 된다.

그러나 '개념'이 오로지 '보편적 표상'을 의미하고 사유·사고(Gedanke)와 인식이 대립되는 경우에는 "두 직선으로 둘러싸인 도형"의 개념에는 "어떠한 모순도 포함되지 않는" 것으로 되어[B 267f.] 개념의 가능성과 개념의 대상의 가능성은 구별된다. 전자는 '논리적 가능성'이라고 불리며, 개념·사고의 무모순성에서 성립한다. 후자, 즉 사물 내지 사태의 가능성은 '실재적 가능성'이라고 불리지만, 이것은 개념이 대상에 관계하는 것, 요컨대 개념의 객관적 실재성 내지 객관적 타당성*과 같다. 논리적으로 불가능한 것은 실재적으로도 불가능하지만, 오로지 논리적으로 가능한 것(사유물)은 실재적으로는 가능하다고도 불가능하다고도 말할 수 없다. 논리적 가능성으로부터 실재적 가능성에로의 추론, 특히 선험적*인 개념의 논리적 가능성과 '초월론적 가능성'과의 혼동은 경계되어야 한다. 후자는 개념이 선험적으로 대상에 관계하는 것을 의미하지만, 이 관계는 개념에서의 종합*, 혹은 개념의 구성에서의 종합이 경험의 가능성의 조건을 이루는 것에서 성립한다. 일반적으로 '가능성의 도식*'은 "다양한 표상들의 종합과 시간 일반의 조건과의 합치"이지만[B 184], 양상 이외의 범주(예를 들면 실체* 개념)에 관한 이러한 조건은 그 도식(예를 들어 지속성)이라고 생각할 수 있다. 개념이 또는 개념의 구성에서의 순수 직관이 일반적으로 시간에 속하는 사물(감관의 대상)의 표상*으로서 만족시킬 때 시간적 조건들에 따라 규정되는 것이 최소한 가능한 사물에 대한 개념의 관계에서 필요한 것이다. 가능성의 도식의 다른 표현

인 "무언가 시간에서의 사물의 표상의 규정"[같은 곳]은 이와 같이 이해될 수 있다. ⇒양상, 현실성, 정립

―구고 다카유키(久吳高之)

📖 H. Poser, Mögliche Erkenntnis und Erkenntnis der Möglichkeit. Die Transformation der Modalkategorien der Wolffschen Schule in Kants Kritischer Philosophie, in: *Grazer Philosophische Studien* XX, 1983.

가능적 경험可能的經驗 ⇨유일한 가능한 경험

가다머 [Hans-Georg Gadamer 1900. 2. 11-2002. 3. 13]

가다머는 『진리와 방법』(1960)을 저술함으로써 현대의 해석학적 철학 조류를 융성케 한 철학자이다. 그는 그 저서에서 칸트가 판단력*이나 취미* 개념을 주관화하여 미적 취미의 영역 내에 가둠으로써 일어난 미학*의 주관주의화를 비판한다. 가다머는 칸트에서 취미가 지니는 인식 의의가 부인되어 개념* 없는 자유로운 미*가 존중되었다고 탄식한다. 물론 칸트에서도 도덕적인 것의 표현 안에서 미의 이상이 발견되기는 한다. 그렇지만 가다머는 이것을 헤겔*에 따라 정신성의 광휘를 뜻한다고 고쳐 파악하고, 예술*의 본질을 인간*이 자기 자신과 직면하는 장면이라고 다시 해석한다. 그는 예술의 과제가 자연 및 인간의 역사적 세계 속에서 인간의 자기 자신과의 미주침에 있다고 생각한다. 그러므로 자연미를 예술미보다 우위에 있는 것으로 본 칸트와 달리 가다머는 오히려 자연미보다도 예술미가 우위에 있다고 주장하고, 예술의 언어는 요구를 포함하는 언어로서, 칸트 자신도 말하는 것처럼, 예술이란 미적 이념의 현시라고 쓰고 있다. 그러한 예술작품은 천재*에 의해 창조된다고 칸트가 생각했듯이, 이제 천재를 통해 자연미에 필적하는 예술미가 산출된다. 다만 칸트에서는 천재가 취미에 의해서 규제되지 않으면 안 될 뿐만 아니라 예술미보다 자연미가 우위에 있기 때문에 천재의 입장이 취미의 입장을 배제하는 것은 아니다. 그럼에도 불구하고 가다머는 결국 자연미든 예술미든 인식능력*의 유희*에서의 자유*와 합목적성*이라는 주관성의 원리로 귀착시키는 것이 칸트 미학이라고 파악하며, 이로부터 곧바로 현대로 나아가 미학의 주관주의화 조류가 극단적으로 창궐해가는 점을 비판하는 것이다. ⇒『판단력비판』{『제3비판』}, 취미, 미학적 판단, 천재

―와타나베 지로(渡邊二郎)

📖 渡邊二郎 『構造と解釋』 ちくま學藝文庫, 1994.

가르베 [Christian Garve 1742. 7. 7-98. 12. 1]

칸트와 동시대인으로 당대 대중철학*의 대표자. 라이프치히에서 1770년부터 72년까지 교수직에 있은 후 베를린으로 옮긴다. 영어와 그리스어의 저명한 번역가이기도 하다. 『순수이성비판』*에 대한 최초의 공적 비평을 『괴팅겐 학보』에 게재한 것으로 유명하다.

가르베 등의 대중철학은 볼프파의 스콜라적 체계와 체계적 사변철학에 반대하여 철학은 교단의 전문가가 아니라 현실 속의 사람들을 위해서 존재한다고 설파했다. 가르베는 페더*와 함께 익명의 형식으로 『순수이성비판』이 버클리 류의 주관적 관념론의 체계라는 비평을 발표했다. 『프롤레고메나』* 부록에서 칸트는 이 비평에 답하여, 자신이 종사한 연구에서 이 평자들은 본래 무엇이 문제인지를 전혀 통찰하고 있지 못할 뿐 아니라 오해하는 데서 자기들의 이익을 발견하는 것이라고 공적인 반론을 행하고 있다. 버클리주의라는 비판은 칸트를 괴롭혀 『순수이성비판』 제2판에 '관념론 논박'*이라는 한 장을 덧붙이게 하였다. ⇒관념론 논박, 페더, 『학으로서 출현할 수 있는 장래의 모든 형이상학을 위한 프롤레고메나』{『프롤레고메나』}

―구로사키 마사오(黑崎政男)

📖 M. Wundt, *Die deutsche Schulphilosophie im Zeitalter der Aufklärung*, Olms, 1945-1964. L. W. Beck, *Early German Philosophy*, Harvard, 1969.

가상假象 [(독) Schein]

가상의 일반적·일상적 의미는 '겉보기'이다. 그것은 오로지 ~로 보이나 실제로는 ~가 아닌 것을 의미한

다. 다만 '보이다'라는 표현에서 명확히 드러나는 것처럼 가상이라는 말은 본래 시각에 기반하여 형성되었지만, 그것은 시각 이외의 모든 감각기관은 물론이고 지성*, 판단력*, 이성*이라는 상위의 인식능력을 포함하여 인간의 모든 인식능력*에 적용된다. 따라서 가상이란 진리*로 보이나(생각되나) 실제로는 오류*인 것을 의미한다. 그런 의미에서 가상은 오류의 일종이나 오류의 특수한 경우 또는 은밀하게 숨겨진 오류이다. 칸트 자신의 정의에 따르면 가상은 언제나 판단*의 주관적 근거가 객관적인 것과 혼동됨으로써, 요컨대 주관적인 것이 객관적인 것으로 뒤바뀜으로써 생긴다.

그것의 선구적인 예를 보면, 람베르트*는 『새로운 오르가논』에서 '진리론' 등과 나란히 "진리를 가상으로부터 구별하는 학"으로서 '현상학'을 수립했다. 거기서 그는 심리학적 가상, 관념론적 가상, 도덕적 가상 및 천문학적 가상 등을 열거하고 그 원인을 탐구하는 방법을 내세우고자 한다. 그것을 그는 "초월적 원근법"이라든가 "초월적 광학"이라고 부른다. 볼프학파는 가상의 문제를 부정*의 가상이라는 형식에서 받아들였다. '이다'처럼 보이지만 '아니다'인가, '아니다'처럼 보이지만 '이다'인 것이 가상으로서, 가상의 문제에는 논리학적으로는 언제나 긍정(이다)과 부정(아니다)이 개입하기 때문이다. 예를 들어 바움가르텐*은 그것을 "부정으로 보이나 사실은 긍정"이라든가 "가상 부정"이라고 표현하여 주의를 촉구했다. 그런 의미에서 칸트 이전에 가상은 크게 나누어 두 종류였다. (1) 지성규칙이나 판단력이 감각이나 상상력*의 영향에 의해 야기할 수 있는 가상. 이것을 경험적 가상이라고 한다. 떠오르기 시작한 달이 크게 보인다든지 바다에서 해면이 바닷가에서 보는 것보다 높게 보이는 등, 착각은 모두 경험적 가상으로 취급될 수 있다. 중요한 것은 이들 가상은 모두 감각기관이 아니라 판단력에서 유래한다는 점이다. 왜냐하면 진리*는 물론이려니와 가상을 포함하여 오류도 판단력에 의해 발생하는 것이지만, 감각기관은 도대체가 판단을 하지 않기 때문이다. 가상은 감각기관이 가져오는 감각자료에 잘못된 판단을 내림으로써 발생한다. (2) 논리적 규칙을 잘못 사용한다든지 의도적으로 논리적 책략을 사용함으로써 발생

하는 가상, 즉 오류추리에 의해 발생하는 가상. 이것을 논리적 가상이라고 한다. 이른바 궤변은 논리적 책략의 대표적인 예다. 이와 같은 논리적 가상을 취급하는 논리학 부문을 아리스토텔레스*의 전통에 따라 가상의 논리학, 즉 '변증론'이라고 한다. 그에 반해 진리의 논리학은 '분석론'이라고 한다. 이들 가상은 어느 것이든 주의력을 환기함으로써 방지할 수 있다.

칸트는 이 두 구분을 계승하여 『순수이성비판』*의 '초월론적 논리학'*을 '초월론적 분석론'과 '초월론적 변증론'*으로 분류했다. 그와 아울러 칸트의 경우에는 위에서 본 두 개의 가상 외에 보통의 주의력 환기에 의해서는 방지할 수 없는 제3의 전적으로 새로운 가상이 문제로 된다. 그것은 순수 이성 그 자체에 머물러 순수 이성에 원천을 지니는 가상이다. 경험적 가상이나 단순한 논리적 가상과 구별된다는 의미에서 칸트는 그것을 "초월론적 가상"이라고 불렀다. 초월론적 가상은 심리학적 가상, 우주론적 가상, 신학적 가상으로 나누어진다. 이들은 어느 것이든 이성이 스스로 만들어내는 이념, 즉 이성의 주관적 원리를 객관적이라고 간주함으로써 발생한다. 이들 가상 가운데 가장 유명한 것이 우주론적 가상이다. 그것은 이성이 동일한 주제에 관해 전적으로 상반된 두 개의 주장을 증명하는 이율배반*으로서 나타난다. 요컨대 이율배반은 이성이 자기모순의 양상을 드러내는 방법에 의해서 나타나는 것이다. 두 개의 주장 가운데 긍정적 주장을 '테제'라 하고, 부정적 주장을 '안티테제'라 한다. 칸트는 그와 같은 이율배반을 모두 합해 네 개 발견했다. 예를 들면 제1이율배반은 "세계*는 공간, 시간적으로 유한하다"(테제), "세계는 공간, 시간적으로 무한하다"(안티테제)이며, 제3이율배반은 "세계에는 자유가 있다"(테제), "세계에는 자유가 존재하지 않으며, 모든 것이 자연필연의 법칙에 의해 일어난다"(안티테제)이다. 칸트는 이들 이율배반을 공간*과 시간*이 주관(감성)의 형식이지 세계 그 자체(사물 자체*)의 형식은 아니라는 초월론적 관념론에 의해 해결했다. 그 경우 가상에 두 가지 위상이 있다는 점이 중요하다. (1) 네 가지 이율배반은 각각 참된 모순*(모순대당)을 이루는 듯이 보이는 가상을 드러낸다는 점(앞에서 든 제1이율배반

은 실제로는 반대대당을, 제3이율배반은 소반대대당을 이룬다). (2) 그와 같은 가상은 근본적으로 생각하면 현상*이 사물 자체인 것처럼 보는 근원적 가상에 기반하고 있다는 점이다. ⇒이율배반, 관념론, 초월론적 변증론, 코페르니쿠스적 전회, 람베르트

─이시카와 후미야스(石川文康)

    J. H. Lambert, *Neues Organon*, 1764; Neudruck in: Hans-Werner Arndt (Hrsg.), *Philosophische Schriften*, I, II, Hildesheim, 1965. H. Vaihinger, *Die Philosophie des Als Ob*, Leipzig, 1911. Heinz Heimsoeth, *Transzendentale Dialektik. Ein Kommentar zu Kants Kritik der reinen Vernunft* 4, Berlin, 1966~71. Fumiyasu Ishikawa, *Kants Denken von einem Dritten: Das Gerichtshof–Modell und das unendliche Urteil in der Antinomienlehre*, Frankfurt/Bern/New York/Paris, 1990. 中島義道「ランベルトの現象學」『講座 ドイツ觀念論』1, 弘文堂, 1989. 石川文康『カント 第三の思考』名古屋大學出版會, 1996;『カント入門』筑摩書房(ちくま新書), 1995.

가설假說 [(독) Hypothese (영) hypothesis]

아주 일반적으로 말하자면, 과학의 법칙은 본질적으로 "모든 A는 B다"라는 형식으로 표현된다. 한편 베이컨* 이래로 우리가 관찰이나 실험에 의해 확인할 수 있는 것은 어디까지나 "어떤 A는 B다"의 집적에 다름 아니며, 보편적인 법칙이 획득되는 것은 이러한 언명의 귀납적 일반화를 통해서라고 생각되어 왔다. 그러나 이론적인 근대 과학의 형성과 구조를 상세하게 점검해 보면 사태가 반드시 그런 것은 아니다. 근대 물리학을 필두로 하는 이론과학에서는 관찰이나 실험에 의해 입수된 데이터라 하더라도 이미 이론언어를 포함하고 있기 때문이다. 예를 들어 물리학*에서 가속도, 에너지, 주파수 등이라고 불리는 관측 가능한 양*은 이론구성의 개요 가운데서 그 의미가 결정되어 있다. 게다가 이러한 이론언어는 관찰이나 실험의 집적을 통한 일반화로서 획득되는 것이 아니라 가설로서의 이론을 구성하는 가운데 제안된다. 과학이론은 대체로 제안된 가설로부터 연역적으로 예상되는 사태를 실험이나 관찰에 의해 검토하고, 그 시련을 견뎌낸 것을

법칙으로서 확인하는 절차를 밟는 것이다. 이와 관련하여 말하자면, 현대의 과학론*에서 '가설'의 중요성이 인식된 것은 아인슈타인의 이론형성 방법에 대한 반성에 기반하고 있다. 아인슈타인은 특수상대성 이론을 만들어 낼 때 이른바 운동의 상대성과 진공 속에서의 광속도의 불변성을 가설(요청)로서 제안하고 그것을 이후의 추론의 전제로 하여 고찰을 진전시켰다.

가설을 설정하여 문제를 고찰하는 방법은 기하학의 방법에서 배워 『메논』에서 소크라테스가 사용한 방법이었는데, 나아가 플라톤*은 『파이돈』과 『국가』에서 이데아론과의 관련 하에 그것에 좀더 적극적인 의의와 역할을 부여했다.

근대 과학의 출발점이 된 코페르니쿠스와 케플러의 태양중심설(지동설)은 신플라톤주의의 영향 하에 이루어진 대담한 가설 설정의 성과이지 베이컨 류의 귀납법의 결과가 아니었다. 그러나 근대 과학을 완성한 뉴턴*은 "나는 가설을 만들지 않는다"고 말하며 가설에 대한 경계를 토로하고 있다. 이것은 중력의 성질의 원인에 관한 맥락에서의 발언인데, 뉴턴의 용법에서의 '가설'이란 현대의 그것과는 달리 미지의 '신비로운 성질(occult qualities)'을 지시하는 말이었다.

현대의 과학론의 관점에서 보면 칸트의 이론철학은 경험*이나 지각*의 이론 담지성의 사고방식과 가설·연역론의 입장에 가깝다고 생각된다. 그렇지만 중력의 원인을 상정하는 가설은 물리적이기는 하지만 형이상학적이기도 한 것으로서, 뉴턴과 마찬가지로 칸트에 있어서도 결국 가능한 경험의 저편에 원인을 설정하는 사고방식에 다름 아니었다. 중력이라는 현상이 자연과학*에서 정당화되고 있다고 해서 그 (형이상학적인) 원인을 가설에 의해 상정하는 것은 칸트에 의해서도 인정되지 않는다. 또한 생명* 있는 유기체*의 인식*을 위해 필요한 자연목적*의 개념 등에 대해서도 그 원인으로서 상정되는 예지적 기체는 (초월론적*인) 가설 이상의 의미를 가질 수 없게 된다. 칸트에 따르면 경험의 기반을 떠난 개념*은 모순*하고 있지 않더라도 대상*을 결여하고 있는 것으로서 '이념*', 즉 대상의 구성원리가 아닌 현상*의 통일*을 위한 규제적 원리이기 때문이다. 칸트에 의하면 이성의 사변적 사용을 위한 초월

론적 가설이 용인되는 것은 (과학)이론이나 학설에 의해 사용될 때가 아니라 오로지 주장의 주제넘은 월권을 저지하기 위한 '논쟁적인 사용'의 경우뿐이다. ⇒과학론, 상대성이론, 자연과학

―스기야마 세이이치로(杉山聖一郎)

📖 K. Popper, *Logik der Forschung*, Springer, 1934(大內·森 譯 『科學的發見의論理』恒星社厚生閣, 1971). C. Hempel, Aspects of Scientific Explanation, Macmillan, 1965(長坂源一郎 譯 『科學的說明의諸問題』岩波書店, 1973).

가언명법假言命法 ⇨명법

가치價値 [(독) Wert]

일반적으로 인간이 사물에 부여하는 값어치와 중요성을 의미한다. 학문 영역에서 가치는 원래 경제학의 근본개념으로서 논해지며, 아담 스미스*에 의한 재화의 사용가치와 교환가치의 구별이나 마르크스에 의한 노동가치설의 입장에서의 자본주의 경제체제의 가치형태에 대한 비판은 잘 알려져 있다. 그러나 또한 철학사 전통에서도 '재화(bona, Güter, goods)'가 '좋은 것'을 의미하는 것처럼, 선*이라는 개념이 철학적 의미에서의 가치를 어느 정도 표현해 왔다고 생각할 수 있을 것이다.

칸트는 재화의 사용가치나 교환가치를 '상대적 가치'로 규정하고 그것과 구별된 '절대적 가치'를 선의지*(guter Wille)나 윤리적 인격의 '존엄*(Würde)'이라고 규정했다. 이 절대적 가치는 어떠한 의미에서도 수단화되지 않는 '목적*'이라고 생각되었다. 이러한 칸트의 윤리학*을 주관주의적이라고 간주하여 비판한 슐라이어마허는 인간이 역사적으로 창조한 좋은 것들(Güter)을 체계적으로 고찰하는 '재화론(Güterlehre)'을 그의 윤리학의 중심에 놓는데, 그것은 사회적 가치윤리학이라고 부를 수 있는 내용의 것이었다.

실제로 가치가 철학의 근본개념으로서 본격적으로 논해지게 된 것은 19세기 중엽에 로체가 자기의 목적론적 관념론을 전개하면서 가치에 좋은 것, 절대목적, 존재의 당위* 등의 의미를 부여한 이후의 일이다. 그때 로체는 가치를 실제로 존재하는 것으로서가 아니라 '타당한 것'으로서 파악했는데, 이 사고방식은 신칸트학파*의 서남학파에서 발전된다. 우선 로체의 제자인 빈델반트*는 가치를 논리학, 윤리학, 미학 영역에서의 근본개념으로 규정하면서 그 가치들의 통합이 가치 평가하는 "규준의식(Normalbewußtsein)"에서 요청된다는 견해를 제시하고 있으며, 그 다음으로 리케르트*는 가치의 '타당성'이라는 관점으로부터 문화과학들의 근거짓기를 시도했다.

그에 반해 신칸트학파의 사고방식을 형식주의라고 비판한 셸러*는 가치를 실제로 존재하는 "재화의 성질"을 표시하는 것이라고 규정하고, 그 계층성(쾌, 고귀함, 미美·정正·진眞, 신성함)을 고찰하는 "실질적 가치 윤리학(materiale Wertethik)"을 주창했다. 이러한 셸러의 시도는 다른 한편 "가치들의 전도"를 노래한 니체*의 가치 허무주의에 대항하는 것이었지만, 지나치게 가치의 일원적 계층성을 전제로 하고 있었기 때문에 충분한 영향력을 지니지는 못했다.

20세기 후반 이후에는 1919년 베버*가 "가치를 둘러싼 신들의 투쟁"이라고 진단한 가치의 다원론* 내지 상대주의가 지배적으로 되지만, 다른 한편으로는 정의, 인권, 평화를 둘러싼 사회철학적인 논의 가운데서 가치문제를 엿볼 수 있다. 이때 근대적 인권 등의 보편적 가치이념을 옹호하는 논객의 다수(특히 롤즈와 하버마스)는 자기들의 입장을 칸트의 전통 안에 위치짓고 있으며, 거기서 보편적 가치이념은 자율적이고 이성적인 시민의 합의에 의해 구축되는 것이자 상호주관적으로 타당한 사회의 근본규칙으로서 이해되고 있다. 그리고 그 입장에 반해 실제의 사회제도나 공동체에 뿌리박고 있는 다원적인 가치의 모습을 강조하는 입장(공동체주의나 신新아리스토텔레스주의 등)이 대립하고 있는 것이 현재의 상황이라고 말할 수 있을 것이다. ⇒인격, 선의지, 존엄, 타당

―야마와키 나오시(山脇直司)

📖 H. Schnädelbach, *Philosophie in Deutschland 1831–1933*, Suhrkamp, Frankfurt, 1983. S. Mullhall/A. Swift, *Liberals and Communitarians*, Blackwell, 1992.

가치윤리학價值倫理學 [(독) Wertethik]

일반적으로 가치*를 축으로 하여 윤리적 문제를 고찰하는 입장의 윤리학을 가치윤리학이라고 한다. 고대에도 좋은 것(재화), 선으로서의 가치가 생각되고 있었지만, 가치라는 것이 그 자체로서 문제가 된 것은 19세기 후반에 이르러서이다. 요컨대 칸트에 의한 사실문제*와 권리문제*(가치문제)의 구별을 배경으로 신칸트학파*, 특히 빈델반트*, 리케르트* 등 서남독일학파가 가치는 시간적, 공간적 한정을 넘어서 타당하다는 로체의 사상을 문화의 영역으로까지 전개시켰던 것이다.

다른 한편 마음의 현상인 '지향성'에 주목한 브렌타노, '대상론'에 의해 가치를 감정을 통해 이해되는 대상이라고 한 마이농 등의 영향 하에 셸러*가 현상학적 가치윤리학을 구상한다. 후설*과 만나 현상학을 본질 직관의 학으로서 이해한 셸러는 감정의 가치지향성을 발견한다. 그리고 감정에 의해 감득(Fühlen)된 가치는 이념적 대상으로서 파악되어 그 객관성이 보증된다. 결국 심리주의에 대항하여 가치의 선험성이 주장되는 것이다. 이리하여 셸러는 선악을 의지가 지향하는 목적(실질)에서가 아니라 그 규정근거에서 구하는 칸트의 형식주의를 비판한다. 요컨대 칸트에서는 보편타당성을 확보하기 위해 행위가 의지되는 데서 형식적인 도덕법칙에 따르고 있는가 어떤가 하는 것만이 고려될 뿐 실질적으로 선험적*인 가치라는 관점이 결여되어 있었다는 것이다. 또한 이념적 인식판단도 일종의 가치판단으로서 가치문제를 가치판단의 문제라고 파악하는 빈델반트에 대해 셸러는 가치판단보다도 가치체험이 선행한다고 비판한다. 셸러의 가치윤리학은 N. 하르트만*(『윤리학』)이나 H. 라이너(『철학으로서의 윤리학』)에게 영향을 주었지만, 그 후 눈에 띄는 전개는 보이지 않는다. ⇒가치, 셸러, 하르트만

─이케가미 데츠지(池上哲司)

圖 F. Brentano, *Vom Ursprung sittlicher Erkenntnis*, Felix Meiner, 1921(水地宗明 譯 『道德的認識の源泉について』 世界の名著 51 『ブレンターノ, フッサール』 中央公論社, 197 0). M. Scheler, *Der Formalismus in der Ethik und die materiale Wertethik*, Francke, 1954(吉澤伝三郎 外 譯 『倫理學における 形式主義と實質的價値倫理學』 上・中・下, シェーラー著作 集 1・2・3, 白水社, 1976, 1980).

가치판단價值判斷 [(독) Beurteilung]

칸트에서 이 용어는 '가치판단'보다는 '판정判定'이라고 번역하는 것이 보통이지만, 신칸트학파*도 함께 생각하게 되면 가치판단이라는 번역어가 적절하다고 생각되기 때문에 여기서는 특별히 그것을 사용하기로 한다.

판단*(Urteil)과 가치판단(판정)을 구별할 때 일반적으로 생각되는 것은, 판단은 주어와 술어의 논리적, 개념적 관계를 말하지만, 가치판단은 주어가 지시하는 대상*에 대해 판단을 내리는 주관*의 시인이나 거부, 평가(선악, 미추 등)를 술어로서 말한다는 것이다.

이러한 구별을 칸트가 엄밀하게 행하고 있다고 말하기는 어렵다. 하지만 칸트의 공간된 저작들에서 가치판단(Beurteilung, beurteilen)이라는 말이 사용된 예는 『실천이성비판』* 및 『판단력비판』*을 수록한 학술원판 전집 5권이 전체의 거의 절반을 점하고 있으며, 나아가 후자에서 사용된 예가 압도적으로 많다. 그런 한에서 순수하게 이론적인 판단과 가치판단의 구별은 대략적으로는 이루어져 있다고 말할 수 있을 것이다.

도덕 영역에서 가치판단이 말해지는 것은 도덕이 선악을 문제로 하는 한 당연한 것으로 생각되지만, 칸트에서 선악은 결코 주관적인 것이 아니다. 또한 이 영역에서 가치판단이 말해질 때 눈길을 끄는 것은 통상적인 도덕적 의식을 말하는 문맥에서 그것이 말해지는 경우이다. 즉 통상적인 도덕적 의식(상식)은 학문을 결여하고 있지만, 선악에 대해 철학자보다도 충분하게 평가, 식별하는 가치판단 능력을 가지고 있고, 오히려 철학자 쪽이 그러한 가치판단을 자주 잘못하는 것이다. 미*와 숭고*가 논제인 『판단력비판』에서 가치판단이 논해지는 것도 당연하다고 볼 수 있다. 그러나 그것은 어디까지나 선험적*인 원리를 지니는 능력으로서의 (반성적) 판단력*의 자각화, 혹은 마찬가지만 선험적인 주관적 원리의 발견을 칸트가 행한 한에서 그러한 것이지, 가치판단이 후험적으로 주관적인 것에 불과하다고 생각되었기 때문에 칸트에서 그것이 표출

된 것은 아니다.

마지막에 말한 것, 즉 가치판단의 객관적 성격은 신칸트학파(서남독일학파)의 가치판단론에 관계된다고 말할 수 있다. 가치판단과 판단의 구별을 명확하게 내세운 것은 빈델반트*이다. 그에 의하면 인식은 곧 판단이지만, 판단을 주어와 술어의 표상 및 그것들의 결합이라고 하는 것만으로는 충분하지 않으며, 그것 자체로서는 표상과 관계없는 제3의 요소가 근저에 전혀 존재하지 않는다면 판단은 성립하지 않는다. 그 제3의 요소는 긍정, 부정의 오로지 심리적일 뿐인 태도결정이 아니라 가치판단이다. 가치*에 반하기 때문에 부정되며, 가치에 조응하기 때문에 긍정된다는 것이다. 결국 판단은 가치판단에 의해 비로소 진위가 정해지는 이론적 표상 결합인 것이다. 가치의 유무는 감정*에 의해 알려지는데, 다만 그 감정은 표상 결합을 긍정해야만 할지 부정해야만 할지를 가르치는 감정이다. 이 감정을 통해 판단을 내리는 주관에 대해 명령*, 당위*가 나타나게 된다. 따라서 인식의 본래의 대상은 이 당위인 가치이다. 또한 리케르트*는 인식은 긍정이라고 하여, 그것이 긍정하고 시인하는 것은 언제나 당위의 영역에 있지 존재의 영역에 있는 것은 아니라고 말한다. 이와 같은 가치판단은 판단을 판단작용, 수행(Leistung), 형성(das Formen)으로서, 즉 폭넓게 실천으로서 파악하는 것에 그 특징이 있으며, 이 점은 지(Wissen)가 양심(Gewissen)이라고 하는 리케르트의 말에서 드러난다. ⇒상식, 『판단력비판』 | 『제3비판』 |, 신칸트학파, 빈델반트, 리케르트

—다케야마 시게미츠(竹山重光)

⊞ Heinrich Rickert, *Der Gegenstand der Erkenntnis*, 2. Aufl., Tübingen, 1904. *Immanuel Kants Werke auf Computer*, Institut für die angewandte Kommunikations- und Sprachforschung e. V., 1988.

각지覺知 ⇨포착

감각感覺 [(독) Empfindung]

칸트에서 '감각'은 생리학적이거나 심리학적 사태로서가 아니라 칸트 철학의 체계적 구성 속에서 그 위치가 부여되어 있다. 즉 인식*을 그 '형식*'인 시간*·공간*의 요소와 '질료'인 '감각'의 요소의 둘로 나누는 것에 의해 '감각'은 그 기본적인 위치를 부여받는 것이다. '감각'은 "지각의 질료"[B 209] 또는 "감성적 인식의 질료"[B 74]로 규정되며, 구체적으로는 색, 열, 쾌*, 고통 등이 제시된다[A 374]. 요컨대 '감각'은 지각*에서 공간적인 확대와 시간적인 지속이라는 '외연량'의 요소를 제거한 것이라고 생각될 수 있으며, 그것은 지각이 지니는 '질'의 측면인바, '내포량 즉 '도度'만을 지니는 것이다[B 208]. '감각'은 인식에서의 시간적인 '종합*'이 행해지기 이전의 것이라는 점을 특징으로 하고 있는 것이기 때문에, 그것은 "어떤 순간을 채우는 데 불과한"[B 209] 것이고, "감각 그 자신은 전혀 객관의 표상*이 아니며 감각에서는 공간의 직관*이나 시간의 직관이 발견되지 않는다"[B 208]. 그러나 다른 한편 '감각'은 '주관*'이 촉발*되어 있다는 의식을 가능하게 하며, 객관이라는 것 일반에 관계를 지닌다"[B 207f.]는 것을 보여주는 중요한 역할을 지니고 있다. 그것은 바꿔 말하면 인식에서 우리가 실재세계와 접촉하고 있다는 것을 보여주는 것이다. 따라서 우리에게 지각되는 대상은 반드시 시간·공간이라는 "직관을 넘어서서, 나아가 객관이라는 것 일반에 대응하는 질료", 결국 '감각'을 포함하고 있다[B 207]. 칸트는 이와 같이 '감각'이 우리의 인식과 실재세계를 결합하는 끈의 역할을 담당하고 있으며, 그 '감각'이 물론 공간·시간과 같은 '외연량'은 아니지만, 일단 '양*'인바의 '내포량'을 지니기 때문에 '양의 과학인 수학*'을 자연에 적용하는 것을 가능하게 하고, 자연과학*이 수학에 의해 표현되는 것의 근거라고 생각했다[Prol. §26]. 이와 같은 칸트의 '감각'에 대한 파악은 영국 경험주의에서의 '감각'이 '관념'의 기원 문제로서 발생론적으로 이해되고 있는 데 반해, 기능적인 또는 논리적인 포착 방식을 특색으로 하고 있다. 또한 현상학에서의 '감각'이 지속을 포함하는 시간적인 종합으로서 포착되고 있는 데 반해, 칸트의 그것은 비시간적인 것이라는 점에 그 특징이 있다. ⇒지각, 지각의 예취

—우에무라 쓰네이치로(植村恒一郎)

📖 H. J. Paton, *Kant's Metaphysic of Experience*, vol. 2, G. Allen & Unwin, 1936.

감관感官 [(독) Sinn]

독일어 Sinn이라는 용어에는 '감각', '관능' 등의 의미가 있지만, 칸트의 경우에는 '감각기관(Sinnesorgan)'의 '능력'이라는 의미에서 사용된다. 칸트의 『인간학』에 의하면, '감성'(Sinnlichkeit)'은 '감관(= 감각기관)'에 의한 것과 '상상력(= 구상력)'에 의한 것의 둘로 나누어진다[§15]. '감관'이란 "대상'이 실제로 있는 것을 직관하는 능력"이며, 나아가 그것은 '외감(= 외부감관, äußerer Sinn)'과 '내감'(= 내부감관, innerer Sinn)'으로 나누어진다[같은 곳]. '외감'은 인간의 신체가 물체적인 것에 의해 촉발되는 감관이며, '내감'은 "인간의 신체가 마음'에 의해 촉발되는 감관"이지만, 쾌'와 불쾌를 느끼는 것은 그것과는 다른 "내면적인" 감관으로 된다[같은 곳]. '외감'은 물체적인 것의 감각이 주어지는 감관인데, 그것에는 촉각, 시각, 청각이라는 객관적이라고 말할 수 있는 감관과, 미각, 후각이라는 주관적이라고 말할 수 있는 감관이 있다[§16]. 앞의 셋은 '역학적인' 감관으로서 외부의 것에 대한 '지각'(Wahrnehmung)'을 얻는 감관이며, 뒤의 둘은 '화학적인' 감관으로서 "음식에 관한" 감관이다[§21]. 감관에는 대상으로부터 촉발되는 적당한 정도의 세기가 있어서 그것은 그 적당한 정도를 넘어선 강한 자극을 받으면 이미 외부의 대상을 표상할 수 없게 되고 아픔과 고통 등의 내적인 표상으로 전화된다[§19]. 그러나 '감관'에 대한 이와 같은 규정은 아직 '인간학'의 그것에 그치며, 그 철학적인 의미는 『순수이성비판』에서 주어진다. 즉 '외감'은 "대상을 우리의 밖에 있는 것으로서, 즉 공간'에서 표상하는"[B 37] 것으로서, 또 '내감'은 "우리의 모든 인식이 내감의 형식적 조건, 즉 시간'에 따르는"[A 99] 바의 것으로서 각각 규정된다. 결국 '외감'과 '내감'의 '형식'이 공간과 시간'으로 되는 것이다. 이렇게 보면, 칸트에서의 '외감'과 '내감'은 로크'가 외적 대상의 활동을 받아들이는 '감각'에 대해 마음의 내적인

활동을 지각하는 '내성'을 대립시켜 각자에게 고유한 '감관'의 기능을 생각하고 있었던 것과는 유사하면서도 다르다고 생각해야만 할 것이다. ⇒내감, 감성, 형식

—우에무라 쓰네이치로(植村恒一郎)

📖 H. J. Paton, *Kant's Metaphysic of Experience*, vol. 2, G. Allen & Unwin, 1936.

감성感性 [(독) Sinnlichkeit]

'감성'은 칸트 철학에서 대단히 중요한 역할을 떠맡고 있는 개념으로서, 『순수이성비판』에서는 "우리가 대상'에 의해서 촉발'되는 방식에 의해 표상'을 받아들이는 능력(수용성)이 감성이라고 불린다"[B 33]라고 정의되어 있다. 또한 "우리에게 대상이 주어지는 것은 감성에 의해서이지만, …… 대상이 사고되는 것은 지성'에 의해서이다"[같은 곳]라고 말해지듯이 '감성'은 '지성'과 대립적인 개념이다. '감성'은 또한 '실천이성'의 '자율성'과 대비되는 한에서 '감성적'인' 욕망, 경향 등을 의미한다. 어쨌든 '감성'은 칸트에게 있어서 인간에서의 본질적인 '수동성'을 나타내는 기본적인 개념이다. 칸트는 이미 『감성계와 예지계의 형식과 원리'』(1770)에서 '감성'과 '지성'을 인식'에서의 '명석함'의 다름이 아니라 인식의 '기원'에 관계된 다름으로서 구별했다[§5, §7]. 그리하여 인식은 참으로 이원적인 기초를 지니는 것으로서 이해되기에 이르며, 칸트 철학은 18세기를 지배한 '관념' 일원론의 철학(푸코가 말하는 '고전주의시대'의 철학)으로부터 크게 전진하게 되었다.

칸트의 비판철학에서 '감성'이 인식에서 지니는 역할은 정밀하게 규정되었지만, 그 가운데서 가장 중요한 것은 '공간'과 '시간'이 본질적으로 '감성'의 상관자로서 파악되었던 것이다. 즉 공간과 시간은 '감성의 형식적 조건'[B 125]으로서 모든 '현상'을 제약한다. 시간과 공간은 현상으로부터 '감각'에 속하는 것을 제거한 후에도 남아 있는 '순수 직관'이지만, 이 '순수 직관'은 "감성이 선험적'으로 줄 수 있는 유일한 것"[B 36]이자 '감성의 단순한 형식'으로서 마음에 선험적으로 존재하는"[B 35] "감성의 선험적 원리"[같은 곳]인

것이다.

공간과 시간이 '감성'의 형식이 됨으로써 새롭게 부상하는 것은 '다양'한 것을 결부시키는 '종합'의 문제이다. 왜냐하면 '감성'은 여러 가지 감각을 공간적·시간적으로 다른 '다양한 것'으로서 제시할 뿐이기 때문에 그것들을 결부시켜 '하나의' 대상 인식을 형성하기 위해서는 '지성'이라는 또 다른 원리를 필요로 하기 때문이다. "다양한 것 일반의 결합이 감관에 의해 우리에게서 발생하는 것은 전적으로 불가능하며, 감성적 직관의 순수 형식에 동시에 포함되어 있는 것도 불가능하다"[B 129], "연결은 단순한 감관과 직관의 일이 아니다"[B 233]. 그것은 필연적으로 다양한 것을 결부시키는 '지성'의 '종합' 기능을 요청하게 된다. 감성적 직관은 "지성과 그 사고 영역의 전적으로 외부에 있고"[B 408], "지성과 감성은 표상의 두 가지 전적으로 다른 원천"[B 327]이기 때문에 양자가 함께 활동하지 않으면 인식은 성립하지 않는다. 이와 같이 칸트에서는 인식의 문제가 '감성'과 '지성'이 함께 활동하는 것에 의한 '종합'의 가능성 문제로서 세워지기 때문에 18세기의 '관념' 일원론과는 전혀 다른 양상을 드러내는 것이다.

다양한 것의 '종합'에서 '감성'이 실제로 어떠한 역할을 하는가의 문제는 칸트가 '상상력'(= 구상력)'의 활동이라는 것을 더불어 생각하고 있기 때문에 조금 복잡하게 된다. 예를 들면 "이러한 다양한 것을 종합하는 활동적인 능력을 우리는 상상력이라고 이름 짓는다. …… 상상력은 직관에서의 다양한 것을 하나의 형상에로 가져온다"[A 120]거나 "상상력의 종합은 지성의 감성에 대한 활동이며 우리에게 가능한 직관의 대상에 대한 지성의 최초의 적용이다"[B 152]라고 말해지는 한편, 칸트는 "우리의 직관은 모두 감성적이기 때문에 상상력은 그 아래에서만 상상력이 대응하는 직관을 지성의 개념에 부여할 수 있는 주관적 제약이라는 의미에서 감성에 속한다"[B 151]라고도 말한다. 요컨대 '상상력'은 '감성'과 '지성'의 어느 쪽에 속하는지가 분명하지 않은 측면이 있다. 그러나 이것은 '상상력(구상력)'이 본래 대상이 눈앞에 존재하지 않는 경우에 그것을 직관에서 표상하는 능력[B 151]이라는 점을

생각하면, 다양한 것의 '종합'에서는 이미 감각으로서는 상실되어버린 항도 포함하는 것이기 때문에 '지성'이라고도 또 '감성'이라고도 판정하기 어려운 부분이 생기는 것도 당연하다고 생각할 수 있을 것이다. 제1판에서 '상상력'은 '감관' 및 '통각'과 나란히 독립적인 마음의 능력으로 되고 있고[A 94] '재생의 종합'이라는 독자적인 종합이 '상상력'에 대해 인정되고 있었지만[A 100], 제2판에서는 '상상력'의 독립성은 모습을 감춘다.

'감성'은 또한 우리의 가능한 경험의 한계 문제와도 관계된다. "감성의 영역 외부에서 우리에게 대상이 주어지고 지성이 감성을 넘어서서 실재적으로 사용되는 그와 같은 가능적 직관을 우리는 지니지 않는다"[B 310]고 말해지고 있듯이, 칸트는 '지성'의 활동을 우리 인간의 감성 범위로 제한하는 데서 참된 지식의 있어야만 할 한계를 보는 것이다. ⇒감관, 공간, 시간, 지성, 상상력, 종합

―우에무라 쓰네이치로(植村恒一郎)

圈 H. J. Paton, *Kant's Metaphysic of Experience*, vol. 1, 2, G. Allen & Unwin, 1936. M. Foucault, *Les Mots et les Choses*, Gallimard, 1966(渡辺一民 外 譯 『言葉と物』 新潮社, 1974).

감성계感性界 ⇨ 예지계

『감성계와 예지계의 형식과 원리感性界—叡智界—形式—原理』 {『가감계와 가지계의 형식과 원리可感界—可知界—形式—原理』; 『형식과 원리形式—原理』} [(라) *De Mundi sensibilis atque intelligibilis forma et principiis.* 1770]

쾨니히스베르크 대학의 윤리학 및 형이상학의 정교수 취임을 위한 교수취직논문으로서 저술되었다. 정리된 형식으로 된 전비판기 최후의 논문이며, 이후 이른바 '침묵의 10년'을 거쳐 칸트는 『순수이성비판』을 완성하게 된다. 전통 형이상학의 사고권역 내에서의 최후의 사색으로서 이 논문과 『순수이성비판』의 사상적 차이는 비판기와 나아가서는 칸트 철학 전체를 이해하는 데서 매우 중요하다.

이 논문의 기본 입장은 형이상학적인 두 세계설이다. 그러나 이것은 형이상학* 그 자체의 전개가 아니라 오히려 형이상학의 '예비학'일 것을 지향한다. 이 논문은 다섯 개의 장으로 이루어지며, 제1장에서는 '세계 일반의 개념'에 대해 고찰한다. 제2장에서는 '가감(감성)적인 것과 가지(지성)적인 것'의 구별이 이루어진다. 감성*과 지성*이라는 두 능력이 있고 이에 따라 두 개의 세계, 즉 가감계와 가지계가 존재하게 된다. 이 두 세계는 각자에게 고유한 형식을 지닌다고 말해진다. 요컨대 가감계의 형식적 원리는 시간*과 공간*의 둘이지만, 이 양자는 실체나 속성 또는 관계가 아니라 모든 가감적인 것을 일정한 법칙에 의해 관계짓는 인간의 주관적 조건이라는 것이다. 시간의 관념성에 대한 주장은 『순수이성비판』 감성론의 주장과 거의 동일하다. 제4장은 가지계의 형식과 원리에 대한 고찰로서, 직관적으로 볼 수 있다고 공간이라 불리는 일체의 실체의 관계 그 자체가 어떠한 원리에 의거하는가의 물음에 반해 일자와 예정조화에 관한 고찰이 이루어진다. 제5장에서는 감성적인 것과 지성적인 것의 혼동을 금하고 양자의 구별이 필요하다는 것을 역설한다.

이 논문과 『순수이성비판』과의 사상적인 같음과 다름은 칸트 연구에서 중요한 주제이다. 『순수이성비판』에서는 사물 자체*의 인식이 단념되고 있고 인식*을 위해서는 시공이라는 직관*의 형식*이 필요하지만, 이 논문에서는 지성적 인식은 감성적 조건에 의존하지 않고 "직접 대상에 관계할"[§3] 수 있으며(실재적 사용), 실체간의 관계 그 자체를 고찰하는 것으로 된다. 나아가 중요한 상이점은 감성과 지성의 파악 방식 그 자체에 있다. 『순수이성비판』에서 감성과 지성은 하나의 인식을 성립시키는 두 개의 "요소"[B 74]로 파악되는 데 반해, 이 논문에서는 그것들이 두 개의 인식 종류로서 파악되고 있는 것이다. 감성의 법칙에 복종하는 한에서 '감성적 인식'이고, 지성의 법칙에 복종하는 한에서 '지성적 인식'이다. 여기서 칸트는 감성적 인식은 좀더 혼잡하고 지성적 인식은 좀더 판명한 것이라는 종래의 전통적 구분을 부정하고는 있지만, 기본적으로는 감성에 대한 지성의 우위를 이야기하고 있다.

시간과 공간의 관념성을 주장하는 점은 『순수이성비판』 감성론의 입장과 거의 동일하며, 여기서 주장되는 지성의 실재적 사용마저 단념되게 되면 『순수이성비판』의 사상권역에 들어가게 된다고 해석되기도 한다. 그러나 그에 대한 단념만으로는 불충분하며, 감성과 지성이 인식의 종류가 아니라 하나의 인간적 인식을 성립시키는 요소로 파악되는 데서 현상* 개념이 확립됨으로써 비로소 비판기의 사상권역에 도달하는 것이다. 이러한 사색의 자취는 70년대의 마르크스 헤르츠에게 보낸 편지 등에서 볼 수 있다. ⇒현상

―구로사키 마사오(黑崎政男)

📖 J. Schmucker, Zur entwicklungsgeschichtlichen Bedeutung der Inauguraldissertation von 1770, in: *Akten des 4. Internationalen Kant–Kongresses*, Mainz, 1974. 黑崎政男「カント『沈默の十年』の意義」『哲學』 32, 1982.

감성적感性的**미학적**美學的 [(독) ästhetisch (라) aestheticus]
이 용어는 통상적으로 칸트에서 감성적으로 번역되는 sinnlich와는 구별되며, 일반적으로는 쾌·불쾌의 감정에 관한 것을 의미한다. 특히 그의 미학에서 중요하며 '미적', '미감적', '직감적', '정감적' 등의 번역어도 시도되고 있지만, 통일적으로 적절한 번역어는 존재하지 않는다.

【 I 】 이 용어의 유래

이 감성적(미학적)이라는 용어는 바움가르텐*에 의한 조어로서, 그는 그리스어에서 '감성적인 것'을 의미하는 '아이스테타'에서 aesthetica라는 라틴어를 만들고 이것을 그가 새롭게 구상한 감성학(미학)의 명칭으로 삼았다. 바움가르텐은 이 학을 판명한 인식의 완전성*에 관한 논리학과 대비되는 형식으로 감성의 혼잡한 인식의 완전성에 관한 학으로 삼았는데, 이 감성적 인식의 완전성이 미*이며, 따라서 그에게서 감성학은 또한 미학이기도 했다. 이와 같은 사상은 칸트가 강의의 교과서로서 사용한 바움가르텐의 『형이상학』과 바움가르텐의 제자 마이어*의 『논리학 강요』를 통해 칸트에게 계승되어, 그가 그것을 비판하면서 독자적인 철학을 구축하는 배경을 이루고 있다.

【Ⅱ】 이론철학에서의 용법

칸트는 이미 1770년의『감성계와 예지계의 형식과 원리』*에서 감성적 인식과 지성적 인식의 구별을 판명과 혼잡이라는 단계에 의한 것을 부정하고, 양자를 원리의 상이성에 의해 구별했다. 그리고 현상*으로서의 감성계의 원리*를 시간*과 공간*이라는 직관 형식에서 구하고 이것을 "감성적 인식의 조건"[Ⅱ 396]으로서 세웠지만, 이에 따라 칸트에서는 "감성적 인식의 학"이 미학이 아니라 수학*과 같은 객관적인 학문을 근거짓는 학으로 전환되었다.『순수이성비판』*에서는 '초월론적 요소론'이 '감성론(Ästhetik)'과 '논리학'으로 구분되어 바움가르텐적인 용어법을 남기고 있지만, 이 초월론적 감성론을 그는 "감성의 모든 선험적*인 원리의 학"[A 21/B 35]이라고 정의하고 그 부분에 대한 제1판의 주해에서 바움가르텐의 미의 판정의 학이라는 의미에서의 감성학으로서의 미학을, 미의 판정은 경험적이고 선험적인 원리는 존재하지 않는다고 하여 부정하고 있다. 따라서 '감성론'이라는 명칭과는 별도로『순수이성비판』에서 '감성적'이라는 용어는 인식에 관한 것으로서 오로지 sinnlich가 지정되고 ästhetisch라는 용어는 회피되고 있다.

【Ⅲ】 미학에서의 용법

이리하여 이 용어의 본래의 적용 영역은 미학 영역으로 된다. 칸트의 미에 대한 견해는 영국 등의 취미론의 강한 영향 하에 있는데, 그는 미를 인식으로서가 아니라 취미*의 쾌·불쾌의 감정에 의해 경험적으로 판정되는 것이라고 간주하고 있었다. 이 쾌·불쾌의 감정에 의한 것이 감성적{미학적}이라는 것이며, 칸트의 정의에 따르면 취미판단은 "인식판단이 아니며, 따라서 논리적이 아니라 감성적{미학적}인바, 이 용어 하에서 그 규정근거가 주관적일 수밖에 없다는 것이 이해된다"[KU, Ⅴ 203]. 그리고 이 객관적일 수 없는 주관적인 것이 쾌·불쾌의 감정이다. 그리고 이 감정이 단지 경험적일 뿐 아니라 취미판단에서는 선험적인 근거를 지닌다는 것에 대한 발견이『판단력비판』*의 '감성적{미학적} 판단력 비판'으로 이끌게 된다. 즉『판단력비판』에서는 미에 대한 취미판단은 감성적{미학적}이지만, 반성적 판단력에 의한 상상력*과 지성*이라는 선험적인 인식능력*의 놀이*(유희)에 기초하고 있으며, 따라서 또한 주관적이면서도 보편성*을 요구할 수 있게 되고, 또한 이 점에서 취미판단은 마찬가지로 감성적{미학적}이긴 하지만 감관*에서의 쾌로서 개인적 감정에서 기인하는 '쾌적'의 판단과는 구별된다. 칸트는 또한 예술의 산출능력으로서의 천재*를 "감성적{미학적} 이념의 현시 능력"[KU, Ⅴ 313f.]으로서 논하며, 이 감성적{미학적} 이념을 천재를 생동하게 하는 상상력의 표상으로서 이성 이념과 대비하고 있다.

【Ⅳ】 실천철학*에서의 용법

그런데 칸트는 그의 윤리학에서도 감성론(Ästhetik)이라는 용어를 사용하고 있다. 칸트 스스로 이 호칭은 부적절하며 "오로지 유비 때문에"라고 단정한 위에서긴 하지만,『순수이성비판』의 '분석론'의 구성이 '감성론'에서 '논리학'으로 나아가는 데 비해,『실천이성비판』*의 '분석론'은 선험적인 실천적 원칙의 가능성에서 출발하여 마지막으로 실천 이성의 감성에 대한 영향 관계에 이르는 형식을 취하기 때문에,『순수이성비판』과는 거꾸로 된 순서로 '순수 실천 이성'의 '논리학'과 '감성론'으로 구성된다고 말하고 있다[KpV, Ⅴ 89f.]. 그러므로 실천 이성의 '감성론'은 실천 이성의 동기*로서의 존경*의 감정을 취급하는 것이자 칸트가 이해하는 의미에서의 도덕감정의 이론이다. 따라서 또한 칸트는 때때로 ästhetisch라는 용어를 미학적인 의미가 아니라 도덕감정*, 특히 선험적인 이성원리를 결여한 경험주의적인 도덕감정에 관련된 의미에서 사용한다. ⇒미학,『판단력비판』{『제3비판』}, 취미

―구보 고지(久保光志)

㊐ A. G. Baumgarten, *Metaphysica*, [4]1757. G. Fr. Meier, *Auszug aus der Vernunftlehre*, 1752. (위의 두 책은 학술원판 전집의 15₁, 16, 17권에 수록) J. Kulenkampff, *Kants Logik des ästhetischen Urteils*, Vittorio Klostermann, 1978. Ch. Fricke, *Kants Theorie des Geschmacksurteils*, Walter de Gruyter, 1990. L. W. Beck, *A Commentary on Kant's Critique of Practical Reason*, Chicago U. P., 1960.

감정感情 [(독) Gefühl]

일반적으로 감정이란 주관*의 심적 상태를 말하며 주관성을 특징으로 한다. 칸트에서도 기본적으로 그렇지만, 감정이 칸트 철학에서 담당하는 역할은 결코 작지 않다. 그렇지만 전비판기와 3비판서 이후에 감정의 위치짓기는 동요하고 있다고 하지 않을 수 없으며, 이론철학과 도덕철학* 각각의 내부에서 감정이 차지하는 위치에도 미묘한 바가 있다. 나아가 기본적 틀로서 칸트는 감정을 인식*과 욕구(또는 이론과 실천)를 매개하는 위치에 두고자 하지만, 그 매개라는 것 자체를 이해하기가 어렵다. 칸트 철학에서 감정의 개념은 파악하기 어려운 문제이지만, 그것만으로도 매력적이다.

감정은 전혀 인식이 아니다. 그것은 사물을 표상하는 능력이 아니라 인식능력* 전체의 외부에 존립한다고『순수이성비판』*[B 66, B 829 Anm.]에서 말해진다. 그렇다면 이론의 영역에서 감정은 적극적 의미를 지니지 않게 된다. 감정이 주관적인 것으로서 감각*처럼 객관*에 관해서 가르치는 것이 아닌 한에서 그럴 것이다. 그러나 인식의 일 전체라는 차원을 고려하면 사정이 달라진다. 칸트에 의하면 자연*의 통일*이라는 이성*의 필연적인 목적은 그것을 결여해서는 연관을 지닌 지성* 사용이 없고, 이 지성 사용이 없으면 경험적 진리의 충분한 징표도 없다[B 679]. 그리고『판단력비판』*에서 칸트는 이 통일의 발견이 쾌*를 산출한다는 것을 인정하고 있다[V 186FF.]. 그렇다면 인식의 일의 이를테면 원리적인 것에 쾌의 감정이 존재한다고 생각하는 것도 가능하다. 이 점에 관해서는 같은 책의 '인식 일반'에 관한 논의도 덧붙여 함께 생각하지 않으면 안 된다.

전비판기에는 영국의 도덕감정론*에 대해 일정한 긍정적 평가가 이루어지기도 하였지만, 비판기 이후 도덕의 영역에서는 감정이 행위의 규정근거라는 것이 거부된다. 다만 이것은 실러*가 야유한 것과 같은 사태는 아니다. 예를 들면 동정이라는 감정이 친구를 도와주는 행위에 수반되어도 상관없다. 그 감정이 행위의 규정근거로 되는 것이 도덕성*의 관점에서 거절되는 것이다. 그러나 도덕성의 관점으로부터 하자면 감정이

존재할 여지가 전혀 없는가 하면 그렇지는 않다. 필연적으로 법칙이 선행해야만 한다는 "감정의 시금석"[『존귀한 어조』VIII 395 Anm.]을 분명히 하는 감정은 도덕적인 것이다. 그 중에서도 특히 존경*의 감정은 인간*의 도덕적 행위에서 커다란 역할을 담당한다. 유한한 이성적 존재자*인 인간에게는 신적인 이성적 존재자에게는 존재하지 않는, 동기*로서의 존경의 감정이 필요한 것이다(그러나 이 감정은 칸트 도덕철학의 큰 틀을 파괴하지 않는다고 볼 수 있다). 또한 도덕적 행위에게는 행복*의 유비물로서의 자기만족(Selbstzufriedenheit)의 감정도 지적할 수 있다[Kp V, V 117].

이론의 영역과 도덕의 영역을 매개하는 것에 의해서 칸트 철학 전체를 체계적으로 완성하는 판단력비판에서 감정은 미적 판단력과의 관계에서 중요한 역할을 담당한다. 그러나 목적론적 판단력과의 관계에서는 우선은 적극적 역할을 담당하고 있지 않다. 그렇지만 상술한 '인식 일반의 논의와 공통감각*의 논의 등을 보면, 또는 애초에 도덕에서든 이론에서든 칸트가 문제로 하는 것이 판단*이라는 것을 고려하면, 판단 내지 판단력과 감정 사이에 긴밀한 연관이 있다는 것은 분명할 것이다. 이 연관의 해명은 칸트 이해의 중요한 요소이다. ⇒『판단력비판』{『제3비판』}, 도덕감정론, 존경, 공통감각, 감각

―다케야마 시게미츠(竹山重光)

〔참〕 Alfred Baeumler, *Das Irrationalitätsproblem in der Ästhetik und Logik des 18. Jahrhunderts bis zur Kritik der Urteilskraft*, Darmstadt, 1981. (Orig. Halle, 1923). Friedrich Kaulbach, *Ästhetische Welterkenntnis bei Kant*, Würzburg, 1984.

감정철학感情哲學 [(독) Gefühlsphilosophie (영) philosophy of feeling]

지식의 올바름은 논증만으로 이루어지는 것이 아니라 결국 감정*과 신앙*(신조)이 지식을 뒷받침하고 있다는 철학설. 신앙철학이라고도 불리며, 사고방식으로서의 기원은 아우구스티누스와 안셀무스의 '신앙 우위의 지식관'으로까지 소급된다고 말할 수 있다. 근대 이후 인간이 영위하는 신앙생활의 '사실'로부터

종교* 문제를 다시 파악하고자 하는 학문 경향 하에서 인식*(지식)의 성립을 개인들의 근저에 공통된 신앙 감정으로부터 보는 인식론*의 하나의 입장으로서 부활했다. 칸트와의 관계에서는 통상적으로 신앙이라는 의식의 활동을 학문적인 인식의 기초로까지 확장한 야코비*의 학설을 가리킨다.

야코비는 칸트 전비판기의 『증명근거』에서의 "무제약적인 현존재(unbedingtes Dasein)"라는 개념에서 계발되어 독자적인 문제의식을 확고히 한다. 조건부의 진리* 밖에 주어지지 않는 계몽주의의 학문은 조건에서 조건으로 우리를 끌고 다닐 뿐으로 단적으로 '참된 것'을 주지 않는다. 학문은 추상적이고 난해한 개념을 근본으로 하여 구체적이고 알기 쉬운 사실을 이해할 것을 요구하지만, 이 요구야말로 오류가 아닐까 생각하여 야코비는 발상을 전환한다. 눈앞에서 구체물을 붙잡고 있는 것, 이것이야말로 이치추론 이전의 진실이다. 우리는 거기서 의심할 바 없이 대상*과 곧바로 접하며, 대상이 '실제로 있다는 것(Dasein)'을 확신한다. 그는 이 '확신'을 '감정', '신앙' 등의 이름으로 부르며, 인간의 지식 일체를 뒷받침하는 것은 결국 이것이라고 주장한다. 지의 현장에서는 신앙이 활동하며, 구체물의 존재가 '계시(Offenbarung)'된다는 것이다. 다른 한편 학문의 추상적인 지식은 경시되는바, 성립의 점에서는 신비화된다. 우리는 개념을 '사고 속에서' 창출할 수 있을 뿐으로 감성*을 매개로 해서도 사물 자체*에는 도달할 수 없다. 그러므로 개념이 참인 기준을 외계에서 구하는 것은 불가능하며, 선험적*으로 성립하는 것은 사고 속에서 수미일관한 수학*과 논리학뿐이다. 그 밖의 학문은 다루는 대상을 수학적, 논리적인 것으로 변환할 수 있는 정도에 따라서 확실한 데 불과하다. 이 변환은 광학이 색의 '감각'을 파장의 '수치'로 변환시켜 다루는 것처럼, 기독교*의 성찬식에서 빵이 그리스도의 육체로 되는 실체변화(Transsubstantiation)와 마찬가지로 논리를 넘어서서 일어난다. 감정철학은 직접지가 자유*와 불사*성 등 감각을 넘어선 것에 다다른다는 점에서 소박실재론과 다르며, 신앙이 구체물을 인식할 때 활동한다는 점에서 신학과도 다르다.

또한 그는 스피노자철학에 주목하여 무신론을 이끌어 들이는 그 결정론적인 실재론*의 체계가 철저하게 수미일관한 철학적 사고의 필연적인 귀결이라는 점을 지적하고, 이 귀결을 어쩔 수 없게 만드는 원인을 추구한다. 스피노자*의 체계를 그 궁극형태로서 창출하는 철학의 사고양식에서는 사고 그 자체가 비판적으로 음미되지 않기 때문에 사고가 만들어 낸 가상적 구성물을 현실의 존재인 것처럼 착오를 일으키는 경향이 자각되지 않는다. 이성*을 결정론의 재앙에 드러내는 것은 원죄라고도 말할 수 있는 철학의 이러한 착오인바, 칸트의 사물 자체도 그러한 원죄의 잔재에 다름 아니다. 피히테*의 관념론*, '학문론'이야말로 숙명적인 재앙에서 이성을 구하는 '구세주'이며, 칸트는 그 전신이 되는 세례자에 지나지 않는다. 야코비는 후에 학문론을 니힐리즘이라고 규탄하지만, 이상과 같이 말해진 구제관은 '신앙'철학으로 결실되는 그의 문제관심을 잘 특징짓고 있다. ⇒야코비, 사물 자체

―세토 가즈오(瀬戸一夫)

L. Lévy-Bruhl, *La Philosophie de F. H. Jacobi*, Paris, 1894. F. U. Schmidt, *F. H. Jacobi*, Heidelberg, 1908. K. Homann, *F. H. Jacobis Philosophie der Freiheit*, Freiburg/München, 1973.

강제 强制 [(독) Zwang; Nötigung]

칸트가 말하는 '강제'에는 몇 가지 측면이 있다. 우선 첫 번째는 『순수이성비판』*에서의 코페르니쿠스적 전회*와 지성*의 입법*에서 상징적으로 표현된다. 이 전회에서 인식*과 대상*의 관계가 역전되어 "대상이 우리의 인식에 따라야만 한다"는 것으로 되었지만, '……야만 한다'는 표현에서 자연*에 대한 인간의 강제의 모습을 엿볼 수 있다. 또한 자연에게 법칙을 지정하고 명령하는 지성은 자연과학적 주관의 형태에서도 자신이 미리 던진 물음에 대답하도록 자연을 강제하는데, 그 모습은 심문에 대답하도록 강요하는 재판관의 자세와 더불어 자연을 구속한다든지 강제하는 명령자이자 입법자인 근대 지성의 얼개를 단적으로 보여준다.

두 번째는 『실천이성비판』*을 비롯한 실천철학*에 관한 것이다. 도덕법칙*은 감성적인 동인들에 의해서 이끌리는 경향이 있는 유한한 존재자 = 인간*에 대해서

'정언명법'의 형태로 그 의지를 규정한다. 그러므로 이 법칙에 대한 의지의 관계는 책무라는 의존성이며, 책무는 행위에 대한 '강제'를 의미하는바 강제된 이 행위가 '의무'인 것이다. 따라서 의무는 이 법칙에 기초하여 경향성* 등에 기인하는 모든 규정근거를 배제하기 위해 그 개념 속에 실천적 강제를, 즉 행위가 아무리 마지못해 이루어진다 하더라도 행위로 규정하는 것을 포함한다. 이와 같은 배제 내지 극복에는 희생, "자기 강제", 요컨대 전적으로 기쁘게 한다고는 할 수 없는 것에 대한 "내적인 강제"[KpV, V 83]가 필요하다.

세 번째로, 『인륜의 형이상학』* 제2부에서는 새롭게 "의무는 이성이 스스로 법칙을 실행하는 강제력 그 자체로 되는 한에서의, 인간 자신의 입법적 이성에 의한 도덕적 강제"[MS, VI 405]로 된다. 이 강제는 내적인 자유의 법칙에 따라서 가능한 강제, 결국 "자유로운 자기 강제"이며, 나아가 앞에서 말한 '내적인 강제'와 통하는 것으로서 윤리적 의무에 해당된다. 윤리적 의무에 대해 법적 의무는 '외적 강제'가 가능하다. 또한 타인이 나를 도덕적으로 강제하는 경우, 즉 타인의 선택의지*에 의한 강제는 "외적인 도덕적 강제"이다. ⇒입법, 의무

—이노우에 마사카즈(井上昌計)

[책] Paul Menzer (Hrsg.), *Eine Vorlesung Kants über Ethik*, Berlin, 1924(小西 · 永野 譯 『カントの倫理學講義』 三修社, 1968). F. Kaulbach, *Philosophie als Wissenschaft. Eine Anleitung zum Studium von Kants Kritik der reinen Vernunft in Vorlesungen*, Gerstenberg Verlag, 1981(井上昌計 譯 『純粹理性批判案內 ——學としての哲學』 成文堂, 1984); *Studien zur späten Rechtsphilosophie Kants und ihrer transzendentalen Methode*, Königshausen + Neumann, 1982.

개념概念 [(독) Begriff]

개념이라는 말은 칸트에서 매우 빈번히 나타나며 또한 다의적으로 사용된다. 이하에서는 크게 다음의 네 종류로 구분하여 설명한다. (1) 경험적 개념: 이에 관해서는 그 성립과 기능 방식이 중심논점으로 된다. (2) 순수 지성 개념: 여기서는 경험 개념에 대한 그 관계 방식과 범주와의 관계가 초점으로 된다. (3) 반성 개념: 여기서는 칸트로부터 본 라이프니츠 철학에 대한 비판이 테마이다. (4) 특수한 용법으로서의 개념: 이것은 어떤 일정한 철학적 입장 내지 사고법 그 자체를 가리킨다.

【I】 경험적 개념

이것은 영국 경험주의에서 논의된 '일반 관념'의 칸트적 형태로서, 소재로서의 다양하고 개별적인 관념(칸트에서는 '직관*')으로부터 어떻게 해서 복수의 사물에 적합한 개념적 보편성이 생겨나는가 하는 성립과정 및 그 보편성이 어떻게 기능하는가 하는 점에서 칸트의 특색이 드러난다. 예세 편 『논리학』(제6절)에 따르면 개념의 생성과정은 1. 비교, 2. 반성, 3. 추상의 세 계기로 이루어진다. 요컨대 우선 "의식의 통일"(= 추상적 동일성의 근거)과의 관계에서 표상들이 서로 비교되어 공통적 징표가 밝혀지고(비교), 그에 근거하여 다음으로 표상들이 어떻게 해서 "하나가 된 의식", 결국 공통적 징표의 확정에 관하여 파악되는지가 고찰되며(반성), 마지막으로 표상들 사이에 공통되지 않은 나머지 징표가 버려져 하나의 개념으로서 순화되어 완성되는(추상) 세 단계에서 개념의 형성이 설명되는 것이다. 특히 주목되는 것은 최종단계의 추상이 공통 징표를 뽑아내는 것이 아니라 공통되지 않은 징표를 버리는 형태로 파악되고 있는 것으로서, 이것은 오히려 '사상捨象'이라고 불러야 할 것이다. 이 점은 칸트가 버클리*의 추상적 일반 관념 비판을 수용하고 있다는 것을 보여준다. 나아가 칸트는 개념의 추상성과 구체성이 개념 그 자체가 아니라 사상이라는 능동적 활동에 의거한 그 '사용(Gebrauch)'의 문제라고 하는, 즉 개념을 실체적으로가 아니라 기능적으로 파악해 나간다고 하는 견해를 표명하고 있다(제1절). 이런 의미에서의 개념에 관한 칸트의 설명은 『인간학』* 제3절, 『순수이성비판 무용론』[VIII 199]에서도 볼 수 있다.

【II】 순수 지성 개념

이것은 칸트 개념론의 중심이다. 칸트의 전략은 우선 판단표*로부터 범주표를 도출하여 양자의 대응관계를 보인 다음, 판단*에서의 주어와 술어의 결합을

모델로 하여 '개념'을 '지각의 다양이 초월론적으로 종합되는 방식으로서, 결국 경험적인 것에 의존하지 않는(= '순수') 선험적인, 말하자면 메타 수준의 기능 (= '지성')으로서 바꿔 읽는 것을 달성하고, 그로부터 거꾸로 근본적인 대응관계에 의지하여 이 종합의 기능이야말로 개념의 형태에서 생각한다면 전통적인 범주에 다름 아니라고 위치짓는 것이다. 이것을 실행한 것이 『순수이성비판』 제1판의 '순수 지성 개념의 초월론적 연역'으로서, 여기서는 인과율로 대표되는 경험주의적인 방식으로는 그 보편타당성을 증명할 수 없는 개념을 개념 그 자체로서가 아니라 초월론적으로 개념을 형성하는 능동적 기능으로서 파악하는 것에서 확립하고 아울러 범주라는 존재론상의 술어도 활용하는 독창적인 해결책이 제시되고 있다.

【Ⅲ】 반성 개념

이 명칭은 칸트 개념론의 입장에서 라이프니츠를 비판한 것이다. 상술한 것처럼 칸트 개념론의 핵심은 개념이 본래 어떤 인식능력에 속하는지를 판별하는 것이다. 경험적 개념은 감성이라는 인식능력과 결합되는 것에서 그 권리와 한계가 확정되며, 순수 지성 개념에 관해서도 연역론이라는 작업에 의해 근거짓기와 동시에 권능의 범위가 지정된다. 이 이외의 '이성 개념', 요컨대 이념은 칸트에서는 인식에 관해서는 규제적인 활동으로밖에는 인정될 수 없다. 그러나 칸트는 칸트적인 인식 비판을 지니지 않는 라이프니츠에서는 어떤 인식능력에 속하는가의 판별을 완전히 도외시한 채 마음(Gemüt)의 내부에 존재한다는 점에서 동종적인 것으로 여겨진 표상들의 비교에 불과한 "논리적 반성(logische Reflexion)"[B 318]이라는 방식에서 산출된 개념이 형이상학에서 중심적 역할을 담당하고 있다고 비판한다[B 316-349에 걸친 '반성 개념의 다양성에 대하여']. 칸트는 일양성과 차이성, 합치성과 반대성, 안과 밖, 질료와 형식의 네 쌍이 반성 개념인바, 이것들이 단자론의 근본개념을 이룬다고 본다.

【Ⅳ】 특수한 의미에서의 개념

앞에서 서술한 것 외에 『순수이성비판』에서는 어떤 특정한 철학적 입장 내지 사고법 그 자체를 '개념'이라는 말로 지시하는 특수한 용법이 인정된다. 이것은

"단순한 개념에 의해(durch bloße Begriffe, nach bloßen Begriffen, aus bloßen Begriffen)"라는 "반성개념의 이의성" 이후 특히 초월론적 변증론에서 자주 출현하는 표현에서의 '개념'으로서, 이 경우에 칸트는 반드시 이 말에 이어서 현상과 사물 자체를 구별하지 않고 대상을 사물 자체로 파악하거나 사물 자체를 인식할 수 있다고 생각하는 교조주의적 철학의 주장을 끌어내고 있다[B 264, 338, 484, 635 etc.]. ⇒ 범주, 반성 개념

—후쿠타니 시게루(福谷 茂)

📖 George Schrader, Kant's Theory of Concepts, in: *Kant-Studien* 49, 1957.

개연성 蓋然性 [(독) Wahrscheinlichkeit (영) probability (불) probabilité]

일반적으로 어떤 사태가 생길 확실함의 정도를 이르는 말. 개연성에 대한 논리적 연구는 수학적인 확률론 등을 중심으로 추진되어 왔다. 그런 의미에서 말하자면 개연성의 논리는 확률론에 집약되어 있다고 해도 과언이 아니다. 확률론은 우연한 사태를 다루는 이론이지만, 이론으로서의 진가를 발휘하는 것은 예를 들어 소립자의 원자붕괴나 다양한 사회현상 등의 수적으로 대규모의 우연한 현상 속에서 법칙성을 구할 때이다.

그런데 확률의 의미는 단순하지 않다. 프랑스어의 probable이라는 말은 원래 "같은 뜻에 해당된다"는 의미였지만, 내기에 관한 파스칼의 고찰에서는 가능성의 수치적인 비율을 나타내는 의미에서 probabilité라는 말이 사용되고 있다. 개연성 또는 확률에 대한 주된 파악방식으로는 다음의 것들이 거론될 수 있을 것이다. (1) 신념의 정도로서 파악하는 방식. (2) 고전적 확률론에서 채용된 가능성의 정도로서 파악하는 방식. 이때 확률로서 파악된다는 것은 일어날 수 있는 모든 경우 중에서 주목되는 사상이 일어나는 비율이다. (3) 상대빈도, 또는 그 극한으로서 파악하는 방식. 예를 들어 주사위를 던져 나오는 눈의 계열을 받아들였을 때 주목된 성질(예를 들어 3의 눈)이 그 계열 속에서 가지는 비율이 그것이다. 이 때 그 계열이 무한이고,

그 비율이 그 속에서 수렴하는 값을 가지는 경우에는 그 값이 상대빈도의 극한이다. (4) 증거의 지지 정도로서 파악하는 방식. 어떤 증거가 있고 예측이나 추정 혹은 법칙 등의 어떤 명제가 그 증거에 의해 지지되는 정도로서 이해될 때의 파악방식이 이것이다. 칸트는 가능성*의 범주*를 개연적인 판단에서 도출했지만, 『프롤레고메나』[IV 369]에서 수학에서의 개연성 계산의 진리성은 개연판단을 포함하지 않는다고 하고 있다. 칸트에 따르면 대수학에서의 개연성 계산은 주어진 동종의 조건 하에서 어떤 사례의 가능성 정도에 대해서는 완전히 확실한 지식을 포함한다. 개연성 계산의 확실함과 개연적 판단을 구분하는 칸트의 확률론은 고전적이라고 말할 수 있을 것이다.

다음으로 개연성의 수학적 측면을 살펴보자. 주사위를 흔들어 예를 들어 3의 눈이 나올지 나오지 않을지의 확률을 생각한다. 만약 q가 (3의 눈이 나올) 성공의 확률이고 $p(p = 1 - q)$가 실패의 확률이라면, 같은 주사위를 사용하여 행해진 $a + b$회의 시행에서 a회 성공한 후 b회를 잇달아 실패할 확률은 $q^a p^b$이다. 이 결과는 이미 파스칼과 페르마에 의해 발견되었는데, 오늘날 베르누이 시행이라고 불린다. 이제 $a + b = n$이라고 하고 a 대신 x라고 쓴다. 성공 빈도 $z = x/n$에 대해 시행 횟수 n이 증가할 때 q의 아주 가까운 것을 생각하고 대단히 작은 수를 ε, 그리고 z가 $q - \varepsilon$와 $q + \varepsilon$의 사이에 있을 확률을 P_n이라고 한다. P_n은 $x = nz$가 $nq - n\varepsilon$와 $nq + n\varepsilon$ 사이에 있을 확률이기도 하다. 그렇다면 쉽게 $P_n \geqq 1 - pq/n\varepsilon^2$가 얻어진다. 그리고 이로부터 곧바로 확률 P_n은 1에 접근한다는 P_n의 기본적인 성질이 도출된다. 이것이 확률에 대한 베르누이의 정리로서, 이 베르누이의 정리는 확률의 대수 법칙 가운데 가장 단순한 것이다. 또한 확률론의 모든 것을 특징짓는 일반적 공리는 다음과 같다. 하나의 확률공간 S는 표본공간 K, 사태의 족族 F, 확률측도 P로 이루어진다. 이 때 사태 e_1 …… e_n, ……이 F에 속한다면, $Ue_i = e_1 U$ …… $Ue_n U$ …… 도 또한 F에 속한다. 이것은 F가 가산무한의 합병에 대해 하나의 볼레르 집합체를 이루고 있다는 것을 의미한다. 또한 확률측도 P는 0과 1 사이에 있고, 사태 전체의 확률 $P(K)$는 1로서, e와 e'가 서로 소素라고 한다

면, $P(eUe') = P(e) + P(e')$이다. 그리고 이 확률가법성은 무한의 사태에 대해서도 요청된다. ⇒가능성

―스기야마 세이이치로(杉山聖一郎)

객관客觀{객체客體} [(독) Objekt]

'주관*{주체*}'의 상대개념. 보통은 '대상*'과 거의 같은 뜻이며, 영어와 불어에서는 두 개념의 용어상의 구별조차 없다. 그러나 칸트에서 '객관'은 독자적인 의미를 지닌다. 칸트는 '표상*'에서조차 그것이 의식되는 한에서는 '객관'이라고 불릴 수 있지만, '현상*'에 관해서 '객관'이 무엇을 의미해야만 하는지는 깊은 탐구를 필요로 한다고 말한다[B 234f.]. 경험*의 대상은 '현상*'이지만, '표상'의 대상으로서의 '현상'이 '객관'이라는 것은 '표상'과 '현상'과 (나아가 그것의 대상으로서의) '초월론적 객관(대상)'이라는 3항의 관계에서 말해진다. "현상은 우리에게 직접적으로 주어질 수 있는 유일한 대상이며, 거기서 직접적으로 대상에 관계하는 것이 직관*이다. 그럼에도 불구하고 이 현상들은 사물 자체*가 아니라 그것들 자신이 다시 자기의 대상을 지니는 표상에 불과하다. 그러므로 이 대상은 우리에 의해서 이미 직관될 수 없고, 따라서 비경험적인, 즉 초월론적*인 대상 = X라고 불릴 수 있을 것이다"[A 108f.]. "초월론적 객관은 무언가의 실재적 객관이나 주어진 사물이 아니라 그것에 대한 관계에서 현상이 통일을 지니는 바의 개념이다. 왜냐하면 현상에는 무언가 어떤 것이, 물론 우리는 이 어떤 것의 현상밖에 알지 못하지만, 대응하지 않으면 안 되기 때문이다"[Refl. 5554]. "현상이 포착{인상포착}의 표상들과의 대립관계에서 그것들의, 그리고 그것들과는 다른 객관으로서 표상될 수 있는 것은 다만 포착이 그것을 다른 모든 포착으로부터 구별하여 다양*의 모종의 결합 방식을 필연적이게끔 하는 규칙 아래 서있는 한에서이다. 현상에 있어서 포착의 이러한 필연적 규칙의 제약을 포함하는 것이 객관이다"[B 236]. "대상이 필연적이게끔 하는 통일*은 표상의 다양의 종합*에서의 의식의 형식적 통일 이외에는 있을 수 없다"[A 105]. 따라서 '초월론적 객관'으로서의 사물 자체(가상체可

想體)는 '현상'의 통일을 필연적이게끔 하지만, 우리로서는 표상의 다양 외에는 관계할 수 없기 때문에 '현상'을 '객관'으로 삼게 하고, 그 스스로는 "대상 X"[A 105]라는 개념으로서 '표상의 다양의 종합적 통일을 통각'에 대해 요구한다는 것이 '현상'이 '객관'이라는 것의 의미일 것이다.

'초월론적 객관'은 본래 '초월론적' 개념들 가운데 하나로서 '사물 자체' 및 '가상체'와는 성질을 달리하고 뭔가 실재적 대상의 호칭과는 다른 초월론철학에 고유한 개념일 터이지만, 그것이 결국 '사물 자체'와 유사한 일반개념으로서도 사용될 수밖에 없는 것은 위에서 말한 것처럼 "통각의 통일의 상관자"[A 250]라는 것의 설명근거를 그것의 사물 자체적 성격에서 구할 수밖에 없기 때문이다. 그것은 또한 "우리(의 감관')를 촉발'하는 것"[A 358], "현상의 원인"[B 344, 522]이라고도 불린다. 그 결과 그것은 야코비'의 논란과 독일 관념론'의 비판(초월론적 관념론과 사물 자체와의 모순')을 불러일으키게 되었다. 그러나 공간·시간이 감성의 직관 형식이라는 것과 촉발하는 대상은 무엇인가의 문제는 무관계하고, 표상의 다양의 종합적 통일이 통각의 자발성'의 활동이라는 것과 통각의 통일의 상관자(통일을 부과하는 것)는 무엇인가의 문제도 무관계하기 때문에 이들의 비난은 정당하지 않다고 생각된다. ⇒대상, 주관︱주체·기체·주어︱, 현상

―구로즈미 도시오(黑積俊夫)

📖 M. Heidegger, *Die Frage nach dem Ding*, M. Niemeyer, 1962(有福孝岳 譯『物への問』晃洋書房, 1978). J. N. Findlay, *Kant and the Transcendental Object*, Clarendon Press, Oxford, 1981. 黑積俊夫『カント批判哲學の硏究―― 統覺中心的解釋からの轉換』名古屋大學出版會, 1992.

객관적 타당성 客觀的妥當性 [(독) objektive Gültigkeit]

주관'에서의 표상'(직관' 또는 개념')과 판단'이 객관'(대상')에 대해서 타당'한 것. '보편적 타당성'과는 다르다. 미적 판단은 주관들 사이의 보편적 타당성이라는 의미의 "단순한 주관적 보편타당성"[KU, V 215]을 지닌다고도 말해지기 때문이다. 경험'이란 "지각'에

의해서 객관을 규정'하는 인식'"[B 218]이기 때문에, 경험 즉 경험판단'은 '객관적 타당성'을 지니는 판단이어야만 한다. "경험적 판단은 그것이 객관적 타당성을 지니는 한에서 경험판단이다"[Prol., IV 29 8]. 그러므로 경험의 가능성의 근거를 묻는 것은 경험판단의 '객관적 타당성'의 근거를 묻는 것 이외에 다른 것이 아니다. 그리고 이 물음에 대한 대답은 경험의 가능성의 형식적 제약으로서의 공간·시간' 및 범주'에 의해서 비로소 경험(경험판단)이 가능하게 되는 것을 증시하는 방식으로 이루어진다. 다시 말하면 공간·시간이 감성'의 선험적'인 직관 형식이라는 것에 의해 직관의 대상 즉 현상'의 객관성이 보증되고, 범주가 지성'의 선험적인 사유'(판단)형식이라는 것에 의해 현상에 관한 규정이 "객관적 타당성"[B 142]을 지닌다는 것이 제시되는 것이다. 그 과정에서 공간·시간 및 범주라는 주관의 선험적 표상의 '객관적 타당성'도 증명된다. 즉 초월론적 관념론(직관 형식과 현상 형식의 동일성 테제)에 의해 직관 형식으로서의 공간·시간이 현상으로서의 대상에 대한 "객관적 타당성"[B 44, 51]을 받아들이는 것이며, 다른 한편 경험판단의 이론(범주 아래로의 현상의 포섭'에 의한 경험의 산출)에 의해 사유(판단)형식으로서의 범주가 경험의 대상으로서의 현상에 대한 "객관적 타당성"[B 126]을 받아들이는 것이다. 그와 동시에 이러한 고찰의 전개를 통해서 "경험 일반의 가능성의 제약은 동시에 경험의 대상의 가능성의 제약이다"라는 순수 지성의 원칙(선험적 종합판단')의 "객관적 타당성"[B 197]도 증명된다. 따라서 경험의 가능성과 선험적 종합판단의 가능성 그리고 선험적 표상의 '객관적 타당성'은 결국 동일한 문제이며, '객관적 타당성'의 증명이 문제의 핵심을 이룬다고 말할 수 있을 것이다. ⇒경험판단, 연역, 인식

―구로즈미 도시오(黑積俊夫)

📖 H. Hoppe, *Synthesis bei Kant: Das Problem der Verbindung von Vorstellungen und ihrer Gegenstandsbeziehung in der "Kritik der reinen Vernunft"*, De Gruyter, 1983. 黑積俊夫「確實性の問題―― デカルト-カント-ヴィトゲンシュタイン」『名古屋大學文學部硏究論集』123・哲學 41, 1995.

객체客體 ⇨**객관{객체}**

거짓말 [(독) Lüge (라) mendacium]

거짓말의 정의에 관해서는 철학사상 크게 나누어보면 두 가지 입장이 있었다. 하나는 아우구스티누스처럼 그것이 가져다주는 이해利害나 결과와 관계없이 "거짓말이란 속이고자 하는 의도를 지니는 거짓의 표명(falsa significatio cum voluntate fallendi)"[『거짓말을 반박함』 26장]이라는 입장으로서, 이 경우 정도의 차이는 있긴 하지만 허위의 언명은 모두 죄로 간주된다. 이에 반해 다른 하나는 거짓말의 정의에 이해와 결과를 포함시키는 정의로서, 그로티우스 이래 널리 받아들여졌다. 그러한 정의의 예를 들면, 볼프*는 '거짓말'을 "타자에 해가 되는 진실하지 않은 이야기"[『독일어의 윤리학』 981절]로, 그리고 바움가르텐*은 "타인을 해치는 도덕적 허언(falsiloqium morale alios homines laedens)"[『철학적 윤리학』 344절]으로 정의하고 있으며, 이 경우에는 진실하지 않은 언사 중에서 타인에게 해를 끼치는 것만이 '거짓말'이라 불리는 죄악으로 간주된다.

칸트는 일찍부터 윤리학적 고찰에서 거짓말 문제를 중시했다. 예를 들어 그는 이미 1764-65년경의 메모에서 거짓말을 전혀 하지 않는 것이 "엄격한 책무"이며 "법의 감각(sensus juris)"에 기초하는 것으로서 단순한 "인간애"의 문제가 아니라고 쓰고 있다[XX 156]. 또한 칸트는 1770년대부터 80년대에 걸친 윤리학적인 강의들에서 거짓말을 "법적인 의미에서의 거짓말"과 "윤리적인 의미에서의 거짓말"로 구별한다든지[XXVII 1564], 나아가 "어쩔 수 없는 거짓말(Notlüge)"의 문제에 관해서 "폭력을 가하겠다고 위협하여 언명을 강요받거나 내가 말하는 것이 부당하게 이용되는" 경우에는 거짓말을 대항수단으로서 인정하는[같은 곳] 등, 섬세한 고찰을 행하고 있다. 그러나 다른 한편 『정초』*에서는 거짓말의 금지가 "타인에 대한 완전한 의무"의 예로서 거론되는 데 반해 『인륜의 형이상학』* 제2부에서는 "자기 자신에 대한 완전한 의무"로서 취급되고 있는 등 거짓말 문제에 대한 칸트의 언설에는 어느 정도

동요도 보인다. 그리고 특히 『거짓말 논문』*에서는 친구의 생명을 구하기 위하여 악인에 대해 하는 거짓말도 죄라고 하는 완고하기까지 한 엄격주의*적인 주장이 전면에 나타나며, 이후 오늘날까지도 계속해서 논란을 불러일으키고 있다. ⇨콩스탕, 『인간애로부터 거짓을 말할 수 있다는 잘못 생각된 권리에 대하여』{『거짓말 논문』}, 의무

―다니다 신이치(谷田信一)

㊜ Artikel "Lüge"(Geschr. von G. Bien), in: J. Ritter/K. Gründer (Hrsg.), *Historisches Wörterbuch der Philosophie*, Bd. 5, Schwabe, 1980. S. Bok, *Lying: Moral Choice in Public and Private Life*, Random House, 1978(古田曉 譯 『嘘の人間學』 TBS ブリタニカ, 1982). 谷田信一 「カントの實質的義務論の枠組みと"嘘"の問題」 カント研究會 編 『批判的形而上學とはなにか』 理想社, 1990. A. Baruzzi, *Philosophie der Lüge*, Wissenschaftliche Buchgesellschaft, 1996. 龜山純生 『うその倫理學』 大月書店, 1997.

『거짓말 논문-論文』 ⇨『인간애로부터 거짓을 말할 수 있다는 잘못 생각된 권리에 대하여』{『거짓말 논문』}

건전한 이성健全-理性 ⇨상식

건축술建築術 [(독) Architektonik]

체계술을 가리키는 것으로서 특히 학문의 체계*를 형성하는 방법을 가리킨다. 칸트의 경우 특히 '순수 이성의 건축술'로서 다양한 이성적 인식 속에서 체계적 통일을 수립하는 방법을 의미한다. 지식의 단순한 집적과는 구별된다. 체계란 하나의 이념* 하에 세워지는 다양한 인식*의 통일을 의미한다. 칸트와 직접적으로 인접해 있는 건축술 개념의 전례로서는 람베르트*의 저작 『건축술 구상』이 제시되지만, 근대에 한정한다 하더라도 바움가르텐*, 볼프*, 라이프니츠*로 소급될 수 있다. 라이프니츠에서 신*은 우주의 건축술사로서 생각되고 있었다. 칸트에서도 다양한 신 개념과

더불어 건축술사로서의 신 개념이 있지만, 그것은 분명히 이러한 전통에 입각해 있다. 볼프에서 건축술은 이성의 체계와의 관계에서 말해지고 있으며, 건축술적인 학이란 제1철학으로서의 존재론*을 의미한다. 바움가르텐에서 건축술은 볼프의 개념규정을 이어받아 형이상학* 또는 존재론의 별명이다. 람베르트는 이 개념을 바움가르텐에게서 계승하여 형이상학적·존재론적인 책인『건축술 구상』을 저술하는데, 그것은 인간의 인식의 건조물을 의도한 근거짓기 작업을 의미하며, 동시에 거기에는 합목적적인 전체를 가져온다는 분명한 체계적 구상이 포함되어 있다. 칸트가 그의 체계론을 건축술이라고 부른 것은 람베르트의 이러한 의미부여를 계승한 것이라고 생각된다. 그리하여 당연한 일이지만 칸트의 건축술에 대한 개념 규정은 그에게 고유한 체계 개념과 대체로 중복된다. '건축술적'이란 전체의 이념이 부분에 선행하고, 각 부분이 상호적으로 다른 모든 부분을 위해서 있으며, 결과적으로 전체를 위해 존재하는 체계를 특징짓는 술어이다. 그런 의미에서 그것은 부분이 전체에 선행하는 경우의 전체가 단순한 집적(Aggregat)이라고 불리고 그것이 긁어모음(rhapsodisch)이라고 특징지어지는 것과 대조를 이룬다. 또한 동일한 체계적 통일에서도 이념에 따르지 않고 단지 그때마다의 우연적인 의도에 따라서 경험적으로 형성되는 경우, 그것은 '기술적(technisch)'이라고 불리는 데 반해, 이념에 따라서만, 즉 이성이 선험적*으로 부과한 목적*에 따라서 구상되는 경우 '건축술적(architektonisch)'이라고 불리는바, 후자만이 건축술적 학문을 가능하게 한다. 왜냐하면 목적의 통일*에서는 모든 부분이 관계하고, 더욱이 이 목적이라는 이념에서 모든 부분이 서로 관계하기 때문이다. 이러한 목적이라는 관점은 람베르트로부터 계승된 것이다. 칸트에 따르면 건축술적 전체는 동물의 신체와 마찬가지로 목적에 의해서 통일되어 있다. 그리고 마찬가지로 합목적적인 체계의 이념은 이성 속에 배아로서 머물러 있게 된다. 체계가 동물의 신체와 같은 유기적 전체와 비교된다면, 거기에 새로운 부분이 부가되더라도 그것은 체계를 내적으로 풍부하게 하는 양분이 되며, 전체의 균형을 변화시키지 않는다. 그것이 또한 이념을

결여한 지식의 집적이 그때마다 균형을 변화시키는 것과 크게 다른 점이다. ⇒체계, 람베르트

―이시카와 후미야스(石川文康)

[참] J. H. Lambert, Anlage zur Architektonik, 1771, in: Hans Werner Arndt (Hrsg.), *Philosophische Schriften*, III/IV, Hildesheim, 1965. 石川文康『カント 第三の思考』名古屋大學出版會, 1996.

검열檢閱 [(독) Zensur]

『순수이성비판*』에서 이 말은 이성*의 교조적 사용에 대한 회의로 이끄는 절차를 가리켜 사용되고 있으며, 그것은 비판*의 전 단계를 이룬다[III 497]. 사회적 의미에서의 검열은『종교론*』에서 문제로 된다. 이 책의 간행에 앞서 칸트 자신이 검열로 괴로워하고 있었기 때문에 그 책의 서문에서 이 문제에 관한 견해를 말하고 있다. 그는 거기서 학문은 종교 또는 종교적 권위와 결합된 정치권력에 의한 간섭을 받아서는 안 됨과 동시에, 역으로 자기의 견해를 종교에 대해 강요해서도 안 된다고 한다. 이와 같이 그의 검열 비판의 기초에는 학문·종교·정치와 같은 문화 영역들은 독립성을 지녀야만 하며 서로 부당하게 간섭해서는 안 된다는 인식이 놓여 있다. 그러나 그가 그 영역들이 서로 교섭해서는 안 된다고 주장한 것은 아니다. 오히려 부당한 간섭을 배제하고 공간된 저작은 "공적인 비판"에 맡겨지는 것이고, 거기서 성립하는 공공적인 언론 공간에서 문화영역들은 서로 영향을 주고받음으로써 진보할 수 있는 것이다. 그러므로 그러한 공적인 비판을 막는 "권력을 지닌 비판"[VI 8]으로서의 검열은 허용되지 않는 것이다. 또한『종교론』의 간행 후 국왕으로부터 문책을 받은 칸트는『학부들의 투쟁*』에서 이에 대해 해명함과 동시에, 실무자가 정부의 도구로서 행하는 학식의 사용에 대한 대학의 학부에 의한 비판적 음미를 역으로 검열이라고 부르는 데서 나아가 [VII 18] 특히 철학부에 그 임무를 맡기고 있다. ⇒비판

―다나카 마코토(田中 誠)

[참] 牧野英二『遠近法主義の哲學』弘文堂, 1996.

겐츠 [Friedrich von Gentz 1764. 5. 2–1832. 6. 9]

브레슬라우에서 태어난 독일의 정치가, 문필가. 아버지는 프리드리히 대왕*의 치세 하에서 조폐국 장관을 역임했다. 쾨니히스베르크 대학에 입학하여 철학과 법률을 공부하고 스승인 칸트의 영향을 받는다. 졸업 후 프로이센의 관계에 들어가 중앙감독국 재무비서관의 지위에 오른다. 프랑스 혁명의 발발 당시에는 혁명의 정신에 공감하지만, 곧이어 E. 버크*의 프랑스 혁명에 대한 신랄한 비난의 책『프랑스 혁명의 성찰』(1790)을 읽고 결정적으로 사상적 전향을 행한다. 이 책의 번역(1793) 및 그것과 관련된 논문의 간행에 의해 일약 독일 논단의 각광을 받기에 이르렀다. 그 후 오스트리아 정부에서 일하고, 나폴레옹의 유럽 통치정책에 관여하며, 또한 메테르니히의 이해자·협력자가 된다. 나아가『판단력비판』*의 간행 시에는 J. C. 키제베터와 함께 이 책의 교정 작업에 관계한다. 또한『이론과 실천』에 관해 '보론'(1793)을 집필하여 칸트의 견해에 이론異論을 제기하고 있다. ⇨ 버크

―마키노 에이지(牧野英二)

㊜ 十河佑貞『フランス革命思想の研究』東海大學出版會, 1976.

격률格率 ⇨**준칙**

견해見解 [(독) Fürwahrhalten]

직역하면 참으로 여김이며 신빙이라고도 번역된다.『순수이성비판』*의 후편에 해당하는 '초월론적 방법론'의 제2장 '순수 이성의 규준'의 제3절에서 칸트는 견해를 의견(Meinen)과 신앙*(Glauben) 그리고 지식(Wissen)의 3단계로 분류하고, 순수 이성의 최종 목적이 신*과 내세의 존재를 도덕적 신앙으로서 확신시키는 데 있다는 것을 분명히 했다. 지식을 제거하여 신앙에 여지를 주는 것에서 실천 이성의 우위*를 보였던 것이다.

견해는 판단의 주관적 타당성이며, 그것에는 당사자만의 아집(Überredung)에 불과한 경우와 누구라도 납득시킬 수 있는 확신(Überzeugung)의 경우가 있다. 확신은 더 나아가 주관적으로나 객관적으로 불충분한 의견, 주관적으로는 충분하지만 객관적으로는 불충분한 신앙, 주관적으로나 객관적으로 충분한 지식의 세 가지로 나누어진다.

순수 이성에 의한 판단*에서는 의견을 세우는 것은 허용되지 않는다. 그러나 이성*의 초월론적 사용에서는 의견은 지나치게 작으며 지식은 지나치게 크다. 이론적으로 불충분한 견해라 하더라도 실천적 관계에 놓이는 한 그곳이 어디이든 신앙이라고 불러도 상관없는 경우가 둘이 있기 때문이다. 하나는 실용적 신앙으로서 임의적인 우연한 목적을 달성하기 위한 숙련에 관계되며, 또 하나는 도덕적 신앙으로서 전적으로 필연적인 목적인 도덕성*에 관계된다. 영어에서는 전자가 belief(신념), 후자가 faith(신조)에 해당되지만, 독일어에서는 구별이 존재하지 않는다. 칸트에서 중요한 것은 후자이다.

신의 존재와 영혼의 불사성은 그 가능성*을 이론적으로 증명할 수 없기 때문에 지식이 아니지만, 그렇다고 해서 그 불가능성 역시 이론적으로 증명할 수 없기 때문에 교의상의 신조에 머문다. 그러나 칸트에 따르면 실천적으로는 도덕적으로 확신할 수밖에 없기 때문에 도덕적 신앙의 대상으로서 확보될 수밖에 없다. 이러한 칸트의 사상은 플라톤* 이래의 doxa(의견)론에 하나의 해답을 준 것으로서 그 후의 논쟁의 기준이 되었다. ⇒ 확신, 신앙, 이성신앙

―히라타 도시히로(平田俊博)

㊜ K. Jaspers, *Der Philosophische Glaube*, Piper, ⁶1974. H. Hofmeister, *Wahrheit und Glaube*, Oldenbourg, Wien, 1978.

결의론決疑論 [(독) Kasuistik (영) casuistry (라) casus conscientiae]

기독교*의 도덕신학 안에서 양심*을 괴롭히는 개별적 사례들을 분석하여 도덕적 선악을 판단하는 것에 중점적으로 관계하는 부문. 이는 본래 중세에 사제가 사용하는 청죄규정서에서 발전되었지만, 근대에 이르러 기독교의 도덕적 명령을 새로운 사회 상황에 적용할 필요에서 16–17세기에 예수회를 주력으로 하여 전성

기를 맞이했다. 이자를 용인한다든지 '심중유보(reser-vatio mentalis)'의 개념을 원용하여 실질적으로 거짓말을 허용한다든지 하는 식으로 이완주의(laxism)적인 경향이 강했기 때문에 파스칼*의 『시골사람들에게 보내는 편지』에서 격렬하게 비난 받았다. 칸트도 예수회류의 결의론에 대해서는 좋은 인상을 가지고 있지 않았으며[Ⅷ 344, 385], 또한 결의론은 "학문이나 학문의 일부가 아니다"라고 말하면서도, 동시에 법론*과는 달리 윤리학*(덕론*)에서는 단편적으로 결의론이 "섞어 넣어진다"[Ⅵ 411]고 말하고, 나아가 도덕교육에서 결의론적 물음에 일정한 의의를 인정하고 있다[Ⅵ 483f.]. 또한 최근에는 생명윤리* 등과 관련하여 결의론을 재평가하고자 하는 움직임이 강해지고 있다. ⇒『인류의 형이상학』, 덕론

―다니다 신이치(谷田信一)

A. R. Jonsen/S. Toulmin, *The Abuse of Casuistry*, Univ. of California Press, 1988. E. Leites (ed.), Conscience and *Casuistry in Early Modern Europe*, Cambridge U. P., 1988. J. F. Keenan/Th. A. Shannon (eds.), *The Context of Casuistry*, Georgetown U. P., 1995.

결합結合 [(독) Verbindung (라) conjunctio]

『순수이성비판』* 제1판, 제2판은 모두 결합을 직관*의 다양*이 대상*의 인식*으로 되기 위해 요구되는 사유*의 자발적 활동으로서의 종합*의 한 국면으로서 도입한다[A 77/B 102]. 자발성*에 관한 제1판의 기본적인 파악방식은 다양의 종합·통일에 의해 성립하는 인식과 관련하여, 다양은 감성*이 부여하고 이것을 종합하는 것은 상상력*, 종합에 통일*을 부여하는 것은 지성*이라고 하여, 종합을 곧 상상력의 기능에 한정하기 때문에, 결합은 일관되게 사유의 자발성의 일부로 된다. 그러나 제2판에서 그것은 직관의 다양과 다양의 종합 그리고 다양의 통일이라는 세 가지 계기를 수반하는 지성의 자발적인 활동의 전체를 의미한다(직관의 결합이든 개념의 결합이든 결합은 일반적으로 종합이라고도 불리지만). 그리고 다양을 결합한 결과로서 생기는 통일과 다양의 표상*에 부가됨으로써 결합 자체를 가능하게 하는 통일이 구별되며, 후자는 "질적 통일(qualitative Einheit)"[B 131]이라고 불린다.

결합은 결합되는 다양의 종류와 결합에 관계하는 범주*의 차이에서 분류된다. 결합은 우선 합성(Zusammensetzung)과 연결(Verknüpfung)로 나뉜다[B 201f. Anm.]. 합성은 모든 수학적인 것에서처럼 서로 필연적 관계를 지니지 않는 같은 종류의 것의 종합을 의미한다. 이것은 나아가 연장량으로 향하는 집합(Aggregation)이든가 내포량으로 향하는 합동(Coalition)이든가이다. 연결은 실체*에 대한 속성, 원인에 대한 결과처럼 같은 종류가 아닌 다양이 서로 필연적으로 관계하는 경우이다. 합성은 단지 직관으로 향하기 때문에 수학적*(mathematisch)이라고 불리며, 연결은 다양의 현존재*의 결합에 관계하기 때문에 동역학적*(dynamisch)이라고 불린다.

또한 결합(종합)에 대해 중요한 것은 그것을 어디서 행할 것인가라는 장소의 구별이다. 이 구별은 제1판부터 제2판에 걸쳐 점차로 명료해진다. 외감의 표상은 지성에 의해 내감* 안에 정립되며, 감성 자신 또는 직관에서 결합되어 주관적 통일을 이룬다. 여기서 일정한 직관 및 그것의 경험적 의식인 지각*이 성립하며, 이것을 표현하는 것이 지각판단이다. 각각의 직관 내지 지각은 또한 일정한 범주에 따르는 지성 자신(통각*)에서 결합되어 객관적 통일을 이룬다. 여기서 대상에 관계하여 진위를 물을 수 있는 일정한 경험이 성립하며, 이것을 표현하는 것이 경험판단*이다. ⇒범주, 경험판단, 종합, 포착, 통일

―이와쿠마 사토시(岩隈 敏)

경건주의敬虔主義 [(독) Pietismus]

경건주의는 Pietismus를 번역한 것이다. 17세기 후반의 프로테스탄트 독일에서 일어나 18세기 전반에 최전성기를 맞이한 교회개혁의 지향과 운동의 총칭. 칸트 시대에는 P. J. 슈페너가 창시하고 A. H. 프랑케가 발전시킨 할레파 경건주의만이 이 이름으로 불렸지만, 현재는 이 파 외에 N. L. 친첸도르프가 창시한 헤른후트파(칸트는 모라비아주의라고 불렀다[Ⅶ 55])와 뷔르템베

르크파, 칼뱅교회파, 나아가 교회이탈주의도 포함한 넓은 의미의 경건주의가 논구의 대상을 이룬다. M. 루터의 종교개혁으로부터 1세기 반, 체제화한 정통교회가 타락하고 신앙*이 형해화한 정황에 대해 청년 루터의 이념으로 되돌아가 초기 기독교회의 경건한 신앙을 현대에 부활시킬 것을 목표로 했다. 독일 신비주의 사상유산의 다수를 계승하고, 영국의 퓨리터니즘, 네덜란드의 경건주의 등의 선구적인 또는 병행적인 개혁운동의 영향을 받았다. 슈페너는 신앙만이 의롭게 한다는 루터의 의인의 가르침을 사람은 영적으로 다시 태어나 신의 아들로 되어야만 한다는 재생의 가르침으로 발전시켰다.

경건주의자의 신앙태도는 경건에서 이지理知보다 심정을, 학식보다 실천을 존중하는 반면에, 자주 엄격주의, 반세속주의, 금욕주의, 위선, 거짓 신심, 미신 등의 부정적인 경향이 보였다. 경건주의는 시민계급에 널리 보급되었으며, 그 영향을 받아 칸트의 부모, 특히 어머니는 신앙심이 돈독했다. 어머니가 존경하는 목사 F. A. 슐츠는 할레 대학에서 공부하고, 계몽주의 철학자 볼프*의 제자임과 동시에 또한 열심 있는 경건주의자였지만, 그가 교장을 겸직하는 프리드리히 학원은 할레의 프랑케 학원을 본보기로 하여 창립된 학원으로서, 여기서 김나지움 과정을 이수한 칸트는 엄격한 종교교육과 수련을 강제 받아 경건주의의 반이성적이고 비합리적인 부정적 측면을 몸으로 경험한 것으로 보인다. 후년의 칸트의 교회 혐오의 원인도 어느 정도까지는 소년기의 공포와 불안의 경건주의 체험에서 찾아볼 수 있을 것이다.

―이토 도시오(伊藤利男)

图 A. Ritschl, *Geschichte des Pietismus*, 3 Bde., Bonn, 1880–86. Johannes Wallmann, *Der Pietismus*, Göttingen, 1990. 伊藤利男 『敬虔主義と自己証明の文學』 人文書院, 1994.

경향성傾向性 [(독) Neigung]

경향성은 악으로의 성벽*(Hang)에 가까운 것으로서 도덕성을 방해하는 것이자 의지*에 의해서 극복되어야만 할 것처럼 생각되지만, 성벽이 자유*의 작용*으로 인해 도덕적 성벽이라고 불릴 수 있는 데 반해, 경향성은 악덕이 그것에 접붙여지기 쉬운 경향을 지니긴 하지만 자연적 충동으로서의 그것 자체는 결코 악하지 않다. 그러나 경향성은 "습관적인 감성적 욕망"이라고 정의되는 것이자 욕구능력*으로서 감각에 의존하기 때문에, 의지가 모든 감성적 충동에 의존하지 않고 자율적으로 보편적 법칙을 세우는 데서 성립하는 도덕적 행위에서는 준칙*에서의 의지의 규정근거로부터 배제되어야만 하는 것에 속한다. 여기서 경향성은 두 가지 의미를 지니게 된다. 하나는 자유의 실천적 사용이 문제로 되기 이전의 자연적 충동 그 자체로서의 경향성이며, 둘째는 준칙에서 의지의 규정근거로서의 자유의 작용에 대해 모종의 의미에서 관계를 지니는 경향성이다. 감성적 존재자이기도 한 인간이 감성적 욕망을 지니는 것은 지극히 자연스러우며, 첫 번째 의미에서의 경향성은 목적론적으로 말하면 오히려 선에 속할 수 있다. 그러나 그 감성적 욕망이 습관으로 되는 경우에 그것은 자유롭게 선택되어야만 하는 준칙의 결의성에서 자연필연적인 감성적 욕망이 자유를 배제하고 의지의 규정근거로 되는 경향을 허용한다는 의미에서 자유의 작용에 대한 관계를 지니며, 본래 도덕법칙*의 정언적 명법을 의식하고 있어야만 하는 의지의 준칙의 전도에 연계된다. 도덕철학*은 "하늘에 매달려 있지도 않고 땅에 지탱되고 있지 않음에도 불구하고 확고해야만 하는 곤란한 입장에 놓여 있다"[GMS, IV 425]고 칸트는 말하고 있지만, 그 곤란함은 경향성의 이 두 가지 의미 사이에 있다고 말해도 좋을 것이다. 의무*의 의식은 경험적 개념이 아니기 때문에, 어떤 행위가 오로지 도덕적 근거에서 기인하는지의 여부를 완전히 확실하게 결정하는 것은 경험적으로는 불가능하며, 거기에 자기애*로부터 도덕법칙의 정언적 명법에 대해 궤변을 희롱하는 성벽이 생기며, 그것이 악으로의 성벽이라고 불리는 것이다. ⇒성벽

―가도와키 다쿠지(門脇卓爾)

경험經驗 [(독) Erfahrung]

"경험"이란 "일종의 인식양식(eine Erkenntnisart)"이다[B XVII]. 좀더 단적으로 말하자면 그것은 "경험적 인식(eine empirische Erkenntnis), 결국 지각*에 의해서 객관*을 규정하는 인식*"이다[B 218].

지각에 의해서 객관을 규정한다는 것은 다양한 지각을 종합, 통일함으로써 객관을 성립시키는 것이다. 다양한 지각의 종합, 통일은 제1판에 따르면 구체적으로는 '직관*에서의 포착의 종합*', '구상에서의 재생의 종합*', '개념*에서의 재인의 종합*'이다. 이들 세 가지 종합의 능력은 '감관*(Sinn)'과 '상상력*(Einbildungskraft)' 그리고 '통각*(Apperzeption)'이다. 칸트는 다음과 같이 말하고 있다. "그런데 세 가지 근원적인 원천(마음의 재능 또는 능력)이 있다. 이들 원천은 경험의 가능성의 제약들을 포함하며, 그것들 자체가 심성의 다른 어떠한 능력으로부터도 도출될 수 없는 것들이다. 즉 감관, 상상력, 통각이다. 이들에 기초하는 것은 (1) 감관에 의한 선험적 다양의 공관(Synopsis), (2) 상상력에 의한 이 다양*의 종합(Synthesis), (3) 마지막으로 근원적 통각에 의한 이 종합의 통일*(Einheit)이다"[A 94].

여기서는 인식원천으로서 감관, 상상력, 통각이 거론되고 있는데, 이것을 감성*, 상상력, 지성*이라고 바꿔 말해도 좋다. 나아가 상상력은 지성의 범주*에 따라서 활동하는 능력이기 때문에 우리의 인식원천은 감성과 지성이라고 말해도 지장이 없을 것이다. 공간*과 시간*은 감성의 형식이며, 범주는 지성의 형식이다. 칸트에게 있어 경험적 인식으로서의 경험은 지각의 질료로서의 감각이 감성 및 지성의 형식에 의해 종합, 통일될 때 비로소 성립한다. 그리고 그의 초월론적 관념론에서는 경험적 인식, 즉 경험적 대상의 인식의 성립은 이 인식이 대상*, 요컨대 경험적 대상의 성립 외에 다른 것이 아니다. 경험과 그 대상은 하나도 아니고 둘도 아닌 것이다. 칸트는 다음과 같이 말한다. "경험 일반의 가능성의 제약들은 동시에 경험의 대상의 가능성의 제약들이며, 그러므로 선험적 종합판단에서 객관적 타당성*을 지닌다"[A 158/B 197].

공간과 시간은 모두 감성의 형식이지만, 우선은 공간은 외감의, 따라서 외적 경험의 형식이고, 시간은 내감*의, 따라서 내적 경험의 형식이라고 말할 수 있을 것이다. 그러나 외적 경험의 표상*도 내적 경험의 그것과 마찬가지로 심성의 규정으로서 내적 상태에 속하는 바, 이 내적 상태는 내감의 형식으로서의 시간의 제약 하에 있다. 따라서 시간은 단지 내적 경험의 형식만이 아니라 경험 일반의 보편적 제약이라고 말해야만 한다. 다시 말하면 모든 경험은 내적인 것과 외적인 것을 가리지 않고 시간의 제약 하에 있는 것이다[A 34/B 50 f를 참조]. 그런데 시간 규정은 무언가 '지속적인 것(das Beharrliche)'을 전제하지만, 이것은 외적 경험 속에서만 발견된다. 따라서 "내적 경험 일반은 외적 경험 일반에 의해서만 가능하다'고 말해져야만 한다[B 278f를 참조]. 이것은 『순수이성비판』*의 제2판에 삽입된 '관념론 논박*'의 중요한 주장이다. ⇒범주, 경험의 가능성의 제약, 경험주의, 무제약자

—하카리 요시하루(量 義治)

📖 Gordon Nagel, *The Structure of Experience: Kant's System of Principles*, University of Chicago Press, 1983. Arthur Melnick, *Kants Analogies of Experience*, University of Chicago Press, 1973. Nathan Rotenstreich, *Experience and Its Systematization: Studies in Kant*, Martinus Nijhoff, [2]1972. Helmut Holzhey, Kants Erfahrungsbegriff, Schwabe, 1970. H. J. Paton, *Kant's Metaphysics of Experience: A Commentary of the First Half of the Kritik der reinen Vernunft*, 2 vols., George Allen & Unwin, 1936.

경험론經驗論 ⇨ 경험주의

경험의 가능성의 제약經驗-可能性-制約 [(독) Bedingungen der Möglichkeit der Erfahrung]

단지 '경험*'이라고 말하는 경우에는 '경험적 인식'을 의미하며, '경험의 대상*과는 구별된다. 그러나 경험적 인식은 경험의 대상의 인식이고 경험적 인식의 성립은 동시에 경험의 대상의 성립에 다름 아니다. 경험적 인식, 결국 경험은 우선 대상*이 감성*을 통해 주어진 다음 이 대상이 지성*에 의해서 사유*될 때 성립한다. 감성을 통해 주어진다는 것은 공간 · 시

간*이라는 감성의 형식을 통해 주어진다는 것이다. 또한 지성에 의해서 사유된다는 것은 지성의 형식인 순수 지성 개념(범주*)에 의해서 사유된다는 것이다. 공간·시간이 경험의 대상에 타당*하다는 것은 자명하다. 왜냐하면 애초부터 경험의 대상은 공간·시간을 통해서 주어지기 때문이다. 그러나 범주가 경험의 대상에 타당한지 아닌지는 결코 자명하지 않다. 다시 말하면 공간·시간이 경험의 가능성의 제약으로서 객관적 타당성*을 지니는 것은 쉽게 이해될 수 있지만, 범주도 과연 그러한지는 결코 자명하지 않은 것이다.

범주의 '초월론적 연역'이란 바로 이것, 즉 범주의 객관적 타당성을 밝히고자 하는 것이다. 칸트의 말로 이야기하자면 "어떻게 해서 개념*이 선험적으로 대상에 관계할 수 있는가 하는 방식에 대한 설명"[KV, A 85/B 117]이다. 초월론적 연역에는 '형이상학적 연역'이 선행한다. 후자에서 도출된 범주는 판단*의 가능성의 근거로서의 개념인바, 결국 판단에서의 주어와 술어의 또는 판단 상호의 결합을 가능하게 만드는 개념이다. 이것은 '결합개념(connective concepts)'이라고 불릴 수 있을 것이다. 보통 "범주는 대상 일반의 개념이다"[B 128]라고 말해지기 때문에 초월론적 연역이란 형이상학적 연역에서 도출된 결합개념으로서의 범주가 동시에 대상 일반의, 따라서 경험의 대상의 개념이기도 하다는 것을 밝히고자 하는 것이라고 말할 수 있을 것이다. 다시 말하면 그것은 논리적인 결합개념이 동시에 실재적인 개념이라는 것을 밝히고자 하는 것이다. 이를 위해 칸트가 채택한 방법이 초월론적 방법이다. 그것은 결국 범주가 경험의 가능성의 제약이라는 것을 분명히 하는 방법이다.

비판철학의 핵심인 동시에 난해한 초월론적 연역을 객관적 연역을 수행하고 있는 제2판에 따라 이하에 약술하고자 한다. 이 부분은 충분히 깊이 생각되고 있고 엄밀한 논리구조를 지니고 있다. 연역*은 §15-20과 §22-27의 두 단계로 이루어진다. §21은 §20에 대한 주해이다. 제1단계의 정점은 §20이며 제2단계의, 따라서 연역 전체의 정점은 §26이다. §20은 다섯 개의 명제로 구성되어 있으며, 전체는 하나의 논리구조를 지닌다. 즉 전체가 두 개의 정언삼단논법으로

이루어져 있다. 제1명제는 소전제, 제2명제는 대전제, 제3명제는 첫 번째 삼단논법의 결론임과 동시에 다음의 두 번째 삼단논법의 소전제로 되며, 제4명제는 수정을 가함으로써 대전제로 되고, 제5명제는 두 번째 삼단논법의 결론임과 동시에 제1단계의 결론이다. 각 명제를 간략화하고 필요한 경우에는 수정하여 표현하면 다음과 같이 될 것이다.

제1명제(제1소전제): "직관*의 다양*은 통각*의 근원적, 종합적 통일 아래 있다".

제2명제(제1대전제): "그런데 통각 일반의 활동은 판단의 논리적 기능이다".

제3명제(제1결론·제2소전제): "그러므로 직관의 다양은 판단의 논리적 기능에 의해서 규정된다".

제4명제(수정명제, 제2대전제): "그런데 바로 이 판단의 기능은 범주 이외의 아무것도 아니다".

제5명제(제2결론, 제1단계의 결론): "그러므로 직관의 다양은 필연적으로 범주 아래 있다".

제1명제(제1소전제)는 "통각의 근원적, 종합적 통일의 원칙"[§17] 또는 "모든 직관의 가능성의 최고원칙"[§17] 또는 "모든 지성 사용, 전 논리학 자체, 따라서 초월론적 철학이 매여 있어야 하는 최고점"[§16]이라고 불린다. 그러나 제2명제(제1대전제)가 객관적 연역의 핵심을 이루는 명제이다. 이 명제는 "판단은 근원적 통각의 형식이다"라고 간단히 말할 수 있을 것이다. 객관적 연역에서 결정적으로 중요한 것은 판단과 통각의 관계에 주목하여 이 관계를 정확히 파악하는 것이다. 양자의 관계의 중대성이 주목 받지 못하고 양자가 서로 분리되어 따로따로 고찰되게 되면, 형이상학적 연역과 초월론적 연역의 내적 연관은 인식되지 않을 것이며, 또한 초월론적 연역은 어쩔 수 없이 주관적 연역에로 기울어지게 될 것이다. 그것이 바로 초판의 초월론적 연역의 실태이다. 실로 객관적 연역은 판단의 선과 통각의 선이 맞부딪치는 데서 성립하는 것이다.

제1단계의 결론인 제5명제는 "결합개념으로서의 범주는 대상 일반의 개념의 가능성의 필연적 제약이다"라는 명제와 등치이다. 제2단계가, 따라서 전체 연역이 의도하는 것은 이와 같은 범주가 동시에 경험의 가능성

의 필연적 제약이라는 것을 분명히 하는 것이다. §
26은 § 20과 마찬가지로 다섯 개의 명제로 이루어진다.
　제1명제(제1대전제): "공간과 시간은 포착의 종합의
필연적 제약이다".
　제2명제(제1소전제): "그런데 다양의 종합적 통일은
공간과 시간의 필연적 제약이다".
　제3명제(제1결론·제2대전제): "그러므로 다양의
종합적 통일은 포착의 종합의 필연적 제약이다".
　제4명제(제2소전제): "그런데 범주는 다양의 종합적
통일의 필연적 제약이다".
　제5명제(제2결론, 제2단계의, 따라서 전체 연역의
결론): "따라서 범주는 경험의 가능성의 필연적 제약이
다".
　제2단계는 제1단계와 마찬가지로 두 개의 삼단논법
을 형성한다. 제1단계의 경우에는 제1명제가 소전제,
제2명제가 대전제였지만, 여기서는 제2명제가 그 소전
제, 제3명제가 그 결론이다. 이 첫 번째 삼단논법의
결론은 두 번째 삼단논법의 대전제로 된다. 제4명제는
그 소전제, 제5명제는 그 결론, 따라서 제2단계의 결론
이자 따라서 전체 연역의 결론으로 된다. 이리하여
칸트에서 범주는 공간·시간과 더불어 경험의 가능성
의 필연적 제약인 것이다. ⇒경험, 범주, 연역, 판단
　　　　　　　　　　　　－하카리 요시하루(量 義治)

　Eckart Förster(ed.), *Kant's Transcendental Deduktions: The Three 'Critiques' and the 'Opus postumum'*, Stanford U. P., 1989. Manfred Baum, *Deduktion und Beweis in Kants Transzendentalphilosophie: Untersuchungen zur "Kritik der reinen Vernunft"*, Athenäum Verlag, 1986. Wilfried Hinsch, *Erfahrung und Selbstbewußtsein: zur Kategoriendeduktion bei Kant*, Felix Meiner Verlag, 1986. Eva Schaper/Wilhelm Vossenkuhl(eds.), *Bedingungen der Möglichkeit: 'Transcendental Arguments' und transzendentales Denken*, Klett-Cotta Verlag, 1984. 量義治『カントと形而上學の檢證』法政大學出版局, 1984. Wolfgang Becker, *Selbstbewußtsein und Erfahrung: Zu Kants transzendentaler Deduktion und ihrer argumentative Rekonstruktion*, Verlag Karl Albert, 1984. Henry E. Allison, *Kant's Transcendental Idealism*, Yale U. P., 1983.

경험적 실재성經驗的實在性 ⇨ **초월론적 관념론**

경험적 심리학經驗的心理學 [(독) empirische Psychologie]
　(1) 볼프의 경험적 심리학의 내용: 볼프* 형이상학*의
한 부문으로서의 심리학은 경험적 심리학과 이성적
심리학*으로 구성된다. 이 가운데 경험적 심리학은
인식능력*을 탐구하는 부문과 욕구능력을 탐구하는
부문의 두 부분으로 나누어진다. 이들 능력은 각각
상위능력과 하위능력으로 나누어진다. 상위 인식능력
에는 주의*·반성*·지성* 등이, 하위 인식능력에는
감각*·상상·회상·기억 등이 속한다. 이들 두 영역
은 연속적인 계층을 이룬다. 경험적 심리학에서는 표
상*은 곧 인식이며, 이것은 위의 두 능력에 대응하여
애매한 표상, 명석하긴 하지만 판명하진 않은 표상,
판명한 표상으로 구별된다. 완전히 판명한 순수 표상
은 신*에게만 허락되며 인간에게는 불가능하다. 인간
의 표상에는 언제나 감각·상상의 요소가 섞여 들어오
기 때문이다. 판명한 표상은 인식의 논리적 완전성이
라고 불리며, 이것은 상위 인식능력에 의해 주어진다.
따라서 하위 인식능력의 완전성도 문제가 되며, 여기
에서 바움가르텐*/마이어*의 미학* 구상이 생겨났다.
하위 인식능력의 논리학이 미학이며, 그 완전성은 미
적 완전성이다. 경험적 심리학에서는 논리·심리·
인식이 삼위일체적으로 이해되고 있다. 다음으로 상위
욕구능력에서는 의지*·자유*·심신문제가 논의된
다. 여기서도 감성적 욕구에서 자유로운 순수 의지는
인정되지 않는다. 하위 욕구능력에서는 욕구와 감정이
문제로 된다. 이 주제들은 실천철학*에 관계된다. 경험
적 심리학과 이성적 심리학의 관계에 대해 말하자면,
전자는 후험적*인 방법으로, 후자는 선험적*인 방법으
로 마음의 능력을 탐구한다. 칸트와의 비교에서 주의
해야만 할 것은 이 두 가지 방법이 볼프에서는 이원적
으로 대립하고 있지 않다는 점이다. 전자에서의 성과
가 전제되어 후자에서의 논의가 전개됨과 동시에, 전
자의 방법으로는 얻어지지 않는 지식이 가정으로서
후자에서 정립되며, 나아가 이것이 전자의 방법에 의
해 검증된다. 이와 같은 방식에는 '이성*과 경험*의

결혼'을 표방하는 볼프 철학의 이념이 잘 반영되어 있다.

(2) 칸트와 경험적 심리학: 칸트가 경험적 심리학을 전체적으로 수용하고 있다는 것은 그 술어를 그가 비판기에도 사용하고 있는 데서 분명히 드러난다. 또한 칸트는 강의에서도 일찍부터 형이상학 강의의 일환으로서 경험적 심리학을 강의한다. 특히 주목해야만 하는 것은 70년대의 인간학 강의에서 볼프적인 경험적 심리학의 구성이 그대로 토대가 되고 있다는 점이다. 볼프와의 비교에서 문제로 되는 것 가운데 가장 중요한 것은 선험의 개념이다. 칸트적인 선험의 개념, 요컨대 순수 지성과 순수 의지가 볼프에서는 인정되지 않는다. 이에 반해 칸트는 이 개념들을 경험적 심리학에 비판적으로 대립시킨다[『형식과 원리』 제2장]. 여기서 독일 학교철학의 전통에 이질적인 칸트의 선험주의가 시작된다. 둘째, 완성된 칸트의 인식론에서 표상은 그대로는 인식이 아니다. 표상은 오히려 내용으로서 이것에 선험적 형식이 관계하는 데서 인식의 성립이 설명된다. 셋째, 상위 인식능력과 하위 인식능력의 선험적 원리들은 이원적으로 분단된다. 마지막으로 논리와 심리가 구별된다. ⇒ 이성적 심리학

─야마모토 미치오(山本道雄)

📖 Chr. Wolff, *Psychologia Empirica*, Olms, 1732. Robert Sommer, *Grundzüge einer Geschichte der deutschen Psychologie und Ästhetik*, Würzburg, 1862. M. Dessoir, *Geschichte der neueren deutschen Psychologie*, Berlin, 1902. Patricia Kitcher, *Kant's Transcendental Psychology*, Oxford, 1990. 山本道雄 「先驗的論理學の構想をめぐる諸問題」神戸大學文學部紀要 23, 1995;「ヴォルフの論理學思想についての豫備的敍說」神戸大學『文化學年報』14, 1995.

경험주의 經驗主義 [(독) Empirismus]

비판철학 이전의 근대 철학에 두 개의 큰 조류가 있다. 하나는 F. 베이컨*, 홉스*, 로크*, 버클리*, 흄*으로 전개되는 영국 경험주의의 흐름이다. 또 하나는 데카르트*, 말브랑슈, 스피노자*, 라이프니츠*, 볼프*로 전개되는 대륙 이성주의의 흐름이다. 영국 경험주의는

로크에서 확립된다. 로크의 경험주의는 '관념학(Ideology)'이다. 요컨대 어떻게 해서 우리의 마음*에 관념이 형성되기에 이르는 것인가를 해명하고자 하는 것이다. 관념이 형성되는 데서 전제되는 것은 '감각(sensation)'과 '반성(reflexion)'이다. 경험주의가 이성주의*와 결정적으로 다른 점은 후자가 주장하는 '생득관념(idea innata)'의 존재를 부정하는 것이다. 로크에 따르면 경험*에 앞서 우리의 마음은 말하자면 '백지(a white paper)'(라이프니츠는 '매끄러운 가공되지 않은 판(tabula rasa)'라고 표현했다)인 것이다.

비판철학은 근대 철학의 분수령이라고 말해진다. 그것은 비판철학이 그 이전의 경험주의와 이성주의를 종합하는 것이고, 또한 그 이후의 독일 관념론* 전개의 기점으로 된다고 이해되기 때문이다. 『순수이성비판』의 '서론'에서 칸트는 모든 인식은 "경험과 함께(mit der Erfahrung)" 시작되지만, 그러나 그것은 그렇다고 해서 모든 인식이 "경험에서 기인한다(aus der Erfahrung)"는 것을 의미하는 것은 아니라고 말하고 있다. 인식에서 사실문제*와 권리문제*는 구별되어야만 한다. 사실문제에 관해서는 경험주의가 주장하는 대로이다. 그러나 권리문제에 관해서는 이성주의의 주장이 옳다고 생각되는 것이다. 다시 말하면 어떤 종류의 선험적 인식, 요컨대 생득관념이 있다고 생각되는 것이다. 경험주의의 입장에서는 권리문제가 사실문제로 환원되어버린다.

경험주의에 대한 칸트의 견해는 '순수 이성의 이율배반*'에서 잘 표현되고 있다. 칸트에 따르면 이율배반에서 정립*의 측은 '교조주의*(Dogmatismus)'이며, 그에 대해 반정립의 측은 '경험주의'이다. 그는 이 경험주의에 관해 세 가지를 말하고 있다. 첫째, "도덕과 종교가 수반하는 바의 이성의 순수 원리에서 기인하는 실천적 관심이 보이지 않는다. 오히려 순전한 경험주의는 도덕과 종교로부터 모든 힘과 영향을 빼앗는 것으로 생각된다"[A 468/B 496]. 둘째, "이성의 사변적 관심에게 경험주의는 대단히 매혹적이며, 동시에 이성 이념을 설파하는 교조주의자가 약속할 수 있는 이점을 훨씬 능가하는 이점을 제공한다. 경험주의에 따르면 지성*은 언제나 자기 특유의 지반, 즉 유일하게 가능한

경험의 영역에 서서 이 경험법칙을 탐구하고 이것을 매개로 하여 자기의 확실하면서 명백한 인식을 무한히 확대할 수 있는 것이다"[같은 곳]. 셋째, "일반적으로 보통의 지성은 경험적 인식과 그 이성적 연관에 의해서가 아니라면 그 이외의 무엇에 의해서도 만족을 약속하지 않는 계획을 갈망하는 데 반해, 초월론적 교설은 그것과는 달리 가장 훌륭하게 사상적으로 훈련된 두뇌의 통찰과 이성능력마저 훨씬 넘어선 개념에로 높아지도록 지성을 강제하는 것이라고 생각되는 데도 불구하고, 참으로 기묘한 것은 경험주의 쪽이 모든 점에서 전혀 인기가 없다는 점이다"[A 472f./B 500f.]. 이상의 세 가지 지적의 근저에는 초월론적 이념의 실재성에 대해서 사변적*으로 관심을 지녀야만 하는 것은 아니지만, 실천적*으로는 관심을 지녀야만 한다는 칸트 자신의 입장이 놓여 있다. ⇒이성주의, 경험, 사실문제/권리문제

―하카리 요시하루(量 義治)

㊜ 量義治『西洋近世哲學史』放送大學教育振興會, 1996. Lewis White Beck, *Essays on Kant and Hume*, Yale U.P., 1978. Henri Laueuer, *Hume and Kant*, Francke Verlag, 1969. Arthur O. Lovejoy, *On Kant's Reply to Hume*, in: Moltke S. Gram (ed.), *Kant: Disputed Questions*, Quadrangle Books, 1967.

경험판단經驗判斷 [(독) Erfahrungsurteil]

지각판단(Wahrnehmungsurteil)과 비교되어 주로『프롤레고메나』*에서 사용되는 용어이다. 경험적 판단(empirisches Urteil)이 객관적 타당성*을 지니는 경우에는 경험판단이며, 객관*에 관계되지 않고 주관적 타당성밖에 갖지 못하는 경우에는 지각판단이다. 칸트는 두 판단의 관계에 대한 해명을 통해 어떻게 해서 객관적 타당성과 보편적 필연성을 지니는 경험판단 = 경험*이 가능하게 되는가 하는『순수이성비판』*의 중심 주제를 이해하기 쉽게 설명하고자 의도하고 있다. "지각판단은 순수 지성 개념을 필요로 하지 않으며, 다만 사유*하는 주관*에서의 지각*의 논리적 결합을 필요로 하는 데 불과하다. 그러나 경험판단은 …… 지성*에서 근원적으로 산출되는 개념 순수 지성 개념 을 요구

한다"[Prol., IV 298]. 칸트가 거론하는 예에 따르면 "태양이 돌을 비추면 돌은 따뜻해진다"는 지각판단에 원인성이라는 순수 지성 개념(범주)이 부가되고, 이 범주가 햇볕이라는 개념과 따뜻함이라는 개념을 필연적으로 결합*함으로써 "태양이 돌을 따뜻하게 한다"는 경험판단이 성립한다. 요컨대 지각*으로부터 경험*이 생기기 위해서는 지각들이 범주에 포섭*되어야만 하는 것이다. 범주에 기초하여 직관*의 다양*이 의식*의 객관적 통일로 데려와질 때 객관에 타당한 경험판단이 성립한다.

그러나 칸트의 의도에 반해 두 판단 각각의 내용과 양자의 관계에 대해서는 논란의 여지가 남아 있다. 경험판단이 그로부터 형성되는 지각판단이 판단작용을 포함하는 한에서 감관*에 속하는 지각과 구별된다고 한다면 과연 지각판단의 성립에 범주가 불필요한 것일까? 예를 들면 위에서 거론한 지각판단의 경우에는 '태양'이라든가 '돌'이라는 실체*의 범주와 '따뜻함'이라는 질*의 범주를 전제로 하고 있는 것이 아닐까? 지각판단이 범주를 포함하지 않는다는 것을 명확히 하기 위해 지각판단에서의 판단작용의 계기를 도외시하여 지각판단을 경험판단의 단순한 질료적 계기로서의 지각에 한정해버리는 해석도 있다. 나아가 칸트 자신이 범주의 부가에 의해 경험판단으로 될 수 있는 지각판단과 범주의 부가와는 독립하여 성립하는 감정*의 표현으로서의 지각판단의 두 종류를 인정하고 있는 것도 문제를 한층 더 복잡하게 만든다. 또한 후자의 지각판단은『판단력비판』*에서 취미판단과 관련하여 자주 거론된다.『순수이성비판』제2판에서는 지각판단이라는 말이 사용되지 않게 되지만, 그것은 칸트가 지각판단의 내용 및 그것과 경험판단의 관계에 관한 문제가 도리어 혼란을 불러일으킨다고 생각했기 때문이라고 추측된다. 그것과 더불어 경험판단이라는 말도 소극적으로밖에 사용되지 않게 된다. 이리하여 제2판에서 경험의 객관적 타당성 문제는 지각판단과 경험판단의 관계로서가 아니라 지각이 어떻게 해서 범주를 매개로 하여 경험으로서 성립하는가 하는 문제로서 논해지게 된다. ⇒객관적 타당성, 범주, 인식

―쓰부라야 유지(円谷裕二)

참 G. Prauss, *Erscheinung bei Kant*, Berlin, 1971(觀山・訓覇 譯『認識論の根本問題』晃洋書房, 1979). T. E. Uehling, Jr., Wahrnehmungsurteil and Erfahrungsurteil Reconsidered, in: *Kant-Studien* 69, 1978. 岩隈敏『カント二元論哲學の再檢討』九州大學出版會, 1992.

계명誠命 ⇨ **명령**

계몽啓蒙 [(독) Aufklärung (불) lumière (영) enlightenment] 이 독일어는 외래어로서(멘델스존*) 독일어의 동사 aufklären은 라이프니츠*가 사용한 프랑스어 éclairer라든가 영어의 enlighten의 독일어 번역으로 간주된다. 1752년에 J. G. 줄처가 형용사 aufgeklärt를 사용하지만, 70년대에 들어서면 명사 'Aufklärung(계몽)'이 보급된다. 계몽의 활동은 17세기 끝 무렵부터 영국에서 시작되는데, 특히 18세기는 '야만과 어둠의 세기'에 대해 '계몽의 세기', '이성의 세기', '철학의 세기'라고 말해졌다. 계몽은 특정한 철학적 입장이 아니다. 계몽의 '철학자들(Les philosophes)'은 '선입견, 전통, 오래됨, 세상 사람들 일반의 동의, 권위, 한 마디로 말하면 많은 사람들의 정신을 억압하고 있는 모든 것을 밟아 뭉개고 과감히 스스로 생각하며, 가장 명백한 일반적 원리들에까지 소급하고, 감각과 이성에 비춰진 것이 아니라면 아무것도 인정하지 않는' 사람들이다(디드로). 여기서 18세기 유럽 각국의 공통된 계몽운동의 일반적인 이념을 볼 수 있다.

18세기는 인간 이성의 통일성과 보편성에 대한 신념에 의해 관철된다. 이성*은 모든 인간, 모든 국민, 모든 시대, 모든 문화*에 대해서 동일하다고 여겨졌다. 그것은 과학적인 보편적 이성이다. 철학*과 관련하여 17세기는 철학적 인식의 본래적 과제를 수학적 방법에 기초한 철학적 체계의 구축에서 보고 있었지만, 18세기는 데카르트*를 대신하여 뉴턴*의 자연학과 로크*의 인식 비판이 전형으로 되어 경험적 실험적 방법이 중시된다. 특히 프랑스에서는 형이상학 거부로부터 실증주의*로의 길이 열린다. 국가와 정치에 관해서는 자연권*이 인간의 보편적 권리로서 선언되며, 사회계약이 중시되고, 국가 권력의 분립이 요구된다. 종교에 관해서는 이전 세기의 종교분쟁 후 영국에서 일찍부터 원죄와 기적의 교리가 부정되며, 계시종교에 반대하여 자연종교 또는 이성종교, 특히 이신론*이 계몽신학의 핵심으로 된다. 로크는 이것의 전형이었다. 그리고 베일 이래로 종교적 관용(Toleranz)의 입장은 모든 계몽주의자에게 공통적이다. 계몽주의의 역사관에서는 비판적 진보사관이 강하다. 계몽 개념에는 '비판*' 개념이 수반되어 미학과 역사 등 모든 영역에서 비판이라는 말이 적용되며, 이 경향이 칸트적 '비판' 개념으로 결정화되었다.

독일적 계몽의 특질 가운데 하나는 '짐은 국가의 노복'이라고 말한 계몽군주 프리드리히 대왕*의 존재에 있다. 그는『반 마키아벨리』를 써서 계몽의 화신으로 여겨졌다. 대왕은 독일 국민을 미성년으로 간주하여 프랑스인을 초빙해 프랑스 문화의 도입을 도모하고 경제와 문화 지도를 맡겼다. 독일 계몽주의는 토마지우스에서 시작된다. 그는 경험주의*의 영향 하에서 독일 철학이 형이상학적 추상물로 기울어 현실적 지식을 떠나 있다고 비판하며 철학의 가치를 사회적 선・행복의 촉진에 놓고자 한다. 그는 루터 교회 내부에서 대두한 경건주의*와 결부된다. 이어서 라이프니츠학파의 볼프*는 형이상학*에 적대적이 아니라 이성적 신학도 포함한 형이상학적 체계를 확립하고자 했다. 그는 인식에서의 확실성에 도달하는 이성을 중시한다. 종교*에 관해서도 신앙보다 이성을 우위에 두는 그는 경건주의자들에게서 공격당했지만, 대왕의 보호를 받는다. 그의 영향 하에 있는 이들로는 줄처, 크누첸*, 바움가르텐*, 마이어*, 멘델스존*, 라이마루스* 등이 있다. 특히 레싱*과 멘델스존은 독일 계몽의 지도자로 여겨졌으며, 니콜라이가 편집한『베를린 월보』는 계몽운동에 공헌했다. 프랑스와 영국의 계몽은 철학과 종교의 비판을 넘어서서 사회와 경제에 이르렀지만, 독일의 계몽은 압도적으로 철학과 종교와 문학에 제한되어 정신적 변혁의 우위가 주장되었다. 칸트는 경험주의와 이성주의의 단점을 버리고 장점을 채택함으로써 볼프적인 교조적 형이상학을 비판하고 사고양식의 변혁을 주장했다. 또한 칸트는 계몽을 미성년상태로부터의 탈피에 두고 스스로 사고하는 것(Selbstdenken)을 계몽의 본질로 함으로써 인간 정신의 자율성을 강조하여 계몽주의의 완성자로 간주되었다.

독일에서는 경건주의(Pietismus)가 계몽주의에 대립했지만, 특히 '반계몽'이라고 말해지는 것은 청년 헤르더*와 괴테* 등의 '질풍노도*(Sturm und Drang)' 운동(1770-78)으로서 그것은 루소의 영향도 받아 이성주의에 반항함으로써 낭만주의*를 예고한다. 그들은 천재미학의 창조성에 입각하여 "현존하는 법을 일탈하고, 기성의 규칙을 파괴하며, 모든 인습의 속박 위에 자기를 선언"(괴테)하고자 했다. 헤르더는 보편적 이성보다도 국민의 특수적 인격성을 강조했다. 18세기 끝 무렵에 계몽주의에 반대하여 낭만주의가 대두한다.

호르크하이머와 아도르노는 세계의 탈마법화를 지향한 계몽이 자연지배로부터 인간지배・야만에로 전화되는 계몽의 변증법을 묘사했으며, 이것이 20세기에 계몽이념에 대해 새롭게 재평가하도록 압박함으로써 계몽은 권위와 전통의 관계에서 재음미되기에 이르렀다. ⇒계몽철학, 경건주의, 프리드리히 대왕, 낭만주의

—이소에 가게야츠(磯江景孜)

圖 E. Cassirer, *Die Philosophie der Aufklärung*, J. C. B. Mohr, 1932. M. Horkheimer/T. Adorno, *Dialektik der Aufklärung*, S. Fischer, 1944(德永恂 譯『啓蒙の弁証法』岩波書店, 1990). P. Hazard(trans by L. May), *European Thought in the Eighteen Century*, Penguin Books, 1954. R. Pascal, *The German Sturm und Drang*, Manchester U. P., 1953. H. –G. Gadamer, *Wahrheit und Methode*, Mohr, 1960(轡田收 外 譯『眞理と方法』I, 法政大學出版局, 1986). L. G. Crocker, *Nature and Culture*, The Johns Hopkins Press, 1963. W. Oelmüller, *Die unbefriedigte Aufklärung*, Suhrkamp, 1969. W. Schneiders, *Die wahre Aufklärung, Zur Selbstverständnis der deutschen Aufklärung*, Freiburg/ München, 1974. P. Pütz (Hrsg.), *Erforschung der deutschen Aufklärung*, Anton Hain Meisen, 1980.

『**계몽이란 무엇인가라는 물음에 대한 대답**啓蒙－對答』
{『**계몽이란 무엇인가**啓蒙－』} [(독) *Beantwortung der*

Frage: Was ist Aufklärung? 1784]

1783년에 창간되고 니콜라이가 편집한 『베를린 월보』 84년 11월호에 『세계시민적 견지에서 본 일반사의 이념*』이, 그리고 한 달 후에 이 계몽 논문이 게재되었다. 계몽*은 역사철학*과 연관되는 동시에 '비판*'과 밀접히 결합되어 있다. 칸트는 이 '계몽이란 무엇인가'라는 이미 많은 사람들에 의해서 취급된 물음에 대해 자신의 비판주의* 입장에서 대답했다. '계몽'은 '비판'을 함의한다. "현대는 비판의 시대"이자 "현대는 계몽의 세기, 즉 프리드리히*의 시대"이지만, '계몽(Aufklärung)'은 '계몽된 상태(Aufgeklärtheit)'와는 구별되었다.

계몽이란 "인간이 자기 자신에게 책임이 있는 미성년상태(Unmündigkeit)로부터 탈피하는 것"인바, "너 자신의 지성*을 사용할 용기*를 지니고서"가 계몽의 표어로 된다. 계몽에 대한 칸트의 이러한 정의는 "인간의 내부에서 가장 중대한 혁명"[『인간학』]을 의미한다. 전통과 권위에 대한 정신적 의존과 전승되어 온 것에 대한 선입관으로부터의 개인의 해방이라는 계몽 일반의 호소는 칸트에서 인간의 자율성에 대한 요구로 되었다. 이 "자신의 지성을 사용하는 것"은 『인간학』*에서는 "스스로 사고하는 것"이라는 준칙*으로 되며, 나아가 두 번째 준칙 "타인의 입장이 되어 사고하는 것"이 덧붙여진다. 이 준칙에서 오늘날 이성*은 단지 보편적 이성이 아니라 공동적 이성이라고 해석된다. 계몽의 촉진에 필요한 자유*에 관해 이야기하자면, 학자로서 독자 앞에서의 이성 사용은 공적인 것으로서 무제한적 자유가 허용되며, 직무의 틀 내에서의 이성 사용은 사적인 것으로서 그 자유는 제한되어야만 한다. 이러한 구별에 의해 국가*와 계몽 간의 갈등 문제를 해결하고자 했지만, 이 구별은 비판되었다. "내가 집에서 노예의 옷을 입고 있을 때 자유의 예복은 어떤 역할을 할 수 있을까?"(하만*) ⇒계몽, 계몽철학

—이소에 가게야츠(磯江景孜)

圖 M. Wolff, *Die Weltanschauung der deutschen Aufklärung in geschichtlicher Entwicklung*, Bern/München, 1963. R. Denker, *Grenzen liberaler Aufklärung bei Kant und anderen*, W. Kohlhammer Verlag, 1968. Kant und die Aufklärung, in:

Aufklärung. Interdisziplinäre Halbjahresschrift zur Erforsch-ung des 18. Jahrhunderts und seiner Wirkungsgeschichte, Heft 7/1, Meiner Verlag, 1995–96. N. Hinske (Hrsg.), *Was ist Aufklä-rung?: Beiträge aus Berlinischen Monatsschrift*, Darmstadt, 1981.

계몽철학啓蒙哲學 [(독) Aufklärungsphilosophie]

18세기 유럽 계몽 사상가들의 철학*의 총칭. 중세적 질서에 대한 비판, 인간 이성과 진보에 대한 신뢰, 종교적 관용을 특징으로 한다. 자연과학*의 발달과 시민 계층의 대두를 배경으로 학문과 지식을 일반 시민에게 전달하고 '계몽*'하는 것을 지향하여 대중적인 색채를 띠었다. 계몽철학은 우선 영국에서 일어나 이어서 프랑스로 전해지고, 그것이 독일, 이탈리아로 확대되었다. 칸트는 계몽철학의 완성자임과 동시에 그 극복자라고 말해진다.

발상지인 영국의 계몽철학은 전반적으로 온건하며, 그 특징은 인간 인식의 근원을 경험*에서 구하는 경험주의*와 초자연적 계시를 부정하고 이성적 자연종교를 설파하는 이신론*, 개인의 자연권*을 주장하고 명예혁명에로의 길을 연 자유주의 사상에 있다. 영국 계몽철학에는 경험주의와 자유주의의 대성자인 로크*, 로크의 경험주의를 한층 더 철저화한 버클리*, 경험주의에서 회의주의*에 이른 흄*, 이신론을 대표하는 톨런드, 콜린스, 틴달, 감정주의 도덕설을 주장하는 샤프츠버리*와 허치슨*, 경험주의에 반대하여 이성주의적인 입장을 취해 독일의 계몽철학에 영향을 준 스코틀랜드학파의 리드* 등이 속한다.

칸트는 로크, 버클리, 흄의 철학을 비판하면서도 경험주의의 틀을 기본적으로 받아들여 그것을 초극하는 것으로서 초월론철학*을 구상한다. 또한 칸트의 윤리학*은 감정주의 도덕설을 비판하는 것이고, 칸트의 종교철학*은 미신을 부정하고 이성종교를 주장하는 점에서 분명히 이신론의 영향 하에 있다.

온건한 영국의 계몽철학은 프랑스로 전해지면서 점차 과격화되어 계몽으로서의 성격을 명확히 나타낸다. 지식의 집약과 그 일반적 원리의 해설을 목표로 하는 『백과전서』*는 계몽의 정신을 상징한다. 경험주의는 프랑스에서 감각주의로 되며, 첨예화된 유물론*은 이신론을 무신론으로까지 진전시키고 의지*의 자유*를 부정하는 결정론을 성립시켰다. 프랑스 계몽철학에 관해 특기해야만 할 것은 루소*의 존재이다. 루소는 계몽의 낙관적 진보사관에 대한 반동으로서 '자연상태'로 돌아갈 것을 설파하고 이성주의에 대항하여 감정*을 중시했다. 칸트에게 준 영향도 대단히 크다. 루소 외에 프랑스 계몽철학자들로는 프랑스 계몽의 지도자였지만 이신론에 머물러 교회 비판을 전개한 볼테르, '자연법*'론을 발전시키고 '삼권분립'을 확립한 몽테스키외, 『백과전서』의 편집자인 디드로와 달랑베르*, 기계론적 유물론자이자 무신론인 라메트리, 결정론자인 돌바크, 감각주의자인 콩디야크 등이 있다.

당시 유럽에서 후진국이었던 독일 계몽철학은 프랑스와 비교하면 온건하여 기독교*와 대립하는 면이 적었다. 독일 계몽철학에 강한 영향을 준 것은 라이프니츠 철학과 신앙*에서 지식보다 실천을 중시한 경건주의이다. 볼프*에 선행한 독일 계몽철학자로는 부유한 민간학자로서 라이프니츠* 및 스피노자*와 교우를 맺고 『정신의 의학』을 쓴 치른하우젠, 독일어로 강의한 최초의 철학자로서 계몽철학의 대적할 수 없는 대담한 선포자였던 토마지우스 등이 있다. 독일어로 이루어진 체계적 철학을 창시하고 독일 계몽철학을 대표하는 볼프는 라이프니츠 학도로서 라이프니츠 철학을 무미건조하게 만들었다고 말해진다. 계몽철학의 학설, 특히 볼프의 철학을 전문적이지 않은 사람들에게도 이해하기 쉽게 만들고자 한 18세기의 저작가 집단은 '대중철학자'라고 불리는데, 예를 들면 엥겔, 포켈스, 줄처, 니콜라이 등이 있다. 칸트를 포함하여 독일 계몽에 속하는 많은 철학자는 경건주의의 강한 영향 하에 있었다. 독일에서의 이신론도 경건주의와 관계가 깊다. 볼프의 제자로 독일 미학을 창시한 바움가르텐*, 역시 볼프학도로 대중철학자인 가르베*, 볼프 철학과 경건주의의 조화를 지향하고 칸트의 스승이기도 했던 크누첸*, 이성주의 입장에서 성서를 비판한 이신론자 라이마루스*, 성서를 문헌학적으로 연구하고 독일 계몽의 가장 아름다운 꽃이라고 불린 레싱*, 대중철학자이면서 영혼불멸과 신의 존재 증명을 시도한 멘델스존*, 칸트의 직접적인 선구자인 크루지우스*와 람베르트*, 칸트 철학의 보급에 공헌한 라인홀트* 등이 독일 계몽의 철학자로서 거론된다. 또한 철학자는 아니지만 계몽주의를 보호하고 장려한 프러시아의 프리드리히 대왕*도 독일 계몽에서 중요한 인물이다. 한편 하만*, 야코비*, 헤르더* 등은 계몽의 이성주의에 반대하여 신앙철학·감정철학*을 주창했다.

초기 칸트는 라이프니츠/볼프 철학과 자연과학의 종합*을 지향하고 있었다. 비판기에는 독일 계몽철학을 비판의 대상으로 하면서도, 다른 한편으로 철학의 술어와 형식을 볼프 철학에서 배운다. 칸트는 독일 계몽의 철학자들 가운데 많은 친구가 있으며, 자주 논쟁도 한다. 자기 시대를 '계몽된 시대'는 아니지만 '계몽의 시대'라고 부른 칸트는 자신의 비판철학에 의해 계몽의 시대를 견뎌내고 계몽의 정점에 섰다.

계몽철학에 대한 평가는 크게 나누어진다. 신칸트학파*의 카시러*는 『계몽주의의 철학』(1932)에서 계몽사조를 사상적으로 위치짓고 "이성의 통일성과 보편성*에 대한 신념"과 "사실의 논리"로 규정되는 이성적 측면에 긍정적 평가를 내린다. 이에 대해 프랑크푸르트학파의 아도르노와 호르크하이머 두 사람은 파시즘의 대두와 제2차 세계대전을 배경으로 『계몽의 변증법』(1947)을 저술하고, 계몽의 개념 그 자체 속에서 파시즘의 근원이 되는 퇴행적 계기가 포함되어 있다고 주장했다. ⇒경험주의, 자연권{자연법}, 백과전서, 이성주의, 감정철학, 대중철학, 루소, 경건주의

　　　　　　　　　　　　　　─야마시타 가즈야(山下和也)

📖 Max Horkheimer/Theodor Wiesengrund Adorno, *Dialektik der Aufklärung: Philosophische Fragmente*, Querid Verlag, Amsterdam, 1947(德永恂 外 譯 『啓蒙の弁証法』 岩波書店, 1990). E. Cassirer, *Die Philosophie der Aufklärung*, J. C. B. Mohr (Paul Siebeck), Tübingen, 1932(中野好之 譯 『啓蒙主義の哲學』 紀伊國屋書店, 1962). W. Windelband, *Geschichte der neueren Philosophie*, 1878–80(豊川昇 譯 『近世哲學史』 新潮社, 1956). F. Valjavec, *Geschichte der abendländischen Aufklärung*, 1961. N. Hinske, *Was ist Aufklärung?*, in: *Beiträge aus der Berliner Monatsschrift*, 1973.

계시신앙啓示信仰 [(독) Offenbarungsglaube]

'계시신앙'이란 계시의 사실에 기초하는 '역사적 신앙(historischer Glaube)'으로서 '교회신앙(Kirchenglaube)'이라고 불린다. 말할 필요도 없이 역사적인 기독교 신앙은 교회신앙이다. 이에 대해 순수 이성에 기초한 신앙*은 '이성신앙*(Vernunftglaube)' 내지 '종교신앙(Religionsglaube)'이라고 불린다. 교회신앙으로서의 계시신앙은 타율적인 '법규(Statuten)'에 기초한 신앙이지만, 종교신앙은 각자에 내재한 자율적인 도덕법칙*에 기초한 신앙이다. 『종교론』*에서는 "종교*란 (주관적으로 보자면) 일체의 우리의 의무*를 신*의 명령*으로서 인식하는 것"[Ⅵ 153]이라고 말하며, 『학부들의 투쟁』*에서는 "종교란 신에 대한 일체의 숭배의 **본질적인 것**을 인간의 도덕성* 속에 놓고 있는 신앙"[Ⅶ 49]이라고 말하고 있다. 칸트에 따르면 진정한 신앙은 이성신앙으로서의 종교신앙이지 계시신앙으로서의 교회신앙이 아니다.

그러면 종교신앙 때문에 교회신앙은 부정되어야만 하는가 하면 결코 그렇지는 않다. 교회신앙은 종교신앙을 "운반하는 것(Vehikel)"인 한에서 의의가 있는 것이다[같은 책 Ⅶ 45를 참조]. 계시신앙으로서의 교회신앙은 성서에 기초한 신앙인데, 칸트가 이해하는 바에 따르면 성서의 신앙의 본질은 종교신앙인 것이다. 그는 다음과 같이 말하고 있다. 교회신앙으로서의 "**영혼***이 없는 **정통주의**와 이성*을 사멸시킨 **신비주의*** 사이에 이성을 매개로 하여 우리 자신에서 전개될 수 있는 성서의 신앙론이 놓여 있으며, 이것은 신적인 힘을 지니고서 근본적인 개선을 위해 모든 이의 마음을 지향함으로써 모든 이를 보편적인 (볼 수 없는 것이긴 하지만) 교회* 안에서 합일시키고자 하는 종교론이자 실천 이성의 **비판주의***에 기초하는 진실한 종교론이다"[같은 책 Ⅶ 59]. 칸트는 성서의 글귀보다도 직접 우리의 마음에 새겨진 도덕법칙이야말로 참된 계시라고 확신했던 것이다. ⇒기독교, 교회

　　　　　　　　　　　　　─하카리 요시하루(量 義治)

참 量義治「フィヒテの宗敎論」『理想』655호, 1995;『緊張──哲學と神學』理想社, 1994. Frieder Lötzsch, *Vernunft und Religion im Denken Kants: Lutherisches Erbe bei Immanuel Kant*, Böhlan Verlag, 1976. J. Bohatec, *Die Religionsphilosophie Kants in "Religion innerhalb der Grenzen der bloßen Vernunft"*, Hamburg, 1938; reprint, Olms, 1966.

계약契約 [(독) Vertrag; Kontrakt]

계약이란 복수의 인격*이 수행하는 공동의 의지*의 활동인바, 칸트는 로마법 전통에서 사법*에 한정되어 있던 이 개념을 사법에서는 Vertrag, 공법*에서는 Kontrakt라고 하여 용어의 차이는 있지만 법론*의 거의 전 영역에 적용하고 있다. 사법에서 계약이란 어떤 사람이 "자기 것"을 타인에게 이전시키는 "두 인격의 결합된 선택의지*의 활동"이라고 정의되며[VI 271], 그것이 소유*(물권)와 대등한 사적 권리인 채권(대인권persönliches Recht)의 법적 근거(권원)를 이루게 된다. 칸트의 논의에서 강조되는 첫 번째 것은 계약에 의해 '자기 것'으로서 점유되는 것은, 그 결과로서 소유물의 이전을 수반하는 경우에도 인도되는 물건이나 또는 인도와 노동 그리고 그 밖의 행위가 아니라 급부를 행하는 타인의 선택의지라는 것이다. 둘째, 어떤 사람이 타인의 선택의지를 자신의 것으로 할 수 있는 것은 오로지 두 당사자의 "결합된 선택의지*에 의한다. 어느 쪽이든 한편의 선택의지만으로는 자기와 타자의 외적 자유의 양립을 요구하는 법의 법칙에 합당할 수 없기 때문이다. 그런데 계약은 그것을 준비하는 협의를 거쳐 그것을 구성하는 체결에 이르는 두 단계로 이루어지며, 또한 각각의 단계에서 계약을 제의하는 사람(요약자)과 받아들이는 사람(낙약자)의 선택의지가 교호적으로 표시된다. 따라서 결코 동시에가 아니라 계기적인 서로 다른 선택의지의 활동으로서 경험된다. 그러나 채권의 권원은 하나의 공동의 의지의 활동인 계약에 있기 때문에 계약에서의 시간적 차이라는 경험적 조건은 사상되어야만 한다. 거기서 셋째, 이와 같은 초월론적 연역에 의해 채권의 권원은 공동의 의지에 의한 가상적可想的인 점유*에 있다는 것이 제시된다[VI

272f.]. 또한 가족법상의 권리는 거기서 취득되는 대상이 불특정하고 전 인격에 미치기 때문에 채권과는 구별되지만, 남편과 아내, 주인과 고용인의 권리 성립에 있어서도 계약은 불가결한 계기로 된다[VI 277, 283].

공법에서는 이른바 사회계약론이 채용되고 있다. '근원적 계약(ursprünglicher Kontrakt)'이라고 불리는 사회계약은 "인민 자신이 스스로를 하나의 국가로 구성하는 활동"이라고 정의되지만, 이 개념은 루소*의 일반 의지에서 배운 "인민의 통합된 의지"라는 개념과 더불어 국가 또는 거기서의 입법*과 행정이 법에 합당한 정당성을 지닌다고 판단할 때에 이성이 사용하는 '이념'에 지나지 않으며, 역사상의 어떤 '사실'을 가리키는 것이 아니다[VI 315f.; VIII 297]. 이 이념에 따라서 한편으로 기존의 국가체제를 인민의 대의제로 점진적이고 연속적으로 개혁해갈 것과 인민의 의지에서 출발하는 것처럼 입법할 것이 요구되지만, 다른 한편으로는 기존의 국가권력과 국가체제를 부정하는 혁명의 권리가 똑같은 이념 하에서 단호히 배척된다. 나아가 사회계약의 이념은 평화*를 위한 국제연맹*의 형성이라는 형태로 국가의 틀을 넘어서서 국제법*으로 확장된다[VI 350; VIII 354]. ⇒공법, 국가, 사법, 점유, 법{권리}, 선택의지

─다루이 마사요시(樽井正義)

참 W. Kersting, *Wohlgeordnete Freiheit*, de Gruyter, 1984. L. A. Mulholland, *Kant's System of Rights*, Columbia U. P., 1990.

고사카 마사아키 [高坂正顯 1900. 1. 23-69. 12. 9]

교토 제국대학에서 니시다 기타로(西田幾多郎)*에게 사사하고, 이른바 교토학파의 일원으로서 활약한 철학자. 1940년에 교토 제국대학 교수가 되며, 46년부터 51년까지는 공직에서 추방되지만, 간사이 대학 교수를 거쳐 교토대(교육학부)로 돌아온다. 후에 도쿄 학예대학 학장, 중앙교육 심의회 특별위원회의 주사 등을 역임한다. 주저로서 『역사적 세계』(1937)가 있지만, 『칸트』(1939), 『칸트 해석의 문제』(1939), 『속 칸트 해석의 문제』(1949)의 저자로서 쇼와 시기를 대표하는

칸트 연구자이다. 그는 칸트 철학을 '예지적 세계'의 개념을 안에 받아들이는 '초월적 인간학'으로서 파악했다. 또한 '코페르니쿠스적 전회*'를 철학의 방법으로 이해했다. 칸트 역사철학*의 해석에서는 '세계공민'이라는 이념을 그것의 근본적 원리에 두고 법*을 매개로 하여 정치가 윤리 속에 포섭*될 수 있는 가능성을 이야기했다. 본래 문헌학적 연구를 골자로 하고 있었지만, 그의 칸트 연구는 서서히 스스로의 역사철학 방향으로 이끌려지고 있었다.

―후쿠다 기이치로(福田喜一郎)

㊦『高坂正顯著作集』전8권, 理想社.

고정성固定性 ⇨ 항상성

고트셰트 [Johann Christoph Gottsched 1700. 2. 2-66. 12. 12]

독일의 문예이론가, 비평가, 극작가. 쾨니히스베르크 근교에서 태어나, 1730년 라이프치히에서 시학 교수, 1734년 논리학과 형이상학 교수가 된다. 가장 영향이 컸던 저작『비판적 시론의 시도』(1730)는 이미 쾨니히스베르크 시대부터 공부하고 있던 볼프*의 이성주의를 문예이론에 적용하여 완전한 시를 제작, 판정하기 위한 판명한 규칙의 제시를 목표로 하는 것이다. 그밖에 문예잡지의 편집을 매개로 하여 정력적으로 활동하고 1730년대에는 독일 문단의 중심이었지만, 후에 레싱* 등의 비판을 받아 그 지위를 잃었다. 그의 교설은 동향인인 칸트가 미학*을 만들 때 토양의 일부를 이루고 있다. 미*는 규칙에서 근거짓기 할 수 없다고 제3비판에서 주장될 때에는 고트셰트 등 볼프학파의 미학이론이 과녁에 놓이지만, 다른 한편 아름다운 형식은 학적 진리의 담지자라든가 천재*의 무제약적인 비상을 제어할 필요가 있다든가 하는 견해에는 역시 고트셰트의 영향이 남아 있다. ⇒ 미, 천재, 레싱

―마쓰오 다이(松尾 大)

공간空間 [(독) Raum]

(1) "공간이 실체*라면 이 실체를 담고 있는 공간이 또 필요하게 되고, 그렇게 한이 없게 된다". 아리스토텔레스*는 제논의 이 말을『자연학』에서 인용하고 있다[제4권 제3장]. 공간을 '실체'라고 말하는 플라톤*에 대해 아리스토텔레스의 공간은 사물의 '장소'의 총체이다. 장소는 사물로부터 분리되어 감싸 안는 존재이기 때문에, 사물의 질료나 형상이 아니다. 가벼운 사물은 위로, 무거운 것은 아래로 운동한다. 이 '방위'는 사물의 운동을 결정하는 그 성능에서 다른 공간 그 자체의 '실재적' 부분이다. 한편 기하학적 대상은 실재하는 공간에 있는 것이 아니라 이 대상*의 형태에서의 좌우 등, 단지 그것을 생각하는 우리에 대한 위치의 구별일 뿐이다[제4권 제1장]. 공간은 '공허하고 무한' 하지 않다. 무한과 공허 속에는 방위의 구별이 없으며, 사물의 운동을 말하기가 불가능하기 때문이다[같은 책 제8장]. 이 유한하고 불균일하며 지구를 그 중심으로 하는 공간은 균질한 공간 속에서 무한한 직선과 평면을 요구하는 유클리드 기하학과 양립하지 않는다. 근대에 이르는 다양한 아리스토텔레스 비판이 칸트의 공간을 준비한다.

(2) 데카르트*는 실체로서의 '연장'을 공간이라고 한다[『철학원리』제2부 4]. 공간은 신의 첫 번째 창조물로서 근원적이고 무한*하며, 이것에서 운동함으로써 세계는 무한한바, 유클리드 공간이 세계 공간으로 된다. 균질하고 자기 충족적이며 객관적인 공간에서 3차원 직교좌표가 사용되기 시작한다. 뉴턴*은 기하학적인 데카르트 공간을 역학공간으로 개변시킨다. 사물과 관계를 지니지 않고 천체 전체가 그 안에 들어 있는 공허한 용기 공간, 즉 '절대공간'이 운동의 제1법칙에 의한 등속직선운동 등, 역학*의 법칙을 말하기 위한 전제로 된다[『자연철학의 수학적 원리들』, 정의의 부]. 절대공간은 신의 무한이라는 실체성에 저촉되지 않는 신의 '속성'이다[같은 책, 일반적 주해]. 이 뉴턴 공간의 절대적 실재성이 라이프니츠*에 의해서 제논과 마찬가지 모양의 논법 등에 의해서 부정되며, 여기서 칸트는 관념적이고 사물의 '공존관계'의 질서 그 자체로 된 공간에 '나'를 집어넣는다.

(3) 칸트 공간은 무엇의 속성이 아니며, 아리스토텔레스의 실체도 뉴턴의 실체도 그리고 로크*가 말하는 사물로부터의 추상도 아니다. 『감성계와 예지계의 형식과 원리』*(1770)에서는 '주관적', '이념적'이라고 말해지며 대상을 '나 자신이 있는 장소'와는 다른 장소에서 표상*하는 모든 외적 감각의 '근본형식', 즉 '순수 직관'으로서의 공간이 나타난다[Ⅱ 402, 403]. 1740년대부터 50년대에 걸쳐서는 데카르트 비판이 칸트의 공간론의 기초였다. 예를 들면 『활력측정고』*(1747)에서 사물의 연장은 사물의 힘*의 속성으로 간주되며, 공간의 3차원성은 힘의 법칙에 근거지어진다. 공간과 나의 관계, 즉 공간의 '관념성'은 『방위논문』*(1768)에서 처음으로 보이게 된다. 하나의 사물의 '좌우', 그 '형태'는 지각*, 사고의 어느 쪽에서든 나에 대한 '방위'의 구별에서 이루어진다[Ⅱ 380, 381]. 사물이란 형태를 지닌 사물이다. 이것을 기초로 '하나의 사물'과 '나'의 의미적 관련이 논의되며, 라이프니츠의 관계론은 그 관계를 담지하는 사물 그 자체에 머물러 나와의 관계를 보고 있지 않는 것으로서 배척된다[Ⅱ 383]. '방위', '나의 위치' 그리고 '좌우' 등 아리스토텔레스의 공간론을 위해 준비된 도구들이 새로운 사명을 얻게 된다. 『순수이성비판』*에서 공간론은 하나의 사물의 '연장과 형태'가 순수 직관에 속한다는 말[A 21/B 35]로 시작하며, 『방위논문』과의 연계가 확인된다. '나의 바깥에 다른 대상을 위치짓는, 결국 방위의 구별을 지니는 공허하고 무한한 공간[A 22-25/B 37-39], 이것은 '감성*'의 주관적 조건이며[A 26/B 42], 오로지 하나인 것에 의해 '순수 직관'인바[A 25/B 39], 다시 말하면 모든 감성적 지각에 전제되는 까닭에 '선험적'이다[A 26/B 42]. 공간의 유일성은 생활공간과 기하학의 공간의 동일성이기도 하다[A 165/B 206]. 『순수이성비판』은 오직 유클리드에 대해서만 말한다. 그러나 비유클리드 기하학의 존재를 공간의 비유클리드적 성격의 증거로 하여 칸트 공간을 배척할 수 없다. 비유클리드 기하학은 가까운 두 점의 거리에 대한 상이한 정의를 기초로 하여 유클리드도 포함한 서로 다른 기하학의 체계가 가능하다는 것을 보여준다. 공간 자체의 유클리드성, 비유클리드성을 말하는 것은 무의미하다. ⇒

『공간에서의 방위 구별의 제1근거에 대하여』{『방위논문』}, 비유클리드 기하학, 형식

　　　　　　　　　　　　　－다야마 레시(田山令史)

図 M. Jammer, *Concepts of Space: The History of Theories of Space in Physics*, Harvard, ²1969(高橋・大槻 譯『空間の概念』講談社, 1980). M. Klein, *Mathematical Thought*, vol. 1-3, Oxford, 1972. L. Sklar, *Space, Time, and Space-time*, California, 1976. 田村祐三『數學の哲學』現代數學社, 1981. J. Earman, *World Enough and Space-Time: Absolute versus Relational Theories of Space and Time*, MIT, 1989; Kant, Incongruous Counterparts, and the Nature of Space-Time, in: *Ratio*, 1971. M. Friedman, *Kant and the Exact Sciences*, Harvard, 1992. W. Harper, Kant on Incongruent Counterparts, in: J. V. Cleve/R. E. Fredrick(eds), *The Philosophy of Right and Left*, Kluwer, 1991. 田山令史「空間と幾何學」松山・犬竹 編『現代カント研究 4』晃洋書房, 1993.

『공간에서의 방위 구별의 제1근거에 대하여』空間-方位區別-第一根據-』{『방위논문』方位論文} [(독) *Von dem ersten Grunde des Unterschiedes der Gegenden im Raume*. 1768]

『순수이성비판』*보다 13년 전에 저술된, 학술원판으로 해서 7쪽의 논문으로 칸트 공간*의 기본을 엿볼 수 있다. 네 부분으로 이루어진다. 맨 앞에서는 공간이 사물의 동시적 존재의 관계질서 그 자체라는 라이프니츠*의 관계론이 반박의 대상이라고 명시되며, 그에 대해 '절대공간'이 주장된다. '위치(Lage)'와 '방위(Gegend)'가 구별된다. 위치는 한 사물의 부분끼리의 또는 복수의 사물 사이에서 성립하는 공간 관계인바, 그 의미는 절대공간을 통해 비로소 주어진다. 이것이 "위치는 방위를 전제한다"고 표현된다[Ⅱ 377-378]. 여기서 상하좌우와 같은 '방위'가 '내가 있는 장소'와 대상의 공간 관계를 말하는 가운데 도입된다. '나'가 이 '방위'의 의미에 포함되는 것이다. 머리카락, 콩 덩굴이 말리는 방향에서 천체의 운동에 이르기까지 나를 둘러싼 삼라만상이 끌어내어져 '좌우' 구별이 사물의 구별로 되는 것이 제시된다[378-381]. 나아가 오른손, 왼손이라는 "불일치 대칭물*"에 의해 좌우 방향이 사물의

‘형태’ 구별에 관계하는 사정이 묘사되며[381–382], 모든 외적 감각을 가능하게 하는 근본개념이 절대공간인바, 한편으로 관계론의 공간은 그 기초인 사물의 형태에 의미를 부여할 수 없는 것으로서 배척된다[382–383].

이 공간론은 하나의 사물과 그 형태에 시선을 집중하고 있다. 복수의 대상의 관계는 시야의 바깥에 놓인다. 하나의 사물과 한 사람인 나의 관련이 ‘형태’와 ‘여기’의 관련으로 축소된다. 이리하여 나를 대상*으로 하는 자기의식*이 거론되는 것이 아니라 ‘사물’과 ‘나’의 ‘의미적’ 관계가 제시되는 것이다. 천지창조에서 하나의 손이 최초로 나타났다고 해도 그것은 필시 오른손이든가 왼손이다[383]. 요컨대 지각*만이 아니라 기하학도 포함한 사고와 사상에서도 형태는 방위를 수반하며, 방위의 중심에 있는 내가 관계한다. “형태 없는 사물”도, 방향과 거기서 “사물을 예상할 수 없는 여기”도, “여기에 있지 않은 나”도 의미를 지니지 않는다. 이 논문에서는 대상에서 나와의 필연적 관계를 보는 ‘관념론*’이 ‘여기’를 중개자로 하는 ‘사물’과 ‘나’ 상호의 의미적 관련으로서 모습을 나타낸다. 뉴턴*의 절대공간은 역학*의 법칙이 성립하는 균질한 장이며, 주관* 등과 무관계하게 그 자체로서 존재하는 실체*이다. 칸트의 절대공간은 ‘내’가 들어감으로써 뉴턴 공간과 구별된다. ⇒정위¦ 방향짓기; 방위¦, 공간, 불일치 대칭물

―다야마 레시(田山令史)

📖 H. Alexander (ed), *The Leibniz–Clarke Correspondence*, Manchester, 1956. M. Jammer, *Concepts of Space: The History of Theories of Space in Physics*, Harvard, ²1969(高橋・大槻 譯『空間の概念』講談社, 1980). 久保元彦『カント研究』創文社, 1987. M. Heidegger, *Sein und Zeit*, 1926(原・渡辺 譯『世界の名著 74 存在と時間』中央公論社, 1980). J. Earman, *World Enough and Space-Time: Absolute versus Relational Theories of Space and Time*, MIT, 1989. M. Friedman, *Kant and the Exact Sciences*, Harvard, 1992. H. Stein, Newtonian Space-Time, in: *Texas Quarterly* 10, 1967. P. Remnant, Incongruent Counterparts and Absolute Space, in: Mind 71, 1963. G. Nerlich, Hands, Knee, and Absolute Space, in: *The Journal of Philosophy*, vol. 70, No. 12, 1973. W. Harper, Kant on Incongruent Counterparts, in: J. V. Cleve/R. E. Fredrick(eds), *The Philosophy of Right and Left*, Kluwer, 1991. 田山令史「空間と幾何學」松山・犬竹 編『現代カント研究 4』晃洋書房, 1993.

공개성 公開性 [(독) Öffentlichkeit; Publizität; Offenheit]

18세기에 이르러 인권의 수호신으로서의 언론의 자유와 공중에 대한 공표의 관념이 저널리즘의 주제로 되고 있었다. 『계몽이란 무엇인가』*에서 다루어진 상관의 명령에 대한 비판의 타당성에 관해 공중에게 묻는 문제도 이미 제기되고 있었다. 납세자인 시민은 관방학파의 이론에 따르면 그 경제활동이 국가*에 의해서 인가된 특권이기 때문에 군주(국가)에 의존하고 있으며 그에 대한 의무를 짊어지게 되었다. 그러나 칸트의 표적은 재무행정의 옳고 그름에 관한 자기의 생각을 공표하는 것에서 의존의 상태로부터 자율적 주체(성숙성)로 높아지는 것이었다. 80년대에는 『베를린 월보』의 비스터도 공개성에서의 잡지의 역할을 강조했으며, 슐뢰처는 공개성 ―공중과의 커뮤니케이션―을 가능하게 하는 언론의 자유에 신뢰를 두고 있었다. 칸트가 계몽이라든가 정치적 자유는 “자신의 이성을 모든 점에서 공개적으로 사용하는 자유”라고 말하는 경우; 또는 자기의 사고를 “공중 일반, 즉 세계로 향하여” 공개적으로 전달하는 자유는 어떠한 의미에서도 제한되지 않는다고 말하는 경우 그것은 위에서 본 저널리즘의 상황을 배경으로 하고 있다. 공개성은 『영원평화론』*에서는 오로지 공중과의 대화만이 아니라 선험적 원리의 형태를 취한다. 공화제 하에서 군주가 전쟁*을 의도하더라도 그 준칙*이 공표되면 시민의 반대를 불러일으키고 그릇된 것으로 된다. 표현의 자유, 공개성의 원리는 이리하여 절대주의 체제를 붕괴시키는 것이 된다. ⇒계몽, 평화, 국가

―치넨 히데유키(知念英行)

📖 John Christian Laursen, The Subversive Kant: The Vocabulary of “Public” and “Publicity”, in: *Political Theory*, vol. 14, 1986. J. Habermas, *Strukturwandel der Öffentlichkeit: Untersuchungen zu einer Kategorie der bürgerlichen Gese-*

llschaft, Neuwied, 1962(細谷貞雄 譯 『公共性の構造轉換』 未來社, 1973). 知念英行 『カントの社會哲學——共通感覺論を中心に』 未來社, 1988.

공리公理 [(독) Axiom]

공리(Axiom)의 고대 그리스적 원의는 '공공적으로 시인된 것'이라는 의미이지만, 일반적으로 공리란 일정한 이론체계의 맨 앞에 있고 그 체계*에서의 다른 모든 명제가 그로부터 도출되지만 그 자신은 좀더 고차적인 원리*로부터 도출될 수 없는 기본전제로서 세워지는 일군의 명제들을 의미한다. 그러나 공리에 대한 성격짓기는 칸트와 현대에서 전적으로 다르다. 현대의 공리론에서는 공리체계의 완전성*과 무모순성과 같은 형식적 성격만이 공리를 결정하는 기준이 되며, 공리로서 선택되는 명제의 내용상의 자명성과 같은 것은 문제로 되지 않는다. 이에 반해 칸트의 경우에 공리는 "직접적으로 확실한 한에서의 선험적*인 종합적 원칙"[B 760]으로서 공리를 결정함에 있어 내용 측면이 중시된다. 더욱이 칸트에 의하면 수학*(좀더 엄밀하게는 기하학)만이 공리를 지닐 수 있다. 그 이유는 선험적인 이성적 인식 가운데 수학이 개념*의 구성*에 의한 인식, 즉 개념의 대상*을 선험적 직관 속에서 현시*하는 것에 기초하는 인식에서 성립한다는 수학적 인식의 고유성에 놓여 있다. 요컨대 선험적 직관에서의 명증성*이라는 점이 종합적인 동시에 '직접적으로 확실'한 인식이라는 공리의 자격을 충족시키는 요점이다.

그런데 칸트가 수학적 인식의 방법을 문제로 삼을 때에는 언제나 그것과 대비하여 철학* 내지 형이상학*의 인식방법을 분명히 하며, 그리하여 수학적 방법을 철학이 모방하는 것을 준엄하게 거부한다는 의도가 존재한다. 공리와의 관련에서 말하자면, 철학 내지 형이상학은 어디까지나 '개념으로부터의 이성적 인식'으로서 결코 공리를 가질 수 없으며 다만 개념적 원칙만을 지닐 수 있다. 이러한 원칙은 공리가 지니는 직접적인 명증성을 지니지 않으며 따라서 증명*이 필요하지만, 이 증명은 오로지 경험의 가능성의 제약*으

로서 그러한 원칙을 제시하는 방식에서만 주어진다.

그러면 공리와 철학적 원칙의 관계는 어떻게 생각해야 할까? 이 문제에 대해서는 순수 지성의 원칙*으로서의 '직관의 공리'가 해명을 준다. '직관의 공리'는 현상에 대한 수학의 적용을 가능하게 하는 원리로서 그 자신은 철학적 원칙이다. 이러한 '직관의 공리'의 증명 근거는 기하학의 공리들이 그 기본구조를 결정하는 바의 공간*이 우리의 감성*의 형식*이라는 것, 그리고 공간도형과 시간지속과 같은 수학적 양(외연량)을 산출하는 종합*이 현상의 포착*의 종합과 동일하다는 것의 두 가지 점에 존재한다. 여기서 보이는 칸트 수학론의 가장 큰 특징은 기하학적 공간과 실재적·물리적 공간의 엄밀한 동일성의 주장에 있다. 요컨대 기하학의 공리들이 공간에 관해 기술하는 내용이 그대로 물리적 공간에서 엄밀하게 타당하다는 것이다. 이에 의해 칸트는 근대의 수학적 자연과학을 비판철학의 입장에서 근거짓는 과제를 풀기 위한 첫 걸음을 얻었다. 이 과제의 온전한 전개는 '지각의 예취*' 원칙 및 『자연과학의 형이상학적 원리』*의 논술에 의해서 수행되게 된다. 또한 여기서 논의의 대상이 되는 기하학의 공리들이 유클리드 기하학의 그것에 한정되어야만 할 것인지의 여부는 해석의 여지가 있다. ⇒공간, 수학

─이누타케 마사유키(犬竹正幸)

［참］ G. G. Brittan, Jr., *Kant's Theory of Science*, Princeton U. P., 1978. 田山令史 「空間と幾何學」 松山·犬竹 編 『自然哲學とその射程』 晃洋書房, 1993.

공리주의功利主義 [(영) utilitarianism]

흄*과 엘베시우스 등의 흐름을 길어 올리는 J. 벤섬에 의해 확립된 이론으로서 공리성의 원리 또는 최대행복의 원리를 기본으로 하는 체계이다. 공리성의 원리란 모든 행위는 이해利害가 관계되는 모든 사람의 행복*을 증진시키는가 감소시키는가에 따라서 시인되거나 부인되거나 해야만 한다는 원리이다. 이 원리는 행위의 옳고 그름을 판정하는 합리적 기준을 제시한 것인데, 판정의 대상이 되는 행위는 개인의 행위에 그치지 않으며 예를 들면 정부의 시책 등도 포함된다. 실제로

19세기의 벤섬과 그 이론적 후계자들은 공리주의 이론을 법적·사회적 개혁 프로그램의 기초로서 활용했다.

공리주의 이론이 포함하는 원리는 두 가지이다. 첫째는 "가능한 행위 가운데서 최선의 결과를 가져오는 행위가 올바르다"고 하는 목적론적 또는 귀결주의적 원리이며, 둘째는 특히 벤섬에서 "쾌락 또는 고통의 결여가 유일한 내재적 선이다"라고 하는 가치의 쾌락주의 원리이다(행복이란 쾌락의 총계이기 때문에 행복주의 원리라고 말해도 좋다). 선은 행위의 옳고 그름과는 독립해서 정의되며, 올바른 행위란 선의 실현에 기여하는 행위로 된다. 다만 현재 공리주의를 일반적으로 정의하는 경우 선의 이론에 관해서는 반드시 쾌락(행복)주의에 얽매이지 않고서 지, 덕, 애 등을 내재적 선이라고 하는 비쾌락주의적 공리주의를 이상주의적 공리주의로서 인정하기도 한다.

칸트는 의무론적 윤리학의 입장에서 목적론적·귀결주의적 원리에 입각한 공리주의에 대해 실질적 실천원리에 의존하는 타율적 도덕이라고 하여 비판을 가했지만, 다른 한편 J. S. 밀은 칸트의 정언명법이 유의미하기 위해서는 "우리는 이성적 존재자가 전원 받아들이면 그들 전체의 이익에 도움이 되는 준칙에 따라서 행위를 규제해야만 한다"로 변경되어야만 한다고 주장했다. 밀의 공리주의에는 이타주의적인 경향이 뚜렷이 드러나는데, 그는 나사렛 예수의 황금률 속에서 공리주의 윤리의 완전한 모습을 읽어낼 수 있다고 말하기도 한다.

─츠카자키 사토시(塚崎 智)

⟨참⟩ J. Bentham, *An Introduction to the Principles of Morals and Legislation*, 1789. J. S. Mill, Utilitarianism, 1893(關嘉彦 編 『ベンサム, J. S. ミル』 中央公論社, 1979). 內井惣七 『自由の法則 利害の論理』 ミネルヴァ書房, 1988. 黑田亘 『行爲と規範』 勁草書房, 1992.

공민적 사회公民的社會 ⇨시민사회

공법公法 [(독) Öffentliches Recht]

'사법'과 더불어 칸트 법론의 한 분야. 사법이 자연상태의 법인 데 반해, 공법은 공민상태에 관계하는 법으로서 독자적인 구조와 영역을 지닌다. 공민상태는 통일적인 공권력이 존립하고 있는 인간의 사회생활 형태로서 거기서의 법은 '법률', 즉 제정·공포되고 해당 영역에 사는 모든 사람들에게 주지되는 내용을 지닌 규범체계이다. 따라서 현대의 법학에서 말해지는 '공법' 개념(그것은 공권력의 구성·발동을 규율하는 법 규범의 총칭이다)과 칸트의 '공법'의 그것과는 공통된 부분도 있지만 반드시 전면적으로 동일한 것은 아니다. 다만 이와 같은 공법의 개념 규정과 칸트가 '법론'에서 논의하는 공법(론)이 반드시 동일한 것은 아니며, 오히려 후자는 공권력 하에 놓인 시민의 지위와 정치사회의 존재방식을 간접적으로 문제 삼기 때문에 현대 법학의 공법론과 내용적으로는 가까워진다.

칸트에게 있어 공법의 도덕철학적 기초는 "자연상태로부터 탈출해야만 한다"는 명제에서 구해진다. 요컨대 자연상태라는 공권력 부재의 사회상태에서는 '인간의 권리'(소유권과 그 밖의 권리)는 타인의 침해로부터 확보되어 있지 않으며, 언제나 불확실(내용적으로나 형식적으로)한 것이기 때문에 최고의 불법상태로 될 수밖에 없다. 따라서 그로부터 탈출하여 '인간의 권리'가 내용적으로 그 범위와 경계선에 관해 확정되고, 형식적으로도 타인의 침해로부터 확실하게 지켜지는 상태(공민상태)로 이행하는(그리고 만인이 공법의 지배 하에서 공존하게 되는) 것이 인간의 첫 번째의 도덕적·법적 의무가 되는 것이다.

칸트에게 있어 공법은 그것이 관계하는 정치사회 발전의 삼단계의 차이에 따라 국가법·국제법·세계시민법이라는 세 영역으로 나누어진다. 이 가운데 칸트가 초기 이래로 고찰의 주된 힘을 기울인 것은 국가법(국가의 통치구조, 거기서의 시민의 정치적 지위) 문제였지만, 가장 늦은 만년에는 영원한 평화를 모색하는 맥락에서 세계시민법 = 세계평화 질서의 문제가 주제로 되었다. 앞에서 말한 공법의 세 분야는 결코 병렬적인 것이 아니며, 칸트에게 있어서는 최후의 세계시민법이야말로 공법의 최종적·궁극적 기초였던 것이다. ⇨법론, 시민사회, 법권리, 국제법, 세

계시민법

—미시마 요시오미(三島淑臣)

☞ G. Luf, *Freiheit und Gleichheit: Die Aktualität im politischen Denken Kants*, Wien/New York, 1978. W. Kersting, Wohlgeordnete Freiheit: *Immanuel Kants Rechts- und Staatsphilosophie*, Suhrkamp. 1993.

공준公準 ⇨요청

공통감각共通感覺 [(독) Gemeinsinn (라) sensus communis]

공통감각 내지 공통감관이라는 용어는 독일어권에서는 17세기말에 라틴어의 번역사 속에서 나타나며, 그 다의적인 의미로 인해 대단히 다양한 번역어에 의해 표현되고 있다. 예를 들면 gemeiner Sinn, Menschensinn, gerader Sinn, gemeiner (Menschen-)Verstand, gesunder (Menschen-)Verstand, Alltagsverstand, handgreifliche Vernunft, gesunde Vernunft 등이다. 이와 같이 '공통감각'에 대해서는 18세기의 독일 사상계에서는 감관*, 지성*, 이성*이라는 모든 인식능력*에 관련하여 그 활동 내지 기능이 이해되고 있다. 그러나 이 말은 원래 고대 그리스 이래의 '공통감각(코이네 아이스테시스κοινή αἴσθησις)', 즉 외감의 상이한 활동을 통합함으로써 감관들의 대상의 비교를 가능하게 하는 보편적인 지각능력에서 유래한다. 또한 그것은 공동체적·윤리적 기능도 지닌다. 나아가 이 말은 지성의 논증과 이성의 추리의 매개 없이 진리*를 가능하게 하는 근원적 통찰의 원천 및 능력을 의미한다. 위에서 본 독일어 번역에 의한 표기의 다양성은 이와 같은 다양성과 이 용어에 대한 해석의 입장들 때문이라고 말해도 좋을 것이다.

칸트에서도 또한 이 용어는 다의적으로 사용된다. 전비판기에 이 말은 영국 철학의 도덕감정론*의 영향 하에 중심적 의의와 역할을 지닌다. "진위의 공통감각(sensus communis veri et falsi)" 및 "선악의 공통감각(sensus boni vel mali communis)"[XX 156] 등, 이론철학적·실천철학적 함의를 지닌 개념으로서 사용되는 것이다. 비판기에 그것은 이론철학적 관점 하에서는

"상식*(der gemeine Verstand)이자 정당한 판단을 내리는 한에서의 일반적인 지성*[Prol., IV 369], 즉 건전한 지성(der gesunde Verstand)을 의미한다. 그것은 "규칙들을 구체적으로 인식하고 사용하는 능력의 것이며, 규칙들을 추상적으로 인식하는 능력인 사변적 지성(der spekulative Verstand)과는 구별된다"[같은 곳]. 실천철학*에서는 이론철학보다도 상식의 건전성이 평가되고 있으며, 『제2비판』*의 범형론*에서는 행위의 선악의 판정 범형으로서의 순수 실천 이성의 법칙에 따르는 판단력*의 규칙에 관해서 "가장 공통된 지성{내지 상식} (der gemeinste Verstand)에서조차 이와 같이 판단하고 있다"[V 70]고 설명된다. 『제3비판』*에서는 이러한 상식과는 다른 협의의 '공통감각' 내지 '공통감관'이 정의된다. "이 공통감각(Gemeinsinn)은 그 역시 때때로 공통감각(Gemeinsinn; sensus communis)이라고 불리는 상식(der gemeine Verstand)과는 본질적으로 구별된다. 왜냐하면 후자는 감정*에 따라서가 아니라 예를 들어 보통은 단지 애매하게 표상된 원리*에 따라서이긴 하더라도 언제나 개념에 따라서 판단하기 때문이다"[V 238]. 전자의 '취미*는 미학적 공통감각(sensus communis aestheticus)'이라고 불리며, 후자의 "보통의 지성(der gemeine Menschenverstand)을 논리적 공통감각(sensus communis logicus)이라고 표시할 수 있다"[V 295 Anm.]. 그것은 미학적 판정능력의 이념이며, 정확하게 말하면 감각 내지 감관이나 지성 또는 이성이 아니라 상상력*과 지성의 자유로운 놀이에서 생기는 취미의 근거에서 상정되어야만 하는 이상적 규범을 의미한다. 또한 칸트에서도 "공동체적 감각(gemeinschaftlicher Sinn)"[V 293]이라는 함의는 유지되고 있다. ⇒취미, 상식

—마키노 에이지(牧野英二)

☞ H.-G. Gadamer, *Wahrheit und Methode*, J. C. B. Mohr, 1960(轡田收 外 譯『眞理と方法』I, 法政大學出版局, 1986). 中村雄二郎『共通感覺論』岩波書店, 1979. 牧野英二『遠近法主義の哲學』弘文堂, 1996.

공화국共和國 [(독) Republik]

국가* 체제 가운데 가장 바람직한 것이 공화국 내지

공화적 체제이다. 국가 형태의 구분으로는 지배 형태에 의한 것과 통치 형태에 의한 것이 있다. 전자는 지배권을 지닌 자의 수에 따라서 독재군주제, 귀족제, 민주제로 구분되며, 또한 후자는 공화적인가 전제적인가로 구분된다. 공화제는 집행권(통치권)을 입법권에서 분리하는 국가원리이며, 그에 반해 전제는 국가가 스스로 부여한 법을 전횡적으로 집행하는 국가원리이다. 그리고 주의해야만 하는 것은 잘 이루어지지 않는 경향이 있긴 하지만 공화적 체제와 민주적 체제를 혼동하지 않는 것이다. 만인이 주인이라는 민주적 체제는 입법자가 동일한 인격에서 동시에 그의 의지의 집행자일 수 있기 때문에 필연적으로 전제로 된다. 『인간학』*[§109, VII 330f.]에서 권력*, 법*, 자유*라는 세 요소의 조합에서 다음의 네 가지 종류의 형태가 제시되고 있는 것은 참고로 될 만하다. (1) 권력을 수반하지 않는 법과 자유(무정부상태), (2) 자유를 수반하지 않는 법과 권력(전제), (3) 자유와 법을 수반하지 않는 권력(야만상태), (4) 자유와 법을 수반한 권력(공화국). 그리고 공화국만이 참된 시민적 체제라고 불리기에 어울리는 것으로 된다.

국가의 본연의 모습에서 가장 긴요한 것은 그것이 원리적으로 평화적이거나 적어도 평화 지향적이라는 것으로서, 바꿔 말하면 원칙에 따라서 침략전쟁을 회피하는 성질을 지니는 것이다. 그런 점에서 집행권과 입법권을 분리하지 않는 전제는 국가지배자의 자의에 의해서 가장 호전적으로 되기 쉬운 체제인바, 그것과는 반대의 체제로서 공화적 체제가 요구되어야만 하는 것이다. 완전한 공화국은 본래 이념이지만, 플라톤*적 이상이라고 칭해지는 공동체(가상적 공화국)는 결코 공허한 망상이 아니라 모든 시민적 체제에 대한 영원한 규범으로서, 그에 의해서 전쟁이 물리쳐지는 것이다. 따라서 적법한 유일한 체제로서의 순수한 공화국 체제야말로 유일한 영속적인 국가체제이며, 그것은 동시에 일체의 공법*의 최종목적이다. 그리고 모든 참된 공화국은 국민의 대의적 체제 이외의 것일 수 없는 것이다[VI 338–342, VII 85ff.]. ⇒영원한 평화, 국가, 국제법, 정치, 법{권리}

—도요다 츠요시(豊田 剛)

⟨참⟩ 原田鋼『カントの政治哲學』有斐閣, 1975. H. Reiss, *Kants politisches Denken*, Peter Lang, 1977(樽井正義 譯『カントの政治思想』藝立出版, 1989). 伊藤宏一「政治哲學としてのカントの平和論」浜田義文 編『カント讀本』法政大學出版局, 1989. 浜田義文『カント哲學の諸相』法政大學出版局, 1994.

과학론 科學論 [(독) Wissenschaftstheorie (영) philosophy of science]

과학론이라는 표현은 한편으로 과학에 대한 고찰 모두를 포함하지만, 일반적으로는 과학의 본질과 특성, 과학적 지식의 대상에 대한 다양한 관점에서의 철학적 고찰이라는 의미로, 요컨대 넓은 의미에서의 '과학철학'과 같은 의미 정도로 사용된다. 그렇지만 과학론은 과학에 대한 고찰뿐만 아니라 과학 그 자체에도 필연적으로 포함되어 있다. 예를 들어 절대공간의 존재 여부를 둘러싼 논쟁이나 양자론의 완전성을 둘러싼 아인슈타인과 보어의 논쟁 등은 그 점을 보여준다.

'과학철학'이라고 하면, 귀납법이나 연역법이라는 과학의 방법이나, 가설, 이론, 법칙, 검증 등에 대한 논리분석을 시도하는 과학방법론을 의미하던 시기가 있었다. 이것은 20세기 전반의 과학철학이 E. 마하나 영국 경험주의의 영향을 강하게 받은 '논리실증주의'나 '논리경험주의' 사상을 중심으로 움직이고 있었기 때문이다. 빈에서 발상한 이들 철학은 현대의 수학적 기호논리학이라는 강력한 무기를 구사함으로써 철학으로부터 형이상학적 모호함을 추방하고 철학을 과학으로 만들고자 하는 프로그램을 가지고 있었다. 뉴턴*의 『프린키피아』를 장대한 하나의 공리계라고 파악함으로써 상대성이론*이나 양자론 등 각각의 과학들의 공리계를 완성시키고자 하는 것이 그 프로그램의 일환인데, 그러한 시도는 지금도 행해지고 있다. 하지만 그 때 공리계의 추구는 감각주의를 철학적 전제로 하고 귀납법이나 검증을 방법론적 전제로 하여 행해지고 있을 뿐만 아니라 논리적 분석을 행할 수 없는 여러 가지 문제, 예를 들어 과학적 발견의 본질 등은 비철학적인 것으로서 무시되었다.

논리실증주의의 과학론은 감각주의적인 입장에 서

서 '관찰언어'와 '이론언어'를 명확하게 구별하고 있었지만, 핸슨, 폴라니, 툴민, 쿤, 라카토스, 파이어아벤트 등에 의해 대표되는 20세기 후반의 과학론은 각각의 입장은 달라도 많든 적든 포퍼*의 영향을 받아 이 이중 언어설의 철학을 무너뜨리는 데서는 공통적이며, 특히 과학사 연구 성과의 뒷받침을 받아 과학사를 강조하는 과학관을 표명하고 있다. 과학에 대한 이 새로운 파악에 따르면 실제의 과학적 연구의 대부분은 전제된 틀(예를 들어 쿤의 '패러다임'이나 라카토스의 '연구 프로그램')에 의해 자연을 해명하려고 시도하는 노력을 통해 성립하는 것으로서, 어떤 문제가 해결되지 않으면 안 되는 수수께끼이고 무엇이 그 문제의 해답으로 간주되어야만 하는지를 결정하는 데서 본질적인 역할을 담당하고 있는 것은 그러한 (이론적) 틀이다. 이러한 논점은 귀납적 절차가 선험적* 개념들에 의해 완전한 것으로 된다는 칸트의 초월론적* 방법론과 조응하고 있다고 생각해도 좋을 것이다. 그럼에도 불구하고 과학이 전제하는 그러한 선험적 진리가 칸트 철학에서는 보편적 이성*에 기초하고 있는 데 반해, 현대의 과학론에서는 역사적으로 변동한다고 생각되고 있으며, 그렇게 전제된 과학의 틀의 변화가 과학혁명이라고 불린다. 사실 20세기의 실증주의*도 '이론'과 '관찰'의 구별로부터가 아니라 신칸트학파*의 '형식*'과 '내용'의 구별을 계승한 사고방식으로부터 시작되고 있으며, 칸트가 보편적 이성의 선험적 진리*를 본 곳에서 '규약적' 진리를 보고 있다. 칸트 철학과 20세기 과학론의 관계는 이중적이라고 해도 좋을 것이다. ⇒ 가설, 상대성이론

—스기야마 세이이치로(杉山聖一郎)

참 T. S. Kuhn, *The Structure of Scientific Revolutions*, University of Chicago, 1962(中山茂 譯 『科學革命の構造』 みすず書房, 1971). I. Lakatos, *The Methodology of Scientific Research Programmes*, Cambridge, 1978(村上陽一郎 外 譯 『方法の擁護』 新曜社, 1986). 杉山聖一郎 「科學——科學史の問題」 竹市明弘 外 編 『哲學とは何か』 勁草書房, 1988.

과학철학 분야에서는 1970년대 이후 과학을 둘러싼 실재론*과 반실재론 논쟁이 활발하게 이루어져 현재까지 계속되고 있다. 과학적 실재론에 따르면 과학자가 추구하는 목표는 우주의 구조를 기술하는 참된 이론을 정식화하는 것으로서 역사를 통한 과학의 '진보'란 우주의 구조라는 인간 인식으로부터 독립된 존재에 대한 좀더 정확한 상에 점점 더 접근해가는 것이다. 이에 반해 반실재론은 인간 인식으로부터 독립된 우주의 구조, 참된 이론, 좀더 정확한 상이라는 개념을 무의미한 것으로서 거부한다. 과학적 실재론에 선 대표적 이론가로는 역사를 통한 이론어의 지시대상의 동일성과 실재성을 주장하는 (80년대까지의) 퍼트넘, 과학이론의 진리에로의 접근이라는 개념의 방법론적 타당성을 논하는 보이드 또는 이론어의 지시대상의 실재성이라는 것을 실험과학에서 그것이 수행하는 역할에 의해 주장하려고 하는 해킹 등이 있다.

이 과학적 실재론은 그 다양성에도 불구하고 그때까지 지배적이었던 논리실증주의*의 과학관을 비판하는 점에서는 일치한다. 그리고 논리실증주의가 그 검증주의에 의해 현상주의적이라는 점을 생각하면 과학적 실재론은 '사물 자체*'의 인식을 인정하는 반反칸트주의인 것처럼 볼 수 있다. 이 점은 특히 퍼트넘의 직접지시설에서 드러난다고 생각될 수 있다. 그러나 이러한 인상은 반드시 과학적 실재론자들의 구체적인 논의에 입각한 것은 아니다. 오히려 해킹의 실험주의적인 실재론이 단적으로 보여주듯이 과학적 실재론이 말하는 지시대상이나 이론이 접근해 가는 대상의 실재성이란 과학자가 그 탐구라는 '실천'에서 확인하는 실재성이다. 그런 의미에서 과학적 실재론은 칸트가 말하는 '경험적 실재론'의 입장을 좀더 명료하게 하기 위해 칸트 자신이 남겨둔 데카르트주의적인 관점을 불식하는 방향으로 철저화한 것이라고 해석하는 것도 가능할 것이다. ⇒ 실재론, 자연과학, 사물 자체

—이토 구니타케(伊藤邦武)

참 Jarrett Leplin(ed.), *Scientific Realism*, University of California Press, 1984.

과학적 실재론科學的實在論 [(영) scientific realism]

관념론観念論 [(독) Idealismus]

'관념론'이라는 용어를 칸트는 그의 초월론철학*을 표현하기 위해 사용한다. 칸트의 '관념론'에는 근대 인식론*의 근본문제에 대한 그의 대답이 포함되어 있다. 근대 인식론의 근본문제란 외계의 실재성* 문제, 시공 안에 주관*에서 독립하여 존재하는(existieren) 대상의 인식 가능성 문제, 자연법칙*의 객관적 타당성* 문제 외에 다른 것이 아니다.

칸트는 뭔가 독특한 종류의 관념론을 주장하고 있다. 그것은 '초월론적 관념론'이라 불린다. 초월론적 관념론의 '학설'이란 다음과 같은 견해를 가리킨다. 즉 "공간* 내지 시간*에서 직관*되는 것은 모두, 따라서 우리에게 가능한 경험*에서 대상*으로 될 수 있는 것은 모두 현상* 이외에 아무것도 아니다. 다시 말하면 그것들은 모두 단순한 표상*에 불과하며, 표상되는 양식에서는 결국 연장물로서 또는 변화의 계열로서, 우리의 사고 바깥에 그것 자체로서 근거지어진 존재를 갖는 것이 아니다"[B 518f.]라는 견해이다. 다만 칸트에 따르면 경험의 시공적 대상이 현상 내지 표상에 지나지 않는다는 것은 그것들이 시공 안에 주관에서 독립하여 존재하는 객관*이 아니라는 것을 의미하지 않는다. 왜냐하면 칸트의 초월론적 관념론은 경험적 실재론[B 44, 52]을 함의하기 때문이다. 이 경험적 실재론의 주장 내용은 "외적 직관의 대상은 그것들이 공간에서 직관되는 그대로의 양식으로 현실적으로도 있으며, 또한 시간에서의 변화는 모두 내감*이 그것들을 표상하는 그대로 현실적으로도 있다"는 것이다.

칸트는 그런 의미에서 인식론상의 '이원론자'이다. 즉 그는 '초월론적 관념론자'─경험의 객관은 모두 현상에 불과하다─이면서 '경험적 실재론자'─현상은 현실적으로, 요컨대 주관에서 독립하여 시공 속에 존재한다[A 370f.]─인 것이다.

【Ⅰ】 초월론적 관념론의 기본통찰

칸트의 초월론적 관념론은 두 개의 통찰 위에서 성립한다.

(1)『순수이성비판』*의 '초월론적 감성론'에서 칸트는 그의 관념론적인 근본테제를 전개하고 있다. 공간과 시간은 사물에 "그것 자체로서", 결국 인간의 직관에서 독립하여 귀속하는 사물의 성질 내지 관계가 아니라 우리의 감성적 직관의 "주관적 조건", 결국 그 "형식*"이다[B 42ff., 46ff.]. 나아가 공간과 시간은 경험에서 기원을 갖는 "경험적 개념"도 아니다[B 38, 46]. "그 아래에서만 사물이 …… 외적 대상으로 될 수 있는" "선험적*인 보편적 조건"[B 64f.]을 포함하는 "선험적인 순수 직관"[B 73]─공간과 시간은 그러한 직관인 것이다. 공간과 시간도, 경험의 모든 대상도 "우리 안에 존재하는"[B 59] 데 불과하다는 관념론적 테제는 그것에서 귀결된다.

이 초월론적 관념론에는 "시간과 공간을 무언가 그것 자체로서 (우리의 감성에서 독립하여) 주어져 있는 것으로 간주하는"[A 369; B 519 참조] '초월론적 실재론'이 대립한다. 그러므로 '초월론적 실재론'은 칸트 자신의 '경험적 실재론'과 혼동되어서는 안 된다.

(2)『순수이성비판』의 '초월론적 분석론'에서 칸트는 그의 초월론적 관념론의 테제를 확장한다. 확장된 테제에 따르면 대상에 갖추어진 범주적 규정도 인간에 의한 인식에 앞서서 경험적 대상이 갖추고 있는 구조인 것이 아니다. 대상의 범주적 규정은 '순수한 지성 개념'이며, 지성*의 자발적인 종합*의 활동에서 기원을 갖는다. 지성이 그 판단행위에서 감성적 직관의 다양*을 결합함으로써 비로소 객관의 범주적 통일이 성립하는 것이다. 그로부터 범주{카테고리}의 객관적 타당성이 귀결된다. 칸트에 따르면 범주의 객관적 타당성은 "자기의식의 **초월론적** 통일"에 기초한다[B 132]. 왜냐하면 모든 감성적 직관을 범주에 의해서 의식의 객관적 통일로 결합하는 것은 "**자발성**"의 활동"으로서의 "**나는 생각한다**"[같은 곳]이기 때문이다. 만약 가령 표상이 "나는 **생각한다**"에 수반될 수 없다고 한다면[B 131f.], '나에게 있어 표상이 "객관의 개념에로 합일되는"[B 139] 것은 없을 것이다. 객관의 범주적 형식은 최종적으로 "상상력*의 초월론적 소산"인[B 181] 초월론적 "도식*"에서 "감성의 형식적 조건"에 연계되며[B 179], 대상의 "가능적 경험을 위한 순수 도삭"을 산출한다[B 296]. 이리하여 "모든 현상의 총체로서의 자연*"에 대해 범주에 의해서 "선험적인 법칙"이 지정되는 것이다[B 163]. 여기에 이르러 칸트의 초월론적 관념론은

우리가 아는 자연이 "현상의 총체, 즉 우리 안에 있는 표상의 총체"에 다름 아니라는[Prol. §36] 테제에서 그 정점에 도달한다. 그런데 그러한 범주적 법칙이 객관적 타당성을 갖는 데 반해, 자연에서의 "합목적성*의 **관념론**"은 그것이 "사물의 가능성의 객관적 원리"로 간주되어 단지 판단의 "주관적인" 준칙*으로 생각되지 않는 경우에는 칸트에 의해 거부되고 있다[KU, V 390ff.].

【Ⅱ】 '비판적' '형식적' 관념론으로서의 초월론적 관념론

칸트의 초월론적 관념론이 오해를 불러일으키기 쉽다는 것은 부정할 수 없다. 그리하여 칸트도 초월론적 관념론을 '비판적'이고 '형식적'인 관념론이라 바꿔 부르며, 그에 대해 다음에서 보는 것과 같은 한층 더 상세한 규정을 행하고 있다.

(1) 확실히 현실에 관한 가능한 모든 인식은 우리의 직관적 표상내용 및 개념적 표상내용을 넘어설 수 없다. 요컨대 그것들은 모두 현상을 넘어설 수 없는 것이다. 그러나 사물이 이와 같이 인간의 인식능력*에 의존하고 있다는 사태는 "사물의 감성적 표상"에만 관계되며, "사물의 존재*"에는 해당되지 않는다[Prol. §13 Anm. Ⅲ; B 519 참조]. 그것은 또한 사물의 경험적으로 규정된 존재방식에 관계되는 것도 아니다[B 165; Prol. §36].

(2) 나아가 우리의 경험적 표상의 모든 객관의 근저에는 우리의 표상의 "비감성적 원인"[B 522]으로서 사물 '자체'가 놓여 있다[Prol. §13 Anm. Ⅱ]. 우리의 감성*을 "촉발하고"[B 522], 우리에게 인식의 '질료'를 주는[B 34] 것은 사물 '자체'이다. 다만 사물 '자체'는 "우리에게 전혀 알려져 있지 않다"[Prol. §13 Anm. Ⅱ]. 그러나 그럼에도 불구하고 그것들은 "현실적" 대상이다[같은 곳]. 이 점에서 칸트의 초월론적 관념론은 시공 안의 인식 가능한 외계에 관한 '경험적 실재론'만이 아니라 시공을 넘어선 인식 불가능한 사물 '자체'에 관한 실재론도 함의하고 있다. 하지만 후자의 실재론은 칸트 자신에 의해서 반복하여 자기 비판적으로 문제화되고 있다[B 310f 참조].

(3) 칸트의 초월론적 관념론이 현상의 인식 가능한 현실성*을 경험적 주관의 개별적이고 우연적인 표상으로 환원해버리는 것은 결코 아니다. 왜냐하면 경험적 주관은 그것에 귀속하는 경험과 더불어 그것 자신이 시공 안에 존재하고 있기 때문이다. 경험적 주관의 지각*에서는 어떤 지각으로부터 "다른 가능적 지각에로" 시공 안에서의 "경험적 진전"이 인정된다[B 521]. 그리고 지각의 그러한 "경험적 진전"에는 공간 안에 존재하는 대상들과 시간에서 생겨나는 변화들이 "대응한다"[Prol. §13 Anm. Ⅱ; B 521ff 참조]. 그것과 반대로 시간과 공간 및 범주는 선험적인 인식형식인바, 한편으로 "우리의 직관 양식"으로서 "모든 인간적 감관 일반"에 타당하며, 다른 한편으로 선험적인 개념으로서 "의식 일반"의 판단행위를 규정하는 것이다[B 59f., 62, 143; Prol. §22].

【Ⅲ】 '실질적' 관념론의 두 가지 형태

관념론으로서의 칸트의 초월론적 관념론은 다른 전통적인 유형의 관념론과는 구별될 필요가 있다. 그 점에 관해 다양하게 논의하는 맥락에서 칸트는 **'실질적'** 내지 '심리학적' 관념론을 비판하고 있다[B 274ff., XXXIXff.]. 이것은 시간·공간과 더불어 외계의 실재성을 원리적으로 의문시하는 관념론으로서 두 가지 형태가 가능하다. 첫째, 데카르트에 있어 "우리의 외적인 공간 속의 대상의 현존"은 "의심스럽고 **증명할 수 없을**" 뿐이며, "그것 자체로서 불가능"한 것은 결코 아니다[B 274]. 『순수이성비판』 제1판의 '제4 오류추리'에서 칸트는 그러한 '회의적' 관념론이 '이성추리의 오류'에서 유래한다는 것을 보이고 있다. 회의적 관념론은 "소여의 지각"을 "결과"로 간주하고 그로부터 현존하는 사물의 주관 외재적인, 따라서 "의심스러운 존재*"를 "원인"으로서 추론*하는 것이다[A 377, 366 ff./B 399].

칸트에 따르면 그보다 한층 더 극단적인 것이 버클리*의 **'교조적'** 관념론이다[B 274]. 칸트는 이것을 "신비적이고 망상적"인 관념론이라고도 부른다[Prol. §13 Anm. Ⅲ]. 이 관념론은 "우리의 외적인 공간 속의 대상의 현존"을 그저 의심하는 것만이 아니다. 한 걸음 더 나아가 이 관념론은 그러한 대상의 현존을 "겉보기만의 **불가능한** 것"으로 단언하고, 그것과 공간 그 자체

를 모두 "단순한 믿음"에 불과하다고 생각한다[B 274].
『순수이성비판』 제2판의 칸트의 '관념론 논박'은 '실질적' 관념론의 이러한 두 가지 형태로 향해 있다[B 274ff.]. 거기서 칸트는 우리의 "내적인, 데카르트가 의심하지 않은 경험조차 외적 경험이 전제되어야 비로소 가능하게 된다"는 것을 증명하고자 한다[B 275]. 상술한 두 종류의 '실질적' 관념론을 비판할 때 칸트가 의거하고 있는 것이 '경험적 실재론'의 입장이다.

【Ⅳ】 '경험적' 관념론 대 '형식적' 관념론
자신이 주장하는 '형식적'인 초월론적 관념론에 칸트는 때때로 '경험적 관념론'을 대립시킨다. 칸트는 후자를 가리켜 실질적 관념론이라고 부르기도 하며[B 519], 그것을 역시 데카르트에 귀속시키고 있다[Prol. §13 Anm. Ⅲ]. 이 '경험적 관념론'은 확실히 "공간 그 자체의 현실성"은 승인하지만, 다른 한편 "공간 속의 연장물의 현존"에 관해서는 그것을 "부정하든가" 또는 적어도 그것을 "의심스럽다"고 간주한다[B 519]. '경험적 관념론'은 "꿈과 진실과의 사이에서" 충분한 '구별'을 지을 수 없다는 것이 칸트에 의한 비판이다[같은 곳]. 그와 반대로 칸트의 초월론적 관념론은 그 구별에 관한 충분한 판별기준을 갖추고 있다. 왜냐하면 예를 들어 시간·공간이 "표상 이외의 어떤 것도 아니고", "우리의 마음 이외의 어디에도 존재할" 수 없다고 해도, 초월론적 관념론에서 우리의 외적인 공간 속의 대상은 "시간에서 모든 변화"가 그런 것과 마찬가지로 "현실적으로" 존재하기 때문이다[B 520]. 꿈과 '현상의 경험적 진리'를 구별하기 위한 칸트의 기준은 표상이 "경험적 법칙에 따라서 하나의 경험에서 올바르고 일관된 방식으로 연관되어 있다"고 한다면 그것은 꿈이 아니라 경험적 표상이라는 것이다[B 520f.]. 따라서 주관에 의해서 실제로 지각되어 있지 않더라도 시공 안의 객관은 존재한다. 다만 주관에 의존하지 않는 그러한 현실성을 객관이 지니는 것은 오로지 객관이 "경험의 진전에서" "가능적 지각"의 대상으로 되는 것이 예상되는 경우로 한정된다[B 521]. 그리고 이 지각의 대상은 "경험적 진전의 법칙에 따라 지각과 부합되어" 있으며[같은 곳], "우리의 감관과 가능적 경험과의 관계를 결여해서는" 존재하지 않는다[같은 곳].

【Ⅴ】 '순정한' 관념론 대 '비판적' 관념론
'경험적 관념론'이 공간의 존재는 의심하지 않고 공간 속의 물체의 실재성을 의문시할 뿐인 데 반해, "문자 그대로의(wirklich) 관념론"은 "사고하는 것 이외에는 아무것도" 없다고 주장한다. 우리의 외적인 공간 속의 사물이든 공간 그 자체든 그것들은 모두 "사고하는 것 안에 있는 표상에 불과하며", 그 표상에 대응하는 외적 대상인 것은 아니라는 것이다[Prol. §13 Anm. Ⅱ]. 칸트가 보는바 플라톤과 버클리만이 아니라 "엘레아학파에 의해서"도 주장된 그러한 '본래의' 순정한 관념론에 칸트는 『프롤레고메나』의 '부록'에서 다음과 같은 견해도 귀속시키고 있다. 즉 감성적 인식은 하나도 남김없이 "단적인 가상에 불과하며", 진리는 "순수 지성과 이성의 관념 속에서밖에는" 없다는 견해이다. 이와 같은 "망상적인 관념론"에 대항하여 칸트는 "비판적 관념론"의 입장을 내세운다. 이것은 "망상적인 관념론"과는 정반대의 것으로서 참된 인식은 "경험 속에서밖에는" 없다고 말한다. 다른 한편 단순한 개념과 이념에 기초하는 인식은 칸트에 있어 "단적인 가상에 불과하다"[같은 곳]. 확실히 칸트에서도 공간과 시간은 사물의 '현상에' 속할 뿐이다. 그런 한에서는 칸트도 관념론자이다. 그러나 시간과 공간은 범주와 더불어 모든 현상의 가능성의 조건이기도 하며, 그러므로 "모든 가능적 경험에 선험적으로 그 법칙을" 지정하는 것이다. 그리고 이 법칙이 "진리를 가상으로부터 구별하기" 위한 "확실한 기준"을 이룬다[같은 곳]. 나아가 현상의 근저에는 사물 '자체'가 놓여 있으며, 그것의 존재를 칸트의 (비판적) 관념론'은 결코 부정하지 않는다. 이러한 것으로부터 칸트는 정당하게도 자신의 '비판적 관념론'이 "통상적인" 관념론을 "뒤집는다"고 말할 수 있는 것이다[같은 곳].

【Ⅵ】 초월론적 관념론과 초월론철학
칸트의 초월론적 관념론은 '형식적'이고 '비판적'인 관념론인바, '실질적' 관념론과 '경험적' 또는 '순정한' 관념론과 혼동되어서는 안 된다. 관념론의 이러한 전통적인 형태들과는 달리 칸트의 초월론적 관념론은 '경험적 실재론'을 함의한다. 이 '경험적 실재론'에서 우리의 외적인 객관은 시공 안에 현실적으로 존재하며,

또한 인식 가능하다. 칸트의 초월론적 관념은 더 나아가 사물 '자체'의(물론 개연적인 것이긴 하지만) 실재론을 시인하기도 한다. 요컨대 그것은 시공을 넘어선 곳에 존재하고 우리에게 있어 인식 불가능한 사물을 상정하고 있는 것이다.

이러한 초월론적 관념론은 칸트의 초월론철학에 대해서 두 가지 귀결을 가져온다. 하나는 형이상학 비판이라는 소극적인 귀결이다. 모든 인식이 시간·공간이라는 직관 형식에서 자유로울 수 없는 이상 오로지 이성에 의한 순수하게 개념적인 인식은 "단적인 가상에 불과하다". 그러므로 영혼'의 형이상학'[Prol. §46ff.]이라는 것은 불가능하며, 또한 우주론'적 형이상학[Prol. §50ff.]이라든가 "초월론적 신학"[B 659ff.]과 같은 것도 불가능하게 된다. 칸트가 초월론적 관념론을 "우주론적 변증론을 해결하기 위한 열쇠"[B 518]라고도 말하는 것은 바로 그 때문이다. 다른 한편 적극적인 귀결을 말하자면, 초월론적 관념론은 경험적 객관의 선험적인 인식을 가능하게 하고, 그렇게 함으로써 경험적 현실에 관한 '선험적 종합명제'를 가능하게 한다. 요컨대 시간·공간이 감성의 주관적 형식이라고 한다면, 시간·공간에 관해서 선험적 직관이 존재하는 데 그치지 않고 더 나아가 시간·공간의 범주적(도식적) 형식도 모든 경험에 앞서 인식할 수 있게 되는 것이다. 그리고 시간·공간의 그러한 범주적(도식적) 형식이 모든 경험과 경험의 객관을 그것의 초월론적 조건으로서 근저로부터 규정하고 있기 때문에, 그 형식은 경험적 대상과 자연법칙'에 관한 선험적인 인식을 가능하게 한다. 경험적 현실에 관한 그러한 선험적인 인식을 칸트는 주로 『순수이성비판』의 '순수 지성의 모든 원칙의 체계'에서 정식화하고 있다. ⇒인식론, 실재론, 초월론철학, 초월론적 관념론, 관념론 논박, 시간, 공간, 구명

―W. 뤼터펠츠/스즈키 다카오(鈴木崇夫) 옮김

⊞ H. Vaihinger, *Commentar zu Kants Kritik der reinen Vernunft*, Bd. 1/2, Stuttgart, 1881/82(Nachdruck Aalen, 1970). E. Adickes, *Kants Lehre von der doppelten Affektion unseres Ichs als Schlüssel zu seiner Erkenntnistheorie*, Tübingen, 1929. P. F. Strawson, *The Bounds of Sense*, London/New York, 1966(熊谷·鈴木·橫田 譯 『意味の限界』 勁草書房, 1987). G. Lehmann, *Beiträge zur Geschichte und Interpretation der Philosophie Kants*, Berlin, 1969. W. Patt, *Transzendentaler Idealismus*, Berlin/New York, 1987. A. Rosas, *Transzendentaler Idealismus und Widerlegung der Skepsis bei Kant*, Würzburg, 1991. L. E. Hoyos Jaramillo, *Kant und die Idealismusfrage*, Mainz, 1995.

관념론 논박観念論論駁 [(독) Widerlegung des Idealismus]

말의 의미만을 가지고 이야기하자면, 『순수이성비판』' 제2판에서 칸트가 외계(인식주체의 밖)의 존재'를 의심한다든지 개연시하는 데카르트'/버클리'의 철학적 입장에 대해 행한 논박을 말한다. 그러나 그 실질적인 의미는 거기에 숨어 있는 다음과 같은 사실적 경위에서 이해될 수 있다. 『순수이성비판』 제1판이 세상에 나온 이후 이 책에 대한 많은 서평이 쓰였다. 그 가운데 1782년 페더'/가르베'가 당시의 서평 잡지 『괴팅겐학보』에 게재한 서평(통칭 「괴팅겐 비평」)은 칸트의 초월론적 관념론을 버클리 등의 경험적 관념론과 동일시하는 거친 내용을 담고 있었다. 이에 대해 칸트는 이미 『프롤레고메나』'에서 장문의 부록을 덧붙여 반론과 비난을 시도하고 있었다(이것은 일련의 활동 가운데 칸트가 시도한 최초의 관념론 논박으로 간주될 수 있다). 그러나 그 후 울리히의 『논리학과 형이상학 강의』(1785)와 그에 관한 슐체'의 서평, 그리고 야코비'의 『관념론과 실재론』(1787) 등에서도 칸트의 초월론적 관념론을 외계의 대상'을 나의 내적인 표상'으로 간주하는 일반적인 관념론과 동일시하는 해석이 끊이지 않았다. 그리하여 칸트는 『순수이성비판』 제2판에서 제1판의 '제4오류추리론'을 대폭 삭제하고, 독립적으로 '관념론 논박'이라는 항목을 설정하여 외계의 존재를 문제시하는 일반적인 관념론을 비판하고 자신의 초월론적 관념론이 그와 같은 입장이 아니라는 것을 분명히 함과 더불어 그 명칭 자체도 철회하여 "형식적 관념론"이라고 불렀다. 그리고 "나 자신의 현존재'의 단순한, 경험적으로 규정된 의식'은 나의 외적인 공간'에서의 대상의 현존재를 증명하고 있다"

는 정리를 내걸고, 외계는 자기의식의 단순한 표상이 아니라 오히려 자기의식이 외계의 대상에 의존하고 있다는, 이를테면 외계 우위의 테제를 내세우기에 이르렀다. 본래 칸트 자신의 『순수이성비판』 제2판의 "본래의 증보"가 "심리학적 관념론의 논박(관념론 논박)"이라는 점을 고려하면, 이 제2판은 관념론 논박을 위해 쓰였다고 말할 수 있을 정도로 관념론 논박은 칸트에게 있어 중요한 문제였다. 그 증거로 위에서 거론한 야코비의 『관념론과 실재론』이 출판되었을 때 『순수이성비판』 제2판은 이미 인쇄에 부쳐져 있었지만, 그 시점에서도 칸트는 서문의 마지막에 특별히 방대한 주를 덧붙여 야코비에 반론을 가할 필요성을 일깨우고 있었다. 더욱이 그 주에 목하 인쇄 중인 제2판의 바로 그 '관념론 논박'의 한 문장을―논쟁을 위해―정정하는 행을 덧붙일 정도로 이 문제는 칸트의 의식을 민감하게 만들고 있었다. 그 주에 나오는 유명한 말이 바로 "우리의 외적인 사물의 존재를 신앙에 의지하여 상정해야만 한다는 것은 철학과 보편적 인간 이성의 스캔들이다"라는 것이다. ⇒관념론

―이시카와 후미야스(石川文康)

📖 H. Vaihinger, Zu Kants Widerlegung des Idealismus, in: *Strassburger Abhandlungen zur Philosophie* Ⅱ, Freiburg /Tübingen, 1884. Gerhard Lehmann, Kants Widerlegung des Idealismus, in: *Beiträge zur Geschichte und Interpretation der Philosophie Kants*, Berlin, 1969. 石川文康「論爭家としてのカント―― 觀念論論駁をめぐって」『現代思想』22-4, 19 94.

관심關心 [(독) Interesse]

【Ⅰ】 '관심' 개념을 둘러싼 시대상황

'관심' 개념은 영국에서는 우선 홉스*와 로크* 등에 의해, 그리고 프랑스에서는 엘베시우스 등의 유물론자들에 의해 비로소, 특히 국가론 및 도덕론의 맥락에서 사용되어 철학용어로서 확립되었다. 독일에서는 가르베*가 '관심' 개념을 보급시켰지만, 칸트는 오히려 영국철학 및 프랑스철학의 저작들로부터 직접 이 개념에 대해 배운다. 예를 들면 칸트는 이미 1760년대의 『반성』에서 '관심' 개념을 국가론적 맥락 안에서 사용하고 있는 것이다. 이러한 '관심' 개념에는 모종의 애매함이 끊임없이 따라붙고 있는데, 허치슨*의 『미와 덕의 관념의 기원』과 줄처가 담당한 『백과전서』의 항목 등에 따르면 '관심'은 '자기애(self-love 또는 amour propre)'와 등치되면서 행위의 지배적 동기 내지는 행동의 최대의 원동력으로 규정되고 있다. 허치슨의 경우 도덕적 선은 '이해관심을 떠난(disinterest)' 보편적 인애에서 기인하며, 따라서 도덕적 선의 성립에는 '관심'을 극복하는 것이 불가결하게 되지만, 다른 한편으로 '관심'은 공공적 선의 촉진을 강력하게 자극하는 부가적 동기로도 간주되고 있다. '관심' 개념이 내포하는 이러한 양의성은 흄*과 아담 스미스*로도 계승되어간다.

【Ⅱ】 이론철학과 '사변적 관심'

그에 대해 칸트의 비판철학에서의 '관심' 개념은 그 문제틀을 전적으로 달리 한다. 칸트의 경우에도 '관심' 개념은 '동기*' 개념에서 유래하고 있고 그런 한에서 확실히 칸트의 '관심' 개념도 그 주관적 성격을 벗어날 수 있는 것은 아니지만, 그것은 자율적 의지의 동기로서 '이성적 존재자*'에 귀속해 있으며, 그런 까닭에 오히려 '이성적 존재자'의 구조가 '관심' 그 자체의 구조를 특징짓게 된다[KpV, Ⅴ 79 참조]. 요컨대 '관심'이란 '이성*의 관심'에 다름 아닌 것이다. 따라서 칸트가 자신의 비판철학에서 처음으로 본격적인 방식으로 '관심' 개념에 대해 언급하는 장소인 『순수이성비판*』의 '초월론적 변증론*'에서 이율배반*을 설명할 때에도 '관심'은 '이성의 관심'으로서 도입된다[B 490f. 를 참조]. 칸트에 따르면 교조주의적인 테제의 주장에서는 '이성의 사변적 관심' 및 '이성의 실천적 관심'이 나타나며, 그에 반해 경험주의적인 안티테제의 주장에서는 '사변적' 관심이 나타난다. 테제로 향하는 '사변적 관심'은 동시에 '통일성의 관심'으로서 체계*의 구축을 지향한다. 다른 한편 안티테제로 향하는 '사변적 관심'은 '다양성의 관심'으로서 오히려 체계화를 거부한다. (역학적 안티테제와 관련하여) 테제와 안티테제는 양립가능하게 되는데, 그것은 양자의 주장이 '사변적 이성의 관심'에서 기인하는 '사변적 이성의 준칙*'이고, 따라서 객관적 원리가 아니라 주관적 원리에 지나지 않기 때문이다. 테제와 안티테제의 충돌 내지

모순*이 생기는 것은 주관적 원리에 불과한 '준칙'을 객관적 원리로 잘못 보기 때문이다. 그러나 순수 이성의 통일을 선험적*으로 요구하는 '이성의 건축술적 관심'은 체계화를 지향하는 테제를 지지하며, 더욱이 도덕 및 종교가 소유하는 '이성의 실천적 관심'은 테제에서밖에 나타나지 않기 때문에 칸트가 안티테제보다도 테제에서 그 우위성을 인정하고 있는 것은 분명하다[B 694f. 참조]. 그리고 또한 "모든 관심은 결국 실천적*이고 사변 이성의 관심에서조차 {실천적 관심에 의해} 제약되고 있다"[KpV, V 121]는 칸트의 언명으로부터도 알 수 있듯이 '사변적 관심'이 테제와 안티테제 사이를 동요할 뿐으로 행위의 문제에 관해서 전적으로 무력한 데 반해, 이미 이론철학의 장면에서 '실천적 관심'이 행위의 문제영역을 개척하면서 인식을 주도하고 있는 것이다.

【Ⅲ】 실천철학과 '실천적 관심'

칸트의 독자적인 문제틀을 단적으로 보여주는 것이 이 '실천적 관심'인바, 특히 바로 그 '순수 관심'의 개념이다. 칸트는 『인륜의 형이상학의 정초』*에서 "우연적으로 규정되기도 하는 의지*가 이성의 원리*에 의존하는 것은 관심이라고 불린다. 그러므로 관심은 이성에 대해 언제나 저절로 적합한 것으로 한정되지 않는 의존적 의지에서만 생긴다. 신적 의지에 대해서는 어떠한 관심도 생각되지 않는다"[GMS, Ⅳ 413 Anm.]고 규정하여 '관심' 개념이 '유한한 이성적 존재자'로서의 인간에게만 고유하다는 것을 보임과 동시에 행위 그 자체에 대한 '순수 관심'과 행위의 대상에 대한 '경험적 관심'을 구별한다. 타율적 구조를 지닌 '경험적 관심'이 최종적으로 행복*을 지향하는 데 반해 '순수 관심'은 도덕법칙*에로 향한다. 이 도덕법칙에 대한 '순수 관심' = '순수한 도덕적 관심'은 "…… 역으로 법칙{즉 도덕법칙}은 그것이 인간으로서의 우리에게 타당*한 까닭에 관심을 끈다. 왜냐하면 법칙{즉 도덕법칙}은 …… 우리의 본래적 자기로부터 생기는 것이기 때문"[GMS, Ⅳ 461]인 것처럼 도덕성*과 그 구조에 기초하고 있기 때문에 도덕성의 자율적 구조로 짜넣어지게 된다. 이 점에서 '순수 관심'은 비판철학의 내부에서 '존경의 감정'과 동일한 위치짓기를 부여

받는다. 또는 『실천이성비판』*에 따르면 오히려 '순수 관심'은 '존경의 감정'에 다름 아니다[KpV, V 81 참조]. 그러나 '순수 관심'의 성립근거는 우리에게는 해명 불가능하며(더욱이 그 경험적 해명은 도덕성을 훼손하기 때문에 허락되지 않는다), 그런 의미에서 하버마스가 지적하듯이 '순수 관심'은 한계개념*이라고도 말할 수 있다.

【Ⅳ】 '일체의 관심을 결여한 마음에 듦'과 미의 자율성

칸트가 전개한 '관심'의 구체적 구조를 검토하면 '관심'이란 '어떤 것'에로 향하는 주관의 능동적 태도, 바꿔 말하면 주관*의 지향작용을 의미하고 있다는 것이 분명하다('순수 관심'의 경우 주관의 작용은 자기 자신에로 향하는 '자기 관계적' 구조이며, 이 점에서 다른 모든 '관심'과 구조적으로 다르다). 따라서 우리는 모든 것에 대해 '관심'을 지닌다. 다만 미(학)적 판단의 문제영역에 관해서는 사정이 다르다. 칸트는 "아름다운 것에 대한 마음에 듦은 일체의 관심을 결여한다"는 원리를 발견함으로써 미(학)적 판단에 고유한 문제영역을 확보함과 동시에 미의 자율성을 확립했다. 미(학)적 판단의 중요한 계기인 이 '무관심성'은 '아름다운 것'을 소유한다든지 그것으로부터 이익을 획득하고자 하는 것과는 무관계한 것, 다시 말하면 우선은 '이해관계를 떠나 있는' 것을 의미하지만, 좀더 사태에 따라 말하면 그것은 '아름다운 것에 대한 마음에 듦'이 모든 '구속'과 '강제*'로부터 자유라는 것을 언표하고 있다. 다른 한편으로 확실히 칸트는 "아름다운 것에 대한 관심"과 "숭고*한 것에 대한 관심"을 언급하고 있지만, "도덕적 관심"과의 친근성이 지적되는 "자연미에 대한 지성적 관심"이라 하여도 그것이 "자유로운 관심"으로 규정되고 있는 것은 주목할 만하다[KU, V 298ff.]. 요컨대 '도덕적 관심'이 도덕성의 자율성이라는 '자기강제'의 구조에 짜 넣어져 있는 데 반해 '자연미에 대한 지성적 관심'은 그러한 어떠한 '강제'로부터도 해방되어 '자유'인 것이다. '도덕적 관심'과 '자연미에 대한 지성적 관심'이라는 유사한 양자도 이 '강제'가 있거나 없는 점에서 결정적으로 다르며, 그 결과 미는 도덕으로 환원될 수 없는 고유한 문제영역을 확보하게

된다. 이리하여 칸트는 "마음의 모든 능력에 관심을 부여할 수 있다"[KpV, V 119]는 '관심' 개념을 둘러싼 구상을 완성하여, 인식능력*·욕구능력*·쾌와 불쾌의 감정이라는 마음의 능력들에 대해서 각각 '사변적 관심'··'실천적 관심'··'미 및 숭고에 대한 관심'을 귀속시켰던 것이다. ⇒이성, 존경, 미학적 판단

─가토 야스시(加藤泰史)

Diderot/d'Alembert, *Encyclopédie*, 1751-80(ディドロ・ダランベール 編『百科全書』岩波文庫, 1971). J. Habermas, *Erkenntnis und Interesse*, Frankfurt am Main, 1968(奧山次良 外 譯『認識と關心』未來社, 1981). Fr. Hutcheson, *An Inquiry into the Original of our Ideas of Beauty and Virtue*, 1725(山田英彦 譯『美と德の觀念の起源』玉川大學出版部, 1983). Y. Yovel, *The Interests of Reason*, 1989. 長野順子「美的判斷の無關心性(1)」東京大學美學藝術學研究室紀要『研究』4, 1985. 御子柴善之「カントの『關心』概念」日本哲學會 編『哲學』42, 1992.

괴테 [Johann Wolfgang von Goethe 1749. 8. 28-1832. 3. 22]

18세기의 문학자, 자연과학자, 정치가. 1790년에 칸트의『순수이성비판』*과『판단력비판』*을 읽고서 커다란 깨우침을 얻는다. "개념*은 경험*의 총화이며, 이념*은 경험의 결과이다. 개념을 얻기 위해서는 지성*이, 이념을 파악하기 위해서는 이성*이 필요하다"[『잠언과 성찰』]는 말들과 시 '유언'에서는 칸트 철학의 영향이 두드러지며, 괴테 자신은 주관*과 객관*, 이념과 경험의 구별을 칸트로부터 배웠다고 여러 차례 말하고 있다. 자연과학 연구에서 괴테는 그 연구대상을 경험적 현상, 학문적 현상, 근본현상의 셋으로 나누었지만, 여기서는 스피노자가 말하는 세 개의 인식과 더불어 칸트에 의한 감성*, 지성, 이성의 구별을 알아볼 수 있다. 그러나『순수이성비판』이 뉴턴*적인 근대 과학을 기초짓고자 하는 시도였던 데 반해, 뉴턴의 치열한 비판자였던 괴테는 칸트 철학을 그대로 수용할 수 없었다. 그는 다음과 같이 생각했다고 추측된다. 근대 과학은 색깔과 같은 질*을 양*으로 환원하고, 개념 수준에서 자연을 파악함으로써 법칙과 이론 발견을

위해 애쓴다. 그러나 법칙과 이론과 같은 배후 세계를 도입함으로써 칸트는 그 자신 본래의 '현상학*'에서 일탈하고 만다. 그가 기초지은 근대 과학은 '현상*'과 '형상*'의 세계로부터 멀어지며, 추상화라는 좁은 길을 걸어간다. 더욱이 칸트는 지성(내지 개념)에게만 특권적인 지위를 부여하고 감성과 상상력*(내지 형상)을 부당하게 경시한다는 것이다. 거기서 괴테는 어디까지나 '근본현상'의 세계에 머무름으로써 감성과 이성, 상상력과 지성을 통일하고 인간성*의 전체를 회복하고자 했다.

칸트의 저작 가운데 괴테가 가장 애독한 것은『판단력비판』이다. 특히 직관적 지성과 동식물의 도식*에 관한 부분[§77-80]은 괴테 형태학에서 중요한 의미를 지니고 있었다. 스피노자*에게서 배워 동식물의 형상적 본질(원식물과 원형)은 '직관지'일 수 있다고 생각한 그는 논증적이지 않은 지성, 즉 직관적 지성이라는 것이 있을 수 있다는 칸트의 지적에 의해서 자기의 학설이 철학적으로 기초지어진다고 느꼈다. 바로 직관적 지성이 있기 때문에 사람은 원식물과 원형을 인식할 수 있다. 칸트는 이것을 신적인 지성으로 간주했지만, 괴테는 이것이 인간*에게도 주어져 있다는 것을 의심하지 않았다. 나아가 '직관적 지성'이라는 호칭에서 지성의 패권을 지향하는 칸트의 의도를 읽어낸 괴테는 이것을 '직관적 판단력'이라고 바꿔 불렀다. 결국 괴테에 있어 직관은 감성적이면서 이성적인 것이었다. 이와 같이 그는 칸트 철학에서 많은 것을 수용하면서도 칸트가 회피한 "이성의 대담한 모험"[KU §80]에 과감히 도전했다. ⇒상상력

─다카하시 요시토(高橋義人)

『自然と象徵──自然科學論集』(高橋義人 編), 富山房.

E. Cassirer, *Rousseau, Kant, Goethe*, etc., Felix Meiner, 1991 (原好男 譯『十八世紀の精神──ルソーとカントそしてゲーテ』思索社, 1979). Géza von Molnár, *Goethes Kantstudien*, Hermann Böhlaus Nachfolger, 1994. 高橋義人「ゲーテと反近代」『講座ドイツ觀念論』4, 弘文堂, 1990.

교설教說 [(독) Doktrin]

일반적으로 학문에서의 원리원칙을 의미하는 '학리'와 동일한 술어가 칸트에게 있어서는 특히 '교설'이라고 번역되며, 모든 대상* 일반에 관한 사고의 필연적 법칙에 관한 선험적*인 학문으로서, 비판*의 상위개념으로서 철학* 밑에 위치지어진다. 비판이 경험에 좌우되지 않는 순수 이성의 원천과 한계를 평가하고, 이성*을 오류*로부터 보호하며, 학으로서의 철학의 예비학으로서 이성의 순화에 도움이 되는 데 반해, 교설은 이것에 이어서 자연*의 형이상학과 인륜*의 형이상학에 의해서 매듭지어지며, 대상에로 방향지어지고, 지성*의 선험적인 인식 범위를 확장하는 것이다. 또한 『논리학』(1800)에서는 "인식이 지성 및 이성의 법칙과 일치하는 기준을 포함하는" 논리학이 선험적인 학문으로서 교설과 동일시되고 있다. 거기서는 "교설에서 모든 것은 지성에 의해 그 밖의 경험으로부터 얻어진 가르침 없이 통찰되고, 교설은 그것들에 따르면 바람직한 완전성*이 주어지는 규칙을 우리에게 준다"[IX 15]고 말해진다.

아리스토텔레스*에 의해 근거지어진 전통적인 논리학을 스스로의 사고 절차에 원용하는 칸트에게 있어 철학 상의 체계법에서의 비판과 형이상학의 관계는 비판이 변증법적 가상으로 간주한 것을 형이상학이 다시 받아들이는 관계가 아니다. 비판이 형이상학적인 것처럼 형이상학 역시 비판적이다. 요컨대 이론적 형이상학으로서의 비판은 가능적 경험에 관련되며, 실천적 형이상학으로서의 비판은 감성적 동기에서 영향을 받는 의지*를 문제로 삼는 것이다. 따라서 형이상학과 동일한 위치에 놓여 있는 교설은 비판으로부터 원리적으로 구별되는 것이 아니며, 비판은 교설 그 자체의 가능성을 검토하는 것이다. 『순수이성비판』*에서 선험적인 규칙이 성립하는 조건을 포함하는 지성 개념의 원칙이 '판단력*의 초월론적* 교설'이라는 명칭으로 다루어지는 것도 그것이 지성 개념을 현상*에 적용하는 기준을 판단력에서 가르치기 때문이다.

―소에지마 요시미치(副島善道)

W. Bröcker, *Kant über Metaphysik und Erfahrung*, Frankfurt am Main, 1970. W. Bartuschat, *Zum systematischen Ort von Kants Kritik der Urteilskraft*, Frankfurt am Main, 1972. W. H. Walsh, *Kant's Criticism of Metaphysics*, Chicago, 1975. I. Stadler, The Idea of Art and of Its Criticism: A Rational Reconstruction of a Kantian Doctrine, in: *Essays in Kant's Aesthetics*, Chicago, 1982.

교양敎養 [(독) Bildung]

Bildung은 본래 '사물의 형성'을 의미한다. 이것이 인간과 사회에 대해 말해지는 경우에는 '교육·육성·문화'를 의미한다. 가다머에 따르면 중세의 신비주의*에서 시작되는 이 말은 바로크의 신비주의와 클롭슈톡의 『메시아스』를 거쳐 마지막에는 헤르더*에 의해 '높은 인간성을 지향하는 상향형성(Emporbildung zur Humanität)'으로서 정식화되었다. 칸트의 Bildung 개념은 헤르더에 의한 이 정식화 이전의 것으로서, 자연학상의 저작에서는 천체, 인종*, 성격 등의 '형성'을 의미하고, 도덕철학에서는 그 객관적·역사적인 측면으로서는 사회의 '개화·문화'를, 그 주관적·개별적인 측면으로서는 개인의 정신력·지력·체력의 '육성', '성격의 형성', 따라서 '교육·도야'를 의미한다. Bildung 개념은 헤겔*에 의해서 새로이 개별자가 보편성*을 획득하기 위한 자기도야로까지 확장된다. 보편성을 획득하기 위해서는 개별자는 직접적인 자기를 단념해야만 한다. Bildung이란 자기부정에 의한 자기형성이다. 그러나 이것이 자기 자신으로부터의 소원화를 결과한다. 한편으로 Bildung은 자기형성이기 때문에 타자에 대한 '교육·도야'를 넘어선 의미를 획득한다. 교육을 받는 자는 스스로의 보편성을 자각해야만 하며, 교육자 역시 교육활동을 통해 스스로의 개별성을 깨닫게 된다. 교육하는 측의 우위를 전제하는 계몽주의는 비판의 대상이 된다. 또한 인류의 자기형성으로서의 세계사는 인류의 교양의 발걸음에 다름 아니다. 그러나 다른 한편으로는 교양형성이 자기부정을 수반하기 때문에 교양을 쌓는 자는 필연적으로 자기분열에 말려들게 된다. 여기에서 가장 교양이 높은 자가 가장 열등한 자라는 역설이 생긴다. 이런 의미에서의 교양은 정신의 분열태이며, 헤겔은 이것을 근대의 특징이라고 생각했다. 칸트의 Bildung 개념은 '형

성'의 의미의 연장선상에 있으며, 헤겔이 말하는 자기부정・자기분열의 모습은 지니지 않는다. ⇒계몽, 문화

―이시카와 이오리(石川伊織)

📖 Hans-Georg Gadamer, *Wahrheit und Methode*, 1960(轉田收 外 譯『眞理と方法』I, 法政大學出版局, 1986). J. Schwartländer, *Der Mensch ist Person: Kants Lehre von Menschen*, Kohlhammer, 1968(佐竹昭臣 譯『カントの人間論── 人間は人格である』成文堂, 1986).

교육론教育論

17세기 후반과 18세기의 유럽은 근대적 '교육'의 확립에 결정적인 역할을 담당했다. 종래의 전통적이고 기독교적인 '어린이'관에서는 대체로 어린이를 원죄를 짊어진 나쁜 아이로 간주하고, 엄격한 가르침과 벌(체벌을 포함한다)에 의해 그것을 교정하는 것이 교육의 본무라고 생각되고 있었다. 또한 일반적으로 어린이는 유아기를 지나면 곧바로 노동력으로서 어른과 마찬가지로 취급되어 어린이 시절을 인생의 독특한 시기로서 귀중하게 보는 사고방식은 희박하였다. 그러나 '계몽' 사조가 그러한 종래의 '어린이'관을 뒤집음으로써 점차 어린의의 인간성의 자발적이고 자연에 합당한 발전에 대한 의도적・계획적 원조를 중심으로 하는 새로운 '교육' 개념이 확립되어 간다.

우선 로크는 생득관념을 부정함으로써 원죄적 인간관을 폐기하고, 인간은 원래 백지인바, 경험이 교육에서 결정적 역할을 담당한다고 주장했다. 나아가 이러한 로크의 교육론을 새로이 크게 넘어선 것이 루소의 『에밀』이었다. 루소는 인간의 본성은 생래적으로 본래 선하며, 인간을 만드는 교육이 시민을 만드는 교육보다 우선되어야만 한다고 주장한다. 또한 어린이는 어른과는 다른 독특한 존재인바, 교육은 그러한 어린이의 자연적 발전에 따라야만 하는 것으로서 12세까지는 어린이에게 지나친 지식과 설교를 주지 않도록 주의하는 '소극철학'을 제창한다. 1770년대부터 독일에서는 바제도우와 캄페 등의 이른바 범애파汎愛派의 사람들이 루소의 교육사상의 영향을 받아 학교경영과 교과서・아동용 도서・교육학 총서의 출판 등의 실천 활동에 몰두하는데, 그들의 교육론은 현실주의적・행복주의적 경향이 강하고 현실에 적합한 행복하면서도 동시에 유용한 시민을 기르는 데 중점을 두었다. 또한 그들은 종교교육을 오직 합리성(유용성)에 기초하는 자연종교에 한정하였다.

칸트는 루소로부터 "인간을 존경하는 것을 배웠으며"[XX 44], 또한 바제도우의 범애학사의 방법적인 "실험"[IX 451]을 응원하기도 했다. 그러나 감성계와 예지계의 이원론적 구별을 강하게 염두에 둔 칸트는 루소와 달리 도덕성을 감성적 동기와의 대립에서 파악하게 되며, 또한 바제도우 등과 달리 어린이는 단지 현실에 적합하게가 아니라 "인간성의 이념과 그 사명에 걸맞게 교육"[IX 447]되어야만 한다고 주장한다. 이리하여 칸트에서 교육은 자율적 인격으로서의 '성격의 수립'을 목표로 하여 좀더 이상주의적이고 역동적인 과정으로서 파악되며, 그로부터 또한 "어떻게 해서 나는 강제하면서 자유를 육성할 수 있는 것일까"[IX 453]라는 날카로운 교육학적 문제도 생겨났던 것이다. 그리고 스위스에서 헌신적으로 빈곤아동의 교육에 종사한 페스탈로치는 도덕성의 수립을 교육의 목표로 하는 이상주의적 자세에서 칸트의 영향을 받아 범애파의 시도를 좀더 심화시키고, '직관의 ABC'를 비롯하여 모든 어린이의 기초 도야를 위한 '방법(Methode)'을 확립하고자 했다. 다만 페스탈로치의 교육론은 동시에 또한 어머니와 자연의 자연적인 애정관계가 지니는 교육적 의의를 대단히 중시한다든지 종교의 기초를 감정에서 구하는 점에서 낭만주의적인 측면도 강하게 지니고 있다고 말할 수 있다. ⇒루소, 바제도우

―다니다 신이치(谷田信一)

📖 P. Gay, *The Enlightenment: An Interpretation, Vol. 2: The Science of Freedom*, Alfred A. Knopf, 1969(中川久定 外 譯『自由の科學── ヨーロッパ啓蒙思想の社會史』II, ミネルヴァ書房, 1986). M. von Boehn, *Deutschland im 18. Jahrhundert: Aufklärung*, Askanischer Verlag, 1922(飯塚信雄 外 譯『ドイツ18世紀の文化と社會』三修社, 1984). H. Scheuerl (Hrsg.), *Klassiker der Pädagogik* I, Verlag C. H. Beck, 1991.

金子茂 編『現代に生きる教育思想 4 ドイツ(Ⅰ)』ぎょうせい, 1981. 村井實, 『ペスタロッチーとその時代』玉川大學出版部, 1986;『教育思想(下) 近代からの歩み』東洋館出版社, 1993.

교육학 教育學 [(독) Pädagogik]

칸트의 교육사상에 대해서는 칸트 자신의 많은 저작에서 직접 파악할 수 있다. 그러나 칸트가 '교육학'을 어떻게 받아들이고 있었는지에 대해서는 칸트의 제자 링크에 의해 편집되고 1803년에『임마누엘 칸트, 교육학에 대하여』라는 표제 아래 공간된『교육학』을 실마리로 할 수밖에 없다. 칸트는 1776년부터 1787년에 걸쳐 총 4회의 교육학 강의를 행한다. 강의에는 바제도우*와 보크의 저서가 사용되었지만, 칸트의 손때가 묻은 책의 행간과 난외에 써넣은 각서와 메모 등을 링크가 정리, 편집하여 공간한 것이 이『교육학』이다. 그 내용에는 중복되는 부분, 서로 어긋남을 일으키는 부분도 있어 그것은 정합적으로 정리된 것이 아니다. 따라서 그것만을 실마리로 하여 칸트의 '교육학' 개념을 파악하고자 하는 것에는 문제가 있지만, 감히 개론하게 되면 다음과 같이 될 것이다.

"인간*은 교육되어야만 하는 유일한 피조물이다"[IX 441]. 왜냐하면 인간은 본능을 갖지 않고 자신의 이성*으로 자신의 행동 계획을 세워야만 하는데, 인간은 즉각적으로 그렇게 할 수 없고 다른 사람이 대신해서 그것을 도와주지 않으면 안 되기 때문이다. 그러한 교육의 목적은 인간성*의 자연적 소질을 조화롭게 발전시켜 인간의 사명을 달성할 수 있도록 하는 것에 있다. 이 목적의 완전한 달성은 개인 또는 한 세대로는 불가능하며, 인류에게 부과된 최대의 것이자 지난한 과제이다. 교육은 이 과제를 달성하기 위한 하나의 기술*(Kunst)이다. 그것은 기계적으로 발생하는 것이 아니라 그 목적에 어울리게 사려 깊게 계획된 기술이어야만 한다. 그것이 교육술(Erziehungskunst)로서의 '교육학'이며, 하나의 학문(Studium)이다. 그 교육은 양호(Wartung), 보육(Verpflegung), 부양(Unterhaltung), 훈련(Disziplin), 훈육(Zucht), 교수(Unterweisung) 내지 도야(Bildung)를 의미한다. 양호는 유아가 그 능력을 위험하게 사용하지 않도록 하는 양친의 배려이다. 훈련은 인간의 동물성을 인간성으로 변화시키기 위한 예방이며, 소극적인 교육이다. 이에 대해 교수는 적극적인 교화(Kultur)이며, 그것은 우선 숙련성(읽고 쓰는 등의 실용적인 능력)의 획득을 목적으로 한다. 이에 이어지는 교화는 개화(Zivilisierung)라고도 불린다. 그것은 예의범절과 영리함의 획득을 목적으로 한다. 최종적인 교화는 도덕화(Moralisierung)이다. 그것은 오로지 만인의 목적이기도 할 수 있는 목적만을 선택하는 마음가짐*의 획득을 목적으로 한다. 나아가 "교육학 즉 교육론은 자연적이든가 실천적*이든가 이다"[IX 455]. 자연적 교육은 인간과 동물 모두에게 공통된 교육, 즉 보육이다. 실천적 교육은 숙련성에 관한 학과적, 기계적 도야로 시작하여 영리함에 관한 실용적 도야를 거쳐 도덕성*에 관한 도덕적 도야를 최종목적으로 한다.

이와 같이 칸트의 '교육학'이라는 개념 속에는 도덕과 역사에 관한 칸트의 저작 및『인간학』* 등 그 밖의 많은 저작들 속에서도 발견되는 교육사상이 담겨 있으며, 여기서 우리는 교육자 칸트와 만날 수 있다. ⇒『인간학』

—사타케 아키오미(佐竹昭臣)

参 宇都宮芳明「カントの教育論」『理想』611号, 1984. 澁谷久『カント哲學の人間學的研究』西田書店, 1994.

교조적 教條的 [(독) dogmatisch]

교조적(dogmatisch, 교설적, 독단적이라고도 번역된다)이라는 말은 그리스어 '도그마(δόγμα)'에서 유래한다.『순수이성비판』* 방법론*에서 칸트는 개념에 기초한 판단을 '교조적'인 판단이라고 간주하고 있다[B 704]. 그것은 "확실한 선험적*인 원리로부터 엄밀한 증명을 진전시키는"[B XXXV] 것에 의해서 가능해진다. 이러한 의미에서의 교조적인 방법의 모형으로서 칸트는 볼프*의 엄밀한 방법, 즉 "원리의 법칙적 확립, 개념의 명석한 한정, 증명의 엄밀성의 시도, 추론에서의 대담한 비약의 방지"[B XXXVI]를 들고 있다. 이러한 방법은 칸트에게 있어서도 본래의 형이상학*이 대체로 학으로서 성립했던 까닭에 불가결한 방법이었다.

그런 점에서 칸트는 볼프의 교조적인 방법을 적극적으로 답습한다. 이것이 '교조적'이라는 말의 첫 번째 의미이다.

그러나 다른 면에서 칸트는 이 말을 '비판의 결여'라는 관점에서도 파악한다. 그것은 자기 자신의 능력에 대한 비판을 결여한 채 무언가의 주장을 기도하는 인간 이성의 존재방식 그 자체를 가리킨다. 이런 의미에서 사용되는 경우 그것은 통상적으로 '독단적'이라고 번역된다. 이것이 교조적이라는 말의 두 번째 의미이다. 볼프에게는 이런 의미에서의 순수 이성 그 자체에 대한 비판이 결여되어 있으며, 그런 까닭에 그것이 "철학적 열광*"[VIII 138]으로 떨어질 위험성을 칸트는 응시하고 있다. 이와 같이 이성의 월권이라는 맥락에서 사용되는 교조적인 개념은 칸트의 비판주의*를 두드러지게 하는 것으로서 종래의 형이상학에 대한 비판의 동기와 연동되는 가운데 비판기 저작의 곳곳에서 발견된다. 칸트에게 있어 교조적이라는 말의 첫 번째 의미는 인식비판을 결여하는 한에서 언제나 이 두 번째 의미로 전환될 가능성을 잉태하고 있다. 그런 점에서 이 말은 한정적으로 사용되어야만 하는 소극적 개념이다.

그에 반해 실천철학*의 지반 위에서 칸트는 이 개념을 적극적으로 사용한다. 거기서는 도덕법칙*이 도덕성*의 원리를 교조적으로 서술한다[V 67]. 그런 한에서 실천적인 교조적 형이상학이 가능하다고 간주되는 것이다. ⇒비판, 교조주의, 열광, 실천철학

―야마모토 세이이치(山本精一)

📖 H. Vaihinger, *Kommentar zu Kants Kritik der reinen Vernunft*, Stuttgart, 2 Bde, 1922.

교조적 선잠敎條的- [(독) dogmatischer Schlummer]

칸트는 이성 비판에 도달한 직접적인 계기가 교조적 선잠에서 깨어난 것에 있었다고 하는 것을 『프롤레고메나』*에서 두 번, 1798년 9월 21일의 가르베*에게 보낸 서간에서 한 번, 합쳐서 세 번 고백하고 있다. 『프롤레고메나』에서는 인과율이 단순한 허구라고 하는 흄*의 경고가 그 계기였다고 고백하고 있다. 가르베에게 보

낸 서간에서 그 내용은 명확히 순수 이성의 이율배반*이 교조적 선잠에서 자기를 각성시켜 『순수이성비판』*에로 향하게 했다고 되어 있다. 언뜻 보아 양자 사이에는 관련성이 없는 것처럼 볼 수 있지만, 『프롤레고메나』의 관련 부분에도 있듯이 칸트가 흄의 인과율 비판을 단지 경험 인식의 수준에서가 아니라 근본적으로 형이상학적 테마와의 관계에서 받아내고 있었다는 것을 함께 한다면, 제1원인과 인과성*의 극한에 직면하여 순수 이성이 이율배반에 빠진다고 하는 인식에 연결되어 양자의 고백내용은 일치한다. ⇒흄, 흄 체험

―이시카와 후미야스(石川文康)

📖 Lother Kreimendahl, *Kant: Der Durchbruch vom 1769*, Köln, 1990. 石川文康 『カント入門』 筑摩書房(ちくま新書), 1995; 『カント第三の思考』 名古屋大學出版會, 1996.

교조주의敎條主義 [(독) Dogmatismus]

교조주의란 "형이상학*에서 순수 이성을 비판함이 없이 성과를 거두고자 하는 편견"을 가리킨다[B XXX]. 요컨대 인간 이성은 무엇을, 어떻게, 어디까지 인식할 수 있는가에 관련된 "이성 능력에 관한 선행하는 비판"이 없는 채로 이성*을 사용하는 태도를 의미한다[『순수이성비판 무용론』 VII 226]. 교조주의라는 말은 비판전기의 저작에서는 보이지 않는다. 그러나 이것을 예상케 하는 사고방식은 이미 비판전기에서도 보인다. 『시령자의 꿈』*의 결론부에서 칸트는 형이상학의 과제를 "인간의 이성의 한계에 관한 학"에서 본다. 이와 같은 주장은 칸트가 볼프*와 크루지우스* 등의 "공중누각의 스승"[『시령자의 꿈』 제3장]의 철학을 지금 문제로 되고 있는 의미에서 교조주의로 보고 있었다는 것을 함의한다. 그러나 칸트의 철학 자체가 그의 철학적 발전의 가장 초기에서는 교조주의적 이성주의의 단계에 있었다고 간주될 수 있는 점을 지닌다.

Dogmatismus는 그 번역어에서 보이듯이 칸트에서는 주로 부정적 의미로 사용되고 있지만(다만 이율배반*론에서 '순수 이성의 교조주의'라는 표현이 보이지만[B 494], 이것은 반드시 부정적인 의미로 사용되고 있지는 않다), 이것과 dogmatisch('교조적*')를 혼동해서는

안 된다. 칸트도 이 점에 주의하고 있다. "비판은 교조주의에 대립하는 것이지 학으로서의 순수 이성의 인식*에서의 이성의 교조적인 방법에 대립하는 것은 아니다. 왜냐하면 학이란 언제나 교조적인, 요컨대 선험적*인 것의 확실한 원리들로부터 엄밀하게 증명하는 것이기 때문이다"[B XXXV]. 이러한 교조적이라는 개념의 용법은 멀게는 '교의(Dogma)'라는 말의 용법에 연계되겠지만, 가깝게는 볼프의 용법에 따른다. 볼프는 확실한 원리로부터 엄밀하게 논증된 명제를 '교설(dogmata)'이라고 부르고 있다. 또한 그는 인간 인식을 사실적 인식, 철학적 인식, 수학적 인식의 셋으로 분류했지만, 이것들 가운데 사실적 인식에 대립한 철학적 인식을 때때로 '교설'이라고 하는 경우가 있다. 사실적 인식이 후험적*인 것의 인식인 데 반해, 철학적 내지 교설적 인식은 선험적인 것의 인식이다. 따라서 교조적 인식이란 경험에 의하지 않은 개념에 의해서 선험적으로 유추하여 얻어지는 인식을 가리킨다. 이런 의미에서의 '교조적'의 용법은 칸트에서는 초기에서부터 만년에 이르기까지 일관되게 보인다. 초기로부터 하나의 예만을 든다면, 『시령자의 꿈』의 제1부가 '교조적', 제2부가 '사실적'이라고 되어 있는 경우이다. 그러나 Dogmatismus와 dogmatisch가 전혀 관계없다는 뜻은 아니다. 칸트에 따르면 교조주의란 "이성이 오랫동안 사용하고 있는 대로의 원리*에 따르면서, 무엇에 의해서 이성이 그 원리들에 도달했는가 하는 방식과 권리를 조사함이 없이 개념(철학적인)으로부터 이루어지는 하나의 순수 인식에 의해서 오로지 성과를 거두고자 하는 불손함"을 가리키기 때문이다[B XXV].

나아가 칸트는 형이상학의 역사를 교조적・회의주의적・비판적의 세 단계로 나누기도 한다[『형이상학의 진보』]. 여기서 '교조적'에는 위에서 말한 dogmatisch와 Dogmatismus의 두 가지 뜻이 들어 있는바, 칸트 이전의 철학, 특히 라이프니츠/볼프의 철학이 생각되고 있다. 또한 교조적/회의주의적이라는 이항대립에서는 고대 이래의 도그마티코이 대 스켑티코이의 대립 관계도 근거로 되고 있다. ⇒교조적, 회의주의, 비판주의, 선험적/후험적

―야마모토 미치오(山本道雄)

⑧ Chr. Wolff, *Diskursus praeliminaris de philosophia in genere*, Olms, 1728(山本・松家 譯「哲學一般についての豫備的序說」神戸大學『文化年報』15, 1996). Yeop Lee, 'Dogmatisch–Skeptisch' Eine Voruntersuchung zu Kants Dreiergruppe 'Dogmatisch, Skeptisch, Kritisch, dargestellt am Leitfaden der begriffs– und entwicklungs geschichtlichen Methode', 1989(Diss. Trier). Der Artikel "Dogmatismus", in: *Historisches Wörterbuch der Philosophie*, Bd. 2, Basel, 1972.

교회敎會 [(독) Kirche (라) Ecclesia]

『사도신경』에 "나는 거룩한 공회를 믿는다"고 하는 것처럼 교회에 대한 신앙*은 삼위일체론, 그리스도 양성론과 함께 기독교* 신앙의 불가결한 요소이다. 성서적으로는 교회란 '예수 그리스도의 몸'을 의미한다. 종교개혁자들은 교회를 '보이지 않는 교회(Ecclesia invisibilis)'와 '보이는 교회(Ecclesia visibilis)'로 나누었지만, 칸트도 이 역사적 구별을 계승하고 있다. 칸트는 "신적이자 도덕적인 입법" 아래 있는 윤리적 공동체'를 '교회'라고 부르며, 이 교회가 가능적 경험의 대상이 아닌 한에서 '보이지 않는 교회(Unsichtbare Kirche)'라고 부르고 있다. 이 교회는 하나의 이념이다. 이에 대해 '보이는 교회(Sichtbare Kirche)는 인간이 이 이념과 일치하는 전체를 지향하여 만드는 현실의 합일이다'. '참된 보이는 교회"의 특징은 양*・질*・관계・양상*의 관점에서 네 가지가 거론된다. 그것은 '단일성', '순수성', '자유*', '불변성'이다[Rel., VI 101]. ⇒기독교

―하카리 요시하루(量 義治)

구명究明 [(독) Erörterung; Exposition]

'구명한다, 논구한다, 상세히 심의한다, 자세히 논한다'라는 의미를 지닌 erörtern이라는 동사는 16세기 초두에 법률용어로서 사용되기 시작하였으며, 당초에는 '심리한다, 판결을 내린다'는 의미로 사용되고 있었다. 라틴어의 determinare 내지 definire의 번역어로서 만들어진 말들과 유사하다. erörtern의 근간을 이루는 örtern

이라는 동사('상세히 조사한다', '갱도의 절단을 파낸다')는 Ort의 복수형 Örter('선단, 말단, 뾰족한 끝, 뾰족해짐')에서 유래하며, '다다를 수 있는 한도까지 추구한다'가 원래의 뜻.

칸트에 따르면 개념*의 '설명(Erklärung)'이라는 것에 관해서는 적어도 '구명', '해설(Explikation)', '표명(Deklaration)', '정의*'의 네 가지 종류가 구별되어야만 한다[B 758]. 이 가운데 구명과 정의는 다른 두 개의 설명양식과 달리 선험적*인 개념에 관계된다. 칸트는 라틴어의 expositio의 대응어로서 구명이라는 용어를 사용하고 있으며, "내가 **구명**(expositio)이라는 것에서 이해하고 있는 것은 어떤 개념에 속하는 것에 관한 (두루 빈틈없는 것은 아닐지라도) 판명한 표상*의 것이다"[B 38]라고 말하고 있다. 어떤 개념과 관념의 의미내용을 '분석(Zergliederung; Analysis)'에 의해서 찾아내고 그것과 다른 개념 및 관념과의 같음과 다름을 명확히 하는 작업―그것이 구명인 것이다. 칸트에 따르면 개념을 설명함에 있어 철학은 정의라는 절차에 의거할 수 없다. 그 이유는 (1) 정의는 판명성*에 더하여 두루 빈틈없음과 엄밀성을 갖추어야만 하며[B 755], 결국 개념내용의 "본질적 부분(essentialia)"[『순수이성비판무용론』, Ⅷ 229]을 과부족 없이 완전하게 명시해야만 하고, (2) '주어져 있는' 개념에 대한 분석은 두루 빈틈없음과 엄밀성의 요구를 충족시킬 수 없으며, (3) 철학은 '주어져 있는' 개념만을 취급한다는 점에 있다. 엄밀한 의미에서 정의를 지니는 것은 선험적으로 '만들어진' 개념을 다루는 수학*, 바꿔 말하면 '개념의 구성에 의한' 선험적 인식*이 가능한 수학뿐이다. 따라서 '개념에서 기인하는(aus; nach; durch)' 인식인 철학은 정의에서 출발하여 체계*를 구축할 수 없다. 그런데 철학적 인식을, 즉 '개념에서 기인하는' 선험적 인식을 칸트는 종합적 명제와 분석적* 명제로 구분한다. 칸트에 따르면 종래의 형이상학자(그리고 비판전기의 칸트)가 분석적 명제로 간주해 온 것은 대부분은 실은 종합적 명제이다. 철학에서의 선험적인 종합적 명제를 "**직접적으로** 단지 개념에 기초하여"[B 761](강조는 인용자) 인식하는 것은 가능하지 않다. 그것들은 "가능적 경험에 개념을 관계짓는 것에 의해 간접적으로만"[B 765]

도달할 수 있는 인식인 것이다. '본래적인 형이상학*'(= 철학)의 '목적'은 어디까지나 그러한 선험적 종합명제(= 순수 지성의 '원칙*')의 수립에 있으며, '개념의 분석'은 그것을 위한 '수단'을 이룬다[B 13f., 23; Prol. §2]는 것이 칸트의 생각이다.

또한 구명은 (칸트적인 의미에서의) '연역*'과도 구별될 필요가 있다. 주관*에 선험적으로 주어져 있는 개념이 객관적 타당성* 내지 보편적 타당성을 요구하는 경우에는 이 구별이 중요한 의의를 지니게 된다. 예를 들어 구명이 완수되어도 그러한 개념이 대상*에 대한 관계를 모두 결여한 공허한 개념이 아니라는 것의 보증은 얻어질 수 없기 때문이다. 그러한 개념에 관해서는 구명의 작업과는 따로 개념이 객관적 타당성을 지닌다는 것의 증명이, 즉 개념의 초월론적 연역이 필요하게 되는 것이다[참조: KpV, Ⅴ 46; KU §30;『목적론적 원리』Ⅷ 184]. ⇒정의, 연역, 초월론적 구명

―스즈키 다카오(鈴木崇夫)

📖 R. Stuhlmann-Laeisz, *Kants Logik*, Walter de Gruyter, Berlin/New York, 1976. T. Boswell, *Quellenkritische Untersuchungen zum Kantischen Logikhandbuch*, Frankfurt am Main, 1991. 久保元彦『カント研究』創文社, 1987.

구상력構想力 ⇨**상상력**

구성構成 [(독) Konstruktion]

선험적 종합판단*으로서의 수학적 인식의 특징을 나타내는 말이다. "철학적 인식은 개념*에 의한 이성인식이며, 수학적 인식은 개념의 구성에 의한 이성인식이다. 그런데 개념을 구성하는 것이란 그 개념에 대응하는 직관*을 선험적*으로 현시하는 것이다"[B 741]. 예를 들면 '삼각형'의 개념의 직관적 구성이란 이 개념에 대응하는 대상을 상상력을 사용하여 선험적으로 현시하거나 또는 실제로 종이와 모래 위에 경험적으로 삼각형을 그리거나 하는 것이다. 다만 후자의 경우에서도 개념의 구성에서 주목되는 것은 그려진 삼각형의 경험적인 특징, 예를 들면 그 삼각형의 구체적인 변의

길이와 각의 크기 등이 아니라 모든 삼각형에 해당되는 보편적인 성질뿐이다. 또한 대수학은 기하학과는 다른 기호[*]를 원용하는데, 그것에서도 예를 들면 덧셈과 뺄셈에서의 기호에 의한 연산은 직관적으로 이루어지는 까닭에 "기호적 구성"[B 745]이라고 불린다. 이와 같이 구성이란 오로지 가능적인 데 지나지 않는 개념을 직관에서 현시함으로써 개념에 객관적 실재성[*]을 부여하는 절차이며, 또한 그 절차가 선험적 직관에 기초함으로써 수학적 인식이 선험적 종합판단일 수 있는 것이다. 또한 칸트는 위에서 말한 것과 같은 본래의 의미에서의 구성을 '순수한 구성' 내지 '도식적 구성'이라고 부르며, 예를 들면 포물선을 종이 위에 정확히 그리는 기술이라든가 실제의 물질의 정확한 측량기술 등의 '경험적 구성' 내지 '기술적 구성'과 구별하고 있다. 구성의 제1의적인 의미는 어디까지나 경험적으로 정확한 그림을 그리는 것이 아니라 개념의 도식[*]을 선험적 직관에서 현시하는 것이다.

수학적 인식을 직관적으로 구성 가능한 종합판단으로 간주하는 칸트의 수학관에 대해서는 수학기초론의 관점에서 제기되는 이론異論이 있다. 이미 라이프니츠[*]는 수학적 명제가 정의[*]와 모순율로부터 증명되는 분석판단[*]이라고 간주하고 있었으며, 또한 칸트의 친우인 동시에 수학자이기도 했던 람베르트[*]는 비유클리드 기하학[*]의 발견자의 한 사람인데, 비유클리드 기하학의 출현에 의해서 논리적으로는 복수의 기하학이 허용되게 되고, 칸트처럼 유클리드 기하학만을 특별하게 보는 것은 잘못이라는 비판도 있다. 그에 대해 칸트의 옹호자들, 예를 들면 나토로프[*]와 G. 마르틴은 칸트의 수학관에 기초해서도 비유클리드 기하학이 가능하며 더 나아가 필연적이기까지 하다고 이해하고 있다. 왜냐하면 칸트는 "두 직선에 의해서 둘러싸인 도형이라는 개념에 모순은 없다"[B 268]고 말함으로써 비유클리드 기하학의 가능성을 인정하고, 유클리드 기하학에서의 주어[*]와 술어의 결합이 논리필연적인 것이 아니라는 것을 이해하고 있었기 때문이다. 다만 복수의 기하학의 논리적 가능성을 인정하면서도 칸트가 특히 유클리드 기하학을 중시하는 것은 그것만이 순수 직관[*]에서 구성 가능하다고 생각했기 때문이다.

이런 의미에서도 구성의 개념은 칸트의 수학관의 핵심을 이루고 있다. 구성가능성이 수학[*]에서 어떠한 의미를 지니는가 하는 문제는 칸트 해석에서만이 아니라 현대의 수학기초론에서도 논의의 표적이 되고 있다. ⇒종합, 수학, 도식, 공간

―쓰부라야 유지(円谷裕二)

▶ G. Martin, *Immanuel Kant. Ontologie und Wissenschaftstheorie*, Köln, 1951(門脇卓爾 譯『カント―― 存在論および科學論』岩波書店, ⁴1967). Malte Hossenfelder, *Kants Konstitutionstheorie und die Transzendentale Deduktion*, Walter de Gruyter, 1978.

구성적/규제적構成的/規制的 [(독) konstitutiv/regulativ]

칸트는 『순수이성비판』[*]에서 사유적인 인식능력[*]으로서 경험적 대상에 관계하는 지성[*](지성 개념)과, 경험적인 것에 관계하는 이성[*](이성 개념)의 사용에 관해 '구성적'과 '규제적'의 구별을 강조하고 있다.

(1) 지성 개념의 구성적 사용과 규제적 사용. 칸트에 의하면 우리의 경험적 인식은 감성[*]과 지성의 결합, 요컨대 감성적 직관에 주어지는 다양한 것을 선험적[*] 범주[*](순수 지성 개념)에 의해 종합적으로 통일하는 데서 성립한다고 설명된다. 이러한 범주를 대상에 적용하는 규칙이 '순수 지성의 원칙[*]'이며, 이 원칙은 크게 양[*], 질[*], 관계, 양상[*]의 범주표에 대응하여 네 가지로 나누어진다. 그 가운데서 수학적 원칙인 최초의 '직관[*]의 공리'와 '지각[*]의 선취적 인식'이 구성적이라고 말해진다. 여기서 구성적이란 경험적 대상을 선험적으로 구성 또는 산출할 수 있다는 것을 의미한다. 예를 들면 양의 범주가 적용된 직관의 공리는 '직관은 모두 외연량이다'라고 표현된다. 이것은 이 공리[*]에 의해서 직관의 형식[*]으로서의 공간[*]과 시간[*]이 외연량 (하나의 직선도 한 점에서 그 선의 모든 부분을 차례로 그어봄으로써 실제의 선이 그어지는 것처럼 부분의 표상이 전체의 표상을 가능하게 하는 양)이라는 것, 따라서 직관에 주어지는 대상은 모두 외연량이라는 것을 말하는 것이다. 이 공리에는 직관적 확실성이 있으며, 나아가 외연량의 학인 수학[*](기하학)이 현상[*]

에 적용될 수 있다는 것을 보여주는 것이기도 하다. 한편 역학적 원칙이라고 말해지는 '경험의 유추'와 '경험적 사유 일반의 공준'은 규제적이라고 말해진다. 규제적 원칙이란 우리가 경험 속에서 찾아내는 것을 보여주는 안내가 되는 규칙이다. 예를 들면 경험의 유추 가운데서 제2유추인 '인과율에 따른 시간계기의 원칙'은 "모든 변화는 원인과 결과를 결합하는 법칙에 따라서 생긴다"고 표현되지만, 이것은 경험의 통일이라는 것으로부터 모든 사건에는 원인이 존재한다는 것이 선험적으로 말해질 수 있지만, 그 원인이 무엇인지를 선험적으로 특정할 수는 없으며, 우리가 경험 속에서 찾아내야만 한다는 것을 의미한다. 그로부터 이 원칙은 논증적 확실성만을 지니게 된다.

(2) 이성 개념의 구성적 사용과 규제적 사용. 이성*은 순수 이성 개념, 요컨대 이념*(이데)에 의해서 다양한 지성 인식에 체계적 통일(이성 통일)을 부여하는 것, 지성의 규칙을 원리* 아래서 통일하는 능력이다. 칸트에 의하면, 이러한 이성 개념은 규제적 원리(또는 주관적 원칙이라는 의미에서의 준칙*)로서 규제적 사용에 한정된다. 이념으로서는 영혼*(심리학적 이념), 세계*(우주론적 이념), 신*(신학적 이념)의 세 가지가 들어지는데, 예를 들면 이념으로서 초경험적인 것인 최고예지자(신*)를 상정하고 세계의 모든 질서가 마치 이 최고예지자의 의도에서 생겨난 것처럼 간주함으로써 목적론*에서 만들어지는 체계적 통일이 지성 인식의 목표로서 주어지게 된다. 그러나 이 이념을 구성적으로 사용하여 직접 대상으로서 주어진다고 하는 것은 경험*(가능적 경험)을 넘어서는 것이기 때문에, 이성 개념의 오용이 되어 초월론적 가상(착각)으로 이끄는 것이 된다. ⇒지성, 이성

―데라나카 헤이지(寺中平治)

图 岩崎武雄 『カント'純粋理性批判'の 研究』 勁草書房, 1965.

구속성 拘束性 [(독) Verbindlichkeit]

책무라고도 번역되고 있는 이 개념은 당위*, 의무*, 명령* 등과 마찬가지로 완전히 이성*이 그 실천성을 실현한다고는 할 수 없는 존재자에서의 의지*와 실천법칙의 관계를 표현하는 개념이다. 실천법칙은 순수하게 이성적인 존재자의 필연적 행위를 제시하지만, 그 행위는 그것이 보편적으로 타당한 것을 필연적으로 의지할 수 있는 준칙*에 따라서 자발적으로 이루어진다. 즉 그것은 자율적인 행위이다. 경향성*으로 인해 준칙에 관해 그와 같이 필연적으로 의지할 수 없을 수도 있는 우리와 같은 존재자에게 있어서는 이 필연성*은 당위이며, 이 필연성은 필연화, 즉 강요(Nötigung){강제*(Zwang)}되는 것으로 된다. 그것은 도덕법칙*(정언명법)에 의해서 표현된다. 이와 같이 구속성이란 준칙의 보편적 타당성의 "실천적 필연성만이 아니라" 그것에 대한 강요를 포함하는[MS, VI 223] 것이며, "자율의 원리에 종속되어 있는 것"[GMS, IV 439]이다. 도덕법칙 하에서의 구속성은 우리의 행위에 있어 자연법칙*에 의한 시공적 제약처럼 단지 "구속되어 있는" 것과 같은 수동적인 것이 아니다. 도덕법칙 하에서의 당위는 본래 우리 이성의 의지에 기원을 지니기 때문이다. 도덕적 구속성은 "이성의 정언명법 하에서의 자유*로운 행위의 필연성"[MS, VI 222]이다. 가언명법도 당위로 표현되는 한에서 일정한 필연적인 행위를 제시하긴 하지만, 그것은 수단으로서의 필연성이지 행위 그 자체의 필연성을 의미하는 것은 아니다. 정언명법 하에서 정당화되는 의무행위가 의무인 것은 정언명법 하에서 가능하게 되는 구속성에 기초하고 있기 때문이다. 우리가 경험하는 구체적인 의무행위의 내용으로부터 구속성의 본질이 유래하는 것이 아니라 그 역이다. 의무행위는 "구속성에 기초하는 행위의 객관적 필연성"[GMS, IV 439; KpV, V 81]이다. 따라서 "잘못된 방식으로 구속되어 있다고 하더라도 그것에서도 의무는 (행위로부터 하자면) 동일하다"[MS, VI 222]라고도 말할 수 있다. 일정한 의무행위의 수행이 도덕적이라고 말할 수 있는 것은 그 행위를 의무이게끔 하는 구속성이 동기*에도 미치기 때문이다. 법적 구속성도 자유로운 행위의 필연성이지만, 동기를 묻는 것은 아니다. ⇒명법, 당위, 강제

―사베츠도 요시히로(佐別当義博)

图 H. J. Paton, *The Categorical Imperative*, Hutchinson & Co., 1947(杉田聰 譯 『定言命法』 行路社, 1986). F. Kaulbach, *Imm-*

anuel Kants >Grundlegung zur Metaphysik der Sitten<, Wissenschaftliche Buchgesellschaft, 1988. H. Koehl, *Kants Gesinnungsethik*, Walter de Gruyter, 1990.

구와키 겐요쿠(桑木嚴翼) ⇨일본의 칸트 연구

구키 슈조 [九鬼周造 1888. 2. 15-1941. 5. 6]

2차 대전 이전 소화 시기의 철학자이자 교토 대학 교수. 도쿄 대학에서 쾨베르에게 배운 후 유럽으로 건너가 대략 8년에 걸쳐 독일, 프랑스에 체재하며 리케르트*, 하이데거*, 사르트르, 베르그송* 등과 교제한다. 귀국 후 동서의 철학·문학에 걸친 방대한 지식과 천성적인 예리한 시적 감수성을 살려 하이데거의 현상학적 해석학의 수법을 일본의 전통적 심성에 적용한 『·이키'의 구조』(1930)를 비롯하여 다수의 독자적인 저작을 발표한다. 구키는 하이데거의 1927년 겨울학기의 강의 '칸트 『순수이성비판』의 현상학적 해석'을 『칸트와 형이상학의 문제』(1929)의 출간에 앞서 듣는다. "transzendental"의 번역어를 종래의 '선험적' 대신에 '초월론적'이라고 할 것을 제창한 이가 구키이지만, 이는 하이데거의 형이상학적·존재론적 칸트 해석의 영향에 의한 것일 터이다. ⇒초월론적

—사카베 메구미(坂部 惠)

국가國家 [(독) Staat]

국가에는 넓고 좁은 두 가지 의미가 있어 일정한 영토 위에서 정치적으로 통합된 사람들(통치하는 자와 통치되는 자)의 전체를 가리키는 경우와, 통치하는 측인 통치기구만을 가리키는 경우가 있다. 마키아벨리에 의해서 일반에 널리 알려지게 된 stato 개념은 원래 후자의 의미로 사용되고 있었지만, 근대 사회계약설을 거쳐 넓은 의미에서의 용법이 주가 되어왔다. 칸트 역시 사회계약론자의 한 사람으로서 다음과 같이 정의하고 있다. "국가(civitas)란 법적인 법칙들 하에서의 일군의 인간들의 통합이다"[VI 313]. 칸트의 국가론을

한 마디로 나타내면, 자유*롭고 평등*한 시민들의 계약*에 기초하는 법치국가라고 말할 수 있다. 이와 같은 이상적인 국가상은 '시민사회*'라든가 '헌정조직(Verfassung)'과 같은 개념으로 바꿔 말할 수 있는바, 1780년대까지는 그 개념들 쪽이 많이 사용된다.

칸트는 국가를 설립하는 사회계약을 '근원적 계약'이라고 부르며, 그것의 이념성을 강조하고 있다. 즉 역사상 그와 같은 계약의 사실이 있었는지의 여부가 문제가 아니라 오히려 모든 현실의 국가가 이 계약의 이념에 비추어서 그 옳고 그름을 판정 받아야만 한다는 것이다. 그에 따르면 국가는 '보편적으로 통합된 국민 의지'에서 유래하는 것이어야만 하며, 따라서 주권은 국민*에게 있는 것으로 간주되어야만 한다.

근원적 계약에 기초하는 칸트의 국가는 필연적으로 법치국가(Rechtsstaat)이어야만 하지만, 여기서 말하는 Recht에는 몇 가지 함의가 놓여 있다. 첫 번째 함의는 이미 『순수이성비판』*(1781)에서의 "최대의 인간적 자유의 헌정조직"이라는 이념에 의해서 제시된다. 거기서는 "최대행복의 헌정조직이 아니다"라는 단서가 붙어 있다[B 373]. 후에 『이론과 실천』(1793)에서 상세하게 전개되지만, 칸트는 일관되게 국민의 행복을 목적으로 하는 복지국가가 아니라 국민의 자유(= 권리 Recht)를 보장하는 법치국가를 추구한다. 전자가 가부장주의(paternalism)라는 이름의 전제정치에 빠지기 쉽다는 것을 칸트는 거듭해서 경고하고 있다.

국민의 자유를 보장하기 위해서는 법의 지배의 확립이 중요하다. 국가의 형식에 관하여 칸트는 지배자의 수에 의한 지배형태의 구별(군주제, 귀족제, 민중제)보다도 통치형태의 구별(공화정체, 전제정체)을 중시한다. 통치형태의 구별이란 입법권과 행정권의 권력분립*이 확립되어 있는지 여부의 구별이다. 스스로 입법한 법*을 스스로 집행할 수 있는 전제정체는 자의적인 통치형태이며, 이에 반해 입법권과 집행권이 분리된 공화정체에서만 법의 지배가 가능해진다. 칸트에 의하면 이와 같은 법치국가를 창설하는 것은 정언명법에 의해서 명령되고 있다[VI 318].

칸트의 법 개념에는 더 나아가 평화*가 함의되어 있다. 법은 폭력에 대립하는 개념이다. 따라서 칸트의

법치국가론에서는 국내에서의 혁명*이나 국가들 사이에서 행해지는 전쟁*이 모두 부정된다. 이상적인 국가체제와 국가들 사이에서의 영원한 평화*는 모두 법적·평화적 수단에 의한 점진적 개혁을 통해서만 수립되어야만 한다는 것이다[Ⅵ 354f.]. ⇒시민사회, 계약, 국민, 법{권리}, 권력, 권력분립, 공화국, 평화, 저항권, 혁명, 영원한 평화

　　　　　　　　　　　　－오노하라 마사오(小野原雅夫)

　⑬ G. Dietze, *Kant und der Rechtsstaat*, J. C. B. Mohr, 1982. C. Langer, *Reform nach Prinzipien*, Klett–Cotta, 1986. I. Maus, *Zur Aufklärung der Demokratietheorie*, Suhrkamp, 1992.

국민國民 [(독) Staatsbürger]

　정치사적으로는 부르주아에 대립하여 공민(citoyen)이라고 번역되며, 경제사적으로는 국가시민이라고도 번역된다. 근대국가를 형성하기 위해 프로이센 국가는 세금납부자로서든 병졸로서든 국민을 국가*와의 직접적 관계에 두어 중간적 권력(Gutsherr)의 지배력을 억제함으로써 보편적인 국민의 관념(Allgemeine Staatsbürge-rschaft)을 앙양시킬 필요가 있었다. 이러한 관념은 칸트의 역사철학 또는 정치철학 논문들만이 아니라 피히테*와 헤겔* 등 독일 관념론을 꿰뚫고 있다. 칸트는 『인륜의 형이상학』* 법론의 공법 편에서 국민을 능동적 국민과 수동적 국민의 둘로 나누었다. 전자는 투표권을 지니는 자들로 『이론과 실천』의 용어로는 "자기 자신의 주인인 자, 따라서 무언가 재산을 지니는 자"(소유*의 주체)이며, 후자는 '공법 편'에서 상인 또는 수공업자 아래 있는 직인, 미성년자, 부인 등 일반적으로 자기 자신의 경영에 의하지 않고서 타인의 지도 관리에 의해서 생계를 유지함으로써 독립성을 지니지 못하는 자들로서 규정된다. 이 때문에 그것은 처, 자식, 고용인, 노예 등이 모두 재산소유자인 가장의 경제적 지배하에 있고 그것이야말로 정치적 지배의 정당성을 근거짓는 것이라고 하는 아리스토텔레스* 이래의 전통적 이론에 비추어 자유인 대 부자유인의 용어로 간주되거나 독일의 후진성 및 고대적·중세적 공동체를 방불케 하는 것으로 간주되거나 했다. 그러나 자게의 경제사

적 연구에 의하면 칸트의 가정 관념은 시장사회의 교환 구조에 의해서 관철되어 있으며, 그것이 개인을 봉건적 예속관계로부터 해방하고 능동적 국민과 수동적 국민의 구별도 상대화한다. 따라서 가장만이 소유 주체가 아니라 만인이 소유의 주체일 수 있다는 데에 필머의 가부장제적 소유론에 대립된 로크*의 근대적 견해가 도입되어 있다고 보인다. 또한 이러한 국민 개념이 그저 봉건적 유제를 연장시키는 것이 아니라는 것은 공화제 하의 국민이 자애심自愛心에서 군주의 전쟁에 반대하고 공화제가 군주 한 개인의 힘으로 처리할 수 있는 것이 아니라는 『영원평화론』*의 규정에서도 분명히 드러난다. 국민의 관념이 세계시민적 입장을 지니는 것이라는 점은 또한 프랑스 혁명에 대해 세계사적 견지에서 열광에 가까운 공감을 보이는 것에서도 분명하게 나타난다. ⇒국가, 시민사회

　　　　　　　　　　　　－치넨 히데유키(知念英行)

　⑬ Richard Saage, *Eigentum, Staat und Gesellschaft bei Immanuel Kant*, Stuttgartt, 1973. 平井俊彦·德永恂 編 『社會思想史』 Ⅰ, 有斐閣, 1978. 片木清 『カントにおける倫理·法·國家の問題』法律文化社, 1980. 知念英行 『カントの社會思想── 所有·國家·社會』新評論, 1981; 『カント倫理の社會學的硏究』未來社, 1984; 「カントの平和思想」『社會思想史硏究』第20号, 1996.

국제법國際法 [(독) Völkerrecht]

　어떤 법적 상태를 성립시키기 위해 일반적 포고를 필요로 하는 법칙들의 총체가 공법*이다. 공법은 국가법, 국제법, 세계시민법*으로 구분된다. 국가법이 일국 내부에서 타당한 법이라면 국제법은 국가들 사이의 관계에 관련된 것이고, 이 양자의 종합으로서 필연적으로 세계시민법의 이념이 구상된다. 국제법이라고 번역되는 독일어의 Völkerrecht는 민족들 사이의 법을 의미하며, 오히려 그것은 Staatenrecht라고 불려야만 할 것이라고 말해진다. 국제법의 이념은 각각 독립하여 인접하는 많은 국가가 분리되어 있는 것을 전제로 한다. 이러한 상태는 말하자면 자연상태(법적이지 않은 상태)이며 그것 자체로서는 전쟁* 상태라고 말할

수 있을 것이다. 이것이 반드시 현실적으로 적대행위(전쟁)가 지배하는 상태일 필요는 없으며, 그에 의해 언제나 위협받는 상태를 의미한다. 거기서 국가는 타국에 대해 부단한 전쟁 상태에 놓여 있는 도덕적 인격으로 볼 수 있다. 국가*도 사물이 아니라 인격*으로 생각되는 한에서 타국을 전쟁에 의해서 침략하는 것이 허용되어서는 안 된다. 그리고 끊임없이 발생하는 전쟁에 기인하는 곤궁은 국가들로 하여금 스스로의 안전과 권리가 보증되는 상태를 희구하지 않을 수 없게 만든다. 그것이 공동으로 결정한 국제법에 따르는 바의 연합이라는 법적 상태이다. 이것이 바로 "국제법은 자유로운 국가들의 연합제도(Föderalism)에 기초해야만 한다"(영원한 평화*를 위한 제2확정조항)[Ⅷ 354]고 말해지는 까닭이다. 이러한 국제연맹*은 각 국가가 하나의 국가에 흡수·융합되는 것을 의미하지 않으며, 언제나 해소 가능하고 주권적 권력을 포함하지 않는 동맹 관계에만 한정되어야만 한다. 국제법이 궁극적으로 지향하는 목표는 영원한 평화라는 말하자면 실현 불가능한 이념이다. 우리에게 가능한 것은 그 이념을 지향하여 끊임없이 접근해가고자 하는 노력이며, 연합제도는 이를 위해 도움이 되는 원칙으로서 위치지어진다. 이것은 모든 전쟁이 영원히 종결될 것을 지향하는 평화연합이라고도 부를 수 있는 것이며, 세계공화국이라는 적극적 이념을 대신하는 소극적 대체물로서 구체적이고 현실적인 유효성을 지니는 것이라고 생각되고 있다[Ⅵ 343-351]. ⇒ 전쟁, 평화, 국제연맹, 국가

—도요다 츠요시(豊田 剛)

📖 原田鋼『カントの政治哲學』有斐閣, 1975. H. Reiss, *Kants politisches Denken*, Peter Lang, 1977(樽井正義 譯『カントの政治思想』藝立出版, 1989). 片木淸『カントにおける倫理・法・國家の問題』法律文化社, 1980. 小熊勢記『カントの批判哲學』京都女子大學硏究叢刊 18, 1992.

국제연맹國際聯盟 [(독) Völkerbund (라) Foedus Amphictyonum]

인간관계에서의 자연상태는 개인에 대해서도 무법칙적인 자유*가 아니라 각 사람이 다른 각 사람들의 자유와 공존할 수 있는 외적 관계인 국가시민적인 법적 상태에 들어갈 것을 결의하도록 하지만, 그것과 마찬가지로 국가들도 그 자연상태에서는 전쟁* 및 그로 인해 끊임없이 확장되는 군비에 의해서 곤궁에 빠지고 그것을 모면하기 위해 각 국가는 이성*에 이끌려 무법칙 상태를 벗어나 세계시민적인 합법칙적 국가관계에 들어가도록 촉구된다. 그러나 이러한 외적 국가관계는 국제연맹(Völkerbund)이지 국제국가(Völkerstaat)이어서는 안 된다. 왜냐하면 국가*는 위에 서 있는 입법자와 복종자인 국민*에 의해서 성립하는데, 많은 국민이 하나의 국민을 형성한다는 것은 모순*이기 때문이다. 자연*이 인류에게 해결을 강요하는 최대의 문제는 보편적으로 법*을 관리하는 시민적 사회를 달성하는 것이지만, 완전한 시민적 체제의 설립은 합법칙적인 외적 국가관계 없이는 생각될 수 없다. 이러한 관계가 만약 단 하나의 국가에 의해서 관리된다고 하면, 거기서는 다시 자연상태에서의 적대관계가 생길 것이다. 국제연맹에서는 최소의 국가와 최대의 국가 모두 각국이 자국의 안전과 권리를 자국의 권력* 및 그 법적 판정에 의해서가 아니라 연맹의 합일된 권력과 합일된 의지에 의한 법칙 하에서 기대하지 않으면 안 된다. 그것이 대단히 어렵고 또 조급히 실현될 수 있는 것이 아니며 또 그 실행이 적당한 시기가 오기까지 연기되어야만 한다 하더라도, 그 기대는 영원한 평화*에 대한 희망에 연결되는 것이며, 일반적으로 국가 간의 법적 상태, 요컨대 국제법*이 무언가 의미를 지닐 수 있다고 한다면 이성은 어떻게 해서든 국가들의 관계를 자유로운 연맹과 결부시켜 기대하지 않으면 안 된다. 이러한 연맹의 실현은 단순한 정치에 의해서가 아니라 도덕에 의해서 기대되어야만 한다. 일반적으로 정치와 도덕의 불일치가 이야기되고 또 실천가를 자임하는 정치가들은 도덕이 논리적으로는 올바르다 하더라도 실천에서는 도움이 되지 않는다고 말하지만, '정직은 가장 좋은 정책이다'라고 말할 수 없다 하더라도 "정직은 모든 정책보다도 좋다"고 하는 이론적 명제는 모든 이의제기를 넘어서서 무한히 숭고*하며, 본래 도덕적 정치가는 있을 수 있어도 정치적 도덕가라는 것은 있을 수 없다. 후자는 실천(Praxis)을 자랑하고자

하지만 실제로 관계하는 것은 술책(Praktik)이다. 그러한 영리함의 이론인 정치는 도덕과 일치하지 않지만, 객관적인 이론에서는 양자 사이에 다툼은 존재할 수 없다. 참된 정치는 미리 도덕에 대해서 충성을 맹세한 후가 아니라면 한 걸음도 좀더 좋은 것으로 전진할 수 없다. 그 전진이 과연 가능할 것인가? 그것을 묻는 것은 인류에게 전체로서 언제나 좀더 좋은 것으로 전진하길 좋아하지 않을 수 없는 소질이 과연 그 천성에 갖추어져 있는지를 묻는 것과 같다. 전진의 희망을 지향하는 결의에 대한 경험적인 반대 증명은 도움이 되지 않는다. "이러한 전제의 증명은 내게는 필요하지 않다. 그 반대자가 그것을 증명해 주는 것에 다름 아니다"라고 칸트는 말한다. 거기에는 무제약적인 선의지*에 대한 이성신앙*이 놓여 있다고 말해야만 할 것이다. ⇒국제법, 세계시민법, 영원한 평화

―가도와키 다쿠지(門脇卓爾)

궁극목적窮極目的 [(독) Endzweck]

'목적*(Zweck)'이란 몇 가지의 선택지를 전제한 '의지의 목표들' 가운데서 특히 선택된 하나에 대해 말해지는 것이기 때문에, 칸트의 비판철학 체계에서 보자면,『순수이성비판*』에서 우선 자연*의 필연적 법칙의 이론적 인식의 구성이 문제로 되는 그 '감성론'과 '분석론'의 범위에서는 목적이 문제되지 않는다. 그 '변증론'은 감성적 경험의 한계를 넘어선 이성의 사변적 사용을 회의적으로 문제 삼는 것인데,『실천이성비판*』의 '분석론'은 그것을 받아들여 우선 그러한 이성의 사변적 사용에서 기초하는 "도덕법칙*의 자각"을 "이성의 실천적 사용"으로서 긍정하고, 이것을 "자유를 인식하는 근거(ratio cognoscendi)"로, 그리고 '자유*'를 "도덕법칙이 존재하는 근거(ratio essendi)"로 간주하기에 이르러 "도덕법칙에 따르는" 것이 인간 이성의 '목적'으로 되었다. 그러나 '목적'에 관해서도 현실적으로는 지금 당장의 목표인 '최근 목적'에 대해 새로이 그것이 지향하는 '다음 목적'이 전제되어야만 한다면 '최근 목적'은 '다음 목적'을 위한 '수단(Mittel)'의 의미를 이룬다. 이리하여 '수단'과 '목적'의 상대적 이행의 연쇄가 생각되며, 그 마지막에는 이미 어떤 것의 '수단'이 될 수 없는 '궁극목적'이 존재하지 않으면 안 된다.

칸트는『실천이성비판』의 '분석론'에서 "도덕법칙을 따르는 의지 및 그것에서 기인하는 행위"를 '최상의 선(das oberste Gut)'이라고 불렀지만, 그러나 칸트에서는 '최상의 선' 역시 우리의 '궁극목적'이 될 수 없었다. 칸트는 거기서 더 나아가『실천이성비판』의 '변증론'에서 "도덕법칙에 합치된 행위에 대해 그에 어울리는 행복이 수반되는" 것을 '최고선*(das höchste Gut)'으로 하여 이것을 '궁극목적'으로 삼는다. 여기에서 '도덕법칙에 합치'되는 것이 '최고선'의 조건(Bedingung)인 데 반해, '행복이 수반'되는 것이 단지 그 요소(Element)라고 말해지고 있는 것에 주의해야만 할 것이다. 그러나 여기서 이와 같은 '최고선'은 그 실현을 '현세'라는 경험적 현상계에서 기대할 수 없고 '내세'라는 초경험적 예지계에서만 바랄 수 있기 때문에, 그것을 향유할 수 있기 위해서 '종교'가 '영혼의 불사'와 공정한 심판자로서의 '신의 존재'를 인정할 수밖에 없는 것으로서 기초지어지게 되었다.

그러나 칸트는 철학자로서 이 "궁극목적으로서의 최고선"의 실현을 단지 '개연적(problematisch)'인 데 불과하다든지 '현세'에서 기대하고자 하는 인간 이성의 요망을 무시하는 것을 참을 수 없었으며, "특수를 포섭해야만 하는 보편에 도달하기 위한 주관적 조건을 모색"하기를 그치지 않는 반성적 판단력의 비판인『판단력비판*』에 의해 '자연의 합목적성*'이라는 보편적 이념 속에서 '최고선'의 객관화를 추구하고, 거기서 인간 이성의 '궁극목적'의 철학적 의의를 구했던 것이다. 칸트의 '역사철학*', '법률철학', '정치철학*(평화론)' 등의 근저에 놓여 있는 이념은 이와 같은 의미에서의 인간 이성의 '궁극목적'이었다. ⇒목적, 최고선

―다카미네 가즈미(高峯一愚)

圖 高峯一愚『カント判斷力批判注釋』論創社, 1990.

권능權能 [(독) Befugnis]

어떤 행위가 그것을 금지하는 명법*에 의해서 제약되어 있지 않을 때, 그것을 행해도 부정으로 되지 않을

때, 그것을 하는 권능을 가진다고 정의된다[VI 222; VIII 350]. 『실천이성비판』*에서는 경험의 제약을 넘어설 수 없는 이성*의 이론적 사용에서는 의지*의 자유*, 영혼의 불사*, 신*의 존재라는 이념*의 객관적 실재성을 인식할 수 없으며, 그것들을 상정하는 것이 불가능하지는 않다고 말하는 데 그쳤다. 그러나 이성의 실천적 사용에서는 도덕법칙*의 존재근거로서 의지의 자유를, 나아가 이 자유와 최고선*의 개념을 매개로 하여 영혼의 불사와 신의 존재를 이성은 요청*할 권능을 지니게 된다[V 4].

『인륜의 형이상학』*의 법론*에서는 자기와 타자의 외적 자유의 양립을 추구하는 법*의 법칙에 그 자유를 방해하는 자유를 배제할 강제*의 권능이 결합하게 되며[VI 231], 나아가 타인의 권리*를 좁히지 않는 범위에서 자신의 의견을 표명하는 등의 생득적인 권리, 요컨대 기본적 인권에 속하는 이른바 자유권과[237f], 어떤 물건의 사용을 다른 모든 이에게 삼가게 하는 배타적인 소유권에 대해서도[247] 그와 같이 할 권능을 지니게 된다. 이러한 권능들은 타인의 자유에 대한 침해를 금지하는 법칙을 전제하면서도 '허용법칙(Erlaubnisgesetz)'이라고 부를 수 있는 어떤 법적 조건을 채움으로써 그 금지가 해제된다고 볼 수도 있다. 이와는 달리 그러한 조건과는 전적으로 무관계한, 요컨대 금지의 법칙과 명령의 법칙에는 전혀 위배되지 않는 윤리적으로 '아무래도 좋은(gleichgültig)' 행위라는 것이 있으며, 그것에 대해서도 권능을 가진다고 표현된다[233]. 그러한 권능에 대해, 예를 들면 고기를 먹을까 생선을 먹을까, 맥주를 마실까 와인을 마실까와 같은 것에 관해서까지도 덕론*의 대상으로서 논의하고자 하는 것을 칸트는 덕의 '전제'라고 부르며 야유하고 있다[409]. ⇒법{권리}, 요청

―다루이 마사요시(樽井正義)

웹 R. Brandt, Das Erlaubnisgesetz, oder: Vernunft und Geschichte in Kants Rechtslehre, in: ders. (Hrsg.), Rechtsphilosophie der Aufklärung, de Gruyter, 1982. L. A. Mulholand, Kant's System of Rights, Columbia U. P., 1990.

권력權力 [(독) Gewalt (라) potestas]

Gewalt란 말은 폭력과 지배력이라는 의미로도 사용되지만, 공법론에서는 오로지 국가권력의 의미로 사용되고 있으며, 몽테스키외에게서 배운 삼권분립이 설명되고 있다[VI 313ff]. 칸트에게 있어 권력이란 국가*의 이념*인 '인민의 통합된 의지'의 세 개의 인격*에서의 세 가지 모습의 존재방식이다. 즉 그것은 입법자에서의 '입법권(gesetzgebende Gewalt, potestas legislatoria)', 집정자에서의 '행정권(vollziehende Gewalt, potestas rectoria)' 그리고 재판관에서의 '사법권(rechtsprechende Gewalt, potestas iudiciaria)'이다. 그것들은 서로 다른 것을 겸할 수 없다는 의미에서 병립하며, 동시에 서로 보완해줌으로써 국민이 자기의 사적 권리에 참여하는 것을 가능하게 한다. 그리고 그것들이 사적 권리에 관해 내리는 결정은 그 각각에 대해 '비난할 수 없다', '저항할 수 없다', '변경할 수 없다'는 존엄을 지니게 된다.

그 중에서도 특히 입법권은 '지배권' 또는 '주권*'이라고도 불리며, 인민의 통합된 의지*에게만 귀속되게 된다. 왜냐하면 도덕에서의 자율과 마찬가지로 스스로 입법*한 것에 스스로 따르는 경우에만 입법에서의 불법을 피할 수 있기 때문이다. 거기서 입법자에게는 전체로서의 '인민(Volk)'의 의지에서 나오는 것처럼 입법할 것이, 그리고 '국민(Bürger)'이고자 하는 한 사람 한 사람에게는 스스로 그것에 동의한 것처럼 '신민(Untertan)'으로서 따를 것이 요구된다. 칸트는 한편으로 대의제야말로 참된 국가체제라고 분명히 말하고 있지만[VI 341], 다른 한편으로 입법자 내지 주권자가 군주라는 자연적 인격인 것인지, 또는 의회라는 법적 인격인 것인지에 관한 기술을 불명료한 채로 남겨두고 있다. 또한 참정권을 자신의 자산과 사업에 의해서 자립적인 생계를 꾸리고 타인에게 복종하는 일이 없는 성인남자에게 제한하고 있다[VI 314f.; VIII 294f.]. ⇒국가, 주권, 법{권리}

―다루이 마사요시(樽井正義)

웹 H. Williams, Kant's Political Philosophy, Blackwell, 1983. W. Kersting, Wohlgeordnete Freiheit, de Gruyter, 1984.

권력분립權力分立 [(독) Gewaltenteilung]

권력분립이란 국가*의 권력*을 분할하여 각각의 직무를 분담하고 서로 견제함으로써 권력의 독선적 행사를 제한하고자 하는 제도이며, 근대에 자유주의적 국가의 존재방식이 모색되는 가운데 주창되게 되었다. 로크*를 거쳐 몽테스키외에 의해서 입법권·행정권·사법권의 삼권분립의 이론으로서 확립되었다.

칸트는 일관되게 삼권을 구별하고 있지만, 그것은 종교철학* 차원에서인바, 신*을 입법자·집행자·재판관이라는 세 개의 위격에서 파악하고 있었다. 정치철학 영역에서 권력분립이 주장되는 것은 만년의 1790년대의 일이며, 그것도 당초에는 입법권과 행정권의 2권분립이 주된 것이었다. 이러한 2권의 분립은 칸트의 공화국* 개념의 근간에 위치하고 있으며, 칸트의 국가론에서 가장 중요한 의의를 지니지만, 어쨌든 『영원한 평화를 위하여』*(1795)의 단계에서도 사법권은 여전히 행정권에 속하고 있다.

칸트가 삼권의 분립을 논한 것은 가장 늦은 시기의 『인륜의 형이상학』*(1797)에서이다. 거기서 칸트는 누구도 불법적으로 취급될 수 없는 법 시스템을 철학적으로 고찰하는 가운데 국가의 권력들에 관해 다음과 같이 논의하고 있다. 첫째, 입법권이 주권*이며, 이것은 '국민의 통합된 의지'에만 귀속된다. 둘째, 입법자는 동시에 행정자일 수 없다. 행정자는 주권자에 의해서 입법된 법칙에 구속되면서 국가 관리를 행한다. 입법자는 정치의 개혁을 위해 행정자를 파면할 수 있지만 처벌할 수는 없다. 셋째, 입법자나 행정자는 재판을 할 수 없고 재판관을 임명할 수 있을 뿐이며, 국민만이 대표자를 통해서 스스로를 재판할 수 있다.

칸트의 권력분립론에 대해서는 삼권의 상호규제라는 점에 관해 규정이 불충분하다는 비판이 있다. 그러나 몽테스키외가 삼권분립에 의해 귀족의 특권을 옹호하고자 한 데 비해, 칸트의 권력분립론은 현실의 신분제도 등을 전제하지 않고 이성*에 적합한 법의 관리 형태를 추구함으로써 국민주권의 원리를 명확하게 내세우고 있다는 점을 놓쳐서는 안 된다. ⇒권력, 주권, 국가, 법론, 공법, 공화국

―오노하라 마사오(小野原雅夫)

[참] W. Kersting, *Wohlgeordnete Freiheit*, Walter de Gruyter, 1984. C. Langer, *Reform nach Prinzipien*, Klett-Cotta, 1986.

권리權利 ⇨ 법{권리}

권리문제權利問題 ⇨ 사실문제/권리문제

귀책歸責 ⇨ 책임{귀책}

규정規定 [(독) Bestimmung (라) determinatio]

(1) 이론적 규정. '규정한다'는 말에는 ① 내용을 부여한다, ② 안으로부터 형성한다, ③ 다른 것으로부터 구별한다는 의미가 있다. 서양 형이상학의 역사에서 '규정'에 대해서는 주로 질료-형상론을 주축으로 하는 존재론적 맥락에서 다양하게 논의되어 왔다. 근대 이후 본질·형상에 의한 내적 규정의 의미는 뒤로 물러난다. 데카르트*는 규정을 자연법칙에 따르는 물리적 힘들의 외적 영향에 의해서 설명하며, 스피노자*는 규정을 유일한 실체(신*)의 한계지어진 양태로의 제한, 즉 일종의 부정으로 이해한다. 다른 한편 라이프니츠*에 있어 신은 일체의 존재와 생기를 규정하는 자이다. 칸트의 경우 규정은 인식론적이며, 객관적 규정성은 지성*의 종합적 통일의 기능에 의해서 비로소 감각적 소여에게로 가져와지게 되지만, 그때 감각*에 대응하는 실재적인 것은 현상*에서 주어져 있지 않으면 안 된다[B 609]. 현존재하는 사물의 가능성은 개념*의 경우와는 달리 단지 논리적으로 모순되는 두 개의 술어규정의 동시적 귀속을 배제하는 "규정가능성(Bestimmbarkeit)의 원칙"만이 아니라, 그에 더하여 상호 모순되는 모든 가능적 술어들의 양편에서 반드시 어느 쪽이든 하나가 이 사물에 속한다는 "일관적 규정*(durchgängige Bestimmung)의 원칙"에 따르게 된다[B 599-600]. 그러므로 어떤 사물이 우리에게 대상*이 되기 위해서는 이 사물의 가능성의 선험적* 제약으로서

일체의 가능적 술어의 총체가 주어져 있다는 것이 전제되어야만 한다. 결국 사물의 일관적 규정은 일체의 경험적 실재성의 총괄이라는 이성*의 규제적 이념에 기초한다고 말할 수 있는 것이다. 이 이념*은 '가장 실재적인 존재자(ens realissimum)'로서 하나의 개체이기 때문에 순수 이성의 '이상*(Ideal)'이라고 불린다[B 602]. 그것은 모든 사물의 다양성의 공통된 기체이며, 말하자면 사물의 다양성이 불완전한 모형(ectypon)으로서 그로부터 도출되는 원형*(prototypon)을 의미한다고 생각된다. 이와 같이 원래 규제적 기능을 담당해야만 하는 표상*으로서의 이상을 교조적 이성이 초월론적 '바꿔치기(Subreption)'에 의해 실재화, 실체화, 인격화하는 데서 '신의 현존재에 대한 사변적 증명'의 기획이 나오게 된다는 점을 비판하는 것이 칸트에서 제1비판 '변증론'의 중요한 과제였다.

(2) 실천적 규정. 실천적 견지에서의 Bestimmung은 인간 존재의 의미·목적*·목표를 나타내며, 보통 사명이나 본분이라고 번역된다. 예지적 성격으로서의 인간*이 자연필연성을 극복하는 한 인간은 자기 자신의 최종목적이라고 칸트는 생각한다. 인간은 자기의 사명을 역사 속에서 개인으로서가 아니라 유로서, 나아가 자기의 자유로운 활동을 통해서만 달성할 수 있는바, 도덕적 사명은 그 숭고한 최종목적이다. 요컨대 이성에 의해서 부과된 인간의 사명은 "하나의 사회 속에서 사람들과 함께 존재하며 거기서 예술과 학문을 통해 자기를 개화(kultivieren), 문명화(zivilisieren), 도덕화하여(moralisieren) …… 자기를 인간성*(Menschheit)에 걸맞게 하는 것이다"[『인간학』 제2부 E, VII 324–325]. 이와 같은 칸트의 사상은 피히테*의 도덕적 이상주의로 계승되었다. ⇒ 일관적 규정, 신의 존재증명, 인간, 인간성

—고마츠 미츠히코(小松光彦)

⟨참⟩ W. Bröcker, *Kant über Metaphysik und Erfahrung*, Klostermann, 1970(峠尚武 譯 『カントにおける形而上學と經驗』 行路社, 1980). S. Andersen, *Ideal und Singularität: Über die Funktion des Gottesbegriffs in Kants theoretischer Philosophie*, Kant–Studien Ergännzungshefte 116, Walter de Gruyter, 1983. 木阪貴行 「カントと神の存在證明」 牧野·福谷 編 『批

判的形而上學とはなにか』 現代カント研究 2, 理想社, 1990. J. G. Fichte, *Die Bestimmung des Menschen*, 1800(量義治 譯 『人間の使命』 岩崎武雄 編 『フィヒテ/シェリング』 世界の名著 43, 中央公論社, 1980).

규제적規制的 ⇨ 구성적/규제적

규칙規則 [(독) Regel]

칸트에서 '규칙'이란 다양*한 것이 일정한 방식으로 정리되기 위한 조건을 의미하며, 대단히 일반성이 높은 개념이라고 말할 수 있다. "무언가 다양한 것이 그것에 따르면 일정한 방식으로 정립*될 수 있는 일반적인 조건의 표상*이 규칙이라고 불린다"[A 113]. 그리고 "규칙은 그것이 객관적인(요컨대 대상*의 인식*에 필연적으로 관계하는) 한에서 법칙(Gesetze)이라고 불리는"[A 126] 것이기 때문에, '규칙'은 '법칙'도 포괄하는 상위개념이라고 말할 수 있다. 칸트는 "감성 일반의 규칙의 학인 감성론과, 지성 일반의 규칙의 학인 논리학"[B 76]이라 말하고 있듯이 '규칙'을 '감성*'에도 '지성*'에도 해당되는 것으로 생각하는 경우도 있지만, 그럼에도 불구하고 '규칙'은 '지성*'에 관계하는 것으로 생각되고 있다고 말할 수 있다. 왜냐하면 "우리는 이제 지성을 규칙의 능력으로서 특징지을 수 있다. …… 감성은 우리에게 (직관*의) 형식*을 주지만, 지성은 규칙을 준다"[A 126]고 말해지고 있는 까닭에 여기서는 감성의 '형식'과 지성의 '규칙'이 대조되고 있기 때문이다. 더 나아가 "판단*은 주어진 표상들을 의식*에서 결합*하기 위한 조건으로 간주되게 되면 규칙이다. 이들 규칙은 그 결합을 필연적인 것으로서 나타내는 것이라면 선험적* 규칙이며, 또한 그것들이 좀더 상위의 규칙에서 도출되는 것이 아니라면 원칙(Grundsätze)이다"[Prol. §23]라고도 말해진다. 결국 칸트에서의 '규칙'이란 지성이 표상과 표상을 일정한 방식으로 결합할 때의 그 조건을 가장 포괄적으로 나타내는 명칭이라고 간주될 수 있다. 또한 20세기에는 비트겐슈타인*이 '언어게임'이라는 개념을 제출하고 말의 의미를 이해

하는 것을 말의 '규칙을 따르는 행위'로서 파악해보았기 때문에, 수학의 계산과 문법, 귀납의 문제 등이 '규칙'이라는 관점에서 활발하게 논의되고 있다. ⇒지성, 결합

―우에무라 쓰네이치로(植村恒一郞)

［참］ H. J. Paton, *Kant's Metaphysic of Experience*, vol. 1, G. Allen & Unwin, 1936.

근원악根源惡 [(독) das radikale Böse]

인간이 도덕성*의 준칙*을 의식하고 있음에도 불구하고 그 준칙으로부터 이반하고자 하는, 인간이라는 유類에 근거를 지닌 성벽*이 근원악이라고 불리며, 그것은 자연적 충동이 아니라 주관적인 준칙에 관한 것이긴 하지만 인류 전체에 뿌리내린 것인 까닭에 "인간은 그 본성에서 악하다"라고 말해진다. 이러한 근원악 개념은 오랜 전부터 칸트 본래의 철학체계와는 이질적인 것으로서 이해되는 경우가 많다. 예를 들면 괴테*는 칸트가 그의 철학의 망토를 근원악이라는 오점으로 더럽힌 것을 한탄하고 있으며, 슈바이처는 근원악의 깊은 의미를 높이 평가하지만 그것은 칸트의 초월론철학*의 본래 계획과는 무관하다고 말하고 있다『칸트의 종교철학』シュヴァイツァー著作集 15, 16, 白水社］. 그러나 이러한 견해들은 칸트 철학의 전체를 보지 못한 데서 비롯된 것인바, 근원악 개념은 칸트 철학을 일관하는 사고방식에 의한 것이고, 그것을 이해하는 것은 칸트 철학의 깊이를 이해하는 것이라고 말할 수 있을 것이다. 근원악 개념은 원리적으로는 엄격주의*로부터 나온 것이다. 엄격주의란 선*과 악이 적극적으로 엄격하게 대립하며 그 중간의 선도 악도 아닌 아디아포라(adiaphora)를 배제하는 사고방식인데, 칸트는 1763년의 『부정량의 개념』에서 이 입장을 취하고 있다. 거기서 칸트는 대립*이라는 개념을 논리적 대립과 실재적 대립으로 구별한다. 논리적 대립이란 모순*을 가리키는 것이어서 사유 불가능하지만, 실재적 대립은 수학*의 양수와 음수의 대립처럼 0으로서 그리고 역학*적 대립에서의 정지로서 실재성*을 지닌다. 이러한 사고방식은 도덕에도 적용되며, 악의

개념은 라이프니츠*의 경우처럼 단순한 선의 결여로서가 아니라 '+ α'로서의 선에 적극적이고 실재적으로 대립하는 '- α'로서 파악된다. 『정초』*에서는 선의 원리가 무제약적으로 선인 선의지이고, 의무*의 개념에 대한 분석에 의해서 준칙이 법칙의 보편성*을 지녀야만 한다는 것이 정언적 명법으로서 제시되는데, 이러한 의무의 의식은 경험적 개념이 아니며, 준칙과 법칙의 일치는 경험에서 확인될 수 없다. 거기서 '사랑하는 자기'의 에고이즘*에 의해서 엄격한 의무의 명령*을 거슬러 궤변을 늘어놓고 도덕법칙*을 근본적으로 부패시키며 그 존엄*을 파괴하는 성벽이 대두하게 되는데, 이러한 성벽에서의 악의 원리가 분명히 '+ α'로서의 선에 실재적이고 적극적으로 대립하는 '- α'이며, 이러한 성벽에 대립하여 도덕의 전면적 붕괴를 막는 것은 도덕법칙의 이성적 명령에 대한 명료한 확신 (Überzeugung) 이외에는 없다고 칸트는 말한다[Ⅳ 407]. 『정초』에서 이미 이성신앙*이 도덕적 개념의 근거가 되고 있다는 점에 주의해야만 한다. 이러한 성벽은 『종교론』*에서는 "인간 본성에서의 악에로의 성벽" [Ⅵ 37]이라고 불린다. 자기의 행복*을 원하는 '사랑하는 자기'를 지니지 않는 인간은 존재하지 않기 때문에, 이 성벽은 최상의 인간에서도 유로서의 모든 인간에게 전제될 수 있으며, 그리고 선의 원리의 근거는 준칙에서 확신되는 도덕법칙 이외에는 없지만 이 성벽에 의해서 악에 빠진 인간에게 있어서는 그 준칙의 부패가 그것의 전제로 되고 있기 때문에 한번 악에 빠진 인간이 스스로의 힘으로 악을 극복하고 다시 선에 설 도리는 없다. 이것이 악이 근원적이게 되어 "인간은 그 본성에서 악하다"고 말해지는 까닭이다. 그러나 그럼에도 불구하고 칸트는 "좀더 선한 인간이 되어야만 한다는 명령은 약해지지 않은 채 영혼* 속에서 울려퍼진다"라고 말한다. 이것이 이성신앙이며, 그것은 처음부터 전제되고 나아가 최종적으로 칸트의 철학을 지탱하는 것이다. ⇒선, 이성신앙, 성벽, 경향성

―가도와키 다쿠지(門脇卓爾)

근원적 힘根源的- ⇨힘

기관機關 ⇨**오르가논**{기관}

기능機能 [(독) Funktion]

칸트의 정의에 따르면 기능이란 "상이한 표상*을 하나의 공통된 표상 아래 질서짓는 작용의 통일"[B 93]이다. 이와 같은 것을 성취할 수 있는 것은 주관의 자발성*의 발현으로서의 지성*과 이성*이기 때문에 기능은 이들 두 개의 능력의 수행・활동을 의미한다. 지성의 기능이란 다양한 표상을 하나의 개념 하에 포섭하는 활동, 구체적으로는 사고하고 판단하는 활동이며, 이성의 기능이란 추론하는 활동이다. 그러므로 지성・이성에서의 기능은 수용성의 능력으로서의 감성*에서의 촉발*과 대비된다. 나아가 칸트에 따르면 기능의 연원은 통각*의 초월론적 통일이다[A 108].

비판철학에서 중요한 의미를 지니는 것은 지성의 기능이다. 지성이 판단*의 능력인 한에서, 판단에서 모든 내용을 사상하고 체계화함으로써 지성의 기능 전체를 추출할 수 있을 것이다. 이리하여 제시되는 것이 판단의 논리적 기능이다. 칸트에 따르면 그것은 양*・질*・관계*・양상*의 네 항목으로 나누어지며, 그 각각이 다시 세 개의 하위구분을 가진다[B 105]. (물론 제시된 판단의 논리적 기능이 완전하게 남김없이 열거되어 있는가, 아닌가 하는 문제가 그 후 해석상의 논쟁을 야기했다는 점에 유의해야만 할 것이다.) 그리고 여기서 매거된 기능은 또한 직관* 안의 표상을 종합적 통일로 가져오는 지성의 작용과 동일하다고 간주할 수 있다. "판단에서 다양한 표상에 통일을 부여하는 것과 동일한 기능이 또한 직관에서 다양한 표상의 단순한 종합에 대해 통일을 부여한다. 그리고 이 통일은 일반적으로 말해서 순수 지성 개념이라고 불리는 것이다"[B 104f.]. 칸트는 이 점을 근거로 하여 판단의 논리적 기능에 대응하는 식으로 순수 지성 개념을 도출한다. 따라서 판단의 논리적 기능과 순수 지성 개념을 구별하는 것은 전자가 지성의 활동으로서 인간의 모든 사고에 수반하는 것인 데 반해, 후자는 내용에 관한 것이라는 점이다. 그 결과 도식・원칙을 결여한 순수 지성 개념은 개념* 그 자체에 대해 반성적으로 향해진 지성의 논리적 기능에 다름 아니며, 어떠한 대상도 표상하지 않게 된다[B 187; Prol., IV 324].

다른 한편 이성의 기능에 대한 정의는 다음과 같다. "추론*에 즈음한 이성의 기능은 개념에 따르는 인식의 보편성에 있다"[B 378]. 나아가 이념은 무제약자*에까지 확장된 범주*이며, 따라서 감성적 대상을 지니지 않는다[B 383, 435]. 이것과 상술한 정의로부터 이념*이 이성의 기능이라고 이해할 수 있을 것이다[B 436].

덧붙이자면, 칸트는 이론적 기능과 실재적 기능의 구별을 시사하고 있다[Refl. 4631, 4635]. ⇒범주, 촉발

　　　　　　　　　　　　　　　　　　−시모노 마사토시(下野正俊)

▨ K. Reich, *Die Vollständigkeit der Kantischen Urteilstafel*, Felix Meiner, ³1986. R. Brandt, *Die Urteilstafel: Kritik der reinen Vernunft A67–76; B92–101*, Felix Meiner, 1991.

기독교基督教 [(독) Christentum]

기독교는 예수가 그리스도라고 주장하는 종교이다. 그리스도란 구원자를 의미한다. 칸트는 예수를 "최초의 참된 교회*의 창설자"라고 부르지만, '예수'와 '그리스도'의 관계를 주제로 삼아 논의하지는 않는다. 그는 기독교를 "그리스도의 가르침"으로 이해한다. 그리고 이 그리스도의 가르침에 대해 한 편지에서 다음과 같이 말하고 있다. "저는 그리스도의 가르침을 우리가 그리스도에 대해 지니고 있는 **전설**로부터 구별하였습니다. 그리고 전자를 순수하게 끄집어내기 위해 우선 도덕적 교설을 신약성서의 온갖 규정들로부터 분리하여 끄집어낼 것을 요구하였던 것입니다. 이 도덕적 교설이야말로 확실히 복음서의 근본이론이며, 다른 것들은 복음서의 보조이론인 데 불과합니다"[라바터에게 보낸 서한 1775. 4. 28, X 176]. 그리고 더 나아가 도덕적 교설로서의 예수의 가르침에 대해 다음과 같이 말하고 있다. "그리스도의 가르침의 본질과 탁월한 점은 그가 모든 종교의 총화를, 신앙*을 지니고서, 즉 신*이 그 경우에 우리의 힘 안에 없는 그 밖의 좋은 것들을 도와주실 거라는 무제약적인 신뢰를 지니고서 전력을 다해 올바르게 존재하는 것 속에 놓았다는 것입니다"[같은 글, X 180].

칸트에 따르면 예수는 "도덕적 완전성의 이상"이다. 그리고 그 종교의 특질을 다음의 세 가지 점으로 정리하고 있다. (1) 신의 뜻에 맞는 것은 법규적인 교회 의무의 준수가 아니라 순수한 도덕적 마음가짐이다. (2) 이 순수한 도덕적 마음가짐은 행위에 의해서 나타나야만 한다. (3) 모든 의무*는 "신을 사랑하라"라는 일반적 규칙과 "누구든 네 몸과 같이 사랑하라"라는 특수적 규칙으로 총괄된다[Rel., VI 159—161을 참조]. 요컨대 예수가 가르친 것은 이성종교로서의 도덕적 종교라고 말할 수 있는 것이다[VI 128 f.]. ⇒신, 신앙, 이성신앙, 교회

―하카리 요시하루(量 義治)

參 量義治『無信仰の信仰』ネスコ, 1997. 永見潔『カント哲學とキリスト教』近代文藝社, 1996. 量義治『緊張 哲學と神學』理想社, 1994. 三渡幸雄『カント宗教哲學の研究―― キリスト教と淨土佛教との接點』同朋社出版, 1994. 量義治『理性宗教とキリスト教』『宗教哲學としてのカント哲學』勁草書房, 1990. Werner Schultz, Kant als Philosoph des Protestantismus, Neuaufl., Hamburg, 1960.

기상학氣象學{ **기상론**氣象論} [(독) Meteorologie; Wetterkunde]

칸트의 시대인 18세기에 기상학은 아직 독립된 분야로서 완성되기 이전의 단계에 있었으며, 이 시대까지의 기상학상의 발견의 다수는 다른 분야의 인물들에 의해 성취되고 있었다. 기후현상에 대해 전비판기부터 계속해서 일관되게 흥미를 지니고 있던 칸트는 저작과 강의에서 자주 이것을 다뤘다. 기상학에 관련된 칸트의 논술은 『바람의 이론』, 『자연지리학 강의개요. 부록: 서풍론』, 『인간학』*, 『달이 기후에 미치는 영향에 대하여』, 『자연지리학』 등에서 보인다. 칸트 기상학의 특징의 하나는 이후에 지구물리학의 한 분야로 되는 기상학이 자연지리학*의 한 분야로 위치지어져 있는 것인데, 지구를 대기권, 수권, 지각 및 지구 내부로 나누는 분류는 지리학보다는 오히려 지구물리학의 분류에 가깝다. 예를 들면 『자연지리학』 제1부 제3편은 '대기권'이라는 제목이 붙여져 있는바, 여기서는 대기권의 개관과 공기의 특성들, 바람*의 분류, 바람의 속도, 무역풍, 해풍과 육풍, 계절풍, 비, 기후, 사계가 논의되고 있다. 이곳에서의 논의 대부분은 바람 내지 대기 순환의 고찰에 한정되어 있지만(그 내용은 대체로 『바람의 이론』에서 내세운 학설을 답습한 것이다), 당시의 기상학 이론의 상당 부분이 아무래도 이 분야에 한정된 것이라는 사실을 고려할 필요가 있다. 다만 칸트가 『바람의 이론』에서 제출한 무역풍에 관한 설명은 1735년에 법률가인 해들리에 의해 발표된 이론(이 이론은 오늘날에도 정성적으로는 올바른 것으로 인정되고 있으며, 그는 '해들리 순환'이라는 기상학 용어에 이름을 남기고 있다)과 결과적으로 동일한 것이었지만, 칸트가 해들리의 업적을 알지 못한 채 완전히 독자적으로 이 이론에 도달했다는 것은 그리 알려져 있지 않다. ⇒바람, 자연지리학

―이노우에 요이치(井上洋一)

기술技術 [(독) Technik; Kunst (라) ars]

칸트에서는 τέχνη(그)를 어원으로 하는 Technik만이 기술을 가리키는 것이 아니라 Kunst(기량·능력을 의미하는 Können이 어원)도 전자와 동의어이다. 칸트에게 기술적인 것 일반을 주제로 하는 고찰이 통합적으로 정리되어 있는 것은 아니다. 그러나 그의 비판철학은 인간 존재의 행함 전체에서 기술적인 것의 위치짓기를 명확히 함으로써 기술에 관한 비판적 고찰의 가능성을 열고 있다.

첫째, 기술적인 것은 인간적 실천에서 가언명법에 관계된다. 가언명법이란 무언가의 목적을 위해 수단을 지시하는 것인데, 칸트에서 기술은 기본적으로 목적-수단의 관계에 관한 지식의 현실적인 운용능력으로서 파악된다. 가언명법은 좀더 엄밀하게는 목적 일반에 대한 숙련(Geschicklichkeit)의 규칙과 자기행복이라는 한정된 목적에 대한 영리함(Klugheit)의 조언으로 분류되며, 전자가 기술적(technisch), 후자가 실용적(pragmatisch) 명법*이라고도 불리지만, 후자는 전자의 특수형태이며, 따라서 모든 가언명법은 기술적이다. 『실천이성비판』*은 이러한 가언명법의 주체인 기술적-실천

이성에 대해 정언명법의 주체인 도덕적–실천 이성(순수 실천 이성)이 지닌, 인간적 실천에서의 근본적 입법의 권한을 주장하고 변호했던 것이다.

둘째, 『판단력비판』에 '자연의 기술'이라는 주목할 만한 개념이 있다. 이것은 자연과 기술의 유추*에 기초하여 자연물의 미*와 생명*에 합목적적인 의미를 발견하는 판단력*의 선험적*인 원리이다. 그것은 확실히 반성적 판단력의 규제원리에 그치지만, 이 원리에 의해서 이론적 인식*에 고유한 추상적인 기계론적 자연 개념이 상대화되어 좀더 풍부한 것으로 된다. 칸트의 인식론*은 원인–결과의 필연적 결합으로 수렴하는 범주*의 지배하에 현상 일반을 받아들인다는 점에서 근대 이성의 기술적 관심을 반영하고 있지만, 이에 반해 제3비판은 다름 아닌 기술 유추에 의거하면서도 역설적으로 근대의 이론적 인식에 잠재하는 기술적 지배관심의 한계설정에 몰두함으로써 이것과는 다른 자연 이해의 가능성을 확보하고자 하고 있는 것이다. ⇒예술, 미, 명법

—모치츠키 도시타카(望月俊孝)

〔참〕 Articles of "technic/technique[Technik]" and "art[techne, ars, Kunst]", in: H. Caygill, *A Kant Dictionary*, Blackwell, 1995. G. Lehmann, Die Technik der Natur(1938), in: *Beiträge zur Geschichte und Interpretation der Philosophie Kants*, de Gruyter, 1969. 望月俊孝「技術理性の批判にむけて」福岡女子大學文學部紀要『文藝と思想』54, 1990;「自然の技術」竹市・坂部・有福 編『カント哲學の現在』世界思想社, 1993. 角忍「自然の技術」西川富雄 編『叢書ドイツ觀念論との對話』2, ミネルヴァ書房, 1993.

기지 機智 [(독) Witz]

칸트에서 기지는 『미와 숭고』* 이래의 관심사로서 그것은 특히 사교성의 요건으로서 중시되었다. 『인간학』 제44절에 따르면 '기지(ingenium)'란 "특수한 사항에 대해서 보편적인 사항을 생각해내는" 능력이다. 즉 판단력*이 다양하고 부분적으로 상이한 여러 사항을 구별하는 능력인 데 대해, 기지는 오히려 그러한 사항들 사이에서 동일성을 발견하는 능력이다. 또한

기지는 서로 분리된 표상들을 상상력*의 법칙에 따라서 결합하는 유비의 능력이며, 보편적인 사항을 인식하는 능력인 지성*의 일부를 이룬다. 다만 특수한 사항을 보편적인 사항 아래 포섭하기 위해서 기지는 다시 판단력을 필요로 한다. 그러한 기지를 수반하는 판단력을 지닌 사람은 "영리"하며, 역으로 기지를 결여한 사람은 "우둔한 두뇌"이다[제46절]. 그리고 칸트는 특히 "생산적 기지"를 재능의 일종으로 중시하고 있다[제54, 55절]. 덧붙여 말하면 전기 작가들은 칸트가 실생활에서 기지를 좋아했다고 전하고 있으며, 또한 『시령자의 꿈』*에서는 그의 기지 감각이 마음껏 발휘되고 있다. ⇒상상력, 판단력

—미야지마 미츠시(宮島光志)

기질 氣質 [(독) Temperament]

인간에게 있어 '성격적인 것'을 칸트는 '천성(Naturell)', '기질', '성격*(Charakter)'의 셋으로 나눈다[『인간학』 제2부]. 천성은 감정*에서 발로되지만, 기질과 성격은 행위에서도 나타나며, 따라서 욕구능력*에 깊이 관계한다. 그리고 실천철학*에서는 이 기질과 성격의 구별이 중요하다. 기질이 아직 자연*의 산물인 데 반해, 성격은 인간 자신에 의해 확립된 데서 유래한다. 성격을 지닌다는 것은 행위에서 원칙을 지닌다는 것이며, 도덕적인 칭찬에 값하는 것이다[VII 292]. 하나의 예를 들면 "대담함"은 기질 이외에 다른 것이 아니기 때문에 아직 덕이 아닌 데 반해, "용기*"는 원칙에 기초하는 까닭에 하나의 덕이다[VII 257]. 이리하여 기질은 순수한 도덕철학의 문제영역에서 제외되어 경험적 관찰의 대상이 된다[IV 398 참조].

그렇지만 기질에 관한 고찰은 자주 덕에 대한 기여라는 관점에서 이루어진다. 특히 『미와 숭고』*와 『인간학』에서 칸트는 고래로부터의 체액병리학에 따라서 기질을 '다혈질', '우울질', '담즙질', '점액질'로 나누고 각각의 특질을 모럴리스트 풍으로 묘사해보이고 있다. 그리고 주목해야만 할 것은 『미와 숭고』에서 참된 도덕적인 덕은 '우울질'의 기분에 가깝다고 말해진다는 점이다[II 219–221]. 이것은 우울질의 인간이 숭고

한 것에 대한 감수성을 갖추고 원칙을 중시하기 때문이다. 이에 대해 다혈질의 사람은 선량하고 인애하지만, 변하기 쉬운 감정에 좌우된다. 또한 담즙질의 사람은 명예심에서 행동하기 때문에 덕의 허식으로 끝난다. 무감정한 점액질의 사람은 도덕감정을 결여한다. 이상에 대해서는 도덕감정*의 이론에서 영향 받은 시기의 사상이라는 측면을 지적하지 않을 수 없다. 그러나 도덕법칙*과 숭고*의 감정의 결합을 말하는 칸트의 일관된 태도에서 보이듯이 덕에 관한 기질론은 그 후에도 사라지지 않고 이곳저곳에 놓여 있다고 말할 수 있다. 다만 『인간학』에서는 "점액질의 사람" 쪽이 냉정한 원칙의 인간이라고 간주되는 등 동요가 나타난다[VII 290]. ⇒성격

—다카하시 가츠아(高橋克也)

⬚ 浜田義文『カント倫理學の成立』勁草書房, 1981.

기체基體 ⇨**주관**{주체·기체·주어}

기하학幾何學 ⇨**수학, 비유클리드 기하학**

『기하학과 결합된 형이상학의 자연철학에서의 사용, 그 일례로서의 물리적 단자론幾何學−結合−形而上學−自然哲學−使用−−例−物理的單子論』**;『물리적 단자론**物理的單子論』**;『자연단자론**自然單子論』} [(라) *Metaphysicae cum geometria iunctae usus in philosophia naturali, cuius specimen I, continet monadologiam physicam.* 1756]

교수자격논문의 하나. 1755년의 저서 『천계의 일반 자연사와 이론*』에서의 입자론과 뉴턴*의 인력−척력설의 결합 시도 및 같은 해의 교수자격논문 『형이상학적 인식의 제1원리의 새로운 해명*』에서의 계기 원리와 동시존재 원리라는 새로운 형이상학적 원리의 제기를 이어받아 그 다음해의 교수자격논문인 본 저작에서는 형이상학*과 기하학의 대립의 조정(제1장)과 인력과 척력의 도입에 의한 물체의 내적 본성의 해명(제2장)이 시도된다.

칸트는 여기서 라이프니츠*의 정신일원론이 아니라 볼프*의 물심이원론을 따르고 있다. 그는 여기서 정신의 단자와 구별된 자연*의 단자만을 취급하는데, 그것은 볼프의 단자와 마찬가지로 라이프니츠 단자의 표상 개념을 포함하지 않는다. 그것은 부분 없는 단순실체이며, 척력이 그로부터 작용을 미치는 중심점이다. 이와 같은 중심점인 단순실체는 주위의 공간을 채우지만, 그것은 척력의 작용에 의한 것이지 공간적 연장에 의한 것이 아니다. 왜냐하면 만약 그렇다고 한다면 공간과 마찬가지의 무한분할을 당하게 되어(연속체) 단자는 단순실체(비연속체)가 아니게 되기 때문이다. 칸트는 여기서 공간적 연장을 실체*의 내적 규정에 속하지 않는 외적 규정, 우유성으로 위치지음으로써 무한분할을 이야기하는 기하학의 입장과 무한분할을 배제하는 실체의 자연형이상학의 입장을 양립시키고자 했다(이것은 이후의 제2안티노미*의 문제이다). 제1장에서의 척력의 도입은 제2장의 물체의 본성의 해명에서도 중심적인 역할을 수행한다. 다만 여기서는 또 하나의 힘, 인력이 도입된다. 물체의 점유공간의 한계가 정해지는 것은 척력의 작용에 대해서 역방향의 힘의 작용이 가해지기 때문인바, 다시 말하면 대립하는 두 힘의 작용의 균형에 의해서이기 때문이다. 이상과 같은 단자와 인력−척력설의 결합에서 물질*의 형성을 이야기하는 설명법은 보스코비치*의 그것과 유사하지만 세부적인 점에서 다르다. 또한 비판기(『자연과학의 형이상학적 원리*』)에 칸트는 그의 연속성 개념 파악의 변화를 위해 보스코비치의 단자론을 비판할 뿐만 아니라 그 자신의 단자론도 포기하기에 이르지만, 인력과 척력은 동역학*에서의 근원력으로서 활용한다. ⇒단자, 라이프니츠, 공간, 동역학, 보스코비치

—마쓰야마 쥬이치(松山壽一)

⬚ H. Heimsoeth, Atom, Seele, Monade, in: *Akademie der Wissenschaften und der Literatur* 3, Jahrgang, 1960. K. Vogel, *Kant und die Paradoxien der Vielheit*, Meisenheim am Glan, 1975. 松山壽一『ニュートンとカント』晃洋書房, 1997.

기호記號 [(독) Zeichen; Charakter]

홉스*, 라이프니츠*, 볼프*, 람베르트* 등의 선행자들이 주제적으로 기호론을 전개하는 것에 비교하면, 칸트의 '기호'에 관한 고찰은 명확한 형태로는 수행되지 않으며, 따라서 통합된 형태의 '기호론'은 존재하지 않는다. 왜냐하면 기호론이라는 형태로 생각해 온 인식에 관한 종래의 발상을 칸트는 초월론적 사유방법을 제시함으로써 거의 불식시켜버렸기 때문이다.

칸트 이전의 기호론은 크게 나누어 두 가지 그룹의 문제에 관계하고 있었다.

(1) 사물을 기호로서 고찰하는 '사물간의 결합 문제'(자연적 기호). 홉스는 "우리가 기호라고 부르는 것은 우리가 자주 그것들이 마찬가지 방식으로 선행 혹은 후속하는 것을 관찰하는 경우의, 그 후건에 대한 전건의 것이자 전건에 대한 후건의 것이다"『물체론』제1부]라고 하고 있었지만, 이것이 로크*와 라이프니츠를 거쳐 예를 들면 볼프의 기호론으로 흘러들어간다. "두 개의 것이 동시에 존재하고 있든가 아니면 언제나 하나의 것이 다른 것에 계속된다면, 언제나 한편은 다른 편의 기호이다. 그리고 이와 같은 기호는 자연적 기호라고 불린다"[『독일어 형이상학』§ 293]. 이것들의 예로서 연기가 불의 자연적 기호라고 말해진다든지 구름과 비의 관계가 기호관계로서 포착되고 있다.

(2) 보편기호학의 구상으로서의 '사물결합 이론과 기호결합 이론의 일치 문제'(자의적 기초). 라이프니츠는『대화』에서 "기호는 자의적으로 선택할 수 있다 하더라도 기호의 사용과 결합에는 이미 자의적이지 않은 것이 있다"고 하면서 만약 기호가 특히 잘 만들어져 있게 되면 "기호 간의 관계 또는 질서는 사물 간의 관계 또는 질서에 대응한다"고 했지만, 이것이 예를 들면 람베르트의 '기호론'에서 받아들여진다. 람베르트는 개념과 사물의 기호가 엄밀한 의미에서 학문적이라는 것은 "기호가 오로지 개념과 사물을 표상할 뿐 아니라 나아가 사물의 이론과 그 사물의 기호의 이론이 교환 가능한 관계를 보이는 경우"이며, 이 점에 "기호의 궁극적인 완전성이 놓여 있다"고 말한다[『새로운 오르가논』 '기호론' § 23].

이와 같은 사상사적 상황 속에서 칸트의 기호에 대한 논술은 지극히 냉담하다. 칸트는 '상징'(Symbol)'과 '기호'를 구별한다. 이 둘은 선행자들에서는 거의 동일한 의미로 다루어져 왔지만, 칸트는 '상징'을 직관적(intuitive) 인식으로, '기호'를 논증적(diskursive) 인식으로 각각 나눔으로써 기호가 지니는 내실을 메마르게 해 간다.『인간학』*의 '기호 표시 능력에 대하여'[VII 191-194]에 따르면, "기호 표시 능력의 결여, 또는 오용"이란 "기호를 사태로, 또는 역으로 사태를 기호로 잘못 받아들이는" 것으로서, 이에 의해 "언어*상에서는 일치한다 하더라도 개념상으로는 천지 차이가 있을" 수 있게 된다. 그리고 칸트는 대상의 직관에 속하는 것을 무언가 하나도 포함하지 않고 오로지 개념을 재현하는 데밖에 도움이 되지 않는 기호에 "모종의 내적 실재성"을 부여하는 것은 커다란 잘못이라고 판단한다. 또한 보편기호학에 관해서도 칸트는 "연금술사에 대한 의혹과 똑같은 의혹이 탁월한 라이프니츠에게도 향해져야만 한다"『새로운 해명』, I 389]고 하는 초기로부터 계속해서 일관되게 비판적인 태도를 취한다.

그 이유는 기호 간의 결합의 문제가 칸트에 있어 초월론적 통각의 의미부여로서 치환되었기 때문이며, 또한 "우리의 개념의 실재성을 입증하기 위해서는 언제나 직관이 요구된다"[KU § 59]는 것을 기본으로 하는 입장에서는 직관성이 박탈된 기호에 대해 커다란 의미를 부여할 수 없었기 때문이다.

칸트의 기호·언어에 대한 부정적 태도는, 마우로가 주장하는 것처럼, 17, 8세기의 언어·기호 고찰의 "일체의 흔적과 기억을 소멸시켜" "당시의 철학에는 언어에 대한 관심이 존재하지 않았다"는 정설을 만들어내는 커다란 원인이 되었다. ⇒상징, 언어

―구로사키 마사오(黑崎政男)

ⓡ Tullio de Mauro, *Introduzione alla semantica*, Laterza, 1970(竹内孝次 譯『意味論序說』朝日出版社, 1977). E. Heintel, *Einführung in die Sprachphilosophie*, Wiss. Buchg., Darmstadt, 1975(磯江景孜 外 譯『言語哲學の根本問題』晃洋書房, 1979). 黑崎政男「ドイツ觀念論と十八世紀言語哲學 —— 記號論のカント轉換點說」『講座ドイツ觀念論』6, 弘文堂, 19 90.

꿈 [(독) Traum]

꿈과 현실의 구별은 칸트의 인식론*에서 주요한 주제가 아니다. 겨우 칸트는 『프롤레고메나』*에서 양자 모두 표상*으로서는 구별되지 않는바, 표상의 결합 방식에 의해서 구별된다고 하고 있다. 요컨대 어떤 표상은 명석함에서 열등하기 때문이 아니라 하나의 경험* 속으로 짜 넣어지지 않기 때문에 꿈으로 판정되는 것이다. 이러한 학설은 진리*의 정합설의 일종으로서 새로운 것이 아니지만, 칸트 인식론에서는 폭넓게 객관적 통일로 짜 넣어지지 않는 표상계열의 정체성이라는 커다란 물음을 제기한다. 『순수이성비판』* '연역론'에서 칸트는 객관적 통일과 구별하여 주관적 통일을 인정하고 있는데, 그것은 "어떤 물체를 내가 지닌다고 강하게 느낀다"는 판단*에서처럼 두 개의 지각* 사이를 연결하는 통일*이며, 이 경우 판단은 주관적 타당성만을 지니는 지각판단에 속한다. 그러나 꿈은 분명히 지각판단이 아니다. 그렇다고 하면 지각판단 외에 전적인 카오스가 아닌 또 하나의 표상계열을 인정할 수밖에 없지만, 칸트는 이 문제에 파고들지 않으며, 그리하여 꿈으로 대표되는 것과 같은 폭넓게 대상에 적중되지 않는 일군의 표상들의 신분이 탐구되어야만 할 과제로서 남겨지게 되었다. 인식론에서 벗어나서 보면, 『판단력비판』*과 『인간학』*에서 보이는 칸트의 꿈에 관한 독특한 생각은 주목할 만하다. 그에 의하면 꿈이란 자연*의 합목적적인 조처이며, 잠자는 중에도 상상력*에 의해 삶을 활성화함으로써 잠자는 중에 완전한 정신의 이완, 즉 죽음에 이르는 것을 방어해준다. 칸트는 어릴 적에 물에 빠져 회전하는 꿈을 꾸다 깨어난 후에 다시 이번에는 편안히 잘 수 있었다고 하는 자신의 체험을 끌어들여 이것은 심장이 정지하여 그렇게 된 것을 꿈의 상상력이 역으로 활성화되어 그를 구해준 것이라고 말하고 있다. 악마가 엄습해오는 것과 같은 무서운 꿈도 동일한 효용이 있으며, 그것은 영혼*에 자극을 주어 잠자는 중에 죽음에 이르는 것을 방어해준다는 것이다. 일반적으로 불쾌한 꿈이 많은 것은 이상과 같은 효용에서 자연이 짜놓은 계략이며 꿈을 꾸지 않는 수면은 없고, 그렇게 생각되는 것은 일반적으로 잊어버렸기 때문이다. 프로이트의 꿈 이론에 직결되지는 않지만, 꿈의 효용을 적극적으로 인정하고 있는 점은 주목할 만하다. ⇒인식론, 표상, 현실성
—나카지마 요시미치(中島義道)

L. W. 베크「ケーニヒスベルクの哲人は夢を見なかったのか?」『理想』1980年 5月号.

나는 생각한다 [(독) Ich denke]

근대 독일 철학에서의 데카르트적 코기토의 수용사에서 칸트의 입장은 라이프니츠*의 그것과 좋은 대조를 이루고 있다. 라이프니츠는 데카르트*가 이야기한 자기의식*의 특권적 명증성을 의식 일반의 명증성 안에서 해소시켜 자기의식 중심적인 근거짓기 프로그램을 모나드*의 다원론으로 해체하는 한편, 단순한 자기의식에 의한 자기인식, 요컨대 반성적 자아인식의 가능성을 인정한다. 이에 반해 칸트는 이성적 심리학 비판에서 단순한 자기의식에 의한 자기인식을 순수 이성의 오류추리*로서 엄혹하게 논박하지만, 데카르트적 코기토가 지니는 자기의식 중심주의를 초월론적 통각의 교설로서 계승한다.

'나는 생각한다'는 범주표 안에서 명시적으로 제시되고 있지는 않지만, 그럼에도 불구하고 범주표를 변경하지 않고서 거기에 산입되어야만 한다는 특수한 위치가를 지니는 개념*(내지는 판단*)이다[B 399]. 요컨대 이 개념은 '개념 일반의 운반체'로서 모든 범주 하에 함께 포괄되어 있으며, 모든 사유*가 하나의 의식*에 귀속한다는 것을 보여준다. 다시 말하면 '나는 생각한다'가 나의 모든 표상*에 보편적으로 수반함으로써 다양*은 통일*에로 가져와지는 것이다. 이런 의미에서 칸트의 경우 '나는 생각한다'는 자주 '초월론적 통각' 내지는 '순수 통각'과 거의 같은 의미로 사용된다[B 132]. 그러나 '나는 생각한다'의 자아*가 함의하는 통일은 실체적인 의미에서 이해되어서는 안 되는바, 어디까지나 인식*을 위한 '논리적 통일'인 데 지나지 않는다. 이러한 자아는 "그것 자신만으로는 아무런 내용이 없는 전혀 공허한 표상"이며, 엄밀하게는 개념이라고 불릴 수도 없는 "모든 개념에 수반하는 단순한 의식"[B 404]이다. 따라서 '나는 생각한다'를 "유일한 텍스트"[B 401]로 하여 이로부터 자아의 실재성을 추론*하고자 하는 이성적 심리학*의 시도는 오류추리로서 비판되어야만 한다.

초월론적 통각으로서의 '나'의 자기인식의 가능성에 관한 칸트의 적극적인 주장은 일의적이지 않다. 내가 나를 의식하는 것은 "내가 나에게 현상하는 대로 의식하는 것이 아니며, 내가 나 자신에서 존재하는 대로 의식하는 것도 아니고, 오로지 내가 존재한다는 것만을 의식한다"[B 157]. 분석론에서의 이러한 주장은 변증론에서는 다음과 같이 부연된다. '나는 생각한다'는 "경험적 명제"이며, 이 명제 안에는 시간적으로 규정되어 있지 않은 "미규정적이고 경험적인 직관"과 "무언가 실재적인 것(etwas Reales)"으로서의 나의 현존이 포함되어 있다[B 422f]. 이것을 액면 그대로 받아들이면, 시간 형식에 따르지 않는 내적 직관의 가능성을 실천철학*도 포함한 칸트 철학의 체계 안에서 어떻게 유지할 수 있는가에 대해 다양한 해석이 가능할 것이다. 또한 『프롤레고메나』*에서는 자아 표상이 "개념을 결여한 현존재의 감정"[IV 334]이라는 표현에 의해서 특징지어지고 있다. ⇒의식, 현존재, 자발성, 주관, 순수 이성의 오류추리, 인격의 동일성, 통일, 통각, 내감, 데카르트

—히라노 다카시(平野登士)

圏 H. Heimsoeth, Persönlichkeitsbewußtsein und Ding an sich in der Kantischen Philosophie, in: *Studien zur Philosophie Immanuel Kants* I, Bonn, 1971(須田・宮武 譯『カント哲學の形成と形而上學的基礎』未來社, 1981). 天野貞祐『カント純粹理性批判』岩波書店, 1935.

나카지마 리키조(中島力造) ⇨일본의 칸트 연구

나토르프 [Paul Natorp 1854. 1. 24–1924. 8. 17]

코헨*과 더불어 신칸트학파* 마르부르크학파의 대표자의 한 사람. 1881년에 마르부르크 대학에서 교수자격을 취득한 후, 85년에 이 대학의 원외교수가 되며, 93년 이후에는 1922년에 은퇴하기까지 30년간에 걸쳐 이 대학의 철학·교육학 강좌의 정교수였다. 카시러*와 니콜라이 하르트만*이 그와 코헨 밑에서 박사학위를 취득한다.

나토르프의 철학적인 논의의 출발점을 이루고 있는 것은 칸트 및 플라톤이다. 플라톤이 말하는 이데아란 다양한 차이 있는 것들에 통일을 가져다주는 논리적인 것의 기본법칙이며, 이 법칙이 모든 개개의 사유정립에 대해서 뿐 아니라 모든 개개의 대상에 대해서도 그것들의 궁극적인 근거를 제공하게 된다. 나토르프의 입장에서 보면 이러한 대상 존재의 근거로서의 논리적인 것의 법칙성에 새롭게 주의를 환기시킨 것이 칸트의 초월론적 논리학이며, 그것을 계승, 발전시킨 것이 코헨과 그 자신의 인식논리학이다. 실제로『정밀과학의 논리적 기초』에서는 수학과 자연과학에서의 대상의 구성이 초월론 논리적인 법칙에 기초하는 것이라고 하는 논의가 분석적으로 전개되고 있다. 그러나 나토르프의 경우에는 코헨과 달리 그와 같은 과학에서 발견되는 초월론 논리적인 법칙성이 더 나아가 인식 일반 내지 대상 구성 일반을 주제화할 때에도 특권적인 지위를 점한다고 하는 것을 뜻하지 않는다. 사회교육학이라는 발상에서도 보이듯이 그가 지향하고 있었던 것은 역사 속의 문화적 삶을 전체로서 파악하는 것이다. 문화적 현상을 이론적, 실천적, 포이에시스적인 의미 내용으로 분절하여 그것들의 논리를 각각 탐구하는 방법이 모색됨과 동시에, 그러한 객관적인 형상과 상호 관계하고 있는 주관성의 논리의 해명이 일반심리학의 과제로서 설정되기도 한다. 그는 만년에는 이와 같은 문화적 삶의 총체를 포괄하는 철학체계를 일반논리학으로서 구상했지만, 그것을 구체적으로 전개하는 데까지는 이르지 못했다. 내용적으로는 카시러의 <상

징형식의 철학>을 이러한 구상의 연장선상에서 보는 것도 가능할 것이다. ⇨신칸트학파, 코헨, 카시러, 플라톤주의

―구츠나 게이조(忽那敬三)

📖 *Sozialpädagogik*, 1899. *Platos Ideenlehre*, 1903. *Die logischen Grundlagen der exakten Wissenschaften*, 1910. *Philosophie, Ihr Problem und ihre Probleme*, 1911. *Allgemeine Psychologie nach kritischer Methode*, 1912. *Vorlesungen über praktische Philosophie*, 1925. *Philosophische Systematik*, 1958.

📑 H. Holzhey, *Cohen und Natorp*, Basel/Stuttgart, 1986. N. Jegelka, *Paul Natorp*, Würzburg, 1992. K. H. Lembeck, *Platon in Marburg*, Würzburg, 1994. E. W. Orth/H. Holzhey (Hrsg.), *Neukantianismus*, Würzburg, 1994.

낙관주의 樂觀主義 [(독) Optimismus]

낙관주의(optimismus)는 최선세계관最善世界觀을 의미하는 말로서 원래는 라이프니츠*의 세계관을 나타내는데, 이 용어 자체는 그의 사후에 만들어졌다. 그것에 따르면 신*은 가능세계 가운데 최선(optimus)의 것을 선택하여 현실세계로서 창조했다. 이 세계에 있는 악은 세계를 최선의 것으로 만들기 위해 불가결한 것으로서 신이 용인한 것이다. 라이프니츠의 낙관주의는 변신론*의 과제와 밀접하게 결합되어 인간의 범위를 넘어선 우주론적인 세계관이다.

이 사상은 그 후 포프*의『인간론』(1733–34)에 의해 대중화되어 계몽주의 사상의 특징 가운데 하나가 되었다. 1755년 베를린 아카데미의 "모든 것은 선하다는 명제에 포함되어 있는 포프의 사상을 검토하시오"라는 현상논문을 계기로 논쟁이 일어났다. 1755년의 리스본 대지진은 최선세계설에 대한 공격재료로 되었다. 낙관주의 사상은 더 나아가 볼테르의『캉디드』(1759)에 의해 야유되고 인간중심주의적인 세계관으로서 비판적으로 이해됨으로써 언뜻 보아 바람직하지 않은 사태도 머지않아 반드시 호전되어 최종적으로는 만족할만한 것으로 된다는 사상으로 되었다. 이런 의미에서의 낙관주의는 낙천주의라든가 낙관론이라고 말할 수 있다.

칸트는 리스본 대지진 직후의 일련의 『지진론』(1756)에서 자연재해에 대한 도덕론적인 해석을 경계하여 지진을 이용한 반反낙관주의 논자들을 비판하였으며, 『낙관주의 시론』(1759)에서는 라이프니츠가 주장하는 최선세계설을 받아들여 창조된 세계가 최선이라는 것에 깊은 믿음을 두고 신의 선량한 지혜에 대한 신뢰를 표명하고 있다. 여기서의 낙관주의는 인간중심주의적으로 이해되는 것이 아니라 세계 전체로 눈길을 보내고 있다. 당시 이미 칸트 자신이 이와 같은 사고방식에 회의적이었다는 견해도 있지만, 공표된 초기의 사고방식은 비판기의 입장과는 당연히 양립할 수 없으며, 후년의 칸트는 이 낙관주의론을 폐기할 것을 주문했다고 한다. 후년의 『변신론에서의 모든 철학적 시도의 실패에 대하여』(1791)에서는 인간의 이성*능력을 넘어서서 이루어지는 우주론적인 판단*을 명확히 배척하고 있다. ⇒변신론, 라이프니츠

—사사키 요시아키(佐佐木能章)

參 田中英三『ライブニッツ的世界の宗教哲學』創文社, 1977. 坂部恵『理性の不安──カント哲學の生成と構造』勁草書房, 1976.

낭만주의浪漫主義 [(독) Romantik]

18세기 말부터 독일에서 널리 퍼진 새로운 시대의 문화조류. 프랑스 혁명과 괴테*의 『빌헬름 마이스터』 및 칸트/피히테*의 철학을 원동력으로 하여 독일의 실정에서 금단의 정치혁명 대신 게르만 세계 전체의 문화적인 변혁을 정신 영역에서 추구한 운동.

슐레겔 형제가 주도한 잡지 『아테네움』(1798년 창간)이 초기의 거점이다. 문예, 철학, 종교, 자연과학, 정치, 역사, 그 밖에 모든 분야에 미치는 신질서 창조의 다양한 시도로서 그 본질을 정리하기가 곤란하다. 형인 A. W. 슐레겔은 '고전적·고대적'과 '낭만적·근대적'을 대비시키고 근대라는 시대의 근본 특징을 자각하고자 노력한다. 칸트와의 관계에서 보면, 생산적 상상력을 예술*행위의 핵심으로 삼고, 또한 초월론철학*이 발견한 주관성에 주목하여 그것의 게르만적인 기원을 더듬어가는 등, 칸트 철학을 바탕으로 하여 발전한다.

문예 분야에서는 중세 독일의 소박한 종교적 예술 감정을 불러일으키고자 한 바켄로더, 정체된 예술 감각을 해체하는 신기한 작풍에 계속해서 도전한 티크 등을 선구로 하여 예나 지역에서 이 운동의 이론화가 진전된다. F. 슐레겔은 비아를 대립시키면서 스스로 그것을 극복하는 피히테의 '자아' 속에서 자기파괴가 동시에 자기창조이기도 한 낭만주의의 창조적인 인간 주체를 발견한다. 그러나 예술과 학문(포에지와 철학)의 합일이라는 그들의 이상을 문자 그대로 체현한 것은 노발리스이다. 그는 피히테와 셸링*에게서 배운 외에 지질학자 베르너 밑에서 자연과학*을 연구하고, 스스로 '마술적 관념론'이라고 부르는 경지에 이른다. 미완의 대작 『하인리히 폰 오프터딩겐』(1802)은 가난한 직인의 자식인 주인공이 '푸른 꽃'을 꿈에서 보고 그것을 찾아 나선다는 설정에서 시작된다. 모험 후에 어떤 마술사에게 이끌려 지상을 떠나 "세계"가 꿈'으로 되고, 꿈이 세계로 되는 몽환의 세계"로까지 상승한다. 그 지점에 서게 되는 시인 = 과학자는 마술사이기도 하며, '자아'라는 신비적인 통일*의 힘에 의해서 현상* 세계를 영원한 황금시대 속에 다시 놓는다. 또한 『기독교 세계 또는 유럽』(1799)에서는 근대의 분립된 세계에 대해 가톨릭 중세의 보편적인 공동체가 이상화되며, 종교개혁에서 시작된 세속화의 흐름으로부터 시대가 각성될 것이 희구된다. 셸링은 철학의 영역에서 낭만주의의 이론화에 착수한다. 1799년부터 1800년에 걸쳐 예나에서 행해진 '예술철학강의' 및 『초월론적 관념론의 체계』(1800)에서는 칸트와 피히테의 학설이 독자적으로 해석된다. 이론적 자아는 학문을, 또한 실천적 자아는 도덕을, 두 경우 모두 무한한 과정을 거쳐 실현시켜야만 한다. 이에 대해 자아의 양 측면을 통일하는 것은 미적 자아이며, 그것은 현상에서의 자아의 완전한 표현으로서 예술을 창조하고, 감성계와 예지계*를 합일시킨다.

헤겔*의 철학도 이상과 같은 것을 한 국면으로 하는 근대 논쟁의 와중에서 성립했다. 후에 중심지는 예나로부터, 괴레스, 아르님, 그림 형제 등을 배출하는 하이델베르크로, 나아가 푸케, 아이헨도르프, 클라이스트*,

뮐러가 활약하는 베를린으로 옮겨갔다. 그 문예양식은 비독일어권에도 영향을 준다. ⇒미학적 판단, 『판단력비판』(『제3비판』)

−세토 가즈오(瀨戸一夫)

图 W. Windelband, *Die Geschichte der neueren Philosophie*, Bd. Ⅱ, 1880, 7 u. 8. Aufl., Leipzig, 1922(豊川昇 譯, 『西洋近世哲學史』 3, 新潮社, 1956). Benno von Wiese, *Die deutsche Nouvelle von Goethe bis Kafka*, Düsseldorf, 1956. J. F. Angello, *Le romantisme allemande*, PUF, 1973(野中成夫 譯 『ドイツ・ロマン主義』白水社, 1978). 石井靖夫 『ドイツ・ロマン派運動の本質』南江堂, 1968. F. C. Beiser, *Enlightenment, Revolution, and Romanticism*, Harvard U. P., London, 1992.

내감内感 [(독) innerer Sinn]

외감이 외적 세계의 대상을 파악하는 기관인 데 반해 내감은 자기라는 독특한 대상을 파악하는 '기관'이다. 그러나 그 의미는 착종되어 있다.

우선 첫째로, 내감은 시각·청각·후각·미각·촉각에 대응하는 외감에 반해, 이들 외관으로는 파악되지 않는 '영혼*(Seele)'이라는 특유한 대상*을 파악하는 기관이다. 이 경우 영혼은 이성적 심리학의 주제인 실체로서의 영혼이라는 의미가 아니라 신체가 존속하는 한 존속하는 경험적 자기라는 대상으로 간주되고 있다. 그러나 둘째로, 내감은 이러한 기관에 그치지 않고 초월론적 통각과 구별된 자아*의 존재방식으로 이해된다. 자아는 초월론적 통각이라는 초개인적 존재방식만이 아니라 각자의 개별적인 존재방식이기도 해야만 한다. 이러한 관점에서 내감은 자주 '경험적 통각'이라고 바꿔 말해지고 있다. 그러나 셋째로, 특히 『인간학』*에서 내감은 통각*(일반)과 대립하는 자아의 상이한 기능 내지 측면으로 이해된다. 즉 통각이 '사유의 의식' 내지 '지성적 자기의식'이라고 불리는 데 반해, 내감은 '내적 지각의 의식' 내지 '경험적 자기의식'이라고 불린다. 넷째로, 이러한 용법과 연관하여 내감은 또한 초월론적 통각의 자발성*에 대립된 수동성이라는 의미도 짊어지는 '수동적 주관'이라고도 불린다. 자기촉발론에서 자발적인 초월론적 통각이 수동

적인 내감을 촉발한다고 하는 관계가 그것의 전형이다. 그리고 다섯째로, 내감은 시간과의 연관에서 말해진다. 시간은 '내감의 형식', 즉 영혼 = 경험적 자기를 파악하는 형식이다.

그러나 이러한 개념의 착종에도 불구하고 칸트의 자아론에서의 내감의 기능은 명료하다. 즉 그것은 유일한 가능한 경험*을 구성하는 유일한 초월론적 통각과 더불어, 상이한 현실의 체험을 지니는 복수의 개별적 자아의 존재방식을 보증하는 기능이다. 초월론적 통각은 유일한 가능한 경험을 열 수 있을 뿐이며, 각 사람의 현실체험 사이에 어떠한 구별도 이룰 수 없다. 그렇다면 그것은 인간적 자아가 아니다. 인간적 자아는 자기와 타자의 체험의 구별을 이룰 수 있는 것이어야만 하며, 그것은 현실의 체험계열인 '내적 경험'을 구성함으로써 비로소 가능하다. 즉 내감이란 자아 일반이라는 추상물을 파악하는 기관인 것이 아니라 현실의 체험을 거듭해가는 개개의 인간적 자아를 파악하는 기관인 것이며, 나아가 이러한 장면에서 다양한 변형을 지니고서 사용된다. 즉 그것은 개개의 인간적 자아(경험적 통각)이며, 또한 그 개개의 자아의 차이성을 형성하는 측면이고(경험적 자기의식), 또한 그 대상으로서의 개개의 자아(수동적 주관)이다. ⇒감관, 자아, 자기촉발

−나카지마 요시미치(中島義道)

图 久保元彦 『カント研究』 創文社, 1987. 中島義道 『カントの時間構成の理論』 理想社, 1987.

내재적内在的 ⇒초월적

내적 경험内的經驗 ⇒경험

논리실증주의論理實證主義 [(독) logischer Positivismus (영) logical positivism]

1920년대부터 1930년대 전반에 걸쳐 빈 대학을 중심으로 활동한 '빈 학단'이라고 불리는 철학자·수학

자·과학자의 서클이 존재했다. '논리실증주의'란 이 서클과 결부되는 철학적 입장의 호칭이다. 그 중심이 된 것은 슐리크이다. 그는 빈 대학 부임(1922) 후 구면인 수학자 한 및 사회학자 노이라트와 함께 철학적 토론 그룹을 발족시켰다. 머지않아 여기에 카르납*, 파이글, 바이스만 등이 참여함과 더불어 '마흐협회'라고 이름 붙여진 공적 조직의 결성(1928), 논리실증주의 운동의 선언문 「과학적 세계관, 빈 학단」의 출간(1929), 이어서 기관지 『인식』(Erkenntnis)의 발간(1930)이라는 모습으로 철학운동으로서의 성격을 강화하고 있었다. 또한 이 운동은 빈에만 그치지 않고 각지에 동조자를 산출했다. 베를린에서는 라이헨바흐가 대단히 가까운 입장을 취했으며, 또한 폴란드의 논리학자와 수학자 그룹과의 관계도 밀접했다. 그러나 나치스의 대두와 함께 이 운동은 다양한 압박을 받게 되었다. 1936년에 슐리크가 암살된 것이 결정적인 전기로 된다. 이후 논리실증주의자들 가운데 여럿은 유럽을 피하여 미국 또는 영국으로 망명했다.

슐리크, 라이헨바흐, 카르납과 같은 논리실증주의 중심인물들의 초기의 철학적 경력은 그들이 그들과 마찬가지로 자연과학의 철학적 기초에 관심을 지닌 동시대의 칸트주의자와 유사한 입장에서 출발했다는 것을 보여주고 있다. 논리실증주의 형성의 결정적인 요인이 된 것은 (1) 프레게*에 의해서 창시된 현대적인 논리학, (2) 아인슈타인의 상대성이론*의 충격, 그리고 무엇보다도 (3) 비트겐슈타인*의 『논리철학논고』였다. 이 책의 말하자면 과학주의적인 오독에 의해서 논리실증주의가 산출되었다고 말해도 지나친 말이 아니다.

이 철학적 입장을 구성하는 기본적 주장은 다음과 같다. (1) 모든 유의미한 명제는 규약에 기초하여 참인 분석적 명제이든가 아니면 경험적으로 검증되는 것이 가능한 종합적 명제이든가 이다. 전자에는 수학*의 명제가 포함되며, 후자는 경험과학의 명제로 이루어진다. 따라서 (2) 형이상학*의 명제라고 불리는 것은 이들 가운데 어디에도 속하지 않는 이상 무의미(nonsense)하며, 종합적이고 선험적*인 명제라는 것도 존재하지 않는다. 특히 칸트에서 선험적인 종합적 명제라고 여

겨진 수학적 명제는 논리학의 명제와 마찬가지로 언어적 규약에 기초하는 분석적 진리이든가 그렇지 않으면 위장된 경험적 명제로 간주되었다(현실의 공간*에 적용되는 한에서의 기하학의 명제가 이 예이다). 종합적 선험의 거부라는 점에서 논리실증주의는 칸트주의와 분명히 결별한다. (3) 모든 과학은 공통의 언어에 의해서 표현되며, 최종적으로는 단일한 과학, 특히 물리학으로 환원된다(통일과학의 이념). (4) 철학의 역할은 과학언어의 논리적 분석에 있다('과학의 논리학'으로서의 철학).

이러한 주장들은 모두 논리실증주의자들 자신에 의한 비판을 통해 차례로 완화되어 갔으며 최종적으로는 버려졌다. 그러나 논리학적 수법을 구사한 과학언어의 분석, 엄밀함을 존중하는 철학적 논의 스타일 등은 논리실증주의자들의 다수가 망명지로 선택한 미국의 철학에 깊은 영향을 주었다. ⇒비트겐슈타인, 프레게, 카르납

—이이다 다카이(飯田 隆)

📖 The Vienna Circle Collection, D. Reidel, 1973–(논리실증주의의 대표적 저작의 영역 시리즈. 1995년 현재까지 21권에 달한다). Albert Coffa, The Semantic Tradition from Kant to Carnap, Cambridge U. P., 1991. 飯田隆 「論理實證主義とカント哲學—綜合的ア・プリオリから規約へ」 牧野・中島・大橋 編 『カント──現代思想としての批判哲學』 情況出版, 1994.

논변적 論辨的 [(독) diskursiv]

'논증적', '비량적'이라고도 번역된다. '이리저리로 돌아다니기'를 의미하는 라틴어 discursus가 어원. '직관적'이라는 말과 대비 관계에 있으며, 어떤 개념*·관념·판단*으로부터 다른 그것으로 차례로 이행하면서 사고가 수행되는 인식 활동을, 또는 그 성과를 특징 짓는 용어이다. 특히 논리적 추론을 의미하는 경우도 있다. 칸트에 의하면 인간적 지성에게 가능한 인식*은 "개념에 의한 인식이며, 직관적이 아니라 논변적"[B 93]이다. 그런 까닭에 칸트는 대상*의 전체와 그 본질을 일거에 직접 파악하는 것과 같은 '지적 직관'을 인간에

게 인정하지 않는다[vgl. B 68, 148]. 인간적 지성은 개념이라는 일반 표상을 매개로 하여 '감성적 직관'의 다양을 결합해감으로써만 인식에 도달할 수 있다. 요컨대 (신'에게만 귀속될 수 있는) 지적 직관과의 대비를 강조하여 말하자면, 인간의 인식은 간접적이고 시간적 순서에 따라 이루어지며, 또한 부분에서 출발하여 한 걸음 한 걸음 단계를 밟아 전체로 향할 수밖에 없다는 것이다. ⇒직관

—스즈키 다카오(鈴木崇夫)

놀이 ⇨유희

누메논 ⇨예지체

뉴턴 [Isaac Newton 1643. 1. 4–1727. 3. 31]
이른바 뉴턴 역학의 성과는 중력론과 그것의 수학적 정식화이다. 뉴턴이『프린키피아』(1687)에서 채택한 힘의 원인과 소재의 구명에 관계하지 않고 그 현상의 수학적 기술을 관철한다는 현상주의 = 수리주의는 한편으로 후의 수학적 물리학, 실증주의'의 과학에 길을 엶과 동시에(오일러'『역학』1736, 달랑베르'『역학론』1743, 라그랑주『해석역학』1788, 라플라스『천체역학』1799–1825), 다른 한편으로 후진들(직접적인 제자 코트와 앞에서 언급한 오일러 자신 또는 제네바학파의 르사주 등)을 중력의 원인과 실재성'의 구명이라는 물리학적 탐구로 몰아세우는 결과를 낳았다. 칸트의 입장은 최대한으로 전자를 존중하면서 후자에도 관심을 기울인다고 하는 절충적인 것이었다. 즉 그에게 있어 전자야말로 형이상학'을 확실한 학'이게끔 하기 위한 모범임과 동시에 학이 정밀과학일 수 있기 위한 불가결한 조건이었지만[『판명성』'에서『순수이성비판』'], 그에게 있어서 또한 중력은 인력으로서 척력과 더불어 물질' 개념을 구성하기 위한 근원력이기도 하며, 이에 의해 중력법칙이 근거지어지게 되었다[『자연과학의 형이상학적 원리』'의 동역학']. 그럼에

도 불구하고 그의 역학[같은 책『원리』의 역학]에는 뉴턴 역학에서 중력법칙을 규정하는 제2법칙(가속도법칙)에 해당하는 법칙이 빠져 있다. 칸트의 역학의 세 가지 법칙은 뉴턴의 그것과는 달리 보존법칙, 관성법칙, 작용과 반작용법칙의 셋이다. 이것은 이 세 가지 법칙들이 기왕에 확정된(예를 들면 뉴턴의) 운동법칙에서가 아니라 그 자신의 초월론철학'에서의 관계의 범주'에서 도출되고 있기 때문이다. 따라서 칸트가 뉴턴 역학을 근거지었다고 자주 지적되지만 이것은 과녁에서 벗어난 지적인바, 실제로 칸트가 의도한 것은 뉴턴 역학이든 무엇이든 기존의 자연과학'을 사후적으로 근거짓는 것에 있었던 것이 아니라 모든 가능한 자연과학이 따라야만 하는 초월론적 조건들(범주)을 지시하는 방식으로 과학을 근거짓는 것에 있었다. 칸트는 또한 공간 개념에서도 (마찬가지로 시간 개념에서도) 뉴턴의 입장에 머물러 있지 않았다. 비판기 이전에 그는 오일러(「공간과 시간에 관한 성찰」 1748)의 영향 하에 뉴턴의 절대 공간의 개념을 지지하고 있었지만[『공간에서의 방위』 등], 비판기[『형식과 원리』]에서는 지성계로부터 감성계를 자립적인 것으로 독립시켜 공간'을 (시간'과 함께) 직관 형식으로 간주함으로써 뉴턴의 그것을 무용한 것으로서 물리치기에 이른다.

이후의 시기에 대한 뉴턴의 영향은 앞에서 언급한 영역에만 그치지 않아서 화학'과도 관련이 깊은 물질 이론의 영역에까지 미치고 있는데, 인력–척력설과 에테르론이 그것을 구성하고 있다. 예를 들면『광학』(1717) '의문 31'에서 뉴턴은 입자들 사이의 견인력으로서의 인력을 그것들을 고착시키는 응집력으로 간주하고, 나아가 대수학의 플러스마이너스 개념과의 유비에 기초하여 그것들을 반발시키는 척력이라는 대립되는 힘도 상정하고 있다. 이러한 인력–척력설은 후에 헤일스(『식물계량학』 1727)에 의해서 주목 받게 되며, 보스코비치'(『자연철학의 이론』 1758/63)와 칸트에 의해 활용될 뿐 아니라 칸트의 영향에 의해 바더, 셸링', 헤겔'의 자연철학'의 기초이론의 위치를 점하게 된다. 칸트에 의한 이 학설의 수용은『천계의 일반자연사와 이론』'에서 보이며, 나아가 이 학설은『물리적 단자론』'{『자연단자론』}으로부터『자연과학의 형이상

학적 원리』에서는 물질 개념의 구성을 위해 사용되고, 그 다음으로 『오푸스 포스투뭄』*(1796~1803)에서는 물질의 운동력의 체계에 위치지어지기에 이른다.

에테르*는 옛날부터 많은 시인들과 사상가들에 의해 계속해서 이야기되어온 신적인 미세한 정기精氣였지만, 뉴턴은 이것을 모든 자연현상을 통일적으로 설명하는 근본원리로서 활용하고자 했다. 예를 들면 『프린키피아』 '총주'에서는 미세한 정기(에테르)는 힘을 지니며, 한편으로 그것은 입자들 사이에서 근접하여 작용하는 인력, 화학적 응집력이고, 이에 의해 입자들은 결합한다. 또한 전기를 띤 물체의 경우 작용하는 힘은 자기력과 전기력이며, 이것은 원격적으로 작용하여 입자들을 끌어들인다든지 물리친다든지 한다. 이에 의해 에테르론은 자기, 전기, 화학작용을 포괄하는 동시에 인력-척력설도 포괄하는 가장 전체적이고 통일적인 자연론이 되고 있다. 칸트와 셸링도 그들의 자연철학에서 그것의 통일적 성격을 이어받고 있다. 칸트의 경우 에테르 개념은 『자연과학의 형이상학적 원리』의 동역학 등에서 겨우 언급되는 정도지만, 만년의 『오푸스 포스투뭄』에서는 그의 연역론의 핵심을 이루며(이른바 「에테르 연역」 1799), 물질의 운동력 체계의 근본개념의 역할을 수행하고 있다. ⇒에테르, 자연철학, 동역학

―마쓰야마 쥬이치(松山壽一)

📖 Richard S. Westfall, *Never at Rest*, Cambridge, 1980(田中·大谷 譯 『アイザック·ニュートン』平凡社, 1993). 吉田忠 編 『ニュートン 自然哲學の系譜』平凡社, 1987. 山本義隆 『重力と力學的世界』現代數學社, 1981; 『熱學思想の史的展開』現代數學社, 1987. 松山壽一 『科學·藝術·神話』晃洋書房, 1994; 『ニュートンとカント』晃洋書房, 1997; 「ニュートンとルサージュ」 伊坂青司 外 編 『ドイツ觀念論と自然哲學』創風社, 1994.

능력能力 [(독) Vermögen]

마음*에 잠재적으로 갖추어진 기능 또는 힘*을 말한다. 크게 인식능력*과 욕구능력*으로 나누어진다. 당연히 독자적인 활동에 의해 현현될 것을 추구한다. 고유의 형식*을 가지며, 모종의 실질에 의해 충전되어 발현한다. 예를 들면 감성*이 "대상*에 의해 촉발*되는 능력"[B 33]에서 시간*과 공간*이라는 순수 직관을 형식으로 하고 있지만, 언제나 경험적 직관과 감각내용으로 채워져 있는 식이다. 감성이 하위 인식능력이라고 한다면, 지성*, 판단력*, 그리고 이성*은 세 개의 "상위 인식능력"[B 169]이다. 지성은 대상을 "사유하는 능력"[B 75], "개념*의 능력"[B 199] 또는 "감성적이지 않은(nichtsinnlich) 인식능력"[B 892]이다. 또한 판단력은 "규칙* 아래 포섭*하는 능력"[B 171]이다. 마지막으로 이성은 형식적으로는 "추론*하는 능력"[B 355, 386]이다. 그러나 실제적인 의미에서 이성은 "원리*의 능력"[B 356]이다. 이와 같은 것으로서 **이성개념** 또는 이념*을 스스로 산출하여 하위의 인식에 규제적 원리를 주며 통일을 부여한다. 원리를 부여한다고 하는 이러한 이성의 의미는 이론적 분야에서나 실천적 분야에서 공통적이다. 따라서 의지*에 선험적*인 원리를 부여하는 것도 이성의 "실천적 능력"[KpV, V 3]에 기초한다. 제2비판*은 이성의 "실천적 능력 전체"의 비판*을 통해 "순수 실천 이성이 존재한다는 것"을 현시한다[같은 곳]. 이리하여 이성의 "순수 능력"[같은 곳]의 객관적 실재성을 증명하는 것이다. 이것은 예사롭지 않은 사태를 의미한다. 왜냐하면 그것은 동시에 이성적 존재자* 일반의 감성적 자연과의 비연속성에 대한, 또한 그 존재자의 예지체로서의 예지계*에서의 현실존재에 대한 증명이기 때문이다. 이러한 순수 능력을 지니는 존재자에게는 초월론적 자유가 부여되어야만 한다. "이제 이러한 능력과 더불어 초월론적 자유도 확립된다"[V 4]. 이리하여 유한한 이성적 존재자는 절대자로부터나 감성적 자연으로부터 독립하여 스스로의 의지를 규정할 수 있다는 것이 판명된다. 초월론적 자유도 '능력'이다. 그것은 '능력'으로서는 우리들 안에서 현실적이다. 상위 인식능력의 형식에 의해 끊임없이 의지를 규정한다는 점에서 더 나아가 실질적 자유에 의해 충전될 것이 우리들에게 요청되고 있는 것이다. ⇒인식능력, 욕구능력

―기타오카 다케시(北岡武司)

니시다 기타로 [西田幾多郎 1870. 5. 19–1945. 6. 7]

니시다는 도쿄 대학 철학과에서 공부했지만 본과생이 아니라 선과생이었던 까닭에 취직에는 혜택을 받지 못하고 오랜 기간 고향 이시카와 현의 중학과 제4고등학교의 교사로 일했다. 그러나 그 사이 그가 '생사해탈'을 위한 참선에 의해 얻은 근원적 경험은 그의 철학을 특징짓는바, 니시다의 철학은 그가 자신의 철학의 알파와 오메가라고 하는 순수 경험의 입장을 서양의 다양한 철학과의 대결에 의해 근거짓고자 하는 노력 속에서 성립한다. 칸트와 관련하여 그는 당시 융성한 신칸트학파*에 대해 신칸트학파의 칸트보다 오히려 칸트 그 자체로 돌아가고 싶다고 말하고 있는데, 그 말대로 이 학파의 인식론과 대결하여 자기의 입장을 논리화하는 그의 노력은 후년의 존재론적 칸트 해석을 선취하는 독자적인 견해를 보여준다. 리케르트*에서는 논리적 통일의 의미와 사실이 엄밀하게 구별되지만, 니시다에서는 의미가 곧 사실이며, 통일은 모든 정신 현상에서 발견되는 자각작용이다. 그에 따르면 의미라든가 판단이라든가 하는 것은 타자에 관한 것이어서 오히려 불통일의 상태이지만, 통일이라든가 불통일이라고 하는 것도 결국은 정도의 차이이다. 자각의 통일 작용은 "우리의 자기가 그것의 상대적이자 유한한 것을 깨달아 앎과 동시에 절대무한의 힘에 합일하여 그에 의해 영원한 참된 생명을 얻고자 하는 …… 자기에 대한 요구"[『선의 연구』 I 169]인바, 이것은 일종의 '종교적 요구'이기 때문이다. 사실과 구별되는 논리적 의미의 초월성은 니시다에서는 자각의 근원적 통일작용에 내재하며, 지각도 사유도 의지도 나아가 지적 직관마저도 이러한 통일작용에서의 순수 경험이다. 그는 이 순수 경험에서의 참된 실재는 '의식의 자기발전'이라고 말한다. 발전에서는 논리적으로 말하면 처음과 끝이 생각되지만, 그에게 있어 그것은 무한한 초월을 자기 속에서 모방하는 자각의 내면적 활동 그 자체이며, 말하자면 알파와 오메가인 것이다. 이와 같이 리케르트를 비판하는 니시다는 지각의 예취*에서 실재성의 미분량의 산출을 논하는 코헨*을 평가하여 무한한 전체로부터 부분으로 나아가는 여럿의 통일의 논리를 발견하지만, 다른 한편 코헨은 의식작용의

기원에 관한 사색이 결여되어 있다는 점에 불만의 뜻을 표시하고 "나는 인식론에 그칠 수는 없다. 나는 형이상학*을 요구한다"[「자각에서의 직관과 반성」서문, II 6]고 말한다. 거기서는 1920년대 이후의 존재론적 칸트 해석이 선취되고 있다. 그러나 니시다의 순수 경험에서의 종교는 "심령에서의 사실"이어서 "철학자는 이러한 심령에서의 사실을 설명해야만 한다"[「장소적 논리와 종교적 세계관」 XI]고 하는 데 반해, 칸트에서의 종교는 도덕에서의 '순수 실천 이성'에 기초하는 '단순한 이성의 한계 안에서의 종교'로서의 이성신앙*인바, 그 차이가 무시되어서는 안 된다.

─가도와키 다쿠지(門脇卓爾)

니시 아마네(西周) ⇨ **일본의 칸트 연구**

니체 [Friedrich Wilhelm Nietzsche 1844. 10. 15–1900. 8. 25]

니체는 쇼펜하우어*로부터 철학의 세례를 받았다. 그런 의미에서 19세기의 대다수의 독일의 사상가들과 마찬가지로 그 역시 그의 사상적 생애의 전체에 걸쳐 ─어느 정도 쇼펜하우어의 굴절을 통한─ 칸트의 영향 하에 놓여 있었다. 특히 인식론*에 관해서는 칸트의 사상은 니체의 발상의 기본적인 제약을 이루고 있다. 그 중에서도 처녀작 『비극의 탄생』(1872)은 '사물 자체'와 '현상'이라는 이원론*의 도식을 답습하여 그것을 모범으로 하여 구상되고 있다. 그 때의 요점은 칸트와 쇼펜하우어의 손에 의해 시간·공간·인과율이 인식*의 주관적 제약에 불과하며 '사물 자체'에 대한 타당성은 지니지 않는다는 것이 폭로됨으로써 과학적 인식의 한계가 밝혀짐과 동시에 예술에 의한 '사물 자체'의 개시 가능성이 열렸다고 하는 데 놓여 있다. 그러나 이 이후 니체는 '사물 자체'를 삭제하는 방향으로 스스로의 사상을 전개해가며, 후기(1883–88)에 이르면 '사물 자체'는 인식이 불가능할 뿐 아니라 처음부터 그 존재마저도 인정되지 않는 데까지 그 부정이 첨예화된다. 거기서 '모든 것은 해석이다'라는 '원근법주의*'가 성립하지만, 그 때에도 역시 해석의 온갖 채비

77

는 주체의 관점에 갖춰져 있으며 그것이 대상에 투영된다고 생각되고 있다는 점에서 여전히 칸트적인 발상의 영역 내에 놓여 있다. 다만 칸트와는 달리 그 모든 채비는 시간과 장소에 따라 무제한적으로 가변적이게 된다. 이와 같이 한편으로 칸트의 사상을 변형하면서 계승하는 니체이지만, 다른 한편으로는 칸트와의 단절도 강조된다. 단절이 가장 명백하게 드러나는 것은 그의 윤리사상에서이다. 여기서도 문제의 초점은 '사물 자체'이다. '선악의 피안에 서있는 니체가 '선의지'를 출발점으로 하는 칸트의 도덕사상을 받아들이기 어렵다는 것은 당연하다고도 말할 수 있지만, 특히 칸트가 불가지한 '사물 자체'를 '예지계'로 바꿔 읽고

기독교*의 신*을 불가지한 까닭에 반증 불가능한 것으로 삼음으로써 초감성적 도덕신의 존재 가능성을 확보하고자 했던 데 대해서는 거기서 지적 태만을 간취함과 동시에 기독교 신앙의 이를테면 최후의 몸부림이라고 하여 논박한다. 또한 칸트의 미학* 사상에 대해서는 그 사상이 예술*의 창조자가 아니라 감상자의 입장으로부터의 고찰에 불과하다고 단정하고, 칸트에서 미적 취미판단의 '질*'로 되는 '관심 없이 만족을 준다'고 하는 미*의 파악방식에 비판의 칼날을 겨눈다. ⇒원근법주의

—스토 노리히데(須藤訓任)

다나베 하지메 [田辺元 1885. 2. 3–1962. 4. 29]

도쿄에서 태어남. 도쿄 제국대학에서 처음에는 수학과에서 공부했지만, 그 후 철학과로 옮겼다. 도호쿠 제국대학 이학부 강사로서 주로 수학론과 과학철학의 연구에 힘쓴 후, 니시다 기타로(西田幾多郞)*에게 초청을 받아 교토 제국대학 문학부로 옮긴다(1919). 1922년 유럽 유학. 주로 후설* 밑에서 공부하고, 하이데거*, 베커 등과 교류. 이 때 다나베는 "과학적 철학의 한계를 깨닫게 되며", 이후 세계관과 역사를 사색의 중심에 놓게 된다. 칸트와의 관계에서는 귀국 직후 1924년에 출간한 『칸트의 목적론』이 가장 중요하다. 다나베 자신이 후에 기록한 바에 따르면 이 책은 "비판에서 세계관으로, 수리물리적 자연에서 인간사회의 역사로 향하는" 전기가 되었지만, 전기인 까닭에 "역사적 세계의 논리로서의 변증법"에 깊이 발을 들여놓는 것은 아니었다고 한다. 이 책에서는 우선 목적론의 안목이 필연과 자유*, 자연*과 도덕의 현실적 조화라는 이유에서 "미*의 합목적성"은 점차 고려 바깥에" 놓인다. 이어서 『판단력비판』* 제2부에 등장하는 자연의 합목적성이 논리적 형식적 합목적성과 내면적 실질적 합목적성, 자각적 합목적성의 셋으로 구분된다. "도덕적 주체로서의 인간의 견지에서 부여되는 자연 전체의 합목적성"인 자각적 합목적성을 명확히 끄집어낸 것은 다나베의 탁견이다. 나아가 다나베는 세 개의 합목적성을 통일적으로 파악하고자 시도하여 합목적성을 원리로 하는 반성적 판단력의 근거에서 "인식하고자 하는 의지"를 발견해내고, 그 "의지의 변증법"의 즉자·대자·즉자대자라는 발전을 가지고서 그것들을 총괄한다. 이리하여 합목적성을 통일적으로 파악한 다음, 자연과 자유의 연속성이 탐색되며, 마지막으로 직관적 지성의 이념의 구상에 의한 도덕·종교·역사의 궁극적 통일이 시도된다.

다나베의 이러한 칸트 목적론 해석에 대해서는 다양한 평가가 가능할 것이다. 예를 들면 미의 합목적성에 대한 취급에 대해서는 의문이 남는다 할 것이다. 그러나 『삶의 존재학인가 죽음의 변증법인가』(1962)에 있는 "내가 희구하는 바는 진리밖에 없다"라는 솔직하고 늠름한 말이 보여주는 다나베 사색의 진솔함과 웅대함, 집중력은 이 책에도 나타나 있으며, 그것은 다른 예를 찾기가 어렵다고 생각된다. ⇒『판단력비판』{『제3비판』}, 목적론, 합목적성

—다케야마 시게미츠(竹山重光)

㊟『田辺元全集』筑摩書房.

다리에스 [Joachim Georg Darjes 1714. 6. 23–91. 7. 17]

처음에 예나에서, 이어서 1763년부터는 프랑크푸르트 안 데어 오데르에서 철학과 법학의 교수를 맡았다. 처음에는 볼프*의 철학체계를 신봉하고 있었지만, 그 후에 그것이 지닌 결정론과 예정조화설에 대해 비판을 가하게 되었다. 물리적 영향설을 예정조화설에 대립시키고, 또한 자유*를 의지*와 지성*에 필적하는 정신의 독자적인 능력으로 간주했던 것이다. 다만 볼프 철학의 이성주의적 측면은 답습하고 있으며, '종합적–논증적 방법'에 기초한다는 점에서 수학*과 철학* 사이에 방법론상의 차이는 없다고 주장했다. 또한 기호*를 사용한 일종의 요소결합법을 논리학에 도입하기도 한다(다리에스의 이러한 시도에 대해 칸트는 『새로운 해명』*에서 비판적인 논평을 가하고 있다). 논리학을 분석론과 변증론으로 아리스토텔레스*적인 의미에서

구분하는 발상을 18세기 독일에서 부활시킨 것도 그이다. 법학 분야에서는 자연법을 둘러싼 문제들에 몰두했다. 관방학(17, 18세기의 독일에서 발달한 중상주의적 행정학)을 대학 교수과목에 도입한 것으로도 알려져 있다.

―스즈키 다카오(鈴木崇夫)

📖 *Elementa metaphysices*, 2 Bde., 1743/44. *Anmerkungen über einige Sätze der Wolffschen Metaphysik*, 1748. *Philosophische Nebenstunden*, 1749–52. *Erste Gründe der philosophischen Sittenlehre*, 1750. *Via ad veritatem*, 1755.

📖 Giorgio Tonelli, *Da Leibniz a Kant*, Prismi, Napoli, 1987. 石川文康『カント 第三の思考』名古屋大學出版會, 1996.

다양多樣 [(독) das Mannigfaltige; Mannigfaltigkeit]

칸트 인식론*의 기초개념의 하나로서 인간의 인식*을 위한 소여, 소재에 관련하여 말해진다. 인간의 인식의 성립을 칸트는 다음과 같이 설명한다. 우선 감성*을 통해 인식의 소재인 감각*이 잡다한 것으로서 주어지며, 이것을 지성*이 일정한 형식*에 따라 종합, 통일함으로써 인식이 성립한다. 감성이 대상*으로부터 촉발*된 채로 감각을 잇달아 다만 무질서하게 받아들일 뿐인 수동적인 소질인 데 반해, 지성은 그것을 일정한 형식, 더욱이 내재적인 형식에 따라 질서지어서 파악하는 자발적이고 능동적인 능력이다. 여기서 다양이란 여러 가지 잡다하고 무질서한 감각이라는 의미에서 말해지고 있다.

칸트는 그러나 감각의 수용이라는 이 수준에서 이미 형식의 관여를 인정한다. 그에 따르면 감각의 수용은 지성의 종합작용에 선행하여 공간*과 시간*이라는 감성에 내재적인 형식에 따라서 행해진다. 그러나 이것은 감각이 감성에 의해 공간과 시간 속에서 질서지어진다는 것을 의미하는 것이 아닌바, 이 질서짓기는 지성에 의해서 행해진다. 지성은 감각을 공간과 시간에서 질서지으면서 공간과 시간을 질서짓기의 형식으로서, 따라서 또한 하나의 전체로서 대상화하여 파악하는 것이다. 이러한 대상화된 공간과 시간은 물론 무한히 작게 취할 수 있는 부분으로 이루어져 있으며, 이러한

공간과 시간의 가능적 부분들에 대해서도 칸트는 다양이라는 명칭을 적용하여 그것을 "감성의 선험적* 다양"[B 102]이라든가 "순수 직관의 다양"[같은 곳]이라고 부른다.

감각과 시공의 가능적 부분만이 아니라 일반적으로 의식내용을 칸트는 '표상*(Vorstellung)'이라는 명칭으로 부르고 있지만, 많은 표상이라는 의미에서 '표상의 다양(das Mannigfaltige der Vorstellungen)'이라는 표현을 사용하며, 이것이 지성에 의해서 객관적으로 종합, 통일되어 일반적으로 그가 '경험*(Erfahrung)'이라고 부르는 것이 성립한다고 생각한다. 여기서도 다양은 지성의 종합작용에 대한 소여로서 이해되고 있다. ⇒ 감각, 종합, 감성, 인식

―오카무라 노부타카(岡村信孝)

다원론多元論 [(독) Pluralismus]

라이프니츠*의 단자*론을 가리켜 볼프*가 처음으로 사용한 개념. 다만 철학자의 유형을 분류한 다음 에고이스트(Egoist)와의 대비를 위해 사용한 데 지나지 않는다. 처음에는 칸트도 볼프 류의 용법에 따르고 있었지만, 비판기 전후에는 독자적인 인간학적 용법으로 전환하고 있다. 새로운 의미에서의 칸트의 다원론은 '펜의 자유'와 결합되어 있던 것으로 '타인의 입장에서 생각한다'는 계몽*의 준칙*과 '월권을 제거'하고 '한계를 획정'한다는 비판*의 원리와 깊이 관계되어 있다.

볼프에서는 우선 회의주의자와 구별된 교조주의자(Dogmatiker)가 이원론자와 일원론자로 구분되며, 나아가 일원론자가 유물론자와 관념론자의 둘로 구분된다. 관념론자 가운데 복수의 존재자를 인정하는 것이 다원론자이며, 자신만을 유일한 존재자로 간주하는 것이 에고이스트이다.

칸트는 『인간학』 제2절 '에고이즘'에 관하여'에서 자신의 판단*을 타인의 판단에 비추어보는 것이 무용하다고 하는 사람을 에고이스트라고 부른다. 그리고 에고이즘의 반대개념이 다원론뿐이라는 것을 지적한 다음 다원론을 형이상학적 개념과 인간학적 개념의 둘로 구분한다. 형이상학적 다원론은 볼프 류의 것으

로 "생각하는 존재자로서의 내가 나의 현존재* 외에 또한 나와 공동의 관계를 지니는 다른 존재자의 전체 (세계*라고 불린다)를 받아들일 이유를 지니는가 어떤가"[Ⅶ 130]를 문제로 삼는 것이지만, 이에 대해서는 칸트는 깊이 들어가지 않는다. 그에 반해 전적으로 새롭게 인간학적 관점에서 다원론을 "전 세계를 자기 속에 포함하고 있는 자가 아니라 단순한 하나의 세계시민(Weltbürger)이라는 것을 자인하고 행동하는 사고방식(Denkungsart)"[같은 곳]이라고 정의한다. 다원론에 대한 칸트의 언급은 저서에서는 그 밖에『판단력비판』*에서 취미판단에 관해 한번 말한 것밖에 없으며 그것도 지극히 간단하여 독자성은 찾아볼 수 없다. 무시할 수 없는 것은 오히려 유고와 강의록이다. 예를 들면『반성』2,147번의 메모, "아울러 판단하고자 하는 본능은 지식욕과 결부된다. 왜냐하면 자신의 개인적인 판단이 지금까지 알지 못했던 다른 입장에 의해서 수정되어야만 하기 때문이다. 우쭐한 이성*에서마저도, 또한 열린 이성에서도 그러하다. 에고이스트와 다원론자, 논리적인 의미에서"[ⅩⅥ 252]와,『필립피의 논리학』의 한 문장, "자신의 통찰을 타자의 것과 비교하여 다른 이성과의 일치관계로부터 진리*를 결정하는 경우, 그것은 논리적 다원론이다"[ⅩⅩⅣ 428] 등은 칸트 해석에서 빠트리기 어렵다.

　다원론은 그 후 한때 잊혔지만, 20세기로의 전환기에 인격주의를 표방한 실용주의자 제임스에 의해서 중심적인 개념으로서 화려하게 부활했다. 현대에는 정치철학*의 주도개념으로서 다수주의 내지 다정당주의의 의미에서 사용된다. 최근에는 문화다원론을 가리키는 경우도 많은데, 그 경우에는 각각의 문화가 각각에게 있어 독자적인 유일한 것으로서 서로 간에 우열이 존재하지 않는다는 의미에서 사용된다. 각각에게 있어 독자적인 유일한 것이라는 측면이 강조된다는 점에서 문화다원론은 문화상대주의와 구별된다. 어쨌든 그 모든 용법은 칸트가 정의한 영역 안으로 수렴되고 있다. ⇒에고이즘, 비판주의, 단자

─히라타 도시히로(平田俊博)

書 J. Ritter/K. Gründer, Historisches Wörterbuch der Philosophie, Bd. 7, Wiss. Buchg., Darmstadt, 1989. N. Hinske, Kant als Herausforderung an die Gegenwart, K. Alber, Freiburg /München, 1980(石川・小松・平田 譯『現代に挑むカント』晃洋書房, 1985).

다의성多義性 ⇨반성 개념

『단순한 이성의 한계 안에서의 종교單純−理性−限界−宗教』{『종교론宗敎論』} [(독) Die Religion innerhalb der Grenzen der bloßen Vernunft. 1793; 증보 제2판, 1794]

　칸트가 순수*하고 진정한 종교*라고 보는 것은 순수 실천 이성에 의한 이성신앙*에 기초한 이성종교이자, 신*에 대한 봉사가 오로지 도덕적으로 사는 것에 있다고 하는 도덕적 종교이지만, 칸트가 이러한 종교의 이념을 지니고서 기성의 계시종교인 기독교*로 향하여 성서에서 보이는 기독교의 가르침 속에도 이성종교와 합치하는 부분이 있다는 것을 보인 것이 이 책으로 일반적으로『종교론』이라고 약칭된다. 두 개의 서문과 네 개의 편으로 이루어지지만, 제1편은 1792년에『베를린 월보』에 발표되며, 1793년에 나머지 3편과 함께 한 권의 책으로 공간되었다. 이 책은 프로이센의 종무당국에 의해서 기독교의 교의를 왜곡한 것이라고 판정되어 칸트는 프리드리히 대왕*의 칙령에 따라 이후 (국왕이 죽기까지) 강의와 저작에서 종교에 관해 발언하는 것을 삼갔다. 이 사이의 경위는『학부들의 투쟁』*에서 상세하게 나와 있다.

　서문에서는 도덕이 필연적으로 종교에 이른다는 것이 제시되며, 이성적인 도덕적 종교만이 참된 종교라는 것이 고지된다. 이어서 제1편에서는 기독교에서 원죄로서 설명되는 인간의 악으로의 근본적 성벽이 '근원악*'이라는 형태로 제시된다. 근원악이란 준칙* 사이의 도덕적 질서를 전도시켜 자기애의 동기*를 도덕법칙* 준수의 조건으로 삼는 성벽이지만, 이러한 성벽은 자유로운 존재자로서의 인간 속에서 발견되는 것이기 때문에 인간은 마찬가지로 자기 속에 갖추어진 선*에 대한 근원적 소질에 의해서 이 근원악에 대항하여 자기를 개선할 수 있다. 오로지 신에게서 은혜를

구하는 불순한 종교가 생겨나는 것은 이러한 자기개선을 불가능하다고 보기 때문이다. 제2편은 '인간의 지배를 둘러싼 선의 원리와 악의 원리의 싸움에 관하여'라는 제목으로 되어 있는데, 여기서는 예수가 "선의 원리의 인격화된 이념"으로서 파악된다. 예수는 칸트의 해석에 의하면 선의 원리, 즉 각 사람이 원형으로서 간주해야만 하는 도덕적 완전성을 갖춘 인간성*의 시현이다. 또한 인간의 도덕적 개선은 인간에게 의무로서 부과된 사항이며, 그 때 기적신앙과 같은 것을 자기의 준칙 속에 받아들여서는 안 된다. 제3편에서는 선의 원리의 승리에 의한 지상에서의 신의 나라의 건설이라는 기독교의 생각을 어떻게 이해해야만 하는지가 이야기된다. 칸트의 생각으로는 지상의 신의 나라란 인간이 윤리적 자연상태를 벗어남으로써 가능하게 되는 공동체이자 인류 전체가 덕의 법칙 하에 있는 '윤리적 공동체'인바, 거기서 인간은 "신의 백성이자 더 나아가 덕의 법칙에 따르는 백성'이라고 생각되는 것이다. 제4편에서는 신에 대한 참된 봉사와, 봉사라고 칭해지지만 사실은 그렇지 않은 거짓 봉사가 엄격히 구별된다. 칸트에 따르면 인간이 신의 뜻에 들어맞기 위해서는 선한 행적만이 필요하며, 그 이외에도 더 행할 수 있는 것이 있다고 하는 것은 단순한 종교적 망상이자 신에 대한 거짓 봉사인바, 칸트는 이로부터 또한 이러한 거짓 봉사를 조장하는 교회조직의 성직제도에 관해서도 비판의 눈길을 보내고 있다. ⇒이성신앙, 종교, 기독교

―우츠노미야 요시아키(宇都宮芳明)

졺 Joseph Bohatec, *Die Religionsphilosophie Kants*, Hamburg, 1938. Georg Picht, *Kants Religionsphilosophie*, Stuttgart, 1985. 量義治『宗教哲學としてのカント哲學』勁草書房, 1990.

단자單子{ 모나드} [(독) Monade]

그리스 어원 μονάς는 '하나인 것'을 일컫지만, 피타고라스에서 수뿐만 아니라 모든 존재자의 그 원리를 시사하며, 플라톤*(『필레보스』), 플로티노스, 프로클로스에서도 사용되었다. 근대에는 브루노, 판 헬몬트, 헨리 모어가 우주의 물적, 심적 요소를 '모나드'라고 부른다. '단순실체' 개념을 1695년 이후 '모나드'라고 부르며, 이것을 기초로 독자적인 형이상학 체계를 세운 것이 라이프니츠*이다. '모나드'는 데모크리토스의 물체적인 '원자(ἄτομον)'와는 달리 '힘(vis)'을 속성으로 한 실체*이며, 하나에서의 여럿의 통일의 활동이다. 이러한 자기활동에 하나에서의 여럿으로서의 '표상*'과 이 표상의 변화로서의 '욕구'가 기초지어진다.

칸트는 전비판기의『물리적 단자론』*(*Monadologia physica*, 1756)에서 볼프*와 마찬가지로 모나드를 물질의 요소로서, 점적인 힘의 통일로서 보고, 그것이 물체의 무한소의 부분 등이 아니라 그 불관통성 또는 반발의 힘('척력')에 의해서 공간(모나드들로 이루어지는 외적 관계들의 현상)을 채운다고 주장했다. 그러나 비판기의『자연과학의 형이상학적 원리』*(1786)에 들어서면, 작용의 외적 영역과 모나드의 내부라는 단자론자들의 구별이 비판되며, 척력에 대해 물질의 본성에 속하는 '인력'(빈 공간 속의 원격작용)이 중시된다. 칸트의 동역학*은 뉴턴*에 가까운 것이다. 물리적 단자론으로부터의 이러한 결별을 인식 비판적인 관점에서 근거짓는 것이『순수이성비판』*의 '반성 개념*의 다의성' 장인데, 라이프니츠의 '모나드'는 직관*에 주어지지 않는 '누메논'('사물 자체*')이라고 주장된다. 그것은 외감에 주어질 수 있는 외적 관계를 모두 제거하여 얻어진 실체 개념이며, 내적 규정으로서 '힘'을 지닌다고 하더라도 우리에게는 내감*이 보여주는 사유*(코기토) 이외에는 생각되지 않는다고 칸트는 비판한다. 그러나 다시 자연철학*에 눈을 돌리면, 칸트의 '모나드'에서의 '척력'과 '인력'이라는 상대적 규정을 더 나아가 '정신(Geist)'으로부터 도출하고자 한 셸링*의 '자연모나드(Naturmonade)' 개념은 오히려 '엔텔레케이아'로서 차이화되고 개체화된 라이프니츠적인 모나드로 돌아간다고 말할 수 있을 것이다. ⇒예지체, 사물 자체, 힘

―사카이 기요시(酒井 潔)

졺 W. Bonsiepen, Die Ausbildung einer dynamischen Atomistik bei Leibniz, Kant und Schelling und ihre aktuelle Bedeutung, in: *Allgemeine Zeitschrift für Philosophie* Jg. 13, 1988. 松山壽一「引力-斥力說と單子論―― カント『自然單子論』の一解釋」

浜田・牧野 編『近世ドイツ哲學論考』法政大學出版局, 1993. 酒井潔『世界と自我――ライプニッツ形而上學論攷』創文社, 1987.

달랑베르 [Jean Le Rond D'Alembert 1717. 11. 16~83. 10. 29]

디드로와 함께 『백과전서』*를 편집한 프랑스 계몽을 대표하는 철학자의 한 사람. 특히 프랑스에서의 뉴턴 역학 수용과 발전에 공헌. 그는 철학 면에서는 데카르트*의 연역적 체계를 배척하고 현상에 충실한 뉴턴*의 태도를 수단으로 하였으며, 그것을 로크*의 감각론적 경험주의와 결부시켜 역학에 인식론적 근거짓기를 부여했다. 또한 그는 수학, 역학 면에서는 오일러*와 함께 『프린키피아』의 기하학적 해법을 해석학적 해법으로 전환, 힘의 개념을 실체적으로가 아니라 조작적으로 다루고, 후의 라그랑주, 라플라스에 의한 해석학적인 고전역학의 확립을 준비했다. 힘의 척도를 둘러싼 데카르트파와 라이프니츠파의 논쟁을 단순한 명목상의 다툼으로 간주함으로써 그가 매듭지은 것은 (『역학론』 1743) 그의 이러한 조작적인 태도에 의한 것이다. 칸트는 그의 처녀작 『활력측정고』*에서 달랑베르에 의한 매듭지음을 알지 못한 채 이 논쟁의 조정을 시도하여 악평을 뒤집어쓰고 있다. ⇒『활력의 참된 측정에 관한 고찰』{『활력측정고』}, 힘

―마쓰야마 쥬이치(松山壽一)

图 桑原武夫『フランス百科全書の研究』岩波書店, 1954. 山本義隆『重力と力學の世界』現代數學社, 1981. P. Gay, *The Enlightenment: An Introduction vol. II: The Science of Freedom*, New York, 1969(中川久定 外 譯『自由の科學』I, ミネルヴァ書房, 1982). 大橋容一郎「活力と死力」松山・犬竹 編『自然哲學とその射程』晃洋書房, 1993. W. Neuser, *Natur und Begriff*, Stuttgart, 1995.

담론윤리학 談論倫理學 [(독) Diskursethik]

'담론윤리학'(토의윤리학이라고도 번역되며, '의사소통윤리학'(Kommunikationsethik)이라고도 불린다)은 아펠*과 하버마스에 의해서 전개된 시도이다. 그것은 폭력으로부터 자유로운 방식으로 보편적인 합의를 형성함으로써 다양한 도덕적 충돌을 해결할 것을 지향함과 동시에 그러한 윤리적 요구를 기초짓고자 한다. 그러나 형식주의적인 '절차주의(Prozeduralismus)' 입장을 취하는 '담론윤리학'은 내용적인 방향짓기를 제시하는 것이 아니라 '실천적 담론'이라는 '절차'를 주는 데 지나지 않는다. '실천적 담론'이란 복수의 참가자에 의해서 구성되는 상호주관적인 '논증의 장'인바, 거기서는 행위의 도덕적 가치를 판정하는 경우에 '타자의 비판에 노출'되는 방식으로 타자의 판단이 구성적으로 관여한다(예를 들면 쉰리히는 여기서 '모든 타자의 입장에 자기 자신을 옮겨놓는다'는 칸트적 보편화와는 다른 '공공적 보편화(die öffentliche Universalisierung)'의 구조적 특징을 지적하고 있다). 이와 같이 '담론윤리학'에서는 '실천적 담론'이라는 '절차'에 의해서 행위의 도덕적 평가와 도덕적 충돌의 합의 가능한 해결이 지향되게 된다(따라서 어떤 의미에서 '담론윤리학'은 어떠한 도덕적 충돌도 '합리적으로 해결 가능'하다고 가정하게 되지만, 이러한 가정 그 자체에 대해서는 자주 이의가 제기되고 있다). 그런데 아펠에 따르면 '실천적 담론'에 참가하여 논증하는 사람은 모두 구체적이고 사회문화적・역사적으로 제약된 '실재적 의사소통공동체'(가다머*와 로티 등이 말하는 '역사적으로 우연적인 합의의 기초'에 대응한다)와 유의미한 논증 그 자체를 가능하게 하는 필연적 제약으로서 반사실적으로 선취된 '이상적 의사소통공동체'(하버마스의 경우 '이상적 발화상황'이라고 불린다)라는 두 개의 사항을 동시에 전제한다. 더욱이 이러한 논증의 더 이상 그 배후로 거슬러갈 수 없는 차원에는 더 나아가 '인격의 상호인정'이라는 윤리 또는 근본규범이 전제되어 있다. 이 점을 아펠은 '논리의 윤리' 또는 '논리는 윤리를 전제한다'고 테제화한다. 요컨대 '인격의 상호인정'이라는 윤리는 바로 논증 그 자체를 가능하게 하는 근거이며, 다시 말하면 인격을 상호적으로 인정하지 않으면 발화자가 내거는 특정한 타당성 요구를 승인하는 것은 본래 그 근거를 상실하고 마는 것이다. 그러나 이러한 '상호인정'을 둘러싸고 아펠과 하버

마스는 날카롭게 대립한다. 그것은 '초월론적 수행론'(아펠)과 '보편적 수행론'(하버마스)의 구상 차이에서 유래하는 것인데, 아펠이 최종 근거짓기의 문제와 중첩시켜 논의하고 있는 데 반해, 최종 근거짓기에 대해 비판적인 하버마스는 콜버그 등의 이론에 의해서 발달 심리학적으로 그 자취를 확인하고자 시도한다.

이상과 같은 '담론윤리학'은 칸트 윤리학의 문제틀을 언어수행론적 및 책임윤리적으로 재구축하고자 하는 구상이기도 하지만, 다른 한편으로는 칸트 윤리학의 '유아론'적 문제틀을 엄격하게 단죄한다. 예를 들면 칸트가 도덕법칙*의 초월론철학적인 최종 근거짓기가 아니라 '이성의 사실*'의 확립을 둘러싼 불충분한 해결밖에 제시할 수 없었던 것은 바로 칸트 윤리학이 '방법적 유아론'이기 때문이며, '목적의 나라*'의 논의 등에 관해서도 마찬가지 난점이 지적되고 있다. 그러나 하버마스의 구상이 전형적으로 보여주고 있듯이 '담론윤리학'은 도덕적 선과 덕의 이론이라기보다는 오히려 사회정의의 이론인바, 그런 의미에서는 칸트가 제기한 법*과 도덕의 원리적 구분이 모호해진다고 말할 수 있을 것이다. ⇒명법, 정의, 도덕성, 아펠

─가토 야스시(加藤泰史)

㊞ K.–O. Apel, *Transformation der Philosophie*, Bd. 2, Frankfurt am Main, 1976(磯江景孜 外 譯『哲學の變換』二玄社, 1986); *Diskurs und Verantwortung*, Frankfurt am Main, 1988; Diskursethik als Verantwortungsethik, in: G. Schönrich/Y. Kato (Hrsg.), *Kant in der Diskussion der Moderne*, Frankfurt am Main, 1996. J. Habermas, *Moralbewußtsein und kommunikatives Handeln*, Frankfurt am Main, 1983(三島憲一 外 譯『道德意識とコミュニケーション行爲』岩波書店, 1991); Moralität und Sittlichkeit, in: W. Kuhlmann (Hrsg.), *Moralität und Sittlichkeit*, Frankfurt am Main, 1986. W. Kuhlmann, Solipsismus in Kants praktischer Philosophie und die Diskursethik, in: *Kant in der Diskussion der Moderne*. Th. McCarthy, *Ideals and Illusions*, Cambridge, Massachusetts, 1991. G. Schönrich, *Bei Gelegenheit Diskurs*, Frankfurt am Main, 1994. A. Wellmer, *Ethik und Dialog*, Frankfurt am Main, 1986. 加藤泰史「普遍化の論理と相互承認の倫理」『現代思想・カント特集号』1994.

당위當爲 [(독) Sollen]

원래 당위는 '존재*'와 대비되는 데서 밝혀지듯이, 존재하는 것(자연*, 현상*)의 진리*를 해명하고자 하는 이론적 자연인식과는 달리 존재하지 않는 것을 행위에 의해 생기되도록 해야만 한다는 점을 촉구하는 실천적인 도덕적 자각에 속하는 개념이다. 따라서 당위는 행위의 목표·척도를 나타냄과 동시에 행위의 금지·기피를 명령*하는 것이기도 하다.

그러므로 당위란 칸트에 따르면 "의지*의 주관적 성질로 인해 법칙에 의해서 필연적으로 규정되지 않는 의지와, 이성*의 객관적 법칙과의 관계를 나타내는"[GMS, IV 413] 것이다. 즉 순전한 이성의 입장에서 보면 법칙에 의해 선*이라고 필연적으로 규정되는 행위는, 이성의 실천성에 대해서 어떠한 장애도 없는 경우, 필연적으로 의욕·의지작용(Wollen)의 대상이다. 그러나 이러한 동일한 행위는 감성적 촉발과 감성적 경향성이 이성의 실천성에 대해서 장애로 되는 경우, 따라서 필연적으로 의지작용의 대상이 되지 않는 경우, 그렇게 행동하도록 구속되거나 강요(Nötigung){강제*(Zwang)}된 행위이다. 이와 같은 이성에서 생기는 원인성에 수반되는 실천적 필연성과 강요(필연화)의 두 가지 계기를 본질로 하는 것이 당위이다.

이러한 당위에서는 두 종류가 생각되어 명법*에서 두 종류가 생각되는 것에 대응하고 있다. '모든' 명법은 당위에 의해서 표현되기[GMS, IV 413] 때문에, 가언명법도 당위에서 의해 표현되게 된다. 가언명법에서는 임의로 정립된 목적*에 대한 수단으로서의 행위의 필연성*(선성善性)이 제시된다. 이성이 의지에 대해 결정적인 영향을 행사할 수 있는 한에서는 "목적을 의지하는 자는 또한 목적에 필요한 수단도 의지"[GMS, IV 417]하지만, 그렇지 않은 경우에는 수단으로서의 행위의 필연성이 당위로서 의식된다. 그러나 가언명법 하에서의 필연성은 목적–수단–관계에 관한 합리성(공리성), 행위 주체의 준칙들 사이에서의 일관성이며, 그 필연화는 목적 정립의 임의성에 기초하고 있다. 나아가 여기서 의지를 규정하는 원인성은 자연의 원인성인바, 그것의 본래적인 기원은 이성의 입법 작용에 있다고는 할 수 없고 지성*의 그것에 있는 것이다.

이성은 타율적이며, 그것의 독자적인 원인성을 실현하고 있지 않다.

정언명법 하에서의 당위는 행위 결과를 고려함이 없이 선하게 되는 행위 그 자체의 객관적이고 실천적인 필연성이다. 이성은 이러한 행위에 대한 경험적 관심에 관계하지 않으며, 그 행위를 단적으로 '명령'한다. 행위의 내적이고 무제약적인 선성은 마음가짐* 안에서 성립하며, 이성은 그것을 준칙*의 보편적 타당성으로서 요구한다. 순수하게 이성적인 행위 주체(예지적 존재)는 그 준칙이 법칙이기도 할 것을 의지할 수 있다. 거기에는 자발성*과 필연성이 놓여 있다. 예지적 존재는 그의 존재의 본질로부터 자율적이다. 그러나 동시에 감성적 존재이기도 한 유한한 이성적 존재자에서는 준칙의 보편타당성은 우연적인바, 행위의 단적인 선성이 실현되기 위해서는 필연화되어야만 한다. 예지적 존재자로서의 행위 주체의 의욕의 필연성(자율)과 감성적 존재자로서의 동일한 주체의 의지에 대한 필연성 사이에서 당위는 성립하는 것이다. 다시 말하면 당위는 도덕법칙* 하에서의 자유*로운 행위의 필연성을 의미한다. 우리 인간은 당위에 따름으로써 자유를 자율로서 실현하는 것이지만, 그것은 본래 예지적 존재 계기로서의 자율적 자유가 유한한 인간 의지 하에서는 당위로서만 실현 가능하기 때문이다[GMS, IV 455]. ⇒명법, 준칙, 도덕법칙

—사베츠도 요시히로(佐別当義博)

圖 H. J. Paton, *The Categorical Imperative*, Hutchinson & Co., 1947(杉田聰 譯『定言命法』行路社, 1986). F. Kaulbach, *Immanuel Kants >Grundlegung zur Metaphysik der Sitten<*, Wissenschaftliche Buchgesellschaft, 1988. H. Koehl, *Kants Gesinnungsethik*, Walter de Gruyter, 1990.

대립對立 [(독) Opposition; Entgegensetzung; Gegensatz; Widerstreit]

칸트의 대립 개념에는 '논리적 대립(die logische Opposition)', '실재적 대립(die reale Opposition)', '변증론적 대립(die dialektische Opposition)'의 세 종류가 있다.

【Ⅰ】 논리적 대립

'논리적 대립'이란 전통적으로 모순*이라고 불려온 대립이다. 그것은 대상에 어떤 규정을 부여하는 것과 그 결여(Mangel, defectus)를 주장하는 것과의 대립이다. 통상적으로 그것은 긍정판단과 부정판단의 대립으로 된다. 거기서는 한편이 참 내지 거짓이면 다른 한편은 거짓 내지 참이라고 하는 관계가 성립한다. 대상*에 규정*이 귀속되는 방식에는 분석적*과 종합적의 구별이 있지만, 일단 그것이 대상에 귀속되게 되면 그것의 결여를 의미하는 술어화를 행하는 것은 모순을 범하는 것이 된다. 규정이 대상에 귀속해 있는 관계를 판단*으로서 드러내 보이면, 그것은 두 개의 판단의 모순으로서 제시된다. 판단이 분석판단*인 경우에는 그 부정은 곧바로 모순이다. 역으로 무모순이라는 점이 분석판단의 참을 보증한다. 모순율*은 분석판단의 진리*의 적극적 기준이다. 또한 종합판단에 대해서는 소극적인 기준이 된다[A 151/B 190f.]. 따라서 모순율은 진리의 보편적인 기준이며, 모순을 범하는 것은 아무것도 사유하지 않는다는 것과 같다. 그것은 '부정적 무(nihil negativum)'를 결과하는 데 불과하다[A 292/B 348].

【Ⅱ】 실재적 대립

이러한 논리적 대립에 대해서 칸트는 전비판기의 논고『부정량의 개념을 세계지(철학)에 도입하려는 시도』*(1763)에서 '실재적 대립'의 사상을 제출한다. 그것은 자연계에서의 힘의 충돌 등의 현상에서 발견되는 대립이며, 모순을 포함하지 않는 것을 특징으로 한다.

논리적 대립이 대상에 귀속되는 하나의 규정과 그 결여의 관계인 데 반해, 실재적 대립의 대립항은 두 개의 적극적 규정이다. 그것들은 작용*과 반작용과 같은 형태로 실재한다. 각각은 단독으로 사유될 수 있으며, 그런 한에서 적극적인 내용을 지닌 것으로서 존재한다. 대립이 생기는 것은 이것들이 서로 관계될 때이며, 거기서 부정*이 생겨난다. 그것들은 상쇄되어 결과를 영으로 만든다. 칸트는 이러한 관계를 A − A = 0 또는 A − B = 0이라는 정식으로 표현한다[Ⅱ 177]. 그리고 "A − B = 0인 곳에서는 어디서나 실재적 대립이 발견된다"고 주장하는 것이다[A 273/B 329]. 칸트는 이것을 세계의 기본구조로서 일반화하고, 세계

의 실재는 모두 이와 같은 대립관계에 있으며, 결과적으로 증감 없이 영의 상태를 보존하는 것으로 생각한다.

그러나 이와 같은 부정에 대한 생각에 칸트가 도달한 것은 케스트너*로 대표되는 당시의 대수학에서의 부정량* 개념과 감산의 관계로부터이다. 그것은 실재 사이에 부정은 존재하지 않는다고 하는 라이프니츠*에 대한 비판의 의미를 지님과 동시에 물리학에 '부정량'과 '긍정량'이라는 개념을 도입한 뉴턴*과 궤를 같이 하는 것이었다. 본래 대립항은 단독으로 보면 하나의 적극적인 규정이기 때문에 정이라고도 부정이라고도 말해지지 않는다. 그것들이 서로 관계함으로써 정과 부정의 대립이 나타난다. 다만 어느 쪽이 정이고 부정인가가 일의적으로 정해져 있는 것은 아니다. 그것을 결정하는 것은 다름 아닌 그것들을 관계짓고 있는 제3의 관점이다.

서로 대립하는 것이 각각에서 지니는 적극적인 규정은 현대 수학에서의 절대치에 해당된다. 대립은 이러한 공통의 양을 기초로 하여 성립하며, 그것에 기초하여 각각의 양은 자신에게 고유한 대립자를 지니게 된다. 절대치가 양적 대립의 제약을 이루고 있다고 말할 수 있다.

【Ⅲ】 변증론적 대립

'변증론적 대립'이란 가상*의 대립이며, 이율배반*의 대립을 말한다[A 504/B 532]. 칸트는 3비판서에서 순수 이성, 실천 이성, 판단력의 이율배반에 대해 논의하고 있다. 순수 이성의 이율배반에는 수학적 이율배반으로서 세계의 공간, 시간적인 유한성과 무한성의 대립, 세계의 구성요소로서의 단순한 것의 존재여부(물질의 무한분할 가능성)를 둘러싼 대립, 역학적 이율배반으로서 현상의 원인성을 둘러싼 자유와 필연성의 대립, 절대적인 필연적 존재의 존재여부를 둘러싼 대립이 포함된다. 실천 이성 및 판단력의 이율배반, 즉 인간 의지의 자유를 둘러싼 대립, 기계론과 목적론의 대립은 어느 것이든 순수 이성의 제3의 이율배반에 관계하고 있다[KpV, Ⅴ 113; KU, Ⅴ 385].

이러한 이율배반들에 대한 칸트의 해결의 열쇠는 현상*과 사물 자체*를 엄격히 구별하는 초월론적 관념론이다[A 490/B 518]. 일반적으로 가상은 현상에 지나지 않는 것을 사물 자체로 오인하는 데서 생겨난다. 이리하여 수학적 이율배반에 관해 말하자면, 정립*이든 반정립이든 세계를 사물 자체로 간주하여 양적인 규정을 부여하고자 하는 오류이다. 이에 반해 역학적 이율배반에 관해서는 정립과 반정립의 타당성을 각각 사물 자체와 현상에 한정함으로써 쌍방의 주장을 용인할 수 있다. 수학적 이율배반은 대립하는 주장의 둘 다 거짓으로 될 수 있는 반대대당에, 역학적 이율배반은 둘 다 참으로 될 수 있는 소반대대당에 비교될 수 있다.

칸트의 이율배반론의 배경을 이루는 것은 전통적 형이상학 내부의 대립에 그치지 않고 더 나아가 전통적 형이상학에 대한 근대 과학적 사유의 대립이었다. 칸트는 이러한 대립들을 인간 이성에 고유한 대립으로서 파악했다. 그것은 현상계에 머물고자 하는 지성*과 그것을 넘어서고자 하는 이성* 사이의 대립이다. 헤겔*은 인간 이성 내부의 대립을 지적하고 모든 사유규정이 모순을 지닌다는 것을 발견했다는 점에서 근대 변증법에 대한 칸트 철학의 무한한 공헌을 인정한다『논리의 학』Ⅱ 243]. 근대적 대립을 변증법에 의해 극복하고자 한 헤겔의 시도에서 보면, 칸트의 이율배반론은 이러한 대립을 표현한 것에 다름 아니다. 다만 현상과 사물 자체의 대립을 고정시킨 다음의 해결은 대립을 다른 지평으로 옮겨놓은 데 불과하며, 그것을 극복하고자 하기보다는 그 앞에서 뒤로 물러서는 것에 불과한 것으로 간주된다. ⇒모순, 부정, 이율배반

─야마구치 마사히로(山口祐弘)

📖 G. W. F. Hegel, *Wissenschaft der Logik*, 1812-16. GW., Bd. 11, 12, Hamburg, 1978, 81(武市健人 譯『大論理學』岩波書店, 1956-61. 다만 이것은 글로크너 판에 의거하고 있다). M. Wolff, *Der Begriff des Widerspruchs, Hain*, 1980(山口祐弘 外 譯『矛盾の概念』學陽書房, 1984).

대상對象 [(독) Gegenstand]

'사물(Ding)'이 존재론적 개념인 데 반해, '대상' 또는 '객관*(Objekt)'은 모종의 지성과의 관계를 포함하는

인식론*적 개념이다. 그러나 인식 자신에 의해 대상을 창조하는 무한한 지성에게는 그것이 향하는 어떠한 기존의 존재도 대립할 수 없기 때문에 대상은 정확하게는 유한한 지성에 대해서만 존재한다는 하이데거*의 지적도 있다.

사물을 현상*(Erscheinung)과 사물 자체*(Ding an sich)의 이중의 관점에서 보고자 하는 것이 칸트의 근본적 주장이다. 그렇게 하면 한편으로 순수 지성 개념(범주*)의 객관적 실재성* 및 경험*의 대상에 관한 선험적*인 인식*의 가능성*을 증명할 수 있고, 다른 한편으로 신*, 자유*, 불사* 등의 무제약자*의 이념에 대해 이론적 영역에서는 지성* 사용의 규제적* 원리라는 의미밖에 부여할 수 없다고 하더라도 실천적 영역에서는 도덕성*과 관련하여 객관적 실재성을 증명할 수 있다. 이리하여 학*으로서의 형이상학*의 목적이 달성될 수 있다는 것이다.

모든 것은 그것이 의식되는 한에서 우선 대상이라고 불린다[A 189/B 234]. 시공을 형식으로 하는 경험적 직관이나 이 직관*의 아직 현존재*가 규정되어 있지 않은 대상으로서의 현상은 이런 의미에서 대상이다. '현상'은 한편으로는 경험적 직관 및 그 대상을 의미한다. 다른 한편 지성(통각)이 직관을 범주에 의해 종합, 통일하는 것에서 성립하는 경험의 대상이 또한 현상인 바, 전자로부터 구별하는 경우에 페노메나라고 불린다. 양자의 관계는 "현상은 이것이 대상으로서 범주들의 통일에 따라서 사유*되는 한에서 페노메나라고 불린다"[A 248f.]는 형태로 적확하게 표현된다. 시공, 범주라는 형식에 의해 인식되는 한에서의 사물이 현상인 것이지만, 대상의 본질에는 대향對向(Gegen)과 입상立象(Stand)이 속한다고 하는 하이데거는 대상성립에 관련하여 동일한 범주라고 하더라도 수학적 범주와 동역학적 범주의 역할을 구별하여 전자는 대상의 대상성에, 후자는 입상성에 관계된다고 말한다. 그것은 전자가 직관적 소여, 즉 무엇이든 의식에 대한, 의식을 향한 직접적 소여의 가능성에 관계하고, 후자가 이 소여를 매개로 하여 규정되기 때문인바, 다시 말하면 객관적이고 항상적으로 서 있는 것, 즉 대상의 현존재*의 가능성에 관계되기 때문이다.

이런 맥락에서 '초월론적 대상'은 한편으로는 경험의 대상을 이것을 개별화하는 직관으로부터 분리하여 일반적으로 사유한 것, 요컨대 대상의 대상성을 의미한다. 따라서 그것은 감성적*이지 않은 무언가 특수한 직관의 대상이 아니며 사물 자체도 아니다. 그것은 어떠한 경험적 규정성도 지니지 않는다는 의미에서는 전적으로 무*이지만, 직관을 종합, 통일하여 진위를 물을 수 있는 판단을 내릴 때 의식의 형식적 통일을 필연적이게끔 하는 대립의 지평이자 "통각의 통일의 상관자"[A 250]인 것이다. 초월론적 대상은 또한 경험의 질료와도 관련하여 말해진다. 개개의 경험판단*이 내려진 경우 그 진위는 판단의 내용·질료에 관계되며, "모든 현실적 경험의 기준들과 관련시켜서"[B 279] "어디까지 하나의 경험에서 공존할 수 있는가"[Prol., IV 299]에서 결정된다. 그렇다면 경험판단의 진위를 판정할 수 있기 위해서는 지성은 모든 가능한 경험을 현실화하고 현실세계의 체계적 통일을 요구해야만 한다. 이러한 통일*의 이념 및 이러한 통일의 탐구에 관계하는 마음, 세계, 신 등과 같은 무제약자의 이념들의 대상이 또한 초월론적 대상이라고 불린다. 이것도 역시 인식의 고유한 대상이나 사물 자체가 아니라 지성 사용의 규제적 원리로서만 의미를 지닌다.

헤겔*은 칸트가 인식을 주제로 삼은 점은 평가하지만, 마음, 세계, 신 등의 무제약자의 이념에서 지성 사용의 규제적 원리로서의 의미만을 인정하고 인식 전체를 주관성 안에 머무르게 하고, 그리하여 참으로 객관적인 것·사물 자체의 인식을 부정했다고 비판한다. 피히테*, 셸링*, 헤겔로 이어지는 독일 관념론*은 일반적으로 칸트가 설정한 제한을 제거하고 무제약자의 인식에로 향해가지만, 경험과학과의 어긋남도 초래했다. 거기서 '칸트로 돌아가자'라는 표어 아래 경험과학과 조화되면서 경험과학의 근거짓기와 방법론적 고찰에서 철학의 존재의의를 발견하고자 한 신칸트학파*가 등장한다. ⇒현상, 사물 자체, 객관 객체}

―이와쿠마 사토시(岩隈 敏)

㊐ G. W. Hegel, *Enzyklopädie*, Berlin, ³1830(松村一人 譯『小論理學』上·下, 岩波文庫, 1951, 1952; 船山信一 譯『精神哲學』上·下, 岩波文庫); *Vorlesungen über die Geschichte der*

Philosophie, Berlin, 1833(『哲學史』 岩波文庫, (上) 武市健人 譯, 1934, (中의 1) 眞下信一 譯, 1961, (中의 2) 眞下信一 譯, 1941, (下의 1) 藤田健治 譯, 1953, (下의 2) 藤田健治 譯, 1956). M. Heidegger, *Kant und das Problem der Metaphysik*, Frankfurt am Main, [3]1965(木場深定 譯, 『カントと形而上學の問題』, 理想社, 1967); *Die Frage nach Ding*, Tübingen, 1962(有福孝岳 譯, 『物への問』, 晃洋書房, 1978). 牧野英二 『カント純粹理性批判の研究』 法政大學出版局, 1989. 山崎庸佑 『超越論哲學 — 經驗とその根據に關する現象學的考察』 新曜社, 1989.

대중성 大衆性 [(독) Popularität]

대중성이라는 개념은 대중철학*에서도 분명히 드러나듯이 본래 18세기의 독일 계몽철학*의 한 경향을 나타내는 것이며, 칸트도 이 점을 염두에 두고서 대중성에 대해 언급하고 있다. 그의 생각에 따르면 대중성은 철학*의 대상과 철학의 체계에 직접적인 관계를 지니는 것이 아니다. 따라서 대중성은 철학에 필연적으로 수반되는 것이 아니며, 또한 그것은 철학 체계의 형성에서 처음부터 의도되어서는 안 되는 것이다. 대중성이라는 개념은 우선 강의와 서술에서 사용되는 수법(Manier)의 특징을 나타내며, 나아가 흥미 있는 것과 일상적인 것으로부터 출발한다는 인식방법의 존재방식을 나타내고 있다. 대중적인 강의란 청강자의 지성*을 계몽하기 위해 그들의 능력과 요구에 주의를 기울이는 강의를 가리키며, 이와 같은 강의에서는 추상적 사항은 회피되고, 규칙*은 특수한 것에서 제시된다. 학문을 민중에게 가르치는 경우에 그들의 이해력을 고려하여 일상적인 흔한 말을 사용하고, 나아가 학문적인 정확함을 손상시키는 것이 아니라면 이것이야말로 학문의 참된 대중화이다. 참된 대중성은 세간지(Weltkenntnis)를 요구하며, 세간지에서 스스로를 노골적으로 드러낸다. 학교지(Schulkenntnis)에 대중성이 활용되면, 그것은 실천적인 세간지가 된다. 칸트는 대중철학자들인 가르베*와 페더*가 관여한 이른바 「괴팅겐 비평」에 대해 매우 불만스러웠지만, 『순수이성비판』*에 대중성이 결여되어 있다는 지적에 관해서는 이것을 솔직히 인정했다. 만년에 칸트는 어떠한 철학적 저작에도 대중성이 없으면 안 된다고 생각하고, 스스로의 철학적 서술의 대중화를 의도했다. 그러나 그의 의도는 그다지 실현되지 않았다. 칸트는 학문적인 정확함을 희생해서까지 대중성을 옹호하고자 하지는 않았다. 그의 이와 같은 태도는 대중철학자들의 태도와는 엄연히 다르지만, 그 자신의 대중적인 강의의 초고 등을 토대로 하여 이루어진 저작에는 『인간학』*과 『자연지리학』(링크 편집)이 있다. ⇒계몽철학, 대중철학

　　　　　　　　　　　　　　　　　—시부야 히사시(澁谷 久)

圏 E. Cassirer, *Kants Leben und Lehre*, Bruno Cassirer, 1918(門脇・高橋・浜田 監修, 岩尾龍太郎 外 譯 『カントの生涯と學說』 みすず書房, 1986). W. Ritzel, *Immanuel Kant. Eine Biographie*, Walter de Gruyter, 1985. J. H. W. Stuckenberg, *The Life of Immanuel Kant*, University Press of America, 1986.

대중철학 大衆哲學 [(독) Popularphilosophie]

18세기 후반의 독일 사회 일반에 대한 보급을 의도하여 이해하기 쉬운 문체로 설명된 철학. 전문적인 학술 용어로 이야기된 '학교철학'에 대립된다. 당시 독일 계몽주의 철학에서는 영국 경험주의의 영향을 받아 마음의 활동을 관찰, 기술, 분석하는 '경험적 심리학'이 중시되게 되었다. 대중철학자들은 이러한 심리학적 분석을 비근한 생활 속에서의 미묘한 감정으로까지 확대하여 이것을 유창한 문체로 표현함으로써 많은 독자를 얻었다. 볼테르와 디드로 등의 프랑스적인 문체의 영향도 받은 그들은 학교철학이 의도한 체계화를 혐오하고, 에세이와 서평을 즐겨 표현양식으로서 채용했다. 그들은 니콜라이가 창간한 『일반독일문고』와 비스터가 편자이고 칸트도 자주 기고한 『베를린 월보』 등의 잡지를 활약의 마당으로 삼았다. 그들의 철학은 상식을 기준으로 한 종래의 견해들의 절충이며, 그 목적은 구체적인 실천에서 미망을 타파하고, 개인의 행복을 촉진하는 것에 있었지만, 다른 나라의 계몽사상이 지닌 정치성은 결여하고 있었다.

대중철학자들은 멘델스존*이 '모든 것을 파괴하는 칸트'라고 말한 것으로 대표되듯이 칸트 철학의 논적

으로서도 발언했다. 예를 들면 가르베*와 페더*는 「괴팅겐 비평」에서 칸트의 초월론적 관념론을 외계의 존재를 부정하는 교조적 관념론과 동일시하여 비판했지만, 이에 대해 칸트는 『프롤레고메나』*에서 자기의 입장을 '형식적 관념론'이라 칭하고, 이 비판이 오해에 기초하는 것임을 주장했다. 또한 볼프학도이기도 한 에버하르트*는 『철학잡지』에서 칸트와의 대결을 시도했지만, 역으로 칸트는 『순수이성비판 무용론』에서 감성적 직관을 넘어선 충족근거 개념의 객관적 실재성을 주장하는 그를 비판했다. 요컨대 대중철학자들은 일반적으로 종래의 철학과 상식의 차원에서 칸트의 초월론철학*을 이해하고자 했기 때문에, 칸트의 입장에서 보면 그들의 비판은 모두 과녁을 벗어난 것일 수밖에 없었던 것이다. ⇒계몽철학, 멘델스존, 가르베, 페더, 에버하르트

―데시로기 요(手代木 陽)

📖 Doris Bachmann-Medick, *Die ästhetische Ordnung des Handelns, Moral-philosophie und Ästhetik in der Popular-philosophie des 18. Jahrhunderts*, Metzler, 1989. Lewis White Beck, *Early German Philosophy, Kant and his predecessors*, Cambridge/Mass., 1969. Norbert Hinske (Hrsg.), *Was ist Aufklärung?: Beiträge aus der Berlinischen Monatsschrift*, Wissenschaftliche Buchgesellschaft, 1981. ヴィンデルバンド (豊川昇 譯) 『西洋近世哲學史』 2, 新潮文庫, 1956. ディルタイ (村岡哲 譯) 『フリードリッヒ大王とドイツ啓蒙主義』 創文社, 1975. 坂部惠 「啓蒙主義と信仰哲學の間── メンデルスゾーン, ヤコービ, カント」 『「ふれる」ことの哲學』 岩波書店, 1983. 石川文康 「論爭家としてのカント──『觀念論論駁』をめぐって」 『現代思想』 22-04, 1994.

대항관계 對抗關係 [(독) Antagonismus]

대항관계란 물체계와 정신계에서의 힘들의 대립을 의미하는 일반적 용어로서, 이것을 처음으로 철학적으로 중요한 테마로서 다룬 것은 칸트라고 말할 수 있을 것이다. 그렇지만 그 칸트도 이 개념을 그렇게 많이 사용하고 있지는 않다. 공간된 저작 전부에서도 열 개 남짓에 불과한 그 사용례를 분류해보면 대체로

세 종류의 용법이 있다. 첫째, 자연철학*의 분야에서 작용·반작용의 법칙을 논하는 장면에서의 용법. 둘째, 『정초』*에서 "이성*의 지령에 대한 경향성*의 저항"[VI 424]을 나타내는 용법. 셋째, 역사철학*과 법철학 분야에서 인간 상호간의 대립을 나타내는 용법(이 경우에는 '적대관계'라고도 번역된다). 이 가운데 세 번째 용법이 가장 많이 사용되며, 또한 그 후의 사상사에 영향을 미친 것도 이 의미에서의 용법이다.

그러나 세 번째 용법에 관해서도 다소 뉘앙스가 다른 사용방식이 존재한다. 『일반사의 이념』*에서 칸트는 대항관계를 "인간의 비사교적 사교성*, 즉 사회에 들어서고자 하지만, 이 사회를 끊임없이 분열시키도록 위협하는 보편적인 저항과 결합되어 있는 인간의 성벽*"[VIII 20]이라고 정의하고 있다. 이 정의가 애초에 양의적이다. 여기에는 비사교성과 사교성이라는 두 개의 요소가 포함되어 있지만, 많은 경우 칸트는 전자에 역점을 두어 대항관계를 파악한다. 요컨대 칸트는 역사* 속에서 비사교성으로부터 사교성에로, 대립으로부터 결합에로라는 흐름을 인식하고, 대항관계를 통해 인간 상호간의 좀더 고차적인 결합이 형성되어간다고 생각하는 것이다. 이 경우 물론 대항관계는 역사에서의 부정적 요소이긴 하지만, 통시적인 발전을 위한 불가결한 계기이다. 자연소질의 전개, 완전히 공정한 시민사회*의 실현이라는 자연의 의도(역사의 목적)는 이러한 대항관계를 통해서만 수행된다. 대항관계 없이는 역사의 진보는 있을 수 없는 것이다. 여기서는 헤겔*의 이성의 간지라는 사고방식의 원형을 찾아볼 수 있는바, 그것은 칸트 이후 변증법적 역사관으로서 정식화되어가게 된다.

그런데 칸트에게는 이 두 개의 요소를 한편으로부터 다른 편으로라는 형태로 분리시키지 않고서 문자 그대로 비사교적 사교성이라는 형태로 동시적으로 파악하는 용법도 존재한다. 이 경우의 대항관계는 역사의 진전의 계기가 아니라 오히려 공시적 구조로서 파악되고 있으며, 역사의 최종국면에서조차 폐기되지 않은 채 적극적으로 보존되어야만 하는 것이다. 역사철학 및 법철학의 궁극목적으로서의 영원한 평화*는 모든 전쟁*의 폐기를 의미하지만, 모든 대항관계의 폐기를

의미하는 것은 아니다. 오히려 "외적 자유의 원리들에 따른 대항관계"[VI 347]의 유지야말로 영원한 평화라고 말할 수 있을 것이다. 칸트의 영원평화론이 강권적인 세계국가에 의한 통일을 단호히 거절하고 강제력을 지니지 않는 상설회의로서의 국제연맹*만을 허용한 것은 그것만이 국민들 사이의 대항관계를 근절하는 것이 아니라 이것에 법적 형식을 부여할 수 있기 때문이다. 이와 같은 의미에서의 대항관계는 좀더 칸트적이라고 말할 수 있을 것이다. 서두에서 거론한 첫 번째와 두 번째 용법에서의 대립도 해소될 수 있는 것이 아니고, 변증론의 양 테제의 대립도 해결된 후에도 해소되지 않은 채 계속해서 지속된다는 것 등을 상기하게 되면, 이러한 공시적 구조로서의 대항관계가 칸트철학의 국면 전체에서 중요한 역할을 수행하고 있다는 것을 이해할 수 있을 것이다. ⇒비사교적 사교성, 역사, 역사철학, 전쟁, 영원한 평화

―오노하라 마사오(小野原雅夫)

Y. Yovel, *Kant and the Philosophy of History*, Princeton U. P., 1980. 佐藤全弘 『カント歴史哲學の研究』 晃洋書房, 1990.

덕德 ⇨덕론

덕론德論 [(독) Tugendlehre]

법론*과 더불어 '인륜의 형이상학'의 한 분야. 윤리학*(Ethik)이라고도 불린다. 법론이 외적 입법이 가능한 법칙(법규범)을 대상으로 하여 좁은(행위 주체에게 행위 선택의 여지가 없는) 의무*를 주제로 하고 있는 데 반해, 덕론은 내적 입법만이 가능한 법칙을 대상으로 하여 넓은(행위 주체에게 행위 선택의 여지가 있는) 의무를 주제로 하고 있다. 이러한 차이가 생기는 까닭은 칸트에 따르면 전자가 행위 그 자체를 의무의 대상으로 하고 있는 데 반해, 후자는 행위의 준칙*을 의무의 대상으로 하고 있다는 데 놓여 있다. 또한 다른 각도에서 말하면, 법론이 관계하는 의무는 외적 강제가 가능하지만, 덕론이 관계하는 의무는 내적(자기 자신에

의한) 강제만이 가능하다. 이것은 덕론이 '동시에 의무이기도 한 목적*'을 주제로 하고 있는 데서 유래하지만, 더 나아가 또한 목적 설정이 본인 자신에서만 가능하고 밖으로부터 강제하는 것이 불가능하기 때문이다. 이리하여 칸트는 정언명법에 의해서 명령되고 있는 도덕적 마음가짐의 순수성을 감성적 충동에 의해서 추동되는 바가 적지 않은, 그리고 걸핏하면 이기적으로 행동하는 바가 많은 현실의 인간에서 최대한 실현하고자 하고 있는 것이다. 따라서 이러한 덕론은 칸트가 내세운 도덕철학*(넓은 의미)의 기본 원리를 현실의 인간 주체에서 실현하고자 하는 응용 도덕철학이라고 생각할 수도 있을 것이다.

칸트의 덕론 내지 윤리학에 대한 애착은 오랜 기간에 걸친 것이기 때문에, 대학에서의 강의에서도 '윤리학' 강의는 끊임없이 계속되어 왔으며, 유고집에서도 곳곳마다 윤리학적 고찰의 흔적이 찾아진다. 『인륜의 형이상학』* '덕론'(1797)은 이러한 장년의 그의 고찰을 이론적으로 종합·정리한 것이다. 이 저작에서 덕론은 원리론과 방법론으로 크게 구별되어 체계적으로 전개되고 있다. 전자는 무엇이 덕 의무이며 그것은 어떻게 도덕철학적으로 근거지어지는가를 문제로 하고 있으며, 후자에서는 '덕'(의무를 수행하는 데서의 도덕적 마음가짐의 강함)을 획득하기 위해서는 어떠한 연습과 도야가 필요한지가 논의되고 있다.

덕 의무의 근본은 타인의 행복*의 촉진과 자신의 완전성*의 달성이다. 타인의 행복의 촉진으로 헤아려지는 것 가운데 대표적인 것은 타인에 대한 사랑, 특히 친절이지만, 이러한 친절을 어떠한 행위로 나타내야만 하는가, 또한 어느 정도까지 애써야만 하는가는 행위 주체의 선택(각각의 상황을 각자 판단하여 최적의 행위를 행하고자 하는 선택)에 맡겨두고 있다. 이것은 덕의무가 각 사람의 준칙에 대한 의무짓기이지 행위 그 자체의 의무짓기가 아니라는 위에서 말한 덕 의무의 기본성격에서 나오는 필연적 귀결인 것이다. 자신의 완전성의 달성의 대표적 사례로서는 자살*의 자기억지抑止가 들어진다. 칸트에 의하면 쉽게 자살하는 것은 자신의 자연적 생명을 전면적으로 괴멸시키는 방식으로 인간의 내적인 인간성*(인륜성의 주체)의 존엄을

짓밟는 행위이자 목적 자체로서 존재하는 자신의 인격*을 단순한 수단으로 하는 것이어서 도덕적으로 도저히 허용할 수 없는 것이다.

칸트의 덕론에서는 그것이 허약한 인간적 성정의 자취들을 고려한 고찰이라는 점에서 아리스토텔레스*류의('중용의 덕'에 주안점을 둔) 윤리학의 영향도 어느 정도 인정되지 않는 것은 아니지만, 도덕적 마음가짐의 순수성의 달성이라는 비중용적인 목표에 결연히 방향을 잡고 있는 칸트의 이론은 오히려 아리스토텔레스적인 전통과의 이론적 결별, 그 극복이라는 성격이 좀더 농후하다. ⇒『인륜의 형이상학』, 의무, 준칙, 법론

—미시마 요시오미(三島淑臣)

第 P. Menzer (Hrsg.), *Eine Vorlesung Kants über Ethik*, Berlin, 1924. J. Schmucker, *Die Ursprünge der Ethik Kants*, Maisenheim an Glan, 1961.

데리다 [Jacques Derrida 1930. 7. 15–2004. 10. 9]

현대 프랑스의 철학자. 후설*의 비판적 독해로부터 출발하여 서양 형이상학의 '로고스 중심주의'를 비판했다. 그에 따르면 의미와 진리의 경험의 핵심으로 간주되어 온 '자기에의 현전', 즉 순수한 자기촉발*은 실은 비-고유한 것이 끼어들어 비로소 성립하며, 차이와 지연의 효과를 산출하는 '차연작용'을 전제로 하고 있다. 그것은 주관성이 시간, 타자, 죽음과 근본적인 차원에서 관계지어져 있다고 하는 것이기도 하다.

또한 어떤 텍스트가 의도하는 개념적 · 사상적인 내용이 주변적, 수사적인 것에 불가피하게 침식되어 있다는 것을 폭로함으로써 텍스트가 내포하는 중층적 · 잠재적 의미의 긴장을 활성화하는 이른바 '탈구축'의 작업을 많은 텍스트에 대해 시도했지만, 칸트의 제3비판도 그 제재가 되었다. 『파레르곤』과 『에코노미메시스』에서는 칸트의 이론이 미*의 순수화를 의도하면서도 인간 중심적인 원리의 개입을 받아들이고 있다는 점 등, 다양한 뒤틀림이 폭로된다. 물론 탈구축은 텍스트와 제도의 단순한 파괴가 아니다. 예를 들면 칸트적 계몽*의 불가피성 등도 데리다는 적극적으로

평가하는 것이다.

—다카하시 가츠야(高橋克也)

第 『聲と現象』(1967), 理想社. 『根源の彼方に』上・下(1967), 現代思潮社. Parergon, in: *La vérité en peinture*, 1978. Economimesis, in: *Mimesis*, 1975. *D'un ton apocalyptique adopté naguère en philosophie*, 1983. 『どのように判斷するか―― カントとフランス現代思想』(1985, J.−F. 리오타르 他との共著), 國文社. 『他者の言語 デリダの日本講演』(1989), 法政大學出版局.

圖 Ch. Norris, *Derrida*, William Collins Sons & Co., 1987(富山・篠崎 譯『デリダ もう一つの西洋哲學史』岩波書店, 1995).

데카르트 [René Descartes 1596. 3. 31–1650. 2. 11]

데카르트는 그의 『성찰』에서 이른바 '방법적 회의'(선입견의 계층구조에 의거하여 의심의 이유를 제시함으로써 더 이상 의심할 수 없는 것을 발견하고자 하는 방법)을 사용하여 '제1의 인식'인 '나는 있다, 나는 실재한다'를 발견했다. 이 방법은 칸트가 확실성을 지향하는 것이라 하여 회의주의와 구별하는 '회의적 방법*'[vgl. B 451–452, IX 83–84]의 선구적 형태로 간주할 수도 있을 것이다. 그러나 칸트에 따르면 이 '방법'은 '초월론철학*'에 고유한 것이지만[B 452], 데카르트에 있어서는 형이상학의 발판을 발견하기 위한 방법으로 생각된다. 이 점에서 양자에게는 차이가 있다고 말할 수 있을 것이다.

데카르트는 '제1의 인식'을 발판으로 철학적 탐구의 장을 '사유*(= 의식*)'에 두었다. 이것이 근대 철학의 출발점이다. 다만 '사유'라는 이 개념이 감각경험까지도 포함하는 넓은 것이라는 점을 잊어서는 안 된다. 데카르트 철학의 근저에는 <감각에 앞서 없었던 것은 어떠한 것도 지성 안에 없다>는 스콜라적 테제에 대한 비판이 존재한다. 이것은 감각경험에 대한 부정을 보여주는 것이 아니라 대상*과의 유사성의 부정, 요컨대 대상의 <무엇임>을 <사물 그 자체> 안에서 구하지 않고서 관념에 의거하여 명확히 하는 입장을 보여주고 있다. 영국 경험주의는 이러한 유사성이 차단되어 열리는 관념의 길을 감각경험에 대한 밀접한 기울어짐을

더욱 더 강화하면서 라이프니츠*・볼프*적인 지성에로의 기울어짐이라는 우회로를 거쳐 칸트는 데카르트적인 '코기토'(나는 생각한다* = Ich denke)를 지식 성립의 최종제약('초월론적 통각')으로서 재설정하면서도 처음으로 생겨나는 것으로서의 감각*(감성*)에 의한 수용을 불가피한 것으로 삼는다.

데카르트 이래의 이러한 전개에 근거함으로써 제1비판에서의 '존재론적 증명'에 대한 비판, '관념론 논박*'에서 전개되고 있는 '외적 경험'의 문제, '순수 이성의 오류추리*'의 문제 등의 철학사적이고 문제론적인 의의가 명확해진다. 첫 번째 것의 핵심을 이루는 "있다는 분명히 어떠한 실재적인 술어도 아니다"[B 626]라는 테제에 관해서는 <데카르트의>라고 말해지는 '존재론적 증명'이 결과로부터의 증명을 앞세우고 있다는 것이 지니는 의의에 대한 측정이 중요해진다. 두 번째의 "내적 경험에서조차 외적 경험을 전제로 해서만 가능하다"[B 275]는 데카르트적 관념론에 대한 비판은 본래 '외적'이라고 말할 수 있는 것은 어떻게 가능하며, 그것은 절대적 타자로서의 '무한*'에 대한 착안 없이 가능할 것인가 하는 데카르트적 물음과의 대결을 요청한다. 셋째로, 데카르트가 '나 자신의 관념'을 인정하고 말브랑슈*는 이것을 부인했다고 하는 연관에서 말하자면, 사유하는 자아에 범주를 적용하는 것에서 생기는 '오류추리'의 문제가 떠오른다. '감성'과의 관계에서의 <존재>에 관한 물음, <외부성>의 문제, '나' = 자아'와 세계의 관계 문제, 이러한 문제들이 데카르트 철학적인 관점에서 칸트 철학을 바라볼 때 차이와 연관을 드러내는 장소로서 떠오른다. ⇒자아, 의식, 나는 생각한다, 관념론 논박

—무라카미 가츠조(村上勝三)

㊞ 增補版 『デカルト著作集』 全4卷, 白水社. 『方法序說/省察』 (1637/1641-42), 白水社. 『デカルト 哲學の原理』(1644), 朝日出版社.

㊞ 所雄章 『デカルト』 Ⅰ, Ⅱ, 勁草書房, 1976/71. 村上勝三 『デカルト形而上學の成立』 勁草書房, 1990. 山田弘明 『デカルト 『省察』 の硏究』 創文社, 1994. 小林道夫 『デカルト哲學の体系』 勁草書房, 1995.

도덕道德 ⇨ 인륜

도덕감정道德感情 [(독) moralisches Gefühl]

이 말은 폭넓게 도덕적 행위의 동기로서 작용하는 감정을 의미하는 경우도 있지만, 엄밀하게는 특정한 술어적 의미를 지닌다. 그것은 18세기 영국에서 샤프츠버리*와 허치슨* 등에 의해서 주장된 모럴 센스(moral-sense)에 해당되는 독일어라는 점에 무엇보다도 먼저 주의를 기울일 필요가 있다. 이 점은 칸트가 『실천이성비판』*의 주요 윤리학설 분류표에서 주관적인 내적 도덕원리로서 '도덕감정'을 허치슨의 이름과 함께 내걸고 있다는 점에서도 명백하다[V 40]. 모럴 센스란 인간의 행위와 감정*에 관하여 그것으로부터 받는 쾌*와 불쾌의 감각을 통해 선악을 판정한다고 하는 독특한 감각작용을 말한다. 칸트는 이 개념의 중요성에 주목하여 그에 대한 검토를 통해 스스로의 도덕원리를 수립하고, 그것에 대한 독자적인 파악방식을 제시한다.

칸트가 도덕감정론*(moral-sense theory)에 접한 것은 일찍부터이다. 이미 『판명성』*(1764)에서 칸트는 허치슨 등이 도덕감정을 도덕학의 제1근거로서 제시한 것을 "훌륭한 견해의 단서"로 간주하고 있다[Ⅱ 300]. 또한 『겨울학기 공고』(1765)에서도 도덕원리의 탐구에서 샤프츠버리, 허치슨 및 흄*의 시도가 "미완성이고 결함이 있지만 가장 앞서 있다"고 말한다[Ⅱ 311]. 다만 『미와 숭고』*(1764)에서는 도덕감정이란 말의 좀더 넓은 용법이 보인다. 그러나 『형식과 원리』*(1770)에서는 샤프츠버리가 도덕학의 규준을 쾌와 불쾌의 감정에서 구하는 한 비난 받는 것은 당연하다고 하고 있다[Ⅱ 396]. 여기서 모럴 센스설에 대한 칸트의 비판적 견해가 확정되었다고 보인다.

비판기 윤리학에서 도덕감정이란 말은 '도덕감각(moralischer Sinn)'이라고도 말해지며, 그것은 자율적 도덕원리일 수 없다고 하여 그 학설은 배척된다. 그 이유는 도덕감정은 감관*에 의거하기 때문에 개개의 경우와 사정에 의해서 변화하며, 선악의 보편적 규준을 줄 수 없기 때문이다. 도덕감정이 그에 의해서 행위

의 선악을 감지하는 쾌와 불쾌감은 실은 도덕법칙*이 의지*에 미치는 주관적 결과에 지나지 않는다. 그러므로 도덕감정은 자신으로부터 의무*의 개념을 도출할 수 없는 것이다. 그러나 이러한 칸트의 비판은 도덕감정 자체의 부정은 아니다. 도덕법칙에 의한 의지규정이 각 사람에게 만족감을 준다는 것은 부인되지 않으며, 오히려 그러한 감정을 육성하는 것은 의무라고까지 말해진다[V 38]. 그로부터 칸트의 독자적인 도덕감정의 개념이 생겨난다. 도덕감정이란 유일한 의지규정 근거인 도덕법칙을 표상*함으로써 마음속에 환기되는 감정이며, 단적으로 말하면 다름 아닌 도덕법칙에 대한 존경의 감정이다[V 75].

『인륜의 형이상학』* 제2부에서는 좀더 넓게 "도덕감정은 우리의 행위와 의무법칙의 일치 또는 대립의 의식에서만 생겨나는 쾌와 불쾌의 감수성이다"[VI 399]라고 정의된다. 이러한 도덕감정이 모든 사람 안에 깊이 자리 잡고 있으며, 그것이 생겨나는 헤아려 알 수 없는 근원에 찬탄하면서 그 감정을 도야하는 것이 우리의 의무이다. 도덕감정은 도덕법칙에 의한 의지규정을 받아서 생겨나는 것이며, 이것을 도덕감각이라고 부르는 것은 부적절하게 된다. 이러한 파악방식에서 도덕감정론의 극복에 의한 칸트의 독특한 도덕감정 개념을 볼 수 있다. ⇒도덕감정론

—하마다 요시후미(浜田義文)

⟐ L. W. Beck, *A Commentary on Kant's Critique of Practical Reason*, Chicago, 1960(藤田昇吾 譯 『カント「實踐理性批判」の注解』新地書房, 1985). 浜田義文 『カント倫理學の成立』勁草書房, 1981.

도덕감정론 道德感情論 [(영) moral-sense theory]

이것은 샤프츠버리*에 의해서 창시되어 허치슨*에 의해 체계화된 18세기 영국의 윤리학설이다. 인간*의 감정*과 행위에 대해 옳고 그르며 좋고 나쁨을 감각적으로 식별하는 독특한 활동이 인간에게 생래적으로 갖추어져 있다고 생각하고, 그것을 모럴 센스라고 부르며 도덕의 중심원리로 삼는 견해를 말한다. 도덕감정이라고 옮겨지는 모럴 센스는 도덕감각이나 도덕감

관이라고도 번역된다. 17세기 영국에서는 인간을 본성상 이기적이라고 간주하고, 사회생활에서 사람들을 공공이익에로 향하게 하기 위해서는 엄격한 강제법칙이 불가결하다고 하는 홉스*의 이기적 윤리학설이 커다란 영향을 주었다. 그 학설은 18세기 전반 맨더빌*에 의해 계승되었다. 그의 이기설에 대한 유력한 비판적 입장으로서 등장한 것이 도덕감정론이다. 이것은 인간을 본성상 사교적이며, 단지 이기적이 아니라 타인의 이익을 생각하는 이타적 감정도 지닌다고 본다. 나아가 각 사람의 마음속에는 예를 들면 친절한 행위를 보고 좋게 느껴 칭찬하고 은혜를 잊는 행동을 보고 불쾌를 느껴 비난하는 도덕감정의 활동이 있다고 주장한다. 이것은 자기와 타자의 감정과 행위의 선악을 판정하는 고차적인 감각작용이다. 이러한 도덕감정을 모든 사람의 일상생활을 인도하는 도덕원리로서 세움으로써 이 학설은 자율적 도덕원리의 탐구에 공헌했다. 모럴 센스는 독일어로 'moralisches Gefühl(도덕감정*)'로 번역되며, 이 학설이 18세기 독일 사상에 영향을 주어 칸트 윤리학* 성립의 한 계기로 되었다는 점에 주의해야만 한다.

(1) 샤프츠버리가 처음으로 모럴 센스라는 술어를 사용하여 이 학설의 창시자로 간주된다. 그는 각 사람이 감정과 행위의 선악을 직접 쾌와 불쾌를 수반하며 판정하는 고차적인 반성적 감각을 지닌다는 것을 인정하고, 이것을 모럴 센스라고 불렀다. 이것은 이성*과도 연계되며, 또한 타인에 대해서뿐만 아니라 자신에게도 향하여 자기 심사하는 양심*의 활동으로 된다. 도덕감정은 각 사람의 이기심과 이타심의 균형을 꾀하며, 더 나아가 사회생활 전체의 조화로운 질서도 실현하게 된다.

(2) 허치슨에서는 도덕감정의 지각작용이 강조된다. 그것은 자기와 타인의 행위를 보는 그 자리에서, 그것도 잘못 없이 선악을 감지한다. 그것은 반성*하고 계산하는 이성의 활동과 대조적이며, 이해관계를 벗어나 공평하게 선악을 판정할 수 있다. 그리고 그것은 비이기적 행위를 찬양하고 특히 보편적 인간애인 '인애'를 가장 찬양하는 데서 새로운 특징이 보인다. 인애는 본능이라고까지 말해지지만, 왜 인애가 특별히 찬양되

는가 하는 것은 도덕감정으로부터는 해명되지 않는다.

(3) 흄*도 이 학설을 지지하며, 도덕적 선악의 구별은 이성에 의해서가 아니라 도덕감정에 의한다는 것이 확인된다. 여기서도 인애가 찬양되지만, 찬양의 이유 제시에 효용의 견지가 도입된다. 도덕의 기원은 사회적 유용성에 놓이게 되지만, 다른 한편으로는 도덕감정이 지닌 도덕적 선악의 판정원리로서의 중요성이 줄어든다고 말할 수 있다. 이상의 도덕감정론에 대해서 뒤이어 나타나는 A. 스미스*는 그와 같은 명확하지 않은 특별한 감정을 도덕원리로서 가지고 나갈 필요는 없다고 생각한다. 스미스는 그 대신에 각 사람의 양심과 대응하는 좀더 객관적이고 이성적인 '공평한 주시자'라는 개념을 새로운 도덕원리로서 수립한다. 이러한 스미스의 비판에 의해서 도덕감정론은 그 발전을 마친다. 그러나 이 학설이 모든 사람에게 있어 작용하는 감각 내지 감정의 직접성 안에 보편적 도덕원리를 파악하고자 한 것의 의의는 충분히 평가되어야만 할 것이다. ⇒도덕감정

−하마다 요시후미(浜田義文)

[참] James Bonar, *Moral Sense*, Thoemmes Press, 1992(a reprint of the 1930 Edition). 浜田義文『カント倫理學の成立』勁草書房, 1981. 板橋重夫『イギリス道德感覺學派』北樹出版, 1986.

도덕법칙道德法則 [(독) moralisches Gesetz]

도덕법칙은 칸트에서 행위의 도덕성*을 근거짓는 최고원리이다. 그것은 모든 이성적 존재자*에 대해 타당한 객관적 원리로서 행위의 주관적 원리인 준칙*과 구별된다[IV 421 Anm.]. 그러므로 도덕법칙은 언제 어디에서나 어떠한 이성적 존재자에게도 타당한 보편적이고 필연적인 실천적 원리이며, 도덕적 판정의 선험적*인 원리이다. 그러나 욕구능력*의 객관*(질료)을 의지*의 규정근거로서 전제하는 한 실천적 원리는 우연적이고 주관적으로 제약되는 것에 그친다. 따라서 도덕법칙은 "보편적 입법형식"[V 29]의 원리로서 형식*이라는 면에서 의지를 근원적으로 규정하는 것이어야만 한다. 그 때 법칙은 준칙의 보편화 가능성의 시금석으로 된다. 이상과 같은 사정을 '순수 실천 이성

의 근본법칙', 즉 "너의 의지의 준칙이 언제나 동시에 보편적 입법의 원리로 간주될 수 있도록 행위하라"[V 30]에서 간취할 수 있다. 도덕법칙은 감각적 충동과 경향성*에서 독립하여 입법*된다. 즉 도덕법칙은 입법적 자유의지의 소산이며, 의지의 자율*을 유일한 원리로 한다[V 33]. 다른 한편 우리는 이러한 도덕법칙의 실천적 의식을 통해서 자유*를 안다. 그러므로 도덕법칙과 자유는 상호적으로 관계하고 있으며, 전자는 후자의 인식근거*(ratio cognoscendi), 후자는 전자의 존재근거*(ratio essendi)로 된다[V 4 Anm.].

도덕법칙은 현상계에 속하는 경험적 사실은 아니지만, '이성의 사실'로서 부정할 수 없는 예지적인 실천적 실재성을 지닌다. 그것은 순수 이성의 불가피한 실천적 의지규정의 활동 그 자체로 간주된다. 그것은 행위 주체로서의 인간이라는 이성적 존재자 자신의 실천적·도덕적 자각에 다름 아니다. 이 점은 그 이면에서 칸트가 도덕법칙의 객관적 실재성을 이론적으로 연역하는 시도를 단념했다는 것을 보이고 있다.

도덕원리의 근거짓기에 관한 시대사조들과의 교섭과 대결에 의거하면서[V 40] 그것들의 근거짓기에 무언가의 실질성이 포함되어 있다는 점을 비판적으로 확인한 다음, 칸트는 도덕법칙의 모든 이론적 연역을 불가능한 동시에 불필요한 것으로 간주했다. 그러나 도덕법칙의 직접적인 의지규정의 작용은 의지의 주관적인 규정근거로서 도덕법칙에 대한 존경*을 심성 속에 야기한다. 그러므로 존경 감정은 도덕적 의지의 자기규정의 결과로서 도덕법칙의 작용 그 자체와 결합되면서 감성계에서의 행위의 동기*가 된다.

그러나 감성적으로 제약된 유한한 이성적 존재자는 그 유한성 때문에 반드시 도덕법칙에 따르지는 않는다. 따라서 거기서 도덕법칙은 단지 자유의 법칙이 아니라 의무*와 당위*의 법칙으로서 도덕적 구속성을 수반한 무조건적인 정언명법이며, 현실의 인간은 도덕법칙과 자기애의 원리 사이에서 동요하고 있는 것이다. 그렇지만 도덕법칙의 무제약성은 그것 자체가 아무런 한정도 받지 않으며, 그 타당성은 무한한 예지적 의지에까지 미친다. 이러한 신성한 의지에서 구속성은 불필요하며, 법칙 그 자체의 신성성*이 드러나게 된다. 도덕법

칙은 최고선*의 촉진을 요구한다. 반대로 도덕법칙의 "대상의 무제약적인 총체성*[V 107]으로서의 최고선이 불가능하다면, 최고선의 촉진을 명령하는 도덕법칙 그 자체가 허위적 추상물로서 타당성을 지니지 못하게 된다. 그 경우 최고선의 전면적 달성을 위해서는 영혼의 불사와 신*의 존재가 요청*된다. 그러므로 이러한 요청을 매개로 하여 도덕법칙과 최고선은 나누어지기 어렵게 연관되어 있다. ⇒준칙, 의지의 자율, 자유, 이성의 사실, 명법, 최고선

—야마모토 세이이치(山本精一)

H. Cohen, *Kants Begründung der Ethik*, Berlin, 1910. H. J. Paton, *The Categorical Imperative*, Hutchinson, 1947. J. Ebbinghaus, Deutung und Missdeutung des Kategorischen Imperativs, in: *Gesammelte Schriften* I, Bouvier, 1986. R. J. Sullivan, *Immanuel Kant's Moral Theory*, Cambridge U. P., 1989.

도덕성 道德性 [(독) Moralität]

행위의 도덕적 가치를 의미하는 말로서 행위의 적법성(Legalität)과 대비된다. "행위의 동기*가 무엇이든 행위와 법칙의 단순한 일치 내지 불일치가 행위의 적법성(합법칙성*)이라고 불린다. 다른 한편 법칙에 기초한 의무*라는 이념*이 행위의 동기로 되는 경우의 행위와 법칙과의 일치 내지 불일치가 행위의 도덕성(인륜성)이라고 불린다"[MS, VI 219]. 행위가 도덕법칙*에 적합하다 하더라도 그 행위를 불러일으키는 의지*의 규정근거가 감성적*인 경향성*인 경우에는 의지규정이 '법칙을 위하여(um des Gesetzes willen)' 생겨나는 것은 아닌바, 행위는 적법성을 포함할 뿐 도덕성을 포함하지 않는다. "행위의 모든 도덕적 가치의 본질*은 도덕법칙이 직접적으로 의지를 규정하는 것에 의한다"[KpV, V 71]. 행위가 도덕적 가치(도덕성)를 지니기 위해서는 예를 들면 법적 행위의 올바름처럼 행위가 법적 법칙과 일치하는 것만으로는 충분하지 않다. 왜냐하면 법적 행위의 경우에는 행위의 동기가 감성적 경향성에 기초하는 것이라 하더라도 행위와 법칙이 일치하기만 하면 법적인 올바름, 요컨대 행위의 적법성 내지 합법

칙성이 보증되기 때문이다.

그에 반해 행위의 도덕성은 행위의 동기가 무엇인가 하는 것에 의존한다. 그런데 신적 의지의 경우에는 그 의지가 법칙에 필연적으로 따르기 때문에 법칙에 반한 행위는 불가능하고 따라서 "신적 의지에 대해서는 어떠한 동기도 전혀 부여할 수 없다"[KpV, V 72]는 것인 데 반해, 인간의 의지는 객관적 법칙에 필연적으로 따르는 것이 아니며, 그리하여 행위의 동기가, 요컨대 의지의 주관적인 규정근거가 무엇인 것인가에 따라서 행위가 도덕적인가 아닌가가 판정된다. 나아가 인간은 자기애* 때문에 감성적 경향성을 의지의 규정근거로서 행위하는 경우가 자주 있으며, 그 경우 행위는 도덕성을 지닌다고는 말할 수 없게 된다. 그러나 도덕법칙에 대한 존경*의 감정(도덕감정*)을 동기로 함으로써 경향성에 거슬러 의지의 규정근거를 직접적으로 도덕법칙에서 구할 때, 행위는 "마음가짐*(Gesinnung)에서 보아 도덕적으로 선*"[KpV, V 72 Anm.]이 되며, 도덕성을 포함하게 된다. 이 점을 의무 개념과의 관계에서 말하면, 도덕법칙이 직접적으로 의지를 규정하는 경우에 행위는 적법성을 지니고 의무에 적합할(pflichtmäßig) 뿐 아니라 '법칙을 위하여' 의무로부터(aus Pflicht) 생겨나게 된다. 결국 칸트에게 있어 행위의 도덕성은 행위를 생겨나게 하는 의지의 규정근거가 무엇인가 하는 관점에서 생각되고 있으며, 그런 한에서 도덕성은 마음가짐이라는 내면성에 주안점이 두어져 있게 된다. 덧붙이자면, 헤겔*은 도덕성과 인륜성(Sittlichkeit)을 동일시하는 칸트의 도덕론을 비판하여 자신의 『법의 철학』에서 도덕성과 인륜성을 구별하고, 도덕성으로부터 인륜성에로의 이행에 의한 자유*의 이념*의 실현에 관해 말하고 있다. 그에 따르면 아무리 자기의 내적인 마음가짐의 도덕성을 중시한다 하더라도, 객관적인 선에 관계되는 인륜성에 의해 뒷받침되지 않는다면 그것은 단지 주관적인 선을 이루어야만 한다는 당위*의 입장에 머무르고 만다. ⇒도덕법칙, 합법칙성

—쓰부라야 유지(円谷裕二)

J. Blühdorn/J. Ritter (Hrsg.), *Recht und Moral*, Frankfurt am Main, 1970. 円谷裕二「カントにおける法と道徳」駒澤大

學文學部紀要『文化』9, 1986.

도덕신학道德神學 ⇨ 윤리신학

도덕철학道德哲學 [(독) Moralphilosophie]

【Ⅰ】 일반적 개념

행위와 마음가짐에 관한 선악의 가치판단*, 성스러운 것과 신성의 광채로 빛나는 인격*에 대한 존경의 감정, 인격에서의 악마적인 것의 표출에 대한 거부의 감정, 또는 양심*의 작용, 특히 자기의 죄의 경험에서의 그것 등은 도덕적 현상이다. 또한 그것들은 인간*의 근원적 현상이라고 말할 수 있을 것이다. 보통은 이러한 현상의 철학적 설명 내지 해명이 도덕철학이라고 불린다.— 이에 대해서는 다양한 입장이 있다. 예를 들면 무도덕주의(Amoralismus)도 그 하나의 방향으로서 이것은 도덕적인 것의 고유한 존재를 인정하지 않고 당위*와 여러 가지 규범의식을 전적으로 도덕외적인 요소로 환원한다. 한편, 도덕실증주의와 언어분석 윤리학은 처벌의 위협이 수반되는 타자의 명령에 규범의식을 귀착시키며, 프로이트 등의 심리주의는 그것을 사랑의 상실에 대한 불안에 돌린다. 다른 한편으로 행복주의*는 스스로의 행복*에 대한 노력을 도덕적 행위의 규준으로 삼는다. 이것도 행복을 파악하는 방식에 따라 다양하다. 에피쿠로스*는 쾌락을 행복이라 하고, J. S. 밀 등의 공리주의*는 지적으로 이해된 이익에서 행복을 보며, 아리스토텔레스*의 이성적 행복주의는 인간적인 행복의 요구의 이성적 만족에 행복을 정립한다. 그리고 종말론적 행복주의는 피안의 보수를 행복이라고 한다. 여기서는 무도덕주의와는 달리 당위의 내용적 규정에서 인간의 완성과 행복을 지향하는 소질과 노력에 관한 목적론적 고찰의 필요성이 인정된다. 그러나 행위는 행복에로 이끄는 까닭에 가치가 있는 것이 아니다. 도덕적 가치 그 자체가 가치의 승인을 요구한다.

【Ⅱ】 전비판기

전비판기의 칸트의 도덕철학은 어지럽게 변한다.

그러나 대체로 도덕적 선은 감성*에 의한 의지규정이 아니라 이성*에 의한 의지결정에서 추구된다고 말할 수 있을 것이다. 세계*의 목적*은 세계 그 자체의 조화*이며, 그에 이바지하는 것이 모든 존재자의 사명이다. 그리고 인간의 본질적 특징은 실천적 능력에서가 아니라 이론적 능력에서 인정되기 때문에, 악덕의 기원은 사고력의 상대적인 둔함에 정립된다. 악인에게서는 사고력이 둔하기 때문에 감성이 이성보다도 우위에 서게 된다. 젊은 칸트의 이와 같은 소박한 도덕관이 극복되기 위해서 루소*의 저작과의 만남이 필요했던 것은 말할 필요도 없다.

【Ⅲ】 인간학과의 차이, 원리

비판기의 칸트는 본래의 도덕철학을 언표하기 위해 '도덕(Moral)'이라는 말을 사용한다. 도덕이란 윤리학*의 이성적인 부문이다[Ⅳ 388]. 물리학*에 이성적 부문과 경험적 부문이 있듯이, 윤리학에도 두 부문이 있다. 윤리학의 경험적 부문은 특히 '실천적 인간학'이라고 불린다. 그것은 경향성*과 성벽*, 쾌와 불쾌의 감정, 또는 그 밖의 감각론적 표상과 같은 경험적인 것에 대한 고려를 포함하기 때문에 그렇게 불리는 것이다. 그것은 이성적 존재자* 일반 가운데서 특히 감성계에 몸을 두는 존재자, 즉 인간에게 주목하는 한에서의 윤리학인 것이다. 그에 반해 윤리학의 '이성적 부문'이 "본래 도덕{ = 도덕철학}이라고 불리는" 것이다[Ⅳ 388]. 따라서 칸트의 도덕철학은 특수한 이성적 존재자(인간)에게만 타당한 준칙을 확정하는 것이 아니다. 이성적 존재자 일반에게 타당한 선의지*의 원리*를 도덕의 근본법칙으로서 정식화하는 것이다. 또한 이론적인, 따라서 경험적인 인식으로부터 그것을 이끌어내는 것이 아니라 순수 이성 그 자체의 활동 속에서 그것을 찾아내고자 한다. 제1비판*에서는 이성의 순수 활동성은 숨겨진 채로 있었다. 그러나 이성의 실천적 사용을 비판*하는 것에서 비로소 순수 이성 그 자체가 드러나게 된다.—그런데 "세계 안에서, 아니 원래 세계 바깥쪽에서도 무제한으로 선*하다고 간주될 수 있는 것은 선의지 이외에는 아무것도 생각될 수 없다"[Ⅳ 393]. 그러므로 도덕철학의 과제는 어떠한 의지가 선한가에 대한 탐구이다. 더욱이 그것은 이성적 존재자의 이성적 본성에만 토대하는 고찰이다. 이것은 인간을 특수로서 포함하는 이성적 존재자 일반의 본질 탐구라는 과제와도 중첩된다. 동시에 또한 도덕철학은 초감성적인 것으로의 '실천적·교의적' 초월(칸트의 본래적 형이상학)에 대해서 선험적*인 교의를 여건으로서 드러낸다. 이와 같이 하여 이론적 이성 사용에서는 금지된 초감성적인 것에 대한 인식의 실천적 확장을 위한 기초를 도덕철학이 부여하는 것이다. 요컨대 형식적 원리에 규정된 의지의 실질(최고선*)에 관한 사변이 전개되기 위한 기초로 되는 것이 도덕철학이다. 제2비판*은 그에 대한 소묘적인 수행이라고 볼 수 있다.

【Ⅳ】 형식 —유한에서의 무한—

선의 원리의 확정에서는 의지의 준칙*이 보편적 입법의 원리로서 타당한가의 여부가, 다시 말하면 준칙의 보편성*을 스스로 의욕할 수 있는가의 여부가 판정규준이 된다. 도덕법칙*은 원래 이성의 순수 활동성(순수 의지)의 내용이다. 그러나 유한한 이성적 존재자는 실천적*으로 제약되어 있을 뿐 아니라 의존적이기도 하기 때문에, 의지규정에서 자기애의 원리에 따르는 경향이 있다. 그러므로 그는 도덕법칙을 '의지'로서는 의식하지 못하고 오히려 정언적 당위로서 의식한다. 정언명법은 유한한 이성적 존재자의 유한성의 징표임과 동시에 유한한 이성적 존재자에서의 무한성의 나타남이기도 하다. 왜냐하면 도덕법칙은 그와 같은 존재자에게 타당할 뿐 아니라 무한존재자의 의지형식이기도 한바, 유한과 무한 쌍방은 형식을 동일하게 지니기 때문이다. ⇒도덕법칙, 선의지, 최고선, 이성적 존재자, 명법

—기타오카 다케시(北岡武司)

참 J. G. Fichte, *Versuch einer Kritik aller Offenbarung*, Königsberg, 1792(北岡武司 譯 『啓示とは何か』 法政大學出版局, 1996). H. Cohen, *Kants Begründung der Ethik*, Bruno Cassirer, Berlin, 1910. Heinz Heimsoeth, *Metaphysik der Neuzeit*, München/Berlin, 1934(北岡武司 譯 『近世の形而上學』 法政大學出版局, 1997). L. W. Beck, *A Commentary on Kant's Critique of Practical Reason*, Chicago, 1963. G. Anderson, *Die Stellung der Metaphysik der Sitten in Kants Ethik*, Halle, 1920. F. Delekat, *I. Kant*, Quelle & Meyer, 1969. H.-J. Hess, *Die obersten Grundsätze Kantischer Ethik und ihre Konkretisierbarkeit*, Bonn, 1971. K. Ward, *The Development of Kant's View of Ethics*, Oxford, 1972. O. O'Neil, *The Constructions of Reason: An Exploration of Kant's Practical Philosophy*, Cambridge, 1989. H. E. Allison, *Kant's Theory of Freedom*, Cambridge, 1990. M. Willaschek, *Praktische Vernunft. Handlungstheorie und Moralbegründung bei Kant*, Stuttgart, 1992. Walter Brugger, *Philosophisches Wörterbuch*, Herder, 1978.

도모나가 산쥬로(朝永三十郎) ⇨일본의 칸트 연구

도식圖式 [(독) Schema]

개념*(보편적 표상)은 어떻게 해서 직관*(개별적 표상) 및 그 대상에 적용되는 것일까? 또는 동일한 것이지만, 직관의 대상은 어떻게 해서 개념 아래로 포섭되는 것일까? 이 문제를 해결하기 위하여 개념과 직관을 이어주는 제3의 것으로서 생각되는 것이 도식이다. 그런데 개념의 직관에 대한 적용이 문제로 되는 것은 직관과 개념이 이종적이기 때문이다. 직관의 개별성은 공간*과 시간* 표상에 의해 가능해진다. 이에 반해 개념의 보편성은 공간과 시간을 사상함으로써 가능해진다. 직관과 개념의 이종성은 공간과 시간에 관련된 이종성인 것이다. 그리하여 칸트는 한편으로 공간과 시간 표상에 관계하는 것으로서 직관과 동종적이고 다른 한편으로 보편적인 것으로서 개념과 동종적인 '도식'을 생각함으로써, 개념의 직관에 대한 적용 문제를 해결하고자 하는 것이다. 어떤 개념의 도식이란 "개념에 그 형상(Bild)을 제공하는 상상력*의 일반적인 작용방식의 표상*"[B 179-180]이다. 예를 들면 삼각형은 공간이라는 형식*에 따라서 많은 점으로 구성되어 있다고 표상된다. 그리고 그 다양한 점들의 표상은 시간이라는 형식에 따라서 내감*에 계기적으로 주어진다. 그러나 그것만으로는 다양한 점들이 뿔뿔이 흩어져 표상되고 있을 뿐이어서 삼각형의 형상은 주어지지 않는다. 형상이 주어지기 위해서는 다양한 점들의 표

97

상이 어떤 규칙("일반적인 작용·방식")에 따른 상상력의 작용에 의해서 종합되어야만 하며, 그 종합의 규칙이 표상되어 있어야만 한다. 삼각형의 형상이 주어진다는 것은 그러한 종합의 규칙이 표상된다는 것이다. 그리고 이러한 삼각형의 형상을 제공하는 "상상력의 종합의 규칙"[B 180]을 '삼각형'이라는 개념의 도식이라고 말하는 것이다.

형상을 그려내기 위해 상상력에 의해서 종합되어야만 하는 다양한 표상은 공간과 시간의 형식에 따르고 있다. 따라서 도식은 공간과 시간 표상과 관계하는 것이며, 그런 한에서 직관과 동종적이다. 또한 도식은 규칙으로서의 보편성을 지닌다. 그런 한에서 도식은 개념과 동종적이다. 이와 같은 도식이 근저에 놓여 있어 개념이 직관의 대상에 적용되는 것(직관의 대상이 개념 아래 포섭되는 것)이 가능해지는 것이다. 예를 들면 '삼각형'의 개념이 대상에 적용되고 '이 대상은 삼각형이다'라고 말해질 때, 그 판단의 근거에는 그 대상의 형상이 '삼각형'의 도식에 따라서 그려지고 있다고 하는 표상이 놓여 있는 것이다. 도식은 형상과 개념에서 떠나 그것만으로 표상될 수 있는 것이 아니다. 공간과 시간의 관계에서 도식을 표상하기 위해서는 개념이 필요하다. 그러나 도식 없이는 형상도 없으며, 뿔뿔이 흩어진 직관의 다양이 있을 뿐이다. 또한 개념의 내용도 없고 공허한 사유가 있을 뿐이다. ⇒개념, 직관, 도식론

－오타 신이치(太田伸一)

📖 J. Bennett, *Kant's Analytic*, Cambridge U. P., 1966. L. Chipman, Kant's Categories and their Schematism, in: R. Walker (ed.), *Kant on Pure Reason*, Oxford U. P., 1982.

도식론圖式論 [(독) Schematismus]

'도식론(Schematismus)'은 '초월론적 논리학*'의 한 장으로서 순수 지성의 도식기능(Schematismus)을 다룬다. 순수 지성의 도식기능이란 도식*이라는 제약 하에서의 순수 지성의 작용방식을 가리킨다. '도식론'은 이 도식기능을 구명하고, 순수 지성의 개념(범주*)이 어떻게 해서 현상*(경험적 직관의 대상)에 작용되는

것인가 라는 문제를 해결하고자 하는 것이다. 일반적으로 현상에 대한 개념*의 적용은 도식에 의해서 가능해진다. 도식이란 개념에 현상을 제공하는 상상력*의 종합의 규칙이다. 범주가 현상에 적용되기 위해서도 도식이 필요하다. 그러나 범주의 도식은 형상을 제공하는 것이 아니라 초월론적 시간 규정에 관계하는 것이다. 범주가 현상에 타당하다는 것은 경험적 직관 속에 포함되어 있는 다양한 표상이 초월론적 통각 아래 통일되어 있다는 것이다. 그리고 그 통일을 위해서는 상상력의 초월론적 종합의 활동이 필요하다. 그런데 상상력의 초월론적 종합은 내감*의 형식*(시간)에 따른다. 따라서 상상력의 초월론적 종합에 의해서 경험적 직관의 대상은 시간적으로 규정된 것으로서 표상되게 된다. 그리고 이러한 시간 규정은 통각*의 초월론적 통일에 관계하는 한에서 선험적*이다. 초월론적 시간 규정이란 상상력의 초월론적 종합에 의해서 대상에 주어지는 선험적인 시간 규정인 것이다. 그리고 초월론적 시간 규정을 제공하는 상상력의 초월론적 종합의 규칙이 범주의 도식(초월론적 도식)인 것이다. 이 도식에 의해 범주의 현상에 대한 적용이 가능해진다. 그러나 그와 함께 범주의 적용범위가 현상에 한정되게 되는 것이다.

각각의 범주의 도식은 다음과 같다. 양*의 도식은 "수*"이다. 이에 의해서 대상은 시간계열에 관해 규정된다. 실재성(질)의 도식은 "시간에서의 실재성의 연속적이고 동형적인 산출"이다. 이에 의해서 대상은 시간 내용에 관해 규정된다. 실체*의 도식은 "시간에서의 실재적인 것의 지속성"이다. 원인의 도식은 "규칙에 따르는 한에서의 다양한 것의 계기"이다. 상호성의 도식은 "어떤 것의 규정과 다른 것의 규정의 일반적 규칙에 따른 동시존재"이다. 이와 같은 세 가지 관계 범주의 도식에 의해서 대상*은 시간 순서에 관해 규정된다. 가능성의 도식은 "어떤 하나의 시간에서의 사물의 표상의 규정"이다. 현실성의 도식은 "일정한 시간에서의 현존재"이다. 필연성의 도식은 "모든 시간에서의 대상의 현존재"이다. 이와 같은 세 가지 양상 범주의 도식에 의해서 대상은 시간 총괄에 관해 규정된다[B 182-185].

그런데 범주와 현상의 관계는 '도식론'에 선행하는 '연역론'에서 이미 문제로 되고 있었다. 다만 '연역론'은 이 동일한 문제를 "어떻게 해서 사유의 주관적 제약이 객관적 타당성을 지니는가?"[B 122]라는 문제로서, 즉 주관성과 객관성의 문제로서 논하고 있는 데 반해, '도식론'은 개념 아래로의 대상의 포섭의 문제로서 논하고 있는 것이다. ⇒도식, 초월론적 논리학, 범주
─오타 신이치(太田伸一)

㊐ M. Heidegger, *Kant und das Problem der Metaphysik*, Vittorio Klostermann, ⁴1973(木場深定 譯『カントと形而上學の問題』理想社, 1967). H. E. Allison, *Kant's Transcendental Idealism*, Yale U. P., 1983.

독단론獨斷論 ⇨**교조주의**

독단의 선잠獨斷─ ⇨**교조적 선잠**

독단적獨斷的 ⇨**교조적**

독일 관념론獨逸觀念論 [(독) Deutscher Idealismus]
【Ⅰ】 유래와 정신사적 연관

칸트의 비판적 관념론*을 계승하면서 칸트와의 대결을 통해 형성된 독일 철학의 총칭. 대표적인 철학자로서 피히테*, 셸링*, 헤겔*의 이름을 드는 것이 보통이지만, 칸트 자신과 슐라이어마허, 헤르바르트*, 쇼펜하우어* 등을 포함하여 생각하는 경우도 있다. 또한 셸링과 헤겔의 공통의 친구였던 시인 횔덜린은 물론이고 괴테*와 실러* 등의 고전파 시인, 슐레겔 형제와 노발리스 등의 낭만파 작가와의 결합도 강하다. 나아가 헤르더*와 야코비, 장 파울 등도 독일 관념론의 역사적 맥락에 귀속되는 사람들로 간주되고 있다. 어쨌든 피히테로부터 셸링, 헤겔에 이르는 사상적 전개, 피히테와 셸링의 후기 사상의 의미부여가 독일 관념론의 성격을 규정할 때의 중요한 관점으로 된다.

【Ⅱ】 사상의 모티브

칸트는 그의 이성 비판에서 감성*과 이성*의 선험적인 형식을 끄집어냄으로써 보편성*과 필연성*을 지닌 경험*의 가능성*을 명확히 했지만, 동시에 인간*의 인식*을 현상* 세계에 한정하고 사물 자체*에 관한 인식의 가능성을 배제했다. 이것은 현상 세계에서의 인간 인식의 확실성을 근거지음과 함께 실천적 세계, 예지계*에서의 인간의 자유*를 확보하는 것이기도 했다. 그러나 이에 의해 칸트에서는 자연*의 세계와 자유의 세계가 분열하고, 『판단력비판』*에서 이 두 개의 세계 사이에 다리 놓기가 시도되었긴 하지만, 인간적 이성의 하나의 원리*로부터 이 양자를 체계적으로 근거짓는 것은 나중의 과제로서 남겨졌다. 독일 관념론의 철학자는 누구나 칸트적 이성의 유한성을 극복하여 칸트가 억제한 사물 자체의 인식을 추구하고, 절대자에 관한 새로운 형이상학*을 수립하고자 했다. 그들의 사색은 주관*과 객관*, 자연과 자유, 유한과 무한*, 이상과 현실의 대립을 전체적인 학의 체계*에서 통일하고자 한다는 점에서 궤를 같이 한다. 절대자에 관한 이해는 각각 다르지만, 그들의 철학은 모두 자연, 역사*, 예술*, 종교*의 세계를 관통하는 전체적 생을 주제로 하고 있으며, 이러한 세계들을 절대자의 창조적 자기표현으로서 파악하고 절대자의 생의 전개에서 상호 유기적으로 조직화하고자 하는 것이었다.

【Ⅲ】 사상의 전개

독일 관념론의 최초의 기수는 피히테이다. 그는 철학의 유일한 원리를 자기를 절대적으로 정립*하는 근원적 자아의 활동에 두고, 이 자아* 속에 정립된 가분적 자아와 가분적 비아의 교호적인 한정작용을 통해 이론적 의식과 실천적 의식의 전 영역을 연역하고자 했다. 피히테의 이러한 시도는 자아의 활동으로부터 의식*의 규정들을 설명하고 지식의 성립근거와 경험의 가능성에 대한 물음에 대답하는 것으로서 '학문론'(Wissenschaftslehre, 지식학)이라고 불린다. 피히테의 철학은 일반적으로 칸트의 '실천 이성의 우위'*의 사상을 계승하는 것이자 자유로운 자아의 도덕적 세계의 실현에로 향한 것이었다.

셸링은 처음에 피히테의 학문론의 구상에 따르고

있었지만, 머지않아 독자적인 '자연철학*'을 수립하게
된다. 그것은 피히테의 자아의 철학을 유기적 자연의
실재성*과 화해시킴으로써 피히테의 학문론의 주관성
을 극복하는 시도였다. 셸링에게 있어 자연은 피히테
의 그것과 같은 단순한 '비아'가 아니라 자기 자신을
산출하는 살아 있는 활동이며, 자아와 마찬가지로 '주
관＝객관'이다. 자기의식*으로서의 자아도 이러한 자
연의 생산활동 가운데서 그 포텐츠가 높아져 생성되어
왔던 것이다. 이러한 자연철학은 이윽고 유한적 사물
들의 생성을 '절대적 동일성'의 양적 차별로부터 설명
하는 '동일철학'에 장소를 내어주지만, 이 동일철학도
유한자의 양적 차별과 속성이 전적으로 사상된 '절대
적 무차별'(헤겔이 후에 '모든 소가 검어지는 깜깜한
밤'이라고 야유한 셸링의 절대자)로부터 어떻게 하여
차별의 세계가 성립하는가 하는 어려움에 직면하여
포기되게 된다. 그 후 셸링은 「인간적 자유의 본질」과
신화의 세계, 기독교*의 계시의 세계에 대한 통찰을
통해 철학자의 반성을 넘어선 절대자의 절대성과 유한
한 세계와의 연관을 계속해서 추구하지만, 그것은 학
적 지의 체계성과 절대자의 절대적 자유의 긴장관계
속에서 절대자의 철학의 가능성을 계속해서 모색하는
것이었다.

독일 관념론의 철학자 가운데서 학*의 체계성이라
는 점에서 가장 완성된 형태를 실현한 것은 헤겔이다.
헤겔에게 있어 절대자는 유한자에서 자기를 외화하고,
타자존재에서 자기를 매개하는 '절대정신'의 운동 그
자체이다. 그는 로고스(신*의 창조 이전의 이념의 세계)
로부터 자연의 세계, 나아가 정신*의 세계로의 전개를
부정성 속에서 동일성을 보존하는 절대자의 변증법적
인 필연적 운동으로서 묘사하고, 그것을 '논리학', '자
연철학', '정신의 철학'으로서 체계화한다. 헤겔의 철
학은 『정신현상학』과 『법(권리)의 철학』에서 보이듯
이 인간 정신의 구체적 사태에 관해 피히테와 셸링에서
는 보이지 않는 통찰력을 보여주고 있으며, 그런 의미
에서도 독일 관념론에서 가장 중요한 철학자라고 말할
수 있다. 한편, 피히테와 셸링의 후기 사상에는 이성의
개념적 파악을 넘어선 절대자의 절대성과 이성에 선행
하는 '존재*' 그 자체의 우위를 설파하는 사상이 나타나

있으며, 독일 관념론 이후의 다양한 사상의 모티브를
선취하는 것으로서 헤겔의 사상으로 해소되지 않는
것들이 있었다. ⇒학, 체계, 자유, 자아, 형이상학, 지적
직관

—미네 히데키(嶺 秀樹)

⑧ F. Copleston, *A History of Philosophy*, vol. 7, Doubleday,
1965(小坂國繼 外 譯 『ドイツ觀念論の哲學』以文社, 1984).
Walter Schulz, *Die Vollendung des Deutschen Idealismus in
der Spätphilosophie Schellings*, Pfullingen, 1955. Richard
Kroner, *Von Kant bis Hegel*, Tübingen, 1921. 嶺秀樹「自我・自
然・精神──フィヒテ, シェリング, ヘーゲル」加藤・安
井・中岡 編『ヘーゲル哲學の現在』世界思想社, 1988.

독일의 칸트 연구獨逸–研究

어째서 칸트 해석의 역사를 【Ⅰ】 칸트와 동시대,
【Ⅱ】 독일 관념론 시기, 【Ⅲ】 신칸트학파의 시대,
【Ⅳ】 20세기의 네 시기로 구분하는 것인가? 그것은
이들 네 시기에서 칸트 해석을 둘러싼 획기적인 특징의
본질적인 차이가 간취되기 때문이다. 즉 칸트와 동시
대에는 직접적으로 칸트의 가르침을 들은 제자들 또는
칸트의 철학에 찬성한다든지 반대한다든지 한 동시대
의 철학자들이 출현했던 것이지만, 그들은 칸트 사상
을 눈앞에서 체험한다고 하는 커다란 이점을 지니고
있었다. 이에 반해 독일 관념론 시기의 철학자들은
피히테*, 셸링*, 헤겔*, 쇼펜하우어*에서 분명해지듯이
어디까지나 칸트 철학을 미완성의 것으로 간주하면서
칸트로부터 일탈하는 형태로 각자가 자기의 독자적이
고 독창적인 철학체계를 구축하여 전개했다. 19세기
중엽 이래로 '본래의 칸트'를 추구하여 문헌학적인
칸트 해석이 시작되고, 신칸트학파의 형성 이후 칸트
주의의 부흥이 제창되며, 칸트 철학의 정신은 과학(자
연과학과 정신과학)과의 결합을 통해 정의되고, 『순수
이성비판』*은 과학의 방법론적 근거짓기의 저작으로
서 독해되기에 이르렀던 것이다. 이러한 신칸트학파의
칸트 해석들과는 전적으로 다른 칸트 이해의 첨단이
분트, 하르트만*, 하이데거*, 하임죄트* 등의 존재론적
해석에 의해서 시도되며, 그 후 '분석철학'적 해석,

'행위론'적 해석, '재구성'적 해석, '개념사'적 해석 등 등의, 나아가 일찍이 볼 수 없었던 다종다양한 칸트 해석이 전개된 것이 20세기 현대이다. 이상과 같은 이유에서 칸트 해석의 역사를 칸트와 동시대, 독일 관념론 시기, 신칸트학파의 시대, 20세기의 네 시기로 구분하는 것은 지당한 일일 것이다.

—아리후쿠 고가쿠(有福孝岳)

【Ⅰ】 칸트의 동시대 및 직후

독일에서의 칸트 철학에 대한 평가와 연구는 『순수 이성비판』* 제1판의 간행(1781) 직후로부터 시작된다. 일찍이 84년에는 동료인 J. 슐츠에 의한 『칸트 교수의 순수이성비판의 해명』이 저술되며, 나아가 라인홀트* 가 『도이처 메르쿠르』지에 발표한 『칸트 철학에 관한 서한』(1786-87)에 의해 칸트의 인식론적 이론철학은 널리 인구에 회자되었다. 예나 대학의 슈미트는 86년 에 『순수이성비판 개론』과 함께 칸트 저작의 용어사전 을 저술하고, 프로이센 궁정으로부터 국비로 파견된 키제베터는 베를린으로 돌아와 칸트의 학설을 유포시 켰다. 앞에서 언급한 슐츠는 『칸트의 순수이성비판의 음미』(1789-92)를 공간하여 『비판철학이 평가되어야 만 할 유일 가능한 입장』(1796)을 저술한 베크와 함께 가장 초기의 칸트 해석자가 되었다. 같은 1790년에는 또한 칸트 개인소장본에 기입된 글자와 오식에 관한 문헌학적인 주석도 여럿 나타난다.

이론철학의 영역 바깥에서도 크라우스*처럼 칸트의 도덕철학을 국가론의 실제적 측면에 응용한 것, 실러* 의 『인간의 미적 교육에 대하여』(1795)처럼 미학의 발전적 계승으로 향하는 것, 초기 피히테*의 『모든 계시에 대한 비판 시도』(1792)처럼 비판주의적인 종교 론을 구상하는 것 등, 칸트 철학의 다양한 측면에서의 전개가 시도되었다. 동시에 공간되지 않은 강의록의 정리와 출간도 개시되어 링크의 편찬에 의한 『자연지 리학』과 『교육학』은 칸트 생전에 간행된다. 또한 쾨니 히스베르크 대학의 칸트의 강좌는 그의 사후 크룩, 헤르바르트*, 로젠크란츠에게로 차례로 계승되며, 로 젠크란츠는 동료인 슈베르트와 함께 전 12권의 『칸트 저작집』(1838-40)을 하르텐슈타인 판 전집(1838, 53, 67, 68)에 앞서 간행했다.

한편, 칸트에게 영향 받으면서도 칸트와는 다른 입 장을 걸어간 철학자도 활발하게 활동하고 있으며, 칸 트 자신과 서간을 교환하거나 비판적 저작을 간행하거 나 했다. 대중철학자 가르베*가 『괴팅겐학보』에 게재 한 『순수이성비판』에 대한 비판적 서평(1782)은 칸트 로 하여금 『프롤레고메나』*를 집필하게 만드는 동기 가 되기도 했다. 영국의 회의주의적인 입장에서 『에네 지데무스』(1792)와 『이론철학의 비판』(1801) 등을 저 술한 슐체*처럼 반칸트주의라고 말해지는 자도 있었 다. 또한 특히 칸트 철학의 체계적 약점이라고도 말할 수 있는 역사*, 언어*, 감정*, 천재론, 신앙*, 비합리주의 등, 질풍노도 시기로부터 낭만주의 시기에 걸친 철학 사상의 주요한 논점들에 관해서는 하만*, 마이몬*, 멘델 스존*, 헤르더*, 야코비* 등이 각각의 독자적인 입장에 서 칸트와 대결하여 비판적 논의를 전개하고 있다. 그 가운데서 헤르더의 『지성과 경험, 이성과 언어, 순수이성비판에 대한 메타비판』(1799)은 당시부터 저 명한 것이었다. 나아가 '사물 자체*'의 인식 가능성과 존재 성격, 형이상학의 통일 가능성 등, 칸트 철학의 초월론적 관념성*을 둘러싼 문제에 관해서는 '학문론' 과 '초월론적 관념론'이라는 이름으로 피히테, 셸링*, 쇼펜하우어*, 헤겔* 등, 이른바 독일 관념론*의 체계들 로 주요한 논점이 계승되어 가게 되었다. ⇒라인홀트, 가르베, 슐체, 하만, 마이몬, 멘델스존, 헤르더, 야코비

—오하시 요이치로(大橋容一郎)

【Ⅱ】 독일 관념론 시기

칸트 사후에도 칸트학파의 사람들이 칸트의 학설을 대학에서 강의하는 한편, 독일의 전위적인 소설가와 철학자들이 스스로의 저작활동을 통해 칸트와 대결하 고 있었다. 칸트의 윤리학에 심취한 장 파울은 친구에 게 보낸 편지[1788. 7. 13]에서 칸트의 두 권의 책 『인류 의 형이상학의 정초』*와 『실천이성비판』을 사도록 권유하고, 칸트를 '동시에 눈부시게 빛나는 태양계'라 고 찬양했다. 셸링 및 헤겔과 튀빙겐 신학교의 동기생 인 횔덜린은 칸트를 '독일의 모세'라고 불렀다. 칸트의 윤리학*과 미학*에 의해서 특히 『인간의 미적 교육에

대하여』(1799)에서 강한 영향을 받은 실러*는 칸트에서의 의무와 경향성의 대립을 '아름다운 영혼'이라는 이상 안에서 지양하고자 한다. 괴테*는 칸트를 근대의 철학자들 가운데 가장 탁월한 자로 간주하고 무엇보다도 특히 『판단력비판』*을 추천한다. 클라이스트*는 『홈부르크의 황태자 프리드리히』(1810)에서 칸트 법철학의 기본구상을 극의 형태로 표현한다.

가장 결실이 풍부한 칸트론은 비판철학의 기본구상, 즉 현상*과 사물 자체*의 대립에 따라서 그 발단이 이루어진다. 야코비에 따르면 사물 자체를 상정하지 않고서는 이성 비판 안으로 들어갈 수 없으며, 또한 사물 자체를 상정하면 거기에 머무를 수 없다. 라인홀트*는 '기초철학(Elementarphilosophie)'에서 감성*과 지성*이라는 인식능력의 분열과 대립을 '표상하는 의식' 안에서 해소하고자 한다('의식의 명제'). 이러한 해결에 반대하는 것은 칸트, 피히테*, 셸링에 의해서 예리한 통찰력을 평가 받은 마이몬*과 회의주의자 슐체*이다.

처녀작 『모든 계시에 대한 비판』(1793)이 칸트의 주선에 의해 출판된 피히테는 하룻밤 만에 저명한 젊은 철학자가 된다. 피히테는 본래 칸트 철학을 칸트 이상으로 철저하게 관철한다고 하는 근본신념에서 스스로의 '학문론'을 전개하지만, 이에 대해 칸트 자신은 비판철학이 학문론과는 아무런 관계도 없다고 공공연히 선언한다[XII 370f.]. 피히테에서 시작된 독일 관념론*의 철학자들은 제1비판의 인식의 코페르니쿠스적 전회*, 제2비판의 자유의 원리, 제3비판의 체계적 관심에 결부됨과 동시에, 칸트가 남겨놓은 이원론적 대립과 한계 설정의 다양한 형태를 극복하고자 하여 사유*와 행위, 존재*와 당위, 이론과 실천, 자연*과 정신을 공통의 근원으로부터 도출하고자 한다. 어쨌든 독일 관념론의 철학자들은 칸트 철학을 불충분한 것으로 간주하고 그것의 근본 의도를 완수한다는 정신에서 사변을 전개하여 차례로 칸트로부터 일탈하는 한편, 각자의 방식으로 독창적인 철학을 구축했던 것이다.

피히테는 칸트의 이론적 지식과 실천적 지식, 이론철학과 실천철학의 이원론을 학문론의 관점에서 하나의 공통적인 원리를 토대로 일원화하고자 한다. 그는 칸트에 의한 비판철학의 한계 설정을 넘어서 인간적

인식(제1비판)과 도덕적 행위(제2비판)의 공통적인 초월론적 원리를 눈앞의 '사실(Tatsache)'에 근거짓는 것이 아니라 자아*의 근원적 자기정립으로서의 '사행(Tathandlung)'에 근거짓고, 칸트가 실천 이성에만 허용한 자율적 능력을 자아의 근원적 능동성으로서 보편화하는 것이다.

피히테의 사유 안에서 자연철학이 결여되어 있음을 간취한 셸링은 칸트가 『판단력비판』에서 전개한 자연의 문제를 한층 더 심화, 발전시켜 무한히 활동적인 자연을 정신과 동일한 위계에 놓을 뿐 아니라, 칸트에서는 어떠한 체계적 취급도 받지 못한 '몰의식적인 것(Bewußtloses)'도 포함하여 이론화하고자 한다. 셸링은 피히테와 마찬가지로 칸트 안에서 '철학의 서광'을 볼 뿐으로, 나중에는 피히테와 헤겔과 논쟁하는 가운데 '철학의 충족'을 가져오고자 하는바, 피히테가 '학문론'만을 밀고나가고자 하는 것에 역으로 대응하여 생애에 걸쳐 화려하고 다양한 철학체계를 창조, 전개한다.

칸트가 변증론(Dialektik)을 '가상의 논리학'이라고 정의한 것에 반해, 피히테와 셸링에게 있어, 가장 지속적으로는 헤겔에게 있어 변증론은 사변적 변증법의 모습을 취함으로써 하나의 적극적이면서 구성적인 의미를 획득한다. 왜냐하면 반성적인 지성적 사유는 절대자를 단념하지만, 사변적 변증법은 단념하지 않기 때문이다. 칸트가 신의 존재론적 증명을 거부했음에도 불구하고, 헤겔은 이것을 부활시키며, 피히테와 셸링도 다른 관점에서 신의 문제를 취급한다. 이에 반해 포이어바흐, 마르크스, 니체* 등은 칸트가 인정한 도덕신학(윤리신학*)마저도 인정하지 않는다.

독일 관념론의 완성자 헤겔은 초기 작품 『신앙과 지식』(1802/03)에서 칸트, 야코비, 피히테의 입장을 '반성철학'의 입장에 지나지 않으며 이 입장에 머무는 한에서 무한한 전체를 파악할 수 없다고 하여 칸트의 유한한 인간 이성 대신에 절대정신의 일원론적 입장을 내세운다. 그는 "이성적인 것은 현실적이며, 현실적인 것은 이성적이다"[『법철학』 서문]라고 선언함으로써 현실을 절대적으로 합리화한다. 이리하여 헤겔은 절대정신의 생각을 역사성의 생각과 결부시킨다. 『정신현

상학』에서의 정신의 자기전개(운동)로서의 의식의 경험의 학과 또한『논리의 학』에서의 개념의 자기운동으로서의 체계적 전체에서 이성적인 것과 현실적인 것, 개념적인 것과 역사적인 것의 절대적 일체화가 간취된다. 이것은 칸트에서의 종합적 통일의 헤겔적인 적응・발전・완성・일탈이었다.

독일 관념론의 철학자들과 동시대인이면서 그 조류 바깥에 서서 칸트에게 스스로를 직접적으로 관계시키고 있었던 것이 프리스*와 헤르바르트*이다. 프리스는 『이성의 새로운 비판』(Neue Kritik der Vernunft, 1807)에서 칸트에 의거한다는 점을 표명했다. 영향력 있는 교육자이자 심리학자로서의 헤르바르트는 사변철학에 반항하여 볼프*와 라이프니츠*를 고려함으로써 비판적 초월론적 철학에 실재론적인 전회를 부여하고자 한다. 철학적으로 보아 훨씬 더 중요한 것은 쇼펜하우어*이다. 쇼펜하우어의 근본구상, 즉『의지와 표상으로서의 세계』(Welt als Wille und Vorstellung, 1818)의 근저에 놓여 있는 것은 칸트가 '코페르니쿠스적 전회'에서 수행한 인식이론적인 실재론으로부터의 전향, 현상과 사물 자체의 구별, 이론 이성과 실천 이성의 구별과 실천 이성의 우위이다. ⇒독일 관념론, 피히테, 셸링, 헤겔

—아리후쿠 고가쿠(有福孝岳)

㊐ 有福孝岳「現在ドイツにおける『純粹理性批判』研究」『理想』582号, 1981. O. Höffe, *Immanuel Kant*, München, 1968(藪木榮夫 譯『イマヌエル・カント』法政大學出版局, 1991). E. R. Sandvoss, *Immanuel Kant*, Stuttgart, 1983.

【Ⅲ】 신칸트학파*의 시대

19세기 중엽에 유럽의 세계관의 갑작스런 전회와 관념론의 통일철학의 좌절을 경험한 독일 철학계에서는 융성하는 자연과학 및 정신과학의 경험적인 유물주의와 원리에 기초한 순수철학의 본질 규정의 관계가 긴장을 내포하게 된다.『생리학적 광학편람』(1859), 『음향감각론』(1863) 등을 저술한 헬름홀츠와 같은 과학자가 자연과학 측으로부터 인식론을 구상하는 한편, 『인식론의 의의와 과제』(1862)를 쓴 첼러 등은 자연과학의 인식론으로의 복귀를 주장했다.『칸트와 그 에피

고넨』(1865)의 저자 리프만과『유물론의 역사』(1865)의 저자 랑게는 좀더 노골적으로 칸트의 비판적 인식론의 입장을 찬양함으로써 이 사람들은 후에 초기 신칸트학파로 불리게 된다.

마르부르크 대학에서는 코헨*이 랑게의 강좌를 계승하여『칸트와 경험의 이론』(1871)으로 시작되는 칸트의 3비판서의 주해를 저술하고, '초월론적 방법'의 과학기초론으로서의 우위를 주장했을 뿐만 아니라, 순수 사유에 의한 학문 대상의 자기산출이라는 '근원의 원리'에 기초하는 관념론적 형이상학을 구상하기에 이르렀다. 코헨이 초청하고『비판주의에 기초한 철학적 교육학』(1899) 등 사회교육학으로 알려진 나토르프*와 그들의 영향 하에 있던 신칸트학파 사회주의자로서『도덕의 경제적 기초』(1907)의 저자 슈타우딩거, 수학론과 정신사 그리고『칸트의 생애와 학설』(1918)로 알려진 카시러*, PhB 판 칸트 저작집의 편자이자『칸트와 마르크스』(1911),『임마누엘 칸트 — 사람과 업적』(1924)로 저명한 포어랜더, 코헨의 제자인 크니터마이어 등의 일군의 사람들이 이른바 마르부르크학파라고 불리며 각자 칸트 연구를 저술하는 한편, 그들의 정신주의적이고 사회윤리적인 학문론은 오르테가 등의 청강자들에게까지 영향을 주었다. 그러나 1910년대 이후『인식의 형이상학 강요』(1921)와『관념론과 실재론의 피안』(1924)의 저자 N. 하르트만,『인격성 의식과 사물 자체』(1924)와『순수이성비판』*의 변증론과 방법론에 대한 상세한 주해로 알려진 하임죄트*, 나아가서는 초기의 하이데거 등, 이 학파를 계승해야만 하는 입장에 있던 인물들은 칸트를 높이 평가하고 있기는 하지만 모두 독자적인 존재론적 입장으로 이행함으로써 학파로서의 신칸트주의는 오래 계속되지는 못했다.

다른 한편 자연과학적 관념론자 로체와 헤겔주의자이면서『근대철학사』(1854-77),『칸트의 생활과 그의 이론의 기초』(1860) 등에서 칸트 철학을 찬양한 K. 피셔의 영향 하에 있던 빈델반트*는 1903년에 하이델베르크 대학의 피셔의 강좌를 이어받았다. 그는『칸트 사물 자체설의 양상들에 대하여』(1877) 이래로 칸트 철학에 관한 많은 업적을 저술하고, 칸트의 비판적

방법에 기초한 가치철학, 역사철학 등을 구상했다. 『문화과학과 자연과학』(1899)과 판을 거듭한 『인식의 대상』 그리고 『인식의 두 가지 길』(1909) 등을 저술한 리케르트*, 그의 제자이자 『철학의 논리학 및 범주론』 (1911), 『판단론』(1912)에 의해서 하이데거에게도 영향을 준 라스크 등, 이 대학에서 칸트 철학을 중시하고 문화철학과 타당철학, 순수 로고스주의 등을 내건 일군의 사람들이 서남독일학파(바덴학파)라고 칭해진다.

신칸트학파는 그 제1세대의 사후 실증과학에 의한 기피, 독일의 정치적 상황 등에 의해서 급속히 와해 내지 고의로 망각되며, 1920년대 후반에는 학파로서는 소멸했다. 그러나 칸트 철학에 관한 좀더 문헌학적인 연구와 독자적인 관점에서의 칸트 해석서가 오히려 20년대 이후에 급증하고 있다는 것을 아울러 생각하면, 신칸트학파가 현대에 이르는 칸트 철학에 대한 고려로의 출발점이 되었다고 말해도 지나치지 않다. 또한 이들 신칸트학파의 사상은 그 다수가 일본어로 번역되어 칸트 철학에 기초한 자연과학 기초론, 인식론, 인격주의, 사회주의 이론 등의 영역에서 메이지 시기 이후 제2차 세계대전 이전의 일본의 철학계에 지대한 영향을 준 것도 잊어서는 안 될 것이다. ⇒신칸트학파, 코헨, 나토르프, 카시러, 리케르트, 빈델반트, 하르트만, 하임죄트

—오하시 요이치로(大橋容一郎)

🔲 桑木嚴翼 『カントと現代の哲學』 岩波書店, 1917. 特集 「新カント派」 理想 643号, 理想社, 1989.

【Ⅳ】 20세기 (신칸트학파를 제외)

신칸트학파*의 운동과 서로 병행하여 독일에서는 반드시 학파를 형성하지는 않은, 화려하진 않지만 중요한 개별적 칸트 연구가 진행되고 있었다. B. 에르트만과 R. 라이케, E. 아르놀트 등에 의해서 그때까지 공개되지 않은 칸트의 유고와 강의록의 존재가 서서히 밝혀지고, 칸트 연구에서 문헌학이라는 새로운 영역의 개척을 부득이하게 만들었던 것이다. 그와 더불어 딜타이* 등에 의한 학술원판 칸트 전집의 간행(1900년부터), 바이힝거*에 의한 『칸트 연구』*(『칸트 슈투디엔』)

의 간행(1897) 및 칸트협회의 설립(1904)이라는 새로운 운동이 일어났다. 이들은 독일 이외의 칸트 연구에도 공공의 장을 제공했다고 하는 의미에서 그 후의 칸트 연구의 역사를 크게 결정하였으며 오늘날에도 이어지고 있다. 신칸트학파의 운동이 약화된 1920년대 중반부터 후반에 걸쳐 또다시 새로운 동향이 일어났다. M. 분트, G. 레만, N. 하르트만* 등에 의한 존재론적 칸트 해석이 바로 그것이다. 이것은 신칸트학파의 운동이 주로 인식론*으로 정위되어 있었던 데 대한 대항운동이라고도 말할 수 있다. 현상학적 해석에 근거하면서 스스로의 존재론으로 끌어들여 감성과 지성의 뿌리로서의 초월론적 상상력을 시간성으로서 파악하고, 동시에 그 시간적 성격에서 인간 존재의 유한성을 근거짓는 하이데거*의 독특한 칸트 해석도 그 일환을 이룬다. 제2차 세계대전 이후에도 존재론적 칸트 해석은 하임죄트*, G. 마르틴 등에 의해서 계승되었다. 현대 독일의 칸트 연구는 지금 말한 전통을 이어받으면서도 앵글로 색슨 계열의 분석철학의 영향을 받아 한층 더 다양화하고 있다. 카울바하*는 칸트적인 이성과 자유의 개념에 기초하여 독자적인 행위론을 전개했다. D. 헨리히는 자아의 원리를 기축으로 한 '근대(Moderne)'를 철저화하기 위해 칸트의 통각*의 복권을 시도하고 있다. 그는 그것과 분석철학에 대한 이해를 연동시켜 『순수이성비판』*의 '연역론'의 재구성 시도에 심혈을 기울이고 있으며, 독일에서의 칸트 연구에 커다란 영향력을 지니고 있다. 다음으로 19세기 이래의 칸트 문헌학을 계승한 N. 힌스케는 한층 더 치밀하게 칸트 철학 성립의 배경을 해명하기 위해 개념사적 칸트 연구라는 독립적인 영역을 수립했다. 볼프*, 크루지우스*, 마이어*, 람베르트*, 멘델스존*과 같은, 라이프니츠*와 칸트 사이를 메우며 칸트 비판철학을 준비한 풍부한 배경이 이에 의해서 서서히 실제적으로 묘사되게 되었다. B. 투쉴링은 독일 관념론*과 칸트 철학의 내적 접점을 새롭게 탐구하기 위해 특히 『오푸스 포스투뭄』*에 주목하고, 이성 비판에 잠재해 있는 내부 모순의 처리에 힘쓰고 있다. R. 브란트는 『칸트 슈투디엔』과는 독립적으로 『칸트 포르슝겐』*(Kant-Forschungen)의 간행을 개시하고, 학술원판 칸트 전집에 수록되지 못한 새롭게 발견

된 제1차 자료를 공간하는 등, 전통을 계승하면서도 새로운 동향을 보여주고 있다. ⇒『칸트 연구』ᅵ『칸트 슈투디엔』ᅵ, 『칸트 포르슝겐』

—이시카와 후미야스(石川文康)

📖 Wolfgang Ritzel, *Studien zum Wandel der Kantauffassung*, Meisenheim/Glan, 1952. Gottfried Martin, Die deutsche ontologische Kantinterpretation, in: *Gesammelte Abhandlungen von Gottfried Martin*, Bd. Ⅰ, Kant–Studien, Ergänzungshefte, Nr. 81, Köln, 1961. 石川文康「カント解釋における溯源志向」『カント──現代思想としての批判哲學』所收, 情況出版, 1994.

동기 動機 [(독) Motiv; Triebfeder]

옛날부터 아리스토텔레스*의, 운동을 '움직이게 하는 것과 움직여지는 것의 관계'로 파악한 학설, 요컨대 움직이도록(move) 촉구한다(motiv)에서 유래한다. 근대에 이르러 문제가 인간에게 한정되어, 로크*가 '의지*를 규정하는 것은 무엇인가'라는 물음을 제기하고는 동기라고 대답했다. 그는 동일한 상태 혹은 행위를 지속하는 동기는 만족이며, 변화하게 만드는 동기는 불안이라고 생각하고, 나아가 최대의 선*보다도 불안이 의지를 규정한다는 이기설의 입장을 취했다. 흄*은 동기의 기원을 정서에서 구하고, 이지理知는 정서의 노예이며, 이지만으로는 어떠한 의지행동의 동기로도 될 수 없고, 의욕을 생기게 만드는 것은 사물이며, 어떤 사물을 원인으로 하여 마음에 어떤 정감이 생겼는지를 판단하는 것이 이지라고 생각했다. 또한 행동을 유덕하게 하기 위해서는 유덕한 동기가 필요하다고 하여 심정의 중요성도 인정하고 있었다. 다른 한편 이성주의에서는 볼프*가 선의 관념만이 욕구를 불러일으킨다고 주장했다. 그는 감성적 욕구와 이성적 욕구를 혼란스런 선의 관념과 명석한 선의 관념으로 구별한 다음, 양자 모두 동인이긴 하지만 명석한 관념만이 동기라고 생각했다. 칸트는 이러한 입장들을 비판적으로 종합*했다.

칸트에게 있어서는 욕구*의 주관적 근거가 동기(Triebfeder)이며, 의욕의 객관적 근거가 동인(Bewegungsgrund)이다[Ⅵ 427]. 그리고 이익 등이 아니라 도덕법칙*이 동기라는 점에 의해서 행위의 도덕적 가치가 결정된다고 생각했다. 도덕법칙이라는 동기의 근거는 인간에게는 알려지지 않지만, 법칙의 작용 결과는 도덕법칙에 대한 존경*으로서 감지된다. 그리고 이러한 존경감정도 의심할 수 없는 도덕적 동기이다. 그렇다면 도덕법칙과 그것에 대한 존경감정과의 관계가 문제로 된다. 우선 도덕법칙이 이성적 판단에서 의지를 객관적이고 직접적으로 규정한다(판정의 원리). 이어서 준법의 판단은 하고 싶은 것이 가능하지 않다는 불쾌의 감각을 낳는다. 감각 측면에서의 굴복은 지성 측면에서 평가를 높이는 것이 되는 까닭에, 준법은 부정감정과 긍정감정(존경)의 양자를 낳는다. 이리하여 도덕법칙에 대한 존경은 간접적으로 활동의 주관적 근거로서 또는 법칙에 맞는 품행이 준칙*의 근거로 된다(실행의 원리)[Ⅴ 72ff.]. 이와 같이 칸트에게 있어 동기는 이성*만도 감정*만도 아니다. 나아가 동기는 주관적 근거인 것이기 때문에, 타인은 법칙에 맞는 행위(적법성)를 내게 요구할 수는 있지만, 법칙이 행위에 대한 동기도 포함하도록(도덕성*) 내게 요구할 수는 없다. 법칙을 동기로 하여 행위하는 것은 공적의 가치를 지니는 심정의 문제인 것이다[Ⅵ 391].

칸트 이후에 벤섬에서 시작되는 공리주의는 쾌락을 동기로 삼고, 동기의 선과 악을 귀결의 선과 악에 의해서 판정하는 쾌락원칙에 의한 귀결주의를 제창했다. 또한 의도적 행위의 설명에 관해 동기로부터의 행위를 법칙에 의해서 설명할 수 없다는 비인과설(후기 비트겐슈타인* 등)과, 합리화는 인과적 설명이라고 하는 인과설(데이비드슨 등)이 다투고 있다. 이와 같이 동기를 둘러싼 감정과 이성의 관계가 계속해서 논의되고 있다. ⇒ 경향성, 관심, 의도

—사토 츠토무(佐藤 勞)

📖 D. Henrich, Ethik der Autonomie, in: *Selbstverhältnisse*, Reclam, 1982. D. Davidson, *Essays on Actions and Events*, Oxford, 1980(服部・柴田 譯『行爲と出來事』勁草書房, 1990).

동물성 動物性 ⇨ 인간성[1]

동역학動力學 [(독) Dynamik]

『자연과학의 형이상학적 원리』*에서 전개되는 물체적 자연의 형이상학의 한 부문. 개념적으로는 라이프니츠*의 역동론(Dynamismus)에서 유래한다. 즉 칸트의 동역학은 정역학에 대한 동역학을 의미하는 것이 아니라 물질*에 힘*이 내재한다는 것을 인정하고, 물질의 성질과 행동을 이러한 내재력으로 환원하여 이해할 것을 의도하는 학을 의미하며, 물질에 고유한 힘을 전혀 인정하지 않는 기계론(Mechanismus)에 대립한다. 이러한 동역학에서 칸트는 물질의 불가입성을 물질의 고유한 힘으로서의 인력과 척력의 상호작용의 결과로서 파악하고, 이러한 인력과 척력을 물질의 본질*을 이루는 근본력으로 규정했다.

칸트에 의한 동역학 구상의 기본적인 의도는 역학*(Mechanik)의 전제로서 동역학을 놓는 데 있다. 이러한 견지는 역학에서 힘의 개념을 추방하고자 한 데카르트*적 기계론과 힘의 본성의 고찰로부터 독립적으로 힘의 수학적 법칙을 확립할 수 있다고 생각한 뉴턴*에 대한 안티테제로 이해될 수 있으며, 이 점은 과학사상사에서 중요한 논점을 제공한다. 그러나 칸트의 논의를 좀더 상세하게 보게 되면, 다음과 같은 문제점을 지적할 수 있다. 우선 중력의 본성에 관해 말하는 것을 형이상학적 사변으로서 회피한 뉴턴에 대립하여 칸트는 물질의 본성에 근원적 인력이 속한다는 것을 논증함으로써 중력의 실재성을 보이고자 했다. 그러나 물질의 불가입성의 근거로서의 인력이 곧바로 중력으로 이해되고 있는 점은 거시적인 영역에서의 중력과 미시적인 영역에서의 인력을 구별하는 뉴턴의 생각과 일치하고 있지 않다. 또한 칸트는 역학을 물체의 충돌의 경우를 전형으로 하는 운동 전달의 이론으로 이해했기 때문에, 역학의 전제로서의 동역학이라는 구상을 충돌에 의한 운동 전달이 가능해지기 위해 물질이 유구조柔構造를 지녀야만 한다는 형태로 왜소화해버리고 말았다. 덧붙이자면, '동역학'의 장 말미에 붙여져 있는 '동역학에 대한 총주'는 동역학의 본론이 물질 일반의 본질 규정에만 관계하는 데 반해, 물질의 종적 차이를 여러 가지 운동력들의 체계로 환원하는 과제를 취급하고 있으며, 후의 『오푸스 포스투뭄』*의 내용을 준비하

는 것으로서 중요하다. ⇒힘, 뉴턴, 라이프니츠, 역학

—이누타케 마사유키(犬竹正幸)

⟦참⟧ M. Jammer, *Concepts of Force*, Harvard U. P., 1957(高橋・大槻 譯『力の概念』講談社, 1979). 松山壽一『ドイツ自然哲學と近代科學』北樹出版, 1992.

동역학적/수학적動力學的/數學的 [(독) dynamisch/mathematisch]

지성*은 법칙을 '자연*(Natur)'에서 끌어내는 것이 아니라 역으로 그것을 지시한다(vorschreiben)[『프롤레고메나』* §36, Ⅳ 320]고 하는 것은 『순수이성비판』*, 범주 연역의 주제들 가운데 하나이다[A 126-128/B 159-160]. 현상*에서의 다양*을 규칙*에 의해서 종합적으로 통일*한 것이 자연이지만[A 127], 이러한 지성에 의한 표상*의 통일을 말할 때에 '동역학적'과 '수학적'의 구별은 중요한 역할을 수행한다.

지성은 '판단*'이 포함하는 표상에 통일을 부여함과 동시에 '직관*'이 포함하는 표상에도 통일을 부여한다. 이러한 관련을 표현한 것이 범주표이다[A 79/B 105]. 여기서는 판단에 즈음한 사유*의 기능을 '양*', '질*', '관계' 그리고 '양태*'의 네 항목으로 나누는데, 이 각각의 항목은 세 개의 판단양식을 지닌다[A 70/B 95]. 이로부터 직관의 대상 일반에 선험적*으로 관계하는 범주*가 합계 12개 성립하게 된다[A 80/B 106]. '양', '질'의 두 항목 하에 놓여 있는 범주들은 '수학적'이라고 칭해지며, 다른 한편 '관계', '양태'는 '동역학적'이라고 불리는 범주들을 거느린다[B 110]. 수학적 범주들은 순수* 및 경험적 '직관*의 대상에 관계하며, 동역학적 범주들은 이들 대상의 '현존재*(Existenz)'에 관계한다[B 110]. 범주가 경험*에 적용될 때의 '순수 지성'에 의한 종합*은 모두 이러한 수학적인 것과 동역학적인 것의 어느 쪽인가에서 끝난다[B 199].

모든 결합*(Verbindung)은 합성(Zusammensetzung)과 연결(Verknüpfung)로 나누어진다. 합성의 요소는 한 개의 정방형이 두 개의 삼각형의 종합이라는 식으로 반드시 필연적으로 서로 의미를 포함하고 있는 것은 아니다. 다른 한편 연결의 요소는 원인과 결과라는

식으로 상호 필연적으로 의미를 부여하고 있다. 합성은 수학적이고 연결은 동역학적이다[B 201, 202].

객관적으로 적용되기 위해서 범주는 순수 지성의 '원칙'(Grundsatz)'에 따라야만 한다. '직관의 공리', '지각의 예취*', '경험의 유추' 그리고 '경험적 사유 일반의 공준*'에서 처음의 둘이 수학적 원칙, 뒤의 둘이 동역학적 원칙으로서 범주의 구분이 여기서도 적용된다[A 160/B 199, A 161/B 200]. 수학적 원칙은 직관에만 관계하면서 현상을 수학적 종합의 규칙에 의해 양적으로 선험적으로 '구성*'한다(konstruieren)[A 179/B 221]. 직관 없이 경험은 없기 때문에 이 원칙은 가능적 경험에 관해 선험적이고 필연적인 조건이 된다[A 160/B 199]. 한편 현상의 '현존재(Dasein)'는 구성될 수 없기 때문에 동역학적 원칙은 이러한 존재의 '관계'에만 관계하며, 경험에서 선험적 필연성*을 지니지만, 직접적인 확실성*은 수반하지 않으며[A 160/B 199, A 161/B 200], '규제적*(regulativ)' 원리라고 불린다[A 178/B 221, A 179/B 222]. 그러나 이러한 역학적 법칙은 경험을 성립시키는 개념을 선험적으로 가능하게 하기 때문에 경험에 관해서는 구성적*이다[A 664/B 692]. ⇒구성적/규제적, 범주, 결합

—다야마 레시(田山令史)

📖 P. Guyer, *Kant and the Claims of Knowledge*, Cambridge, 1987. M. Friedman, *Kant and the Exact Sciences*, Harvard, 1992. P. F. Strawson, The Bounds of Sense, London, 1966. J. Bennet, *Kant's Analytic*, Cambridge, 1966. D. Henrich, The Proof-Structure of Kant's Transcendental Deduction, in: *Review of Metaphysics* 22, 1968–69. G. Böhme, Über Kants Unterscheidung von extensiven und intensiven Größen, in: *Kant–Studien* 65, 1974.

동일률同一律 ⇨모순율

들뢰즈 [Gilles Deleuze 1925. 1. 18–95. 11. 4]

프랑스의 철학자, 철학사가. 리옹 대학 강사 등을 거쳐 파리 제8대학 = 뱅센느 대학의 교수를 맡았다. 파리에서 태어나 파리의 자택에서 자살. 흄* 연구에서 출발하여 베르그송*, 니체*, 칸트, 프로이트 등에 관해 연구를 발전시키고 『차이와 반복』(1968)과 『스피노자와 표현의 문제』(1968)에 의해서 국가박사학위를 취득했다. 전자의 저작에 의해서 헤겔*을 근본적으로 비판하고, 동시에 독창적인 철학자의 지위를 확립했다. 그 후 근본적인 반권력의 입장에서 F. 가타리와 함께 『안티 오이디푸스』(1972)를 저술하여 자본주의와 정신분석을 비판적으로 논함으로써 프랑스 사상계의 스타가 되었다. 또한 라이프니츠*를 논하는 한편, 문학과 영화와 회화에 관해서도 철학의 입장에서 탁월한 저작을 남겨 철학과 예술 사이의 경계를 제거했다. 칸트에 대해서는 특히 『판단력비판』*을 중시하여 능력들 사이의 자유롭고 무규정적인 일치로서의 미적 공통감각에 관해 들뢰즈 철학의 근본적인 테마의 하나인 초월론적 발생의 문제를 제기했다. ⇒공통감각

—자이츠 오사무(財津 理)

📖 『ヒュームあるいは人間的自然──經驗論と主體性』(1953), 朝日出版社. 『ニーチェと哲學』(1962), 國文社. 『カントの批判哲學』(1963), 法政大學出版局. 『ベルグソンの哲學』(1966), 法政大學出版局. 『マゾッホとサド』(1967), 晶文社. 『差異と反復』(1968), 河出書房新社. 『スピノザと表現の問題』(1968), 法政大學出版局. 『意味の論理學』(1969), 法政大學出版局. 『アンチ・オイディプス』(1972, 가타리와의 공저), 河出書房新社. 『千のプラトー』(1980, 가타리와의 공저), 河出書房新社. 『哲學とは何か』(1991, 가타리와의 공저), 河出書房新社.

📖 Michael Hardt, *Gilles Deleuze: An Apprenticeship in Philosophy*, University of Minnesota Press, 1993(田代眞 外 譯 『ドゥルーズの哲學』法政大學出版局, 1996). Jean–Clet Martin, *Variations: La philosophie de Gilles Deleuze*, Ed. Payot & Rivages, 1993(毬藻充 外 譯 『ドゥルーズ/變奏』松籟社, 1997). Philippe Mengue, *Gilles Deleuze ou le système du multiple*, Ed. Kimé, 1994. 宇野邦一 編 『ドゥルーズ橫斷』河出書房新社, 1994.

딜타이 [Wilhelm Dilthey 1833. 11. 19–1911. 9. 30]

독일의 철학자. 하이델베르크, 베를린 두 대학에서 신학, 철학, 역사학을 공부하고, 바젤, 킬, 브레슬라우, 베를린의 각 대학교수를 역임한다. 근대 이성주의의 한계를 비판하고, 역사적 생의 철학의 입장에서 서서 인간*의 '자기성찰(Selbstbesinnung)'을 과제로 하는 '정신과학(Geisteswissenschaft)'의 방법론적, 논리적 근거짓기에 힘썼다. 특히 해석학과 '이해'의 이론에 의해 현대의 해석학적 철학에 지대한 영향을 주었다.

칸트를 통해 테텐스*의 지·정·의의 삼분법을 계승하면서도 '마음의 구조연관'에서의 지·정·의의 구조적·발전적 통일성을 중시하여 구성된 '경험*' 이전의 '경험 그 자체', 결국 '체험'으로부터 출발한다. 칸트의 인식론*에서의 감성적 직관과 사유*의 선험적*인 이원적 분리를 비판하고, 인식*의 질료(감각*의 다양*)와 그것을 파악하는 형식*의 내적 관계 그 자체를 '인식론적 논리학'에서 고찰하며, 의식의 원초형태로서의 '알아챔(Innewerden)' 속에서 전前논변적·기초적 사유의 활동을 인정함과 동시에, 그 원초적 사유로부터 논변적* 사유가 성립하는 과정을 발생론적으로 추구했다. 칸트의 초월론적*인 입장에 반해, 어디까지나 경험적이고 역사적인 입장에서 『순수이성비판』*의 문제설정을 다시 파악하고, '역사적 이성 비판', 즉 인간 자신과 인간에 의해서 만들어진 사회와 역사*를 인식하는 인간 능력의 비판을 시도하며, 제1비판에서의 자연과학*의 근거짓기를 보완하는 신칸트학파(빈델반트*, 리케르트*)의 동향을 배경으로 정신과학의 인식론(기술적 분석적 심리학 및 해석학의 방법)을 기초지음과 동시에, 칸트에 의한 교조적 형이상학 비판을 한층 더 철저화하여 역사적 설명에 의한 비판을 통해 학으로서의 형이상학* 그 자체의 불가능성을 명확히 했다. 나아가 '존재*'와 '당위*'를 분리하는 칸트의 '도덕형이상학'의 근거짓기(『실천이성비판』*)에 반해 당위를 포함하는 존재로서의 '도덕적 의식' 그 자체의 경험적 기술분석을 중시했다. 또한 자연*의 목적론*적 고찰(『판단력비판』*)에 대해서는 '생(Leben)'의 입장에서 '내재적 목적론'을 이야기함으로써 외적 자연의 목적론적 의인화를 비판했다. ⇒역사철학, 신칸트학파

―츠카모토 마사아키(塚本正明)

🈴 『精神科學序說』(1883), 以文社. 『記述的分析的心理學』(1894), 東京モナス. 『解釋學の成立』(1900), 以文社. 『体驗と創作』(1905), 岩波文庫. 『哲學の本質』(1907), 岩波文庫. 『精神科學における歷史的世界の構成』(1910), 以文社. 『世界觀の硏究』(1911), 岩波文庫. Das Leben Schleiermachers, 1870. Gesammelte Schriften, 21 Bände, 1913~97.

🈯 O. F. Bollnow, Dilthey: Eine Einführung in seine Philosophie, Kohlhammer, 1936(麻生建 譯『ディルタイ──その哲學への案內』未來社, 1977); 高橋義人 譯『ディルタイとフッサール』岩波書店, 1986. R. L. Makkreel, Dilthey: Philosopher of Human Studies, Princeton U. P., 1975(大野 外 譯『ディルタイ──精神科學の哲學者』法政大學出版局, 1993). 塚本正明『現代の解釋學的哲學──ディルタイおよびそれ以後の新展開』世界思想社, 1995.

라드브루흐 [Gustav Radbruch 1878. 11. 21-1949. 11. 23]
　독일의 법철학자, 형법학자, 자유법운동의 선구자
들 가운데 한 사람. 서남독일학파의 신칸트주의와 형
법학자 리스트의 교육형론의 영향을 받았고, 오래 하
이델베르크 대학 교수로 일했다. 바이마르 초기의
1920-24년 사회민주당의 국회의원이 되며, 두 번에
걸쳐 법무장관을 맡아 형법 초안을 기안했다. 1933년
나치 정권에 의해 추방되며, 1945년 복직. 존재*와 당
위*, 인식*(Erkenntnis)과 신앙*(Bekenntnis)의 이원론, 비
판적 지성, 자유주의적 경향 등에서 칸트적 정신의
계승자이지만, 법철학*에서의 가치상대주의, 법학론
에서의 자유법론, 형법이론에서의 목적형론 등, 칸트
와 다른 측면도 많다. 전후 나치의 포학함을 체험한
데서 당시의 법을 "합법률적 불법(gesetzliches Unrecht)"
으로 성격짓고 가치상대주의의 수정을 시도했지만,
수정의 정도와 이론적 성공여부에 대해서는 해석이
나누어진다.

　　　　　　　　　　　－나가오 류이치(長尾龍一)

　図『ラートブルフ著作集』1-10・別卷, 東京大學出版會.

라이마루스 [Hermann Samuel Reimarus 1694. 12. 22-1768. 3. 1]
　볼프학파에 속하는 철학자이자 신학자. 함부르크의
김나지움 교수. 사후 레싱*에 의해서 그 일부가『익명
씨의 단편』으로서 간행된 유고『신의 이성적 숭배자를
위한 변명 또는 변호서』에서 신・구약성서에서 보이
는 기적, 메시아의 부활, 재림 등을 이성주의 입장에서
강하게 비판. 또한『동물의 본능』(1760)을 저술한바,
동물심리학의 선구자이기도 하다. 칸트와 관련하여

말하면, 그의 저서『논리학』(¹1756, ²1766)은 크루지우
스*, 마이어*의 논리학 책과 더불어 중요한 의미를 지닌
다. '진리에 의한 증명', '인간에 의한 증명' 등, 그의
증명론이 칸트에게 영향을 주었다고 생각될 뿐 아니라
거기서는 '이성의 한계*', '현상*', '사물 자체*' 등 이후
칸트 철학의 핵심어들의 선구형태들이 보인다. 칸트는
『부정량의 개념』*에서 라이마루스의『논리학』에 대
해 언급하고 있다. 또한 그의『자연종교의 가장 고귀한
진리』(1754)에서의 신*의 우주론적 증명을 칸트는『증
명근거*』에서 높게 평가하고 있다. ⇒현상, 사물 자체

　　　　　　　　　　　－가와무라 가츠토시(河村克俊)

　図 *Die vornehmsten Wahrheiten der natürlichen Religion*, ¹1754,
³1766. *Vernunftlehre*, ¹1756, ²1766. *Allgemeine Betrachtungen
über die Triebe der Tiere*, 1760. *Apologie oder Schutzschrift
für die vernünftigen Verehrer Gottes*, 1972.

　図 *H. S. Reimarus. Ein "bekannter Unbekannter" der Aufklärung
in Hamburg*, eingeleitet von W. Walter, Göttingen, 1973. W.
Walter/L. Borinski (Hrsg.), *Logik in Zeitalter der Aufklärung.
Studien zur "Vernunftlehre" von H. S. Reimarus*, Göttingen,
1980. P. Stemmer, *Weissagung und Kritik. Eine Studie zur
Hermeneutik bei H. S. Reimarus*, Göttingen, 1983. 大津新作
『啓蒙主義の辺境への旅』世界思想社, 1986. エンゲルハル
ト・ヴァイグル「ハンブルク──視覚のための都市(啓蒙の
都市周遊 5)」『思想』849号, 1995. 石川文康『カントの第三の
思考』名古屋大學出版會, 1996.

라이프니츠 [Gottfried Wilhelm von Leibniz 1646. 7. 1-1716. 11. 14]
　독일의 철학자. 수학자, 물리학자, 법학자. 라이프치

히에서 태어나 1661년 라이프치히 대학에서 법률학·철학을 공부하고, 66년『결합법에 대하여』를 저술한다. 67년 법률학의 학위를 취득한 후, 마인츠 선제후에게 봉사한다. 72-76년 마인츠 후국의 외교사절단원으로서 파리에 부임하고, 역학 논문을 발표하여 널리 알려지게 되며, 73년 런던의 왕립과학협회의 회원으로 추대되었다. 76년 하노버의 요한 프리드리히 밑에서 도서관장, 고문관의 자리에 오른다. 1700년 스스로가 창설한 베를린 학사원의 초대회장이 되었지만, 만년에는 대체로 불우했다.

라이프니츠의 저서, 논문, 서간, 단편 등은 방대한 양에 이르며, 그 대상영역은 철학, 법학, 역사학, 신학, 언어학, 수학, 역학 등 백과 전반에 걸친다. 철학적 저작으로는『형이상학 서설』(1686),『단자론』(1714, 5년 무렵)이 유명하지만, 생전에 간행된 것은 적어서 저서로서는『변신론』(1710)이 있을 뿐으로 그 이외에는 「인식·진리·관념에 관한 성찰」(1684), 「실체의 본성과 실체의 교통 및 정신과 물체 간에 존재하는 결합에 대한 새로운 학설」(1695) 등 일부가 논문으로서 공간된 데 불과하다. 18세기 초두에도 「이성에 기초한 자연과 은총의 원리」(1718),『라이프니츠-클라크 왕복서간』(1720), 「단자론(독역)」(1720) 등이 알려져 있던 데 지나지 않는다. 볼프학파에 의해 라이프니츠 학설이 소개되었지만, 간행된 텍스트에만 기초했기 때문에 라이프니츠의 사상은 (1) 이유율, (2) 예정조화, (3) 단자론, (4) 낙관주의*라는 네 가지 특징이 거론되는 데 그쳤다. 18세기 독일에 대한 라이프니츠의 사상적 영향은 위의 네 가지 점 이외에도 보편기호학의 이념이 있는데, 그 구체적 내용은 전해지지 않고 이념만이 계승되어 람베르트*, 플루케가 보편기호학의 실현을 시도했다. 라이프니츠의 사상이 주요한 철학적 저작의 공간을 통해 내실을 지니고서 독일에 소개되게 된 것은 1765년의 라스페 판(독역은 1778-80,『인간지성신론』을 포함)과 1768년의 뒤탕 판 이후의 일이다.

칸트는 라이프니츠의 사상을 라이프니츠/볼프학파를 매개로 하여 수용했다. 라이프니츠의 영향은 최초의 시기부터 두드러지게 보인다.『활력측정고』*에서는 비판적으로긴 하지만 라이프니츠의 활력 개념을 수용한 데 토대하여 데카르트파의 이론과 조정하고자 시도하고 있으며, 또한『물리적 단자론』*에서는 형이상학적 원리로서 단자 개념을 라이프니츠로부터 채택하고 수학적·물리학적 원리는 뉴턴*에게서 받아들임으로써 물리학*과 형이상학*의 통합을 시도했다. 요컨대 전비판기에서는 라이프니츠의 형이상학을 비판하면서도 전체로서는 가능하다고 생각하고 있었다. 그러나 라스페 판과 뒤탕 판 저작집의 간행을 통해 직접 라이프니츠의 사상에 접한 후 그의 이성주의 전체를 비판하는 입장에 섰다.『순수이성비판』*에서는 라이프니츠/볼프학파의 형이상학을 교조주의적인 것이라 하여 비판하고 있다. "현상을 지성화한" 점, 불가식별자 동일의 원리, 시공 개념 등에 걸쳐 라이프니츠의 사상 전체가 비판의 대상이 된다.

라이프니츠의 철학은 절충적 경향을 띠어 철학사에서도 이성주의, 계몽주의 등으로 다양하게 위치지어져 왔다. 그의 철학은 중세의 둔스 스코투스 이래의 실재론의 흐름, 에크하르트 이래의 독일 신비주의의 흐름, 17세기 독일 대학에서 주류를 차지하고 독일의 논리학 커리큘럼에 영향을 미친 래미즘, 오컴에서 시작되고 중세 말기부터 근대 초두까지 보편 개념의 이해를 방향지은 유명론적 경향 등 다양한 계보를 계승하는 동시에 생물학에서의 세포의 발견, 힘의 근거짓기 등 당시의 새로운 지식을 통합하여 독자적인 체계를 형성했다. ⇒단자, 모나드, 볼프

—야마우치 시로(山內志朗)

📖 E. J. Aiton, *Leibniz: A Biography*, Adam Hilger, 1985(渡辺·原·佐柳 譯『ライブニッツの普遍計劃』工作舍, 1990). Nicholas Jolley (ed.), *The Cambridge Companion to Leibniz*, Cambridge U. P., 1995.

라인홀트 [Karl Leonhard Reinhold 1757. 10. 26-1823. 4. 10] 초기 독일 관념론*을 주도한 철학자. 빈에서 태어나 거기서 철학 교사가 되며,『현실신문』에 기독교*의 합리화를 요구하는 논고를 기고했지만, 1783년 11월에 소속해 있던 수도원에서 라이프치히로 탈주, 다음 해 바이마르로 옮긴다. 빌란트*의 인정을 받아『도이처

메르쿠르』지에 계몽주의적인 논조의 일련의 논고를 기고, 1785년 2월호에 "어떤 목사"로서 헤르더*의 『인류사의 철학에 대한 이념』에 편들어 칸트에 대항하는 「서간」을 발표. 칸트의 반격을 받은 것을 계기로 칸트 철학에로 이끌린다. 1786년부터 다음 해에 걸쳐 연재된 『칸트 철학에 관한 서한』에서 비판철학의 해설자로서의 평가를 얻어 1787년에 예나 대학에 초빙된다. 여기서 칸트 철학을 기초짓고 나아가서는 학문 전체의 기초학으로 되어야만 할 '기초철학(Elementarphilosophie)'을 구상. "의식에서 표상은 주관에 의해서 주관과 객관으로부터 구별되는 동시에 양자에 관련지어진다'라는 의식률에 토대하여 지식의 체계화를 시도했다. 근본명제에 의거하여 지식이 성립하는 가능성을 연역하고 그 후에 원리로 된 명제의 진리성을 확증하는 '순환' 위에 체계를 구축하는 전략은 초월론적 관념론의 원형이 되었다. 그러나 의식의 "관련되는 동시에 구별되는" 작용이 '사실'이라고 하여 전제된 것이 슐체*의 『에네지데무스』(1792)와 마이몬*의 반론을 불러 일으킴과 동시에 피히테*에게 학문론을 구상할 계기를 주었다. 1793년에 킬로 전출한 자기의 후임자인 피히테와의 논쟁을 거쳐 일시적으로 학문론을 수용, 나아가 야코비*와 가까워지지만 바르딜리의 『최초의 논리학 강요』(1799)가 출판되자 이것을 절찬. 스스로도 '동일철학'을 구상하기까지 전회를 거듭한 것은 학의 기초를 표상*의 일원성에서 구하고자 한 처음의 자세를 철저화한 결과라고 볼 수도 있다. 셸링* 및 헤겔*과 동일철학의 정통성을 둘러싸고서도 논증을 벌인 그는 만년에 바로 '언어용법'의 비판을 통해서 철학자들 사이의 오해가 해소된다는 생각에 이르렀다. ⇒피히테, 슐체, 마이몬

—구리하라 다카시(栗原隆)

᱐ Reinhard Lauth (Hrsg.), *Philosophie aus einem Prinzip Karl Leonhard Reinhold*, Bouvier, 1974. N. Hinske/E. Lange/H. Schröpfer (Hrsg.), *Der Aufbruch in den Kantianismus: Der Frühkantianismus an der Universität Jena von 1785–1800 und seine Vorgeschichte*, Frommann, 1995.

람베르트 [Johann Heinrich Lambert 1728. 8. 26–77. 9. 25] 칸트와 동시대의 철학자, 물리학자, 천문학자, 수학자이자 그의 선구자. 밀하우젠(현 프랑스, 뮤르즈)에서 태어나 베를린에서 사망. 오늘날의 '현상학'을 낳은 아버지이자 그 명명자. 의미론, 기호론의 창시자. 비유클리드 기하학*의 선구자. 그밖에 학문 활동은 대단히 다양한 분야에 걸쳐 있다. 천문학에서는 「우주론 서간」에 의해 오늘날의 '칸트・라플라스 성운설'을 칸트와 공유할 뿐만 아니라 그 구상 자체가 칸트의 그것에 선행한다. 철학적 업적은 논리학적・인식론적 저작 『새로운 오르가논』(1764)과 존재론적・형이상학적 저작 『건축술 구상』(1771)에 집약되어 있으며, 방법론적으로는 수학적・기하학적 성격이, 경향으로서는 실용주의적인 성격이 강하다. 칸트와는 1765년 이래 서신을 교환하며 이성 비판의 형성에 지대한 영향을 주었다. 『새로운 오르가논』에서의 '현상학'은 본래 가상론, 가상 비판이며 "진리*를 가상*에서 구별하는 이론"으로서 제창되었다. 이것은 초월론적 가상의 비판을 의도한 『순수이성비판』*의 구상을 크게 좌우했다. 칸트가 당초 '초월론적 변증론'을 현상학으로서 구상했던 것은 그 점을 표현하고 있다. 나아가 『새로운 오르가논』에서 보이는 '초월적 원근법(transzendente Perspektive)', '초월적 광학(transzendente Optik)'은 가상을 간파해내기 위한 방법론이라는 점에서 중요함과 동시에 칸트 고유의 '초월론적*(transzendental)'이라는 용어의 성립이라는 점에서도 시사적이다. 또한 이 책의 '사유법칙론(Dianoiologie)'에서의 판단론은 칸트의 판단표*의 하나의 모델이 된다고 말해진다. 나아가 『건축술 구상』에서의 '단순근본개념'이라는 발상은 (로크*의 '단순관념'을 거쳐) 칸트의 '범주표'의 선구를 이룬다. 또한 무엇보다도 '건축술*'이라는 개념 그 자체가 칸트에 의해서 '순수 이성의 건축술'로서, 즉 그에게 고유한 체계론으로서 계승되고 있다.

람베르트는 칸트가 동시대의 철학자들 가운데 가장 신뢰한 철학자의 한 사람이며, 사실 이와 같은 배경을 반영하여 칸트는 『순수이성비판』의 초고를 람베르트에게 맡기고 이 책을 그에게 바치고자 한다는 계획을 그리고 있었다(이 계획은 1777년의 람베르트의 사망에

의해 실현되지 않은 채 끝났다). 다만 람베르트는 멘델스존*과 마찬가지로 공간*・시간*이 주관*(감성*)의 형식*이라고 하는, 나중에『순수이성비판』의 근본적 입장인 초월론적 관념론으로 되는 사상에 대해서는 이해를 보이지 않았다. 또한 람베르트는 '현상학'에서 감각적 가상, 관념론적 가상, 천문학적 가상, 심리학적 가상, 도덕적 가상 등을 차례로 비판하지만, 이성*・지성*이라는 고차적인 인식능력*에는 가상의 원인으로 되는 것은 없다고 하는 점에서 칸트의 이성 비판의 중심적 문제의식, 즉 이성 자신이 초래하는 초월론적 가상에 관한 문제의식과는 무관했다. ⇒ 현상학, 건축술

―이시카와 후미야스(石川文康)

⑦ *Philosophische Schriften*, 1965-.

⑧ Friedrich Löwenhaupt (Hrsg.), *Johann Heinrich Lambert, Leistung und Leben*, Müllhausen, 1943. Robert Zimmermann, *Lambert, der Vorgänger Kants*, Denkschriften der Kaiserlichen Akademie der Wissenschaften, Philos.-historische Classe, Bd. XXIX, Wien, 1879. Otto Baensch, *Johann Heinrich Lamberts Philosophie und seine Stellung zu Kant*, Straßburg, 1902. Fumiyasu Ishikawa, Zur Entstehung von Kants Kopernikanischer Wende: Kant und Lambert, in: Gerhard Funke (Hrsg.), *Akten des Siebenten Internationalen Kant Kongresses*, Bonn, 1991. 中島義道『ランベルトの現象學』『講座ドイツ觀念論』1, 弘文堂, 1990. 石川文康『カント 第三の思考』名古屋大學出版會, 1996.

러시아의 칸트 연구 ―研究

【 I 】 저작의 번역사

러시아에서 칸트의 저작이 최초로 번역된 것은 칸트가 사망한 해인 1804년의 일이었다. 그것은 미학에 관한 저작으로 상트페테르부르크에서 간행되었다. 주요저작의 번역과 간행은 러시아의 철학 사상 활동이 활발하게 된 19세기 후반 및 20세기에 들어서서부터 개시되었다. 1867년부터 1915년까지 사이에 주요저작은 모두 번역되어 나오며, 몇몇 저작은 복수의 번역으로 간행된다.『순수이성비판』*(6판),『실천이성비판』*(4판),『판단력비판』*,『프롤레고메나』*,『인류의 형이

상학』*,『덕론』,『종교론』*,『감성계와 예지계의 형식과 원리』*,『시령자의 꿈』*(2판),『일반사고』*,『영원평화론』* 등이 그것들이다. 또한 미학론・교육학・논리학 등에 관한 주제별 선집도 간행된다.

【 II 】 구소련의 칸트 연구의 주된 경향

러시아 혁명 이후 주로 프랑스 계몽사상가와 헤겔*의 철학에 기초하는 마르크스/레닌의 이데올로기는 칸트를 불가지론과 주관적 관념론의 이론가로 간주하여 냉담하고도 부정적인 태도로 받아들였다. 저작으로서는『프롤레고메나』(1934)가 교과서용으로 간행되었다. 당시 전비판기의 초기저작은 변증법적 유물론의 공인된 철학으로서 가르쳐지며, 자연과학적 문제들에 몰두하는 철학자들에 의해서 비판기보다도 유물론*과 친근성을 지니는 것으로 간주되고 있었다. 그러나 구소연방 하에서도 철학 사상이 성숙해지고 또한 마르크스, 엥겔스, 레닌, 헤겔 등의 저작의 영향이 지적 포화상태에 도달한 것 등에 의해서 칸트 및 다른 철학자들에 대한 관심이 당연히 높아졌다. 1963년부터 1968년 사이에『철학유산』총서 가운데 일곱 권으로 전비판기 및 비판기의 주요한 저작들이 새롭게 번역, 간행된다. 최근 칸트 연구에 대한 관심이 한층 더 증대됨으로써 특히『순수이성비판』(3판),『판단력비판』이 출판되게 되었다. 그리고 1994년에는 모스크바에서 A. 굴리가 편집에 의한『칸트 저작 선집』여덟 권의 간행이 실현되었다. 이 선집에는 개정과 새로운 번역에 의한 기존 번역의 초기저작과 처음 번역된 저작(예를 들면『물리적 단자론』*,『학부들의 투쟁』*,『계몽이란 무엇인가』*,『만물의 종언』및 서간과 친필 유고의 발췌 등)이 포함되어 있다. 또한 전권에 주도면밀한 각주와 사항 및 인명색인이 덧붙여져 있다.

【 III 】 칸트 철학의 영향

칸트 철학은 러시아 철학에 깊은 영향을 주고 있다. 칸트 및 다른 철학자와의 관련도 포함하여 칸트에 대해서 언급한 논문의 수는 인문・사회・자연과학 전 분야를 고려하면 대체로 수천에 이를 것이다. 19세기 전반 무렵까지는 셸링*과 헤겔의 영향이 우세했다. 키에프, 모스크바, 상트페테르부르크, 카잔 등의 신학대학에서도 19세기 전반까지의 러시아에서 칸트에 대

한 태도는 대체로 부정적이었다. 1850년부터 60년대의 키에프 신학대학의 교수들은 러시아의 신학대학에서 높이 평가된 볼프*의 형이상학에 대한 칸트의 비판을 부정했다. 19세기 중반 모스크바 신학대학 교수인 F. 골루빈스키는 기독교 종교학의 유신론 입장에서 칸트 철학을 온건하게 비판했다. 러시아의 중요한 논리학자이자 철학사가이기도 한 M. 카린스키는 『독일 철학의 최근에 대한 비판적 개관』(상트페테르부르크, 1873)에서 현대 독일 철학의 일반적인 출발점이 칸트의 학설의 결과라고 하는 확신을 표명했다. 나아가 러시아의 종교적 관념론자인 V. 솔로비요프는 브록하우스 백과사전을 위해 집필된 『칸트』(1896)에서 칸트의 엄밀하게 완성된 윤리학에 대해 최고의 평가를 내리고 있다. 칸트의 인식론적 이원론은 대체로 솔로비요프가 자신의 종교철학의 전체적 통일의 체계를 구축한 것과는 대조적이지만, 그에게 있어 가장 중요한 이론으로 되었다(『추상적 기원의 비판』 모스크바, 1880).

칸트 사후 100년 기념으로 간행된 혁명 전의 철학잡지 『철학과 심리학의 문제들』 특별호(1905년 76호)도 무시할 수 없다. 대단히 흥미로운 점은 작가 L. 톨스토이가 칸트 철학을 알았다는 것이다. 톨스토이는 부처, 공자, 소크라테스, 그리스도, 마호메트 및 루소*라는 일련의 윤리사상가의 한 사람으로서 칸트를 평가하고 있다. 1920년부터 30년대에는 위에서 언급한 이유로 인해 칸트 철학은 공식적인 철학과 이데올로기의 지지를 얻지 못했기 때문에 러시아(구소련)에서 그다지 주목 받지 못했다. 물론 대학들, 철학부에서 칸트 철학은 가르쳐졌으며, 특히 전비판기의 칸트에 대해서는 개별적인 논문이 간행되고 있었다.

특히 러시아의 백과전서파적인 철학자인 V. 아스무스는 1930년에 『칸트의 변증론』을 발표하고, 전후에는 칸트에 관한 다른 저작도 손대고 있다. 그것들은 모두 개정되어 『임마누엘 칸트』(모스크바, 1973)라는 방대한 하나의 저작으로 통합되었다. 이 책에서는 칸트 철학의 전 분야와 문제점이 검토되고 있다. 70년대와 80년대에는 칸트에 대한 관심이 높아지며, 다른 한편 헤겔과 유물론에 대한 관심이 저하되었다. A. 굴리가 『칸트』(모스크바, 1977, ²1993), G. 테브자데 『칸트 —

논리철학의 문제들』(토비시리, 1979), L. 수슬로프 『칸트 철학 — 방법론적 분석』(모스크바, 1988. 현재 이 저작은 『인간학으로서의 칸트 철학』으로 개정되어 간행 예정).

『철학과 심리학의 문제들』지와 다른 잡지에 게재된 칸트 철학의 다양한 문제들에 대해서는 망라하여 열거하기가 불가능하다. 칸트의 고향 칼리닌그라드(구 쾨니히스베르크) 대학의 철학과에서는 정기적으로 철학회의가, 대개의 경우 저작의 간행 200년을 기념하여 개최되고 있다(3비판서, 『종교론』 등). 현 러시아와 다른 구소련, 구동독과 독일 연방 공화국(구서독) 등으로부터 철학자가 모이며, 그 성과는 1975년 이후 1994년까지 사이에 열아홉 책의 출판물로 되어 간행되었다.
⇒쾨니히스베르크 사교계

–S. V. 와실리에비치/번역: 요시다 슈이치(吉田衆一)

📖 A. Gulyga, *Kant*, 1977(아르세니 굴리가/西牟田・浜田 譯 『カント』 法政大學出版局, 1983).

레싱 [Gotthold Ephraim Lessing 1729. 1. 22–81. 2. 15]
독일 계몽주의의 극작가, 비평가, 철학자. 작센 선제후국의 카멘츠에서 태어난다. 신학과 의학을 공부하고 베를린에서 본격적인 문필 생활을 개시. 도시들을 전전한 후 1770년부터 브라운슈바이크 공령 볼펜뷔텔의 도서관장이 되어 생애를 마쳤다. 희곡 『에밀리아 갈로티』(1772), 비평 『라오콘』(1766), 『함부르크 연극론』(1767/69)을 비롯하여 생애를 통해 정력적이고도 다채롭게 문필활동을 전개, 독일의 근대 문학에 길을 열었다. 도서관장 시대에는 이신론자 라이마루스*의 유고를 간행. 정통파 신학자와의 격렬한 논쟁을 불러일으키고 관용의 이념을 부르짖은 희곡 『현자 나탄』(1779), 역사철학 저작 『인류의 교육』(1780)을 발표했다. 야코비*가 전하는 만년의 대담에서의 스피노자* 철학의 용인은 사후 친우인 멘델스존*을 끌어들인 '범신론논쟁'으로 발전했다. 레싱은 칸트의 『활력측정고』*(1747)를 풍자하는 경구를 썼지만(1751), 예술, 종교, 도덕, 역사를 둘러싼 사색은 칸트와 독일 관념론*으로 연결되어 간다. ⇒멘델스존

―가사하라 겐스케(笠原賢介)

＊ 『ラオコオン』(1766), 岩波文庫. 『ハンブルク演劇論』(176
7/69), 現代思潮社. 『エミーリア・ガロッティ』(1772), 白水
社; 講談社. 『賢者ナータン』(1779), 白水社; 岩波文庫. 『人類の
教育』(1780), 講談社.

＊ E. Cassirer, *Die Philosophie der Aufklärung*, Mohr, ³1973(中野
好之 譯 『啓蒙主義の哲學』 紀伊國屋書店, 1962). W. Albrecht,
Gotthold Ephraim Lessing, Metzler, 1997. K. Vorländer,
Immanuel Kant. Der Mann und das Werk, Meiner, ²1977.

레토릭 ⇨ 수사학

로렌첸 [Paul Lorenzen 1915. 3. 24–]

철학자, 수학자. 독일의 킬에서 태어나 본 대학, 킬
대학 교수를 거쳐 1962–80년까지 에어랑겐 대학 교수.
에어랑겐학파의 창설자. 구성주의적이고 조작주의적
인 입장에 서서 논리학과 수학을 재구성한 것으로
주목을 받았지만, 후에 과학방법론에도 관여하게 되
며, 나아가 그 관심은 이론철학을 넘어서서 실천철학＊
에도 미쳐 '구성적 윤리학'을 제창하고 이 분야에서도
많은 업적을 거두게 되었다. 구성적 명제를 종합적
명제라고도 부르며, 칸트를 따라서 산술의 명제가 선
험적＊ 종합명제라고 주장. 이 분야에서는 브로우베르＊
와 그의 영향을 받은 하이팅, 겐첸의 흐름에 속한다.
윤리학＊에서는 칸트가 말하는 정언명법의 현대에서의
부활을 추구하면서도 그 형식성에 만족하지 않고 스스
로를 칸트로부터 마르크스의 변증법을 거쳐 펼쳐지는
연장선상에 위치지으며, 역사의 구체적 연구에 기초하
여 '규범적 발생'을 구성함으로써 도덕원리에 무언가
의 질료를 부여하고자 했다. ⇒ 브로우베르

―이노우에 요이치(井上洋一)

＊ *Formale Logik*, 1958. *Metamathematik*, 1962. *Logische Prop-
ädeutik*, 1967(W. Kamlah와의 공저). 『コトバと規範――論理,
倫理の哲學的基礎付け』(1968), 理想社. *Lehrbuch der kon-
struktiven Wissenschaftstheorie*, 1987.

로이쉬 [Karl Daniel Reusch 1734/35–1806. 8. 27]

독일의 물리학자. 쾨니히스베르크에서 태어남. 1772
년 이후 쾨니히스베르크 대학의 물리학 정교수. 철학
부장까지 된다. 칸트의 동료이며 유언 집행인. 공동연
구도 하고 있었다. 특히 1784년에 하버베르크 교회
탑에 장치된 쾨니히스베르크 최초의 피뢰침 일화는
유명한데, 동프로이센 대장성이 로이쉬에게 공사감독
을 위촉했을 때 철학부의 교수와 협력하도록 요청받고
서 그는 칸트와 상담했다. 그때 주고받은 서간[Ⅹ168f.]
에서 칸트는 테텐스＊에 대해 언급하고 있다.

―가츠니시 요시노리(勝西良典)

＊ J. F. Goldbeck (Hrsg.), *Literarische Nachrichten von Preußen*,
2Bde., 1781–83.

로크 [John Locke 1632. 8. 29–1704. 10. 28]

영국 경험주의를 대표하는 철학자. 근대 민주주의의
확립을 이끈 대표적인 정치사상가이기도 하다. 옥스퍼
드 대학에서 의학을 공부하고, 자연과학자 보일과의
교류를 통해 입자물리학의 영향을 받으며, 가상디의
원자론에 접근한다. 또한 스콜라 철학에 반감을 지니
고 데카르트＊의 내성적 방법에서 사상의 자양분을 구
했다. 1667년 애슐리 경(후의 샤프츠버리＊ 백작)의 시의
로서 초청되어 이후 14년간 왕정복고로부터 명예혁명
에 이르는 격동의 시대에 백작과 정치활동을 함께
한다. 83년에는 백작의 정치적 음모에 참여했다고 하
는 의심을 받아 네덜란드로 망명했다. 그는 이 체험을
통해 절대왕권을 부정하고 인민의 합의에 기초하여
정치권력을 확립하는 인민주권의 사상을 확고히 하며,
89년 귀국 후 이것을 『통치론』으로 발표하여 명예혁명
후의 영국 의회정치의 지도적인 이론가로 되었다. 그
의 정치사상은 프랑스 혁명과 미국 독립선언에도 커다
란 영향을 미쳤다. 또한 그는 특히 비국교도에 대한
종교적 박해에 대해서 관용론을 저술하고, 정교분리에
의한 개인 신앙의 자유 확립을 주창했다.

같은 시기에 발표된 『인간지성론』은 지성이 어떠한
대상을 취급하기에 적합한지를 알기 위하여 지성 자신
의 기능을 음미하고 인간의 지식의 기원과 확실성

및 범위를 검토할 것을 의도하여 18년의 세월을 기울여 저술된 것으로서 근대 인식론의 단서를 이루는 것이며, 칸트의 인식 비판의 선구적 업적이기도 하다. 칸트가 특히 인식*의 기원 문제에 관해 로크로부터 커다란 영향을 받았다는 것은 칸트 자신에 의한 많은 친필 유고와 강의록으로부터도 명확히 드러난다. 이 문제에 대해 로크는 이 책의 제1권에서 생득관념을 부정하고 "관념은 모두 획득된 것이다"라는 학설을 전개한다. 즉 관념은 외계 사물의 지각 또는 마음의 작용의 반성*(내적 지각)을 통해 획득된 것으로서 그 기원은 모두 경험*에 있다는 것이다. 칸트도『순수이성비판 무용론』에서 시간 및 공간 형식과 범주*가 획득된 것이라고 말한다. 다만 로크의 '경험적 획득'에 반해 칸트는 경험을 '기회'로 하여 활동하는 선험적*인 정신의 작용을 기원으로 하는 '근원적 획득'을 주장하는 것이다.

또한 칸트는『프롤레고메나』*에서 '분석판단'*과 '종합판단'의 구별에 대한 시사가『인간지성론』의 제4권 제3장에서 발견된다는 점을 지적하고 있다. 로크에 의하면 관념에는 감각과 반성에 의해 획득되는 단순관념과 이들을 지성이 종합함으로써 생기는 복합관념이 존재한다. 이러한 관념들의 일치와 불일치의 지각이 바로 지식이지만, 칸트는 이 가운데 '동일과 차이(모순)'에 기초하는 일치와 불일치를 분석판단, 동일한 주체에서의 관념의 '공존'을 종합판단에 해당한다고 간주한다. 이것과는 별개로 로크는 제4권 제8장에서 명제에는 복합관념의 일부분이 전체의 명사에 대해 술어화될 뿐 지식이 증대되지 않는 경우와, 이 관념에는 포함되어 있지 않은 것이 술어화되어 지식이 확장되는 경우가 있다는 것을 지적하고 있다. 전자가 분석판단, 후자가 종합판단에 해당된다고 생각되지만, 로크가 이것을 칸트가 주장하는 것과 같은 판단의 원리적인 구별로서 제시하고 있는 것은 아니다. ⇒획득, 경험주의, 인식론, 분석판단, 선험적 종합판단

－데시로기 요(手代木 陽)

［저］『人間知性論』(1690), 岩波文庫; 中央公論社(초역).『統治論』(1690), 中央公論社; 河出書房新社 外.『寬容についての書簡』(1689), 中央公論社; 河出書房新社 外. The Works of John Locke, in 10 vols. 1801(1963, Rep. of the new, corrected edition of 1823).

［참］Reinhard Brandt, Materialien zur Entstehung der Kritik der reinen Vernunft, in: Ingeborg Heidemann/Wolfgang Ritze (Hrsg.), Beiträge zur Kritik der reinen Vernunft 1781*1981, Walter de Gruyter, 1981. M. A. Drobisch, Über Locke, den Vorläufer Kant's, in: Zeitschrift für exakte Philosophie im Sinne des neueren philosophischen Realismus 2, 1862. Alois Riehl, Der Philosophische Kritizismus. Geschichte und System, Bd. I : Geschichte des philosophischen Kritizismus, Alfred Kröner, 1908. 山崎正一『認識批判』哲學問題論叢近世篇 3, 理想社, 1946. 野田又夫『ロック』人類の知的遺産 36, 講談社, 1985. 田中正司・平野耿 編『ジョン・ロック研究』イギリス思想研究叢書 4, 御茶の水書房, 1980.

루소 [Jean-Jacques Rousseau 1712. 6. 28-78. 7. 2]

제네바에서 태어남. 방랑의 청년시대, 박해의 만년, 사상 관계의 저작뿐 아니라 연애소설과 오페라의 작곡에 의해서도 대성공을 거두어 시대의 총아가 될 만큼 다정다감하고 파란만장한 그의 생애는 칸트의 그것과는 상당히 대조적인 것이었다. 루소는 독학으로 고전과 철학, 과학, 음악 등을 공부하고, 파리에서는 사교계에 드나들 기회를 얻어 새로운 지식을 흡수함과 동시에 사회의 모순을 발견, 그리고 천성적인 풍부한 감수성을 살려서 잇달아 걸작을 발표했다. 문명론에서는『학문예술론』(1750), 음악에서는 오페라『마을의 점쟁이』(52)의 작곡과『음악사전』(67), 정치론에서는『인간불평등기원론』(55)과『사회계약론』(62), 문학에서는 베스트셀러 소설인『신 엘로이즈』(61)와『고백』(65-70년 경 집필, 82-89년 간행)·『고독한 산보자의 몽상』(76-78), 교육론(인간론)·철학(인식론)·종교론에서는『에밀』(62) 등. 자연*을 사랑하고 인간*의 자유*와 평등, 본래적인 선성(존엄)을 확신하는 그의 감정의 철학은 독일 관념론·낭만주의·근대 교육론 또는 프랑스 혁명 등 계몽기 이후의 사상계에 커다란 영향을 주었다. 쾨니히스베르크에 있던 칸트는 이러한 루소의 가장 훌륭한 이해자들 가운데 한 사람으로서 그의 사상내용을 냉정하게 검토하고 비판적으로 발전시킬

수 있었다.『에밀』을 읽는 데 열중한 나머지 규칙적인 일과인 산보를 며칠 동안 그만두었다는 일화는 유명하지만, 칸트는 "나는 루소를 표현의 아름다움이 더이상 나를 전혀 방해하지 않을 때까지 읽어야만 한다……"[XX 30]고 스스로 경계하는 말을 남기고 있다. 칸트의 간결한 서재 벽의 유일한 장식은 루소의 초상화였다고 한다.

"루소가 나를 바로잡아 주었다. …… 나는 인간을 존중하는 것을 배운다"[XX 44]. 루소는 "제2의 뉴턴"으로서 "깊이 숨겨진 인간성"과 숨겨진 법칙"[vgl. XX 58]을 칸트에게 확신시켜 "제2의 자연", 즉 도덕의 세계에 대한 탐구로 향하게 했다. 그러나 양자의 이러한 사상적 해후를 그대로 사상의 내용적 일치로 결부시킬 수는 없다. 인간의 진보와 행복"에 관한 양자의 견해 차이는 결정적이다. 루소는 "종합적인 방식"[vgl. XX 14]으로 자연인(이념적 인간)으로부터 문명인(현실의 인간)에게로 고찰을 진전시키며 악(불평등·불행)의 근원을 사회(정치) 속에서 발견하고 있는 데 반해, 칸트는 "분석적"인 방식"[같은 곳 참조]으로 문명인으로부터 본래적 인간(순수 도덕)으로 인간의 자기비판(자기인식)의 고찰을 진전시키며 현실사회를 인간의 개화(문화)의 장소로 보고 있다. 루소가 어디까지나 자연인의 이상의 입장에서 생각하고 그의 정치론은 대단히 혁명적인 데 반해, 칸트는 도덕적 목적론의 견지에서 현실의 인간의 자기개화 가능성을 믿고 완만한 개혁을 주장한다. 그러나 베르그송"의 직관이 적절하게 파악하고 있는 것처럼[『도덕과 종교의 두 원천』 제4장], 구체적으로는 예를 들어 루소로부터 칸트로의 평화사상의 전개에서 보이듯이 루소의 감정적인 인간애(양심론)·정치론은 칸트에 의해서 『실천이성비판』", 『판단력비판』"의 '비판'을 통해 '법론', '덕론'(『인륜의 형이상학』")의 철학적 교설"(Doktrin)로 완성되고 있다고 간주할 수 있다.

─나카무라 히로오(中村博雄)

囹 『ルソー全集』 全14卷, 白水社.

圂 Ernst Cassirer, Das Problem Jean-Jacques Rousseau, in: *Archiv für Geschichte der Philosophie*, Vol. XLI, 1932(生松敬三 譯 『ジャン = ジャック・ルソー問題』 みすず書房, 1974);

Rousseau, Kant, Goethe, Princeton U. P., 1945(原好男 譯 『18世紀の精神』 思索社, 1979). Alexis Philonenko, *Jean-Jacques Rousseau et la Pensée du malheur*, t. Ⅰ, Ⅱ, Ⅲ, Paris, 1984; *Études kantiennes*, Paris, 1982(中村博雄 譯 『カント研究』 東海大學出版會, 1993). 桑原武夫 編 『ルソー研究』 岩波書店, ²1968. 浜田義文 『若きカントの思想形成』 勁草書房, 1974; 『カント倫理學の成立』 勁草書房, 1981. 中村博雄 「ルソーからカントへ」 隈元忠敬 編 『知のアンソロジー──ドイツ的知の位相』 ナカニシヤ出版, 1996; 「カント道德論に對するルソーの影響──ルソーの合理主義とカントの『理性の事實』の問題」 『哲學』 36号, 日本哲學會, 1986.

리드 [Thomas Reid 1710. 4. 26-96. 10. 7]

스코틀랜드의 애버딘, 후에는 아담 스미스"의 후임으로서 글래스고에서 활약한 철학자. 저작으로는 『상식의 원리들에 기초한 인간 마음에 대한 연구』(1764), 『인간의 지적 능력(intellectual power)에 관한 시론』(1785), 『인간의 활동적 능력(active power)에 관한 시론』(1788) 등이 있다. 마음"을 다양한 능력"(faculty)과 그 작용(operation)의 관점에서 분석하는 '마음의 철학'을 제창하고, 19세기의 능력심리학의 형성에 지대한 영향을 미쳤다. 칸트는 『프롤레고메나』"에서 리드에 대해 언급하지만, 그에 대한 지식은 당시의 서평을 매개로 한 정도에 지나지 않았다. 그러나 19세기 전반의 스코틀랜드에서는 리드와 칸트의 유사성이 문제로 되며, 같은 시대의 독일에서는 쇼펜하우어"가 리드를 절찬하고 있다. 현대 영미의 철학, 특히 지각"을 둘러싼 논의에서는 리드의 영향이 보이며, 현대 심리학에서도 J. J. 깁슨이 『지각 시스템으로서의 감관』(1966)에서 리드를 재평가한 것은 유명하다. ⇒지각, 획득

─아사히로 겐지로(朝廣謙次郎)

囹 *Philosophical Works*, ed. W. Hamilton, London, 1895(Georg Olms Verlag. Hildesheim, 1983).

리츨 [Albrecht Benjamin Ritschl 1822. 3. 25-89. 3. 20]

독일의 루터파 조직신학자. 베를린에서 태어나 괴팅

겐에서 사망. R. 로테, F. C. 바우르에게 가르침을 받는
다. 초기에는 바우르의 영향으로 헤겔*과 슐라이어마
허에 의한 사변적 역사해석을 받아들였지만, 후에는
성서의 역사적·신학적 해석을 존중하여 그와 결별한
다. 칸트의 도덕적 종교론에 의거하여 형이상학적 이
해와는 다른 도덕적 기독교 이해를 제창하여 리츨학파
가 형성되었다. 주저로『의인과 화해에 관한 기독교적
교설』(1870-74)이 있다.

─가츠니시 요시노리(勝西良典)

리케르트 [Heinrich Rickert 1863. 5. 25-1936. 7. 25]
　독일의 신칸트학파*의 철학자. 그 중에서도 특히
서남독일학파에 속한다. 단치히에서 태어남. 흄적인
현상주의에서 출발. 빈델반트*와의 만남을 통해 초월
론적 관념론으로 전향. 가치철학의 체계화를 시도했
다. 1896년 프라이부르크 대학의 철학교수. 1915년 하
이델베르크로 옮긴다.『자연과학적 개념 구성의 한계』
에서 문화과학은 인간의 사태를 기술 하에서 파악하는
것이 아니라 가치* 하에서 파악해야만 한다는 입장을
내세웠다. 이것은 칸트가 반성적 판단력에 의한 취미
판단에서 특수를 중요시한 태도를 이어받은 것이다.
그에 따라 자연과학의 방법에는 한계가 있다는 것을
분명히 하고 문화과학의 독자성을 강조했다.『인식의
대상』에서는 판단론을 기축으로 하여 존재가 가치에
기초한다는 것을 이야기한다. 이론적 가치라 할 만한
메타무법적인 초월적 의미는 객관항, 다시 말하면 판
단*의 진위의 기준인 대상*으로서 주관과 독립적으로
존재한다. 그것은 요컨대 사람이 생각하지 않은 채로
받아들여질 수 없는 '요해'되는 문장의 의미이다. 다만
나중의『술어의 논리와 존재론의 문제』에 이르면 뛰어
난 제자인 라스크의 영향도 있어서 현상학적인 의미와
대상을 엄격히 구별하고, 문장이 그에 '대해' 말하는
것을 의미가 아니라 '대상'이라고 부르게 된다. 그러나
주관항에 모든 내용을 사상한 작용이라 할 만한 '의식
일반'이 놓인다는 점에서는 변함이 없다. 이러한 판단
론이라는 인식론적인 입장은 다음과 같은 방식으로
존재론과 통한다. 즉 판단이란 의식 일반이 물음에

대해 모방할 수 있는 '주어표상과 술어표상의 결합태'
로 대답하는 것이 되며, '예'와 '아니오'라는 시인과
거부는 초월적 의미를 전제로 하여 '해석'되는 내재적
의미라고 명명된다. 초월적인 영역에로의 이러한 통로
를 거쳐 판단은 존재의 '이러저러한' 규정성을 구성하
는 것이다. 주저『철학체계 제1부』에 이르면 마르크스
의 근본 생각과 상통하는 이원론들의 초극이 구상되어
간다. 이원론에서 생겨나는 아포리아의 극복은『철학
체계 제1부』에서 명확히 내세워지는 상관주의(Relatio-
nismus), 즉 이원적 개념맞짝의 상보성을 이야기함으로
써 가능해진다. 그것은 칸트의 초월론적 변증 론*을
적극적으로 다시 파악한 것에 다름 아니다. 리케르트
는『근대 문화의 철학자 칸트』에서 강조하듯이 근대에
서의 문화영역들의 통일이라는 문제성에서 칸트 철학
의 현실성을 발견했던 것이다. ⇒신칸트학파, 타당,
가치판단

─구키 가즈토(九鬼一人)

　Ⓜ *Die Grenzen der naturwissenschaftlichen Begriffsbildung*,
　　1896-1902.『認識の對象』(1892), 岩波書店. System der Philo-
　　sophie, 1921.『近代文化の哲學者カント』(일역 제목은『現代
　　文化の哲學者カント』)(1924), 理想社. *Die Logik des Prädikats
　　und das Problem der Ontologie*, 1930.
　Ⓡ 九鬼一人『新カント學派の價値哲學』弘文堂, 1989. 廣松涉
　　『マルクスの根本思想はなにであったか』情況出版, 1994.

린네 [Carl Linné 1707. 5. 23-78. 1. 10]
　스웨덴의 박물학자. 린네의 업적은 오늘날 '이명식
명명법'으로서 알려져 있는데, 그것이 처음으로 채용
된 것은『식물의 종』(Species Plantarum, 1753)에서이며,
그 후『자연의 체계』(Systema Naturae) 제10판(1758-59)
에서 점차 동물에 관해서도 전면적으로 사용되게 되었
다. 그의 관심은 식물학에 있으며, 20대 무렵의 논문
「식물의 혼례 서설」(1729)에서는 생식기관에 기초하
는 '성체계(systema sexuale)'라고 불리는 분류를 제안하
고 있다. 그 때 기재 상의 문제가 생기나 그것이 곧
이어 '이명식 명명법'으로 발전했다. 그 분류는 분명히
그 자신의 관심을 반영하고 있으며, 후에 인위적 분류

라고 하여 뷔퐁*의 비판을 받게 되었지만, 당시의 관능적 로코코 풍조에서 보면 바로 '성체계'이기 때문에 그의 분류법이 평판을 받았다고도 말할 수 있다. 그는 또한 식물연쇄에 주목하여 자연의 질서(economy)에 대해 말하고 있으며, 인간을 자연의 궁극목적으로 간주하는 자연관을 냉정한 눈으로 바라보고자 했다. 칸트는 『판단력비판』* 제82절에서 린네의 이러한 생각에 대해 언급하여 "예를 들어 어떤 관점에서 목적으로 평가된다 하더라도 인간은 다른 관점에서는 다시 수단이라는 지위밖에 가지지 못할 것이다"[KU, Ⅴ 427]라고 말하고 있다.

—아사히로 겐지로(朝廣謙次郎)

圏 西村三郎『リンネとその使徒たち』人文書院, 1989.

마르크스주의-主義 [(독) Marxismus]

(1) 마르크스가 칸트를 본격적으로 연구한 흔적은 없다. 주저 『자본론』에는 칸트에 대한 언급은 없다. 『독일 이데올로기』에서 마르크스와 엥겔스는 프랑스의 부르주아지가 프랑스 혁명에 의해 정치적 지배를 달성하고, 영국의 부르주아지가 산업혁명을 매개로 하여 전 세계를 경제적으로 지배하게 된 데 반해, 독일의 부르주아지가 달성한 것은 "단지 '선의지'뿐이었다"고 칸트의 표현[『인륜의 형이상학의 정초』* 서두]을 풍자하여 경쾌하고 묘하게 야유하고 있다. 엥겔스는 『포이어바흐론』에서 칸트를 불가지론자로 규정하고, 사물 자체*의 불가지성은 실천에 의해서 사라진다고 비판한다. 또한 정언명법에 대해서도 그 무력함을 비판한다. 레닌은 엥겔스의 칸트 평가를 근거로 하여 『유물론과 경험비판론』에서 "칸트가 우리의 관념에 …… 사물 자체가 조응하고 있다는 것을 인정할 때 칸트는 유물론자이다. 이 사물 자체를 그가 인식 불가능하고 초월적인 것이라고 설명할 때 칸트는 관념론자로서 나타난다'고 말하고 있다. 그 후의 '정통적' 마르크스주의에 의한 칸트 평가는 대체로 위와 같은 엥겔스, 레닌의 칸트 평가를 그대로 답습한다.

(2) 루카치는 『역사와 계급의식』에서 칸트의 윤리관과 존재 개념에 대한 내재적인 검토와 비판을 시도하고 있으며, 더 나아가 칸트는 뉴턴 역학에 기초한 자연인식을 무제한하게 확대할 가능성을 인정했기 때문에 "사물 자체의 문제가 우리의 인식"을 구체적으로 확대할 가능성의 한계를 의미하는 것처럼 받아들이는 것은 칸트 인식론에 대한 완전한 오해이다'라고 하여 엥겔스를 정면에서 비판했다. 또한 『실천이성비판』*에서는 이론적으로 극복할 수 없는 한계도 실천적으로는

해결 가능하다는 것을 보이고자 하고 있다고 주장한다. 마르크스주의자들 가운데 한층 더 적극적으로 칸트를 평가하는 것은 블로흐이다(만약 그가 마르크스주의자라고 한다면). 블로흐는 『희망의 원리』에서 예를 들면 다음과 같이 논의한다. 인간은 결코 단지 수단으로서뿐 아니라 언제나 동시에 목적*으로도 간주되어야만 한다는 칸트의 정언명법은 결코 부르주아적이라고는 말할 수 없다. 왜냐하면 모든 계급사회에서 인간관계는 주인과 노예의 관계에 기초하기 때문이다. 결국 정언명법은 "계급 없는 사회로 향하기 위한 선취된 공식"이다[1022–25]. 이 밖에 블로흐는 최고선*의 이상, 합목적적 자연관 등 일반적으로 칸트에 존재하는 유토피아*적인 파토스에 초점을 맞추어 평가하고 있다.

(3) 칸트의 사상과 마르크스주의의 인간관을 결합하는 고리는 『순수이성비판』*에서 읽어낼 수 있는 '인간의 자기실현론'이 그 후 피히테*, 헤겔*을 매개로 하여 마르크스의 ① 노동을 중심으로 한 인간 자유론으로, 나아가서는 ② 계급사회에서의 소외 · 물상화의 폭로로 전개되어 나간 사상사적 맥락에서도 찾아져야만 할 것이다. 왜냐하면 마르크스 자신이 「포이어바흐 테제」의 하나에서 지금까지의 인간의 활동적인 측면(예를 들면 노동을 둘러싼 인간과 자연, 인간과 인간의 관계 및 프랑스 혁명 등의 역사적 혁명적 실천 등)을 (추상적이긴 하지만) '대상적 활동'으로 파악해 왔던 것은 유물론*(프랑스의 기계론적 유물론과 포이어바흐 등)이 아니라 관념론* 측이었다고 말하고 있지만, 이때 마르크스에 의해 생각되고 있었던 것은 위의 독일 관념론*의 거장들에 덧붙여 그 선배인 칸트이기도 했을 것이기 때문이다. ⇒유물론, 관념론

—시부야 하루요시(澁谷治美)

119

⟦참⟧ K. Marx/F. Engels, *Die Deutsche Ideologie: Kritik der neuesten deutschen Philosophie, usw.*, Verlagsgenossenschaft ausländischer Arbeiter in der UdSSR, 1933(古在由重 譯『ドイツ・イデオロギー』「포이어바흐 테제」를 포함] 岩波書店, 1956). F. Engels, *Ludwig Feuerbach und der Ausgang der klassischen Philosophie*, Diez, 1888(藤川・秋間 譯『フォイエルバッハ論』大月書店, 1972). V. I. Lenin, *Materialism and Empiriocriticism*, 1909(寺澤恒信 譯『唯物論と經驗批判論』大月書店, 1953-55). G. Lukács, *Geschichte und Klassenbewußtsein: Studien über marxistische Dialektik*, Malik, 1923(城塚・古田 譯『歷史と階級意識』白水社, 1987). E. Bloch, *Das Prinzip Hoffnung*, Suhrkamp, 1959(山下肇 外 譯『希望の原理』I-III, 白水社, 1982). 澁谷治美「カントの純粋統覺と物自体」『倫理學年報』第26集, 1977.

마음 [(독) Gemüt (라) animus]

심성, 심의식心意識이라고도 번역. 3비판서에서는 분명한 정의가 주어져 있지 않다. 『인간학』*은 "감수하고 사유*하는 단순한 능력*으로서 표상되며, 특히 인간* 속에 머무는 실체로 간주된다"[VII 161]고 말하고 있다. 또한 해부학자 죔머링에게 보낸 서간[1795. 8. 10]에서는 다음과 같이 말하고 있다. "주어진 표상*을 합성하고 또 경험적 통각의 통일*을 산출하는 능력(animus, 의식*)에 다름 아니며, 실체*(anima) 이전의 것이다. 실체의 본성은 물질과는 완전히 구별되지만, 마음의 경우 이 본성은 도외시된다"[XII 31]. 이러한 설명에서는 의식의 이를테면 외계와의 접촉면에만 역점이 두어져 있다고 할 수 있다. 고차적인 정신활동은 포함하지 않으며, 라이프니츠*가 동식물에서도 인정한 '희미한 표상*'의 확대와 마음은 겹쳐지는 것으로 볼 수 있다. 그러나 제3비판*은 인식능력*, 쾌・불쾌의 감정, 욕구능력*의 세 가지가 "상위의 마음의 능력(obere Gemütsvermögen)"이라고 말한다. 그리고 "선험적*인 구성적 원리를 포함하는 것은 인식능력에 대해서는 지성*, 쾌・불쾌의 감정에 대해서는 판단력*"이며, "욕구능력에 대해서는 이성*이다"[KU, V 198]. 이로부터 보면 마음은 animus의 저차적인 확대뿐 아니라 anima도, 아니 mens도 포함

하며, 고차적인 정신적 능력 및 그 활동, 나아가 활동의 의식도 가리킨다. 따라서 그것은 물질과 구별할 수 없는 감관*에 의한 표상을 수용하는 '나, 쾌・불쾌뿐 아니라 존경*의 감정도 깨닫는 '나', 그리고 순수 의지의 활동성을 정언명법으로서 의식하는 '나'의 확대 전체이다. 또는 데카르트*의 '우리들의 안(en nous)'에 거의 상응하는 개념이라고 말할 수 있을 것이다. 다만 칸트는 시간*과 공간*도 마음 안에, 따라서 '우리들의 안'에 감성*의 주관적 형식으로서 정립한다. 통상적으로 시간이 '내감*'의 형식, 공간이 '외감*의 형식이라고 불리지만, 양자 모두 "우리의 마음의 주관적 성질"[B 38]이다. 따라서 둘 다 '내감'인 것이다. "표상은 모두 대상이 외적인 것이든 아니든, 그것 자체로서는 마음의 규정이기 때문에 내적 상태에 속한다"[B 50]. 마음이 존재자로서 또는 객체로서 파악되면 영혼*(Seele; anima)이라고 불린다. 영혼이란 "물질 안의 생명원리로서의 사유하는 실체"[B 403] 또는 '사유하는 자아'를 말하지만, '비판'은 "객체를 두 가지 의의에서 받아들이도록 가르치는"[B XXVII] 까닭에, 영혼도 감성적인 것과 예지적인 것의 두 측면에서 고찰될 수 있다. 물론 이론적으로 심리학의 대상이 될 수 있는 것은 오직 경험적 직관의 대상으로서만 이지만, 그러나 의지의 자유나 불사*는 모두 비판에 의해 그 사유가능성을 영혼의 예지적 측면에서 획득하는 것이다. ⇒영혼

—기타오카 다케시(北岡武司)

⟦참⟧ H. Amrhein, *Kants Lehre vom "Bewußtsein überhaupt" und ihre Weiterbildung bis auf die Gegenwart*, Würzburg, 1909. J. T. Cocutz, *Kants Theory of the Self*, Yale Univ., 1950. D. R. Cousin, Kant on the Self, in: *Kant-Studien* 49. H. Fuessler, *Der Ich-Begriff in der Kantischen Philosophie*, Weida i.Thuer, 1932. F. Delekat, *Immanuel Kant*, Quelle & Meyer, 1969.

마음가짐 [(독) Gesinnung]

우리의 행위가 생기하는 것은 감각방식(Sinnesart)인 경험적 성격(Charakter)에서 기인하든가 아니면 사고방식(Denkungsart)인 예지적 성격에서 기인한다[B 577ff.]. 감각방식에서 기인한다고 하는 것은 경험적 요소에

의해서 의지*가 규정*되는 것으로서 자연*의 원인성에 의해서 규정되는 것이다. 사고방식에서 기인한다고 하는 것은 주관적 경험적 원인들에 관계하지 않고서 실천 이성의 법칙이 직접적으로 의지를 규정함으로써 행위가 생기하는 것으로서 자유*의 원인성에서 기인하는 것이다. 다시 말하면 전자는 현상계의 관점에서 본 원인성이며, 그 원인성이 뜻하는 바는 행위가 지니는 목적*-결과에 관한 합리성이다. 후자는 예지계*의 관점에서 본 원인성이며, 그 뜻하는 바는 실천적 합리성, 즉 준칙*의 합법칙성*이다. 이 두 측면을 함께 지니는 우리 인간*에게 있어 예지적 관점으로부터 분명해지는 법칙은 구속성*을 수반하는 도덕법칙*인바, 그 아래에서 필연적인 행위는 의무*가 된다. 나아가 이 법칙에 대한 존경*의 감정으로부터 법칙에 따르는 것, 의무로부터 의무를 달성할 것이 요구된다. 즉 법칙에 대한 일정한 태도로서의 마음가짐이 요구되는 것이다. 도덕적 가치는 "그 행위로부터 생기는 결과"에 있는 것이 아니라 "마음가짐, 즉 의지의 준칙"에 있다[GMS, Ⅳ 435]. 그리고 이 요구는 예지적 관점과 거기서의 사고방식을 나의 것으로 함으로써 이루어진다. 이 점은 존경의 감정에 관한 논의에서 여실히 드러난다. 존경의 감정은 주관적으로는 도덕적 행위에 대한 동기*인 한편, 그 자체가 인류적이라고 말하지지만[KpV, Ⅴ 76], 그것은 이성*이 감성*에 제약을 줌으로써 "자기시인", "고양감"이 언제나 수반되기[KpV, Ⅴ 80f.] 때문이며, 당위*의 의식이 우리를 예지적 관점으로 이행시켜 그로부터 자기의 준칙이 보편적 입법이라는 이념으로부터 정당한지 아닌지 사고 실험할 수 있는 태세를 획득하고 있기 때문이다. 도덕법칙에 대한 존경에서 법칙을 자기의 준칙으로서 받아들이고자 하는 마음가짐의 강함, 즉 덕은 "언제나 전적으로 새롭게 근본적으로 사고방식에서 유래해야만 하는 것"[Ⅶ 147]인바, 도덕법칙과 도덕적 의지에 존경을 표시하는 것은 "사고방식의 가치를 존엄으로서 인식시키는" 것이다 [GMS, Ⅳ 435]. ⇒도덕법칙, 준칙, 존경

—사베츠도 요시히로(佐別当義博)

📖 H. J. Paton, *The Categorical Imperative*, Hutchinson & Co., 1947(杉田聰 譯 『定言命法』 行路社, 1986). F. Kaulbach, *Immanuel Kants >Grundlegung zur Metaphysik der Sitten<*, Wissenschaftliche Buchgesellschaft, 1988. H. Koehl, *Kants Gesinnungsethik*, Walter de Gruyter, 1990.

마이몬 [Salomon Maimon 1753경–1800. 11. 22]

폴란드의 리타우엔에서 태어난 유대인으로 칸트 철학의 비판적 계승자. 독학으로 수학*과 자연과학*을 습득하고, 학문을 추구하여 25세 때에 베를린으로 향하는 도중 걸식하게 된다. 고난 끝에 마무리된 『순수이성비판』*에 관한 그의 시론을 읽은 칸트는 자신의 저서를 참으로 이해한 데 기초한 비판적 시론이라고 높이 평가했지만, 칸트의 계승자를 자인하는 그 자신의 학설은 전적으로 인정하고자 하지 않았다.

그는 사물 자체*의 난문에 일정한 해답을 준다. 『철학사전』(1791)에서의 비유를 다소 변화시켜 설명하면, 회전하는 원반의 각 부분은 어디서나 원운동하고 있지만, 중심에 가까울수록 그 움직임이 늦고, 무한소의 중심점은 속도가 영으로 회전하고 있지 않다. 중심점은 회전이라는 현상*의 내부에 있으면서 회전이라는 현상을 초월한, 현상 그 자체의 버팀목인 것이다. 이것과 마찬가지로 사물 자체는 의식*에 나타나는 현상의 내부에 존재한다. 주저 『초월론철학 초극 시론』(1790)에 따르면 칸트가 감각소여라고 부르는 것은 수학의 '미분 dx'와 유사하며, 직관*의 내용으로서는 끝없이 영에 가깝지만, 다른 감각소여에 대한 전개되지 않은 관계성을 안에 감추고 있다. 상상력*은 이러한 감각소여들을 통합하여 현상으로서의 객관*을 만들어내며, 지성*은 감각소여 상호간의 관계성을 개념화하여 파악한다. 마이몬은 인식되는 사실세계를 미분방정식의 체계처럼 상정하고 있는 것이다. 다른 한편 칸트가 말하듯이 이성*은 스스로 만들어내어 대상* 안에 놓아둔 것만을 선험적*으로 인식*하기 때문에, 인식은 궁극까지 진전되면 이성의 활동방식 모두가 반영된 산물, 즉 이성의 자기상(초월론적 이상)을 대상 속에서 파악한다. 위와 같은 것으로부터 인간 정신(영혼*)은 경험* 속에서 감성*에 구속되면서도 개개의 미분방정식을 이해해가는 것처럼, 의식에 현전하는 세계를 지성화하

면서 '신*·인간의 영혼·세계*'의 '삼위일체'를 드러내는 이러한 초월론적 이상에로 향한다. 그에 의하면 이러한 이상은 일체의 철학설을 '연합'시키는 '허초점*'인 것이다. 『철학계 편력』(1793), 『아리스토텔레스의 범주』(1794), 『신논리학 시론』(1794) 등의 저작도 있으며, 최후의 저서 『인간 정신의 비판적 탐구』(1797)까지 학설은 일관되어 있다. ⇒사물 자체, 이성

―세토 가즈오(瀨戶一夫)

㊟ S. Maimons Gesammelte Werke, Valerio Verra (Hrsg.), 1965-74.

㊟ F. Kuntze, Die Philosophie Salomon Maimons, Heidelberg, 1912. A. Zubersky, Salomon Maimon und der kritische Idealismus, Leipzig, 1925. S. Zac, Salomon Maïmon, Critique de Kant, Paris, 1988. 瀨戶一夫「カントとフィヒテとの間」『講座 ドイツ觀念論』 3, 弘文堂, 1990.

마이어 [Georg Friedrich Meier 1718. 3. 29-77. 6. 21]

할레 대학 철학교수. 독일 계몽철학자의 한 사람. 프로테스탄트의 목사 가정에서 태어난다. 할레 대학에서 물리학, 논리학, 신학, 철학을 공부한다. 볼프학도 바움가르텐*의 제자. 그라이프스발트, 예나, 괴팅겐의 독일왕립학술협회의 회원. 1751년 이래 베를린 아카데미의 회원. 볼프학파의 답습자의 한 사람. 은사 바움가르텐의 『미학』을 계승하여 그때까지 하위 인식능력으로 되고 있던 감성*을 옹호하기 위해 스스로도 『미적 예술과 학문의 원리』(1748)를 저술함으로써 미학의 근거짓기에 공헌했다. 다른 동시대의 철학자와 마찬가지로 『선결정적 일치의 증명』(1743)에 의해 라이프니츠*의 예정조화설을 옹호하고, 『인간의 영혼이 영원히 산다는 것의 증명』(1751) 등, 다수의 관련 저작을 통해 영혼*의 비물체성과 불사성의 증명을 시도했다. 바움가르텐의 『형이상학』을 독일어로 번역하고, 그 보급에 힘썼다. 『논리학』(1752), 『논리학 강요』(1752) 및 『형이상학』(1755-59)은 볼프학파의 보급이라는 의미에서 영향력이 컸다. 특히 『논리학 강요』는 칸트가 1764/65년 겨울학기 이래로 대학에서 자신의 논리학 강의의 교과서로서 오랫동안 사용한 것으로서 알려져

있을 뿐 아니라 그 소장본에 칸트가 기재한 다수의 메모는 칸트가 그의 교수활동 전체를 통해 마이어와의 대결에 의해 어떻게 독자적인 사유를 발전시켰는지를 아는 데서 불가결한 자료로 되고 있다. '이의성(amphibolia)', '반정립(antithesis)', '변증론(dialectica)', '오류추리(paralogismus)' 등 『논리학 강요』에 나타나는 많은 철학용어는 칸트 철학의 주도적 용어의 선구를 이루고 있다. 또한 『인간 인식의 한계』(1755) 및 『인류의 선입관 논고』(1766)는 칸트의 가상 비판과 이성의 한계라는 발상의 선구적인 예의 하나로서 커다란 의미를 지닌다. 그다지 알려져 있지 않지만, 『일반해석학의 시도』(1757)에 의해서 오늘날의 해석학의 선구자로서도 두드러지게 기록된다.

―이시카와 후미야스(石川文康)

㊟ Vernunftlehre, 1752. Auszug aus der Vernunftlehre, 1752. Betrachtungen über die Schranken der menschlichen Erkenntnis, 1755. Metaphysik, 1755-59. Beyträge zu der Lehre von den Vorurteilen des menschlichen Geschlechts, 1766.

㊟ Norbert Hinske, Georg Friedrich Meier und das Grundvorurteil der Erfahrungserkenntnis: Noch eine unbemerkt gebliebene Quelle der Kantischen Antinomienlehre, in: Kant und sein Jahrhundert, Frankfurt/Bern/New York/Paris/Wien, 1993(有福·石川·平田 編譯『批判哲學への途上で』晃洋書房, 1996); Zwischen Aufklärung und Vernunftkritik: Die philosophische Bedeutung des Kantischen Logikcorpus, in: Aufklärung 7-1, Hamburg, 1993(일본어역은 위와 같음). 石川文康『カント 第三の思考』名古屋大學出版會, 1996.

마티외 [Vittorio Mathieu 1928. 12. 12-]

현대 이탈리아 철학자. 토리노 대학 교수(도덕철학 강좌). 전후 토리노 대학에서 아우구스토 구초를 중심으로 성립한 칸트 연구 학파의 대표적 존재이며, 비판 전기 칸트의 문헌학적 연구로 알려진 토넬리와 논리학사 연구의 바로네와 동년배이다. 마티외는 대단히 일찍부터 칸트의 『오푸스 포스투뭄』*에 몰두하였는데, 그 독창적인 성과의 독일어역이 최근에야 출판됨으로써 일본에도 알려지게 되었다. 그의 철학사 연구 업적

은『철학사』전3권(1966)을 비롯하여 라이프니츠*, 베르그송*, 20세기 이탈리아 철학사, 플로티노스에 걸쳐 있지만, 특히 최근에는『서구의 암』,『혁명에서의 희망』,『화폐의 철학』,『노동과 유희』와 정치철학, 사회철학에서의 작업이 눈에 띄며, 거기서도 자각적으로 칸트 철학을 현대에 되살린다고 하는 목적을 읽어낼 수 있다. ⇒ 이탈리아의 칸트 연구

─후쿠타니 시게루(福谷 茂)

만족滿足 [(독) Wohlgefallen]

만족이란 어떤 대상*이 주체*의 마음에 드는 것(es gefällt), 즉 그 대상에 대해서 주체가 쾌의 감정(das Gefühl der Lust)을 지니는 것이다.『판단력비판』*에서 칸트는 만족의 대상을 다음의 셋으로 나눈다. (1) '쾌적한 것(das Angenehme)'은 주체에게 있어 단지 감관감각적인 쾌*, 즉 '(자극에 의해서) 감수적으로 조건지어진 만족'을 수반하며, (2) (간접적 또는 단적으로) '좋은 것(das Gute)'은 이성에 의한 판정에서의 쾌, 즉 '유용한 것'에 대한 만족 또는 '순수하게 실천적인 만족'을 수반하는 것인 데 반해, (3) '아름다운 것(das Schöne)'은 반성적 쾌, 즉 '미적 만족'을 수반하며, 동물과 신*의 중간적 존재자로서 감성*과 이성*을 아울러 가지는 인간만이 그것을 가질 수 있다. (1)과 (2)의 만족은 모두 욕구능력에 관계하며, 대상의 현실존재에 대한 관심과 결부되어 있는 데 반해, (3)의 미학적 판단*에서의 만족만이 오직 대상의 합목적적인 표상에 의해서만 규정되는, 일체의 관심을 벗어난 자유로운 만족이다. 여기서의 쾌의 감정은 인식 일반의 주관적 조건이기도 한 상상력*과 지성*의 조화적인 '유희'에 기인하는 까닭에 보편타당성을 요구할 수 있다. ⇒ 미, 쾌, 미학적 판단

─나가노 준코(長野順子)

말브랑슈 [Nicolas Malebranche 1638. 8. 5-1715. 10. 13]

프랑스의 철학자. 오라토리오 수도회 수사. 자신의 수도회의 지도정신인 아우구스티누스의 사상과 자기가 강하게 영향 받은 데카르트*의 철학을 융합하여 신앙진리와 이성진리의 조정을 시도했다. 형이상학*에서는 세계*의 모든 사태의 유일한 작용자를 신*으로 삼고 피조물은 단지 이 신의 작용의 '기회인'이라고 하는 기회원인론을 주창하여 데카르트 철학이 봉착한 중요한 이원적 문제, 즉 물심의 이원과 섭리와 자유의 이원의 문제를 해결하고자 했다. 인식론*에서는 인간 정신이 '주의*'의 활동을 '기회'로 하여 신의 '보편적 이성'에 참여함으로써 일체의 사물을 '예지적 연장'에서 보는 데서 '인식*'이 성립한다고 설파하고, 그것을 '우리는 만물을 신 안에서 본다'고 표현했다. 칸트는 이 표현을『형식과 원리』*에서 인용하여 전비판기에서의 자기의 형이상학 입장이 지성적 인식의 궁극적인 근거를 유일한 원인인 일자 속에서 구한다는 점에서 말브랑슈로부터 그렇게 멀리 떨어져 있지 않다는 점을 인정한다. ⇒ 데카르트

─후쿠이 아츠시(福居 純)

📖 La recherche de la vérité 1674-78. Méditations chrétiennes et métaphysiques, 1683. Entretiens sur la métaphysique et sur la religion, 1688.

📘 桂壽一『デカルト哲學とその發展』東京大學出版會, 1966.

맨더빌 [Bernard Mandeville 1670. 11. 20-1733. 1. 21]

네덜란드의 로테르담에서 태어나 라이덴 대학에서 의학과 철학을 공부한 후 런던으로 이주하여 개업의로 일하면서 문필활동을 한다. 1705년 풍자시『윙윙거리는 벌집─악한이라도 변하여 정직한 자가 된다』를 출판. 이 소책자는 1723년 '미덕의 기원 고찰', '자선과 자선학교론', '사회의 본질'에 원래 시의 '주석'을 덧붙여『벌의 우화─사인의 악덕과 공공의 이득』으로 간행되었다. 도덕, 종교, 철학, 교육, 법률, 정치, 경제 등의 각 분야로부터 비판이 제기되고 영국 외에 프랑스, 독일 등에서도 논쟁의 씨앗이 되었다. 사치옹호론, 자선학교 유해설, 아담 스미스*의 선구로서의 자유방임론 등이 주된 논쟁점이었다. 또한 그의 자유사상가적인 종교관은 버클리*의『알키프론』(1732)에 의해 공격 받았다. 칸트는『실천이성비판』*에서 맨더빌의

123

도덕원리를 자애심을 시민사회 조직에 의해서 교묘하게 관리하는 타율적인 것으로서 위치짓고 있다.

－츠카자키 사토시(塚崎 智)

머우쭝싼 [牟宗三 1909-]

현대 중국(홍콩 및 중화민국)의 철학자. 탕쥔이(唐君毅) 등과 함께 '신유가'라고 불리는 그룹에 속하며, 중국의 전통을 토대로 하여 서양철학, 특히 칸트 사상과 중국 철학을 대화시키는 것에 몰두해왔다.『순수이성비판』*,『실천이성비판』* 및 『인륜의 형이상학의 정초』*의 중국어 번역을 완성.『현상과 사물 자체』라는 제목의 제1비판의 주석서를 저술하고,『중국 철학과 지적 직관』에서 중국 철학은 지적 직관을 적극적으로 인정하는 것이라는 입장에서 그것의 독자적인 가치를 선양하고 있다. 비트겐슈타인*의『논리철학논고』의 중국어 역,『불성과 반야』로 대표되는 불교철학의 연구도 있으며, 동서철학을 포괄한 광대한 시야를 지니는 거장으로서 존경받고 있다.

－후쿠타니 시게루(福谷 茂)

멘느 드 비랑 [Maine de Biran (본명 François-Pierre Gontier de Biran) 1766. 11. 29-1824. 7. 20]

프랑스의 칸트라고 불리는 철학자, 정치가. 인식 원천을 감각에서 구한 콩디야크의 경험주의 하에서 사색을 개시. 감정과 행복의 문제에 동기를 지니고서 육체의 중요성에 주의를 기울이면서 경험에서의 의지의 계기를 명확히 한다. 관념학파가 지도하는 파리의 학사원에 의한 논문공모에 응모하여『습관론』과『사유의 분해』로 수상. 베를린, 코펜하겐의 아카데미에 의한 공모에서도 수상. 그 과정에서 인식론으로도 기울어진다.

『습관론』에서 비랑은 반복에 의해서 어떤 종류의 감각(가까운 데서의 소음 등)은 희미해져 알아차리지 못하게 되고 다른 종류의 지각(음악의 화음의 세부적인 것 등)은 명료해져 간다고 하는 습관의 영향의 상이한 형태를 지적하고, 사람의 경험이 두 개의 요소,

즉 감각적 수동성과 의지적 능동성의 협동으로 이루어진다는 것을 제시하는 데서 더 나아가 이 협동에 기호가 관여하여 경험 구성이 복잡한 역동성을 취하는 모습을 더듬어나갔다.『사유의 분해』이후 의지적 자아와 그것에 상대적으로 저항하는 신체의 불가분적인 이원적 구조와 물체의 경험의 존재양식 등을 고찰, 그때에 다양한 원인 개념을 분석하고, 이로부터 독자적인 범주론을 구축. 인과성을 비롯하여 실체와 속성, 하나와 다수성 등의 개념들은 경험에 뿌리박고서 얻어지는 것이면서 모든 경험 속으로 들어와 경험에 보편적 구조를 주는 원리로서 작용한다는 것을 보이고, 판단표*에 의거한 칸트의 범주론을 그 기원을 묻는 노고를 게을리 했다고 하여 비판했다. 그러나 범주*가 유개념이 아니라 반성적 관념임을 보일 때 칸트의『감성계와 예지계의 형식과 원리』*에서의 반성작용에 관한 고찰을 평가하고 있다. 비랑이 칸트의 저작들 가운데 읽은 것은 이 라틴어 논문과『미와 숭고의 감정에 관한 고찰』*의 불역밖에 없지만, 킹커의『순수이성비판의 간결한 해명의 시도』의 불역, 샤를르 빌레의『칸트의 철학 즉 초월론적 철학의 근본원리』등과 트라시 등을 통해 칸트 철학을 알았다. ⇒유심론

－마츠나가 스미오(松永澄夫)

멘델스존 [Moses Mendelssohn 1729. 9. 6-86. 1. 4]

독일 계몽철학의 대표자 가운데 한 사람. 유대인으로서 데사우에서 태어난다. 작곡가 펠릭스 멘델스존의 조부이다. 독학으로 어학·수학·철학·문학을 공부한다. 1754년 베를린에서 레싱*과 해후, 그의 재능과 인품으로 레싱에게서 존경을 받는다. 독학으로 인한 결함과 관련하여 레싱의 지도를 바랐지만, 두 사람은 서로 영향을 주고받으며 생애에 걸쳐 두터운 우정을 교환했다. 레싱의 희곡『현자 나탄』에서의 나탄의 모델이 멘델스존이라고 말해지고 있다. 칸트는 그를 '독일의 천재의 필두'라고 말하고 그의 문체를 칭찬했다. 그의 철학은 라이프니츠/볼프 철학의 색채가 짙으며, 그것을 왕성한 문필활동에 의해 대중화하는 경향이 강하다. 그로 인해 이른바 '대중철학*'의 대표자들 가

운데 한 사람으로서 내세워진다.『감각에 관한 서한』(1761/71)에서 라이프니츠/볼프 철학 및 바움가르텐*의『미학』에 기초하여 '사유'와 '의욕'이라는 전통적인 두 능력 외에 '감각*'을 독립된 제3의 영혼의 능력으로서 수립했다. 1761년 형이상학적 인식의 기하학적 판명성을 둘러싼 베를린 아카데미에 의한 현상논문에 칸트와 더불어 응모하여(1762) 형이상학적 학문들의 원리의 수학적 판명성을 긍정하고, 그것을 부정하는 칸트를 누르고 입상했다(『형이상학적 학문들의 명증성에 대하여』 1764). 이 무렵부터 칸트와 서신교환이 시작된다. 플라톤*의『파이돈』을 닮은 저작『페돈』(1767)에서 실체의 단순성과 동일률에 기초한 라이프니츠/볼프 학파의 수법을 사용하여 영혼의 불사성을 증명했다. 이에 대해서는 칸트가『순수이성비판』* 제2판에서 '멘델스존의 영혼의 불사성에 대한 논박'이라는 항목을 설정하여 반론을 제기한 것이 유명하다.『예루살렘 또는 종교적 힘과 유대교에 대하여』(1783)에서는 종교적 관용의 원리를 전개하여 교회*와 국가*의 분리 및 신앙*과 양심*의 완전한 자유*를 설파함과 동시에 유대교를 계시종교로서가 아니라 이성종교로서 위치지어 계몽*의 철학을 밀고나갔다. 이 작품은 칸트의 칭찬을 받음과 동시에 칸트 등의 유대교관을 크게 좌우했다. 야코비*가 그의 저서『스피노자의 학설』(1785)에서 레싱을 스피노자주의자라고 칭한 것에 대해 이미 고인이 된 이 친우를 비스피노자주의자라고 하며 옹호했다. 이것은 통칭 '스피노자 논쟁' 또는 '범신론 논쟁'이라고 불린다. 그 논박이 이루어지는『아침 강의』(1785)에서 그는 신의 존재증명*을 시도한다. 칸트와의 관련에서 말하면,『취직논문』에서 칸트가 내세운 공간*과 시간*의 주관성 테제에 대해 람베르트*와 더불어 정면에서 비판을 가했다. 또한 칸트의『순수이성비판』 제1판에 대해서 유명한 "모든 것을 분쇄하는 칸트"라는 평가를 내렸다. ⇒대중철학, 불사, 레싱

—이시카와 후미야스(石川文康)

☞ Moses Mendelssohn's gesammelte Schriften, 1843. Moses Mendelssohn Gesammelte Schriften Jubiläumsausgabe, 1929–.
▦ Benjamin Cohen, Über die Erkenntnislehre Moses Mendelssohns und ihre Stellung innerhalb der Geschichte der Philosophie der Aufklärungszeit und Kants, Gießen, 1921. Max Freudenthal, Zum zweihundertjährigen Geburtstag Moses Mendelssohns, Berlin, 1929. Alexander Altmann, Moses Mendelssohns Frühschriften zur Metaphysik, Tübingen, 1969. Julius Schoeps, Moses Mendelssohn, Königstein, 1979. Heinz Knobloch, Herr Moses in Berlin, Berlin, 1980. Norbert Hinske (Hrsg.), Ich handle mit Vernunft..., Moses Mendelssohn und europäische Aufklärung, Hamburg, 1981. 木村競「メンデルスゾーン —— 普遍性への解放」『講座ドイツ観念論』 1, 弘文堂, 1990. 石川文康『カント 第三の思考』名古屋大學出版會, 1996.

명령命令 [(독) Gebot]

명령은 이성*의 원인성, 즉 의지*의 규정작용에 관한, 반드시 이성이 실천성을 실현하고 있지 않은 존재자에서의 의식*이다. 순수하게 이성적인 존재자에게서 이성은 준칙*이 보편적으로 타당할 것을 필연적으로 의지할 수 있지만, 반드시 언제나 그와 같이 의지할 수 있다고는 할 수 없는 존재자에게서 준칙의 보편적 타당성은 도덕법칙*으로서 의식되며, 불완전한 의지에 대한 이성에 의한 강요(Nötigung){강제*(Zwang)}이자 이성의 명령이다. 유한한 존재자에서 이성이 의욕하는 것은 이성이 명령하는 것이다[KpV, Ⅴ 31]. 순수하게 이성적–실천적인 존재자에게 명령은 법칙에 의한 구속성*, 당위*, 의무*, 법칙에 대한 존경* 등과 마찬가지로 어울리지 않는다. 그런데 명령의 표현형식은 '명법*'이라고 불리며, 가언명법과 정언명법으로 나누어진다. 가언명법도 어떤 행위의 필연성*을 나타내기는 하지만, 그것은 어떤 주관적 목적을 둘러싼 공리적 규칙성과 행위의 일관성을 의미하지 도덕적 필연성을 의미하지 않는다. 도덕적 필연성은 무제약적으로 타당한 필연성이며, 어떠한 예외도 허용하지 않는다. 이와 같은 필연성은 정언명법에 의해서만 표현된다. 따라서 가언명법 하에서 가능해지는 필연성이 '규칙*', '조언'이라고 불리는 데 반해, 정언명법 하에서 가능하게 되는 도덕적 필연성만이 '명령'이라고 불린다[GMS, Ⅳ 416]. 더욱이 이러한 명령만이 우리의 이성의 의지에 기초하는

까닭에 자기강제이다. 더 나아가 정언명법 하에서의 명령이 관계하는 것은 구체적인 행위를 수행하거나 삼가는 것이 아니라 준칙의 채용 방식, 다시 말하면 마음가짐*의 존재방식이다. 순수하게 이성적인 존재자에게 있어 법칙 때문에 법칙에 따르는 것, 즉 마음가짐의 순수성(신성성*)이 가능하지만, 이러한 순수성을 지니는 것이 명령되는 것은 아니다. 우리의 인간적 입장에서 보면, 즉 감성계와 예지계*라는 입장에 동시에 서는 자에 대해서는 '법칙에 대한 존경으로부터' 법칙에 따르는바, '의무로부터' 의무를 수행할 것이 명령되는 것이다. ⇒명법, 당위, 강제, 구속성, 의무, 신성성

―사베츠도 요시히로(佐別当義博)

📖 H. J. Paton, *The Categorical Imperative*, Hutchinson & Co., 1947(杉田聰 譯 『定言命法』 行路社, 1986). F. Kaulbach, *Immanuel Kants >Grundlegung zur Metaphysik der Sitten<*, Wissenschaftliche Buchgesellschaft, 1988. H. Koehl, *Kants Gesinnungsethik*, Walter de Gruyter, 1990.

명법命法[(독) Imperativ]

【 I 】 정의

이성*이 의지*를 필연적으로 규정하는 경우에는 객관적으로 필연적인 행위(좋은 행위)는 주관적으로도 필연적이다. 이에 반해 의지가 감성적*으로 촉발*되고 이성을 유일한 규정근거로 하고 있지 않은 존재자에서는 도덕법칙*과 준칙* 사이에 항쟁이 생겨날 수 있으며, 객관적으로 필연적인 행위(좋은 행위)가 주관적으로는 우연적일 뿐이다. 이와 같은 의지를 도덕법칙에 적합하도록 규정하는 것은 강제*이다. 도덕법칙은 그것이 의지에 대해서 강제적인 한에서 이성의 명령이라고 불리며, 이러한 명령의 정식이 명법이라고 불린다. 따라서 명법이란 의지 일반의 객관적 법칙이 인간의 의지의 주관적 불완전성에 대해서 지니는 관계를 표현하는 정식이다. 이러한 명법의 강제는 '해야만 한다'에 의해 표현된다.

【 II 】 분류

명법은 가언적으로 명령하든지 정언적으로 명령한다. 가언명법은 우리가 의욕하는 바의 다른 무언가에 도달하는 수단으로서만 필연적인(좋은) 행위를 명령하며, "만약 ~를 의욕한다면 ……를 해야만 한다"는 형태를 취한다. 나아가 가언명법은 어떤 가능적인 의도*의 실현을 위해 필연적인 행위를 명령하는 것과 모든 이성적 존재자*가 현실에서 지니는 의도, 즉 자기의 행복*이라는 의도의 실현을 위해 필연적인 행위를 명령하는 것으로 나누어진다. 전자는 개연적인 실천적 원리로서 숙련의 명법이라고 말해진다. 후자는 실연적인 실천적 원리로서 영리함의 규칙이라고 불린다. 이러한 가언명법들은 의지의 대상*을 근거로 하고 있으며, 그것을 원리*로 하는 것은 의지의 타율이다. 이에 반해 정언명법은 무언가의 의도에 관계됨이 없이, 즉 무언가 다른 목적이 없어도 그것만으로 객관적으로 필연적인(좋은) 것으로서 행위를 명하는 확연적인 실천적 원리이며, 단적으로 ……해야만 한다고 명하는 도덕성*의 명령*이다. 우리에게 있어 의무*로 되는 것은 가언명법이 아니라 정언명법뿐이다. 또한 그것은 행위의 실질과 결과에 의존하는 것이 아니라 행위의 형식과 산출원리에만 관계한다는 의미에서 의지의 자율*의 원리이기도 하다.

【 III 】 정언명법의 정식화

정언명법의 정식은 그 개념 그 자체로부터 도출된다. 즉 정언명법에 포함되어 있는 것은 준칙이 (보편성*을 지니는 것으로서의) 법칙에 합치하지 않으면 안 된다고 하는 필연성*뿐이다. 그러므로 정언명법은 "너의 준칙이 보편적 법칙으로 될 것을 동시에 의지할 수 있는 준칙에 따라서만 행위하라'고 정식화된다. 또한 각 사람이 행위의 결과 실현되는 것으로서 자의적으로 세우는 실질적 목적은 각 사람의 고유한 욕구능력*과의 관계에서 결정되는 상대적인 목적*에 지나지 않고 가언명법의 근거로 될 뿐이기 때문에, 정언명법의 근거는 그것의 존재 자체가 절대적 가치를 지니며 목적 그 자체로서 존재하는 것 속에서만 있을 수 있다. 그와 같은 존재는 인간*(및 모든 이성적 존재자)이다. 그러므로 정언명법은 "너의 인격* 속에도 다른 모든 사람의 인격 속에도 존재하는 인간성*을 결코 한낱 수단으로서만 사용하는 것이 아니라 언제나 동시에 목적으로서

사용하도록 행위하라'고도 정식화된다. 더 나아가 동일한 내용을 다른 방식으로 표현한 것으로서 자율의 정식, '목적의 나라'의 정식이 있다.

【Ⅳ】 어떻게 해서 명법은 가능한가?

가언명법은 분석명제인 까닭에 그것이 가능한 것은 쉽게 설명될 수 있다. 즉 목적을 의욕하는 자가 그것을 위해 불가결하게 행사할 수 있는 수단을 의욕하지 않는 것은 자기모순이기 때문이다. 이에 반해 정언명법은 선험적* 종합명제이다. 『정초』* 제3장에 따르면 그것은 감성적 욕구에 촉발된 나의 의지에 지성계에 속하는 순수*하고 실천적*인 의지의 이념이 최고조건으로서 부가되는 것에 기초하게 된다. 이것은 선험적 종합명제이기 때문에 어떻게 해서 가능한가에 대한 해명은 개념*의 분석에 의해서가 아니라 주체의 비판, 즉 순수 실천 이성의 비판에 의해서만 이루어질 수 있다. 칸트는 정언명법이 오로지 그 아래에서만 가능하게 되는 전제는 자유*의 이념이라고 한 다음, 감성*을 넘어서고 더 나아가 지성*도 넘어선 순수한 자발성*으로서의 이성에 주목함으로써 그것이 지니는 의지의 원인성으로서 자유의 이념을 제시한다. 그렇지만 본래 이 자유 그 자체가 어떻게 해서 가능한가(어떻게 해서 순수 이성은 실천적일 수 있는가)는 인간의 이성으로써는 이해할 수 없으며, 모든 실천철학*의 한계를 벗어난다고 주장된다. 이 문제는 『실천이성비판』으로 인계되며, 순수 이성이 실천적일 수 있는 것은 이성의 사실*로서의 도덕법칙의 의식에 의해서 실증되는 방식으로 매듭지어진다.

【Ⅴ】 현대적 관점에서 본 명법설

칸트의 명법설을 현대적 관점에서 보는 경우 다음과 같은 논의가 존재한다. 명법설에서 도덕적 행위는 '해야만 한다'로 표현되는 의무와 강제로서 파악되지만, 도대체 왜 도덕적 행위를 행해야만 하는 것인가? 왜 도덕적이어야만 하는 것인가? 이것은 도덕규범 무근거설로부터의 물음이다. 칸트에게 적용하게 되면 '어떻게 해서 명법은 가능한가?'라는 물음으로 되지만, 그러한 물음의 제기방식에 대해서나 또한 그에 대한 대답에 대해서도 비판이 존재한다. 이것과도 관련되지만, 또 하나 정언명법과 가언명법의 구별을 둘러싼

문제가 있다. 칸트 스스로 정언명법처럼 보이더라도 실은 모두 가언명법일지도 모른다고 일단 말한 다음, 역시나 정언명법이 가능하다는 것을 보이고자 하고 있는 것이지만, 그 논증은 과연 성공하고 있는 것일까? 어떤 행위가 '해야만 한다'라는 형태로 명령되는 경우에도 궁극적으로는 결국 (넓은 의미에서의) 행복이라든지 쾌를 의도하는 것은 아닐까? 이것은 의무론적 윤리학으로서의 정언명법설에 대해서 공리주의*로 대표되는 목적론적·귀결주의적 윤리학으로부터 제기되는 반문이다. 이와 같이 칸트의 명법설은 현대 윤리학으로부터의 다양한 도전을 받고 있다고 말할 수 있을 것이다. ⇒도덕법칙, 준칙, 강제

―기타오 히로유키(北尾宏之)

📖 H. J. Paton, *The Categorical Imperative, A Study in Kant's Moral Philosophy*, Hutchinson, London, 1947(杉田聰 譯 『定言命法 カント倫理學研究』 行路社, 1986).

명석明晳 ⇨**판명성**

명시적明示的 ⇨**직시적**

명증성明證性 [(독) Evidenz]

'명증성' 개념은 많은 경우 데카르트*의 이른바 "명증성의 일반 규칙(règle générale d'évidence)"을 출발점으로 하여 논해진다. 『성찰』 '제3성찰'에서의 이 규칙의 가설적 제시, 요컨대 "내가 대단히 명석판명하게 알게 되는 것은 모두 참이라는 것을 일반적인 규칙으로서 수립할 수 있다고 생각된다"는 것이 그것이다. 『성찰』의 계속되는 탐구에서 좀더 전개되어 비로소 확정됨에도 불구하고 이 규칙이 그 맥락에서 분리되어 진리기준의 데카르트적 확정으로 이해되는 경우가 많다. 그 경우 가상디, 라이프니츠*에 의한 진리의 무비판적 주관화(직각화)라는 논박이 성립하게 된다. 칸트에서 '명증성'은 '직관적 확실성(anschauende Gewißheit)'이라고 바꿔 말해지며[『순수이성비판』 '초월론적

방법론' B 761~762], 특히 수학˚에 대해 '직각적(intuit-iv)' 인식은 '논변적(diskursiv)' 인식보다도 명석하다는 점에서 "수학적 확실성은 또한 명증성"[『논리학』 IX 70]이기도 하다고 주장된다. ⇒판명성, 데카르트

—무라카미 가츠조(村上勝三)

모나드 ⇨단자{모나드}

모방模倣 ⇨미학

모순矛盾 [(독) Widerspruch]

【 I 】 모순의 논리적 의미

칸트에서 모순은 '논리적 대립(die logische Opposit-ion)'이라고 불리며, '실재적 대립(die reale Opposition)' 및 '변증론적 대립(die dialektische Opposition)'과 구별된다. 대립˚이란 바로 서로 대립하는 것의 한편이 다른 편에 의해 정립되어 있는 것을 폐기하는 관계이지만, 모순이란 동일한 것에 대해 무언가가 동시에 긍정되는 동시에 부정˚되는 것을 말한다. 동일한 대상에 어떤 규정을 부여하는 것과 그 규정의 결여를 주장하는 것과의 대립이라고 바꿔 말할 수 있을 것이다. 그것은 긍정판단과 부정판단의 대립이다. 거기서는 한편의 참과 거짓에 따라 다른 편이 거짓과 참으로 되며, 양편을 함께 주장할 수 없다.

그때 해당 규정이 대상에 미리 주어져 있는가, 종합적으로 귀속하는가에 큰 차이는 없다. 전자의 경우이 규정을 부정하는 것은 '분석판단'˚의 부정을 의미하며 곧바로 모순에 빠진다. 대상에 대해 이러한 모순을 범하지 않도록 사유하는 것이 분석판단의 올바름을 보증한다. 그런 한에서 모순율˚은 일체의 분석적 인식의 보편적이고 충분한 원리이다[A 151/B 191]. 그러나 후자의 경우에도 주어에 일단 귀속된 규정을 부정하는 것은 모순을 낳는다. 모순인가 아닌가의 판단은 분석적˚, 종합적의 다름을 가리지 않으며, 대상의 규정을 분석함으로써 밝혀진다. 따라서 논리적 대립으로서의

모순은 '분석적 대립(die analytische Opposition)'이라고도 불린다[A 504/B 532].

모순을 적극적으로 사유할 수는 없다. 그것은 "개념을 결여한 공허한 대상(leerer Gegenstand ohne Begriff)"으로서의 '무'를 결과할 뿐이다. 칸트는 그것을 '부정적 무(nihil negativum)'라고 부른다[A 292/B 348; 『부정량의 개념』, Ⅱ 171].

【 II 】 비논리적인 대립

이에 반해 '실재적 대립'은 적극적인 내용을 지닌 것들끼리의 대립이다. 그것은 수학에서의 플러스와 마이너스, 역학에서의 작용과 반작용의 관계 등에서 나타난다. 두 개의 적극적인 것이 충돌함으로써 서로 상쇄되어 결과를 영으로 만든다. 한편의 작용의 결과를 다른 편이 박탈하는 것이다. 여기서는 '박탈(결여)적 무(nihil privativum)'가 결과한다[Ⅱ 172; A 292/B 348]. 그런 의미에서 이 대립은 A − A = 0, A − B = 0으로 표현된다[Ⅱ 177]. 칸트는 "A − B = 0인 곳에서는 어디서나 실재적 대립이 발견된다"[A 273/B 329]고 주장한다. 어쨌든 서로 대립하는 것은 여기서는 독립된 내용을 지닌 것이다. 그것이 관계됨으로써 한편이 긍정, 다른 편이 부정의 성격을 부여 받는 것이며, 미리 긍정과 부정이 확정되어 있는 것은 아니다. 대립을 산출케 하는 것은 다름 아닌 관계짓는 제3의 관점이다.

'변증론적 대립'도 제3의 관점에 의해서 대립이 발생하는 또 하나의 경우이다[A 504/B 532]. 그것은 가상˚의 대립이며, 칸트가 변증론에서 문제 삼는 이율배반˚을 가리킨다.

'세계는 무한˚하다'와 '세계는 유한하다'는 언뜻 보아 서로 양보하지 않는 대립의 모습이지만, 세계를 사물 자체˚로 간주하는 암묵적이고 부당한 전제에 기초하고 있다. 이 전제를 폐기하면, 위의 대립은 모순하지 않게 된다. 즉 세계를 현상˚으로서 보게 되면, 양적으로 일의적인 규정은 주어지지 않는다고 하는(무한도 유한도 아니다) 제3의 선택지가 얻어지는 것이다. 이러한 변증론적 대립에 대해서 참된 모순을 이루는 분석적 대립은 '세계는 무한하다'와 '세계는 무한하지 않다'의 관계에 있다. 거기서 '무한하지 않다'는 사물 자체이고

'유한하다'는 경우와 현상이고 '양적으로 미규정이다'는 경우를 포함하여 '무한하다'에 대립한다. 그와 같이 볼 때 '무한하다'와 '무한하지 않다'는 제3자의 개입을 허용하지 않는 절대적 대립이 된다.

【Ⅲ】 모순 개념의 재검토

이것은 당초의 모순의 정의에 들어맞는 것으로 보인다. 그러나 하나의 영역을 한정하고 그것을 초월한다는 의미에서는 '무한판단*(unendliches Urteil)'에서와 마찬가지의 관점 전환이 포함되어 있다[A 70/B 95]. '영혼은 가사적이다'에 대해 '영혼은 가사적이지 않다(Die Seele ist nicht sterblich)'고 하는 것은 긍정판단에 부정판단을 대립시키는 것이지만, '영혼은 비가사적이다(Die Seele ist nicht sterblich)'고 말하게 되면, 영혼을 가사적인 것의 영역에서 배제하여 비가사적인 것의 영역에 위치시키게 된다. 칸트가 긍정판단, 부정판단에 대한 제3의 판단으로서 무한판단을 질의 판단에 포함시킨 것의 의미가 물어질 수 있을 것이다.

그것은 헤겔*과 같이 긍정판단 '이 장미는 빨갛다'와 부정판단 '이 장미는 빨갛지 않다'를 색을 지니는 것의 내부에서 이해시키고자 하는 의도를 포함하는가의 여부 문제로 된다[『논리의 학』Ⅱ 67f]. 그로부터 또한 모순 개념의 의미를 재검토하는 과제가 생길 것이다. 적어도 질의 판단 내부에서 모순이란 긍정판단과 부정판단 사이에 성립하는 관계인가 아니면 긍정판단에 부정 및 무한판단이 대립하는 것인가가 고찰되어야만 한다. 분석적 대립은 더욱이 일의성을 결여하고 있다. 그것은 또한 배중률의 의의와 타당성을 음미한다고 하는 과제에도 통한다.

【Ⅳ】 진리의 기준

어쨌든 칸트에서는 모순을 포함하는 것은 전혀 생각될 수 없다(nihil negativum irrepraesentabile[Ⅱ 171]). 그런 의미에서 그것은 불가능하다. 따라서 일체의 진리의 기준은 무모순이라는 것에서 찾아진다. 이런 의미에서 모순율은 일체의 진리의 보편적인 기준이다. 다만 반드시 적극적인 기준은 아니다. 종합적 명제에 관해서는 또 다른 조건이 요구되기 때문인데, 모순율이 적극적인 의미를 지니는 것은 분석판단에 대해서뿐이다. ⇒대립, 부정, 모순율, 무한판단, 헤겔

—야마구치 마사히로(山口祐弘)

🔖 G. W. F. Hegel, *Wissenschaft der Logik*, 1812–16. GW., Bd. 11, 12, Hamburg, 1978, 81(武市健人 譯『大論理學』岩波書店, 1956–61. 다만 글로크너 판에 의한다). P. F. Strawson, *Introduction to Logical Theory*, London, 1971(常俊宗三郎 外 譯『論理の基礎』上・下, 法律文化社, 1974). M. Wolff, *Der Begriff des Widerspruchs*, Hain, 1980(山口祐弘 外 譯『矛盾の概念』學陽書房, 1984). 山口祐弘『ドイツ觀念論における反省理論』勁草書房, 1991.

모순율矛盾律 [(라) principium contradictionis (독) Satz des Widerspruchs]

전통적 논리학의 기본원리의 하나. 볼프*가 부여한 정식화에서는 "동일한 것이 동시에 존재하는 동시에 존재하지 않는다고 하는 것은 있을 수 없다"[『제1철학』]로 된다. 그와 그의 후계자 바움가르텐*은 모순율의 근본취지를 <모순*을 포함하는 것은 불가능한 (존재할 수 없는) 것이고, 모순을 포함하지 않는 것은 가능한 (존재할 수 있는) 것이다>라는 방식으로 존재론적으로 해석한 다음, 이 '모순을 포함하지 않는 것 = 가능한 것(possibile)'의 개념을 체계의 출발점에 두고 그 내용적인 규정을 단계적으로 풍부화해 가는 것에서 모든 형이상학적 범주를 계통적으로 도출하고자 했다. 이 결과 모순율은 존재론으로부터 우주론・영혼론・신학에 미치는 형이상학 전체의 제1원리로서 위치지어진다.

이에 반해 칸트는 우선 『새로운 해명*』에서 판단의 논리형식과 추론의 원리와 같은 좁은 의미의 논리학적 문제에 대한 고찰을 통해 모순율만을 제1원리에 두는 것의 불충분성을 날카롭게 지적하고, 오히려 "무엇이든 존재하는 것은 존재한다", "무엇이든 존재하지 않는 것은 존재하지 않는다"라는 긍정적 및 부정적인 두 원리로부터 이루어지는 '동일률(principium identitatis)'을 채용해야만 한다고 주장했다[Ⅰ 389]. 나아가『판명성*』에서는 "긍정판단이 참인 것은 술어가 주어와 동일한 경우이다", "부정판단이 참인 것은 술어가 주어에 모순되는 경우이다"라고 한 다음, 긍정판단의 최고원

리로서 "어떠한 주어에도 그것과 동일한 술어가 속한다"라는 '동일률'을, 또한 부정판단의 최고원리로서 "어떠한 주어에도 그것과 모순되는 술어는 속하지 않는다"라는 '모순율'을 각각 제출했다[Ⅱ 294]. 이러한 정식화 자체는 긍정과 부정의 이원성의 강조라는 특징이 보이긴 하지만 기본적으로는 "모든 참인 긍정명제에서 술어는 주어에 포함된다(동일하다)"고 하는 라이프니츠적인 진리론을 답습하고 있으며, 오히려 이 문제의 고찰에서 칸트의 가장 독자적이고 중요한 주장은 『판명성』[294f.]과, 그와 같은 시기의 『증명근거』*[Ⅱ 80f.]에서 상론되고 있는 대로 다음과 같은 것에 놓여 있다. 즉 동일률과 모순율과 같은 논리적 원리는 단지 그 이상 증명 불가능한 기본명제(기하학적 공리와 형이상학의 원리)가 채워야만 할 필수적인 형식적 조건을 주고 있을 뿐이어서 볼프학파가 바라듯이 이러한 논리적 원리들 자신으로부터 '가능한 것'의 적극적 · 실재적인 내용 규정 그 자체를 도출하는 것은 결코 가능하지 않으며, 오히려 형이상학의 실질적 원리는 무언가 다른 전적으로 상이한 인식원천 안에서 구해져야만 한다고 하는 것이다.

비판기에 이르면 칸트 철학의 전체적 틀이 크게 혁신되는 데 수반하여 동일률과 모순율을 어떻게 정식화해야만 하는가 하는 문제의식은 배경으로 물러나고, 또한 수학* · 물리학* · 형이상학*의 기본적 명제들은 위와 같은 동일률에 따른 것(분석판단*)이 아니라 종합판단이라고 주장되게 된다(덧붙이자면, 제1비판에서는 분석판단의 설명에서 동일률이 시사되는 경우[B 11]도 모순율이 언급되는 경우[B 12, 19]도 있다). 그러나 동시에 논리적 원리들은 진리에 관한 형식적 조건을 줄 수 있을 뿐이라고 하는 위에서 언급한 견해는 여기서도 기본적으로 유지되고 있으며, 제1비판에서 이러한 논리적 원리는 어디까지나 "진리의 필요조건", "규준"이지 결코 객관적 주장을 현실적으로 산출하기 위한 "기관"으로서 사용되어서는 안 된다고 강조된다[B 83ff.]. ⇒모순

―오카모토 겐고(岡本賢吾)

📖 Chr. Wolff, *Gesammelte Werke* Ⅱ. Abt. Band 3, Philosophia Prima sive Ontologia, Hrsg. von J. Ecole, Olms, 1962. A. G. Baumgarten, *Metaphysica*, 7Aufl. Olms, 1982(reprint). L. Honnefelder, *Scientia Transcendens: Die formale Bestimmung der Seiendheit und Realität in der Metaphysik des Mittelalters und der Neuzeit(Duns Scotus-Suárez-Wolff-Kant-Peirce)*, Meiner, 1990.

모스카티 [Pietro Moscati 1739. 6. 15-1824. 1. 19]

이탈리아의 의학자, 정치가. 밀라노에서 태어나 이탈리아 각지에서 의학을 공부하고, 1764-72년에 걸쳐 파비아 대학에서 해부학 교수를 맡는다. 진보적인 인물로 프랑스 혁명의 열렬한 지지자가 되며, 나폴레옹 점령 하의 이탈리아에서의 친불정부의 중추부에서 활약한다. 모스카티의 파비아 시대의 강연논문『동물과 인간의 신체구조상의 본질적 차이에 대하여』(1770)를 번역으로 읽은 칸트는 그 소개를 겸한 논평문『모스카티 논평』을 1771년에 『쾨니히스베르크 학술정치신문』에 익명으로 발표했다. 이 강연에서 모스카티는 인간*의 신체구조가 동물의 신체구조와 마찬가지로 네 발 보행에 적합한 것이라는 점을 해부학적 견지에서 지적한다. 그리고 인간이 두 발 보행에 들어선 것이 다양한 신체상의 장해를 인간에게 불러들이기에 이르렀다고 결론 맺는다. 『모스카티 논평』은 생물학*과 생리학 분야에서 칸트가 공적으로 발표한 가장 초기의 문장으로서 주목된다.

―사토 슌지(佐藤俊二)

모토라유 지로(元良勇次郎) ⇨ **일본의 칸트 연구**

모페르튀 [Pierre Louis Morean de Maupertuis 1698. 7. 17-1759. 7. 27]

프랑스의 수학자, 물리학자. 1728년 영국으로 건너가 뉴턴 역학을 공부하고, 귀국 후 프랑스에서 처음으로 데카르트*의 와동이론을 부정하고 뉴턴*의 중력이론을 옹호하는 책을 저술했다. 나아가 1736년에는 관측대를 지휘하여 라플란드로 향하여 자오선의 길이 측정

을 통해 지구의 형상이 편평하다는 것을 확인하고, 이에 의해 뉴턴 이론의 올바름을 실증했다. 1746년 베를린 아카데미의 원장에 취임한 후 라이프니츠* 류의 신학적·목적론적 사상을 기반으로 하여 '최소작용의 원리'를 제창했다. 모페르튀는 이 최소작용의 원리를 물체의 충돌 문제에 응용하여 비탄성충돌의 경우에는 충돌 후 두 물체가 합하여 충돌 전의 공통중심의 운동을 그대로 계승한다는 것을 보였다. 이러한 결론은 칸트가 『자연과학의 형이상학적 원리』*에서 기술한 충돌론에서의 결론과 일치하지만, 칸트의 충돌론에서는 최소작용의 원리에 해당하는 것은 보이지 않는다. 어쨌든 모페르튀의 충돌론이 칸트의 그것과 어느 정도까지 서로 맞물리는지가 분명하지 않다. ⇒ 『자연과학의 형이상학적 원리』

―이누타케 마사유키(犬竹正幸)

☖ Essai de cosmologie, 1756.

목적 目的 [(독) Zweck]

칸트는 '목적'의 '초월론적 규정'[KU, Ⅴ 219]은 "어떤 개념*이 그 대상*의 원인으로 간주되는 한에서의 그러한 개념의 대상'[KU, Ⅴ 220]이라고 기술하고 있는데, 이 규정은 우리의 신체적 경험에 기초하여 이해된다. 우리는 신체를 매개로 하여 세계*에 작용함으로써 세계와 우리의 전체적인 배치에 변화를 가져온다. 이러한 변화의 원인에 대해 물음이 제기되게 되면, 당장 우리는 스스로의 행위를 거론할 뿐이며, 의도*와 원망이라는 말로 이야기한다. 칸트는 이러한 행위의 근저에 당시의 능력심리학에 따라서 욕구능력*을 상정하고, 그것을 의지*라고 불렀지만, '목적'은 이러한 욕구능력의 "규정근거"이고, 의지는 "목적의 능력"[KpV, Ⅴ 58f.]이다. 목적 개념이 이해되는 이러한 경험적 지평을 확인하는 것은 중요하다. 왜냐하면 '목적'을 둘러싼 칸트의 다양한 사유는 이 개념의 권리근거를 문제로 삼고 있기 때문이다.

이론 이성의 '목적'은 지식의 단편적 축적이 아니라 그 체계화이지만, 그것의 경험적 기반은 우리의 일상적 경험에서 보이는 계획성에 있다고 생각된다. 그러나 칸트는 지식의 체계화를 이론 이성의 '목적'이라고 생각하기 위해서는 체계성의 개념이 이론 이성의 '이념'에 합치해야만 한다는 것을 '순수 이성의 건축술'[B 860f.]에서 논의하고 있다. 목적 개념을 사용할 때의 제약은 실천 이성에서도 보인다. 우리의 도덕은 서로를 단순한 '수단'으로서가 아니라 '목적'으로서 간주하는 문화를 기반으로 하고 있지만, 이것 역시 개개인이 자기의 의도와 원망으로부터 능동적으로 세계에 작용하는 현상을 기반으로 하고 있을 것이다. 그러나 칸트는 행위하는 자가 스스로에서 '목적'을 말할 수 있는 것은 그의 행위 근거가 개별적인 의도와 원망에 있기 때문이 아니라 이성적인 한에서의 모든 개개인에게 타당한 '정언명법'에 있기 때문이라고 논의하는 것이다 『정초』, Ⅳ 428-429].

미학*에서는 미*의 개념에 만족, 매력, 감동과 같은 경험적 규정에서 벗어난 선험적* 규정을 주기 위하여 오히려 목적 개념의 사용을 둘러싼 이러한 문제제기가 새로운 지평을 열고 있다. 경험적 규정에서는 실질적인 목적 개념이 전제되고 있지만, 미의 판정에서 필요한 것은 형식적인 목적 개념이며, 그것은 미라고 판정되는 대상이 주어지는 표상의 형식*의 합목적성*이다. 따라서 칸트에 의하면 미의 판정에서 우리는 "목적 없는 합목적성(Zweckmäßigkeit ohne Zweck)"[KU, Ⅴ 226]을 생각하고 있는 것이다. 생물에 관해서는 유기체*(동식물)가 '자연목적*(Naturzweck)'[KU, Ⅴ 372]으로 되고, 유기체가 '목적'으로서 이해되는 한에서만 자연계에서 목적을 말하는 것이 허용된다. ⇒목적론, 합목적성, 자연목적

―아사히로 겐지로(朝廣謙次郎)

☗ R. Spaemann/R. Löw, Die Frage Wozu?, München, 1981(山脇·大橋·朝廣 譯 『進化論の基盤を問う』 東海大學出版會, 1987).

목적론¹ [(독) Teleologie]

(1) 칸트 볼프*는 1728년의 『이성적 철학 또는 논리학』에서 처음으로 '목적론(teleologie)'라는 말을 사용하며, 그 학문론적 위치짓기에 대해 말하고 있다. 그것

에 따르면 목적론은 본래의 자연연구에 개입하는 것이 어서는 안 되며, 그 역할은 자연신학*에서 논증된 것을 독자적으로 경험적으로 확증하는 것이다. 따라서 목적론은 경험적 신학(theologia experimentalis)이라고도 생각되었던 것이다.

18세기에는 자연사*의 발전에 수반되는 이러한 경험적 신학이 다양하게 시도되고 있는데, 특히 영국에서 논의된 물리신학(physicotheology)은 이 말을 칸트도 사용하고 있는 것에서도 알 수 있듯이 독일어권에서도 유명하게 되었다. 칸트의 목적론에 대한 이해는 당시의 이러한 문제 상황에 강하게 영향을 받고 있다. 그런 의미에서 『판단력비판』* 제79절에서 칸트의 견해가 가장 명확하게 기술되어 있다고 말할 수 있을 것이다.

자연사에서 유래하는 목적론은 본래의 신학 및 본래의 자연과학*과 각각 정확히 어떠한 관계에 놓여 있는 지를 칸트는 생각하고 있다. 학문으로서의 자율성(Autonomie)을 매우 중시한 칸트에게 있어 다른 분야에 기생적인 관계를 지니는 학문 등은 생각될 수 없었다. 그리하여 그는 목적론에 대해서는 본래적 학문이라는 위치짓기를 단념하고, 오히려 그가 비판*이라고 부른 지적 영위로서 특징지었다. 비판이라고 하게 되면 학문의 분야들에 횡단적으로 관계하며, 그에 의해 해당 분야에 비판적 자극을 줄 수 있게 된다. 이런 한에서 칸트의 목적론은 "이론적 자연과학에서의 절차"[KU, V 417]에 반성을 압박하며, 자연과학적인 방법이 "신학에 대해서[같은 곳] 지니는 관계를 성찰하는 역할을 부여받게 된다.

(2) 현대. 칸트는 이상과 같은 생각에 기초하여 기계론에 대한 목적론의 발견법적 역할을 강조했지만, 그의 사상은 20세기의 60, 70년대에 행해진 목적론적 설명의 기계론적 설명으로의 번역이라는 시도 내지 오해에 맞서 생물학*의 자율성이라는 견지에서 생물학자 마이어에 의해서 받아들여지게 되었다. 마이어는 오해의 토대가 볼프가 만든 용어에 있다고 하여 "목적 지향성을 프로그램의 활동에 힘입고 있는 과정 내지 행동"을 의미하는 '텔레오노미(teleonomy)'라는 용어를 채용해야만 한다고 주장했다.

생물학을 둘러싼 사상 상황에 관하여 아주 최근에

이전에 마이어 등이 의거하고 있던 학문의 자율성이라는 틀을 의문시한 데 기초하여 새롭게 생물학의 학문론적 신분을 생각하고자 하는 동향이 보인다. 그 가운데서도 주목되는 것이 데네트의 도구주의(instrumentalism)의 영향을 받은 로젠버그의 논의일 것이다. 그는 통일과학이라는 그림과 자율적 학문의 이념이라는 척도로 생물학을 파악하는 것이 아니라 과학적 세계상 전체를 반성하기 위한 "발견법적 도구(heuristic device)로서의 생물학"을 제창하고 있다.

볼프가 조어한 '목적론'이라는 말을 계승하여 그 의미내용을 결정한 것은 칸트였다. 그의 문제 관심은 목적론의 학문론적 신분이었다. 과학적 세계상과의 관련에서 목적론적 세계고찰을 어떻게 파악할 것인가 하는 것은 전과 다름없이 현대의 문제이기도 하다. 과연 목적론이 자립적인 학문일 수 있는가 하는 문제는 목적론 없이 생물학의 자립성이 있을 수 있는가 하는 문제를 거쳐, 오늘날 생물학 그 자체를 근저에서 반성하는 것 없이 과학적 세계상이 문제될 수 있는가 하는 차원으로까지 발전하고 있다. 칸트가 목적론의 발견법적 역할을 명확히 한 것, 특히 자립/타율의 이원론을 넘어선 '헤아우토노미(Heautonomie)'[KU, V 185]라는 개념에 의해서 이 역할을 규정한 것의 의의가 아직 상실되지 않은 까닭이다. ⇒목적, 생물학

－아사히로 겐지로(朝廣謙次郎)

图 Ch. Wolf, *Philosophia rationis sive logica*, 1728. Ernst Nagel, *Teleology Revisited*, Columbia U. P., New York, 1979. Ernst Mayr, *Toward a New Philosophy of Biology*, Harvard U. P., Cambridge, Mass., 1988. Alexander Rosenberg, *Instrumental Biology or the Disunity of Science*, Univ. of Chicago Press, Chicago, 1994. Daniel C. Dennett, *Darwin's Dangerous Idea*, Simon & Schuster, New York, 1995.

목적론² [(독) Zwecklehre]

칸트는 '목적론²(Zwecklehre)'이라는 말을 오로지 『인륜의 형이상학』* 제2부 '덕론' 서론의 실천적 맥락에서만 사용한다. 이것은 '목적론¹(Teleologie)'이 '자연적 목적론'과 '도덕적 목적론'으로서 전개되어 신학에

이르는 것과는 다르다. 그 하나는 "기술적(주관적)이고 본래 실용적인 목적론²"인데, 이것은 목적˚의 선택에 있어 "사려의 규칙(Regel der Klugheit)"을 포함하며 인간학(자연론)에 속한다. 이에 맞서 또 하나는 "도덕적(객관적) 목적론²"인데, 이것은 의무˚를 다루며, "선험적˚으로 순수 실천 이성 속에 주어져 있는 원라'(정언명법)에 기초한다. 도덕론이 다루는 것은 후자이다. '덕론'은 단지 의무론 일반으로서만이 아니라 '목적론²'으로서도 제시되어야만 하며, 거기서 인간은 자기 자신과 또한 다른 모든 인간을 자기의 목적으로 생각해야만 할 책무를 짊어진다. 그런 까닭에 '덕론'에서는 "동시에 의무인 목적"에 의한 덕의 의무가 다루어진다. 이 목적에는 "자신의 완전성"과 "타인의 행복˚"의 둘이 존재한다. 자신의 완전성˚이란 "이성˚"이 관계하는 목적을 촉진하기 위한 모든 능력 일반의 도야에 의한 "자연적 완전성"과 "우리의 내적인 도덕성˚의 도야"에 의한 "도덕적 완전성"이다. 타인의 행복이란 타인의 "자연적 복자"와 "도덕적 안녕"이다. 이러한 두 가지를 바꾸어 자신의 행복과 타인의 완전성을 동시에 의무인 목적으로 삼을 수는 없다. 자신의 행복은 스스로 의욕하는 것이며, 타인의 완전성은 그 타인 자신의 것이기 때문이다. 그러나 불운, 고통, 궁핍은 자신의 의무를 위반되게 만들며, 부유, 강건, 건강, 안녕 일반은 그와 같은 유혹과는 반대의 것이기 때문에, 타인의 행복만이 아니라 자기 자신의 행복도 촉진하는 것을 동시에 의무이기도 한 목적으로 해도 좋다고 생각된다. 그러나 이 경우에도 목적은 실은 행복이 아니라 주체의 도덕성이며, 자기 자신의 행복은 도덕성의 장해를 제거하는 수단에 불과하다. ⇒ 의무, 행복, 도덕성, 덕론, 목적, 『인륜의 형이상학』

—스가사와 다츠부미(菅澤龍文)

📖 Rudolf Langthaler, *Kants Ethik als "System der Zwecke"*, Berlin, 1995.

목적론적 판단력 目的論的判斷力 [(독) teleologische Urteilskraft]

칸트는 새로운 형이상학˚의 확립을 위해 도덕적 실천 이성의 이론 이성에 대한 우위의 원리에 서서 세계 전체를 목적론적 체계로서 이해할 수 있는 세계관의 수립을 기도했다. 이를 위해 단지 특수적인 것을 보편적인 것 하에 포섭˚하는 규정적 판단력이 아니라 특수적인 것에 대해 보편적인 것을 분간하여 판정하고자 하는 반성적 판단력의 능력에 주목했다. '실천 이성의 우위˚'라는 비판주의˚의 입장에서는 자연˚으로부터 자유˚에 도달하는 어떠한 길도 있을 수 없지만, 역으로 자유로부터 자연으로는 한정 가능하다고 하는 사정에 따라 자연이 마치 스스로가 자유의 소산인 것처럼 자유에 대해서 합목적적이라고 판정, 평가될 수 있기 때문이다. 이러한 자연의 합목적성˚에는 쾌˚의 감정을 매개로 하여 미감적으로 판정하는 형식적 합목적성과, 대상의 형성과 그 사물 자신의 가능성˚이 합치하는 객관적 합목성이 존재한다. 전자의 판단을 행하는 것이 미감적 판단력이며, 후자가 지성˚과 이성˚에 의해서 개념에 따라 논리적으로 판정하는 능력, 요컨대 목적론적 판단력이다.

자연목적이라는 개념이 목적론적 판단력의 주관적·구성적 원리이게 되면, 그것은 내재적이고 확실한 도덕성˚의 주체로서의 인간˚이 스스로 역사의 궁극 목적˚일 수 있는 목적관계를 실체적 자연과 스스로를 향해 줄 것을 의지하는 것이다. 이 때 자연은 단지 관찰되는 대상˚이 아니라 역사적 자연으로서 도덕적 문화를 실천적˚으로 실현해가야만 하는 세계˚로 되며, 그리하여 '최고선˚'을 세계에서 실현한다'고 말할 수 있는 것이다. 칸트는 생명적 자연에서의 유기체˚로서의 인간을 '자연의 최종목적'으로 위치짓고, 또한 그 인간의 특징을 무언가의 목적을 위해 이성을 사용하는 문화성에 있다고 주장했다. 도덕과 문화˚의 대립을 '궁극목적'으로 하여 자연을 넘어선 도덕이 '자연의 목적'인 문화를 제약하고 근거지을 때, 요컨대 도덕에 정초된 도덕적 문화만이 '자연의 최종목적'으로서 허락되며, 여기서 '목적의 체계'가 완결된다고 하고 있는 것이다. ⇒ 판단력, 자연목적, 합목적성

—시미즈 기요코(志水紀代子)

📖 A. Stadler, *Kants Teleologie und ihre erkenntnistheoretische Bedeutung*, Berlin, 1912. N. Hartmann, *Teleologisches Denken*, Berlin, 1951. K. Düsing, *Die Teleologie in Kants Weltbegriff*,

(Kant-Studien Ergh. 96) Bonn, 1968. 高橋昭二『カントの弁証論』創文社, 1969. 里見軍之「超越論的觀念論と實踐理性の優位」門脇卓爾 編『知と行爲』叢書ドイツ觀念論との對話 4, ミネルヴァ書房, 1993. W. Bartuschat, *Zum systematischen Ort von Kants Kritik der Urteilskraft*, (philosophische Abhandlungen, Bd. 43) Frankfurt a. M., 1972. R. Beiner, *Political Judgement*, London, 1983(浜田義文 監譯『政治的判斷力』法政大學出版局, 1988).

목적 없는 합목적성目的-合目的性 ⇨목적, 합목적성

목적의 나라目的- [(독) Reich der Zwecke]

목적의 나라는 주로『정초』*의 제2장에서 사용되며, 기독교에서의 신의 나라, 라이프니츠*의 '은총의 나라'로부터의 계보를 지니는 개념. "자신을 자기 자신의 의지*의 모든 준칙*을 통해서 보편적으로 입법하는 것으로 보아야만 한다"는 이성적 존재자*의 개념(의지의 자율*)이 목적의 나라라는 개념(이상)에로 이끈다. 목적의 나라는 각각 서로 다른 이성적 존재자들이 정언명법에 의해서 체계적으로 결합하는 예지계이다. 이 나라의 '목적*'은 복수형이며, "목적 자체로서의 이성적 존재자들"과 "각각의 이성적 존재자들이 자기 자신에서 설정하는 목적들"이다. 이러한 목적들의 전체는 개인적 차이와 사적 목적의 내용 전체를 사상하는 것에서 체계적으로 결합된다. 이 나라에서 이성적 존재자들은 목적과 수단으로서 상호적으로 관계한다. 이성적 존재자는 목적의 나라의 입법자이지만, 이 법칙에 복종할 때에는 구성원이기도 하다. 입법자로서 이 나라의 '원수(Oberhaupt)'의 지위를 주장할 수 있는 이성적 존재자는 완전히 비의존적인 존재자로서 "결핍에 의한 욕구도 없고, 의지에 적합한 능력이 제한되지도 않은" 자뿐이다. 그러므로 실천적 강제에 의해서 의무가 부과되는 것은 원수가 아니라 구성원이다(마찬가지 것이『실천이성비판』*에서 '도덕의 나라'[V 82]에 대해 말해진다). 목적의 나라에서 모든 것은 '가격'을 지니든가 '존엄*'(내적 가치)을 지니든가 하는데,

목적 자체는 존엄을 지니며 다른 등가물을 허용하지 않는다. 행위가 목적의 나라의 입법에 관계하는 데서 도덕성*이 성립하며, 그 도덕성과 도덕성을 갖출 수 있는 인간성만이 존엄을 지닌다. 목적론*에서는 현존하는 것을 설명하기 위해 자연을 목적의 나라라는 '이론적 이념'으로서 생각한다. 이에 반해 도덕에서 목적의 나라는 '자연의 나라'와 유비적으로 생각되는 '실천적 이념'이다. 다만『판단력비판』*의 목적론에서는 윤리신학*을 논하는 가운데 "목적의 도덕적 나라"[V 444]라는 실천적 이념도 사용된다. 덧붙이자면『순수이성비판』*에서는 라이프니츠의 '은총의 나라'[B 840]가 "최고선*의 통치 하에 있는 이성적 존재자들과 도덕적인 법칙들에 따르는 그들의 맥락"에 의한 세계로 주장된다. 또한『종교론』*에서는 "윤리적 공동체"[VI 96f.]가 덕의 법칙에 따르는 보편적 공화국의 이념이자 신의 나라로 여겨진다. ⇒최고선, 존엄, 이성적 존재자, 라이프니츠,『인륜의 형이상학의 정초』{『정초』;『원론』}, 예지계, 명법, 윤리신학

―스가사와 다츠부미(菅澤龍文)

H. J. Paton, *The Categorical Imperative*, London, 1947(杉田聰 譯『定言命法』行路社, 1986). Rudolf Langthaler, *Kants Ethik als "System der Zwecke"*, Berlin, 1995.

무無 [(독) Nichts (라) nihil; non ens]

고대 그리스 철학 이래로 그 중심적 위치를 차지해온 '존재*'의 맞짝개념인 '무 내지 '비존재'는 근대 철학사에서도 라이프니츠*, 헤겔*, 하이데거*, 사르트르 등을 제외하고서는 충분히 고려되고 있지 않은 것으로 간주되어 왔다. 그러나 사실은 조금 다르다. 칸트 역시 볼프*에 의한 무의 정의를 기본적으로 계승한 바움가르텐*의 '부정무'와 '결여무'의 구분에 입각하여 어떤 것과 무의 구별 및 사유 가능성과 실재적 가능성의 구별을 전제하면서『제1비판』*에서 양*·질*·관계·양상*의 각 범주에 대응시켜 네 개의 무의 개념을 정의하고 있다.

첫째는 '대상 없는 공허한 개념(leerer Begriff ohne Gegenstand)'으로서의 '사유물(ens rationis)'이다. 전

체·다수·단일이라는 개념에는 모든 것을 폐기하는 개념, 즉 '개무皆無(Keines)'가 대립하며, 지시할 수 있는 어떠한 직관°도 대응하지 않는 개념의 대상이 무라고 불린다. 예를 들면 예지체°와 '어떤 종류의 새로운 근본력' 등. 둘째는 '개념의 공허한 대상(leerer Gegenstand eines Begriffs)'으로서의 '결여무(nihil privativum)'이다. 실재성°은 '어떤 것(Etwas)'이지만 부정성은 무이다. 부정성은 대상의 결여에 관한 개념이다. 빛에 대한 그림자와 더위에 대한 추위가 예로서 거론되고 있다. 셋째는 '대상 없는 공허한 직관(leere Anschauung ohne Gegenstand)'으로서의 '공상물(ens imaginarium)'이다. 순수 시간·순수 공간은 직관의 형식°으로서는 무언가 어떤 것이지만, 그 자신은 직관되는 어떠한 대상도 아니라는 의미에서 무이다. 넷째는 '개념 없는 공허한 대상(leerer Gegenstand ohne Begriff)'으로서의 '부정무(nihil negativum)'이다. 자기모순적인 개념의 대상은 무이며, 이와 같은 개념이 무이기 때문에 불가능한 것이기도 하다. 두 변으로 이루어진 직선도형은 이와 같은 '불가해한 것', '불합리한 것'에 속한다. 이러한 사상은 『부정량의 개념』° 이래의 논리적 대립과 실재적 대립을 둘러싼 사색의 성과로서 라이프니츠/볼프 철학에 대한 비판이 함의되어 있다. 하지만 이러한 실례들이 어느 정도까지 적절한 것인가에 대해서는 서로 다른 논의들이 존재한다. ⇒모순, 부정, 부정량

—마키노 에이지(牧野英二)

📖 E. Fink, *Alles und Nichts. Ein Umweg zur Philosophie*, Den Haag, 1959. 牧野英二『カント純粋理性批判の研究』法政大學出版局, 1989.

무의식無意識 [(독) Unbewußtsein]

칸트 인식론°에서 주요한 역할을 담당하는 의식°이란 개개의 사실적·심리적 의식, 즉 경험적 의식이 아니라 대상 구성 일반을 가능하게 하는 권리적·논리적 의식, 즉 초월론적 의식이다. 이러한 인식론적 맥락에서는 사실적·심리적인 의식에 대립하는 사실적·심리적인 무의식이라는 개념이 등장할 여지가 없다. 칸트 자신도 『순수이성비판』°에서 초월론적 의식을

도입할 때에 "이 표상°{나}이 명료한가(경험적 의식) 불명료한가 하는 것은 중요하지 않다"[A 117]고 분명히 말하고 있다. 그러나 사실학으로서의 『인간학』°에서 칸트는 "표상을 지니고는 있지만 스스로 의식하고 있지 않은" 상태로서의 무의식에 대해 논의하고 있다. 그에 의하면 표상에는 그 각 부분을 직접 의식할 수 있는 명료한 표상에 대해서 그렇지 않은 불명료한 표상이 존재한다. 예를 들면 멀리서 한 사람의 인간이 보이는 경우 각 부분을 직접 의식하지 않더라도 우리는 각 부분의 표상을 전부 지니고 있지 않으면 안 된다. 그렇지 않으면 한 사람의 인간의 표상을 지니고 있는 것으로 되지 않기 때문이다. 이러한 불명료한 표상은 광대한 범위로 확대되어 있으며, 그것의 약간의 부분만이 의식되어 명료한 표상으로 된다. 더욱이 특히 우리 인간은 불명료한 표상을 상상력°에 의해서 적극적으로 가지고 놀기를 좋아한다. 예를 들면 성적인 화제는 직접적 사실에 베일을 씌워 말해지며, 자신의 무덤의 장소를 염려하는 것은 착각으로 양해하더라도 피할 수 없다. 이와 같이 칸트에서 무의식은 라이프니츠°의 '미소표상(petites perceptions)'에 연결되는 의미와, 상상력에 의한 명료한 표상의 의도적 불명료화라는 의미로 나누어지며, 전자는 '생리적 인간학'에, 후자는 '실용적 인간학'에 속한다. 이 가운데 우리는 상상력에 의해 명료한 표상을 의도적으로 불명료화하고 나아가 그것에 무언가의 실용적 관점이 포함되어 있다고 하는 후자의 무의식론 속에 프로이트의 무의식론과 사르트르의 자기기만론의 선구적인 것을 볼 수 있을지도 모른다.

덧붙이자면, 후에 N. 하르트만°은 무의식을 적극적으로 받아들여 독자적인 인식론과 존재론을 구축했지만, 이것은 오히려 전자의 미소표상적 무의식을 칸트 인식론으로 읽어 들인 것이라 말할 수 있을 것이다. 즉 하르트만에 의하면 초월론적 의식이 의미하는 바는 오히려 의지°와 표상이라는 두 가지 속성을 지니는 무의식이라고 불리는 절대자인 것이다. ⇒의식, 하르트만, 『인간학』

—나카지마 요시미치(中島義道)

무제약자無制約者 [(독) Unbedingtes]

무제약자란 "우리로 하여금 필연적으로 경험*의 한계 및 모든 현상*을 초월하도록 몰아가는 것"이다[B XX]. 만약 우리의 인식*이 사물 자체에 관한 것이라고 한다면, 피제약자가 주어지게 되면 그 제약의 계열을 거슬러 무제약자에 도달할 수 있다. 그러나 우리의 인식은 현상계에 한정되어 있기 때문에 피제약자가 주어져 있다고 해서 동시에 무제약자도 주어져 있는 것은 아니다. 그런데도 불구하고 피제약자의 존재로부터 무제약자의 존재를 추리할 때 초월론적 가상이 생겨난다. '순수 이성의 오류추리*'는 표상들의 단순한 주어*를 피제약자로서의 표상들의 무제약자로서 실체화하는 것이다. 또한 '순수 이성의 이율배반'(안티노미)'은 현상의 계열에 대해서 무제약자를 요구하는 데서 생긴다.

칸트는 이렇게 말하고 있다. "만약 피제약자가 주어진다고 하면, 바로 그에 의해 이 피제약자에 대한 모든 제약을 무한히 배진할 것이 우리에게 **부과되어 있**다"[A 497-8/B 526]. 순수 이성에 피제약자가 주어질(gegeben) 때 그에 대한 무제약자의 탐구가 부과되는 것이다. 그러나 그것은 경험 안에서는 결코 주어지지 않는다. 무제약자는 경험 안에서는 주어지 않는 것임에도 불구하고 경험 안에서의 그에 대한 탐구가 부과되는 것이다. 그것은 왜일까? 그것에 어떠한 의의가 있는 것일까? 그것은 무제약자의 이념이 경험적 인식의 규제적 원리로서 경험적 인식을 확장하고 더 나아가 통일을 부여하기 때문이다. 칸트는 다음과 같이 말하고 있다.

"따라서 이성의 원칙이란 본래 주어진 현상의 계열에서 단적인 무제약자에 머물러 있는 것이 결코 허용되지 않는 배진을 명령하는 하나의 **규칙**에 지나지 않는다. 그러므로 이성의 원칙이란 경험을 가능하게 하는 원리도 아니고 감성*의 대상을 경험적으로 인식하기 위한 원리도 아니며, 따라서 지성*의 원칙이 아니다. …… 이성의 원칙은 또한 감성계의 개념을 모든 가능한 경험을 넘어서서 확장하는 **구성적 원리**가 아니라 오히려 경험을 가능한 한 계속해서 확대하고자 하는 원칙이며, 그에 따르면 어떠한 경험적 한계도 절대적 한계로 간주되어서는 안 되는 원칙이다. 따라서 이성의 원칙은 배진에 있어 우리가 이루어야만 할 바를 **규칙으로서** 요구하지만, **객관*으로서** 모든 배진에 앞서 그 자신으로서 주어져 있는 것을 **예취하는 것이 아니다**. 그러므로 나는 이것을 이성의 **규제적 원리**라고 부른다"[A 508-509/B 536-537]. ⇒경험

―하카리 요시하루(量 義治)

📖 Giovanni Sala, *Kant und die Frage nach Gott*, Walter de Gruyter, 1989. Heinz Heimsoeth, *Transzendentale Dialektik: Ein Kommentar zu Kants Kritik der reinen Vernunft*, 4 vols., Walter de Gruyter, 1866-71. Paul Tillich, *Die Frage nach dem Unbedingten*, Gesammelte Werke, Band Ⅴ., Evangelisches Verlagswerk Stuttgart, Erscheinen, 1964, ²1978.

무한無限 [(독) Unendlichkeit; das Unendliche]

무한에 관한 칸트의 가장 중요하고 상세한 고찰은 제1비판의 '순수 이성의 이율배반'의 첫 번째 및 두 번째 이율배반을 둘러싼 서술에서 보이지만, 거기서는 적어도 세 종류의 무한 개념이 구별되고 있다. (1) 교조주의적 개념: "해당 크기(Größe)보다 큰(즉 해당 크기에 포함되는, 주어진 단위의 모임(Menge)을 넘어서는) 크기가 불가능한 것"[B 458]. (2) 초월론적 개념: "어떤 정량(Quantum)을 끝까지 계량하기 위해 행해지는 단위의 계기적 종합이 결코 완결될 수 없는 것"[B 460]. (3) 수학적 개념: "어떠한 수보다도 큰(주어진 단위의) 모임"[같은 곳]. 이들의 구별은 이미 『형식과 원리』*에서 거의 확립되어 있다는 점에서도 주목되지만[Ⅱ 388], 내용적으로도 현재의 관점에서 보아 충분히 정확하고 계통적인 것으로 평가할 수 있다.

즉 (1)은 단적인 <최대의 크기>인 것이지만, 일반적으로 (신에 대해서는 차치하고) 어떠한 크기에 대해서도 그보다 큰 것이 가능하기 때문에(이것은 칸트 시대의 수학만이 아니라 칸토어 이후의 실무한의 이론에서도 성립한다), 결국 (1)은 모순된 개념이며, 칸트도 그 점을 정확히 지적하고 있다. (2)에서는 '계기적 종합'이라는 특유한 용어가 사용되고 있는데, 이러한 종합(현재 말하는 '후속자 조작(successor operation)' 등의 반복

적 적용에 해당한다)이 '완결될 수 없는 것'으로서의 무한이라는 것은 표준적인 '잠재적 무한'의 개념(유한 안에서 상한을 지니지 않으며 마음대로 증대 가능한 것)에 합치한다. (3)은 칸트에게 있어서의 '수'란 다름 아닌 자연수 등의 유한수이기 때문에, 결국 어떠한 유한수보다도 큰 모임이라는 것인바, 즉 말의 엄밀한 의미에서의 '실무한'(확정적으로 자존하는 무한한 크기)이다.

따라서 칸트는 <최대의 크기>라는 소박한 무한 이해를 배척하면서 잠재적 무한과 실무한이라는 무한론에서의 가장 기본적인 구별을 적절히 파악하고 있는 셈인데, 이러한 그의 파악이 이율배반* 그 자체의 논증에 대해서 어떻게 관련되어 있는가 하는 것은 대단히 복잡한 문제이다. 예를 들면 첫 번째 이율배반의 '정립*'의 증명에 따르면, 만약 세계가 시간적으로 처음을 지니지 않았다면, 소여의 시점(요컨대 현재)까지 세계의 상태들의 무한한 계열이 경과해 마친 것으로 되지만, 위의 (2)의 개념에 비추어보는 한에서 일반적으로 무한한 계열의 종합은 결코 완결될 수 없으며, 따라서 위와 같은 무한계열이 경과해 마쳤다는 것은 본래 불가능하게 된다. 그러나 여기서 특히 (2)의 개념이 우선적으로 적용되어야만 할 논리적 근거가 있다고는 생각하기 어려우며, 오히려 (스트로슨*, 베네트, 할레트 등이 지적하는 대로) 현재까지의 세계 상태들의 계열이라는 것을 우리의 인식에서 독립하여 스스로 존재하는 것이 아니라 가능적 경험의 대상으로서 종합적으로 구성되어야만 하는 것으로 간주한다고 하는 칸트에게 고유한(이른바 초월론적 관념론의) 입장이 이미 거기에 전제되어 있을 가능성이 높다. 이 사실은 이율배반의 논증 그 자체의 무전제성을 위태롭게 할지도 모르지만, 어쨌든 칸트에서 가능적 경험의 대상에 대한 타당한 적용의 여지를 지닐 수 있는 것이 (2)와 같은 개념(잠재적 무한)에만 한정된다는 것은 중요하다. 덧붙이자면, 이러한 무한론은 그 후 독일 관념론* 전개의 커다란 동기를 이룰 뿐 아니라, 훗날의 집합론적 역설의 발견에 있어서도 이율배반론과의 관련이 러셀과 체르멜로 등에 의해 논의되며, 또한 브로우베르*와 푸앵카레와 같은 직관주의자도 칸트의 강한 영향 하에 있었다. ⇒이율배반

—오카모토 겐고(岡本賢吾)

⑳ P. F. Strawson, *The Bounds of Sense*, Methuen, 1966(熊谷・鈴木・横田 譯『意味の限界』勁草書房, 1987). J. Bennett, *Kants Dialectic*, Cambridge U. P., 1974. M. Hallett, *Cantorian Set Theory and Limitation of Size*, Oxford U. P., 1984.

무한판단無限判斷 [(독) unendliches Urteil (라) propositio infinita]

칸트의 판단표*에서 긍정판단, 부정판단과 더불어 '질*'의 판단 계기들 가운데 하나. 질의 범주*와의 대응 관계에서 말하면, 긍정판단이 실재성*에, 부정판단이 부정성에 대응하는 데 반해, 무한판단은 '제한성'의 범주에 대응한다. 긍정판단이 'p는 q이다', 부정판단이 'p는 q가 아니다'라고 정식화되는 데 반해, 무한판단은 'p는 비q이다'라고 정식화된다. 요컨대 형식적으로는 긍정, 내용적으로는 모종의 부정의 기능을 지닌다. 즉 동일한 부정이라 하더라도 부정판단이 계사 부정이고 어떤 일정한 술어에 관해 주어*를 단지 폐기할 뿐인 데 반해, 무한판단은 술어 부정이고 부정적 술어를 통해 부정된 것의 반대를 적극적으로 정립하는 것이다. 예를 들면 부정판단 '영혼*은 죽지 않는다'는 '죽음'의 개념으로부터 영혼을 단지 배제하는 데 그치지만, 무한판단 '영혼은 불사*이다'는 '죽음'이라는 개념의 반대를 영혼에 적극적으로 귀착시킨다. 무한판단은 형식적으로는 긍정적, 내용적으로는 부정적이라는 것으로부터 인식*의 형식만이 아니라 그 내용도 고려하는 초월론적 논리학*에 있어 불가결한 판단 계기이며, "인식 전체에 이익을 가져온다"[B 97]. 이러한 판단 계기의 역할을 이해하기 위해서는 그것을 도입하기에 이른 필연성*이 비존재('없다, 아니다')의 다의성에 있다는 점을 확인해둘 필요가 있다. 그 맹아는 전비판기의 『부정량의 개념』*에서 수학에서의 마이너스 개념의 수용과 그 철학적 근거짓기에서 나타난다. '마이너스'라는 의미에서의 부정은 '영'이라는 의미에서의 부정과는 다른데, 후자가 어떤 것을 소극적으로 폐기하는 것(부정판단)을 의미하는 데 반해, 전자는 어떤 것의 반대를 적극적으로 정립하는 것(무한판단)을 의미한

다.

이 판단 계기의 특수성에 관한 고찰은 크누첸*, 다리에스*, 바움가르텐*, 라이마루스*, 크루지우스* 등, 볼프학파와 반볼프학파를 가리지 않고 당시의 논리학서에서 광범위하게 발견된다. 특히 『건축술 구상』(1771)에서의 람베르트*의 고찰은 단지 논리학의 범위에 그치지 않고 '있다 · 이다', '없다 · 아니다'를 둘러싼 존재론적인 문제에 미치고 있다는 점에서 특별히 기록해둘 만하다. 나아가 역사상의 원초적인 문제의식은 멀리 아낙시만드로스의 '토 아페이론(무규정적인 것)'과 플라톤*의 『소피스테스』에서 발견되는 비존재의 다의성에 관한 고찰에서 연원하며, 아리스토텔레스*의 『분석론』과 보에티우스의 아리스토텔레스 해석을 경유하여 철학사 전체에서의 광대한 존재론적 배경을 지니고 있다. 칸트 이후에는 셸링*의 『세계세대』에서의 무의 적극성에 관한 고찰은 동일한 문제의식의 하나의 발전 형태라고 생각된다. 또한 무한판단은 특히 코헨*에 의해서 '근원의 판단'으로서 가장 적극적으로 되살아났다. 현대 논리학의 특수성을 이해하기 위해서나 또한 이율배반*론의 증명구조를 파악하기 위해서나 이 판단 계기가 지니는 의미는 중요하다. ⇒판단표, 『부정량의 개념을 세계지에 도입하려는 시도』{『부정량의 개념』}

　　　　　　　　　　　　　−이시카와 후미야스(石川文康)

函 石川文康『カント 第三の思考─法廷モデルと無限判斷』名古屋大學出版會, 1996. Albert Menne, Das unendliche Urteil Kants, in: *Philosophia Naturalis* XIX, 1982. Fumiyasu Ishikawa, *Kants Denken von einem Dritten: Das Gerichtshof-Modell und das unendliche Urteil in der Antinomienlehre*, Frankfurt/Bern/New York/Paris, 1990.

문명文明 ⇨문화

문화文化 [(독) Kultur]

『판단력비판』* §83에서 문화는 임의의 목적 일반에 관하여 내적 및 외적 자연을 이용하는, 이성적 존재자로서의 인간의 유능성(Tauglichkeit)을 산출하는 것으로서 말해진다. 인간은 자유롭게 목적*을 설정하는 능력을 갖춘 지상에서 유일한 존재자라는 것으로부터 자연*을 목적론적 체계로 간주할 수 있다고 한다면, 인간의 문화야말로 자연의 최종목적이며, 역으로 자연은 비사교적 사교성* 하에서 이해되는 적대관계(예를 들면 불화와 전쟁*)를 수단으로 하여 인간의 모든 소질을 발전시킨다. 그러나 『종교론』*에서의 '근원악*'에 대한 고찰에도 연결되는 이러한 적대관계에 의해 문화는 처음부터 '현란한 비참'에로 빠질 가능성을 잉태하고 있다. 따라서 그것은 도덕에 의해 근거지어져야만 하며, 인간 상호간의 이러한 관계를 보존하면서도 각자의 자유에 최대한의 조화*를 가져오는 법적 시민사회*가 말하자면 도덕적 문화의 구체적인 상으로서 묘사된다. 나아가 이와 같은 사회가 의미를 지니는 것은 적대관계에 놓여 있는 국가들 사이에도 합법적 관계가 창설되는 경우인바, 요컨대 모든 국가*의 관계인 '세계시민적 전체(weltbürgerliches Ganze)'가 필요하게 된다. 이러한 체계가 '국제연맹*'이나 '세계공화국'과 어떠한 관계에 있는 것인가 하는 것은 확연하지 않지만, 어쨌든 문화가 세계시민의 관점에서 생각되고 있다는 점은 확실하다. 그것은 일종의 문화로서 파악되는 것이긴 하지만 단지 인간이 교제를 원활하게 진행하기 위하여 일정한 사회적인 예의바름(etwas Gesittetes) 등을 몸에 익힌 상태로서 논의되는 '문명(Zivilisation)'의 경우에서는 발견되지 않는 관점이다[KU, V 429ff.; VII 323; VIII 20-22, 24-28].

그렇지만 산업의 발달이 지체된 독일의 특수한 사정에 기초하는, 퇴니스 해석에서 두드러진 사고, 요컨대 공동사회(게마인샤프트)적 문화와 이익사회(게젤샤프트)적 문명을 대립시키고 후자보다 전자를 우위에 두는 것과 같은 사고와 칸트의 사고에는 상당한 거리가 존재한다는 점도 명백하다. 덧붙이자면, 신칸트학파*에서는 리케르트* 등에 의해서 문화철학이 주창되었다.

　　　　　　　　　　　　　−후나바 야스유키(舟場保之)

函 高橋昭二「カントの歷史哲學」『カントの弁証論』創文社, 1969.

『물리적 단자론_{物理的單子論}』 ⇨ 『형이상학과 기하학의 결합의 자연철학에서의 사용, 그 일례로서의 물리적 단자론』{『물리적 단자론』; 『자연단자론』}

물리학_{物理學} [(독) Physik]

자연현상을 물질의 운동과 에너지의 변환이라는 관점에서 법칙적으로 해명할 것을 지향하는 자연과학의 한 분야. 물리학이라는 명칭은 '자연(physis)'을 의미하는 그리스어에 기원을 지니며, 자연계의 사물을 이론적으로 취급하는 학문이 '자연학(physika)'이라고 불린 것에서 유래한다. 다만 고대와 중세의 자연학은 천체현상과 생명현상도 포함하는 넓은 의미의 자연현상을 질적 관점에서 기술하고 설명하는 학문이었다. 물리학이 자연학에서 독립하고 역학을 기반으로 하여 체계화되는 것은 17세기의 '과학혁명'을 거쳐 18세기의 계몽주의 시대이며, 그것이 전자기학과 열역학을 포함하여 이론물리학으로서 완성되는 것은 19세기 후반의 일이다. 사실 '물리학자(physicist)'라는 말이 W. 휘웰에 의해서 조어된 것은 1840년의 일에 지나지 않는다. 근대 물리학의 확립에 결정적인 역할을 수행한 것은 갈릴레오에 의한 자연의 수량화와 수학적 방법의 도입이며, 뉴턴*의 『프린키피아』(1687)에 의한 운동방정식의 정식화였다. 칸트가 살았던 18세기 후반은 이러한 뉴턴 역학의 권위가 유럽에 침투함과 동시에 해석역학으로서 형식적인 정비가 이루어지고, 한편으로 '라플라스의 악마'로 상징되는 기계론적 자연관이 완성을 봄과 동시에, 다른 한편으로 라부아지에의 화학혁명을 통해 화학과 열학 등 새로운 연구 분야가 발흥하기 시작한 시대이다. 따라서 칸트의 시대에는 '물리학'이라는 개념 그 자체가 아직 확정된 용법을 지니지 못하고 형성 도상에 있었던 점에 주목해야만 한다.

칸트는 유클리드 기하학과 뉴턴 물리학을 이성에 의한 이론적 인식의 전형으로 간주하고, 그것들의 인식론적 내지 형이상학적 근거짓기에 힘을 기울였다. 『순수이성비판』*에서 그는 "어떻게 해서 순수 자연과학은 가능한가"라고 묻고, 경험적 물리학의 시초에 놓이는 물질불멸의 법칙, 관성의 법칙, 작용과 반작용의 법칙 등이 순수 물리학(physica pura) 또는 이성적 물리학(physica rationalis)을 구성한다고 기술하고 있다 [B 20f.]. 이러한 이성적 물리학은 물체적인 자연의 형이상학으로서 선험적*인 인식의 원리들만을 포함하며[B 874], 그러한 원리들은 다름 아닌 선험적 종합판단*이다[B 17]. 다만 현대의 과학철학에서는 물리학의 명제는 모두 반증 가능한 가설, 즉 후험적 종합판단으로 생각되고 있다. 이어지는 『자연과학의 형이상학적 원리』*에서 칸트는 『순수이성비판』에서 충분히 해명할 수 없었던 문제를 취급하고, 본래적인 자연과학(수학적 물리학)이 자연의 형이상학을 전제한다는 것을 분명히 함과 동시에, 수학*의 자연과학에 대한 적용 가능성을 기초짓고자 시도한다. 그 때 그는 자연과학의 순수 부문을 '일반 물리학(physica generalis)'이라고 명명하고 있다. 이러한 자연 인식의 형식적 조건들을 규정하는 일반 물리학으로부터 구체적인 물체운동의 실질적 조건들을 고찰하는 '특수 물리학(physica specialis)'에로의 이행이야말로 만년의 칸트가 몰두한 최대의 과제였다. 이러한 구상은 『자연과학의 형이상학적 원리로부터 물리학에로의 이행』이라는 제목으로 간행될 예정이었지만 완성되지 못한 채 끝나고, 현재 그 초고가 『오푸스 포스투뭄』에 모아져 있다. 그로부터 칸트의 물리학을 재구성하는 작업은 금후의 연구로 남겨져 있다. ⇒자연과학, 수학, 『자연과학의 형이상학적 원리』

―노에 게이이치(野家啓一)

圖 廣重徹 『物理學史』 I, II, 培風館, 1968. M. Friedman, *Kant and the Exact Sciences*, Harvard U. P., 1992. P. Plauss, *Kants Theorie der Naturwissenschaft*, Vandenhoek, 1965(犬竹・中島・松山 譯 『カントの自然科學論』 哲書房, 1992). 犬竹正幸 「純粹自然科學と經驗的自然科學の間」 松山・犬竹 編 『現代カント研究』 4, 晃洋書房, 1993.

물질_{物質} [(독) Materie]

물질 개념은 옛날부터 계속해서 거의 모든 자연철학*의 근본 개념이었다. 이는 이른바 과학혁명 후의 근대 과학에서도 마찬가지이며, 그 혁명의 성과를 집대성한 뉴턴*의 경우에도 수학적 물리학의 확립 외에 물질 이론의 영역에서도 사색을 거듭하여 후의 화학*에 길을 열고 있다. 16세기에 부활하여 17세기에 유포된 고대 원자론의 원자 개념(불가입성과 운동성을 기본 성질로 한다)이 18, 19세기에서의 물질 개념의 전제를 형성하고 있다. 칸트의 물질 개념의 근본 성격은 원자의 두 가지 기본 성질에 정위하면서 거기에 비판철학적인 인식의 관점을 도입함과 동시에 그것을 동역학적으로 다시 주조한다는 점에 놓여 있다.

자연 일반의 개념에 관계하는 『순수이성비판』*과는 달리 특수 물질 개념을 주제로 삼은 『자연과학의 형이상학적 원리』*에서 칸트는 외감을 촉발*하는 것이 운동이라고 하는 이유에서 물질의 근본 규정을 운동으로 간주하며, 그것을 지성 개념(범주*)에 대응시켜[IV 476] 물질 개념을 각각 다음과 같이 정의하고 있다. "공간*에서의 운동체" 운동학(양*), "공간을 채우는 운동체" 동역학*(질*), "운동력을 지니는 운동체" 역학(관계), "경험의 대상일 수 있는 운동체" 현상학*(양상*)[IV 480, 496, 536, 554]. 또한 동역학에서 그는 특히 기계론(데카르트*)에 귀착되는 원자론의 불가입성의 개념을 척력의 개념(뉴턴의 물질 이론)으로 전환시켜[IV 498 ff.] 물질 개념의 역동화를 시도하고, 더 나아가 동역학 총주에서는 물질 형성의 세 양태(고체, 견인유체, 탄성유체) 외에 화학작용(용해)도 음미할 뿐 아니라[IV 525-532] 물질의 서로 다른 종류들을 성립시키는 운동력의 체계화라는 구상까지 세우고 있다[IV 532]. 이러한 구상이 한편으로 칸트 만년에 『오푸스 포스투뭄』*에서의 에테르* 개념, 열소 개념을 기초개념으로 하여 화학원소들을 위치짓는 운동력 체계화의 시도로 발전하고, 다른 한편으로 셸링* 류의 운동력 체계화의 시도, 즉 물질 구성의 시도(1797-1800)로 발전한다. 양자 모두 당시의 화학혁명의 성과를 활용하는 시도로 되고 있다. ⇒『자연과학의 형이상학적 원리』, 자연철학, 동역학, 에테르

―마쓰야마 쥬이치(松山壽一)

图 犬竹正幸「純粋自然科學と經驗的自然科學の間」, 犬竹・松山 編『自然哲學とその射程』晃洋書房, 1993. 松山壽一『ド イツ自然哲學と近代科學』北樹出版, 1992. Peter Plaaß, *Kants Theorie der Naturwissenschaft*, Göttingen, 1965(犬竹・中島・松山 譯『カントの自然科學論』哲書房, 1992). Michael Friedman, *Kant and the Exact Science*, Cambridge, Mass, 1992.

미美 [(독) Schönheit]

어떤 대상(또는 그 표상양식)의 '미'를 판정하는 것은 대상의 형식에 관해 반성하는 미학적(감성적) 판단력(die ästhetische Urteilskraft)이며, 이것은 인식*(이론)이나 도덕(실천)의 영역에는 속하지 않는바, 범주*와 도덕률과는 다른 독자적인 원리에 기초하는 능력이다. 『판단력비판』*의 서두는 다음과 같이 시작된다. "어떤 것이 아름다운가 그렇지 않은가를 구별하기 위해 우리는 인식을 지향하여 표상*을 지성*에 의해서 객체*와 관계시키는 것이 아니라 (아마도 지성과 결부된) 상상력*에 의해서 주체*와, 더 나아가 주체의 쾌*와 불쾌의 감정과 관계시킨다". 그런 까닭에 미학적 판단*은 인식판단이 아닌바, 따라서 논리적이 아니라 그 규정근거가 주관적일 수밖에 없는 판단*이다.

바움가르텐*은 볼프학파의 입장에서 미를 '감성적 인식(하위의 인식)의 완전성'으로 간주했지만, 칸트는 이것을 비판하여 미에 대한 주관적인 쾌의 감정으로부터 출발하고자 한다. 그러나 다른 한편으로 또한 샤프츠버리*와 허치슨* 등 영국의 경험주의자들이 미의 판정능력을 도덕감각과 나란히 존재하는 일종의 내적 감각에 귀착시킨 데 반해, 그는 이것을 하나의 보편타당한 원리('합목적성*'의 원리)에 의해서 근거짓고자 한다. 미학적 판단에 관한 초월론적 탐구에 의해서 칸트는 주관적인 것이면서 보편타당성을 요구한다고 하는 미의 역설적인 존재방식을 해명하고자 했던 것이다.

'아름다운 것의 분석론'에서 판단의 네 계기(질*, 양*, 관계, 양상*)로부터 아름다운 것의 네 가지 정의가 다음과 같이 제시된다. (1) 모든 관심에서 해방된 만족*의 대상은 아름답다고 불린다. (2) 개념*을 떠나서 보편적으로 마음에 드는 것은 아름답다. (3) 미란 목적*의 표상을 떠난 어떤 대상의 합목적성의 형식이다. (4)

개념을 떠난 필연적인 만족의 대상은 아름답다. 그러므로 '아름다운 것'에서의 만족은 '쾌적한 것'의 단순한 감관감각적인 향유나 '선한 것'에 대한 지성적인 만족과 구별된다. 그것은 인식 일반의 조건인 '상상력과 지성의 자유로운 유희'의 상태에 다름 아니며, 그에 의해 미학적 판단의 보편타당성이 근거지어진다. 칸트에 의하면 꽃과 아라베스크 모양과 같이 목적과 주제를 지니지 않은 채 그 자체로 아름다운 '자유미'에 반해, 대상이 어떠한 사물이어야만 하는가의 개념을 전제하는 인간과 건물의 미는 '부속미'에 불과하다. 따라서 또한 순수한 미학적 판단의 대상으로 그는 첫째로 '자연미'를 생각하고, 목적의 개념이 언제나 전제되는 '예술미'를 부차적인 것으로 간주한다. 그러나 예술작품도 고려하는 경우 '미'는 '미학적(감성적) 이념의 표현'이라고도 정의될 수 있다. 또한 칸트는 대상의 외적인 형식에서 발견되는 '미'를 무정형한 것의 무한한 크기와 힘에서 보이는 '숭고*'와 구별하여 전자를 미학적 판단의 본래적인 대상으로 삼는다. 나아가 미학적 판단의 자유에서 보이는 자율적 존재방식의 도덕판단과의 친근성 때문에 '미'는 '도덕의 상징'이라고도 간주되고 있다. ⇒쾌, 미학, 미학적 판단,『미와 숭고의 감정에 관한 고찰』, 만족

—나가노 준코(長野順子)

㊐ H.-G. Juchem, *Die Entwicklung des Begriffs des Schönen bei Kant. Unter besondere Berücksichtigung des Begriffs der Verworrenen Erkenntnis*, H. Bouvier Verlag, 1970. T. Cohen and P. Guyer, *Essays in Kant's Aesthetics*, The University of Chicago Press, 1982.

미감적美感的 ⇨**감성적**{**미학적**}

미감적 판단美感的判斷 ⇨**미학적 판단**

미야모토 와키치(宮本和吉) ⇨**일본의 칸트 연구**

『미와 숭고의 감정에 관한 고찰美−崇高−感情−關−考察』{『**미와 숭고**美−崇高』} [(독) *Beobachtung über das Gefühl des Schönen und Erhabenen*. 1764]

칸트의 이른바 대중적 저작의 대표적인 예이자 전 저작 가운데 가장 많이 읽혀진 것들 가운데 하나이다. 루소*와 허치슨*과 버크*의 영향 하에서 1764년에 저술되었다. 나중의『판단력비판』의 기본구상을 선취하고 있으며,『인간학*』과『자연지리학』의 내용과도 중첩되는 곳이 많다. 버크에서 유래하는 미*와 숭고*라는 구별을 축으로 모럴리스트적인 태도로 인간을 예리하고도 경쾌하게 묘사하고 있다. 전체는 4장으로 나누어진다. '제1장. 숭고와 미의 감정의 각각의 대상에 대하여'에서는 다양한 예를 들어 숭고와 미의 차이를 명확히 한다. 예를 들면 우뚝 솟은 설산, 폭풍 등은 숭고하며, 화단, 목초지, 개울 등은 아름답다. '제2장. 인간 일반에서의 숭고와 미의 특성에 대하여'에서는 이상과 같은 구별을 인간에 한정하며, 진실과 정직 등 존경을 일으키는 위대한 감정은 숭고하며, 세련과 정중 등 사랑받아야만 하는 감정은 아름답다. 우울질, 담즙질, 점착질 등의 성격의 차이는 이 두 요소가 어떠한 비율로 포함되어 있는가에 따라서 생겨난다. '제3장. 양성의 상호작용에서의 숭고와 미의 구별에 대하여'에서는 오로지 남성에만 속하는 숭고와 오로지 여성에만 속하는 미를 대립적으로 분석한다. 여기서 도덕적 및 학문적 능력에 대립한 여성에 대한 경멸과 야유가 눈길을 끌지만, 이것은 칸트의 여성관의 기조를 이루고 있다고 말할 수 있을 것이다. 그리고 '제4장. 숭고와 미의 각각의 감정에 기초하는 한에서의 국민적 성격에 대하여'에서는 국민성을 이러한 구별로부터 논하고 있다. 이탈리아인과 프랑스인에게서는 미의 감정이, 스페인인과 영국인 그리고 독일인에게서는 숭고의 감정이 지배적이다. 독일인은 숭고에서 영국인에게 뒤지고 미에서는 프랑스인에게 뒤지지만, 두 감정의 결합에서 양 국민을 능가한다. 더 나아가 칸트는 이러한 분류를 아시아로까지 확대하여 아라비아인, 페르시아인, 일본인을 각각 아시아의 스페인인, 프랑스인, 영국인이라고 부른다. 덧붙이자면 비유럽에 관하여 인도인의 종교는 익살극 이외의 것이 아니라든가, 니그로는 어

떠한 지적 능력도 없다든가 하는 편견에 가득 찬 단정적 어조가 눈에 띈다. ⇒미, 숭고, 『판단력비판』, 『제3비판』」, 자연지리학, 버크

−나카지마 요시미치(中島義道)

참 中島義道『モラリストとしてのカント』I, 北樹出版, 1992.

미의식 美意識 ⇨미학

미적 범주 美的範疇 ⇨미학

미키 기요시 [三木清 1897. 1. 5−1945. 9. 26]

쇼와 전기의 철학자. 효고 현의 부유한 지주계층의 집안에서 태어난다. 1914년 제1고등학교에 입학, 니시다 기타로(西田幾多郎)*의 『선의 연구』에 감명 받아 17년 교토 제국대학 철학과에 진학한다. 니시다·다나베 하지메(田辺元)*·하타노 세이이치(波多野精一) 등의 곁에서 라이프니츠*·칸트·신칸트학파*의 철학을 공부하고, 20년 논문 「비판철학과 역사철학」을 제출하여 졸업했다. 22년 독일에 유학하여 리케르트*와 하이데거*를 따르며, 24년 파리로 옮겨 파스칼*에 관한 논문을 발표했다. 25년에 귀국하여 제3고등학교 강사, 27년에 호세이 대학 교수가 되었다. 논문 「인간학의 마르크스적 형태」가 논단에서 주목받는다. 30년 일본 공산당에 대한 자금 원조 혐의로 검거, 교직을 사임한다. 출소 후에는 역사철학의 연구에 전념한다. 33년 이후에는 불안의 사상을 심화시켜 네오휴머니즘을 주창했다. 37년 칸트로부터 착상을 얻은 『구상력의 논리』의 집필을 개시한다. 고노에 후미마로(近衛文麿)의 '쇼와연구회'에도 참가하며, 42년 육군보도반원으로서 마닐라로 간다. 45년 치안유지법 위반 혐의로 구류되며, 종전 후에도 석방되지 않은 채 옥사했다.

−히라야마 요(平山 洋)

미학 美學 [(독) Ästhetik]

【I】 미학의 성립

Ästhetik이라는 말은 바움가르텐*이 1735년에 『시에 관한 몇 가지 점들에 대한 철학적 성찰』[§ 116]에서 라틴어형의 aesthetica를 사용한 것에서 유래한다. 그는 종래의 논리학이 '지성'(상위 인식능력)의 활동방식만을 다루는 것이었다는 점을 비판하고, '감성*'(하위 인식능력)의 활동방식도 다루는 학문, 즉 '하위 인식능력의 논리학'의 필요성을 설파하며 이 새로운 학문을 그리스어에서 '감성'을 의미하는 αἴσθησις와 연관하여 aesthetica라고 불렀다. 그러므로 이 학문은 문자 그대로 번역하면 '감성학'이 된다. 다만 감성이 완전한 방식으로 활동하는 것은 '예술*' 영역에서이기 때문에 바움가르텐의 aesthetica는 실질적으로는 예술론, 특히 시론이다. 이런 의미에서 이 학문은 종래의 시학과 수사학*을 볼프* 류의 철학에 의해서 체계화한 것으로 간주할 수 있다. 그의 주저 Aesthetica(1750/58)는 완성되지 못한 채 끝났지만, 그 구상은 마이어*의 『모든 예술의 원리』(1748−50)를 통해 인구에 회자되었다. 또한 바움가르텐의 『형이상학』의 '경험적 심리학*'도 그의 aesthetica의 구상을 간명하게 보여주고 있다[§533].

【II】 칸트와 Ästhetik

칸트는 『순수이성비판』* 제1판(1781)에서 Ästhetik이라는 말을 그 어원에 입각하여 '감성론'의 의미에서 사용하며, 그 주에서 바움가르텐 류의 Ästhetik이란 미*의 판정 규칙을 "학문으로 고양"시키고자 하는 "잘못된 희망"에 기초한다고 비판적으로 논했다[A 21]. 그러나 그는 그 후 목적론*과의 관계에서 감성적{미적} 판단을 논하는 구상을 품고 『순수이성비판』 제2판(1787)에서 제1판의 주에 작은(그러나 근본적인) 변경을 가하여[B 35−36] 미학을 비판철학 내부로 짜 넣을 가능성을 보였다. 그 성과가 『판단력비판』 제1부의 '미적 판단력의 비판'인데, "도덕성의 상징"으로서 규정된 미는 감성계와 예지계*를 합목적적으로 매개하는 위치를 획득했다[§59]. 다만 미란 대상을 규정하는 객관적 술어는 아니다. 그러므로 미학은 바움가르텐에서처럼 '학문'으로서는 불가능하며, 다만 '비판*'으로서만 가능하다[§44]. 그가 Ästhetik이라는 명사형을 원칙적으로 사용하지 않는 것은 그 때문이다(예외로서

[Ⅴ 269]가 있다). 그러나 ästhetisch라는 형용사가 logisch라는 형용사와 맞짝을 이루고 있는 것[§1]에는 여전히 전통적 미학의 구상이 반영되어 있다.

【Ⅲ】 Ästhetik의 그 후의 전개

서로 대립하는 것을 매개하는 것으로서 미를 파악하는 칸트의 구상은 실러*를 비롯한 다음 세대에 의해 계승되어 미학은 이미 '하위 인식능력의 논리학'이 아니라 철학의 중심적 내지 최고의 지위를 획득하기에 이른다(예를 들면 셸링*의 『초월론적 관념론의 체계』(1800)에서). 동시에 여기서 주제화되는 것은 인간 정신에 의해서 매개되는 것이 아닌 자연미가 아니라 인간 정신의 소산으로서의 '예술작품' 내지 '예술미'이다. 이리하여 Ästhetik은 '예술철학'과 같은 뜻으로 된다. 예술철학으로서의 미학에 철학에 있어서의 중심적 위치를 부여하는 이러한 전통은 모습을 변화시키면서도 하이데거*와 아도르노에게 이어진다. 물론 이러한 형이상학적 미학에 대해서는 19세기 후반부터 다양한 비판이 쏟아졌다. 하나는 종래의 미학을 실험심리학적 기반이 없는 '위로부터의 미학'으로서 비판하는 페히너의 '아래로부터의 미학'이며, 또 하나는 예술학을 미적 감정으로부터 엄격히 구별하여 예술을 독자적인 인식형식으로서 파악하는 피들러의 '예술학'이다. 나아가 후설*의 현상학은 '미적 의식'의 현상학적 연구의 계기로 되었다(가이거). 또한 하이데거의 영향 아래 현상학적 미학은 존재론적 내지 해석학적 흐름과 결부되어 현대 미학의 커다란 조류를 형성하고 있다. 오늘날에는 미와 예술의 연관이나 예술이라는 자율적 영역이 자명성을 상실하여 19세기적인 의미에서의 근대적 미학은 이미 과거의 것으로 되고 있지만, 바로 이러한 자명성의 상실이야말로 미와 예술에 대한 물음을 새롭게 환기시키고 있다. 여기서 미학의 새로운 가능성이 열리고 있다.

【Ⅳ】 칸트 미학의 특징

첫 번째 특징은 칸트의 논의가 자연미를 중심으로 하고 있다는 점이다. 그에 반해 바움가르텐 류의 미학이나 실러/셸링/헤겔* 류의 미학은 모두 예술을 주제로 한다. 칸트의 자연미 중시는 그의 미학의 배경에 자리잡고 있는 '자연의 합목적성*'이라는 목적론적 논의에

서 유래한다. 두 번째 특징은 미와 숭고*의 이원론이다. 이러한 이분법은 이미 버크*나 H. 홈 등에서도 보이지만, 칸트의 철학적 논의는 후의 체계적인 미적 범주론(미-숭고-비장-골계 등)의 선구를 이루었다. 셋째로 칸트의 예술론*은 18세기 중엽까지의 예술이론을 지배하고 있던 고대 그리스 이래의 고전주의적 '자연모방설'을 부정하고 예술가의 독창성을 주장한다는 점에서 낭만주의*로의 이행을 보이고 있다. 그러나 칸트 미학은 예술을 역사적으로 보는 관점을 결여하고 있으며, 이런 점에서 후의 낭만주의적 미학—그것은 예술철학이자 예술사의 철학이기도 하다—으로부터 기본적으로 구별된다. ⇒미, 예술, 숭고, 예술론

—오타베 다네히사(小田部胤久)

圏 竹內敏雄『美學總論』弘文堂, 1979. 佐々木健一『美學辭典』東京大學出版會, 1995. 小田部胤久『象徵の美學』東京大學出版會, 1995.

미학적美學的 ⇨감성적 ﹛미학적﹜

미학적 판단美學的判斷 [(독) ästhetische Urteil]

미적 판단, 미감적 판단 등으로도 번역되는데, 확정되어 있지 않다. 이에는 상응하는 이유가 존재한다. 칸트가 사용하는 ästhetisches Urteil이라는 말은 현재 상정되는 것과 같은 예술작품을 주제로 하는 미학*에서의 것과 완전하게는 겹쳐지지 않으며 오히려 자연물에 주로 관계한다. 또한 칸트 자신이 Ästhetik이라는 말을 현재의 미학의 기초를 구축한 동시대인 바움가르텐의 용법에 반하여 처음에는 단지 '감성의 교설'이라는 의미로 사용했던 것이다. 그러나 아마도 『순수이성비판』* 제1판과 제2판의 사이 이후 변화가 생겼다. 칸트는 일찍부터 '이 x는 아름답다'로 대표되는 이런 유형의 판단*이 단지 사적이 아니라 일종의 독특한 보편타당성을 요구하는 것에 주목하고 있었지만, 이러한 요구의 근저에서 판단력*의 선험적*인 원리*를 발견했던 것이다. 그것이 합목적성*의 원리이며, 이러한 발견에 의해서 미학적 판단은 인식판단 및 도덕판단과

독립적으로 초월론철학*의 고찰대상이 되었다. 『판단력비판』*에서 칸트는 전통적인 취미능력론의 문제 연관에 위치하는 가운데(ästhetisch가 Urteil을 형용하는 용례가 의외로 적은 것은 이런 까닭도 있을 것이다) 독자적인 방식으로 이것을 고찰했던 것이다. 이런 한에서 '미학'이라는 의미에서도 칸트는 이 말을 사용하게 되었다고 말할 수 있을 것이다.

미학적 판단은 미*에 관한 것과 숭고*에 관한 것의 둘로 구분된다. 둘 모두 어디까지나 판단*이기 때문에 칸트는 범주*를 실마리로 하여 분석을 행한다. 그것들은 질*의 관점에서는 사물의 표상*의 형식*에 관한 '관심 없는 자유로운 만족'을 나타내며, 쾌적과 선*을 대상으로 하는 판단과 구별된다. 양*의 관점에서는 지성*이 주도적 역할을 수행하고 있지 않은 자유로운 인식능력*의 유희로서 '개념 없는 보편적 만족'을 나타낸다. 관계의 관점에서는 인식능력의 유희라는 조화적 일치 이상의 아무런 개념도 없는 '목적의 표상 없는 합목적

성'을 나타낸다. 양상*의 관점에서는 공통감각*(Gemeinsinn, Gemeingefühl, sensus communis)의 이념을 상정하는 가운데 주관적이긴 하지만 범례적인 '개념 없는 필연적 만족'을 나타낸다. 숭고의 경우에도 이상의 네 가지 점은 기본적으로 들어맞는다. 다만 이 경우에는 그것이 정태적인 관점이 아니라 몰형식성(Formlosigkeit)의 경험*을 거쳐 이성*에 일치하는 심성의 운동이라는 점이 주목되며, 이념*의 구분과 합하여 수학적 숭고(단적인 크기)와 역학적 숭고(두려워할 수밖에 없는 힘)라는 관점으로 분석된다. ⇒『판단력비판』{『제3비판』}, 판단력, 판단, 취미, 합목적성, 미, 숭고, 범주, 공통감각

―다케야마 시게미츠(竹山重光)

囲 *Immanuel Kants Werke auf Computer*, Institut für die angewandte Kommunikations- und Sprachforschung e. V., 1988. Jens Kulenkampff, *Kants Logik des ästhetischen Urteils*, Frankfurt am Main, 1978.

ㅂ

바람 [(독) Wind]

칸트가 바람이라는 자연현상에 대해 집중적으로 논하고 있는 것은 전비판기의 소론 『바람의 이론』과 강의록으로서 출판된 『자연지리학』에서이다. 또한 『자연지리학 강의개요 부록: 서풍론』, 『달이 기후에 미치는 영향에 대하여』에서도 바람에 관한 논술이 이곳저곳에서 발견된다. 칸트에 따르면 영속적인 바람의 주된 원인은 어떤 구역의 대기가 온도 저하에 의해 팽창성을 상실하는 것과 온도 상승에 의해 가볍게 된 것 두 가지로서, 어느 경우든 인접한 구역으로부터 그 구역으로 향하는 바람이 발생한다[『바람의 이론』 I 491]. 또한 지구 표면의 회전속도가 적도에 가까우면 가까울수록 고속이기 때문에 "적도에서 극으로 부는 바람은 서쪽의 것으로 되고, 극에서 적도로 부는 바람은 그 방향을 동쪽으로부터의 부차적 운동으로 변화된다"고 설명되지만, 이 이론을 칸트는 자신의 독자적인 것으로서 중시하고 있다[I 494; 『자연지리학』 IX 291]. 온도의 상승, 저하와 지구의 자전에 의한 방향변화라는 이들 상이한 종류의 원인에서 "양 회귀선 사이의 바다 전역에서 부는 일반적인 동풍", 즉 무역풍이 설명된다. 적도지대는 태양열에 의해 따뜻해지기 때문에 양극 방향에서 바람이 불어오게 되지만, 자전운동에 의해 그 바람들은 적도에 가까우면 가까울수록 동쪽의 바람이 된다. 이것과는 반대의 이유에 의해 또한 북반구에서 부는 차가운 바람, 즉 계절풍이 설명된다. 이러한 이론에 의거하여 칸트는 지구 각 지역의 여러 가지 바람의 원인을 설명하고 있다. 바람에 관한 칸트의 이와 같은 이론은 당시 알려져 있는 한에서 자연과학 이론과 경험적 지식에 기초하여 국부적인 바람에서부터 대기의 대순환까지 설명하려고 했던 것이지만, 시대적 제약으로 인해 그 이론에는 오늘날 볼 만한 것이 없다. 그러나 우리는 그것에서 자연과학 일반에 대한 칸트의 광범위한 관심과 식견을 엿볼 수 있다. ⇒기상학│기상론│

―이노우에 요이치(井上洋一)

바움가르텐 [Alexander Gottlieb Baumgarten 1714. 7. 17–62. 5. 26]

독일의 철학자, 미학자. 베를린에서 태어나 1735년 할레 대학 강사, 40년부터 프랑크푸르트 대학 교수. 라이프니츠/볼프 학파 중에서 최대의 철학자로 철학의 각 영역에 걸쳐 저작을 남겼지만, 많은 철학용어를 만든 것으로도 유명하다. 그러나 최대의 공적은 미학을 철학의 한 분과로서 독립시킨 것에 있다. 다시 말하면 그는 처녀작 『시에 관한 몇 가지 철학적 성찰』(1735)에서 지성을 매개로 한 상위 인식의 학으로서 이미 철학체계 내에 위치를 차지하고 있던 논리학과 유비적으로, 감성을 매개로 한 하위 인식의 학으로서의 '감성학(aesthetica)'의 존립 가능성을 주장하고, 나중의 주저 『미학』(1750/58)에서 이것을 미에 관한 학, 즉 미학으로서 실현했다. 이리하여 뒤따르는 시대의 독일 미학의 초석을 놓음으로써 그는 '미학의 아버지'라고 불린다.

칸트는 전비판기에 바움가르텐의 『형이상학』(1739) 등을 강의에 사용하는 것에서 알 수 있듯이 분석가로서의 그를 시종일관 높게 평가하고, 『반성』에서 읽어낼 수 있듯이 그의 술어와 사고형식을 비판적으로 수용하면서 자기의 철학을 형성하고 있었다. 그 결실이 비판기의 저작이다. 하나의 예를 들면, 스콜라 철학의 용어로서는 오늘날과 거의 반대의 의미로 사용되고 있던 subjektiv/objektiv라는 말이 바움가르텐의 중요한 구절들에서 오늘날의 의미에 가까운 의미로 사용되었던 것이 칸트가 제1비판에서 이 맞짝개념을 이론적으로 전개하는 계기로 되었다. 그러나 바움가르텐의 영향이 특히 현저한 것은 제3비판인데, '감성적 인식의 완전성*'으로서의 바움가르텐의 미의 개념을 환골탈태시킨 '표상*'의 합목적성*'이라는 개념이 그 핵심을 차지하고 있다. 요컨대 전자의 내포들 가운데 표상의 가치성질이라는 것, 다양*한 것의 일치, 쾌*와 같은 것이 후자에 받아들여지는 한편, 그 판단의 근거짓기가 가능한 것으로서의 미라는 규정은 사상되고 있는 것이다. 칸트는 학으로서의 미학의 요건에 관해서는 바움가르텐과 동일한 생각을 지니면서도 그 존립 가능성에 대해서는 정반대의 생각을 표명하고 있지만[B 35; KU, Ⅴ 304f., 354f.], 이것은 근거짓기가 가능한가의 여부에 관한 양자의 미 규정의 이와 같은 차이에 의한 것이다. ⇒미학, 합목적성

—마쓰오 다이(松尾 大)

📖 松尾大 「完全性の美學の歸趨——バウムガルテンとカント」『講座ドイツ觀念論』 1, 弘文堂, 1990.

바이츠제커 [Carl Friedrich von Weizsäcker 1912. 6. 28-]

킬에서 태어남. 독일의 이론물리학자이자 철학자. 양자역학자인 하이젠베르크 밑에서 약관 20세에 학위를 취득하고, 23세에 교수자격을 취득. 슈트라스부르크와 괴팅겐에서 이론물리학을 가르침. 1957-69년 함부르크의 철학 정교수. 1970-80년 과학-기술 세계의 생존조건 연구를 위한 '막스 플랑크 연구소' 소장. 이론물리학에서 철학에 이르기까지 그의 학문 활동은 엄청나게 광범위하다. 그의 스승인 하이젠베르크와 마찬가지로 칸트 철학에 깊은 관심을 기울였으며, 특히 양자역학과 칸트 인식론*의 관계에 대한 논의는 시사하는 바가 많다. 그러나 그의 본령은 물리학자, 철학자, 종교인으로서 우리 인간의 생존조건을 그 근원으로부터 계속해서 물어나가는 가운데 물리학, 화학, 생물학, 자연사, 우주론, 인식론, 형이상학*, 그리고 더 나아가

사회, 문화, 종교 등 광범한 영역에 걸쳐 통일적이고 포괄적인 연관을 진지하게 탐구해 나간다는 점에 있다. 그 포괄성과 보편성을 탐구하는 사유는 지나친 전문화에 매몰되어 전체를 보지 못하고 있는 현대 학문 상황에 이바지하는 바 크다. ⇒자연과학

—니시가와 도미오(西川富雄)

📖 『自然の歷史』(1948), 法律文化社. 『自然の統一』(1971), 法政大學出版局.

바이힝거 [Hans Vaihinger 1852. 9. 25-1933. 12. 17]

네른에서 태어나 스트라스부르 대학 교수, 후에 할레 대학 교수. 신칸트학파*의 융성 시대에 마르부르크 학파와 서남학파의 어디에도 속하지 않은 독자적인 '허구주의'를 제창했는데, 그의 기본사상은 모두 주저 『마치 …… 처럼의 철학』(Philosophie des Als Ob, 1911)에 모아져 있다. 칸트는 우리의 경험을 넘어서는 신·자유*·불사* 등의 이념들은 그 존재가 이론 이성에 의해서 증명되지 않지만, 실천 이성에 의해서 요청되는 것 즉 존재하는 '것처럼'의 것이라는 성격을 부여했다. 바이힝거는 좀더 적극적으로 이러한 이념들을 영원히 실증도 반증도 할 수 없는 까닭에 가치 있는 '순수 허구(reine Fiktion)'라고 불렀다. 더 나아가 그에 의하면, 기하학적 도형·미분·무리수·절대공간·원자·다원주의·국가*·보이지 않는 교회 등과 수학*·자연과학·사회과학의 성과들과 실체* = 속성·인과성* 등 형이상학*의 개념들도 진리가 아니라 진리'인 것처럼'의 것, 즉 '허구'이다. 이것들은 우리가 근원적인 '논리충동'에 의해 '감각의 집적'을 쌓은 데 기초하여 유용한 것으로서 언어와 판단에 의해서 가공한 것에 지나지 않는다. '허구주의'는 칸트 인식론*에서의 '마치 …… 처럼*'의 원리, 즉 '규제적 원리'를 극한으로까지 밀고 나아간 것이자 동시대의 생철학과 실용주의*와도 근저에서 통하며, 더 나아가서는 콰인*으로부터 로티에 이르는 신실용주의와 쿤의 패러다임론 등과도 연결되는 광범위한 영역을 지니고 있다. 바이힝거의 그 밖의 저작으로서는 『순수이성비판』* '감성론'까지의 철저한 주석서 Kommentar zu Kants

Kritik der reinen Vernunft(1881–82), *Nietzsche als Philos-oph*(1902) 등이 있다. 또한 잡지 『칸트 연구』(*Kant-Studien*)를 창간하고(1897), 칸트협회(Kant-Gesellschaft)를 창설하는 등, 국제적인 칸트 연구의 기반을 쌓은 공적은 크다 하지 않을 수 없다. ⇒마치 …… 처럼, 신칸트학파, 『칸트 연구』{『칸트 슈투디엔』}

—나카지마 요시미치(中島義道)

☞ 中島義道「ファイヒンガーの虛構主義」『時間と自由』晃洋書房, 1994.

바제도우 [Johann Bernhard Basedow 1723. 9. 11–90. 7. 26]
칸트와 동시대의 교육학자. 교육에 의한 사회개혁을 지향하여 1775년 완벽한 도덕적 인간의 형성을 목적으로 한 실험학교 '범애학교, 학생과 젊은 교사를 위한 인간애의 학교(Philanthropinum)'를 데사우에 설립했다. 이것을 지지한 칸트는 쾨니히스베르크의 신문에 추천문을 기고하는 한편, 범애학사가 발행하는 잡지의 예약 강독의 접수장소로서 자택을 제공하기까지 했다. 이성의 공적인 사용을 통해 인간의 행복을 실현하는 시민의 양성을 목표로 하는 범애학사에서는 정신과 신체의 조화로운 발달을 중시하고, 신체 훈련에 힘을 기울이고 있었다. 법칙적 강제에 대한 복종과 자기의 자유의 구사를 양립시킬 수 있는 인간학과 교육학*을 구상하고 있던 칸트는 범애파의 신체 중시의 입장을 높이 평가했다. 그러나 전통적인 교육을 좋게 여기는 입장으로부터의 신랄한 비판에 부딪쳐 범애학사는 폐교로 몰리게 된다. 그때 칸트는 바제도우의 후임으로서 학교장을 맡고 있던 캄페의 재취직까지 생각할 정도였다고 한다. ⇒계몽주의, 교육학

—스즈키 아키코(鈴木晶子)

☞ 『國家と學校』明治圖書.

☞ Beiträge des Basedow-Symposiums 1974, in: *Jahrbuch für Erziehungs- und Schulgeschichte* 16, 1976. 鈴木晶子「カントの教育學」『現代思想』vol. 22-4, 靑土社, 1994.

바젤 평화조약–平和條約 ⇨『**영원한 평화를 위하여**』{『영

원평화론』}

반계몽反啓蒙 ⇨계몽

반성反省 [(독) Reflexion; Überlegung]
'반성'은 칸트 철학 체계의 전체 속에서 다양한 함의를 지닌다. 즉 ① 보편을 인식하는 지성능력으로서의 지성*의 기능, ② 논리적 반성, ③ 초월론적 반성, ④ 반성적 판단력에 기초하는 미적 반성, ⑤ 도덕적 반성이 그것들이다. 이 가운데서도 특히 ③ 초월론적 반성은 칸트 이론 체계에서 원리적 의의를 지닌다.

칸트에 의하면 '반성(Überlegung, reflexio)'[B 316]은 대상 자신의 규정에 직접 관계하는 것이 아니라 그 전에 우선 대상*에 관한 개념*에 도달할 수 있기 위한 주관적인 제약들을 발견하고자 하는 '마음의 상태'이다[같은 곳 참조]. 이러한 반성에는 '논리적 반성(die logische Reflexion)'[B 318]과 '초월론적 반성(die trans-zendentale Überlegung, die transzendentale Reflexion)'[B 317, 319]이라는 엄격한 구별이 있다. 이러한 양자를 혼동함이 없이 후자의 의의를 명확히 살피는 것이 칸트 이론철학 전체의 근거를 관통하는 '체계적 전제'를 이룬다.

우선 논리적 반성은 표상*들의 "단순한 비교"[B 318]일 뿐이며, 표상들이 감성*과 지성의 어느 편의 인식능력*에 속하는가 하는 것은 전적으로 도외시한다. 이에 반해 초월론적 반성은 표상들 상호간의 비교를 인식능력과의 관계에서 수행한다. "표상들 상호간의 객관적 비교의 가능성의 근거"[B 319]를 다름 아닌 초월론적 반성이 보이는 것이다. 대상에 관한 객관적 판단이 성립하기 위해서는 대상의 인식 가능성이 물어져야만 한다는 것은 말할 필요도 없다. 즉 대상이 감성의 대상인가 아니면 순수 지성의 대상인가 하는 구별, 다시 말하면 현상*과 사물 자체*의 초월론적 구별이 이루어져야만 하는 것이다. 이러한 구별을 엄밀하게 행하여 인식 가능한 대상을 감성에 한정하는 것이야말로 초월론적 반성에 다름 아니다. 그런 까닭에 인식 가능한

대상의 선험적 종합판단*의 객관적 타당성*은 이러한 초월론적 반성이 아니고서는 있을 수 없는 것이다. "초월론적 반성은 사물들에 관해 무언가를 선험적*으로 판단하고자 하는 경우에 누구도 피할 수 없는 하나의 의무이다"[같은 곳]라고 주장되는 까닭이다. 만약 주어진 표상들을 논리적 반성에 의해서 비교할 뿐 초월론적 반성을 결여하게 된다면, 칸트가 라이프니츠*를 비판하여 말했듯이 현상과 사물 자체의 혼동이라는 "비판적 이성이 승인할 수 없는"[B 326] 오류에 빠지게 된다. 칸트에 의하면 라이프니츠에서 '반성'은 사물들의 참된 관계를 표현한다고 생각되고 있기 때문이다.

초월론적 반성은 칸트의 이론 체계 전체에 있어 결여될 수 없는 원리적인 의의를 짊어지고 있는 것이다. ⇒반성 개념, 장소론, 판단력

　　　　　　　　　　　　　　　－기무라 히로시(木村 博)

[참고문헌] 牧野英二『カント純粋理性批判の研究』法政大學出版局, 1989.

반성 개념 反省概念 [(독) Reflexionsbegriff]

칸트는『순수이성비판』의 '분석론'의 부록 '경험적 지성 사용과 초월론적 지성 사용의 혼동에 의해 생긴 반성 개념들의 다의성(Amphibolie)에 대하여'에서 "반성*이란 주어진 표상들이 우리의 상이한 인식 원천에 대해 지니는 관계에 대한 의식이다"라고 정의한다. 요컨대 어떤 표상*이 감성*과 지성*의 어느 편에 속하는지를 판정하는 것이 "(초월론적*) 반성"이라고 불리며, 주어진 표상들이 감성의 제약에 따르는지의 여부가 거기서 판정되는 기준이 '반성 개념'이라고 불린다. 다시 말하면 표상이 감성과 순수 지성의 어느 장소에 속하는지를 판정하는 '초월론적 장소론'이 그것을 둘러싸고 수행되는 바의 네 가지 항목이 반성 개념인 것이다. 그것들은 (1) 일양성과 차이성, (2) 합치성과 모순성, (3) 내적인 것과 외적인 것, (4) 질료와 형식*이라는 개념들이다. 칸트의 설명을 순서대로 살펴보자. 우선 (1)에 대해서는 동일한 내적 규정을 지니는 대상*이 만약 라이프니츠*의 경우처럼 사물 자체* = 순수

지성의 대상(예지체)으로 파악되게 되면 일양적이지만, 현상으로 파악되게 되면 감성적 직관의 제약인 공간*에 의해서 차이를 지닌다. 예를 들면 지성적 사유에서는 동등하게 여겨지는 물방울도 공간의 상이한 위치를 점하면 다른 것이다. (2)에 대해서는 실재성*이 단지 순수 지성의 대상이게 되면 어떠한 실재성도 서로 부정하는 것은 없을 것이지만, 실제로는 동력의 반대방향과 고통에 대한 반항으로서의 만족 등과 같이 상반되는 규정*이 인정되기 때문에 실재성의 개념은 감성에도 장소를 지닌다. (3)에 대해서는 순수 지성의 대상이 만약 내적이라고 여겨지는 경우 그것은 다른 사물과의 관계(외적 규정)를 사상할 것이다. 그러나 내적인 것의 실재성, 우유성, 힘으로서는 그것들이 외적 규정이 아닌 이상, 내감*이 보여주는 것으로부터 빌릴 수밖에 없다. 예지체이면서도 표상능력을 지니는 모나드* 개념은 이리하여 가능했던 것이다. (4)의 질료와 형식은 다른 반성 개념의 기초에 놓인다. 순수 지성의 입장은 질료를 먼저 요구한다. 따라서 공간과 시간*은 모두 라이프니츠에서는 실체(사물 자체)들끼리의 관계에 의해서 비로소 가능하게 되었다. 그러나 공간과 시간은 본래 감성적 직관의 형식이기 때문에 형식이 질료(실체)에 선행한다. 질료가 형식의 근저에 놓여 있다고 간주해서는 안 된다고 칸트는 주의를 촉구하는 것이다.

이상과 같은 네 쌍의 감성과 순수 지성의 어디에도 속할 수 있는 양의적, 다의적인 반성 개념에 대해 그것들이 감성의 제약에도 복종한다는 것을 간과하고 순수 지성에만 속한다고 본 것이 라이프니츠인바, 그는 "반성 개념의 다의성에 속아서 세계의 지성적 체계를 창설했다"[B 326]고 칸트는 단정한다. '반성 개념의 다의성에 대한 주해'[B 324f.]에서는 네 쌍의 반성 개념에 따라서 라이프니츠의 네 가지 논점이, 즉 (1) 불가식별자 동일의 원리, (2) 실재성은 모순을 포함하지 않는다는 논리적 원칙, (3) 모나드의 내적 규정과 예정조화, (4) 실체의 관계로서의 공간 개념과 상태의 계기로서의 시간 개념과 같은 점들이 모두 순수 지성의 대상(사물 자체)에 관계지어짐으로써 잘못된 '장소'에 놓여 있다고 결론지어져 비판된다. 덧붙이자면, 헤겔*은 칸트의

반성 개념이 비교개념이지만, 그 고찰에 있어 시종일관 형식주의적인 분리를 견지하고 있으며, 개념의 내용과 그 내용적 상호관계에 들어서지 못한 채 주관성과 객관성의 대립이라는 면으로부터만 고찰이 이루어지고 있다고 비판하고 있다. ⇒반성, 예지체, 장소론
—사카이 기요시(酒井 潔)

栗田義彦「反省と反省概念 —— カント『純粋理性批判』における反省概念の二義性に關する一考察」『國學院雜誌』81卷 2号, 1980. G. W. F. Hegel, *Enzyklopädie der philosophischen Wissenschaften in Grundrisse*, 1817.

발견적發見的 [(독) heuristisch]

규제적 원리가 지니는 성격의 일면을 특징짓는 것. 여기서 규제적 원리란 이성원리의 그것으로서 범주가 아니다. 즉 '분석론의 원칙'(제1비판)의 경험의 유추에서 말해지고 있는 '역학적 원칙'으로서의 규제적 원리가 아니다(동일한 명칭 때문에 곧잘 오해된다. 칸트는 후에 분명히 말하고 있는데, 범주는 구성적 원리다).

이러한 규제적 원리가 '발견적'이라고 말해지는 것은 어떤 원리를 설정했을 때 그 원리에 의해서 경험이 좀더 잘 해명되고 설명된다는 것을 의미한다. 따라서 이 측면을 강조하면, '가설'이 지니는 학문적 의의가 제시되는 셈이다. 왜냐하면 가설은 본래 그 자신은 증명되지 않지만, 그것이 경험을 좀더 잘 설명하게 되면 나중에 가설은 가설이 아니게 된다고 하는 성격을 지니기 때문이다. 규제적 원리도 경험이 좀더 잘 설명될 수 있는 한에서 그 원리가 승인되지만, 그 역은 성립하지 않는다. 경험에 입각한 연장선상에서 원리가 존재하는 것이다.

이념에 기초하는 이성의 경험적 사용으로서 규제적 원리가 어떻게 기능하는 것인지 칸트가 들고 있는 하나의 구체적인 예를 들어보고자 한다. 예를 들면 '순수한 물'은 현실에는 존재하지 않는다. 현실의 물은 미량이긴 하지만 불순물을 포함한다. 그러나 순수한 물을 이념으로서 상정하는 것은 충분히 의의가 있다. 순수한 물을 기준으로 하여 현실의 물의 불순함이

순서지어지고 정리되기 때문이다. 일반적으로 '어떤 이념'이 특정한 인식들에 선행하여 설정되고, 이어서 그에 의해 그 특정한 인식들이 그 이념과의 관련에 의해 그 위치가 결정되는 것이다. 따라서 칸트는 이 이념을 현실에는 존재하지 않아도 경험적 인식에 최대의 확대와 통일을 부여한다는 의미에서 비유적으로 허초점에 비교한다. 규제적 원리로부터 말하면, 현실의 것(이런저런 불순한 물)을 체계적으로 정리하기 위해 이념(순수한 물)을 설정한 것이 이 원리의 적용인 것이다.

이러한 생각을 확대하여 칸트는 한 시기에 경험적 인식들에 체계적 통일을 가져다주는 원리로서 다수의 규제적 원리들로부터 세 개의 원리를 생각했다. (A) 특수화의 원리, (B) 동질성의 원리, 그리고 (C) 연속성의 원리가 그것이다. 이것들은 기본적으로 종과 유의 개념관계로부터 도출되었다. (A)는 유로부터 종으로 종별화를 요구하는 원리, (B)는 역으로 종에서 동질적인 것을 발견함으로써 좀더 일반적인 유로 상승하는 원리, (C)는 두 원리를 연속적으로 결합하는 원리이다. 이것은 물론 다만 사고실험적인 것일 뿐이지만, 이 원리들로부터 혜성의 궤도가 구해진다고 한다. 우선 행성들의 운동을 조잡한 경험에 의해 원형으로 파악할 수 있지만, 행성들에 차이가 보인다. 결국 원형에 가까운 행성들의 운동을 타원으로 한다. 그러나 혜성이 그 궤도에서 커다란 차이를 보여준다((A)의 적용). 혜성의 궤도는 거대한 원형을 이루고 있으며 (관찰이 미치는 한에서는) 원래로 되돌아가지 않기 때문에 그것을 하나의 포물선이라고 추정한다. 이러한 포물선 궤도는 타원에 가깝고 타원의 장축이 대단히 넓게 확장되어 있다면, 우리들의 관찰에서는 타원과 구별되지 않는다((B)의 적용). 이와 같이 하여 이러한 궤도들의 유類로의 통일에 도달하지만, 우리는 이에 의해 더 나아가 천체들의 운동의 모든 법칙의 원인으로서 인력에 도달한다((C)의 적용). 이러한 통일적인 원리로부터의 설명에 의해 우리는 혜성의 쌍곡선 궤도까지 생각한다. 이러한 쌍곡선 궤도를 그리며 혜성은 우리의 태양계로부터 사라져가고 천체로부터 천체로 나아가는데, 우리는 무한하지만 인력이라는 동일한 동력에 의해 우주계의

아득히 먼 부분들을 이 궤도에 따라 결합한다. 이상이 세 개의 원리의 적용례(제1비판)이다.

제3비판에서는 종과 유의 개념이 아니라 목적론적 합목적성이 규제적 원리로서 이러한 성격을 지닌다. 자연의 산물들에서 목적의 원인을 간과하지 않는 것이 필연적인 이성의 준칙이라고 하고, 자연의 특수한 법칙들을 탐구하는 하나의 발견적 원리라고 하고 있기 때문이다. ⇒구성적/규제적, 합목적성

―호소야 아키오(細谷章夫)

⛊ 細谷章夫「カントの理性の統制的使用について」鹿兒島縣 立短期大學『人文』第3号, 1979.

방법론方法論 [(독) Methodenlehre]

'방법'이란 칸트에 의하면 우연적이고 주관적인 취급설명밖에는 지닐 수 없는 통속적 인식과는 달리 학문적 인식에 필요한, 이성*의 원리원칙에 따른 절차[B 883]를 가리킨다. 따라서 이성 비판에 종사하는 3비판서에는 각각 '방법론'에 관한 논구가 존재하며, 『인류의 형이상학*에서 넓은 의미의 의무를 다루는 '덕론*'에도 '윤리학*의 방법론'이 존재한다. 다만 제1, 제2비판에서 '방법론'이 '원리론'과 병렬된 2대 부문을 이루는 것인 데 비해 『판단력비판』*의 '취미*의 방법론' 및 '목적론적 판단력의 방법론'은 본론의 부록으로서 다루어진다. 이것은 취미비판 및 목적론*이 칸트에게서 자연과학*과 실천철학*과 같은 의미에서 객관적인 철학적 학문으로 간주되고 있지 않기 때문이다. 형이상학*과 자연과학에서는 올바른 이성 사용이 방법을 준다[II 410]고 하기 때문에, 일반적으로 '방법론'이란 '원리론'에서 얻어진 순수 이성의 원리를 사용하여 학문체계를 구축할 때의 올바른 이성 사용의 형식을 규정하고자 하는 것이다.

순수 (이론) 이성의 사용을 논구하는 『순수이성비판』*의 '초월론적 방법론'은 이러한 의도에 기초하며, '순수 이성의 훈련*', '순수 이성의 규준*(카논)', '순수 이성의 건축술*', '순수 이성의 역사*의 4장으로 구분된다. '훈련'의 장에서는 다양한 이성 사용의 형식이 비판적으로 음미된다. 이것은 우리의 순수 이성의 사변적

사용이 필연적으로 변증적인 이성 사용에 빠지는 경향을 지니며, 그러한 미망을 방지하기 위한 훈련이 불가결하게 되기 때문이다. '규준'의 장에서는 칸트가 지향하는 새로운 형이상학의 형식적 규준이 추구되지만, 순수 이성의 사변적 사용은 변증적이어서 학문 구축의 방법론일 수 없으며, 그의 실천적 사용에서 활로가 추구되게 된다. '건축술'에서는 체계 구축의 기술과 철학자의 태도가 음미되며, 나아가 '역사'에서는 종래의 철학체계의 방법론이 철학사적으로 회고되고 있다. 이러한 '방법론'은 오로지 이성의 순수 사용에 대해서만 논구하고 있기 때문에, 자주 사변적 이성의 순수 사용을 논하는 '초월론적 변증론*'의 부록으로 간주되어 오기도 했지만, 비판적 형이상학의 구축이라는 칸트의 본래 의도로부터 보면, 오히려 3비판서를 총괄하는 것과 같은 본질적인 부분이라고 생각된다. 수학적 인식과 철학적 인식, 실천적 이성 사용 등에 대한 중요한 고찰은 '원리론'을 넘어서서 확대되며, 그 기술방식도 『순수이성비판』의 '서문'과 유사하기 때문에 이 책 중에서는 집필연대가 오래된 부분일지도 모른다고 생각되고 있다.

『실천이성비판』*의 '순수 실천 이성의 방법론'은 형식상으로는 『순수이성비판』과 마찬가지의 위치에 놓인다. 그러나 그 내용은 순수 실천 이성의 원리에 대한 학문적인 사용 형식의 논구가 아니라 객관적 원리인 순수 실천 이성의 법칙을 어떻게 하면 개인의 준칙*으로서 주관적으로도 실천적일 수 있게 할 수 있는가에 관한 방법이 다루어진다. 따라서 내적 자기 도야와 도덕교육 및 감정론의 문제가 중심이 되며, 주관성을 제외한 객관적 실천철학의 방법론은 도덕성*이 아니라 적법성의 이론에 미루어지게 된다. 이러한 방법론에는 칸트의 도덕론이 지니는 심정윤리학적 성격이 강하게 반영되어 있다.

『판단력비판』의 특히 '목적론적 판단력의 방법론'은 반성적 판단력이 선험적*인 원리를 포함하는 한에서 그 원리의 학문적인 사용 형식의 논구로서 존립해야만 하지만, '목적론' 자체가 체계적 학문이 아니라 비판*에 속하기 때문에, 자연과학과 형이상학에 대해서 소극적인 영향을 주는 것이라고 하는 한정을 부여받게

된다. 내용적으로는 목적론적인 세계 고찰의 방법의 분류를 통해 도덕적 목적론이 물리(자연) 신학의 목적론을 보완하면서 신학을 근거짓는다는 것이 주장되고 있으며, 판단력*의 논의를 넘어서서 『종교론』*(1793)을 지향하는 칸트의, 제4비판으로서의 성격이 강한 것으로 되고 있다. ⇒건축술, 체계

　　　　　　　　　　　　　　　　　　　　－오하시 요이치로(大橋容一郞)

⑳ H. Heimsoeth, *Transzendentale Dialektik 4. Teil: Die Methodenlehre*, Berlin, 1971. 高峯一愚『カント判斷力批判注釋』創論社, 1990. 大橋容一郞「槪念の位置について」大橋・中島・石川 編『超越論哲學とはなにか』理想社, 1989.

방위方位 ⇨정위{방향짓기; 방위}

『방위논문方位論文』⇨『공간에서의 방위 구별의 제1근거에 대하여』{『방위논문』}

방향짓기方向－ ⇨정위{방향짓기; 방위}

백과전서百科全書 [(불) Encyclopédie]

디드로와 달랑베르*를 편집 책임자로 하여 두 개의 판, 본문 17권과 도판 11권으로 구성되는 『백과전서, 또는 과학・기술・공예의 이성적 사전』은 유럽 18세기 중엽의 지식의 장대한 집성이다. 이 대사전의 목적은 디드로 자신의 말(항목 '백과전서')에 따르면 "지식의 일반적 체계를 동시대의 인간에게 제시함과 동시에 미래의 인간에게도 이것을 전달한다"는 것에 놓여 있었다. 1751년부터 시작되는 곤란한 간행 사업은 몇 차례의 위기에 부딪쳤지만, 특히 제7권 출판(1757, 가을)에 이어지는 탄압은 국왕고문회의에 의한 간행정지명령(1759. 3. 8)으로 발전한다. 그러나 디드로는 그 후에도 제8권부터 최종 제17권까지의 출판 준비를 비밀리에 진척시키고 있었다. 6년 후에 상황은 호전되어 『백과전서』 본문 후반 10권은 1765년 말 우선 지방에

서, 이어서 다음 해에는 파리와 베르사유에서 한꺼번에 일거에 예약구독자에게 배포된다. 다른 한편 도판 11권의 출판과 배포도 1762년부터 개시되어 1772년에 무사히 완료되었다. 초판 총 부수는 4,225질에 달한다.

『백과전서』는 디드로와 달랑베르가 관여하기 시작하기 이전 이미 영국에서 출판되고 있던 체임버스 『백과사전』(1728, 2권)의 불역・증보판으로서 계획되고 있었다. 그러나 두 사람이 편집의 실권을 잡게 되고부터는 "예외를 인정하지 않고 예외를 인정함이 없이 일체를 검토하여 동요시킨다"고 하는 방침 아래 '내용이 공허한' 기존의 체임버스의 모델로부터 벗어나 전적으로 독자적인 새로운 사전으로서 다시 편집하게 되었다.

두 편집자는 이러한 이념에 찬동하는 일군의 사상가・저작가들에게 협력을 구했다. 디드로, 달랑베르 이외의 가장 대표적인 집필자 이름을 들자면, 몽테스키외, 볼테르, 루소*, 케네, 튀르고, 돌바크, 마르몽텔 등이다. 확인되고 있는 집필자 총수는 최신의 연구에 의하면 143인. 양적으로 본 최대의 공헌자는 루이 드 조쿠르였다(혼자 힘으로 본문 17권 중 총 항목 수의 38%, 총 쪽수의 34%를 집필).

『백과전서』 전 권의 내용은 수학, 천문학, 물리학, 지질학, 박물학, 의학에서 기술까지, 역사, 법학, 경제학, 신학, 철학으로부터 문법(언어학)까지의 분야들을 다루고 있다. 이들 가운데 철학과 철학사에 관한 것은 주로 디드로가 분담했는데, 그는 다음의 세 저작을 기본적인 참고문헌으로 하여 항목들을 집필했다. 토머스 스탠리 『철학사』(영)(런던, 1655–62, 3권; ²1687, ³1701, ⁴1743), 앙드레-프랑스와 부로 델랑드 『비판적 철학사』(불)(암스텔담, 1737, 3권; ²1756, 4권), 요한 야콥 브루커* 『비판적 철학사』(라)(라이프치히, 1742–44, 5권; ²1767, 6권).

칸트는 프랑스 신사상의 표현으로서 일찍부터 『백과전서』에 주목하여 그의 열렬한 독자가 되어 있었다. 청년 하만*이 칸트에게 보낸 편지(쾨니히스베르크, 1759. 7. 27)로부터 칸트가 디드로가 쓴 항목 '기술'과 '미'를 칭찬하였음을 확인할 수 있다. ⇒달랑베르, 브루커

―나카가와 히사야스(中川久定)

Jacques Proust, *Diderot et l'Encyclopédie*, Bibliothèque de l'Évolution de l'Humanité, Albin Michel, 1995(¹1962); *L'Encyclopédie*, Collection Armand Colin, Armand Colin, 1965(平岡・市川 譯『百科全書』岩波書店, 1979). John Lough, *The Encyclopédie*, Longman, 1971. Madeleine Pinault, *L'Encyclopédie*, Que sais-je? PUF, 1993. 中川久定『啓蒙の世紀の光のもとで――ディドロと「百科全書」』岩波書店, 1994.

버크 [Edmund Burke 1729. 1. 12-97. 7. 8]

영국의 정치사상가, 미학자. 아일랜드의 더블린에서 태어나 고전교육을 받은 후, 런던에서 법률을 공부한다. 일찍부터 문학연구에 몰두하고, 『자연사회의 옹호』(1756)와 『숭고와 미의 관념의 기원에 관한 철학적 연구』(1757)를 간행하여 문단으로부터 주목 받는다. 1765년 정계에 입문하여 하원의원이 된다. 그 후 『현재의 불만의 원인』(1770)을 비롯하여 많은 정치적 논문을 집필하고, 『프랑스 혁명의 성찰』(1790)에 의해 프랑스혁명에 대한 엄혹한 비판을 전개한다. 그로 인해 근대 보수주의의 비조로 간주되어 왔지만, 버크에게는 개혁주의적인 측면도 있다. 미학자로서 레싱*, 멘델스존*, 실러* 등에게 영향을 주었다. 『제3비판』*을 집필할 때에 칸트는 가르베* 역『숭고와 미』의 독어판을 읽고, 인간학적 고찰에 대한 소재적 가치를 평가하면서도 버크의 생리학적・심리학적 분석방법을 비판하고 있다. 또한 『성찰』은 칸트의 애제자 겐츠*에 의해 독역되어 A 뮐러 등의 독일 낭만파의 정치사상가들에게 커다란 영향을 주었다. ⇒숭고, 겐츠

―마키노 에이지(牧野英二)

中野好之『評傳バーク』みすず書房, 1977.

버클리 [George Berkeley 1685. 3. 12-1753. 1. 14]

보통 경험주의로 분류되고 칸트에게도 커다란 영향을 준 철학자. 아일랜드에서 태어났지만, 잉글랜드계. 동향의 동시대인으로 스위프트와 콘그리브가 있으며, 런던에서는 애디슨, 스틸, 포프 등과 교유하고, 철학사만이 아니라 문학사에서도 명문장가로서 이름을 남겼다. 철학 상의 주저는 『인간 지식의 원리에 관하여』(1710)이며, 다음으로 『새로운 시각론을 위한 시론』(1709) 및 『하일라스와 필로누스의 세 대화』(1713)가 중요하다. 그 밖에 경제학, 미분법, 역학(운동론)에 관해 현재에도 높이 평가되고 있는 예리한 고찰을 남겼다. 버클리는 데카르트*로부터 로크*에로 계승되어 온, 인식의 직접적 대상은 관념이라는 교설이 의미하는 것을 철저하게 사유한 철학자이다. 이것은 주저에서는 로크 비판으로서 전개되고 있는데, 여기서 버클리는 로크가 관념내재적인 입장을 철저히 관철시키지 못하는 까닭에 '실체의 순수관념'이라는 말하자면 사물 자체*에 해당하는 것을 남겨놓을 수밖에 없었던 것은 최종적으로는 '추상(abstraction)'이라는 인식수단을 인정한 데서 기인한다는 점을 지적하고 있다. 유명한 삼각형의 '추상적 일반관념(abstract general idea)'이라는 반례에 의한 로크 인식론 비판은 그 일환이며, 지각할 수 없는 것에 존재를 인정하는 것이 이런 의미에서의 추상의 극한으로서 위치지어진다. 이 주장을 정면에서 언표한 것이 "존재란 지각되는 것이다"라는 버클리의 이름과 일체화된 명제에 다름 아니다. 그의 '물체적 실체(corporeal substance)'의 부정이란 실은 '추상'적인 것의 부정이다. 칸트가 『순수이성비판』*에서 버클리에게 부여하고 있는 '교조적 관념론'이라는 레테르는 전형적인 오해로서 비판 받고 있지만, 사태적으로는 칸트가 버클리의 핵심적 주장을 받아들이고 있다는 것은 칸트가 '개념*'의 정의에 관해 명확히 로크가 아니라 버클리 편에 서 있다는 것으로부터도 분명히 드러난다. 최근의 실증적 연구는 칸트가 버클리에 관해 독일어 번역을 통해 상세한 지식을 지니고 있었을 가능성이 크다는 것을 보여주고 있다. ⇒로크, 개념

―후쿠타니 시게루(福谷 茂)

Works(ed. A. A. Luce and T. E. Jessop), 1949-57. 『人知原理論』(1710), 岩波書店.

G. J. Warnock, *Berkeley*, Hammondsworth, 1953. Colin Murray Tarbayne, Kant's Relation to Berkeley, in: L. W. Beck(ed.), *Kant Studies Today*, 1969. 名越悦『バークリ研究』刀江書院, 1965.

버틀러 [Samuel Butler 1612. 2. 3-80. 9. 25]

청교도 혁명에서 왕정복고시대의 영국의 풍자작가. 장편 풍자시 『휴디브라스』(Hudibras, 제1부 1663, 제2부 1664, 제3부 1678)는 영국 풍자문학의 걸작이다. 이것은 『돈키호테』의 구조를 따르며, 당시의 청교도들의 위선적 언동을 신랄하고도 해학적으로 묘사한 것이다. 특히 왕당파에게 널리 읽혔지만, 시대를 넘어서서 인간의 위선에 대한 풍자를 이룬다. 독일어 번역이 1765년 출판되었다. 칸트와의 관계에서 보면, 『시령자의 꿈』*에서 저자 이름 없이 『휴디브라스』에서의 구절이 몽상가의 열병의 수수께끼를 풍자적으로 해명하는 것으로서 인용되고 있다[II 348]. 나아가 『인간학』*에서는 버틀러의 저작이 "생산적 기지"의 예로서 거론되며, 또한 스위프트와 스턴 등과 나란히 언급되고 있다[VII 222, 235]. 그것은 칸트의 풍자문학에 대한 관심을 보여줄 뿐 아니라 칸트 자신의 유연하고 다면적인 사고방법이 나타난 것으로서 주목된다. ⇒기지

―하마다 요시후미(浜田義文)

범신론汎神論 [(독) Pantheismus]

세계의 모든 것이 신이라고 하는 사상. 톨런드(Pantheistikon, 1705)의 조어이지만, 사상으로서는 고대로까지 소급될 수 있다. 근대에는 '신 즉 자연'을 설파하는 스피노자*의 사상이 범신론의 전형으로 간주된다. 범신론은 신과 세계의 질적 차이를 부정한다. 그리하여 인격적인 초월신을 신앙하는 전통적인 기독교*의 입장으로부터 일종의 무신론이라고 비난 받게 된다. 야코비*의 『스피노자 서한』(1785)에서 시작되는 범신론 논쟁(Pantheismusstreit)에서는 범신론에 대한 당시의 비판적인 풍조를 볼 수 있다. 그러나 이 논쟁의 결과 스피노자주의* = 무신론이라는 고정관념은 뒤집어지며, 괴테*와 헤르더*의 유기체적 자연관, 또한 낭만파와 헤겔* 등의 계몽주의 비판이 생겨나게 된다. 그러나 계몽주의자인 칸트는 범신론 및 그 승화로서의 스피노자주의에 대해서는 비판적이었다. 『판단력비판』*에서는 자연의 기계적 설명은 자연의 합목적성을 이론화하고자 하여 "세계 전체를 모든 것을 포섭하는 유일한 실체로 삼는" 범신론이나 "세계 전체를 유일한 **단순한 실체**에 내속하는 다수의 규정의 총체로 삼는" 스피노자주의로 귀착되며[V 421], 마찬가지로 자연신학*도 이성 사용의 이론적 원리에 기초하는 이상, 결국은 범신론이나 스피노자주의로 귀착된다[V 439]고 비판된다. 또한 스피노자주의는 감성계의 존재자를 신에 내속하는 우유성에 귀착시킴으로써 자유의지를 둘러싼 자유와 필연의 대립을 이루어 붕괴하게 된다[KpV, V 101-102]고도 비판된다. 이러한 비판을 통해 칸트는 도덕에 의해 종교를 기초짓는 '윤리신학'*을 제시하는 것이다. 노자와 티베트 등의 동방민족의 범신론에 대해 언급하고 있는 『만물의 종언』에서는 스피노자주의가 이들 동방의 범신론의 형이상학적 승화라고 여겨지고 있다는 점[VIII 335]이 흥미롭다. ⇒자연신학, 윤리신학, 목적론, 스피노자주의

―이시카와 이오리(石川伊織)

범주範疇 [(독) Kategorie]

범주는 카테고리의 번역어이며, 카테고리는 아리스토텔레스*에서 유래한다. 그것은 존재자에 관한 진술의 보편적 형식을 의미하는 것으로서, 그는 범주에 실체*, 양*, (성)질, 관계, 장소, 시간*, 위치, 상태, 능동, 수동의 10개가 있다고 했다.

인식*은 감성*과 지성*, 직관*과 사유*로 이루어진다는 것이 칸트의 기본적인 틀이지만, 시간과 공간이 감성적 직관의 형식*인 데 반해 범주는 지성에 의한 사유의 형식으로서 순수 지성 개념이라고도 불린다. 칸트는 아리스토텔레스의 범주표가 매거의 원리를 결여하고 있기 때문에 체계적이지 않다고 비판하고, 지성의 전체 영역을 충족시키는 완전성과 체계성을 도모하기 위해 범주를 일반논리학의 판단표*로부터 도출한다. 어떠한 사유도 판단에 의해 표현되지 않을 수 없기 때문에 판단표로부터 도출하면 범주표가 포괄적인 동시에 체계적으로 된다고 생각할 수 있기 때문이다. 범주와 사유의 보편적 논리기능의 일치를 보임으로써 범주의 선험적 기원을 증명하는 것이 범주의 '형이상학적 연역'이다.

이에 대해 칸트는 판단표를 관찰하여 그로부터 범주를 오로지 경험적으로 끄집어냈을 뿐 범주들을 사유 그 자체·자기의식*의 통일로부터 필연적으로 도출하여 발전시키지 못했다는 헤겔*의 비판을 비롯하여 범주의 도출방법과 그 수에 관해 수많은 의혹이 제기되었다. 그러나 스트로슨*도 말하는 것처럼, 이러한 세부적인 불충분함을 평가하는 것은 그리 큰 의미가 없다. 오히려 문제되는 것은 하나의 통일적인 시공 체계에서 서로 관계하는 일정한 대상*에 대해 개념*을 진술하고 동시에 진위를 규정할 수 있는 경험적 판단이 가능하다고 한다면 대상은 일반적으로 어떠한 것이며 대상세계에 대해 무엇이 참일 수밖에 없는가 하는 것에 대한 해명이다. 칸트의 경우 그 옳고 그름은 어쨌든 데카르트*나 영국 경험주의와 마찬가지로 의식내재주의를 취하여 오로지 마음속의 관념(표상*)에 자리 잡고 그것을 해명하고자 할 뿐이기에 그 어려움은 한층 더 증가한다. 거기서 문제를 하이데거*적으로 바꾸어 말하면, 어떻게 하여 유한한 인간은 스스로 창조한 것이 아닐 뿐 아니라 현존하기 위해 그것에 의존하기조차 하는 존재자를 사전에 넘어서서 인식할 수 있는가 하는 것으로 된다. 인식의 방법에 대한 이러한 해명은 헤엄치기를 배우기 전에는 물속에 들어가고자 하지 않는 것과 같다는 헤겔의 유명한 비판도 있지만, 이것은 사물인식과 자기인식 혹은 자기반성의 구별을 무시하는 것으로서 칸트의 초월론철학*이 일상적 의미에서는 경험*을 쌓아가면서 그 가능근거를 철학적으로 반성*하는 것이라는 점을 보지 못하는 것이다.

범주 그 자체는 사유의 대상이 무엇이든 사유 일반의 형식에 지나지 않는다. 문제는 어떻게 해서 이것이 시공을 통해 수용되는 경험의 대상 일반의 사유 형식으로 되는가, 대상의 측면에서 말하면 도대체 대상이 어떻게 해서 본질적, 필연적으로 범주에 의해 사유되어야만 하는 것으로서 수용되는가 하는 것이다. 범주와 경험의 대상과의 내적, 필연적 관계를 명확히 하고 경험의 대상 일반에 대한 범주의 객관적 실재성을 증명하는 것이 범주의 '초월론적 연역'이다. 경험의 대상은 시공의 형식을 통해서만 수용될 수 있기 때문에 범주가 경험의 대상의 사유 형식으로 되기 위해서는

시공에 관계시켜 대상에의 적용규칙을 시공에 의해 규정하지 않으면 안 된다. 이것이 범주의 도식화이다. 감성과 지성을 결합하여 범주를 도식화하는 것은 상상력*의 초월론적 종합이며, 그 기능은 경험의 대상 일반의 존재파악을 가능하게 하는 것이기 때문에 하이데거는 이것을 존재론적 종합이라고도 부른다. 일정한 대상에 대해 개념을 진술하고 진위를 묻는 경험판단*이 성립하는 것은 이렇듯 도식화된 범주 및 이것을 포함하는 원칙에 의해 경험적 직관이 종합, 통일되는 것에 의해서이다. 범주나 원칙은 경험적 인식 및 판단*의 대상에 대한 관계를 가능하게 하는 선험적 조건이자 그런 의미에서 진리*의 보편적, 형식적 기준이지만, 범주나 원칙 자신의 진리성(초월론적 진리성)은 역으로 "경험 일반의 가능성의 조건은 동시에 경험의 대상의 가능성의 조건이다"[B 197]라는 것에 의해 판정된다.

하이데거의 지적을 기다릴 것도 없이 초월론적 연역의 핵심은 도식화에 있다. 도식화는 시간이 모든 경험의 형식이라는 점에서 공간보다 우위에 있다는 것으로부터 '도식론*'에서 우선 시간에 의거하여 이루어진다. 이어서 대상으로서 표상하는 경우에 시간표상은 공간표상에 의존한다는 것으로부터 공간*에 의거하여, 결국 공간에서의 한 점의 운동 혹은 선을 긋는 운동에 의거하여 이루어진다[B 288ff.]. 한 점의 운동 및 선을 긋는 운동은 원래 시공의 존재와 그 본질구조(공간의 3차원성, 시간의 1차원성)를 개시하는 것인데[B 154f.], 칸트는 자기의 신체의 힘을 운동에서 표상하는 경우에, 신체에 관한 나의 표상은 단순하기 때문에, 이것을 한 점의 운동에 의해서도 표현할 수 있다고 말한다[B 812]. 그렇다고 하면, 하이데거의 해석을 조금 더 진전시켜, 도식화는 경험의 주체이자 자유로운 행위 주체이기도 한 한에서의 나의 현존재* 및 그 신체운동에 의거하여 이루어진다고도 말할 수 있다. 범주의 기원의 선험성도 경험적으로 획득되는 것이 아니라는 것을 의미함은 물론이지만, 그러나 생득적이라는 것이 아니라 자기의 현존재에 의거하여 근원적으로 획득*되는 것을 의미한다. 이러한 학설은 "순수 이성의 후생설(Epigenesis)"이라고 불린다[B 167]. 의식내재주의를 취하면서 시공 및 범주에 의해 경험의 대상 일반의 존재

를 선행적으로 이해하는 것(존재론*)은 경험의 주체, 행위의 주체인 한에서의 나의 현존재에 의거하여 비로소 가능하게 된다는 해석도 있을 수 있다.

『제2비판』*에서는 자발성*이라는 점에서 사유와 공통된 자유*의 범주가 선악의 개념에 관해 전개된다 [KpV, V 65f.]. ⇒도식, 도식론, 결합, 종합, 판단표

―이와쿠마 사토시(岩隈 敏)

㊟ G. W. H. Hegel, *Enzyklopädie*, Berlin, ³1830(松村一人 譯 『小論理學』上·下, 岩波文庫, 1951, 1952; 船山信一 譯 『精神哲學』 上·下, 岩波文庫, 1965); *Vorlesungen über die Geschichte der Philosophie*, Berlin, 1833(『哲學史』岩波文庫, (上) 武市健人 譯, 1934, (中의 1) 眞下信一 譯, 1961, (中의 2) 眞下信一 譯, 1941, (下의 1) 藤田健治 譯, 1953, (下의 2) 藤田健治 譯, 1956). M. Heidegger, *Kant und das Problem der Metaphysik*, Frankfurt am Main, ³1965(木場深定 譯『カントと形而上學の問題』理想社, 1967). D. Henrich, *Identität und Objektivität*, Heidelberg, 1976. P. F. Strawson, *The Bounds of Sense*, London, 1966(熊谷·鈴木·橫田 譯『意味の限界』勁草書房, 1987).

범형範型 ⇨범형론

범형론範型論 [(독) Typik (영) typic]

일반적으로 말하면 '유형(Typus)'에 관한 학'을 의미한다. 예를 들면 딜타이*에서 '유형'은 정신과학의 중심적인 개념이다. 칸트에서도 '범형(Typus)' 및 '범형론'은 『제1비판』*의 '초월론적 도식론'과 『제3비판』*의 '상징론'과 함께 체계적인 중요성을 지닌다. 『실천이성비판』* 제1부 제2장 '순수 실천 이성의 대상 개념에 관하여' 제2절 '순수 실천적 판단력의 범형론'에서는 그 표적이 선악이라는 실천적 개념을 행복*에 두는 '실천 이성의 경험주의'와 '실천 이성의 신비주의'를 방지하고 '판단력의 이성주의'의 입장을 제시하는 것에 있다고 말해진다. 이 과제를 칸트는 '순수 지성의 도식론*(Schematismus)' 및 '도식*(Schema)'과 유비적으로 논하고 있다. 객관적인 대상인식이 가능하기 위해서는 보편적인 범주*가 특수적인 직관*에 적용되는 것이 필요하며, 이를 위해 양자의 매개의 기능을 수행하는 제3자로서의 '도식'과 전자의 아래로 후자를 포섭*할 수 있는 초월론적 판단력의 활동이 요구되었다. 그와 마찬가지로 도덕적인 선*의 이념* 내지 도덕법칙*이 특수한 행위에 구체적으로 적용되기 위해서는 이질적인 양자를 매개할 수 있는 제3자로서의 '범형'과 전자의 아래로 후자를 포섭하는 도덕적 실천적 판단력이 필요하다.

그런데 이론인식의 경우와는 달리 도덕법칙을 직접적으로 감성화할 수 있는 '도식'은 존재하지 않는다. 또한 여기서 감성계에서의 사건으로서의 행위의 가능성*이 물어지고 있는 것은 아니다. 따라서 자연계의 사건으로서의 개개의 행위의 '도식'이 아니라 행위가 따르는 '법칙 그 자체의 도식'이 필요하다. 이것이 '범형'이며, 칸트는 그것을 자연법칙*에서 구한다. 자연법칙은 보편성*과 필연성*을 지니는 한에서 그 '합법칙성 일반의 형식'에 관해 도덕법칙의 '범형' 내지 모델로서 사용될 수 있다. 또한 판단력*은 이론 인식의 경우와 마찬가지로 감성*과 지성*을 매개할 수 있는 규정적 판단력으로서 기능한다. 그 경우의 실천적 판단력의 규칙은 다음과 같다. "네가 의도하는 행위가 너 자신 그 일부인 자연의 법칙에 따라서 생겨나야만 한다고 한다면, 너는 이와 같은 행위를 너의 의지에 의해서 가능하다고 간주할 수 있는지의 여부를 물어라"[V 69]. 그렇지만 도덕적 판정에서 자연법칙이 행위에서의 의지의 규정근거를 이룬다고 이해되어서는 안 된다. 그것은 도덕법칙에서 찾아져야만 하는바, 자연법칙은 오로지 행위의 선악을 판정하기 위한 기준과 시금석으로서의 역할을 수행하는 데 불과하기 때문이다. 칸트에 의하면 상식*에서조차 이러한 규칙에 따라서 그러한 판단을 이룰 수 있다.

덧붙이자면, '범형'으로서의 자연법칙의 의미에 관해서는 그것을 오로지 기계론적인 의미에서 이해하는 견해와, 그 속에서 목적론적인 함의도 간취하고자 하는 해석이 있을 수 있지만, 근간의 칸트 해석은 대체로 후자에 기울고 있는데, 카시러*, 페이튼, 베크, 카울바하 등은 후자의 견해를 지지하고 있다. ⇒도식론, 판단

력, 도덕법칙

—마키노 에이지(牧野英二)

⊗ 牧野英二「純粹實踐理性の圖式論」『現代カント研究』2, 理想社, 1990.

법法│권리權利│ [(독) Recht]

철학자 칸트는 법의 문제에도 일찍부터 관심을 가져, 1764년의 자연신학*과 윤리를 논한 현상논문과『순수이성비판』*에서의 '권리문제*(quaestio juris)'와 '사실문제*(quaestio facti)'의 구분 등에서도 그 점이 엿보이지만, 법 이론의 체계를 본격적으로 전개한 것은 만년의『인륜의 형이상학』* 제1부 '법론*'이다. 법사상에서의 다른 중요한 작품으로는『일반사고』*,『인륜의 형이상학의 정초』*,『이론과 실천』,『영원평화론』* 등이 있다.

그는 '외적 자유의 형식적 조건'이라는 법 개념을 독자적인 '도덕성*(Moralität)'과 '적법성(Legalität)'의 대비론을 통해 전개한다. 그에 따르면 도덕과 법은 모두 개인에게 의무를 부과하지만, 도덕은 의무를 이행함에 있어서의 동기*를 문제로 하여 '의무(감)로부터(aus Pflicht)' 준수할 것을 요구하는 데 반해, 법은 동기를 문제로 하지 않고 결과로서 '의무에 적합한(pflicht-gemäß)' 행위를 수행하도록 한다. 예를 들면 무지한 고객에게서 폭리를 얻을 기회에 그렇게 하지 않은 상인도 "그것이 인간으로서의 의무이기 때문이다"라는 신념에서 그렇게 했다면 법 의무뿐만 아니라 도덕 의무도 충족하고 있지만, "신용이 좀더 큰 이익으로 연결된다"고 생각해서 그렇게 했다면 법 의무를 충족하긴 하지만 도덕적으로는 정당화되지 않는다는 것이다.

이러한 이론은 "법은 외면을, 도덕은 내면을 지배한다"고 하는 토마지우스의 이론과 연결되지만, 그것을 내면의 동기에 대한 관계방식을 중심으로 구성한 데에 독창성이 있다. 여기서의 내면과 외면의 대비는 심신의 대비가 아니라 마음속에서의 의무감(양심*)과 이기심 및 허영심 등과의 대비를 의미하며, 칸트의 인간론이 "신이 부여한(내지 본래 이데아계에 속하는) 양심" 대 "죄에 빠짐과 동시에 타락한(또는 질료계에 속하는)

욕망"이라는 기독교적, 플라톤적 인간론을 계승하고 있다는 것을 보여준다. 그에 덧붙여 주의해야만 하는 것은, 법이 관심을 지니지 않는 것은 의무*를 이행하는 동기이지 의무에 어긋나는 의사, 즉 (법 위반으로서의) 범죄의 주관적 요소로서의 고의는 범죄의 본질적 요소로 되는 것이어서, 칸트의 법 개념을 "외면만을 대상으로 하는 규범"이라는 식으로 정식화하는 것은 올바르지 않다는 점이다.

법 의무는 어떠한 동기에서 준수되더라도 용인되는 것이기 때문에 형벌에 대한 공포와 벌금이 아깝기 때문이라는 이유에서 이행된 의무도 적법성을 지니며, 따라서 그와 같이 하여 의무를 이행하도록 하기 위해 형벌 등에 의해서 강제하는 것이 정당화된다. 그에 반해 도덕은 강제 회피의 의사로부터 나오는 행위를 정당화하지 않기 때문에 위반에 강제를 부과하는 것은 무의미하게 된다. 이리하여 칸트의 법 외면설은 법 강제설과도 연관된다.

전체로서의 칸트의 법 개념론은 권력의 양심의 영역에 대한 개입을 저지하고자 한 토마지우스 등 계몽주의자의 '외면성설'과 마찬가지의 자유주의적 법사상을 엄격하고 반공리주의적인 윤리사상과 결합한 것이라고 말할 수 있다. ⇒의무, 동기, 법론

—나가오 류이치(長尾龍一)

법론法論 [(독) Rechtslehre]

'덕론*'과 나란히 존재하는 '인륜의 형이상학'의 한 분야. '덕론'이 내적 입법에 기초하는 '의무*로서의 목적*'을 문제로 하는 데 반해, '법론'은 외적 입법에 기초하는 대외적 = 사회적 관계 속에서의 자유의 표출 형태를 문제로 한다. 어느 쪽의 경우이든 초월론적 자유(자율로서의 자유)를 궁극원리로 하는 점에서는 공통적이지만, '법론'은 그것의 외면적 = 사회적 표출 형태인 외적 자유를 직접적인 대상으로 하여 그것의 외면적 보장을 문제 삼는다. 그러므로 '도덕성' (Moralität, 행위에서의 동기의 순수성)의 달성을 안목에 두고 있는 덕론과 달리, 이른바 행위의 '적법성'(Legalität, 행위의 법칙과의 단순한 합치)의 달성이 '법론'에서는

중심적인 주안점이 된다. 또한 직접 행위에 관계하는 것이 아니라 행위의 준칙*에 관계하는 덕론상의 의무가 행위 그 자체에 대해서는 선택의 여지가 있는 넓은 의무인 데 반해, 법론이 다루는 의무는 행위의 범위와 형태에 관해 엄격하게 규정된 좁은(선택의 여지가 남겨지지 않는) 의무이다.

그러나 법론을 결정적으로 덕론 내지 윤리학으로부터 구분하는 것은 법론이 권리(그것은 외적 강제의 권능과 불가분하게 결부되어 있다)의 체계적 전개를 중심 문제로 하고 있는 데 반해, 덕론은 외적 강제에 따르지 않는 의무를 중심 문제로 하고 있다는 점이다. 이러한 외적 강제의 권능을 도입함으로써 칸트의 법론은 다양한 이론적 난점에 직면하게 되지만, 사교적임과 동시에 비사교적이기도 한 이중의 본성을 갖춘 현실의 인간들의 사회생활 속에서 인간의 본질인 초월론적＝자율적 자유를 지키기 위해서는 어떻게 해서라도 자유*의 침해자의 침해행위를 강제적으로 배제·저지할 필요가 있으며, 이 점에 착안하여 권리 개념을 구성한 점에서 칸트의 뛰어난 현실적 감각을 찾아볼 수 있다.

이리하여 법론은 초월론적 자유의 사회적＝외면적 표출태로서의 권리*의 이성 필연적인 체계적 전개로서 구성된다. 이러한 체계적 전개(이성법 체계)는 크게 나누어 사법*과 공법*이라는 두 개의 분야로 대별된다. 이 구분은 자연상태와 공민상태라는 인간의 사회생활 형태에 관한 전통적인 구분에 기초한다. 전자는 평등한 사인의 수평적인 상호관계로 이루어지는 사회생활 형태이며, 후자는 통일적인 공권력이 존립하고 그 밑에 사람들이 복종하는 것과 같은 수직적인 관계를 축으로 한 인간의 사회생활 형태(정치적 사회)이다. 전자에 관계하는 법이 사법이며, 후자에 관계하는 법이 공법이다. 공법은 정치사회 발전의 3단계의 구별에 따라서 국가법, 국제법*, 세계시민법*으로 대별된다.

그러나 이 가운데 최후의 것, 즉 세계시민법은 단지 법론의 마지막에 놓여 있을 뿐 아니라 칸트에게 있어 사법의 최초의 권리(인간의 권리)를 최종적으로 보장해주는 궁극적인 법질서인바, 법론의 말하자면 절정('궁극적 목적')을 이루고 있다는 점이 망각되어서는

안 된다. ⇒『인륜의 형이상학』, 법{권리}, 강제, 공법, 사법, 세계시민법, 덕론

—미시마 요시오미(三島淑臣)

📖 W. Kersting, *Wohlgeordnete Freiheit: Immanuel Kants Rechts- und Staatsphilosophie*, Suhrkamp, 1993. F. Kaulbach, *Studien zur späten Rechtsphilosophie Kants und ihrer transzendentalen Methode*, Würzburg, 1982.

법철학 法哲學 [(독) Rechtsphilosophie]

칸트 법철학은 '이성법론'의 하나의 형태 또는 그 최종형태라고도 말할 수 있다. 이성법론이란 자연법*을 이성적 질서라고 보고 이성적 원칙에 의해서 자연법 규범의 체계를 전개한 법사상의 일파로서 넓게는 스토아적 자연법론 등을 포함하지만, 좁은 의미에서는 17·18세기에 유력하게 된 학파이다. 그 대표자들 가운데 칸트가 교조주의자로서 비판한 볼프*가 있다.

칸트의 실천 이성 비판은 전통적 자연법론이 이성의 능력을 벗어나 있다고 하는 비판을 포함한다. 이 비판에 의해서 이성법론은 그 이론적 근거를 상실하며, 법철학은 그 후 법의 연원을 이성이 아니라 역사에서 구하는 역사법학파, 나아가 그것을 입법자 의사에서 구하는 법실증주의로 이행할 수밖에 없었다고 하는 사상사 해석도 존재한다.

그러나 칸트는 순수 이성 비판의 음미를 견뎌낸 것으로서 '자연과학의 형이상학'을 전개했던 것처럼, 실천 이성 비판의 음미를 견뎌낸 것으로서 『인륜의 형이상학』*을 전개했으며, 그 제1부 '법론*'에서 서술되는 자연법론은 방법에서나 내용에서 이성법론의 계보를 잇는 것이다.

실천 이성의 선험적*인 형식(범주)은 명법*의 형태를 취한다. 이것이 '범주적 명법'(kategorischer Imperativ, 이른바 '정언명법')으로서 자연법의 체계는 이 명법이 선험적 종합판단*에 의해서 발전된 것이다. 이 체계 속에서 본체인일 뿐 아니라 현상인이기도 한 인간에게는 실정적 질서가 불가결하다는 점이 논증되어 실정법의 존재에 의미가 부여된다. 그의 실천철학 일반에서와 마찬가지로 법의 공리주의적 근거짓기는 모두 배척

되며, 통치의 목적을 국민복지(salus populi)에서 구하는 사상도 부정되고, '세계가 멸망하더라도 정의*를 세워라'(Fiat justitia, pereat mundus!)라고 선언된다.

칸트는 그의 법 이론을 사회계약설의 구성을 통해 전개했다. 홉스*『시민론』(De cive), 루소*『사회계약론』(Du contrat social)의 독자였던 그는 자유롭고 평등한 주체들의 무규범적인 공존 상태인 자연 상태(status naturalis)는 인간의 '근원악*' 때문에 투쟁 상태일 수밖에 없지만, 이성은 '자연상태를 벗어나야만 한다'고 명령하며, 여기서 시원적 계약(contractus originarius)에 의해서 '공민 상태(status civilis)'로 이행한다.

이러한 상태는 자유*롭고 평등한 공민에 의해서 구성되는 법치국가이지만, 다른 한편으로 그는 현상인으로서의 인간에게는 존엄 있는 지배자가 필요하다고 상정하는 까닭에 주권자에 대한 저항을 부인하는 이론을 주장한다. 현실 권력의 기원은 대개의 경우 정복과 찬탈에 의한 것이지만, 그것을 파고드는 것은 주권자의 존엄에 반하는 까닭에 금지되어야만 한다는 것이다.

칸트는 또한 국제사회의 현상을 자연상태로서 파악하고, 이에 대해서도 '자연상태를 벗어나야만 한다'는 이성*의 명령에 따라서 국제연맹*의 결성을 제창했다. ⇒자연권{자연법}, 법론, 법{권리}, 시민사회, 국제연맹, 홉스, 루소

— 나가오 류이치(長尾龍一)

베르그송 [Henri Bergson 1859. 10. 18-1941. 1. 4]

20세기 프랑스 철학 혁신의 선구자. 시간*을 측정 가능한 것으로 보는 선입견에서 해방되어 각 사람의 삶에 맡겨진 체험으로서 파악하고, 이것을 '순수지속'이라고 불렀다. 시간을 공간*에서 분리하고 공간마저 외적 지각의 원형식이 아니라 외계를 기술적으로 조작하기 위한 지성 특유의 도식으로 간주한다. 지각되는 그대로의 구체적 연장과 등질적이고 무한하게 분할 가능한 도식으로서의 공간이 구별되며, 심신관계를 중심으로 하는 물심의 문제는 공간 차원으로부터 살고 행동하는 시간 차원으로 옮겨진다. 순수지속은 각 사람 특유의 체험에 머물지 않고 타자와 공감적으로

교류하고 다른 종의 생물, 무생물의 존재이해로까지 발전한다. 이것은 내적 지속이 긴장과 이완으로 향하는 상반된 리듬을 내장하기 때문이다.

이러한 관점에서 보면 칸트의 철학은 참된 시간과 측정된 시간을 잘못 이해한 결과 생겨난 사이비문제의 인위적 해결의 시도이다. 그 결과 현상*과 사물 자체*의 구별, 인식*의 상대성, 형이상학*의 단죄를 부득이 하게 만든다. 사물 자체란 오히려 지속에 입각한 사물의 존재의 흐름이며, 지속의 직관*을 통해서 파악된다. 사물 자체는 '사물'이 아니라 그것을 구성하는 존재, 요컨대 '활동', '지속'이다. 자유*와 자연 질서는 동일한 지속의 질서의 양면에 지나지 않는다. ⇒공간

— 나카지마 모리오(中島盛夫)

📖 『ベルグソン全集』(白水社).

베르누이 가족 —家族 [Bernoullis]

1620년경 앤트워프에서 바젤로 이주한 베르누이 가족은 다수의 우수한 수리물리학자를 배출. 그 가운데서도 야콥(Jakob, 1654–1705), 요한(Johann, 1667–1748) 형제 및 요한의 자식 다니엘(Daniel, 1700–82)의 업적이 눈에 띈다. 라이프니츠*와의 교류에 의해 형제는 미적분학의 영역에서 재능을 발휘. 적분(calculas integralis)이라는 말은 형 야콥에 의한 것이며, 동생 요한에게는 라이프니츠와의 왕복서간집(2권, 1745)이 있다. 또한 확률론에서의 선구적 업적(대수법칙)은 형, 등시성곡선의 결정은 동생. 다니엘은 무한급수론으로부터 통계학에 몰두하는 한편, 유체역학의 영역에서 기체운동론을 개척한다(『유체역학』Hydrodynamica, 1738). 칸트에 의한 베르누이 가족에 대한 언급은 『람베르트 왕복서간의 공고』(1782)에서의 요한[Ⅷ 3–4]과 『자연지리학』에서의 다니엘. 달의 간만에 관해[Ⅸ 220], 기압계에 의한 산의 고도측정에 관해[Ⅸ 246], Hydrodynamica, Sect. Ⅹ의 기체운동론적인 압력법칙에 관해[Ⅸ 248]. ⇒자연지리학

— 마쓰야마 쥬이치(松山壽一)

📖 近藤・井關『近代數學』日本評論社, 1982, 1986. F. Hund, Geschichte der physikalischen Begriffe, Mannheim/Wien/

Zürich, 1972(井上・山崎 譯 『思想としての物理學の步み』 吉岡書店, 1982). Hans Straub, Bernoulli, Daniel, in: C. C. Gillispie et al. (eds.), *Dictionary of Scientific Biography*, vol. 1, New York, 1970. J. E. Hoffmann, Bernoulli, Jakob(Jacques), in: *op. cit.* E. A. Fellmann/J. O. Fleckenstein, Bernoulli, Johann(Jean), in: *op. cit.*

베버 [Max Weber 1864. 4. 21–1920. 6. 14]

근대 독일의 사회학자, 정론가政論家. 법학, 경제학, 역사학, 사회정책, 사회학에 걸쳐 거대한 업적을 남겼다. 그 중에서도 특히 사회학의 기초이론과 정치, 법, 종교, 경제, 도시 등의 사회학에 대해서는 현재도 커다란 영향력을 지니고 있다. 또한 『학문론 논문집』(1922)에 모여 있는 사회과학 방법론에서 리케르트*와 짐멜* 등을 통한 칸트 철학의 영향이 보인다. 우선 칸트가 도덕과 (이론적) 인식의 입장을 구별한 것처럼 베버는 사회과학에서 가치판단*과 사실판단을 구별하는 가치자유의 이론을 전개했다. 나아가 그는 칸트의 범주*에 상응하는, 대상구성과 인과귀속을 가능하게 하는 개념 내지 모델로서 '이념형' 이론을 설파했다.

베버는 정치가로서 활동하고자 하는 자신의 뜻을 이룰 수 없었지만, 정론가로서 시사문제를 논했다. 그 때 그는 자신의 정치사회학 이론을 구사하여 독일의 정치 문제의 근본에 다가감과 동시에 정치 내지 정치가의 윤리를 논했다. 거기서 그는 '심정윤리(Gesinnungsethik)'와 '책임윤리(Verantwortungsethik)'를 구별했다. 기독교의 복음의 윤리와 칸트의 도덕으로 대표되는 전자는 심정{신조}(마음가짐*)을 순수하고도 수미일관하게 보존한다고 하는 절대적 윤리이자 개인의 윤리로서 숭고한 가치를 지니긴 하지만 정치의 윤리로서 부적합하다고 그는 주장했다. 후자는 결과에 대한 책임을 질 것을 요구하는, 현실에서 유효하게 작용하는 윤리로서 정치가의 참된 윤리이다. 그는 여기서 정언명법이 아니라 가언명법을 채택한 것이지만, 책임윤리가 기회주의, 편의주의에 빠지지 않기 위해서는 확고한 심정(마음가짐)에 기초하지 않으면 안 되기 때문에 그는 심정{신조}에서 정치가의 책임의 기초를

찾았다.

베버는 그의 사회학과 학문론에서 주지화主知化와 합리화의 철저한 관철로써 서양 근대세계를 특징지었다. 이 주지화와 합리화는 칸트가 주장한 계몽*과 일치하는 면을 지닌다. 다만 칸트가 그의 시대를 계몽의 시대로 파악하여 그것을 촉진시켜 나감으로써 근대를 옹호하고자 했던 데 반해, 베버는 사회의 전면적인 합리화가 인간적, 문화적, 사회적으로 어떠한 문제들을 초래했는지를, 요컨대 근대가 지니는 문제성을 지적했다. ⇒신칸트학파, 가치판단

—니시타니 다카시(西谷 敬)

Ⓢ *Gesammelte Aufsätze zur Religionssoziologie*, 1920–21. *Gesammelte Politische Schriften*, 1921. *Gesammelte Aufsätze zur Wissenschaftslehre*, 1922.

Ⓡ Marianne Weber, *Max Weber: ein Lebensbild*, Mohr, 1926(大久保和郎 譯 『マックス・ウェーバー』 みすず書房, 1965). W. Mommsen, *Max Weber: Gesellschaft, Politik und Geschichte*, Suhrkamp, 1974(中村・米澤・嘉目 譯 『マックス・ウェーバ ―― 社會・政治・歷史』 未來社, 1977). H. H. Bruun, *Science, Values and Politics in Max Weber's Methodology*, Munskgaard, 1972. 浜井修 『ウェーバーの社會哲學 ―― 價値・歷史・行爲』 東京大學出版會, 1982. 西谷敬 『社會科學における探究と認識』 未來社, 1990.

베이컨 [Francis Bacon (베룰람 남작Baron on Verulam, 세인트 알반스 자작Viscount St. Albans) 1561. 1. 22–1626. 4. 9]

영국의 정치가이지만, 학문상으로 아리스토텔레스* 이래의 연역적 방법에 대해 귀납적 방법에 의한 실험과학을 주장하여 철학사상 영국 경험주의의 비조가 된다. 그의 저서 『신기관』(*Novum Organum*, 1620)에서 "인간의 지식과 힘은 일치한다. …… 자연은 복종하는 것에 의해서가 아니라면 지배되지 않는다"[제1권 3]고 말하고, 또한 '이돌라(Idola)'('선입견'을 가리킴. '우상' 또는 '환상'이라고 번역된다)를 '종족(인간성)의', '동굴(개인)의', '시장(언어)의', '극장(학설)의' 네 종류로 분류하고 그 배제를 설파했다[제1권 39 이하]. 그러나 "학을 취급한 사람은 실험의 사람이든가 독단의 사람이든가

했다. 전자는 개미를 닮아 모아서 사용할 뿐이며, 후자는 거미를 닮아 자기의 그물을 자아낼 뿐이다. 꿀벌은 꽃에서 꿀을 모아 그것을 자신의 힘으로 가공한다. 철학의 참된 임무는 이것을 닮아 있다"[제1권 95]고 말하는 것은 훗날의 칸트의 선구자로 생각된다. 칸트는『순수이성비판』* 제2판의 속표지에 베이컨의『대혁신』(Instauratio Magna){미완}의 서문의 말을 인용하고 있다.

―다카미네 가즈미(高峯一愚)

㊂『學問の進步』1605,「世界の大思想」6, 河出書房.『ノヴム・オルガヌム』1620,「世界大思想全集」7, 春秋社;「世界の大思想」6, 河出書房.『ベーコン隨筆集』1625, 岩波文庫,『ニュー・アトランチス』1627, 日本評論社;「世界の大思想」6, 河出書房.

변명辨明 ⇨정당화

변신론辯神論 [(독) Theodizee]

현실세계에 악이 존재하는 것이 신*의 전능・선의・정의*에 저촉되지 않는다고 하는 논의. 이 문제 자체는 옛날부터 존재하지만, 라이프니츠*가 낙관주의*의 철학을 전개하기 위해 '신(Θεός)'과 '정의(δίκη)'를 의미하는 그리스어에서 조어하여『변신론』(1710)의 저작명으로 사용한 것에서 이 말이 정착했다. 후에는 폭넓게 자연신학*과 거의 같은 뜻으로 다루진 경우도 있다. 또한 베버*는 변신론을 세계의 의미의 탐구 방식으로 파악하여 세계의 종교들의 유형화를 시도했다.

라이프니츠의 변신론은 신이 악의 원인이라고 하는 혐의를 씻어내기 위한 인간 이성에 의한 변호로서, 그것은 신앙*과 일치된 이성*에 의해서 이루어져야만 하는 것이었다. 칸트는 초기의『낙관주의 시론』(1759)에서는 이러한 라이프니츠의 입장을 거의 답습하는 논의를 전개했지만, 이미 이 시기에 신의 일에 대한 인간 이성의 능력의 한계를 자각하고 있었다고도 말해지고 있다. 변신론에 대한 정면으로부터의 비판은 비

판철학의 입장이 확립된 후 씌어진『변신론에서의 모든 철학적 시도의 실패에 대하여』(1791)에서 명확히 되었다. 여기서 칸트가 논하는 변신론이란 세계*에서 눈에 거슬리는 것으로서의 악의 존재 때문에 창조주인 신의 최고의 지혜를 부정하는 소송에 대해 이성에 의해 신을 변호하는 입장을 말한다. 신의 지혜를 부정하는 입장에서의 논점으로서 칸트는 세 가지를 들어 도덕적 악의 존재와 신의 신성함, 불행 및 악의 존재와 신의 선량함, 악인의 무죄방면과 신의 공정함이 각각 대립한다고 말한다. 이에 대립한 변신론의 입장에서는 대체로 악은 유한한 존재의 본질적 제약으로부터 신이 용인한 것인바, 오히려 악은 행복*을 한층 더 높이며, 내세까지 고려하면 언제나 정의가 관철된다고 한다. 이러한 변신론의 논의에 칸트는 비판을 가한다. 인간의 유한성 때문에 악을 저지할 수 없다고 한다면 도덕적 악의 책임은 인간에게 없는 것으로 되며, 신은 왜 고통 있는 존재로서 인간을 창조했는지가 여전히 물어져야만 한다. 또한 행복을 높인다고 주장할 수 있다 하더라도 그것이 이성에 의해서 통찰될 수는 없으며, 내세의 질서도 기대할 수 없는 것이기 때문에 공정함의 주장은 선한 사람이 인내해야만 한다는 명령*에 불과하다는 것이다.

변신론에 대한 비판을 통해 칸트가 명확히 하고자 하는 것은 인간의 이성의 역할과 한계이다. 일반적으로 변신론은 신의 도덕적 지혜에 대한 의혹에 대해서 경험적으로 현세에서 인식할 수 있는 것으로부터 변호하고자 하는 논의이지만, 본래 이성은 경험적 지식과 최고의 지혜의 관계를 통찰할 수 없다고 칸트는 말한다. 확실히 자연의 합목적성*에 관한 신의 기술적 지혜에 대해 인간은 사변적 능력에 의해 자연신학이라는 형태로 개념을 지닐 수 있으며, 신의 도덕적 지혜에 대해 인간은 실천 이성의 이념으로서 하나의 개념을 지닐 수 있다. 그러나 이러한 기술적 지혜와 도덕적 지혜를 통일하는 것과 같은 개념을 인간은 지닐 수 없다는 것이다. 여기서는 자연법칙*과 도덕법칙*을 엄격히 구별하는 비판철학의 모습을 명료하게 간취할 수 있다.

신의 궁극목적을 경험세계로부터 추측하고자 하는

변신론의 철학적 시도를 칸트는 '교설적(doktrinal) 변신론'이라 부르며 배척한다. 그 대신에 그는 힘을 지닌 실천 이성의 해석으로서 모든 경험적 지식에 선행하여 도덕적인 신의 개념을 만들어내는 변신론의 가능성을 거론하며 이것을 '확증적(authentisch) 변신론'이라고 부른다. 그 이상의 근거를 지니지 않는 명령으로서의 실천 이성의 존재방식을 칸트는 구약성서의 '욥기' 해석을 통해 해명한다. 결국 칸트에게 있어 변신론의 과제는 학문적인 것이 아니라 어디까지나 신앙에 관계하는 것이다. 확증적 변신론에 의해 사변을 농하는 이성이 무력하다는 것을 정직하게 깨닫는 것과 같은 성실함이 중요하다는 것이다. 그리고 이러한 주장은 이성의 한계 안에서의 종교를 논하는 『종교론』*으로 연결되어 간다. ⇒근원악, 낙관주의, 라이프니츠, 『단순한 이성의 한계 안에서의 종교』{『종교론』}

―사사키 요시아키(佐々木能章)

Ⓖ G. W. Leibniz, *Essais de Théodicée*, 1710(佐々木能章 譯 『弁神論』上・下, 工作舍, 1990, 91). 常葉謙二「理性を超えるもの」竹市・坂部・有福 編『カント哲學の現在』世界思想社, 1993.

변증론辨證論 ⇨**초월론적 변증론**

변호辯護 ⇨**정당화**

별이 빛나는 하늘 [(독) Der bestirnte Himmel]

이 말은 『실천이성비판』*(1788)의 맺음말(Beschluß) 의 서두 "그에 대해서 자주 그리고 계속해서 숙고하면 할수록, 점점 더 새롭고 점점 더 큰 경탄과 외경으로 마음을 채우는 두 가지 것이 있다. 그것은 내 위의 **별이 빛나는 하늘**과 내 안의 도덕법칙이다'라는 문장에 의해 유명한데, 이 문장은 칸트의 묘비명으로도 되었다. (칸트의 묘비명에 관해서는 다음의 두 가지 번역을 들어두고 싶다. (1) "仰觀于外, 則有縣星爛々之天, 俯察于內, 則有秉彝明々之心, 此二者令我思索愈深愈久而咨嗟

崇敬不能已焉". 우치다 슈헤이(内田周平. 遠湖), 도요 대학 교수. 우치다가 쓴 이 족자는 도요 대학 창립자 이노우에 엔료(井上円了)*가 1902년(메이지 35) 유럽을 여행할 때 하시모토 가호(橋本雅邦)의 네 분의 성인상과 함께 쾨니히스베르크의 칸트 기념관에 기증했다. (2) "思ふほどいや增す奇しく貴きは心の則と星滿つる空". 하루야마 사쿠키(春山作樹), 도쿄 대학 교수(교육학)[「東洋哲學」 1904년 1월].) **별이 빛나는 하늘**로부터의 감명은 아마도 누구라도 경험할 수 있는 것이겠지만, 특히 칸트는 유년 시대에 어머니로부터(어머니는 칸트가 12살 때에 병사했다) 자주 신*의 창조에 의한 자연의 광경을 앞에 두고서 신의 전능과 예지, 자애를 가르침 받아 선*의 최초의 씨앗이 뿌리내렸다고 말하고 있는데, 그 때의 **별이 빛나는 하늘**의 감명이 칸트의 생애 내내 잊을 수 없는 것을 이루었다고 생각된다. 칸트는 『천계의 일반자연사와 이론』*(1755)을 써 영국의 시인 포프*의 천계를 찬양한 시를 곳곳에서 인용하고 있으며, 또한 『인간학』*(1798)에서는 "참된 이상적인 취미"는 "장려함(Pracht)", 즉 "숭고(Erhabenes)와 동시에 아름다운(schön) 것"과 결부되어 있다고 하며 그 예로서 **별이 빛나는 하늘**을 들고 있다[§71]. ⇒이노우에 엔료

―다카미네 가즈미(高峯一愚)

병病{**정신병**精神病} [(독) Krankheit]

칸트는 전비판기의 『뇌병시론』(1764)과 만년의 『인간학』*(1798)에서 정신병에 관해 다양한 분야에 걸쳐 논의하고 있다. 그러나 전자의 논문에서 칸트의 의도는 정신병이 다름 아닌 시민사회*에서의 문명병이라는 점에 놓여 있다. 이것은 칸트의 루소 체험의 반영이라고 생각된다(『에밀』을 처음으로 읽은 것이 1762). 또한 이 소론에서 칸트는 자신의 것을 '심기증(Hypochondrie)'이라고 암시하고 있는데, 이것은 같은 해에 출판된 『미와 숭고』*에서 자신을 '우울증(Melancholie)' 이라고 내비치고 있는 것에 대응한다. 나아가 『시령자의 꿈』*(1766)에서 칸트는 당시 유명했던 시령자 스베덴보리*의 것을 정신병리학적으로 말하여 '입원후보자'라고 조소하고 있다[Ⅱ 348]. 또한 『인간학』에서

칸트가 (문명비판과는 별도로) 정신병을 유전적인 것이라고 분명히 말하는 것, 정신병의 일반적인 징표로서 공통감각*의 상실과 논리적인 고집이 맞짝을 이루어 나타난다고 지적하는 것은 주목된다. ⇒루소, 스베덴보리, 공통감각

―시부야 하루요시(澁谷治美)

보스코비치 [Rudijer Bošković 1711. 5. 18-87. 2. 13]

두브로브니크(유고·크로아티아)에서 태어나고 예수회 수사인 보스코비치는 콜레조 로마노의 수학교사를 최초로(1740), 파비아, 밀라노에서도 교수를 맡는다. 그는 놀랄 만큼 다재다능한 학자(수학자, 물리학자, 천문학자, 건축가, 사제, 외교관, 역사가, 시인)이자 유별나게 다작의 사람이었다. 이들 가운데 칸트가 이야기하는 바와 관련되는 것은 물리학의 영역으로, 특히『물리적 단자론』*{『자연단자론』}(1756)에서의 연장을 지니지 않는 단자와 뉴턴*의 인력-척력설을 결합한 독특한 단자론이 보스코비치의 단자론과 유사한데, 후자의 전자에 대한 영향이 이야기되고 있지만 이 점은 확정되지 않는다. 이 영역에서의 보스코비치의 주저『자연철학의 이론』이 1758년, 개정판은 1763년에 간행되지만 세부적인 점에서 두 학설은 다르다. 다만 칸트는 비판기의『자연과학의 형이상학적 원리』*(1786)에서 자신의 예전의 단자론에 대해서 가하는 비판[IV 521f.]과 같은 종류의 비판을 이름을 거론하지는 않지만 아마도 보스코비치의 그것일 것에 대해서도 가하고 있다[IV 504f.]. ⇒『기하학과 결합된 형이상학의 자연철학에서의 사용, 그 일례로서의 물리적 단자론』{『물리적 단자론』;『자연단자론』}

―마쓰야마 쥬이치(松山壽一)

㊞ A Theory of Natural Philosophy, 1922.

㊞ L. L. Whyte (ed.), Roger Joseph Boscovich S.J.R.S. 1711–1787. London, 1961. M. Oster, Roger Joseph Boscovich als Naturphilosoph, Diss., Köln, 1909. Z. Marković, Bošković, Rudijer J., in: C. C. Gillispie et al. (eds.), Dictionary of Scientific Biography vol. 2, New York, 1970. 松山壽一『ニュートンとカント』晃洋書房, 1997.

보이지 않는 교회-敎會 ⇒교회

보편성普遍性 [(독) Allgemeinheit]

칸트에서 '보편성'이라는 개념은 두 가지 뜻으로 사용된다. 예를 들면 '선*'의 보편성이란 내가 그것에 의해(그것 때문에) 어떤 것을 '좋다'고 부르는 바의 것이 '좋다'고 술어화될 수 있는 모든 것에서 동일하며, 또한 '좋다'고 술어화되는 어떤 것에 관한 모든 사람의 판단*에서 동일하다고 하는 두 가지 뜻을 지닌다. 전자의 의미에서의 보편성을 우연적 조건의 가변성에 대한 본질적 조건의 불변성으로서 이해하게 되면, 그것은 플라톤*의 이데아론 이래로 서구 형이상학에서 연면히 계속해서 물어져 온 고전적 개념이고, 후자의 개념에서의 보편성이 이러한 불변의 본질에 관한 판단의 상호주관적 공유 가능성을 가리킨다고 하면, 보편성이라는 개념*은 의사소통이라는 대단히 현대적인 테마와 연결되는 문제를 포함하게 된다. 칸트에게 있어 가능적 경험의 본질적 형식들은 선험적* 인식*으로서만 획득될 수 있는 것이고, 따라서 "엄밀한 보편성"은 필연성*과 더불어 선험적 인식의 징표이다[B 4]. 이 경우 선험적 내용을 지니는 인식판단은 객관*을 보편적·본질적으로 규정하며, 그런 한에서 곧바로 상호주관적 보편성을 동시에 지니게 된다. 왜냐하면 모든 사람의 판단이 동일한 객관이라는 제3자에서 필연적으로 합치하기 때문이다[B 848f.; IV 298].

이에 반해 대상*을 객관적으로 규정하는 것이 아니라 어떤 대상에 대한 표상을 단지 주관 자신의 쾌*의 감정에 관계짓는 취미판단의 경우에는 말하자면 미*의 본질 그 자체가 인식능력들의 "조화적 기분의 감정"[V 239]이라는 주관적·특수적인 차원에 정위되며, 따라서 이러한 판단에는 어떠한 의미에서도 보편성을 요구할 자격이 결여되어 있는 것으로 볼 수 있다. 그러나 칸트는『판단력비판』*에서 미학적 보편성 내지 주관적 보편성*이라는 개념을 도입하고, 취미판단이 개념에 의한 대상의 객관적 규정 없이 모든 이의 동의를 요구할 수 있는 권능을 지닌다는 것을, 즉 개념 없는 합의의 가능성을 주장한다. 이러한 칸트의 논의

는 예를 들면 미학적 판단력을 정치적 판단력으로 바꿔 읽는 아렌트*의 시도가 보여주듯이 현대의 의사소통론에 대한 풍부한 시사점을 포함하고 있다고 말할 수 있을 것이다. ⇒주관적 보편성, 아렌트

―히라노 다카시(平野登士)

⊞ H. Vaihinger, *Kommentar zu Kants Kritik der reinen Vernunft*, Bd. 1, Stuttgart, ²1922. H. Arendt, *Lectures on Kant's Political Philosophy*, The University of Chicago, 1982(浜田義文 監譯 『カント政治哲學の講義』 法政大學出版局, 1987).

본질本質 [(독) Wesen (라) essentia (영・불) essence]

일반적으로는 사물・사태를 그 자체이게끔 하는 것・'무엇임'을 보이는 것으로서 그 사물・사태가 본래적으로・근원적으로 지니고 있는 성질・존재방식을 말한다. '실체'에 고유한 '속성'을 가리키며, 비본래적・파생적인 성질로서의 '우유성'과 '양태*'와는 다르다. 칸트는 고대와 중세의 본질 이해를 근거로 삼으면서도 독자적 '본질'론을 전개하고 있다. 플라톤*에서 본질은 생성・유동하는 세계를 성립시키는 불변부동의 존재로서의 이데아 또는 형상(에이도스)이며, 개물을 존재하게 함과 동시에 인식되게 만드는 것이다. 아리스토텔레스*에서 본질(형상)은 질료와 함께 개물로서의 실체를 형성하는 것이다. 중세에 '본질(essentia)'은 사물의 존재*(existentia)・현실태에 대한 가능태로 간주되었다.

본질에 대한 지적 직관을 부정하고 객관*을 표상*으로서 파악한 칸트에게 있어 이데아・에이도스 또는 중세적인 '본질'은 용인할 수 없는 것이었다. 칸트는 『자연과학의 형이상학적 원리*』의 '서문'에서 자연*을 형식*과 실질로 구분하여 전자는 "사물의 현존재에 속하는 모든 것의 제1의 내적 원리"를, 후자는 "우리의 감관*의 대상, 따라서 경험*의 대상일 수 있는 한에서의 모든 사물의 총체"를 의미한다고 하고 있다. 전자, 요컨대 형식과 관련하여 '주*'에서 '본질'은 "사물의 가능성*에 속하는 모든 것의 제1의 내적 원리"라고 정의되고 있다. 여기서 본질은 자연의 경우에는 그 '현존재*'에 관계하며, 사물 일반의 경우에는 그 '가능성*'에 관계

하고 있다. 전자는 또한 '실재본질(Realwesen)', 후자는 '논리적 본질(logisches Wesen)'이라고 불린다. 그것은 "사물의 모든 필연적 징표의 근본개념"이며, 주관적인 개념으로서 모든 것에 타당하다. 논리적 본질이 본질과 속성의 관계에서 말해진다면, 본질은 "주어진 개념의 제1의 구성요소"이고, 속성은 "본질의 논리적 이유"이다. 양자는 우리가 지니고 있는 개념을 이 아래에서 생각되고 있는 모든 것으로 분석하는 작용을 통해 쉽게 발견된다. 이에 반해 실재본질은 어떤 소여의 사물에 필연적으로 속하는 모든 것의 제1의 내적 근거로서 객관적이며, 그 인식은 종합적이고, 우리의 인식을 넘어서 있다. 덧붙이자면, 칸트는 본질(Wesen) 개념을 확대하여 '본질'을 '존재자'의 의미로 사용하고 있다. 즉 감성적 존재자(Sinnenwesen), 지성적 존재자(Verstandeswesen), 이성적 존재자(Vernunftwesen)가 그것이다. '이성적 존재자'로서의 인간은 그 본질적 성격에서, 즉 '이성적 본질'로서는 '사물 자체*'와, 그리고 '신*'과 근저에서 공통적이다. 그런 한에서 인간은 단지 '현상체(Phänomenon)'가 아니라 '예지체'(Noumenon)'이기도 하다는 것이다.

그 후의 철학자들은 누구나 칸트를 비판적으로 계승・'발전'시키고 있지만, 헤겔*에서는 칸트에서 현상*으로부터 분리되어 있던 본질이 현상을 규정하면서 현상에서 나타나는 것으로서 양자는 변증법적 관계를 이루게 된다. 후설*에서 본질은 형상이라고도 불리며, 개별적・우연적인 사실을 가능하게 하는 보편적・필연적・선험적인 것으로서 칸트가 인정하지 않았던 본질직관(형상적 환원)에 의해 파악된다. 그런 선상에 서서 N. 하르트만*은 본질을 직관적으로 파악되는 '이념적 존재'의 하나로서 칸트의 예지적 세계와는 취지를 달리 하는 이념적 존재론을 주장했다. ⇒존재, 현존재, 가능성

―구마가이 마사노리(熊谷正憲)

⊞ I. Kant, *Metaphysische Anfangsgründe der Naturwissenschaft*, 1786(高峯一愚 譯 『自然科學の形而上學的原理』 理想社, 1966). 三渡幸雄 『カント哲學の基本問題』 同朋出版社, 1987. G. W. F. Hegel, *Logik* II(武市健人 譯 『大論理學』 中卷, 岩波書店). E. Husserl, *Ideen zu einer reinen Phänomenologie und phänomenologischen Philosophie*, 1913(渡辺二郎 譯『イデーン』I, みすず書房, 1979, 84).

본체本體 ⇨예지체

볼프 [Christian Wolff 1679. 1. 24~1754. 4. 9]

　독일 계몽주의 철학의 거두. 브레슬라우에서 목사의 아들로서 태어나 스스로도 목사가 되기 위해 고향의 김나지움에서 공부한다. 이때부터 수학에 대한 관심을 보인다. 동시에 전통적인 학교철학과 스콜라철학을 접하고 데카르트* 철학을 접할 기회를 얻었다. 장래가 촉망되어 예나로 가 거기서 신학, 철학, 수학을 공부한다. 수학에 대한 관심은 수학자가 되기 위해서가 아니라 수학적 방법에 의해서 프로테스탄트와 가톨릭 사이의 신학적 논쟁을 해결하고자 하는 동기 때문이었다. 라이프니츠*의 노력으로 독일 전기 계몽주의의 메카였던 할레 대학에서 수학과 자연학의 교수직에 취임한다(1706). 미적분도 강의했는데, 이는 독일 대학에서는 최초의 시도였다. 형이상학*, 논리학, 도덕철학* 과목도 담당하게 되고, 학생들의 주목을 받는다. 동시에 할레 대학에서 영향력을 과시하고 있던 토마지우스학파와 대립한다. 또한 여기에 경건주의자 측으로부터의 가열한 볼프 비판이 더해진다. 볼프가 학장 퇴임 시의 통상적인 강연에서 기독교* 윤리가 공자의 가르침 안에 이미 들어있다고 주장했기 때문에 경건주의자들에 의한 볼프 비판은 정점에 달한다. 이 논쟁에서 결국 패해 볼프는 칙령에 의해 48시간 내에 할레에서 벗어날 것을 명령 받는다(1723). 이 사건으로 그는 독일 계몽주의의 영웅이 되었다. 볼프 자신이 스스로의 운명을 갈릴레이의 그것에 비교하며 철학하는 자유를 강조한다. 마르부르크로 옮겨 거기서 오랫동안 활약하지만, 1740년 요청에 의해 프리드리히 대왕* 치하의 할레 대학으로 돌아온다. 그 귀환은 마치 개선장군을 맞이하는 것과 같은 느낌의 것이었다.

　볼프 철학은 라이프니츠/볼프 철학이라고도 불리는데, 이것은 경건주의자들과의 논쟁 과정에서 논적인

랑게에 의해 붙여진 것으로서 볼프 자신은 이것을 싫어하여 라이프니츠 철학과의 차이를 강조한다. 그는 자신의 철학이 끝나는 곳에서 라이프니츠 철학이 시작된다고 말한다. 라이프니츠의 영향도 크지만, 방법론에서는 데카르트 철학, 존재론에서는 스콜라철학의 영향이 결정적이다. 이 점에서 볼프 철학은 영국, 프랑스의 계몽주의 철학의 일반적인 흐름에 대해 특이한 위치를 차지한다. 그러나 인식론*에 관해서는 경험적 심리학* 속에서 로크*의 영향을 보이고 있다. 이 영향은 독일 학교철학에서 점차 뚜렷하게 되어 가지만, 칸트의 선험주의에 의해 제동이 걸리게 된다. 볼프의 철학은 논리학에서 시작하여 기술론技術論에 이르는 장대한 것으로서, 이것을 그는 종합적 방법에 의해 백과전서적으로 통합하고자 한다. 이것들 가운데 존재론*, 세계론, 심리학, 자연신학*은 형이상학이라고 불린다. 특히 존재론의 모습은 볼프 이후 독일 학교철학에 커다란 영향을 끼쳤다. 그의 철학은 때때로 교조적 이성주의라고 비난 받지만, 이것은 일면적인 비판이다. 볼프는 경험적 지식에 이성적 지식의 원천과 검증을 맡기고 있으며, 양자의 종합이 그의 철학의 궁극적 목적이었다. 볼프는 이러한 종합을 "이성과 경험의 결혼"이라고 부른다.

　칸트는 직간접적으로 (특히 바움가르텐*을 매개로) 볼프 철학의 영향을 받는다. 그 영향은 심원하고 여러 부문에 걸쳐 있다. 예를 들어 우리는 '초월론'이라는 술어의 용법에서 볼프의 세계론과 존재론의 영향을 알아볼 수 있다. 또한 인간 인식의 원리를 해명한다고 하는 의미에서의 볼프의 존재론 구상은 칸트에서도 방법의 변화가 있긴 하지만 분석론으로서 계승되고 있다. 동시대의 독일 철학자들 가운데 칸트가 가장 정통적인 동시에 진지하게 볼프의 존재론과 비판적으로 대결하고 있다고 말할 수 있다. ⇨라이프니츠, 바움가르텐, 크루지우스, 종합적 방법

　　　　　　　　　　　　　　　　 ─야마모토 미치오(山本道雄)

📖 *Gesammelte Werke*, 59 Bde.

📘 N. Hinske, *Kants Weg zur Transzendental Philosophie: Der dreißigjährige Kant*, Kohlhammer, 1970. Jean École, *La Metaphysique de Christian Wolff*, Olms, 1990. W. Schneiders,

Christian Wolff Interpretationen zu seiner Philosophie u. deren Wirkung, Hamburg, 1983. S. Carboncini, *Die transzendentale Wahrheit u. Traum*, frommann-holzboog, 1991, 山本道雄「Chr. ヴォルフの論理學思想—— 付錄: 飜譯資料 Chr. ヴォルフ <哲學一般についての豫備的序說>」神戶大學大學院『文化學年報』14, 1995.

부정否定 [(독) Negation; Verneinung]

【 I 】 모순·대립·부정

사유*속에서 부정이 수행되는 것은 판단*에서이다. 그것은 긍정판단에 대한 부정판단으로서 나타난다. 두 판단을 동일한 것에 대해서 무언가의 규정*을 긍정하는 것과 부정하는 것으로 이해하게 되면, 그것들은 모순*의 관계에 놓여 있다. 부정이란 해당 규정이 해당 대상*에 결여되어 있다는 것(Mangel, defectus)을 의미한다. 이에 대응하여 '실재성(Realität)'에 대립한 '부정(Negation)'의 범주가 이해된다. 칸트는 이러한 대립*을 "논리적 대립(die logische Opposition, Repugnanz)"[『부정량의 개념』 II 172]이라고 부른다. 부정은 주어 개념에 미리 포함되어 있는 것이 아니라 그것에 부여된 것의 결여를 주장하는 것이기 때문에, 주어 개념과의 비교를 통해서 분석적으로 주어 개념에 대립한다는 것이 분명하게 된다. 그런 의미에서 '논리적 대립'은 "분석적 대립(die analytische Opposition)"[A 504/B 532]이라고 칭해진다. 그것은 모순과 같은 뜻이기 때문에 그것을 주장하는 것은 "개념을 결여한 공허한 대상", 즉 "부정적 무(nihil negativum)"[A 292/B 348]를 결과하는 데 지나지 않는다.

이러한 부정에 대해서 칸트는 근대의 과학적·수학적 사유의 발전에 근거하여 박탈(Beraubung, privatio)로서의 부정의 사상을 도입한다. 그것은 수학*에서의 '부정량(negative Größe)'이 긍정량에 대립하듯이 일정한 실재성을 지니면서 다른 실재성을 부정하는 것이다. 이러한 부정적 관계를 칸트는 "실재적 대립(die reale Opposition, Realrepugnanz)"[II 172]이라고 부르며 논리적 대립과 구별한다. 대립항은 각각 단독으로 고찰될 수 있으며, 그런 한에서 적극적인 내용을 지닌다. 그것

들이 관계지어질 때에 부정적인 관계가 생기는 것이다. 그리고 그 결과는 영(= 0)으로 된다. 이것은 개념의 공허한 대상으로서의 "박탈(결여)적 무(nihil privativum)"[II 172; A 292/B 348]라고 칭해진다. 칸트는 이것을 A − A = 0 또는 A − B = 0이라고 정식화하며[II 177], 또한 "A − B = 0인 곳에서는 어디서나 실재적 대립이 발견된다"[A 273/B 329]고 주장한다. 그것은 수학에 그치지 않고 현상계 일반으로 확대되어 긍정량과 부정량이라는 개념을 물리학에 도입한 뉴턴*과 궤를 같이 함과 동시에, 실재 사이에서 부정은 존재하지 않는다고 하는 라이프니츠*의 사상에 대한 비판을 이룬다. 무엇보다 대립의 항은 관계지어져서 비로소 서로 부정하기 때문에 긍정과 부정이 미리 확정되어 있는 것은 아니다. 긍정과 부정의 규정을 얻는 것은 일정한 관점 하에 놓임으로써 이루어진다.

【 II 】 무한판단

이러한 전비판기로 소급되는 사상에 반해 비판기의 사상으로서 특기할 만한 것은 '긍정판단', '부정판단'과 더불어 질의 판단에 '무한판단'(unendliches Urteil)이 도입된다는 점이며, 그에 대응하여 질*의 범주*의 실재성*, 부정과 더불어 '제한(Limitation)'[A 80/B 106]이 놓인다는 점이다. 부정판단 "영혼은 가사적이지 않다(Die Seele ist nicht sterblich.)"에 대한 "영혼은 비가사적이다(Die Seele ist nichtsterblich.)"는 영혼을 가사적인 것의 영역에서 배제하여 가사적일 수 없는 것의 영역에 귀속시키는 제한의 기능을 지니지만, 긍정, 부정판단에 대한 제3의 판단의 가능성을 보이며, 또한 일정한 영역을 넘어선다는 의미에서 이율배반*의 해결에 기여한다.

즉 "세계는 무한하다", "세계는 유한하다"의 대립을 칸트는 세계를 사물 자체로 보는 데서 나오는 가상의 대립이라고 하여 이것을 "변증론적 대립(die dialektische Opposition)"[A 504/B 532]이라고 부르며 '분석적 대립'과 구별한 것이지만, 이러한 대립을 벗어나는 길은 세계를 사물 자체로 간주하는 전제를 폐기하여 현상의 영역에로 옮기는 것이다. 거기서는 세계는 유한하지도 무한하지도 않고 양적으로 미규정적이라는 주장이 정당해진다.

【III】 초월론적 부정

이러한 해결책은 현상*과 사물 자체*를 엄격히 구별하는 초월론적 관념론의 주장에 기초하여 가능해진다. 인식*의 범위를 현상계로 한정한다고 하는 계율을 깨트리면 다양한 가상*이 생겨나며, 그것은 또 하나의 무*의 개념, "대상을 결여한 공허한 개념"으로서의 "사념상의 존재(ens rationis)"[A 292/B 348]를 만들어낸다. 그것을 경험적 인식을 이끄는 지도적인 규제적 이념으로서 살려내는 것이 칸트의 의도였지만, 그러한 이념의 하나로서의 신*을 '실재성의 전체(omnitudo realitatis)'로서 전제하고 그에 기초하여 일체의 사물을 일관적으로 규정하고자 할 때 '제한'으로서의 부정이 수행되게 된다[A 576/B 604].

즉 각각의 사물의 일관적 규정을 얻고자 하면, 사물들이 지니는 일체의 가능적 술어를 그 반대와 비교한 다음 그 하나를 해당 사물로 돌릴 것이 요구되지만(일관적 규정의 원리[A 571/B 599]), 그것은 일체의 가능적 술어 속에서 해당의 것이 주는 몫을 확정하는 것에 다름 아니다. 이를 위해서는 그 사물에 귀속하는 규정의 존재와 그 이외의 규정의 결여 = 비존재를 확인할 필요가 있다. 그리고 전자가 '초월론적 긍정(die transzendentale Bejahung)', 후자가 '초월론적 부정(die transzendentale Verneinung)'이라고 칭해진다. 그것들이 특별히 내용의 존재여부에 관계하는 긍정, 부정인 데 반해, 단순한 논리적 부정(die logische Verneinung)은 내용에 관계하지 않는 부정에 지나지 않는다[A 574/B 602]. 부정을 규정된 것으로서 사유하기 위해서는 대립하는 긍정을 기초에 놓아야만 한다. 부정의 모든 개념은 도출된 것이라고 하는 이유이다. 이와 같이 긍정이 부정에 선행한다고 하는 사상 역시 칸트에게 특징적이었다고 간주된다. ⇒대립, 모순

—야마구치 마사히로(山口祐弘)

🔲 M. Wolff, *Der Begriff des Widerspruchs*, Hain, 1980(山口祐弘 外 譯『矛盾の概念』學陽書房, 1984).

부정량否定量 [(독) negativen Größe]

양* 중에서도 허수의 실재성은 이미 라이프니츠*에

서 논의되고 있었지만, 부정량 개념은 칸트 이전에는 거의 논의되지 않았다. 칸트는『부정량의 개념』*(1763)에서 A. G. 케스트너*의『산술의 기초』(1758)에 촉발되어 적극적인 것으로서의 부정량 개념을 철학에 도입하는 시도를 행했다. 부정량은 그때까지 양의 부정으로서 생각되어 왔지만, 칸트는 그 자체로 적극적인 것, 긍정의 양이라고 말한다. 그 경우 논리적 반대와 실질적 반대의 구별이 이루어지는데, 논리적 반대는 모순율*에 근거하는 것으로서 반대양항의 연언이 무*로 귀착된다고 파악되며, 다른 한편 실질적 반대는 모순율에 의한 반대가 아니라 반대양항이 각각 긍정의 양이고 어디까지나 상호관계가 반대라고 파악된다. 운동량이 같고 방향이 반대인 두 개의 물질의 충돌은 운동량의 소멸을 불러일으키지만, 이것은 논리적 모순과 동일하지 않다. 모순의 경우라면 논리적 근거만이 관여할 뿐이지만, 실질적 대립의 경우에는 두 개의 사물 가운데 한 쪽이 실질적 근거로서 다른 한 쪽이 사물의 결과를 폐기하는 것으로 된다.

적극적인 것으로서의 부정량 개념은 그 후의 수학사에서 반향을 산출한 것은 없었지만, 칸트 사상의 발전을 생각하는 경우에는 중요한 논점을 포함하고 있다. 칸트가 부정량을 단순한 양의 결여로서가 아니라 적극적인 것으로서 파악하는 까닭이 된 것은 크루지우스*에 의한 볼프 류의 충족이유율*에 대한 이해에 대한 비판을 매개로 한 이유율 해석에 의한 것이었다. 볼프*는 이유율에 의해서 존재가 본질에서 도출될 수 있다고 생각하고 있었지만, 크루지우스는 거기에 인식근거와 존재근거 내지 관념적 근거와 실재적 근거의 혼동이 놓여 있다는 점을 지적했다. 칸트는『새로운 해명』*(1755) 이후 크루지우스의 구분을 기본적으로 답습하여 본질의 영역과 존재의 영역을 구분하고자 했다. 칸트는『부정량의 개념』에서 두 종류의 근거를 논리적 근거와 실질적 근거로 정식화한 다음, 각각의 근거에 논리적 대립과 실질적 대립이 대응한다고 기술하고 있다. 이와 같은 근거의 구분은 비판기에서의 분석판단*과 종합판단의 선구적 형태로 생각되는 것으로서 발전사를 추적하는 경우에 빠트릴 수 없는 것이다. ⇒『부정량의 개념을 세계지에 도입하려는 시도』『부정량의 개

넘』ㅏ, 크루지우스, 양

―야마우치 시로(山內志朗)

⟐ 浜田義文『『若きカントの思想形成』勁草書房, 1967. G. Martin, *Arithmetik und Kombinatorik bei Kant*, Walter de Gruyter, 1972.

『부정량의 개념을 세계지에 도입하려는 시도否定量–槪念–世界知–導入–試圖』{『부정량의 개념否定量–槪念』ㅏ [(독) *Versuch den Begriff der negativen Größen in die Weltweisheit einzuführen.* 1763]

1758년에 간행된 A. G. 케스트너*의『산술의 기초』에 촉발되어 칸트가 1763년 쾨니히스베르크 서점에서 간행한 저작. 그 후 생전에는 1797, 97/98, 99년에 세 번 간행되었다. 칸트 이전에 부정량* 이해의 기본이 되는 것은 볼프*의 정식에 의한 것으로서 '양*의 결여'로서 파악되고 있다. 이 경향은 볼프학파에서는 일반적인 것으로서 크루지우스*도 부정의 양과 양의 부정이 같은 것이라고 생각했다. 1758년 케스트너는『산술의 기초』에서 "반대의 양이란 한편의 양이 다른 편의 양을 감소시키는 것과 같은 조건 아래에서 생각되는 종류의 양을 가리킨다'고 말하고, 긍정량이 실재적이며 부정량이 양의 결여로서 존재하는 것이 아니라 한편의 양이 다른 편의 양을 감소시키는 경우 양자의 양 사이에 성립하는 상대적인 관계에서의 한편의 양을 부정량이라고 생각하여 볼프 류의 정식에 이의를 제기했다. 칸트는『부정량의 개념』에서 케스트너에게서 커다란 영향을 받아 부정량은 그 자신을 취해 보면 결여적인 것이 아니라 전적으로 적극적인 것, 즉 긍정량이며, 다만 다른 긍정량에 대립해 있다는 의미에서 부정에 지나지 않는다고 말한다. 우선 반대(Entgegensetzung)가 논리적인 것과 실재적인 것으로 분류되며, 논리적 반대, 즉 모순*만이 그때까지 고려되어 왔다는 것이 제시된다. 그러나 논리적 반대의 경우 결과는 무*이지만, 실재적 반대의 경우에는 무가 아니라 정지가 결과한다. 양에 대해서도 이러한 논리적 반대만이 적용되어 왔다는 것이 지적되며, 운동의 경우에는 단순한 논리적 반대보다도 실재적 반대가 적용되어야만

한다고 논해진다. 이 결과 부정량은 부정이나 결여와 같은 사유적 존재(ens rationis)가 아니라 실재적인 것이라는 점이 제시되게 된다. 이와 같은 부정량의 파악방식은 후의 칸트의 사색에서 신의 존재증명 비판에서 보이는 실재성의 이해에 연결되어 칸트 사상의 발전에 이어 중요하지만, 양에 관한 그 후의 사상사와 수학사에 있어서는 평가되지 않은 채로 끝났다. ⇒부정량, 양

―야마우치 시로(山內志朗)

⟐ 浜田義文『若きカントの思想形成』勁草書房, 1967. G. Martin, *Arithmetik und Kombinatorik bei Kant*, Walter de Gruyter, 1972.

분류分類{유별화類別化』ㅏ [(독) Klassifikation]

자연 탐구에는 논리적인 요구에 따라서 특수한 것으로부터 일반적인 것으로 상승하는 절차, 즉 일반적으로 귀납적이라고 불리는 절차가 있다. 그 경우 다양*한 것의 유별화는 최종적으로는 전체 유별화의 원리를 그 자신 속에 포함하는 개념(최고의 유개념)을 예상하고 있다. 자연*은 체계*로서 통일*을 이루고 있다고 하는 초월론적*인 원리*는 그 최고의 유개념을 예상하여 성립시키고 있다. 그리고 유의 논리적 원리는 동일성을 요청한다. 바로 그 원리에 인도되어서야 비로소 경험적 탐구에서의 분류도 가능하다. 예를 들면 화학적 탐구에서 모든 염을 두 개의 유, 즉 산과 알칼리로 유별화하는 것 등. "원리는 필요도 없는데도 증가되어서는 안 된다"[B 680]는 원리는 경험적 자연 탐구를 이끄는 준칙*이면서 그 자신은 경험적 원리가 아니다[『순수이성비판』변증론 부록,『판단력비판』첫 번째 서론]. ⇒특수화{종별화』ㅏ, 자연

―니시가와 도미오(西川富雄)

분석적分析的 [(독) analytisch]

【Ⅰ】 전통적 용법

분석적은 종합적과 맞짝을 이루는 학문의 방법론에 관계되는 고대 이래의 전통적 개념이다. 이 개념들에

중요한 정식화를 부여한 한 사람으로 알렉산드리아의 파포스가 있다. 그에 의하면 주어진 문제가 해결되었다고 가정하고 그 가정으로부터 귀결을 구하여 원리*로까지 소급하는 것이 분석적 방법*이다. 이것은 이른바 발견의 방법과도 관계된다. 역으로 원리로부터 출발하여 결론으로까지 논증적으로 전개해가는 것이 종합적 방법*이다. 이 방법은 기하학의 연역적 논증에서 전형적으로 제시된다. 이러한 맞짝 개념은 다양한 변이를 거치면서 중세와 근대로 계승된다. 그러나 칸트와의 관계에서 중요한 것은 뉴턴*과 볼프*의 용법이다. 뉴턴에 의하면 다양한 데이터로부터 실험과 관찰에 의해서 일반적 명제를 귀납하는 것이 분석의 방법이다. 이에 의해 특수로부터 일반에, 결과로부터 원인에, 복합물로부터 그 요소에 이른다. 분석의 방법의 결과로부터 출발하여 현상들을 설명하는 것이 종합의 방법이다. 따라서 분석의 방법이 종합의 방법에 선행해야만 한다. 또한 볼프에 의하면 여러 가지 진리를 발견된 것으로 하거나 발견될 수 있는 것으로 하여 그것들을 제시하는 것이 분석적 방법이며, 이에 반해 여러 가지 진리의 한편이 다른 편으로부터 좀더 쉽게 이해되고 논증될 수 있는 것으로 하여 그것들을 제시하는 것이 종합적 방법이다. 볼프는 자기의 철학체계를 주로 종합의 방법에 따라 전개했다. 그것은 정의로부터 시작하여 삼단논법에 의해서 이런 저런 결론을 논증해가는 것이었다.

【Ⅱ】 칸트에서의 용법

칸트에서의 '분석적'의 용법은 다양한 영역에 걸쳐 있다. 우선 『판명성』*에서 이 개념은 철학 방법론과의 연관에서 사용된다. 거기서 칸트는 뉴턴에 대해 언급하면서 철학 방법론에 대해 기술하고 있는데, 그에 따르면 철학에서는 정의*로부터 시작해서는 안 된다는 것, 다음으로 대상에 대한 확실하고 자명한 판단*을 구하고 이것을 공리*로 하여 현상을 설명해가는 것의 두 가지 점이 주장되고 있다. 우선 정의의 존재방식에서 보면, 칸트에 따르면 철학적 정의는 분석적이어야만 한다. 그것은 주어진 개념*을 그 요소로까지 분석하고 그것을 판명화하는 것이다. 이러한 절차에 의해 최종적으로 정의가 얻어진다. 따라서 철학에서는 분석

의 방법이 선행되어야만 한다. 정의를 종합적으로 행하는 것은 철학에서는 아직 시기상조이다. 이와 같은 정의론에는 경험심리학적인 개념론이 전제되어 있다. 경험적 심리학에서는 표상을 분석하여 그것을 명석한 개념*과 판명한 개념으로 만드는 것이 문제로 된다. 이에 반해 종합적이란 우선 정의론으로서 보면, 정의하는 것에 의해 비로소 개념이 존재하는 사태를 의미한다. 이러한 정의론은 볼프의 개념형성론과 연관되어 있지만, 칸트는 이러한 종합적 정의를 특히 수학적 정의에서 보고 있다. 그러나 철학 방법론과 연관에서 말하면, 종합적이란 칸트에서는 귀결들을 삼단논법적으로 도출하는 것이다. 이 방법을 칸트는 『판명성』에서는 철학에게 인정하고 있다.

'분석적'의 또 하나의 중요한 용법은 칸트의 판단론에서 찾아볼 수 있다. 요컨대 분석판단론이다. 칸트에 의하면 주어* 개념에 포함되어 있는 부분 개념을 술어로서 분석적으로 찾아낸 것이 분석판단*이다. 이와 같은 판단론은 당시의 학교논리학, 특히 볼프학파의 논리학에 일반적인 것으로서 이른바 내포적 판단론의 사고방식에 다름 아니다. 이러한 판단론에서 주어와 술어의 관계는 술어가 주어에 속한다는 것으로서 표현된다. 이러한 판단론을 칸트는 라이프니츠*에게서가 아니라 직접적으로 볼프학파로부터 계승했다. 칸트의 스승 크누첸*과 칸트가 그의 형이상학* 강의의 텍스트로 사용한 『형이상학』의 저자 바움가르텐*은 이러한 내포적 판단론의 입장에 서 있다. 초기의 칸트는 판단의 유형으로서는 주어와 술어의 동일성에 기초하는 이러한 분석판단밖에 알지 못했다. 『부정량의 개념』*에서 비로소 분석판단론의 한계에 대해 생각하게 되지만, 아직 종합판단의 개념을 형성하는 데 이르지 못하고 있다.

나아가 '통각*의 분석적 통일'이라는 용법도 보인다. 칸트에 의하면 직관*의 다양*을 통일하여 하나의 인식*으로 통합해내기 위해서는 이런 저런 표상*에서의 의식*의 동일성을 자각해야만 하지만, 그것은 내가 하나의 표상에 다른 표상을 부가하여 양자의 종합을 의식함으로써만 가능하다. 이로부터 칸트는 "통각의 분석적 통일은 무언가의 종합적 통일을 전제로 해서만 가능하

다"[B 133]고 말한다.

마지막으로 칸트는『순수이성비판』*의 구성에 반하여『프롤레고메나』*의 구성을 분석적이라고 하여 설명하고 있다. 이 경우 종합적이란 순수 이성 그 자체를 탐구하고 이것을 원리로 하여 이성의 순수 사용의 요소와 법칙을 전개해가는 방법이다. 이에 반해 분석적 방법이란 확실한 것으로서 이미 알려져 있는 것에 기초하여 아직 알려져 있지 않은 원리로 소급해가는 방법이다. ⇒경험적 심리학, 분석판단, 분석적 방법, 종합, 종합적 방법

—야마모토 미치오(山本道雄)

🔲 Der Artikel "Analytisch/synthetisch", in: *Historisches Wörter-buch der Philosophie*, Bd. 1, Basel, 1971. Hans-Jürgens Engfer, Zur Bedeutung Wolffs für Methodendisskusion der deutschen Aufklärungsphilosophie. Analytische und synthetische Methode bei Wolff und beim vorkritischen Kant, in: Werner Schneiders (Hrsg.), *Christian Wolff 1679-1754*, Hamburg, ²1986.

분석적 방법分析的方法 [(독) analytische Methode]

뉴턴의『자연철학의 수학적 원리들』에서의 '철학하는 것의 규칙 IV' 또는 그에 대한 상론인『광학』의문31은 소급해가면 파포스의『수학집성』제7권 서두의 이른바 '해석의 보고'에 이르게 된다. 파포스에 의하면 해석=분석이란 구해져 있는 것으로부터 그 조건에로의 진전이다. 역으로 조건으로부터 귀결에로의 진전이 종합*이다. 이러한 '해석'='분석'의 방법이 간접적으로긴 하지만 칸트에 의해 '분석적 방법'으로서 계승되고 있다. 칸트는『판명성』*에서 철학(형이상학*)에 고유한 방법은 '분석적 방법'이라고 말하지만, 그 경우 칸트는 앞의 뉴턴*의 방법을 계승하고 있다고 말하고 있다[II 286]. 하지만 '분석적 방법'과 '종합적 방법'이란 파포스 자신의 텍스트를 해석할 때에 전적으로 거꾸로 된 의미에서 이해된 적도 있고, 또한 파포스로부터 뉴턴에로는 자바렐라*를, 또 뉴턴으로부터 칸트에로는 볼프*를 중개자로 보는 견해도 있으며, 나아가 칸트의 시대의 용법에서도 전혀 상반된 의미에서 사용되기까지 했다. 칸트의 용법에는 이와 같은

경위가 가로놓여 있는 것이다.

『판명성』에서의 '분석적 방법'은 개념 분석을 통해 '증명 불가능한 명제'(근본진리)를 탐구하는 방법이며, 이것은 "형이상학의 참된 방법"[II 286]이라고 불린다. 구체적으로는 '공간' 개념의 분해=분석에 의해 '공간은 3차원을 지닌다'는 '증명 불가능한 명제'가 얻어지는 것이며, '물체' 개념을 분석에 의해 '물체는 복합적이다'라는 '증명 불가능한 명제'가 얻어진다. 이 경우 동일률 및 모순율*에 의거하여 직접적으로(간접적 추리에 의해서가 아니라) 명제의 술어가 얻어져야만 한다. 이러한 설명은 분석판단*의 형성에 대해 기술하고 있다고도 이해되는 것이지만, 칸트는 여기서 수학*에서 정리를 증명할 때의 전제로 되는 '공리*'의 탐구에 대비할 수 있는 '증명 불가능한 명제'의 탐구를 간취했던 것이다. '증명 불가능한 명제'란 다른 인식의 근거를 포함하는 '인간 이성의 제1의 실질적 원칙'으로 된다.

『판명성』에서의 형이상학의 원리를 탐구하는 방법으로서의 '분석적 방법'은 방법 개념으로서는『순수이성비판』*에서 포기되었다. 제1비판에서는 그 대신에 '교조적', '회의적', '비판적' 방법이 제출되었다.『판명성』에서의 '분석적 방법'과『순수이성비판』의 '비판적 방법'을 동일시하는 견해가 있지만, 이것은 단적인 오해에 지나지 않는다. 역으로 라인홀트*에 따르면 '비판적 방법'은 '종합적 방법'으로서 파악되었다. 그는 칸트의『순수이성비판』을 경계로 철학의 방법이 '종합적 방법'으로 전환되었다고 말하지만, 그것은『판명성』에서의 학의 방법과 같은 의미에서가 아니라 체계적 서술양식이라는 넓은 의미에서 말해지고 있는 것이다. ⇒종합적 방법, 분석판단

—나가쿠라 세이이치(長倉誠一)

🔲 長倉誠一『幾何學的方法の再編』『理想』645号, 1990. H.-J. Engfer, *Philosophie als Analysis*, Fromann-Holzboog, 1982. Robert Hahn, *Kant's Newtonian Revolution in Philosophy*, Southern Illinois U. P., 1988. Giorgio Tonelli, Der Streit über die mathematische Methode in der Philosophie in der ersten Hälfte des 18. Jahrhunderts und die Entstehung von Kants Schrift über die "Deutlichkeit", in: *Archiv für Philosophie* IX, 1959.

분석판단分析判斷 [(독) analytisches Urteil]

판단에 관한 칸트의 분석-종합*의 구별에서는 서로 밀접하게 관계되는 적어도 세 개의 특징부여가 있음을 알아볼 수 있다. 즉 그 판단이 (1) 모순율*에만 따르는 진리*인가 아닌가[B 190], (2) 주어 개념이 술어 개념을 포함하는가 아닌가[B 10-12], (3) 설명적(erklärend)[B 12]인가 아닌가 하는 것이 그것이다.

(1)에 따르면 이른바 모순율 "(A인 동시에 A가 아닌) 것은 없다"만이 아니라 칸트의 『논리학강의』에서는 동일률 "A는 A이다"와 배중률 "A 또는 A가 아니다"도 이러한 "논리적 진리"이다[IX 53]. 나아가 전통적으로 정당한 추론*, (대소, 모순, 반대) 대당과 대우라는 직접추리, 또한 (정언적, 가언적, 선언적) 삼단논법, 딜레마와 긍정식(modus ponens)이라는 간접추리로부터 얻어지는, 전제의 연언을 전건으로 결론을 후건으로 하는 조건판단, 예를 들면 "(A라면 B)라면 (B가 아니라면 A가 아니다)", "((A라면 B)인 동시에 A)라면 B" 역시 "항진적이고 논리적으로 필연적인 진리"를 나타내는 [IX 52f.] 분석판단이다. 칸트는 또한 "전체는 부분보다 크다"와 같은 기하학에서의 공통개념도 분석적*이라고 인정한다(다만 그것은 전제가 아니라 방법상의 속박(Kette)이라고 말한다)[Prol., IV 269]. 이러한 특징부여에 따르면 종합판단이란 동일률과 모순율에 의해서만 참이라고 말할 수 없는 판단, 반드시 항진적이지 않은, 요컨대 논리필연적으로 참이 아닌 판단이게 된다. 예를 들면 인과율 "모든 변화에는 원인이 존재한다"와 같은 존재판단과 '7 + 5 = 12'와 같은 산술적 판단은 칸트에 따르면 종합적으로 된다(이에 반해 산술적 명제의 분석성을 주장하는 것이 프레게*/러셀의 논리주의이다).

(2)는 주어*-술어 개념의 포함관계에 관계되는데, 예를 들면 주어 개념 '물체'에는 정의에 의해서 그 부분개념으로서[VIII 58f.] 술어 개념 '연장', '불가입성' 등이 (숨겨진 방식으로) 포함되어 있게 된다[B 10; Prol., IV 270]. (이러한 분석성 개념은 콰인*이 비판한 "동의성·언어의 의미규약에 의해서 참"이라는 관념에 관계된다.) 한편 주-술의 결합에 제3의 것이 부가되지 않으면 그 진리성이 보증되지 않는 판단은 종합적이다 [B 12-13]. 칸트에 의하면 이 제3의 것이란 경험적 직관에 의한 지각, 또는 순수 직관에 의한 직시적 기하학적 내지 기호적 산술적 구성[B 17, 741f., 745], 나아가서는 상상력*에 의한 개념*의 형상화·도식*화·선험적*인 시간한정[B 179-185]이다.

(3)에 의하면 분석판단은 주어 개념을 단지 분해에 의해서 부분개념으로 나누는 데 불과하여[B 11; Prol., IV 266] 우리의 인식*을 확장하지 않는다. 그에 반해 감각지각, 수학*, 순수 자연과학에서의 판단은 인식확장적(erweiternd)[B 11]이어서 종합적이다. 인식을 확장하고 새로운 정보를 준다고 하는 것의 정확한 규정을 칸트는 제공하고 있지 않다. 정보 부여성은 위에서 말한 지각*, 구성*, 도식화와 같은 "특별한 인식활동" (프레게)과 관련될 것이다. 또한 정보량의 크기에 관해서는 의미론적으로 그 명제가 배제하는 가능성의 크기라고 말하는 포퍼*/카르납*/바-힐렐/힌티카의 생각이 있다. ⇒분석적, 모순율, 선험적 종합판단

－노모토 가즈유키(野本和幸)

📖 G. Frege, *Die Grundlagen der Arithmetik*, 1884. W. V. Quine, *From a Logical Point of View*, Harvard U. P., 1952(飯田隆譯『論理的觀點から』勁草書房, 1992). 野本和幸『フレーゲの言語哲學』勁草書房, 1986; 「カント『純粋理性批判』と現代哲學の一視角」『古典解釋と人間理解』山本書店, 1986; 「カント哲學の現代性」『講座ドイツ觀念論』2, 弘文堂, 1990; 「フレーゲとカント」『カント──現代思想としての批判哲學』情況出版, 1994; 『意味と世界』法政大學出版局, 1997.

불사不死 [(독) Unsterblichkeit]

영혼*의 불사의 문제는 비판기의 칸트에서는 주로 두 군데서 논의된다. 하나는 그에 대한 이론적 증명의 옳고 그름을 둘러싸고서 『순수이성비판』*의 이성적 심리학*을 검토하는 부분에서. 다른 하나는 그것의 실천적 의의를 둘러싸고서 『실천이성비판』*의 '실천이성의 요청'론에서. 그런데 불사라는 것이 신체와의 공동성을 떠난 후의 영혼의 존속과 활동을 말하는 것이라고 한다면, 그것은 영혼과 신체의 이종성을 전제하고 있는 것으로 된다. 그러나 칸트의 입장에서는

우리에게 이해 가능한 대상은 내감* 또는 외감의 대상*, 요컨대 현상*이며, 그것의 기체는 알 수 없는 것으로 그친다. 그렇게 보면 심적 현상과 물적 현상이 동일한 기체의 서로 다른 현상 형태일 가능성은 이론적으로 생각할 경우 부정도 긍정도 될 수 없다[A 359]. 따라서 영혼의 불사를 증명하기 위한 본래의 전제조건에 관하여 그것을 확정하기 위한 인식장치가 우리에게는 없는 것으로 된다.

이론적 논구를 봉쇄당한 영혼의 불사의 사상은 도덕*과 관련하여 칸트 본래의 의의를 부여받는다. 제2비판의 요청론은 덕과 행복의 일치인 최고선*이 가능하기 위한 조건을 논의하는 것이지만, 영혼의 불사는 이 가운데서 덕의 실현을 위해 요청*되는 것으로서 위치지어진다. 덕의 실현이란 각 사람의 마음가짐*이 도덕법칙*에 완전히 적합하다는 것이며, 그것이 최고선에 관여하는 최상의 조건이라는 것이다. 그러나 유한한 이성적 존재자*에게 있어 이와 같은 적합은 "그의 현존의 어떠한 순간에서도 지닐 자격이 없는 완전성*"이며, 그런 까닭에 "완전한 적합에로 무한*히 전진해가는 진행"에서만 도달을 희망할 수 있는 것이다. 그런데 이러한 무한의 진행은 "다만 그 이성적 존재자의 무한히 지속하는 현존과 인격성*"을 전제해서만 가능하다[V 122]. 칸트가 요청으로서의 영혼의 불사라고 부르는 것은 이것이다. 이에 대해서는 도덕적 노력의 무한한 진행이라는 사상은 신체의 시간적 유한성을 넘어서는 내용을 포함하지만, 시간적 제약을 벗어난 진행이라는 것에서 무엇을 생각해야 할 것인지가 불명확하다는 비판이 존재한다. 다른 한편 칸트가 여기서 강조하고 있는 것은 도덕법칙과 자기의 마음가짐이 일치하는지 아닌지 하는 부단한 엄혹한 "시련의 의식"[V 123]이 육체의 죽음에 의해서도 도덕적 책임은 면제되지 않을 것이라고 하는 신념을 가져다주며, 그런 의미에서 육체의 죽음도 말하자면 추월해버린다고 말하는 것이라는 옹호론도 존재한다. ⇒영혼, 순수 이성의 오류추리, 최고선

―제니야 아키오(錢谷秋生)

圏 L. W. Beck, *A Commentary on Kant's Critique of Practical Reason*, The University of Chicago Press, Chicago/London, 1960(藤田昇吾 譯『カント「實踐理性批判」の注解』新地書房, 1985). 森口美都男『「世界」の意味を索めて』『自律と幸福』晃洋書房, 1979. 小倉志祥『カントの倫理思想』東京大學出版會, 1972.

불일치 대칭물不一致對稱物 [(독) inkongruentes Gegenstück]

오른손은 왼손의 불일치 대칭물이다. 오른손과 왼손은 비슷하지만, 왼손용의 장갑은 오른손에는 사용할 수 없다. "동일한 한계 내에 포함되지 않지만, 다른 입체와 완전히 동등하게 유사한 하나의 입체*, 이 입체가 "다른 입체"의 불일치 대칭물이다『방위논문』Ⅱ 382]. 『방위논문』*(1768)에서 처음으로 오른손과 왼손이 라이프니츠*의 관계론, 즉 공간*은 사물의 동시적 존재 관계의 질서 그 자체라고 하는 생각을 불충분하다고 하여 반박한다. 이어서『감성계와 예지계의 형식과 원리』*[§15C]에서는 그 다름의 파악은 말에 의해서는 불가능하고 '순수 직관*'에서만 가능하다고 말해지며, 『프롤레고메나』*[§13], 『자연과학의 형이상학적 원리』*[제1장 정의2 주3]에서 공간은 감성*에 의한 '외적 직관의 형식'이라고 하는 관념론적 공간론의 옹호에 사용된다. 칸트의 공간에 불가결한 성질을 다양하게 계속해서 표현하는 이러한 불일치 대칭물은 칸트가 『방위논문』으로부터 일관되게 흔들림 없는 공간론을 생각하고 있었다는 것의 증거이다. 부분들 상호간의 위치, 균형, 크기에 대해서는 완전히 일치하더라도 전체로서는 그 '방향'에 의해서 '형태'가 구별되는 불일치 대칭물에 대해 오른손과 왼손은 그것의 "가장 흔하고 가장 알기 쉬운 실례"[Ⅱ 381]이다. 부분들 '상호간의 위치'는 '방위'의 질서짓기에 따른다[Ⅱ 377]. 이 '방위'는 '내가 있는 장소'와 하나의 대상의 관계이다[Ⅱ 379, 380]. '나'와 '사물의 형태'가 이와 같이 관련지어져 이로부터 사물의 존재 질서인 '공간'의 관념론적 성격에 빛이 던져진다. 불일치 대칭물은 일반적으로 사물의 형태에는 방위가, 그리고 내가 관계한다는 것을 눈에 띄게 하는 것이다. "방위 이전의 대상*", 요컨대 "방향의 구별 이전의 대상"은 오일러*를 선구로 하는 미분기하학에서 의미를 줄 수 있다. 즉 입체 표면

의 구부러짐을 구할 때 입체가 공간에 어떻게 위치하고 있는지를 도외시할 수 있는 가우스 곡률이 있는 것이다. 최근 특히 영미에서 불일치 대칭물에 대해 논의될 때 이러한 기하학적 의미가 적극적으로 포함된다. 이 때『방위논문』의 공간은 사물의 형태를 결정하는 독립된 존재로 파악되는 경향이 있다. 이러한 해석은 불일치 대칭물과 나, 그리고 관념론*의 관계를 모호하게 만든다. ⇒『공간에서의 방위 구별의 제1근거에 대하여』{『방위논문』}, 공간

―다야마 레시(田山令史)

🔖 S. Sklar, *Space, Time, and Spacetime*, California, 1976; Incongruent Counterparts, Intrinsic Features and the Substantivity of Space, in: *The Journal of Philosophy*, vol. 71, No. 9, 1974. J. Earman, *World Enough and Space-Time: Absolute versus Relational Theories of Space and Time*, MIT, 1989; Kant, Incongruous Counterparts, and the Nature of Space-Time, in: *Ratio*, 1971. 石黒ひで『ライプニッツの哲學――論理と言語を中心に』岩波書店, 1984. J. Bennett, The Difference between Right and Left, in: *American Philosophical Quarterly* 7, 1970. P. Remnant, Incongruent Counterparts and absolute Space, in: *Mind* 72, 1963. W. Harper, Kant on Incongruent Counterpars, in: J. V. Cleve/R. E. Frederick (eds.), *The Philosophy of Right and Left: Incongruent Counterparts and the Nature of Space*, Kluwer, 1991.

뷔퐁 [Georges-Louis Leclerc, Comte de Buffon 1707. 9. 7-88. 4. 16]

프랑스의 박물학자. 1739년 이후 파리의 왕립식물원 원장. 처음에는 법학과 의학을 공부하지만, 수학 연구를 시초로 광범위하게 자연과학들을 연구하고, 수학으로부터 생리학에 이르는 수많은 논문을 집필. 또한『백과전서』에는 협력하지 않고 전44권에 이르는『박물지』(1749-1804)를 저술했다. 그의 철학적 입장은 로크*의 감각적 경험주의로서 시대의 학문들(린네*의 분류학, 수학, 자연신학 등)을 비판하면서 자연과 인간의 관계를 인간을 중심으로 하여 설명할 뿐 아니라 지구와 생명과 인간의 역사를 설파했다. 칸트는『인간학』*의

'기지'에 대해 논하는 부분에서도 뷔퐁에 대해 언급하고 있지만[Ⅶ 221], 그 관계는 지구론, 우주생성론에서의 그것이 눈에 띈다. 즉 칸트는 비판기 이전의『천계의 일반자연사와 이론』*에서는 뉴턴*이 풀 수 없었던 원심력(Schwungkraft)의 기원을 푼다고 하는 이 책의 핵심 부분에서 그의 발상을 받아들이며[Ⅰ 339ff.], 비판기의『달의 화산에 대하여』에서는 열의 기원 문제와 관련하여 그의 견해에 대해 언급하고 있다[Ⅷ 74-75]. ⇒『천계의 일반자연사와 이론』{『천계론』}

―마쓰야마 쥬이치(松山壽一)

🔖 J. Roger, *Buffon, un Philosophe au jardin du Roi*, Paris, 1989(ベカエール・直美 譯『大博物學者ビュフォン』工作舎, 1992). P. Gascar, *Buffon*, Paris, 1983(石本隆治 譯『博物學者ビュフォン』白水社, 1991). Jacques Roger, Buffon, in: C. C. Gillispie et al. (eds.), *Dictionary of Scientific Biography*, vol. 2, New York, 1970. 松山壽一『ニュートンとカント』晃洋書房, 1997.

브로우베르 [Luitzen Egbertus Jan Brouwer 1881. 2. 27-1966. 12. 2]

네덜란드의 수학자. 1912년부터 51년까지 암스테르담 대학 교수. 박사논문 「수학의 기초」(1907)에서 이미 수학기초론에서의 러셀과 힐베르트*의 입장을 비판하고, 다음 해 「논리학의 원리에 대한 불신」이라는 제목의 논문에서 배중률의 사용을 제한하는 것을 핵심으로 하는 직관주의의 입장을 표명했다. 18년부터 23년에 이르는 사이에 배중률을 사용하지 않고서 전개된 집합론, 측도론, 함수론을 다룬 논문을 공표 위상기하학에 관한 연구에서도 중요한 업적을 지닌다. 수학적인 개념과 대상이 인간의 정신에서 독립된 것이 아니라고 한 점에서, 또한 "모든 이분법에 공통된 기저의 공허한 형식", 즉 "수학의 기본적 직관"이 수학의 기반이라고 하는 점에서 자기의 견해가 칸트로부터 영향을 받은 것이라는 점을 인정하고 있었지만, 브로우베르가 말하는 직관과 칸트가 말하는 직관* 사이에는 커다란 차이가 있다고 하는 해석도 많다. ⇒로렌첸

―이노우에 요이치(井上洋一)

🔲 *Collected Works.*

브루커 [Johann Jakob Brucker 1696. 1. 22-1770. 11. 26]
아우구스부르크 출신의 철학사가. 예나 대학에서 학업을 마친 후 1720년에 고향으로 돌아온다. 경쟁자의 방해로 자리를 얻지 못했기 때문에 카우프보일렌으로가 목사가 되었다. 그 후 그의 명성이 높아졌기 때문에 아우구스부르크로 다시 부름을 받으며 목사직을 제공받았다. 평생 이 지방에서 교회의 직무를 계속하는 한편 철학사의 연구와 저술에 몰두한다. 우선 예나 시대의 습작 『학설사 입문 시론』(1719)의 개정·증보판으로서 『학설과 개념의 철학사』(1723)를, 이어서 『역사와 철학 삼부작』(1731)을 차례로 간행. 계속해서 출판한 5권으로 이루어지는 『비판적 철학사 — 세계의 시작부터 현대까지』(라이프치히, 1742-44; ²1767, 6권)가 그에 대한 평가를 확정했다(저작은 모두 라틴어). 중국 철학과 일본 철학(신도, 불교, 유교)에 대한 소개를 포함하는 독일 최초의 이 철학사는 칸트 및 프랑스 백과전서*파, 특히 디드로에게 있어 중요한 정보원이 된다. 브루커는 그 후에도 역사적·철학적 저작들을 출판하며, 아우구스부르크에서 사망했다.
⇒백과전서

—나카가와 히사야스(中川久定)

비관주의悲觀主義 [(독) Pessimismus (불) pessimisme (영) pessimism (라) pessimum{최악}]
비관주의, 페시미즘은 염세주의라고도 번역된다. 볼테르의 『캉디드』(1759) 발표 후 낙관주의, 옵티미즘의 맞짝개념으로서 사용되며, 낭만주의 운동에서 하나의 인생관·세계관을 가리키는 말이 된다. 비관주의는 이 세상은 최악이다, 존재할 가치가 없다, 따라서 집착해야만 할 이유도 없다고 하는 입장이지만, 거기에서는 한편으로 서구 근대에서의 기독교*의 공동적 기반의 붕괴와 함께 드러나게 된 죽음에 대한 두려움(생에 대한 집착)과 고독을 누그러뜨릴 대항 전략을 읽어낼 수 있으며, 다른 한편으로 새로운 공동적 기반을 구축하는 것의 어려움의 이유가 단지 사회적, 정치적인 것뿐만 아니라 (근대 시민으로서의) 인간의 본성에서도 유래한다고 하는 인식을 엿볼 수 있다. 1848년 이후 낙관적 진보주의에 그늘이 보이기 시작하자 '비관주의'는 쇼펜하우어*를 (아마도 본인의 뜻에 반해) 창시자로 추대하며 R. 바그너의 숭배자들을 중심으로 문화적 영향력을 증대시켰다. 19세기 말의 상대주의 및 회의주의와 새로운 보편적 규범을 모색하는 조류들이 전 문화영역에서 뒤섞인 시기에는 논쟁적인 핵심어로서 왕성하게 사용되었다. 신칸트학파*에 의한 상대주의의 극복은 동시에 비관주의의 극복도 의도했지만, E. v. 하르트만은 역으로 칸트 자신을 '비관주의의 아버지'라고 부르면서 낙관적인 허구로 도피하지 않고서 현실을 있는 그대로 받아들이는 철학적 비관주의를 제창했다. 근대 주관성의 과열된 자유(존재 조작에의 의지)를 진정시켜야만 할 형이상학적 비관주의(호르크하이머)는 이러한 연장선상에 놓여 있다. 특정한(염세적) 기분을 동반하는 세계관이라는 특징을 지니는 반면, 그 이화작용에 의해서 엄밀함을 표방하는 학에 숨어 있는 무반성적인 (대체로) 낙관적 기분을 폭로한다고 하는 비판적 기능이 현대 비관주의의 역할로 되고 있다. ⇒쇼펜하우어, 낭만주의

—가마타 야스오(鎌田康男)

📖 E. v. Hartmann, *Zur Geschichte und Begründung des Pessimismus*, Berlin, 1880(repr. Klotz, Eschborn, 1990).

비량적比量的 ⇨**논변적**

비사교적 사교성非社交的社交性 [(독) ungesellige Geselligkeit]
칸트는 『세계 시민적 견지에서 본 일반사의 이념』*에서 '비사교적 사교성'이라는 역설적인 표현을 사용하여 문명 상태에서의 인간*의 타자와의 관계를 논의하고 있다. 칸트에 의하면 문명 상태에 있는 인간은 '사회를 형성하고자 하는 성향(사교성)과 '자신을 개별화하는(고립화하는) 성향'(비사교성)을 겸비하고 있다. 확실히 사교성은 바람직하고 비사교성은 바람직

하지 않지만, 그렇다고 해서 각 사람이 언제나 타인과 계속해서 화합하게 되면, 문명은 진보하지 않고 인간 이성은 발전하지 않으며, 거기서는 다만 무리사회가 실현될 뿐이다. 따라서 타인과 경쟁하고 타인을 시기하며 타인을 지배하고자 하는 성향은 그 자체로서 바람직한 것은 아니지만, 이러한 비사교성은 문명의 진보와 인간 이성의 발전에 있어 불가결한 요인인 것이다. 여기서 인간들끼리의 노골적인 경쟁과 에고이즘*을 자본주의의 진보를 위해 적극적으로 승인하고자 하는 초기 자본주의의 자유론(맨더빌*, 스미스 등)과 공통된 사상을 읽어낼 수 있다. 나아가 '욕망(Begierde)'을 매개로 한 타자와의 경쟁관계(헤겔*)의 원형을 볼 수도 있을 것이다. 그러나 좀더 주목할 만한 것은 이러한 현실적인 인간관이 칸트의 실천철학*의 근저에 흐르고 있다는 점이다. 칸트에 의하면 문명 상태에서의 인격의 완성은 결코 타자와의 화합을 통해서가 아니라 오히려 타자와의 끊임없는 항쟁을 통해서 실현되는 것이다. ⇒『세계 시민적 견지에서 본 일반사의 이념』{『일반사의 이념』;『일반사고』}, 대항관계, 에고이즘

―나카지마 요시미치(中島義道)

[참] 中島義道『モラリストとしてのカント』Ⅰ, 北樹出版, 1992.

비유클리드 기하학 非-幾何學 [(독) nicht-euklidische Geometrie]

기하학(Geometrie)이란 도형을 연구 대상으로 하는 수학의 한 부문이며, 그 명칭은 '토지측량(geometria)'을 의미하는 그리스어에서 유래한다. 기하학을 논증적 학문으로서 처음으로 체계화한 것은 유클리드의 『원론』전13권(BC 300년?)이다. 그것의 제1권에서는 기하학 용어를 규정하는 23개의 정의, 작도의 기본원리를 기술하는 5개의 공준(요청), 수량에 관한 기본원리를 기술하는 9개의 공리(공통개념)로 이루어지는 37개의 기초명제를 토대로 순수 논리적 연역에 의해서만 정삼각형의 작도로부터 피타고라스의 정리에 이르는 48개의 정리가 증명되고 있다. 그러나 기초명제 중의 제5공준(평행선 공준)만은 복잡하고 직관적 자명성을

결여하고 있었기 때문에 그것을 다른 기초명제로부터 정리로서 도출하고자 하는 시도가 예전부터 계속되어 왔다. 이러한 '기하학의 스캔들'이 부정적인 모습으로 해결된 것은 2,000년을 거친 19세기 전반의 일이다. 그 과정에서 사케리와 람베르트*는 평행선 공준의 부정을 가정하여 그로부터 모순을 이끌어내는 것에서 간접증명(귀류법)을 시도했지만, 실패로 귀결되었다. 특히 칸트의 친구였던 람베르트는 『평행선론』(1766)에서 비유클리드 기하학의 한 걸음 앞까지 와 있었지만, 기본개념은 경험에 기초하지 않으면 안 된다고 생각한 그는 그 한 걸음을 내딛지 못했다. 칸트는 서간을 통해서 람베르트의 연구내용을 알고 있었던 듯하다.

'비유클리드 기하학'이라는 명칭은 가우스에서 유래하지만, 그 자신은 그 가능성을 깨달으면서도 연구를 공표하지 않았다. 1830년 전후에 로바체프스키와 보야이는 독립적으로 평행선이 두 개 이상 그어질 수 있다고 가정해도 모순 없는 기하학이 성립한다는 것을 해명하여 비유클리드 기하학 발견의 영예를 떠안았다. 그 때 로바체프스키는 경험주의적 입장에서 공간*을 선험적 직관 형식이라고 하는 칸트의 학설을 비판하고 있다. 또한 리만은 괴팅겐 대학 취임강연(1854)에서 평행선이 존재하지 않는다고 가정하여 또 다른 종류의 비유클리드 기하학을 구성했다. 그 당시 비유클리드 기하학은 단순한 상상에서의 기하학으로 간주되고 있으며, 신칸트학파 철학자도 다수는 유클리드 공간의 유일성을 고수했다. 그러나 힐베르트*가 『기하학의 기초』(1899)에서 기하학적 공리는 직관적 자명성을 지니는 참된 명제가 아니라 임의의 가정이며, 그 타당성은 공리계의 무모순성과 독립성에 의해서 보증된다고 주장함으로써 비유클리드 기하학은 유클리드 기하학과 동등한 권리를 지니는 기하학으로 인정되었다. 이러한 '공리주의'의 사상은 기하학을 공간직관에서 분리하고 그것을 순수한 형식적 연역체계로서 재구성하는 것이었다. 현실의 공간이 유클리드적인가 비유클리드적인가 하는 것은 기하학이 아니라 물리학*의 문제인 것이다.

칸트는 『활력측정고』*에서 3차원 이상의 다차원 공간의 존재 가능성을 인정하고 있지만, 『순수이성비

판』*에서는 공간을 현상을 가능하게 하는 조건을 이루는 선험적 직관으로서 다시 파악하고, 3차원의 유클리드 공간만을 유일한 공간으로 인정한다. 기하학은 "공간의 성질들을 종합적으로, 더욱이 선험적*으로 규정하는 학"[B 40]이며, 그 공리는 선험적 직관*으로부터 필연적 확실성을 지니고서 도출된다. 따라서 기하학의 명제는 선험적 종합판단*에 다름 아니다. 이러한 칸트의 견해는 비유클리드 기하학의 성립 이후에는 시대에 뒤처진 것으로 간주되며, 특히 논리실증주의에 의해서 비판의 표적이 되었다. 현대에 기하학은 순수 기하학과 응용 기하학으로 구별되며, 전자는 선험적 분석판단, 후자는 후험적 종합판단으로 생각되고 있다(양자는 물리적 해석에 의해서 결합된다). 그러나 칸트가 "두 직선에 의해서 둘러싸인 도형이라는 개념에는 아무런 모순도 존재하지 않는다"[B 220]고 말하여 이미 리만 기하학의 논리적 가능성을 시사하고 있다는 것은 주목할 만한 가치가 있다. 다만 그는 공간에서의 직관적인 구성이 불가능하다는 것으로부터 그 존재를 부정하는 것이다. 공간과 기하학을 둘러싼 칸트의 고찰에서 현대적 의미를 발견하는 시도는 20세기에 들어서서도 카시러*와 스트로슨* 등에 의해서 전개되고 있다. ⇒수학, 공간, 『활력의 참된 측정에 관한 고찰』, 『활력측정고』

—노에 게이이치(野家啓一)

📖 B. A. Rosenfeld, *A History of Non-Euclidean Geometry*, Springer Verlag, 1988. 近藤洋逸 『新幾何學思想史』 三一書房, 1966. P. F. Strawson, *The Bounds of Sense*, Methuen, 1966(熊谷・鈴木・横田 譯, 『意味の限界』, 勁草書房, 1987). 田山令史 「空間と幾何學」 松山・犬竹 編 『現代カント研究』 4, 晃洋書房, 1993.

비트겐슈타인 [Ludwig Wittgenstein 1889. 4. 26-1951. 4. 29] 오스트리아에서 태어난 철학자. 처음에는 항공공학에 뜻을 두었지만, 수학의 기초에 관심을 갖게 되어 프레게*의 권유로 케임브리지의 러셀 밑에서 공부한다. 제1차 대전 중에 써둔 메모에 기초하여 쓴 것이 『논리철학논고』(1921)이다. 이 책에서 철학의 주요한 문제는 모두 해결했다는 신념하에 한 동안 철학을 떠나 있었지만, 1929년에 다시 철학으로 돌아왔다. 1939년부터 케임브리지 대학의 교수가 되었으며, 그의 수업은 많은 전설을 낳았다. 철학으로 돌아온 후 쓴 방대한 초고는 생전에는 전혀 출간되지 못하고 사후에 비로소 제자들의 손으로 편집, 공간되었다. 그 가운데 가장 중요한 것은 『철학적 탐구』(1953)이다.

현재 비트겐슈타인의 철학을 『논리철학논고』로 대표되는 전기, 『철학적 고찰』(1929-30 집필, 1969 출판) 및 『철학적 문법』으로 대표되는 중기, 그리고 『철학적 탐구』로 대표되는 후기의 세 시기로 분류하는 것이 널리 행해지고 있다. 모든 시기를 통해 비트겐슈타인의 변함없는 관심은 언어*의 기능과 그 한계, 그리고 그것이 철학이라는 활동에 대해 지니는 귀결에 있었다고 말할 수 있다. 『논리철학논고』는 "모든 철학적 문제는 우리의 언어의 논리를 오해한 데서 생긴다"는 주장을 통해 철학에서의 '언어론적 전회'의 원천이 되었다. 전기의 언어관은 명제를 실재의 그림으로 간주하는 '언어의 그림 이론'이지만, 언어를 계산에 비교하는 중기를 거쳐, 후기에는 언어란 그것을 둘러싼 다양한 인간 활동과 뗄 수 없는 것이라는 '언어게임'의 개념에 이르렀다. 그러나 언어에 관한 후기의 고찰은 그에 그치지 않고 규칙에 따른다는 것이란 어떤 것인가, 사적 언어는 가능한가와 같은 고찰을 통해 수학의 철학 및 마음의 철학의 문제들과 결부된다. 그의 저작의 독특한 스타일과 남아 있는 유고의 방대함 때문에 그 철학의 전모가 분명하게 드러난 것은 아니지만, 비트겐슈타인이 20세기 철학의 거인들 가운데 한 사람이라는 점은 의심할 수 없다.

비트겐슈타인의 철학이 과거의 철학과 어떤 관계를 맺고 있는가에 관해서도 아직 충분히 해명되어 있지 않다. 비트겐슈타인이 칸트의 저작 가운데 어떤 것들을 읽었는지는 확실하지 않지만, 아마도 아주 약간만을 부분적으로밖에 읽지 않았을까 추측된다. 그러나 10대에 읽었다고 말해지는 쇼펜하우어*의 영향은 빠뜨릴 수 없으며, 그를 통해 칸트를 알게 된 것이 분명하다. 『논리철학논고』는 철학*을 기본적으로 비판적 활동으로 규정하는 데서 칸트의 비판주의*와 궤를 같이 한다. 철학은 사유의 가능성의 조건에 관계한다는 점에서 과학과 구별된다. 다만 비트겐슈타인은 칸트와는 달리 사유의 가능성의 조건이 그것의 언어적 표현의 가능성 조건을 통해서만 밝혀질 수 있다고 생각했다. 이러한 모티브는 크게 변모하지 않은 채 후기 철학에까지 지속되지만, 칸트 철학의 구체적 체제와 직접 비교하기는 어렵다. 오히려 비트겐슈타인은 철학이라는 활동이 무엇인가에 대해 가장 진지하면서도 지속적으로 사유한 철학자로서 철학의 역사에서 칸트와 견줄 수 있는 존재이다. ⇒논리실증주의, 언어

—이이다 다카이(飯田 隆)

图『ウィトゲンシュタイン全集』10卷, 補卷 2卷, 大修館書店.
圖 Anthony Kenny, *Wittgenstein*, Penguin Books, 1973(野本和幸 譯『ウィトゲンシュタイン』法政大學出版局, 1982). P. M. S. Hacker, *Insight and Illusion. Wittgenstein on Philosophy and the Metaphysics of Experience*, Clarendon Press, 1975(米澤克夫 譯『洞察と幻想——ウィトゲンシュタインの哲學觀と經驗の形而上學』八千代出版, 1981). S. Kripke, *Wittgenstein on Rules and Private Language*, Blackwell, 1982(黑崎宏 譯『ウィトゲンシュタインのパラドックス——規則・私的言語・他人の心』産業圖書, 1983). 永井均『ウィトゲンシュタイン入門』ちくま新書, 1995. 飯田 隆 編『ウィトゲンシュタイン讀本』法政大學出版局, 1995.

비판批判 [(독) Kritik]

【Ⅰ】 비판의 의미

이 말의 근원인 그리스어(κρίνω)의 본래 뜻은 '나누다'는 것이다('위기'Krisis(기반의 분열에서 유래한다)와 같은 뿌리). 즉 이 경우의 '비판'의 본래 뜻도 '어떤 것을 나누어 그 각각의 분지의 의의와 제약(또는 한계)을 확인하는 것'으로 이해된다. 통상적으로 어떤 것을 '비판한다'는 것은 그것의 약점과 결함을 지적한다는 것으로서 오로지 부정적인 의미에서 파악되는 경향이 있지만, 그것은 위에서 본 본래 뜻의 부정적인 측면을 강조한 것이라고 말해야만 할 것으로서 이 경우의 '비판'은 본래 각 부분에서의 적극적 측면과 소극적 측면의 분별과 전체적 연관에서의 조정이라는 의의를

지니고 있는 것이다. 칸트의 경우에도 근본에 인간 존재의 유한성에 대한 자각이 놓여 있는데, 그것이 위에서 말한 '비판'의 본래적인 뜻의 이해에 일정한 성격 내지 방향성을 주고 있다는 점도 동시에 마음에 새겨둘 필요가 있다고 말할 수 있을 것이다.

칸트에 의하면 그의 '비판'이란 "책들과 체계*에 대한 비판을 뜻하는 것이 아니라 이성*이 모든 경험*으로부터 독립해서 추구함직한 모든 인식*에 관한, 이성 능력 일반에 대한 비판을 뜻하며, 따라서 형이상학* 일반의 가능 또는 불가능의 결정과 이 형이상학의 원천 및 범위와 한계*의 규정*"을 의미한다[A ⅩⅡ]. 제1비판의 서문에서 볼 수 있는 이러한 규정은 제2비판의 경우에도 타당할 것이다. 그것은 신의 이성과는 구별되는 유한한 인간 이성에 관해 그 권리 능력을 비판하는 것이며, 순수 이성 인식의 학적 체계로서의 형이상학에 관해서도 그것이 어떻게 해서 어느 정도로 가능하거나 불가능한지를 확인하고자 하는 것이다. 이리하여 위에서 살펴본 '비판적'인 분별과 조정을 가지고서 보는 데에 그의 '비판주의*'의 본령이 있다고 한다면, 이것을 결여하는 데에 한편으로 '교조주의*'가, 다른 한편으로 '회의주의*'가 있게 된다.

이성은 인식능력*의 일종이기 때문에, '이성(의) 비판'은 자연히 '인식(능력의) 비판'의 모습을 취하게 된다. 인식능력은 크게는 감성*・지성*・이성으로 나누어지며, 좀더 상세하게는 (좁은 의미의) 감성・상상력*・지성・판단력*・(좁은 의미의) 이성으로 나누어진다. 이 가운데서 앞의 둘(넓은 의미의 감성)은 하위 인식능력으로, 뒤의 셋(넓은 의미의 이성)은 상위 인식능력으로 간주된다. 이 가운데서 후자는 각각 선험적*인 원리를 지닌다. 그 권능에 대한 비판이 이른바 3비판(서)을 이루는 것이다. 그것들은 말하자면 넓은 의미의 '순수 이성의 비판'에 해당하지만, 그 실질에서 제1비판은 '순수 지성의 비판', 제3비판은 '순수 판단력의 비판', 제2비판은 '(좁은 의미의) 순수 이성의 비판'에 해당한다[KU, Ⅴ 179](이 3자의 대조에 관해서는 제3비판의 서론 말미의 논술을 참조).

【Ⅱ】 제1비판의 경우

제1비판의 구성 전체는 (형식)논리학의 그것에 준거

하고 있지만, 그 원리론의 '논리학' 앞에서 '감성론'을 지닌다는 점이 인식의 논리학으로서의 이 '초월론적 논리학'이 지니는 특유한 점이다. 즉 인식은 직관과 사유의 결합, 감성과 지성의 협동에서 성립하는 것이다. 거기에 이들 인식능력의 의의와 제약이 존재한다. (즉 "내용 없는 사상은 공허하고, 개념 없는 직관은 맹목이다"[B 75]). 이리하여 생기는 것이 본래적인 의미에서의 경험(과학적 경험)이며, 인간(의 이론적) 인식이 그 한계 안에 비판적으로 머무는 한에서 경험은 '진리의 나라'이다. 또한 (좁은 의미의) 이성도 비판적 반성적으로 그 규제적 사용에 머무는 한에서 유효하지만, 교조주의적으로 그것을 구성적으로 사용하는 데로 나아가게 되면 필연적으로 '가상*'에 기만당하게 된다. 그러나 이러한 관점에서의 이른바 (종래의) 형이상학에 대한 비판도 사실은 "{실천 이성의} 신앙에 장소를 내어주기 위하여 {이론 이성의} 지식을 배제한다"는 비판적인 분별에 기초하는 것이다.

【Ⅲ】 제2비판의 경우

제2비판은 '실천적 이성 일반의 비판 때문에『실천이성비판』*이라고 불린다[Ⅴ 3]. 행위의 보편적인 실천적 원리일 수 있는 것은 순수 실천적 이성의 원리로서의 (정언적인) 도덕률이며, (가언적인) 처세의 규칙과 같은 것이 아니다. 즉 감성적인 쾌에 기초하는 행복 원리는 행위의 보편적인 실천적 원리로 되는 것이 허락되지 않는 것이다(경험적 실천 이성의 비판). 이리하여 지금에서야말로 실천적 입장에서 순수 이성은 구성적으로 되며, 이론 이성에서는 확립할 수 없었던 자유*를 비롯하여 영혼*의 불사*와 신*의 존재에 관해서도 이들을 요청할 수 있게 된다. 다만 그것은 어디까지나 실천적 관점에서이지 이론적 의미에서는 아니라는 것이 하나의 제약으로 되고 있는 것이다(앞에서 말한 경우를 포함한 순수 실천 이성의 비판).

덧붙이자면 그 때 최고선*·덕의 성취와 완전선·행복과 덕의 일치가 설명되지만, 이것도 이성과 감성의 비판적인 분별과 조정을 보여줌과 동시에, 후자는 신의 요청을 통해서 모든 의무를 "우리의 마음{이성}이 그것을 행해야만 한다고 느끼는 까닭에 이것을 신의 명령이라고 생각하는"[B 847] "단순한 이성의

한계 안에서의" 그의 비판적 종교론에도 통하는 것이다.

【Ⅳ】 제3비판의 경우

제3비판은 (규정적이 아니라) 반성적인 판단력(의 판정)에 관한 것으로서 여기에 비판적인 분별이 놓여 있다. 이것에는 두 부분이 있다. 첫 번째의 미감적 판단력의 비판(취미*가 미*의 판정능력을 의미하는 한에서 이것은 또한 "취미의 (초월론적) 비판"이기도 하다[KU §34])에서는 미의 보편타당한 판정(취미판단)이 지성과 상상력의 자유로운 유희(에서의 조화*)에 의한 미감적 합목적성의 판정으로서 밝혀진다. 두 번째의 목적론적 판단력의 비판에서는 생명적인 자연에서 보이는 유기적인 합목적성*이 또한 반성적 판단력에 의한 자연의 판정에서의 것으로서 자연의 기계론적인 이해(판정)와 모순되지 않는다는 점이 해명된다(그 이율배반의 비판적 해결). 덧붙이자면 그 방법론에서의 도덕적 목적론은 역사철학* 내지 도덕신학의 근거 짓기의 의의를 지니는 것으로서 여겨진다. 그리고 이러한 판단력의 비판을 통해 지성의 이론적 입법과 이성의 실천적 입법의 비판적인 조정이 가능해지고, 여기서 '(이성) 비판(의) 철학'의 체계적 이해도 성취되는 것이다. ⇒『순수이성비판』{『제1비판』},『실천이성비판』{『제2비판』},『판단력비판』{『제3비판』}, 인간, 이성, 인식능력, 권능, 한계, 비판주의, 교조주의, 회의주의, 인식론

　　　　　　　　　　　　　　　　　　－반 히로시(伴 博)

🔲 W. Windelband, Kritische Methode oder Genetische Methode?, in: *Präludien*, Mohr, 1883(松原寬 譯『哲學の根本問題』同文館, 1926 수록). E. Caird, *The Critical Philosophy of Immanuel Kant*, 2vols., James Maclehose, 1889. 桑木嚴翼『カントと現代の哲學』岩波書店, 1917. M. Heidegger, *Die Frage nach dem Ding*, Max Niemeyer, 1962(高山守・K. オピリーク 譯『物への問い』創文社, 1989). G. Deleuze, *La philosophie critique de Kant*, PUF, 1963(中島盛夫 譯『カントの批判哲學』法政大學出版局, 1984). 伴 博「カントの『批判的』理解」『理想』582号, 1981.

비판주의批判主義 [(독) Kritizismus]

칸트가 처음으로 사용하기 시작한 철학용어지만, 칸트는 이따금 자신의 철학을 가리키기 위해 사용하는 데 불과하며, 엄밀한 것은 아니다. 칸트의 용례는 둘이 있다. 하나는 인간의 인식능력*에 관한 소극적인 용법에서 칸트 자신이 비판적 철학 또는 비판적 방법이라고도 부르는 것인바, 인식론*의 철학으로서 나중의 신칸트학파*에 의해 재평가되어 계승, 전개되었다. 또 하나는 인간의 예지적 능력에 관계하는 적극적인 용법에서 초월론철학* 내지 형이상학*이라고도 칭해지는 것인바, 철학사적으로는 칸트를 계승하는 피히테* 등의 독일 관념론*자들에 의해서 비판적으로 계승되었다.

(1) 칸트는 『순수이성비판 무용론』에서 미리 이성능력을 비판하지 않고서 형이상학적 원리를 맹신하는 교조주의* 및 근거도 없이 순수 이성을 전면적으로 불신하는 회의주의*와 구별하여 그 양 극단의 중간을 추구하는 칸트 자신의 철학의 독특한 방식을 비판주의라 이름 짓고 다음과 같이 설명하고 있다. "형이상학에 속하는 것이라면 무엇이든 그것을 다루는 경우의 비판주의는 (주저하는 회의) 형이상학의 종합적 명제 모두의 가능성의 보편적인 근거가 우리의 인식능력의 본질적인 제약 속에서 통찰되기 전에는 그러한 명제 전체를 신용하지 않는다고 하는 준칙*이다"[VIII 226f.]. 또한 『학부들의 투쟁』*[VII 59]에서는 다양한 종교관을 보여준 후 "영혼이 없는 정통주의"와 "이성*을 사멸시키는 신비주의*" 사이에 "이성*"을 매개로 하여 우리 자신으로부터 전개될 수 있는 것과 같은 성서적인 신앙설*이 있으며, 그것이야말로 "실천적 이성의 비판주의에 기초하는 참된 종교설"이라고 설명하고 있다.

(2) 비판주의라는 말은 칸트의 생전부터 사후에 걸쳐서는 『순수이성비판 무용론』의 용법에 따라서 좁은 의미로 사용되며, 비판적 철학과 비판적 방법 또는 칸트적 체계*를 가리키는 것이 보통이었다. 야코비*는 당초 그러한 용법에 가까운 '칸트적 비판주의'와 『학부들의 투쟁』의 용법에 가까운 '초월론적 관념론'을 같은 뜻으로 하고 있었지만, 곧이어 지성*으로써 이성을 제한하는 비판주의를 문자 그대로 '소극적'이라고 간주하게 되었다. 비판주의는 지성과 이성의 투쟁을

지성 측에 서서 화해시키는 '칸트적 화평공작'에 지나지 않으며, 그렇다면 "지성은 지성 속에서, 일체의 인식*은 무근거 속에서 헤매고 만다"는 것이다[F. H. Jacobis Werke 3 (1816)]. 비판주의에 대한 불만은 독일 관념론의 전개에 따라 한층 더 강해졌다. 예를 들면 피히테는 칸트와 그 후계자들의 비판적 관념론과 초월론적 관념론을 "반半비판주의(halber Kritizismus)"라고 부르며, 그에 반해 자신이 학문론에서 전개한 것을 "고급한 완성된 비판주의"이자 "완전한 초월론적 관념론"이라고 주장했다. 나아가 헤겔*은 "칸트적 비판주의"를 "주관성의 철학" 내지 "주관적 관념론"에 불과하다고 비난했다. 다른 한편 비판주의와 칸트주의를 구별하는 움직임도 상당히 일찍부터 있었다. 칸트 사후 곧바로 크룩은 양자의 관계를 회의주의와 필론주의의 관계 또는 교조주의와 플라톤주의의 관계에 비교하고 있다. 거의 반세기 후 크룩에게서 배운 신칸트학파의 리일이 칸트 철학과 비판주의를 엄격히 구별했다. 그는 비판적 사고방법이라든가 비판적 철학이라고 불리는 비판주의를 "인식론적인 물음을 심리학적인 가정으로부터 단절시키는 방법"이라고 정의하고, 고대부터 존재하는 것으로서 근대에는 로크*로부터 시작되었다고 주장했다. 또한 W. 분트는 선험적 종합판단*의 가능성에 대한 물음이야말로 비판주의의 핵심이라고 하는 종래의 통설을 물리치면서 처음으로 그 물음과 관계없이 비판주의를 논했다. 요컨대 과학들의 전제와 방법을 해명하고 인식작용의 논리적 동기를 검증하는 것이 비판주의라고 주장했던 것이다.

오늘날 비판주의라는 이름으로 불리는 것은 포퍼*가 '비판적 합리주의'라는 이름 아래 시작한 인식론적·과학론적인 반증 가능성 프로그램이다. 알버트는 그것을 '신비판주의'라고 이름 짓고, 현재 '윤리적 다원론'과 '사회적·정치적 다원론'으로서 전개하고자 하고 있다. ⇒신칸트학파, 다원론, 독일 관념론, 비판

―히라타 도시히로(平田俊博)

📖 J. Ritter/K. Gründer, *Historisches Wörterbuch der Philosophie*, Bd. 4, Basel/Stuttgart, 1976. A. Riehl, *Der philosophische Kriticismus und seine Bedeutung für die positive Wissenschaft. I: Geschichte und Methode des philosophischen Kriticismus,*

Kroner, [3]1924. W. Wundt, *Einleitung in die Philosophie*, Kroner, [9]1922. H. Albert, *Traktat über kritische Vernunft*, Mohr, [5]1991.

빈델반트 [Wilhelm Windelband 1848. 5. 11–1915. 10. 22] 독일의 철학자이자 철학사가. 서남 칸트학파의 창시자. 포츠담에서 태어나 하이델베르크에서 사망. 슈트라스부르크 대학, 하이델베르크 대학에서 철학 교수직을 역임. 쿠노 피셔, 로체를 스승으로 모신다. 전자로부터는 철학사, 후자로부터는 가치철학 분야에서 영향을 받았다. 생철학의 흐름에서 벗어나 유한한 시간을 넘어선 생의 의미를 지키기 위해 로체에게서 유래한 타당[*]이라는 가치개념을 핵심적인 위치에 놓는 가치철학 프로그램을 제시했다. 이것은 칸트의 취미판단이 미적 가치 대상을 성립시켰다는 데서 착상을 얻고 있다. 즉 인식[*], 윤리, 미[*]의 선험적[*]인 전제를 가치[*]를 목적으로 하는 수단으로 간주함으로써 인간의 사태들을 가치라는 관점에서 총체적으로 파악하고자 했던 것이다. 그것들의 전제는 칸트가 말하는 사실문제의 맥락에서 말해지는 심리적 사실이 아니라 권리문제의 맥락에 속하는 규범으로서 의식되는 것으로서 초시간적인 타당이다. 사람들은 자주 이를 "이것은 좋다"와 같은 가치판단[*]과 "이것은 희다"와 같은 사실판단을, 나아가서는 존재와 가치를 단절시킨 이원론을 채택한 것처럼 오해하는 경향이 있다. 그러나 그것은 개념상의 구별이라는 편법으로서, 실은 후자는 전자에 의존한다는 것이 본래의 뜻이다. 왜냐하면 사실판단이란 "주어표상과 술어표상의 결합태가 참이다"라는 가치판단이기 때문이다. 표상의 결합태를 불완전한 판단이라 부른다면, 빈델반트의 판단은 그에 대한 평가 작용이 덧붙여진 "판단에 대한 판단"이다. 이러한 평가 작용은 칸트의 의식 일반에 대한 해석, 요컨대 모든 사람이 공통적으로 구비하는 마음의 일터로서 보편성을 지닌 규범의식이다. 의지의 자유가 성립하는 것도

이러한 인과관계로부터 독립된 평가에서이다. 이러한 입장에서 자연과학과 같은 법칙정립적 학문(nomologische Wissenschaft)과, 특히 역사학처럼 가치와의 관계가 명료하게 보이는, 즉 특수사태의 기술을 행하는 개성기술적 학문(ideografische Wissenschaft)의 차이가 나오게 된다. 초감성적인 실재와 관계하는 성스러움이라는 가치 하에 진선미와 같은 모든 가치를 포괄시킨 논의를 설파했다는 점에서 나중의 서남 칸트학파보다도 형이상학적 취향이 강하다. ⇒신칸트학파, 타당, 가치판단

—구키 가즈토(九鬼一人)

『否定判斷論』(1884), 岩波書店. 『プレルーディエン』(1884), 岩波書店. *Lehrbuch der Geschichte der Philosophie*, 1888. 『意志の自由』(1904), 大村書店. 『哲學槪論』(1914), 玉川大學出版部.

Hans–Ludwig Ollig, Die Religionsphilosophie der südwestdeutschen Schule, in: Hans–Ludig Ollig (Hrsg.), *Materialen zur Neukantianismus–Diskussion*(Wege der Forschung, Bd. 637), Darmstadt, 1987. 九鬼一人 『新カント學派の價値哲學』弘文堂, 1989.

빌란트 [Christoph Martin Wieland 1733. 9. 5–1813. 1. 20] 독일의 시인, 소설가. 남독일의 비베라흐에서 태어났다. 대표작 『아가톤 이야기』는 독일 최초의 교양소설이다. 바이마르에서 그가 주관한 문예지 『도이처 메르쿠르』는 칸트를 비판하는 논설도 게재했지만, 그의 사위로서 편집 협력자인 라인홀트[*]가 쓴 『칸트 철학에 대한 서한』을 1786년부터 연재하여 칸트주의의 소개, 보급에 공헌하기도 했다. 또한 『판단력비판』[*]에서 그는 모방할 수 없는 천재로서 호메로스와 견주어지고 있다. ⇒라인홀트

—마쓰오 다이(松尾 大)

사고방식思考方式 ⇨**마음가짐**

사려思慮 ⇨**영리함**

사물 자체事物自體 [(독) Ding an sich]
　【Ⅰ】　역사적 개관
　(1) 전반적 설명. 칸트 철학의 중심적인 동시에 전제적인 개념이며, 그 후의 철학사 전개에 커다란 영향을 주었다. 하지만 칸트 자신의 견해와는 크게 달리 다양한 의미의 변경을 겪은 개념이다. 일반적인 표현을 사용하면, '사물 자체'란 인식 주관에서 독립하여 그것의 고유한 존재* 방식을 하고 있는 것을 의미한다. 이것은 물질 그 자체가 아니라 그 본질 및 정신의 활동을 가리킨다. 이 개념의 기원은 고대 그리스로까지 소급된다고 보이지만, 특히 근대의 인식론적인 사고에 의해서 이 개념의 함의가 현재화했다. 그것은 Ding für uns(우리에 대한 사물)와의, 요컨대 인식 가능한 객관* 내지 현상*과의 대비에서 사고되는 개념이다. 칸트 자신의 용법도 다의적이었지만, 우선 그에 대한 개념론적 해석이 행해져 이 개념을 소거하는 사상 경향이 생겨났다. 다음으로 실재론적 해석이 활발해지며, 최근에는 언어철학적 해석과 과학론적인 입장으로부터의 해석이 행해지고 있지만, 이러한 200년간의 해석의 역사는 칸트 철학의 수용과 비판의 방식에 따라서 부정적인 해석으로부터 긍정적인 해석에 이르기까지 실로 광범위한 해석의 폭을 보여주고 있다.
　(2) 칸트 이전과 전비판기. 데카르트*로부터 흄*에 이르기까지 근대의 철학 사상에서 이 개념은 감관*의

지각에서 독립된 순수한 사고의 활동에 의해서만 파악 가능한 것으로서 성격이 부여된다. 프랑스에서는 말브랑슈*(choses en elles-mêmes), P. 베일(les objets en eux-mêmes)의 개념에서, 영국에서는 로크*(things themselves)에게서, 그리고 독일에서는 람베르트*(die Sache, "wie sie an sich ist")의 개념에서 그의 선구적 용법을 발견할 수 있다. 칸트에서도 교수취직논문『감성계와 예지계의 형식과 원리』*에서는 "감성적*으로 인식된 것은 현상하는 대로의 사물의 표상*이며, 그에 반해 지성적 인식은 존재하는 대로의 사물의 표상이다"[Ⅱ 392]라고 말해지고 있다. 여기서는 아직 시간*과 공간* 속에서 나타나며 감성적 직관에서 경험되는 대상*과, 단지 지성*에서 개념*에 의해 인식되는 초감성적인 대상으로서의 사물 자체와의 대립이 유지되고 있다.
　【Ⅱ】　비판기의 사상
　(1) 비판기에서는 일관되게 '사물 자체'의 인식 불가능성이 주장되지만, 그 설명 방식은 다양하며, 외적인 물체적 현상의 본질이라는 의미로부터 내적인 자아의 자발적 활동과 인간의 의지의 자유, 영혼의 불사와 신의 현존재 등을 나타내는 경우에도 폭넓게 사용된다. 그리하여 칸트의 견해를 일의적으로 확정하기가 곤란하다. 그러나 일반적으로 비판철학에서의 이 개념은 다음과 같은 세 가지 의의를 지닌다. 첫째는 체계적 의의이다. 『제1비판』*에서는 우선 '현상과 사물 자체의 초월론적 구별'이 도입됨으로써 사물에 대한 두 가지 견해가 확보된다. 그에 의해 초월론적 관념론의 입장이 확정되며, 이율배반*의 해결에 이르는 길이 개척된다. 인간은 현상으로서는 자연인과성의 법칙에 종속되지만, 사물 자체로서는 자유*의 법칙에 따르는 것이 가능해진다. 이 견해에 의해서 인간의 자유가

구제되는 것이다. 둘째는 인식론적 의의이다. 칸트에게 있어 사물 자체는 인간의 인식에 있어 불가피한 전제이며, '현상'의 개념에 의해 논리적으로 요구된다. 그렇지 않으면 "현상은 거기서 현상하는 어떤 것이 아니고서 존재한다는 불합리한 명제가 생기게"[B XXVI] 되기 때문이다. 물론 시간과 공간 속에서 인식되는 대상은 모두 현상에 머문다. 따라서 시간과 공간은 그 자신이 사물 자체가 아니며, 또한 사물 자체와의 관계에서는 어떠한 타당성도 지니지 않는다. 사물 자체는 인식 불가능하지만, 사유하는 것은 충분히 가능하다. 셋째는 그것의 존재론적 의의이다. 『프롤레고메나』에서는 "지성°은 현상을 용인한다고 하는 바로 이것에 의해서 사물 자체 그것의 현존재도 승인하고 있는 것이다"[IV 315]라고 심오하게 표현되고 있다. 사물 자체는 '현상의 원인' 내지 '표상의 근거'라고도 파악되고 있으며, 인식의 유일한 객관인 현상의 존재의 근거 내지 원인이라는 의미가 귀속되고 있다. 또한 현상과 사물 자체의 관계에 대해서는 단지 논리적 관계로서가 아니라 인과관계로 이해할 수 있다는 견해도 보인다. 사물 자체에 의한 촉발°의 문제도 이로부터 생겨난다. 덧붙이자면, 『제1비판』에서는 현상과 사물 자체의 경험적 구별이 이루어지고 있다. 그것 자체가 현상에 불과한 것, 예를 들면 장미가 경험적 의미에서 사물 자체 그것으로 간주되고, 장미의 색깔이 모든 사람의 눈에 다른 모양으로 현상하는 경우이다.

(2) 사물 자체는 예지체 및 초월론적 대상과의 관계로부터 보아도 착종된 모습을 드러낸다. "지성은 감성°에 의해서 제한되는 것이 아니라 사물 자체를 (현상으로 간주하지 않고) 누메나(Noumena)라고 부름으로써 오히려 감성을 제한한다. 다른 한편 지성 역시 즉각적으로 스스로를 제한하여 …… 사물 자체를 단지 알지 못하는 어떤 것의 이름 아래서 사유한다"[B 312]. 여기서는 사물 자체의 개념이 인식능력°의 월권을 제한하는 '한계개념'(Grenzbegriff)'으로서의 권능을 지닌다는 것이 명시되고 있다. 이것은 이성의 한계의 의식에 대한 자각적인 표현이며, 자유와 영혼의 불사, 신의 현존재 등의 초감성적인 것은 이론 이성에게 있어서는 공허한 개념으로서 남겨지며 실천 이성에 의해서 비로소 실재성이 주어진다. 덧붙이자면, 위에서 말한 예지체에는 두 가지 의미가 있다. 첫째는 사물을 직관°하는 양식을 사상함으로써 그 사물이 인간의 감성적 직관의 대상으로 되지 않는 한에서의 소극적인 의미이다. 둘째는 지적 직관의 대상으로서 상정된 적극적인 의미에서의 예지체이다. 사물 자체는 소극적 의미의 예지체로 이해되어야만 할 것이다. 사물 자체의 설명은 '초월론적 대상'과도 밀접하게 관계되고 있다. 이러한 세 가지 대상 개념들은 단순히 같은 뜻으로 간주될 수 없지만, 자주 내용적으로 서로 중첩되는 의미를 지니며, 이들 사이의 밀접한 관련을 부정하는 것도 가능하지 않다.

【Ⅲ】 칸트의 시대와 독일 관념론

(1) 칸트 철학에 대한 비판의 화살은 우선 현상과 사물 자체의 대립에로 향해졌다. 칸트의 사물 자체가 내포한 난점을 최초로 날카롭게 지적한 것은 야코비°이다. 그는 "나는 사물 자체를 전제하지 않고서는 그 체계 속으로 들어갈 수 없으며, 또한 사물 자체를 전제하고서는 그 체계 속에 머무를 수 없다는 점에 관해 끊임없이 혼란스러웠다"[전집 제2권 304]고 간파했다. 또한 슐체°는 칸트가 원인의 범주°를 현상에 제한했음에도 불구하고 사물 자체를 원인으로서 설명한 모순을 지적했다. 이리하여 라인홀트°와 J. S. 베크 등의 칸트 학도들은 사물 자체의 정합적인 해석에 부심하게 되었다.

(2) 사물 자체에 대한 거부는 독일 관념론°에서 일반적으로 된다. 피히테°는 칸트의 사물 자체를 "모순된 것"이라고 하여 배척하고, 사물은 자아°의 정립°의 산물인 한에서 "자아에 대해 존재하는 것"이어야만 한다고 주장하고, 셸링°은 그것을 "영원한 인식의 활동에서의 이념"이라고 이해했다. 헤겔° 역시 이 개념 속에서 사물성에 대한 반성으로부터의 추상의 산물, "모든 규정성의 공허한 사상"을 보았다. 헤겔은 사물 자체가 인식 불가능하다고 하는 칸트의 주장을 일관되게 비판하고 있다. "사물 자체가 도대체 무엇인지 알지 못한다는 말을 그토록 자주 반복해서 읽게 되는 것은 놀라운 일이 아닐 수 없다. 사물 자체가 무엇인지를 아는 것보다 더 쉬운 것은 없다"[『엔치클로페디 논리학』].

181

【IV】 신칸트학파와 현대의 해석

(1) 신칸트학파*에서도 사물 자체에 관한 칸트의 주장을 그대로 수용하는 것은 피하고 있다. 확실히 코헨*은 이 개념을 술어로서 사용하지만, 개별적인 실재하는 대상의 개념으로서가 아니라 학적인 인식에서의 '한계개념'으로서의 이 개념의 중요성에 주목하여 "사물 자체는 과제이다"라는 해석을 채택한다. 제자인 나토르프*는 이 개념을 포기함으로써 논리적 정합성을 보존하고자 한다. 바이힝거*는 사물 자체의 이론을 단지 상정된 '가구론假構論(Als-Ob Lehre)'에 불과하다고 한다. 다른 한편 그것과는 전적으로 대조적인 실재론적 해석을 내세운 것이 아디케스*일 것이다. 그의 표적은 마이몬*, 베크, 피히테 이래의 관념론적 해석에 대항하여 "칸트는 비판기 전체에 걸쳐 우리의 자아를 촉발하는 다수의 사물 자체가 주관을 넘어서서 존재한다는 것을 절대로 자명한 것으로서 한 번도 의심한 적이 없다"[『칸트와 사물 자체』]는 것을 논증하는 것에 있었다. 하임죄트* 역시 칸트를 오로지 인식 비판적 및 과학론적인 철학의 선구자로 간주하는 신칸트학파의 해석에 비판을 가하여 칸트의 참된 의도가 '실천적 = 정설적 형이상학'을 구축하고자 하는 것에 있었다고 주장한다. 이러한 관점에서 사물 자체가 『제1비판』의 중심적인 개념이며, 이성*에게 있어 필연적이라는 점을 증명하고자 했다.

(2) 퍼스*는 인식의 기호에 의한 매개를 주장함으로써 사물 자체 개념의 모순을 지적하고, 인식 가능한 현상과 인식 불가능한 사물 자체의 구별 대신에 현실적으로 인식되는 것과 무한계로 인식 가능한 것의 구별을 놓았다. 아펠*의 초월론적 수행론의 입장에서의 사물 자체에 대한 부정적인 견해는 퍼스의 칸트 비판을 실마리로 하고 있다. 또한 G. 프라우스는 통계학적 방법과 해석학적 입장에서 종래의 칸트 해석이 간과해 온 일정한 사실을 거점으로 삼는다. 비판기 저작들의 '사물 자체' 용법의 거의 90%는 Ding an sich가 아니라 Ding an sich selbst의 형태를 취하며, 이것은 정확하게는 Ding an sich selbst betrachtet의 생략된 표현으로 이해해야만 한다. 이 경우 '사물 자체'는 '그것 자체에서 고찰된 사물'을 의미한다. 이것은 현상과 수적으로 다른

종류의 사물 자체 등이 아니며, 더구나 초월적인 의미에서의 실재적인 대상을 의미하는 것도 아니다. 그것은 사물을 현상으로 하는 것이 아니라, 따라서 경험적 사물의 주관에 대한 의존성을 사상하는 것에 다름 아니다. 따라서 경험적 사물에 대한 두 가지 고찰방식을 의미하는 것이어서, 경험적 사물의 배후에 '사물 자체'인 것을 실체화해서는 안 되는 것이다.

(3) 덧붙이자면, 칸트의 사물 자체설은 마르크스주의*의 입장에서 종래에 엄격한 비판에 노출되어 왔다. 예를 들면 레닌은 그것을 단순한 불가지론에 불과하다고 하여 일축했다[『유물론과 경험비판론』]. 그것에 따르면 세계에는 불가지한 것은 아무것도 없으며, 이전에 사물 자체였던 것이 과학적 인식의 발전에 의해서 '우리에 대한 사물'로 되는 것이다. 그러나 이와는 대조적으로 구 소비에트의 연구자 A. 굴리가는 사물 자체의 적극적 의의에 주목하여 칸트의 사물 자체설이 근거가 없는 과학의 월권과 과학의 전능에 대한 교조주의적 편견에 대해서 반대하는 진리 탐구에로의 길을 여는 사상이라고 평가하고 있다. 사물 자체를 둘러싼 현대의 논의는 초월적인 실재로서의 사물 자체의 존재를 배척하고, 내재적인 방향에서 해결을 시도하고자 하는 경향을 강하게 보인다. 어쨌든 사물 자체 개념은 칸트 해석상의 문제에 그치지 않고 오늘날의 실재론과 반실재론의 대립 구도와 관계되는 문제이기도 하다. ⇒예지체, 대상, 현상, 마치 ……처럼, 촉발

—마키노 에이지(牧野英二)

G. Martin, *Immanuel Kant*, Berlin, 1951(門脇卓爾 譯『イマヌエル・カント』岩波書店, 1962). 牧野英二『カント純粹理性批判の研究』法政大學出版局, 1989. E. Adickes, *Kant und das Ding an sich*, Berlin, 1924(赤松常弘 譯『カントと物自体』法政大學出版局, 1974). G. Prauss, *Kant und das Ding an sich*, Bonn, 1974.

사법私法 [(독) Privatrecht]

'공법*'과 나란히 존재하는 칸트 법론*의 한 분야. 공민상태에 관계하는 법으로서의 공법에 대해 사법은 자연상태(즉 통일적인 공권력 부재의 사인들 상호간

의 수평적 생활관계)에서의 생득적 내지 취득된 권리
(소유권과 그 외의 것들)의 체계적 전개를 내용으로
한다. 그 출발점에 놓이는 것은 '나의 것·너의 것'이라
는 관념이며, 이것이 현대적으로 말하자면 사법적 권
리의 기본을 이룬다. 이것은 생득적이고 내적인 '나의
것·너의 것'(인간의 자유 그 자체)과 취득되고 외적인
'나의 것·너의 것'으로 크게 구별되지만, 사법의 체계
전개에서 보아 중요한 것은 후자이다. 이것은 재산권
에서의 '나의 것'인 물권(그 중심은 소유권), 계약법에
서의 '나의 것'인 채권, 신분법에서의 그것으로서의
물권적 채권(혼인·가족·상속에 관계되는 신분적
권리)으로 삼분되며, 그 각각에 관해 상세한 고찰이
전개된다.

그런데 이러한 사법은 자연상태 안에서의 권리의
체계 = 법이기 때문에, 상호간의 불법적인 침해로부터
확실하게 지켜지고 있는 것은 아니다. 또한 그 내용과
범위에 관해 상호간의 주장의 대립과 다툼에서 벗어나
있는 것도 아니다. 따라서 사법이 사법인 한에서 그것
은 '법'이라는 이름에 어울리는 확실성과 내용적 확정
성을 지니고 있지 않으며, 오로지 '잠정적인' 권리·법
에 지나지 않는 것이다. 그것이 '확정적인' 법이 되기
위해서는 공민상태로 들어옴으로써 공권력에 의한
내용적이고 형식적인 확정 내지 확보를 얻는 것(요컨
대 공법화되는 것)이 필요해진다. 이 점에서 사법은
아직 불완전한 '법'에 불과하다. 그러나 공법이 보장·
실현해야만 하는 권리의 알맹이는 사법에서 정립된
권리인바, 이 점에서 '공법에 대한 사법의 논리적 우월'
이 정당하게 말해질 수 있다는 것을 잊어서는 안 된다.
전반적으로 보아 칸트의 사법론은 근대 자연법론(특
히 그것의 사법적 부분)의 이성법적 재구성이라는 성
격을 농후하게 지니지만, 소유권 이론 등은 현대에서
도 충분히 유효한 이론적 실질을 지니고 있다. ⇒법론,
자연권{자연법}, 법{권리}, 법철학, 소유, 공법

　　　　　　　　　　　　　　－미시마 요시오미(三島淑臣)

📖 G. Buchda, *Privatrecht Immanuel Kants*, Diss. jur. Jena, 1929.
R. Saage, Eigentum, *Staat und Gesellschaft bei Immanuel Kant*,
Stuttgart/Berlin/Köln/Mainz, 1973.

사변적思辨的 [(독) spekulativ]

칸트에 따르면 철학적 인식이란 이성*의 '사변적'
인식이지만, 그것은 보편적인 것을 구체적으로 인식하
는 '보통의 인식'에 반해 보편적인 것을 추상적으로
인식하는 것이다[Prol., IV 369f., IX 27]. 이것이 '사변적'
의 가장 넓은 의미이다. 또한 '사변적'이라는 말은 '존
재해야만 하는 것'에 관계하는 '실천적*'과 대비되어
'존재하는 것'에 관계한다는 의미에서는 '이론적'과
거의 같은 뜻으로 사용되기도 한다. 그러나 "이론적
인식은 그것이 어떠한 경험*에서도 도달할 수 없는
대상* 내지 대상에 관한 개념에 관계하는 경우에는
사변적이다. 이것은 가능적 경험에서 주어질 수 있는
대상 내지 대상의 술어 이외의 것에는 관계하지 않는
자연 인식에 대립한다"[B 662f.]고 말해지듯이, 가능적
경험의 한계 내에서의 이론적 인식인 지성 인식으로서
의 자연 인식에 대비되는 경우에 '사변적' 인식은 순수
이성 인식을 의미한다. 요컨대 이론적으로 사용된 순
수 이성이 사변 이성이며, 그리하여 『순수이성비판』*
은 또한 『사변이성비판』 내지 『순수사변이성비판』이
라고 불리기도 한다. 따라서 순수 이성의 사변적 사용
의 형이상학*이 자연의 형이상학(좁은 의미의 형이상
학)이며, 이것은 모든 사물의 이론적 인식에 관한 단순
한 개념에 기초하는 순수한 이성 원리를 포함한다.
이에 반해 순수 이성의 실천적 사용의 형이상학이
도덕의 형이상학이다.

그런데 『순수이성비판』의 '변증론'에서 명확히 되
었듯이 사변 이성은 언제나 가능적 경험의 한계를
초월하고자 하는 한에서 필연적으로 변증적이다. 요컨
대 사변 이성에 의한 초감성적인 사물 인식은 불가능한
것이다. 그럼에도 불구하고 현상*과 사물 자체*의 구별
에 의해서 사변 이성은 순수 이성 개념, 특히 초월론적
자유가 사유될 수 있다는 것만큼은 확보하는 것이며,
도덕법칙*의 의식이라는 이성의 사실*에 기초하여 이
공허한 장소를 채우고 초월론적 자유에 객관적 실재성
을 부여하는 것이 실천 이성이다. ⇒실천적, 실천 이성
의 우위, 초월론적 변증론, 인식, 이성, 이성의 사실

　　　　　　　　　　　　　　－닛타 다카히코(新田孝彦)

📖 L. W. Beck, *A Commentary on Kant's Critique of Pratical*

Reason, Univ. of Chicago P., 1960(藤田昇吾 譯『カント「實踐
理性批判」の注解』新地書房, 1985).

사실문제/권리문제事實問題/權利問題 [(라) Quaestio facti/Qu-
aestio juris]

칸트가 범주*의 객관적 실재성의 증명을 '초월론적
연역'이라는 형태로 수행하고자 할 때 '연역*'의 목표
를 명시하기 위해 도입하는 법학적 개념. 칸트에 따르
면 법학자들은 합법성과 권한에 관한 문제를 단지
사실에 관한 문제로부터 구별하여 '권리문제'라고 부
른다. 이것과 마찬가지로 범주의 초월론적 연역은 순
수 지성 개념의 소유의 기원이라는 사실을 문제로
하는 것이 아니라 순수 지성 개념을 사용하는 권한의
문제, 다시 말하면 선험적* 개념*의 경험*에 대한 적용
가능성의 근거에 관계한다. 이 문제는 『순수이성비
판』*의 성립사적인 관점에서 보는 경우에 중요한 의미
를 지니고 있다. 『순수이성비판』이라는 용어의 최초
의 사용례가 나타나는 1772년 2월 21일자의 마르크스
헤르츠*에게 보낸 서간에서 칸트는 "우리 안에 있어
표상*이라고 불리는 바의 것이 대상*에 관계하는 것은
어떠한 근거에 의한 것인가"라는 물음이 『형식과 원
리』*에서 간과되고 있었다고 고백하고, 이 문제를 해명
함으로써 "이성적 인식 내지 오로지 지적인 한에서의
실천적 인식의 본성을 포함하는 순수 이성의 비판*"을
제시할 수 있다고 하는 연구 구상을 써 보내고 있다.
요컨대 순수 지성 개념에 관한 권리문제의 자각이
칸트로 하여금 『순수이성비판』이라는 과제에 착수하
도록 한 직접적인 요인이었다고 말할 수 있는 것이다.
　일반적으로 경험적 개념에 관해 말하자면, 경험적으
로 획득된 개념의 사용 권한은 그 개념이 소유되기에
이른 사실에서 유래한다. 요컨대 경험적 개념의 "경험
으로부터의 혈통을 제시하는 출생증명서"는 사실문
제와 권리문제 쌍방에 동시에 해답을 주는 것이며,
여기서는 사실문제와 권리문제가 분리되어 있지 않다.
칸트는 라이프니츠/볼프학파가 주장하는 개념의 생득
성의 교설, 즉 예정조화설 안에서 이 경험적 개념의
경우와 동일한 증명구조를 간취한다. 범주는 "우리의

현존과 동시에 우리에게 심어진(eingepflanzt) 바의 주
관적인 사유를 위한 소질이며, 이 소질은 그 사용이
경험의 진행을 관장하는 자연의 법칙들과 정확하게
일치하는 것처럼 우리의 창시자(Urheber)에 의해서 짜
여 있었다"[B 167]고 간주하는 "순수 이성의 전성설*의
체계"는 권리문제를 사실문제로 해소시킴으로써 여
기서는 칸트적인 연역의 과제가 발생하지 않는다. 따
라서 권리문제의 자각은 그에 선행하는 사실문제에
관한 칸트의 새로운 통찰에 의해서 가능하게 되었다고
도 말할 수 있는 것이다. 이미 칸트는 『형식과 원리』에
서도 순수 지성 개념의 생득성을 부정하고, 그것이
'획득된' 것이라는 점을 강조하지만, 범주의 사실문제
에 관한 최종적인 입장은 후년의 『순수이성비판 무용
론』에서 제시된다. 공간* 및 시간*의 생득성을 주장하
는 에버하르트*에 대해서 칸트는 '근원적 획득(ursprün-
gliche Erwerbung)'이라는 자연법론의 전통적 개념을
사용하여 대답하고, "그 행위에 선행해서는 어떠한
사물에도 속하지 않은 것을 근원적으로 획득한다"[VⅢ
221]는 것의 사례로서 "공간 및 시간에서의 사물의
형식"과 "개념에서의 다양의 종합적 통일"을 들고 있
다. ⇒선험적/후험적, 연역, 획득, 후성설, 전성설
　　　　　　　　　　　　　　　　　-히라노 다카시(平野登士)

［참］Wolfgang Carl, Der schweigende Kant, Göttingen, 1989. 森口
美都男『「世界」の意味を索めて』晃洋書房, 1979. 石川文康
「權利問題の再構成」東北大學哲學硏究會 編『思索』1983.

사유思惟 [(독) Denken]

인간의 가장 고차적인 심적 능력으로서 일반적으로
감성의 작용과 구별된 개념*, 판단*, 추론* 등의 작용을
가리킨다. 또한 개별적인 것으로 향하는 감각에 반해
사유는 보편적인 것, 본질*의 파악에 관한 능력이다.
칸트에서는 순간적이고 개별적인 지각의 이해를 넘어
서서 각각의 지각상 및 표상을 일정한 규칙 하에서
현실의 경험*에로 통합하는 능력을 가리킨다.
　철학사적으로는 감성적* 경험의 인식론적인 우위를
주장하는 경험주의*가 감성*을 사유의 자립성을 제한
하는 것이라고 주장한 데 반해, 이성주의*에서는 순수

한 인식 내지 사유의 인식론적인 우위가 주장되며, 오히려 감성을 그 자신만으로는 자립할 수 없는 것이라고 간주하고 있다. 이러한 사유에 대한 감성의 위치짓기에 대해 칸트는 사유(지성*)와 감성의 인식 형식들의 상호의존적인 성격을 보임으로써 인식에서는 감성 없이는 어떠한 대상도 주어질 수 없으며, 또한 지성 없이는 어떠한 것도 파악될 수 없다는 점을 분명히 했다.

그러나 이 양자의 상호의존성을 나타내는 "내용 없는 사유는 공허하고, 개념 없는 직관은 맹목적이다"[B 75]라는 말에도 불구하고, 다른 한편으로 칸트에서는 사유가 인식 그 자체와 구별되어 (감성을 포함하는) 인식 일반과의 실질적인 관계 속에서 인식에 객관성이라는 최종적인 보증을 부여하는 기능이라는 점이 제시된다. 이것은 단지 사유가 인식의 객관적 현실성을 보증하는 원리라는 것을 의미할 뿐 아니라 칸트에서는 원래 이 개념이 (객관적인) 현실성이라는 개념에 대해서 상보적으로 사용되고 있다는 사실을 가리키는 것이기도 하다. 현실은 사유에 의해서 각인되거나 또는 그 규칙에 의거하여 승인된다. 이런 의미에서 사유는 또한 칸트에 있어 개개의 개념, 판단, 추론 등의 활동을 넘어선 인식 전반의 방법론적인 중추기능으로서, 즉 통각*으로서 나타난다. "나는 생각한다"라는 정식으로 표현되는 이러한 사유의 활동은 모든 표상을 자기의 식*에로 귀속시키는 것으로서 인식의 초월론적*인 원리를 의미할 뿐 아니라, 또한 그의 철학 체계 전체의 입각점을 나타내는 최고점으로서 특징지어지기도 한다. ⇒나는 생각한다

—우다가와 나오토(宇田川尙人)

▩ H. Krings, Denken, in: H. Krings/H. M. Baumgartner/Ch. Wild (Hrsg.), *Handbuch philosophischer Grundbegriffe*, Kösel-Verlag, München, 1973; *Transzendentale Logik*, Kösel-Verlag, München, 1964.

사회社會 [(독) Gesellschaft]

게젤샤프트・사회, 이 말은 칸트에서도 폭넓게 인간의 사회적 결합과 그 형태들을 의미하지만, 좀더 정확하게는 자유로운 존재로서의 인간*의 사회적 결합과 그 형태들을 의미한다. 따라서 관습적・전통적 사회의 의미보다 개인들의 선택의지적・목적의식적 결합을 함의하는 경우가 많다고 말할 수 있다. 칸트는 사회에서 모든 사람들이 서로 대항관계에 있으며, 그것을 통해 각 사람의 자연소질이 꽃피고 문화*가 발전한다고 생각한다. 인간에게는 사회 속에서 타인과 함께 자신의 소질을 펼치는 사회화의 경향과 타인으로부터 벗어나 모든 것을 자신의 생각대로 다루고자 하는 개별화의 경향의 서로 모순되는 양 측면이 있다. 이러한 인간의 비사교적 사교성*에 의해 사회는 미개상태로부터 문명화의 상태인 시민사회*로 진보한다. 시민사회는 법이 지배하는 국가의 합법적 질서이지만 국가들 사이의 관계는 무질서이기 때문에, 좀더 나아가 세계 전체의 질서 있는 관계인 세계시민적 상태의 실현이 지향되어야만 한다. 이것은 인류 최고의 도덕화의 단계이며, 거기서 인류의 자연소질은 완성된다[『일반사의 이념』*].

여기서는 사회적 결합 일반이라는 가장 넓은 의미의 사회의 용법이 보이며, 그것은 인류 진보의 3단계를 통과해야만 한다. 좁은 의미의 사회 개념을 우리는 제2단계의 시민사회 내에서 볼 수 있다. 이 시민사회에 해당하는 사회 개념은 『인륜의 형이상학』* 제1부 '법론*'에서 다음과 같이 말해진다. "자유로운 존재자들은 외적 자유의 원리에 기초하는 (한 인격의 다른 인격에 대한) 상호적인 영향에 의해서 전체의 구성원(공동체 (Gemeinschaft) 내에 있는 인격들)으로 이루어지는 사회를 구성한다"[§ 22]. 이러한 사회는 보편법칙에 의해서 각 사람의 자유를 모든 사람의 자유와 양립시키는 법 아래에서 비로소 가능해진다. 또한 여기서 사회가 공동체와 결합되어 있는 점이 주목된다. 나아가 앞의 제3의 세계시민적 상태는 윤리학*의 이상인 '목적의 나라*'와 중첩될 수 있다. '목적의 나라'란 인격들이 각각 목적으로서 다루어지는 "공동체적 법칙에 의한 다양한 이성적 존재자*의 체계적 결합"[IV 433]이다.

공동체에 대해 간단하게 서술하면, 칸트에서 이 말은 사회에 대립되지 않고 오히려 연계되는 것으로서 사용된다. 공동체, 즉 게마인샤프트는 원래 『순수이성

비판』*에서 '관계'의 범주*에 속하며, "능동자와 수동자의 상호작용"을 의미한다. 또한 『실천이성비판』* '자유의 범주표'에서는 "어떤 인격*의 다른 인격의 상태에 대한 상호적 관계'로 된다. 현상들 간의 상호작용이 인격들 간의 상호작용의 의미로 전용된다. 그리고 앞의 '목적의 나라'에서 보는 것처럼 개인들 사이의 인격적·정신적 접촉을 보유하는 공동사회적인 의미도 포함한다. 아리스토텔레스 이래의 전통적인 사회 개념이 폭넓게 인간의 사회적 결합 일반을 의미하는 데 반해, 이러한 공동체 개념과 연계되는 칸트의 사회 개념은 각 사람의 자유를 만인의 자유와 양립시키는 보편적 법칙에 기초하는 자유로운 개인들의 사회적 결합을 주로 의미하는 것으로서 독특한 의의를 지닌다.
⇒대항관계, 시민사회, 목적의 나라

―하마다 요시후미(浜田義文)

圏 小倉志祥『カントの倫理思想』東京大學出版會, 1972. 知念英行『カント倫理の社會學的研究』未來社, 1984. M. リーデル(河上·常俊 編譯)『市民社會の概念史』以文社, 1990.

삼단논법三段論法 ⇨주론

상대성이론相對性理論 [(독) Relativitätstheorie (영) theory of relativity]

현대의 시공이론은 아인슈타인이 완성한 상대성이론을 기초이론으로 삼고 있다. 아인슈타인은 우선 1905년에 「운동하는 물체의 전기역학에 관하여」라는 제목으로 특수상대성이론을 발표하고, 이어서 이 이론을 중력 문제로 확장한 일반상대성이론을 완성했다. 특수상대성이론에서 아인슈타인은 역학*에서 알려져 있던 운동의 상대성과 맥스웰의 전자기학의 운동론의 모순을 (1) 물리학 전체의 상대성 원리와 (2) 빛의 속도가 그 광원의 운동 상태에 의존하지 않은 채 언제나 일정하다는 두 개의 가설을 설정함으로써 해결했다. 이때 고전물리학에서 전제되고 있던 시간 개념, 특히 동시각의 개념에 관한 철저한 반성이 행해지며, 또한 좌표변환에서는 고전역학의 갈릴레오 변환이 아니라 로렌츠 변환이 채용되고 있다. 그 후 1908년에는 수학자인 민코프스키가 특수상대론의 공간*과 시간*의 본성에 관해 연구를 진척시키고, 그것이 공간과 시공이 일체로 되는 4차원의 시공연속체를 이루고 있다는 것을 밝혀냈다. 상대성이론의 시공은 오늘날에는 민코프스키 시공이라고 불리고 있으며, 동시각의 상대성, 시공의 지연, 질량과 에너지의 등가성, 운동물체의 운동방향에로의 단축과 같은 극적인 여러 가지 현상은 민코프스키 시공의 기하학적 구조의 귀결이라는 것이 알려져 있다. 상대론에서의 기본적인 존재자는 사태(event)이며, 이것은 민코프스키 시공 내에서의 점에 대응하지만, 물체의 운동 경로는 사태를 나타내는 점의 집합인 세계선에 의해서 표현된다. 등속운동의 세계선은 직선이며, 가속운동은 곡선의 세계선으로 나타난다.

특수상대론은 가속도운동을 반드시 포함하지는 않는다. 가속도운동으로까지 영역을 넓히는 동시에 중력 문제를 취급하고 있는 것이 일반상대성이론이다. 뉴턴*은 원운동 등의 가속도를 지니는 운동이 가지고 있는 운동론상의 효과가 절대공간의 존재를 증명한다고 생각했다. 이러한 고전역학의 사상에 대해서는 라이프니츠*와 버클리*를 비롯하여 많은 사람들이 의문을 제기하고 있었으며, 칸트도 비판기 이전부터 비판기를 통틀어 절대공간의 존재를 둘러싸고 라이프니츠와 뉴턴 사이를 동요하고 있었다. 예를 들면『방위논문』*에서는 보편적 공간의 존재가 주장되며, 『운동정지론』에서는 원운동을 포함한 모든 운동의 상대성이 주장되었다. 비판기에 들어서서도 칸트는 절대시공의 존재를 지각의 대상이 아닌 허구물로서 부정한다. 아인슈타인은 일찍이 소년기에『순수이성비판』*을 읽었지만, 아인슈타인에게 커다란 영향을 끼친 것은 마하였다. 아인슈타인은 뉴턴의 물통 실험에 대한 내재적 비판을 행한 마하의 사상을 다시 검토하여(마하원리) 일반상대론을 완성했다. 이 이론에 따르면 중력과 가속도는 본질적으로 같은 것이기 때문에 중력질량과 관성질량은 같게 된다(등가성원리). 또한 중력은 시공의 곡률이며, 시공의 곡률은 그 속에 있는 물질에 의해서 결정되고, 그 기하학은 리만기하학에서 표현된다.

일반상대성이론의 기본적인 방정식은 중력장의 방정식에 의해서 표현되고 있다. 그러나 이 방정식은 비선형적이기 때문에 어떤 조건을 부여함으로써 방정식을 푸는 작업을 거친 후에 물리적인 현실에 대해 언급할 수 있다. 장의 방정식의 해로서 유명한 것으로 수성의 근일점 운동의 이동, 블랙홀의 존재, 중력파의 존재의 예언 등이 있으며, 우주론적인 해가 몇 개 존재한다. 또한 민코프스키 시공과 블랙홀 등은 진공 해의 하나이다. 이러한 진공 해에 있어서는 무한원에서의 경계조건의 설정이 필연적이며, 이것은 절대공간의 설정과 수학적으로 등가라는 것이 최근의 연구에서 인정되고 있다. 이 점에서 절대공간을 규제적*·이념*이라고 한 칸트 철학의 통찰은 현대의 공간론에서도 살아있다고 생각된다. 상대론적 우주모델에 관해서는 아인슈타인 그 자신이 처음에 원통형의 우주모델을 제안했지만, 현재는 팽창모델이 표준적인 것으로 인정되고 있다. ⇒공간, 시간

―스기야마 세이이치로(杉山聖一郎)

A. Pais, Subtle is the Lord..., in: *The Science and the Life of Albert Einstein*, Oxford, 1982(西島和彦 監譯『神は老獪にして… アインシュタインの人と學問』産業圖書, 1987).

상상력想像力 [(독) Einbildungskraft]

상상력은 칸트에 따르면 "대상*을 그 현전이 없어도 직관* 속에서 표상*하는 능력"[B 151 참조]이며, 또는 "다양*을 하나의 형상(Bild)에로 가져오는 능력"[A 120]이다.

(1) 산출적 상상력과 재생적 상상력. 칸트는 상상력을 수동적인 '재생적 상상력'과 능동적이고 적극적인 의미를 지니는 '산출적 상상력'으로 구별한다. 이것은 상상력이 전통적으로 감성*과 지성*의 중간적 능력이라는 것에서 유래한다.

아리스토텔레스*는 『영혼에 대하여』에서 상상력(φαντασία)은 지각이나 사유와 다르다고 한다. 상상력은 지각없이는 발견할 수 없으며, 또한 사유는 상상력 없이는 발견할 수 없기 때문이다[427b]. 이러한 중간적 존재로서의 상상력은 토마스 아퀴나스, 피치노, 피코델라 미란돌라, 나아가서는 볼프학파로 계승되며, 이들이 칸트의 상상력이 지니는 이의성의 전통적 맥락을 이루고 있다.

칸트에서 상상력은 단지 공상력을 가리키는 것이 아니라 넓은 의미로는 대상의 현전이 없이도 그 표상을 지니는 능력을 말한다. '재생적' 상상력은 연상의 법칙에 따라서 표상들을 결합한다. '산출적' 상상력은 지성의 규칙에 따라 범주*에 적합하도록 표상들을 결합한다. 이 경우에 상상력이 행하는 종합*은 지성의 감성에 대한 하나의 작용이다. 상상력의 '순수 종합, 또는 '초월론적' 종합은 경험*의 가능성의 하나의 조건이다. 요컨대 대상이 지각되기 위해서는 이미 상상력이 근저에서 활동하고 있을 필요가 있는바, 그것은 모든 다양을 종합하여 하나의 인식*으로 가져오는 가능성의 조건인 것이다.

나아가 순수한 상상력은 직관*의 다양*을 지성과 결부시켜 지성과 감성을 매개한다. 이와 같이 산출적 상상력은 '초월론적 통합'으로서 중요한 역할을 수행한다.

이 문제는 칸트의 인식론의 요체인 도식론*에서 결정적으로 중요한 역할을 수행함으로써 명확해진다. 칸트는 지성과 감성이 합일함으로써 비로소 인식이 성립한다[B 76 참조]고 하지만, 지성과 감성은 이종적(ungleichartig)이어서 한편으로는 범주와 다른 한편으로는 현상*과 동종적인 <제3의 것>이 존재해야만 한다. 이 제3의 것이 '초월론적 도식'인바, 이 도식은 "상상력의 초월론적 산물"인 것이다[B 176ff.를 참조].

(2) 『순수이성비판』 제1판과 제2판의 같음과 다름. 제1판에서는 감성과 지성이라는 양 극단이 필연적으로 연관되기 위해서는 "상상력의 초월론적 기능의 매개"[A 124]가 필요했다. 모든 인식의 근저에 '선험적*으로 놓여 있는 인간의 마음의 근본능력"으로서 '순수 상상력'이 놓여 있다. 그리고 상상력의 순수 종합의 필연적 통일의 원리는 "통각*에 선행하여 모든 인식의 가능성의 근거"[A 118]라고까지 말해지고 있었다.

그러나 상상력이 지니는 도식화의 능력은 "인간 영혼*의 깊은 곳에 숨어 있는 보이지 않는 기술"[A 141/B 181]이라고 하는 것처럼, 감성 및 지성과 나란히 있는

제3의 능력으로서 정의되는 것은 아니었다. 그리고 이 제1판에서의 "마음*의 능력의 삼원성"은 수동성과 능동성이라는 감성과 지성의 이원성이 중심이 된 제2판에서는 자취를 감춘다. 제2판에서는 "맹목이긴 하지만 마음의 불가결한 기능인" 상상력[A 78]은 "지성의 하나의 기능인 상상력"[Nachträge XLI]이라고 고쳐 말해지기에 이른다.

하이데거*는 이러한 위치짓기의 변화에 관해 초월론적 상상력은 감성과 지성을 근원적으로 매개하는 자립적인 근본능력으로서의 기능을 이미 맡지 못하며, 이러한 "중간능력"은 두 개의 단독으로 성립된 "마음의 근본원천들 사이로부터 추락"한다고 말한다. 미키 기요시(三木清)*도 제2판에서 "상상력의 위치는 두드러지게 낮아지고 있으며, 거의 말살되다시피 하고 있다"고 지적하고 있다.

헤겔*은 『신앙과 지식』에서 칸트의 산출적 상상력을 높게 평가한다. 상상력은 "제1의 것, 근원적인 것"이며, 그로부터 비로소 자아와 세계의 다양이 분기된다. 헤겔은 칸트의 공적을 "초월론적 상상력이라는 형식 속에 참된 선험성의 이념을 둔" 점에 있다고 한다.

상상력은 칸트 철학의 이원성의 문제를 고찰함에 있어 중심적인 문제로 된다. ⇒표상, 도식론

―구로사키 마사오(黑崎政男)

[참] G. W. F. Hegel, *Glauben und Wissen* ... 1802(Gesammelte Werke IV, Felix Meiner)(久保陽一 譯 『信仰と知』 公論社, 1976). M. Heidegger, *Kant und das Problem der Metaphysik*, Vittorio Klostermann, 1951(木場深定 譯 『カントと形而上學の問題』 理想社, 1967). 三木清 『構想力の論理』 岩波書店, 1946.

상식常識 [(독) gesunder (Menschen) Verstand]

보통의 지성, 건전한 이성(gemeiner Verstand, gesunde/ gemeine Vernunft) 등이라고도 불린다. 상식은 칸트에서 표면상 이중적인 위치를 점하고 있다. 이론철학에서는 리드* 등의 상식학파에 대한 비판에서 보이듯이 상식은 이성적인 문제 해결이 절망적일 때에 언제나 사용되는 피난처로서 그것을 끌어들이는 것은 이성*의 본성

을 깊이 파고드는 대신에 대중의 판단에 의지하는 안이한 방법이라는 부정적인 평가가 반복된다. 그에 반해 실천적*인 사항에 관한 상식은 이미 도덕원리를 수단으로 하여 이것을 규준으로 삼고 있기 때문에 선악의 판정을 쉽게 내릴 수 있다. 『정초』*에서도 우선 보통의(gemein) 이성 인식에서 출발하여 최고원리의 규정으로 향하는 도정이 취해진다는 점에서 이 문제에 관한 상식의 지위가 높게 파악되고 있다. 그러나 이러한 언뜻 보아 상반된 평가는 상식이 경험적이기는 하지만 학적이지 않으며, 규칙을 현실적이고 구체적으로 사용하는 것에 관해서는 정통하지만 규칙 자체의 원리적이고 추상적인 탐구에는 걸맞지 않다는 칸트의 일관된 생각에 기초하고 있다. 따라서 이루어야만 할 것을 알기 위해서는 아니지만, 유혹에 대항하기 위해 원리*의 원천과 그것의 올바른 규정*에 관해 지식을 획득하기 위해서는 실천철학*이 필요한 것이고, 범주*를 연역한다든지 지성*의 규칙들을 경험에 관계시키지 않고서 선험적*으로 인식하기 위해서는 상식이 아니라 순수 이성의 사변이 요구되는 것이다. 그렇다면 이 말이 말 그대로 '건전한 지성'이라고 번역되는 경우도 있지만, 가능적 경험의 범위를 넘어서고자 하는 '부패한' '병든' 지성과의 대립을 뚜렷이 한다는 점에 더하여 본분을 분별하여 사변적*으로 되지 않는 한에서는 '건전한' 지성이라고 하는 자주 반복되는 반어적인 뉘앙스를 전달한다는 점에서 적확한 번역어라고 말할 수 있다.

또한 상식과 공통감각*(sensus communis, Gemeinsinn)은 후자에 중요한 지위가 부여되는 『판단력비판』* §40에서는 『인간학』의 경우와는 달리 엄밀한 구별이 요구되고 있다. ⇒공통감각

―후나바 야스유키(舟場保之)

[참] 知念英行 『カントの社會哲學』 未來社, 1988. 牧野英二 「カントの共通感覺論―美學と政治哲學との間」 浜田義文 『カント讀本』 法政大學出版局, 1989.

상징象徵 [(독) Symbol]

"우리의 개념*의 실재성을 입증하기 위해서는 언제

나 직관*이 요구된다'고 주장하는 칸트는 개념을 감성화(Versinnlichung)하는 방법으로서 '도식적(schematisch)'과 '상징적(symbolisch)'의 두 가지를 들고 있다. (1) 지성*이 만들어내는 개념에 "대응하는 직관이 선험적*으로 주어지는 경우" 그 감성화는 도식적이다. 다른 한편 (2) 이성*만이 생각해내는 개념에는 어떠한 감성적 직관도 적합하지 않지만, 일정한 종류의 직관이 주어진다. 이 경우에 감성화는 상징적이다. 따라서 모든 직관은 '도식*'이나 '상징' 가운데 어느 하나로 되며, 도식의 경우에는 개념의 '직접적인 묘사'를 포함하고, 상징의 경우에는 그에 대한 '간접적인 묘사'를 포함하게 된다. 예를 들면 신*에 대한 우리의 모든 인식은 오로지 상징적인 것일 뿐이다. 신에 관한 인식을 도식적인 것으로 생각하면, 그것은 의인관*(Anthropomorphismus)에 빠지게 된다[KU §59].

종래에 Symbol(기호, 상징)은 라이프니츠*, 볼프*, 람베르트* 등에 의해서 직관과 대립적으로 사용되어 왔다. 라이프니츠는 판명한 인식을 불완전한 기호적(symbolica) 인식과 완전한 직관적(intuitiva) 인식으로 분리하고, 그 양자를 대립적으로 사용하고 있었다. 칸트에 따르면 symbolisch라는 말을 '최근의 논리학자들'처럼 직관적인 표상양식과 대립시키는 것은 그 의미를 오해한 부당한 용법이다. 왜냐하면 symbolisch한 표상양식은 직관적 표상양식의 한 종류에 불과하기 때문인바, 그것은 단순한 기호표시(Charakterismen)와는 다르다.

마찬가지 주장이 『인간학*』 '기호표시 능력에 관하여'에서도 보인다. 사물의 형태(직관)(Gestalten der Dinge(Anschauungen))가 개념에 의한 표상의 수단으로서만 역할하는 경우에 그것은 상징(Symbole)이다. 기호*(Charakter)는 아직 상징이 아니다. 왜냐하면 기호는 그 자신에서는 아무것도 의미하지 않고, 직관에 수반되어 이를 통해서 개념에 관계하는 간접적 기호(mittelbare Zeichen)에 불과하기 때문이다. 이와 같이 칸트는 상징(Symbol)과 기호(Charakter)를 구별하고, 상징적 인식이 직관적 인식의 일부라고 고쳐 파악한다.

이와 같은 Symbol 개념의 변화를 거쳐 칸트는 '인륜성의 상징으로서의 미(Schönheit als Symbol der Sittlic-

hkeit)', 즉 아름다운 것은 인륜적으로 선한 것의 상징이라는 사상에 다다른다. 여기서 이론적 능력과 실천적 능력이 공통의 알려지지 않은 방식으로 결합되고 통일되는 것이다.

칸트에서의 상징적 인식의 변화를 통해 근대에 Symbol이라는 개념은 감각적인 것을 통해 초-감각적인 것에 이른다(이른바 상징)고 하는 의미와 사물을 대리한다(이른바 기호)고 하는 의미의 이중화가 성립한다. Symbol 개념의 이러한 변화를 통해 시대가 이른바 고전주의로부터 낭만주의로 전환된다는 것이 말하자면 정설이다. ⇒기호

—구로사키 마사오(黑崎政男)

［참］ Tzvetan Todorov, *Théories du Symbole*, Paris, 1977(及川・一之瀨 譯『象徵の理論』法政大學出版局, 1987). 黑崎政男「ドイツ觀念論と十八世紀言語哲學」『講座ドイツ觀念論』6, 弘文堂, 1990. 小田部胤久『象徵の美學』東京大學出版會, 1995.

상호작용 相互作用 [(독) Wechselwirkung]

『순수이성비판*』의 '원칙론'에서의 '경험의 유추' 절에서 '제3의 유추'로서 논해지는 것이 '상호작용'이라는 개념이다. 거기서 문제로 되는 것은 우리는 무엇을 근거로 이 세계*에서의 다수의 사물이 어떤 시점에 '동시에' 존재하고 있다고 말할 수 있는가 하는 문제이다. 왜냐하면 우리가 지각*할 수 있는 사물은 세계의 극히 일부이고 그것들을 차례대로 지각할 수밖에 없기 때문에, 세계는 우리에게 있어 시간적인 '계기'에서밖에 나타나지 않으며, '동시에' 나타나는 것은 원리적으로 있을 수 없기 때문이다. 그러나 우리는 자신에게 지금 지각되고 있지 않은 이 세계의 대부분이 지금 이 시점에서 '동시에' 존재하고 있다는 것을 의심하지 않는다. 이와 같이 세계의 전체가 '동시에' 존재하고 있다는 것, 즉 세계의 '공재(Koexistenz)'가 말해질 수 있기 위해서는 칸트에 따르면 우선 (1) 우리가 두 개의 사물을 우선 A, 다음으로 B라는 순서로 지각하는 것과, 그 반대로 우선 B, 다음으로 A라는 순서로 지각하는 것이 모두 가능할(= 상호교체적인 지각의 가능성) 필요가 있다. 그러나 또한 이와 같은 지각이 가능하기

위해서는 (2) 세계에서 우리를 포함하는 사물이 모두 '역학적인 상호성(dynamische Gemeinschaft)'에서 서로 결부되어 있지 않으면 안 된다. 왜냐하면 내가 시선을 A와 B 사이에서 자유롭게 왕복시킬 수 있기 위해서는 A와 B 사이에 "공허한 공간"[B 259]이 존재하지 않고, 그 사이를 채우고 있는 "편재하는 물질"[B 269]에 의해서 양자가 "역학적인 상호성"에서 결합되어 있어야만 하기 때문이다. 즉 "우리의 감관*을 하나의 대상*으로부터 다른 대상으로 이끌 수 있는 것은 공간*의 모든 장소에 있는 연속적인 영향뿐"[B 260]인 것이다. 그리고 또한 우리가 대상을 보는 것 역시 대상과 "우리의 눈" 사이가 "빛"에 의해서 연속적으로 결합되기 때문인 것이다[B 260]. 이와 같이 공간 속에 많은 사물이 단지 '있다는 것만으로는 많은 사물로 이루어진 '하나의 세계'가 존재하기에는 부족하며, 공간을 골고루 채우고 있는 물질의 '연속적 영향'이 바로 사물을 서로 '역학적 상호성'에서 결부시키고 있기 때문에 '하나의 세계'가 '동시에' 존재할 수 있다는 것이 칸트의 생각이다. 칸트는 '상호작용'이라는 말을 '역학적 상호성'의 의미에서 사용하고 있다고 말하고 있고[B 260], 만유인력과 같은 것을 생각하고 있다고 생각되지만, '세계'를 '하나'로 통일하고 있는 힘이라는 문제는 자연학적인 것에 그치지 않고 형이상학적인 배경을 지니고 있다. 칸트는 이 문제를 『감성계와 예지계의 형식과 원리』(1770)의 §16~22에서 '예지계의 형식의 원리' 문제로서 고찰했지만, 『순수이성비판』에서의 '상호작용'의 논의는 그것을 두 개의 대상*의 지각의 상호교체라는, 감성*을 포함하는 인식*의 원리와 결부시킴으로써 비판철학의 틀 속에서 정식화했던 것이다. ⇒인과성, 유추, 공간

—우에무라 쓰네이치로(植村恒一郎)

📖 H. J. Paton, *Kant's Metaphysic of Experience*, vol. 2, G. Allen & Unwin, 1936. 小川弘『時間と運動』御茶の水書房, 1986.

『**새로운 해명**—解明』 ⇨『**형이상학적 인식의 제1원리의 새로운 해명**』|『**새로운 해명**』|

생기론生氣論 [(독) Vitalismus]

17세기의 기계론자들은 생물을 기계로 간주하고, 생물과 무생물의 차이는 과학적 설명의 차이를 초래하지 않는다고 생각했다. 그럼에도 불구하고 뉴턴*이 무생물의 세계에 기계론적이긴 하지만 불가시적인 중력 개념을 도입한 것을 근거로 하여 생물에 관해서도 설명을 위해 불가시적인 생명력(vis viva)을 상정하는 할러*와 같은 생물학자가 18세기에 등장했다. 19세기에 들어서면, 이러한 생명력은 물리-화학적 법칙에 따르지 않는다는 견해를 주장하는 것이 나타나게 되었다. 한스 드리슈가 이 견해의 대표자로 간주된다. 물리-화학적 법칙 그 자체를 부정하는 것이 아니라 그것에 따르지 않는 좀더 고차적인 생명력을 상정한다는 점에서 고전적 생기론과 구별되며, 자주 신생기론(Neuvitalismus)라고도 불린다.

현대 생물학에서 생기론을 주장하는 자는 없는데, 그 가장 큰 이유로서는 생물-기계론이라고 말할 때의 기계 개념이 17, 18세기의 그것과 근본적으로 다르다고 하는 점이 지적된다. 고전적 기계론이 수정되고 있기 때문에 생명력의 상정이 의미를 지니지 않게 되는 것이다. 기계 개념의 중요한 변경으로서 기계의 소재보다도 그 기능을 의의 있는 것으로 말하는 것이 사이버네틱스 이후 가능하게 되고, 특히 생물에 관해서는 DNA가 지니는 기능이 생물이라는 생존-기계에서 고려되어야만 하는 설명의 차원이게 된다. 일반적으로 자연법칙*까지도 기능주의적으로 생각할 수 있다. 확실히 현대의 견해는 생물과 무생물의 소재상의 차이가 기능주의적으로는 과학적 설명에서의 차이를 초래하는 것은 아닌 한에서 고전적 기계론의 프로그램을 계승하고 있는 것이다.

칸트의 생물학 사상은 이러한 기계론의 기능주의적 수정과 밀접한 관련을 지니고 있다. 생기론(칸트에서는 Hylozoism이라고 불린다)은 모든 자연과학*의 '죽음(der Tod)'[MA, Ⅳ 544]을 의미하며, 유기체*에서 생명을 이야기하는 것은 어디까지나 '유추*(Analogie)'[KU, Ⅴ 374]에 불과하다는 것이 강조되고, 유기체 개념이 반성적 판단력에 속하는 개념이라고 한 점에서 생물에 대한 고전적 기계론의 소재 중심적인 사고방식이 아니

라 현대의 기능주의적인 사고방식을 간취할 수 있기 때문이다. ⇒생물학, 유기체

—아사히로 겐지로(朝廣謙次郎)

📖 Ernst Mayr, *The Growth of Biological Thought*, Harvard U. P., Cambridge, Mass., 1982. F. M. Wuketits, *Biologische Erkenntnis*, Gustav Fischer, Stuttgart, 1983.

생명生命 [(독) Leben]

칸트는 전 생애를 통해 생명 있는 물질이라는 생각에 반대했지만, 그럼에도 불구하고 유기체*(동식물)에서는 생명의 현실을 무시할 수 없었다. 생명이란 본래 우리의 신체 경험에서 유래하는 개념이며, "욕구능력*의 법칙에 따라서 행동하는 능력*"[KpV, V 9Anm.]이다. 그에 반해 물질의 특성인 관성(inertia, Trägheit)은 "바로 생명 없는 것(Leblosigkeit)을 의미한다"[MA, IV 544]. 그리하여 칸트는 유기체에 관해서는 "생명의 유사물(ein Analogon des Lebens)"[KU, V 374]이 인정될 뿐이어서, 이 입장과 물질에서 생명을 인정하는 "물활론(Hylozoism)"[같은 곳]과의 차이를 강조했다. 유기체의 가능성을 이해하는 것은 우리의 인식능력*을 넘어선 과제라고 생각한 칸트는 유기적 생명을 무기적 물질계에서 말하는 것이 기계론적 인과성에 어떠한 의미에서 모순되지 않는지를 해명하고, "생명의 유사물"이라는 유기체에 대한 자세한 연구를 지도하는 발견적 원리인바, 그 토대 위에서 유기체의 기계론적 설명이 추구되어야만 한다고 생각했다. 만년의 칸트는 이러한 비판주의*의 입장에서 당시 유행하게 된 '생명력(Lebenskraft)' 개념에 일정한 평가를 부여하고, 뉴턴*의 중력 개념이 중력의 기원을 문제 삼지 않은 채 사용되는 것과 마찬가지 방식으로 '생명력' 개념도 사용될 수 있다는 견해를 남기고 있다.

그런데 이성적 인간의 생명에는 이러한 생물학적 생명원리를 넘어선 실천적*인 생명원리가 부가되지 않으면 안 된다. 즉 인간*은 이성*에 의해서 "자연*의 기계론과 기교적–실천적 법칙에 적합한 삶 뿐 아니라 자유*의 자발성*과 그 도덕적–실천적 법칙에 적합한 삶을 살아간다"[『철학에서 영원한 평화』, VIII 417]는

것이다. 칸트는 자유라고 하는 우리의 경험*을 넘어선 것과 그것을 우리에게 알도록 해주는 정언명법에서 단순한 이야기와 실용적인 도구가 아닌, 그 자체가 의무*인 것과 같은 이성적 인간의 '삶의 철학'을 생각하고 있다고 말할 수 있을 것이다. ⇒유기체

—아사히로 겐지로(朝廣謙次郎)

📖 Reinhard Löw, *Philosophie des Lebendigen*, Suhrkamp, Frankfurt am Main, 1980.

생명윤리生命倫理 [(독) Bioethik (영) bioethics]

생명윤리(Bioethik)의 등장은 과학기술의 급속한 발달과 더불어 종래의 기술수준으로는 치료할 수 없다고 생각되던 다양한 의료 분야에서 생명을 연장할 수 있는 치료법의 개발이 이루어진 결과, 삶과 죽음, 인격과 비인격 간의 경계가 애매해지고 기존의 윤리학으로는 대처할 수 없는 윤리적 문제들이 발생한 데서 기인한다. 18세기를 살아간 칸트에게는 현대의 초미의 관심사인 생명윤리의 문제의식이 시대 환경적으로도 전혀 염두에 놓이지 않았던 것은 분명하다. 그러나 칸트가 『학부들의 투쟁』의 제3부 '의학부와 철학부의 투쟁'에서 장수와 건강을 취지로 삼고 있는 의학적 양생법을 "인간의 생명을 연장하는 기술"로서 논의[VII 114]하고 자기의 의지*(이성*)의 힘에 의한 병적 감정의 지배를 철학적 양생법으로서 대립시킴으로써 일종의 의료윤리의 선구적인 논설을 시도하고 있는[VII 100–101] 것으로부터도 엿보이듯이, 칸트의 탁월한 윤리학에서는 생명윤리에 관해서도 경청할 만한 언급들이 곳곳에서 발견됨은 물론이다.

생명윤리를 둘러싼 문제들은 도덕적 딜레마를 야기한다. 거기서 도덕적 상대주의가 생기한다. 그러나 칸트 윤리학이 종래의 공리주의적이고 행복주의적인 상대주의 윤리학을 극복하여 절대주의적인 의무윤리학을 수립했듯이, 칸트의 정언명법의 절대주의는 바로 가언명법의 상대주의를 극복하는 것이다. '행복해지기 위하여 행하라'는 가언명법으로부터 '행복해질 가치가 있도록(würdig) 행하라'는 정언명법에로의 전환은 의지 규정에서의 타율로부터 자율에로의 일종의

코페르니쿠스적 전회*이다. 칸트는 기본적으로 생명*
과 행복*의 양이 아니라 바로 생명과 행복의 질을 문제
로 삼는다. 바로 거기서 쾌락계산 하에서 행복과 생명
을 양화하고 그 질을 충분히 묻지 않는 공리적 행복주
의를 극복하고, 인격적 존엄으로 채워진 삶의 방식을
도덕적인 '생명의 질'로서 고구하는 칸트의 생명윤리
의 지평이 성립한다고 말할 수 있다. 따라서 생명의
존중과 존엄에 대한 칸트의 입장은 소여로서의 하늘이
준 생명을 그대로 절대시하는 것이 아니라, 소여의
생명을 어떻게 살아갈 것인가 하는 자유롭고 주체적인,
즉 다름 아닌 자기결정적인 삶의 방식에서 도덕적인
가치를 인정하는 것이다[vgl. KU, V 395Anm.]. "사는
것이 필수적인 것이 아니라 사는 한에서 존경할 가치가
있도록(ehrenwert) 사는 것이 필수적인 것이다"[VE
190].

그런 까닭에 죽는 방법도 삶의 방식이라는 의미에서
는 '존엄사'가 허용될 수 있다고 말할 수 있을 것이다.
또한 '자살'*을 금하는[GMS, IV 422] 칸트의 입장에서
도 인격적 존엄에 관여하는 한에서 자연에 '죽음을
내맡기는' 자연사로서의 소극적 안락사는 존엄사의
일종으로서 이념적으로 허용될 수 있다고 생각된다.
요컨대 인간을 생명적 존재이기 때문이 아니라 인격적
존재인 까닭에 찬양하는 칸트 윤리학은 이성과 자기의
식을 '인격'*의 요건으로 하는[『인간학』, VII 127] 것으
로서 인격적 존엄을 위한 자기결정적인 '존엄사'의
논거가 될 수 있는 반면, 그와 동시에 인격의 존엄*을
강조하면 할수록 무의식적으로 이분법적으로 비인격
적 존재자를 물건으로 취급하여 배제하는 나치스적인
우생학에 길을 열 위험한 측면을 함께 지닌다는 점을
충분히 분별하는 데 주의할 필요가 있는 것이다. ⇒생
명, 인격, 자살, 존경

―이노우에 요시히코(井上義彦)

📖 P. Menzer (Hrsg.), *Eine Vorlesung Kants über Ethik*, Pan
Verlag Rolf Heise Berlin, 1924(본문에서는 VE로 약기; 小西・
永野 譯『カントの倫理學講義』三修社, 1968). 樽井正義「バイ
オエシックスとカント倫理學」牧野・中島・大橋 編『カン
ト』情況出版, 1994. 井上義彦「カント倫理學と生命倫理」土
山・井上・平田 編『カントと生命倫理』晃洋書房, 1996.

생물학生物學 [(독) Biologie]

생물학(Biologie)은 어원을 거슬러 올라가면 그리스
어 bios(βίος; 생{명})와 logos(λόγος; 학, 논리)의 합성
어로서 '생명의 학'이 되지만, 그리스에서는 오늘날
의미하는 Biologie는 생겨나 있지 않다. (수학・천문
학・물리학・화학・**생물학**・사회학 순으로 실증적
과학들이 이루어진다는 A. 콩트의 과학의 발전단계설
에 따라 말하자면, 생물학이 현대적 의미를 지니는
것은 19세기이다.) 그리스에서는 생명 있는 것에 관하
여 또 하나 ἔμψυχον(영혼이 있는 존재자)이라는 표현
이 있다. ἔμψυχον으로서 운동력을 지니는 동물에
관해서는 아리스토텔레스*가 대저작을 완성했다(『동
물지』(Historia Animalium) 외에 이른바 동물5서). 거기
서는 500종 이상의 동물이 기술되며, 동물의 발생양식
에는 자연발생, 저생蛆生, 난생, 태생의 네 단계가 있다
고 한다. 여기에는 사실 오인도 있으며, 특히 자연발생
이 말해지는 근저에는 고대적 우주관과의 관계가 놓여
있다. 이른바 월상과 월하의 세계를 질적이고 가치적
으로 구분하는 사고방식은 지상의 유기물의 엄밀한
관찰(현미경 등의 유력한 도구가 없었던 점도 원인이
겠지만)에 이르게 하지 못했다. 그 후 자연발생은 아리
스토텔레스가 본 뱀장어, 지렁이 등에서는 부정되지만
미생물에는 적용되며, 이것이 완전히 부정되는 것은
파스퇴르(1862)에 의해서이다.

칸트의 생물학 사상은 유기체*(organisches Wesen, Or-
ganismus)를 축으로 전개되지만, 자기의 논의는 뷔퐁*
및 린네*에 의거하고 있다고 한다. 린네의 주저 『자연
의 체계』(Systema naturae, 1735, [10]1758)는 종-속-목-강
이라는 체계 내에 종을 위치지어 근대 생물분류학의
기초를 형성했지만, 그의 근본 견해는 "대지의 창조의
목적은 인간Homo{이성적인 인간Homo rationalis}에 의
한 자연의 작품으로부터의 신*의 영광의 찬미다"라는
것이었다. 다른 한편 뷔퐁은 왕실식물원에서의 풍부한
실험과 관찰을 토대로 40년의 긴 세월에 걸쳐 『박물지』
(Histoire naturelle generae et particulière, 1749-89, 36 vols.)
를 쓴다. 처음으로 불변하는 종에 대해서 의심을 드러
내며 "지각할 수 없는 미묘한 변화가 자연의 위대한
활동"이라고 보지만, "잡종의 불모성"으로부터 "종이

객관적이고 기본적인 실재이다'라는 생각으로 되돌아온다(아리스토텔레스의 '좋은 형상'설의 계승자에 가깝다).

칸트는 유기체를 인과적 설명과 목적론적 평정이 통일된 형태로 이해되는 존재물이라고 한다. 이것은 『제3비판』*의 주된 주제들 가운데 하나지만, 칸트에게는 아리스토텔레스, 린네, 뷔퐁과 같이 수백 종 이상의 생물들을 개별적으로 기술하고자 하는 시도는 존재하지 않는다. 오히려 『제1비판』*의 제언인 "객관*은 주관*에 의해서 성립한다'를 어떠한 생물과 개체도 독자적인 객관세계를 지닌다고 이해함으로서 생물학의 한 분야가 개척된 점이 주목된다. 일례로서 J. v. 윅스퀼의 『생물로부터 본 세계』(*Streifzüge durch die Umwelten von Tieren u. Menschen*, 1933)를 들 수 있다. ⇒유기체, 목적론, 뷔퐁, 린네

―바바 요시유키(馬場喜敬)

샤프츠버리 [Anthony Ashley Cooper, Third Earl of Shaftesbury
  1671. 2. 26–1713. 2. 14]
  영국의 도덕학자. 유소년기에 철학자 로크*를 가정교사로 하여 교육을 받았다. 정계에 나온 적도 있지만 병약하여 생애의 대부분을 문필활동으로 보내고 휴양지인 나폴리에서 사망했다. 저작은 국내외에서 널리 읽혀 18세기 영국 사상뿐 아니라 독일과 프랑스 사상에도 커다란 영향을 주었다. 그의 사상은 시대사상의 전환을 보이고 있다. 그는 17세기에 확대된 종교적 열광과 홉스*의 이기적 윤리관에 반대하여 전 우주를 전체와 부분의 조화적 질서로 보는 입장에 서서 이타적 인간관과 도덕감정론*을 내세웠다. 그의 사유방법의 두드러진 특징은 자유로운 비판정신의 활동에 있다. 그는 경직된 교조적 사유방법을 배척하고 '기지와 해학의 자유'를 권장한다. 야유와 조소 가운데서 협애한 견해와 완고한 불관용이 타파될 뿐 아니라 숨겨진 진리가 모든 사람 앞에 모습을 드러낸다고 생각한다. 그것은 다양한 사람들의 담론에 의한 연구의 존중이며 공공적 정신의 존중과도 연결된다.
  그는 종교로부터의 세속적 도덕의 독립을 위해 고유

한 도덕원리를 탐구하고 그것을 도덕감정으로서 제시했다. 인간은 사회생활을 영위하고 본성상 사교적이며, 단지 이기심뿐 아니라 타인에 대한 애정과 친절한 마음을 지닌다. 나아가 개개의 감정과 행위에 대해 쾌와 불쾌의 감각을 통해 선악을 분별하는 도덕감정을 지닌다. 이것은 반성적 감정이라고도 불리며, 이성과 결부되어 아름다움과 추함의 감정과도 겹쳐진다. 이것이 자신의 내면으로 향할 때 양심*의 활동이 된다. 이것은 반드시 이기적 감정을 비난하고 이타적 감정을 찬양하는 것이 아니라 오히려 감정들이 과도하게 되지 않도록 전체적인 조화의 보존을 위해 활동하는 것을 좋다고 한다. 그리고 그것을 통해 조화롭고 공공적인 질서가 실현된다고 생각한다.

칸트와의 관계를 보면 이른 시기에 그는 도덕감정론의 주창자로서 주목 받고 있다[II 311, 396]. 또한 『논리학』에서는 지식에 관한 참된 대중성*의 모범을 보여주는 한 사람으로 간주되고 있다[IX 47]. 나아가 『인륜의 형이상학』* 서언에서 "조소를 견뎌내는 것이 진리의 시금석"이라는 샤프츠버리의 말이 인용되고 있는 데서 칸트가 그에게 주목한 또 하나의 측면을 볼 수 있다. ⇒도덕감정론

―하마다 요시후미(浜田義文)

㋐ *Characteristics of Men, Manners, Opinions, Times*, 1711.
㋓ B. Willey, *The Eighteenth Century Background*, London, 1940 (三田博雄 外 譯 『18世紀の自然思想』 みすず書房, 1975). Stanley Grean, *Shaftesbury's Philosophy of Religion and Ethics. A Study in Enthusiasm*, Ohio U. P., 1967. 板橋重夫 『イギリス道德感覺學派』 北樹出版, 1986.

서술敍述 ⇨**현시**

선善 [(독) das Gut]
  넓은 의미로는 '좋은 기후', '좋은 말' 등에서도 사용되지만, 인간에 한정되어 '좋은 정치', '좋은 기예', '좋은 그림' 등으로, 나아가 '선행', '선의' 등의 윤리적 및 도덕적 의미로 좁혀져 왔다. 옛날에는 소크라테스

의 '지혜로워라, 그리하면 너는 선하다'와 초기 플라톤*의 지식이 선하다는 학설, 그리고 아리스토텔레스*처럼 목적이 선하면 성격과 지식과 능력도 선하다는 학설이 있었다. 또한 칸트의 선행자들로는 본질의 모두가 향상된 완전성*을 선이라고 하는 볼프* 등의 학설과 욕망의 대상이 그 사람에게 있어 선이라고 하는 홉스*에서 맨더빌*에 이르는 이기설, 그리고 타인의 이익과 행복을 선이라 하는 '인애' 감정을 기초에 두는 샤프츠버리*로부터 허치슨*에 이르는 이타설(도덕감정론*) 등의 학설들이 있었다. 칸트에 있어서는 "무제한적으로 선하다고 간주될 수 있는 것은 오직 선의지*뿐이다"[VI 393]라는 말이 단적으로 보여주듯이 선은 제한된 선(유용성)과 무제한한 선(도덕성*)으로 구별되며, 후자만을 윤리학에서 추구한 까닭에 칸트의 입장은 엄격주의*라고도 말해진다. 제한된 선이 행위의 귀결과 목적*, 행복*, 완전성 등 의욕의 실질에 의해서 규정되는 것인 데 반해, 무제한의 선은 오직 의무*를 위해 의무를 의욕하는 것, 또는 실천 이성이 모든 이성적 존재자*에 대해서 정립한 것을 의욕하는 것을 의미한다. 그러므로 선과 도덕법칙*의 관계는 선 때문에 도덕법칙에 따르는 것이 아니라 도덕법칙에 따르기 때문에 선이라는 "방법의 역설"[V 63]로서 관계지어진다. 칸트 이후에는 벤섬에서 시작되는 공리주의*가 쾌락이 선이라는 것을 기초로 하면서 최대다수의 총계를 구하는 데서 이기설과 심정설을 넘어서고자 했다. 또한 무어는 선은 분해될 수 없는 단순한 성질이기 때문에 '쾌락이 선이다'라는 주장은 자연주의적 오류를 범하고 있으며, 선은 정의 불가능하고 직각될 뿐이라고 주장했다. ⇒최고선, 선의지, 도덕성

─사토 츠토무(佐藤 勞)

📖 G. E. Moore, *Principia Ethica*, Cambridge, 1903(深谷昭三 譯『倫理學原理』三和書房, 1982). 矢島羊吉 外 監修『現代英美の倫理學』福村書店, 1959. 浜田義文『カント倫理學の成立』勁草書房, 1981.

선의지 善意志 [(독) guter Wille]

【 I 】 선의지 개념의 독자성

선의지는 칸트의 비판윤리학을 주도하는 중심개념이다. 이 개념은 비판윤리학의 최초의 저작『인륜의 형이상학의 정초』* 제1장 서두에 등장하며 이후의 전개를 관통한다. 그것의 유명한 문장은 다음과 같다. "세계 안에서도 그 바깥에서도 무제한적으로 선하다고 간주될 수 있는 것은 오직 선의지뿐이며, 그 이외에는 생각될 수 없다"[IV 393]. 이러한 명제 모양의 문장은 언뜻 보아 당돌하다. 선의지란 무엇인가, 왜 선의지만이 무제한적으로 선한 것인가와 같은 의문이 곧바로 떠오른다. 제1장의 표제는 '통상적인 도덕적 이성 인식으로부터 철학적인 도덕적 이성 인식으로의 이행'인 바, 비근한 도덕적 상식으로부터 출발하여 철학적 도덕인식에로 나아가고자 하고 있다. 그러나 앞의 말은 상식에 있어 자명하다고는 말하기 어렵다. 칸트는 그 의미를 명확히 하는 것을 통해 자신의 윤리사상의 핵심을 전개한다.

도덕적 실천에서 상식*은 이론인식의 경우와는 달리 신뢰할 수 있는 것이며, 기본적인 도덕적 이해를 갖추고 있다. 다만 그 이해가 충분히 자각적이지 않기 때문에 그것을 명확하게 하는 것이 윤리학*의 임무라고 칸트는 생각한다. 앞의 선의지에 관한 말은 올바르게 이해하면, 상식에게 결코 불가해하지 않다. 그렇기는커녕 선의지가 모든 이의 안에 놓여 활동한다는 것을 각자에게서 볼 수 있다. 인간*의 의지*는 유한한 이성적 존재자*의 의지이며, 다양한 감성적 자극을 받으면서 그에 대항하여 해야만 하는 것을 알고 의지할 수 있다. 거기서 자연필연성의 영역과는 상이한 자유*의 영역이 열리며, 그 속에서 의지가 마음을 다해 수행해야만 하는 의무*를 자각하여 그에만 따르고자 하는 데서 선의지가 나타난다.

【 II 】 선의지의 무제한적으로 선함

(1) 도덕원리의 탐구. 우선 선의지의 개념은 최고의 도덕원리를 탐구하는 가운데 문제로 된다는 점에 주의해야만 한다. 그것은 단지 객체적이고 대상적인 다양한 선한 것 가운데서의 최선의 것으로서 논해지는 것이 아니다. 그것은 각 사람의 선하게 살고자 하는 의지이며, 각 사람의 삶의 방식의 전체와 깊이 관계하고 있다. 그러므로 선의지는 각 사람의 삶의 방식을

규정하는 근본적 도덕원리와 굳게 결합되어 있다.

(2) 선의지의 특징. 그와 같은 선의지만이 무제한적으로 선하다고 하는 것은 선의지의 다음과 같은 세 가지 특징 때문이다. ① 선의지는 행위하는 각 주체의 의지작용 자신의 선이다. 그것은 이성*이 성취해야만 한다고 명령하는 것을 타산과 경향성* 등 일체의 욕망을 뒤섞지 않고 그것 자신을 위해서 의지하고자 하는 순수한 의지작용이다. ② 그로부터 선의지는 다른 모든 선에 대해 그것들을 주체적으로 사용하는 고차적인 위치에 선다. 여러 우수한 재능과 기질*과 사회적 권세 등은 외적이고 양적인 선에 불과하며, 선의지에 뒷받침되지 않으면 오히려 오만함을 낳고 유해하게 된다. 선의지는 다른 모든 선한 것들 각각이 선하게 작용하도록 하기 위한 근본조건인 것이다. ③ 나아가 선의지는 단순한 개별적인 활동이 아니라 각자의 의지작용 전체를 통일하고 생활 전체를 방향짓는 근본적인 활동이다. 각자는 인생을 통합하는 이러한 선의지에 뒷받침되어 통일적 인격으로서 '성격*'을 지닐 수 있다. 이상의 것들로부터 선의지가 유용성과 성과 등에 전혀 의존하지 않고 그 자체의 무조건적인 선이라는 점이 이해된다.

【Ⅲ】 선의지와 정언명법

(1) 의무 개념과의 결합. 선의지는 해야만 할 것을 의식하여 그것을 그것 자신을 위해 하고자 하는 의지이기 때문에 상식에 있어 비근한 의무 개념 속에 이미 포함되어 있다. 그것을 순화하여 보면 행위의 결과가 의무*에 적합할 뿐 아니라 의무 자신을 위해 행해지는 행위야말로 참된 도덕적 선을 지닌다고 하는 것이 판명된다. 거기서는 동기*의 순수성이 중시된다. 그것은 행위를 산출하는 의지의 규정근거에 대한 주목이며, 각자의 의지의 주관적 원리인 준칙*이 자기 멋대로인 것이 아니라 만인에 의해 이성적으로 승인된 것이라는 점이 요구된다. 칸트는 이것을 "자신의 준칙이 동시에 보편적 법칙으로 될 것을 바랄 수 있는 준칙에 따라서만 행위하라"[Ⅳ 421]고 말하는 '정언명법'으로서 정식화했다. 의무와의 관련에서 보면 선의지란 정언명법을 따르는 의지에 다름 아니다.

(2) 두 종류의 선의지. 여기서 "완전한 선의지"와 "단적인 선의지"의 구별이 필요하다[Ⅳ 413f.]. 전자는 어떠한 강제도 없이 언제나 반드시 그 바라는 바가 보편법칙과 일치하는 신적 의지이며, 명법*을 전혀 필요로 하지 않는다. 이에 반해 후자는 보편법칙과 언제나 일치한다고는 할 수 없는 "완전하게는 선하지 않은 의자"인바, 인간 의지이다. 이에 대해서는 강제를 수반하는 정언명법이 불가결하다. 인간 의지는 이성만이 아니라 감성적* 자극에도 움직여지기 때문이다. 유한한 이성적 존재자인 인간의 의지가 언제나 정언명법에 복종하는 데서 "단적인 선의지"가 성립하는 것이다.

【Ⅳ】 의의와 반향

(1) 도덕적 가치관의 전회. 이와 같은 선의지가 인간에서의 최상의 선이며, 그것의 확립이 이성의 도덕적 사명이게 된다. 거기에는 도덕적 가치관이 근본적 전회가 놓여 있다는 점에 주의해야만 한다. 그것은 여러 선들의 객체적이고 양적인 추구로부터 각자의 전체적 의지활동으로서의 도덕적 선의 주체적이고 질적인 추구로의 방향전환이라고 말할 수 있다. 자유로운 행위주체인 각자의 의지활동 자체의 선이 추구된다. 선의지의 확립은 곤란하지만, 어떠한 특별한 재능이나 권력을 필요로 하지 않으며, 다만 인간의 의무를 성실하게 준수하고자 하는 모든 이에게 그것에로 향한 길은 열려 있다.

(2) 반향. 『인륜의 형이상학의 정초』의 선의지론, 특히 제1장 서두로부터 몇 단락의 그것은 가르베* 역·주해 『키케로·의무론』(1783)과 밀접하게 관련되어 있다. 이 속에서 가르베는 키케로*가 최고선*인 '도덕적 고귀함(honestum)'을 보통 사람의 사회생활에 도움을 주는 경험적인 덕으로서 대중화한 것을 대중철학*의 입장에서 칭찬했다. 이에 반해 각각의 주체의 의지규정의 문제로서 선의지를 정언명법과 결합하여 순화한 칸트의 견해는 가르베로 대표되는 동시대의 대중적 도덕론에 대한 강한 비판을 포함하고 있다. 그러한 생각은 행복론자와 그 밖의 반론을 불러일으켰지만, 또한 동시대의 강한 공감도 불러냄으로써 이후 오래 계속되는 영향의 발단이 되었다. ⇒『인륜의 형이상학의 정초』{『정초』:『원론』}

─하마다 요시후미(浜田義文)

H. J. Paton, *The Categorical Imperative. A Study in Kant's*

Moral Philosophy, London, 1947(杉田聰 譯『定言命法』行路社, 1986). F. Kaulbach, *Immanuel Kants >Grundlegung zur Metaphysik der Sitten<*, Darmstadt, 1988. O. Höffe (Hrsg.), *Grundlegung zur Metaphysik der Sitten. Ein kooperative Kommentar*, Frankfurt am Main, 1989. 久保元彥『カント研究』創文社, 1987. 浜田義文『カント哲學の諸相』法政大學出版局, 1994.

선택의지選擇意志 [(독) Willkür]

12세기 이후로 '의지*(Wille)'와 '선택(Kür)'이 합성되어 이루어진 말. 볼프*는 이것을 행위를 결정하는 내적인 원리* 또는 능력으로 간주하고 라틴어 spontaneitas(자발성*)를 그 동의어로 들지만, 바그너는 자발성에 기초하여 스스로의 욕구에 따라 다양하게 행위할 수 있는 힘이라고 정의하고 arbitrium(결정, 기호)을 그 동의어로 내세우며, 이것이 지와 의지에 기초할 때 자유*로운 선택의지(liberum arbitrium, freie Willkür)가 된다고 말한다. 바움가르텐*은 후자의 역어를 따르는 가운데 감성적인 기호에 따르는 감성적 선택의지(arbitrium sensitivum)와 이성적인 기호에 따르는 자유로운 선택의지(liberum arbitrium)를 구별한다. 제1비판에서 칸트는 이러한 바움가르텐의 구별에 따르며, 감성적인 동인에 촉발되는 감성적 선택의지와 이성적인 표상*에 따르는 자유로운 선택의지를 나누고 후자를 실천적 자유로 간주한다. 인간의 선택의지는 언제나 감성적 충동에 강제되는 동물적 선택의지(arbitrium brutum)와는 달리 기본적으로는 감성적이면서도 감성적 계기로부터 독립할 수 있고 또 경향성*을 극복한다는 점에서 이성적일 수도 있다는 데에 그 특징이 있다.

제2비판에서는 의지와의 용어상의 구별이 반드시 명확하지는 않다. 의지와 마찬가지로 선택의지는 이성*에 따르고 도덕법칙*을 준수하는 데서 '자율(Autonomie)'을 성취하며, 감성적 동인 또는 경향성을 따르고 도덕법칙이 되는 준칙*을 채택하지 않는 경우에는 '타율'을 낳는다. 악의 문제가 주제화되는『종교론』*에서는 선택의지가 자유로운 핵심어가 되며, 선택의지가 채택하는 준칙이 도덕법칙을 수용하면 선*, 그 준칙이

도덕법칙을 배반하는 경우에 악이 생긴다고 하여 선 내지 악의 근거가 선택의지의 준칙 속에서 통찰된다. 『인륜의 형이상학』*에서는 제2비판에서의 '순수 의지'라는 의미에서 의지가 말해지며, 도덕법칙을 반드시 준수하는 의지가 자유라거나 부자유라고 말할 수 없는 데 반해, 도덕법칙을 준수할 수도 거절할 수도 있는 선택의지만이 자유라고 말해진다. ⇒의지, 자발성, 자유, 의지의 자유, 도덕법칙

―가와무라 가츠토시(河村克俊)

Artikel "Willkür", in: J. u. W. Grimm, *Deutsches Wörterbuch*, Bd. 14, Leipzig, 1911. Chr. Wolff, *Vernünftige Gedanken von Gott, der Welt und der Seele des Menschen*, 1720(Neudruck, Olms, 1983). Fr. Wagner, *Versuch einer gründlichen Untersuchung, welches der wahre Begriff von der Freiheit des Willens sei*, 1730. A. G. Baumgarten, *Metaphysica*, 1739. L. W. Beck, *A Commentary on Kant's Critique of Practical Reason*, Chicago Press, 1960. H. Allison, *Kant's Theory of Freedom*, Cambridge U. P., 1990. 矢島羊吉『增補 カントの自由概念』福村出版, 1974. 河村克俊「無制約な決意性としての超越論的自由」澁谷・平田 編『實踐哲學とその射程』晃洋書房, 1992. Kawamura, *Spontaneität und Willkür*, Holzboog, 1996.

선험론적先驗論的 ⇨조월론적

선험적 종합판단先驗的綜合判斷 [(독) synthetisches Urteil a priori]

【 I 】 성립사와 비판철학에서의 위치

선험적 종합판단은 칸트 비판철학의 중심 개념이다. 칸트에 의하면 형이상학*의 성립 여부는 이 개념의 가능성의 해명에 달려 있다[B 19]. 그러나 이 개념은 칸트 철학 내부에서만이 아니라 철학적 분석 일반에서도 그 가능성을 둘러싸고 광범위하게 논의의 주제가 된 보편적 의의를 지닌 개념이다. 그 문제성은 오늘날에도 상실되지 않고 있다.

칸트는『순수이성비판』*에서 판단*을 분석판단*과 종합판단으로 구별한다. 분석판단은 주어 개념에 포함

되어 있는 개념을 술어로서 추출해낸 판단으로서 선험적*으로 참이지만 지식을 확장시키지는 않는다. 종합판단은 주어 개념에 포함되어 있지 않은 개념을 술어로서 부가시킨 것으로서 지식을 확장시키지만 오로지 후험적*으로만 참이다. 이 두 가지 판단에 더하여 칸트는 지식을 확장시키면서도 선험적으로 참일 수 있는 판단을 문제 삼고 있다. 이것이 선험적 종합판단이다. 칸트에 의하면 이런 종류의 판단은 실제로 존재한다. 요컨대 수학의 명제들(산술과 기하학)과 인과율로 대표되는 자연과학에서의 기본원리들이 그것이다. 『순수이성비판』은 이들의 명제들이 어떻게 해서 성립할 수 있는지를 해명하고자 한다.

두 종류의 선험적 종합판단 가운데 수학적 명제, 예를 들어 기하학의 공리의 경우에는 순수 직관*을 매개로 하여 '직접적으로', 결국 직관*에서의 개념* 구성에 의하여 주어 개념으로부터 술어 개념에로의 이행이 가능하게 된다. 그러나 자연과학에서의 기본적 원리, 예를 들어 인과율의 경우에는 그와 같은 이행이 불가능하다. 따라서 여기에서 경험의 가능성의 필요조건으로서 주어와 술어의 "종합적이면서 선험적인" 결합*의 가능성이 증명된다. 요컨대 "가능적 경험"과의 관계에서 "오로지 간접적으로만"[B 765, 811] 증명이 이루어지는 것인바, 이것이 이른바 초월론적 논증*이라고 불리는 바로 그것이다.

성립사적으로 보면 선험적 종합판단 개념이 전제하는 분석판단과 종합판단의 개념이 확정되는 것은 『반성』의 연대 결정을 신뢰한다면 60년대 중엽이며, 늦어도 70년대 초기에는 성립되어 있었다는 것이 논리학 강의 노트에서 밝혀진다[「블롬베르크의 논리학」, XXIV, 232]. 이에 대해 선험적 종합판단의 개념은, 사정을 잘 살펴보면, 『형식과 원리』*에서 이미 등장한다. 대체로 여기에서 칸트의 수학론이 확정된다. 이어서 그 제30절에서는 "일치의 원리"가 문제로 된다. 이것은 "우리가 자발적으로 따르는 마치 공리처럼 고집하는 판단의 규칙들"이며, 선험적으로든 경험적으로든 증명되지 않는 지성*의 "주관적" 원리이다. 그 제1원리와 제3원리는 나중의 제2유추와 제1유추에 상응한다. 70년대 전반의 『반성』[4,634]에서 "그 타당성이 선험적

으로 확립되어 있는 것처럼 볼 수 있지만, 그럼에도 불구하고 종합적인" 판단이 취급된다. 여기서 선험적 종합판단은 경험의 가능성의 조건으로서 규정된다. 이것은 『순수이성비판』에서 "초월론적 진리"라고 불리는 것의 역할에 상응한다. 그에 의하면 초월론적 진리는 "가능한 경험에 대해 일반적 관계를 지닌다"[B 185]. 가능한 경험세계는 종합판단의 연언에 의해서 표현되는 것이기 때문에, 이것은 선험적 종합판단이 경험적 종합판단과 동일한 수준에서 성립하는 것은 아니라는 것을 의미한다.

오늘날 분명해졌듯이 칸트가 고찰한 의미에서의 선험적 종합판단은 보편타당한 필연적 진리가 아니다. 그러나 이것을 분석적으로든 경험적으로든 논증될 수 없는 원리라는 약한 의미로 파악한다면, 칸트의 선험적 종합판단은 예를 들어 집합론의 공리처럼 여전히 논의의 가능성을 남기고 있다. 인과율의 경우에도 이것을 작업가설적으로 해석한다면 역시 똑같은 것이 지적될 수 있다. 어쨌든 논리적 지위를 달리 하는 특수한 성격과 역할을 지닌 판단을 추출하여 그 타당성을 초월론적으로 논증하려고 한 것은 칸트의 공적이다. 개별적 인과관계를 경험에 의해 확정할 뿐 아니라 일반적 인과율도 경험으로부터 설명하려고 한 흄*이나[『인간본성론』 1. 3. 3] 인과율을 '공리'로서 인정하는 데 머문 비티보다도[Beattie, Essay, p. 111] 이 점에서는 칸트의 이해가 좀더 주도면밀했다고 말할 수 있다. ⇒아프리오리/아포스테리오리, 분석판단, 수학, 인과성, 유추, 직관

—야마모토 미치오(山本道雄)

㊟ J. Beattie, *An Essay on the Nature and Immutability of Truth in opposition to Sophistry and Scepticism*, 1770(Ndr. Fr. Frommmann Verlag, 1973). L. W. Beck, Can Kant's Synthetic Judgement Be Made Analytic?, in: *Studies in the Philosophy of Kant's*, The Bobbs-Merrill Company, 1965. A. Ros, Kant's Begriff der synthetischen Urteile a priori, *Kant-Studien* 82, 1991. P. Schulthess, Relation und Funktion, *Kant-Studien-Ergänzungshefte* 113, 1981. J. Hintikka, Kantian Intuition, in: *Inquiry* 15, 1972. 福谷茂 「存在論としての『先天的綜合判断』」 『理想』 635号, 1987. 山本道雄 「カントの數學論」 神戸大學文

化學研究科『文化學年報』10, 1991;「カントはなぜクルージ
ウスを理解できなかったか」 神戶大學文學部 『紀要』 23,
1996;「『金は黃色の金屬である』は分析判斷か」神戶大學文
化學研究科『文化學年報』16, 1997.

【Ⅱ】 철학적 의의와 문제사

'선험적'이라는 용어는 오늘날에는 대략 '경험'에
앞선다'는 것을 의미한다. 다만, 이것은 경험에 대한
시간적 선행(결국 '생득성')이나 논리적 선행을 의미할
수 있지만, 철학적으로 좀더 중요한 것은 후자의 의미
이다. 따라서 철학적 의미에서의 선험적 판단'(내지
언명)은 대략 "그 참과 거짓이 특정한 경험을 참조하지
않고서 알려질 수 있는 판단'(예를 들어 "어떠한 판단
도 참이면서 거짓일 수는 없다'는 판단)으로서 특징지
을 수 있다.

다른 한편 '종합판단'은 '분석판단'과 대립시킬 수
있는 것으로서, 양자의 구별은 라이프니츠'('이성의
진리'와 '사실의 진리')와 흄'('관념의 관계'와 '사실')
에 의한 유사한 구별의 영향 아래 칸트에 의해『순수이
성비판'에서 비로소 명확히 행해졌다. 칸트에 의하면
종합판단이란 주어 개념 속에 술어 개념이 포함되어
있지 않은 판단, 따라서 주어 개념의 분석만을 통해서
는 그 참과 거짓이 알려지지 않는 판단이다[B 10, 11
등을 참조]. 칸트에 의한 구별은 이른바 주어'-술어
형식의 판단 외에는 들어맞지 않는다는 제한을 지니기
때문에 오늘날에는 오히려 "그것을 언표하는 문장에
나타나는 어구의 의미만으로는 그 참과 거짓이 결정되
지 않는 판단(언명)"이라고 특징지어지고 있다. 따라
서 '선험적 종합판단'이란 대체로 "대응하는 문장에
나타나는 어구의 의미에 의해서 참과 거짓이 결정되는
것은 아니지만, 어떠한 특정한 경험도 참조하지 않고
서 그 참과 거짓이 알려지는 판단"인 것이다.

칸트는 흄의 회의주의적인 경험주의의 결점을 바로
선험적 종합판단의 존재를 보지 못한 데서 보았다.
칸트에 의하면 이런 종류의 판단에는 수학'의 공리'들
과 자연과학'의 기본전제를 이루는 판단들(예를 들어
인과율과 같은 "순수 지성의 원칙'"이라고 불리는 판
단)이 포함되며, 후자의 판단들이 참이라는 것은 일정

한 방법에 의해 논증될 수 있다. 『순수이성비판』은
바로 이와 같은 논증을 수행함으로써 수학과 자연과학
의 확실하고 의심할 수 없는 기초를 제시하는 것을
하나의 주요한 목적으로 하는 저작이었다.

19세기부터 20세기 초에 걸친 논리학과 수학기초론
그리고 과학론의 발전을 통해 이와 같은 칸트의 수학관
과 자연과학관은 다양한 개별적 비판에 부딪쳤는데,
그 중에서도 프레게'와 러셀은 이른바 '논리주의(logi-
cism)'의 입장에서 수학(산술)은 논리학(과 집합론)으
로 환원되며, 그런 까닭에 수학적 언명은 분석적이라
고 주장했다. 이와 같은 상황을 배경으로 1920년대
이후 비트겐슈타인'의『논리철학논고』의 강력한 영
향 아래 논리실증주의'가 선험적 종합판단에 관해 칸
트와는 정면으로 대립하는 (흄적인) 견해를 제출했다.
논리실증주의 내부에서도 입장은 나누어지지만, 다음
의 기본적 주장에서는 일치한다. 즉 첫째, 선험적인
진리는 모두 분석언명(판단)이며, 따라서 칸트가 말하
는 '참된 선험적 종합판단과 같은 것은 존재하지 않는
다. 둘째, 분석언명의 진리성은 결국 순수한 언어적
규약에서 유래한다('언어규약설').

이에 대해 콰인'은 한편으로「규약에 의한 진리」
(1935)에서 분석언명의 전형적인 예라고 말해지는 논
리적 언명이 모두 규약에 의해 참일 수는 없다고 논증
하여 언어규약설을 부정했다. 다른 한편으로 그는「경
험주의의 두 가지 도그마」(1951)에서 '분석성'이라는
개념 그 자체의 정당성에 대한 강한 의혹을 드러냄과
동시에 "경험에 의한 검증은 언제나 일군의 언명에
대해서만 가능하다"는 뒤엠/콰인 테제에 의거하여 경
험에 의한 반증을 원리적으로 면제 받는 언명, 결국
선험적으로 참인 언명은 존재하지 않는다고 주장했다.
콰인의 견해는 언명(판단)에 관한 분석적'/종합적 및
선험적/후험적'의 절대적 구별을 부정하고 종래의 인
식론' 틀의 근본적 개편을 요구하는 것으로서, 이 견해
를 둘러싼 논의는 오늘날에도 여전히 계속되고 있다.
⇒아프리오리/아포스테리오리, 연역, 초월론적 구명,
판단, 분석적, 분석판단, 논리실증주의, 비트겐슈타인,
프레게, 콰인

－미노 다다시(美濃 正)

G. Frege, *Die Grundlagen der Arithmetik*, Breslau, 1884. B. Russell, *Introduction to Mathematical Philosophy*, Allen & Unwin, 1919(平野智治 譯『數理哲學序說』岩波文庫, 1954). L. Wittgenstein, *Tractatus Logico-Philosophicus*, London, 1922(坂井秀壽 譯『論理哲學論考』法政大學出版局, 1968; 奧 雅博 譯『ウィトゲンシュタイン全集 1』大修館書店, 1975), A. J. Ayer, *Language, Truth, and Logic*, Victor Gollancz, 1936 (吉田夏彦 譯『言語・眞理・論理』岩波書店, 1955). H. Feigl/W. Sellars (eds.), *Readings in Philosophical Analysis*, Appleton-Century-Crofts, 1949. A. J. Ayer (ed.), *Logical Positivism*, Free Press, 1959. W. V. Quine, *The Ways of Paradox*, Harvard U. P., 1966; Essay 11 "Truth by Convention": *From a Logical Point of View*, Harvard U. P., 1953; Essay 2 "Two Dogmas of Empiricism,"(飯田隆 譯『論理的觀點から』勁草書 房, 1993), 飯田隆『言語哲學大全 II』勁草書房, 1989.

선험적/후험적先驗的/後驗的 ⇨아프리오리/아포스테리오리

성격性格 [(독) Charakter]

『순수이성비판』* 초월론적 변증론의 제3이율배반* 론[B 566-586]에서 성격 개념은 모든 동인의 '원인성의 법칙'으로서 도입되며, 나아가서는 '경험적 성격'(현상*에서의 사물의 성격, 감성양식)과 '예지적 성격'(사물 자체*의 성격, 사고양식)의 구별이 세워진다. 경험적 성격에 의해서 주관의 행위는 자연법칙에 따르며 다른 현상들과 더불어 자연 질서의 하나의 항을 이룬다. 요컨대 경험적 성격에 관련해서는 아무런 자유*도 없고 임의의 행위는 경험적 성격에 의해서 미리 규정되어 있다. 그에 반해 예지적 성격에 의해서 주관은 현상인 자기의 행위의 원인이지만, 예지적 성격 그 자체는 감성의 제약에는 종속하지 않으며 현상이 아니다. 그러나 예지적 성격은 현상하는 한에서 지각되는 것이며, 그것은 경험적 성격에 의거하여 이해될 수밖에 없고, 경험적 성격은 예지적 성격의 '감성적 도식'*이다. 하지만 예지적 성격이 왜 개개의 사정 하에서 일정한

구체적인 경험적 성격을 부여하는가 하는 것은 알수 없다고 하여 칸트는 스스로 성격에 관한 논의의 한계를 제시하고 있다.

칸트는 윤리학 강의에서 어느 정도 성격을 화제로 하고 있지만, 성격 개념은 그의 윤리학에서 고유한 위치짓기를 얻고 있지 않다. 성격 문제는 오히려 넓은 의미의 사회철학의 사상권역에서 중요한 위치를 점한다. 이미『미와 숭고』*에서 칸트는 개인, 양성兩性 및 유럽 민족들의 성격과 기질*을 상술하고 있다. 그것의 발전 형태라고도 말해야만 할『인간학』* 제2부 '인간학적 성격 서술'에서는 성격의 모습들이 체계적으로 서술되고 있다. 거기서는 성격을 논할 때의 위상이 개인, 양성, 민족, 인종 및 인류의 다섯 개로 구별되며, 특히 개인의 성격에 관해서는 자질(소질*) 및 기질이라는 '자연적 성격'과, '단적인 의미에서의 성격(마음가짐)' 요컨대 '도덕적 성격'이 대립된다. 이러한 '마음가짐'으로서의 성격은 준칙*과의 관계에서 파악되며, 품행 일반의 내적 원리에 절대적 통일을 가져오는 것이 성격이게 된다. 그리고 '성격을 갖고 있다'는 것의 증거로서 '성실'*이 중시된다. 또한 '성격의 수립'이라는 성격 형성론이 전개되며, 도덕적 성격은 생득적인 것이 아니라 획득해야만 할 것이라고 하여 그 과정이 일종의 재생산 내지 혁명에 비유된다. 이러한 성격 형성론은 나아가『교육학』및『종교론』* 제1편에서도 깊이 있게 논의되고 있다.

셸링*은『자유론』*(1809)에서 표현을 '예지적 본질'이라고 고치면서도 칸트의 '예지적 성격'을 근거로 하여 행위가 예지적 본질로부터 동일성의 법칙에 따라 절대적 필연성을 지니고서 생겨나며 이러한 필연성만이 절대적 자유라고 주장한다. 또한 쇼펜하우어*는『의지와 표상으로서의 세계』*(1819)의 제55절에서 예지적 성격과 경험적 성격을 검토하여 이 구별을 자신의 의지의 형이상학에로 받아들였다. 그는 인간의 예지적 성격은 불변하는 의지의 활동이며, 그것이 현상한 것이 경험적 성격이라고 하여 성격의 항상성을 이야기했다. 그러나 그는 칸트의 '마음가짐으로서의 성격'과 가까운 의미에서 '획득된 성격'을 인정하기도 한다. 그 후 19세기 말 이후 신칸트학파*의 철학자들(코헨*,

빈델반트*)은 '예지적 성격'을 부정하는 방향을 지녔다. ⇒자유, 마음가짐, 준칙, 기질, 소질

—미야지마 미츠시(宮島光志)

📖 H. Heimsoeth, *Transzendentale Dialektik, 2. Teil*, Walter de Gruyter, 1967. H. Wichmann, Zum Charakterbegriff bei Kant, in: *Akten des 7. Internationalen Kant-Kongresses*, Bouvier, 1991. 谷田信一「カントの教育學の洞察—その背景・內容・意義」樽井・円谷 編『社會哲學の領野』晃洋書房, 1994.

성벽性癖 [(독) Hang (라) propensio]

"성벽이라고 하면, 경향성*(습관적 욕망)이 인간에게 있어 우연적인 한에서 경향성의 가능성의 주관적 근거라고 이해된다"[Rel., Ⅵ 28]고 칸트는 말하며, 그 성벽을 자연적(physisch)인 것과 도덕적(moralisch)인 것으로 나눈다[Ⅵ 31]. 전자의 의미에서의 성벽은 생래적인 것이라고도 할 수 있지만, 그 생래성이 철학적으로 문제가 되는 것은 준칙*에서의 자유로운 선택에 의한 도덕적 성벽에서인바, 거기서 성벽은 그것이 선인 경우에는 "인간에 의해서 획득된" 것으로서, 그것이 악인 경우에는 "초래된" 것으로서 표상*된다. 무제약적으로 선한 선의지는 준칙이 도덕법칙*과 일치할 것을 정언적으로 명령*하지만, 의무*의 의식은 경험적 개념이 아니기 때문에 그 일치를 경험적으로 확인하는 것은 절대적으로 불가능하며, 거기서 엄격한 의무의 명령에 거슬러 궤변을 농하고 자기애*에 의해서 자의의 주관적 규정근거를 객관적인 것이라고 생각하고자 하는 성벽이 생겨난다. 이러한 성벽은 『정초』*에서 이미 도덕법칙을 근본적으로 부패시켜 그 존엄*을 파괴하는 것으로 되어 있지만[Ⅳ 405], 『종교론』*에서는 "인간 본성에서의 악으로의 성벽"[Ⅵ 37]이라고 일컬어지고 있다. 칸트는 그것을 (1) 인간 본성의 취약성, (2) 인간의 심정의 불순성, (3) 인간의 심정의 악성 또는 부패성의 세 단계로 나누며, 이와 같은 준칙의 전도는 최선의 인간에게서도 충분히 일어날 수 있는 것인바, 따라서 인간은 악이라고 일컬어지는 것이라고 말한다. '인간은 악하다'라는 명제는 '인간은 도덕법칙을 의식하면서도 그것으로부터의 (가끔의) 위반을 자신의 준칙 속에 받아들였다'는 것에 지나지 않는다. 그럼에도 불구하고 그 악이 근원적이라거나 본성적이라고 말해지는 것은 그 준칙의 채용이 스스로 초래한 것으로서 책임을 져야만 하기 때문이며, 예를 들어 최상의 인간이라 하더라도 인간이 인간 가운데 있는 한 그러한 전도는 일어날 수 있기 때문이다. 그러나 이것은 무제약적인 선의지*의 본래성을 손상시키는 것이 아닌데, 아담은 아무래도 본래의 인간으로부터 죄에 빠졌다고 생각되어야만 한다. ⇒경향성, 근원악

—가도와키 다쿠지(門脇卓爾)

성실誠實 [(독) Wahrhaftigkeit]

칸트에 따르면 성실은 인간의 성격*(Charakter)의 기본적 특질이며 그의 본질적인 것이다. 성실은 또한 숭고이기도 하다. 인간은 허위에 의해서 아무런 가치도 없게 되고 모든 성격이 부인되게 된다. 인간은 누구나 자신이 말하는 것이 언제나 참(wahr)이라고 보증할 수 없지만—그는 잘못을 범할 수도 있다—, 자신의 고백이 성실(wahrhaft)하다는 것을 보증할 수 있고 또 그래야만 한다. 그는 첫 번째 경우에 지성*에 의해서 자신의 언명을 논리적 판단에서의 객체에 비추어보고 있는 데 반해, 두 번째 경우에는 양심* 앞에서 자신의 언명을 주체에 비추어보고 있는 것이기 때문이다. 모든 언명에서 성실하다는 것은 신성한 이성*의 명령이며, 어떠한 사정에 의해서도 제한되지 않고 모든 상황에서 타당한 무제약적 의무라고 생각되어야만 한다. 거짓말*(Lüge)이라고 불리는 허위는 그것 자체가 법의 근원을 무효로 만듦으로써 예를 들어 특정한 타자에 대해서는 아니라 하더라도 인류 일반에 대해 언제나 손해를 끼치기 때문이다[『변신론』Ⅷ 267ff.;『미와 숭고』Ⅱ 211;『교육학』Ⅸ 484;『거짓말 논문』Ⅷ 423ff. 참조]. ⇒거짓말, 양심

—고마츠 미츠히코(小松光彦)

성운설星雲說 [(독) Nebularhypothese (영) nebular hypothesis]

18세기 중반 칸트의 『천계의 일반자연사와 이론』*

에서 제기되고 그 세기 말 그것과는 독립적으로 라플라스의『우주체계론』(1796)에 의해서 설명되어 다음 세계 중반 무렵부터 이 이름으로 널리 알려진 태양계 기원설. 태양계의 기원, 즉 태양계의 혹성들이 태양을 중심으로 하는 동심원상을 회전하고 동일한 운동 방향을 지니며 거의 동일한 평면상에 있다고 하는 그 놀라지 않을 수 없는 규칙성의 기원과 원인에 관해 뉴턴*은 그에 대한 역학적 해명을 단념하고 그것을 신의 손에 맡겼다(『프린키피아』 ²1717). 칸트는 앞에서 언급한 저작에서 이러한 해명에, 뷔퐁*(『자연지』 제1권)을 모방하여 원심력의 기원의 해명의 문제로서 몰두하여, 입자들의 낙하운동이 인력 중심의 다양과 방향선의 교차에 의해서 측방운동으로 전환되고 방향의 일양성과 적당한 속도를 얻어 공통의 침하 중심을 둘러싼 공전운동에 도달한다고 추측했다. 칸트의 성운설은 이러한 역학적 추측을 모페르튀*(『별의 형상론』 1732)와 토마스 라이트(잡지『자유판단과 보고』 1751에 게재된 그의『우주의 새로운 학설』 1750의 소개)를 통해 얻은 성운에 관한 새로운 지식과 결부시킨 것이었다.

칸트가 앞에서 언급한 저작에서 제기한 성운설을 둘러싸고 일종의 우선권 다툼이 생겨나고 있다. 그 저작이 인쇄소의 파산에 의해 출판되지 않은 채 성운설을 포함한 람베르트*의『우주론 서간』(1761)이 간행되고, 그 때문에 칸트는『증명근거』*에 그 저작의 요약을 게재하여 거기에 이미 람베르트와 마찬가지의 성운설이 말해지고 있다는 것을 기록하며, 이에 대해 람베르트가 자기의 성운 관찰이 1749년의 사건이었다고 칸트 앞으로 써 보낸 것이 그 발단이었다. 라플라스는 이와 관계없이 1796년 허셸의 관찰 결과에 기초하여 그의 성운설을 제창하고 있으며, 그 후 19세기 중반 무렵이 되어 그의 선구가 칸트의 학설이라고 지목되고, 그 결과 양자의 성운설이 칸트/라플라스설이라고 칭해져(쇼펜하우어*) 유포되기에(뷔히너 등) 이른다. ⇒『천계의 일반자연사와 이론』,『천계론』, 람베르트, 뷔퐁

—마쓰야마 쥬이치(松山壽一)

图 B. Kanitscheider, Nebularhypothese, in: *Historisches Wörterbuch*, Bd. 6, Basel/Stuttgart, 1984. W. R. Shea, Filled with Wonder, in: R. E. Butts (ed.), *Kant's Philosophy of Science*, Reidel, 1986. 山本義隆『重力と力學的世界』現代數學社, 1981. 松山壽一『ニュートンとカント』晃洋書房, 1997.

세계世界 [(독) Welt (라) mundus]

무엇보다도 우선 세계는 부분적 개념이 아니라 전체적 개념이며, 이런 의미에서 세계는 언제나 세계 전체(das Weltganze)로서 존재한다. 그러나 감성적 직관과 추론적 지성의 소유주로서의 인간*에게 있어 세계 전체는 경험의 대상으로서 주어지지 않는다. 따라서 세계 전체는 하나의 논리적이고 개념적인 문제이며 구체적으로 직관으로서 주어진 전체가 아니라 하나의 이념인바, 인식의 과제에 불과하다. "나는 세계 전체를 개념* 안에서만 지니지 결코 직관* 안에 (전체로서) 지니는 것이 아니다"[B 546f. vgl. 550f.]. "세계는 결코 그 자체에서 (나의 표상*의 근원으로 거슬러 올라가는 계열로부터 독립하여) 현실적으로 존재하는 것이 아니기 때문에, 세계는 하나의 그 자체에서 무한한 전체로서도, 또한 하나의 그 자체에서 유한한 전체로서도 현실적으로 존재하는 것이 아니다. 세계는 다만 현상* 계열의 경험적인 근원에로 거슬러 올라가는 것에서만 발견되는 것이지 그 자체[전체]로서 발견되는 것이 아니다"[B 533]. 그러나 현상 계열의 경험적인 근원에로 거슬러 올라감을 최후까지 관철하기에는 세계는 인간에게 있어 지나치게 크기 때문에, 결국 세계 개념은 인간에게 있어 주어진 것이 아니라 부과된 것이며 "단지 사변적인 이성의 규제적 이념"에 불과하다[B 712].

우리는 세계와 자연*을 자주 혼동하지만, 칸트에 따르면 전자는 수학적 명칭이며 후자는 역학적 명칭이다. 이와 관련하여 덧붙이자면, "세계는 모든 현상의 수학적 전체와, 크고 작은 어떤 경우에도, 다시 말하면 합성에 의한 종합의 전진에서든 분할에 의한 종합의 전진에서든 모든 현상의 종합의 총체성(Totalität)을 의미한다. 바로 동일한 세계가 역학적 전체로 보이는 한에서 자연이라고 불린다. 이 경우에는 공간* 또는 시간*에서의 집합에 주목하여 양*으로서의 세계를 가져오는 것이 아니라 현상의 현존재에서의 통일에 주목

하는 것이다"[B 446f.]. 또한 "우주론적 이념"으로서의 세계 개념 내지 자연 개념은 "모든 현상의 총괄(Inbegriff)"로 이해되며 "현상 하에서의 무제약자*"에로만 향해진 이념이고, 또한 "초월론적 의미"에서의 세계는 "현실에 존재하는 사물의 총괄의 절대적 총체성"을 의미한다[B 447].

칸트에 의하면 세계는 또한 "목적*에 따라 연관된 전체", "궁극 원인의 체계"로서도 고찰될 수 있다[KU §86; vgl. Endzweck]. 도덕법칙*을 외경하는 인간, 선의지*의 주체, 본래의 자기, 인격에서의 인간성, 목적 자체로서의 행위 주체는 "목적의 왕국"이라는 도덕적 세계를 형성한다. "나는 세계가 모든 인류의 법칙에 따라서 존재하는 한(세계가 이성적 존재자*의 자유에 따른 것인 동시에 인륜성의 필연적 법칙에 따라야만 하는 것이듯이), 그 세계를 하나의 **도덕적 세계**라고 부른다"[B 836]. 도덕적 세계는 초감성적인 "예지적 세계(예지계*)"이며 "이성적 존재자의 신비적 단체(corpus mysticum)"이다. 그러나 선*에 대한 의지*만이 아니라 악에 대한 성벽*도 지니는 현실의 인간은 도덕적인 예지적 세계에 속함과 동시에 감각적 욕망의 세계에도 속한다는 것은 말할 필요도 없다.

또한 세계는 일반적으로 전체적이고 체계적인 개념인 까닭에 세계를 구성하는 사물과 성원이 공통의 원리와 법칙을 지니는 한에서 각종의 다양한 세계를 형성할 수 있다. 자연물은 자연법칙적인 연관에 의해서 자연계를 형성하며, 현상물은 현상의 규칙적 연관에 따라서 현상계를 형성하고, 동물은 동물적 연관에 의해서 동물계를 형성하며, 생물은 생명의 연대에 의해서 생물계를 형성한다. 우리 인간은 가정에서 시작하여 다양한 사회집단, 나아가서는 국가* 혹은 지구나 우주라는 식으로 여러 가지 세계를 형성한다. ⇒자연, 예지계, 불사, 자유, 목적, 신

—아리후쿠 고가쿠(有福孝岳)

[참] 有福孝岳「世界概念の哲學」, 京都哲學會 編『哲學硏究』No. 510, 1969.

세계시민법世界市民法 [(독) Weltbürgerrecht (라) ius cosmopoliticum]

국가법, 국제법과 나란히 공법을 구성하는 세계시민법은 칸트의 평화론과의 관계에서 중요한 의의를 지닌다. 전쟁이 전혀 없는 영원한 평화*를 확실한 것으로 하기 위해서는 지구상의 모든 인간이 세계시민으로서 '세계공화국' 하에 통합되어야만 하지만, 칸트는 그것이 현실적으로는 어렵다고 생각하고 국가들에 의해서 구성되는 국제연맹*의 설립을 제창한다. 그러나 국제연맹의 설립 및 그것을 통한 세계시민적 상태로의 접근을 가능하게 하기 위해서는 국가들 사이를 사람들이 자유롭게 오고가야만 한다. 이러한 "방문권"[VIII 358]을 보증하는 것이 세계시민법이다. 이러한 권리는 타국에서 평화롭게 행동하는 한에서 적대적인 취급을 받지 않는 권리인바, 상대국민과 마찬가지로 호의를 지니고서 다루어지는 권리인 "손님의 권리"와는 다르다. 또한 그것은 타민족의 토지에 거주할 권리를 포함하지 않는다. 승낙 없이 타민족의 토지를 탈취하여 거기에 거주하는 것은 허용되지 않으며, 이 점에서 칸트는 당시 유럽 열강이 아시아와 아프리카에서 행하고 있던 행위를 엄혹하게 비판한다. 타국을 방문하는 것은 반드시 그 나라에 동화되는 것을 의미하지 않으며, 역으로 그 나라를 자기에게 동화시키는 것도 아니다. 타국을 방문하는 자는 국가와 국가 사이에 서 있는 것이며, 이러한 입장은 닫힌 구형을 이루는 지구상의 모든 토지에 대해서 모든 인간이 근원적으로 권리를 지닌다는 것, 거꾸로 말하면 누구도 어떤 토지에 관해 타인보다 더 많은 권리를 지니지 않는다는 것과 조응하고 있다. 이와 같은 견해는 칸트의 공법체계에 새로운 방향짓기를 부여한다. 요컨대 국가법과 국제법*이 어디까지나 특정한 국가에 귀속되는 국민의 관점에서 국내적·국제적 법 관계를 규정하는 것이었던 데 반해, 세계시민법은 그것들을 근거로 하면서도 누구나 타국의 방문자일 수 있다는 관점에 섬으로써 특정국가의 국민이라는 관점을 상대화하는 것이다. 세계시민적 체제로의 접근은 이와 같은 관점의 전환을 빼놓고서는 생각될 수 없다. 이런 의미에서 국민들 상호간의 "교통(Verkehr)"[VI 352]을 보증하는 세계시민법이라는 개념의 의의는 오늘날에도 상실되고 있지 않다. ⇒국가,

평화, 세계시민주의, 국제연맹, 국제법

—다나카 마코토(田中 誠)

〔參〕 朝永三十郎 『カントの平和論』 改造社, 1922.

『**세계시민적 견지에서 본 일반사의 이념**世界市民的見地—一般史—理念』{『**일반사의 이념**—般史—理念』; 『**일반사고**—般史考』} [(독) Idee zu einer allgemeinen Geschichte in weltbürgerlicher Absicht. 1784]

이 역사론은 일반사(오히려 보편사)의 이념을 세계시민의 입장에 기초하여 제시할 것을 지향하고 있다. 집필 동기는 논문 서두에서 제시하고 있듯이 "어떤 학자와 나와의 대화"에 기초하고 있으며, 그 대화 내용의 요점은 "인류의 궁극목적은 지극히 완전한 국가체제의 도달이며, …… 인류가 지금까지 이 궁극목적에 어느 정도 가까워졌는지 또는 어느 정도 멀어졌는지를 제시하고, 이 목적에 도달하기 위해서는 무엇이 더 이루어져야만 하는지를 제시한다"는 것에 있다[Ⅷ 468]. 논문은 서설과 이에 이어지는 본론으로서 아홉 개의 명제로 이루어진다.

(1) 자연의 의도—섭리. 인간의 역사는 자유의지의 현상이며, 통계학에 의한 자연법칙의 발견과 같이 그 미래를 예측하는 것은 불가능하다. 개개인이든 민족 전체든 그들은 스스로의 의도를 추구하며, 미지의 "자연의 의도를 이끄는 실로 하여 그에 따르고 있다고는 생각하지 않는다". 그리하여 서설은 묻는다. "인간적 사물의 이러한 불합리한 진행 속에서 과연 **자연의 의도**를 발견할 수 있는가?" 여기에는 자연목적론의 관점이 개입하고 있다. "역사에 대한 그와 같은 이끄는 실을 발견할 수 있는지의 여부를 보고 싶다고 생각한다". '자연의 의도'의 자연은 아홉 번째 명제(IX)에서는 "보다 좋게는 섭리"라고 칭해지며, 나중의 『**영원평화론**』*에서는 "위대한 예술가·자연(사물을 교묘하게 빚어내는 자연)"이라고 말해지고 있다[Ⅷ 360].

(2) 개체와 유. 피조물의 자연소질은 합목적적으로 전개되도록 정해져 있지만(Ⅰ), 인간에게 있어 이성적인 자연소질의 전개는 개인에서가 아니라 유에서 완성된다(Ⅱ). 인생은 짧다. 그러나 유의 목표는 동시에 개체의 노력 목표이기도 한데, 개인은 이것을 본능이 아니라 자신의 "이성*과 의지의 자유"에 의해서 실현해야만 한다(Ⅲ).

(3) 비사교적 사교성*. 소질의 발전의 마당은 사회이지만, 거기서는 인간이 고립화와 동시에 사교성을 추구하는바, 명예욕과 지배욕 그리고 소유욕에 연결된 대항관계*(Antagonismus)가 존재한다(Ⅳ). 이것은 사회의 합법칙화를 촉진하기 위한 하나의 원인이지만, 개인들 사이에서만 아니라 나중의 국제관계에서도 인정되는 사태이다.

(4) 시민사회*와 국제연맹*. 대항관계를 제어하여 공동생활을 영위하기 위해서는 "법을 보편적으로 관리하는 시민사회"의 설립이 없어서는 안 된다(Ⅴ). "이러한 사회 이념에로의 접근은 자연에 의해서 인간에게 부과되어 있으며", 이 과제의 해결에는 정당한 지배관계도 필요하며, 그 실현에는 사회체제에 관한 "올바른 개념"과 "풍부한 경험"에 더하여 "선의지*"가 없어서는 안 된다(Ⅵ). 시민적 체제의 창설은 국제관계에도 미쳐 국가 간에 "국제연맹"을 설립해야만 하는바, 이것은 생피에르와 루소*의 제안이다(Ⅶ). 이러한 체제의 실현은 "자연의 숨겨진 계획의 수행"(Ⅷ)이라고 간주될 수 있으며, "보편적 세계사를 인류 가운데서 완전한 시민적 합일태를 지향하는 자연의 계획에 따라서 논술하는 철학적 시도"(Ⅸ)는 역사학을 소설(로망)로 만드는 것이 아니다.

시인 실러*는 1789년 8월에 이 역사론을 읽었다. 이것이 그가 칸트 철학에 접근하는 실마리이다. ⇒시민사회, 국제연맹, 비사교적 사교성

—오구라 유키요시(小倉志祥)

〔參〕 W. Dilthey, Aufbau der geschichtlichen Welt in den Geisteswissenschaften, Ⅶ Bd., Berlin, 1927. Klaus Weyand, Kants Geschichtsphilosophie, 1963. Hans Reiss, Kant's Political Writings, Cambridge, 1970. 小倉志祥 譯 『カント全集』 13, 理想社, 1988.

세계시민주의世界市民主義 [(독) Kosmopolitismus]

이 말은 일반적으로는 모든 인간*을 국경을 넘어선

동일한 세계의 동일한 가치와 동일한 권리를 지닌 시민으로 간주하는 견해를 의미한다. '세계시민(Weltbürger)'이란 말은 그리스어에서 기원한 코스코폴리탄의 독일어 역으로서 17세기 후반부터 사용되며, 18세기 후반에 계몽사상과 결합되어 확대되었다. 칸트에서는 '세계시민', '세계시민적 사회', '세계시민적 견지', '세계시민적 체제' 등의 용어가 발견된다. 그것들에 공통된 것은 특정한 민족과 국가*의 입장을 넘어서서 개인들과 국가들을 공통의 세계 또는 인류의 성원으로서 파악하는 세계시민주의의 견해이다. 이에 관련하여 칸트에게는 대체로 세 개의 용법이 있다. (1) 역사철학*적 용법: 인간의 도덕적 소질이 인류의 역사 속에서 점차로 발전하여 미개상태로부터 시민상태를 거쳐 세계시민상태에 접근한다고 보는 견해. 이것은 도덕화의 단계이자 인류 진보의 최종목표라고 여겨진다. (2) 정치철학*적 용법: 외적인 상호관계에 있는 개인들과 국가들이 세계시민법*에 따라 보편적 인류 국가의 시민이라고 간주되는 경우. (3) 인간학적 용법: 자기 안에 전 세계를 포괄하는 것으로서가 아니라 다른 사람들과 동등한 하나의 세계시민으로서 자기를 파악하여 행동하고자 하는 다원론적 견해. 이것들은 모두 긍정적이고 적극적인 의미에서 사용되고 있다. ⇒세계시민법, 다원론

―하마다 요시후미(浜田義文)

〔참〕 高坂正顯「世界公民の立場」『高坂正顯著作集』第3卷, 理想社, 1964.

셸러 [Max Scheller 1874. 8. 22-1928. 5. 19]

독일의 철학자. 뮌헨에서 태어났다. 베를린 대학에서 딜타이*, 짐멜*, 슈툼프의 강의를 청강. 이어서 예나 대학에서 오이켄의 지도 아래 철학을 공부하여 학위를 취득한다. 1901년 후설*을 알게 되고 영향을 받는다. 1906년 뮌헨 현상학 서클을 설립. 1919년 쾰른 대학에 초빙되어 철학과 사회학을 담당. 1928년 프랑크푸르트 대학에 초빙되었지만, 병사로 인해 실현되지 않는다. 주저『윤리학에서의 형식주의와 실질적 가치윤리학』(1913/16) 외에『공감의 본질과 형식들』(1923),『가치의

전도』(1915),『우주에서의 인간의 위치』(1928) 등이 있다.

셸러는 직관*이 지니고 있는 풍부함이라는 발상을 초기 후설의 본질직관에서 확인하고, 본질직관에 기초한 현상학적 방법을 생의 다양한 영역에 적용한다. 그로부터 그의 최대의 공적이라고도 말할 수 있는 현상학적 윤리학이 생겨났다.『윤리학에서의 형식주의와 실질적 가치윤리학』이라는 저작명에서도 분명히 드러나듯이 칸트의 형식주의*를 극복함과 동시에 실질적이고 선험적*인 윤리학을 확립한다는 것이 셸러의 목표였다. 주관적인 것으로 간주되고 있던 '감정'과 '정동精動'의 지향성에 착안하여 그것들에 의해서 감득되는 이념적 대상으로서의 가치의 객관성을 셸러는 주장하는 것이다. 또한 칸트가 생각하는 이성으로서의 인격을 추상적이라고 하여 인격성을 인간의 정신성 특히 '사랑'의 작용에서 구하고 구체적 인격 개념을 구상했다. 인간은 정신성으로서의 인격을 정점으로 하여 예를 들면 인격-자아-신체라는 식으로 중층적으로 파악되었지만, 이 중층구조가 셸러 자신 속에서는 일정하지 않고 애매하게 남아 있다. 만년의 셸러는 철학적 인간학의 구상 아래 정신과 생명의 관계를 다시 고찰하고자 했지만, 이는 그의 죽음으로 수행되지 못했다. 셸러의 영향은 예를 들면 윤리학에서는 N. 하르트만*, 현상학에서는 메를로 퐁티, 철학적 인간학에서는 플레스너 등에게서 볼 수 있다. ⇒가치윤리학, 하르트만

―이케가미 데츠지(池上哲司)

〔참〕『シェーラー著作集』白水社.

〔참〕 P. Good (Hrsg.), *Max Scheler im Gegenwartsgeschehen der Philosophie*, Francke, 1975.

셸링 [Friedrich Wilhelm Joseph von Schelling 1775. 1. 27-1854. 8. 20]

칸트 이후 피히테*, 헤겔*과 더불어 독일 관념론* 철학을 대표하는 철학자. 레온베르크에서 태어났다. 예나 시대(1798-1803)는 피히테의 '자아철학'의 영향 하에 있으면서 낭만주의*자들과 교류하고 독자적인

자연철학*을 구상. 거기서는 칸트의『판단력비판』이 특히 객관적 합목적성의 원리를 축으로 하여 적극적으로 계승되었다. 자연철학과 더불어 예술철학 구상도 이 시기에 결실. 곧 이어 그 두 철학은 자아철학을 포함하여 '동일철학'에로 수렴된다(『초월론적 관념론의 체계』1800,『나의 철학체계의 서술』1801). 그의 초월론적 철학은 반드시 칸트를 계승한 것은 아니었다 하더라도, 칸트가 서거했을 때는 뷔르츠부르크에 있으면서 서둘러 그의 독일적 지성과 정신을 기리는 추도문을 공개한다(1804년 3월). 뮌헨으로 나가고부터는 피히테 및 헤겔과 결별(1806-07).『정신현상학』서문에서의 헤겔의 비판은 아주 유명하다. 잇따르는 결별 후에는『자유론』(1809)을 별도로 하여 거의 저작을 간행하지 않으며, 후기 적극철학(positive Philosophie)이라고 총칭되는『신화철학』과『계시철학』을 주로 뮌헨에서, 그리고 1841년 이후 만년에는 베를린에서 강의했을 뿐이었다.

『자유론』이후 생각이 다듬어진『세계세대(Weltalter)』는 세계가 세계인 것의 전사前史, 영겁의 과거를 신화적으로 서술하는 것으로서 후기 적극철학의 탄생을 알리고 있다. 아리스토텔레스* 이래로 헤겔에 이르기까지(스스로의 동일철학도 포함하여) 철학은 '있는 것'의 본질(das Was)로 향해 왔다. 그것을 그는 소극철학(negative Philosophie)이라고 불렀다. 그러한 본질론적인 접근으로부터 전환하여 "무언가가 실제로 있다고 하는 것"의 사실(das Daß)로 조준한다는 의미에서의 경험철학을 적극철학으로서 추구했다. 최근에는『세계세대』를 포함하여 이러한 아직 개발되지 않은 '적극철학' 연구가 성행하고 있으며, 다른 한편 환경 문제를 실마리로 하여 '자연*'에 대한 시대적 관심이 높아지는 가운데 초기 자연철학에 대한 재평가도 성행하고 있다. ⇒자연철학, 독일 관념론

─니시가와 도미오(西川富雄)

圀 *Ausgewählte Schriften*, 6 Bde.『シェリング著作集』(전12권), 大阪大學出版局, 1988-.

圐 藤田健治『シェリング』勁草書房, 1962. 廣松・坂部・加藤 編『講座ドイツ觀念論』4, 弘文堂, 1990. 西川富雄 編『叢書ドイツ觀念論との對話』2, ミネルヴァ書房, 1993. 西川富雄 監修『シェリング讀本』法政大學出版局, 1994.

소다 기이치로 [左右田喜一郎 1881. 2. 28-1927. 8. 11]

다이쇼기의 일본의 신칸트학파* 철학의 독창적인 전개자. 소다 은행가의 장남. 도쿄 고등상업학교(현재의 히토쓰바시(一橋) 대학)에서 경제학을 전공. 1904년부터 13년에 주로 독일에서 유학하고, 리케르트*의 강한 영향 아래 현지에서『화폐와 가치』,『경제법칙의 논리적 성질』을 공간하고, 경제학의 인식론적 근거짓기를 시도한다. 귀국 후에는 다이쇼 데모크라시 시기의 여명회에 참가하는 한편, 마이몬*의 영향에 의한 '극한개념의 철학'의 입장에서 '문화주의'의 철학적 근거짓기와, 더 나아가 신칸트학파의 사실과 가치의 이원론의 극복을 시도하지만, 그의 사유에는 신칸트학파의 논리주의와 '문화가치'에 대한 '창조자 가치' 개념이 보여주는 실존주의적인 자세가 함께 놓여 있으며, 후년에는 문화과학의 보편적 타당성에 의문을 드러내기에 이른다. 니시다 기타로(西田幾多郎)*의 '장소'의 개념에 대해서는 형이상학적 일탈이라고 하여 비판을 제기하지만, 리케르트적인 칸트 이해의 한계를 니시다에게서 지적 받는다. 쇼와 공황에 의한 소다 은행의 파산 때문에 심신을 해쳐 요절했지만, 근대 일본의 독창적 철학자의 한 사람으로서 재평가가 기대된다.

─시미즈 다로(清水太郎)

圀『左右田喜一郎全集』全5卷, 岩波書店.

圐 左右田博士五十年紀念會 編『左右田哲學への回想』創文社, 1975. 西田幾多郎・田辺元・桑木嚴翼 外『左右田博士追悼錄』『思想』1927年 10月号. 清水太郎「カント學派哲學と大正期日本の哲學」『カント』(『現代思想』臨時增刊) 1994. 西田幾多郎「左右田博士に答ふ」『西田幾多郎全集』4, 岩波書店, 1949;「『左右田喜一郎全集』推薦の辭」같은 全集 13, 1952.

소유所有 [(독) Eigentum]

사적 소유는 근대에 확립된 주요한 기본적 인권의 하나이지만, 그것을 정당화하고자 하는 철학*의 대표적인 시도로서 소유라는 권리*의 근거, 즉 권원權原은

대상을 다른 사람에 앞서 취득하는 데 있다고 하는 학설(그로티우스)과 대상에 가해진 노동에 있다고 하는 학설(로크*), 나아가 대상이 특정한 사람의 것이라는 것을 인정하는 관계자의 합의에 있다고 하는 학설이 거론된다. 비판기 이후의 칸트는 노동설을 버리고, 선점설의 경험적 조건도 넘어서는 가상적인 형태의 계약설을 제시하고 있다.

소유가 주제로서 논해지는 『인륜의 형이상학』* 제1부 법론*의 사법론 제2장 제1절에서는 대체로 '물권(Sachenrecht)'이라는 말이 사용되고 있지만, 그 기본적인 대상은 당시의 주요한 생산수단인 토지이며, 지상과 지하의 자연물은 실체인 토지에 우연성으로서 귀속된다. 칸트는 소유의 객체가 되는 토지는 지구라는 구체의 표면으로서 일체를 이루고 있다고 간주하고, 그런 까닭에 소유의 주체인 인간* 역시 일체를 이루는 것으로 하여 "만인의 통합된 의지(vereinigter Wille aller)"라는 이념을 대립시킨다. 이리하여 인류 전체에 의한 토지 전체의 "근원적 총체적 점유(ursprünglicher Besitz des Bodens)" 또는 "근원적 토지공동체(ursprüngliche Gemeinschaft des Bodens)"라는 이념*이 제기된다[VI 262]. 이 이념에 따르면 개인에 의한 토지의 사유란 공동체의 다른 성원이, 공유하는 전체 가운데서의 일부분에 대해 사용을 삼간다고 하는 구속을 받아들이는 것에 다름 아니다. 그러한 구속이 부과될 수 있는 조건은 그 소유가 가상적인 점유의 세 가지 이념에 합당하다는 것에 있으며, 그것만으로는 경험적 조건에 불과한 선점은 이러한 이성 개념들에 의해서 비로소 정당화된다[VI 268]. 이와 같이 소유란 대상을 둘러싼 한 인격*과 다른 인격들과의 관계이며, 그런 까닭에 이것을 대상과 한 인격과의 관계, 요컨대 노동을 가하는 사람과 가해지는 대상과의 관계로 보는 로크의 노동설은 배척된다.

또한 소유를 사회계약론과의 연관에서 보면, 로크에서는 자연상태에서 공유가 노동을 매개로 하여 사유로 분할되고 그것을 지키기 위해 사회계약이 체결되어 국가*가 만들어진다고 하듯이, 국가에 대한 사적 소유의 우선이 주장된다. 그러나 칸트에서는 말하자면 공공의 복지에 반하는 사적 소유가 원리적으로 제한된다.

왜냐하면 "만인의 통합된 의지"라는 이념은 사적 소유의 정당화에 불가결한 조건의 하나임과 동시에 국가의 이념이기도 하며, 국가가 있어 비로소 사적 소유도 가능해지기 때문이다. 이 점은 대체로 사적 권리는 자연상태에서는 "잠정적(provisorisch)"인 데 그치며, 국가에서 비로소 "확정적(peremtorisch)"으로 된다[VI 256f.]고 하는 말로 표현되고 있다. ⇒국가, 사법, 점유

—다루이 마사요시(樽井正義)

[참] K. Kühl, *Eigentumsordnung als Freiheitsordnung*, Alber, 1984. M. Brocker, *Kants Besitzlehre*, Campus, 1987. 樽井正義「私法における權利と義務」樽井・円谷 編『社會哲學の領野』晃洋書房, 1995.

소질素質 { 자연소질自然素質 } [(독) {Natur-}Anlage]

칸트는 '이성적 동물(animal rationale)'이라는 서구의 전통적인 인간관을 강하게 계승하고 있으며, 인간의 소질(내지 자연소질)을 둘러싼 그의 사색에도 그러한 인간 존재의 근원적인 이중구조에 관한 통찰이 역점을 변화시키는 가운데 끊임없이 농후하게 반영되어 있다.

인간의 소질에 대한 칸트의 관심은 이미 『미와 숭고』*에 현저히 드러나지만, 최종적으로 그러한 관심은 『인간학』 종결부의 '인류의 성격'에 관한 서술에서 종합되었다. 즉 인간의 소질은 첫째, 사물을 사용하는, 의식과 결합된 기계적인 '기술적 소질', 둘째, 타인을 자신의 목적을 위해 교묘하게 이용하는 '실용적* 소질', 그리고 셋째, 법칙 하에서 자유의 원리에 따라 자기와 타자에 대해 행위하는 '도덕적 소질'의 셋으로 나누어진다. 또한 '개인의 성격'에 입각하여 보면, '자질(Naturell)' 및 '기질'*은 인간의 '자연적 소질'이며, '마음가짐'으로서의 성격*은 그 '도덕적 소질'이다. 다른 한편 『일반사의 이념』*에서는 소질에 포함되는 합목적성*이 강조되며, 그 첫 번째 명제에 따르면 어떤 피조물이 지니는 모든 소질은 완전하고도 합목적적으로 전개되도록 규정되어 있다. 또한 두 번째 명제에 따르면 이성의 사용을 목적으로 하는 소질은 개인이 아니라 유에서, 요컨대 사회 속에서 완성된다. 이리하여 인간학* 및 교육학*, 나아가서는 역사철학*을 통틀어 인간의

자연소질 내지 인류사의 이념적인 전개는 '개화(Kultivierung)'로부터 '문명화(Zivilisierung)'로, 나아가서는 '도덕화(Moralisierung)'에 이르는 3단계에 따라서 이해되고 있다. 또한 이론철학과의 연관에서 칸트는 형이상학*에 대한 요구를 인간의 두드러진 소질로 간주한다.

『종교론』* 제1편에서도 그 편 전체를 통해 인간의 소질에 관한 주도면밀하고 역동적인 분석이 전개되고 있다. 형식적으로 보면 어떤 존재자가 지니는 여러 가지 소질은 그 존재자에 필요한 여러 가지 구성요소 내지 그 구성요소들의 결합의 형식으로서 이해된다. 그리고 구체적으로는 생물로서의 '동물성', 생물임과 동시에 이성적인 존재자로서의 '인간성*', 나아가서는 이성적임과 동시에 책임을 스스로 짊어지는 능력이 있는 존재자로서의 '인격성*'이라는 인간의 삼중의 소질이 구별된다. 이러한 소질들은 선으로 향하는 근원적인 소질이지만, 다른 한편으로 인간에게는 '악에로의 성벽*', 요컨대 '근원악*'이 깃들어 있다. 그러한 성벽에 반해 '선에로의 근원적 소질'이 그 힘을 회복하기 위한 방도를 칸트는 '마음가짐의 혁명', 즉 '성격의 수립'에 의한 도덕적 도야에서 구하고 있다. ⇒성격, 인간성, 문화, 성벽, 근원악

—미야지마 미츠시(宮島光志)

澁谷久『カント哲學の人間學的研究』西田書店, 1994. 近藤功「カントの宗敎論」『講座ドイツ觀念論』2, 弘文堂, 1990. G. Funke, Kants Stichwort für unsere Aufgabe: Disziplinieren, Kultivieren, Zivilisieren, Moralisieren, in: Von der Aktualität Kants, Bouvier, 1979.

쇼펜하우어 [Arthur Schopenhauer 1788. 2. 22-1860. 9. 21] 독일의 철학자. 단치히의 부유한 상인가에서 태어났다. 소설가였던 어머니를 통해 괴테* 등의 문인들과 알게 된다. 슐체*와 후기 피히테*에게 철학을 배운다. 학위논문 『충족이유율의 네 가지 근원에 대하여』(1813)와 주저 『의지와 표상으로서의 세계』(1819, 1844)에 의해 독자적인 철학체계를 구축했지만, 전성기를 구가한 헤겔 철학의 그늘로 밀려나게 되었다. 1848년의 혁명운동의 좌절로부터 세기말로 향하는 시기에 「삶의 지혜에 관한 격언」 등을 포함하는 『소품과 단편집』(1851)에 의해서 재발견되어, 맹목적인 생에의 의지를 세계의 근원으로 하는 비이성적 주의주의, 비관주의*, 마침내는 자살 옹호와 여성 멸시의 대표격으로서 찬양되며, R. 바그너, 부르크하르트, 니체*, E. v. 하르트만, 프로이트, 비트겐슈타인*, Th. 만 등 많은 철학자와 문인들에게 영향을 주었다. 그러나 쇼펜하우어 자신은 생애 내내 칸트 철학의 계승자라는 자부심을 지녔으며, 『순수이성비판』*의 제1판을 칸트 전집에 수록하도록 로젠크란츠에게 영향을 미쳤다(1837).

종래의 해석에 따르면 쇼펜하우어의 '의지*'는 자연론의 맥락에서는 지성을 지니지 않는 세계의 근원, 인간론의 맥락에서는 생리학적인 자기보존*의 충동으로 이해된다. 이 의지가 표상*의 형식(주관과 객관의 대립)을 산출하며, 스스로 객관이 되어 표상으로서의 세계와 그 인식이 성립한다. 세계와 인식에서 무기물로부터 생물, 동물, 인간에 이르는 존재의 단계의 원형(플라톤적 이데아)이 현상하며, 더 나아가 이 이데아가 근거율(개체화의 원리)에 따라서 구체적인 개체로서 현상한다. 표상으로서의 세계는 본래 맹목적인 생에의 의지가 인식의 도움에 의해 자기를 좀더 잘 실현하기 위한 수단에 불과하며, 세계 자신에게는 어떠한 목적도 의미도 없다. 그렇기는커녕 세계는 개체로 분열된 생에의 의지가 서로 항쟁하는 고통의 세계이다. 그러나 본래는 맹목적인 의지의 도구에 불과할 인식의 빛이 켜짐으로써 비로소 고통의 세계가 맹목적인 의지의 현상이라는 것이, 따라서 또한 의지가 자기를 부정함으로써 표상으로서의 세계가 소멸하고 고통의 세계가 구제될 가능성이 인식된다.

칸트와의 관계에 주목하면서 쇼펜하우어 철학을 『초기 초고』 등을 실마리로 하여 재구성하면, 주저 『의지와 표상으로서의 세계』에서의 '표상' 개념이 칸트로부터 피히테에게로 철저화된, 형이상학적 실체 개념의 배제라는 입장을 계승하고, 또한 '의지의 부정' 사상은 슐체 등에 의한 (실제로는 라인홀트 비판으로서 선취된) 독일 관념론*의 자기구축·존재구축에 대한 비판의 연장선상에 있다는 것이 분명해진다. 그와

같은 쇼펜하우어의 시각은 초기 피히테, 초기 셸링*으로부터 헤겔*에게로 나아가는 독일 관념론 '정통파'의 흐름과는 다르지만, 칸트 철학의 하나의 전개로서 중요하다. 그 현대적 의의는 인간중심주의적인 근대 주관성의 비판(의지의 부정)과 공동성의 복권(동정의 윤리), 유럽 이외의 사상에 대한 몰두(비교사상)과 같은 지평에서 총체적인 근대 비판을 기획하는 포스트모던의 선구자로서 다양한 관점을 제공해준다는 점에 있다. ⇒비관주의, 의지

－가마타 야스오(鎌田康男)

㊞ 『ショーペンハウアー全集・全15卷』白水社, Der hands-
chriftliche Nachlaß, 1966-75.
㊞ 『ショーペンハウアー硏究』第1号・ショーペンハウアー
協會, 1993; 第2号・哲學書房, 1995. Schopenhauer-Jahrbuch,
1912-(문헌소개를 포함). Y. Kamata, Der junge Schopenhauer,
Alber, 1988.

라서 수 계열로서는 자연수 내지 유리수의 계열을 생각한다. 이것은 칸트가 수에 대해 주로 외연량을 규정하는 기능*을 인정하고, 더욱이 그때 외연량을 부분의 복합체로서 파악하고 있다는 것에서 나온다. 이에 반해 수에 의해 규정되는 현상*과 그 형식*(공간*과 시간*)은 연속체로서 이해되고 있다.

수와 시간의 관계에 관해 칸트는 수에 의한 현상 내지 그 형식의 규정(측정)이 단위를 차례차례 더하는 (헤아리는) 방식으로 순차적・시간적으로 행해지는 데 반해, 수 그 자체는 '지성 개념(conceptus intellec-tualis)'[『형식과 원리』, Ⅱ 397]이며, 수를 구성하는 종합*은 비시간적인 '순수한 지성적 종합(reine intellek-tuelle Synthesis)'[1788. 11. 25일자의 요한 슐츠에게 보내는 서간, Ⅹ 556f.]이라고 생각하고 있다. ⇒양, 통일, 수학

－오카무라 노부타카(岡村信孝)

수數 [(독) Zahl]

수를 칸트는 양*과 결부시켜 파악한다. 양을 칸트는 규정되는 양(Quantum)과 규정하는 양(Quantität)으로 나누며, 나아가 전자를 내포량(intensive Größe)과 외연량(extensive Größe)으로, 또한 외연량을 연속량(quantum continuum)과 분리량(quantum discretum)으로 나누어 생각한다(또한 내포량은 모두 연속량이라고 간주된다). 이들 모든 규정되는 양에 대해 수는 그것들을 규정*하는 양으로서 파악된다.

규정하는 양으로서 가장 기본적인 것은 단일성(Einheit), 다수성(Vielheit, multitudo, Menge), 총체성(Allheit)이라는 순수 지성의 범주들이지만, 범주적으로 수는 단순한 다수성이 아니라 총체성에 속한다. 그러나 수는 단순한 범주가 아니라 규정되는 양과 본질적 관계를 지니며, 따라서 다수성을 단지 다수성으로서 일반적으로 규정하는 것이 아니라 수 계열에서의 이러이러한 다수성으로서 특정하여 규정한다. 또한 내포량과 연속량도 규정하는 것으로서 수는 분수, 나아가서는 무리수도 포함할 터이지만, 칸트는 수를 분리량과의 대응에서 집합체(Aggregat)로서 파악하고, 따

수사학修辭學 [(독) Rhetorik]

수사학은 설득을 위한 효과적이고 적확한 언어 표현의 기술・이론으로서 고대 그리스에서 발달하여 아리스토텔레스*를 거쳐 헬레니즘 시기에 체계화되었다. 이 체계는 BC 1세기의 『헤렌니우스 수사서』(저자 불명)와 키케로*의 『구상론』에 의해서 고대 로마에 전달되었다. 로마에서 수사학은 키케로(『변론가에 관하여』 등)와 퀸틸리아누스의 『변론술 교수론』에 의해 인문주의적인 인간 형성의 이상과 결합되게 된다. 이후 수사학은 고대 말기에 정비된 자유 7학과의 하나로서 중세 유럽 세계로 계승되며, 그 전통은 르네상스, 바로크를 거쳐 18세기 중반까지 미친다.

칸트는 『판단력비판』*의 §53에서 "설득(überreden)의 기술"[Ⅴ 327]로서의 '변론술(Rednerkunst, ars oratoria)'을 "자기의 의도를 위해 인간의 약점을 이용하는 기술"이자 "어떠한 존경의 가치도 없다"[Ⅴ 328]고 비판했다. '변론술'에 대해서는 '시(Dichtkunst)'가 '성실(ehrlich)'하고 '정직(aufrichtig)'한 것으로서[Ⅴ 327] 대립된다. 칸트의 이러한 비판은 후세에 커다란 영향을 주어 18세기 말 이후의 수사학 전통의 조락凋落에 박차

를 가했다. 그러나 칸트가 수사학을 전면적으로 부정한 것은 아니다. 같은 절에서 칸트는 '명료한 개념'에 적확한 표현이 결합한 '잘 말함(Wohlredenheit)'을 '변론술과 구별하여 긍정한다[V 327]. '잘 말함'은 '수사학(Rhetorik)'의 일부라고도 말해진다[V 328]. 그는 로마 이래의 인문주의적 이상인 "훌륭하게 말할 줄 아는 좋은 사람(vir bonus dicendi peritus)"에 대해서도 언급하여 그것을 "기교를 사용하지 않고서도 강한 인상을 줄 수 있게 말하는 사람"이라고 하여 '변론술'의 기교에 대립시키고 있다[V 328]. 또한 『판단력비판』 §51에서는 '언어예술(die redenden Künste)'을 '웅변(Beredsamkeit)'과 '시'의 둘로 나누고 있는데[V 321], 이것은 수사학과 시학을 상호 관련시켜 생각하는 전통에 연결된다. 칸트의 수사학 비판과 더불어 수사학적 전통과의 연속 내지 비판적 계승의 측면에 주의해야만 할 것이다. ⇒예술

　　　　　　　　　　　　　　　　　　－가사하라 젠스케(笠原賢介)

📖 E. R. Curtius, *Europäische Literatur und lateinisches Mittelalter*, Francke, 1948(南 大路·岸本·中村 譯 『ヨーロッパ文學とラテン中世』 みすず書房, 1971). H.-G. Gadamer, *Wahrheit und Methode*, Mohr, ⁴1975(轡田收 外 譯 『眞理と方法』 I, 法政大學出版局, 1986). G. Ueding, *Einführung in die Rhetorik*, Metzler, 1976. P. L. Oesterreich, Das Verhältnis von ästhetischer Theorie und Rhetorik in Kants Kritik der Urteilskraft, in: *Kant-Studien* 83, 1992.

수용성受容性 ⇨자발성

수학數學 [(독) Mathematik]

(1) 칸트 수학론의 특색. 칸트에서 수학은 철학과 더불어 인식을 의미한다. 수학을 형식적 언어의 학이라고 하여 이를 실재적 학문들과 구별하는 발상은 그에게는 존재하지 않는다. 이것은 자연학과 수학이 밀접하게 연관되어 있던 당시의 수학론에 일반적인 사고방식일 것이다. 따라서 칸트의 수학론에서는 수학적 추리의 논리적 분석보다도 수학적 개념과 명제의

분석에 관심이 향한다. 『판명성』에서 칸트는 수학을 공리체계로서 이해하고 있다(제3고찰). 이러한 사고방식은 기하학에 관해서는 그 후에도 보존되었지만, 산술에 관해서는 공리의 존재가 부정되게 된다[B 204]. 이 점은 만년에 이르러서도 변화하지 않는다[1788. 11. 15 슐츠에게 보내는 편지]. 수학을 공리체계로서 이해하는 것은 칸트의 독자적인 사상이 아니다. 동시대인 중에서는 람베르트가 공리적 해석을 시도하고 있다. 따라서 칸트 수학론에 고유한 것은 수학적 인식의 원리로서 모순율 이외에 직관의 원리를 세운 것에서 찾아진다. 이것은 수학적 인식에 인간적 경험의 요소를 가지고 들어온다는 것을 의미하며, 오늘날의 직관주의적 수학론의 정신에 직결된다.

(2) 칸트 수학론의 성립. 칸트 수학론의 골격은 『판명성』과 『형식과 원리』에서 거의 결정된다. 전자에서 칸트는 철학적 정의에 대립된 수학적 정의의 특색을 문제로 삼는다. 그에 따르면 ① 수학적 개념은 정의한 것에 의해서 비로소 존재한다. ② 따라서 수학적 개념은 온전한 개념일 수 있고, ③ 직관적 명증성이 있기 때문에 수학적 개념은 철학적 개념에 비해 확실하다. ①과 ②에는 볼프의 개념론이 전제되어 있다. ③에서는 당시 미학의 영향이 보인다. 바움가르텐과 마이어에 의한 지성적 인식과 감성적 인식의 대조를 칸트는 철학적 인식과 수학적 인식에서 보고 있다. 따라서 『판명성』에서 수학적 개념의 직관적 명증성은 미학적·경험적·파생적 직관의 그것이다. 또한 『판명성』에서는 기하학과 그 이외의 수학 분야가 엄밀하게 구별되어 논해지고 있지 않다. 대수적 기호나 기하학의 도형이 모두 기호로서 묶여지고 있다. 『형식과 원리』에서 수학적 직관은 순수 직관, 더욱이 근원적 직관으로서 성격이 부여된다. 이에 의해 『판명성』에서는 임의로 구성된 자의적 개념에 불과했던 수학적 개념이 실재성을 획득한다. 여기서는 verum est factum과 통하는 사상을 볼 수 있을 것이다.

(3) 현대 수학론과의 관계. 칸트 수학론의 또 하나의 특색은 수학적 명제를 선험적 종합명제로 간주했다는 점에 놓여 있다. 이 테제는 산술과 관련해서는 프레게와 러셀의 논리주의에 의해 비판되었다. 이 계보는

라이프니츠*로까지 거슬러 올라갈 수 있다. 그러나 논리주의에는 다양한 문제가 있으며, 그들의 비판은 이미 그대로의 형태로는 칸트에게 타당하지 않다. 확실히 오늘날의 공리주의적 수학론에서 수학적 명제는 각각의 공리계에 관련하여 분석적이라고 간주된다. 그러나 예를 들면 집합론의 공리 그 자체는 분석적이지도 경험적이지도 않다고 간주되기 때문이다. 칸트 수학론은 개념의 직관적 구성 가능성을 강조한다는 점에서 이미 말한 바와 같이 직관주의 수학의 계보에 연결된다. 그러나 여기서는 이미 칸트적인 인식론적 개념으로서의 직관이 그대로 문제로 되는 것은 아니다. 쌍방에 공통된 것은 대상의 구성 가능성을 강조하는 관념론의 정신이다. 또한 칸트의 수학론에서는 실무한이 인정되지 않는다. ⇒비유클리드 기하학, 선경험적 종합판단

―야마모토 미치오(山本道雄)

📖 J. Schultz, *Prüfung der Kantischen Kritik der reinen Vernunft*, Königsberg, 1789. G. Martin, *Arithmetik und Kombinatorik bei Kant*, Walter de Gruyter, 1972. J. Hintikka, *Knowledge and the Known*, Reidel, 1985. C. Parsons, Kant's Philosophy of Arithmetik, in: Morgenbesser (ed.), *Philosophy, Science and Method*, Cambridge, 1969. M. Friedman, Kant's Theory of Geometry, in: philosophical Review 89, 1980; Kant on Concept and intuition in the mathematical sciences, in: Synthese 84, 1990. 山本道雄「カントの數學論」神戶大學『文化學年報』10, 1991;「なぜカントはクルージウスを理解できなかったか」神戶大學文學部紀要 23, 1996.

수학적數學的 ⇨**동역학적/수학적**

순수純粹 [(독) rein]

칸트 철학에서 직관*, 개념*, 명제, 인식*, 원리* 등을 형용하기 위해 사용되며, 주로 '경험적'에 대비하여 그것들의 비경험성 내지 선경험성을 나타내는 술어이다. '경험적인 것이 섞여 있지 않다'는 의미에서 '선험적*'과 같은 뜻으로 사용되는 경우가 많다. 그렇지만

순수한 명제가 그 '형식*'에서 순수한 개념*으로부터만 성립하는 것인 데 반해, 순수한 개념은 그 '기원'이 순수하다고 말하듯이 비경험성 내지 선경험성이라고 하더라도 그 내용에는 다의성이 존재한다. 나아가 선험적으로 순수한 인식(명제)이라는 용법에서는 "선험적인 동시에 경험적인 것이 전적으로 섞여 있지 않은"[B 3] 것을 '순수'라고 규정하고 있는바, 선험성과 구별되는 이러한 이를테면 좁은 의미의 '순수' 개념의 해석에 관해서는 칸트 생전부터 논의가 이루어지고 있다.

또한 『순수이성비판』*이라는 저작명은 사변적 이성의 순수 사용에 대한 비판적 음미라는 성격을 지니지만, 이러한 '초월론적 변증론*'과 '초월론적 방법론'에서의 좁은 의미의 이성 개념의 '순수'성에는 감성적 직관에 의한 한정이 포함되어 있지 않다는 의미가 포함되어 있다. 나아가 『실천이성비판』*에서는 '순수' 실천 이성이 확실한 것이고 오히려 대중적 이성 사용이 비판되어야만 한다고 하여 저작명에서부터 '순수'가 생략되어 있지만, 거기서의 '순수'는 '감성적'에 대립한 '예지적*'의 의미에 해당된다. 이것들에는 감각*과 상상에 의하지 않는 '순수'한 철학적 인식이라는 볼프학파 형이상학의 용어법이 반영되어 있음과 동시에, 경험 일반을 가능하게 하는 초월론적 원리에 대한 음미를 근거로 한 비경험이라는 칸트의 독자적인 초월론적인 성격 부여가 이루어지고 있다. ⇒선험적/후험적

―오하시 요이치로(大橋容一郎)

📖 C. C. E. Schmid, *Wörterbuch zum leichtern Gebrauch der Kantischen Schriften*, 1798(Darmstadt, 1976). 持丸佳美「ア・プリオリな非純粹命題について」平田・澁谷 編『實踐哲學とその射程』晃洋書房, 1992.

『순수이성비판』純粹理性批判**〉〈『제1비판』**第一批判**〉** [(독) *Kritik der reinen Vernunft*. 제1판(A) 1781, 제2판(B) 1787]

【Ⅰ】 비판철학의 위치

칸트의 가장 중요한 저작이자 또한 서양 철학사에서도 가장 중요한 작품들 가운데 하나로서, 본서의 종합

적・체계적 성과에 의해서 칸트는 마치 서양사에서의 로마처럼 서양 철학사가 그에게로 흘러들어오고 그로부터 흘러나가는 것과 같은 위치를 점하고 있다. 칸트의 비판철학은 영국 경험주의와 대륙 이성주의를 그들의 단점을 버리고 장점을 취함으로써 지양하는 동시에 종합한 것이다. 한편은 감성*(감각)과 경험*만을 인식*의 기원으로 하고, 다른 한편은 지성*과 이성*만을 인식의 원천으로 간주하는 데 반해, 칸트는 감성과 지성, 경험과 이성, 경험주의와 이성주의를 매개하여 조정하고자 한다.

【Ⅱ】 '순수 이성 비판'의 의미와 역할

(1) '순수 이성'이란. 『순수이성비판』에서의 '순수*(rein)'란 어떠한 감각적・경험적(empirisch) 요소도 포함하지 않고서 그 자신에서 존재하는 자립적, 자발적 성질이다[B 3, 34/A 11]. '순수*한 것과 '경험적'인 것의 구별은 또한 선험적*과 후험적*의 구별에도 대응하며, '순수한 인식'과 '경험적인 인식'의 구별 징표는 '필연성'과 '엄밀한 보편성'인바, "필연성과 엄밀한 보편성은 선험적인 인식의 확실한 징표이자 나누기 어렵게 서로에게 속한다"[B 4]. 그 때 선험적이긴 하지만 단지 주어 개념을 설명할 뿐인 '분석판단*'이 아니라 선험적인 동시에 인식을 확장하는 필연적이고 보편적인 판단으로서의 '선험적 종합판단*'이 요구된다. 칸트에 따르면 "이성의 모든 이론적 학문 안에는 선험적 종합판단이 원리로서 포함되며"[B 14], 수학도 자연과학도 모두 그것으로부터 성립한다[B 14-18]. 바로 "선험적 종합판단이 어떻게 해서 가능한가'라는 물음이야말로 "순수 이성의 본래적인 과제"이다[B 19, Prol. §5 참조].

(2) 이성 능력의 비판. 『순수이성비판』은 평론적인 비판이 아니라 창조적인 비판으로서의 "사유방식의 혁명"을 포함하는 것으로서, 결코 "책이나 체계의 비판"이 아니라 "이성 능력 일반의 비판"이다. 그것은 "이성이 모든 경험으로부터 독립적으로 획득하고자 애쓰는 모든 인식"에 관해 "형이상학 일반의 가능성 또는 불가능성"을 결정하는 것이며, 요컨대 형이상학*의 "원천, 범위, 한계, 즉 일체를 원리에 기초하여" 한정하는 것이다[A XII Vorrede; Prol. Vorwort, IV 260을 참조].

【Ⅲ】 '초월론적' 입장

『순수이성비판』의 구조가 우선 '초월론적 요소론'과 '초월론적 방법론'으로 크게 구별되고, 전자가 '초월론적 감성론'과 '초월론적 논리학'의 두 부문으로 이루어지며, 더 나아가 '초월론적 논리학'이 '초월론적 분석론'과 '초월론적 변증론'으로 이루어지는 것에서 분명히 드러나듯이, 각 부문은 모두 '초월론적*(transzendental)'이라는 형용사를 동반하고 있다. '초월론적'이라는 말은 "대상*에 관한 것이 아니라 대상에 대한 우리의 인식 방식 —그것이 선험적으로 가능해야만 하는 한에서— 에 관한 모든 인식"을 의미하며[B 25], "사물에 대한 우리의 인식의 관계"를 나타내는 것이 아니라 "인식능력에 대한 우리의 인식의 관계"를 나타낸다[Prol. §13, Anm. Ⅲ, IV 294]. 이와 같이 '초월론적 인식'이란 인식능력의 자기비판・자기반성의 문제이며, 이성 비판 그 자체의 과제이다.

【Ⅳ】 초월론적 감성론

'초월론적 감성론'에서는 인간의 감성적 직관 형식*으로서의 공간*과 시간*, 다시 말하면 우리의 경험적 직관 즉 지각*을 가능하게 하는 선험적인 형식적 제약으로서의 공간과 시간이 구명된다. 순수한 공간적 직관에 기초하여 기하학적 개념이 구성되며, 경험에 대한 타당성을 지니는 선험적 종합판단에 의해서 기하학적 인식이 성립한다. 칸트는 인간에게서 지적 직관을 인정하지 않으며, 다만 순수하긴 하지만 여전히 감성적 직관의 형식인 바의 공간과 시간을 인정할 뿐이다. 그러므로 우리의 인식 대상은 모두 공간과 시간이라는 직관의 형식을 통해서 주어지는 '현상*'뿐이며 '사물 자체*'가 아니다. 현상으로서의 대상은 우선 외적 직관의 형식으로서의 공간을 통해 인간적 인식 주관에 주어지며, 내적 직관의 형식으로서의 시간을 통해 내면적 표상으로 된다. 인간 지성은 이와 같이 하여 수용된 내용으로서의 경험적 직관을 범주*들에 의해서 형식적으로 규정해가는 것이다.

【Ⅴ】 초월론적 분석론

'초월론적 분석론'(초월론적 논리학의 제1부)은 범주의 연역을 행하면서 통각을 중심으로 한 인식능력의 초월론적 기능을 두드러지게 하고 있는 '개념의 분석론'과, 현상과 범주를 매개하는 '도식*'과 종합판단의 특질을 부각시키는 '순수 지성의 원칙들' 등을 논구하는 '원칙의 분석론'(판단력의 초월론적 이성)으로 이루어진다.

(1) 범주의 연역. '개념의 분석론'에서 칸트는 "직관 일반의 대상에 관계하는"[B 105] 순수 지성 개념을 아리스토텔레스*와 관련하여 범주(카테고리)라고 부르면서 우선 양* · 질* · 관계 · 양상*의 판단 형식에 의거하여 범주표를 제시한다[B 95, 106]. 모든 표상의 통일 기능으로서의 판단작용에 기초하여 범주를 발견하는 절차로서의 범주의 '형이상학적 연역'에서는 "범주들과 지성의 일반적인 논리적 기능들과의 완전한 합치에 의해서 범주들의 선험적인 근원"이 제시된다[B 159]. 범주를 '경험의 가능성의 원리'[B 168f.]로서 제시하는 '초월론적 연역'은 현상에 대한 범주의 적용 가능성의 근거짓기를 통해 그 '객관적 타당성*(실재성)'을 도출하는 것이지만, 범주 자체는 순수 지성 개념으로서 '지성'을 탄생의 장소로 하는 것이다. 원래 연역은 법률용어로서의 '사실문제*(quid facti)'와 '권리문제*(quid juris)' 가운데 후자의 문제, 즉 범주의 경험적 적용의 원리적 가능성에 관한 것이지 결코 경험적 사실의 문제가 아니다.

(2) 도식의 문제. 원래 감성의 대상으로서의 경험적 소여는 우선은 인식 주관의 밖에 있고 이것에 형식적 통일을 부여해야만 하는 범주는 어디까지나 인식 주관 안(순수 지성)에 있다는 것에서 분명해지듯이 현상과 범주, 대상과 개념, 직관과 사유, 내용과 형식이란 근본적으로 이질적인 것인바, 양자를 매개하여 종합하는 '제3자'가 필요하다. 그리하여 칸트는 현상과 범주라는 두 가지 이질적 요소를 중개하는 매체로서의 '도식(Schema)' 개념을 도입함으로써 인식론에서의 이원론적 난점을 극복하고자 한다. 한편으로 '지성적'임과 동시에 다른 한편으로 '감성적'인 '도식'은 '상상력의 초월론적 산물'로서 두 가지 이질적 계기의 종합('초월론적 시간 규정')을 비로소 가능하게 한다. 도식 없이는 지성에 의한 내감의 규정(자기촉발*)도 불가능하다.

(3) 원칙의 체계. 순수 지성의 원칙의 체계는 범주표의 양, 질, 관계, 양상에 따라 '직관의 공리', '지각의 예취*', '경험의 유추들', '경험적 사유 일반의 요청들'의 네 종류로 분류되며, 앞의 둘은 현상 일반의 '직관'에 관한 '수학적 원칙'이며, 뒤의 둘은 현상 일반의 '현존재'에 관한 역학적 원칙이다. 원칙은 "모든 판단 일반의 형식적 제약"이며, 원칙의 분석론은 "선험적인 규칙의 제약을 포함하는" 범주를 가능적 경험의 대상으로서의 현상에 적용하는 것을 판단력*(Urteilskraft)에게 가르치는 '규준(Kanon)'이다[B 171]. 원칙의 체계의 중요성은 인간적 인식이 결국 판단의 형식에 의해서 표현된다는 것에 놓여 있다. 본래 순수 이성 비판의 근본과제는 '선험적 종합판단'의 가능성을 묻는 것이고, 그 전형적 실례가 바로 위에서 말한 순수 지성의 원칙들의 체계이다. 나아가 칸트는 "모든 선험적 종합판단의 최상의 원칙"을 "경험 일반의 가능성의 제약들은 동시에 경험의 대상들의 가능성의 제약들이다"라고 정식화하고 있다[B 197]. 즉 경험을 도대체가 가능하게 하는 것은 동시에 경험의 대상을 가능하게 하는 것이고, 다시 말하면 인식 주관의 근거(초월론적 주관성)는 동시에 인식 객관의 근거(초월론적 객관성)이어야만 하는 것이다.

(4) 경험과 인식의 관계. "내용 없는 사유는 공허하고, 개념* 없는 직관*은 맹목이다"[B 75]라고 말해지듯이, 칸트의 인식론의 본질은 경험적 실재론과 초월론적 관념론의 종합, 질료와 형식, 직관과 개념(사유), 감성과 지성의 종합적 통일에 있다. "모든 인식은 경험과 더불어 시작되지만, 그렇다고 해서 모든 인식이 경험으로부터 생기는 것은 아니다"[B 1]라는 명제는 칸트 인식론의 근본 특질을 이야기하고 있다. 즉 칸트에서의 인식은 우선 첫째로, '경험'을 소재로 하고 있다는 것, 둘째로, 경험을 의미짓기 위해서는 우선 경험을 넘어서서 경험을 규정하는 순수 지성 개념(범주)이 필요하다는 것의 양면성을 지니는 것이다. 따라서 인간의 인식은 과학적 인식도 포함하여 시간과 공간이라는 직관 형식을 통해 주어지는 것, 즉 '현상' — 경험 가능한 것 — 을 필요로 하는 것이고, 이것이 아니라면 인식은 내용이 공허한 것으로 되는 것이다. 경험 가능한 것은 실험 가능한 것이며, 실험 가능한 것은 인간 주관에 의한 구성이 가능하게 된다. 그러나 이 구성이

인간 주관의 자의와 임의의 우연성에 그치는 것이라면, 이 구성은 어떠한 보편성이나 필연성도 수반할 수 없다. 앞의 인용문의 후반 "모든 인식이 경험으로부터 생기는 것은 아니다"라는 것의 의의가 여기에 놓여 있다.

(5) 인식의 코페르니쿠스적 전회. 인간 주관(지성)이 경험에 선행하여(선험적으로) 지니고 있는 '순수 지성 개념(범주)'이 모든 경험적 인식에 보편성과 필연성을 부여하는 근원이다. 그러나 이러한 '사유의 형식'으로서의 범주를 구사하는 인간 주관 그 자체의 '사유의 활동·지성의 활동'도 결국에는 '나는 생각한다'(Ich denke)라는 '초월론적 자아(통각*)'의 사유 활동의 구성부분이며, 자기표현·자기형성이다. 바로 그렇기 때문에 이러한 인간의 사유하는 자아는 모든 규칙성·법칙성·객관성의 근원적 제약이 될 수 있는 능력, 요컨대 '지성(Verstand)'과 '이성(Vernunft)'으로서 활동해야만 하는 것이다. 지성은 말하자면 자연의 입법자이고, 자연의 법칙들은 인간이 이성에 기초하여 자연 속에 투입하여 놓은 것, 요컨대 이성의 자기기투(Selbstentwurf)의 산물이다[B XIII]. 이것이 인식론상의 코페르니쿠스적 전회*로서의 칸트 철학에서의 초월론적 관점의 특질이다. 칸트의 초월론적 입장은 한편으로 "경험과 더불어 있는" 인식 소재를 확실히 지녀야만 하지만, 다른 한편으로 "경험으로부터 생기지 않는" 것이자 "경험을 넘어선" 보편적인 사유 형식(범주)을 인식 주관 안에서 인정하는 동시에 이것을 경험적 소재에 적용·응용하는 입장이다. 초월론적 입장은 경험을 무턱대고 믿어 이성에 대해 절망하는 입장(회의주의)이나 경험을 무시하는 초월적 이성주의(교조주의)의 입장이 아니라 경험을 넘어서면서 경험을 포섭하는 입장이다.

【VI】 초월론적 변증론

초월론적 변증론*(초월론적 논리학의 제2부)에서는 지성 개념을 경험의 한계를 초월하여 사용하는 전통적 형이상학은 어떠한 선험적 종합판단에도 도달할 수 없다는 것이 논구된다. 즉 전통적 형이상학은 '판단 주관·사유 주관'으로서의 '자아*'의 활동으로부터 단일하고 불가분한 실체적 무제약자로서의 '영혼*

(Seele)'의 존재(불사*)를 증명하고자 하여 매개념 애매의 오류로서의 '오류추리(Paralogismus)'에 빠지며(이성적 심리학), 세계의 공간적 한계와 시간적 시초의 유무를 둘러싸고 '이율배반*(Antinomie)'을 범하고(이성적 우주론), 만물의 절대적 제약으로서의 필연적 존재자인 신의 존재증명*이 가능하다고 오인한다(이성적 신학). 유한한 인간 이성에게 있어서 초경험적·초감성적인 대상(사물 자체*)에 대해서는 감성적·경험적 대상에서처럼 '진리의 논리학(분석론)'이 아니라 '가상의 논리학(변증론)'을 전개할 수밖에 없기 때문에 전통적 형이상학은 불가능하다. 칸트는 변증론을 통해 무제약적 대상으로서의 영혼*, 세계*, 신*을 불사, 자유*, 신의 세 가지 이념의 도식으로 환골탈태시킴으로써 세 이념을 인식의 '구성적*' 원리(이론적 소여)로서가 아니라 '규제적*' 원리(실천적 과제)로서 사용하는 길을 여는 것이다.

【VII】 초월론적 방법론

(1) 지식과 신앙. 『순수이성비판』의 마지막 부문인 '초월론적 방법론'에서 칸트는 이성 자신에 관한 근원적인 오해와 오용을 해명한다. 예를 들면 라이프니츠/볼프학파의 형이상학에서 이성은 자기 자신과의 논리적 분규에 빠졌을 뿐 아니라 자기의 본래적 관심도 오인했다. 이 관심은 물론 사변적 인식 속에 있는 것이 아니라 "자유에 의해서 가능해지는 것"[B 382] 속에, 따라서 도덕적 행위 속에 있다. 이성의 본래적 관심은 자유, 영혼의 불사, 신의 이념을 이론 이성의 대상, 인식의 대상으로서 고찰하는 데 있는 것이 아니라 그것들을 실천 이성의 대상, 신념의 대상으로서 파악하는 데 있다. 본래 지식이란 주관적으로든 객관적으로든 충분한 신빙성을 지니는 것이고, 신앙은 주관적으로는 충분한 신빙성을 지니긴 하지만 객관적으로는 불충분한 신빙성에 그친다[B 850]. "신앙을 위한 자리를 확보하기 위해서 지식을 지양해야만 했다"[B XXX, Prol. §5]는 칸트의 말은 그 비판철학의 인식 자세를 전형적으로 보여주는 것이다. 즉 칸트의 인식론은 현상과 사물 자체의 이원론적 구별에 의해서 이론적 지식의 영역을 가능적 경험의 대상(현상)으로만 제한하지만, 초자연적 대상(사물 자체)의 세계로서 알 수

없는 채로 남겨진 공백을 도덕법칙의 당위적 자각에 의해 성립하는 실천적 세계로서 보전하고 의미 부여하는 것이다.

(2) 인간 이성의 3대 관심. 칸트가 『순수이성비판』에서 이미 이성의 실천적 사용에 관해 말하고 있는 것에서 명확해지듯이, 『순수이성비판』은 본래 오로지 이론 이성의 비판이 아니라 모든 이성의 비판이다. 덧붙여 말하자면, 칸트는 인간 이성의 관심으로서 ① "나는 무엇을 알 수 있는가"(형이상학), ② "나는 무엇을 해야만 하는가"(도덕), ③ "나는 무엇을 희망해도 좋은가"(종교)라는 세 가지 물음을 설정하고 있다[B 833, 『논리학』 IX 25를 참조].

이 물음들은 두 번째 물음이 첫 번째 물음이 미칠 수 없는 문제에 대답하고, 세 번째 물음이 두 번째 물음의 부족을 보완하는 형태로 상호 연관되어 서로 보충하고 있다. 나아가 그 때 첫 번째와 두 번째 물음, 두 번째와 세 번째 물음이 각각 '지식과 신앙', '지식에서 신앙으로'라는 관계를 형성하고 있다. 왜냐하면 의지의 자유의 자각(도덕적 자유)은 이론적으로는 믿음이면서도 실천적으로 지식이라고 말할 수 있지만, 불사와 신은 인간에게 있어 영원히 초월적이고 믿음에 머물기 때문이다. 어쨌든 이러한 인간 이성의 3대 관심의 해명을 통해 "인간이란 무엇인가"라는 것이 명확히 되는 것이다[『논리학』 IX 25].

【Ⅷ】 『순수이성비판』의 성립과 영향

『순수이성비판』은 1781년의 출판에 앞서 칸트 자신 안에서 오랜 기간에 걸쳐 준비되어 왔다. 그것의 성립 전사前史는 에르트만에 따르면 여명기(1765–1769), 발전기(1769–1776), 완성기(1776–1781)로 나누어지며, '새로운 형이상학의 시도', '감성과 이성의 한계', '감성적인 것과 지성적인 것의 분리', '지성적인 것의 근원', '순수 이성의 형식적 학' 등 주제의 변천과 더불어 다양한 우여곡절과 집요한 사색의 축적을 거쳐 제1판이 출현하게 되었던 것이다. 또한 제1판이 칸트의 의도에 반하여 오해된다든지 불평을 불러일으켰기 때문에 제2판에서 '순수 지성 개념의 연역', '원칙론', '관념론 논박', '현상체와 가상체', '순수 이성의 오류추리' 등의 부분을 비롯하여 크고 작은 개작과 추가에 의해서 상당한 부분이 고쳐 쓰여졌다. 칸트가 제2판을 쓴 가장 큰 이유들 가운데 하나는 그의 현상(표상)론이 버클리류의 관념론으로 오해되는 것에 가장 마음이 쓰였기 때문이다. 다양한 해석자들에 의해서 제1판의 우월론자(쇼펜하우어, 로젠크란츠, 쾨르바흐, 피셔, 하이데거)와 제2판의 우월론자(하르텐슈타인, 키르히만, 에르트만, 아디케스, 포어랜더, 발렌티너, 리일, 파울젠) 등으로 나누어지지만, 칸트 자신은 체계적・철학적으로 제1판과 제2판에 변함이 없다고 확신하고 있다.

또한 『순수이성비판』은 현상과 사물 자체의 구별이라는 비판적 관점에 입각하여 초월론철학과 실천적 형이상학을 근거지음으로써 현란한 독일 관념론 철학이 개화하는 단초가 되고 유럽의 철학사에 부단한 영향을 주었다. 피히테, 셸링, 헤겔 등의 사변적・관념론적 철학은 모두 칸트의 비판철학을 심화, 발전시키면서 자기의 체계를 구축했으며, 하만, 헤르더, 야코비 등도 칸트의 영향을 받는 동시에 그 이성주의에 반대하여 신앙의 철학을 표방했다. 칸트의 비판철학은 1850년 이후 프랑스에서, 1860년 이후 독일에서 '신칸트주의' 운동을 발생시키는 등, 그 후 현대에 이르기까지 철학의 내부에서나 외부에서 계속해서 영향을 미치고 있다. ⇒이성, 비판, 『실천이성비판』{『제2비판』}, 『판단력비판』{『제3비판』}

―아리후쿠 고가쿠(有福孝岳)

图 天野貞祐「『純粋理性批判』の成立事情および第一版第二版論」天野貞祐 譯『純粋理性批判』(一)に収録, 講談社學術文庫, 1979. 有福孝岳「現在ドイツにおける『純粋理性批判』研究の状況と意味」『理想』582号, 1981; 『カントの超越論的主体性の哲学』理想社, 1990. 岩崎武雄『カント「純粋理性批判」の研究』勁草書房, 1965. 牧野英二『カント「純粋理性批判」の研究』法政大學出版局, 1989. Benno Erdmann, Einleitung zur zweiten und ersten Auflage von Kritik der reinen Vernunft, in: Kants Werke, Akademie Textausgabe, Anmerkungen der Bände Ⅰ-Ⅴ (Bd. Ⅲ, S. 555–590, Bd. Ⅳ, S. 569–591), Berlin, 1977. H. Cohen, Kants Theorie der Erfahrung, Berlin, 1871 (⁴1924). H. Vaihinger, Kommentar zur Kritik der reinen Vernunft, 2Bde, Stuttgart, 1881/1892(New York/London, 1976). N. K. Smith, A Commentary to Kant's "Critique of Pure Reason",

London, 1923. H. J. Paton, *Kant's Metaphysic of Experience*, London, 1924(⁴1965). H. Heimsoeth, *Studien zur Philosophie I. Kants*, Köln, 1956. M. Heidegger, *Kant und das Problem der Metaphysik*, Frankfurt a. M., 1929(⁴1973)(木場深定 譯『カントと形而上學の問題』理想社, 1967); *Die Frage nach Ding. Zu Kants Lehre von den transzendentalen Grundsätzen*, Tübingen, 1962(有福孝岳 譯『物への問── カントの超越論的原則論に寄せて』晃洋書房, 1978). J. Bennett, *Kant's Analytic*, London, 1966. P. F. Strawson, *The Bounds of Sense*, London, 1966(熊谷・鈴木・横田 譯『意味の限界』勁草書房, 1987). G. Martin, *Immanuel Kant. Ontologie und Wissenschaftslehre*, Berlin, ³1963(門脇卓爾 譯『カント──存在論および科學論』岩波書店, 1962). G. Prauss, *Erscheinung bei Kant. Ein Problem der "Kritik der reinen Vernunft"*, Berlin, 1971(觀山・訓覇 譯『認識論の根本問題── カントにおける現象概念の研究』晃洋書房, 1971). M. Hossenfelder, *Kants Konstruktionstheorie und die Transzendentale Deduktion*, Berlin/New York, 1978. V. Gerhardt/F. Kaulbach, *Kant*, Darmstadt, 1979. F. Kaulbach, *Philosophie als Wissenschaft. Eine Anleitung zum Studium von Kants Kritik der reinen Vernunft*, Hildesheim, 1981 (井上昌計 譯『純粹理性批判案内── 學としての哲學』成文堂, 1984). H. M. Baumgartner, *Kants "Kritik der reinen Vernunft". Anleitung zur Lektüre*, Freiburg i. B/München, 1985(有福孝岳 譯『カント入門講義──『純粹理性批判』讀解のために』法政大學出版局, 1994).

순수 이성의 규준純粹理性－規準 [(독) Kanon der reinen Vernunft]

칸트 철학의 용어로 "순수 이성을 올바르게 사용하기 위한 선험적*인 원칙의 총괄"[B 824]을 의미한다. 칸트는『순수이성비판』*의 Ⅱ '초월론적 방법론'의 제2장에서 그것에 관해 논의했다. 그러나 Ⅰ '초월론적 요소론'은 순수 이성의 사변적 사용에 의해서는 참된 종합적 인식이 성립하지 않는다는 것을 보였기 때문에 그것을 위한 규준도 존재하지 않게 된다. 규준은 오로지 실천적인 이성 사용에 관계한다. 칸트에 따르면 이성의 세 가지 이념(자유*, 영혼*의 불사*, 신*의 존재)

은 원래 이성의 실천적 관심에 기초한다. 그러나 이제 문제가 되는 자유는 실천적 의미의 자유─그 활동은 경험적으로 알려진다─이지 초월론적 자유가 아니기 때문에, 그것에 관해서 이성 사용의 규준을 물을 필요도 없다. 그리하여 순수 이성의 규준에 관해서는 (1) 신은 존재하는가, (2) 내세는 존재하는가의 두 가지 문제를 고찰하는 것으로 족하다. 그런데 이성의 모든 관심은 (1) 나는 무엇을 알 수 있는가, (2) 나는 무엇을 해야만 하는가, (3) 나는 무엇을 희망해도 좋은가의 세 가지 물음으로 통합된다. 칸트는 단지 사변적인 첫 번째 물음을 제외하고 실천적인 두 번째 물음과 실천적인 동시에 사변적인 세 번째 물음을 물음으로써 도덕법칙*과 신 및 내세의 존재의 관계 문제를 고찰한다.

칸트는 행복의 실현을 지향하는 '실용적 명령'과 순수 이성에 기초하는 '도덕적 명령'이 다르다는 것을 논의한 후에, 결국 두 번째 물음에 대해 "행복'할 만한 가치가 있도록 행하라"라는 대답을 준다. 그러면 그렇게 행했을 때 무엇을 희망해도 좋은가(세 번째 물음). 이상으로서의 '도덕적 세계'에서는 행복할 만한 가치가 있는 행위에 상응하여 행복이 현실에서 주어져야만 하지만, 이를 위해서는 선한 동시에 전능한 신이 존재해야만 한다. 또한 선과 행복의 그와 같은 결합은 내세도 고려할 때 비로소 가능하다. "이리하여 신과 내세는 순수 이성이 우리에게 부과하는 책무로부터 바로 이 똑같은 순수 이성에 따라서 분리될 수 없는 두 개의 전제이다"[B 839]. 칸트는 앞서 '초월론적 요소론'에서 인식의 대상으로서는 부정한 '신의 존재'와 '불사(내세)'를 '순수 이성의 규준'에서는 도덕적 신앙(희망)의 대상으로서 재건하고 있다. 다른 한편 여기서는 아직 정언명법과 의지의 자율* 사상은 확립되어 있지 않다. '순수 이성의 규준'의 도덕론은 나중의 비판기 윤리학에 이르는 과도적 형태를 보이는 것으로서 주목할 만하다. ⇒관심, 신앙

─오구마 세이키(小熊勢記)

📖 M. Guéroult, Canon de la Raison pure et Critique de la Raison pratique, in: *Revue internationale de Philosophie*, vol. 8, 1954. 宇都宮芳明「カントと理性信仰」北海道大學文學部紀要 42–3, 1994. 小熊勢記『『純粹理性批判』と形而上學』『カントの批

判哲學 ── 認識と行爲』京都女子大學硏究叢刊 18, 1992.

순수 이성의 오류추리純粹理性-誤謬推理 [(독) Paralogismen der reinen Vernunft]

순수 이성의 오류추리는 순수 이성의 세 가지 이념 가운데 '사유하는 주관의 절대적 통일'이 요구됨으로써 생긴다. 이 추리는 범주표에 따라서 넷이 있는데, 사유하는 자아*가 실체*이고, 단순하며, 인격*이라고 추론되며, 마지막으로 자아 존재의 확실성*에 대해서 외계 존재의 불확실성이 논해지고 외계의 관념성이 주장되기에 이른다. 순수 심리학 내지 이성적 심리학*은 잘못된 이러한 추론들에 의해 성립한다. 영혼의 비물질성, 불멸성, 신체와의 교호작용 등이 추론되는 것이다[A 344-5/B 402-3]. 오류추리론은 제2판에서 대폭 간략화되며, 새롭게 멘델스존*의『페돈(Phädon)』에서의 영혼불사의 논증에 대해 비판이 이루어지고, 또한 제1판 넷째 오류추리에서 논해진 논의가 독립적으로 다시 씌어져 원칙론의 끝 부분에 특히 '관념론 논박*'으로서 덧붙여졌다.

칸트에 따르면 위의 추론의 근저에 놓인 '나는 생각한다*'는 순수한 것으로서는 직관 내용을 수반하지 않는 단순한 "인식*이라고 불려야만 하는 한에서의 표상 일반의 형식"[B 404/A 346] 또는 "모든 지성 판단 일반의 형식"[B 406/A 348]이다. 이성적 심리학은 원래 이 명제를 그 주어*의 존재를 문제로 하지 않는 "개연적(problematisch)"[B 405/A 347-8]인 방식으로 이해해야만 하는 것인 데도 불구하고 이 형식적인 '논리적 주어'를 매개념 애매의 오류에 의해서 '실재적 주어'로 치환하고[A 350], 이로부터 위의 영혼*의 성질을 오류 추리한다. 이리하여 자아의 순수하고 자발적인 측면에 관해서는 그 객체로서의 인식 불가능이 논의되는 한편, 역으로 자아의 수동적 '규정 가능성(Bestimmbarkeit)'의 측면에 관해서는 '나는 생각한다'가 자아의 현존재를 주는 것이자 본래 '나는 생각하면서 실재한다(Ich existiere denkend)'는 '경험적 명제(ein empirischer Satz)'이게 된다[B 420, 422 Anm.]. 이 측면으로부터는 순수한 이성적 심리학을 인도할 수 없으며, 경험적 심리학*이

가능할 뿐이다. 경험적 명제로서의 '나는 생각한다'에서의 자아는 제1판에서는 직접적인 지각*에서 내감*의 대상으로서 주어지게 된다[A 367 등]. 외감에서의 공간적 대상에 관해서나 내감에서의 자아에 관해서나 모두 그 "표상의 직접적 지각(의식*)이 그 현실존재(Wirklichkeit)의 충분한 증명"[A 371]이게 되며, 이런 의미에서 칸트는 자기의 입장을 양자의 현실존재를 지각에 의해서 그대로 인정하는 '이원론자'의 입장이라고 한다. 여기서 경험의 대상을 현상으로 하면서도 그 실재성을 인정하는 초월론적 관념론 = 경험주의적 실재론과, 의식에 주어지는 것을 외적 실재일 수 없는 것으로 하고 실재를 의식 외적인 대상에서만 인정하는 경험적 관념론 = 초월론적 실재론이라는 정식이 주어진다. 제2판에서는 외감의 대상과 내감의 대상의 두 가지 실재라는 이원성이 후퇴하고, 오히려 '관념론 논박'에서 내감에서의 "나의 현존재의 규정"은 외감(공간*)의 대상으로서 주어지는 "지속적인 것"과의 관계에서만 가능하다고 논해진다. 이러한 차이는 제1판에서는 그 정도로 명확하지 않았던 내감에서의 자아의 규정, 요컨대 경험적 자아의 인식에 대해 제2판에서 좀더 명확한 이론이 확정되고 있었다는 것을 보여준다. 이 이론은 역시 다시 씌어진 제2판 연역론에서 보이는 자기촉발*의 논의와 합하여 이해되어야만 한다. ⇒자아, 영혼, 나는 생각한다, 관념론 논박

─기사카 다카유키(木阪貴行)

H. Heimsoeth, *Transzendentale Dialektik, Ein Kommentar zu Kants Kritik der reinen Vernunft*, 4 Teile, Berlin, 1966-71. K. Ameriks, *Kant's Theory of Mind*, Oxford, 1982. 中島義道『カントの時間構成の理論』理想社, 1987.

순수 이성의 이상純粹理性-理想 [(독) Ideal der reinen Vernunft]

순수 이성의 이상은 칸트가 거론한 세 종류의 순수 이성의 이념 가운데 "사유 일반의 대상의 절대적 통일"이 요구되어 성립한다. 칸트는 '이상'을 정식화하는 것에 '일관적 규정'의 원칙(Grundsatz der durchgängigen Bestimmung)'을 원용한다. 이 원칙은 논리적 모순대당을 단순한 논리적 차원을 넘어서서 사유*와 실재의

근본적 원리로 하는 칸트 이전의 형이상학*사상에서 원래는 개체의 완전한 규정*을 줄 때에 주제적인 역할을 수행해 온 것이다. 즉 개체의 실재성*은 모든 가능적인 실재성의 총체와 비교되는 경우에 해당 개체에 특유한 부정*에 의해서 '제한'된 실재성으로서 이해된다. 그러므로 원래 개체가 실질적으로 사유되는 이상 이 사유의 대상인 해당 개체의 실재성의 배후에 대상들 일반의 '최고이자 완전한 실질적 조건'이 모든 가능적인 술어의 총체라는 개체로서 존재하지 않으면 안 된다. 사유가 실질에까지 미친다는 것을 전제하면 이 '실질적 조건'이 존재하지 않는다고 하는 것은 문자 그대로 사유불가능하다는 것이 된다. 칸트는 "모든 가능적인 술어들의 총체"를 "가장 실재적인 존재자의 개념(Begriff eines entis realissimi)"으로 하여 이것을 "초월론적 이상"으로 삼는다. 이리하여 "초월론적 이상"은 "가장 실재적인 존재자"와 직결되어 "초월론적 신학"에서의 신의 존재증명*을 형성하게 된다[B 600ff.].

이에 반해 제1비판*에서는 실재의 기본원리를 일관적 규정에서가 아니라 오히려 가능적 경험에서의 통일*에서 구하고 그런 까닭에 감성적 직관을 넘어서는 순수 사유의 실질성을 부정하기 때문에, 모든 긍정적인 술어에 의해서 철저하게 규정되어 있는 개체인 '이상'이란 실재의 원리를 오해하고 가능적 경험을 일탈하는 사유를 실질적인 것으로 이해하여 단순한 사유 일반의 제약을 '실재화하는' 잘못의 결과 성립하는 것이다. 이러한 비판은 '존재'는 '정립' 그 자체이고 '무언가의 실재적 술어가 아니다'라는 기본적인 논점으로 집약될 수 있다. 이 점에 관해서 칸트는 "현실의 100탈러는 가능적인 100탈러 이상의 것을 조금도 포함하고 있지 않다"고 논한다[B 625-9]. 이것의 의미는 사유에서의 개념*의 실질이 가능적 경험과 정확히 일치하는 것이고, 개념에서의 100탈러는 오히려 실재에서의 100탈러와 동일한 규정 내용을 지니며, 그렇게 해서만 개념은 경험적 대상에 대해 객관적 타당성*을 지닌다는 것이다. 여기서 개념은 코페르니쿠스적 전회*에 의해서 실재의 존재방식을 결정해야만 하는 것이고, 또한 실재를 정립하는 것은 '유일한 가능한 경험*'이다.

정립인 존재는 사유의 내적인 술어가 아니라는 칸트의 논점을 헤겔*은 사유의 안과 밖을 그저 구별하는 데 불과하다고 비판했지만[『철학사 강의』], 이것은 오해이다. 칸트의 주장은 그와는 반대로 사유에서의 개념이 실재에 대한 객관적 타당성을 지닌다는 것을 철저화하면 사유의 대상은 오히려 가능적 경험에 한정되어야만 한다는 것이다. ⇒신의 존재증명, 일관적 규정, 유일한 가능한 경험

—기사카 다카유키(木阪貴行)

【參】 H. Heimsoeth, *Transzendentale Dialektik, Ein Kommentar zu Kants Kritik der reinen Vernunft*, 4 Teile, Berlin, 1966~71. D. Henrich, *Der ontologische Gottesbeweis*, Tübingen, 1967(須田朗 外 譯 『神の存在論的證明』 法政大學出版局, 1986). S. Anderson, *Ideal und Singularität*, Walter de Gruyter, 1983. G. W. F. Hegel, *Vorlesungen über Geschichte der Philosophie*, Bd. Ⅲ. 石川文康 「無限判斷の復權」 中島・大橋・石川 編 『超越論的哲學とは何か』 理想社, 1989. 木阪貴行 「カントと神の存在証明」 牧野・福谷 編 『批判的形而上學とは何か』 理想社, 1990.

순수 이성의 훈련純粹理性-訓練 [(독) Disziplin der reinen Vernunft]

『순수이성비판*』의 제2부 '초월론적 방법론'은 네 장으로 나누어지며, 그 제1장의 제목이 '순수 이성의 훈련'이다. 사변적 이성의 순수 사용은 '초월론적 변증론*'에서 보이는 대로 이성의 변증적 사용에 빠질 수밖에 없다. 초월론적 원리에 기초하는 순수 이성 체계의 구축 형식을 규정하는 '방법론*'에서는 이러한 잘못된 이성 사용에로의 경향을 방지해야만 하며 그를 위한 '훈련'이 요구된다. 그럼에도 불구하고 새로운 형이상학*인 순수 이성 체계는 감성적 직관을 수반하는 가능적 경험의 지평에 한정되지 않는다. 그러므로 '순수 이성의 훈련'은 체계 구축에 있어 적극적인 의미를 지니는 것이 아니라 사변적 이성의 순수 사용의 한계를 지적하는 비판적이고 소극적인 역할에 머물게 된다.

이러한 훈련은 순수 사변적 이성의 사용 방식에 관해 수학적 인식과 철학적 인식의 같음과 다름을

논의하는 '교조적 사용에 관한 훈련', 모순론 및 흄*에게 의탁하여 회의주의*를 논의하는 '논쟁적 사용에 관한 훈련', 초월론적 가설의 유효 범위를 논의하는 '가설에 관한 훈련', 마찬가지로 초월론적 증명 일반의 특징을 논의하는 '증명에 관한 훈련'으로 구분된다. 그리고 이러한 '훈련'의 결과, 순수 이성은 그것의 사변적 사용에서의 월권, 교조적 가상을 자각하고, 자기 자신의 본래의 정당한 지반인 '실천적 원칙의 한계 안'으로 되돌아오게 되는 것이다[B 822].

이와 같이 '순수 이성의 훈련'은 사변적 이성의 순수 사용에 있어서는 그 한계*의 지적에 머무는 것이지만, 경험적 사용, 수학적 사용, 철학적 사용, 분석적 사용 등 이성*의 다양한 사용 방식의 분석을 통해 칸트가 지향한 새로운 형이상학의 방향성을 정립하고 있다는 점에서는 "방법에 관한 논고"[B XXII]라고 불리는 『순수이성비판』에만 머물지 않고 비판기 전체를 통해 그 중추적인 위치에 있는 것이라고 말할 수 있다. ⇒방법론

—오하시 요이치로(大橋容一郎)

📖 H. Heimsoeth, *Transzendentale Dialektik 4. Teil: Die Methodenlehre*, Berlin, 1971. 高峯一愚 『カント純粋理性批判入門』 創論社, 1979. 大橋容一郎 「概念の位置について」 大橋·中島·石川 編 『超越論哲學とはなにか』 理想社, 1989.

순수 지성 개념純粋知性概念 ⇨범주

순수 지성의 원칙純粋知性-原則 [Grundsätze des reinen Verstandes]

초월론적 도식이라는 감성적 제약 하에서 범주*(순수 지성 개념)로부터 나오는 선험적 종합판단*을 순수 지성의 원칙이라고 말한다. 초월론적 연역론에서 범주는 경험의 가능성의 제약*으로서 객관적 타당성*을 지닌다는 것이 증명되었다. 이 범주가 적용되어야만 하는 대상*은 감성적 직관을 통해 주어진다. 따라서 범주는 감성적 제약 하에서 대상에 대해 사용되어야만 한다. 그 감성적 제약이 초월론적 도식이다. 순수 지성

의 원칙이란 이러한 제약 하에서의 범주의 "객관적 사용의 규칙"[B 200]에 다름 아닌 것이다.

원칙이란 다른 판단의 근거를 자기 안에 포함할 뿐 아니라 그 자신은 다른 인식 안에서 근거지어지지 않는 판단을 가리킨다[B 188]. 순수 지성의 원칙은 자연과학의 가능성의 근거가 되는 원칙이다. 자연법칙은 순수 지성의 원칙을 현상의 특수한 사례에 적용하여 얻어지는 것이며, 순수 지성의 원칙에 따르는 것이다. 또한 순수 지성의 원칙은 범주라는 근원적 개념의 객관적 사용의 규칙으로서 도출된 것이며, 다른 인식 안에서 근거지어지지 않는 원칙이다. 따라서 그 타당성에 대해 객관적 증명은 이루어지지 않는다. 그러나 "대상 일반의 인식 가능성의 주관적 원천"[같은 곳]으로부터의 증명은 이루어질 수 있다. 그 증명의 원리로 되는 것이 "경험 일반의 가능성 제약은 동시에 경험* 대상의 가능성 제약이다"라는 명제(모든 종합판단의 최상의 원칙[B 197])이다. 그리고 그 증명이 이루어지는 '원칙의 분석론'에서 "순수 자연과학은 어떻게 해서 가능한가"[B 20]라는 문제가 해결되게 되는 것이다.

순수 지성의 원칙의 체계는 범주의 체계로부터 도출된다. 그것은 다음과 같다.

순수 지성의 원칙——(1) 직관의 공리. "모든 직관은 외연량이다"[B 202]. (2) 지각의 예취*. "모든 현상에서 감각의 대상인 실재적인 것은 내포량, 즉 도를 지닌다"[B 207]. (이상의 (1)(2)는 수학적 원칙이라고 불린다.) (3) 경험의 유추. "경험은 지각의 필연적 결합의 표상에 의해서만 가능하다"[B 218]. 제1유추*, 실체* 지속성의 원칙. "현상의 모든 전변에서 실체는 지속한다. 그리고 그 양은 자연에서 증감하지 않는다"[B 224]. 제2유추, 인과성*의 법칙에 따른 시간계기의 원칙. "모든 변화는 원인과 결과의 결합 법칙에 따라 일어난다"[B 232]. 제3유추, 교호작용 또는 상호성의 법칙에 따른 동시존재의 원칙. "모든 실체는 공간*에서 동시라고 지각될 수 있는 한에서 일반적 교호작용 속에 있다"[B 256]. (4) 경험적 사유 일반의 요청*. "경험의 형식적 제약(직관과 개념*에 관하여)과 합치하는 것은 가능적이다"[B 265]. "경험의 질료적 제약(감각*)과 관련되는 것은 현실적이다"[B 266]. "현실적인 것과의 관련이

경험의 일반적 제약에 따라서 규정되어 있는 것은 필연적이다(필연적으로 실존한다)"[B 266]. ((3)(4)는 동역학적 원칙이라고 불린다.) ⇒경험의 가능성의 제약, 지각의 예취

―오타 신이치(太田伸一)

📖 H. J. Paton, *Kant's Metaphysic of Experience*, George Allen & Unwin/Macmillan, 1936. M. Heidegger, *Die Frage nach Ding*, Max Niemeyer, 1962(有福孝岳 譯 『物への問』 晃洋書房, 1978).

순수 직관純粹直觀 [(독) reine Anschauung]

칸트는 '순수*'라는 용어를 "거기에서 감각에 속하는 것이 조금도 발견되지 않는 표상을 모두 (초월론인 의미에서) 순수라고 부른다"[B 34]고 정의한 다음, 순수 직관에 대해서 "감성*의 이와 같은 순수 형식은 그것 자체도 순수 직관이라고 불릴 것이다"[B 34f.]라고 지적한다. 더 나아가 또한 "표상*으로서 무언가를 사고하는 작용보다 앞에 선행할 수 있는 것은 직관*이며, 그것이 관계 이외의 아무것도 포함하지 않는다면 직관의 형식이기도 하다"[B 67]고도 말해진다. '초월론적 감성론' 서두에서 칸트는 표상으로부터 첫째, 지성*이 개념*에 의해서 사고하는 것을 제거함으로써 감성을 고립화하고, 둘째, 그로부터 감각*에 속하는 것을 제거함으로써 이와 같은 직관의 형식, 순수 직관을 추출하고자 시도한다. 이러한 절차의 결과 공간*과 시간*이 순수 직관이라는 것이 제시된다[B 36]. 그것들은 외적·내적 표상의 관계, 즉 병렬(Nebeneinander)과 계기(Nacheinander)의 선험적*인 다양만을 포함한다. 다른 한편 비판철학에서 '순수'란 주로 '경험적'과 대립된다. 그리고 이러한 순수/경험적이라는 맞짝개념은 형식/질료, 선험적/후험적* 등과 같은 맞짝개념들과 중첩된다. 따라서 순수 직관은 감각적 내용을 포함하지 않으며, 형식*만을 포함한 직관이다. 이리하여 순수 직관은 선험적이고, 모든 경험적 직관에 선행하여 그 형식으로 된다[Prol., Ⅳ 283].

순수 직관으로서의 공간과 시간의 성질을 가르치는 학은 각각 기하학과 일반운동론이다[B 40, 49].

순수 직관으로서 논해지는 한에서는 공간과 시간 쌍방 간의 차이가 강조되지는 않는다. 그러나 공간은 모든 외적 현상의 순수 형식인 데 반해, 시간은 어떠한 표상도 인식 주관의 내적 상태에 귀속되는 이상 모든 현상* 일반의 선험적인 형식적 조건이다[B 50]. 그러나 다른 한편으로 예를 들면 "(시간에는) 어떠한 형태도 없기 때문에 우리는 이 결여를 유비로 보완해야만 하며, 무한히 진행하는 직선에서 시간계기를 표상한다"[B 50]와 같은 문장이 전형적으로 보여주듯이 칸트는 일관되게 공간에 관한 논의를 시간에도 전용하는 형태로 기술을 행하고 있다. 따라서 순수 직관은 기하학이 성립하는 공간을 모델로 하여 고찰되고 있다고 해석할 수 있는 한편으로, 시간의 위치짓기에 관해서는 동요가 간취된다.

나아가 순수 직관을 직관의 형식과 단순히 동일시해야만 하는 것은 아니라고 하는 주장이 있는 것으로부터도 이해되듯이, 그 위치짓기에서는 오늘날에도 해석상의 문제가 발견된다고 말할 수 있을 것이다. ⇒직관, 공간, 시간

―시모노 마사토시(下野正俊)

📖 H. Vaihinger, *Kommentar zur Kants Kritik der reinen Vernunft* 1/2, Union Deutsche Verlagsgesellschaft, 1892. L. Falkenstein, *Kant's Intuitionism. A Commentary on the Transcendental Aesthetic*, University of Toronto Press, 1995. 久保元彦, 「形式としての直觀──「超越論的感性論」 第二節, 第一および第二論証の檢討」 『カント研究』 創文社, 1987.

순환논증循環論證 [(독) Zirkelbeweis]

일반적으로 논점선취의 오류(assumptio non probata)에 포함되는 세 개의 오류(부당가정의 오류(hysteron proteron), 선결문제요구의 오류(petitio principii), 순환논증의 오류(circulus in probando))의 하나. 어떤 전제에 의해서 귀결의 참이 증명되고, 그 귀결을 사용하여 그 전제의 참이 증명되는 오류를 가리킨다. 또는 피정의항 A를 정의항 B에 의해서 정의하고, 동시에 피정의항 B를 정의항 A에 의해서 정의하는 순환정의를 가리켜 말하는 경우도 있다. 칸트에서는 범주*의 연역*에

219

관한 것과, 자유*와 도덕법칙*에 관한 것이 있다. 여기서는 후자에 관해 논술하고자 한다. 무법칙상태와 전제군주제 그리고 노예제를 인정하지 않는 칸트에서는 자연법칙*으로부터의 자유, 도덕법칙의 입법, 도덕법칙의 준법이라는 세 가지는 자율로서 동일한 것이지만, 자유와 도덕법칙의 도출 관계를 문제로 할 때에 순환과 그 해소가 문제로 된다. 『정초』*에서 칸트는 도덕법칙에 따르는 것과 자유인 것은 순환하지만[VI 446], 두 세계론의 입장에 서면 감성계에서 자연법칙에 따르면서도 예지계*에서 자연법칙으로부터 자유인 동시에 도덕법칙에 따르는 것이 가능하게 된다고 논하고, 자유의지를 갖추고 있는 것이 예지계의 성원이 되는 조건이라고 논했다[VI 454]. 『실천이성비판』*에서도 입법*형식으로부터 의지의 자유가 도출되며(과제 1), 의지의 자유로부터 입법형식이 도출되고(과제 2) 있는 바, 순환이라고 명시적으로 언급되고 있지는 않지만 자유와 실천적 법칙은 상호 지시 관계에 있다고 지적된다. 인식하는 순서는 도덕법칙이 먼저고 자유가 나중이지만[V 29], '서언'에서는 자유가 도덕법칙의 조건이라고도 논하고 있다[V 4]. 그러므로 인식 순서와 존재 순서의 구별이 필요해진다. 『정초』와 『실천이성비판』의 논술에서 모순을 발견하고 칸트가 전자의 논증(자유로부터 도덕법칙에로)으로부터 후자의 논증(도덕법칙으로부터 자유에로)에로 전향했다고 하는 해석과, 두 저작은 일관된 논증으로 씌어져 있다는 해석이 논쟁을 일으키고 있는 것이 현 상태이다. ⇒증명, 인식근거/존재근거, 『인류의 형이상학의 정초』 {『정초』; 『원론』}

―사토 츠토무(佐藤 勞)

🔗 H. J. Paton, *The Categorical Imperative*, UPP, 1971(杉田聰 譯『定言命法』行路社, 1986). H. E. Allison, *Kant's Theory of Freedom*, Cambridge, 1990. M. H. MaCarthy, The Objection of Circularity in Grundwork III, in: *Kant-Studien* 76, 1985. R. Brandt, Der Zirkel im dritten Abschnitt von Kants Grundlegung zur Metaphysik der Sitten, in: *Kant Analysen-Probleme-Kritik*, Königshausen & Neumann, 1988.

숭고崇高 [(독) das Erhabene]

(1) 수사학적 숭고. 숭고란 원래 변론술과 수사학*의 개념이다. 이미 고대 그리스에서 어떤 종류의 말이 다른 말보다 눈에 띈다는 것이 의식되고 있었다(플라톤 『국가』). 이러한 말하기에서의 숭고함은 후에 문체의 삼분법에 의해서 좀더 상세하게 규정되며, 숭고는 세 개의 문체 가운데서 가장 고상하고 장중한 것으로 여겨졌다(『헤렌니우스에 대한 변론술』, 키케로, 퀸틸리아누스에서). 또한 롱기누스의 『숭고에 관하여』에서 숭고는 변론이 듣는 사람에 대해 '엑스타시스'를 불러일으키는 최고의 효과를 보이는 개념으로서 사용되었다. 이러한 두 개의 전통은 서로 뒤섞이면서 18세기에 이르기까지 수사학적 숭고론의 저류로 되었다. 특히 브왈로에 의한 롱기누스의 『숭고에 관하여』의 불역(1674)은 이 개념이 확대되는 계기가 되었다.

(2) 자연의 숭고. 근대에 중세 이래의 '닫힌 유한한 세계'로부터 '열린 무한*한 우주'로 세계관이 변용된다. 그에 대응하여 우주의 무한성을 의식하도록 해주는 자연*이 사람들을 매료시켜(구체적으로는 알프스) 숭고 개념은 자연에 적용되게 되었다(아디슨). 숭고는 고전적인 미*에 대해서 근대적인 개념으로서 정당화된다. 버크*의 『숭고와 미의 감정의 기원에 관한 고찰』(1757)은 자연의 숭고에 관한 논의와 수사학적 숭고론을 독자적으로 조합하면서 미와 숭고라는 맞짝개념을 확립시켰다.

(3) 칸트의 숭고론. 칸트는 이미 비판전기의 『미와 숭고』*(1764)에서 일종의 도덕철학*과의 관련에서 미와 숭고의 감정에 관해 논하고 있지만, 미학적 고찰과 윤리학적 고찰의 관련은 형태를 변화시키면서도 『판단력비판』*(1790)의 '숭고한 것의 분석론'에로 계승된다. 칸트는 버크에 의한 미와 숭고에 관한 논술이 경험의 풍부함이라는 점에서 탁월하다는 것을 인정하면서도 그것이 단순한 '생리학적' 분석으로 일관하고 있다는 것을 비판한다[V 128]. 미적(감성적) 판단의 선험적 원리에 관한 '초월론적' 해명을 자기의 과제로 하는 칸트는 상상력*과 지성*의 조화로운 활동에 기초하는 '아름다운 것'과의 대비에서 '숭고한 것'을 다음과 같이 규정한다. 즉 숭고한 자연은 아름다운 것처럼 '한정'

되어 있지 않기 때문에 (양이라는 점에서 또는 힘이라는 점에서의 두 가지 방식으로) 인간의 감성적 능력을 넘어서지만, 그것을 매개로 하여 인간 안에 "초감성적{도덕적} 능력의 감정을 환기시킨다"[§25]. 그러므로 참으로 숭고한 것은 자연이 아니라 초자연적인 도덕성*이며[§28], 숭고의 감정은 "도덕적 감정을 전제"로 한다[§29](또한 자연이 양이라는 점에서 파악되는가 아니면 힘이라는 점에서 파악되는가에 따라 숭고는 '수학적으로 숭고한 것'과 '역학적으로 숭고한 것'으로 구별된다). 이러한 칸트의 숭고론은 아디슨 류의 자연의 무한성을 인간 정신의 무한성으로 다시 짜 넣는 데서 성립했던 것이며, 실러*에게 커다란 영향을 준다.

(4) 그 후의 숭고론의 전개. 칸트에 의한 미와 숭고의 철학적 근거짓기는 헤겔학파, 신칸트학파*, 해석학 등에 의한 체계적인 미적 범주론으로 계승된다. 미와 숭고 외에 비장, 골계, 추 등이 새로운 미적 범주들로서 확립되었다. 그러나 19세기 말에 '양식사'적 예술론이 성립하면서 미적 범주론은 그 비역사성으로 인해 미학*의 중심적 위치를 상실했다. 그러나 1980년 이후의 포스트모던의 미학은 예술 그 자체의 가능성을 묻는 자기반성적인 전위예술 운동 속에서 불가시적인 것의 드러냄이라는 칸트적인 의미에서의 숭고성을 간취하며(리오타르), 숭고론은 긴 망각 후에 다시 각광을 받기에 이르렀다. ⇒미, 버크, 자기보존

—오타베 다네히사(小田部胤久)

📖 Longinus, On the Sublime, in: *The Loeb Classical Library*, Aristotle XXIII, London, 1927(永井康規 譯『崇高について』バッカイ舍, 1970). M. H. Nicolson, *Mountain Gloom and Mountain Glory: The Development of the Aesthetics of the Infinite*, Cornell University, 1959(小黒和子 譯『暗い山と榮光の山』國書刊行會, 1989). 大西克礼『美學』下, 弘文堂, 1960. 『特集リオタール』風の薔薇 4, 1986.

슈타믈러 [Rudolf Stammler 1856. 2. 19–1938. 5. 25]

독일의 신칸트학파* 법철학자. 마르부르크, 기센, 할레, 베를린에서 각각 대학교수를 역임. 마르부르크 학파의 코헨*, 나토르프* 등의 영향 아래 칸트주의적인 비판철학을 토대로 하여 무제약자·보편적 법칙질서를 규정하는 순수법학의 확립을 목표로 했다. 주저 『유물론적 관점으로부터의 이해에 의한 경제와 법』(1896)에서 "자유롭게 의욕하는 사람들의 공동체"를 이상으로 하는 사회이상주의의 입장에서 유물사관을 비판하고, 정법(正法, richtiges Recht)의 개념을 도입했다.

—가츠니시 요시노리(勝西良典)

슈토이들린 [Carl Friedrich Stäudlin 1761. 7. 25–1826. 7. 5]

칸트 철학 보급자의 한 사람. 괴팅겐 대학 신학교수. 칸트 인간학의 위치짓기를 둘러싸고 칸트 자신이 해설한 1793년 5월 4일자 편지의 수신인으로서 유명하다. 그 편지에서 칸트는 "나는 무엇을 알 수 있는가", "나는 무엇을 해야만 하는가", "나는 무엇을 희망해도 좋은가"라는 세 가지 물음은 "인간이란 무엇인가"로 집약되며, 이에 대답하는 것이 인간학이라고 말하고 있다. 슈토이들린은 『비판철학의 가치』의 저자이며, 또한 『양심론의 역사』에서 그는 칸트의 양심론을 처음으로 총망라하여 소개했다. 칸트는 『학부들의 투쟁』을 그에게 바쳤다. 이것은 칸트 만년의 유일한 헌정이었다. ⇒『인간학』

—이시카와 후미야스(石川文康)

📖 *Über den Wert der kritischen Philosophie*, 1797–99. *Geschichte der Lehre von dem Gewissen*, 1824.

슐체 [Gottlob Ernst Schulze 1761–1833. 1. 14]

칸트를 비판적으로 넘어서고자 한 철학자. 비텐베르크 대학의 조교가 된 1788년에 비판철학을 공격하는 논고를 저술한 것에서 시작하여, 헬름슈테트의 철학교수 시절에 익명으로 출판한 『에네지데무스』(1792)에서 칸트와 라인홀트*에 대해, 표상*의 종합적인 통일을 성립시키는 '통각'과 '표상능력'이 실재하는 것으로서 상정되어 그로부터 인식의 진리성이 도출되고 있다고 비판했다. 이 책은 의식률에 대해서도 상세하게 비판했기 때문에 마이몬*에게는 『신논리학 시론』(1794)의, 「에네지데무스 비평」을 저술한 피히테*에게

는 ‘학문론’의 성립 계기를 주었다. 그러나 표상 외부의 사물의 현존재를 표상으로부터 추론하는 것을 부정하는 한편으로, 슐체는 ‘직접적인 의식의 사실’에 인식의 확실성을 귀착시켰다. 이러한 비판주의 논박이 ‘회의주의’를 표방하여 행해진 것은 후에 『이론철학의 비판』(전2권, 1801)에 의거하여 헤겔 로부터 비판받기에 이른다. ⇒라인홀트, 마이몬, 피히테

—구리하라 다카시(栗原 隆)

스미스 [Adam Smith 1723. 6. 5-90. 7. 17]

스코틀랜드 출신의 영국의 도덕철학자·경제학자. 『도덕감정론』(1759)을 저술하고 『국민들의 부』(1776)에 의해서 근대 경제학을 수립했다. 나라는 다르지만 칸트와 완전히 동시대인이며, 칸트가 그의 회의주의*에 의해서 교조적 선잠*에서 깨어났다고 하는 흄*은 스미스의 친우였다. 칸트가 스미스를 존경하고 중히 여기고 있었다는 것은 그의 저작 중의 여러 곳의 스미스와 관련된 어구들로부터 알 수 있지만, 스미스는 칸트의 이름을 알지 못했던 듯하다. 그러나 두 사람 모두 시대의 개방적인 사상적 분위기 속에서 자유로운 비판적 정신의 소유자였다는 점이 중요하다. 스미스는 경제학의 영역에서 배타적 독점을 배척하고 페어플레이로서의 자유경쟁의 길을 열었다. 칸트는 철학에서 전제적 권위를 배제하고 이성*에 의한 이성 비판의 길을 나아갔다. 또한 스미스의 도덕원리인 ‘공평한 주시자’와 칸트의 실천 이성과의 사이에서는 차이를 포함하면서도 자율적 원리로서의 중요한 일치점이 인정된다. 거기에는 계몽시대를 사상적으로 깊이 독창적으로 살아간 자들끼리의 일종의 대응관계가 존재한다. ⇒흄

—하마다 요시후미(浜田義文)

The Glasgow Edition of the Works and Correspondence of Adam Smith, 6 vols., Oxford, 1976-83.

ジョン・レー (大内兵衛・大内節子 譯) 『アダム・スミス伝』 岩波書店, 1972. 知念英行 『カントの社會哲學』 未來社, 1988. 浜田義文 『カント哲學の諸相』 法政大學出版局, 1994.

스베덴보리 [Emanuel Swedenborg 1688. 1. 29-1772. 3. 29]

스웨덴의 과학자·신학자. 웁살라 대학에서 수학과 철학을 공부한 후 해외에 유학하여 천문학과 기계공학을 익힌다. 30대에 종신귀족원 의원·왕립광산국 감독관이 되고, 조국의 광산업의 진흥에 진력한다. 광산 기사로서 활동하는 한편, 야금학·천문학·해부학 등을 다룬 저작을 공간하며, 특히 『철학·야금학 논집』(1734)에 의해 주목 받았다. 여기에는 ‘칸트·라플라스 성운설’의 선취라고 간주되는 우주생성론과 자기유체역학의 이론이 놓여 있다. 그 밖의 과학적 업적은 대뇌피질 기능의 국재성의 발견, 생리학적 심리학의 창시 등 다양한 분야에 걸쳐 있다. 철학적으로는 데카르트*와 라이프니츠*를 공부하고, 심신이원론 극복을 위해 해부학을 통해 영혼의 자리를 뇌에서 찾으려고 뼈를 쪼갰다. 55세 무렵부터 서서히 심령체험을 지니기 시작하여 이후에는 과학연구를 방기하고 성서를 연구하면서 영적 세계에 몰입했다. 61세부터 84세에 런던에서 객사하기까지 약 30권의 종교저작들을 출판하고 성서와 고대 신화의 영적(상징적) 의미를 해명하며 영적 세계에 대해 상세하게 보고했다. 이 방면의 저작들에 대해서는 찬반양론이 있다.

젊은 칸트가 관심을 지녔던 것은 오로지 그의 심적 능력과 그의 영적 존재에 관한 논술이다. 1759년에 스베덴보리는 예테보리에서 스톡홀름의 대화재를 ‘투시’했지만, 이 사건과 다른 심령적인 사건들에 관심을 품은 칸트는 1763년의 크노블로흐 양에게 보낸 편지에서 일련의 사건들에 대한 조사보고를 행하고 있다. 칸트는 스베덴보리에게 편지를 썼지만, 답장이 없는 것과 주위로부터 권유 받은 일도 있어서 그를 비판하는 『시령자의 꿈』*을 1766년에 출판했다. 칸트가 읽은 것은 성서에 대한 방대한 석의서 『천계의 비의』(1749-56)이다. 이 책의 일부를 구성하는 데 불과한 심령적인 논술만으로 한정한 비판은 일방적인 것이긴 하지만, 칸트는 스베덴보리에게서 ‘형이상학*의 몽상’을 발견하고 이것을 배척하는 데서 자신의 ‘도덕적 신앙(moralischer Glaube)’의 입장을 분명히 했다. 또한 칸트는 이후에 행한 ‘이성적 심리학*’ 강의에서 스베덴보리에 대해 언급하고 그의 영계론을 “대단히 숭고하다

(sehr erhaben)"고 말하기도 했다. ⇒『형이상학의 꿈에 의해 해명된 시령자의 꿈』|『시령자의 꿈』|

—다카하시 가즈오(高橋和夫)

㊝ 『天界の秘義』(1749~56), 靜思社.『天界と地獄』(1758), 岩波書店.『眞のキリスト敎』(1771), アルカナ出版.

㊟ E. Benz, *Emanuel Swedenborg, Naturforscher und Seher*, Swedenborg Verlag, 1969. R. Larsen, *Emanuel Swedenborg, Continuing Vision*, Swedenborg Foundation, 1988(高橋和夫 監譯『エマヌエル・スウェーデンボルグ──持續するヴィジョン』春秋社, 1992). 高橋和夫『スウェーデンボルグの思想』講談社, 1995. K. Pölitz, *Immanuel Kants Vorlesungen über die Metaphysik*, Erfurt, 1821(甲斐・齋藤 譯『カントの形而上學講義』三修社, 1972).

스코틀랜드 [(독) Schottland]

칸트는 만년의 서간[XII 205ff.]에서 자기의 선조가 스코틀랜드 출신이라고 말하지만, 오늘날의 연구에서는 부정되고 있다. 이 서간에 따르면 조부 한스 칸트는 스코틀랜드로부터 이민해와 틸지트에서 사망했다고 하고 있지만, 거기서 죽은 것은 실제로는 증조부인 리하르트 칸트이다. 최근의 연구에 따르면 확인할 수 있는 가장 오랜 선조가 이 증조부이며, 발트 해 연안 민족의 피를 이어받은 것이 명백하다.

—가츠니시 요시노리(勝西良典)

스토아주의 ─主義 [(독) Stoizismus]

헬레니즘 시기의 철학의 일파. 동시대의 철학파들과의 관계에서는 쾌락을 부정하고 욕망을 억제하는 도덕설에서 쾌락주의적인 에피쿠로스학파와 대립하며, 또한 인식론에서는 지식과 판단 전반을 보류하는 아카데메이아학파의 회의주의에 의해서 교조주의라고 비판되었다. 키티온의 제논을 창시자로 하며, 그의 활동이 주로 '채색주랑(스토아 포이킬레)'에서 이루어졌기 때문에 이 이름으로 불린다. 제논은 스틸폰과 브뤼손 등의 메가라학파의 영향을 받았다고 말해지며, 견유학파를 통해 소크라테스로까지 그 영향이 소급될 수

있고, 실제로 초기 플라톤*의 대화편에서 보이는 주지주의적인 입장과 반쾌락설을 공유하고 있다. 그를 계승한 제2대 학파 지도자인 클레안테스는 '제우스찬가'가 남아 있는 데서 보이듯이 시문에도 재능을 지녔지만, 후대에 영향을 지녔던 것은 아무래도 제3대 지도자인 크리시포스에 의한 체계화에 힘입은 바가 크다. 그러나 그의 방대한 저작도 이미 흩어지고 없어져 단편적인 인용에 의해서만 그 내용을 엿볼 수 있을 뿐이다.

통상적으로 스토아의 체계는 자연학, 논리학, 윤리학의 세 부문으로 나누어지지만 대단히 긴밀한 연관을 지니며, 엄밀한 의미에서 존재한다고 말할 수 있는 것은 <지금>, <여기>에 있는 <이것>밖에 없다고 하는 물질주의, 개체주의, 현재주의로 일관되어 있다. 만물의 근원을 불이라고 하는 헤라클레이토스의 영향도 있어 스토아 체계는 역동적 구조를 지닌 '숨(프네우마)'를 기초로 하여 그 상태에 따라 사물에 '성상(hexis)', 식물의 '자연(physis)', 동물의 '혼(psyche)'의 3단계 구별을 설정한다. 또한 이들 이외의 장소, 공허, 시간 그리고 렉톤의 넷은 비물질적인 것으로서 존재하지는 않지만 '존립'하는 것으로서 '무언가'라고 불린다. 이 가운데 특히 렉톤은 인과 작용의 내용을 규정하는 것으로서나 또한 단순한 음에 불과한 말의 의미 내용으로서 스토아학파의 체계에서 중요한 역할을 수행하고 있다. 또한 기호와 언어에서의 물질적 측면과 비물질적 측면을 각각 '표시하는 것'과 '표시되는 것'이라고 부르며, 후자는 후의 명제논리학의 단서로 되는 논리학적 부문을 포함하는바, 이것은 dialektike라고 불리며, 중세 이후 이것이 협의의 논리학을 가리키게 된다. 또한 logike는 후의 문법학의 기초로 되는 고찰과 변론술, 시학을 아울러 언어 전체를 취급하는 부문의 총칭이다.

로마 시대에 들어서면 세네카와 에픽테토스 그리고 황제 마르쿠스 아우렐리우스 등에 의해 특히 윤리적 사상을 중심으로 전개되는 한편, 파나이티오스와 키케로*에 의한 절충설도 생겨났다. 근대에 들어서서부터는 그로티우스와 푸펜도르프* 등의 정치철학에도 영향을 주었으며, 그들의 '세계시민(코스모폴리테스)'의

사상은 국제법의 기반으로 되었다. 나아가 행위의 결과보다도 목적 동기의 선을 중시하는 스토아주의의 의지 개념은 특히 가르베*에 의한 키케로의『의무론*』의 번역을 통해 칸트에게도 영향을 주었다.

『인륜의 형이상학의 정초*』의 서언 서두에서 "고대 그리스의 철학은 세 개의 학문으로 나누어져 있었다. 즉 자연학, 논리학, 윤리학이 그것들이다'라고 말해지고 "이 분류는 사태의 본성에 완전히 일치한다'고까지 지적되고 있는 사실은 스토아주의로 하여금 고대 그리스의 철학을 대표하게 하고 있다는 점에서 칸트에게 있어 스토아주의가 지니는 의미의 크기를 보이고 있다. 『실천이성비판*』에서는 특히 최고선*과 관련하여 덕을 최고선의 제약으로서 파악한 스토아주의가 에피쿠로스주의와 대립하며 칸트 윤리학과 동일한 입장에 서는 것으로서 찬양되고 있다. 또한『실천이성비판』 맺음말의 "내 머리 위의 별이 빛나는 하늘과 내 안의 도덕법칙"라는 유명한 말은 스토아주의의 철인 세네카에서 유래한다는 지적이 이루어지고 있다. 이와 같이 칸트에게 있어 스토아주의는 자연과 도덕의 엄격한 이원성이라는 그의 세계관의 기초를 지탱하는 선행 학설로서 비판기 이후 그 의의가 증대되었던 것이다. ⇒키케로, 푸펜도르프, 가르베

―간자키 시게루(神崎 繁)・후쿠타니 시게루(福谷 茂)

G. Tonelli, Kant und die antiken Skeptiker, in: *Studien zu Kants philosophischer Entwicklung*, G. Olms. 1967.

스트로슨 [Peter Frederick Strawson 1919. 11. 23–]

제2차 세계대전 후의 영국의 대표적인 철학자의 한 사람. 옥스퍼드 대학에서 오래 동안 교편을 잡았으며, 현재 이 대학의 명예교수. 러셀의 '기술이론(Theory of Description)'을 비판하고, 논리학자에게는 파악되지 않고 있었던 일상 언어 고유의 논리적 관계를 해명한 초기의 작업 이후,『개체와 주어』에서 인간의 모든 사유에 불가결한 기본적인 개념들로 이루어지는 '개념틀(conceptual scheme)'을 기술적으로 해명하는 '기술적 형이상학(descriptive metaphysics)'을 제창하여 커다란 영향을 주었다. 또한 이러한 견지에서『순수이성비판*』에 관한 해석을 전개한『의미의 한계』에 의해 초월론적 논증*을 둘러싼 논의를 야기하여 칸트 연구에도 커다란 족적을 남겼다. 다만 그의 칸트 해석은 초월론적 관념론 내지 그것과 일체라고 그가 생각하는 초월론적 심리학을 교조적 형이상학의 잔재로서 배제하여 인식*에 대한 범주*의 구성적인 기능에 대한 배려가 부족했다. 그에 대한 반동으로서 스트로슨 이후의 칸트 연구에서는 초월론적 관념론과 초월론적 심리학을 중요시하는 해석이 대두하게 되었다. ⇒초월론적 논증, 자기관계성

―유아사 마사히코(湯淺正彦)

『論理の基礎』(1952), 法律文化社.『個体と主語』(1959), みすず書房.『意味の限界』(1966), 勁草書房.

H. E. Allison, *Kant's Transcendental Idealism*, Yale University, 1983. P. Kitscher, *Kant's Transcendental Psychology*, Oxford U. P., 1990.

스피노자 [Baruch de Spinoza 1632. 11. 24–77. 2. 21]

네덜란드의 철학자. '마라노'라고 불린 포르투갈로부터의 유대인 이민의 출신. 유대의 신비주의자 크레스카스의 영향도 있었지만, 후에 판 덴 엔덴으로부터 물리학, 기하학, 데카르트 철학 등을 배우고 자유사상가들과 교제한다. 저작으로는『단논문』(1660년경), 『지성개선론』(1662),『데카르트 철학의 원리』(1663), 『형이상학적 사상』(1663),『신학정치론』(1670) 등이 있다. 그러나 주저는 가까스로 사후에 출판된『윤리학』(Ethica)이다. 그 부제 '기하학적 질서에 따라서 증명된'이 보여주듯이『윤리학』은 공리*와 정의*로부터 많은 정리를 증명하는 연역의 형식으로 씌어져 있다. 데카르트가 '나의 관념에서 출발한 데 반해 유일실체인 신*의 정의에서 출발(Ⅰ). 그로부터 인간 정신의 본성을 해명하고(Ⅱ), 정념들의 기원과 본성을 연역하며(Ⅲ), 감정의 노예로서의 인간의 상태를 고찰(Ⅳ), 그 극복으로서의 철학적 인식에 의한 인간의 자유에로의 길을 명확히 한다(Ⅴ). '실체*'는 유일하며, 그것은 신에 다름 아니고, 연장과 사유는 실체의 '속성*'의 일부이며, 세계의 사물들은 '양태'에 불과하고, 법칙적 필연

성에 따른다고 하는 그의 존재론은 찬반을 막론하고 커다란 영향을 미쳤다.

칸트는 야코비* 대 멘델스존의 논쟁에 접하고 비로소 스피노자 철학에 주의하게 되었지만, 이에 대해 상세하게 언급하는 것은 『실천이성비판』*에서이다. 즉 사물 자체*에 그 규정으로서 공간*과 시간*을 귀속시키는 라이프니츠학파는 개개의 존재자를 독립실체로 간주함에도 불구하고 숙명론에 빠지지만, 그렇다면 본래 신만이 실체이고 인간의 정신은 양태에 불과하다고 한 스피노자 쪽이 사리에 맞는다고 이야기되고 있는 것이다. 나아가 『판단력비판』*에서 스피노자 철학은 자연목적*의 실재론*에서가 아니라 자연의 합목적성*을 비의도적이라고 하는 관념론* 체계 속의 '숙명성의 관념론'에 포함되고 있다. 칸트는 또한 스피노자가 자연 일반을 실체의 속성으로만 위치 지웠지만, 다른 한편으로 (주관의 통일성을 주창하는 데 그치긴 했지만) 자연적 사물의 목적 결합을 설명하고자 했다고도 평가한다. 셸링*의 관념론적인 스피노자 해석이 나오는 것도 칸트의 이러한 이해의 방식과 관계없는 것은 아닐 것이다. 또한 종교에 관해서는 학*과 감정*을 구별하고 그리스도의 신체를 상징적으로 파악하는 칸트의 이신론적인 입장은 스피노자의 『신학정치론』을 계승한 것이라고도 말할 수 있을 것이다.

—사카이 기요시(酒井 潔)

图 『エチカ』外, 岩波文庫.

图 J. Freudenthal, *Spinoza. Leben und Lehre*, Carl Winter, 1927(工藤喜作 譯 『スピノザの生涯』 哲書房, 1982). M. Grunwald, *Spinoza in Deutschland*, Berlin, 1987(Scientia, 1986).

스피노자주의-主義 [(독) Spinozismus]

이 학설의 신봉자는 스피노자*의 신은 모든 자연 안에 머문다고 하는 범신론적 입장을 강조하기 때문에, 일반적으로 반교회적인 무신론이라든가 이단의 대명사처럼 간주되는 경우가 많다. 칸트에서는 '스피노자의 학설'이라는 의미와 '스피노자설의 자기류의 해석'이라는 두 가지 종류의 사용방법이 이루어지고 있지만, 특히 후자에는 강한 비판이 담겨 있다. 첫 번째 의미에서는 우선 『실천이성비판』에서 '공간*과 시간*의 관념성'을 인정하지 않는 주장의 하나로서 다루어진다. 스피노자는 공간과 시간을 근원적 존재로서의 신*의 본질적인 규정으로서 파악하여 실체*에 귀속시키고 있다. 이러한 이해는 공간과 시간의 본성에 맞지 않는다고 하여 부정되고 있다. 또한 『판단력비판』*에서는 현실 속에서 자연의 합목적성을 발견하고자 하는 스스로의 '실재론'과 대비하여 스피노자의 학설을 '자연의 합목적성의 관념론'으로서 부정적으로 다루고 있다.

두 번째 의미에서는 『사유에서의 방위』[Ⅷ 133f.]가 중요하다. 원래 이 말이 널리 알려지게 된 것은 야코비*가 죽은 레싱*을 범신론적인 '스피노자주의자'라고 하고 멘델스존*이 이에 반론을 제기한 이른바 '스피노자 논쟁'을 계기로 해서이다. 이 논문을 의뢰한 『베를린 월보』의 비스터는 이 논쟁에 대한 판정을 칸트에게 기대하고 있었다. 그러나 칸트는 '사고의 방향짓기', 요컨대 초감성적인 것에 사고를 향하게 하는 것의 옳고 그름을 중심으로 전개하고 있다. 칸트는 『순수이성비판』에서 스피노자주의의 후원자를 보고자 하는 야코비 등의 시도에 강하게 반발한다. 범주*를 적용할 수 있는 범위에 인식*을 한정하는 것은 무의미하며, 인간은 감성*을 넘어서는 것을 파악할 수 있다고 하는 그들의 주장을 칸트는 '교조주의'이자 '광신'으로서 물리친다. 말하자면 칸트는 역으로 야코비 등이야말로 나쁜 '스피노자주의자'라고 간주하는 것이다. 특히 칸트는 그들의 직관적인 이성 이해와 그것을 기반으로 한 '이성신앙'을 '철학'의 이름에 어울리지 않는 '감정철학*', '신앙철학'으로서 엄혹하게 규탄한다. 이러한 비판은 후에 야코비와 궤를 같이 하는 슐로서를 다룬 『존귀한 어조』[Ⅷ 389ff.]와 『철학에서 영원한 평화』[Ⅷ 413ff.]에서 반복되게 된다. ⇒스피노자, 신비주의, 감정철학

—다무라 이치로(田村一郎)

图 J. Freudenthal, *Spinoza. Leben und Lehre*, Carl Winter, 1927(工藤喜作 譯 『スピノザの生涯』 哲書房, 1982). W. Windelband, *Die Geschichte der neueren Philosophie in ihrem Zusammenhange mit der allgemeinen Cultur und den besonderen Wissenschaften*, Bd. 1, 2, Breitkopf und Haertel, 1878, 1880(豊川昇

譯『西洋近世哲學史』2・3, 新潮社, 1956). 桂壽一『スピノザの哲學』東京大學出版會, 1956. 門脇卓爾『『思考における方位』解説』『カント全集』第12卷, 理想社, 1966. 清水礼子『破門の哲學—— スピノザの生涯と思想』みすず書房, 1978. 田村一郎『十八世紀ドイツ思想と「秘儀結社」——「自律」への不安』(上), 多賀出版, 1994.

습관習慣 [(독) Gewohnheit]

(1) 칸트는 원인성의 개념이 단순한 습관(즉 주관적 필연성)의 산물에 불과하다고 하는 흄*의 학설을 물리치고 그것이 선험적*으로 확립된 순수 지성 개념이라고 주장한다.

(2) 『인간학』* 및 『교육학』에 따르면 습관이란 의거해야만 하는 준칙*을 지니지 않은 채 동일한 행위를 자주 반복함으로써 뿌리 내린 주관적 필연성으로서의 행위, 다시 말하면 지금까지 행동해온 것과 동일한 방식으로 앞으로도 행동하고자 하는 자연적인 내적 강요이다. 그것은 생각 없이 동일한 행위를 반복하는 것이며, 인간*에게서 자유*를 빼앗고 인간을 동물과 같게 만드는 것이다. 그러므로 습관은 선한 행위로부터도 도덕적 가치를 빼앗아버린다. 덕은 인간의 자유로운 선택의지*의 결과로서의 준칙 가운데 놓여 있는 것이지 습관 속에 놓여 있는 것이 아니다. 덕은 언제나 새롭게 근원적인 마음가짐*의 혁명*에 의해서 실현되어야만 한다. 도덕 교육에 관해서 말하자면, 우리는 학생이 습관으로부터가 아니라 자신의 준칙에 기초하여 선을 행하도록, 나아가 단지 선을 이룰 뿐 아니라 그것이 선이라는 이유에서 선을 이루도록 하지 않으면 안 된다. ⇒ 선택의지

—기타오 히로유키(北尾宏之)

시詩 ⇨ 예술론

시간時間 [(독) Zeit]

칸트는 시간에 관해 다양한 국면으로부터 고찰하고 있다. 우선 전비판기부터 칸트는 시간의 접근에 관해 숙고하고 있는바, 우리는 시간 개념에 관해서는 수학적 대상과 같이 정의에 의해 비로소 대상을 주는 것이 아니라 이미 사용되고 있는 다양한 개념을 명석하게 하는 것(구명*)이 가능할 뿐이다. 이상의 방법적 태도에 기초하여 『순수이성비판』* '감성론'에서 시간은 '형이상학적 구명'과 '초월론적 구명'으로 나누어진다. 전자에서는 시간의 선험성과 직관성이 구명되며, 시간이란 '사물 자체*'의 형식이 아니라 '사물 자체'의 파악방식의 형식이라는 점이 확정된다. 그리고 후자에서 시간은 선험적 종합판단*이 거기에 포함되어 있는 '일반운동학'을 가능하게 하는 것이어야만 한다고 선고된다. 확실히 베르그송*을 비롯하여 칸트의 시간론이 물리학적 시간에 편향되어 있다고 하는 비판은 정당하다. 칸트가 시간론에서 두 가지 중요한 과제, 즉 공간*과 시간의 차이에 관한 고찰과 과거・현재・미래라는 시간양상에 관한 고찰을 소홀히 했다는 것은 부인할 수 없다. 그러나 칸트는 시간 개념의 '구명'에서 어떠한 방향짓기도 없는 망라적인 분석이 무익하다는 것을 알고 있는바, 의식적으로 물리학적 시간에 한정하여 시간론을 전개했다. 이것은 시간론이란 동시에 물리학을 일반적으로 가능하게 하는 것이어야만 한다는 『비판』의 기본적인 입장에서 유래한다.

그러나 사실은 '감성론'에서도 시간은 '내감의 형식'이라는 형태로 공간과의 차이성이 말해지고 있다. 공간이 '외감의 형식'으로서 외적 대상을 직관하는 형식인 데 반해, 시간은 "자기를 직관"하는 형식이다. 칸트의 시간론은 처음부터 자아론과 밀접히 얽혀 있으며, 이 점은 제2판 '연역론'에서의 이른바 '자기촉발론'에서 두드러진다. 자기촉발*이란 초월론적 통각의 종합작용이 내감*을 촉발하고 거기서 '내적 경험'을 구성하는 것인데, 이것은 제2판에서 칸트가 자기의식*으로부터 자기인식을 구별하고 있는 것과 관련된다. 요컨대 단순한 '나는 생각한다*'의 의식으로서의 자기의식이 아니라 객관적 시간에서 자기를 규정하는 것이야말로 자기인식인 것이며, 거기서 열리는 고유한 시간계열이야말로 '내적 경험'인 것이다. '내적 경험'의 구성으로써 시간이 내감의 형식이라는 것이 완수된다. 운동학

(물리학)을 가능하게 하지 않는 시간이 우리 인간*의 시간이 아니듯이, 자기를 구성하지 않는 시간은 우리 인간의 시간이 아니다.

칸트는 제1판 '연역론'에서는 시간의 산출에 눈길을 돌리고 있다. 거기서는 재생적 상상력(이른바 상상력)과는 별도로 '산출적 상상력'이 도입되며, 과거 시간을 보존하면서 진행되는 시간의 산출이 논해지고 있고, 여기서 시간 양상이 주제화되고 있다고 볼 수도 있다. 또한 '도식론'에서 칸트는 범주*와 시간이라는 이종적인 것을 연결하는 '제3의 것'을 구하여 그것을 '초월론적 시간규정'이라고 부른다. 요컨대 범주가 경험에 적용되기 위해서는 범주라는 **사물 일반**의 형식은 **시간에서의 사물**의 형식, 즉 도식*에로 번역되어야만 하며, 그에 기초하여 '원칙론'에서 한층 더 구체적으로 물리학적 시간이 전개되고 있는 것이다. 특히 제3원칙인 '경험의 유추'에서 물리학적 보존법칙(그것이 구체적으로 무엇인가가 여기서 문제로 되는 것은 아니지만)에 기초하여 시간적 선후관계와 인과관계가 중첩되며, 시간적 동시성과 상호작용*이 중첩되고 있다.

'이율배반*'은 시간론이기도 하다. 제1이율배반은 세계의 개시에 관한 것인바, 한편으로 세계가 무한*한 시간계열을 더듬어 현재에 이르는 것이나, 다른 한편으로 세계가 **어떤 시간**에서 개시되었다는 것이나 모두 거짓이다. 이와 연관하여 제4이율배반은 필연적 존재자에 관한 것이지만, 그것이 원인으로서 시간계열 안에서 인정되는 것과 시간계열 안에서나 바깥에서나 인정되지 않는 것이 거꾸로 모두 참이 된다. 제2이율배반은 시간에서의 무한분할의 문제인바, 시간이 무한분할 가능하다는 것이나 유한분할에 그친다는 것이 모두 거짓으로 된다. 제논의 역설은 칸트에게서는 이율배반으로서 재해석되고 있다. 또한 제3이율배반에서 칸트는 우리의 자유로운 행위가 발현하는 시간, 즉 '현재'를 주제로 삼고 있다. 여기서 현상을 지배하는 물리학적 시간과 더불어 우리의 자유로운 행위를 지배하는 실재적인 시간이 등장하는 장면이 열린다. 이후 이러한 행위와 시간의 밀접한 연관은 셸링*과 쇼펜하우어* 등에 의해 계승되어 치밀하게 전개되게 된다. ⇒순수직관, 감성, 내감, 구명, 상상력, 이율배반

―나카지마 요시미치(中島義道)

📖 M. Heidegger, *Kant und das Problem der Metaphysik*, Vittorio Klostermann, 1951(木場深定 譯『カントと形而上學の問題』ハイデッガー選集 19, 理想社, 1967). 中島義道『カントの時間構成の理論』理想社, 1987;『時間と自由』晃洋書房, 1994.

시민사회市民社會 [(독) bürgerliche Gesellschaft]

칸트는 시민사회 개념을 기본적으로는 홉스*와 로크* 등 근대 자연법론자와 마찬가지로 자유*롭고 평등*한 시민들이 결합한 정치적 사회라는 의미로 사용하고 있다. 따라서 헤겔*처럼 시민사회와 국가*를 확연히 구별하는 입장에 서는 것이 아니라 오히려 존재해야만 하는 국가를 의미하는 것으로서 시민사회를 파악하고 있다. 특히 칸트에서 시민사회는 홉스적인 아나키로서의 자연상태에 대립하는 '법적 상태'를 의미하며, '시민적 상태', '시민적 헌정조직'이라고도 바꿔 말해진다. 『일반사의 이념』에서는 "법·권리를 보편적으로 관리하는 시민사회', 즉 "완전히 공정한 시민적 헌정조작"을 실현하는 것은 인류의 최대 과제라고 말해지고 있다[VIII 22].

여기서 또한 bürgerliche Gesellschaft를 어떻게 번역할 것인가 하는 문제가 생겨난다. 헤겔/마르크스적인 입장에서 보면 '욕망의 체계'로서의 시민사회에서 살아가는 시민들은 '사안'에 다름 아니지만, 칸트를 포함한 근대 자연법론자들이 말하는 바의 Bürger는 자연상태에서의 사적 성격을 벗어난 '공민'으로서의 성격을 강하게 지닌다. 따라서 종래에 칸트의 bürgerliche Gesellschaft에 대해서는 '공민적 사회'라는 번역어가 제시되어 왔던 것이다. 그러나 칸트 이후의 입장에서 칸트를 되비춰보기보다 그리스·로마 이래로 근대 자연법사상에 이르는 긴 전통 안에 칸트를 위치짓고 '국가(civitas)' = '시민사회(societas civilis)'라는 틀 속에서 칸트가 사색을 하고 있었다는 것에 눈을 돌리는 쪽이 생산적이라고 생각된다.

이러한 전통 속에 놓고 볼 때 칸트의 독자성도 명확해질 것이다. 즉 칸트의 시민사회 개념은 단지 하나의 국가에 머무르는 것이 아니라 국제사회에로 열려 있고

영원한 평화*론에로 연결되어가는 것이다. "완전한 시민적 헌정조직의 창설이라는 문제는 외적 국가 간의 합법칙적 관계라는 문제에 의존하고 있으며, 이 문제를 빼놓고서는 해결될 수 없다"[Ⅷ 24]. 따라서 국제연맹* 아래에서의 글로벌한 법적 상태, 즉 '세계시민적 사회'가 실현되지 않는 한 칸트의 시민사회는 완성되었다고 말할 수 없는 것이다. ⇒역사철학, 자연권{자연법}, 사회, 국가, 영원한 평화, 국제연맹, 세계시민주의

　　　　　　　　　　　　　　　－오노하라 마사오(小野原雅夫)

　⚐ M. Riedel, Bürgerliche Gesellschaft, in: Brunner/Conze/ Koselleck (Hrsg.), *Geschichtliche Grundbegriffe*, Bd. 2, Klett-Cotta, 1975–82(河上・常俊 編譯『市民社會の概念史』以文社, 1990). 知念英行『カントの社會思想』新評論, 1981.

시민적 불복종市民的不服從 ⇨저항권

『시령자의 꿈視靈者-』 ⇨『형이상학의 꿈에 의해 해명된 시령자의 꿈』{『시령자의 꿈』}

신神 [(독) Gott]

전통적 형이상학에서 '신'은 '근원적 존재자', '최고 존재자', '최고 실재자', '필연적 존재자', '존재자 중의 존재자' 등으로 불려왔다. 비판철학적으로 말하면, 신은 '순수 이성의 이상*(das Ideal der reinen Vernunft)'이다. 칸트는 '이상'에 관해서 이렇게 말하고 있다. "내가 이상이라고 부르는 것은 이념*보다도 더 객관적 실재성에서 먼 것처럼 생각된다. 내가 이 말로써 이해하는 것은 단지 구체적인 이념이 아니라 오히려 개체적인 이념, 즉 이념에 의해서만 한정될 수 있는, 또는 오히려 한정된 개체로서의 이념이다"[A 568/B 596]. 대체로 이념이라는 것은 사변적*으로는 객관적 실재성을 보증 받을 수 없다. 이 점은 신의 이념에 관해서도 변함이 없다. 칸트는 신의 현존재*에 관한 전통적인 증명들, 즉 존재론적 증명, 우주론적 증명, 자연신학적 증명이 불가능한 까닭을 분명히 했다.

그러나 이것은 신의 이념이 무의미하다는 것을 의미하지 않는다. 신의 이념은 "세계에서의 모든 결합*을 그것들이 모든 것을 충족시키는 하나의 필연적 원리로부터 나타나는 것처럼 간주하는 이성의 규제적 원리"로서 도와주는 것이다[A 619/B 647 참조]. 그러나 이것이 신의 현존재를 증명하는 것은 아니다.

그런데 신의 현존재의 증명이 사변적으로 불가능하다는 것은 일반적으로 어떠한 의미에서도 불가능하다는 것을 의미하는 것이 아니다. 신의 현존재는 실천적*으로는 필연적이다. 다시 말하면 순수 의지의 필연적 대상인 최고선*의 가능성의 필연적 제약으로서 그것이 존재하지 않으면 최고선의 실현이 불가능해지고, 따라서 그와 같은 최고선의 추구를 명령하는 도덕법칙* 자체가 '속임수'이자 '허구'이며 '공허한 환상'으로 되어버리고 마는, 따라서 순수 실천 이성에 있어서는 없어서는 안 되는 것으로서 요청*되는 것이다. 칸트는 다음과 같이 말하고 있다. "파생적 최고선(최선의 세계)의 가능성* 요청은 동시에 근원적 최고선의 실재성에 대한, 결국 신의 현존재에 대한 요청이다. 그런데 최고선을 촉진하는 것은 우리에게 있어서 의무였다. 따라서 이 최고선의 가능성을 전제하는 것은 우리의 권리일 뿐만 아니라 요구로서의 의무*와 결부된 필연성*이기도 하다. 이 최고선은 신의 현존재의 제약 하에서만 성립하는 것이기 때문에 신의 현존재의 전제와 의무를 불가분하게 결합하는 것이다. 즉 신의 현존재를 상정하는 것은 도덕적으로 필연적이다"[KpV, Ⅴ 125].

『실천이성비판』*에서는 덕과 행복*의 일치로서의 최고선이 성취되어 있는 세계를 '신의 나라(Reich Gottes)'라고 부르고 있다. 이 나라의 가능성은 근원적 최고선으로서의 신에 기반한다. 『종교론』*에서는 '윤리적 공동체(ethisches gemeines Wesen)'로서의 교회*에 관해 다음과 같이 말하고 있다. "참된 (보이는) 교회는 인간이 할 수 있는 한에서 (도덕적인) 신의 나라를 지상에 나타내는 바의 교회이다"[Ⅵ 101].

칸트에서는 인간*의 문제와 신의 문제가 불가분하게 결합되어 있다. '인간이란 무엇인가'라는 물음은 '신이란 무엇인가'라는 물음과 불일불이不一不二의 관

계에 있는 것이다. 칸트의 신은 '우리 안의 신(Deus in nobis)'이며, 인간은 '신 안의 인간(homo in Deo)'인 것이다. 결국 인간과 신은 '상호내재($\pi\epsilon\rho\iota\chi\omega\rho\eta\sigma\iota\varsigma$)'의 관계에 있는 것이다. ⇒기독교

— 하카리 요시하루(量 義治)

圝 量 義治『批判哲學の形成と展開』理想社, 1997. Giovanni B. Sala, *Kant und die Frage nach Gott*, Walter de Gruyter, 1990. Reiner Wimmer, *Kants kritische Religionsphilosophie*, Walter de Gruyter, 1990. Alfred Habichler, *Reich Gottes als Thema des Denkens bei Kant: Entwicklungsgeschichte und systematische Studie zur Kantischen Reich-Gottes-Idee*, Mattias-Grünewald-Verlag, 1989. Georg Picht, Kants *Religionsphilosophie*, Hrsg. von Constanze Eisenbart in Zusammenarbeit mit Enno Rodolph, Kletta-Cotta, 1985. Frederick Ernst England, *Kant's Conception of God: A Critical Exposition of Its Metaphysical Development together with a Translation of Nova Dilucidatio*, Dial Press, 1930.

신비주의 神秘主義 [(독) Mystizismus]

일반적으로는 신비한 사적 계시 체험을 절대시하는 입장을 말하며, 『아우로라』(1612)의 저자 뵈메 등이 그 전형이다. 칸트는 『실천이성비판』*에서 도덕적 선악을 판정하기 위한 '범형'과의 관계로부터 경험주의*와 대비시켜 "실천 이성의 신비주의"를 말하고 있다. 또한 『학부들의 투쟁』*에서는 "영혼을 결여한 정통주의"에 대응하는 것으로서 '이성'을 사멸시키는 신비주의"를 다루고 있다. 칸트의 입장에서 보면 '신비주의'는 '광신'에 가까운 것으로서 야코비* 등의 '감정철학'도 이러한 류의 것으로서 비판된다. 흥미로운 것은 칸트가 『학부들의 투쟁』의 '보론'으로서 덧붙이고 있는 어떤 학생의 편지에서 칸트의 도덕설이 '신비주의자'라고 자칭하는 '분리주의자(Separatist)'의 신념과 일치한다고 되어 있다는 점이다. 물론 칸트는 이러한 이해를 거부하고 있다 『학부들의 투쟁』 Ⅶ 69ff.].

'광신'과 관련하여 잊어서는 안 되는 것은 『시령자의 꿈』*이다. 칸트는 그 이전에도 '산양의 예언자'라고 말해지고 있던 코마르니키를 관찰하고 신문기사와

『뇌병시론』을 쓰고 있다. 이러한 현상을 무조건 부정할 수 없었던 칸트는 영계와 교류한다고 말해지는 스베덴보리*에 대한 검토에 착수한다. 이 책이 나온 1766년경의 칸트는 흄*의 영향도 있어 그때까지 의거해온 볼프적인 형이상학에 대한 의문을 심화시키는 한편, 루소*로부터는 문화비판의 눈을 배우고 있었다. 따라서 칸트에게 있어 스베덴보리에 대한 고찰은 형이상학적 대상에 대한 인간 능력의 적용 가능성의 검토라는 '이성 비판'에 연결되는 의미를 지님과 동시에, 또한 학자로서뿐 아니라 한 사람의 시민으로서 시대나 사회에 어떻게 관계할 것인가 하는 '현실 비판'의 문제와도 결부되게 된다. 칸트는 결론으로서 나중의 『순수이성비판』*과 마찬가지로 '가능적 경험의 범위'에 이성 사용을 한정하는 입장을 취하고 영계와의 교류를 인정하는 '비의철학'을 부정한다. 따라서 스베덴보리도 유별난 상상력을 지니는 '감각의 몽상가'의 한 사람에 불과하다고 주장되는 것이다. ⇒스피노자주의, 스베덴보리

— 다무라 이치로(田村一郎)

圝 W. James, *Varieties of Religious Experience. A Study in Human Nature. Being The Gifford Lectures on Natural Religion Delivered at Edinburgh in 1901-1902*, Longmans, Green, and Co., 1920(桝田啓三郎 譯『宗敎的經驗の諸相』上・下, 岩波書店, 1970). H. Bergson, *Les deux sources de la morale et de la religion*, Universitaires de France, 1932(平山高次 譯『道德と宗敎の二源泉』岩波書店, 1953). *Immanuel Kant. Sein Leben in Darstellungen von Zeitgenossen/Biographien von L. E. Borowski, R. B. Jachmann und A. Ch. Wasianski*, Deutsche Bibliothek, 1933(芝烝 譯『カント その人と生涯——三人の弟子の記錄』創元社, 1967). 金森誠也 編譯『カントとスヴェーデンボリ ——靈界と哲學の對話』論創社, 1991. 川戶好武「『視靈者の夢』解說」『カント全集』第3卷, 理想社, 1965. 坂部惠『理性の不安——カント哲學の生成と構造』勁草書房, 1976. 田村一郎『十八世紀ドイツ思想と「秘儀結社」——「自律」への不安』(上), 多賀出版, 1994.

신빙 信憑 ⇒견해

신성성神聖性 [(독) Heiligkeit]

신성성은 선성善性, 정의*/공평 등과 더불어 신*의 고유성들 가운데 하나인데, 칸트에 따르면 이 신에 관한 개념들은 실천 이성이 인륜적 완전성에서 도출하는 것들이다[GMS, IV 408f.]. 실천 이성은 준칙*의 보편적 타당성을 실천적 법칙으로서 제시한다. 행위 주체가 자발적이고 필연적으로 이 법칙에 따르는 것이 인륜적 완전성인바, 이러한 완전성은 그것이 법칙인 까닭에 그 실천적 법칙에 따르는 마음가짐*의 순수성을 의미한다. 인륜적 완전성은 예지적 존재라는 존재양식에 어울리는 것으로서 이러한 존재양식이 신성이라고 말해진다. 실천적 법칙은 예지적 존재자에게 있어서는 신성성의 법칙이고 존재*의 법칙이다. 신성한 자는 "법칙에 대한 사랑으로부터" 법칙을 따른다[KpV, V 84]. 그러나 우리들 인간처럼 마음가짐의 순수성을 지니지 못한 채, 본래 예외를 허락하지 않는 법칙에 대해서 자기에게만 예외를 인정하고자 하는 존재자의 불완전한 의지*에 있어 이 법칙은 도덕법칙*(정언명법), 즉 당위*의 법칙으로서 구속성*을 띠고 있다. 그러나 도덕법칙 하에서 자각된 "인격*의 내적인 인간성*"은, 다시 말하면 당위에 의해서 예지적 입장으로 이행하여 그로부터 사유하는 행위 주체는 존엄을 지니는 도덕적 주체로서 신성한 것이게 된다[KpV, V 87]. 법칙의 신성성(불가침성)이 인격성의 신성성을 가능하게 하는 것이다. 실천적 법칙은 순수한 마음가짐의 법칙이지만, 우리의 도덕적 입장은 신성한 법칙에 대한 존경*에서 의무*를 수행하는 것으로서, 경향성*과의 끊을 수 없는 "싸움의 내적인 도덕적 마음가짐" 즉 덕이지, 법칙에 대한 사랑으로부터 선*을 행하는 마음가짐의 완전한 순수성에서 보이는 신성성은 아니다[KpV, V 84]. 그러나 도덕법칙 하에서 명확해지는 신성성은 실천 이성의 관점에서는 "필연적으로 원형으로서 쓰일 수밖에 없으며, 이 원형에 영원히 접근하는 것이 유한한 이성적 존재자에게 어울리는 유일한 것이다"[KpV, V 32].

―사베츠도 요시히로(佐別当義博)

웹 H. J. Paton, The Categorical Imperative, Hutchinson & Co., 1947(杉田聰 譯 『定言命法』 行路社, 1985). F. Kaulbach, Immanuel Kants >Grundlegung zur Metaphysik der Sitten<, Wissenschaftliche Buchgesellschaft, 1988. H. Koehl, Kants Gesinnungsethik, Walter de Gruyter, 1990. R. Wimmer, Kants Kritische Religionsphilosophie, Walter de Gruyter, 1990.

신앙信仰 [(독) Glaube]

『순수이성비판』* 제2판의 '서문'에 "그러므로 나는 신앙의 장소를 획득하기 위해서 지식을 폐기해야만 했다"는 유명한 말이 있다[B XXX]. 여기서 지식이란 사변적 형이상학의 지식이며, 신앙이란 '이성신앙*(Vernunftglaube)'을 말한다. 원래 지식과 구별되는 바의 신앙이란 "이론적 인식에 있어서는 도달 불가능한 것을 참이라고 인정하는 이성*의 도덕적 태도이다"[KU, V 471]. 그리고 "이성적 신앙이란 순수 이성 안에 포함되어 있는 소여 이외의 다른 어떠한 소여에도 기초하지 않는 바의 신앙을 가리킨다"[Was heißt: Sich in Denken orientieren? VIII 146 Anm.]. "이성 안에 포함되어 있는 소여"란 도덕법칙*과 자유*이다. 도덕법칙은 "순수 이성의 사실"이며[KpV, V 47, V 31 Anm.을 참조], 자유는 이 사실과 불가분의 것이다[같은 책 V 423 참조]. 즉 도덕법칙의 의식은 자유의 "인식근거*(ratio cognoscendi)"이며, 자유는 도덕법칙의 "존재근거*(ratio essendi)"이다[같은 책 V 4 Anm.]. 양자는 하나도 둘도 아니다. 이와 같은 도덕법칙과 자유에 기초하는 신앙이란 신*의 현존재*와 영혼의 불사*에 대한 "도덕적 신앙(moralischer Glaube)"이다.*

도덕으로부터 도덕적 신앙으로의 이행의 기축이 되는 것은 '최고선(das höchste Gut)'이다. 신과 불사는 최고선의 가능성의 필연적 제약으로서 요청*되는 것들이다. 최고선은 덕과 행복*의 일치이다. 본래 덕과 행복은 이종적인 것들이다. 그러나 칸트가 확신하는 바에 따르면 덕이 있다는 것은 "행복할 자격이 있는 것"이다[KpV, V 110]. "왜냐하면 행복을 필요로 하고 사실 행복할 자격이 있음에도 불구하고 행복이 주어지지 않는다는 것은 동시에 일체의 힘을 지니고 있을 이성적 존재자*―만약 우리가 이와 같은 존재자를 생각해 본다면 그럴 것이겠지만―의 완전한 의욕과 도대체가 양립할 수 없기 때문이다"[같은 곳].

이리하여 최고선을 촉진하는 것은 순수 실천 이성의 명령이지만, 여기에는 어려운 문제가 있다. 왜냐하면 최고선을 촉진해야만 한다는 "명제는 도덕법칙 안에 포함되어 있지 않으며, 따라서 그로부터 분석적*으로 전개될 수 없기" 때문이다[Rel., VI 7 Anm.]. 『판단력비판』*에 따르면 최고선과 그 필연적 제약으로서의 신과 불사에 대한 "신앙은 도덕법칙의 약속에 대한 신뢰이다. 그러나 이 약속은 도덕법칙 안에 포함되어 있는 것이 아니라 내가 도덕적으로 충분한 근거에서 도덕법칙 안에 넣은 것이다"[KU, V 471 Anm.]. 『판단력비판』은 이러한 "도덕적으로 충분한 근거"라는 것이 어떠한 것인지를 구명하고 있지 않지만, 『종교론』*은 이것을 "인간의 자연고유성(Natureigenschaft des Menschen)"이라 하고 "이 인간의 고유성이 인간으로 하여금 경험의 대상이게 한다"고 말하고 있다[VI 7 Anm.]. 그러나 이것 말고는 아무것도 말하고 있지 않다.

신과 불사에 대한 신앙과 관련하여 중요한 것은 이 신앙이 하나의 신앙이라는 것이다. 신에 대한 신앙과 불사에 대한 신앙은 두 개의 서로 다른 신앙이 아니라 동일한 최고선의 필연적 제약으로서의 동일한 신앙인 것이다. "신과 내세가 존재한다"는 것은 최고선의 "유일한 제약"인 것이다[A 828/B 856]. 따라서 만약 이와 같은 신과 불사가 불가능하다고 하면 도덕법칙은 "공허한 환상"에 지나지 않는다[A 811/B 839]. 칸트에서 신과 불사는 실로 "도덕법칙과 동등하게 필연적인 것이다"[KpV, V 144 Anm.]. ⇒신, 불사, 이성신앙, 최고선, 기독교

―하카리 요시하루(量 義治)

圖 量義治 『宗教の哲學』 放送大學教育振興會, 1996; 「カントの理性宗教」 『カント哲學とその周邊』 勁草書房, 1986. Allen W. Wood, Kant's Moral Religion, Cornell U.P., 1970. C. C. J. Webb, Kant's Philosophy of Religion, Clarendon Press, 1926.

신의 존재증명 神‒存在證明 [(독) Gottesbeweis]

계시신학과 대비되는 이성적 신학(theologia rationalis)에서 이론적으로 추구되는 증명. 이성적 신학은 신 인식을 위해 경험적 원천을 배제하는 순수하게 이론적인 초월론적 신학(Transzendentale Theologie)과 경험적 원천을 원용하는 자연신학*(natürliche Theologie)으로 구분된다. 초월론적 신학은 나아가 존재론적 신학(Ontotheologie)과 우주론적 신학(Kosmotheologie)으로 둘로 나눠지며, 자연신학은 나아가 자연의 질서를 목적론적으로 이해하여 성립하는 물리신학(Physikotheologie)과 최고선*의 실현을 위한 목적론적 질서를 요청하는 도덕적 신학(Moraltheologie)으로 나누어진다[B 659f.]. 신*의 존재증명에 관해 존재론적 신학에서는 '가장 실재적인 존재자(ens realissimum)'의 개념에서 그 실재로 추론해 가며, 우주론적 신학에서는 '필연적 존재자(das notwendige Wesen)'로서 신의 존재가 탐구된다. 물리신학에서는 자연*의 목적론적 질서의 창조자가 탐구되며, 도덕적 신학에서는 최고선 실현의 필연성*을 위해 신의 존재가 인정된다. 제1비판*에서는 모든 사변적인 증명(존재론적, 우주론적, 물리신학적 증명)이 비판되며, 도덕적 증명은 제2비판*과 제3비판*에서 논해진다. 다만 칸트는 제1비판에서 그 불가능을 논한 사변적*인 신의 존재증명을 전비판기에 두 차례 시도하고 있다(후술).

존재론적 증명에 대한 제1비판의 비판은 "존재*"가 "정립"이지 "무언가의 실재적인 술어가 아니다"라는 점으로부터 이루어진다[B 625ff.]. 다만 이것은 사유* 내적인 개념*이 사유 바깥의 현실로 이행할 수 없다는 논의가 아니다. 오히려 사유에서의 개념은 주어져 정립되는 실재와 융합하지 않으면 안 되며, 그와 같은 것은 가능한 경험에서 정립되는 실재의 경우에만 실현되지 신의 경우에는 실현되지 않는다는 논의이다. 우주론적 증명에 대한 비판은 가능한 경험에 한정되는 이성에서는 무제약적인 필연성이 도대체 이해 불가능한 것이라는 점에서 이루어진다. 물리신학적 증명에 관해 칸트는 한편으로 자연의 합목적성*에 관한 "일정한 경험"[B 648]에서 성립하는 애매한 것이라 하여 배척하지만, 다른 한편으로 예로부터 가장 자연스럽게 행해져온 것이라 하여 호의적이기도 하다.

도덕적 증명에 대해서는 제2비판에서 '실천 이성의 요청'으로서 논의된다. 또한 제3비판에서도 자유*와

자연의 융합을 보증하는 신의 존재는 이론적으로는 아무래도 '개연적'인 데 불과하다 하더라도, 최고선의 실현이 실천 이성에 의해 선험적*으로 명령되는 한에서 "주관적-실천적 실재성"을 지니게 된다[§88]. 여기서 도덕적 목적론과 자연적 목적론의 융합이 문제로 되지만, 이것은 역사철학*에서의 최고선의 문제로 계승된다. 또한 요청론은 진리에 대해 믿음이 문제되는 장면에로 전개되어 종교론으로 이행한다.

전비판기에서의 사변적인 신의 존재증명은 『새로운 해명』[Ⅰ 395]과 『증명근거*』에서 보인다. 그것들은 유사하지만, 『증명근거』에서는 '존재'는 술어가 아니라는 논점이 명확한 데 비해 『새로운 해명』에서는 철저하지 않다. 『증명근거』에서는 사유에서 실질적인 것을 '귀결(Folge)'로서 파악하고 그 필연적 '근거(Grund)'로서 신의 존재가 도출된다[Ⅱ 83f.]. 귀결과 근거의 이러한 관계는 비판기에 현상에서의 실재적인 것과 사물 자체*의 관계로 다시 파악되었다고 생각된다. ⇒순수 이성의 이상, 『신의 현존재 논증의 유일하게 가능한 증명근거』『증명근거』

―기사카 다카유키(木阪貴行)

🄯 D. Henrich, *Der ontologische Gottesbeweis*, Tübingen, 1967(須田朗 外 譯 『神の存在論的證明』法政大學出版局, 1986).

『신의 현존재 논증의 유일하게 가능한 증명근거』神－現存在論證－唯一－可能－證明根據』『증명근거證明根據』 [(독) Der einzige mögliche Beweisgrund der Demonstration des Daseins Gottes. 1763]

이 저작에서는 전반부에서 신 존재의 선험적*인 증명이 이루어지며, 후반부에서는 그것을 보완하여 후험적*으로 물리신학의 개량된 방법이 전개된다. 논의의 안목은 전반부에 놓여 있는데, 그것은 "존재*는 술어가 아니다"는 논점을 인정하면서도 성립하는 "신의 현존재의 유일하게 가능한 증명근거"의 탐구이다. 그 논점을 인정하면, 가장 실재적인 존재자 또는 가장 완전한 존재자의 개념에는 존재라는 술어가 포함된다는 존재론적 증명, 요컨대 "근거로서의 다만 가능한 것의 개념에서 귀결로서의 현존재*를 추론*하는" 논의는 성립하

지 않는다. 칸트는 이것을 "이른바 데카르트적 증명"이라고 부르며, 그 대신에 "귀결로서의 사물의 가능성에서 근거로서의 신의 존재로의 추론"을 행하고자 했다[Ⅱ 156-7].

칸트는 모순율*에 의존하는 '가능성*의 형식적 측면'에 대해 그 기반을 부여하는 "가능성의 실질적 측면"에 주의를 환기하여 사유*에서 그와 같은 실질이 주어지는 근거로 소급해간다. "모든 가능한 것은 그에 있어서 그리고 그에 의해서 모든 사유 가능한 것이 주어지는 뭔가 현실적인 것을 전제한다". 이 근거가 없으면 일반적으로 가능한 것이 주어지지 않기 때문에 그것은 "절대적으로 필연적인 방식으로 현존"[Ⅱ 83]하게 되며, 이 필연적인 존재자가 지성*과 의지*를 지니는 신*이라는 것이 전개된다. 여기서 우리는 칸트가 가장 실재적인 존재자의 개념 대신 가능성의 실질적 측면의 필연적 근거를 논의의 중심에 놓고 있다는 것에 주의해야만 한다. 이 근거와 귀결의 관계는 비판기에 사물 자체*와 현상*의 관계로 발전, 해소되는바, 비판기에 이르면 코페르니쿠스적 전회*에 의해 존재, 즉 사물의 정립*이 주어지는 것은 근거로서의 '사물 자체'의 촉발*을 전제한다 하더라도 어디까지나 '유일한 가능한 경험*'에서이다. 존재가 술어가 아니라는 것은 가능성의 실질적 측면이든 가능한 경험이든 정립되어 주어진 실재에 사유가 언제나 이미 융합되어 있다는 것을 의미하며, 이 점에서 이 저작과 비판기의 사상과의 공통점도 빠트릴 수 없다. ⇒신의 존재증명, 순수 이성의 이상, 유일한 가능한 경험

―기사카 다카유키(木阪貴行)

🄯 D. Henrich, *Der ontologische Gottesbeweis*, Tübingen, 1967(須田朗 外 譯 『神の存在論的證明』法政大學出版局, 1986). J. Schumucker, *Die Ontotheologie des vorkritischen Kants*, Walter de Gruyter, 1980. 木阪貴行 「カントと神の存在證明」 牧野・福谷 編 『批判的形而上學とは何か』, 理想社, 1990.

신칸트학파新－學派 [(독) Neukantianismus (영) neo-kantianism]

【Ⅰ】 역사적 개관

유럽 사상에서 19세기 전반에 융성한 자연철학*의

우주론과 헤겔주의의 관념론*은 2월·3월 혁명을 경계로 쇠퇴한다. 50년대 이후의 유럽 사상이 실증주의*에 기초한 자연과학*과 역사이론을 중심으로 한 개별화로 향합으로써 형이상학적인 거대이론에 의거하는 전통적 철학은 침체하고 허무주의와 자연주의적인 속류 다원주의가 유행했다. 이러한 정황 하에서 교조적 형이상학과 반동으로서의 허무주의를 배제하고 또한 속류 유물론과 진화론적인 개별과학도 추종하지 않으면서 오히려 과학들의 엄밀한 비판적 근거짓기로서 철학의 복권을 시도하는 운동이 생겨났다. 그 가운데 주요한 것이 19세기 후반부터 20세기 전반에 독일을 중심으로 하여 강단철학의 하나의 주류를 이룬 신칸트학파이다. 코페르니쿠스적 전회*, 순수 이성주의, 실천이성의 우위*, 초월론 논리학 등 다양한 점에서 칸트철학의 계승을 표방하는 자들이 많고, '신비판주의', '초칸트주의', '청년 칸트학파' 등으로 불렸지만, 오늘날에는 바이힝거*에 의한 '신칸트학파'라는 명칭이 일반화되었다.

신칸트학파에는 많은 서로 다른 사상경향이 있으며, 특히 후기 사상은 이미 칸트주의라고 말하기 어려운 것도 많지만, 개괄적으로는 다음과 같은 특징부여가 가능할 것이다. 첫째, 당시의 자연주의, 속류 유물론, 실증주의, 역사주의, 초월적 관념론 등에 반대하여 칸트의 논리학, 인식론* 내지 비판적 형이상학을 모범으로 한 비판주의*적 입장을 표방한다. 그 가운데서도 이른바 마르부르크학파는 칸트의 초월론적 방법과 원리를 엄밀하게 재해석하여 과학들의 비판적 기초론으로서의 철학 내지는 근원적인 논리에 기초하는 비판적 관념론으로서의 철학을 구상했다. 둘째, 당시의 자연주의적 실증주의가 표방한 몰가치적 사실성에 반대하여 규범성과 동시에 보편성을 중시하는 반역사주의적인 태도를 보존한다. 특히 하이델베르크 대학을 중심으로 하여 활동하고 서남 독일(바덴)학파라고 불린 사람들은 계몽주의적인 칸트의 이론에 의거하여 정신과학, 사회과학, 문화철학, 가치철학 등의 새로운 영역을 개척하게 되었다. 셋째, 신칸트학파는 법철학, 사회론에서의 신칸트학파 사회주의, 교육학, 신학 등에도 영향을 주었으며, 19세기 말 이후에는 유럽 전역

과 일본에서도 신칸트학파의 학자들과 연구자들을 배출했다.

【Ⅱ】 초기

칸트 철학의 영향은 헤겔주의가 압도하는 시기에도 존속했다. 칸트의 입장과 방법론에 준거하고자 하는 쇼펜하우어*의 시도는 그 전형적인 것이다. 또한 슐츠, 라인홀트* 등에 의해서 칸트 생전부터 개시된 칸트 철학 연구에서는 1830년대에 슈베르트와 로젠크란츠에 의해 『칸트 저작집』이 출판되고 60년대에는 하르텐슈타인 판 전집이 간행되기에 이르렀다. 당시 헤겔주의를 대신하여 대두한 포크트, 몰레쇼트, 뷔허너 등에 의한 속류 (자연과학적) 유물론은 실증적 개별과학의 객관성을 중시하고 소박실재론에 입각하여 인간의 정신적 소산이 모두 대뇌의 생리적 현상에 불과하다고 주장했다. 이에 반해 헬름홀츠 및 J. P. 뮐러는 칸트의 인식론을 생리학적 내지 심리주의적으로 해석하여 자연법칙적인 경험도 선험적*인 정신의 기구機構가 있어 비로소 가능해진다고 주장하고 생리학을 인식비판 위에 기초짓고자 한다. 이를 받아들여 랑게는 1866년에 저술한 『유물론의 역사』에서 유물론에 대한 칸트주의적 생리학의 우위를 강조했다. 이들은 초기 신칸트학파의 기초가 되었지만, 칸트의 형이상학적 주장보다는 지각*에서의 선험주의의 중시라는 생리·심리주의적인 칸트주의에 그 특징이 있다.

다른 한편 칸트 부흥의 선구라고 말해지는 바이세, 칸트의 용어에 의거하여 초월론적 형이상학을 주장한 하임, 헤겔주의자로서도 저명하지만 자신의 『근대철학사』에서 칸트 철학의 중시를 주장한 K. 피셔, 반헤겔의 입장에서 인식론(Erkenntnistheorie)이라는 용어를 널리 알린 첼러 등의 이름이 초기 신칸트주의자로서 자주 거론된다. 또한 동시대에 리프만이 『칸트와 그의 에피고넨』(1865)에서 칸트 이후의 독일 관념론* 조류를 비판하고, 각 장의 끝을 "그러므로 칸트로 돌아가야만 한다'고 맺고 있는 것은 신칸트학파 융성의 슬로건으로도 되었다. 또한 칸트 철학의 문헌학적 연구도 60년대에 본격화되어 코헨*, 아디케스*, 아르놀트, 라이케, 에르트만, 리일, 파울젠, 바이힝거 등에 의해서 해석서와 주해서가 출판되었다. 1896년에는 바이힝거의

편집에 의해 『칸트 연구』*(Kant–Studien)가 창간되고 오늘날까지 계속해서 간행되어 국제적인 칸트 연구의 모체가 되고 있다. 그들 가운데 여럿은 생리·심리주의적인 칸트 해석을 넘어서서 독자적인 사색을 덧붙인 비판적 실재론과 비판적 형이상학을 주장하여, 1870년대에 들어서서 활동의 전성기를 맞이하는 신칸트학파의 선구자 내지 제창자가 되었다.

【Ⅲ】 전성기: 마르부르크학파

코헨은 랑게에 의해 마르부르크 대학에 초빙되어 1876년에 이 대학의 교수가 되었다. 그는 칸트의 3비판서의 주해를 저술하고, 자연과학의 기초론으로서 칸트 철학을 논리주의적으로 해석하는 한편, 독자적인 '근원의 논리'에 기초하여 순수 이성에 의한 대상 산출이라는 능동성을 핵심으로 한 『철학체계』를 구축했다. 이 코헨을 중심으로 하여 1890년대에는 마르부르크학파라고 불리는 학파가 만들어진다. 이 학파의 인재들로서는 코헨과 함께 마르부르크학파의 중심이 되어 새로운 과학적 논리학에 기초한 인식론적인 과학기초론을 구상한 나토르프*, 법철학의 슈타들러 및 슈타믈러*가 있다. 또한 카시러*는 정신과학과 문화론, 상징이론에 커다란 족적을 남겼다. 리베르트, 괴클란트, 킹켈 등도 정신과학론에서 알려져 있으며, 사회철학 분야에서는 포어랜더와 슈타우딩거가 거론된다. 또한 초기의 N. 하르트만*, 볼트만, 콘라트 슈미트 등도 이 학파에 포함된다. 학파의 비조인 코헨을 비롯하여 이 학파에는 유대계의 학자가 많다. 다수가 칸트의 논리주의적 해석 및 인식론적인 과학기초론에서 출발하여 칸트주의와는 이질적인 현상학적 윤리학과 이념적 존재론을 구상하기에 이르렀다는 점에 대해서도 주목할 만하다.

【Ⅳ】 전성기: 서남독일(바덴)학파

1872년 이후 K. 피셔는 바덴 주 하이델베르크 대학에서 교편을 잡고 칸트 철학을 찬양했다. 그의 후계자들인 빈델반트*, 라스크, 리케르트* 등에 의한 20세기 초엽 이래의 활동이 서남독일(바덴)학파라고 불린다. 빈델반트는 스승인 피셔와 로체로부터 이어받은 철학사 및 가치론(타당론)을 통합하고, 법칙정립적인 인식에 의한 자연과학과는 다른 것으로서의 문화과학, 가치철학의 기초를 구축했다. 문화과학은 칸트의 비판적

방법을 이어받아 1회에 한한 역사적, 문화적 사태를 가치판단을 포함하는 개성기술적인 인식에 의해서 파악하는 것으로서 이것이 서남독일학파의 기본적인 방향을 결정했다. 그의 후계자가 된 리케르트 및 라스크는 인식 주관에서의 판단의 성격을 좀더 추궁하고, 타당론에 기초한 태도 결정론에 의한 '철학의 논리학'을 개척한다. 이것은 '실천 이성의 우위'에 서는 가치철학의 이론임과 동시에, 동시대에 성립한 근대 기호논리학에 대해서 고전논리학의 최종적인 전개로 되는 것이었다. 바우흐는 철학의 논리학을 생성론적으로 좀더 밀고 나아갔다. 또한 이외에도 이 학파와 관련하여 콘, 크라이스의 미학, 크로너 등의 철학사학, 라스크 전집을 감수하고 일본에서도 교편을 잡은 헤리겔, 리케르트의 영향 하에 있는 M. 베버* 등의 활동이 거론된다.

【Ⅴ】 법철학·사회철학 등

사회과학에 인식비판을 도입하고자 한 신칸트학파는 사회다원주의 및 경제합리성에 기초한 몰가치적 자연주의와 실질과 법칙성을 결합한 새로운 통일이론인 마르크스주의*와의 대립 속에서 제3의 극으로서 개입하게 되었다. 그들의 이상주의적인 규범이론과 가치철학의 영향을 받은 자로서 법철학에서는 마르부르크계의 슈타믈러와 켈젠, 서남독일계의 라스크, 라드부르흐*, 뮌히 등이 거론된다. 슈타믈러 및 켈젠은 실질(내용)과 형식*, 존재*와 당위*의 이원론*을 답습하여 경제와 사회성의 실질을 포함하는 법 이론에 대해 순수 당위 형식에 의한 규범법학의 우위를 주장했다. M. 베버도 사실 인식과 가치 판단의 이원론을 준수하여 교조적인 형이상학*이 아니라 비판적 인식에 기초한 사회과학을 제창하고 있다. 또한 코헨, 볼트만, K. 슈미트, 베른슈타인 등의 이른바 신칸트학파 사회주의자들은 교조적인 마르크스주의에 반대하여 비판적 인식을 중시하는 비마르크스주의적인 사회개혁론을 전개하고, 다이쇼(大正)기 일본의 사회이론에도 영향을 주었다. 나토르프의 사회교육학도 마찬가지 관점에서 사회이상주의를 주창한다. 나아가 신학 및 종교철학* 영역에서도 트뢸치, 헤르만, 립시우스, 카프탄 등이 윤리적 당위를 종교적 신앙과 결합하는 칸트 류의

도덕신학을 구상했다. 독일 바깥에서는 프랑스의 라슐리에, 필론, 르누비에, 브로샤르, 아믈랭, 브룅슈비크, 바슈 등과 이탈리아의 칸토니, 토코, 바리스코, 마스치, 바르젤로티 등이, 그리고 영국의 스털링, 케어드, 윌리스, 그린 등과 일본의 구와키 겐요쿠(桑木嚴翼), 도모나가 산쥬로(朝永三十郎), 소다 기이치로(左右田喜一郎)*, 초기의 니시다 기타로(西田幾多郎)* 등이 신칸트학파의 영향을 받았다고 지적된다.

【Ⅵ】 쇠퇴기

신칸트학파는 1910년에 창간된 잡지 『로고스』 등에 의거하여 19세기 말부터 20세기 초엽의 철학계 전반에 주도적인 힘을 지니고 있었지만, 1920년대 이후에는 조락의 길에 들어서며 30년대에는 이미 학파로서는 소멸하고 말았다. 코헨, 나토르프, 라스크, 빈델반트가 30년 전후에 걸쳐 차례로 사망한 것, 그들을 잇는 카시러, N. 하르트만, 하이데거* 등이 독자적인 사상적 입장으로 이행한 것, 제1차 세계대전 후의 독일에서 경제적 현실과 국가주의 이데올로기가 이상주의적이었던 칸트적인 주지주의를 압도한 것, 현상학*과 실존주의, 논리실증주의* 등이 제출하고 있었던 첨예한 문제제기의 자세를 잃어버린 것, 주된 목적이기도 했던 자연과학 및 사회과학과 철학과의 재통합에 실패한 것 등이 이유로서 거론되지만 그 가운데 특별히 어느 것으로 확정되지는 않으며, 최근에 이르러 점차 연구가 개시되어 전모를 해명하고자 하는 기운이 생기고 있다. ⇒비판, 신칸트학파의 미학, 독일의 칸트 연구

―오하시 요이치로(大橋容一郎)

國 K. C. Köhnke, *Entstehung und Aufstieg des Neukantianismus*, Frankfurt, 1986. H.–L. Ollig (Hrsg.), *Materialien zur Neukantianismus–Diskussion*, Darmstadt, 1987. 九鬼一人『新カント學派の價値哲學』弘文堂, 1989. 『理想』643号(特輯「新カント派」), 理想社, 1989.

신칸트학파의 미학 新−學派−美學

19세기 후반 이래로 독일에서 전개된 칸트 부활의 이 철학 동향은 근대 과학의 방법과 성과도 감안하여 문화*의 영역들에 대한 새로운 비판주의*(Kritizismus)로서 미*와 예술*의 분야에서도 중요한 학적 성과를 이룩했다. 미학*의 영역에서도 이 전개는 다른 부문들과 마찬가지로 마르부르크학파와 바덴학파로 크게 구별되며, 전자는 코헨*에서 시작되고, 후자는 빈델반트*, 리케르트*가 기초를 세웠다.

각각이 기여한 개요를 더듬어보자.

【Ⅰ】 마르부르크학파의 미학

마르부르크학파는 문화의 체계적 법칙성의 확립 방향을 특색으로 하고 있지만, 이것을 대표하는 것이 코헨의 『순수 감정의 미학』(*Ästhetik des reinen Gefühls*, 2Bde., 1912)이다. 과학·도덕·예술의 각 문화는 인식*·의지*·감정*이라는 인간 의식의 근원으로부터의 순수 생산에 다름 아니며, 이 '순수*' 의식의 통일적 법칙성의 확립이야말로 철학의 과제이다. 그 가운데 모든 미적 대상을 생산하는 미의식으로서의 순수 감정은 쾌·불쾌의 감정 및 감각 감정과는 달리 인식과 의지도 전제조건으로 하는 순일적(純一的)·전체적 의식이며, 인간성* 그 자체의 자각과 그것에 대한 순수한 사랑으로서 체계적 미학을 전개한다.

또한 카시러*는 세계*의 인식을 대표하는 이해의 근본형태에 착안, 그것이 기초하는 상징형식에 의해 정신의 형태학을 전개했다. 그의 『상징형식의 철학』(*Philosophie der symbolischen Formen*, 3Bde., 1923-29)은 인간의 상징* 기능으로서의 언어·신화적 사유·인식현상학을 다루어 예술 연구에 새로운 영역을 열었다.

나아가 A. 괴를란트는 문화철학의 제3부문에 대해 개성적 법칙성에 기초하는 생의 양식을 다루는 "양식의 비판철학"을 '미학'으로서 설정했다(*Ästhetik, Kritische Philosophie des Stils*, 1937). 마찬가지로 H. 노악도 양식에 관한 기초학을 "개성학(Idiomatik)"으로서 논리학·윤리학과 함께 정립시켜 양식철학을 전개했다.

이와는 별도로 비판적 존재론으로 전환한 N. 하르트만*이 인식·도덕·미(예술)의 각각의 문화 영역을 양상론적으로 기초짓고, 미적 존재의 현상과 구조를 해명하는 『미학』(*Ästhetik*, 1953)을 남기고 있는 것도 새로운 전개로서 주목된다.

【Ⅱ】 바덴학파의 미학

바덴학파는 이에 반해 문화철학의 가치론적 근거짓

기를 특색으로 하며, 빈델반트는 인식·도덕·예술을 사실 문제가 아니라 규범적 가치의 타당성 문제로서 초월론적으로 근거지었다(『철학입문』*Einleitung in die Philosophie*, 1914). 리케르트는 이것을 이어받아 그의 『철학체계』(*System der Philosophie*, 1921)에서 진·선*·미를 주관에서 독립된 객관적 가치로 하여 문화의 가치체계를 설정하고, 미적 가치가 담지하는 완결적 특수성과 직관성을 해명함과 동시에 그 문화재인 예술을 취급하는 미학을 설정했다.

이어서 J. 콘도 미적 가치판단의 특수성을 연구하는 『일반미학』(*Allgemeine Ästhetik*, 1901)을 전개하고, 이것을 직관성·내재성·보편타당 요구성에 따라 해명했다. 나아가 미적 가치를 그 특수성에서 나아가 '자율성(Autonomie)'으로서 근거지은 학자들로는 리케르트의 흐름을 이어받는 B. 크리스티안젠(*Philosophie der Kunst*, 1909)과 L. 퀸(*Das Problem der ästhetischen Autonomie, 'Zeitschrift für Ästhetik und allgemeine Kunstwissenschaft'*, 1909)이 있다. ⇒ 비판주의

—야마모토 마사오(山本正男)

☞ K. Vorländer, *Geschichte der Philosophie*, 3er B., 1927(栗田·吉野·古在 譯 『フォールレンデル 西洋哲學史』 3, 岩波書店, 1931). 大西昇 『美學及藝術學史』 理想社, 1935. 竹内敏雄 編 『美學事典 增補版』 弘文堂, 1974.

실러 [Friedrich von Schiller 1759. 11. 10~1805. 5. 9]

18세기의 작가, 철학자로서 괴테의 벗. 칸트 미학*의 가장 중요한 비판적 계승자의 한 사람. 실러의 칸트 미학과의 대결은 『우미와 존엄에 관하여』(1793)와 『칼리아스 서한』(1793)에서 시작된다. 칸트에 따르면 이성*의 선험적*인 이념*(자유*, 신*, 불사*)을 경험의 대상으로서 인식하는 것은 가능하지 않다. 그러나 유추*에 의한 간접적인 인식*은 가능하다. 그리하여 칸트는 "미*는 윤리적 선의 상징이다'라고 정의했지만, 실러는 이 입장을 좀더 밀고나갔다. 미를 감수하고 있을 때 인간*은 자유롭고 행복*하다. 칸트 철학에서 자유는 실천 이성에 의해 도덕적 행위 속에서 주어진다. 그러나 미가 주는 자유는 그것과 비슷하나 다른 것이다.

그리하여 실러는 『칼리아스 서한』에서 미를 도덕(행위에서의 자유)과 구별하고 "미란 현상*에서의 자유이다'라고 정식화했다. 요컨대 예술작품의 미는 칸트가 말하는 주관적인 것이 아니라 객관적인 현상이며, 더욱이 밖으로부터가 아니라 자기 자신에 의해서 규정된 자율적인 것인 까닭에 자유라는 것이다.

미는 감성적인 현상이 아니고서는 생각될 수 없다. 그러나 동시에 미는 자율적이자 이성적인 세계에 속한다. 즉 미는 감성*과 이성의 매개인 것이다. 이러한 생각을 좀더 심화시킨 것이 『인간의 미적 교육에 대하여』(1795)이다. 인간은 감성적 충동(소재충동)과 이성적 충동(형식충동)이라는 상반된 두 가지 힘에 의해서 추동되고 있다. 그러나 미를 즐기고 있을 때 인간 속에서 활동하고 있는 것은 양자를 통합한 유희충동이다. 현실성과 형식*, 우연성*과 필연성*을 통일하는 유희*에서야말로 세계의 통일과 인간의 통일이 회복되며, 인간이 자유롭게 된다. 미 속에서 유희하고 있을 때 인간은 가장 인간답다. 그리하여 실러는 "인간은 말의 온전한 의미에서 인간일 때에만 유희하며, 유희할 때에만 완전한 인간이다'라고 말한다. 그는 『판단력비판』*[§54]으로부터 '유희'에 관한 시사를 받아들이면서도, 인간을 정의한 이 유명한 말에 의해서 감성과 이성을 대립시킨 칸트 철학을 넘어선다. 미라는 유희에서 인간은 감성적 규정으로부터나 이성적 규정으로부터 벗어나 무규정적인 동시에 자유롭다. 요컨대 만약 인간이 유토피아에 도달할 수 있다고 한다면, 그것은 예술*을 통해서이며, 인류를 교육하는 것은 예술을 빼놓고서는 달리 없다는 것이다.

나아가 『소박한 문학과 성찰적 문학에 관하여』(1795~96)에서 실러는 『인간의 미적 교육에 대하여』 제6서간의 견해를 크게 발전시켰다. 고대에는 감성과 이성의 "조화가 이루어진 전체"가 자명한 현실인바, 고대의 시인은 이 현실을 '소박'하게 모방하는 것으로 족했다. 그러나 감성과 이성, 자연*과 인간의 상극에 괴로워하는 근대의 시인은 "조화가 이루어진 전체"를 계속해서 추구하기는 하지만 이 이상에 결코 도달할 수 없다. 그런 까닭에 근대의 시인은 '성찰적'일 수밖에 없다. 『판단력비판』[§54] 속의 '소박'론을 불충분한

것으로 느낀 실러는 우선 '소박'과 '성찰'을 대립시키고 이어서 양자의 통합을 지향함으로써 독자적인 역사관을 구축하고 있었다. ⇒미, 예술

—다카하시 요시토(高橋義人)

图『美學藝術論集』(石原達二 編), 富山房.

图 E. Cassirer, *Idee und Gestalt*, em. Wissenschaftliche Buchgesellschaft, 1971(中村啓 外 譯『理念と形姿』三修社, 1978). P. Szondi, Das Naive ist das Sentimentalische. Zur Begriffsdialektik in Schillers Abhandlung, in: *Euphorion* 66, 1972.

실용적實用的 [(독) pragmatisch (영) pragmatic]

'실용적'이라는 말은 철학의 술어로서는 18세기부터 사용되기 시작했는데, 칸트에 이르러 그 후의 용법의 기준이 성립했다고 볼 수 있다. 그의 용법에서 이 말의 기본적인 의미는 '이런저런 감성적 경향성의 만족으로서의 행복*이라는 목적* 실현에 이바지한다'라는 정도의 의미이다[B. 828, 834 등을 참조]. 이리하여 칸트는 이 말을 한편으로는 '유용한', '사려 있는' 또는 '목적지향적인'과 같은 의미로 사용하며, 다른 한편으로는 '도덕적(moralisch)' 또는 '실천적(praktisch)'의 반대어로서 '단순한 감성적 기원의 목적에 관계한다'라는 부정적 의미에서 사용하고 있다. 그 후 19세기 후반에 퍼스*가 자신의 철학적 입장을 (칸트의 용법에서 기인하여) '실용주의(프래그머티즘)*'라고 이름 지음으로써 이 말은 '실용주의의(실용주의적인)'라는 의미를 지니게 되었다. 퍼스 이후 실용주의는 다양하게 분화, 전개되었기 때문에, 이에 따라 이 의미에서의 용법도 다양하게 분화된 내용을 지닌다고 보아야만 한다. ⇒행복, 실천적, 도덕성, 도덕법칙, 실용주의, 퍼스

—미노 다다시(美濃 正)

『실용적 견지에서 본 인간학實用的見地-人間學』⇨『인간학』

실용주의實用主義 [(영) Pragmatism (독) Pragmatismus]

철학에서는 1870년대에 미국의 철학자이자 과학자인 퍼스*에 의해서 처음으로 제창되어 그 후 W. 제임스와 J. 듀이 등에 의해서 계승 발전되며 20세기 전반에 미국을 중심으로 세계적으로 강한 영향력을 지닌 철학적 입장 내지 운동을 가리킨다. 사람에 따라 주장은 다양하지만, 19세기의 진화론 사상을 배경으로 하여 우리의 사고와 경험을 유기체*의 자연환경에 대한 적응이라는 동적·상호작용적 과정의 일환으로서 파악하고, 그로부터 전통적 철학에 비판을 가하여 새로운 인식론* 또는 윤리학*을 수립하고자 했다는 점에서 공통의 특색을 찾아볼 수 있다.

퍼스는 한편으로 실용주의를 "우리의 관념을 명석하게 하는" 방법, 요컨대 일종의 의미 이론의 원리* 내지 준칙*으로서 제창했다. 그에 의하면 "지성적 사고{명제}의 의미"는 "그 사고가 참이라는 것으로부터 필연적으로 생긴다고 생각할 수 있는 실천적 귀결"의 총체이다[「실용주의란 무엇인가」(1905)]. 퍼스가 말하는 '실천적 귀결'이란 대체로 그 전건이 일정한 실험적 조작을, 후건이 관찰 가능한 실험결과를 기술하고 있는 것과 같은 조건명제를 가리키며, 이것은 우리에게 일정한 목적에 따른 행위를 이룰 때의 지침을 줄 수 있는 것이다. 그리고 퍼스가 가능한 실천적 목적에 의한 의미의 한정을 이야기하는 이 이론을 '실용주의(프래그머티즘)'라고 명명한 것은 '행복*(에로 이끄는 것)으로 간주되는 이런저런 목적*의 달성에 관계한다'는 의미에서 '실용적(pragmatisch)'이라는 형용사를 사용한 칸트의 용법[B 828]에 따른 것이었다. 다른 한편 퍼스는 지성적 신념의 형성과 정당화, 그리고 진리*에 관해서도 실용주의적인 분석을 행했다. 그것에 의하면 신념은 개개의 경험적 상황이 낳는 의문으로부터 출발하여 그것을 해결할 수 있는 가설의 제안을 거치고, 마지막으로 가설의 옳고 그름을 '실천적 귀결'의 추론에 입각하여 실험적으로 평가하는 과정을 통해서 형성된다. 무제한적으로 계속해서 반복 가능한 이러한 '탐구(inquiry)'의 과정 외에는 어떠한 신념의 형성이나 정당화도 불가능하다. 그리고 진리란 공동체에 의한 '탐구'의 과정이 최종적으로 거기로 수렴된다고 이념

적으로 생각할 수 있는 신념에 다름 아니다.

제임스는 실용주의를 주로 진리론으로서 전개했는데, 그에 의하면 진리는 "선의 일종"이며, 진리의 기준은 그것이 "우리의 생활를 이끄는 데서 가장 좋게 작용하는 것"인가 아닌가 하는 점에 존재한다[『실용주의』]. 퍼스의 실용주의가 논리적·과학철학적 경향이 강한 것이었던 데 반해, 제임스가 그것을 좀더 직접적으로 우리의 실천적·윤리적 생활과 결부시키는 경향을 지닌다는 점은 분명하다. '프래그머티즘'에 일찍부터 적용되어 온 '실용주의'라는 번역어는 이와 같은 제임스의 사고방식에서 연유하겠지만, 오해를 일으킬지도 모르는 번역어이다.

듀이는 퍼스와 제임스, 두 사람의 입장의 하나의 종합을 행한 것으로 보인다. 그는 퍼스가 끄집어내 보인 과학적 탐구의 방법을 '탐구의 논리학'으로서 정비함과 동시에, 이 방법이 사고의 일반적 규범으로서 과학 이외의 영역, 특히 철학과 윤리적인 가치의 영역에도 연속적으로 적용 가능하다고 생각했다. 나아가 듀이는 지성적인 사고의 틀을 우리의 경험 전체를 통합하여 환경에 대한 적응을 용이하게 만드는 도구로 파악하고('도구주의'), 세계와의 대응이라는 의미에서의 진리 개념을 "보증된 주장 가능성"이라는 개념에 의해 치환할 것을 주장했다.

20세기 후반에 이르면 분석철학의 영향을 헤쳐 나온 철학자들로부터 실용주의를 부활시키는 움직임이 생겨나 '신실용주의'라고 불리고 있다. 콰인*, 퍼트넘*, R. 로티 등으로 대표되는 이 입장에서는 언명의 검증과 의미에 관한 전체론, 인식론 상의 반정초주의, 이론에 관한 도구주의, 그리고 과학과 철학 또는 사실과 가치 사이의 연속성 등, 고전적인 실용주의의 중심적인 테마들이 왕성한 논의를 통해 더욱 더 세련되어지고 있다. 그 가운데서도 특이한 입장을 취하는 것이 로티인데, 그에 의하면 실용주의는 '자연의 거울', 요컨대 세계 그 자체의 정확한 모사로서의 지식이라는 생각을 부정함으로써 플라톤* 이래로 인식론을 핵심으로 하여 계속해서 행해져온 '철학'이라는 프로그램 그 자체를 파괴했던 것이다. ⇒실용적, 콰인, 퍼스

—미노 다다시(美濃 正)

囹 C. S. Peirce, *Collected Papers*, C. Hartshorne/P. Weiss/A. W. Burks (eds.), 8 vols., Harvard U. P., 1931–58(上山春平 編譯『世界の名著 48 パース·ジェイムズ·デューイ』中央公論社, 1968에 초역이 수록). W. James, *Pragmatism*, New York, 1907(桝田啓三郎 譯『プラグマティズム』岩波文庫, 1957). J. Dewey, *Experience and Nature*, Chicago, 1925: *Logic, The Theory of Inquiry*, New York, 1938(상게서『パース·ジェイムズ·デューイ』에 수록). H. Putnam, *Pragmatism, An Open Question*, Blackwell, 1995. R. Rorty, *Philosophy and the Mirror of Nature*, Princeton U. P., 1979(野家啓一 監譯『哲學と自然の鏡』産業圖書 1993).

실재론 實在論 [(독) Realismus (영) realism (불) realisme]

사물·사태를 그것을 인식하는 주관*의 바깥에서 그것으로부터 독립하여 존재하는 것(존재자), 요컨대 실재적인(실제로 존재하는) 것으로서 파악하는 입장으로서 관념론*에 대립한다. 칸트 철학은 독창적인 관점에서 종래의 상식적인 실재론에 도전하는 것인바, 칸트 이후의 실재론은 칸트와 어떠한 의미에서든 대결하고 있다. 상식*이 의존하고 있는 '소박실재론'은 모든 사물이 지각*되는 대로 실재하고 있다고 믿는 입장이다. 과학들이 입각해 있는 '과학적 실재론'은 소박실재론과 궤를 같이 하며, 사물이 주관에서 독립하여 객관적으로 존재하고 있다고 간주하고 있다.

칸트는 상식적·과학적 실재론에 대해 이른바 '코페르니쿠스적 전회*'를 행하고 '초월론적 관념론(비판적 관념론)'을 수립했다. 그에 따르면 주관은 감성*(공간*과 시간*)에 의해서 다양한 것을 수용하며, 그것을 지성*(범주*)에 의해서 종합, 통일한다. 여기서 객관*은 주관에 의해서 구성되는 단순한 표상*으로 되며, 현상이라고 불려 주관에서 독립적으로 존재하는 '사물 자체*'와 엄밀하게 구별되었다. 이와 같은 초월론적 관념론에 대립하는 것이 대상을 사물 자체로 보는 '초월론적 실재론'이다. 초월론적 관념론은 '경험적 실재론'이기도 하다. 왜냐하면 외적 대상은 현상으로서 우리에 의해 감성을 통해서 지각되는 것이지 결코 추론에 의해서 그 실재성에 도달할 필요가 없기 때문이다.

또한 초월론적 실재론은 '경험적 관념론'이기도 하다. 왜냐하면 이 경우 확실히 외적 대상의 현상은 부정되지 않지만, 외적 대상은 직접적인 지각에 의해서 인식될 수 없는 것이어서 가능적 경험에 의해서 확정될 수 없기 때문이다. 여기서는 관념론이 실재론과의 대비에서 명확히 되고 있다. 칸트는 초월론적 관념론의 입장에서 『판단력비판』*에서는 자연의 합목적성*의 어떤 것이 의도*를 지닌다고 하는 '자연목적의 실재론', '목적론적 실재론' 또는 '합목적성의 실재론'을 논박하고 있다. 또한 실재론에 관련된 것처럼 보이는 개념으로서 '실재적', '실재성*', '실재자*' 등이 있지만, 이것들은 모두 초월론적 관념론의 용어이다.

신칸트학파*의 관념론적 경향에 대한 비판과 대결에서 생겨난 N. 하르트만*의 '비판적 존재론'은 일체의 존재자를 개별적인 '실재적 존재자'와 보편적인 '이념적 존재자'로 구별하고 있는데, 그것들은 칸트의 주장과는 다르며, 어느 것이든 주관에서 독립하여 그 자체로 존재하는 것이라고 하는 일종의 실재론이다. 무어 등의 '신실재론'은 칸트에서는 형식*과 표상으로 되어 있는 감각·의식과 물질적인 것이 그대로 사실로서 실재한다고 하고 있다. 러셀 등의 '일원론적 실재론'은 정신적이지도 물질적이지도 않은 중성적인 감각을 실재라고 주장하고 있다. 주관에서 독립된 감각적 사물밖에 존재하지 않는다고 하는 '유물론*'은 칸트가 말하는 초월론적 실재론의 일종이라고 간주할 수도 있을 것이다. ⇒관념론, 사물 자체, 코페르니쿠스적 전회

―구마가이 마사노리(熊谷正憲)

참 I. Kant, *Kritik der reinen Vernunft*, 1781(篠田英雄 譯 『純粹理性批判』, 岩波文庫), 三渡幸雄 『カント哲學硏究』 協同出版, 1974. N. Hartmann, *Zur Grundlegung der Ontologie*, 1935(高橋敬視 譯 『存在論の基礎付け』 山口書店, 1942). G. E. Moore, The Refutation of Idealism, in: *Philosophical Studies*, 1922(國嶋一則 譯 『觀念論の反駁』 勁草書房, 1960).

실재성實在性 [(독) Realität]

【Ⅰ】 역사

'실재성'(Realität)이라는 말은 오늘날에는 '현실적으로(wirklich) 존재한다'든가 '목전에(vorhanden) 있다'는 정도를 의미한다. 예를 들면 '달의 거주인'이 존재한다고 가정하고 그의 존재가 확인된 경우가 그에 해당된다. 이에 반해 칸트는 '실재성'을 전통적인 의미(그것의 라틴어 realitas는 res(사물)를 어원으로 한다)에 근거하여 사용하고 있다. 토마스 아퀴나스는 모든 유와 종을 넘어선 범주로서 ens, res, verum, bonum, unum, aliquid라는 서로 치환 가능한 여섯 개의 '초월적인 것(transcendentalia)'을 내세운다[*De veritate*, Ⅰ, 1. c.]. 여기에 res가 포함되는 것은 지성에 의해서 받아들여지는 것은 무언가의 본질*을 지니는 것으로서 파악되는 한에서 '사물(res)'이라고 이름지어지기 때문이다. 이로부터 사물의 '사물성(realitas)'이란 첫째로, 사물이 무엇인가(Sachheit), 무엇으로서 규정되는가(Sachhaltigkeit)를 의미한다. 그리고 둘째로 res는 ens(존재하는 것)와 치환 가능하기 때문에 가공물이 아니라 현실적으로 지성 바깥에 존재하는 것을 가리키며, ens rationis가 아닌 ens reale의 그 본질 규정을 의미한다. 요컨대 '실재성'은 '사물'이 현실존재하기 위한 불가결한 조건이며, '사물'은 반드시 이런저런 본질을 지니는 것으로서 존재한다. 역으로 어떤 것도 아닌 것은 존재*하지 않는다. 이러한 실재성의 전통적 의미는 라이프니츠*에서도 보존되어 있으며, '돌인 인간'이라든가 '최대속도의 운동'과 같은 개념은 모순*을 포함하는 까닭에 그 사물이 가능하다고 말할 수 없으며, 따라서 본질도 지니지 않게, 요컨대 '실재성'을 지니지 않게 된다. '실재적 정의'는 사물이 가능(possibilis)하다는 것을 보이는 것이지만, 그것은 또한 이른바 단적으로 가능할 뿐인 가능적 세계와 같은 의미도 아니다. 오히려 어떠한 가능도 현실존재에 대한 노력에서 보이는 것이다. 이와 같이 가능과 현실의 구별을 강조하기보다는 정도를 매개로 하여 양자 사이에서 연속성을 인정하고 실재성을 현실존재와의 관련 속에서 특징짓고자 한다는 점에서도 라이프니츠는 칸트를 선취하고 있다.

【Ⅱ】 이론

칸트는 이상과 같은 '실재성'의 전통적인 의미를 근거로 하여 『순수이성비판』*에서 표상*(공간*, 시간*,

범주*, 경험적 개념들)이 실재성을, 그것도 '객관적 실재성(objektive Realität)'을 지닌다고 말한다. 이러한 '객관적 실재성'이란 해당 표상이 대상*에 대한 관계로서의 타당성(Gültigkeit)을 지닌다, 다시 말하면 내용(Inhalt)을 지닌다고 하는 것을 일컫는다. 이러한 '대상이 주어지는 것' 없이는 개념*은 공허(leer)하며 다만 표상이 유희되고 있을 뿐으로 인식*은 성립하지 않는다. 그와 같은 실재성은 나아가 '경험적 실재성(empirische Realität)'이라고 말해진다. 그것은 표상의 실재성이 '현상*'인 한에서의 객관, 요컨대 주관(감성*과 지성*)과의 관계에 있는 한에서의 것에 관한 규정*을 의미한다는 것을 가리킨다. 그럼에도 불구하고 '경험을 가능하게 하는 제약'을 벗어나 사물을 '사물 자체*'로 간주하게 되면, 사물은 '실재성'을 상실하고 '초월론적 관념성*'을 지닌다. 따라서 표상(범주든 경험적 개념이든)에 '실재성' = '대상' = '내용'을 공급하는 것은 감성인 것이다. 또한 '범주*표의 두 번째 부문인 '질*'에서 '실재성', '부정*', '제한'이 제시되고 있다. 여기서의 '실재성'이란 지각*(감성적 직관)의 대상에서의 '실재적인 것(das Reale)', 즉 질료이다. 지각의 대상으로서의 현상은 형식 외에 '실재적인 것'을 포함하지만, 이것은 영까지의 정도의 이어짐을 포함하며, 양*으로서 표상된다. 그리고 만약 지각의 내용이 결여되면 '부정'의 범주가, 제한되면 '제한'의 범주가 각각 이에 대응한다.

【Ⅲ】 실천

단순한 성질이 아니라 사물의 '현실존재'에 속하는 규정을 의미하는 '실재성' 개념은 『실천이성비판』*에서도 중요한 역할을 담당한다. 최고선*을 가능하게 하는 '자유*', '불사*', '신*'의 세 개념은 실천적 법칙이 이것들을 명령하는 것이며, 이론 이성에 의해서는 그것들의 객관적 실재성을 보증 받을 수 없지만 "객관적인, 예를 들어 실천적인 데 불과하다 하더라도 의심해서는 안 되는 실재성"을, 즉 '실천적 실재성(praktische Realität)'을 지닌다고 말해진다. '인과성*' 개념만 하더라도 그것들은 객관적 실재성을 공급해야만 하는 감성적 직관을 지니지 않는 경우에도 마음가짐* 또는 준칙*에 의해서 구체적으로 표현되는 현실적 적용을, 다시 말하면 실천적 실재성을 지닌다. '실재성'이라고 말하

는 이상 그것들은 "현실적으로 그것들의 가능한 객관을 지니는 것"이다. 다만 그것들에 관해 어떠한 직관*도 주어지지 않기 때문에 '실천적 실재성'에 있어서는 어떠한 종합명제(확장판단)도 불가능하다. 또한 칸트는 '신' 관념이 생기는 과정을 '실재성'의 총체라는 관념에서 설명한다. 요컨대 '어떤 것(etwas, Ding)'의 개념은 하나의 존재를 나타내고 Realität(Sachheit)라고 이름지어지지만, 이때 '실재성'은 복수형 Realitäten으로 말해진다. 이런저런 '실재성'이 그 속에서 주어지는 바의 것은 포괄적 경험이다. 그러나 감관*의 대상을 가능하게 하기 위해서는 그것을 제한함으로써 경험적 대상들의 전체 가능성이 구별 및 규정과 더불어 성립하는 바의 질료가 전제되어야만 한다. 이러한 의미에서 개별적인 존재자들의 총체라는 Urbild = Ideal이야말로 모든 사물이 그것의 제한 또는 불완전한 모사물인 바의 것이다. 그리고 만약 가장 '실재적'인 본질인 이념*을 '기체화'하고 '인격화' 하게 되면 우리는 이것을 "통일적인, 단순한, 온전한, 영원한 근원존재자로서", 요컨대 신으로서 규정한다. 그러나 그것과 더불어 이성*은 자기의 한계를 넘어서게 된다. ⇒본질, 존재, 신

—사카이 기요시(酒井 潔)

图 山田晶 「トマス・アクイナスにおける《aliquid》の用法について」『中世思想研究』 XXIII, 1981. 犬竹正幸 「カントにおける「實在性」と「客觀的實在性」」『哲學』 47号, 1996. M. Heidegger, GA. 25(*Phänomenologische Interpretation von Kants der reinen Vernunft*), Vittorio Klostermann, 1977.

실존철학實存哲學 [(독) Existenzphilosophie]

실존철학이라는 말은 하이네만이 『철학의 새로운 길』(1929)에서 하이데거*와 야스퍼스*를 염두에 두고 처음으로 만들어낸 말이라는 것을 그 자신이 나중의 저서 『실존철학, 살아 있는 것인가 죽어 있는 것인가』(1954)에서 고백하고 있다. 다만 하이데거는 이미 그때부터 실존철학자라고 파악되는 것에 항의하였으며, 실제로 후기 하이데거는 자신의 목표가 실존철학이 아니라 존재*의 사색에 있다는 것을 반복하여 공언하

고 있다. 야스퍼스도 후년에 자신의 철학을 실존의 철학이 아니라 이성의 철학이라고 일컫는다는 뜻을 분명히 말하고 있다[예를 들면『이성과 반이성』]. 따라서 여기서는 실존철학을 인간의 실존에 눈길을 돌리는 철학 사상 전반이라고 느슨하게 이해하고자 한다.

실존철학과 칸트 해석의 관계를 고찰할 때, 1929년 봄 다보스의 대학 강좌에서 이루어진 신칸트학파의 흐름을 길어내는 석학 카시러와『존재와 시간』(1927) 발표 직후의 하이데거의 논쟁은 대단히 상징적인 사건이었다. 이 사건을 경계로 하여 독일 관념론* 이후 19세기 후반부터 20세기 초두에 걸쳐 최초의 심리주의적인 칸트 해석에서 전환하여 논리주의적인 칸트 해석을 제창함으로써 대단히 융성했던 신칸트학파*의 인식론적 칸트 해석은 퇴조하고, 새롭게 존재론적 칸트 해석이 주도권을 장악하기 시작했다. 실존철학적인 칸트 해석은 전반적으로 이 사건으로 상징되는 존재론적인 칸트 해석에 깊이 연결되어 있다. 위에서 언급한 논쟁의 요지는 오늘날 하이데거『칸트와 형이상학의 문제』제4판(1973) 이후에 부록으로서 공표되어 있다.

신칸트학파, 특히 마르부르크학파가 자연과학*을 염두에 둔 인식이론으로서 칸트 철학의 기본을 파악한 데 반해, 하이데거는 칸트 철학의 의의를 자연과학의 대상인 자연*의 이론이 아니라 오히려 그 이전의 존재 일반의 이론을 제시한 존재론*의 시도로 파악한다. 덧붙이자면, 하이데거에게서는 인간의 의식*에 의해서 형성된 정신적 세계의 가능성*의 근거를 탐구하는 인식론적인 문화철학이 아니라 존재자의 한 가운데에 던져져 불안 속에서 죽음과 무에 노출되는 가운데 자기와 세계*에 몸을 열어 관계해가는 바의 유한한 인간 실존의 존재방식을 직시하는 것이 철학의 과제로 되었다. 거기에 칸트가 제기한 철학의 궁극적인 과제 '인간이란 무엇인가'라는 물음이 결부된다. 다만 그 인간은 인간 중심적으로 또는 인간학적으로 물어지는 것이 아니라 존재자에게로 몸을 열어 '탈중심적(exzentrisch)'으로 '초월해가는(transzendent)' 존재방식에서 파악되며, 거기서 '실존 내지 존재에게로 몸을 여는 존재방식(Existenz, Ek-sistenz)'의 근본이 확인된다.

칸트 철학의 근본을 '인간이란 무엇인가'라는 물음

속에서 구하고, 그 인간의 실존 내지 존재에게로 몸을 여는 존재방식을 축으로 하여 칸트 철학의 문제들을 다시 해석하고자 하는 데서 실존철학적 내지 존재론적 칸트 해석이 성립한다고 말할 수 있을 것이다. 실제로 하이데거와 야스퍼스의 칸트 해석은 그것을 여실히 증시하고 있다. ⇒하이데거, 신칸트학파, 독일의 칸트 연구

―와타나베 지로(渡辺二郎)

📖 M. Heidegger, *Kant und das Problem der Metaphysik*, Frankfurt am Main, ⁴1973. K. Jaspers, *Kant*, in: Die großen Philosophien, München, 1957.

실증주의實證主義 [(독) Positivismus]

경험적 사실만을 지식의 원천으로 인정하고 사실의 배후에 상정되는 초경험적·초감각적 실재를 부정하며 경험적 근거를 지니지 않는 개념의 사용을 배척하는 철학적 입장. '실증적(positive)'이라는 말은 라틴어 '설정된 것(positum)'에서 유래하며, 본래 '사실적'을 의미한다. 사상사적으로는 영국 경험주의 및 프랑스 계몽주의 흐름을 이어받으며, 반종교적임과 동시에 사변적 형이상학에 대립한다. 또한 관찰 가능한 데이터와 실험적 검증에 기초하는 자연과학을 지식 획득의 최선의 모델로 간주하며, 그 방법을 인문·사회과학의 영역으로까지 확장하고자 하는 경향을 지닌다. 실증주의는 과학만능주의 풍조를 배경으로 '진보' 이념을 내걸고 19세기 중반에 강한 영향력을 지녔지만, 현재에는 오히려 경멸하여 부르는 명칭으로 사용되는 경우가 많다.

'실증주의'라는 말은 19세기 초두에 생시몽에 의해서 처음으로 사용되었다. 그는 근대 과학이 가져다준 실증적 지식을 인간이 도달한 최고단계의 지식으로서 역사적으로 위치짓고, 사회현상을 실증적 방법에 의해서 통일적으로 설명하는 '사회생리학'을 제창했다. 그 구상을 물려받아 '사회학'으로서 체계적으로 완성시킨 것은 그의 제자 콩트였다. 콩트는 '실증적'이라는 말에 현실적인, 유용한, 확실한, 정확한, 건설적인, 상대적인 등과 같은 의미를 부여하고, 나아가 인간의 지식은 '신학적', '형이상학적', '실증적'이라는 세 단

계를 경유하여 진보한다는 '삼단계 법칙'을 제창했다. 이러한 고전적 실증주의에 반해 19세기 말에는 마하와 아베나리우스로 대표되는 신실증주의 조류가 대두한다. 그들은 사물 자체*, 자아*, 인과율과 같은 형이상학적 개념을 배제하고, 과학의 목표를 감각적 경험 상호간의 함수적 연관을 사고경제에 입각하여 기술하는 것에서 구하고, 후의 논리실증주의*에 커다란 영향을 미쳤다. 일반적으로 실증주의 입장은 칸트 철학의 견해와는 양립하지 않는다. 콩트는 칸트의 인식론상의 성과를 높이 평가하면서도 신앙에 장소를 비어주기 위해 지식을 제한한 점에서 칸트를 엄격하게 비판한다. 또한 마하는 젊은 시절 칸트의 『프롤레고메나』*를 읽고서 강한 감명을 받았지만, '사물 자체' 개념에 부딪쳐 감각요소 일원론의 확립에로 향했다. 마하의 일원론은 동시에 칸트에서 연원하는 '주관-객관' 도식에 대한 근본적 비판을 포함하고 있다.

20세기에 들어서면 1920년대 말에 빈 학파가 결성되어 '형이상학의 제거'를 기치로 내건 논리실증주의가 출현한다. 이것은 마하의 감각론적 실증주의와 러셀과 비트겐슈타인*에 의한 논리분석의 방법을 결합하여 '통일과학'의 실현을 지향하는 사상운동이다. 빈 학파의 선언서 『과학적 세계파악』(1929)에서 "바로 선험적*인 종합인식의 가능성을 부정하는 데에 현대 경험주의의 근본 테제가 놓여 있다"고 말해지고 있듯이 그들은 형이상학적 사유의 원천을 칸트의 '선험적 종합판단'에서 보고 있었다. 그러므로 빈 학파의 지도자 슐리크는 논문 「사실적 아프리오리는 존재하는가」(1930)에서 칸트와 현상학파를 비판하고 선험적인 명제는 모두 형식적 동어반복이라고 논의했다. 논리실증주의의 견지에서 보면, 칸트가 선험적 종합판단*이라고 인정한 수학*과 물리학*의 명제는, 전자는 선험적 분석판단, 후자는 후험적 종합판단에 다름 아닌 것이다. 다만 비트겐슈타인은 '선험적 종합판단'을 부정하기는 하지만 어떠한 의미에서도 실증주의자는 아니었다. 그가 『논리철학논고』에서 전개한 언어의 한계를 설정하는 언어비판 작업은 칸트가 행한 이성의 한계를 설정하는 이성 비판 작업과 비교될 수 있다. 스테니우스가 비트겐슈타인의 전기철학을 '초월론적 언어주

의'라고 부른 것도 이 때문이다. 또한 논리실증주의를 비판하며 등장한 '포스트 실증주의'의 과학철학은 일반적으로 칸트의 구성주의적 인식론과 친화성을 지닌다. 핸슨의 '이론부하성'과 쿤의 '패러다임' 등의 개념은 '상대적 아프리오리' 내지는 '역사적 아프리오리'라는 위상에서긴 하지만 과학적 경험의 가능성 조건의 해명을 시도하고 있기 때문이다. ⇒선험적/후험적, 선험적 종합판단, 분석판단

—노에 게이이치(野家啓一)

㊦ J. Bluehdorn/J. Ritter (Hrsg.), *Positivismus im 19 Jahrhundert*, Vittorio Klostermann, 1971. P. Achinstein/S. Barker (eds.), *The Legacy of Logical Positivism*, Baltimore, 1969.

『실천이성비판實踐理性批判』{『제2비판第二批判』} [(독) *Kritik der praktischen Vernunft*. 1788]

【Ⅰ】 위치와 구성

본서는 『순수이성비판』*(제1판 1781, 제2판 1787)에 이은 제2의 비판서이다. 제1비판이 이성 능력 전체를 시야에 넣으면서 이론 이성의 인식능력* 비판을 수행하는 데 반해, 본서는 실천 이성의 능력 비판을 임무로 한다. 전자가 주로 자연 인식의 영역에 관계하는 데 반해, 후자는 도덕적 실천의 영역에 관계한다. 본서에 선행하는 최초의 비판윤리학 저작인 『인륜의 형이상학의 정초』*(1785)에서는 도덕적 상식 속에 이미 포함되는 도덕원리가 정언명법으로서 명확히 되었다. 그리고 자유*의 개념과 예지계*의 이념이 제시되었다. 이에 반해 본서에서는 "실천 이성의 가능성과 범위, 한계에 관한 원리들만을 완전히 제시한다"[Ⅴ 8]는 비판 고유의 임무가 수행된다. 그리하여 본서의 구성은 제1비판에 따라서 요소론(분석론과 변증론)과 방법론으로 크게 둘로 구분된다. 그러나 분석론은 안에 감성론(동기론)을 포함하며, 제1비판과는 역순으로 원칙론에서 시작하여 개념론을 거쳐 동기론으로 나아간다. 그것은 순수 실천 이성이 의지*와 관계하며, 감성적 조건에 의존하지 않은 채 도덕의 최고원리를 제시할 수 있기 때문이다. 여기에 본서의 중요 특징이 놓여 있다.

【Ⅱ】 순수 실천 이성의 원칙·대상·동기

(1) 도덕의 근본법칙. 최초에 순수 실천 이성에 의해 우리의 의지의 규정 근거가 되어야만 하는 도덕원칙이 제시된다. 감각적으로 촉발*되는 유한한 이성적 존재자*인 우리의 의지의 경우; 의지의 주관적 원칙인 준칙*이 모든 이성적 존재자의 의지에 타당한 객관적 법칙과 일치하는 것은 아니다. 그러므로 최고의 도덕원칙은 그 일치를 무조건적으로 명령하는 것이어야만 한다. 모든 실질적 원리가 배척되는 것은 그것이 경험적이고 각자의 쾌감과 불쾌감이 관여하여 보편적 법칙을 부여할 수 없기 때문이다. 그리하여 실질적인 것을 전혀 포함하지 않는 의지의 자율*의 형식적 원리로서 '순수 실천 이성의 근본법칙'이 세워진다. 그것은 "너의 의지의 준칙이 언제나 동시에 보편적 입법의 원리로서 타당할 수 있도록 행위하라"[V 31]고 말한다. 이것은 『정초』의 정언명법의 근본정식에 해당하지만, 이성의 자기입법의 측면이 내세워지는 동시에 의지가 스스로 세운 도덕법칙*만을 따른다는 자유의 적극적인 측면이 강하게 나타난다. 이것은 순수 실천 이성에 의해서만 제시되는 의지 규정에 관한 도덕법칙이며, 주관적 준칙과 보편적 법칙의 일치를 요구하는 선험적* 종합명제이다. 따라서 그것의 가능성*의 근거가 물어진다(연역*의 문제). 이에 대해 칸트는 도덕법칙이 각자에게 '이성의 사실*'로서 단적으로 의식되는 것만으로 충분하다고 생각한다. 각자의 내면 깊숙이 일체의 경험적 이유짓기 없이 무조건적으로 '너는 해야만 한다'고 명령하는 이성*의 목소리가 활동한다. 각자의 의식 깊은 곳에서의 이러한 억누를 수 없는 이성 활동의 엄연한 사실이 우리에게 도덕법칙의 객관적 존재를 알리는 것이다.

(2) 선악의 개념. 이것은 실천 이성의 대상이 되지만, 도덕법칙에 선행하는 것이 아니라 도덕법칙에 의한 의지규정의 결과로 행위를 의욕할 수 있는 데서 성립하게 된다는 점이 중요하다. 선악은 자유로운 선택의지*가 어떻게 도덕법칙에 규정*되어 행위로 향하는가 하는 점에 관계되며, **무엇을** 행위할 것인가가 아니라 **어떻게** 행위할 것인가가 문제이다. 그 의지 규정을 위해 실천 이성이 욕구들의 다양*에 대해서 사용하는 것이 자유의 범주들이다. 그리고 행위의 선악 판정을

위한 '실천적 판단력의 규칙'이 제시된다. 그것은 자신이 기도하는 행위가 보편적 자연법칙에 따라서 일어날 것을 바랄 수 있는가 없는가를 스스로 물으라고 말한다[V 69]. 여기서는 자연법칙*의 합법칙성*의 형식*이 도덕법칙을 감성계에서 가능한 행위에 구체적으로 적용하기 위한 도덕법칙의 범형으로서 사용된다.

(3) 법칙에 대한 존경*. 순수 실천 이성의 동기론에서는 도덕법칙에 의한 의지 규정이 감성 측면에 주는 영향에 관해 논의하고 있다. 도덕법칙은 유일한 의지 규정 근거로서 모든 경향성*을 동기*로부터 배제하는 것에서 고통을 느끼게끔 한다. 그것의 엄격한 명령에 의해서 우리의 자부심은 타도된다. 그러나 동시에 그 위엄 때문에 우리의 감정은 고양되며, 법칙에 대한 순수한 존경이 환기된다. 도덕법칙의 준수가 의무*라는 것에서 이 이중의 감정이 수반된다. 법칙에 대한 복종이 강제됨과 동시에 그것이 이성의 자율로서 이루어지기 때문이다. 우리는 의무에서 도덕법칙에 마지못해 복종하면서 나아가 법칙에 대한 존경을 지니고서 복종한다. 거기에 인간성의 존엄이 존재한다. 의무야말로 이성적 피조물인 인간의 지위에 상응하는 도덕의 단계라고 보는 것에 칸트 도덕관의 핵심이 놓여 있다.

【Ⅲ】 최고선의 문제

나아가 변증론에서 최고선*의 문제가 다루어진다. 유한한 이성적 존재자에게 있어 덕만으로는 완전하지 않으며 그것에 상응하는 행복*과의 결합이 요구된다. 이러한 덕과 행복의 필연적 결합이 최고선이며, 그 가능성을 둘러싸고 실천 이성의 이율배반이 생겨난다. 이것은 실천 이성의 우위라는 사상을 토대로 하여 영혼불사가 덕의 완성을 위해 요청되며, 신*의 현존재가 덕과 비례한 행복의 배분을 위해 요청된다는 것에서 해결된다. 우리는 도덕법칙의 충실한 준수를 통해 최고의 예지자인 신의 현존재를 상정하는 데서 최고선의 실현을 희망할 수 있게 된다. 제2부 방법론은 순수한 도덕적 마음가짐의 확립을 위한 도덕교육론이라고 말할 수 있다. 마지막으로 맺음말에서 내 위의 별이 빛나는 하늘과 내 안의 도덕법칙이 경탄과 외경으로 마음을 채운다고 하는 유명한 말이 언급된다. 도덕질서가 자연질서와 중첩되어 있다고 하는 이 말은 칸트의

인생관과 세계관의 압축이라고 볼 수 있을 것이다.

【Ⅳ】 영향과 비판

여기서 보이는 칸트 비판윤리학 사상은 동시대만이 아니라 계속해서 현대에까지 커다란 영향을 주어왔지만, 다른 한편 다양한 비판도 받아왔다. 동시대에는 문학자 실러*의 강한 공감과 더불어 엄격주의*에 대한 비판이 유명하다. 후의 중요한 비판으로서는 M. 셸러*와 N. 하르트만*의 실질적 가치윤리학 입장에서의 형식주의에 대한 비판이 있다. 또한 M. 베버*의 책임윤리의 관점에서 심정윤리에 대한 비판도 있다. 최근 수십 년간 그 영향은 더 나아가 영미와 일본에서도 확대되고 있으며, 여러 가지 비판도 보인다. 그러나 다양한 비판은 오히려 칸트 윤리학에 대한 이해를 깊게 하고 현대에 되살리는 자극이 되고 있다. 앞으로 보편적인 인류 도덕에 대한 필요가 절감되는 가운데 도덕의 보편성을 이성적 과제로서 근본적으로 추구한 칸트 윤리학의 중요성은 한층 더 증대될 것이다. 그것은 인간을 유한한 이성적 피조물로서 파악하고 그에 상응한 엄격한 자율적 도덕법칙(정언명법)을 제시함으로써, 자제심을 가지고서 그 위에 서는 모든 사람들이 어떠한 민족적이고 인종적이며 사회적이고 개인적인 조건에 의존하지 않은 채 한 결같이 존엄을 갖추어 서로 친하게 접할 수 있다는 것을 분명히 했다. 거기에 칸트 윤리학의 장래에 대한 무한한 활력이 존재한다고 보인다. ⇒의지, 의지의 자율, 자유, 이성의 사실, 의무, 존경, 최고선, 별이 빛나는 하늘

—하마다 요시후미(浜田義文)

⌷ H. Cohen, *Kants Begründung der Ethik*, Berlin, ²1910. L. W. Beck, *A Commentary on Kant's Critique of Practical Reason*, Chicago, 1960(藤田昇吾 譯『カント「實踐理性批判」の注解』新地書房, 1985). 和辻哲郎『カント實踐理性批判』岩波書店, 1935(『和辻哲郎全集』9 수록). 小倉志祥『カントの倫理思想』東京大學出版會, 1972. 高峯一愚『カント實踐理性批判解說』論創社, 1985. 宇都宮芳明『譯註カント「實踐理性批判」』以文社, 1990.

실천 이성의 우위 實踐理性-優位 [(독) Primat der praktischen Vernunft]

『실천이성비판』*의 변증론에서 칸트는 '사변적 이성과의 결합에서의 순수 실천 이성의 우위에 관하여'라는 제목의 한 절을 마련하고 있다. 거기서 말하는 '실천 이성의 우위'란 실천 이성의 관심*이 사변적 이성의 관심보다 우위를 점한다는 것을 의미한다. 여기서 말하는 관심이란 심적 능력의 행사를 촉진하는 원리의 것인바, 이성의 관심이란 이성을 확장하는 것이다. 사변적 이성은 선험적*인 최고원리에까지 도달하는 대상 인식을 자기의 관심으로 하며, 실천 이성은 궁극적이면서 완전한 목적*(즉 최고선*)에 관한 의지 규정을 자기의 관심으로 한다. 그러한 사변적 이성과 실천 이성이 동일한 이성*으로서 결합할 때에, 다시 말하면 순수 이성이 그 자신에서 실천적*이게 되면 실천 이성이 우위를 점한다. 왜냐하면 모든 관심은 결국 실천적인 것이어서 사변적 이성의 관심이라 하더라도 실천적 사용에서만 완전한 것으로 되기 때문이다. 그런데 순수 이성이 그 자신에서 실천적이라고 하는 것은 도덕법칙*의 의식에 의해서 이미 증명된 사실이다. 여기서 빠트리지 않아야 하는 것은 "순수 이성이 그 자신에서 실천적이게 되면"이라는 조건이다. 만약 실천 이성이 순수하지 않게 되면, 즉 행복*이라는 감성적 원리 하에서 경향성*의 관심을 관리하는 데 그치게 되면, 그러한 실천 이성의 관심에 우위를 부여하여 사변적 이성을 따르도록 하는 것은 신비적인 낙원의 몽상에 빠지는 것과 같아진다. 그러한 것이 아니라 실천 이성이 그 자신에서 선험적인 근원적 원리를 지니고 있고(역으로 말하면 순수 이성이 그 자신에서 실천적이고), 이 원리에 무언가의 명제가 나누어질 수 없게 속하게 되면, 사변적 이성은 예를 들어 그 명제가 적극적으로 확립될 수 없다 하더라도 그것이 자기의 명제와 모순하지 않는 이상 그것을 충분히 보증된 것으로서 수용하고 자기의 능력 안의 모든 명제와 조화되도록 노력해야만 한다. 이렇게 하여 수용된 명제는 사변적 이성의 통찰이 아니지만, 오로지 개연적일 뿐이었던 불사*·자유*·신*의 개념에(실천적이기는 하더라도) 객관적 실재성을 부여함으로써 실천적 견지에서의 이성 사용이 확장된다. 이것이 '실천 이성의 우위'이다. 이러한 실천

이성의 우위의 생각에 기초하여 칸트는 영혼*의 불사, 자유와 자연필연성의 이율배반*, 신의 존재라는 순수 사변적 이성의 세 가지 난문의 해결을 수행한다.『순수이성비판』*에서는 고래의 형이상학*이 이 난문들에 대해서 무력하며, 불사와 자유와 신의 문제가 사변적 이성에 의해서 해결될 수 없다는 것이 제시되었다. 그리하여 이제 이 세 가지 이념들은 최고선에 수반되는 이념으로서 순수 실천 이성의 관심의 우위라는 이름 아래 사용을 허락받는다. 그런 의미에서 실천 이성의 우위는 실천 이성에 의한 새로운 형이상학의 건설 시도의 핵심을 이루는 것이라고도 말할 수 있다. ⇒불사, 자유, 신

―기타오 히로유키(北尾宏之)

［참］有福孝岳『行爲の哲學』情況出版, 1997. 澁谷治美「カントにおける價値の序列」平田・澁谷『實踐理性とその射程』晃洋書房, 1992.

실천적實踐的 [(독) praktisch]

칸트에 따르면 철학*은 개념*에 의한 사물들의 이성 인식의 원리*를 포함하는 한에서 이론철학과 실천철학*으로 구분된다. 이론적(theoretisch) 인식이 "존재하는 것"에 관계하는 인식*인 데 반해, 실천적 인식이란 "존재해야만 하는 것"으로서의 당위*에 관계하는 인식이다[B 661, IX 86]. 따라서 '실천적'이란 넓은 의미에서 '존재해야만 하는 것에 관계한다'라는 의미를 지닌다. 또한 당위는 세계*의 사실이 어떠한지에 관계없이 의지*를 규정*하는 것이며, 의지의 자유를 전제한다. 그러므로 "자유*에 의해서 가능하게 되는 것"은 모두 '실천적'이라고 불린다[B 371, 828]. 그러나 행위를 지시하는 명제가 모두 실천철학에 속하는 것은 아니다. 예를 들면 무언가의 경향성*에 기초하는 목적*을 전제로 하고 행복*을 동기*로 하는 규칙은 확실히 무언가를 이루어야만 한다고 지시한다는 의미에서 실천적이지만, 본래는 원인과 결과의 결합을 말하는 명제와 마찬가지로 어떤 것을 수행하면 어떤 것이 생기한다는 것을 말하는 데 불과한 것으로 이해된다. 이와 같은 수학*과 자연학*에서 실천적이라고 불리는 명제 또는

가정학과 경제학, 교제술과 양생법의 지시 등의 기술적 = 실천적(실용적*) 명제는 이론철학에 속한다.

이에 반해 무엇을 이루어야만 하는지가 순수 이성의 선험적* 원리에 기초하여 인식되는 경우에 그 지시는 순수 이성의 소산으로서 절대적으로 명령한다. 이것이 도덕법칙*이다. 순수한 실천적 법칙이란 도덕적 = 실천적 명제이며, 이것만이 본래 실천철학에 속한다. 이와 같이 도덕적 = 실천적 명제에 있어서는 경험적 조건을 전혀 전제하지 않기 때문에 의지를 규정하는 것은 순수 이성이지 않으면 안 된다. 이러한 가능성*을 증명하는 것이『실천이성비판』*의 과제이다. 즉 단지 '존재해야만 하는 것'을 인식할 뿐 아니라 이성*이 그 인식에 기초하여 그것만으로 '의지를 규정하는 것이 가능하다'라는 데에 실천 이성의 실천적인 까닭이 있으며, 이것이 좁은 의미에서의 '실천적'의 의미이다. 순수 이성이 실천적이라는 것에 의해서 이성의 입법*이 가능해지며, 또한 이 경우에만 의지는 자유일 수 있다.

이론적 인식에 대한 실천적 인식의 본래적인 의의와 중요성은 이념*의 영역에서 발견된다. 이론적 인식이 '존재하는 것'에 관계하는 한 '존재해야만 하는 것'으로서의 당위와 귀책*의 본래적 근거인 초월론적 자유는 이론적으로는 인식될 수 없다. 그러나 자유에 대해서는 순수 실천 이성의 근본법칙인 도덕법칙과의 연관에서 이성의 사실*을 통해 도덕법칙의 존재 근거로서 그 실천적 = 객관적인 실재성*이 증명될 수 있는 것이다. 나아가 이러한 자유 개념과 더불어 도덕법칙에 의해 규정된 의지의 필연적 객관인 최고선*의 조건으로서 영혼의 불사*와 신*의 현존 역시 순수 실천 이성의 요청*이 된다. ⇒의지의 자유, 실천철학, 실천 이성의 우위, 자유, 순수, 당위, 사변적, 도덕법칙, 인식, 요청, 이성의 사실

―닛타 다카히코(新田孝彦)

［참］F. Kaulbach, *Immanuel Kants Grundlegung zur Metaphysik der Sitten*, Wiss. Buchges., 1988. 高峯一愚『カント實踐理性批判解說』論創社, 1985.

실천철학實踐哲學 [(독) praktische Philosophie]

일반적으로 '실천철학'은 '이론철학'에 대립되지만 칸트의 경우에도 마찬가지로, 『판단력비판』*의 '첫 번째 서론'에 따르면 철학*은 우선 형식적 부문(사유 형식의 규칙들을 다루는 '논리학')과 실질적 부문으로 구별되며, 후자는 더 나아가 철학의 대상*과 원리*의 본질적 차이에 따라서 '이론철학'과 '실천철학'으로 구별된다. 전자는 '자연의 철학', 후자는 '인류의 철학'이라고도 불린다. 그런데 국가정략과 국가경제, 가정규칙과 교제규칙, 나아가서는 양생법 등도 실천적 명제를 포함하기 때문에 실천철학에 속하게 되는 경우도 있지만, 칸트에 따르면 이것은 잘못이다. 왜냐하면 엄밀한 의미에서의 실천적 명제란 자유*에 법칙을 부여하는 명제이며, 실천철학이 다루는 것은 이러한 명제에 한정되기 때문이다.

『인륜의 형이상학』*에서도 '자연*'이 아니라 '선택의지*의 자유'를 대상으로 하는 것이 '실천철학'이지만, 그 중에서도 선험적*인 원리에 기초하여 전개되는 부문이 '인류의 형이상학'이라고 불린다. 실천철학은 그 외에 '도덕적 인간학'을 포함하지만, 이것은 인류의 형이상학이 제시하는 도덕법칙을 촉진한다든지 저지한다든지 하는 주관적 조건과 경험에 기초하는 교설과 지시를 말하는 것으로서 실천철학에 있어 불가결한 것이긴 하지만, 인류의 형이상학에 선행시킨다든지 그것과 뒤섞어서는 안 된다.

덧붙이자면, 현대에는 광범위한 인간의 실천 활동에 관계하는 철학이 '실천철학'이라고 불리고 있는데, 예를 들어 리델이 편집한 『실천철학의 복권』(Rehabilitierung der praktischen Philosophie, Rombach, Freiburg, 1972, 1974)에는 1960년대부터 독일에서 왕성하게 된 실천철학에 관한 논구들이 수집되어 있지만, 이것에는 윤리적 규범의 근거짓기에 관한 논의 외에, 자연법*과 정치적 실천, 산업사회에서의 기술론의 문제, 언어분석에 기초하는 도덕철학* 등 광범위한 영역에 걸친 실천철학 논문들이 수록되어 있다.

—우츠노미야 요시아키(宇都宮芳明)

실체實體 [(독) Substanz (라) substantia]

Substanz라는 말이 sub-stare = daruntersthehen에서 유래한다는 것이 보여주듯이 예부터 실체란 현상*의 변화 근저에 놓여 있는 무언가 항존적·지속적·자존적인 것이고 다양한 현상은 그 변용이라고 생각되어 왔다. 칸트에서의 실체 개념은 경험*에서 유래하는 것이 아니라 '관계'의 범주*로서 경험의 통일을 가능하게 하는 질서 기능을 수행한다. 경험은 지각들의 필연적 결합의 표상에 의해서만 가능하기[B 218] 때문에, 직관*의 다양을 종합하는 지성*의 통일 기능을 전제한다. 실체의 범주를 감성적 소여에 적용하기 위한 초월론적 도식은 시간*에서의 실재적인 것의 지속성이다. "현상이 어떻게 변화하더라도 실체는 지속하며 실체의 양은 자연에서 증가하지도 감소하지도 않는다"[B 224]고 표현되는 실체 지속성의 원칙은 순수 지성의 종합적-선험적인 규제적 원칙으로서 '경험의 유추'에 속하며 [B 218ff.], 뉴턴 자연학의 성립기반을 나타내는 것이다. 현상에서의 다양한 것의 파악은 시간 계기적이고 부단히 변화하고 있기 때문에 그것만으로는 경험 대상을 시간질서에 관해 규정할 수 없다. 그러한 것이 가능해지기 위해서는 경험의 근저에 그것과의 관계에서만 현상의 계기와 동시성이 규정되는 불변하는 시간이라는 기체가 놓여 있어야만 한다. 그럼에도 불구하고 시간 그 자체는 지각될 수 없기 때문에 그와 같은 기체로서의 시간에 현상 속에서 상응하는 것이 요구된다. 그것은 현존재에서 변화할 수 없는 실재적인 것의 표상, 즉 지속하는 것에 관한 감성*의 상(실체의 도식) 외에 다른 곳에 존재하지 않는다. 따라서 이러한 지속하는 것(실체)은 일체의 경험적 시간 표상의 기체인 까닭에 또한 지각들의 종합적 통일로서의 경험의 가능성의 필연적 제약인 것이다. 칸트의 실체 개념은 이론적으로는 이상에서 살펴본 가능한 경험의 관련을 벗어나서는 어떠한 대상적 인식도 줄 수 없으며[B 399ff. '오류추리'론 참조], 다만 다른 것의 술어로 될 수 없는 궁극의 주어라는 순수 논리적 기능을 남겨놓을 뿐이다. 그러나 실천적으로는 예지체*의 이념에 관해 순수 실천적 규정을 줄 수 있다는 점이 명기되어야만 한다.
⇒현상, 범주, 도식, 경험의 가능성의 제약, 순수 이성의 오류추리, 예지자

−고마츠 미츠히코(小松光彦)

圏 G. Martin, *Immanuel Kant. Ontologie und Wissenschaftst-heorie*, Köln, 1951(門脇卓爾 譯『カント── 存在論および科學論』岩波書店, 1962). 量義治『カントと形而上學の檢証』法政大學出版局, 1984. 植村恒一郎「主觀性と客觀性──<演繹論>から<經驗の類推>へ」大橋·中島·石川 編『超越論哲學とはなにか』現代カント研究 1, 理想社, 1989.

실험적 방법實驗的方法 [(독) Experimentalmethode]

우리는 칸트가 자기의 철학적 방법을 특징지어 실험적 방법이라고 부른 것을 잘 알고 있지만, 그때 다음과 같은 사실이 간과되어서는 안 된다. 즉 실험적 방법[B XIII](한 번의 사용례)과 실험(일곱 번의 용례)이라는 용어는 어느 것이든 제1비판의 제2판 '서문'에서만 발견되며, 제1판에서는 전혀 없다는 사실이다. 또한 두 판을 관통하여 실험에 관계하는 용례는 실험적 철학이 한 번[A 425/B 452] 있을 뿐이다. 제1판과 그것을 해설한 『프롤레고메나』는 칸트의 기대에 반하여 많은 오해와 몰이해를 뒤집어썼다. 그것을 풀기 위해 칸트는 난해한 제1판의 입론구조를 좀더 알기 쉬운 모델로 설명할 필요를 강하게 느끼고 있었다. 거기서 '코페르니쿠스적 전회'를 핵심으로 하는 실험적 방법이 제시되었다고 추측된다. 그런 의미에서 역시 제2판에 덧붙여진 베이컨의 속표지 말 '대혁신'은 시사적이다. 이돌라(편견) 비판을 포함하여 "감각만으로는 잘못을 범하기 쉽고 …… 좀더 진실한 자연 해명은 사례와 적확하고 적절한 실험에 의해서 성취된다"[『노붐 오르가눔』]. 대담하게 말하면, 실험적 방법이란 제1비판을 만들어낸 방법이라기보다는 오히려 제1비판에서 수행된 철학의 대혁신을 설명하는 동시에 검증하는 방법 개념이었다고 말할 수 있을 것이다.

제1비판의 근본문제는 선험적이고 종합적인 인식의 가능성의 해결이다. 학의 사실로서 존재하는 수학과 자연과학은 '사유방식의 혁명'에 의해서 학의 대로에 올라선다. 이 혁명은 "우리의 인식은 모두 대상에 따라야만 한다"는 종래의 발상으로부터 "대상이 우리의 인식에 따라야만 한다"는 발상으로 전환된 데 존재

한다[B XVII]. 이러한 전환된 발상에 의해서 선험적인 인식은 잘 설명될 수 있다. 실험적 방법의 요점은 "우리가 사물에서 선험적으로 인식할 수 있는 것은 우리 자신이 사물 속에 투입한 것뿐이다"[B XVIII]라는 것이다. 이로부터 실험적 방법을 '투입'의 이론으로 파악하는 해석이 나온다(고사카 마사아키(高坂正顯)*, 이와사키 다케오(岩崎武雄) 등). 이성*은 자기 자신의 원리*를 한 손에 지니고 자신이 원리에 따라서 고안한 실험을 다른 손에 가지고서 자연*에로 향한다. "자연연구자들을 모방한 이 {실험적} 방법은 다음의 점에 존재한다. 즉 순수 이성의 요소들을 실험에 의해서 확증되거나 논박된 것에서 찾는 것이다"[B XVIII]. 이성은 투입된 가설*의 실험검증에 의해 원리를 확립한다. 이러한 "순수 이성의 실험"[XXI]은 자연과학처럼 객관적으로 실험할 수 없다. 이러한 사고실험은 우리가 선험적으로 승인하는 개념과 원칙에 대해서만 가능하다. 따라서 이성은 실험을 위해 개념*과 원칙을 안배하여, 동일한 대상*이 한편으로는 경험에 대해서 감성*과 지성*의 대상(현상*)으로서, 다른 한편으로는 경험의 한계를 넘어서고자 하는 이성에 대해서 사유될 뿐인 대상(사물 자체*)으로서, 요컨대 두 개의 상이한 측면에서 고찰되도록 틀을 짜는 것이다. "우리가 사물을 이러한 이중의 관점에서 고찰하면 순수 이성의 원리와의 일치가 성립하고, 일면적인 관점에서 고찰하면 이성의 자기모순이 생겨날 수밖에 없다고 한다면, 이 실험은 그 구별의 정당성을 확증하는 것이다"[B XIX]. 이것은 또한 분석론의 결론의 진실성을 재음미하는 실험이 변증론 속에 포함되어 있게[B XX] 되는 까닭이기도 하다. 실험적 방법의 검증적 성격은 "나{칸트}는 코페르니쿠스의 가설과 유비적인 …… 사유방법의 변혁을 이 서문에서는 단지 가설로서 제출하지만, 그것은 …… 본문에서는 가설적이 아니라 명증적으로 증명된다"[B XXII]는 언명에서 명확히 추론된다. ⇒코페르니쿠스적 전회, 초월론적 변증론, 고사카 마사아키

−이노우에 요시히코(井上義彦)

圏 高坂正顯「カント解釋の問題」『高坂正顯著作集』第3卷, 理想社, 1965. 石川文康「カントのコペルニクス的轉回」浜田義文 編『カント讀本』法政大學出版局, 1989. F. Kaulbach,

Philosophie als Wissenschaft, Gerstenberg Verlag, 1981(井上昌計 譯 『純粋理性批判案內』 成文堂, 1984).

심리학心理學 ⇨**이성적 심리학, 경험적 심리학**

심성心性 ⇨**마음**

심의식心意識 ⇨**마음**

아날로기아 ⇨유주

아디케스 [Erich Adickes 1866. 6. 29-1928. 7. 8]

독일의 철학자. 브레멘의 레즘에서 출생. 1885년 베를린의 파울젠 밑에서 공부. 1887년 학위 취득. 1902년 뮌스터 대학 교수, 1904년부터 지그바르트의 후임으로 튀빙겐 대학 교수. 형이상학자로도 평가되지만, 그의 본령은 칸트 문헌학과 칸트 연구에 있다.

그의 연구는 38쪽에 불과한 학위논문을 대폭 확장하여 완성한 「체계 형성 요인으로서의 칸트의 분류법」(1887)으로 시작되어, 칸트가 죽는 해까지 독일의 약 2,900편의 문헌을 취급한 『칸트 문헌 해제』(1895), 칸트 지식론의 발전사를 고찰한 『칸트 연구』(1895)로 계속된다. 그는 1896년 베를린 과학 아카데미의 의뢰로 칸트의 '자필 유고'의 편집에 착수한다. 아디케스는 그 사이 입수할 수 있었던 칸트 편지의 서체 등을 면밀히 연구하고, 그 성과를 강의 개요와 단편들(Lose Blätter)에서의 철자법과 비교하는 식으로 유고와 단편의 집필 연대를 확정하는 방법을 확립하여 편집에 적용했다.

이 작업은 10여 년을 거쳐 점차 출판에 이르러, 1928년까지 학술원판 칸트 전집 『자필 유고』 1-5권 6책이 출판된다. 나아가 아디케스 사후 출판된 6, 7권도 그의 손으로 인쇄에 부칠 수 있을 만큼의 초고 상태로까지 진척되어 있었다는 것이 그의 유고로부터 분명히 드러난다. 이어지는 8, 9권에 해당하는 『오푸스 포스투뭄』*의 출판도 실질적으로는 최초의 본격적인 『오푸스 포스투뭄』 연구인 아디케스의 『칸트의 유고』(1920)에 빚지고 있다. 이와 같이 아디케스 생애의 에너지 대부분은 칸트의 자필 유고의 편집에 쏟아 부어졌다.

아디케스의 또 하나의 공적은 『칸트의 유고』에 이어지는 『칸트와 사물 자체』(1924), 칸트의 사물 자체*와 신*을 허구(Fiktion)로 간주하는 바이힝거*를 비판적으로 검토한 『칸트와 마치 ……처럼의 철학』(1927) 및 『칸트의 우리 자아의 이중촉발론』(1929) 등에 나타난 사물 자체와 외적 촉발을 둘러싼 논구이다. 그는 자아를 촉발하는 다수의 "사물 자체의 초주관적 존재"가 칸트의 독자적인 실재론적 체험에 근거하는 확신이었다고 간주한다. 그리고 사물 자체가 자아 자체를 촉발하고, 거기서 맹아적인 현상 그 자체가 생겨나며, 그것이 범주에 의해 한정되어 현상 그 자체, 즉 경험적 사물 자체가 생긴다. 이것은 『오푸스 포스투뭄』에서의 "힘의 복합체"에 상응한다. 현상 그 자체로부터 경험적 자아가 촉발되어 맹아적인 지각대상이 생기며, 그것이 한층 더 한정되어 거기서 일정한 지각대상이 출현한다. 이것이 아디케스의 이중촉발론의 윤곽이다. 확실히 정합적인 하나의 칸트 해석이지만, 이것은 이미 칸트를 넘어서고 있다. ⇒『오푸스 포스투뭄』|『유작』, 촉발, 자기촉발, 사물 자체

─이와타 준지(岩田淳二)

📖 *Kants Systematik als systembildender Faktor*, 1887. *Kant-Studien*, 1895. *Kants handschriftlicher Nachlaß*, hrsg. in der Kant-Ausgabe der Berliner Akademie der Wiss., Bd. 1-5, 1911-28. *Kants Opus postumum dargestellt u. beurteilt*, 1920. Selbstdarstellung, in: *Die Deutsche Philosophie der Gegenwart in Selbstdarstellungen*, Bd. 2, 1921. 『カントと物自体』(1924), 法政大學出版局. *Kant als Naturforscher* Ⅰ, Ⅱ, 1924-25. *Kant und die Als-Ob-Philosophie*, 1927. *Kants Lehre von der doppelten Affektion unseres Ichs*, 1929.

参 岩田淳二「アディケスの二重觸發論とその批評」金城學院
大學論集 35, 1968. 赤松常弘「譯者解說」アディケス,『カント
と物自体』에 수록, 法政大學出版局, 1974. P. Menzer, Erich
Adickes, in: *Kant-Studien* 33, 1928. W. Stark, Erich Adickes,
in: *Kant-Studien* 75, 1984.

아래로부터의 미학-美學 ⇨미학

아렌트 [Hannah Arendt 1906. 10. 6-75. 12. 4]

독일, 하노버에서 태어난 정치철학자. 유대계 독일인으로서 히틀러에 의해 모국에서 추방당해 1941년 뉴욕으로 망명했다. 악몽과 같은 자기의 현실체험에 기초해서 1951년 최초의 본격적 저작인『전체주의의 기원』을 저술하여 일약 유명하게 되었다. 마르부르크 대학에서 R. 불트만과『존재와 시간』을 집필 중이던 하이데거를 만났고, 프라이부르크 대학에서는 후설*의 강의도 들었다. 1926년에는 하이델베르크 대학으로 옮겨 야스퍼스* 밑에서 박사학위논문『아우구스티누스에서 사랑의 개념』(*Der Liebesbegriff bei Augustin*)을 썼다. 이들 거장들로부터의 영향과 스스로의 체험을 기초로 하여 이데올로기와 테러에 의해 지배되는 악몽과 같은 정치체제의 원인에 대해 두 번째 남편인 H. 블뤼허와 함께 토론하는 가운데 이루어진 고찰을 심화시켜 강한 윤리성에 뒷받침된 독자적인 정치철학을 완성했다. 미국에서는 뉴욕 사회연구소의 교수로 일했고, 프린스턴 대학, 시카고 대학 등에서도 객원교수로서 강의했다. 최후의 대작인 3부작『정신의 생활』은 Thinking, Willing의 두 부분만이 출판되었으며, Judging은 미완으로 끝났다.

아렌트의 정치관은 그녀의 사유방식과 밀접한 관계가 있는데, 그녀는 특히 "현실을 이해하기 위한 사유능력으로서의 판단력"을 중시했다. 그녀가 현실을 '이해한다'고 할 때, 그것은 생기된 변경될 수 없는 사정과 타협을 시도하고 불가피하게 현존하는 사정과 화해하기 위한 끊임없는 활동을 의미한다. 1961년에 나치의 전 간부 K. A. 아이히만의 재판을 방청했을 때의 재판보고에서 그녀가 유대인평의회의 나치에 대한 협력을 기록했다 하여 유대인 동포들로부터 떠들썩한 비난과 중상을 받게 되는 사건이 일어났지만, 이 사건을 계기로 아렌트는 그때까지의 칸트의 일반적인 정치철학*에 대한 해석이『실천이성비판』을 중시했던 데 반해,『판단력비판』*에서의 반성적 판단력에 주목하여 상상력*에 이해(지성*)를 결합시킨 독자적인 해석으로 바꾸어 이를 천착해간다. 말하자면 '코페르니쿠스적 전회*'라고도 말해야만 하는 커다란 전기를 만들어 그때까지의 '하나의 진리'가 강제하는 일양성一様性, 일관성을 물리치고 그 대신 누구도 지배하지 않고 누구에게도 복종하지 않는 사람들이 공존하는 새로운 철학적 지평의 개시 ── 결국 현대에서의 새로운 "지배하지 않는 앎"의 구축을 시도하는 것이다.

또한 1958년에 출판된『인간의 조건』은 그녀의 정치철학의 이론적 틀을 보여주는 저작으로서 고대 그리스 시민의 정치적 경험에 근거하여 '활동'이라는 개념을 통해 정치를 근거짓고 있다. 더불어 그것의 근대사회 비판의 틀은 '여성학' 탄생의 이론적 전거의 하나로 되었으며, 또한 폭넓게 현대사상에도 이론적 기초를 제공하고 있다. 복수의 개인들이 자유롭게 의견을 내놓고 행동을 일으키는 마당으로서의 '공적 공간'을 시민에게 되돌려 주어야 한다는 그녀의 주장은 국가*를 중심으로 움직이는 종래 정치의 폐쇄 상황 속에서 주목 받고 있으며, 환경과 평화 그리고 인권을 상징으로 한 새로운 시민운동이 대두하는 가운데 철학, 정치학, 여성학 등 여러 방면에서 그녀의 사상연구가 이루어지고 있다. ⇒우정

─시미즈 기요코(志水紀代子)

参『全体主義の起源』(1951), みすず書房.『人間の條件』(1958),
中央公論社.『ラーヘル・ファルンハーゲン』(1958), 未來社.
『過去と未來の間』(1961), みすず書房.『革命について』(1963), 合同出版.『イェルサレムのアイヒマン』(1969), みすず書房.『暗い時代の人々』(1968), 河出書房.『暴力について』(1970), みすず書房. Die verborgene Tradition, 1976.『パーリアとしてのユダヤ人』(1978), 未來社.『精神の生活』(1978), 岩波書店.『カント政治哲學の講義』(1982), 法政大學出版局.
参 M. カノヴァン『ハンナ・アレントの政治思想』未來社,

1974. Elisabeth Young-Bruehl, *Hannah Arendt: For Love of the World*, New Haven, 1982. R. Beiner, *Political Judgment*, London, 1983(浜田義文 監譯 『政治的判斷力』 法政大學出版局, 1988). 寺島俊穂 『生と思想の政治學——ハンナ・アレントの思想形成』 芦書房, 1990. Margaret Canovan, *Hannah Arendt: A Reinterpretation of Her Political Thought*, Cambridge U. P., 1992. B. Honig (ed.), *Feminist Interpretation of Hannah Arendt*, Penn. State Univ., 1995(岡野・志水 譯 『H. アレントをフェミニストはどう解釋してきたか』 未來社, 1998).

아름다운 영혼-靈魂 [(독) schöne Seele]

내면의 도덕적 아름다움을 의미하는 '아름다운 영혼'이라는 개념은 16세기 스페인의 신비설에서 시작되어 영국의 샤프츠버리*의 도덕철학*에 수용되었는데, 18세기에 루소*의 『신 엘로이즈』(1761)의 여주인공 줄리를 통해 널리 알려지게 되었다. 독일에서 이 개념은 빌란트*에 의해 소개되었는데(1774), 특히 괴테*의 『빌헬름 마이스터의 수업시대』(1795-96)의 제6권 '아름다운 영혼의 고백'에 구현되어 있다. 칸트가 『판단력비판』*에서 아름다운 영혼에 대해 언급하는 것도 이와 같은 시대적 맥락에서이다.

칸트에서 자연미가 우리에게 초래하는 쾌* 자체는 어떠한 관심*에서도 기인하지 않지만, 그것은 "이와 같은 미*를 산출한 것은 자연*'"이라는 생각과 그와 같은 자연의 근거 또는 그것의 숨겨진 의도*에 대한 지적인 관심을 불러일으킨다. 그와 같은 근거란 예지적인 초월존재, 결국 신*일 것이다. 이리하여 미는 신의 궁극목적*으로서의 도덕적 선의 흔적을 보여준다고 상정되는데, 그런 한에서 "미는 도덕적 선의 상징"이다. 그런 까닭에 자연을 찬미하고 이것을 만들어낸 자연에 대한 관심을 갖는 것은 "선량한 영혼"의 징표이다. 그것은 또한 '아름다운 영혼'이라고도 말해지지만, 그것은 예술작품에 대한 허영심과 사교적인 쾌락밖에 지니지 못한 이른바 미술에 정통한 사람과 예술 애호가가 지니지 못한 것이다. 진정한 취미*는 미적 감정이 도덕적 감정과 일치하는 데 있다.

칸트의 '아름다운 영혼'은 자연미의 경험을 통하여 선량한 도덕적 마음가짐에 대한 소질이 준비된 마음*의 상태이다. 그러나 칸트의 엄격한 도덕률은 인간에게 결국 감성*과 경향성*을 고려하지 않고 오로지 이성*의 원리에 따를 것을 요구한다. 인간*에게서는 미와 선*, 감성과 도덕, 자연과 이성, 의무*와 경향성은 원리적으로 어디까지나 분리된 채로 있다. 이에 대해 실러*는 완전한 인간의 이념을 이들 두 원리*가 조화*된 마음의 상태에서 구하는데, 이것이 '아름다운 영혼'이다. 그것은 감정이 향하는 대로 자발적으로 행한 행위가 동시에 의지*의 명령*에 합치되는 경지이다. 이리하여 실러에서 '아름다운 영혼'은 인간의 미적 교육의 이념으로까지 고양되었다. ⇒미, 인간성

―니시무라 기요카즈(西村淸和)

[参] H. F. Müller, Zur Geschichte des Begriffs "Schöne Seele", in: *Germ.-Röm.*, Monatsschrift, 1915. J. Ch. F. v. Schiller, *Über Anmut und Würde*, 1793(石原達二 譯 『美學藝術論集』 富山房, 1977).

아리스토텔레스 [Aristoteles BC 384-322]

기원전 384년 마케도니아의 궁정의사의 아들로서 스타게이라에서 태어났다. 17세에 아테네로 가서 플라톤*의 학원인 아카데메이아에 들어간다. 스승의 죽음 이후에도 거기서 머무르며 스승을 본 따 대화편을 쓰는 것으로부터 저작활동을 시작하지만(이것은 현재 사라져버려 남아 있지 않다), 현재 우리에게 남아 있는 많은 저작은 기원전 335년 아테네 교외에 세운 그 자신의 학원인 뤼케이온에서의 강의록들이라고 생각되고 있다(그는 산보하면서 사색하고 강의한 것으로 전해지는데, 그로부터 소요(逍遙, Peripatos)학파라는 다른 이름을 얻는다). 그가 가정교사를 맡았던 알렉산드로스 대왕의 죽음을 계기로 아테네에서 생겨난 반反 마케도니아 분위기를 피해 어머니의 고향인 칼키스로 가 어려움에서 벗어났지만, 3년 후인 332년 62세로 죽음을 맞는다.

그의 철학체계는 이론학과 실천학의 두 부문과 나중에 오르가논(학문의 '도구'를 가리킴)이라고 총칭되게 된 도입 부문으로 구성된다. 후자는 사물의 술어적인

규정의 구분(『범주론』), 명제에서의 참과 거짓의 구별과 양상(『명제론』), 칸트에 의해 그 후 2,000년간 진보한 것이 없었다고 평가될 정도로 완성을 보여주고 나중의 형식논리학의 기초가 된 이른바 '삼단논법'에 기초한 추론의 체계(『분석론 전서』), 그리고 이에 기초하는 개별학문들에서의 논증과 탐구(『분석론 후서』), 논의의 정형定型(토포스)의 구분(『토피카』)과 오류의 유형(『소피스트적 논박』)에 관한 각각의 논고로 이루어진다.

이에 반해 이론학은 "다른 방식으로는 있을 수 없는" 필연적 존재자를 취급하는 자연학*(여기에는 동물학 관련 저작들과 그 총론으로서의 『영혼에 대하여』, 그리고 천문학과 기상학이 포함된다)과 수학적 학문들 및 그것과 관련하여 보다 기초적인 개념들을 고찰하는 『형이상학』(이것은 본래 자연학적 저작들 뒤에 놓인 저작을 의미하며, 존재론 일반과 신학을 포함한다)에 모여 있는 고찰들로 이루어지며, 이것은 "다른 방식으로도 있을 수 있는" 가변적 대상에 관한 윤리학, 정치학, 변론술, 시학 등과 구별된다(후자는 다시 실천학과 제작학으로 나누어진다).

스승인 플라톤의 초월적인 이데아를 비판하고 그 내재를 주장한 점에서 그는 경험주의적인 측면을 지닌다고 지적될 수 있지만, 능동이성과 목적론에서 스승의 생각을 계승한다. 그러나 후자의 생물학을 기초로 하는 생명적 질서를 중시하는 입장은 전자의 자연의 수학적 질서를 중시하는 입장과 차이가 큰바, 이것은 르네상스 시기나 근대의 물리학을 중심으로 하는 자연과학 발전기에 전자에 대한 평가와 후자에 대한 비판으로 표현되었고, 특히 신칸트학파*에서는 나토르프*에게서 보이는 것과 같은 아리스토텔레스에 대한 낮은 평가가 두드러졌다. 하이데거*가 초기 저작들에서 아리스토텔레스에 몰두한 것은 이에 대한 반동이라는 측면을 지닌다. 또한 아리스토텔레스는 라일과 오스틴 이후의 옥스퍼드에서 현대 철학의 입장에서 재평가되었으며, 스트로슨*과 그라이스는 "칸토틀"이라는 철학사에서 아직 알려져 있지 않은 철학자 연구를 급선무로 간주하면서 양 학설의 통일을 시도했다. 또한 칸트에 의해 행복주의*라고 비판된 아리스토텔레스의 윤리학설은 공동체주의자와 덕의 윤리학 등에 의해 현대에 부활하였으며, 롤즈와 하버마스 등의 칸트주의적인 사회철학에 대한 비판적 대응에서 그 대립도식이 재현되고 있다.

쾨니히스베르크 대학이 아리스토텔레스주의의 거점이었기 때문에 칸트에게 있어 아리스토텔레스는 강단철학의 상징이었다. 그리하여 『순수이성비판』*이라는 저서가 마무리될 즈음에는 그때까지의 칸트 저작들에서는 나타나지 않았던 아리스토텔레스주의의 철학용어가 대량으로 채용되고 있다. 논리학 및 형이상학과 관련하여 전형적으로 보이듯이 학으로서의 철학*에 관해서는 아리스토텔레스를 어디까지나 출발점으로 하여 경의를 표시한 다음, 그 결함을 보완한다든지(범주*의 완성성), 그 한계를 넘어서는 것을 표방한다든지(형식논리학에 대한 초월론적 논리학)하는 것이 아리스토텔레스에 대한 칸트의 자세이다. 형이상학의 장소로서의 초감성적인 것을 감성적인 것과 단절시켜 파악한다는 점에서 칸트는 아리스토텔레스보다는 플라톤과의 사이에서 결정적인 친근성을 지니며, 아리스토텔레스가 "경험주의자의 거두"[B 882]라는 규정은 이로부터 생겨난다. 또한 윤리학과 관련해서는 기독교*와의 대비가 중심을 이루며, 플라톤과 아리스토텔레스는 인륜적 개념의 기원에 관해서만 견해를 달리 한다고 지적된다[V 128 Anm.]. ⇒자연학, 형이상학, 행복주의

—간자키 시게루(神崎 繁)・후쿠타니 시게루(福谷 茂)

아마노 테이유(天野貞祐) ⇨**일본의 칸트 연구**

아베 요시시게(安倍能成) ⇨**일본의 칸트 연구**

『아이타스 칸티아나』 [(라) Aetas kantiana]

'칸트 시대'라는 뜻으로, 벨기에 브뤼셀에 있는 '문화와 문명 출판사(Editions Culture et Civilisation)'가 출판한 대단히 큰 규모의 칸트 직후 철학자들 저서의 영인

본 총서의 명칭이다. 1780년대부터 1830년대까지 독일에서 출판된 것들이 대부분이지만, 프랑스에서 출판된 것들도 일부 포함되어 있다. 1968년부터 간행되기 시작하여 314점이 간행되었는데, 판형은 다소 차이가 있으나 장정은 노란색 크로스 장정으로 통일되어 있다.

철학사에서 『순수이성비판』*이 출판된 직후의 시대는, 이 저서 및 뒤이어 간행된 칸트의 저서들을 둘러싸고 칸트의 문하에서 직접 배운 제자들을 비롯하여 제각각 입장 차이가 있는 철학자들이 서로 다투듯이 해설하고 비판함으로써 독자적인 방향으로 칸트 철학의 발전을 시도하는 등 독일 철학계가 전에 없이 활성화된 시대이다. 피히테*, 셸링*, 멘델스존*, 야코비*, 하만*, 헤르더* 등은 각각 전집이 출판됨으로써 쉽게 손에 넣을 수 있지만, 다른 대부분의 것들은 현재 희귀본이 되어 사실상 연구자들이 손에 넣기가 불가능한 상태에 놓여 있었다. 그러나 칸트가 끼친 영향의 크기를 자세히 알기 위해서는 위와 같은 이른바 주류에 속하는 거물들만이 아니라 오히려 마이너 그룹에 속하는 존재들을 알 필요가 있다. 특히, 난해한 칸트의 저서들에 관해서 해설서들, 계몽서들, 뜻풀이에 가까운 것들과 분명한 음미를 목적으로 하는 책들이 수많이 나타났을 뿐 아니라, 이 시대 상황을 빚어내는 데서는 오히려 이런 성격의 책들이 커다란 역할을 담당했음에도 불구하고 철학사 기술에서는 그것들에 관해 책 제목 이상이 제시되지 않는 것이 보통이다. 칸트가 강의 교재로 삼은 것은 학술원판 전집에 수록되어 볼 수 있는데, 이들에 관해서는 바이힝거*의 주석서와 영어로 기술된 아디케스*의 『독일 칸트 문헌 목록』(1802년을 하한으로 한 대상기간의 2,832점에 대해 짧은 논평을 붙인 서지書誌) 등을 통해 내용을 살펴볼 수밖에 없다. 또한 칸트 탄생 200주년 기념사업으로 칸트협회가 마이몬*, 테텐스* 등의 중요 저작들을 복각한 것이 있지만 규모가 큰 것은 아니었다. 이러한 상황을 일거에 개선했다는 점에서 본 총서의 기획 출판은 획기적인 것이었다. 아쉽게도 총서의 명칭에서 비롯된 한정으로 인해 칸트 이전의 저작들이 수록되어 있지 않지만, 이 점은 현재 계속해서 간행되고 있는 볼프 전집 속에 볼프* 이외의 철학자들의 저작들도 적절히 들어 있기 때문에 보완될

수 있을 것이다.

—후쿠타니 시게루(福谷 茂)

아펠 [Karl-Otto Apel 1922-]
20세기에 철학의 '언어론적 전회'를 강조하는 철학자들 가운데 한 사람. 독일의 뒤셀도르프에서 태어났다.

그는 일관되게 언어*를 사용하는 주체의 초월론적* 조건을 문제로 삼아 객관적(상호주관적)으로 타당한 대상의 가능성 제약을, 단지 칸트적인 개인의 의식 수준에서의 통각에서 구하지 않고 "언어에 의한 초월론적인 언어게임"이라는 "공동체의 선험적인 것"에서 구할 필요성을 강조하고 있다. 그 구상은 초월론철학에서 언어 차원의 결여와 분석철학에서 주체 차원의 결여를 동시에 메우고자 하는 의도를 지닌 것으로서, 구체적으로는 칸트의 초월론철학*을 퍼스*의 기호론을 거친 언어화용론의 입장에서 재구성한 것이라고 말할 수 있다. 초월론적 언어화용론(Transzendentale-sprachpragmatik)이라고도 불리는 이 입장은 또한 윤리에 관해서도 그 원리를 교조적인 공리로부터 연역하는 것이 아니라 우리가 이미 받아들이고 있는 규범을 그 초월론적(언어화용론적) 제약으로 되돌려 반성함으로써 획득하는 것의 중요성을 부르짖고 있다.

—우다가와 나오토(宇田川尚人)

📖 『哲學の変換』(1976), 二玄社. Diskurs und Verantwortung, 1990.

아포스테리오리 ⇨아프리오리/아포스테리오리

아프리오리/아포스테리오리(선험적/후험적先驗的/後驗的)
[(라) a priori/a posteriori]
【Ⅰ】 기본적 의미
아프리오리란 본래 라틴어로 '먼저'라는 의미이며, 칸트의 경우에는 경험*에 앞서 성립하거나 또는 경험에서 유래하지 않는다는 의미이다. 마찬가지로 아포스

테리오리란 '나중에'를 의미하며, 칸트에서는 경험에서 유래하거나 경험에 토대하는 것을 의미한다. 그러나 그 경우 '먼저'와 '나중에'는 시간적으로가 아니라 질서에 따라 그리고 인식원천과 관련하여 말해진다. 이런 사정을 칸트는 "모든 인식"은 경험과 함께 시작되지만, 모든 인식이 경험에서 유래하는 것은 아니다"[B 1]라고 말하고 있다. 시간적으로는 "경험과 함께" 시작하는 우리의 인식에서 그 원천으로 보아 경험에서 유래하지 않는 보편타당한 계기를 언급하는 것이 아프리오리라는 술어이다.

【Ⅱ】 역사적 배경

이 용어는 이미 라이프니츠"에서 위와 같은 의미로 사용되고 있다. 다만 그의 경우에는 기본적으로 이미 주어"에 포함되어 있는 개념"을 분석적으로 도출하여 인식하는 것을 아프리오리하게 인식한다, 또는 증명한다고 부르고 있다. 즉 칸트에서의 분석판단"만이 아프리오리하게 인식되는 것이다. 볼프"에서는 일반적으로 이성적 원리에 토대하는 인식은 아프리오리로, 직접적으로 감각기관에 의지하는 인식은 아포스테리오리로 간주되었다. 볼프학파에서 아프리오리/아포스테리오리는 주로 논리학에서의 논증의 모습을 특징짓는 술어였다. 이 용어의 '먼저'와 '나중에'라는 용법은 마이어"에서 전형적으로 보인다. 바움가르텐"에서는 어떤 것이 근거로부터 인식될 수 있는 경우 아프리오리하게 인식된다는 것을, 귀결로부터 인식될 수 있는 경우 아포스테리오리하게 인식된다는 것을 의미한다. 이것은 근거가 귀결보다 먼저 있는 것이고 귀결은 근거보다 나중에 있는 것이기 때문에 말의 본래의 뜻과 일치한다. 또한 바움가르텐은 직관적 인식을 아포스테리오리, 경험에서 유래하지 않는 철학적 인식을 아프리오리라고 하였다. 그 경우에 아프리오리는 보편적 근거에서 유래한다는 것과 같은 뜻이다. 람베르트"에서도 어떤 추론"에서 전제가 주어져 있는 경우에 아프리오리로 되는 데 반해, 전제가 주어져 있지 않는 경우에는 귀결을 도출하기 위해서 경험이 필요하기 때문에 아포스테리오리로 된다.

【Ⅲ】 칸트 고유의 의미

칸트의 경우 기본적으로는 이러한 의미들이 받아들여지면서도 독자적인 의미부여가 이루어진다. 즉 아프리오리라는 것의 징표로서 '보편성'과 '필연성'이 제시되는 것이다. 어떤 판단과 인식이 (일정한 조건 하에서) 그 내용의 특수성과 인식 주관의 개별성을 넘어서서 (보편적) 언제나 반드시(필연적) 성립한다는 것이다. 예를 들어 "손에서 돌을 떼어 놓으면 돌은 지면으로 떨어진다"는 판단은 중력이라는 조건 하에서는 언제, 어디서, 누가 잡더라도 반드시 성립한다는 의미에서 아프리오리이다.

그러나 주의해야 할 것은 칸트의 경우에 '아프리오리'가 '생득적(angeboren)'을 의미하지 않는다는 점이다. 특히 한국어로는 이 용어가 전통적으로 '선천적'이라고 번역되어 왔기 때문에 오해를 불러일으킨다. 생득관념의 존재를 주장하는 라이프니츠와 모든 관념을 경험에서 획득된 것으로 간주하는 로크" 사이에 유명한 논쟁이 있었지만, 칸트는 어느 쪽도 인정하지 않고 인식능력"이 자기활동에 의해 자기 안에서 획득한 관념—직관"이든 개념이든—의 존재를 주장한다. 그는 관념의 그와 같은 유래를 당시의 자연법 용어에 따라서 "근원적 획득(acquisitio originaria)"이라고 불렀다. 이리하여 아프리오리란 '근원적으로 획득되었다는 의미를 지니게 된다. 그런 의미에서 순수 직관(공간", 시간")이나 범주"(순수 지성 개념)는 칸트적으로는 근원적으로 획득된 아프리오리한 원리이지 생득적 원리가 아니다.

【Ⅳ】 아프리오리와 순수"

칸트에서 모든 아프리오리한 판단이 순수한 것은 아니다. 예를 들어 "토대를 제거하면 집은 무너진다"는 판단은 토대를 제거한다는 전제로부터 집의 붕괴가—토대의 철거라는 실제적 경험에 앞서—인과율에 의해서 인식될 수 있기 때문에 아프리오리하다. 그러나 그 판단이 순수한 것은 아니다. 왜냐하면 이 판단 자체가 '토대'나 '집' 또는 '붕괴'라는 경험적 개념을 포함하고 있기 때문이다. 그에 반해 판단 자체가 전혀 경험적 개념을 포함하고 있지 않은 아프리오리한 판단은 동시에 순수하다. 예를 들어 "원인은 결과를 규정한다"거나 "7 + 5 = 12"와 같은 판단은 아프리오리하면서 순수하다. (다만 "일곱 개의 레몬과 다섯 개의 레몬을 더하면 열두 개의 레몬이 된다"는 판단은 아프리오리하지만 '레몬'이라는 경험적 개념을 포함하고 있기 때문에 순수하지는 않다.)

【V】 아프리오리한 종합판단*

통상적으로 주어에서 술어가 도출될 수 없는 각각의 종합판단은 아포스테리오리로 되는 한편, 라이프니츠가 아프리오리하게 인식할 수 있는 판단을 분석판단*으로 총괄한 데 반해, 칸트 고유의 주제는 아프리오리하면서 종합적인 판단의 근거짓기이다. 왜냐하면 칸트에 의하면 학문들의 근본명제들은 아프리오리한 종합판단의 형태를 취하고 있기 때문이다. 예를 들어 "직선은 두 점 사이의 최단거리다"라는 판단은 아프리오리하면서 동시에 종합적이다. 왜냐하면 주어 개념에 있는 '직直'으로부터는 그 개념의 분석에 의해서 술어에서 보이는 '최단'이 도출될 수 없기 때문이다. 이것은 '직', 즉 '똑바름'이 사물의 '질'을 표시하고 '최단'은 '양'을 표시하는데 '질'로부터는 '양'이 분석적으로 도출될 수 없기 때문이다. 그러나 이 명제는 보편적이면서 필연적이며, 다시 말해 아프리오리하다. 위에서 거론한 "원인은 결과를 규정한다"는 인과율과 그 밖의 다른 것에 관해서도 마찬가지로 말할 수 있다. 『순수이성비판*』의 '초월론적 분석론'은 기본적으로 아프리오리한 종합판단의 근거짓기라고 간주될 수 있다.

【V】 아프리오리한 인식과 코페르니쿠스적 전회*

아프리오리한 인식이 경험에 선행하는 한 그 원천은 인식 그 자체, 즉 인식하는 우리 주관에서 구해지지 않으면 안 된다. 왜냐하면 우리가 아프리오리하게 인식할 수 있는 것은 우리가 인식 대상에 투입한 것 이외에는 있을 수 없기 때문이다. 상식적으로는 "우리의 인식은 모두 대상에 따른다"[B ⅩⅥ]고 전제되는 데 반해, 칸트는 이것을 역전시켜 "대상이 우리의 인식에 따르지 않으면 안 된다"[같은 곳]고 하고 있으며, 이 사상을 "초월론적 관념론"이라고 불렀다. 이것은 주객의 전도라는 의미에서 또한 『순수이성비판』 제2판 서문에서의 기술에 기초하여 칸트의 코페르니쿠스적 전회라고도 불린다. 그것은 구체적으로는 공간과 시간이 객관의 성질이 아니라 우리의 주관(감성)의

아프리오리한 형식*이라는 테제로 귀착된다. 즉 공간과 시간에서 주어지는 개개의 감각소여는 모두 아포스테리오리이지만, 공간과 시간이라는 표상 그 자체는 아프리오리한 직관이라는 것이다. 위에서 든 직선의 최단성이라는 공간에 관한 원칙이나 인과율이라는 시간에 관한 원칙이 모두 아프리오리일 수 있는 것은 근본적으로는 공간과 시간 그 자체의 아프리오리한 성격 때문이다. ⇒선험적 종합판단, 순수, 초월론적

─이시카와 후미야스(石川文康)

📖 Ch. Wolff, *Philosophia rationalis sive Logica*, 1728; Neudruck in: *Gesammelte Werke*, Ⅱ-Ⅰ, Hildesheim, 1978; G. F. Meier, *Vernunftlehre*, Halle, 1752. Alexander Gottlieb Baumgarten, *Metaphysica*, 1739; Wiederabgedruckt in: Kant's gesammelte Schriften ⅩⅤ/ⅩⅦ; *Acroasis logica*, Halle, 1761. J. H. Lambert, *Neues Organon* I, Hildesheim, 1764. H. Cohen, *Kants Theorie der Erfahrung*, Berlin, 1871. Hans Vaihinger, *Kommentar zu Kants Kritik der reinen Vernunft* I, Stuttgart/Berlin/Leipzig, 1881. Alois Riehl, *Der philosophische Kritizismus*, Leipzig, 1908. Nicolai Hartmann, Über die Erkennbarkeit des Apriorischen, in: *Logos* 5, 1915. Wilhelm Lütterfelds, Zur idealistischen Rechtfertigung einer evolutionären Erklärung des Apriori, in: Wilhelm Lütterfelds (Hrsg.), *Transzendentale und evolutionäre Erkenntnistheorie*, Darmstadt 1987.

아헨발 [Gottfried Achenwall 1719. 10. 20~72. 5. 1]

독일의 통계학자. 동프러시아 에르빙에서 태어남. 1748년부터 괴팅겐 대학 교수로서 자연법, 정치학, 만민법을 강의한다. 17세기 중엽 H. 콘링이 개설한 '국가학(Staatenkunde)'을 이어받아 유럽 주요 국가들의 인구, 산업, 무역, 정치제도 등의 현상을 기술한 자신의 '국가학'을 '통계학(Statistik)'이라고 이름 붙였다. 칸트는 그의 『자연법』(초판은 1750년)을 1767~88년 사이에 열두 차례에 걸쳐 자연법 강의의 교재로 사용했으며, 『인륜의 형이상학*』 제1부의 '법론'에 나오는 법률용어의 대부분은 이 책에서 유래한다고 말해진다. 다른 한편 칸트는 '자연상태'와 '사회상태'라는 그의 자연법* 구분에 대해서 '자연상태'에 대립되는 것은 '공민적 상

태' 또는 사법에 대한 '공법의 상태'라고 주장하고, 또한『이론과 실천』에서는 '저항권*'을 비판하기 위해 그의 정의를 인용하는 등, 이 책의 내용을 음미·검토함으로써 독자적인 법철학*을 전개하고 있다. ⇒자연권[자연법], 저항권, 법론, 법철학

—데시로기 요(手代木 陽)

📖 *Abriss der neuesten Staatswissenschaft der vornehmsten euro-päischen Reiche und Republicken*, 1749; 후에 *Staatsverfassung der heutigen vornehmsten europäischen Reiche und Völker im Grundrisse*(Hrsg. von Schlözer, [6]1781; Hrsg. von Sprengel, [7]1790)으로 제목이 바뀜.

악惡 ⇨근원악

안티노미 ⇨이율배반

안티테틱 ⇨이율배반

압스트락치오 ⇨주의

야스퍼스 [Karl Jaspers 1883. 2. 23–1969. 2. 26]

독일의 실존철학자. 하이데거와 더불어 현대 철학의 대표자 가운데 한 사람이다. 올덴부르크 시에서 태어남. 처음에는 정신병리학에서, 후에는 철학에서 명성을 얻었다. 그의 철학 활동의 전기에 '가능적 실존으로부터의 철학'을 설파하고, 후기에는 '실존'에 더하여 '이성*'을 거론하며 전자를 '기반'으로 하고 후자를 '유대'로 하여 '포괄자(의 양태들)'의 철학을 이야기하고, 그러한 견지에서 철학적인 '진리'론(또는 '철학적 논리학'), 나아가 역사철학, 정치철학, 종교철학('철학적 신앙') 등을 설파했다.

야스퍼스의 철학적 사색에는 그것의 주체적이고 의지적인 성격에서 다분히 칸트적인 것이 놓여 있다.

그의 전기의『세계관의 심리학』에서는 제3부 '정신의 생'의 최후의 단계에서 플로티노스의 '신비주의*'와 칸트의 '이념*'이 거론되고 있다. 이러한 '양극성'에는 후기의 '실존'과 '이성'의 그것을 떠올리게 만드는 점이 있다. 또한 본서의 부록에서도 '칸트의 이념론'이 다루어지고 있지만, 이러한 칸트의 '이념'의 발상에는 칸트의 '의식 일반*'의 그것과 함께 후기 야스퍼스의 '포괄자로서의 '세계'와 '의식 일반'의 발상에 연결되는 바가 있다(『실존철학』과『진리에 대하여』에서의 '포괄자의 분절화'의 '제1보' 부분을 참조). 후기의 대저작인『위대한 철학자들』에서는 "규준을 부여하는 사람들"로 여겨지는 소크라테스, 부처, 공자, 예수의 제1그룹에 이어서, 칸트는 (플라톤*, 아우구스티누스와 더불어) "부단히 산출적인, 철학함*의 창시자들(die fortzeugenden Gründer des Philosophierens)"로 간주되는 제2그룹으로 거론된다. 야스퍼스는 칸트의 '초월론적*'인 사색에서 감히 모순*(예를 들면 '사물 자체*' 개념에서 보는 것과 같은)과 순환으로 볼 수 있는 것을 통해 대상적인 것으로부터 비대상적인 것으로 초월해 가는 종류의 철학하는 사색을 읽어내고자 한다. 고정적인 완결화를 넘어서서 무한한 (초월하는) 운동에서 '이성'의 본질을 보는 야스퍼스의 생각은 이런 의미에서 칸트에서 그 모범을 찾아볼 수 있다고 말할 수 있을 것이다. ⇒초월론적

—반 히로시(伴 博)

📖 대표적 저작으로서 전기에는『세계관의 심리학』(1919),『현대의 정신적 상황』(1931),『철학』3권(1932), 후기에는『이성과 실존』(1935),『진리에 대하여』(1947),『계시에 직면한 철학적 신앙』(1962) 등이 있다. 또한『ヤスパース選集』理想社, 이미 출간된 37권이 있으며, 그 제8권에『カント』(『大哲學者たち』, 1957에 수록)가 있다.

📗 金子武藏『實存理性の哲學』岩波書店, 1953. 齋藤武雄『ヤスパースにおける絶對的意識の構造と展開』創文社, 1961. 林田新二『ヤスパースの實存哲學』弘文堂, 1971. 또한 야스퍼스에 관한 논문집으로서 다음과 같은 것이 있다. *Offener Horizont*, Festschrift für Karl Jaspers, Piper, 1953. A. Schilpp (Hrsg.), *Karl Jaspers*, Kohlhammer, 1957. H. Saner (Hrsg.), *Karl Jaspers in der Diskussion*, Piper, 1973.

야코비 [Friedrich Heinrich Jacobi 1743. 1. 25-1819. 3. 10] 칸트에 대한 비판자. 독일 관념론*의 발전을 강하게 방향지은 문제 제기자. 뒤셀도르프에서 태어나 실업학교를 마치고 제네바에서의 상인 생활에 들어서지만, 후에 문필가로 전환하여 명성을 쌓으며, 1804년부터 평생 뮌헨 학사원의 원장을 맡는다. 하만*과의 친교가 깊으며, 또한 샤프츠버리* 등의 도덕감정철학으로부터도 영향을 받는다. 뛰어난 비평가로서 다른 사람의 철학설을 전체적으로 파악하고 수미일관하지 않은 부분을 찾아내 공격하는 수법을 최대의 무기로 삼는다. 『스피노자 학설에 대한 서한』(1785)에서 그때까지 파묻혀 있던 스피노자 철학을 발굴. 그것의 철학체계로서의 일관성을 평가하는 동시에 자유로운 신을 단서로 하여 도출된 체계가 결정론이라는 점에서 모순을 발견한다. 또한 칸트의 비판철학에 대해서는 『데이비드 흄의 신앙론』(1785)에서 '사물 자체*'에 대한 통렬한 비판을 돌파구로 하여 초월론적 관념론이라는 칸트 철학의 토대를 뒤흔든다. 칸트에 의하면 감성*은 사물 자체에 촉발됨으로써 비로소 표상*의 내용을 얻는 한편, 사물 자체는 인과성과 그밖에 주관에 갖추어진 범주* 관계에는 전혀 들어설 수 없다. 따라서 교조주의*처럼 사물 자체의 존재를 주장할 수 없는 『순수이성비판*』은 수미일관성을 지니기 위해서 표상의 원인으로서의 사물 자체를 공허한 상정으로서 폐지할 수밖에 없다. 그러나 그렇게 되면 어떠한 사물의 표상도 아닌 표상이 표상계 전체를 형성하는 것으로 되며, 현실세계는 꿈*과 구별할 수 없게 된다. 그러나 현실적으로 우리는 실재하는 사물을 어려움 없이 파악하고 있는데, 이러한 구체적이고 당연한 것을 추상적인 감성과 지성*의 형식으로부터 설명하고 더 나아가 사물 자체라는 가구물假構物로 뒷받침하는 것은 마치 탑 위에 선 몽유병자가 대지는 탑에 지탱되며 탑은 자신에게 지탱되고 있다고 생각하는 것과 같은 도착이다. 야코비는 칸트 철학을 이와 같이 비판하며 감정철학*이라고 불리는 입장을 내세운다. 그리고 『비판주의의 기도에 관하여』(1802)와 『신적 사물과 그 계시에 관하여』(1811)에서도 이 입장을 제시한다. 그러나 그의 칸트 이해는 사물 인식*이 개인 주관*에 규정된다는 것으로

서 객관적인 인식을 성립시키는 '학적인 주관'을 비판적으로 음미한다는 착상은 처음부터 시야에 놓여 있지 않다. ⇒감정철학, 사물 자체

―세토 가즈오(瀬戸一夫)

[동] F. H. *Jacobis Werke*, F. Roth/F. Köppen (Hrsg.), 1812-25, 21968.

[참] W. Windelband, *Die Geschichte der neueren Philosophie*, Bd. Ⅱ, 1878-80, 7. und 8. Aufl., Leipzig, 1922. K. Homann, F. H. *Jacobis Philosophie der Freiheit*, Freiburg/München, 1973. 瀬戸一夫「カントとフィヒテとの間」『講座ドイツ觀念論』3, 弘文堂, 1990.

양量 [(독) Größe; Quantität]

양은 전통적으로는 범주*의 하나로서 실체*의 우유적 성질이자 크고 작음을 받아들이는 것으로 여겨진다. 양은 분리량과 연속량으로 분류되는데, 분리량은 부분의 다수성을 나타내는 수, 연속량은 동질적인 전체에서 단위와 척도를 설정하는 데서 생기는 다수성, 구체적으로는 크기와 장소, 시간으로 생각되었다.

다만 중세에서는 좀더 상세하게 분류되어 비연속량과 연속량 이외에 '연속적인 동시에 비연속적인 내포량, 요컨대 물체의 성질의 부분의 수, 예를 들면 '열', '비연속적인 동시에 내포적이어서, 연속적이지도 외연적이지도 않은 양, 예를 들면 감정에서의 양과, 천사나 영혼 등의 분할 불가능한 실체의 질이 거론되었다. 이와 같은 양의 분류는 실체론의 구속을 강하게 받은 것이지만, 13세기에는 양을 관계로서 파악하는 경향이 생겨나며, 질을 양화하는 사상(마튼학파), 속도 등의 형상·질에서도 양을 인정하는 사상이 확립되며, 그것들의 양을 계산에 의해서 제시하는 방법이 고찰되었다. 거의 같은 시기에 신의 무한성을 논구하는 경우 내포적 무한의 개념이 제출되어 단위의 부가로부터 생기는 양이 아니라 분할에 의해서 생기는 양의 고찰이 진전되었다. 양은 실체의 내적 규정으로서가 아니라 관계·비례로서 파악되기에 이르렀다.

16세기 이후 보편수학의 등장에 따라 양은 실체로부터 서서히 분리되어 대수적인 조작 가능성으로 전환되

257

고 있었다. 17세기의 라이프니츠*는 양만이 아니라 질도 계산의 대상으로 하는 보편수학의 이념 안에서 질을 내포량으로서 파악했다. 라이프니츠가 행한 것은 위치해석(analytica situs)에서 합동과 상사를 사칙연산에 짜 넣음으로써 양으로서 다루는 것이었지만, 양의 범주 안에 내포량·질이 짜 넣어지게 된 것은 보편수학의 흐름에서 외연량에 적용되는 계산가능성을 보편화하는 이념을 배경에 지니고 있었기 때문이다.

칸트는『부정량의 개념*』에서 양을 논리적인 범주가 아니라 실재적인 것으로 간주했지만, 외연량에서 성립하는 기하학의 엄밀성을 내포적인 것에로 확장하는 경향이 발견된다. 전비판기에는 볼프학파의 양 개념을 기본적으로 계승한 데 토대하여 개선이 시도되었지만, 비판기에는 범주가 순수 지성 개념으로서 인식의 성립조건으로 이해되기에 이르며, 그에 연동하여 양도 다양의 종합 = 외연량, 질의 양 = 내포량으로 파악되어 직관에 기초를 두는 양의 개념이 성립했다.『순수이성비판*』의 원칙론에서 직관의 공리에서는 외연량이, 지각의 예취*에서는 내포량이 다루어진다. 특히 지각의 예취에서는 대상 구성에서의 양의 계기가 간과되는 경향이 있지만, 이러한 논점은 시공이라는 직관 형식뿐만 아니라 감각 내용도 양으로서 기술하는 것, 따라서 수학의 객관적 타당성을 확장하는 근거로 되며, 커다란 의미를 지니는 것이었다. ⇒부정량,『부정량의 개념을 세계지에 도입하려는 시도』|『부정량의 개념』|

―야마우치 시로(山內志朗)

F. A. Trendelenburg, *Geschichte der Kategorienlehre*, Berlin, 1846(日下部吉信 譯『カテゴリー論』松籟社, 1985). L. W. Beck, *Early German Philosophy: Kant and His Predeccesors*, The President and Fellows of Harvard College, 1969.

양상樣相 [(독) Modalität]

‘가능성*–불가능성*’, ‘현존재*(현실성*)–비존재’, ‘필연성*–우연성*’이라는 ‘양상’ 개념은 아리스토텔레스*[『분석론전서*』]에서 기원을 지니며, 칸트 이전에는 (특히 캔터베리의 안셀무스 이래로) 존재론적·형이

상학적인 개념으로서 신의 존재증명*에서 중요한 역할을 담당하고 있었다. 나아가 이들 세 종류의 개념들은 반드시 연관을 지닌 채 말해진 것은 아니었지만, 칸트에 의해 처음으로 ‘가능성–현실성–필연성’이라는 연속성에서 ‘범주*표 속에 체계적으로 위치지어졌다. 그와 동시에 그것들의 존재론적·형이상학적 의미가 불식되고 그 사용이 경험*에만 한정되었다. 더욱이 중요한 것은 ‘양상*이 인식*의 대상* 그 자체의 규정*이 아니라 대상과 인식 주관의 관계를 나타내는 개념으로 되고, 그런 의미에서 다른 범주*와는 전적으로 다른 성질을 짊어지고 있다는 점이다. 대상의 규정성에는 관계되지 않는다는 것은 어떤 대상이 어떠한 것인지가 이미 알려져 있다 하더라도, 더 나아가 그것에 관해 가능, 현실, 필연을 물을 수 있다는 것이다.

‘양상’ 개념의 원칙에 따르면 직관*과 개념*에 관한 경험의 형식적 조건에 따르는 것은 가능적이고, 거기에 지각이 덧붙여지면 현실적이며, 나아가 그것이 원인에 기초하여 인식되면 필연적이다. 이것들은 모두 ‘나’라는 인식 주관이 경험이라는 맥락에 어떻게 관계하고 있는가 하는 것을 나타내는 동시에 ‘존재*’라는 문제에 관한 인식론적 표명이기도 하다. 경험의 구조에 직접 관계하는 것이 다른 범주들이자 직관 형식들이라면, ‘양상’의 범주는 주관*을 그 경험이라는 맥락 속에 실제로 위치짓는 활동이라고도 말할 수 있다. 사실 ‘양상’의 원칙은 대상의 존재와 ‘나’의 존재의 결합 방식을 묻는 형태로 외계의 존재란 무엇인가라는 문제에도 대답하고 있다. 칸트가『순수이성비판*』의 제2판에서 ‘관념론 논박*’이라는 유명한 한 절을 덧붙인 것은 바로 이 ‘양상’의 원칙 안에서라는 점이 그것을 단적으로 보여주고 있다. ⇒범주, 가능성, 현실성, 현존재, 양태

―후쿠다 기이치로(福田喜一郎)

I. Pape, *Tradition und Transformation der Modalität*, Felix Meiner, 1966. 中島義道「＜今＞への問い」: 福田喜一郎「カントの樣相の理論と必然的存在者の問題」中島·大橋·石川 編『超越論哲學とはなにか』理想社, 1989.

양심 良心 [(독) Gewissen]

보통 선악을 판단하는 생득적인 능력으로 여겨진다. 칸트는 그것을 인간의 내면에서의 법정의 의식이라고 규정한다. 칸트의 양심론은 양심을 내면의 법정으로 삼는 사상으로 일관되어 있다. 영국의 허치슨*, 샤프츠버리* 등에 있어서 양심은 도덕감정이었지만, 볼프학파에게 있어 그것은 이성*에 기원을 지니는 것으로 생각된다. 칸트는 1760년대 중반까지 영국 도덕감정론의 영향 하에 있었지만, 비판기에는 스스로 볼프*의 전통에 따라서 이성주의적 입장을 우위에 놓게 된다. 그것이 양심을 내면의 법정으로 삼는 사상이다. "인간의 내적인 법정의 의식이 양심이다". 따라서 "거기서 자신의 생각이 서로 고소한다든지 변명한다든지 한다". 그리하여 양심은 도덕적 자기의식으로 간주된다. 양심이 법정인 한에서 고소하는 인격(원고) 내지 판가름하는 인격(재판관)과 고소당하고 판가름당하는 인격(피고)이 각각 다른 인격이지 않으면 불합리하다. 따라서 양심이 성립하기 위해서는 피고로부터 보아 다른 인격의 존재가 요구된다. 칸트에 따르면 양심은 인간*의 본질과 일체를 이루고 있다고 한다. 그런데 인간은 감성계와 예지계*의 양쪽에 걸쳐 존재하기 때문에 양심도 동일한 존재양식을 기반으로 하여 성립해야만 한다. 그렇다면 예지인(homo noumenon)은 감성인(Sinnenmensch) 내지 현상인(homo phaenomenon)에게 있어 다른 인격이라는 것으로부터 이들 두 인격을 두 계기로 하여 양심법정이 성립하는 것으로 된다. 양심은 객관에게가 아니라 자기(주체) 자신에게 상관하는 관계라는 것으로부터 칸트는 도덕가들의 언뜻 보아 지당한 주장을 배척하여 잘못된 양심을 있을 수 없다고 주장한다. 어떤 행위가 객관적으로 올바른가 아닌가를 판단하는 것은 지성*이며, 그 점과 관련하여 지성은 자주 잘못을 범하는 데 반해, 양심은 어디까지나 자신이 올바르고 믿는 행위를 행했는가 아닌가를 판단하는 '도덕적 판단력'이며, 그 점과 관련하여 양심은 잘못을 범할 수 없기 때문이다. 이것을 칸트는 "형식적 양심성"이라고 불렀다. 또한 양심의 활동은 시간적 질서에 따라서 (1) 행위(결심) 이전, (2) 행위 중, (3) 행위 후로 나누어진다. (1)은 경고하는 양심이며, (2)는 원고와 변호사가 등장하는 양심, 즉 가책을 깨닫고 변명을 하는 양심이고, (3)이 재판관의 판결로서 나타나는 양심, 즉 후회를 깨닫는다든지 마음의 평안함을 깨닫는 양심이다. 칸트에서 양심의 개념은 언뜻 보아 주된 흐름을 차지하지 않는 것으로 생각되지만, 이 개념은 도덕법칙*이나 도덕법칙에 대한 존경*의 생각 또는 이성의 사실*이라는 사상을 가장 구체적으로 통합하고 있다. 멘처가 편집한 『콜린스의 도덕철학 강의』의 마지막에서는 양심의 지배가 "인류의 최후의 사명"으로 주장되며, 그것이 달성된 세계는 "지상에서의 신의 나라'라고까지 불리고 있다. ⇒도덕감정, 허치슨, 샤프츠버리

—이시카와 후미야스(石川文康)

📖 Carl Friedrich Stäudlin, *Geschichte der Lehre von dem Gewissen*, Halle, 1824. Wilhelm Wohlrahbe, *Kants Lehre vom Gewissen*, Leipzig, 1880. Rudolph Hofmann, *Die Lehre von dem Gewissen*, 1866. H. G. Stocker, *Das Gewissen*, Bonn, 1925. Norbert Matros, Das Selbst in seiner Funktion als Gewissen, in: *Salzburger Jahrbuch für Philosophie* 10/11, 1967/68; Neudruck in: Jürgen Blühdorn (Hrsg.), *Das Gewissen in der Diskussion*, 1976. Gerhard Funke, Gutes Gewissen, falsches Bewußtsein, richtende Vernunft, in: *Zeitschrift für philosophische Forschung* 25, 1971; Neudruck in: *Das Gewissen in der Diskussion*, a. a. O. Wilhelm Heubült, *Die Gewissenslehre Kants in ihrer Endform von 1797*, Gotha, 1980. Fumiyasu Ishikawa, Das Gerichtshof-Modell des Gewissens, in: *Aufklärung* 7-1, 1993. 門脇卓爾「カントにおける良心」三宅剛一 編『現代における人間存在の問題』岩波書店, 1968. 小倉志祥『カントの倫理思想』東京大學出版會, 1972. 浜田義文『カント倫理學の成立』勁草書房, 1981. 石川文康『カント 第三の思考』名古屋大學出版會, 1996.

양태 樣態 [(독) Modus]

양태란 논리적으로는 사물의 인식을 구성하는 요소적 일반표상인 '징표(Merkmal)'의 하나로서 비본질적이고 내적인 징표를 가리킨다. 징표의 다양한 분류 방식 가운데 양태에 관계하는 것은 다음의 분류이다.

징표는 표상된 사물에 필연적으로 속하는 '본질적 징표'와, 그 사물의 개념에서 분리하는 것이 가능한 '우연적 징표'로 분류된다. 나아가 전자는 다른 징표의 근거인 '원초적 징표(essentialia)' 내지는 '구성적 징표(constitutiva)'와, 다른 징표의 귀결에 지나지 않는 '속성(Attribut, consectaria, rationata)'으로 분류된다. 또한 후자는 사물의 내적 규정에 관계하는 경우에는 '양태'라고 불리며, 사물의 외적 관계에 관계하는 경우에는 '관계(relatio)'라고 불린다. 예를 들면 학식을 지니는 것은 인간이라는 개념의 양태이며, 주인인가 노예인가는 관계이다.

『순수이성비판』*에서는 양태가 시간*에 적용되어 '지속성(Beharrlichkeit)', '계기(Folge)', '동시존재(Zugleichsein)'라는 시간의 세 가지 양태에 따라서 경험의 유추의 세 가지 원칙이 지적된다. 제1유추는 "실체의 지속성의 원칙"[B 224]인데, 여기서는 양태가 실재적인 의미에서 사용되어 실체가 현존할 때의 특수한 양식을 의미하며, '우유성(Akzidenz)'이라고 불린다.

나아가 양태가 추론*에 관해서 사용되는 경우에는 어떤 인식으로부터 거짓된 귀결이 생기는 것을 보여줌으로써 본래의 인식이 거짓이라는 것을 증명하는 추론 방식이 '간접적 추론(modus tollens)'이라고 불리는 데 반해, 어떤 인식의 모든 귀결이 참이라는 것에 의해 본래의 인식이 참이라는 것을 증명하는 추론 방식은 '직접적 추론(modus ponens)'이라고 불린다. 칸트는 귀결의 전체를 확연적으로 인식할 수 없기 때문에 직접적 추론에 의해서는 개연적으로 참이라는 인식, 즉 '가설(Hypothesis)'이 도출된다고 말한다. ⇒양상, 본질, 시간, 유추, 실체, 추론, 분석적 방법

―오가와 요시아키(小川吉昭)

언어言語 [(독) Sprache]

근대 철학에서 로크*와 라이프니츠* 등을 비롯하여 철학적 문제로서 왕성하게 논해지고 있던 언어에 관한 고찰은 칸트에서는 거의 무시되고 있다. 언어에 대한 칸트의 이러한 침묵과 무시는 칸트의 동시대인들에 의해서 이미 지적되고 있다. "이성*이란 언어이며 로고스이다(Vernunft ist Sprache, logos)"라고 하는 하만*은 '순수 이성 비판'에 대해서 메타크리틱, 즉 「이성의 결벽주의에 대한 초비판」(1784)을 쓰고, 그 속에서 『순수이성비판』*의 최대의 결점은 이성을 언어로부터 분리시켜 버린 것이라고 말했다. "이것은 칸트의 결벽주의의 최대의 결함이다. 왜냐하면 언어는 이성에 있어서 유일한 그리고 최초이자 최후의 기관이자 기준(Organon und Kriterion)이기 때문이다". 또한 그 후 라인홀트*도 '흄*에서 칸트에게로 계승된 언어에 대한 기묘한 침묵은 이번에는 칸트에서 다른 모든 독일의 철학자들에게 계승되었'고 칸트 철학에서의 언어고찰의 결여를 지적하고 있다.

카시러*가 「철학사에서의 언어의 문제」[『상징형식의 철학』 제1권 언어]에서 명확히 했던 것처럼, 언어의 문제는 근대 철학의 중심적인 화제였지만, 칸트는 이 언어에 관한 2세기에 걸쳐 중단 없이 계속되어 온 논쟁의 성과를 받아들이면서도 갑자기 언어 문제를 주의할 만한 가치 있는 문제 가운데서 삭제해버렸다. 확실히 칸트에서 언어에 관한 논술은 둘, 셋의 예외를 제외하면 거의 존재하지 않으며, 더욱이 그것들에서도 구체적인 고찰을 거의 의도적으로 중지하고 있다.

칸트의 언어에 대한 침묵의 의미가 어떠한 것이었는지 간에, 칸트의 이러한 태도가 "당시의 철학에서는 언어에 대한 관심이 없었다"는 정설이 형성되는 데에 커다란 원인이 되었다. 칸트의 사상은 17, 18세기에서의 언어철학의 일체의 흔적과 기억을 소멸시키는 데 공헌했다고까지 표현할 수 있는 것이다. 그 하나의 예를 "데카르트*, 칸트 등의 계열에 놓여 있는 철학적 전통 하에서 사람들은 언어에서 철학적 의의를 보는 것을 전적으로 거부하고, 이것을 단순한 기술적 문제로 삼고 말았다"는 메를로 퐁티의 발언에서 볼 수 있다[『언어와 언어 습득』 1949-50].

촘스키는 『데카르트과 언어학』에서 훔볼트의 언어철학을 높이 평가하고 있다. 하인텔은 칸트 시대의 전통적 언어철학에 주목하고, 이것을 기본적으로 전달의 도구라고 생각하는 오늘날의 분석적 언어철학에 날카롭게 대비시키고 있다. 그에 따르면 하만, 헤르더*, 훔볼트 등에 의해서 대표되는 '전통적 언어철학'은

전통의 근본적인 철학적 물음과 밀접하게 연관되면서도 이 물음을 극복할 수 있는 새로운 발상을 숨기고 있으며, 동시에 '도구로서의 언어'라는 발상도 넘어설 수 있는 가능성을 지니고 있는 것이다. 이러한 언어철학들은 "초월론철학의 근본 문제설정을 언어철학적으로 파악한 것에 다름 아니다"라는 것이 하인텔의 생각이다. 다만 일부에서 "범주*를 언어로 바꾸어놓으면 칸트 철학은 언어철학으로서 오늘날의 의의를 지닌다"고 하는 주장도 현재 발견되지만, 이러한 발상은 기본적으로 무리가 있다. 칸트는 의식적으로 언어와 기호를 스스로의 철학체계에 받아들이고자 하지 않았으며, 오히려 그것들을 받아들이지 않은 것에서 칸트 철학의 특징이 제시된다고 생각된다. ⇒기호, 언어기원론

―구로사키 마사오(黒崎政男)

參 Tullio de Mauro, *Introduzione alla semantica*, Laterza, 1970(竹内孝次 譯『意味論序說』朝日出版社, 1977). E. Heintel, *Einführung in die Sprachphilosophie*, Wiss. Buchg., Darmstadt, 1975(磯江・下村 譯「言語哲學入門」『言語哲學の根本問題』에 수록, 晃洋書房, 1979). E. Cassirer, *Philosophie der symbolischen Formen* I., Der Sprache, 1923, 2 Aufl. 1964, Wiss. Buchg. Darmstadt(生松・木田 譯『シンボル形式の哲學 1 言語』岩波文庫, 1990). J. G. Hamann (J. Simon Hrsg.), *Schriften zur Sprache*, Suhrkamp. 1967. Noam Chomsky, *Cartesian Linguistics*, Harper & Row, 1966(川本茂雄 譯『デカルト派言語學』みすず書房, 1976).

언어기원론 言語起源論

언어*의 기원과 본질에 관한 철학적 물음은 근본적으로 존재의 본질과 기원에 관한 물음과 같은 정도로 오래되었다는 카시러*의 말을 인용할 필요도 없이 언어의 기원에 관한 철학적인 사색은 철학사 전체를 꿰뚫고 있다.

근대에서의 언어기원론에 관해서는 그 시작을 비코에서 볼 수 있다. 비코에 따르면 언어의 원초적인 말은 관습적인 규약에 의한 것이 아니며, 그는 원초적인 말과 의미 사이에 '자연적 연관'이 있다는 것을 인정했

다. 비코의 학설은 18세기의 사상가들, 예를 들면 루소*의『언어기원론』과 하만*의 일련의 언어철학에 영향을 주었다.

1766년 쥐스밀히는 논문 '최초의 언어가 인간에서가 아니라 창조주에서만 그 기원을 지닌다는 것을 증명하는 시론'에서 언어신수설을 전개했다. 이것을 받아들여 베를린의 프로이센 왕립학사원은 1769년 "인간은 그 자연적 능력에 맡겨져 스스로 언어를 발명할 수 있는가"라는 현상과제를 내놓았다. 18세기 이후의 언어론에 커다란 영향을 준 헤르더*의『언어기원론』(1771)은 이 현상과제에 응모하여 최우수상을 받은 저서이다. 헤르더는 언어의 기원을 인간 정신의 '내부'에서 구했다. 이 책의 서두에서 헤르더는 "인간은 동물로서 이미 언어를 지닌다"고 하여 언어신수설에 반대한다. 다른 한편 인간을 동물로부터 구별하는 "영혼의 기본적인 힘", 요컨대 '사려(Besonnenheit)'에서 인간의 언어는 만들어졌다고 하면서 인간과 동물의 본질적인 차이를 무시하는 콩디야크와 루소의 언어기원론을 비판했다. 헤르더의 언어론에서는 언어란 모든 것을 분명하게 하는 동시에 은폐하는 신적 생명의 상징이라고 하는 하만의 신비주의적 언어론의 영향도 보인다.

이와 같은 동시대의 언어의 본질 및 기원에 대한 칸트의 태도는 대단히 냉담했다. 1770년대의 하만과 칸트의 왕복서간에서는 언어를 논구의 중심에 놓고자 하는 하만 및 헤르더와 칸트의 생각의 차이를 볼 수 있다. ⇒언어

―구로사키 마사오(黒崎政男)

參 H. Steinthal, *Der Ursprung der Sprache*, Berlin, 1988. E. Cassirer, *Philosophie der symbolischen Formen* I. Der Sprache 1923, 2 Aufl. Wiss. Buchg. Darmstadt, 1964(生松・木田 譯『シンボル形式の哲學 1 言語』岩波文庫, 1990). J. G. Herder (E. Heintel, Hrsg.), *Sprachphilosophie: Ausgewählte Schriften*. PhB. F. Meiner, Hamburg, 1960(大村直司 譯『言語起源論』大修館書店, 1972).

엄격주의 嚴格主義 [(독) Rigorismus]

칸트가 도덕의 본질을 정언명법에 있다고 주장하고

감성적*・경험적인 것을 전적으로 배척한 교설에 대한 명칭. 칸트는 『원론』* 제1장의 서두에서 이 세계에서나 이 세계 밖에서 무제한하게 선한 것은 '선의지'뿐이라고 하여 일반적으로 선한 것이라고 말해지는 바의 자연*의 선물로서의 정신적 재능과 기질적인 특성, 행복*의 선물로서의 권세・부귀와 행복 등도 선의지가 없으면 도리어 해로운 것이라고 말한다. 원래 선의지가 선한 것은 그것이 실현하는 바의 것에 의한 것이 아닐 뿐만 아니라 무언가의 목적에 도움을 주기 때문도 아니며, 다만 의욕에 의한 것일 뿐이어서, 다시 말하면 그것 자체로 선한 것이다. 칸트는 이러한 관점을 '의무*'의 개념에 대한 분석을 통해서 심화한다. 그는 첫째로, '의무에 기초한 행위'를 '의무로부터의 행위'와 판연히 구별하고, 둘째로, '의무에 기초한 행위'의 가치는 행위의 목적*에 있는 것이 아니라, 행위의 준칙*에 있다고 한다. 이 경우 의지*는 질료에 의해서 규정*되는 것이 아니라 전적으로 형식*에 의해서 규정되는 것이다. 셋째로, 그는 의무가 법칙에 대한 존경에서 나온 행위의 필연이라고 한다. 이리하여 무제한적으로 선하다고 말해지기 위해서는 법칙의 표상*이 의지를 결정하지 않으면 안 된다. 여기서 정언명법이 성립한다. 즉 "너의 준칙이 보편적 법칙이 되기를 네가 그 준칙을 통해 동시에 의욕할 수 있는 그러한 준칙에 따라서만 행위하라"[IV 421]는 것이다. 칸트는 이것을 또한 이성의 자율이라고 말한다. 이러한 칸트의 엄격주의를 풍자한 실러*의 비판은 일반적으로 시인되고 있지만, 그러나 실러는 아무래도 칸트 도덕론의 핵심에는 도달할 수 없었다고 말해야만 할 것이다. ⇒명법, 준칙

―구마모토 추케이(隈元忠敬)

圏 高峯一愚 『カント實踐理性批判解說』 論創社, 1985.

에고이즘 [(독) Egoismus]

『인간학』* 제1부 제2절에 따르면 에고이즘은 '지성*', '취미*', '실천적 관심'의 월권을 함의하고 있으며, 따라서 세 종류의 에고이스트가 구별된다. 즉 자기의 판단을 타인의 지성에 비추어 음미할 필요를 인정하지 않는 "논리적 에고이스트"("학문의 에고이스트"), 타인은 어떻든지 간에 자기 자신의 취미만으로 만족하는 "미감적 에고이스트"("교제의 에고이스트"), 그리고 자기에게 도움이 되는 것 이외에는 어떠한 효용도 인정하지 않는 "도덕적 에고이스트"(행복주의자)가 그들이다. 나아가 칸트는 전체로서의 '에고이즘'에 '다원론*'의 이념을 대립시킨다. 또한 칸트는 몇 차례의 인간학 강의에서 자기를 세계에서의 유일한 존재로 간주하는 "형이상학적 에고이스트"라는 유형도 제시하고 있다.

'에고이스트'라는 호칭은 애초에 개념사적으로는 볼프*가 자아의 확실성을 주창하는 데카르트주의자를 그렇게 이름 붙여 비판한 것에서 연원한다. 따라서 그 입장은 오늘날의 어법에서는 오히려 '유아론(Solipsismus)'을 의미한다. 그러한 원래의 형이상학적인 '에고이즘' 개념은 수많은 매개를 거쳐 의미의 분화와 변용을 겪으면서 칸트의 유형론에 영향을 주었다. 즉 "논리적 에고이즘"은 논리학 강의에서 칸트가 저본으로 삼은 G. F. 마이어*의 『논리학 강요』(1752) 제170절에 그 원형이 놓여 있다. 또한 "도덕적 에고이즘"과 "형이상학적 에고이즘"도 윤리학 및 형이상학 강의에서 그가 저본으로 삼은 바움가르텐*의 『형이상학』(1739) 제392절과 『철학적 윤리학』(1751) 제300절에서 그 원형이 발견된다. 그러나 "미감적 에고이즘"의 경우에는 『미와 숭고』* 제2장의 '취미의 불일치'와 '이기심'에 관한 기술에서 그 독자적인 맹아가 보인다.

그리하여 칸트의 에고이즘 유형론은 볼프주의 전통에서 출발하면서도 칸트의 독자적인 인간학적 통찰에 의한 풍부한 내용과 체계화 노력에 의해 점차 『인간학』 서두에서 고유한 위치를 획득하기에 이르렀다. 그리고 칸트에 의해 다양한 인간학적 내실을 부여 받은 점도 곁들여 에고이즘 개념은 19세기 이후 널리 일반에게 유포되게 되었다. ⇒자기애, 취미, 다원론

―미야지마 미츠시(宮島光志)

圏 牧野英二 「カントにおける道德と幸福――定言命法の現代的射程」 『講座ドイツ觀念論』 2, 弘文堂, 1990. ノルベルト・ヒンスケ(有福・石川・平田 編譯) 『批判哲學への途上で ―― カントの思考の諸道程』 晃洋書房, 1996.

에버하르트 [Johann August Eberhard 1739. 8. 31-1809. 1. 6]
칸트와 동시대의 철학자이자 신학자. 할레 대학에서 신학, 문헌학, 철학을 공부했다. 사강사, 전도사를 거친 후 할레 대학 신학교수, 베를린 아카데미 회원. 신학, 인식론, 윤리학, 미학, 문헌학, 철학사에 관한 저작이 있다.

계몽기의 철학에 걸맞게 라이프니츠*와 볼프*, 멘델스존* 외에 영국 경험주의에서도 많은 영향을 받았다. 1788년부터 95년에 걸쳐 『철학잡지』(*Philosophisches Magazin*)와 『철학문고』(*Philosophisches Archiv*)의 편집인이 되어 그 지상誌上에서 당시 일세를 풍미하고 있던 칸트의 비판철학에 대항하여 라이프니츠의 입장을 옹호했다. 라이프니츠의 철학은 이미 칸트의 그것에 못지않은 이성 비판을 수행했을 뿐만 아니라 이미 라이프니츠가 교조주의*의 해소는 가능하지 않다는 것, 즉 교조주의가 성립할 가능성까지도 밝히고 있다는 것이다. 칸트는 이에 대해 『순수이성비판 무용론』(1790)에서 반박하고 있다.

―시미즈 기요코(志水紀代子)

조 *Neue Apologie des Sokrates*, 2 Bde., 1772-78. *Allgemeine Theorie des Denkens und Empfindens*, 1776. *Sittenlehre der Vernunft*, 1781. *Theorie der schönen Künste und Wissenschaften*, 1783.

참 C. Friedrich, Nicolai, *Gedächtnisschrift auf Johann August Eberhard*, Berlin/Stettin, 1810. E. O. Ferber, *Der philosophische Streit zwischen I. Kant und J. A. Eberhard*, Giessen, 1894. G. Draeger, J. A. *Eberhards Psychologie und Ästhetik*, Halle, 1915.

에테르 [(독) Äther]
에테르는 그 기원으로 거슬러 올라가면 호메로스로부터 아리스토텔레스*, 나아가 신플라톤주의자들에 이르는 고대 그리스의 많은 시인과 철학자들에 의해 언급된 천상계의 신적인 미세한 정기精氣였다. 이 관념은 중세와 르네상스를 거쳐 서구 근대에서도 받아들여져 이 시기의 자연철학*에서 자연*의 통일적 파악을 위한 근본개념의 역할을 담당한다. 예를 들어 근대

과학의 기초를 구축한 뉴턴*에 의해서나 독일 자연철학의 중심인물인 셸링*에 의해서도 에테르는 모든 자연현상을 통일시키는 근본원리로 간주되었다. 청년 셸링이 자연철학적 저작들을 잇달아 저술한 18세기 말부터 19세기 초두에 걸쳐 노년의 칸트도 에테르 개념을 실마리로 하여 형이상학*(순수 자연과학)으로부터 물리학*(경험적 자연과학)에로의 이행을 모색했다.

물질* 개념이 주제화된 비판기의 『자연과학의 형이상학적 원리』*에서는 에테르에 대해 여전히 인력법칙과 척력법칙에 관련하여 언급되는 데 그치지만[IV 515, 534], 『오푸스 포스투뭄』*에서는 양상이 완전히 변하여 본격적으로 논구, 주제화된다. 거기서 눈에 띄는 특징은 에테르 개념이 특히 열소熱素・열물질 개념(『불에 대하여』(1755) 이래의 개념)과 결합되고, 거기서 『자연과학의 형이상학적 원리』[IV 525]에서는 논구될 수 없었던 물질의 종류들을 성립시키는 운동력의 체계적 해명을 위한 근본원리가 찾아진 점이다. 이른바 「에테르 연역」(1799)에서 칸트는 열소・열물질의 실재성*을 증명하기 위해 가능한 경험 전체의 통일이 그 물질의 실재성에 기반한다는 것을 증명하고자 한다[XXII 550]. 이에 따라 한편으로 열소를 일차 물질로서, 그 밑에 산소, 수소 등(라부아지에의 화학원소)을 이차 물질로서 따르게 하는 물질의 운동력의 체계가 구상되지만[XXI 605], 다른 한편으로[제X., XXI 묶음 1799 이하] 그가 물질의 실재성의 인식수단을 공간 내의 객체*의 지각*에서 구하기 위해(지각의 예취*설의 심화) 광광光物質을 요청함으로써[제VII.-I 묶음 1799-1803] 결국 열에테르에 의한 구상과 광에테르에 의한 구상이 어긋나버린 채 칸트 만년의 사색은 그의 죽음과 더불어 중단된다. ⇒『자연과학의 형이상학적 원리』, 자연철학, 화학

―마쓰야마 쥬이치(松山壽一)

참 坂部惠, 『理性の不安』 勁草書房, 1976. 犬竹正幸 「純粹自然科學と經驗的自然科學の間」 犬竹・松山 編 『自然哲學とその射程』 晃洋書房, 1993. 松山壽一 『ドイツ自然哲學と近代科學』 北樹出版, 1992. C. N. Cantor/M. J. S. Hodge, *Conceptions of Ether*, Cambridge, 1981. Gerhard Lehmann, *Beiträge zur Geschichte und Interpretation der Philosophie Kants*, Berlin,

1969. Burkhard Tuschling, *Metaphysische und transzendentale Dynamik in Kants Opus postumum*, Berlin/New York, 1971. Vittorio Mathieu, *Kants Opus postumum*, Frankfurt a. M., 1989. Michael Friedman, *Kant and the Exact Science*, Cambridge, Mass., 1992.

에피쿠로스 [Epikur(Epikouros) BC 341경-270경]

고대 그리스(헬레니즘 시기)의 철학자. 아테네 시민으로서 사모스 섬에서 태어났다. BC 306년에 '에피쿠로스의 정원'으로 유명한 학원을 친구들과 함께 창설하여 에피쿠로스학파의 시조가 된다. 이후 이 학파는 약 500년간에 걸쳐 존속하면서 에피쿠로스의 사상을 널리 전했다. 학원에서 배운 사람들 가운데는 노예와 창녀도 포함되어 있었으며, 그들은 우애 가운데서 공동생활을 영위했다. 에피쿠로스의 저작은 300권에 이른다고 전해지지만, 현존하는 것은 얼마 안 된다. 에피쿠로스의 학설로서 유명한 것은 마음의 평정을 설교하는 쾌락주의이다. '은둔하여 살라'는 삶의 방식도 세상의 번거로움으로부터 자기를 지키기 위한 것이었다. 칸트가 에피쿠로스(학파)에 관해 언급하는 예는 비교적 많은데, 그것은 『천계의 일반자연사와 이론』*[Ⅰ 222, 333]에서 시작하여 에피쿠로스 철학의 각 부문에 미친다. 그러나 칸트는 에피쿠로스의 쾌락주의, 감성 중시의 인식론, 그리고 원자론에서의 무신론적 성격을 비판한다. 덧붙이자면, 지각의 "예취*(Antizipationen)" [B 217]는 에피쿠로스의 '프롤렙시스(Prolepsis)'의 번역이다. ⇒에피쿠로스주의

−오쿠다 가즈오(奧田和夫)

ディオゲネス・ラエルティオス『ギリシア哲學者列傳』下, 岩波文庫(그 가운데 제10권에 에피쿠로스의 현존 저작(서간)과 '주요 교설'이 포함되어 있다).

에피쿠로스주의 [(독) Epikureismus]

에피쿠로스* 또는 에피쿠로스학파의 학설 및 그 입장의 사상을 가리킨다. 에피쿠로스학파는 약 500년간 존속했지만, 그 사이 학설의 수정이나 변화는 거의 이루어지지 않은 채 에피쿠로스의 학설이 충실하게 지켜졌다(루크레티우스의 『사물의 본성에 대하여』(BC 1세기)의 내용은 에피쿠로스의 학설이다). 그것은 이 학파의 실천윤리적인 경향에서 유래한다고 생각된다. 칸트도 에피쿠로스와 그 학파를 사실상 구별하고 있지 않으며, 고대의 원자론 등에 관해 언급할 때에도 에피쿠로스(학파)는 그것을 대표하는 형태로 데모크리토스 등 다른 철학자와 함께 느슨한 규정에서 언급될 때가 많다.

에피쿠로스의 윤리설은 쾌락주의로서 쾌락이 인생의 목적이고 선*이라는 것이지만, 그 쾌락이란 "신체의 건강(고통이 없는 것)과 영혼의 평정(아타락시아)"을 가리키고, 그 내실은 오히려 검소함을 나타낸다. 칸트는 에피쿠로스를 유덕한 자로 인정하지만, 행복주의* 내지 쾌락주의적 윤리설을 자기의 윤리설의 입장에서 비판할 때 자주 에피쿠로스를 언급한다. 에피쿠로스주의에는 영혼의 평정을 어지럽히는 죽음과 신들에 대한 공포를 제거하기 위한 기초론으로서의 '규준론' 및 자연과 세계의 존재방식을 논하는 '자연학'이 있다. '규준론'은 진리 또는 지식의 규준으로서 감각, 감정, 선취관념(Prolepsis)을 논한다. 칸트는 감성*을 전면적으로 신뢰하여 이에 기초하는 진리설을 비판한다. '자연학'은 만물을 성립시키는 물체와 공허, 그리고 물체를 구성하는 불가분의 변화하지 않는 원자를 논한다. 칸트는 일찍이 『천계의 일반자연사와 이론』*[Ⅰ 222, 333; Ⅱ 123, 148 참조]에서 에피쿠로스의 원자론과 데모크리토스의 원자론의 상이성(에피쿠로스에서의 원자의 일탈)에 대해 언급하고 있다. 그러나 이것도 결국 우연에 귀착되는 까닭에 에피쿠로스 자연학의 무신론을 비난하지만(에피쿠로스는 신들이 인간에 대해 관심을 갖지 않는다고 설파하지만 무신론자는 아니었다), 에피쿠로스의 원자론 그 자체의 문제(예를 들면 원자의 극소(미니마))를 논하는 것은 아니다. 칸트의 에피쿠로스(학파)에 대한 언급은 비교적 많고 광범하게 걸쳐 있어 마치 그가 그 사색에 친숙한 고대철학자인 듯이 생각될 정도이다. ⇒에피쿠로스, 행복주의, 지각의 예취

−오쿠다 가즈오(奧田和夫)

엔치클로페디 [(독) Enzyklopädie]

이 용어 자체는 디드로/달랑베르* 등에 의한 '백과전서*(Encyclopédie)'에서 유래한다. 다만 칸트의 경우에는 특별한 의미가 부여되고 있다. 칸트에 의하면 철학이란 개념으로부터 이루어지는 모든 이성 인식을 포함하는 학인데, 그와 같은 학*으로서의 철학은 (1) 엔치클로페디이든가 아니면 (2) 광범한 체계*이든가 이다. 그리고 엔치클로페디란 학의 체계의 개요를 말한다. 체계란 전체의 이념*이 부분에 선행하는 통일체를 의미하며, 부분이 선행하여 전체를 이루는 단순한 집합체(Aggregat)와 구별된다. 엔치클로페디인 것의 조건으로서는 (1) 학의 모든 체계를 조감할 수 있게 하는 것과, (2) 충분한 주도면밀함을 갖고 있는 것을 들 수 있다. 그런 의미에서 칸트에 따르면 전체성의 연구가 엔치클로페디의 최대의 목적이다. 어쨌든 엔치클로페디는 그 자체가 체계를 드러내는 것으로서 칸트의 체계론을 아는 데서 중요하다. 사실 1778년 12월 15일자의 헤르츠*에게 보낸 편지에서 칸트는 자기의 엔치클로페디 강의가 "순수 지성 인식의 체계적 개념"에 대한 파악을 용이하게 하는 것이라고 말하고 있다. 대학에서의 교수활동에서 칸트는 1767/68년 겨울학기 이후로 1785/86년 겨울학기에 이르기까지 모두 11회에 걸쳐 페더*의 『철학적 학들의 기초』(1767)를 교재로 사용하여 '철학 전체의 엔치클로페디'라는 제목으로 강의를 행하고 있다. ⇒체계

―이시카와 후미야스(石川文康)

書 Emil Arnoldt, *Kritische Excurse im Gebiet der Kant-Forschung*, 1894.

역사 歷史 [(독) Geschichte]

칸트의 본격적인 역사철학*의 출현은 『세계시민적 견지에서의 일반사의 이념』*(1784)을 기다려야 하지만, 인류사에 한정하지 않고서 좀더 일반적으로 역사 개념을 생각하게 되면 역사는, 칸트에게 있어 자연학*적 관심이 압도적이었던 그의 철학적 사색의 최초의 시기부터 해결해야만 하는 문제가 거기에 존재하며, 따라서 해결의 열쇠가 단적으로 자연에서 찾아지는 중요한 차원이었다고 말할 수 있다. 예를 들면 1754년의 두 편의 논문이 각각 "지구 탄생 이래 자전에 변화가 있었는가 없었는가" 및 "지구는 노쇠하는가"라는 문제를 논의하고 있는 데서도 분명하듯이 칸트의 자연학 연구는 처음부터 기계론적 자연관의 수용과 동시에 자연*에서의 역사 내지 발전이라는 테마도 지니고 있었다. 이 점이 대규모로 전개된 것은 1775년의 『천계의 일반자연사와 이론』*이며, 은하도 태양계도 물질의 뉴턴 역학의 법칙에 기초하는 운동에 의해서 원초적인 카오스로부터 생성되어 왔다고 이야기하는 웅대한 우주창세론으로서 결실되고 있다.

그러나 칸트에서 역사는 『순수이성비판』*(1781)을 경과함으로써 비로소 그 의미가 한정됨과 동시에 고유한 철학적 의의를 획득하게 된다. 『순수이성비판』의 마지막 절은 '순수 이성의 역사'라는 제목으로 되어 있어 비판철학을 그것에 선행하는 전 철학사의 필연적 산물로서 위치짓는 의도를 지니고 있으며, 80년대의 논리학 강의에서의 철학사 개관에서는 철학을 고대 그리스에서 발상된 일회적인 역사적 사건으로서 파악하여 철학과 그 역사의 내면적 연관이 강조되고 있다. 또한 『순수이성비판』 제2판(1787) 서문은 여러 학문이 "사유방식의 혁명"에 의해서 암중모색을 벗어나 확고한 역사의 발걸음을 개시했다고 이야기함으로써 역사에 학 일반의 '왕도'라는 이념적인 성격을 부여했다. 이리하여 역사는 단순한 시간과는 구별되어 사고에 의한 신기원을 이룩하는 사건에 의해서 개시되며 어떤 목적을 향하여 일정한 과정을 진행해가는 것이라는 존재성격을 분명히 드러내는 것이다. 『세계시민적 견지에서의 일반사의 이념』에서는 이와 같은 의미에서의 역사에서의 목적 관철이 '자연의 계획'으로서 인류사의 전체적 의의를 이해하기 위한 열쇠의 역할을 담당하고 있다. 19세기적인 역사주의의 입장에서 칸트에서의 역사 개념의 소박함을 비판하는 것은 쉬운 일이지만, 역사를 철학에서의 본래적인 장소로 삼은 점에서 칸트의 선구적인 역할이 인정되어야만 할 것이다. ⇒자연, 『세계시민적 견지에서의 일반사의 이념』{『일반사의 이념』;『일반사고』}, 역사철학

―후쿠타니 시게루(福谷 茂)

265

⑳ P. Menzer, *Kants Lehre von der Entwicklung in Natur und Geschichte*, Georg Reimer, 1911. 高坂正顯「カントの歷史像」『高坂正顯著作集』第3卷, 理想社, 1964.

역사철학 歷史哲學 [(독) Geschichtsphilosophie]

역사*에 관한 철학적 고찰을 의미하며, 그 내용은 다양하지만, 보통은 역사의 본질, 의의, 과정 등을 고찰하는 '역사형이상학'과 역사 연구의 방법 및 기본적 개념들 등에 대해 반성하는 '역사인식론'의 둘로 크게 나누어진다. 칸트의 역사철학은 주로 전자에 속한다. 칸트는 최초의 역사철학 논문인 『세계시민적 견지에서의 일반사의 이념』*에서 '자연의 의도'라는 개념을 사용하여 역사의 전체적 파악을 시도했다. 그 결과 역사란 숨은 자연*의 의도에 기초하여 인간*의 자연적 소질의 완전한 전개와 그것을 가능하게 하는 국가* 내외의 법질서의 실현을 지향하는, 유로서의 인간의 발걸음이라고 하는 역사 개념이 성립되었다. 이 저작에서는 역사에서의 인간의 영위를 자연목적*론에 기초하여 교조주의*적으로 설명하는 경향이 강하다.

그런데 칸트에게는 『판단력비판』*에서 전개된 도덕적 목적론에 기초하는 또 하나의 역사 파악방식이 존재한다. 도덕의 주체로서의 인간은 궁극목적*이며, 이러한 자각에 설 때 자연 전체는 반성적 판단력의 활동에 의해서 도덕의 전제인 문화*와 법질서를 형성하는 인간의 영위에 대해서 합목적적이라고 판정될 수 있다는 것이 도덕적 목적론이다. 이러한 도덕적 목적론이 시간적 발전의 모습에로 옮겨져 역사에 새로운 의미를 부여한다. 그리고 역사란 자연을 도덕, 문화, 법에 대해서 합목적적으로 간주하고 그것들의 발전을 지향하여 나아가는 인간의 발걸음이라고 파악되게 된다. 이전에 『일반사의 이념』에서 자연의 의도로서 말해졌던 것은 이제 인간의 윤리적·정치적 실천의 자각적 목표로 된다. 이것이 칸트의 좀더 성숙한 제2의 역사관이라고 생각된다. 확립된 자유*의 사상과 도덕적 목적론에 기초하는 이 역사관은 교조주의적 경향을 벗어나 비판철학의 입장과 일치한다. 또한 이 역사관은 칸트 철학에서의 자연과 자유의 통일 문제를 생각할

때에도 커다란 시사점을 제공한다. 제1의 역사관은 본래 제2의 역사관 속으로 통합되어야만 했다고 생각되지만, 실제로는 양자가 따로따로 남았다. 칸트는 인간의 자연적 소질의 발전에 대해 개화(문화), 문명화(법적 사회의 형성), 도덕화의 3단계를 생각한다. 그가 역사철학 논문들에서 주로 논의한 것은 인간의 개화와 문명화에 대해서이다. 칸트는 인류의 도덕화에 대해서는 『종교론』*에서 주제적으로 논의하고 있다. 칸트의 역사철학은 전체로서는 말하자면 제1차와 제2차의 두 개의 역사를 포함한다고 생각된다.

이상과 같이 칸트의 역사철학은 역사의 선험적*인 인식이나 그에 대한 경험적 인식이 아니다. 오히려 도덕적 실천적 관심에 기초하는 역사의 의미에 대한 판정이자 해석이다. 그러나 이러한 해석을 부정하는 객관적 인식은 존재하지 않으며, 더욱이 실천 이성은 이러한 해석에 따라서 행위할 것을 우리에게 명령하고 있다. 칸트의 발전사관은 19세기에 그 내용이 변화되면서도 헤겔*의 역사철학과 마르크스의 유물사관에 받아들여졌다. 그러나 역사의 대 변동기를 맞이한 20세기에는 슈펭글러의 후퇴사관과 토인비의 순환사관이 나타났다. ⇒최고선, 자연사, 역사

—오구마 세이키(小熊勢記)

⑳ M. Despland, *Kant on History and Religion*, London/Montreal, 1973. W. A. Galston, *Kant and the Problem of History*, Chicago, 1975. M. Riedel, *Verstehen oder Erklären?: Zur Theorie und Geschichte der hermeneutischen Wissenschaften*, Stuttgart, 1978. Y. Yovel, *Kant and the Philosophy of History*, Princeton, 1980. 高坂正顯「カントの歷史像」『高坂正顯著作集』 3, 理想社, 1964. 佐藤全弘『カント歷史哲學の研究』晃洋書房, 1990. 牧野英二「歷史哲學における最高善の意義」樽井・円谷 編『現代カント研究』 5, 晃洋書房, 1994.

역학 力學 [(독) Mechanik]

『자연과학의 형이상학적 원리』*에서 전개되는 물체적 자연의 형이상학*의 제3부문. 제2부문인 '동역학*'이 물질*의 불가입성의 원리로서 물질의 운동과는 무관계하게 생각되는 물질의 고유한 힘을 다루는 데

반해, '역학'은 운동 상태에 있는 한에서의 물체가 다른 물체에 미치는 작용*으로서의 운동력을 다룬다. 이 '역학'은 『순수이성비판』*의 초월론적 원칙들의 구체화라는 역할을 지니는 『자연과학의 형이상학적 원리』에서 양 저작의 대응이 가장 알기 쉬운 부문이다. 이 점은 역학의 세 가지 법칙으로서 거론되고 있는 질량보존의 법칙, 관성의 법칙, 작용반작용의 법칙이 물체적 자연에 대한 경험의 세 가지 유형의 적용으로서 제시되고 있는 것으로부터 분명히 드러난다.

그와 동시에 이 역학은 관성의 법칙으로 대표되는 근대의 수학적 역학의 기본적 원리를 형이상학적으로 기초짓는다고 하는 과제를 짊어진다. 이 과제의 해결은 물체의 운동을 객관적으로 규정하기 위한 조건으로서, 다시 말하면 운동의 객관적 경험을 가능하게 하는 조건으로서 수학적 역학의 기본법칙을 논증한다고 하는 방식으로 제시된다. 구체적으로는 운동의 객관적 기술이 거기서 행해져야만 하는 특정한 좌표계(관성계, 칸트에서는 중심좌표계)를 지정하는 조건으로서 역학의 기본법칙을 이해한다고 하는 것이다. 이와 같이 자연과학*의 기본원리를 경험의 가능성의 제약*에 관계시켜 근거짓는 방법은 현대의 과학론에서도 유력한 기본 동향을 이루고 있다. 그러나 '역학'에서 취급되는 힘*은 운동하는 물체가 그 속도에 따라서 미치는 작용력으로 정의되며, 운동량을 척도로 한다고 규정되고 있다. 이와 같은 힘 개념은 작용반작용의 법칙과 양립하지 않는다. 또한 충돌 후의 모든 물체의 접착을 이야기하는 칸트의 충돌론은 운동에너지 보존법칙 또는 그것과 등가적인 물질의 복원력을 도입하지 않는 한에서 탄성충돌의 문제를 해결할 수 없다고 하는 충돌문제에 대한 무이해를 드러낸다. 이와 같이 '역학'에서 보이는 칸트의 근대역학 이해에는 문제가 있다고 말할 수밖에 없다. ⇒운동론, 힘, 동역학

―이누타케 마사유키(犬竹正幸)

㊟ M. Friedman, *Kant and the Exact Sciences*, Harvard U. P., 1992. E. Mach, *Die Mechanik in ihrer Entwicklung*, 1883(伏見讓 譯 『マッハ力學 ―― 力學の批判的發展史』 講談社, 1969).

연상聯想 [(독) Assoziation]

연상은 로크*, 흄*을 비롯한 경험주의*의 핵심개념들 가운데 하나였다. 특히 흄은 연상의 원리로서 유사(resemblance), 접근(contingency) 및 인과(cause and effect)를 들고, 이들을 심적 세계에서의 "일종의 인력"[『인간본성론』]으로까지 간주한다. 이러한 입장에 대해서 칸트는 부정적이다[B 129]. 칸트에게 있어 인식*의 기원은 본래 연상 등이 아니라 선험적 종합판단*의 가능성의 문제로서 이해되어야만 하는 것이기 때문이다.

칸트에 의하면 연상은 재생적 상상력의 종합에 기초한다. 그리고 그와 같은 종합은* "오직 경험적 법칙, 즉 연상의 법칙에만 따르지만, 그런 까닭에 선험적*인 인식의 가능성을 설명하는 데에는 아무런 기여하는 바가 없으며, 따라서 초월론적 철학이 아니라 심리학에 속한다"[B 152]고 주장된다. 『순수이성비판』* 제1판에서는 이 점이 좀더 상세하게 논의되고 있다. 연상에 즈음해서는 무언가의 경험적 규칙에 따른 현상*의 생기가 없으면 안 된다. 이 규칙이 자연법칙이라고 한다면, 따르는 현상 측에 친화성*, 즉 경험적 친화성이 있어야만 한다. 그리고 이러한 경험적 친화성의 근거로서 초월론적 친화성이 상정된다[A 113f.]. 이러한 초월론적 친화성은 순수 상상력에 의한 종합을 매개로 하여 순수 통각을 기초로 한다[A 119ff.].

이리하여 연상은 오로지 '인간학'에서 다루어져야만 하는 논제로 된다. 상상력*에 대한 일련의 기술에서 감성적 창작능력으로서 거론되는 "공간에서의 직관의 형상(bildend) 능력(imaginatio plastica)", "시간에서의 직관의 수반(beigesellend) 능력(imaginatio associans)", "표상이 상호적으로 공통의 근원을 지니는 것에 의한 친화성(Verwandtschaft; affinitas)"이 그것에 해당된다[Ⅶ 174-177]. 덧붙이자면 칸트는 이러한 현상에 대해서는 생리학적 설명을 제공할 수 없다고 주장한다. ⇒친화성

―시모노 마사토시(下野正俊)

연역演繹 [(독) Deduktion]

【Ⅰ】 기본적인 의미와 유래

일반적으로 칸트 철학에서는 경험*에서 유래하지 않는 선험적* 개념*과 선험적 종합판단*이 보편적인 동시에 필연적으로 경험*의 대상*과 관련되는 것(보편적이면서 필연적인 객관적 타당성*)을 증명하는 논의를 '초월론적 연역'이라고 말하며, 그러한 개념과 판단*이 바로 선험적인 기원을 지니고서 실제로 소유되고 있다는 것을 밝히는 논의를 '형이상학적 연역'이라고 말한다.

여기서 특히 주의해야만 하는 것은 칸트가 말하는 '연역'은 통상적으로 귀납에 대비되어 연역이라고 말해지는 것, 즉 일반적인 명제로부터 특수한 명제를 삼단논법적인 추론에 의해 논리적으로 올바르게 도출하는 절차를 의미하는 것이 아니라는 점이다. 그와 달리 칸트의 연역 개념은 그의 시대의 법학자의 관행에서 유래한다. 즉 그 당시 소송사건에서 사실, 특히 어떤 사물이 점유*되기에 이른 사실적인 경과에 관한 사항이 '사실문제*(quid facti)'라고 불리고 있었던 데 반해, '정당성(Legitimität)', 요컨대 점유를 소유*이게끔 하는 권리에 관한 사항은 '권리문제*(quid juris)'라고 불리고 있었는데, 그러한 정당성을 보이는 증명이 '연역'이었던 것이다. 이것을 철학적 논의의 기본적인 형식으로 전용함으로써 칸트의 독특한 '연역'이 성립했다. 그것은 인간이 세계에서 행하는 인식과 도덕적인 행위, 미적 및 목적론적인 판정이라는 광의의 경험 영역들에서 최고의 원리를 확립함으로써 그러한 영역들을 정당화하고 근거짓는다는 철학 본래의 과제를 수행하기 위해 칸트가 창출한 논의 형식이었다. 요컨대 칸트는 (1) 최고원리의 선험적인 기원과 소유를 밝히고, (2) 그 원리로서의 기능(객관적 타당성)의 확립을 지향하여 철학적인 논의를 전개했던 것으로서, (1)이 형이상학적 연역, (2)가 초월론적 연역이다. 최고원리란 궁극적인 것으로서 좀더 고차적인 원리로부터 도출하는 것에 의해서는 확립될 수 없기 때문에 그것을 확립하기 위한 논의는 특수한 형식의 것이지 않을 수 없다. 그러한 논의는 인간의 심적인 능력들의 체계 깊숙한 곳에서 탐구의 눈길을 돌려 그 속에서 그러한 최고원리로서 기능하는 측면 내지 계기를 확인한다고 하는 지난한 작업으로서 구체화되었다.

【Ⅱ】 이론철학에서의 연역

칸트가 『순수이성비판』*에서 제시한 순수 지성 개념의 연역이야말로 철학적 정당화 내지 근거짓기를 위한 독특한 논의형식인 연역의 원형이다. 첫째, 순수 지성 개념을 선험적 개념으로서 제시하는 절차가 형이상학적 연역이라고 불린다. 구체적으로는 지성*이 판단을 성립시키는 논리적인 기능과 순수 지성 개념인 범주*와의 일치라는 원리에 기초하여 범주들이 체계적인 동시에 완전하게 도출된다. 예로부터 범주란 존재자의 가장 기본적인 존재구조를 보여주는 존재론적 근거개념으로서, 『순수이성비판』이 그 한 측면에서 형이상학*, 특히 그 기초이론으로서의 존재론*의 재구축 시도였다고 한다면, 순수 지성 개념의 도출이 '형이상학적' 연역이라고 불리는 것도 당연할 것이다. 둘째, 사실문제와 권리문제의 구별에 기초하여 범주의 객관적 타당성을 증명하는 논의가 초월론적 연역이라고 불린다. 여기서 '초월론적*'이란 학으로서의 형이상학을 근거지으면서 재구축하는 철학적 앎의 범위를 보여주는 한정으로서, 『순수이성비판』에서 칸트가 제시하는 것이 '초월론적 철학'이라는 것에 상응한다. 거기서 범주가 인식형상으로서 객관적 타당성을 갖는다는 것을 증명하기 위해 범주가 경험의 대상으로서의 사물을 가능하게 하는 본질적인 존재 규정, 즉 "경험 대상의 가능성 조건"이자 동시에 그러한 대상으로서의 사물에 대한 '경험적 인식'으로서의 '경험'의 가능성 조건이기도 하다는 것이 제시된다. 그것은 구체적으로는 감성*, 상상력*, 통각*(지성*)이라는 심적인 능력들이 경험 일반의 성립을 전제한 경험적인 수준에서의 활동을 넘어서서, 경험 일반을 비로소 가능하게 하는 선험적으로 초월론적인 수준에서 서로 어떻게 관련되어 활동하는지에 대한 해명으로서 수행된다. 그때 저 능력들은 경험적인 수준에서는 각각 경험적 직관, 연상 내지 재생산, 재인이라는 기능을 수행하지만, 초월론적인 수준에서는 공간, 시간의 순수 직관*, 선험적 종합, 선험적 자기의식*의 통일이라는 기능을 수행한다. 후자의 기능에 의거하여 상상력은 "생산적 상상력"이라고, 통각은 "순수한 통각" 또는 "초월론적 통각"이라고 불린다. 초월론적 연역의 이러한 심적 능력들의 탐구라는 측면은 주관의 사유하는 능력을 해명하는 것이기도 한 까닭에 "주관적 연역"이라고 불린다. 그에 대해 범주의 객관적 타당성의 확립에 관한 측면은 "객관적 연역"이라고 불린다.

초월론적 연역은『순수이성비판』의 핵심부분으로서 그 집필에 들인 10년의 세월 동안 칸트가 최대의 노고를 기울였다고 고백하고 있는 곳이지만, 이 저작 2판에서는 전면적으로 개정되었다. 두 가지 버전에 대한 해석을 둘러싸고 연구사에서 방대한 논의가 축적되어 있지만, 아직까지 결정적인 해석은 나타나지 않았다. 어쨌든 그 중심 문제는 순수한 통각의 통일을 가능하게 하는 조건인 범주들이 감성적이고 경험적인 직관*에서 대상과 만나 인식하는 것도 가능하게 한다는 근본적인 사태를 설득력 있게 그리고 동시에 문제되는 사태에 관한 칸트의 통찰을 부각시키는 방식으로 해명하는 것이다.

그런데 순수 지성 개념으로서의 범주가 경험 일반과 그 대상을 가능하게 하는 구체적인 방식을 표현하는 것이 "순수 지성의 원칙"이다. 그러한 원칙이 객관적 타당성을 갖는다는 증명도 범주의 초월론적 연역과의 연속성에 따라 역시 '연역'이라고 불린다. 그러나 "순수 이성 개념"으로서의 '이념*', 예를 들어 '신*'이나 '불사의 영혼' 등은 선험적 개념이긴 하지만, 경험의 대상으로서의 세계 속에 대응물을 지니지 않기 때문에 그 객관적 타당성*의 증명이라는 의미에서의 연역은 이루어질 수 없다. 다시 말하면 그러한 이념은 범주나 순수 지성의 원칙과 같이 경험 일반을 가능하게 하는 '구성적*'인 원리가 아니라 지성에 의한 다양한 인식을 가능한 한 확대시키면서 체계적인 통일로 향하게 하는 '규제적*'인 원리인 것이다. 이리하여 이념은 우선은 체계적인 탐구의 기관*으로서의 이성에만 갖추어져 있는 주관적 원리로서 그 기능을 보증 받는다. 이러한 논의를 칸트는 위에서 서술한 범주의 주관적 연역과는 다른 의미에서 이념의 "주관적 연역"이라고 불렀다. 이것은 '연역' 개념의 유비적인 사용이라고 말할 수 있을 것이다.

【Ⅲ】 도덕철학에서의 연역

『인륜의 형이상학의 정초*』의 처음 두 장에서 칸트는 인간의 도덕성의 최고원리로서 '정언명법'인 '도덕법칙*'을 추출하고 있는데, 이것은 형이상학적 연역으로 간주될 수 있다. 그리고 이어지는 제3장에서는 인간이 이성적 존재자*로서 자유*의 이념을 전제하는 것의 필연성에 기초하여 도덕법칙의 연역이 시도되는데, 이것은 초월론적 연역이라고 할 수 있다. 하지만 칸트는 그 후『실천이성비판*』에서 도덕법칙의 연역의 가능성을 명백히 부정하여 도덕법칙에 대한 의식이 "순수 이성의 사실"로서 그것만으로 확립되어 있다고 주장하며, 역으로 그에 기초하여 자유의 연역을 제시하고 있다. 이러한 동요는 도덕성*의 정당화 내지 근거짓기가 도대체 어떻게 해서 수행될 수 있는지에 대해서뿐만 아니라 나아가 도덕성의 최고 원리로서의 도덕법칙과 자유의 연관에 관해 칸트 해석에 있어서나 사항 그 자체에 있어서 커다란 문제를 제기하고 있다. 어쨌든 그에 접근할 때 관건이 되는 것은 도덕법칙이 "순수 이성의 사실"이라는 것의 내실을 어떻게 해석하는가에 있다는 점을 지적하지 않을 수 없다. 또한『인륜의 형이상학*』제1부 '법론의 형이상학적 원리'에서는 법적인 근원적 획득(근원적 소유)의 '연역'이 시도되고 있다는 점도 부언해 둔다.

【Ⅳ】 미학과 목적론에서의 연역

『판단력비판*』제1부 '미학적 판단력의 비판'에서는 '취미판단'이 연역되어 있다. 취미판단도 주관적인 것이긴 하지만 보편적 타당성에 대한 요구를 내세우기 때문에 그것을 정당화하는 근거가 해명되어야만 한다. 그러한 근거는 인간의 지성과 상상력의 조화로운 공동의 일인 '공통감각*'에서 구해진다. 또한『판단력비판』제2부 '목적론적 판단력의 비판'에 관해서는 이 저작의 '첫 번째 서론'에서 '자연의 합목적성*'의 원리를 연역할 필요성이 설명되고 있다.『판단력비판』본론에서는 '연역'이라는 표제는 발견되지 않지만, 자연의 합목적성을 '반성적 판단력'의 원리로서 해명하는 일련의 논술[Ⅴ 362-384(§§62-68)]이 그에 해당한다고 말할 수 있다. 이것은『순수이성비판』에서 규제적 원리인 이념을 새로이 반성적 판단력의 원리로서 고쳐 파악한 것에 따라 앞에서 서술한 이념의 주관적 연역을 재구성한 것이라고 볼 수 있을 것이다.

이렇듯 칸트가 비판철학 전체를 통해 최고원리에 관해 행한 여러 가지 논의는 다양한 편차를 보이고 있긴 하지만 일반적으로 연역이라고 말할 수 있다. 아니 더 나아가 칸트가 만년에 남긴『오푸스 포스투 뭄*』에서도 물질적 자연의 인식 내지 경험의, 나아가 인식이나 행위 주체의 실질적인 성립조건을 탐구하는 논의가 전개되고 있는바, 이것도 '새로운 초월론적 연역'이라고 부를 수 있는 것임을 감안한다면 '연역'이라는 논의 형식은 칸트 철학 전체의 구조와 전개를 이해하는 데서 결정적인 핵심이라고 말할 수 있다. ⇒사실문제/권리문제, 범주

―이시카와 후미야스(石川文康)・유아사 마사히코(湯淺正彦)

📖 E. Förster (ed.), *Kant's Transcendental Deduktions*, Stanford U. P., 1989. D. Henrich, *Identität und Objektivität*, Carl Winter・Universitätsverlag, 1976. L. W. Beck, *A Commentary on Kant's Critique of Practical Reason*, 1960(Midway reprint 1984)(藤田 昇吾 譯『カント「實踐理性批判」の注解』新地書房, 1985). H. E. Allison, *Kant's Theory of Freedom*, Cambridge U. P., 1990. 石川文康「カテゴリー演繹の法廷モデル」『カント 第三の思考――法廷モデルと無限判斷』에 수록, 名古屋大學出版會, 1996.

열광熱狂 [(독) Enthusiasmus]

칸트에서 처음으로 이 개념이 등장하는 것은『미와 숭고*』에서지만, 거기서는 광신(Fanaticism)과 열광이 구별된다. 전자는 좀더 고차적인 자연*과의 직접적인 이상한 일체화를 느낀다고 믿는 것인 데 반해, 후자는 애국적 미덕이든 우정이든 종교든 준칙* 내지 무언가의 원칙에 의해서 심적 상태가 적당한 정도로 뜨거워지는 것을 의미한다. 이때 초자연적 일체화의 환상은 필요 없다[II 251 Anm.]. 다음으로『판단력비판*』에서는 "정동情動을 수반한 선의 이념은 열광이라고 불린다[V 271-2]. 그러나 정동 일반과 마찬가지로 열광은 맹목적인바, 곧바로 이성*의 찬동은 얻어지지 않는다. 그러나 감성*이 드러내는 장애를 도덕적 원칙들에 의해서 넘어서는 심정의 힘으로서 심미적으로 표상되는 한에서는 '숭고한 감정'이다. 그것은 이념들에 의한

힘들의 긴장이며, 감관에 의한 충동보다 훨씬 더 강력하고 지속적으로 작용하는 활력을 심정에 부여하기 때문이다[V 272]. 열광이 수반되지 않고서는 어떠한 위대한 것도 성취되지 않을 것이다.

마지막으로『학부들의 투쟁*』에서는 제2장에서 인류의 역사적 진보의 기대 가능성의 지표로서 열광이 받아들여진다. 장래의 인류의 진보를 예측하기 위해서는 그 원인과 창시자인 인류의 성질과 능력을 시사하는 '사건(Begebenheit)'이 경험되는 것이어야만 한다[VII 84]. 칸트는 이것을 '역사의 징후(Geschichtszeichen)'라고 부른다. 그가 주목한 시사적 사건이란 역사* 상의 대사건 그 자체가 아니라 이에 대한 민중과 구경꾼들의 태도 속에서 공공연하게 나타나는 사고방식이었다. 프랑스 혁명의 실정이 어떠하든 인권선언은 칸트의 주장이기도 했다. 그는 혁명 자체보다 이것을 환호의 목소리로 맞아들인 주변 나라들의 민중의 동향에서 역사의 징후를 보았다. 전제국가에 있어서는 혁명적 당파에 대한 희망 섞인 열광적인 가담은 위험하다. 그럼에도 불구하고 감히 이루어지는 가담은 도덕적 이념과 공화국*의 이념에서 촉발된 정신의 앙양 이외의 것이 아니다. 이리하여 혁명*에 대한 주변 나라들의 민중의 열광은 장래의 진보를 기대하게 만드는 인류의 성질과 능력을 시사하는 사건으로 간주되었다[VII 85-86].

―나카지마 모리오(中島盛夫)

📖 J.-F. Lyotard, *Enthousiasme: La Critique Kantienne de l'histoire*, Editions Galilés, 1986(中島盛夫 譯『熱狂――カントの歷 史批判』法政大學出版局, 1990).

염세주의 ⇨ 비관주의

영靈 ⇨ 정신{영}

영리함怜悧- [(독) Klugheit]

영리 또는 사려라고도 번역된다. 좁은 의미에서는

자기 자신의 최대의 행복을 위한 수단을 선택할 때의 숙련을 가리킨다. 일반적으로 숙련의 규칙이 임의의 가능한 목적*의 실현을 위해 무엇을 해야만 하는가를 보여주는 규칙인 데 반해, 현실적인 목적(인간에게 있어서는 행복*)을 획득하기 위해 무엇을 해야만 하는가를 보여주는 것이 영리함의 규칙이다. 이것은 행복의 가치가 있는 것만을 동인으로 하는 도덕법칙*과 엄격히 구별되어야만 하지만, 에피쿠로스학도는 동일시했다. 영리함의 규칙은 가언적이다. 행위가 단적으로 명령*되고 있는 것이 아니라 다른 의도*를 위한 수단으로 명령될 뿐이다. 도덕법칙에는 무제약적・객관적・보편타당적인 필연성*의 개념이 수반되는 데 반해, 영리함의 규칙은 단지 주관적・우연적 조건 하에서의 필연성을 지니는 데 그친다. 어떤 사람이 어떤 것을 행복으로 간주하는가의 여부가 주관적・우연적 조건 하에 놓여 있고, 그렇게 간주될 때에 그것을 달성하기 위한 필연적인 수단을 제시하는 것이 영리함의 규칙인 것이다. 그러나 행복은 그 요소가 경험적임에도 불구하고 절대적 전체의 이념인 까닭에 우리에게 있어서는 명확히 파악될 수 없다. 그러므로 영리함의 규칙은 명법*이라고 하기보다도 단순한 일반적 규칙으로서의 권고 또는 조언이라고 말하는 것이 어울린다. 경향성*을 억제하고 절도를 보존하는 것, 가장 좋은 친구라 하더라도 서로 마음을 털어놓을 때에는 신뢰의 정도를 조금 낮추어 하는 것이 그 예들이다. 이러한 좁은 의미의 영리함이 사적 영리함이라고 불리는 데 반해, 타인에 대해서 영향력을 지니고 타인을 자신의 다양한 의도를 위해 사용하는 숙련은 세간적 영리함이라고 불린다. 이러한 원칙이 국가론의 수준에서 관철되면 국민*의 권리에 대한 침해로 된다. 또한 무엇이 의무*인가 하는 것은 누구에게나 자명하여 영리함 없이도 판정할 수 있는 데 반해, 무엇이 어떤 사람에게 영속적인 이익을 가져다주는가 하는 것에서는 크고 많은 영리함이 필요하다. 예를 들면 사람은 손해를 입음으로써 영리하게 되듯이 사람을 (작위적인 지성 사용에의 숙련으로서) 영리하게 하는 것은 경험*인 것이다. ⇒의도, 명법

―기타오 히로유키(北尾宏之)

영어권의 칸트 연구英語圈―研究

영어권에서의 칸트 철학에 대한 본격적인 연구는 노먼 켐프 스미스로부터 시작되었다고 말해도 좋을 것이다. 1918년에 초판이 나온 『칸트 순수이성비판의 주해』(A Commentary to Kant's Critique of Pure Reason)는 칸트 연구자의 기본 자료라고 말해야 할 책이다.

이 책은 두 개의 테제로 이루어져 있다. 첫 번째 테제에 따르면, 경험계는 마음에 있어서 선험적*인 개념*과 직관*이 합치함으로써 가능하게 되는 "판단*의 구성(Structure of Judgments)"이다. 이 경험적 세계는 우리가 알 수 없는 사물 자체*의 세계와는 다르다. 나아가 경험*에서도 물리적 대상과 그 지각* 내지 표상*이 구별된다.

두 번째 테제는 '누더기 설(Patchwork Theory)'이라고 불리는 것으로서 『순수이성비판』*, 특히 그 제1판의 연역*을 약 10년간의 차이가 나는 시기에 저술된 것의 조합이라고 간주하는 것이다. 스미스는 좀더 부드럽게 수미일관성을 보이는 제2판의 연역보다 제1판의 연역에 무게를 둔다. 제1판에서 이루어지고 있는 "주관적 연역"이라고 불리는 초월론적 자아의 종합적 활동에 대한 상세한 기술이 제2판에서는 거의 생략되어 있다는 점을 염두에 둔다면, 스미스의 해석은 칸트 철학의 심리주의적인 측면을 강조한 것이라고 할 수 있다.

스미스의 『순수이성비판』에 대한 해석은 칸트 철학의 다른 부분의 해석과도 관련되며, 이후의 칸트 연구 발전에 커다란 영향을 미쳤다. 스미스가 주창한 현상계와 가상계의 엄격한 구별은 초월론적 변증론과 도덕론에서의 자유와 결정론의 모순을 해결하는 데로도 향하고 있다.

스미스의 저작과 그에 의한 『순수이성비판』의 영역본이 출판된 후, 영국에서 칸트 연구가 꽃피게 된다. 대략 40년 사이에 현재까지도 그 가치를 상실하지 않은 다수의 명저가 영국인에 의해 저술되었다.

그 하나로 H. J. 페이튼이 저술한 두 권으로 된 『칸트의 경험의 형이상학』(Kant's Metaphysic of Experience)이 있다. 이 주의 깊고 친절한 해설서는 『순수이성비판』의 각 행과 각 절을 설명한 것으로서 『순수이성비판』 안에 존재하는 모순에는 전혀 눈을 감은 채 평이한

책이고자 노력했기 때문에 편리하긴 하지만 깊은 통찰은 결여하고 있다. 본격적인 칸트 연구자에게는 불만이 남을 수밖에 없겠지만, 학생 등 초심자들에게는 유효하게 이용될 수 있을 것이다.

페이튼의 저서에 비해서 작은 책이긴 하지만 좀더 가치 있는 책으로 T. D. 웰던이 저술한 『칸트 순수이성비판 입문』(Introduction to Kant's Critique of Pure Reason)이 있다. 1958년에 개정판이 나온 이 저작에서 웰던은 주관적 연역과 밀접한 관계에 있음에도 불구하고 스미스에 의해 충분히 설명되었다고는 결코 말할 수 없는 내감*의 문제를 다루어 명석한 해석을 시도했다. 대단히 유익한 내감에 대한 이 분석에 의해 독자는 『순수이성비판』 제2판의 '초월론적 감성론에 대한 일반적 주해'를 해독할 수 있게 될 것이다.

칸트의 공간론과 시간론에 대해서는 하버드 대학 철학과 교수인 찰즈 파슨스와 핀란드의 탁월한 수학자인 J. 힌티카 사이의 논쟁도 흥미롭다. 이 논쟁은 "순수 직관이란 무엇인가"라는 물음을 다룬 것이다. 공간*과 시간*이 우리의 경험 내지 경험적 인식을 가능하게 하기 위한 전제라는 의미에서의 순수 직관, 요컨대 경험적 직관의 순수형식이라고 한다면 이해하기가 쉽지만, 공간과 시간이 단순한 형식이 아니라 직관 그 자체라고 칸트가 주장하는 경우에 대단히 큰 어려움이 생긴다. 앞에서 페이튼의 해설서가 깊은 통찰을 결여하고 있다고 썼던 이유 가운데 하나가 바로 그가 초월론적 감성론에 많은 페이지를 할애하면서도 이 문제를 깊이 파헤치지 않았기 때문인데, 파슨스/힌티카 논쟁은 학문적 수준이 대단히 높은 것으로서 20세기의 라이프니츠*/클라크 논쟁이라고 부를 수 있을 것이다.

20세기 미국에서 칸트 연구에 가장 크게 기여한 철학자로 매사추세츠 대학 교수인 로버트 폴 월프가 있다. 그의 『칸트의 심적 활동의 이론』(Kant's Theory of Mental Activity, 1963)은 그 세부에 관해서는 스미스와 의견을 달리하지만, 스미스 노선을 받아들여 그것을 새롭게 탐구한 저작이다. 이 저작은 『순수이성비판』의 초월론적 분석론에 관한 것으로서 특히 주관적 연역에서의 칸트의 '종합*'에 날카롭게 다가서고 있다. 월프에 따르면 '종합'에 대한 그의 독창적인 해석에 의해서만 칸트의 분석론의 재구축이 가능하게 된다. 그의 주장은 인과율의 타당성이 의식*의 주관적 통일을 전제한다는 것이다. 그 근저에는 자연* 또는 객관적 세계가 인간 마음의 주관적 의식의 활동의 산물이라는 생각이 놓여 있다.

월프의 책이 세상에 나온 몇 년 후 옥스퍼드 대학 교수인 P. F. 스트로슨*의 『의미의 한계』(The Bounds of Sense, 1966)가 출판되었다. 이 저작에서 스트로슨은 스미스/월프 식의 칸트 해석을 혹독하게 논박했다. 그는 칸트가 참으로 의도한 것은 (스트로슨 자신의 용어에 따르면) "기술적 형이상학"이라고 말한다. 『순수이성비판』에 대한 그의 분석적인 접근은 스미스/월프가 말하는 마음의 활동 혹은 주관의 종합적 활동을 "학문적 환상"으로서 배척한다.

월프와 스트로슨의 두 저작에 접한 독자는 이 둘이 사물과 거울에 비친 그것의 상과 같은 대칭성을 지닌다는 것에 놀라겠지만, 그것은 결코 우연이 아니다. 월프는 하버드 재학 중 미국의 실용주의자 가운데 한 사람이자 『마음과 세계의 질서』(Mind and the World Order)의 저자인 C. I. 루이스에게서 칸트를 공부하는 데로 기울어졌는데, 그 후 장학생으로서 옥스퍼드에 유학하게 되었을 때 스트로슨을 접하게 되고 그 칸트 해석이 그가 배운 해석과 너무도 달랐던 것이 그가 칸트에 대한 책을 쓰는 동기가 되었기 때문이다. 칸트가 흄 철학에 접하고서는 "만약 이 철학이 참이라면 나와 부모의 신앙은 파괴될 것이다"라며 『순수이성비판』의 집필을 결심했다는 전설이 있는 것처럼, 월프가 "만약 스트로슨의 학설이 유포된다면 스미스의 위업, 은사 루이스의 하버드에서의 오랜 세월에 걸친 칸트 강의는 아무것도 아니게 될 것이다"라며 위기감을 갖고서 저술한 것이 『칸트의 심적 활동의 이론』이다. 다만 이 책은 『의미의 한계』가 출판되기 전에 쓰였기 때문에 스트로슨의 저작에 대한 언급은 없다. 월프와 스트로슨 이후 영국과 미국에서의 칸트 연구의 다수는 이 두 사람에게 자극 받아 촉발되었다.

현재 스트로슨에 가장 가까운 해석을 채택하고 있는 것은 영국인으로서 미국 뉴욕 주에서 교편을 잡고 있는 조너선 베네트이다. 1966년에 출판된 『칸트의 분석론』(Kant's Analytic)에서는 로크*, 흄* 등의 영국 경험주의자 및 데카르트*, 라이프니츠 등 대륙 이성주의자와 칸트의 학설과의 관련이 서술되고 있고, 그로부터 8년 후에 저술된 『칸트의 변증론』(Kant's Dialectic)에서는 칸트 이전의 철학자가 그에게 미친 영향이 아주 상세하게 서술되고 있다. 스트로슨이 칸트 이외의 철학자에 대해 조금밖에 언급하지 않았던 데 반해, 베네트는 이들 저작에서 여러 철학자에 대해 상술하고 있는바, 칸트에 대한 그의 접근은 분석적인 동시에 역사학적인 것이라고 말할 수 있을 것이다.

스미스/월프의 전통을 이어받은 대표적인 칸트 연구자로서는 펜실베이니아 대학의 폴 가이어를 들 수 있다. 그의 결론은 '경험의 유추'가 『순수이성비판』의 핵심이며, '초월론적 연역론'은 1781년에 그 저작이 출판되기 직전에 덧붙여진 것이라는 점이다. 가이어는 '초월론적 연역론'을 덧붙인 까닭에 본래는 실재론자인 칸트가 관념론자의 입장을 채택할 수밖에 없었다고 주장한다. 그의 해석은 독창적이지만, 칸트의 관념론을 진지하게 다루려고 하지는 않는다. 서양에서 가장 위대한 철학자가 관념론자라는 것을 납득할 수 없기 때문에 칸트가 실재론자였다는 것을 무리하게 역사적 사실에서 찾아내고자 하는 점은 그리 높이 평가될 수 없다. 전前 비판기의 칸트를 실재론자라고 부르는 것은 가능하지만, 『순수이성비판』에서 그것을 주장하는 것은 타당하다고 말할 수 없을 것이다.

가이어와 마찬가지로 신진기예의 칸트 학자로 캘리포니아 대학의 헨리 엘리슨이 있지만, 그의 주저인 『초월론적 관념론─해석과 옹호』(Transcendental Idealism: An Interpretation and Defence)에서도 그 제목에도 불구하고 칸트의 관념론자로서의 평가가 이루어지고 있지 않은 것은 아무래도 얄궂다 할 것이다.

─R. P. 월프・후세하라 마사오(伏原理夫)

📖 Norman Kemp Smith, A Commentary to Kant's Critique of Pure Reason, Macmillan, London, ²1918. H. J. Paton, Kant's Metaphysic of Experience, Macmillan, New York, 1936. T. D. Weldon, Introduction to Kant's Critique of Pure Reason, Clarendon Press, Oxford, 1958. Robert Paul Wolff, Kant's Theory of Mental Activity, Harvard University Press, Massachusetts, 1963. Peter F. Strawson, The Bounds of Sense, Methuen, London, 1966; Individuals, Methuen, London, 1959. Jonathan Bennett, Kant's Analytic, Cambridge U. P., Cambridge, 1966; Kant's Dialectic, Cambridge U. P., Cambridge, 1974. Paul Guyer, Kant and the Claims of Knowledge, Cambridge U. P., Cambridge, 1987. Henry E. Allison, Kant's Transcendental Idealism: An Interpretation and Defence, Yale U. P., Connecticut, 1983.

영역領域 [(독) Gebiet]

인식능력의 입법적 성질과 판단력*의 중개적인 성질을 보이기 위해 『판단력비판』*에서 특정한 의미를 부여 받는 용어. 칸트는 대상*의 인식*이 가능한가의 여부에 관계없이 개념*과 대상이 관련되는 한에서 그곳을 '분야(Feld)', 이 분야 속에서 인식이 가능한 부분을 '지역(Boden, territorium)'이라고 한 다음, 나아가 이 지역 속에서 인식능력이 입법적인 부분을 '영역(Gebiet, ditio)'이라고 한정했다. 지역에서는 경험 개념이 합법칙적으로 산출되면서도 그 규칙은 경험적이자 우연적이다. 이에 반해 입법적인 인식능력으로 말해지는 것은 지성*과 이성*이다. 전자는 이론적인 입법*을 통해서 자연*을 인식하며, 또한 후자는 실천적인 입법을 통해서 자유*를 욕구한다. 요컨대 우리의 인식능력 전체의 영역은 자연 개념과 자유 개념의 그것인 것이다. 이것이 인식능력의 입법적 성질에 관계되는 '영역'의 정의이다.

자연 개념이 자유 개념에 의한 입법에 영향을 미치지 않고, 또한 자유 개념이 자연 개념에 의한 입법을 방해하지 않은 채 두 개의 서로 다른 영역이 경험이라는 동일한 기반 위에서 공존할 가능성*은 『순수이성비판』*이 증명하는 바이다. 이들 두 영역은 상호간에 어떻게도 서로 규정하지 않기 때문에 그 사이에는 '심연'이 놓여 있으며, 하나의 영역으로 통합되지 않는다. 지성이 좁은 의미의 인식능력*에, 이성이 욕구능력*에 각각 선험적*인 법칙을 지정하는 것과 마찬가지로, 판단력이 쾌*와 불쾌의 감정에 대해서 선험적으로 규

273

칙을 부여하는데, 양자의 중간항에 위치지어지는가 아닌가 라는 판단력의 중개적 성질이 여기서 표명된다. 그 결과 자연 개념의 영역에서 자유 개념의 영역에로의 이행* 가능성이 『판단력비판』의 문제의식으로서, 특히 그 서문에서 현재화되기에 이른다. 비판철학에서는 영역 그 자체가 중요한 것이 아니라 오히려 자연과 자유라는 두 영역 사이의 이행 문제가 그 통일의 관점에서 주목된다. ⇒이행

—소에지마 요시미치(副島善道)

🎴 H. Cohen, *Kants Begründung der Ästhetik*, Berlin, 1889. R. Eisler, *Wörterbuch der Philosophischen Begriffe*, Berlin, 1929. R. P. Wolff, *Kant's Theory of Mental Activity*, Gloucester, Mass., 1973. H. Mertens, *Kommentar zur Ersten Einleitung in Kants Kritik der Urteilskraft*, München, 1975(副島善道 譯『カント<第一序論>の注解』行路社, 1989).

영원永遠 [(독) Ewigkeit]

우리는 자주 죽음을 시간*에서 영원에로의 이행이라고 표상한다. 이러한 발상은 아마도 인간 이성에 보편적으로 뿌리박고 있는 것이어서 어느 시대에서나 어느 민족에게서도 발견된다. 그러면 영원이란 어떤 것인가? 『만물의 종언』에서의 고찰은 그에 대해 유익한 시사점을 제공해 준다. 영원은 시간과의 대비에서만 이해 가능한 개념이다. 그러나 영원과 시간의 관계는 칸트 철학의 기본 구조로서의 이원론적 대립(가상계와 현상계)과 유비적으로 고찰될 수 있겠지만, 그러나 그것이 이율배반*의 관계에 있는 것으로 볼 수는 없다. 왜냐하면 이율배반에서의 대립*은 세계가 시간적으로 시원을 지니는가 아니면 무한한가(무한지속성) 라는 것이어서 어느 쪽의 주장도 시간의 존재를 전제하고 있기 때문이다. 그러므로 우리는 영원을 "무한*히 진행하는 시간"이라고 이해하지 않도록 주의해야만 한다. 그렇게 이해하게 되면 "시간에서 영원에로"라는 것은 "어떤 시간으로부터 다른 시간에로"와 같은 의미로 되어버릴 것이기 때문이다. 따라서 영원은 인간이 중단시킬 수 없이 지속하면서, 그럼에도 불구하고 일체의 시간이 끝나는(이미 어떠한 일도 생기하지 않는) 것이라고 생각되어야만 한다. 다만 그 지속이라 말하더라도, 인간의 현존재를 양으로 본다면 시간과는 전혀 비교할 수 없는 양(본체적 지속)으로 볼 수 있기 때문에, 우리는 그것을 오로지 부정적인 형식에서 표상할 수 있을 뿐이다. 영원이 이념*인 이상, 이론적으로 파악 불가능한 것이라는 것은 자명하며, 그것은 실천적 견지에서만 의미를 지니는 것으로 되지 않을 수 없다.

특히 우리의 눈길을 끄는 것은 영원이 시간이 종식되는 최후의 날(마지막 날)로 되고, 나아가 그 날이 세계심판자에 의한 최후의 심판의 날로 간주되는 경우이다. 거기에서는 전 생애에 걸친 인간 행적의 총결산에 기초한 판결에 따라, 영원은 축복 받은 것이 되든가 아니면 영겁의 형벌에 처한 것이 되든가 하게 된다. 다가올 영원에 관해서는 예로부터 두 가지 체계가 존재해 왔다. 첫째는 유일신론 체계로서, 그것은 속죄에 의해 정화된 모든 인간에게 영원의 축복이 주어진다는 것이다. 둘째는 이원론* 체계로서, 그것은 약간의 선택된 자들에게만 축복이 주어지고, 나머지 모든 사람들에게는 영겁의 형벌이 주어진다는 것이다. 그러면 우리는 이 둘 가운데 어느 것에 우위를 부여해야만 하는가? 양자 모두 인간 이성의 사변적 능력을 완전히 넘어서 있기 때문에, 이 이념의 사용은 오직 실천적인 방식에 한정되지 않으면 안 된다. 그리고 이러한 관점에서 보자면, 바로 이원론 체계가 받아들여져야 한다는 결론이 나온다. 왜냐하면 유일신론 체계는 너무 쉽게 우리로 하여금 안심하도록 유혹할 위험이 있기 때문이다[VIII 327-339].

칸트의 영원관은 영원과 시간의 완전한 이질성이라는 면에서는 기독교의 파악과 친근성을 보이지만, 영원이 어디까지나 이념*에 불과하다는 점에서는 그것과 결정적으로 다르다. 그것은 신의 존재를 초시간적인 영원이라고 보는 신앙 입장의 절대화를 신비주의*에의 함정으로서 경계하고, 이념은 사변이 아니라 실천적 관점에서만 의미를 지닐 수 있다고 수미일관하게 생각하는 데에 그 특징과 의의를 지닌다. ⇒시간, 종교

—도요다 츠요시(豊田 剛)

🎴 Augustinus, *Confessiones*, 400(服部英次郎 譯『告白』岩波文

庫). Spinoza, *Ethica*, 1675(畠中尙志 譯 『エチカ』上·下, 岩波文庫). 波多野精一 『時と永遠』 波多野精一全集 4, 岩波書店, 1969.

영원한 평화 永遠-平和 [(독) ewige Friede(n)]

일시적, 국지적으로가 아니라 영원*히 계속되는 세계 전체의 평화*를 의미. 인류는 유사 이래로 그 실현을 원해 왔지만, 그 소원은 근대에 다수의 절대주의 국가가 성립하여 대립, 항쟁하면서부터 한층 더 강해졌다. 생피에르와 루소* 등이 진지하게 이 문제와 씨름한 선구자이다. 칸트도 그것에 깊은 관심을 기울였는데, 단순한 시사문제로서가 아니라 철학 그 자체의 중요한 문제로서 논의했다. 칸트는 『순수이성비판』*에서도 학설들의 다툼이 비판철학에 의해 해소되고, 철학의 "영원한 평화"가 도래한다고 말하고 있다[B 779f.]. 또한 그는 1796년에 「철학에서 영원한 평화 조약의 임박한 체결의 고지」라는 논문도 쓴다. 칸트에게서 평화의 문제는 근본적으로는 이성의 다툼의 참된 해결을 의미했다. 물론 영원한 평화는 특히 국제정치의 중요한 문제이다. 그러나 칸트는 그것을 논의할 때에도 비판철학의 체계 속에 끼워 넣어 철학적으로 논하고 있다.

칸트가 국제정치에서의 영원한 평화의 문제에 대해 논의한 저술들 가운데 특히 중요한 것은 『인륜의 형이상학』*의 제1부·법론*과 『영원한 평화를 위하여』*이다. 후자에 대해서는 따로 독립된 항목에서 논의할 것이기 때문에, 여기서는 전자를 중심으로 서술하고자 한다. 칸트에게서 법*이란 서로 관계하는 개인이 자기와 타인의 외적 행위를 조정하여 공생을 가능하게 하는 "조건들의 총괄"[VI 230]이다. 이러한 법의 개념으로부터 "어떤 행위이든지간에 그 행위가, 또는 그 행위의 준칙*에 관해 각인의 선택의지*의 자유가, 어떤 보편적 법칙에 따라 그 누구의 자유와도 양립할 수 있게 되면 그 행위는 **올바르다**"라는 "법의 보편적 원리"[VI 230]가 생겨난다. 그러므로 칸트에게서 법이란 개인의 자유의 조화*의 문제이며, 그에 기초한 정의*의 문제이다. 그는 국가*도 하나의 인격*이라고 간주하기 때문에, 국가 간의 법에 대해서도 마찬가지로 생각한

다. 국가 상호간의 자유가 조화롭게 양립하고 거기서 정의가 행해지면 평화도 실현된다는 것이다. 법은 무엇보다도 그것을 지향하는 것이며, 그런 의미에서 영원한 평화는 "단순한 이성의 한계 안에서의 법론"의 "전적으로 궁극적인 목적*"[VI 355]이다. 전쟁*이란 법에 의하지 않고 폭력에 의해 자기의 권리를 주장하는 것이다. 그것은 위에서 서술한 법의 이념에 배치되기 때문에 불법이며 부정의이다. "어떠한 전쟁도 있어서는 안 된다"는 것은 개인들 사이에서나 국가 간에서 "도덕적 실천 이성"의 금지명령이다[VI 354]. 전쟁은 커다란 재난을 초래하지만, 그보다 먼저 불법, 부정의이기 때문에 칸트는 전쟁에 강력히 반대하는 것이다.

근대 이후의 평화 문제에서 특히 커다란 하나의 난점은 한편으로 국가 주권의 독립성과 절대성을 존중해야만 하는 것과 함께, 다른 한편으로 평화를 위해 초국가적 질서를 확립하고 국가 주권에 제한을 가하지 않으면 안 된다는 점에 놓여 있다. 칸트는 이 문제를 해결하여 영원한 평화로 이끌어가는 법 원리를 국가법, 국제법*, 세계시민법*의 세 가지로 나누어 전개하고 있는데, 중복을 피하기 위해 그 내용의 서술은 『영원한 평화를 위하여』의 항목에 미루어 두고자 한다. ⇒국가, 세계시민법, 법{권리}, 국제법, 역사철학, 『영원한 평화를 위하여』{『영원평화론』}, 루소

—오구마 세이키(小熊勢記)

圏 H. Saner, *Kants Weg vom Krieg zum Frieden, Vol. I, Widerstreit und Einheit: Wege zu Kants politischen Denken*, München, 1967. W. B. Gallie, *Philosophers of Peace and War*, Cambridge, 1978. H. Arendt, *Lectures on Kant's Political Philosophy*, Chicago, 1982(浜田義文 監譯 『カント政治哲學の講義』 法政大學出版局, 1987). 朝永三十郎 『カントの平和論』 改造社, 1922. 高坂正顯 「世界公民の立場──カント『永遠平和のために』の序說」 『高坂正顯著作集』 3, 理想社, 1964. 片木淸 「『永久平和論』の歷史的意義と方法論の問題 (I)」 國際學院研究紀要 8; 「『永久平和論』の歷史的意義と方法論の問題 (II)」 埼玉大學教育學部紀要 2-1, 1993. 그밖에 『영원한 평화를 위하여』 항목의 참고문헌도 참조.

『영원한 평화를 위하여』永遠-平和-」「**『영원평화론』**永遠平和論」 [(독) *Zum ewigen Frieden*, 1795]

1795년 이미 71세에 이른 칸트가 영원한 평화*의 실현을 바라며 쓴 저작. 집필의 직접적인 동기가 된 것은 그해 4월에 프랑스와 프로이센 사이에 체결된 바젤 평화조약이 비밀 유보조항을 포함하고 있었던 것에 대한 분노에 있었다고 생각된다. 이 저작에서의 영원한 평화의 사상은 기본적으로『인륜의 형이상학』*의 제1부 '법론'의 그것과 다르지 않지만, 후자가 주로 영원한 평화를 선험적*인 법 원리의 궁극 목적*으로서 전개할 것을 지향하는 데 반해, 전자는 현실에 대한 원리*의 적용을 중시하고 있다. 칸트에 의하면 국가* 간에는 법적 질서가 확립되어 있지 않기 때문에 전쟁*이 일어나기 쉽고, 일어난 경우에는 서로 자기의 정의를 주장하여 언제까지나 전쟁이 계속되기 때문에 섬멸전으로 되기 쉽다. 그러므로 우선 전쟁을 방지하고 영원한 평화를 실현하기 위한 지반을 구축해야만 한다. 칸트는 이를 위한 구체적 조건으로서 이 저작의 제1장에서 "영원한 평화를 위한 여섯 가지 예비조항"을 제시한다. 즉 (1) 거짓된 평화조약을 체결하지 않는다, (2) 계승, 교환, 매수, 증여 등에 의해 영토의 병합을 행하지 않는다, (3) 상비군은 점차 완전히 폐지한다, (4) 대외분쟁에 관련하여 국채를 발행하지 않는다, (5) 타국의 체제와 통치에 폭력으로 간섭하지 않는다, (6) 전시 중에도 장래의 상호신뢰를 불가능하게 만드는 비열한 수단을 사용하지 않는다, 등이다. 그 가운데 (1), (5), (6)은 즉시 실행되어야 하는 금지법칙이고 다른 것들은 유예가 인정되는 법칙이다.

칸트는 제2장에서 위와 같이 하여 준비된 지반 위에서 영원한 평화를 실현하기 위한 조건으로서 세 가지 "확정조항"을 제시한다. 우선 제1확정조항으로서 각 국가가 공화적 체제――자유*와 평등*의 권리를 갖는 국민이 공동의 입법*에 따르고, 입법권과 집행권이 분리된, 대의제에 의한 정치체제――를 설립할 것이 요구된다(국가법). 그것이야말로 사회에서 자유로운 인간의 공생을 가능하게 하는 근본원리이자 또한 그 본질상 전쟁과 양립하지 않는 체제이기 때문이다. 다음으로 칸트는 공화주의를 국가 간으로 확대시켜 생각

한 결과 영원한 평화를 보증하는 국제 질서로서 "세계시민적 체제" 또는 "세계공화국"의 이념을 획득했다. 그러나 국제정치의 현실을 고려하여 실제적인 목표로서는 평화를 지향하는 국가들의 "연합"을 제안하고 그것을 제2확정조항으로 삼았다(국제법). 나아가 칸트는 제3확정조항으로서, 사람들이 세계시민으로서 그 어떤 나라에도 방문하여 그 국민과 우호적으로 교제할 수 있는 "방문권"을 가져야만 한다고 주장했지만, 다른 한편 열강의 식민지 경영을 엄격하게 금지했다(세계시민법). 그밖에 칸트는 영원한 평화가 몽상이라는 비판에 대해, "제1추가조항"에서 "위대한 기교가"인 자연*에는 인간의 불화를 통해 인류를 영원한 평화로 향하게 하는 움직임이 보인다며 영원한 평화의 보증에 대해 논했다. 또한 그는 '부록' (1)에서 윤리와 정치의 일치는 전자를 상위에 두고 후자를 그것에 종속시킴으로써 가능하게 된다고 말하며, (2)에서는 "공개성*" 원리를 정치적 행위의 준칙*으로서 제창하고 있다. 칸트의 평화론의 의의는 무엇보다도 영원한 평화가 이성*에 기초한 "도덕적 목적"이며 그 실현이 아무리 곤란하더라도 모든 노력을 기울여 그에 접근해야만 한다는 것을 밝히고 사람들에게 자각을 촉구한 데 놓여 있다. 또한 칸트가 이를 위해 제안한 원칙들은 200년 후인 오늘날에도 그 의의를 상실하고 있지 않다고 생각된다. ⇒영원한 평화, 법{권리}, 국제법, 공개성, 세계시민법

―오구마 세이키(小熊勢記)

[참] R. Beiner, *Political Judgment*, London, 1983(浜田義文 監譯 『政治的判斷力』法政大學出版局, 1988). H. Williams, *Kant's Political Philosophy*, Oxford, 1983. R. Beiner/W. J. Booth (eds.), *Kant and Political Philosophy*, New Haven/London, 1993. 浜田義文「カントの永遠平和論」『理想』635号, 1987. 宇都宮芳明「カントの平和の哲學」北海道大學文學部紀要 36-1, 1988. 小熊勢記「カントの平和哲學」『カントの批判哲學――認識と行爲』京都女子大學研究叢刊 18, 1992. 그밖에 '영원한 평화' 항목의 참고문헌도 참조.

영혼靈魂 [(독) Seele]

18세기의 독일 철학계에서 압도적인 영향력을 지니고 있던 것은 볼프* 철학이었지만, 그 속에서 영혼은 단순한(그러므로 물질의 변화에 영향 받지 않는) 실체*로 되며, 감각*, 구상, 개념형성과 판단, 그리고 욕구 등의 작용들이 유래하는 하나의 근원적 힘을 지니는 것으로 되고 있었다『독일어형이상학』§742-748]. 이에 대해 칸트는 이미 1755년의『새로운 해명*』에서 신체와의 교호작용 없이는 영혼의 내부적 변화가 설명될 수 없음을 주장하고, 단순실체가 활동의 내부적 원리에 의해서 변화를 계속한다는 설명을 배척하며, 그와 아울러 '변화'의 근거를 포함한다고 하는 근원적 힘의 상정을 "자의적인 정의"라고 하여 비판하고 있었다[Ⅰ 411f.]. 1764년의『판명성*』에서도 영혼의 독립성에 관해 판단하기 위해 필요한 것을 우리가 결여하고 있다고 하여 볼프학파의 편을 들지 않으며, 나아가 진眞을 표상*하는 능력과 선*을 감수하는 능력*의 이종성을 주장함으로써 힘*의 일원론*에 대해 능력들의 다원론*을 지지하고 있었다[Ⅱ 292, 299]. 다만 1766년의『시령자의 꿈*』에서는 선의 감수(도덕적 감정)라는 현상과 관련하여 인간적 활동을 동기짓는 것으로서 자기중심성만이 아니라, 영적인 것으로 생각되는 "일반적 의지의 규칙"에 대한 의존도 관찰할 수 있다고 하여 이로부터 "비물질적 세계(mundus intelligibilis = 예지계*)"에도 소속될 가능성을 신중하게 유보하고 있다[Ⅱ 330, 335].

비판기의 칸트는 우선『순수이성비판*』의 오류추리론에서 볼프학파의 이성적 심리학*이 제출하는 영혼의 규정들이 "우리 사유*의 논리적 형식적 조건"을 "실체로서의 영혼의 존재론적 규정"이라고 혼동하는 '오류추리'에서 귀결한다는 점을 지적하여 단순한 독립체로서 영혼을 정립하는 길을 막았다. 다른 한편 심성에서의 '능력들'은 그 속에서 비로소 인식*이 가능해지는 구조의 통일성 가운데 위치지어지며, 그러한 이종적인 능력들의 '공통의 뿌리'에 관해서는 그것이 이러한 구조 그 자체의 가능성의 조건에 관계되는 까닭에 파악 불가능한 것으로 되었다.

나아가 칸트는 형이상학적 실체로서의 영혼의 정립은 배척했지만, 초월론적 통각의 자발성에 의거하여 성립하는 예지자*(Intelligenz)로서의 자기의식*의 사실은 오히려 적극적으로 지지했다[B 158].『정초*』에서 예지계와 감성계의 구별이 도입되고, 그에 의해 도덕법칙의 존재*『시령자의 꿈』에서는 유보된 영적인 법칙)의 옹호가 시도될 때에 그 준거점이 되는 것은 이러한 예지자로서의 자기의식이다. ⇒순수 이성의 오류추리, 통각, 실체, 자아

—제니야 아키오(錢谷秋生)

📖 D. Henrich, *Über die Einheit der Subjektivität*, Philosophische Rundschau, Bd. 3, 1955(門脇卓爾 監譯『カント哲學の体系形成』理想社, 1979). H. Heimsoeth, Persönlichkeitsbewußtsein und Ding an sich in der Kantischen Philosophie, in: *Studien zur Philosophie Immanuel Kants*, Bonn, 1971(須田·宮武 譯『カント哲學の形成と形而上學的基礎』未來社, 1981). 小倉志祥『カントの倫理思想』東京大學出版會, 1972.

예비학豫備學 [(독) Propädeutik]

예비학은 개개의 학*의 체계에 선행하여 학에 있어서 불가결한 사유*의 논리성을 정비하는 것으로서 일반적으로는 '논리학(Logik)'이 이에 해당된다. 그 예는 예셰 편『논리학』에서 보이는데, 거기서 예비학은 학의 '기관(Organon)'과 대비적으로 사용된다. 즉 기관이 인식대상과의 관계를 포함하고 인식*을 확장하여 체계*를 구축하는 기능을 떠맡는 것인 데 반해, 논리학은 "모든 지성* 사용 및 이성* 사용 일반*"의 형식을 포함할 뿐 "인식 대상에 관계하지 않기" 때문에 "인식 일반을 지성의 형식에 적합하게 만드는 단순한 일반적인 이성적 기술"로서 "우리의 인식의 판정과 수정에 도움이 되는 데 불과하게" 된다[IX 13].

이에 반해『감성계와 예지계의 형식과 원리*』에서 예비학(propaedeutica)은 형이상학*과 대비적으로 사용된다. 형이상학이 "순수 지성의 사용의 제1원리를 포함하는 학"인 데 반해, 예비학은 "감성적 인식과 지성적 인식의 구별을 설파하는 학문"으로 위치지어진다[Ⅱ 395].

『순수이성비판*』에서는 순수 이성의 원천과 한계를 판정하는 '비판*(Kritik)'이 예비학이라고 불린다.

그 때 비판이 무엇에 대한 예비학인 것인가가 문제로 되지만, 신칸트학파*는 비판을 수학*과 자연과학*에 대한 예비학으로 위치짓는 데 반해, 하이데거*는 존재론에 대한 예비학으로 간주한다. '순수 이성의 건축술'에서는 지성 및 이성의 모든 개념과 원칙의 체계가 "초월론적 철학" 내지는 "존재론*(Ontologie)"[B 873]이라고 불리며, 또한 '서론'에서는 비판이 "순수 이성의 체계를 위한 예비학"[B 25]으로 되고 있다는 점에서 보면, 비판은 존재론에 대한 예비학이게 된다. 그러나 칸트는 다른 한편으로 형이상학을 "제1부문"과 "제2부문"[B XIX]으로 나누고 있으며, 대상 일반을 다루는 종래의 일반 형이상학(metaphysica generalis)을 존재론으로서 그대로 받아들이는 것은 아니다.

또한 『인륜의 형이상학의 정초』*에서는 인륜의 형이상학에 대한 예비학으로서 "도덕성의 최상원리"[IV 392]가 탐구된다. ⇒오르가논, 존재론, 람베르트

─오가와 요시아키(小川吉昭)

智 M. Heidegger, *Kant und das Problem der Metaphysik*, Vittorio Klostermann, 1951(木場深定 譯 『カントと形而上學の問題』 理想社, 1967). G. Tonelli, *Kant's Critique of Pure Reason within the Tradition of Modern Logic*, Georg Olms, 1994.

예수 ⇨ 기독교

예술 藝術 [(독) schöne Kunst]

오늘날의 일반적 용법에서 Kunst와 Art란 말은 곧바로 '예술'을 가리키지만, 칸트의 경우 Kunst는 Technik과 동의어로서 폭넓게 '기술*' 일반을 가리키며, 의미의 한정은 오로지 이 말을 수식하는 형용사들에게 맡겨져 있다. 즉 기술 일반(Kunst überhaupt)은 우선 기계적 기술과 감성적 기술로 분류되며, 나아가 후자는 쾌적한 기술과 아름다운 기술로 분류된다[KU §44 참조]. 이 시대(그리고 적어도 칸트의 세대까지)의 서양 세계에서 예술에 해당하는 것은 '아름다운 기술(beaux arts/fine arts. schöne Künste)'이라고 불리고 있었다. 칸트는 그것을 답습하면서도 좀더 엄밀하게 만든다. 이런

한에서 칸트에서 미*는 쾌적한 기술이나 기계적 기술과 구별되어야 하는 예술에 불가결한 본질적 계기이다. 즉 아름답지 않으면 예술이 아닌 것이다. 물론 아름다움만이 오늘날의 예술을 구성한다는 것은 아니며, 아름다우면 그것만으로 예술이 된다는 것도 아니다. 이 점에 관해서는 칸트 자신도 아름다운 기술과 숭고* 그리고 쾌적함의 부차적 결합을 반드시 거부하는 것은 아니라는 점에 유의해야만 할 것이다.

그것은 어쨌든 『판단력비판』*(43절 이하)의 이른바 칸트의 예술론*은 예술 일반의 체계적 이론을 지향하는 것이 아니라, 정확히 하자면 순수 취미에 의해서 '아름답다'고 판정될 수 있는 한에서의 기술에 대해서 그것의 선험적*인 가능성의 조건을 추구한 '아름다운 기술'론 ── 말하자면 기술의 초월론적인 감성론적 비판 ── 이다. 그것은 첫째, 아름다운 것의 분석론과 취미 판단의 연역을 이어받아 미의 만족을 보편적으로 전달하는 수단을 아름다운 기술에서 구한 것(말하자면 일상 언어를 넘어선 일종의 의사소통이론)이다. 둘째, 그것은 아름다운 기술인 예술을 마치 자연*인 듯한 기술이자 자연에 의거하는 천재*의 기예라고 규정하는 점에서 제3비판의 근본개념인 '자연의 기술'을 인간 주체의 상상력*의 자유로 향하여 전개한 것이다. 미에서 기술은 자연과 통한다. 칸트 예술론이 체계적으로 전개되지 않은 것을 논란하기보다 우선 기술에서의 미에 대해 눈길을 돌리는 것이 함의하는 비판적 의의야말로 탐구해볼 만한 과제일 것이다. ⇒기술, 미, 취미

─모치즈키 도시타카(望月俊孝)

智 『美學事典 增補版』「藝術」の項目(井村陽一), 弘文堂, 1974. Artikel: "Kunst, Kunstwerk", in: *Historisches Wörterbuch der Philosophie Bd. 4*, Wissenschaftliche Buchgesellschaft, 1976. W. Biemel, *Die Bedeutung von Kants Begründung der Ästhetik für die Philosophie der Kunst*, Univ.-Verl., 1959. K. Kuypers, *Kants Kunsttheorie und die Einheit der Kritik der Urteilskraft*, North-Holland Publ. Co., 1972. S. Kemal, *Kant and Fine Art*, Clarendon, 1987. K. F. Rogerson, Art and Nature in Kant's Aesthetics, in: G. Funke (Hrsg.), *Akten des Siebenten Internationalen Kant Kongresses 1990*, 2 Bde., Bouvier, 1991. A. Esser (Hrsg.), *Autonomie der Kunst? Zur Aktualität von Kants*

Ästhetik, Akademie-Verl., 1995.

예술론藝術論 [(독) Kunsttheorie]

칸트 미학*의 주제는 우선은 자연미의 취미판단의 근거짓기에 있었다. 한편 예술*이란 인간이 일정한 의도*에 따라서, 요컨대 일정한 개념*을 전제로 하여 그 실재화를 목적으로 하는 '기술*(Kunst)'의 일종이다. 그러나 개념을 전제하는 기술이 그럼에도 불구하고 오로지 표상*의 형식*에 관계하는 미이기 위해서는 그것이 인공이면서도 우리에게 자연*인 것처럼 보여야만 한다. 이러한 요청을 충족시키는 것이 '천재*'이다. 왜냐하면 천재란 타고난 '심적 소질(ingenium)'로서 말하자면 인간*의 주관* 내적인 산출적 자연인바, 그것은 마치 자연미를 산출하듯이 미*를 창조한다.

자연미처럼 보이는 것은 '아름다운 기술'에 있어 필요조건이지만 충분한 것은 아니다. 칸트는 예술작품에 특유한 내실을 '정신*'에서 구한다. 여기서 정신이란 경험*을 넘어선 불가시적인 것을 감각화하는 미적 이념을 창조하는 능력이다. 천재란 원래 초감성적이고 지적인 이념을 감각적인 미적 이념으로서 새롭게 '표현'하는 정신의 능력이다. 예술의 가치는 우리에게 초감성적인 이성 이념을 생각하게 만드는 기회가 된다는 점에 있다.

예술이 미적 이념의 표현이라는 이유에서 칸트는 예술의 분류를 인간이 개념을 타자에게 전달하는 담화의 표현방식과의 유비에서 구한다. 언어, 몸짓, 어조에 대응하여 언어예술, 조형예술(건축, 조각, 회화, 조원술), 감각* 유희*의 예술(음악과 색채예술)로 세 종류가 구별된다. 또한 그것들 사이에는 이념*의 표현에 보다 적합한가 아닌가에 따라 시, 회화, 음악이라는 위계가 설정된다.

칸트의 예술론은 그의 자연미의 이론으로서의 취미판단에 입각하여 구축되고 있으며, 이를 위해 미의 형식주의*로 기우는 한편으로 예술의 내실로서의 이념성이 강조되고 있다시피 수미일관성을 결여하고 있다. 그러나 예술론만을 놓고 보면 천재의 독창성과 정신성의 강조, 이념의 미적·감성적 표현으로서의 미와 예술, 그런 까닭의 예술의 보편적 가치의 주장과 같은 유럽 근대 예술이론의 체계적 틀의 기본형이 발견된다. 예를 들면 실러*는 정신을 예술작품에 내재하는 고유한 객관적 원리로 하여 예술론을 취미론으로부터 해방시킨다. 독일 낭만파는 자연의 산출력과 신의 세계창조, 그에 이어지는 천재의 창조력을 하나로 연결함으로써 그 절대성을 찬양한다. 나아가 셸링*은 정신과 자연의 동일성을 주장하고, 예술은 이 동일성이라는 철학적 진리의 기록이라고 한다. 헤겔*에 있어 이념의 감성적 현현으로서의 미는 유일한 예술로서 있으며, 절대정신의 자기실현, 자기표현의 한 단계이다. 현대에도 여전히 칸트의 예술론은 뿌리 깊은 기반을 이루고 있지만, 한편으로 미와 예술을 현실 사회의 맥락에서 자립적인 영역으로 하는 사고방식으로 되었다는 점에서 니체*와 가다머 등에 의한 비판도 있다.
⇒예술, 기술, 천재, 미

―니시무라 기요카즈(西村淸和)

📖 U. Kultermann, *Kleine Geschichte der Kunsttheorie*, Wissenschaftliche Buchgesellschaft, 1987(神林·太田 譯『藝術論の歷史』勁草書房, 1993). W. Biemel, *Die Bedeutung von Kants Begründung der Ästhetik für die Philosophie der Kunst*, Kölner Universitäts-Verlag, 1959. 西村淸和「近代美學の成立──ドイツ觀念論美學」『講座美學』1, 東京大學出版會, 1984. H. -G. Gadamer, *Wahrheit und Methode*, Mohr, 1960(轡田收 外 譯『眞理と方法』I , 法政大學出版局, 1986).

예지계叡知界 [(독) intelligible Welt (라) mundus intelligibilis]

칸트가 1770년 쾨니히스베르크 대학 교수로 취임했을 때의 취직논문은 「감성계와 예지계의 형식과 원리에 대하여」(De mundi sensibilis atque intelligibilis forma et principiis)라는 제목의 것이었다. 즉 칸트는 지금까지 오로지 인간 의식의 명료함의 정도 차이일 뿐 서로 구별되지 않았던 '감각*'과 '사유*'를 구별하여, 인간의 의식으로서의 광의의 '이성*(Vernunft)' 가운데서 감각하는 '감성*(Sinnlichkeit)'과 사유하는 '지성*(Verstand)'을 구분하고 각각에 조응하는 '감성계'와 '예지계'를 구상했던 것이며, 나아가 각각이 구성되기 위한 형식과 원리를 명확히 하고자 했던 것이다. 그러나 이 취직 논문에서는 감성계가 감각되기 위한 우리의 '감성의 형식'으로서 **시간**과 **공간**을 내세우고 시간과 공간의 관념성이라는 새로운 견해를 제시했지만, **감성**과 **지성**의 관계에 대해서는 충분한 논구에 이르지 못하였다. 이것이 달성된 것은 그 후 10여 년의 사색을 거쳐 1781년에 나온 『순수이성비판』* 이후의 3대 비판서에서였다. 칸트에게서 감성계란 단지 우리의 **감성**의 대상일 뿐인 세계에 그치는 것이 아니라 또한 우리의 **지성**에 의해 **사유됨**으로써 우리에게 '인식되는' 세계이다. 그런 의미에서 감성계는 **경험계**라고도 말해지며, **지성**의 사유의 대상으로서 **현상계**라고도 불린다. 즉 그것은 **감성**에 의해 주어진 **내용**에 지성이 본래 지니고 있는 **형식**적 원리로서의 '범주*(Kategorie)'를 적용함으로써 구성된 '이론적 인식'의 세계이다.

이러한 이성의 이론적(theoretisch) 사용에 반해서 또한 감성에 의해 감각하는 것은 가능하지 않지만 지성에 의해 사유할 뿐인 이성의 사변적*(spekulativ) 사용이 생겨난다. 일반적으로 이성의 단순한 사변적 사용은 가상*(Schein)을 낳을 뿐으로, 미신, 사설邪說의 원천으로서 배제되지 않으면 안 된다. 하지만 "사유하는 영혼의 존재", "의지의 자유", "세계 질서의 창조자로서의 신의 존재"만큼은 아무리 그것들을 부정하고자 해도 부정할 수 없는 대상들로서, 칸트는 이 경우의 이성의 사변적 사용을 이성의 실천적*(praktisch) 사용이라고 말을 바꿔 긍정하는데, 여기서 '이론 이성'에 대해 '실천 이성'이, 또한 '경험계' 및 '현상계'에 대해 '예지계' 또는 '가상계'가 구별되게 된다. 전자는 이론 이성에 의해 '구성*(konstituieren)'되는 세계인 데 반해, 후자는 전자에 대해 그것이 지향해야 할 통일적 원리를 제시함으로써 전자를 '규제(regulieren)'하는 세계이다.

이와 같이 지성에 대해서는 그것이 감성이 부여하는 감각내용에 호응하여 그 형식을 '범주'로서 인식을 위한 구성적*(konstitutiv) 원리이게 하는 경우와, 그것이 완전히 감성을 떠나 그 형식을 '이념*(Idee)'으로서 인식에 대한 규제적*(regulativ) 원리이게 하는 경우가 구별되지 않으면 안 된다. 칸트는 전자의 경우에는 '지성적(intellektuell)'이라는 말을 사용하고, 후자의 경우에

만 '예지적(intelligibel)'을 사용해야만 하며, 그에 따라 '감성적*'에 대해서도 전자에 대응시켜서는 sensitiv를, 후자에 대응시켜서는 sensibel을 사용해야만 한다고 충고하고 있다[B 312 Anm.]. ⇒감성, 지성

—다카미네 가즈미(高峯一愚)

图 高峯一愚『カント純粹理性批判入門』論創社, 1979.

예지자叡智者 [(독) Intelligenz]

비판기의 칸트는 참된 인식이 성립하기 위해서는 **감성**과 **지성**이라는 두 개의 인식능력*이 함께 활동해야만 한다고 했다. 그렇기 때문에 "지성에 의해서만 표상*될 수 있는 한에서의, 그리고 우리의 감성적 직관이 전혀 관계할 수 없는 대상"[Prol., IV 316 Anm.]인 예지계*(intelligible Welt, mundus intelligibilis)에는 학문적으로 선험적*인 인식*이 결코 미치지 못한다. 그럼에도 불구하고 이러한 예지계가 단순한 공상의 영역에 그친다는 뜻은 아니다. 그것은 실천적으로는 도덕법칙*이 지배하는 "목적의 나라*로서 이성적 존재자*의 세계"[GMS, IV 438]인 것이다. 그리고 칸트에 따르면 "법칙의 표상에 따라 행위하는 능력을 지닌 존재자가 예지자(이성적 존재자)이다"[KpV, V 125]. 인간*은 감성계에 속하는 존재자로서는 감각적 욕망에 지배되지만, 이성적 존재자로서는 예지계에서의 자율적인 구성원으로서 예지자로 간주되어야만 하는 것이다. 칸트는 "이성적 존재자는 자기 자신을 예지자로 하여(그러므로 그 하위의 힘들의 측면에서가 아니다) 감성계가 아니라 지성계(Verstandeswelt)에 속하는 것으로 보아야만 한다"[IV 452]고 말한다.

그런데 이와 같은 이성적 존재자로서의 인간에게 있어서 '최고선*(das höchste Gut)'을 산출하려고 노력하는 것은 의무지만, 최고선에의 도달 가능성은 '최고의 예지자(höchste Intelligenz)', 즉 신*(Gott)을 전제로 해서만 생각될 수 있다. 그러므로 이러한 예지자의 존재를 상정하는 것은 이론적 인식과의 관계에서는 '가설*'이라고 불릴 수밖에 없지만, 도덕법칙과의 일치라는 실천적 의도와의 관계에서는 '신앙*'이다. 하지만 "오로지 순수 이성만이 이 신앙이 생겨나는 원천*"이기 때문

에 이 신앙은 "순수한 이성신앙*"이다[Ⅴ 126]. ⇒예지
계, 최고선, 신의 존재증명

—이케오 교이치(池尾恭一)

Ⓐ E. Cassirer, *Kants Leben und Lehre*, Verlag von B. Cassirer, 1918(門脇・高橋・浜田 監修『カントの生涯と學說』みすず書房, 1986). 澁谷治美「カントにおける價値の序列——<實踐理性の優位>の新しい解釋のために」平田・澁谷 編『實踐哲學とその射程』晃洋書房, 1992.

예지체叡智体 [(독) Intelligenz] ⇒예지자

예지체叡智体 [(독) Noumenon]

현상체(Phänomenon)와 맞짝을 이룬다. '본체'라고 번역되기도 한다. 양 개념의 기원은 플라톤*의 νοούμενα와 φαινόμενα에 놓여 있으며, 거기서는 각각 정신(누스)에 의해서 인식되는 것과 감각에 의해서 지각되는 것을 의미했다. 플라톤에서는 바로 전자의 세계에 진리가 놓여 있으며, 후자의 세계는 가상*에 지나지 않았지만, 『순수이성비판』*의 칸트는 이러한 관계를 역전시킨다. 요컨대 감성적 존재자(Sinnenwesen)로서의 현상*, 즉 현상체의 세계 쪽이 인간의 인식에 있어서는 진리의 나라이며, 지성적 존재자(Verstandeswesen)로서의 예지체에 대해서는 사고할 수 있긴 하지만 객관적 인식은 불가능하다고 하는 것이다. 이와 같이 예지체란 지성*에 의한 사고의 산물(Gedankenwesen)이며, 이러한 예지체의 총괄이 지성계 내지 예지계*이다. 현상과 사물 자체의 구별은 **동일한** 사물이 지니는 두 개의 측면을 나누는 경우에도 사용되는 데 반해, 현상체와 예지체의 구별에서는 존재자의 차원의 다름이 강조된다. 다만 예지체 그 자체는 거의 사물 자체와 바꿔 읽는 것도 가능하다고 볼 수 있을 것이다.

현상체와 예지체의 구별이라고 하면, 통례적으로 여기서도 플라톤과 같은 두 세계설이 언제나 주장되고 있는 것으로 이해된다. 그러나 『순수이성비판』 '분석론'의 최종 장은 그러한 이해가 칸트에게서는 전혀 염두에 두어져 있지 않다는 점을 분명히 보여준다.

'모든 대상 일반을 현상체와 예지체로 구별하는 이유에 대하여'라는 제목의 이 장에서 그는 예지체는 "소극적인 의미에서" 이해되어야만 한다는 점을 역설한다. 요컨대 예를 들면 신*이라는 최고의 존재자를 예지체로 간주할 때, 이에 의해서 어떤 대상이 적극적으로 지칭되고 있다고 생각되어서는 안 된다는 것이다. 오히려 그 내적 규정에 대해서는 정해지지 않은 채로 신은 "현상체가 아닌 것"으로서 현상체의 영역 바깥에 놓인 데 지나지 않는 것이다. 따라서 예지체의 모임은 현상체에 대항하는 독립된 영역을 형성하지 않는다. 지성계는 별개로 자존하는 것이 아니다. 그것은 현상체의 주위에 펼쳐져 있는 무제한의 공간인 것이다. 하지만 예지체라는 이 공허한 공간이, 그리고 그것만이 현상체의 영역을 제한하고 한계지을 수 있다. 왜냐하면 감성적 경험의 세계는 자신의 한계*를 스스로 설정할 수 없기 때문이다[vgl. Prol. §59]. 바로 이러한 의미에서 예지체는 한계개념이라고 말해진다.

그러나 이와 같이 이원적인 사정이 주의 깊게 제거된 현상체와 예지체의 관계도 실천철학*의 장면에 들어서면 일변한다. 여기서는 무엇보다도 자유*에 의한 원인성이라는 (경험적 세계에는 적용할 수 없는) 예지체의 적극적 의의, 즉 실천적 실재성이 확증되어야만 하기 때문이다. 이러한 예지체의 현실성*에 기초해서만 도덕법칙*이 발효되며, 행위의 결과가 현상체의 세계에서 실현된다. 따라서 칸트는 이성의 실천적 사용에서는 인간*이 두 개의 세계에 소속한다는 분열적 사실을 굳이 논의의 출발점으로 삼는다. ⇒사물 자체, 현상, 예지계

—이시카와 모토무(石川 求)

Ⓐ G. Prauss, *Kant und das Problem der Dinge an sich*, Bouvier, 1974. J. Liss, Kant's Transcendental Object and the Two Sense of the Noumenon, in: *Man World* 13, 1980. E. C. Sandberg, Causa Noumenon and Homo Phaenomenon, in: *Kant–Studien* 75, 1984.

오니시 요시노리(大西克礼) ⇒일본의 칸트 연구

오니시 하지메 [大西祝 1864. 8. 7-1900. 11. 2]

메이지 중기의 철학자이자 평론가. 오카야마 제후의 집안에서 태어나 소잔(操山)이라고 불린다. 1884년 도시사(同志社) 영학교를 졸업한 후, 제국대학 철학과에서 로체의 제자 L 붓세를 따라 칸트를 공부한다. 89년에 졸업하여 대학원에 진학, 재학 중에 대표작 『양심기원론』을 집필했다. 또한 91년부터 도쿄 전문학교(현 와세다 대학)에서 철학, 윤리학, 논리학, 미학 등을 강의하여 츠나시마 료센(綱島梁川) 등의 제자를 양성했다. 칸트의 비판철학과 M. 아놀드의 비평정신을 종합한 '비평주의'의 입장에서 온갖 분야에 대한 철저한 비판을 시도하고 사상의 자유를 옹호하면서 '교육칙어교육' 등 보수주의에 반대했다. 98년에 독일에 유학했지만 질병 때문에 다음해 귀국하여 요양하던 중 36세에 사망했다. 『오니시 박사 전집』 전7권(警醒社, 1903-04)에 수록된 『서양철학사』의 근대 철학 부분에서 칸트는 가장 중요시되고 있지만, 그 엄격주의*에 대해서는 의문이 제기되고 있다. 또한 『윤리학』은 나중의 니시다 기타로(西田幾多郎)*의 『선의 연구』에 커다란 영향을 끼쳤다.

—히라야마 요(平山 洋)

图 平山洋 『大西祝とその時代』 日本圖書センター, 1989.

오류誤謬 [(독) Irrtum]

일반적으로 인식의 객관성과 진리성을 주장하고자 하는 이론에서 오류의 가능성이 어떻게 확보되고 있는지는 중요한 문제로 된다. 모든 인식*이 참이 되어버리는 인식론은 어떠한 의미도 지니지 않기 때문이다. 이와 같은 관점에서 이루어지는 오류에 관한 고찰은 『논리학』에서 중심적으로 행해지고 있다[IX 49-57].

그런데 칸트에 의하면 진리*의 반대어는 허위이다. 그리고 "허위를 진리로 간주하는 데서 오류"가 생긴다. 진리는 어떻게 해서 가능한가라는 물음은 쉽게 이해할 수 있다. 왜냐하면 여기서는 지성*이 자신의 본질적인 법칙에 따라서 활동하고 있기 때문이다. 그러나 오류는 어떻게 가능한가, 요컨대 "지성을 거스르는 사유형식"이 어떻게 해서 가능한가라는 물음은 이해하기

가 대단히 어렵다. 지성 그 자체 속에서나 그의 본질적인 법칙 속에서 오류의 근거는 발견되지 않고, 또한 지성이 제한되어 있는 것 속에서나 무지인 것 속에서도 그것은 발견되지 않기 때문이다. 그리고 칸트에 따르면 인식능력으로서 지성밖에 없게 되면 오류는 생길 수가 없다. 그러나 또 하나의 인식능력으로서 감성*이 있다. 그러나 감성 그 자체만으로도 오류에는 빠지지 않는다. 왜냐하면 "감성은 판단하지 않기" 때문이다. 따라서 모든 오류의 성립근거는 "지성에 대한 감성의 알아차릴 수 없는 영향" 속에서만 있게 된다. 마찬가지 기술이 『순수이성비판』*의 변증론 서론에서 전개되고 있다[B 349ff. 참조]. 그러나 인간 지성이 빠지는 모든 오류는 단지 부분적인 것에 머문다. 그리고 모든 잘못된 판단 속에서도 언제나 참된 것이 존재하지 않을 수 없다. 왜냐하면 "전적인 오류(ein totaler Irrtum)가 있다고 한다면 그것은 지성과 이성*의 법칙에 대한 완전한 반역이 되기" 때문이다.

인식에서의 오류 문제는 실천에서의 악의 문제와 관련된다. 『논리학』 반성[Refl. 2246]에서는 "우리가 순수 지성과 순수 이성밖에 지니고 있지 않다면, 우리는 결코 오류에 빠지지 않을 것이다. 그리고 우리가 (경향성* 없는) 순수한 의지를 지니고 있다면, 우리는 결코 죄를 범하지 않을 것이다"라고 되어 있다. 여기서는 '전적인 오류'와 '근원악*'의 연관이 엿보인다. ⇒근원악

—구로사키 마사오(黑崎政男)

오류추리誤謬推理 ⇨순수 이성의 오류추리

오르가논{기관機關} [(독) Organon]

Organon은 그리스어의 ὄργανον으로서 무언가를 위한 '기관', '도구', '방법'을 의미한다. 하지만 철학에서는 아리스토텔레스*의 유고가 BC 1세기에 로마에서 발견되어 로도스의 안드로니코스와 그 후 AD 6세기에 심플리키오스에 의해 그것이 정리, 편집될 때 '논리학 관계의 초고가 일괄되어 '오르가논'이라고 불렸던 데

서 널리 '논리학'을 의미하게 되었다. '논리학'은 모든 학문의 '도구'라고 간주되었기 때문이다. 그러나 모든 인간의 인식*을 순수하게 선험적인 요소와 그것에 기초하여 그 객관성을 근거지을 수 있어야만 하는 경험적 요소로 분석하고자 하는 칸트에 있어서는 이러한 '학문의 도구'로서의 논리학에 대해서도 마찬가지의 분석이 요구되었다. 그것은 예를 들어 목수에게 똑같은 도구라 하더라도 목재를 자르는 도끼나 목재를 켜는 톱과, 과연 목재가 올바르게 잘라져 켜지고 있는지를 측정함으로써 도끼와 톱을 올바르게 만들 수 있기 위한 잣대와 먹줄 등을 똑같다고는 말할 수 없기 때문이다.

칸트는 『순수이성비판』*에서 사유법칙으로서의 "지성* 규칙 일반의 학"인 논리학을 "일반적 지성 사용의 논리학"과 "특수적 지성 사용의 논리학"으로 나눈다. 전자는 그것을 결여해서는 어떠한 지성 사용도 생기지 않는 단적으로 필연적인 사유규칙을 포함하며, 따라서 지성 사용이 어떤 대상에로 향하고 있는 모양과 대상의 차이와 관계없는 지성 사용을 논하고 있고, 후자는 어떤 종류의 대상에 관해 올바르게 사유*해야만 하는 규칙을 포함한다. 전자는 "기초논리학(Elementarlogik)"이라고 부를 수 있다. 그러나 후자는 "이런저런 학의 기관(das Organon dieser oder jener Wissenschaft)"이라고 부를 수 있는 것으로서 "많은 학교에서 학의 예비학*으로서 먼저 가르칠 수 있지만, 인간 이성의 발걸음에서 보면 그것은 최후의 것으로서 학이 이미 충분히 완성되어 그 보정과 완성을 위해 마지막으로 손 쓸 필요가 있을 때 비로소 도달되는 단계이다"[B 76].

나아가 칸트에 의하면 "일반적 (지성 사용의) 논리학"은 "순수 논리학"과 "응용 논리학"으로 나누어진다. 전자에서는 일체의 경험적 제약이 사상되어 선험적 원리만이 취급되기 때문에, 칸트는 심플리키오스가 아리스토텔레스의 『범주론』 주석의 서론을 맺었던 "목수와 건축가의 잣대(κανών)처럼 논리학은 철학의 도구적 부분이다"라는 말에 따라 이것을 "지성과 이성의 Kanon(규준)"이라고 하고 있다[B 77]. {여기서는 Kanon을 '규준'이라고 번역하여 경험적 요소를 포함하는 일반적인 Kriterium을 '기준'이라고 번역하는 것과 구별했다.} 그러나 '일반적 (지성 사용의) 논리학'은 또한 심리학이 가르치는 주관적인 경험적 조건에 따르는 지성 사용의 규칙에로 향하는 경우도 있어서 이 경우에 응용 논리학이라고 불리지만, 칸트는 '순수 논리학'과 '응용 논리학'의 관계를 자유의지 일반의 필연적인 윤리법칙만을 포함하는 순수 도덕과 인간이 다소라도 그것에 예속되는 감정과 경향성의 장애 하에서 이들 윤리법칙을 연구하는 본래의 도덕론과의 관계에 비교하고 있다.

이리하여 초월론적 논리학은 '순수 논리학'으로서의 Kanon(규준)으로부터 시작하여 그것에 기초하는 광범위한 경험적 학문들의 체계를 조직하고자 하는 '학문 방법론'으로서의 Organon까지를 매개하는 것이라고 말할 수 있을 것이다.

　　　　　　　　　　　　　　　－다카미네 가즈미(高峯一愚)

㊐『アリストテレス全集』1 (山本光雄 譯)「解說」, 岩波書店.

오성悟性 ⇨지성

오일러 [Leonhard Euler 1707. 4. 15-83. 9. 18]

스위스의 목사의 아들로 태어나 바젤 대학에서 신학을 공부했으나 요한 베르누이의 강의에 의해 수학에 들어섰다. 1726년 러시아 페테르부르크 아카데미의 초빙에 응해 1741년까지 체재했으며, 그 해 독일의 프리드리히 대왕*의 초청으로 베를린 과학아카데미로 옮겼고, 그 업적으로 수많은 수학자들을 베를린으로 끌어 모았다.

18세기 수학의 중심인물로서 그가 다룬 분야는 정수론, 대수학, 위상기하학 등 수학 전반에 걸쳐 있다. 특히 해석학에 몰두하여 복소수, 편미분방정식의 취급을 정비, 물리학과 역학에 대한 응용을 용이하게 한 것이 주목된다. 허수를 사용함으로써 지수함수와 삼각함수의 관련을 보여준 '오일러의 공식'은 수의 세계와 공간을 결부시켜 응용범위가 넓은 것이다. 당시 지도 작성의 기술상 곡면을 일그러뜨리지 않고서 평면에 전개하는 문제가 있었다. 오일러는 이 미분기하학적 문제를 통해서(1760년 경), 입체를 공간 속에서 위치짓는 방법, 결국 입체의 방위에 관계없이 그 표면의 곡률을 구하는 가우스의 수법에 이르는 길을 열었다. 칸트는 그의 오랜 저작활동을 통해 오일러에 대해 언급하고 있다. 『자연과학의 형이상학적 원리』*에서는 빛의 입자설과 파동설이 비교되고 있는데[Ⅳ 520], 이 파동설은 오일러가 제창한 것이다. 1766년 예카테리나 2세의 요청으로 페테르부르크에 돌아가 실명한 상태에서도 활발하게 연구를 계속하다가 거기서 사망했다. ⇒『자연과학의 형이상학적 원리』

—다야마 레시(田山令史)

㊜ *Leonhardi Euleri Opera Omnia*, Series 1; *Opera Mathematica*, vol. 1–29, Series 2; *Opera Mechanica et Astronomica*, vol. 1–31, *Opera Physica*, vol. 1–13, 1911–67.

㊂ C. Boyer, *A History of Mathmatics*, New York, 1968(加賀美・浦野 譯『數學の歷史』4, 朝倉書店, 1984). M. Klein, *Mathmatical Thought*, vol. 2, Oxford, 1972. 吉田武『オイラーの贈物』海鳴社, 1993.

오제키 마스지로(大關增次郎) ⇨일본의 칸트 연구

『오푸스 포스투뭄』{『유작遺作』} [(라) *Opus postumum*. 1786-1804]

【Ⅰ】 구성

『오푸스 포스투뭄』이란 자연철학* 및 초월론철학*에 관한, 처음에는 통합되지 않은 메모였지만 나중에는 계통이 세워져 구상되게 된 일련의 초고 모임들의 명칭이다. 이들 초고 모임들은 1786년 12월 2일자로 되어 있는 것을 최초로 1804년 1월에 이르기까지 계속해서 그리고 체계적인 연관성을 지니고서 기록되어 있다. 우선 1786년부터 1796년에 걸쳐서는 이른바 무철지無綴紙에 기록되어 있고, 1796년 이후는 전부 12 내지 14의 일련의 초고가 이른바 12 묶음으로 합쳐져 있다. 이들 초고는 에리히 아디케스*의 재구성에 따르면 다음에 제시되는 순서로 읽혀져야만 하며, 또한 이 순서

로만 읽혀져야 한다는 것이 —즉 학술원판의 순서와는 완전히 다르다는 것이— 이해되어어야만 한다(덧붙이자면, 아디케스에 의해서 재구성된 순서는 학술원판 제22권의 말미에 덧붙여진 표에서도 알아볼 수 있다).

(1) 23매의 무철지(1786년부터 1796년에 걸쳐 성립): XXI 415–477

(2) 1796년의 이른바 8절판 초고(칸트의 표기로는 '1–21'): XXI 373–412

(3) 1797년부터 1799년 걸쳐 성립한 초고 모임 'A–C': XXI 307–334

'α–ε': XXII 205–215/ XXI 247–264/ XXI 495–504/ XXI 521–528

서명이 되어 있지 않은 전지 및 무철지: XXI 337–351/ XXI 477–488/ XXI 174–181

'a–c': XXI 267–294

'No. 1–No. 3ŋ' 및 '1': XXI 161–174/ XXI 352–361/ XXII 246–267/ XXII 216–226/ XXI 361–369/ XXI 528–535/ XXI 294–307/ XXI 504–512

'원리체계 1–7': XXII 135–201

'모음 1–4': XXI 615–645

'이행 A, 이행 B': XXII 226–246

'원리체계 A, 1–6': XXI 181–206/ XXII 267–276/ XXII 585–609

(4) 1799년의 5월부터 8월에 걸쳐 성립한 초고 '이행 1–14': XXI 206–247/ XXI 535–612/ XXI 512–520/ XXII 609–615

(5) 초고 '편집 1–3'과 묶음 10 및 묶음 11의 초고 'A–Z'(1799년부터 1800년에 걸쳐 성립): XXII 556–585/ XXI 484–492/ XXII 279–295/ XXII 295–409/ XXII 453–539/ XXII 425–452

(6) 묶음 7 및 묶음 1의 초고(1800년부터 1803년에 걸쳐 성립): XXII 3–101/ XXII 101–131/ XXII 409–421 및 XXI 9–139/ XXI 139–155/ XXI 155–158/ XXI 3–9

이들 초고 모임 가운데 몇몇은 본래 저작으로서 간행할 의도 하에 저술되었다. 단락의 수나 주요부문의 구분, 서문 및 속표지 쪽의 초고, 나아가 다양한 형태로 수정되어 있는 표제가 그것을 보여준다.

【Ⅱ】 내용

"물질*의 양*, 질*, 관계 및 양상*"이라는 범주*의 제목들 아래 최초로 묶여진 초고 모임에서 구상된 이론의 표제로는 우선은—요컨대 1796년부터 1799년경까지는—"자연과학*의 형이상학적 원리로부터 물리학*에로의 이행"이라는 통칭이 부여되어 있다. 1800년부터 1803년에 걸쳐 칸트는 자기 기획의 그 밖의 것을 다음과 같이 명명, 기술하고 있다. "모든 지식의 한계*에로의 이행—신*과 세계*. 초월론철학의 다양한 이념의 종합적 체계에서 서로 관계되는 존재자들의 전체, 신과 세계"[XXI 9]. "세 개의 장으로 이루어지는 초월론철학의 체계, 즉 신, 세계 내지 우주 및 도덕적 존재자로서의 인간*인 자기 자신"[XXI 27].

"자연과학의 형이상학적 원리로부터 물리학에로의 이행"이라는 초기의 표제가 칸트가 계획하고 있던 저작에 대해 암시하고 있는 것은 이 저작이 체계상의 중간단계로서 1786년의『자연과학의 형이상학적 원리*』와 경험적 자연과학 내지 물리학을 결합시키는 것은 아닌가 하는 것이다. 그러나 좀더 상세하게 음미해 보면 그렇게 말할 수 없다는 것이 분명해진다. 왜냐하면 이미 1796년의 이른바 '8절판 초고'에서 "물질의 양*, 질*, 관계 및 양상*"이라는 제목들 하에 제시된 내용은 1786년의 저작에서 동일한 제목들 하에 발표된 내용과는 기본적으로 다르기 때문이다. 이 새로운 저작의 테마는 '에테르*', 즉 "우주를 채우는" "팽창성의 물질이라는 이념"[XXI 378]으로서, 그것은 "우주의 인력 전체"[같은 곳]이면서 "이러한 근원적인 충돌과 반발에 의해 영원히 계속해서 진동하는 …… 유일한 보편적인 천체"[XXI 379]이다. 이와 같은 "영원히 계속해서 진동하는 물질"이라는 '이념*'은『순수이성비판*』의 '초월론적 변증론*'의 학설이나 1786년의 저작과 서로 양립할 수 없다. 1786년의 저작에서는 양, 질, 관계 및 양상이라는 제목들 하에 물질의 경험적 개념의 범주적인 규정이 남김없이 논의되고 있었다. 칸트에 의해 '이행 1-14'라고 명명된 초고에서 물질은 경험*의 하나의 대상으로서 "저 개념과 하나의 경험의 가능성의 제약들*과의 합치라는 원리"에 기초하여, 또는 좀더 간결하게 "경험의 선험적* 통일이라는 개념"[XXI 596]에 기초하여 연역되고 있다. 묶음 7 및 묶음 1에서의

제10초고 내지 제11초고에서는 자아*의 자기정립의 이론이 전개되고 있고, 또한 '초월론적 관념론'이 '스피노자주의*'와 동일시되고 있으며, 나아가 초월론적 관념론의 대변자로서 셸링*의 이름이 분명히 언급되고 있다. 어쨌든 칸트는 대담한 실험을 시도하고 있으며, 더욱이 많은 장소에서 스피노자주의라고 말할 수 있는 초월론적 관념론의 사상을 사용하여 실험을 시도하고 있다. 즉 자아를 자기원인으로서 실체*인 동시에 주체*로서 파악하는 초월론적 관념론의 사상을 사용하여 실험을 시도하고 있는 것이다. 사실 이러한 스피노자주의는 칸트에 의해 때때로 "광신적*"이라든지 "초월적*"이라고 불리기는 했지만, 결국 칸트는 "초월론철학의 최고점"[XXI 32]으로서 "초월론적 신학"을 구상하기에 이르렀다. 이 초월론적 신학에 의해 "신과 세계 그리고 자아가, 즉 신과 세계를 결합시키는 것으로서의 인간의 정신이 …… {혹은} 신과 세계의 결합을 하나의 원리 하에 근거짓는 바의 지성적 주체"[XXI 23]가 파악된다.

따라서『오푸스 포스투뭄』은 결코 데카르트*의『정신지도의 규칙』이나 라이프니츠*의『인간지성신론』과 같은 '유작'이 아니다. 이들 저작은 완성되어 있었지만, 저자의 의사에 따라 생전에 공간되지 않았던 데 불과하다. 또한 이전에 때때로 주장된 두 저작설도 올바르지 않다. 오히려『오푸스 포스투뭄』은 자연*의 **초월론철학적인 형이상학**과 **초월론철학을 아울러 기초짓고자 하는** 칸트의 17년간에 걸친 철학적 활동 과정을 철해 놓은 기록에 다름 아니다. 그 주제는 무엇보다도 초월론철학의 기초에 대한—즉 범주, 공간시간, 그리고 공간시간에서 하나의 객관*으로서의 물질의 개념 및 기능에 대한—끊임없이 새롭게 제기하는 물음이다. 이러한 물음은 1796년부터 1799년에 걸쳐 '자아*'의 개념 및 기능에 대한 물음으로 첨예화된다. 즉 물질적 세계와 정신적 세계를 동역학적*이자 유기적인 전체로서 통일하는 근거로서의 자아, 그리고 잊어서는 안 되는 것이지만, 선험적 종합판단*이 어떻게 해서 가능한가라는 물음에 대한 해답의 근거로서의 자아의 개념 및 기능에 대한 물음으로 첨예화되는 것이다.

【Ⅲ】 서술의 세 단계

자연의 형이상학 및 초월론철학의 체계에 관한 칸트의 철학 활동은 1786년 12월부터 1804년 1월까지 17년 사이에 세 개의 단계를 거쳐 간다. (1786년 이후, 특히 1796년부터 1799년에 걸친) 첫 번째 단계에서 칸트는 **이념으로서의 물질**이라는 새로운 개념을 토대로 하여 새로운 자연의 형이상학을 전개하고 있는바, 이 자연의 형이상학은 이제 **모든** 자연과학(물리학, 화학*, 생물학*)의 기초를 제공해야만 하는 바로 그것이다. 두 번째 단계에서는(1799년, 특히 초고 '이행 1-14'에 의해 분명하게 된다) 이 자연의 형이상학이 초월론철학의 체계로 되어 거기에서 물질의 세계 체계의 중심개념, 즉 에테르가 선험적으로 초월론적*으로 연역된다. (1799년부터 1801년에 걸친) 세 번째 단계에서는 초월론철학이 스피노자주의로 되는바, 다시 말하면 '자아'가 실체-주체, 자기원인으로 된다. 그것은 "자기 자신을 원리로 구성하는 인격*이며, 그 인격의 자기는 창시자이다. …… 자기 자신을 사유하는 주체의 초월론적 관념성은 자기 자신을 인격이게끔 한다. 인격의 신성. 나는 최고 존재자 속에 있다. 나는 (스피노자*에 따라서) 나 자신을 신 안에서 본다. 신은 내 속에서 입법적이다"[XXⅡ 54]. 자아는 신과 세계를 스스로 산출하고, 자기 고유의 개념에서, 결국 인간의 정신에서 양자를 통합한다. 초월론철학으로부터 초월론적 신학이 생겨난다. 그것은 "우주신학, 즉 스피노자에 따르면 직관과 개념을 결합, 통일하는 하나의 이념이다. 초월론철학은 개념에 기초하는 선험적인 종합적 인식의 원리이다. (1) 자연과학의 형이상학적 원리로부터 물리학에로의 이행. (2) 물리학으로부터 초월론철학에로의 이행. (3) 초월론철학으로부터 자연과 자유* 사이의 체계로의 이행. (4) 신과 세계에 대한 대항관계로부터 본, 활력의 보편적 결합에 의한 모든 사물의 종결"[XXI 17].

【Ⅳ】 의의

여기에 칸트의 사색의 전개가 가져온 성과가 존재한다. 그 성과는, 원래 "운동력의 양, 질, 관계 및 양상"이라는 제목들 하에 표현되고 있던 "물질의 운동력의 원리 체계 내지 세계 체계"로부터 초월론철학의 체계에서의 네 부문 사이의 이행과 우주신학에서의 하나의 사변적인 '종결'이 생겨났다고 하는 점에 있다. 이미 서술했던 것처럼 이러한 성과는 실험적으로 획득된 것이지만, 그러나 위에서 언급한 대담함 및 철학적인 가차 없음과 성실함을 지니고서 획득된 것이다. 이와 같은 대담함, 가차 없음 및 성실함은 우리를 탄복시키지만, 정통적인 칸트 연구자에 대해서는 이 200년 내지 100년 사이, 혹은 이 60년 사이 엄청난 충격을 안겨주지 않을 수 없었다. 칸트가 셸링을 자기의 초월론적 관념론의 대변자로서 공인하는 등의 것은 믿기 어렵기 때문이다. 이 사실은 충격적이며, 그렇기 때문에 칸트 연구의 주류로부터는 완강하게 무시되어 왔다. 그러나 칸트의 언급은—절대자의 이념으로서의 자아, 즉 신과 세계를 스스로 안에서 통합하는 인간의 정신으로서의 자아라는 새로운 구상에 의거하여 도출된 것으로서—저항할 수 없는 귀결로서 파악되며, 동시에 정당하게 평가되어야만 한다. 이것은 비판철학자 임마누엘 칸트가 자기의 해석자들에게 명하고 있는 정언명법이다. ⇒셸링, 『자연과학의 형이상학적 원리』, 스피노자주의, 초월론철학, 이념, 아디케스

—B. 투쉴링/번역: 이누타케 마사유키(犬竹正幸)

📖 E. Adickes, *Kants Opus postumum dargestellt und beurteilt*, Berlin, 1920. V. Mathieu, *Kants Opus postumum*, Frankfurt a. M., 1989. B. Tuschling, *Metaphysische und transzendentale Dynamik in Kants Opus postumum*, Berlin/New York, 1971. Übergang: Untersuchung zum Spätwerk Immanuel Kants, hrsg. vom Forum für Philosophie Bad Homburg, Frankfurt, 1991. E. Förster, Introduction, Ⅰ. Kant, *Opus postumum*, E. Förster (ed.), E. Förster and M. Rosen (trans.), Cambridge U. P., 1993.

옵티미즘 ⇨낙관주의

와츠지 데츠로 [和辻哲郎 1889. 3. 1–1960. 12. 26]

널리 고금동서의 문화와 사상에 대해 논하고 독자적인 윤리학 체계를 구축했다. 다수의 저서들 가운데 『고사순례』, 『일본고대문화』, 『풍토』, 『윤리학』, 『쇄국』 등이 유명하다. 칸트론으로 한정하면 다음의 셋이

있다. (1)『인간의 학으로서의 윤리학』제1장 7「칸트의 Anthropologie」(1934), (2)『칸트 실천이성비판』(1935), (3)「칸트에서의 인격과 인류성」(『인격과 인류성』 1938 수록). 모두 윤리학에 관계된다. 와츠지는 세미나 텍스트로서『실천이성비판』*을 교토 대학에서 1931 년,『인륜의 형이상학의 정초』*를 도쿄 대학에서 1934 년에 사용했으며, (2)는 그 부산물로 보인다. 그러나 이들 칸트론들이 와츠지의 윤리학 체계 구축 시기와 겹쳐진다는 점이 주목된다. (1)은 와츠지의 '인간의 학으로서의 윤리학'의 입장에서 칸트의 도덕철학*이 '사람의 전체적 규정의 학'으로서 Anthropologie의 성격 을 지닌다고 주장한다. (2)는 칸트의 위에서 언급한 두 윤리학서에 대한 간결하고 충실한 해설서로서 현재 에도 추천할 수 있다. (3)이 가장 중요하며, 칸트 해석사 에서도 광채를 발하고 있다. 독창적이고 탁월한 통찰 이 대담하게 제시되고 있다. 그것은『정초』에서의 '목 적* 자체의 명법*'에서 문제로 되는 인격*과 인류성의 관계에 대해 제1비판에서 제2비판까지의 전개에 입각 하여 사람의 경험적·가상적 이중성격을 구명하고 인류성이 인격의 주체적 근거를 이룬다고 논의한다. 그러나 더 나아가 인류성을 인격들의 공동태의 근저로 서 파악하는 것이 남겨진 문제라고 보는 데서 와츠지 윤리학이 지향하는 방향이 제시되고 있다. 이어지는 『윤리학』(1937, 42)에서 칸트 윤리학*이 종종 다루어진 다. 사람을 경험적·가상적 이중성에서 파악하는 칸 트의 실천적 주체의 관점이 높이 평가되지만, 행위가 주체 간의 실천적 연관에서 파악되지 않고 주체적 의식의 윤리학에 머문다는 점이 비판된다. 그러나 역 으로 와츠지에서는 인간의 관계의 현실태가 중시되는 나머지 현실과 이념*의 긴장관계가 약해지며, 관계를 가능적인 것으로서 안으로부터 짊어지는 각자의 의지 의 자율*(당위*)의 측면이 후퇴한다고 하는 칸트 이해 의 문제점이 지적된다.

―하마다 요시후미(浜田義文)

㊜『和辻哲郎全集』岩波書店.

완전성完全性 [(독) Vollkommenheit (라) perfectio]

비판기의 칸트는 이 개념을 양적·실질적 완전성과 질적·형식적 완전성으로 구별한다. 즉 단지 "이 시계 는 완전하다"고 들은 것만으로는, 그것이 일반적으로 시계라는 사물이 가져야만 할 성질을 **남김없이 모두** 갖추고 있다는 의미에서 그러한지, 아니면 예를 들어 정확하게 시간을 가리킨다는 하나의 목적을 실현하는 데서 **최고의 정도**를 보이기 때문에 그러한지가 애매하 다. 전자가 양적 완전성이며, 후자가 질적 완전성에 다름 아니다. 칸트는 후자를 취한다. 즉 그에게서 완전 성이란 사물을 구성하는 부분들(= 다多)이 어떤 목적(= 일一)에 합치한다(zusammenstimmen)는 특성을 의미한 다. 이에 반해 전자의 양적 완전성은 전체성(Allheit) 또는 완비성(Vollständigkeit)을 바꿔 말한 것에 지나지 않는다[예를 들면, KU §15].

전통적으로 완전성(perfectio)은 '실재성*(realitas)' 개 념과 거의 혼연일체를 이루어 사용되어 왔다. 이 실재 성이란 요컨대 존재자(ens)에 귀속해야만 하는 긍정적 인 성질의 것을 말한다[예를 들면 현명은 실재성이지 만, 우둔은 실재성이 아니라 그 결여이다]. 양 개념의 그러한 '뒤섞임'은 신을 '가장 완전한 존재자(ens perfec- tissimum)'라고 부르는 동시에 '가장 실재적인 존재자 (ens realissimum)'라고도 말하는 형이상학적 언설 속에 서 말하자면 온존되어 왔다. 예를 들면 스피노자*에서 는 완전성과 실재성이 의식적으로 동일시되기에 이른 다[Ethica]. 이에 대해 완전성을 '다양의 조화(consensus, Zusammenstimmung)'로서 새롭게 이해하고자 했던 것 이 볼프*이다[예를 들면, Deutsche Metaphysik]. 볼프에 따르면 예를 들어 인간의 행적이 완전한 것은 행적을 구성하는 개개의 행위가 서로 조화를 이루고, 그리하 여 어떤 보편적인 목적에 모두 근거지어져 있는 것이 분명한 경우이다. 그러나 이와 같이 완전성의 의미를 한정하는 데서 한 걸음 더 나아간 그의 경우에도, 다른 한편 예를 들어 신*의 정의에서 "함께 존립 가능한 모든 실재성이 절대 최고도로 내재하는 것, 그것이 가장 완전한 것이라고 말해진다"[Theologia naturalis]고 말하는 것처럼, 완전성의 양적인 의미와 질적인 의미 가 여전히 애매하게 남아 있다.

칸트는 우선 '실재성'을 경험적 대상의 이론적 개념

287

(나아가 범주*의 하나)으로 한정한 다음, 이것과는 구별되어야만 하는 완전성을 다시 '목적에의 합치'라는 질적·형식적인 의미로 확정했다. 이리하여 완전성은 명확히 실천철학*의 개념으로 된다. 그러나 완전한 것이야말로 선이라고 생각하여 완전성을 도덕의 객관적인 규정근거로서 특별히 찬양하는 볼프의 학설은 비판 받는다. 왜냐하면 완전성이 그에 기초하여 실현되는 '목적'은 그 내실을 그때마다 다른 곳에서 부여받아야만 하며, 이러한 실질적 원리에 의존하는 한 행위하는 의지는 자율적일 수 없기 때문이다. ⇒실재성, 신의 존재증명

―이시카와 모토무(石川 求)

㊜ 所雄章『デカルト』II, 勁草書房, 1971. D. Henrich, Über Kants früheste Ethik, in: *Kant-Studien* 54, 1963.

외계의 존재증명外界—存在證明 [(독) Beweis vom Dasein der Außenwelt]

데카르트* 이후의 근대 철학에서는 마음*의 내적 소여인 '관념'과 마음의 외부에 존재*한다고 생각되는 세계*를 어떻게 관계시킬 것인가 하는 문제가 발생했다. 외계의 존재를 증명할 수 없는 것은 "철학의 스캔들"[B XXXIX]이라고 생각한 칸트는『순수이성비판』* 제1판에서의 '관념성의 오류추리'[A 366-380] 절에서 '관념론*'을 다음과 같이 비판했다. 관념론의 주장에 의하면 우리의 외부에 존재하는 대상*은 그것이 직접 우리의 지각*에서 주어지는 것이 아니라 어디까지나 우리 안에 지각을 만들어내는 원인이라는 위치에 있다. 그러므로 그와 같은 대상이 외부에 현실적으로 존재한다는 것은 지각이라는 결과로부터 그 원인을 '추론*'함으로써 얻어진 지식으로서, 말하자면 간접적 지식이기 때문에 확실하다고 말할 수 없다. 이러한 '관념론'의 주장에 대해 칸트는 외부의 대상들은 '외적 직관', 즉 '공간*'에서 각자의 위치를 점하는 것으로서 나타나는 것이기 때문에 그것들의 현실의 존재는 직접적으로 의식*에 주어지고 있으며, 따라서 외계는 내부로부터 외부로의 '추론'에 의해 그 존재가 생각되는 것은 아니라고 반박했다. 제2판에서는 이 절이 삭제되고, 그 대신

한층 더 강력한 반론으로서 '관념론 논박*'[B 274-279]이 덧붙여졌다. 그에 따르면 우리의 '내적 경험', 즉 자기 자신의 존재가 의식될 때 그것은 자기의 다양한 상태가 교체되어 간다는 "시간에서 규정된" 존재로서의 '나'이다. 그리고 이와 같은 교체와 변화가 가능하기 위해서는 '나'라는 의식의 통일* 외에 '외적'인 '사물'이 불변하게 머물러 있는 것에 대한 지각이 필요하다. 왜냐하면 '나'라는 의식의 통일은 "직관이 아니기" 때문에 교체되는 다양한 상태를 그것의 '술어'로서 가질 수 없기 때문이다. 요컨대 칸트는 '내적 경험'이 가능하다는 것 속에는 외계의 '사물'의 존재가 논리적으로 전제될 수밖에 없다고 생각했던 것이다. 이러한 칸트의 증명에 대해 나중에 딜타이*는 우리의 충동과 의지에 대한 '저항'의 경험이 외계의 실재성에 대한 신념의 기원이라고 생각했다. 또한 하이데거*는 외계의 존재를 증명하려고 하는 칸트의 시도 자체가 전도된 것이라고 비판했다[『존재와 시간』 §43]. ⇒관념론 논박, 경험

―우에무라 쓰네이치로(植村恒一郎)

㊜ H. J. Paton, *Kant's Metaphysic of Experience*, vol. 2, G. Allen & Unwin, 1936. H. Heimsoeth, *Transzendentale Dialektik*, W. de Gruyter, 1971.

요구要求 ⇨필요{욕구·요구}

요청要請 [(독) Postulat]

【I】 경험적 사유 일반의 공준

양상*의 범주*에 관한 일련의 순수 지성의 원칙*을 가리키는 것으로서 이런 의미에서는 '공준'이라는 한국어가 해당되며, '경험적 사유 일반의 공준'이라는 명칭이 적용되는 경우가 많다. 칸트에 의하면 양상의 범주는 "그것들이 술어로서 부가되는 개념을 객관의 규정으로서 조금도 증가시키지 않고 다만 인식능력*과의 관계만을 표현한다"[A 219/B 266]는 것이다. 그리고 양상의 원칙은 다른 순수 지성의 원칙들과 마찬가지로 이 범주를 가능적 경험과 그 종합적 통일에만 관계

시키며, 그런 한에서 '대상 개념의 산출'이라는 형태에서의 대상 개념과 인식능력의 관계를 표현하는 것이다.

그런데 수학*에서의 '공준'은 "우리가 그것을 통해 어떤 대상을 우선 우리에게 주고, 그것으로부터 그 대상의 개념을 산출하는 종합* 이외의 아무것도 포함하고 있지 않은"[A 234/B 287] 실천적 명제를 의미하지만, 이러한 명제는 그것이 요구하는 절차에 의해서 비로소 대상의 개념*이 산출되는 그러한 것이기 때문에 증명되는 것은 아니다. 양상의 원칙이 '공준'이라고 불리는 것은 이러한 수학에서의 '공준'을 본 딴 것이고, 그것이 어떤 개념에 대해서 "그것이 산출되는 바의 인식능력의 작용"[같은 곳]을 말하는 것이기 때문이다. 이 원칙에 관해 증명이 덧붙여져 있지 않은 것도 수학에서의 '공준'과 마찬가지이다. 이러한 사정을 칸트는 양상의 원칙이 "주관적으로만 종합적"[A 234/B 286]이라는 말로 표현하고 있다.

'가능성*'의 원칙은 "경험*의 형식적 조건들(직관* 및 개념들에 관한)에 일치하는 것은 가능적이다'라는 것이다. '현실성*'의 원칙은 "경험의 질료적 조건들(감각*)에 관련되는 것은 현실적이다'라는 것이다. 덧붙이자면, 『순수이성비판』* 제2판에서는 현실성의 원칙과 관련하여 '관념론 논박*'이 삽입되어 있다. '필연성*'의 원칙은 "그것의 현실적인 것과의 연관이 경험의 보편적 조건들에 따라서 규정되는 것은 필연적이다'라는 것이다.

판단에서의 양상은 "사유 일반에 관한 계사(Kopula)의 가치에만 관계한다"[A 74/B 100]는 칸트의 말로부터도 밝혀지는 것처럼, 양상의 원칙은 존재*(Sein)에 관한 칸트의 입장의 핵심을 이루는 것들 가운데 하나이며, 20세기에는 하이데거* 등이 이러한 관점에서 이 원칙의 의의를 논하고 있다.

【Ⅱ】 순수 실천 이성의 요청

이론적 명제이긴 하지만, 그것이 선험적*으로 무조건적으로 타당한 실천적 법칙과 불가분하게 결합되어 있는 한에서 증명할 수 없는 명제[vgl. KpV, V 122]를 의미한다. 칸트에 의하면 의지*를 직접적으로 규정하는 정언명법에 의해서 실천적으로 필연적인 것으로서 표상되는 의지의 대상으로서의 목적, 즉 최고선*이

주어져 있다. 그러나 이 최고선은 도덕성*과 행복*의 결합을 의미하며, 이러한 결합은 단순한 순수 이성 개념인 이론적 개념을 전제하지 않으면 가능하지 않다. 그것은 '자유*', '불사*', '신*'의 셋이다. 그리하여 최고선의 현존을 명령하는 실천적 법칙은 이러한 객관들의 가능성, 즉 객관적 실재성을 '요청'하게 되는 것이다[vgl. KpV, V 134]. 이것이 '순수 실천 이성의 요청'이라고 불리는 것이다.

이 경우 '신'과 '불사'의 이념은 요청으로서는 이미 "나는 무엇을 알 수 있는가?"라는 문제가 아니라 "나는 무엇을 희망해도 좋은가?"라는 문제에 관계하는 것으로서 확장되며, '견해*'로서는 '지식'이 아니라 '신앙*'(Glauben)'으로 분류된다. 다만 자유의 이념만은 '신앙'으로 분류되는 것이 아니라 『판단력비판』* 등에서 오히려 "사실에 속하는 것(res facti)"으로 간주된다[vgl. KU, V 468]. 자유의 이념과 다른 이념의 위상의 차이에 대해서는 『실천이성비판』* 서문에서도 언급되는데, 신과 불사의 이념이 도덕적 법칙에 의해서 규정된 의지의 필연적 객관(최고선)의 조건인 데 반해, 자유의 이념은 도덕적 법칙의 조건으로 되고 있다[vgl. KpV, V 4].

요청은 이론철학과 실천철학*의 양편에 관계한다. 즉 이론철학에서 인식의 체계적 통일의 완성을 의미하는 무조건적인 것의 개념이면서도 적극적인 인식을 가져오는 것이 아니었던 순수 이성 이념을 실천철학에서의 필연적 전제로 함으로써 실천적인 의미에서, 요컨대 도덕적 법칙과의 관계에서 확장된다. 이러한 확장이 가능한 것은 이 경우의 이성 사용에서 실천적 관심이 우위에 서기 때문이다(실천 이성의 우위*). 그러나 이러한 확장에 의해서 이론적 연관에서의 인식이 확장된 것으로 되는 것은 아니다. 왜냐하면 이러한 확장에 의해서 이 개념들이 실재적이라고 하는 것은 주장될 수 있지만, 그 때 객관의 직관은 전혀 주어지지 않기 때문이다[vgl. KpV, V 135]. 요약하자면, 요청은 감성적인 것에 관해서만 가능한 이론철학과 초감성적인 것에 관계하는 실천철학의 경계를 넘어서지 않고서 양자를 체계적으로 연관시키는 것이라고 말할 수 있다. 이러한 사고방식은 일찍부터 체계적 통일의 관점에서

많은 해석자들의 관심을 모았지만, 다른 한편으로 절대적인 것의 파악으로서는 '신앙'이라는 주관적인 것에 머무른다고 하는 것과 같은 비판(헤겔*)도 제기되고 있다.

【Ⅲ】 실천 이성의 법적 요청

『인륜의 형이상학』* 제1부 '법론의 형이상학적 근거 짓기'에서 칸트는 우선 "가령 어떤 준칙*이 법칙으로 된 경우에 이 준칙에 따르면 선택의지*의 어떤 대상이 그 자체로서 (요컨대 객관적으로) 무주물無主物(res nullius)로 될 수밖에 없는 것이라고 한다면, 이러한 준칙은 위법이다"[Ⅵ 246]라는 명제를 "선험적인 전제"로서 세우고 이로부터 가상적인 점유*(possesio)를 추론하며, 그로부터 권리*의 개념에로 나아가는 논의를 전개하고 있다. 그리고 이러한 "선험적인 전제"의 것을 "실천 이성의 법적 요청"이라고 부른다. 이것은 허용법칙(lex permissiva)이라고도 불리는데, 이성*은 스스로의 선험적인 요청에 의해서 스스로를 확장하는 실천적 이성이라는 자격으로 이러한 법칙이 원칙으로 간주될 것을 요구하게 된다. 이러한 요청은 그 자체는 증명되지 않고 오히려 그것에 의해서 비로소 법적인 권리의 개념이 (소유*의 개념의 전개를 통해서) 도출되기 때문에, 수학 등의 '공준'에 통하는 의미를 지닌다. 다른 한편 칸트의 체계 구상에서 보면 이것은 순수 이성의 법칙을 적용하여 구체적인 형이상학을 전개하기 위한 원리인바, 그런 점에서 『자연과학의 형이상학적 원리』*에서의 물질 개념을 구성하기 위한 선험적인 원리와 평행적인 위치에 놓여 있다고 생각된다. ⇒순수 지성의 원칙, 양상, 가능성, 현실성, 필연성, 관념론 논박, 존재, 최고선, 자유, 불사, 신, 신앙, 견해, 실천 이성의 우위, 소유, 법{권리}, 물질, 형이상학

―이코타 마사루(伊古田 理)

图 Martin Heidegger, *Kants These über das Sein*, Klostermann, 1963(辻村公一 譯『有についてのカントのテーゼ』理想社, 1972). Paul Guyer, *Kant and the Claims of Knowledge*, Cambridge U. P., 1987. 小倉志祥『カントの倫理思想』東京大學出版會, 1972. L. W. Beck, *A Commentary on Kant's Critique of Practical Reason*, Chicago U. P., 1960. J. R. Silber, Kants Conception of the Highest Good as Immanent and Transcendent, in: *The Philosophical Review* 68, 1959. H. E. Allison, *Kant's Theory of Freedom*, Cambridge U. P., 1990. F. W. J. Schelling, *Allgemeine Übersicht über die neueste philosophische Literatur*, 1796/97(오사카 대학 출판국에서 일본어역이 근간). G. W. F. Hegel, *Differenz des Fichte'schen und Schelling'schen Systems*, 1801(山口祐弘 外 譯『理性の復權――フィヒテとシェリングの哲學体系の差異』批評社, 1994). M. Gregor, *Laws of Freedom*, Blackwell, 1963.

욕구欲求 ⇨ **필요**{욕구·요구}

욕구능력欲求能力 [(독) Begehrungsvermögen]

정신 능력의 구분과 관련하여 칸트는 볼프*와 테텐스* 등의 능력심리학에서 커다란 영향을 받았다. 그는 정신능력을 셋으로 분류하여 인식능력*, 감정*, 욕구능력이라고 하고, 나아가 이들 세 능력의 각각을 상위능력과 하위능력으로 나누었다. 상위능력은 지적이며, 하위능력은 감성적이다. 대체로 3비판서는 정신 능력의 이와 같은 구분에 따라서 구성되어 있다. 일반적으로 욕구는 어떤 일정한 대상 내지 상태를 획득하고자 하는 노력이며, 이러한 노력을 짊어지는 정신 능력이 욕구능력이다. 칸트에 따르면 욕구능력이란 "표상*'을 매개로하여 이 표상의 대상의 원인인 능력"[MS, Ⅵ 211]을 가리킨다. 요컨대 욕구능력은 표상의 대상을 현실화하는 원인이며, 역으로 현실화된 대상은 욕구능력이 기능한 결과이다. 욕구능력이 그 규정 근거를 오로지 도덕법칙*의 형식 안에서 지니는 경우에 이 욕구능력은 의지*라고 칭해진다. 의지는 이성*에 기초를 지니는 정신 능력이며, 도덕의 입장에서 보면 그것은 상위의 욕구능력으로서 실천 이성 그 자체이다. 의지는 모든 감성적 충동으로부터 자유이며, 그런 까닭에 도덕적 행위의 추진력으로 될 수 있는 것이다. 엄격주의*를 신봉하는 칸트는 『실천이성비판』*을 비롯한 도덕론의 저작들에서 의지의 활동을 논의하고, 무조건적으로 선한 것을 선의지*에서만 인정했다. 하위의 욕구능력은 욕망(Begierde)이며, 이것은 욕구의

주체*가 자기의 기능 결과로서 생기는 미래적인 것에 관계하는 표상에 의해 자기 자신을 규정하는 능력이다. 따라서 욕망의 활동은 전제된 객체의 표상을 매개로 하여 말하자면 질료적으로만 규정된다. 욕망의 규정 근거는 쾌와 불쾌의 감정 속에 존재한다. 욕망은 쾌를 추구하며 불쾌를 회피한다. 습관적인 욕망은 경향성*이라고 불린다. 선의지에 기초하는 행위는 도덕성*을 지니지만, 경향성에 기초하는 행위는 기껏해야 적법성 밖에 지니지 않는다. 칸트는 『인간학』에서 경험적 심리학*의 관점에서 욕망을 고찰하고, 인간의 현실적인 모습을 그리고 있다. ⇒의지, 경향성

—시부야 히사시(澁谷 久)

屠 H. Cohen, *Kants Begründung der Ethik*, Bruno Cassirer, 1910. 小倉志祥『カントの倫理思想』東京大學出版會, 1972. 澁谷久 『カント哲學の人間學的研究』西田書店, 1994.

용기勇氣 [(독) Mut]

용기라는 말이 사용되고 있는 구절로서는 "자기 자신의 지성*을 사용할 용기를 지니고서"[VIII 35]라는, 계몽*의 슬로건을 내걸고 있는 『계몽이란 무엇인가*』의 서두가 대단히 유명하지만, 이것이 주제적으로 논의되는 것은 『인간학』 §77에서이다. 불안과 근심 등이 위험을 몹시 싫어하는 정도인 데 반해, 용기란 숙려에 의해 위험을 받아들이는 마음의 침착함이다. 이것은 사고에 관계되지 않고 단지 기질의 문제인 굳센 의지와, 위험할 때에 그 위험을 알지 못하는 까닭에 오히려 모험을 수행하는 무모함과는 구별되며, 또한 그 반대 개념은 불명예스러운 기개 없음, 즉 비겁이다. 이러한 규정은 플라톤*의 이상국가에서 군인이 지녀야만 할 덕으로서 말해지는 용기를 연상시키지만, 도덕적 용기를 논할 때에 칸트가 염두에 두는 것은 군인만이 아니다. 왜냐하면 도덕적 용기란 의무*가 명령하는 사항 일반을 타인에게서 조롱 받을 위험을 무릅쓰고서 수행하고자 하는 것에 다름 아니기 때문이다. 이와 동일한 것이 이러한 용기가 지속적, 합법칙적으로 되고 의무에 대해서 생명을 잃을 것도 꺼리지 않게 될 정도의 상태인 용감(Tapferkeit)에 대해서도 말해질 수 있지만,

다만 용기가 하나의 덕으로 간주되는 데 반해서 용감은 덕 그 자체에 끝없이 접근하는 것이라고 말할 수 있다. 실제로 『인륜의 형이상학*』제2부의 서론에서는 의무를 준수할 때의 인간의 의지*의 도덕적인 강함을 의미하는 덕이 도덕적 용감(fortitudo moralis)이라고도 불리는 것이다.

덧붙이자면, 적에게 포위되었을 때에 무기를 버리고 참고 견디는 아메리카 인디언보다도 최후의 한 사람까지 싸우는 유럽인에게 좀더 많은 용기를 인정하고, 본래 인내(Geduld)를 용기로는 보지 않고 여성의 덕으로서 말하는 점에서 어떤 중요한 의미에서는 칸트도 시대의 아들이었다는 점은 부인할 수 없다[VII 256ff.; MS, VI 380, 405]. ⇒덕론

—후나바 야스유키(舟場保之)

우연성偶然性 [(독) Zufälligkeit]

우연성은 명목상 "그 반대가 가능한" 것으로 정의되며, "그 반대가 불가능한" 것으로 정의되는 필연성*과 대립된다. 칸트는 『신의 현존재 논증의 유일하게 가능한 증명근거*』에서 우연성을 한층 더 전개하여 논리적 의미에서의 우연성과 실재적 의미에서의 우연성을 구별한다. 전자는 어떤 주어에 부가되어 있는 술어의 반대 술어가 그 주어에 부가된다 하더라도 주어와 술어 사이에 모순*이 생기지 않는 것을 의미하며, 후자는 어떤 사태의 비존재가 사유 가능한 것을 의미한다[II 83].

『순수이성비판*』에서 우연성은 필연성과 함께 '양상*(Modalität)' 범주에 배정되지만, '경험적 사유 일반의 요청'이라는 원칙 하에서는 우연성의 원칙은 지적되지 않고 "현실적인 것과의 맥락이 경험의 보편적인 조건들에 따라서 규정되는 것은 필연적이다(필연적으로 존재한다)"[B 267]는 필연성의 원칙만이 내세워지고 있다. 그 이유는 양상의 원칙도 다른 원칙과 마찬가지로 '경험적 사용'만이 허락된다는 점에 있다. 즉 원칙의 경험적 사용에 따르면 대상의 상태들은 "주어진 원인으로부터 인과성의 법칙에 따라서 생기는 결과"로서 인식되며, "자연* 속에 우연은 없다(in mundo non datur casus)"[B 280]는 것으로 되기 때문이다.

우연성의 범주*가 그 효력을 발휘하는 것은 범주의 사용으로서는 본래 금지되어 있는 초험적* 사용의 경우에서이다. 즉 대상*의 상태들이 아니라 대상의 현존재* 그 자체가 우연적이라고 간주될 때이다. 이 때 이성*은 '자연인식(Naturerkenntnis)'의 영역을 넘어서 '사변적 인식(spekulative Erkenntnis)'의 영역에 들어서며, "현존재로부터 보아 우연적"인 사물의 근거로서 절대적이고 필연적인 것을 요구하게 된다[B 663]. 왜냐하면 대상의 존재가 우연적이라는 인식은 '무엇 때문에(Warum)'[B 612] 그것은 존재하고 있는가라는 물음을 유발시키지 않을 수 없기 때문인바, 이 '무엇 때문에'의 물음에 대한 '그것 때문에(Darum)'라는 대답을 제공해주는 것은 자기 내에 '그것 때문에'라는 대답을 포함하고 그에 대해서는 이미 '무엇 때문에'라는 물음을 제기할 여지를 남기지 않는 것이자 근원적이고 무조건적이며 절대적이고 필연적인 것이기 때문이다.

초월론적 변증론*의 '순수 이성의 이상*'에서는 신의 현존재의 세 가지 이론적 증명이 다루어지는데, 거기서는 '물리신학적 증명'은 '우주론적 증명'을 전제하고 나아가 '우주론적 증명'은 '존재론적 증명'을 전제하는 구조 하에서 논의되며, '존재론적 증명'이 이론적 증명 전체의 기초를 이룬다. 그러나 그 핵심을 이루는 '최고의 실재성'이라는 개념은 본래 절대적 필연성이라는 개념을 가장 만족시키는 까닭에 채용된 것에 다름 아니며, 절대적이고 필연적인 것을 희구하는 근저에는 현존재의 우연성이라는 인식이 숨어 있는 것이다. ⇒ 필연성, 양상, 사변적, 실재성

—오가와 요시아키(小川吉昭)

⑳ J. Schmucker, *Die Ontotheologie des vorkritischen Kant*, Walter de Gruyter, 1980(Kant-Studien, Erg.-H., 112). M. Heidegger, *Kants These über das Sein*, Vittorio Klostermann, 1963(辻村公一 譯 『有についてのカントのテーゼ』 理想社, 1972). 中島義道 「<今>への問い」 『時間と自由——カント解釋の冒險』 晃洋書房, 1994.

칸트는 『인륜의 형이상학』* 제2부의 덕론*에서 서로 관계하며 살아가는 인간 상호간의 윤리적 의무——순수한 의무*의 원리*를 경험의 장에서 실천하는 것——의 명시적 태도로서 우정을 든다. 칸트의 정의에 따르면 우정이란 (그것이 완성된 형태에서 보는 한에서) 두 인격*이 상호적으로 동등한 사랑과 존경*에 의해서 하나로 결합되는 것이다. 그것은 인간의 선한 심정 상호간의 만남의 극한으로서 거기에 도달하기 위해 노력하도록 이성*에 의해서 부과된 하나의 이념*이며, 서로 관계하며 살아가는 인간이 상호간에 사랑과 존경의 균형을 어떻게 보존해갈 것인가가 문제로 되지만, 어떠한 경우에도 도덕의 '원리'와 '규제'에 의해서 제한되어야만 한다. 칸트는 『인류사의 추측상의 기원』에서 친교를 추구하는 인간의 자연적 성정으로서의 '사교성'을 "인간*을 위해 설정된 궁극목적*"이라고 정의하고, 이와 같은 사교성은 인간에게 있어서는 목적*이라고 하기보다는 오히려 그 인간성*의 기원이라고 말해야만 할 것으로서 『판단력비판』*에서 다루어진 '공통감각*'이 그것에 해당된다고 하고 있지만, 우정은 이러한 공통의 인간성도 넘어서는 위치를 부여받는다. 사회·정치철학에서 오늘날 가장 중시되는 개념이며, 아렌트*가 칸트에게서 특히 주목하고 있는 개념들 가운데 하나이다. ⇒존경, 공통감각, 아렌트

—시미즈 기요코(志水紀代子)

⑳ R. Eglinger, *Der Begriff der Freundschaft in der Philosophie*, in: *Eine Historische Untersuchung*, 1916. E. Binswanger, *Grundformen und Erkenntnis menschlichen Daseins*, München/Basel, 1942. S. Kracauer, Über die Freundschaft, in: *Logos* 7, 1917–18. F. Tönnies, *Gemeinschaft und Gesellschaft, Grundbegriffe der reinem Soziologie*, Darmstadt, 1877(杉之原壽一 譯 『ゲマインシャフトとゲゼルシャフト』 上・下, 岩波文庫, 1957, 58). H. Arendt, *Men in Dark Times*, New York, 1968(阿部齊 譯 『暗い時代の人々』 河出書房, 1968); *Lectures on Kants Political Philosophy*, Edited and with an Interpretive Essay by Ronald Beiner, The Univ. of Chicago, 1982(浜田義文 監譯 『カント政治哲學の講義』 法政大學出版局, 1987).

우정友情 [(독) Freundschaft]

우주론宇宙論 [(독) Kosmologie (영) cosmology]

우주론은 예로부터 자연철학*상의 가장 중요한 테마지만 서구 고대에서의 그 집대성은 프톨레마이오스(BC 150년경)에 의해 이루어졌다. 그것에 따르면 천체의 운행은 지구를 중심으로 하는 원 궤도로 간주되었다. 근대에 이르러 천체 운행의 원 궤도의 중심이 코페르니쿠스에 의해 지구에서 태양으로 대치되었으며, 그 원 궤도를 케플러가 타원 궤도로 수정하였고, 그것을 이후 뉴턴*이 기하학적으로 해석하여 관성법칙에 기초한 근대 역학적 운동법칙과 결합함으로써 새로운 우주론이 확립되었다(다만 그는 두 법칙을 성립시키는 틀로서 절대공간을 상정했다). 거기서 묘사된 우주상은 행성이 공전궤도를 태양의 방향과 동일한 방향에서 운동하고 그 궤도가 태양의 적도 연장면이라는 동일평면에 거의 합치한다는 규칙성을 보이는 것으로서, 뉴턴은 이 규칙성의 원인을 "역학적 원인"에서 구할 수 없다고 하여 그것을 "신의 손"에 맡겼다(『프린키피아』(1713) '총주總注'— 18세기 자연신학*의 융성은 이에 기인한다). 이 문제를 원심력의 기원 문제로서 역학적, 자연학적으로 해명한 것이 뷔퐁*(『박물지』제1권, 1749)과 비판전기의 칸트(『천계의 일반자연사와 이론』)였다.

뉴턴의 우주론에서는 수학*이 경험적 사태를 기술하기 위해 사용되었지만, 라이프니츠*의 이성주의*를 따르는 볼프*의 우주론(그 공간 개념은 실체의 질서의 혼란스러운 표상)에서 그것은 세계*에 관한 정리들을 정의*, 공리*, 다른 정리들로부터 모순율*에 따라 증명하는 '논증적 방법' 그 자체로서 기능했다. 이 때문에 이성적이라고 불리는 우주론은 그의 형이상학* 체계에서 사물 일반의 학*인 존재론*(일반 형이상학)을 전제하는 세계의 사물의 학으로서, 신적인 학인 이성적 신학, 인간적 학인 이성적 심리학과 더불어 특수 형이상학의 한 부문으로서 위치지어졌다. 칸트는 뉴턴 우주론의 절대공간을 배제하고 공간을 순수 직관으로 간주한 비판기에 볼프 형이상학의 이성적 방법의 "철저성"을 높이 평가하면서도[B XXXVII] 그 형이상학을 교조주의*로 규정하여 배척한다. 우주론적인 이념*(현상*의 합성, 분할, 성립, 현실존재)에 이성*이 관계하게

되면 이성은 자기모순에 빠지기 때문이다(순수 이성의 이율배반*)[A 405/B 432ff]. 덧붙이자면, 우주론은 고대의 그것 이래로 처음부터 인간 생활과 밀착되어 있었는데(예를 들어 시간*의 측정, 역법의 작성 등), 칸트는 교조주의의 우주론, 이성적 우주론의 실천적 관심*에 대해 언급하여 그것이 인간 생활에 도덕적, 종교적 초석을 부여한다는 점에 놓여 있다는 것을 지적하고 있다[A 466/494]. ⇒이율배반, 자연철학

―마쓰야마 쥬이치(松山壽一)

[참] Th. Kuhn, *The Copernican Revolution*, Cambridge, 1957(常石敬一 譯, 『コペルニクス革命』講談社, 1989). 福谷 茂「カントにおける自然學と形而上學」井上・小林 編『自然觀の展開と形而上學』紀伊國屋書店, 1988. 山本道雄「カントの數學論」『文化學年報』10号, 神戸大學, 1991. 松山壽一『ニュートンとカント』晃洋書房, 1997. Lewis White Beck, *Early German Philosophy*, Cambridge, Mass., 1969. M. Heidegger, *Die Frage nach Ding*, Tübingen, 1962(有福孝岳 譯『物への問』晃洋書房, 1978).

운동론運動論 [(독) Bewegungslehre]

운동론의 단적인 규정은 『자연과학의 형이상학적 원리』*에서 볼 수 있다. 그에 따르면 "자연과학"은 순수 운동론이든가 응용 운동론이든가 이다"[MA, IV 476]. 즉 운동론은 자연과학 그 자체에 다름 아니다. 칸트의 이와 같은 규정에는 근대의 자연과학관이 반영되어 있지만, 그 점을 서술하기 전에 운동론과 '운동학(Phoronomie)'을 구별해 둘 필요가 있다. 운동학은 『자연과학의 형이상학적 원리』제1부의 명칭이며, 힘*과 질량과 같은 운동의 역학적 성질을 사상하고서 운동의 수학적 기술에 전념하는 학문이다. 이 운동학은 운동의 수학적 합성에 관한 법칙을 연구하며, 모든 운동의 상대성 원리를 유일한 형이상학적 원리로 삼는다. 이에 대해 운동론은 운동학을 포함하는 좀더 포괄적인 자연과학 전반을 의미한다.

그러나 자연과학이 어째서 운동론이라고 불리는 것인가? 그 이유는 자연과학의 대상*인 물질*의 근본규정이 칸트에 의해 '운동'으로 간주되며, 물질의 본질*

에 속하는 다른 모든 성질이 "운동으로 환원되어야만 하기"[같은 곳] 때문이다. 그것은 결코 물질의 모든 움직임을 기본 입자의 형태와 운동으로 환원하고자 하는 데카르트*적 기계론을 의미하는 것이 아니라, 물질의 어떠한 물리적 성질도 수학적으로 엄밀하게 규정될 수 있는 운동과 관계짓는 것에 의해서만 자연과학의 대상으로서 취급할 수 있다는 의미이다. 그러므로 자연과학이 운동론이라는 칸트의 테제는, 자연과학은 수학*과 결부되어서만 확실한 학*일 수 있다는 근대 수학적 자연과학의 기본 요청의 반영에 다름 아니다. 이와 같이 이해된 운동론이 준비단계로서 운동 그 자체의 수학적 기술로 향하는 데서 '운동학'이 성립하며, 물질의 운동을 인과관계 하에서 보는 데서 '동역학*'과 '역학*'이 성립한다. 그 때문에 자연과학은 운동론이고 순수 운동론은 순수 자연과학으로서, 『자연과학의 형이상학적 원리』가 그 가능성을 기초짓고자 하는 바로 그 학문에 다름 아니다. ⇒힘, 동역학, 역학

―이누타케 마사유키(犬竹正幸)

参 中島義道 『カントの時間構成の理論』 理想社, 1987.

원근법주의遠近法主義 [(독) Perspektivismus]

'원근법주의'란 니체*의 술어로서 그 의미하는 바는 "사실이란 것은 없고 존재하는 것은 해석뿐이다"라는 사상인바, 그 뿌리의 하나는 칸트의 초월론적 관념론에 있다. 칸트 자신은 이 술어를 사용하지 않지만, 니체에게 중요한 의의를 가졌던 것은 칸트가 판단*의 필연성*과 보편성*의 성립조건을 판단의 선험성에서, 즉 경험*으로부터의 독립성에서 구했다는 것에 있다. 왜냐하면 그에 의해 선험적* 판단의 진리성이 대상*과 관계없이 인식 주관의 기구만으로 결정되기 때문이다. 이른바 '코페르니쿠스적 전회*'의 함의의 하나가 여기에 있으며, 니체의 원근법주의는 어떤 의미에서 이 취지를 극한까지 파고들었던 것이다. "니체는 『도덕의 계보』에서 『순수이성비판』*을 온전히 바로잡고자 했다'(들뢰즈)는 평가도 까닭 없는 것이 아니다. 하지만 칸트에게서는 감성의 형식*과 범주*라는 주관*의 인식 기구가 기본적으로 모든 주관에 보편적인 동시에 선험

적으로 불변한 것으로 상정되고 있는 데 비해, 역사주의를 헤쳐 나갔던 니체에 있어서는 이미 이러한 보편성과 불변성은 인정되지 않는다. 인식기구의 구체적 세목에서 변화 가능성의 한계를 미리 정하는 것은 가능하지 않다. 따라서 진리*의 필연성이나 보편성도 칸트가 생각했던 것처럼은 성립할 수 없으며, 인간의 인식행위 역시 판단의 진위라는 기준에서 벗어나기 때문에 모두 '해석'으로서 일괄된다(이 점에 관해서는 또한 칸트의 "이성의 법정*"과 니체가 말하는 "입법자"의 같음과 다름에 주의해야만 한다). 그때 또한 해석들 사이에 차이를 두어 우열을 판정하는 것이 가능하다면, 그것은 그때그때마다 이루어지는 해석이 해석 주체의 존재*와 행위를 의미지을 수 있다는 그 유효성에 의해서이며, 또한 의미짓기를 실효성 있게 만드는 주체의 '힘'에 의해서만 그럴 수 있다는 것이 니체의 생각이다. 왜냐하면 주체에 있어서 무엇보다 중요한 것은 "인간은 아무것도 의지하지 않기보다는 오히려 무를 의지한다"라고 말할 수 있을 정도로 (자기의 존재 그 자체가 아니라) 자기 존재의 유의미성이기 때문이다. ⇒니체

―스토 노리히데(須藤訓任)

参 G. Deleuze, *Nietzsche et la philosophie*, P.U.F., 1962(足立和浩 譯 『ニーチェと哲學』 國文社, 1974). F. Kaulbach, *Nietzsches Idee einer Experimentalphilosophie*, Böhlau, 1980. 牧野英二 『遠近法主義の哲學』 弘文堂, 1996.

『**원론**原論』 ⇒『**인륜의 형이상학의 정초**』{『정초』; 『원론』}

원리原理 [(독) Prinzip]

칸트 자신에 의해서도 애매한 표현이 되는 술어로서 자주 '원칙'(Grundsatz)의 의미로 사용되지만, 자연의 형이상학에서나 도덕의 형이상학에서 체계적 형이상학은 초월론적인 원리들 위에 구축되어야만 한다는 칸트의 확신에 의해서 '원리'라는 말은 아래와 같은 중요한 장면에서 등장하게 되었다.

『순수이성비판』에서 '원리'는 인식에 관계한다. 좀

더 정확히 말하자면, 이성적 추론의 전제가 되는 원리적 인식이라는 의미를 지닌다. 칸트에게 있어 추론*이란 개념*에 의해서 특수를 보편에서 인식*하는 형식인 것이며, 그런 한에서 모든 추론은 원리로부터의 인식이다. 그렇지만 추론의 전제가 되는 인식(판단)이 모두 원리라고 불리는 것은 아니다. 수학의 공리와 같이 원리적 인식(명제)이 선험적*인 보편적 인식(판단)인 한에서 그것은 원리일 수 있는 것이 된다. 그러나 더 나아가 선험적인 보편적 명제의 모두가 원리라고 불릴 수 있는 것도 아니다. 예를 들면 순수 지성의 원칙*은 선험적 보편성을 지니지만, 그것은 순수 직관* 내지 가능적 경험의 제약을 지님으로써 비로소 선험적으로 가능하게 되는 것이다. 그러므로 순수 지성의 원칙들은 다만 그 가능적 사용에 관해서만 원리로 간주될 수 있는 데 지나지 않는다.

따라서 절대적 원리라는 것을 정립한다면, 그것은 지성 인식의 원칙과는 전적으로 다른 것이며, 대상 자체와 사물의 본성까지도 그 개념에 종속되어 그에 의해 한정되어 버리는 것이 아니면 안 된다. 이와 같은 절대적 원리는 그의 규제적 사용을 넘어서서 구성적 사용을 추구하고자 하면 초월론적 인식론 내부에서는 변증론을 초래하고 마는 대단히 오류추리적인 존재이다. 칸트는 이 점을 인식하면서도 지성능력 그 자체도 선험적으로 통일하는 절대적인 원리의 능력에 대한 "세상에 옛날부터 존재하는 원망"을 인정하고 이것을 협의의 '이성*' 내지 순수 이론 이성의 능력이라고 불렀다.

이에 반해 실천철학에서 칸트는 순수 실천 이성의 존재를 이성의 초월론적 사실이라고 간주한다. 그러므로 선험적인 실천적 원리인 도덕성의 원리는 무조건적인 절대적 필연성을 지니고서 이성적 존재자*에게 도덕법칙*을 부여하는 것이다. 이 때 자기애에 기초하는 모든 실질적인 실천적 원리들은 하위 욕구능력을 규정근거로 하기 때문에 도덕성의 원리에서는 배제되며, 의지의 자율*(자기입법성)이라는 순수 이성의 형식적인 실천적 원리만이 이성적 존재자의 의지*를 도덕적으로 규정하는 것으로서는 유일하게 가능한 원리이게 된다. ⇒의지의 자율

―오하시 요이치로(大橋容一郎)

📖 G. Martin, *Kant's Metaphysics and Theory of Science*, Manchester, 1953(門脇卓爾 譯『カント――存在論および科學論』岩波書店, 1962). F. Kaulbach, *Philosophie als Wissenschaft*, Hildesheim, 1981(井上昌計 譯『純粹理性批判案内』成文堂, 1984).

원인原因 ⇨**인과성**

원형原型 [(독) Urbild (그) πρωτότυπον; ἀρχέτυπον]

칸트는 원형을 '모형(Nachbild, ἐκτύπον)'의 상대개념으로서 사용한다. 이념*의 내적인 원형은 규제적 의의를 지니며, 극한으로서 접근 가능하긴 하지만 도달 불가능하다. 1. 자연사에서는 기간류가 종의 원형이다『인종론』]. 그는 뷔퐁*을 따라 여성적 모습의 원형에 대해 말한다『미와 숭고』]. 2. 제1비판에 의하면 플라톤*의 이념은 사물들 자신의 원형이지만, 덕의 이념이라는 '원본(Original)'에 의한 '덕의 모범(Muster)'은 실례이지 원형이 아니다. 또한 '최대의 인간적 자유의 헌법'이라는 이념은 형벌이 필요하지 않은 극한을 원형으로 하여 입법제도의 완전성으로의 접근에 기여한다. 나아가 스토아학파의 현자의 이상은 모형을 보편적으로 규정하는 원형으로서 역할한다. 마찬가지로 사물들의 보편적 규정의 근저에 놓여 있는 '초월론적 이상'(근원적 존재자)은 '만물의 원형'이다. 또한 "말하자면 자립적이고 근원적이며 창조적인 이성*"이라는 "이성 전체의 원형"에서 대상들 자신이 생겨난 것으로 생각할 수 있다. 나아가 '주관적 철학'의 판정 원리로서의 철학*은 '세계 개념'이자 원형이다. 3. 『정초』와 제2비판에서는 신이 '선의 원형'이며, '의지의 신성성'은 인간이 가까이 가야만 하는 원형이다. 초감성적 자연*은 '원형적 자연', 감성계는 '모형적 자연'이다. 4. 제3비판의 미학에서는 원형은 모범을 판정하기 위한 취미*의 최고의 모범, '아름다운 것의 이상', '상상력*의 이상'이다. 또한 각 종족의 원형은 '미학적 규범 이념'이지만, 미*의 원형은 아니다. 나아가 조소와 회화

술의 근저에는 상상력에서의 미학적 이념이 원형으로서 놓여 있다. 또한 예술에서 제자는 실례가 아니라 이상을 원형으로 해야만 한다. 5. 제3비판의 목적론*(Teleologie)에서는 전체의 직관에서 부분으로 나아가는 '직각적 지성'이 '원형적 지성'이다. 또한 유기적 존재자의 형식들의 친근성은 공통의 원형에 의한다. 6. 『종교론』*에서는 '보이지 않는 교회'가 '보이는 교회'의 원형이며, '우리의 이성의 내적인 원형'이 순수한 종교 신앙의 대상이다. 또한 복음의 교사는 '신의 뜻에 적합한 인간성의 원형(신의 아들)'의 실례이다. 7. 또한 『논리학』에서는 플라톤이 순수 직관(공간·시간)을 원형(이념) 속에서 찾기 위해 광신에 빠졌다고 비판된다. ⇒교회, 신성성, 초감성적 자연, 이념, 뷔퐁, 플라톤

　　　　　　　　　　　　　　－스가사와 다츠부미(菅澤龍文)

　Benzion Kellermann, *Das Ideal im System der Kantischen Philosophie*, Berlin, 1920. Klaus Düsing, *Die Teleologie in Kants Weltbegriff*, Bonn, 1986(2, erweiterte Auflage).

위로부터의 미학-美學 ⇨미학

유有 ⇨존재{유}

유기체有機體 [(독) Organismus]

18세기의 유기체 문제는 17세기의 전성설*(preformation)-후성설*(epigenesis) 논쟁을 이어받아 역시 동식물의 생식현상의 설명을 둘러싼 것으로서 칸트는 젊은 시절부터 이 상황에 관심을 지니고 있었다. 18세기의 이론에서는 보네의 전성설, 모페르튀*의 후성설, 그리고 뷔퐁*의 내적 주형(moule intêrieure) 등이 있었지만, 칸트는 그 어느 편에도 서지 않고 오히려 개념분석을 시도하고 있다. 그런 의미에서 『판단력비판』* 제64, 65절에서의 '자연목적'(Naturzweck) 개념의 분석이 유기체에 관한 그의 사상의 결정체라고 말할 수 있다.

다양한 합목적성* 가운데 '내적 합목적성'인 '자연목적'을 칸트는 "자기 자신을 조직화하는 존재자(das sich selbst organisierendes Wesen)"[KU, V 374]라고 규정했다. 그러므로 유기체는 단순한 기계가 아니다. 유기체에서는 "생식에 있어 자기를 형성하는 힘(eine sich fortpflanzende bildende Kraft)"이 상정되기 때문이다. 칸트의 이러한 개념분석은 블루멘바흐의 "근원적 조직화의 원리"[KU, V 424]로부터 강한 영향을 받고 있다. 블루멘바흐는 유기체의 자연과학적 설명이 이러한 원리의 지도하에서 이루어져야만 한다고 주창했는데, 칸트 역시 자연목적으로서의 유기체 개념의 발견법적인 의의를 강조했다.

유기체가 동식물이라는 것은 유기체 개념이 전제하는 목적론적 계기를 이해하는 데서 중요하다. 다른 사물과의 외적인 관계없이 그 자체로서 자연의 목적*이라고 생각되는 것이 유기체이며, 이미 지적한 것처럼 칸트는 현상적으로는 생식에 주목하고 있다. 그러나 유기체가 자연의 목적이라고 생각되는 것은 완전히 일체의 관계성을 무시하는 것은 아니며 오히려 인간의 실천적 능력과의 관계가 중요해진다. 유기체는 '생명의 유사물'이지만, 그 경우의 '생명*'은 우리의 신체경험에서 유래하는 실천적 개념에 속하는 것이다. 그리고 목적론적 계기로서 더욱 더 무시해서는 안 되는 것은 그 자신이 자연의 산물인 인간의 실천적 자기 이해의 문제이다. 생명이라는 실천적 능력의 '유사물'이면서도 "우리 자신이 가장 넓은 의미에서의 자연에 속하는 것이기 때문에 인간적 기술에 적합한 유비에 의해서조차"[KU, V 375] 유기체를 설명할 수 없다. 이러한 불가지론이 오히려 인간의 자기 이해를 촉진한다. 즉 자기 자신을 단지 유기체로서만 간주하게 되면 우리의 자기 이해의 길은 끊어져 버리는 것이다. 유기체 개념은 인간의 실천적 능력에서 유래하지만, 칸트는 그 개념분석의 궁극적인 의도를 유기체에서의 "합목적성의 원인이 그것과의 유비에서 고찰된 바의 실천적 이성능력"[KU, V 375]에 대한 기여라고 지적하고 있다. ⇒목적론, 생기론

　　　　　　　　　　　　　　－아사히로 겐지로(朝廣謙次郎)

　Reinhard Löw, *Philosophie des Lebendigen*, Suhrkamp, Frankfurt am Main, 1980. 朝廣謙次郎「〈〈自然目的〉〉論」『上智

大學哲學論集』 18, 1989.

유물론唯物論 [(독) Materialismus]

(1) 칸트 자신이 젊은 시절에는 유물론의 혐의를 받아 이에 대해 변명하고 있다『새로운 해명』, Ⅰ 412]. 『시령자의 꿈』*에서는 생명에 대해 생기론적인 가설을 기술하고, 유물론은 엄밀하게 받아들이면 일체의 생명의 가능성을 빼앗게 된다는 이유에서 거부하고 있다[Ⅱ 330]. 비판기의 칸트는 인간 주관(순수 통각)의 사유하는 자발적인 활동이 유물론에서는 결코 해명되지 않는다고 하는 한 가지 점에서 유물론을 비판한다[B 420]. 덧붙이자면 유물론 비판은 거의 언제나 유심론 비판과 병행하여 기술된다[예를 들면 B 421/A 380]. 왜냐하면 칸트 자신은 (경험적) 물심이원론이기 때문이다[A 379]. 이것은 (현상적인) 실체를 둘러싼 입장의 차이이지만, 배후에 그때까지의 데카르트*, 버클리*, 흄*, 라이프니츠* 등의 초월론적 실재론(따라서 경험적으로는 실재론으로 된다)과 칸트의 초월론적 관념론(따라서 경험적으로는 관념론으로 된다)의 대립이 존재한다. 이것과는 별도로『종교론』*에서 예수의 부활과 승천 이야기가 인간의 인격성*에 관해 유물론에 빠지기 때문에 받아들이기 어렵다고 비판하는 점도 주목된다[Ⅵ 128].

(2) 현대의 유물론과 칸트 철학은 어떠한 위치관계에 있는 것일까? ① 자연인식의 내용으로서는 칸트와 유물론 사이에 (과학의 시대적 전개를 제외하면) 어긋남은 없다. 또한 칸트의 사물 자체*를 존재 개념으로 이해하면 물질의 실체성에 대해서도 대립하지 않는다. 자연의 합목적성*에 대해서도 이것을 인식상의 규제적 이념으로서 받아들이는 한에서 문제는 없다. ② 순수 도덕에 대해서는 그 기저에 놓여 있는 예지적 자유를 어디까지나 이념적인 것으로 받아들이면 유물론의 자유관 및 정신관과 모순하지 않는다. 또한 칸트의 이성종교론은 종교*를 인간의 자유*에 의한 요청이라고 주장하지만, 이것은 대체로 근대 유물론의 종교 파악(종교란 인간에 있어 유적인 필요물이자 고차적인 문화이다)의 맥락에 위치지을 수 있는 것이다. ③

칸트의 초월론적 관념론에 의한 인간의 능력들에 대한 비판은 진화론적 인식론 및 현대 뇌생리학에 의해 고쳐 해석될 수 있다. 하지만 물론 칸트의 사상이 모두 유물론으로 환원된다는 것은 아니며, 그러한 비유물론적인 사상적 특질도 충분히 음미하는 태도가 유물론에게 요구된다. ⇒이원론, 유심론, 마르크스주의

—시부야 하루요시(澁谷治美)

稻 H. Heimsoeth, *Persönlichkeitsbewußtsein und Ding an sich in der Kantischen Philosophie*, usw, Bouvier, 1956(小倉志祥 監譯『カントと形而上學』 以文社, 1981). 澁谷治美「宗教と自由」『疎外と宗教』『逆説のニヒリズム』花伝社, 1994. G. Vollmer, *Evolutionäre Erkenntnistheorie*, S. Hirzel, 1990(入江重吉 譯『認識の進化論』新思索社, 1995).

유별화類別化 ⇨ 분류┤유별화├

유심론唯心論 [(영) spiritualism (불) spiritualisme (독) Spiritualismus]

이 말은 정신성을 강조하는 신비적 경향을 경멸적으로 가리키는 것으로서 17세기의 신학자에 의해서 사용되기 시작하여 그 후 다양한 의미로 사용되게 되었지만, 기본적으로 정신과 마음을 물질로 환원하는 유물론에 대립하는 존재론상의 입장으로 생각할 수 있다. 따라서 넓은 의미에서는 연장을 본질로 하여 기계적 운동을 하는 물체와는 다른 능동적 사유실체의 존재를 인정하는 데카르트적 이원론도 유심론으로 헤아려지며, 철저해지면 물체실체를 부정한 버클리*의 논의로도 된다.

적극적인 의미에서의 유심론은 19세기 프랑스에서 일어났다. 멘느 드 비랑*이 시조가 되지만, 그것은 그가 육체를 넘어선 힘으로서의 의지의 개념을 내세우고, 더 나아가 만년에 유기적 생, 의식의 생에 중첩된 제3의 생의 가능성으로서 정신의 생을 주장했기 때문이다. 그렇지만 이것은 19세기 강단철학의 주도자 쿠쟁 이후의 철학사적 견지로부터의 회고에 의한 규정에 다름 아니다. 독자적으로 귀중한 유심론을 설파한 것은 라

베송이다. 그는 습관을 육체에 정착하여 인간의 영위에 실효성을 가져온다는 의미에서 개념과 존재의 통일체라고 보고, 이것을 모델로 하여 자연 일반도 그와 같은 통일체라고 파악했다. 그리고 정신은 자연 속에서 맹목적으로 작용하고 있으며, 유기조직의 발달은 물체 속에서 잠자고 있는 정신의 자각화 과정이라고 해석했다.

19세기 말부터 20세기 전반에 걸쳐 유력했던 프랑스의 반성의 철학 흐름은 라베송과 차례로 저작들이 출판되기 시작한 멘느 드 비랑, 두 사람이 준 영감에 신칸트학파*의 정신을 접합하고자 한 시도라고 볼 수도 있다. 즉 그 흐름은 과학의 객관성을 인정하면서 인간 정신의 자유와 가치를 확보하기 위해 유한하고 개별적인, 따라서 경험적인 자아 속에서 초월론적인 의식 내지 의식 일반이 지니는 것으로 간주되고 있던 질서의 구성원리를 주었던 것이다. 유한한 의식은 무한과 관계를 지니며, 무한에로 향하는 운동을 수행하는 역동성 속에서 규범을 산출하는 것이다. 르누비에, 라슐리에, 부트루 등을 거론할 수 있다. 신칸트학파를 비판하고 생의 철학을 내건 베르그송*도 물질을 생명의 비약이 실추된 형태로 삼아 생명 속에서 정신의 출현을 인정하고, 물질과 정신의 차이를 이원론적으로 파악하기보다는 오히려 두 가지 경향의 차이라고 생각한 점에서, 나아가 정신의 개화 방향으로 향하는 목적론을 긍정한 점에서 유심론적이라고 말할 수 있다.

신칸트학파적인 주지주의의 브룅슈비크, 행위와 일체가 된 반성을 중시하고 이러한 반성의 대상이자 추진력이기도 한 정신적 계기를 기술하는 블롱델, 멘느 드 비랑과 칸트의 종합을 시도하여 가치문제를 추구한 나베르 외에, 라벨 르 센느가 중요하다. 그들은 모두 진리의 인식에만 집착하는 정신이 아니라 실천적 지향이 짙은 능동적인 '정신의 생'의 탐구에 가치를 두고 있다. ⇒유물론, 멘느 드 비랑, 베르그송

—마츠나가 스미오(松永澄夫)

유일한 가능한 경험 唯――可能―經驗 [(독) eine mögliche Erfahrung]

칸트의 경험 개념에서 단순한 '경험'과 여기서 말하는 '유일한[가능적] 경험' 내지 '하나의 가능한 {가능적} 경험'은 엄밀하게 구별되어야만 한다. 전자의 경험은 후험적*이고 감성적이라는 의미에서의 경험을 가리키는 데 반해, 후자의 경험, 즉 '유일한 가능한 경험'은 오로지 초월론적인 반성에서 비로소 현재화된 전자의 '경험'의 참된 모습이며, 초월론적인 영역에, 요컨대 경험 그 자체가 아니라 '경험의 가능성의 제약 측에 위치한다. 양자는 말하자면 차원을 달리 한다. 또한 말로서는 '가능한[가능적] 경험(mögliche Erfahrung)'이라는 형태도 있긴 하지만, 실제로는 '하나의 (eine)'라는 말이 선행하고 있는 경우가 대다수이며, 이 eine는 때때로 대문자화되는 경우도 있을 정도로 유일성과 전체성이라는 강한 의미를 지니고 있기 때문에 개념으로서는 '유일한 가능한 경험'이라는 형태로 파악하는 것이 적당하다. 이하에서는 우선 eine를 탈락시킨 '가능한 경험'이라는 어형으로 파악해온 종래의 이해에 대해 언급하고자 한다.

【 I 】 가능한 경험

'가능한 경험'이란 <불가능한 경험>과 대비를 이루는 점에 이 개념의 초점이 있다고 파악하는 이해이다. 칸트에 의하면 공간*과 시간*이라는 직관의 형식* 및 범주*라는 사고의 형식이 우리의 경험의 가능성의 제약*을 이루기 때문에 우리에게 있어 가능한 경험은 모두 이 제약에 따른 형태 밖에 있을 수 없다. '가능한 경험'이란 이런 의미에서 언제나 위에서 언급한 이중의 제약을 수반하여 그 틀 내에서만 있을 수 있는, 요컨대 현상에 대한 경험이라는 점을 우리의 경험에 관해 특히 강조한 표현이라고 이해된다. 따라서 '가능한 경험' 개념은 우리의 인식이 정당화될 수 있는 한계와 그 내부의 전체를 의미하며, 그것을 넘어선 부당한 확장을 방지하는 역할을 짊어지게 된다[B 121]. 이러한 <한계짓기>라는 점에서 아주 유사한 '경험의 가능성(die Möglichkeit der Erfahrung)'이라는 표현이 <근거짓기> 쪽에 무게를 둔 개념이라는 것과는 스스로 성격과 지위를 달리 한다. 자주 그 같음과 다름이 문제로 되어온 이러한 '가능한 경험'과 '경험의 가능성'은 실제로는 바로 대비 관계를 구성한다. 그것이 알려주는 것은

단순한 '가능한 경험'은 경험을 근거짓는 제약이 아니라 그것 자체가 근거지어진 산물이며, 다시 근거짓기 = 제약의 측으로는 돌아갈 수 없다고 하는 양자의 엄격한 구별인 것이다. 그러나 '가능한 경험'이라는 형태에서의 이해가 불충분하다는 것은 '가능적 경험'이 직관 및 사고의 형식에 의해서 정의되는 산물만을 의미할 수 있는 데 반해, 실제로는 eine를 선행시킨 형태에서의 이 개념은 경험을 정의하는 제약의 측에서 나타난다는 사실에 의해서 제시된다. 경험적 내용을 포함한 '가능한 경험'과 선험적인 제약의 측에 놓여 있는 '경험의 가능성'을 포함한 것이 '유일한 가능한 경험'이라는 개념이다.

【Ⅱ】 유일한 가능한 경험

이 어형에서는 경험의 유일성과 전체성의 강조가 일체를 이루고 있으며, 서로 어울려서 '유일한 가능한 경험'을 <근거짓는 것>의 측에 위치시킨다. 예를 들면 "우리의 일체의 인식은 모든 가능한 경험이라는 전체 안에 존재한다. 그리고 이 전체에 대한 일반적 관계에서 초월론적 진리가 성립한다. 이것은 모든 경험적 진리에 선행하며, 그것을 가능하게 한다"[B 186]는 '전체'에 '유일한'을 포함한 표현이며, '가능한 경험'이 초월론적 진리라는 <근거짓는 것>의 측에 놓여 있다는 것을 보이고 있다. 또한 "유일한 가능한 경험 일반의 선험적*인 제약들은 동시에 경험의 대상의 가능성의 제약들이다"[A 111]는 만약 산물로서의 '가능한 경험'이라는 종래의 이해가 채택되게 되면, 의미를 지닐 수 없게 된다. '경험적 사유 일반의 공준'에서 정의되는 가능성 양상은 경험의 대상의 가능성이며[B 265], '가능한 경험' 그 자체의 정의가 아니다. 역으로 "가능한 경험과 그 종합적 통일"[B 267]이 가능한 대상에 선행하는 장소에 놓여 이것을 기반으로 한 "유일한, 모두를 포괄하는 경험"[B 284]으로서 비로소 가능성 양상이 경험 그 자체에 대해서도 말해지는 것이다. 요컨대 '가능한 경험'은 "유일한, 모두를 포괄하는 경험"이기도 함으로써 가능성의 제약의 측에 서는 것이다. 따라서 "유일한, 모두를 포괄하는 경험"이야말로 "모든 현상에게 실재성을 그 안에서 주는 것"[B 610]이며, 경험적 대상의 모든 가능성은 여기에서 기초를 지닌다

고 칸트는 말한다. 나아가 『유고』에서는 이러한 "유일한, 모두를 포괄하는 가능한 경험(Eine allbefassende mögliche Erfahrung)"[XXI 582]은 칸트 철학의 체계적 서술을 그로부터 출발하게 해야만 하는 원점이라는 중대한 위치를 부여받고 있다. eine의 의의를 충분히 살리는 것에서 '가능한 경험'이 미치는 그 범위가 분명해지며, 동시에 "하나의 경험"[A 110] 등이 동일한 개념권에 속하여 가족을 이루는 표현으로서 떠오른다. ⇒경험, 경험의 가능성의 제약

—후쿠타니 시게루(福谷 茂)

📖 David Baumgart, *Das Möglichkeitsproblem der Kritik der reine Vernunft: der modernen Phänomenologie und der Gegenstandstheorie*, 1920. 鬼頭英一「カントにおける可能性の問題」『可能性の哲學』수록, 鬼頭英一著作集 第2卷, 公論社, 1988. 福谷茂「物自体と純粹理性批判の方法」『哲學研究』547號, 1983.

『유작遺作』 ⇨『오푸스 포스투뭄』{『유작』}

유추類推 [(독) Analogie]

보통 '유추' 또는 '유비'라고 번역되는 아날로기아(άναλογία)는 본래 양적 관계(수적인 차이 또는 기하학적인 비례·비율)의 동등함을 의미하는 수학적 개념이었지만, 후에 폭넓게 무언가의 이미 알고 있는 유사함에 기초하여 아직 알고 있지 못한 유사함을 추정하는 추론*을 가리키게 되었다. 예를 들면 a, b, c라는 유사한 특징을 지니는 A, B라는 두 개의 것이 있고, 나아가 A가 또 하나의 특질 d를 가진다는 것이 확정된 경우 B도 마찬가지로 d를 가진다고 추정되는 것이다. 형식 논리학적으로 말하면 유추는 보편에서 특수로 나아가는 연역, 특수로부터 보편으로 나아가는 귀납에 반해 특수로부터 특수로 나아가는 추론에 지나지 않기 때문에 그 결론은 연역이나 귀납의 경우와 같은 필연성* 내지 확실성*을 요구할 수 없으며, 개연성*을 지니는 데 그친다. 그러나 실천의 영역에서는 유추라는 추론 형식이 중요한 역할을 수행하는 경우가 많다는 것을

부정할 수 없다. 예를 들면 법률의 분야에서는 직접적으로 근거로 삼아야만 할 법규가 없는 경우 해당 사항에 가장 유사한 사항에 관계하는 법규를 적용하는 것이 유추라고 불리며 법 해석의 유효한 방법으로서 예부터 널리 사용되어 왔다.

칸트가 『순수이성비판』*에서 '경험의 유추'에 관해 말할 때의 '유추'는 특수에서 특수로 나아가는 추론으로서의 유추이다. 칸트에 의하면 경험이란 경험적 인식, 요컨대 다양한 지각의 종합적 통일에 의해서 얻어지는 인식*이지만[B 218], 이러한 종합적 통일은 일종의 유추—두 개의 양적 관계의 동등함에 관계하는 수학적 유추가 아니라 질적 관계의 동등함에 관계하는 철학적 유추[B 222]—에 의해서 행해진다. 즉 관계 및 양상*의 범주*에 의해서 성립한다고 여겨지는 바의 실체의 지속성, 인과성*, (실체 사이의) 상호성 등의 원칙에 기초하여 경험의 이미 알고 있는 부분으로부터 아직 알고 있지 못한 부분을 유추하는 것에 의해서 지각의 종합적 통일을 행하고, 경험적 인식을 획득하는 것이다.

아날로기아('유추')에 의한 추론 외에 예전부터 명사 또는 개념에 대해서도 아날로기아가 문제로 되어 왔다. 즉 어떤 동일한 명사가 복수의 사물에 대해 전적으로 동일한 의미로 사용되는 경우(동어동의성·일의성 univocatio)와, 전적으로 다른 의미로 사용되는 경우(동어이의성·다의성aequivocatio)와의 중간이 아날로기아('유비')라고 불린다. 예를 들면 동물의 신체, 식물, 환경, 오줌 등에 대해서 '건강'이라고 말해지는 경우 그 의미는 전적으로 동일한 것은 아니지만, 그렇다고 해서 상호간에 무관계하다고 말할 수 있을 만큼 전적으로 다른 것도 아니다. '건강'이라는 동일한 명사는 동물의 신체의 상태 그 자체, 그와 같은 상태를 낳게 하는 원인 내지 조건, 또는 그러한 상태의 징표 등을 가리키는 것으로 사용되고 있으며, 거기서는 의미의 차이와 함께 공통성이 발견된다. 유비를 다의성과 일의성의 중간이 아니라 다의성의 일종이라고 간주하게 되면, 통상적인 다의성이 '순수' 또는 '우연에 의한' 다의성인 데 반해 유비는 '계획적' 또는 '제어된' 다의성이라고 말할 수 있다.

이런 의미에서의 아날로기아('유비')에 관해 철학사에서 커다란 문제로 된 것은 '존재', '하나', '선', '진' 등, 이른바 초월적 명사(transcendentia)이다. 중세 스콜라학 이래로 이러한 명사들은 최고의 유로서의 범주를 초월하는 까닭에 유비적으로밖에 사용할 수 없으며, 결코 일의적인 개념일 수 없다고 하는 입장과, 이러한 명사들이 유비적으로 사용되는 것을 인정하면서 일의적인 '존재' 개념의 가능성을 주장하는 입장이 존재론*의 분야에서 대립해왔다. 칸트가 비판적 극복을 지향한 사변적*인 형이상학 내지 존재론은 '존재' 개념의 일의성을 주장하는 학파에 한정되어 있다.

명사 또는 개념의 아날로기아적 사용, 요컨대 아날로기아에 기초하는 인식이 특히 문제로 되는 것은 인간 이성이 스스로의 한계*를 넘어서서 탐구를 밀고 나아가고자 하는 경우인데, 칸트는 『프롤레고메나』*의 맺는말에서 이 문제에 대해 언급하고 있다. 즉 자연신학*에서 최고실재로서의 신*이 이 세계*를 창조한 최고의 지성* 및 의지*로서 인식되는 것은 아날로기아에 기초하는 인식이다. 칸트에 의하면 여기서 말해지는 아날로기아는 두 가지 것들 사이의 불완전한 유사라는 통상적인 의미에서가 아니라 서로 전적으로 유사하지 않은 것들 사이의 두 가지 관계의 완전한 유사라는 의미에서 이해되고 있다.

다시 말하면 최고실재인 신이 지성과 의지를 갖춘 창조주인 것처럼 간주될 때 세계와 신 사이에 직접적인 비교를 가능하게 하는 유사는 전혀 존재하지 않는다는 것을 전제로 한 데 토대하여 이 세계 전체와 아직 알려져 있지 않은 신과의 관계는 이 세계에서 시계, 배, 연대가 각각 직인, 건축가, 지휘관에 대해서 지니는 관계와 동등하다고 여겨지는 것이다. 칸트에게 있어 이와 같은 아날로기아에 기초하는 인식은 교조주의*와 회의주의*라는 양극단 사이의 참된 중간 길에 다름 아니었다. ⇒추론, 자연신학, 이성

―이나가키 료스케(稲垣良典)

图 岩崎武雄『カント「純粹理性批判」の研究』勁草書房, 1965. 松本正夫『存在論の諸問題』岩波書店, 1967. 速水滉『論理學』岩波書店, 1939.

유토피아 [(독) Utopia]

유토피아는 본래 모어가 절대왕정의 압정과 그 불공정을 비판하여 부정적으로 대립시킨, 어디에도 없는 장소라는 의미에서 이상사회를 가리키기 위해 사용되었다. 또한 자주 체제변혁의 가능성을 지닌 사상이라는 의미에서 이해된다든지 희망의 원리를 나타내는 것으로 되었다. 칸트의 당위윤리학의 입장에서는 이성*이 내거는 모든 도덕적 원망과 목표가 유토피아적인 '먼 곳', 요컨대 예지계*에 설정되었다. 그것은 요벨에 의하면 피안의 관념을 이성적이고 비판적으로 다시 만들어낸 것이다. 덕과 행복의 일치를 추구하여 그러한 초역사적인 세계를 원망하는 것은 당위윤리의 기축에 '영혼의 불사'를 요청하는 개별적 주관성이 놓여 있기 때문이다. 그 배경에서 역사의 미래에 대한 모든 원망이 유토피아로서 나타날 수밖에 없는 프로이센의 사회적 상황이 생각된다[골드만]. 그러나 최고선*을 역사적 목표로 삼기 위해서는 개인적 도덕적 한계가 넘어서져야만 한다. 그것을 실현하고자 하는 의무*를 유의미하게 만들기 위해 『종교론』은 "유로서의 주체성"을 그 기축에 두었다. 거기서는 인류공동체를 자기 안에 포함하는 보편적인 인간이 주제로 되기 때문에 그 이념*의 실현을 위한 협동적 활동이야말로 인류의 인류에 대한 의무로 된다. 그러한 공동체적 선의 실현은 개인적 도덕의 입장으로부터는 결코 파악되지 않는다. 그것은 역사로부터 분리되는 것이 아니라 역사적 규제적 목적 개념으로서의 기능을 지닌다. 이리하여 영혼의 불사를 추구하여 초역사적 세계를 바랄 필요는 없게 되며, 차안에서의 인류의 공동체적 목표를 향한 협동적 실천에서 비로소 지상에서의 신의 나라의 관념도 충분한 의의를 지니게 된다. ⇒최고선

―치넨 히데유키(知念英行)

Ⓐ Y. Yovel, *Kant and the Philosophy of History*, Princeton, 1980. A. Schweitzer, *Die Religionsphilosophie Kants. Von der Kritik der reinen Vernunft bis zur Religion innerhalb der Grenzen der blossen Vernunft*, 1899(齊藤・上田 譯 『カントの宗敎哲學』 上・下, 白水社, 1959). L. Goldmann, *Mensch, Gemeinschaft und Welt in der Philosophie Immanuel Kants: Studien zur Geschichte der Dialektik*, Zürich, 1945(三島・伊藤 譯 『カン

トにおける人間, 共同体, 世界』 木鐸社, 1977). 知念英行 『カント倫理の社會學的硏究』 未來社, 1984. 牧野英二 『遠近法主義の哲學』 弘文堂, 1996.

유희遊戲 [(독) Spiel]

'유희' 이외에 '놀이', '놀기', '유동' 등으로 번역되기도 한다. 칸트 미학*에서의 중요 개념이며, 미*에서의 쾌*의 감정*을 근거짓고 있는 인식능력*의 활동을 특징짓는 용어이다. 칸트에 따르면 미에서의 주관적인 쾌의 감정이 보편적으로 전달되는 것이라면, 그것은 인식 일반에서 상상력*과 지성*이라는 보편적인 인식능력이 서로 조화롭게 활동하는 경우의 그러한 심적 상태에 다름 아니다. 그럼에도 불구하고 미에서의 쾌의 감정은 개념*을 전제하지 않기 때문에, 이 상태는 지성과 상상력이라는 "인식능력의 조화", "인식능력의 자유로운 유희"[KU §9]에 기초하게 된다. 이때 지성은 "개념 없이 도식화하는" 것이기 때문에 상상력은 자유*인바, 여기서 "그 자유 속에서 상호적으로 생동하게 하는 상상력과 합법칙성*을 지니는 지성"[V 287] 사이에 개념의 개입 없이 포섭관계가 성립한다. 이리하여 '유희'는 미학적인 반성적 판단력의 본연의 모습을 특징짓는 개념인바, 거기서는 상상력의 자유가 우위를 지닌다. 나아가 『판단력비판』*에서 '유희' 개념은 이러한 초월론적* 의미와는 다른 의미로도 사용된다. 칸트는 미학적 판단이 관계하는 감관*의 대상*의 형식*을 '형태'와 '유희'로 분류하고, 나아가 이 '유희'를 공간에서의 "형태들의 유희"와 시간에서의 "감각들의 단순한 유희"로 나누고 있으며[KU §14], 또한 제51절의 예술*의 분류에서도 "감각들의 아름다운 유희"를 내세워 음악과 색채예술을 그것에 포함시키고 있다. 본래 칸트에서는 예술도 포함하는 기술 자체가 손으로 하는 일인 노동과 다른바, 자유로운 것으로서 "단지 유희인 듯이" 이루어지는 것이었다[KU §43]. 유희 개념은 칸트 미학을 발전시킨 실러*에 의해서 그의 미학의 중심에 놓였다. 특히 『인간의 미적 교육에 대하여』에서는 형식충동과 감성적인 소재충동이라는 서로 대립하는 두 개의 충동을 매개하는 유희충동이 미의 최고의

이상을 실현하는 것으로 된다. 칸트의 유희 개념은 실러를 매개로 하여 그 이후의 미학에서 중요한 개념으로 되었을 뿐 아니라 또한 나중의 유희론의 원천이 되었다. ⇒예술, 판단력, 미, 쾌

—구보 고지(久保光志)

☂ A. H. Trebels, *Einbildungskraft und Spiel*, H. Bouvier, 1967. I. Heidemann, *Der Begriff des Spiels und das ästhetische Weltbild in der Philosophie der Gegenwart*, Walter de Gruyter, 1968. Fr. Schiller, *Über die ästhetische Erziehung des Menschen*, 1975 (石原達二 譯『美學藝術論集』富山房, 1977).

윤리신학倫理神學 [(독) Ethikotheologie]

신학이란 근원적 존재자에 대한 인식*이다. 이와 같은 인식으로서의 신학은 단순한 이성*에 기초하는 바의 '이성적 신학(theologia rationalis)'과 계시에 기초하는 바의 '계시신학(theologia revelata)'으로 구분된다. 그리고 이성적 신학은 그 대상을 단순한 초월론적 개념을 매개로 하여 순수 이성에 의해서만 생각하는 '초월론적 신학(transzendentale Theologie)'과 그 대상을 최고예지자로서 생각하는 '자연적 신학(natürliche Theologie)'으로 구분된다. 그리고 더 나아가 초월론적 신학은 근원적 존재자의 현존재를 경험 일반으로부터 도출하고자 하는 '우주신학(Kosmotheologie)'과 근원적 존재자의 현존재를 단순한 개념에 의해서 인식하고자 하는 '존재신학(Ontotheologie)'으로 구분된다. 또한 자연적 신학은 최고예지자를 자연의 질서와 완전성의 원리로 이해하는 '물리신학(Physikotheologie)'과 도덕적 질서와 완전성의 원리라고 이해하는 '도덕신학(Moraltheologie)'으로 구분된다[vgl. A 631–2/B 659–60] ('자연적 신학'과 '자연신학'을 혼동하지 않도록 주의).

윤리신학은 다름 아닌 도덕신학의 다른 명칭이다. 『판단력비판』*에서는 물리신학과 도덕신학에 대해 다음과 같이 말하고 있다. "**물리신학**이란 (경험적으로밖에 인식될 수 없는) 자연의 목적들로부터 자연의 최상의 원인 및 속성들을 추론*하고자 하는 이성의 시도이다. 그런데 **도덕신학**(윤리신학)이라는 것이 있다고 한다면, 그것은 자연*에서의 이성적 존재자*의

도덕적 목적(선험적으로 인식될 수 있는 바의)으로부터 그 원인과 그것의 속성들을 추론하는 시도일 것이다"[KU, V 436, §85]. "물리신학의 시도는 신학을 근거짓는다고 하는 그 의도를 달성할 수 없으며, 결국에는 단순한 자연목적*론에 머무는 것이다"[같은 책, V 437]. 이에 대해 도덕신학의 시도는 도덕법칙 하에 있는 인간을 '궁극목적*(Endzweck)'으로 간주하고, 그로부터 근원적 존재자로서의 최상원인의 속성들에 대한 인식을 획득한다. "이리하여 **도덕적** 목적론은 **자연목**적론의 결함을 보완하며, 여기서 비로소 신학을 근거짓는 것이다"[같은 책, V 444].

—하카리 요시하루(量 義治)

☂ A. W. Wood, *Kant's Rational Theology*, Cornell U. P., 1978. J. D. McFarland, *Kants Concept of Teleology*, Edinburgh U. P., 1970. Klaus Düsing, *Die Teleologie in Kants Weltbegriff*, Kant-Studien Ergänzungsheft 96, Bouvier Verlag, 1968. John R. Silber, *The Metaphysical Importance of the Highest Good as the Canon of Pure Reason in Kant's Moral Philosophy*, Texas Studies in Language and Literature Ⅰ, 1959.

윤리학倫理學 [(독) Ethik]

(1) 윤리학의 의의. 칸트에서 윤리는 자연*이 아니라 자유*의 영역에 관계하며, 윤리학은 인간의 자유로운 욕구능력으로서의 의지*가 구현하는 선* 내지 악의 양상을 탐구한다. 이것에는 넓은 의미와 좁은 의미의 두 가지 뜻이 있다. ①『정초』*(1785) 서론에 따르면 선험적*인 원리들을 다루는 순수 철학에는 '자연의 형이상학'과 '인륜의 형이상학'이 있는데, 후자를 정점으로 하여 이것에 경험적 부문을 접합시킨 학문체계가 넓게 '윤리학'이라고 총칭된다[Ⅳ 387f.]. 이것은 '도덕철학'이라고도 말해진다. 윤리학의 이성적 부문으로서의 '인륜의 형이상학'은 "모든 것이 그에 따라서 생기해야만 하는 법칙"으로서의 자유의 법칙에 관계하며, 다른 한편 경험적 부문은 '실용적 인간학'이라고 불린다. ② 이에 반해『인륜의 형이상학』*(1797)은 '법론*'과 '덕론*'으로 이루어지지만, 이 경우의 덕론을 좁게 '윤리학'이라고 부른다[Ⅵ 379]. 이것은 '순수 실

천철학'이라고도 말해진다. 여기서의 윤리학은 덕론임과 동시에 의무론이기도 하며, 역사적으로 키케로*의 『의무에 대하여』(De officiis)의 전통이 의식되고 있다[VI 239, 381].

(2) 인간관계론으로서의 윤리학. 다른 한편으로 윤리란 도덕적인 인간관계의 이법인데, 칸트는 이 점에 대하여 『인륜의 형이상학』의 말미에서 다음과 같이 말하고 있다. "내면적 입법에 기초하는 순수 실천철학으로서의 윤리학에서는 다만 사람과 사람의 도덕적 관계만이 파악되며, 이것을 넘어서서 신*과 사람 사이에 어떠한 관계가 있는가는 윤리학의 한계를 완전히 넘어서 있고, …… 윤리학을 인간 상호간의 의무*의 한계를 넘어서서 확장할 수 없다"[VI 491].

(3) 도덕의 근본법칙(정언명법). 칸트는 이러한 도덕적인 인간관계의 핵심을 『정초』, 『실천이성비판』*(1788)의 두 저작에 의해 해명했는데, 그것이 도덕의 근본법칙이다. 이것은 '만약 ~라면, ~하라'라는 조건부의 기술적 내지 실용적인 명법*(가언명법)이 아니라 무조건적인 '~하라'라는 정언적인 명법이다. 즉 "너의 의지의 준칙*{행위의 주관적 원리}이 언제나 동시에 보편적 입법의 원리로서 타당할 수 있도록 행위하라"[KpV, V 30]. 이러한 근본법칙에 기초하여 준칙의 형식면에 관해서는 마치 자연법칙*에 견주어질 수 있는 보편성*이, 그 질료면에 관해서는 행위의 주체가 단지 수단이 아니라 언제나 동시에 목적*으로서 취급되어야만 하는 인격*이라는 것이, 이들 두 면을 종합한 전체적 규정으로서는 이러한 인격으로 이루어지는 '목적의 나라'로서의 인격공동체의 이념이 각각 도출된다.

(4) 적법성과 도덕성. 칸트 윤리학의 하나의 특징은 적법성(Legalität)과 도덕성*(Moralität)의 엄격한 구별에 있다. 『정초』에서 '의무에 적합하게(pflichtmäßig)'와 '의무로부터(aus Pflicht)'의 차이로서 논의되고 있던 것이 『실천이성비판』 이후에는 '적법성'과 '도덕성'의 구별로서 엄격히 구별된다[V 81]. 눈으로 볼 수 있는 행위가 도덕법칙*에 적합하다 하더라도(적법성), 내면의 동기가 도덕법칙의 단적인 존중에 있다(도덕성)고는 한정되지 않는다. 칸트는 본래적인 윤리적 선을 후자에게만 허용하고 있다. 왜냐하면 전자는 가언명법에 의해서도 성립하지만(예를 들면 영리한 상인의 가장된 정직함), 후자는 정언명법을 통해서만 성립하기 때문이다. 이러한 대비는 칸트 윤리학의 엄격주의*와 내면 중시의 자세를 보여주는 핵심어 역할을 수행한다. 나중에 『인륜의 형이상학』에서 적법성은 '외적 자유의 의무'를 취급하는 법론에, 도덕성은 '내적 자유의 의무'를 취급하는 덕론에 배당되었다[VI 214, 406].

(5) 영향사와 평가. 이와 같은 칸트의 윤리학설은 이후 헤겔*, 니체*, 셸러* 등에 의해서(강약의 차이는 있지만) 일단 받아들여진 다음에 비판, 극복되어간다. 우선 헤겔은 그의 '인륜(Sittlichkeit)'의 학설에서 칸트의 윤리학설도 '욕망의 체계'로서의 시민사회*의 도덕을 이론화한 것에 지나지 않는다고 하여 그것을 역사적으로 상대화했다[『법철학』]. 니체는 노예도덕으로서의 기독교 윤리의 르상티망(원한)적 성격을 폭로하는 맥락에서 칸트 윤리학도 그것의 세련된 하나의 형태에 불과하다고 비판했다[『도덕의 계보』, 『힘에의 의지』]. 셸러는 현상학의 입장에서 칸트 윤리학의 형식주의를 비판하고 '성聖'으로 수렴되는 실질적인 가치에 의해서 윤리가 질서지어져야만 한다고 주장했다[『윤리학에서의 형식주의와 실질적 가치윤리학』]. 또한 칸트의 철저한 심정윤리는 M. 베버 등의 책임윤리나 공리주의의 결과윤리와도 대조적이다.

점점 심신일원론이 우세를 점해가는 현대의 사회·문화 상황 속에서 인간의 예지적 성격과 경험적 성격의 이원론을 지상의 전제로 하는 칸트 윤리학을 그대로의 형태로 되살리기는 어렵다. 그러나 ① 칸트에게 있어서도 순수 윤리가 아닌 실용적인 실천에 관한 고찰이 풍부하다는 점, ② 실제적인 법의 고찰이나 국제평화의 구상에서 여전히 생명력이 있다는 점, ③ 칸트의 정언명법이나 판단력의 교설로부터 있어야만 할 타자론을 이끌어내는 것이 가능하다는 점, ④ 일반적으로 그의 순수윤리관과 예지적 인간관을 als ob(마치 그러한 것처럼), 즉 이념으로서 받아들이고, 그것을 부단히 실재화해 가는 일을 통해서 인류의 증대해 가는 위기적 상황을 적으나마 완화한다는 점의 (적어도) 네 가지 점에서 여전히 칸트 윤리학을 재평가할 수 있을 것이다. ⇒도덕철학, 덕론, 도덕법칙, 명법, 도덕성, 준칙,

엄격주의

–오구라 유키요시(小倉志祥)・시부야 하루요시(澁谷治美)

⟹ H. J. Paton, *The Categorical Imperative, A Study in Kant's Moral Philosophy*, Hutchinson, 1946(杉田聰 譯『定言命法 カント倫理學研究』行路社, 1986). L. W. Beck, *A Commentary on Kant's Critique of Practical Reason*, The University of Chicago, 1960(藤田昇吾 譯『カント「實踐理性批判」の注解』新地書房, 1985). 小倉志祥『カントの倫理思想』東京大學出版會, 1972. 和辻哲郎『人間の學としての倫理學』岩波書店, 1934. 久野收『倫理學の槪念と形成』以文社, 1977.

은총恩寵 [(독) Gnade (라) gratia (그) χάρις]

'은총'의 원어는 '은혜', '자비'라고도 번역된다.『종교론』*에서는 모든 종교*가 "은총을 구하는 (단순한 제사의) 종교"와 "도덕적 종교 즉 선한 행위의 종교"로 나뉘며, 자기의 이성종교는 후자에 속한다는 점이 강조되고 있다. 여기서는 "은총을 구하는 종교"와 "제사의 종교"가 동일시되고 있어 그것이 과연 올바른 것일까 하는 문제가 있지만, 어쨌든 도덕적 종교는 은총의 종교에 대해 부정적이다. 그러나『학부들의 투쟁』*에서는 도덕적 소질의 발전을 명령하는 도덕적 종교 그 자체가 은총의 선물이라고 간주된다. 즉 도덕적 소질은 우리 인간의 "공적(Verdienst)"이 아니라 신으로부터의 "은총(Gnade)"이라고 말하는 것이다[Ⅶ 43]. 칸트는 아우구스티누스의 '오로지 은총에 의해서만(sola gratia)'과 루터의 '오로지 믿음에 의해서만(sola fide)'에 반하는 것을 서술하고 있는 것처럼 볼 수 있지만, 의인義認과 성화聖化를, 또는 신앙*과 행위를 불일불이不一不二의 것으로서 파악하고자 했던 것이다. ⇒신앙

–하카리 요시하루(量 義治)

음악音樂 ⇨**예술론**

의도意圖 [(독) Absicht]

(1) 행위의 도덕적 가치는 의지*의 원리 속에 존재하지 행위의 의도, 즉 행위에 의해 결과로서 실현하고자 하는 사항에 존재하지 않는다. 가언명법이 행위를 무언가 의도에 대한 수단으로서만 명령하는 데 반해, 정언명법은 그러한 의도가 없어도 행위를 그것만으로 객관적으로 필연적이라고 명령한다. 그 경우에도 목적*이 문제가 되지만, 그 목적은 이제부터 실현해야만 할 목적(의도)이 아니라 인격성*이라는 자존적인 목적이다.

(2) 자연학*에서는 자연목적*에 의도가 있는가, 없는가는 문제로 되지 않는다. 확실히 자연*에서의 합목적성*이 마치 의도적인 것처럼 말해지기는 하지만, 그것은 우리의 인식능력*의 성질상 그와 같이 생각하는 것 이외에 달리 판단*할 방도가 없다는 것이지 그와 같은 의도에 따른 원인성 개념의 객관적 실재성이 증명될 수 있다는 것은 아니다. 의도가 의미하는 것은 반성적 판단력에 대한 단순한 규제적 개념. 주관적 원칙이지 규정적 판단력에 대한 구성적 개념. 객관적 원리가 아니다. ⇒목적, 영리함, 명법

–기타오 히로유키(北尾宏之)

의무義務 [(독) Pflicht]

의무란 일반적으로 행해야만 할 것, 삼가야만 할 것이지만, 해야만 한다는 이유에서 행해지는 것을 오직 하고 싶다는 이유에서 행해지는 것과 구별하여 전자에 보다 높은 도덕적 가치를 인정하는 것은 칸트도 지적하는 것처럼 상식*에 속한다고 말할 수 있다. 그의 시대에는 의무의 개념을 핵심에 놓은 키케로*의 윤리학*이 볼프*와 바움가르텐*이 쓴 교과서로 계승되었으며, 또한 경건주의라는 종교운동에서도 이 개념은 중시되고 있었다. 인간의 행위와 동기*를 비판철학에서의 감성계와 예지계*라는 두 개의 시각 하에서 고찰함으로써 칸트는 의무를 실천철학*의 주요개념의 하나로 함과 동시에 이 개념을 중심에 둔 윤리학 즉 의무론의 전형을 제시하고 있다.

【Ⅰ】 의무의 정의

감성계라는 시각에서 보는 한 모든 것은 경험*에 의해서 알 수 있는 자연법칙*을 따르고 있다. 인간*의

행위를 이끄는 동기에 대해서 말하자면, 그것은 자연* 또는 문화*로부터 주어진, 결국 자기의 행복*을 추구하고자 하는 경향성*을 따른다. 그러나 예지계라는 시각에서 조망하면, 인간은 행위에 의해서 만들어진 세계를 지배해야만 하는 다른 법칙을 생각할 수 있다. 요컨대 자기에게 갖추어진 이성*인 순수 의지가 자기에게 부과하는 도덕법칙*을 인정하여 경향성에는 거스르면서도 행위의 준칙*이 보편적으로 타당할 것을 요구하는 이 법칙에 따를 수 있는 것이다. 이성을 결여하고 자연법칙에만 따르는 동물에게도, 또한 의지가 그대로 도덕법칙인 신*에게도 의무는 있을 수 없다. 양자의 중간에 위치하고 두 가지 시각 하에 서 있는 인간만이 그 행위의 동기에서 다른 것으로부터 주어진 행복에의 경향성과 순수 의지의 자율의 긴장관계를 지니며, 스스로가 부과한 도덕법칙을 명령으로서, 즉 정언명법으로서 받아들여 그에 따르는 의무를 지니는 것이다. 거기서 "의무란 법칙에 대한 존경*에 기초하여 행위하지 않아서는 안 되는 필연성이다"라고 정의되며[IV 400], "의지의 자율*"이야말로 "도덕법칙과 그에 따르는 의무의 유일한 원리"로 된다[V 33].

도덕법칙에 따르는 의무에 관해 칸트는 중요한 구별을 제시한다. 의무에 반하는 행위는 말할 필요도 없지만, '의무에 적합한(pflichtmäßig)' 행위에서도 그것만으로는 도덕적이라고 간주될 수 없다. 예를 들면 사람에게 친절하게 한다 하더라도 대가를 기대하는 경향성이 동기가 되는 경우가 그러하다. 도덕적이라고 말할 수 있는 것은 그에 더하여 '의무에서 기인하는(aus Pflicht)' 경우, 결국 일체의 경향을 섞어 넣지 않고 친절을 명령하는 도덕법칙에 따른다는 동기에서만 행위가 이루어지는 경우이다[IV 397ff.; V 81ff.]. 그것이 경험 속에서는 발견될 수 없는 이념*에 그친다는 것은 칸트 자신이 명확하게 자각하고 있지만, 그의 윤리학이 엄격주의*라고 불리며 동기주의라고 특징지어지는 이유가 바로 여기에 있다.

【Ⅱ】 의무의 분류
도덕법칙에 따르는 의무가 있다는 것은 도덕만이 아니라 법에게도 공통되는 것이지만, 의무짓기의 방식이 다르다. '법 의무(Rechtpflicht)'가 명령하는 것은 타인에 관한 외적인 행위이기 때문에(내적인 동기가, 예를 들면 범의의 존재여부가 문제되지 않는다는 것은 아니지만 어디까지나 2차적이다), 그것은 외적 입법에 의해 외적으로 강제될 수 있다. 그러나 '덕 의무(Tugendpflicht)'가 명령하는 것은 각자의 내적인 동기이기 때문에, 각자의 내적 입법에 의한 자기 강제만이 가능하다. 법 의무는 행위가 그것에 합당하다는 적법성만을 요구하며, 그것에 반하는 것은 허용되지 않는 것에서 '좁은' 또는 '엄격한' 의무라고도 불린다. 이에 반해 덕 의무는 동기가 그에 기초하는 도덕성*을 요구하는데, 하나의 의무를 다른 의무로(예를 들면 이웃 사랑을 부모에 대한 사랑으로) 제한하는 것을 허용하는 까닭에 '넓은' 또는 행하면 '공적'이 되는 의무이다[IV 424; VI 239, 382f.].

칸트가 충분한 설명 없이 행하고 있는 또 하나의 분류가 "완전 의무(vollkommene Pflicht)"와 "불완전 의무(unvollkommene Pflicht)"인데, 각각은 다시 "자신에 대한 의무"와 "타인에 대한 의무"로 나뉜다[IV 421ff.; VI 239f.]. 자신에 대한 완전 의무는 "우리들 자신의 인격에서의 인간성*(Menschheit)"의 권리를 파괴하지 않는 것이다. 파괴 가운데 가장 큰 것은 이성을 지닌 본체적 인간의 파괴이기도 한 자살이지만[VI 421], 더 나아가 동물학대의 금지도 이에 포함된다[VI 443]. 타인에 대한 완전 의무는 현상적 인간으로서의 타인의 '인간(Mensch)의 권리'를 침해하지 않는 것, 예를 들어 거짓된 약속을 하지 않는 것이다. 그리고 자신에 대한 불완전 의무는 "우리들 자신의 인간성의 목적"인 자연적, 도덕적 능력의 완전성*을 지향하는 것이며, 타인에 대한 불완전 의무는 타인의 '인간의 목적', 즉 행복*을 촉진하는 것이다. 완전 의무와 불완전 의무를 동일시하는 기술도 보이지만, 타인에 대한 완전 의무만이 법 의무이며, 다른 것은 덕 의무에 속한다. ⇒의지, 인류, 도덕성, 도덕법칙, 법{권리}

—다루이 마사요시(樽井正義)

📖 H. J. Paton, *The Categorical Imperative*, Hutchson, 1949(杉田 聰 譯 『定言命法』行路社, 1985). W. Kersting, *Wohlgeordnete Freiheit*, de Gruyter, 1984. A. D. Rosen, *Kant's Theory of Justice*, Cornell U. P., 1993.

의사소통윤리학意思疏通倫理學 ⇨**담론윤리학**

의식意識 [(독) Bewußtsein]

독일어의 의식이라는 말은 18세기 초에 볼프*가 데카르트 철학에서의 '콘스키엔치아(conscientia)'의 번역어로서 사용한 것에서 시작된다. 콘스키엔치아라는 말은 소급하자면 고대 말기로부터 중세를 통해 쉰에이데시스(συνείδησις)와 쉰테레시스(συντήρησις)라는 말과도 연관하여 본래는 '도덕적 양심'이라는 의미에서 사용되었고, 그로부터 뜻이 변하여 일찍부터 '내면적 자기의식'이라는 의미도 포함하고 있었다고 말해진다. 그러나 데카르트*에게서 비로소 콘스키엔치아란 말이 두드러지게 '의식'이라는 의미로 사용되기 시작했다. 다만 데카르트는 '의식'이라는 의미를 표현하는 용어로 '코기토(cogito)', 즉 '사유'라는 말을 더 많이 사용했다. 그러나 17세기 말의 데카르트 철학 해설서를 통해 의식 개념이 널리 유포되어 자아*의 의식에 기초를 두는 근대 철학이 형성되기 시작했고, 칸트를 거쳐 현대의 후설 현상학에까지 이르게 된다. 그러한 흐름 속에서 칸트의 의식 개념의 특색은 어디에 존재하는 것일까?

칸트에서 의식은 "경험적"으로는 그 내용이 다양하게 변화하고 주관*마다 다르며 특수하다고 생각된다. 그에 더하여 그 내용이 의식되는 방식에서도 "정도"의 다름이 있으며, "차이의 의식"이 없어지면 표상*은 "애매한" 것이 되고 "의식이 소실되기까지 무한히 많은 정도가 있게"[B 415 Anm.] 된다. 그렇지만 이와 달리 "순수한" 의식이 있다는 것이 칸트의 진면목을 이룬다. 칸트는 대강 다음과 같이 말하고 있다[A 117f. Anm.].

모든 "표상"은 반드시 어떤 무언가의 "가능적인 경험적 의식"에 관계한다. 왜냐하면 만약 그렇지 않다면, 요컨대 "그 표상을 스스로 의식"하는 것이 불가능하게 된다면 그 표상은 존재하지 않는 것과 마찬가지기 때문이다. 하지만 칸트는 그뿐만 아니라 모든 "경험적 의식"은 더 나아가 "모든 특수한 경험에 선행"하는 하나의 "초월론적 의식(transzendentales Bewußtsein)", 요컨대 "나 자신의 의식(Bewußtsein meiner selbst)", 그러한 "근원적 통각(ursprüngliche Apperzeption)"에 필연적으로 관계되어야만 한다고 보았다[A 117 Anm.]. 왜냐하면 모든 의식은 "(나 자신이라는) 하나의 의식"[같은 곳]에 속하지 않으면 안 되기 때문이다. 따라서 칸트는 "다종다양한 모든 경험적 의식이 하나의 통일적인 자기의식 속에서 결합되어 있어야만 한다는 종합적 명제는 우리의 사유 일반의 단적으로 최초이자 종합적인 근본명제"[같은 곳]라고 단언한다. 물론 이 자기의식 내지 초월론적인 의식 또는 통각*이 실제로 얼마만큼이나 사람들에 의해 명석하게 표상되는가는 문제로 되지 않는다. 중요한 것은 칸트가 이 의식이 없다면 모든 인식의 논리적 형식의 가능성이 상실된다고 보고 있다는 점이다[같은 곳].

다만 이 "자기 자신의 의식은 아무래도 자기 자신의 인식*이 아니"[B 158]라는 점을 잊어서는 안 된다. 왜냐하면 이 자기 자신의 의식은 표상의 다양의 초월론적 종합에서의, 요컨대 통각의 종합적인 근원적 통일에서의 "나 자신의 의식"이지 결코 "내가 나에 대해서 현상하는 상태"의 의식이 아닐 뿐 아니라 "내가 나 자신에서 존재하는 상태"의 의식도 아니기 때문이다[B 157]. 다시 말하면 그것은 현상*으로서의 자아의 인식이나 사물 자체*로서의 자아의 인식이 아니며, 단적으로 다만 "나의 있음"의 의식인 것이다[같은 곳]. 우리는 칸트의 의식 개념의 근저에 이와 같은 말하자면 초월론적 주체의 의식이 숨어 있다는 점을 놓쳐서는 안 된다. ⇒의식 일반, 통각, 자기의식

―와타나베 지로(渡邊二郎)

图 有福孝岳 『カントの超越論的主体性の哲學』理想社, 1990.
岩崎武雄 『カント 「純粋理性批判」の研究』 勁草書房, 1965.

의식 일반意識一般 [(독) Bewußtsein überhaupt]

의식 일반이란 의식*의 개별적이고 주관적인 특수성과 차이성을 도외시하고 의식을 그 보편성*에서 고찰할 때 말해지는 개념이다. 무언가가 의식 일반에서 파악된다는 것은 그것이 보편타당하고 객관적으로, 즉 모든 의식에서 똑같은 방식으로 파악되는 것에 다름 아닌바, 다시 말하면 모든 주관에 공통된 의식이

그때그때의 해당 대상을 그 보편성에서 합법칙적으로 인식*하는 사태를 가리킨다.

예를 들면 판단*에서는 주어진 두 개의 표상*이 단지 "주관적 타당성"에서 결합되는 것이 아니다. 오히려 주어진 인식을 "통각*의 객관적 통일성"에로 가져오고 "근원적 통각과 그 필연적 통일"에로 관계짓는 것이 판단인 것이다[B 141f.]. 거기서는 두 개의 표상이 "주관*의 상태의 차이 없이" "객관*에서 결합되는 것이며", "단지 지각*에서(아무리 그것이 반복된다 하더라도) 하나로 되는 것만이 아니다"[B 142]. 칸트는 이와 같이 주어진 표상의 다양*을 "통각 일반" 아래로 가져오는 지성*의 활동이 곧 "판단의 논리적 기능"이며, 이에 의해 다양이 "의식 일반"에로 가져와진다고 말한다[B 143].

『프롤레고메나』*에서 이 점은 더욱 강조되었다. 즉 판단작용에는 두 가지가 있다는 것이다. "첫째는 내가 오로지 지각들을 비교하여 나의 상태의 의식에서 결합하는 경우이고, 둘째는 내가 그것들을 의식 일반에서 결합하는 경우이다". 전자는 "지각판단"이며, 그것은 "주관적 타당성"밖에 지니지 못하는 것으로서 거기에는 "판단의 보편타당성과 필연성*"이 결여되어 있다. 그에 대해 후자는 "경험판단*"이라고 불리는 것으로서, 여기서는 주어진 직관*이 "개념*" 아래 포섭*되며, 그 개념에 의해 직관의 "경험적 의식*"이 "의식 일반"에서 결합됨으로써 경험적 판단에 "보편적 타당성"이 만들어진다고 말해진다[IV 300f.].

그러므로 판단은 "오로지 주관적"이지만, 그럼에도 불구하고 "객관적"이기도 하다. 전자의 경우에는 "표상이 하나의 주관에서의 하나의 의식에만 관계되어 그 속에서 통합되는" 데 불과하다. 후자의 경우에는 "표상이 의식 일반에서, 즉 거기에서 필연적으로 통합된다"[IV 304].

따라서 칸트는, 예를 들어 어떤 물체가 태양에 비추어져 따뜻하게 되는 사태를 오로지 두 개의 지각의 주관적 결합의 상태에 그치게 하지 않고 "태양이 그 빛에 의해 온도의 원인"이라는 방식으로 "법칙"으로서 파악하게 된다면, 이때의 "원인" 개념은 "의식 일반에서의 지각들의 종합적 통합"의 개념으로서 기능하고

있다는 것이 분명하다고 말하고 있다[IV 312]. ⇒의식, 통각, 경험판단, 객관적 타당성

―와타나베 지로(渡邊二郎)

図 有福孝岳 『カントの超越論的主体性の哲學』 理想社, 1990. 量義治 『カントと形而上學の檢證』 法政大學出版局, 1984. 岩崎武雄 『カント『純粋理性批判』の研究』 勁草書房, 1965.

의인관擬人觀 [(독) Anthropomorphismus; Anthropomorphism]

의인관이란 일반적으로 인간과는 다른 대상들, 예를 들어 초월적 존재자와 신*과 같은 추상적인 개념 또는 자연의 현상들 등에 대해 그것이 인간*(안트로포스ἄνθρωπος)과 마찬가지 모양의 형태(모르페μορφή)와 특성을 지니는 것이라고 간주하고 유추*에 의해 그것을 이해하고자 하는 뿌리 깊은 경향의 것을 말한다. 자연계의 만물에 대해 영혼을 인정하는 애니미즘 등도 의인관의 전형적인 하나의 변형이다.

최고의 예지자*(Intelligenz)로서의 신에 대한 의인관은 "신과 그 본질을 인간이 이론적으로 표상*할 때에 거의 피할 수 없는 것인바, 그럼에도 불구하고 통상적으로(의무 개념에 영향을 주지만 않는다면) 충분히 무해한 것이지만, 이 의인관은 신의 의지에 대한 우리의 실천적 관계와 우리의 도덕성* 그 자체에 있어서는 대단히 위험한 것이기도 하다"고 말해지고 있듯이 [Rel., VI 168], 칸트는 의인관의 개념을 말하자면 양가적으로 파악하고 있다. 칸트에 따르면 어떤 종류의 "비교적 섬세한(subtiler)" 의인관은 유용한 것으로서 용인되며, 그것에 기초하여 신을 지성*과 의지*를 갖춘 존재자로 생각하고 이 존재자에서 무한*한 완전성*을 인식할 수 있다는 것이다[B 728]. 이것은 '상징적(symbolisch)' 의인관이라고도 말해지는 것으로서 여기서의 인식은 "두 개의 것의 불완전한 유사를 의미하는 것이 아니라 전혀 유사하지 않은 것 사이의 두 개의 관계의 완전한 유사를 의미하는 유추에 기초하는 인식"인 것이다[Prol., IV 357]. 그러나 이에 대해 '교조적(dogmatisch)' 의인관은 회피되어야만 한다. 그것은 "감성계에서 기인하는 술어들을 이 세계와는 전혀 다른 존재자로 전용하는", 가능한 경험의 영역을 넘어서서

인식을 확장하는 의인관에 다름 아니며[Ⅳ 358], 따라서 또한 "미신의 원천"[KpV, Ⅴ 135]으로 간주되는 것이기도 하다. ⇒예지자, 신, 신앙

—이케오 교이치(池尾恭一)

量義治 「理性宗教とキリスト教」 浜田義文 編 『칸트讀本』 法政大學出版局, 1989.

의지意志 [(독) Wille]

의지란 "법칙의 표상*, 즉 원리*에 따라 행위하는 능력"[Ⅳ 412]이다. 따라서 "의지란 이성적인 한에서 생겨난 존재자의 일종의 원인성이며, 자유*란 그 원인성이 그것을 규정하는 다른 원인성에 의존하지 않고서 활동할 수 있는 경우에 가지는 성질이라고 말할 수 있을 것이다"[Ⅳ 446]. 인간은 한편으로는 다른 생물을 포함한 모든 자연적 존재자와 마찬가지로 자연법칙*으로서의 원인성에 지배되지만, 다른 한편으로 이성적 존재자*로서 자유를 의식하고 있다. 그러나 이 자유를 자연법칙에 의존하지 않고서 활동하는 자유에 의한 원인성으로서 인식하고자 한다면 이론 이성은 이율배반에 빠지며 자유는 이론적으로 인식될 수 없다. 이 이율배반이라는 것은 그 긍정명제에서 자유가 모순 없이 사유될 수 있다고 주장함으로써 자유의 가능성*을 승인하고 있지만, 이러한 자연의 형이상학* 속으로 실천적으로 인식되는 자유를 원인성으로서 가지고 들어오는 것은 "다른 분야에 잘못 들여오는" 오류를 범하는 것으로서, 자유의 이론적 가능성과 의지라는 실천 이성의 자유의 실재성*은 직접적으로는 연계되지 않는다. 요컨대 실천적*으로 의식되는 자유가 자유에 의한 원인성이라는 일종의 원인성의 성질이라고 말할 수 있기 위해서는, 그 원인성이 자유라고 하는 것이 그 조건으로 되지 않으면 안 되는 "일종의 순환"[Ⅳ 450]에 빠지는 것이다. 그렇지만 위에서 서술한 자연의 형이상학 속으로 자연의 합목적성*이라는 개념을 스스로 가지고 들어오는 것은 이성에 의해서 주어진 일종의 인식근거*인바, 그 궁극목적*인 무제약적인 최고선*의 이념을 상정하는 것은 결코 독단이 아니다. 『정초*』의 서두에서 선의지가 유일한 무제약

적인 선으로서 이론적으로 이를테면 전제되는 것은 이와 같은 목적론적 고려가 그 배경에 놓여 있기 때문이며, 선의지는 최고선의 이념에로 향하는 순수 의지, 즉 순수 실천 이성으로서 처음부터 전제되는 것이다. 이 전제를 연역*에 의해 증명*하려고 하는 것은 잘못이다. 『정초』의 '전서前書'에서는, 순수한 도덕철학*이 존재해야만 한다는 것은 자명한 것이기 때문에 상식*으로부터 그것을 분명히 밝혀내는 것이 긴급히 필요한 일이라고 서술되고 있다[Ⅳ 389]. 자명한 것을 증명한다든지 연역한다든지 하는 것은 모순*이지만, 이념적으로 존재해야만 한다고 자명하게 믿어지는 것을 상식으로부터 밝혀내는 것이야말로 도덕형이상학의 과제이며, 『실천이성비판*』도 "오로지 순수 실천 이성이 존재한다는 것만을 증시해야만 하며, 그 의도 하에 이성의 모든 실천적 능력을 비판하는"[Ⅴ 3] 것이다. 결국 존재하지 않으면 안 될 순수 의지를 증시하기 위해서 모든 의지의 비판이 행해지는 것이며, 그 순수 의지는 연역에 의해서가 아니라 "실천 이성의 최고원칙의 해명(Exposition)"[Ⅴ 80]에 의해 사실로서 실천적으로 증시되는 것이다. 앞에서 서술한 자유에 의한 원인성이 지니는 일종의 순환으로부터 벗어나는 것은 이론적 설명과는 "다른 입장", 요컨대 목적론적으로 상정되는 최고선의 이념에로 향하는 지성계의 원인성에 몸을 맡기는 실천에 의해서 이루어지며, 행위의 도덕성에 대한 판정은 경험적으로는 단적으로 불가능하다. ⇒자유, 의지의 자율

—가도와키 다쿠지(門脇卓爾)

의지의 자율意志-自律 [(독) Autonomie des Willens]

【Ⅰ】 의지의 자율과 타율

칸트는 『인륜의 형이상학의 정초*』에서 도덕성*의 원리에 대한 탐구로 향하여, 우선 '의무*' 개념을 분석하고 그로부터 인간이 따라야만 하는 도덕적 명법이 '정언명법'이라는 점을 분명히 했다. 정언명법은 "너의 준칙*이 보편적 법칙으로 될 것을 의욕할 수 있는, 즉 그 준칙을 통해 네가 동시에 의욕할 수 있는 그러한 준칙에 따라서만 행위하라"라고 정식화되지만, 스스

로의 준칙이 보편적 법칙으로 될 것을 의욕할 수 있는 것은 의욕의 주체인 의지*가 의욕 대상의 성질들에 의존하지 않고서 직접 자기 자신에 대해 보편적 법칙으로 됨으로써 가능하다. 이것이 칸트가 말하는 "의지의 자율"이며, 칸트는 이 의지의 자율이야말로 "도덕성의 최상의 원리"라고 한다. 정언명법이 명령하고 있는 것도 결국 이 의지의 자율에 다름 아니다.

이에 반해 의지가 스스로를 규정해야만 할 법칙을 의지 자신에서가 아니라 의욕 대상의 성질에서 구하게 되면, 그로부터 의지의 타율이 생긴다. 의지의 타율로부터는 "나는 무언가 다른 것을 의욕하는 까닭에 무언가를 성취해야만 한다"라는 '가언명법'이 결과할 뿐이며, 따라서 타율은 "도덕성의 모든 불순한 원리의 원천"이다. 칸트에 의하면 타율의 관점으로부터 수용된 도덕 원리는 그것이 경험적인 경우에는 자연적 감정이나 도덕적 감정에서 기인하는 '행복*'의 원리이며, 이성적인 경우에는 '완전성*'의 원리이다. 그러나 이것들은 어느 쪽이든 의지의 자율에 입각하지 않은 타율적인 원리이며, 도덕성의 원리라는 이름에 어울리지 않는다.

【Ⅱ】 의지의 자율과 의지의 자유

그런데 의지의 자율은 의지의 자유와 뗄 수 없는 관계에 있다. 그러나 이 경우의 의지의 자유란 의지의 원인성이 밖으로부터의 자연적 원인에 의존하지 않고서 작동할 수 있다는 소극적 의미에서의 자유*가 아니라, 의지가 스스로 설정한 보편적 도덕법칙*에 따라 작용한다는 것으로서 바로 이것이 적극적인 의미에서의 의지의 자유이다. 결국 의지의 자유란 자기 자신에 대해서 법칙이라는 의지의 특성 이외에 아무것도 아니며, 따라서 이것은 의지의 자율에 다름 아니다. 그러나 인간의 행위는 인간이 감성계의 일원인 한에서 욕구*와 경향성*의 자연법칙*에, 즉 자연*의 타율에 따른다고 볼 수밖에 없다. 그러나 인간은 또 한편으로 이성적 존재자*로서 자연법칙과는 다른 도덕법칙이 지배하는 예지계*에도 속한다. 의지의 자유와 자율이 가능하다고 생각되는 것은 인간이 스스로를 이러한 예지계의 일원으로 보기 때문이다. 하지만 인간은 감성계에도 소속되어 있기 때문에 그 의지는 신*의 신성한 의지처

럼 언제나 필연적으로 도덕법칙에 적합한 것은 아니다. 인간에 있어서 도덕법칙에 따르는 것이 강제로서 명법*과 의무*의 형태로 제시되는 것도 그 때문이다.

의지의 자율은 이와 같이 칸트 윤리학*의 가장 중요한 개념이지만, 또한 칸트에 의하면 이러한 자율이야말로 이성적 존재자로서의 인간에게 존엄*을 부여하는 바로 그것이다. 인간은 자율에 의한 의지의 자기입법에 의해서 '목적* 그 자체'이고 '목적의 나라*'의 성원이다. 그런 한에서 인간은 존엄하며, 단지 수단으로서만 다루어져서는 안 된다. 인간의 존엄의 근거가 인간의 자유에 있다 하더라도 이 자유는 자율로서의 자유이며 적극적 의미에서의 자유이다.

【Ⅲ】 '자율'의 다른 용법

칸트는 의지의 자율 외에도 여러 경우에서 자율에 대해 말하고 있다. 『판단력비판』*과 그 '첫 번째 서론'에 의하면 "마음의 상위능력들"은 어느 것이나 다 선험적*으로 입법적이며, 그런 의미에서 자율을 포함하는 능력들이다. 마음의 상위능력들에는 "인식능력*"과 "쾌와 불쾌의 감정" 그리고 "욕구능력*"이 있지만, 첫 번째의 인식능력에 관해 이야기하자면, 지성*의 자율에 의해 자연의 이론적 법칙들이 입법*됨으로써 자연의 이론적 인식이 가능하게 된다. 두 번째의 쾌와 불쾌의 감정에 관해 이야기하자면, 대상의 미*를 판정할 수 있는 능력인 취미*가 스스로의 판정의 보편타당성을 요구할 수 있는 것은 미적 대상에 관련된 반성적 판단력*의 자율에 기초하는 것이고, 반성적 판단력은 그러한 반성*의 조건들에 관해서 선험적*으로 입법적이다. 칸트는 이것을 지성의 자율과 구별하여 자기자율*(Heautonomie)이라고도 부른다. 마지막으로 욕구능력에 관해 이야기하자면, 이성*의 자율에 의해 자유의 실천적 법칙들이 입법되는 것이고, 그 경우의 이성이란 순수한 실천 이성으로서 이 이성의 자율은 칸트가 의지의 자율이라고 부르는 것과 같다. 이밖에도 칸트는 『인륜의 형이상학』*에서 삼권분립에 의한 국가*의 자율에 대해 말하며, 『학부들의 투쟁』*에서는 대학의 자율에 대해, 특히 철학부가 정부의 입법 하에서가 아니라 이성의 입법 하에 있지 않으면 안 된다고 하고 있다. 결국 칸트는 인간이 (넓은 의미에서의) 이성을

사용하는 모든 경우에서 자율의 필요성을 강조하고 있으며, 여기서 우리는 칸트의 계몽*에 대한 생각을 이해하기 위한 열쇠를 볼 수 있을 것이다. ⇒자유, 준칙, 자기자율

—우츠노미야 요시아키(宇都宮芳明)

Gerold Prauss, *Kant über Freiheit als Autonomie*, Frankfurt a. M., 1983. Johannes Schwartländer, *Der Mensch ist Person*, Stuttgart, 1968(佐竹昭臣 譯『カントの人間論』成文堂, 1986).

이기주의利己主義 ⇨에고이즘

이념理念 [(독) Idee]

(1) 이념의 본질. 이념론은 이론에서도 실천에서도 공통된 기본사상이며, 제1비판의 '이념 일반에 대하여'의 논술이 보여주듯이 역사적으로는 플라톤*의 이데아론에서 유래한다. "이념은 플라톤*에서는 사물 그 자신의 원형(Urbild)이다. …… 그에 의하면 이념은 최고의 이성에서 유출하여 인간 이성에게 분여되었다"[B 370]. 이념은 경험을 규제하고 통일하는 지도원리이다. 그러므로 플라톤이 이야기한 것처럼 이념에 기초하는 사회체제를 무시하고 "공공연하게 서로 다투는 경험을 증거로서 비속한 방식으로 끌어대는 것보다 더 유해하고 철학자의 품격에 어울리지 않는 것은 없다"[B 373]. 따라서 자연*에 관해서는 경험*이 법칙을 건네준다 하더라도 "인류의 법칙에 관해서는 경험은 (유감스럽게도!) 가상*의 어머니이다. 내가 이루어야만 하는 것의 법칙을 이미 이루어진 것으로부터 끄집어내거나 이에 의해 그 법칙을 제한하고자 하는 것은 크게 비난해야 할 일이다"[B 375]. 이와 같이 이념론은 윤리학으로서는 경험주의를 배제하고 관념론의 방향을 지시한다. 그러나 그것은 윤리학에 한정된 것이 아니라 진, 선, 미, 성의 각각의 양상에 걸쳐 기초이론으로서 전개된다.

(2) 초월론적 이념. 이념은 '순수 이성의 개념'으로서 『순수이성비판』의 제2부 '변증론'의 주제이다. 이념 그 자체는 선험적이며, 경험적 인식의 선험적 통일을 지향하는 지도원리로서 바로 초월론적이다. 지성*이 판단*의 기능이자 규칙*의 능력인 데 반해, 이성*은 추리의 능력이며, 개개의 규칙을 넘어서서 인식*의 체계적 통일을 지향하고, 이념에 기초하여 경험적 인식의 전체성 내지 무제약성을 지향한다. 그러므로 이념은 지성 인식에서의 범주*처럼 대상*을 구성하는 개념이 아니라 전체성 내지 무제약성이 '마치 ~인 것처럼' 인식의 대상을 규제하는 개념이다. 이념에 기초하는 인식은 바로 '과제(Aufgabe)'이다.

(3) 이념의 모습들. 인식의 전체성 내지 무제약성은 추리의 양상에 따라서 심리학적, 우주론적, 신학적의 세 가지로 구별된다. 심리학적 이념은 주체성 측의 통일성, 우주론적 이념은 객체성 측의 통일성, 신학적 이념은 주객의 양면에 걸친 통일성을 각각 지향한다. ① 심리학적 이념. 종래의 영혼불멸론을 '오류추리'로서 비판하고, 주체성으로서의 심령이 단순하면서 통일적인 실체성이라 할 만한 이념으로서 정립된다. ② 우주론적 이념. 이것은 세계존재에 관한 이율배반(Antinomie)에 관련된다. 시간 및 공간은 유한한가 무한한가, 물체는 단순체인가 무한분할이 가능한가? 이에 관한 이념은 수학적이다. 나아가 인과계열에는 제1원인으로서의 자유가 있는가 없는가, 또한 우주의 존립에는 존재근거로서의 필연성이 있는가 단적인 우연성인가? 이에 관한 이념은 역학적이다. ③ 신학적 이념. 일반적으로 존재에 관해 모순율에 기초하여 "사물 일반의 모든 가능성의 총괄"을 추구할 때 "모든 술어의 종합의 원칙"으로서 "초월론적 의미에서의 산"의 이념이 "순수 이성의 이상"으로서 정립된다[B 601, 608].

(4) 요청으로서의 이념. 최고선*은 덕과 행복의 종합이지만, 그 실현과 관련하여 제3비판의 '변증론'은 실천 이성의 '요청'(Postulat)으로서 "자유와 불사성과 신의 존재"를 실천적 이념으로서 정립하고 있다[V 132-134].

(5) 심미적 이념. 이것은 이성 인식의 대상이 아니라 '상상력의 이상'이다. "나는 믿는다. 심미적 이념을 상상력의 **진술할 수 없는** 표상이라고, 또 이성 이념을 이성의 **논증할 수 없는** 개념이라고 부를 수 있다고"[V 342]. ⇒이성

—오구라 유키요시(小倉志祥)

참 H. Cohen, *Kants Begründung der Ethik*, Berlin, 1877.

이노우에 데츠지로(井上哲次郎) ⇨일본의 칸트 연구

이노우에 엔료 [井上円了 1858. 2. 4.–1919. 6. 6]

진종대곡파(眞宗大谷派) 지코지(慈光寺)의 장남. 출생지인 니가타현 미시마군호(三島郡浦)를 기념하여 '호스이(甫水)'라고 불렸다. 동본원사(東本願寺) 유학생으로서 1878년(메이지 11) 도쿄 대학 예비과에 입학, 85년 문학부 철학과를 졸업. 그 사이 84년 '철학회'를 창립하고, 87년 『철학회잡지』(92년 제64호부터 『철학잡지』로 제목을 바꿈)를 창간했다. 또한 1885년 세계의 4대 성인으로서 동양에서는 중국의 공자와 인도의 석가모니, 서양에서는 고대의 소크라테스와 근대의 칸트의 초상을 화가인 와타나베 분자부로(渡辺文三郎)에게 그리도록 하여 철학제를 거행했고, 87년 불교 철학 연구를 위해 철학관(후에 도요 대학으로 개칭)을 창립하였으며, 89년 아버지의 귀향 요망에도 불구하고 불교의 위기를 구하기 위해 생가의 후계를 단념했다. 93년 화가 하시모토 가호(橋本雅邦)에게도 4대 성인의 초상을 그리도록 하여 그 모사본을 1902년 유럽 여행 때 쾨니히스베르크의 칸트 기념관에 기증했다. 1903년 도쿄 나가노에 '철학당'을 세우고 4대 성인의 제사를 지냈으며, 06년 도요 대학 학장직을 사임한 이후 '철학당'을 중심으로 불교 철학 보급에 힘써 여러 차례 전국을 돌며 강연했다. 엔료는 현상 즉 실재설과 미신타파에서 칸트에 공감했지만, 칸트의 사물 자체*설을 유물론*의 오해를 불러일으키는 것이라 하여 배척했다.

—다카미네 가즈미(高峯一愚)

저 『哲學一夕話』(1886, 87). 『仏敎活論』(1887, 90). 『妖怪學講義』(1896). 『外道哲學』(1897). 『西航一錄』(1904). 『迷信と宗敎』(1916) 외 다수. 圀란 참조
참 齋藤繁雄 編著 『井上円了と西洋思想』 東洋大學井上円了記念學術振興會, 1988.

이론적理論的 ⇨실천적

이상적 의사소통공동체理想的意思疏通共同體 ⇨담론윤리학

이상적 발화상황理想的發話狀況 ⇨담론윤리학

이성理性 [(독) Vernunft]

【Ⅰ】 '이성'과 그 '비판'

(1) 최고의 통일의 능력. "우리의 모든 인식*은 감관*에서 시작되어 그로부터 지성*에로 나아가며 이성에서 끝나는데, 이성을 넘어서서 직관*의 소재를 가공하여 그것을 사고의 최고의 통일*로 가져오는 고차적인 것은 아무것도 우리에게서 발견되지 않는다"[B 355]. 칸트는 『순수이성비판』*의 '초월론적 변증론'* '서론'의 '이성 일반에 대하여'라는 제목의 소절 서두에서 위와 같이 말하고 있다. 이성은 인간의 인식 활동에서 최상위에 위치하며, 바로 사고의 최고의 통일을 가져오는 능력*이다. "규칙의 능력"으로서의 지성에 대해 이성은 "원리의 능력"으로 규정된다. "지성이 규칙*을 매개로 하여 현상들을 통일하는 능력이라고 한다면, 이성은 지성규칙들을 원리* 하에 통일하는 능력이다"[B 359]. 이성에 의한 지성의 다양*한 인식의 이러한 선험적*인 동시에 고차적인 통일을 칸트는 "이성통일"이라고 부른다. (칸트의 '이성'이라는 말의 용법에는 이러한 최고의 통일능력으로서의 의미와 더불어 때때로 그것이 좀더 하위의 인식능력*들도 총괄한 넓은 의미에서 사용되는 경우가 있다.)

이러한 이성에 의한 가장 고차적인 통일에는 두 가지 측면이 있다. 즉 ① 논리적 형식적 측면에서 말하면, 칸트는 개념론, 판단론, 추리론이라는 전통적인 학교논리학, 즉 형식논리학의 부문들에 덧붙여 '지성'을 개념(범주)과 판단*(순수 지성의 원칙)에 할당하고, '이성'을 추리 내지 추론*에 할당하여 이성이 원리에 기초한 추론에 의해서 '사고의 최고의 통일'을 가져오는 능력인 까닭을 설명하고 있다. ② 그러나 이성이

사고의 최고의 통일을 가져오는 것은 단지 이 측면에서 만이 아니다. 확실히 지성과 마찬가지로 이성에 대해서도 내용을 사상한 형식적 논리적 사용이 존재한다. "그러나 또한 이성 자신이 감관에서도 지성에서도 빌려오지 않는 모종의 개념들과 원칙들의 기원을 포함하는 까닭에, 이성에 대해서는 실재적인 사용도 존재한다"[B 355]. 단지 형식적 논리적 사용이 아니라 이성 속에 놓여 있는 "모종의 개념들과 원칙들"은 실재의 세계와 말하자면 직접 연결되는 것으로서 사용될 수가 있다는 것이다.

(2) 이성의 실재적 사용. 이성의 사용을 형식적 사용과 실재적 사용으로 나누는 것은 이성을 논리적 능력과 초월론적 능력으로 나누는 것에 다름 아니라고 칸트는 말한다[B 355]. 여기에 칸트가 말하는 초월론철학˙과 이성 개념의 접점이 놓여 있다. 가장 넓은 의미의 실재와의 관계에서 인간˙의 이성에게는 무엇이 가능하고 또한 무엇이 가능하지 않은가? 실재와 관계할 수 있는 스스로의 능력을 잘못(과도하게) 어림잡을 때 거기서 어떠한 잘못된 파악과 자기모순에의 사로잡힘, 한 마디로 말해서 실재와의 소격과 가상˙이 생기는 것일까? 이성의 실재적 사용을 둘러싼 이와 같은 물음이야말로 바로 이성 비판의 철학 내지 초월론철학이 풀고자 하는 것이다. 이와 같은 이성의 자기비판과 한계설정의 시도는 말할 필요도 없이 『순수이성비판』˙'초월론적 논리학˙' 후반의 '초월론적 변증론'에서 집약적으로 전개되고 있다. 덧붙이자면, 이성의 '실재적 사용'이 '사물 자체'의 세계에 미칠 수 있는가 없는가 하는 점을 둘러싸고서는 비판기와 전비판기 사이에 생각의 변화가 놓여 있다. 여기서는 곧바로 살펴볼 이념˙의 규제적˙ 사용이 실재와의 관계를 배제하지 않는다는 점을 우선 지적해두고자 한다. '사물 자체'의 불가지를 말하는 비판기에서도 이성의 '실재적 사용'은 적극적 의미를 지닐 수 있는 것이다. 덧붙이자면, '초월론적˙'(능력)과 '초월적˙'이라는 두 말의 의미내용의 미묘한 엇갈림도 이 사태와 밀접한 관련이 있다.

(3) 이성 이념의 위상. '초월론적 변증론'에서 칸트는 이성의 형식적 사용과 실재적 사용, 논리적 능력과 초월론적 능력 사이에 공통된 것이 있다고 간주하여

논리적 추론의 세 형식(정언, 가언, 선언)에 따라서 무제약적 전제 내지 원리로 소급하는 형태로 영혼, 세계˙, 신˙의 세 가지 '이성이념'을 도출한다. 물론 이러한 절차는 지성의 판단 형식인 형식논리학의 판단표˙로부터 범주˙를 도출한 절차에 준한다. 어떠한 경우이든 칸트의 궁극적으로 실재론적 내지 실념론적인 존재론˙이 이러한 절차를 뒷받침하고 있다는 점에 주의해야만 한다. 칸트는 이어서 세 가지 이념 각각에 의거하여 그것들의 초경험적 사용에 의해서 생기는 '초월론적 가상'의 가상인 까닭을 분명히 하고 비판적으로 위치를 부여한다('순수 이성의 오류추리˙', '순수 이성의 이율배반', '순수 이성의 이상˙'). 이러한 초월론적 가상들에 대한 기술은 이념의 잘못된 사용에 수반하여 일어나는 이성의 실재와의 소격에 관한 칸트 나름의 진단, 즉 시대의 형이상학적 상황에 대한 진단으로 간주할 수 있을 것이다. 그러나 이성 이념이 '초월론적 가상'을 산출하는 원흉으로서 단죄되고 끝나버린다는 것은 물론 아니다. 그것은 이념의 (구성적˙ 사용이라는) 잘못된 사용에서 유래하며, 이념은 그것과는 별도로 적극적인 실재적 사용이라고 말해야만 할 것을 지닌다. 좀더 고차적인 궁극의 통일로 방향을 부여하여 지성의 탐구를 이끄는, 즉 이념의 규제적 사용이라고 불리는 것이 그것이다. '초월론적 변증론에 대한 부록'에 포함되는 '순수 이성의 이념의 규제적 사용에 대하여' 장은 이와 관련하여 중요하다. 거기서 제시되는 이념의 사용례가 대체로 유기적 자연의 인식에 관계되는 것은 칸트의 이성이 원래 비기계론적인 유기적 실재와의 관계를 중시하여 생각되고 있다는 것을 보여주는 것이라고 말할 수 있다. 이런 의미에서 칸트의 이성은 나중의 『판단력비판』˙에서의 전개를 기다릴 것까지도 없이 통상적으로 생각되고 있는 이상으로 아리스토텔레스˙적인 것이다.

【Ⅱ】 개념사적 배경

(1) '지성'과 '이성'. 이성(Vernunft), 지성(Verstand)이라는 말은 각각 라틴어의 ratio, intellectus에서 유래한다. 그리스어로까지 소급하면 λόγος와 νοῦς이다. 두 말 모두 서양 철학의 역사에서 일관되게 문자 그대로 핵심개념의 위치를 차지해온 말들이지만, 각각의 의미

내용과 또한 상호간의 위치관계는 일정하지 않다. 일반적으로 말하면 intellectus(칸트 이전의 용법에서는 오늘날의 '오성'으로서의 '지성'보다는 단적인 의미에서의 '지성'으로 번역되는 것이 일반적이다)는 직관적 지성으로서 어차피 마음*의 능력의 일환이자 간접적·논변적 인식을 중요시하는 ratio보다는 상위에 놓인다. 아리스토텔레스의 영향 하에 13세기의 스콜라 철학에서는 신적 우주론적 원리와도 통하는 '능동지성'과 '가능지성(수동지성)'의 학설이 널리 행해졌다. 그러나 인식의 원천으로서 감성적 경험을 중시하는 오컴 등의 유명론자의 등장과 함께 '능동지성' 개념은 형해화되고 오히려 '가능지성'의 계보를 잇는 감성적 인식소재의 가공·처리능력으로서의 intellectus 개념이 우세하게 되었다. 이러한 경향은 로크* 등 영국 경험주의의 understanding 개념에로 계승되며, 또한 볼프학파의 intellectus 개념에도 영향을 미쳤다. 한편 '이성' 개념은 수학적 자연과학의 융성과 계몽주의의 영향 하에 지위가 상승되었지만, 칸트 직전의 볼프학파에서는 intellectus와의 위치관계를 바꾸는 데까지는 이르지 못했다.

(2) 칸트에 의한 전회. 볼프학파에서의 동향을 이어받아 ratio와 intellectus 개념의 서열을 결정적으로 역전시키는 것은 칸트이다. 칸트는 새삼스럽게 명확히 인간에게 있어서의 지성적 직관(intellectuelle Anschauung)의 불가능성을 선언함으로써 이러한 역전을 완수했다. '지성'에게도 '이성'에게도 실재의 실상을 직관적으로 파악하는 길은 닫혔지만, 앞에서 말한 "모종의 개념들과 원칙들의 기원을 포함"하고 있는 이성의 '실재적 사용'에 의해서 실재론적 또는 실념론적 실재 내지 우주와 '이성'과의 인연은 유지되었던 것이다. 이런 의미에서 칸트의 '이성' 개념에는 멀리 '능동지성'과 또는 '종자적 이성(λόγος σπερματικός)'이 지녔던 우주적 함의가 아련히 메아리치고 있다고 말할 수 있을 것이다.

【Ⅲ】 활동하는 이성

(1) '상상력'의 승격. 칸트는 볼프학파 형이상학*의 '경험적 심리학*'의 '하위 인식능력'에 대한 서술에서부터 '상상력*'의 개념을 말하자면 승격시켜 '생산적 상상력'으로까지 완성함으로써 넓은 의미의 이성 활동의 중요한 일환이게끔 했다. 이러한 과정은 말하자면 이성과 지성의 위치 역전에 의해서 생겨난 공위 상태를 메우는 절차라고 볼 수 있다. 이전에 '능동지성'과 '가지적 형상(species intelligibilis)'이 수행한 역할에 놓여 있는 의미에 해당하는 것이 여기서 보이는 것이다. 또한 그와 마찬가지로 '하위 인식능력'에 포함되어 있던 '판단력*' 개념을 『판단력비판』에서 '반성적 판단력'의 개념으로까지 완성하여 이론 이성과 실천 이성 사이에 다리를 놓고 감정* 영역을 해명하는 개념장치이게끔 한 것도 이성과 지성의 지위 역전이 초래한 구조적 변동에 적극적으로 대처하는 시도의 일환으로 간주할 수 있을 것이다.

(2) 형성하는 이성. "이성이 순수한 이성으로서 현실적으로 실천적*인 경우에 그것은 자신과 자신의 개념들의 실재성*을 실행에 의해서 입증한다"[Ⅴ 3]. 『실천이성비판』* '서문'의 서두 가까이에서 칸트는 이와 같이 말한다. 이성은 "모종의 개념들과 원칙들의 기원을 포함하며", 그런 까닭에 실재적 사용이 가능하다고 『순수이성비판』에서 말해지고 있었지만, 여기서 이성은 개념과 원칙을 스스로 실현하고 실재하게끔 한다. 이리하여 획득*된 '실천 이성', '상상력', '판단력' 등을 포함하는 새로운 '이성' 개념은 계몽주의의 평탄한 합리성을 깨트리고 새로운 개념사적 전개에 돌파구를 열게 된다. ⇒인식능력, 이념, 지성

—사카베 메구미(坂部 惠)

📖 H. Heimsoeth, *Die sechs grossen Themen der abendländischen Metaphysik*, Kohlhammer, [4]1965. N. Hinske, *Kants Weg zur transzendentalen Philosophie*, Stuttgart, 1970. 高橋昭二 『カントの弁証論』 創文社, 1969. 坂部 惠 『ヨーロッパ精神史入門』 岩波書店, 1997.

이성신앙 理性信仰 [(독) Vernunftglaube]

칸트에 의하면 인간의 예지계*의 사항인 최고선*과 영혼의 불사* 그리고 신*의 존재를 이론적으로 '알' 수는 없지만, 순수 실천 이성에 의한 '신앙'에 의해서 그것들의 존재를 확신할 수 있다. 칸트의 '이성신앙'은

이러한 순수 실천 이성에 의한 신앙이며, 이것은 이른바 이신론*의 주장과는 다르다. 이 '이성신앙'이라는 말은『순수이성비판』*의 '방법론*'에서 비로소 등장하는데, 거기서는 사변적* 입장에서 신을 합목적적 세계의 창조자로서 신앙하는 '교설적 신앙'과 신을 세계의 최고선을 가능하게 하는 도덕적 주재자로서 신앙하는 '도덕적(실천적) 신앙'이 구별되며 후자의 신앙이 특히 '이성신앙'이라고 불린다. 신에 대한 교설적 신앙은 사변 이성의 동요에 의해서 동요하는 불안정한 신앙이지만, 신에 대한 이성신앙은 견고한 도덕적 마음가짐과 결부되어 있으며 그런 한에서 동요하지 않는다. 『실천이성비판』*에서는 순수 실천 이성에 의해 인간은 세계의 최고선을 촉진할 의무를 부여받고 있으며, 그리하여 최고선의 가능성과 나아가서는 최고선을 가능하게 하기 위한 조건으로서 자유*와 불사와 신의 존재가 요청*되지만, 이러한 요청은 "순수한 실천적 이성신앙"에 기초하는 요청이어서 단지 이론적인 요청이나 가설과는 구별된다. 또한『단순한 이성의 한계 안에서의 종교』*에서는 신에 대한 이러한 이성신앙이야말로 "순수한 종교신앙"이며 "보편적 교회의 기초일 수 있는 유일한 신앙"이라고 주장된다. 이른바 계시신앙*은 경험적 사실에 기초하는 "역사적 신앙"이지 순수한 이성적 소여에 기초하는 이성신앙이 아니다. 따라서 계시신앙은 그 정당성이 학식자층에 의하여 공증될 필요가 있지만, 순수한 이성신앙은 이러한 공증을 필요로 하지 않으며, 또한 "누구라도 확신할 수 있도록 전달될" 수 있다. 좀더 말하면 계시신앙은 "명령된 신앙"이지만, 순수한 이성신앙은 "각 사람에 의해서 자유롭게 받아들여진 신앙"이며 "자유로운 신앙"이다.
『사유에서 방위를 정한다는 것은 어떤 것인가?』에서 '이성신앙'은 예지적인 것이 인간 이성에 의해서 이론적으로 통찰 가능하다고 하는 '이성통찰(Vernunfteinsicht)' 및 인간 이성이 일종의 영감에 의해서 예지적인 것을 안다고 하는 '이성영감(Vernunfteingebung)'과 구별된다. 이성신앙은 도덕적 확신에 의해 뒷받침되어 있으며, 그에 의해 뒷받침되어 있지 않은 이성통찰이나 이성영감으로부터는 참된 신앙이라고는 말할 수

없는 '광신'과 '미신'이 생겨난다. 또한 인간이 순수 실천 이성의 존재를 믿지 않게 되면 그로부터 "사변 이성의 독재"가 시작되며, 이에 의해 이성신앙은 방기되고 그 대신에 "이성불신앙(Vernunftunglaube)"이 등장한다. 이성불신앙이란 도덕법칙*으로부터 심정에 대한 동기의 힘을 빼앗고 이미 어떠한 의무*도 인정하지 않는 "자유정산"을 낳기에 이르는 "도대체 바람직하지 않은 인간의 마음의 상태"이다. 이상과 같은 것으로부터 칸트의 '이성신앙'은 순수 실천 이성에 대한 신앙과 순수 실천 이성에 의한 예지적인 것에 대한 신앙을 아울러 지니는 것이라고 말할 수 있을 것이다. ⇒종교, 『단순한 이성의 한계 안에서의 종교』, 최고선

―우츠노미야 요시아키(宇都宮芳明)

宇都宮芳明『カントと理性信仰』北海道大學文學部紀要 42-3, 1994;『カントの宗教論』同 43-3, 1995.

이성의 법정 理性-法廷 [(독) Gerichtshof der Vernunft]

칸트의 이성 비판, 특히『순수이성비판』* 그 자체를 특징짓는 표현. 그것은 칸트 자신이『순수이성비판』제1판의 서문에서 이 책을 '하나의 법정'으로서 내세우고 그 법정을 '영원불변의 법'에 의한 법정이라고 부르고 있는 데서 분명히 나타난다. 이러한 법정은 가장 전형적으로는 '초월론적 변증론*', 특히 이성*의 이율배반*이 전개되는 과정을 가리킨다. 즉 이율배반론에서 이성 자신(변증적 이성)에 의해 증명되는 네 개조의 상반되는 명제쌍들로 이루어지는 다툼이 전개되는데, 그것들을 재판관으로서의 좀더 높은 중립적인 이성(비판적 이성)이 심의하고 최종적으로 판결을 내리는 절차가 바로 그것이다. 칸트는 그때까지의 형이상학*의 역사를 교조주의*와 회의주의* 사이에서 전개되어 온 일종의 '전장'으로 간주하고, 그때마다 어느 편인가가 승리를 거둔다 하더라도 그것은 힘에 의한 승리에 불과하기 때문에 일시적인 평화가 도래한다 하더라도 곧바로 전투가 반복되어 왔다고 말한다. 그리고 전투의 참된 매듭은 힘에 의해서가 아니라 이성의 법칙에 입각하여, 즉 합법적으로 이루어져야만 한다고 주장했다. 칸트는 그와 같은 합법적인 장을 법정이라

고 말하고, 거기에서 전투를 종결시키는 것을 재판관의 판결이라고 말한다. 그리하여 그는 이성의 자기 자신과의 다툼(이율배반)을 이성 자신의 법칙에 의해서 해결하고자 하는 법정을 이성의 법정이라고 부르며, 그것이 바로 『순수이성비판』이고 나아가 그것이야말로 '참된 법정'이라고 주장했다. 한편 '초월론적 분석론'에게도 이성의 법정이라는 사상이 그대로 들어맞는다. 칸트는 범주*의 객관적 타당성*의 보증을 그에 대한 초월론적 연역이라고 불렀는데, 이러한 개념규정은 당시의 법론용어를 본 딴 것이다. 그때 범주의 획득과 소유를 사실문제*(quid facti), 범주의 객관적 타당성의 보증 그 자체를 권리문제*(quid juris)라고 규정하고, 전자는 후자를 전제로 하여 성립한다고 했지만 이것들도 모두 당시의 법적 연역의 절차를 반영한 것들이다. 그에 따라 범주의 객관적 타당성의 연역*도 좁은 의미의 증명이 아니라 권리근거를 명시하는 것으로 된다. 나아가 이성의 법정이라는 사상은 논증의 공명정대함과 진위 판정에서의 중립성을 강조한 것으로서, 칸트의 처녀논문 『활력측정고』* 이래로 '공정한 재판관', '공명한 변호사' 등과 같은 표현으로 『새로운 해명』*, 『천계의 일반자연사와 이론』*, 『부정량의 개념』*, 『증명근거』* 등 전비판기 저작들의 곳곳에서 발견되며, 칸트 자신의 사고방법의 일관된 철칙을 나타내고 있다고 볼 수 있을 것이다. 이들은 이성이 근본적으로 입법적이라는 이념을 수미일관하게끔 하는 시도이다. 그 근저에는 칸트의 유명한 "세계개념에 의한 철학"의 정의, 즉 "철학*이란 인간 이성의 입법*이다'라는, 가장 근본적인 철학관이 나타나 있다고 볼 수 있다. 거기에는 또한 볼프*와 홉스* 등의 영향 하에 칸트의 고유한 자연법사상이 흐르고 있다. ⇒이율배반, 연역, 초월론적 변증론

―이시카와 후미야스(石川文康)

⟨참⟩ Hans Vaihinger, *Commentar zu Kants Kritik der reinen Vernunft*, Bd I , Stuttgart/Berlin/Leipzig, 1881. Fumiyasu Ishikawa, *Kants Denken von einem Dritten: Das Gerichtshof- Modell und das unendliche Urteil in der Antinomienlehre*, Frankfurt/Bern/New York/Paris, 1990. 浜田義文 『カント哲學の諸相』, 法政大學出版局, 1994. 石川文康, 『カント 第三の思考』, 名古屋大學出版會, 1996.

이성의 사실理性-事實 [(독) Faktum der reinen Vernunft]

'사실'은 『실천이성비판』*에서 처음으로 제시된 개념으로서 '순수 실천 이성의 사실'이라고도 불린다. 제1비판이 수학*과 수학적 자연과학을 학*의 사실로서 인용하여 내놓았던 데 반해, 제2비판은 통상적인 인간 이성에서조차 의식되고 있는 도덕적 강제를 학 이전의 사실로서 전제하고 있다. 그러나 이러한 의식*은 이른바 경험적 사실이나 도덕감정이 아니라 우리들이 선험적*으로 의식하고 있는 확실한 것이라고 주장된다. '사실'은 또한 '도덕법칙의 의식'이나 '도덕법칙*'이라고도 말해질 수 있다. 이러한 의무적 강제의 의식을 인정하게 되면, 그것을 뒷받침하는 무언가의 법*이 있다고 생각될 수밖에 없으며, 이 법을 보편적으로 형식화한 것이 '정언명법'이라고 간주될 것이다.

실천 이성의 '사실'은 인식론*에서처럼 개념*의 가능성*을 경험*에 대한 타당성에 의해서 증명하는 수단을 사용하여 설명할 수 없다. 그것은 도식을 동반하지 않고서도 그대로 실천적 인식으로 되는 이성의 유일한 '사실'이며, 이론적으로 증명할 수 없는 도덕적 통찰 또는 도덕적 확신이라고 불러야만 할 그런 것이다. 그것은 단지 전제되어 있는 것에 불과하다는 의문은 여기에는 타당하지 않다. 이러한 통찰 또는 확신에 대한 의문은 도덕법칙의 절대적 필연성이 **설명될 수 없다는 것을 파악하는 것**에 의해 배제될 수 있기 때문이다. 도덕법칙에서의 절대적 필연성의 파악 불가능성은 『정초』*에서 확인되었던 것이며, 『실천이성비판』은 그것을 '사실'이라는 세련된 형태로 실천철학*의 기초에 두었던 것이다. "모든 인간의 통찰은 우리가 근본력 또는 근본능력에 도달하는가 아닌가로 끝난다"[V 46-47]고 말하고 있는 것은 도덕법칙의 주체인 이성*의 이러한 본질을 잘 표현하고 있다.

나아가 도덕법칙은 자유*의 개념과 밀접한 관계를 지닌다. 칸트에 의하면 자유는 도덕법칙의 존재근거*이며, 다른 한편 도덕법칙은 자유의 인식근거*이다. 즉 자유가 없으면 도덕법칙은 불가능하며, 또한 도덕

법칙이 자유에 앞서 생각되지 않는다면 자유를 상정하는 것도 가능하지 않은 것이다. 그리고 이미 제1비판은 절대적 자발성으로서의 '초월론적 자유'의 가능성을 인정하고 있었지만, 거기서는 그 실재성이 개연성에 머무르는 것이었다. 요컨대 현상*의 계열을 스스로 시작하는 자유는 그것을 생각하는 것이 불가능하지는 않다는 의미에서만 인정되었던 것이다. 그에 반해 '사실'이나 더 나아가서는 도덕법칙의 실재성이 의지*에 의한 규정*으로서의 실천적 자유를 보증하게 된다. 이것은 의지의 자유라는 것으로부터는 도덕법칙에 따라야만 하는 필연성*을 도출할 수 없다는 인식과 관련이 있다. 왜냐하면 자유 개념만을 전제하는 경우 도덕법칙에 따르지 않는 선택의지*의 자유도 있으며, 그로부터는 법칙의 강제가 설명될 수 없기 때문이다. 자유 개념이 이론적 이성과 실천적 이성의 요석이라고도 말해지고 있는 배경에는 이러한 사태가 놓여 있으며, '이성의 사실'이야말로 양자를 떠받치고 있는 것이다. ⇒자유, 도덕법칙, 명법, 이성

―후쿠다 기이치로(福田喜一郎)

▨ L. W. Beck, *A Commentary on Kant's Critique of Practical Reason*, Chicago, 1960. D. ヘンリッヒ (甲斐實道 譯)「道德法則の槪念と理性の事實についてのカントの理論」門脇卓爾 監譯『カント哲學の體系形式』理想社, 1969. 門脇卓爾「カントにおける自由」『理想』564号, 1980.

이성적 심리학理性的心理學 [(독) rationale Psychologie]

'영혼(프쉬케ψυχή)의 학'을 의미하는 '심리학((라) Psychologia)'이라는 용어는 오늘날 분명히 드러난 한에서는 16세기에 처음으로 사용되었지만, 영혼에 관한 학문적 연구 그 자체는 고대 그리스 철학으로 거슬러 올라가며, 아리스토텔레스*의 『영혼에 대하여』(περὶ ψυχῆς)는 심리학에 관한 최초의 체계적 논구이다. 칸트가 사용하는 '이성적 심리학'이라는 용어는 볼프*가 정착시킨 것인데, 그는 특수 형이상학(metaphysica specialis)의 한 부문으로서 경험적 심리학(psychologia empirica)의 뒤에 이어지는 이성적 심리학(psychologia rationalis)이라는 학문적 영역을 확정했다.

칸트는 『순수이성비판』*에서 '순수 이성의 오류추리'라는 표제 하에서 이성적 심리학, 요컨대 형이상학적 영혼론을 비판하여 이 학의 대상인 실체로서의 영혼인 것은 이성이 단지 주관적 실재성을 지니는 데 불과한 것에 객관적 실재성을 부여함으로써 성립한 것이자 초월론적 가상의 하나라고 결론짓고 있다[B 397]. 즉 칸트에 의하면 종래의 이성적 심리학은 '나는 생각한다'라는 유일한 명제 위에 세워지며 그것을 유일한 원천으로 하는 학*이다[B 400]. '나는 생각한다'라는 개념 내지 판단은 각각의 모든 사유*에 수반되며, 일체의 사유는 '나는 생각한다'라는 의식*에 속한다. 그리고 내가 영혼에 관하여 모든 경험으로부터 독립적으로 다만 일체의 사유에 수반되는 한에서의 '나로부터 추론*되는 것만을 알고자 하는 시도, 요컨대 '나는 생각한다'라는 유일한 텍스트로부터 전체 지식을 전개시키고자 하는 시도가 이성적 심리학에 다름 아니다[B 401].

그러나 칸트에 의하면 우리의 일체의 사유에 수반되는 '나'의 표상은 전적으로 내용이 없는 것이며 모든 사유의 초월론적 주어, 다시 말하면 단순한 사유의 논리적 내지 문법적 기능인바, 그런 의미에서 자기의식*을 그대로 자기인식으로 잘못 받아들임으로써 이성적 심리학이 성립했다. 이성적 심리학의 기본명제들 ――"영혼은 실체다", "영혼은 그 성질상 단순하다", "영혼은 그것이 거기서 존재하는 상이한 시간에 입각하여 수적으로 동일, 즉 단일하다", "영혼은 공간에서의 가능적 대상들과 관계지어져 있다"―― 은 어느 것이든 (이성적 심리학이 주장하는 바에 반하여) 자기의식으로부터의 추론에 의해서는 도달되지 않는다[B 407-409]. 한 마디로 말하면 이성적 심리학의 전체가 사유 일반의 논리적 해명을 객관*·대상*의 형이상학적 규정으로 간주하는 오류*에 기초하고 있는 것이다[B 409].

이와 같은 칸트에 의한 이성적 심리학 비판의 타당성 문제와는 별도로 이러한 비판의 사정거리 내에 데카르트*적인 정신-물체 이원론의 영향 하에 전개된 형이상학적 영혼론이 들어와 있었던 것은 명백하다. 따라서 아리스토텔레스의 영혼론을 계승·발전시킨 중세 스

콜라학에서의 영혼의 형이상학*—그것은 스콜라학 후기에 스코투스와 오컴의 철저한 비판에 노출되었다—에 대해 칸트의 비판이 유효할 수 있는지의 여부에 관한 문제가 남는다고 말할 수밖에 없다. ⇒순수 이성의 오류추리, 영혼, 나는 생각한다

—이나가키 료스케(稻垣良典)

📖 J. B. Lotz (Hrsg.), *Kant und die Scholastik Heute*, Berchmanskolleg, 1955. 久保元彦 『カント硏究』 創文社, 1987. 稻垣良典 『靈魂論の崩壞と認識理論の變容』 『抽象と直觀』 創文社, 1990.

이성적 존재자理性的存在者 [(독) vernünftiges Wesen]

(1) 인류의 규정. 칸트 『인간학』*의 '인류의 성격' 장은 인간*을 규정하여 "실로 인간은 이성능력을 부여받은 동물(animal rationabile)로서 자기 자신을 이성적 동물(animal rationale)이게끔 하는 존재자이다"라고 말하고 있다[Ⅶ 321]. 여기서는 아리스토텔레스* 이래의 인간관인 "인간만이 로고스를 지니는 동물이다"라는 관념이 작용하고 있다. 로고스는 이성*과 통한다. 그리고 이 규정에는 아리스토텔레스의 또 하나의 인간관, 즉 "인간은 본성적으로 폴리스적 동물(social animal)이다"라는 관념도 연관되어 있다. 즉 "(지상에서의 유일한 이성적 피조자(Geschöpf)로서의) 인간에게 있어서 그의 이성 사용을 지향하는 자연소질은 개체에서가 아니라 유에서만 완전하게 발전하지 않을 수 없다"[Ⅷ 18]. 이것은 『세계시민적 견지에서 본 일반사의 이념』*의 두 번째 명제인데, 이성적 존재자로서의 인간은 동시에 '세계시민'이라는 것을 이상적인 상으로 하고 있다.

위에서 말한 명제에서는 이성적 존재자로서의 인간은 동시에 이성적 피조자라는 것이 제시되고 있다. 이러한 인간관은 역사적으로는 기독교, 넓게는 헤브라이즘의 전승이다. "실체의 현존재성은 창조(creatio)이다"[Ⅴ 449].

(2) 이성에 의한 규정. "인간의 이성에 의한 규정은 다른 사람들과 더불어 하나의 사회를 형성함으로써 예술과 학술에 의해서 자기를 문화적으로 육성하고 문명사회화하며 도덕화하는, 요컨대 자기의 동물적 성향이 아무리 크다 하더라도 …… 오히려 자연에서 유래하는 장애와 싸우고 **능동적**으로 인간성에 값하는 존재로 되는 것이다"[Ⅶ 324–325]. 이성은 사유능력으로서 본능과 충동을 초월하며, '규칙*의 능력'으로서의 지성*에 의한 현상*의 규칙적인 인식*에 대해서, 그러한 인식들의 체계적 통일을 지향한다. 즉 "이성은 지성의 규칙들을 원리 하에 통일하는 능력이다"[B 359]. 이성은 개인뿐만 아니라 또한 사회생활의 체계적 통일을 지향한다. 그 경우의 통일원리는 인간관계의 이법으로서의 도덕법칙*이다. 이것을 자각함으로써 인간은 '동물성'은 물론 단순한 사회성으로서의 '인간성*'을 넘어서서 '인격성*'의 원리에 도달한다. 인간은 심리학적으로는 이런저런 상태들에서 "자기 자신의 동일성(Identity)"을 의식하고 있지만, 행위의 주체로서의 "인격"은 자기동일성의 의식에 더하여 "자기의 행위에 책임을 돌릴 수 있는 주체*이어야만 한다[Ⅵ 223]. 앞의 "능동적으로 인간성에 값하는 존재로 되는 것" 내지 이성적 존재자로서의 인간에게는 이러한 '인격성'이 포함되어 있는 것이다. ⇒이성, 인격성

—오구라 유키요시(小倉志祥)

📖 H. Baker, *The Image of Man*, 1947. Leo Strauss, *Natural Right and History*, 1953.

이성주의理性主義 [(독) Ratioalismus]

일반적으로 이성*의 견지를 중시하고 사상과 생활의 모든 것을 이성적 사유*의 규율에 의해서 정리하고자 하는 태도를 말한다. 따라서 이것은 개별적우연적인 것을 배제하고 모든 것이 보편적 법칙의 논리적 필연성에 의해서 지배되고 있다고 생각하는 입장이다.

논증적 사유능력으로서의 이성을 중시하는 입장은 특히 근대 이후의 서구사상의 하나의 커다란 특징을 이룬다. 그와 같은 이성은 이미 중세 스콜라 철학에서 '은총의 빛'에 맞서 있는 '자연의 빛'으로서 존재했다. '자연의 빛'이 자연적 대상의 인식에 관계하는 이성능력으로서의 빛을 의미하는 데 반해, '은총의 빛'은 위의 자연적 인식을 넘어서는 것을 직관*하는 능력으로서

의 빛을 의미하며 '자연의 빛'보다 우월하다. 이와 같은 사고방식은 말할 필요도 없이 신'의 절대적 초월성에 대비된 인간 이성의 유한성을 전제로 한다. 근대의 이성주의는 이러한 인간 이성을 전면에 내세운 것인바, 거기서 특히 서구 중세의 신중심주의에서 근대의 인간 중심주의로의 전환이 말해지는 것이다.

이러한 인간중심주의의 근저에 놓여 있는 것은 자연적 인식이 객관적 지식일 수 있는 근거를 인간적 의식 그 자체의 종합적 통일작용(데카르트'에서는 '코기토', 칸트에서는 '순수 통각') 속에서 발견할 수 있다고 하는 주장이다. 이러한 주장 하에서 자연적 인식의 대상'인 사물은 '현상'이지 '사물 자체'가 아니라는 것, 나아가 '현상'으로서의 대상 그 자체는 의식'의 표상'으로서 선험적 필연성'을 지니고서 구성된다는 것이 명확해진다. 이리하여 현상적 대상은 그와 같은 성격의 것인 한에서 명증적으로 파악되는 것이지만, 그러나 바로 그 대상의 '존재' 그 자체는 '사물 자체'에는 타당할 수 없는 까닭에 '현실적 존재'를 의미할 수 없으며 오히려 '본질'로서 '가능적 존재'에 그치는 것이다. 그러므로 현상적 대상의 진리'에 갖추어진 선험적 필연성은 절대적인 것이 아니라 또한 우연성'도 용납할 수 있는 것이라는 점이 인정되어야만 한다. 이것은 자연적 세계에 관련하여 인간적 의식의 구성적 관념에 따라서 상정되는 사태가 곧바로 필연적으로 바로 그 자연계에 타당할 수 없다는 것을 말하는 것이며, 좀더 말하자면 신에 의한 자연'의 창조라는 구도가 고려되어야만 한다는 것을 요청하는 것이다. 선험적 필연성에 지배되는 '본질'의 세계가 또한 우연성을 용납할 수 있다는 것은 바로 그 '본질'이 신에 의한 자유로운 창조의 소산에 다름 아니라는 것을 보이는 것이다. 인식의 확실성'과 존재에 대한 타당성은 오로지 신의 인식에 의해서만 보증되는 것이며, 나아가 그 신이 순수 의식에서 이끌어내어지는 까닭에 위의 보증이 완전히 의도되는 것이다.

근대의 이성주의는 인간중심주의로의 전환 아래서 성립하지만, 그것은 오로지 신의 존재증명'을 새롭게 주제화하는 한에서만 가능하다. 그런 의미에서 이성주의는 그 전형을 데카르트에게서 찾아볼 수 있다. 칸트

도 크게 보아 그 흐름에 연결되지만, 그러나 그의 '신의 존재증명'의 위치짓기 방법이 어떠하든 '본질'의 창조를 인간에 대해 인정하게 되어 이성주의의 낭만주의'적 변질이 문제로 되지 않으면 안 될 것이다. ⇒데카르트, 현상, 신의 존재증명

—후쿠이 아츠시(福居 純)

圕 R. Descartes, *Meditationes de prima philosophia*(三木清 譯 『省察』 岩波書店, 1949).

이신론理神論 [(독) Deismus (영) deism (불) déisme]

라틴어로 신을 의미하는 Deus에서 유래. 무신론(Atheismus) 및 전통적인 계시신앙'에 대립되는 개념으로서 16세기 중엽 무렵 프랑스에서 생겨나 17, 18세기, 특히 영국에서 톨런드, 틴달 등을 통해 널리 알려지며, 그 후 볼테르, (초기의) 디드로 등을 통해 다시 프랑스에, 그리고 전 유럽에 파급된다. 이신론자에게 특정한 학파나 교조는 없지만, 그들의 특징은 성서를 비판적으로 읽고, 거기서 보이는 기적이나 부활, 재림 등 모든 비합리적인 기술을 부정함으로써 신앙'의 이성화를 시도하는 점에 있다. 따라서 그들은 이성에 기초한 신앙을 계시신앙보다 우선시한다. 일반적으로 계시 그 자체가 부정되지는 않지만, 그것이 이성'에 의한 음미에 붙여지고 이성적으로 해명되어야만 한다고 주장된다. 18세기 말까지 유신론(Theismus)과 자주 구별되지 않은 채 사용되었다. 크루지우스'처럼 이신론을 무신론의 일종으로 간주하는 자도 있다.

제1비판에서 칸트는 근원적 존재자의 인식을 오직 이성에 의해서만 수행하는 이성적 신학과 이것을 계시에 기초하여 수행하는 계시신학을 나누며, 나아가 전자를 자기의 대상을 순연한 초월론적 개념(근원적 존재자(ens originarium), 가장 실재적인 존재자(ens realissimum) 등)에 의해서 사유'하는 초월론적 신학과 인간'의 심적 본성에서 취한 개념에 의해서 최고예지자라고 생각하는 자연신학'으로 분류한 다음, 초월론적 신학만을 인정하는 자를 이신론자, 자연신학도 인정하는 자를 유신론자로 간주한다. 이신론자는 근원적 존재자의 존재를 오직 이성에 의해서만 인식할 수 있다고

생각하지만, 이 존재자에 대해 인간이 지니는 개념은 위에서 언급한 초월론적 개념에 지나지 않으며, 이것을 좀더 상세하게 또는 구체적으로 규정하기 위해서는 위치, 지속성, 활동성과 같은 감성적 기원을 지니는 개념*이 필요해진다. 그러나 그러한 개념에 의해서 규정*되게 되면 이 존재자는 이미 순수한 근원적 존재자가 아니게 된다고 칸트는 비판하며 이 개념의 무용성을 지적한다. ⇒계시신앙, 자연신학, 이성신앙

―가와무라 가츠토시(河村克俊)

📖 G. Gawlick, Artikel "Deismus", in: J. Ritter (Hrsg.), *Historische Wörterbuch der Philosophie*, Bd. Ⅱ, Darmstadt, 1971. J. A. Trinius, *Freidenker Lexicon*, Leipzig u. Bernburg, 1759(Neudruck, Bottega d'Erasmo, 1966). Chr. A. Crusius, *Entwurf der notwendigen Vernunft = Wahrheiten*, Leipzig, 1745(Neudruck, Olms, 1964). L. Stephen, *History of English Thought in Eighteenth Century*, 1876(中野好之 譯『18世紀イギリス思想史』上, 筑摩書房, 1969). 大津新作『啓蒙主義の辺境への旅』世界思想社, 1986.

이와사키 다케오(岩崎武雄) ⇨**일본의 칸트 연구**

이원론二元論 [(독) Dualismus]

칸트에게는 (관념론이라는 용어와 마찬가지로) 비판하는 상대방을 이원론이라고 부르는 경우와 자신의 입장을 이원론이라고 부르는 경우가 있다.

(1)『순수이성비판』* 제1판의 제4 '오류추리론'[A 366-380]에 따르면 데카르트*는 ① 외적인 대상들이 "직접적인 지각에 의해서 인식되는 것을 허용하지 않는 사람"인바, 다시 말하면 인식론적으로는 경험적 관념론 중의 회의적 관념론(개연적 관념론[B 274])이지만, 그럼에도 불구하고 ② "외적인 대상들의 현존재를 부인하는 사람이라고 이해되어서는 안 되는"바, 요컨대 실체론적으로는 초월론적 실재론 중의 초월론적 이원론이다. 이것은 사고하는 자아*와 우리들에게 외적인 물질의 양자를 현상*으로서가 아니라 사물 자체*로 간주하는 입장이다. 데카르트 등의 이성적 심리학*에서의 세 가지 변증론적 난문들(심신문제는 그 가운데 하나)은 모두 이러한 초월론적 이원론에서 기인한다. 또한 칸트는 라이프니츠*와 말브랑슈*도 초월론적 이원론이라고 말한다[A 391].

(2) 칸트는 동일한 제4 오류추리론에서 자신의 입장을 가리켜 "초월론적 관념론자는 경험적 실재론자일 수 있으며, 따라서 이른바 이원론자일 수 있다"고 말한다[A 370]. 이것은 초월론적 관념론과 경험적 실재론의 두 가지 관점을 동시에 아울러 가지기 때문에 이원론이라고 말하는 것이 아니라, 인식론적으로 초월론적 관념론에 서게 되면 실체론적으로는 경험적 실재론으로 되지만, 그 중에서도 자신의 입장은 유심론*과 유물론*이 아니라 이원론적인 경험적 실재론이라고 하는 의미이다. 요컨대 사고하는 주체*와 외계의 물체는 서로 다른 종류인 동시에 현상·표상*이라는 신분으로 실체*라고 하는 입장인 것이다[A 379]. 따라서 여기서 칸트가 자인하는 이원론은 결코 사물 자체의 세계와 현상계와의 이원론((4)를 참조)을 의미하지 않는다.

(3) 이것과는 별도로 칸트는『만물의 종언』에서 종교적인 구제에 관한 이원론에 관해 언급하고 있다[Ⅷ 328ff]. 그것은 내세에서 구원되는 자와 영원히 벌 받는 자가 있다고 이야기하는 체계이다. 이것은 넌지시 기독교*를 가리키지만, 이념*의 도덕적 사용이라는 관점에서 보면 이러한 교설에는 이점이 있다고 말한다.

(4) 통상적으로 칸트의 이원론이라고 하면 (2)에서 말한 경험적 실재론으로서의 이원론이라는 의미가 아니라 예지계*(사물 자체의 세계·지성계)와 현상계(감성계) 내지 이것과 병행하여 자유*와 필연의 이원론의 의미에서 이해된다. 인간의 인식이 지성과 감성의 종합으로서 성립한다고 하는 칸트의 능력이원론에서 보아, 나아가서는 칸트 철학 전체의 특질에서 보아 이러한 파악은 타당하다고 생각된다. 이러한 의미에서의 이원론은 데카르트의 물심 이원론보다는 라이프니츠의 실체로서의 모나드*와 그것에 반영되는 현상의 관계와 유사하다고 말할 수 있을 것이다. 다른 한편 칸트의 이원론의 아포리아로서 예지계의 자유가 형이상학적인 우위를 지니면서도(예를 들면 순수 도덕에서의 '이성의 사실*') 그것이 현상계에 어떻게 작용하

는지는 설명할 수 없고, 만약 작용한다 하더라도 그 이후에는 현상계에 일관적이고 필연적인 자연법칙'에 어디까지라도 규정될 수밖에 없다는 사정이 놓여 있다. 이러한 아포리아는 데카르트의 심신 문제에 얽혀 있는 아킬레스건(송과선)과 관계된다고 말할 수 있을 것이다. 칸트 이후 독일 관념론'이 이 아포리아의 '해결'로 향했다. ⇒초월론적 관념성, 순수 이성의 오류추리, 실재론, 유물론, 이성의 사실, 데카르트, 라이프니츠

—시부야 하루요시(澁谷治美)

[참] E. Adickes, *Kant und das Ding an sich*, Pan Verlag Rolf Heise, 1924(赤松常弘 譯 『カントと物自体』 法政大學出版局, 1974). H. Heimsoeth, *Transzendentale Dialektik. Ein Kommentar zu Kants Kritik der reinen Vernunft, Erster Teil: Ideenlehre und Paralogismen*, Walter de Gruyter, 1966(山形欽一 譯 『カント 「純粹理性批判」 註解 超越論的弁証論 魂・世界および神』 晃洋書房, 1996). 桂壽一 『近世主体主義の發展と限界』 東京大學出版會, 1974. 岩隈敏 『カント二元論哲學の再檢討』 九州大學出版會, 1992.

이율배반 二律背反 [(독) Antinomie]

【 I 】 기본적 의미

이율배반은 안티노미의 번역어로서 똑같은 근거에 의해서 두 개의 상반된 명제가 동시에 성립하는 사태를 말한다. 패러독스의 일종. 동일한 이율배반을 이루는 긍정명제를 테제(정립), 그 반대명제를 안티테제(반정립)라고 한다. 이 개념은 17세기 이래 법학용어로서 법과 법의 충돌을 의미했는데, 칸트는 그것을 철학에 전용하여 "이성의 자기 자신과의 다툼"이라는 의미로 사용했다. 그 이전의 논쟁신학의 용어 '반정립론(Antithetik)'(다만 한국어 번역어는 일정하지 않다)도 같은 의미이다. 칸트의 이성 비판은 이성능력 전체의 한계를 규정하려는 시도이다. 그리하여 칸트는 이성'이 전통적 형이상학의 주제에 직면하여 언뜻 보아 자기모순에 빠지는 것, 즉 이율배반에 빠지는 것을 명확히 했다. 다시 말하면 『순수이성비판』'은 인식능력'으로서의 이성을, 『실천이성비판』'은 행위능력으로서의 이성을, 『판단력비판』'은 미학적 판단'력과 목적론적 판단력'으로서의 넓은 의미에서의 이성을 각각 비판하고 음미하는 것이지만, '비판'의 의도를 반영하여 이들 세 비판서 모두에서 이율배반론이 나타난다.

【 II 】 『순수이성비판』의 이율배반

가장 유명한 것이 『순수이성비판』의 이율배반이다. 칸트는 그것을 다음과 같이 네 가지로 제출했다.

제1이율배반

테제: 세계는 공간・시간적으로 유한하다.

안티테제: 세계는 공간・시간적으로 무한하다.

제2이율배반

테제: 세계에서의 모든 것은 단순한 요소로 이루어진다.

안티테제: 세계에서의 합성된 것은 단순한 요소로 이루어지지 않는다.

제3이율배반

테제: 세계에는 자유에 의한 인과성'도 있다.

안티테제: 세계에는 자유는 존재하지 않으며, 모든 것이 자연필연성의 법칙에 의해 생긴다.

제4이율배반

테제: 세계의 인과성 계열에는 절대적인 필연적 존재자가 있다.

안티테제: 이 계열 속에 절대적인 필연적 존재자는 있지 않으며, 거기에서는 모든 것이 우연적이다.

제1과 제2는 수학적 이율배반, 제3과 제4는 역학적 이율배반이라고 불린다. 그러나 모순'이란 실제로는 불가능한(있을 수 없는) 사태를 의미하기 때문에, 이들 대립은 모두 외관상으로만 모순을 이룬다. 그러므로 이율배반으로 보이는 대립은 단순한 모순적 대립이 아니라 '변증적 대립'이라고 불린다. 그 해결은 모두 공간'과 시간'이 주관(감성)의 형식이지 객관' 그 자체(사물 자체')의 형식은 아니라고 하는 '초월론적 관념론'에 기초하고 있다. 그 결과 수학적 이율배반의 두 명제는 동시에 거짓, 역학적 이율배반의 두 명제는 동시에 참인 것으로 해결된다. 이러한 해결들 가운데 특히 제3이율배반의 그것은 자유'의 가능성'을 보증하고 도덕의 기반을 확보한다는 의미에서 대단히 중요하다.

【 III 】 『실천이성비판』의 이율배반

『실천이성비판』에서는 덕의 도야와 행복* 추구 사이에서 이율배반이 생긴다. 칸트에 의하면 덕과 행복의 일치에 의해 비로소 최고선*이 실현된다. 그러나 덕의 도야는 행복을 약속하지 않으며, 또한 행복 추구도 그 자체로서는 덕을 가져다주지 않는다. 게다가 그와 같은 일치는 이 세상에서는 불가능하다. 그러나 둘 다 이성의 요구인바, 이성이 불가능한 요구를 제기하는 것은 자기모순이다. 그러므로 이성은 자기모순을 피하기 위해 이 세상을 넘어서서 무한히 전진하는 가운데 도덕적 완전성이 실현될 수 있도록 하기 위해 영혼의 불사를 요청*한다. 나아가 이성은 덕과 행복을 결합하는 근거로서 신의 존재를 요청한다.

【Ⅳ】『판단력비판』의 이율배반

(1) 미학적 판단력의 이율배반과 (2) 목적론적 판단력의 그것이 문제로 된다. (1)은 취미판단의 보편타당성을 둘러싼 것이다. 일반적으로 보편타당성은 개념*에 기초하지만, 테제는 취미판단이 개념에 기초하지 않는다고 주장하며, 안티테제는 개념에 기초한다고 주장한다. 칸트는 여기서 말하는 '개념'의 의미를 이중으로 취하여, 취미판단은 "일정一定의 개념"에는 기초하지 않지만 "부정不定의 개념"에는 기인한다는 식으로 테제와 안티테제를 동시에 참으로 함으로써 이율배반의 해결을 꾀한다. 또한 (2)는 물질적인 것의 산출이 모두 기계적 법칙에 따른다는 테제와, 그것들 가운데에는 기계적 법칙에 의해서는 판정할 수 없는 것이 존재한다는 안티테제를 둘러싼 이율배반이다. 이들은 모두 다 규정적 판단력의 객관적 원리가 아니라 자연의 합목적적인 현상을 어떻게 판정할 것인가라는 반성적 판단력의 준칙*(주관적 원리)으로서 동시에 참으로 간주될 수 있다.

또한 위와 같은 엄밀한 형식에서는 아니지만 이율배반의 형태를 취한 문제설정이 비판기 이후의『영원평화론』*과『종교론』* 등에서도 다시 나타날 뿐 아니라, 이미 처녀작인『활력측정고』* 이래의 전前 비판기 저작들에서도 상반되는 입장과 원리의 대결과 조정이라는 방식으로 나타나는바, 그것은 칸트의 일관된 철학적 사유방법을 특징짓는 것으로서 대단히 중요한 의미를 지닌다. ⇒가상, 초월론적 변증론, 이성

―이시카와 후미야스(石川文康)

참 Kurt Geissler, Kants Antinomien und das Wesen des Unendlichen, in: Kant-Studien 15, 1910. Carl Siegel, Kants Antinomienlehre im Lichte der Inaugural-Dissertation, in: Kant-Studien 30, 1925. Hans Rathschlag, Die Bedeutung der Antinomien für den Kritizismus, Berlin, 1936. Heinz Heimsoeth, Transzendentale Dialektik. Ein Kommentar zu Kants Kritik der reinen Vernunft, Berlin, 1966-71. Norbert Hinske, Kants Weg zur Transzendentalphilosophie, Stuttgart, 1970; Kants Begriff der Antithetik und seine Herkunft aus der protestantischen Kontroverstheologie des 17. und 18. Jahrhundert, in: Archiv für Begriffsgeschichte XVI, Bonn, 1972. Michael Wolff, Der Begriff des Widerspruchs. Eine Studie zur Dialektik Kants und Hegels, 1981. Fumiyasu Ishikawa, Kants Denken von einem Dritten: Das Gerichtshof-Modell und das unendliche Urteil in der Antinomienlehre, Frankfurt/Bern/New York/Paris, 1990. 高橋昭二『カントの弁証論』創文社, 1968. 石川文康『カント 第三の思考』名古屋大學出版會, 1996;『カント入門』筑摩書房(ちくま新書), 1995.

이탈리아의 칸트 연구-研究

칸트 생전에 이탈리아 철학계가 그와 어떤 관계를 지녔는지는 유감스럽게도 분명하지 않다. 당시의 상황을 이야기하자면, 직접 칸트의 저서를 원어로 접하지는 못하고 아마도 프랑스에서 특히 대혁명 시기에 칸트 철학에 대한 관심이 고양된 것을 받아들여 불어로 된 칸트 소개 내지 비평을 매개로 간접적으로 접했다는 것이 사실일 것이다. 다만 보른에 의한 라틴어 번역 칸트 저작집은 이탈리아에도 일찍이 들어와 있었다.

【Ⅰ】 19세기

그렇지만 19세기 전반의 이탈리아에서 주류를 이뤘던 것은 근대 철학과 가톨릭 교의와의 융화를 지향하는 로즈미니, 지오베르티 등의 존재론주의, 나폴리를 중심으로 한 베라와 스파벤타(크로체의 친척)의 헤겔주의, 아르디고로 대표되는 실증주의*의 셋으로서, 이들에 대한 관심이 지배적인 까닭에 이를테면 칸트를 그냥 지나치게 만들었다. 이런 가운데 본격적인 칸트

연구가 나타난 것은 아무래도 19세기 후반에 이르러 독일 본국에서 대두한 칸트 부흥의 기운에 호응해서이다. 여기서 선구를 이루는 것은 트렌델렌부르크와 로체에게서 배운 파비아 대학 교수 카를로 칸토니의 본문 합계 1,398쪽에 이르는 방대한 『칸트』 전3권(1879~84, 제1권만 ²1907)이다. 이 책은 바이힝거*의 『순수이성비판 주석』 제1권의 문헌 개관에서도 높은 평가를 받고 있으며, 3대 비판서를 골격으로 한 비판적 고찰에 이르러서는 1부에서 대화형식을 사용하는 등의 창의를 보여주고 있고, 칸트 철학 전체에 걸친 대단히 명석한 주해를 제공하고 있다. 또한 칸토니는 이탈리아에서의 신칸트학파*의 영수로서 기관지를 간행했다.

【II】 20세기

그러나 다양한 입장의 연구자가 배출됨으로써 칸트 연구가 개화되는 것은 크로체, 젠틸레의 등장으로 이탈리아 철학계가 전반적으로 활성화되는 것과 함께 이루어진다. 20세기 이탈리아 철학의 대표자 가운데 한 사람인 지오반니 젠틸레는 헤겔주의자로서 칸트 및 신칸트학파에 대해서는 대단히 비판적이면서도 『순수이성비판』*의 최초의 이탈리아어 번역(공역)을 문헌학적 서론을 덧붙여 간행했다(1909~10). 이 번역은 지나치게 젠틸레 철학의 색채가 짙은 몇 가지 번역어에 관해 비토리오 마티외*가 교정한 것이 현재까지도 문고본으로 널리 사용되고 있다. 젠틸레 자신은 칸트에 관한 저서를 남기지 않았지만, 그의 학파에 속하는 철학자의 칸트 연구로서는 데 루지에로의 『철학사』에서의 칸트 서술이 대표적이다. 또한 이 시기에는 젠틸레의 내재주의에 대항한 형이상학적 경향을 띤 진영의 학자들 가운데, 현재까지도 읽혀지고 있는 칸트 개설서의 저자이자 『프롤레고메나』*의 번역자이기도 한 피에로 마르티네티, 국가적 사업이었던 『이탈리아 백과사전』의 칸트 항목의 집필자이자 『칸트에서의 실재의 철학』의 저자인 판타레오 카라벨레제, 불일치 대칭물*과 실재성 범주에 관해 날카로운 연구를 남긴 루이지 스카라벨리가 칸트 연구의 수준을 높였다.

【III】 이차대전 이후

그리고 가장 주목해야만 하는 것은 현대 이탈리아 칸트 연구의 하나의 특색을 이루는 상세하고도 정밀한 역사적, 문헌학적 연구의 창시자인 아우구스토 구초의 연구자 및 교육자로서의 활동이다. 구초는 『칸트의 초기 저작』(1920) 및 『비판전기의 칸트』(1924)에서 국제적으로 보아도 이른 시기에 비판전기 칸트에 눈을 돌려 특정한 칸트 해석의 선입견을 배제하고 개별적인 저작들에 대한 연구 논문 형식의 연구를 축적해 간다는 학문적 방법을 확립했다. 토리노 대학에서의 구초의 재직기간에 그를 중심으로 특색 있는 칸트 연구 학파가 생겨났다. 이 학파에 속하는 젊은 연구자들에 의해 전후 잇달아 나타난 칸트 및 그 주변에 관한 철학사적 연구는 이탈리아의 칸트 연구 수준을 새롭게 한 것으로서 국제적으로도 그 시점에서 최고 수준의 것이었다. 주요 연구자들과 그들의 칸트 연구에서의 대표작들로는 프란체스코 바로네(『형식논리학과 초월론적 논리학』), 비토리오 마티외(『초월론철학과 칸트의 <유고>』 1958), 루이지 파레이슨(『칸트의 미학』, 1958), 지오르지오 토넬리(『칸트 ― 형이상학적 미학으로부터 심리학적 경험적 미학까지』, 1955), 발레리오 베라(『칸트 이후』, 1957) 등이 있다. (덧붙이자면 『장미의 이름』으로 유명한 움베르토 에코도 구초 그룹에 속하는 중세 미학 연구자로서 출발했다.) 또한 이 그룹에 속하지 않지만 동시기의 국제적인 평가에 어울리는 업적으로서는 마리아노 캄포, 『칸트 비판철학의 생성』(1953)과 『칸트 주석과 비판의 역사적 소묘 ― <칸트로 돌아가자>로부터 19세기 말까지』(1959)가 있다. (캄포에게는 이차대전 이전의 업적으로서 1939년의 『크리스티안 볼프와 비판전기의 이성주의』가 있는데, 이 책은 현재까지도 유일한 볼프 철학의 종합적 서술로서 올름스사의 볼프전집에 복각되어 있다.) 또한 전후의 대표적인 정치철학자인 노르베르토 보비오의 『칸트 사상에서 법과 국가』(1957), 디에고 파시니의 『칸트에서 법, 사회, 국가』(1952)가 이탈리아의 전통이기도 한 법철학 연구를 칸트 연구에서도 보여주었다. 각각의 업적의 견실함 그리고 그들이 그것들을 출발점으로 하여 나중에 이탈리아 철학계의 지도적인 입장에 선 존재로 되었다는 점에서 이 50년대는 이탈리아 칸트 연구의 현재까지도 정점을 이루는 시대였다고 말할 수 있을 것이다.

철학사 연구에서 두드러진 성과를 거둔 50년대를 거쳐 60년대에 들어서면 지오르지오 산티넬로가 『칸트 철학에서 인식과 사유』(1962), 『칸트에서의 형이상학과 비판』(1965)에서 형이상학적 지향을 보이며, 소피아 반니–로비기가 가톨릭 입장에서 명쾌한 비판을 포함하는 『칸트 연구 입문』(1968 증보판)을 그리고 알만도 리고벨로가 『칸트에서 초월론적인 것의 한계』(1963, 독역)를 공간했다. 또한 피에로 쿄디는 『칸트 저작에서의 연역』에서 면밀한 연역*론의 주석을 내놓았다. 이탈리아의 칸트 연구에서 빠뜨릴 수 없는 것은 중등교육에서 철학이 커리큘럼에 들어있기 때문에 교과서용으로 중요 저작들이 일류학자에 의한 주석을 덧붙인 채 많이 출판되고 있다는 점이다. 또한 그와 마찬가지로 라틴세계라는 연관을 염두에 둔다면 스페인어 권에서의 현대 칸트 연구의 융성과 높은 수준도 잊어서는 안 될 것이다. 과학철학자로서의 업적을 영어로 발표하여 오로지 과학철학자로서만 알려져 있는 로베르토 토레티의 『임마누엘 칸트 — 비판철학의 기초 연구』는 공간*과 시간* 그리고 사물 자체*를 기둥으로 하고 방대한 문헌 섭렵에 의해 뒷받침된 본격적 업적이며, 형이상학자 호야 고메스 카파레나의 『칸트의 도덕적 유신론』(1984)은 실천 이성에 초점을 맞춤으로써 칸트 철학과 기독교*를 통일적으로 포착하여 기독교 입장에서 칸트 철학을 긍정적으로 평가하고 있다. 주요저작들과 『유고』의 번역이 존재하는 것은 물론이다. ⇒마티외

—후쿠타니 시게루(福谷 茂)

📖 A. Guerra, *Introduzione a Kant*, Laterza, 1980.

이행移行 [(독) Übergang]

이행이라는 테마는 칸트가 비판기가 전개되는 과정에서 비로소 자각한 개념으로서, 칸트 연구사에서도 이 개념에 주목하게 된 것은 비교적 최근의 일에 속한다. 특히 이 개념이 빈번히 출현하는 것은 『오푸스 포스투뭄』*인데, 이것에 포함된 단편들에는 자주 "자연과학의 형이상학적 원리로부터 물리학*에로의 이행'과 같은 표제가 붙어 있다. 이 용어는 칸트가 만년에 이르러 초월론철학*의 최종적인 완결을 위해 필요하다고 자각한 문제의식을 상징하고 있으며, 초월론철학*의 완성인 바의, 선험적*으로 형식적인 원리로부터 현실적인 경험*의 구체적인 양상에로의 이행을 핵심적인 의미로 지닌다. 이 경우에 지도적 원리는 "형식이 사물의 존재를 부여한다(Forma dat esse rei)"고 표현되는 사상으로서, 이것은 초월론철학 그 자체를 체현하는 슬로건이라고 말해야만 할 지위에 놓이며, 현실적 경험에로의 이행도 이러한 의미에서 형식이 세부적인 데 이르기까지 규정되는 것을 통해 (어디까지나 선험적으로) 자기를 사물로 구체화하는 초월론철학의 자연스러운 전개로서 파악되고 있다. "물질의 운동력"으로부터 "열소熱素"의 구성을 다리로 하여 착수된 이행의 최종국면은 선험적 차원에 있는 초월론철학이 묘사하는 '경험' 체계가 그대로 실재성을 획득하는 것이다. 『순수이성비판』*에서 신의 존재론적 증명*을 비판한 칸트는 『오푸스 포스투뭄』에서 "존재'는 전면적 규정*이다(Existentia est omnimoda determinatio)"라는 『순수이성비판』에서는 배척했던 원리를 "전면 규정은 존재다"[XX 81]라는 역전된 형태로, 개념으로서의 '경험' 규정의 전면적인 완성으로부터 그와 같은 의미에서의 '경험'의 실재성으로 이행할 때의 결정적인 방법으로서 소생시키고 있는 것이다. 다만 여기에서는 "전면적 규정" 개념이 "유일한 가능한 경험*"에서의 공간적이고 시간적인 경험들의 전체적 연관에로 이를테면 환골탈태되고 있으며, 그와 더불어 결정적인 것은 경험 개념과 실재 개념 그 자체가 형이상학의 경우와는 완전히 다르게 '이념'화되고 있다는 점이다. 칸트는 이러한 새로운 '이념'적 경험 개념에서 『판단력비판』*에서는 충분히 해결할 수 없었던 유기체* 문제에 대해서도 새로운 해결책을 제시할 수 있었다. 『판단력비판』에서 유기체와 생명*이 결국 "마치 …… 처럼*"의 영역에 놓인 데 반해, 『오푸스 포스투뭄』에서는 "경험의 통일" 속에서 "현상의 현상" 수준에서 구성되는 개념으로서의 위치가 주어졌다. 이리하여 '이행'은 칸트에 있어 그 전제로서 자기 철학의 최고원리를 확정하는 것임과 동시에, 그것에 기초하여 비판서들이 취급

한 개별적 문제들을 체계적으로 연관시켜 구체화를 완수한다고 하는 만년에 어울리는 관점을 보여주는 개념인 것이다. ⇒『오푸스 포스투뭄』{『유작』},『판단력비판』{『제3비판』},『자연과학의 형이상학적 원리』, 유일한 가능한 경험, 유기체

—후쿠타니 시게루(福谷 茂)

📖 Vittorio Mathieu, *Kants Opus Postumum*, Vittorio Klostermann, 1989.

1769년의 커다란 빛 [(독) großes Licht vom 1769]

칸트가 이성 비판의 단서를 발견했다는 것을 알리는 핵심어. "69년이 내게 커다란 빛을 가져다주었다"고 하는 칸트 자신의 메모가 남아 있다. 메모의 내용에 "{어떤} 명제를 증명하고, 그 반대{의 명제}를 증명했다"고 한다든지 또한 "지성*의 속임수"라는 표현이 있다는 점에서 이 핵심어가 순수 이성의 이율배반*에 관계된다는 것이 틀림없다고 생각된다. 나아가 이와 같은 사태를 "처음에는 여명 속에서 보았다"고 하고 마지막에 "커다란 빛"에 관한 기술이 있다는 것에서 칸트가 이율배반 해결의 모종의 암시를 얻었다는 것을 엿볼 수 있다. 그 암시가 무엇인가를 둘러싸고 여러 설이 있지만, 나중의『순수이성비판』*에서의 해결이 공간*과 시간*이 초월론적 관념성*을 지닌다고 하는 초월론적 관념론의 기본 테제에 의하고 있다는 점에서, 그리고 '커다란 빛' 다음 해의『감성계와 예지계의 형식과 원리』*에서 이 기본 테제가 내세워지고 있다는 점에서 그 암시도 공간과 시간을 주관*의 형식*이자 감성*의 형식으로 삼는 통찰에 관계된다고 보인다. ⇒이율배반, 관념론

—이시카와 후미야스(石川文康)

📖 Giorgio Tonelli, *Die Umwälzung von 1769 bei Kant*, in: *Kant–Studien* 54, 1963. Lother Kreimendahl, *Kant: Der Durchbruch vom 1769*, Köln, 1990. 石川文康『カント入門』筑摩書房(ちくま新書), 1995.

인간 人間 [(독) Mensch]

'비판철학' 범위(및 논리학 강의)에서 칸트는 '인간이란 무엇인가?'가 근본문제라고 말한다. (1) 나는 무엇을 알 수 있는가?(Was *kann* ich Wissen?) (2) 나는 무엇을 해야 하는가?(Was *soll* ich tun?) (3) 나는 무엇을 희망해도 좋은가?(Was *darf* ich hoffen?) (4) 인간이란 무엇인가?(Was *ist* der Mensch?) 이 네 번째 물음이 (1)–(3)의 모두를 포괄한다는 것이다. 이에 대답한다고 하는 비판철학에서의 '인간'은 다음과 같은 존재이다. 인간은 **이성***이다. 이성은 상위능력으로서 지성*과 감성*을 통제 하에 두고 감성의 시간과 공간을 직관 형식으로 하는 현상 수용과, 지성의 순수 지성 개념(= 범주*)의 발동에 의한 협동을 수행시켜 인과적 인식을 산출하는 능력이다. 이성은 자기비판의 능력을 지니기 때문에 신*·내세(영혼의 불사), 의지*의 자유에 대해서는 단언을 자제하지만, 실천적 사용에 있어서는 그러한 제한을 넘어서는 권능을 스스로 인정하고 도덕법칙*(정언명법)의 정립자가 된다. 인간은 **이성***의 확장으로서 **판단력***을 지니며, 판단력은 자연의 궁극목적*에 관해 '인격으로서의 인간의 완성에 있다'고 판단한다(그러한 것처럼als ob이라는 양보가 붙어있긴 하지만). 인간은 따라서 '신비의 단체(corpus mysticum)'의 일원이 된다.

이상의 네 가지 물음 가운데 (1)–(3)은 주어가 ich이고 können, sollen, dürfen이라는 화법의 조동사를 수반하며, 네 번째 물음에 이르러 주어는 der Mensch로 일반화되고, 술어는 직설법 현재의 sein이 사용된다. (1)–(3)은 권리의 문제, (4)는 사실의 문제라는 것으로 된다. (4)에 대답하는 것이 인간학(덧붙이자면 같은 책은 (1)–(3)에 대해서 각각 형이상학*, 도덕, 종교*를 들고 있다)이라고 말하지만, 이것은 반드시 저작『인간학』*만을 가리키고 있는 것이 아니다(야스퍼스*는 칸트의 저작 전체가 (4)의 대답을 지향한 것이라고 말한다). 그렇지만 칸트의 '인간학(Anthropologie)'은 인류학(Anthropologie)이 아니라 신학을 의식하고 있으며, 따라서 (1)–(3)의 물음(하이데거*적으로 표현하면 {인간 이성의} 가능·당위·허용의 차원의 문제)에 대한 응답도 포함하는바, 철저히 **사실**만을 기술하는 것이 아니다(인간 이성의 '권리'와 현실의 인간의 '사실'의 가교는 칸트

의 경우 결국 미완으로 끝나고 있다).

실천철학적 성격이 강한 '인간학'은 일종의 인생단계설을 말하고 있다. (1) '기능', 자기의 사고 성립(30세), (2) '현명', 타인의 입장에서의 사고 성립(40세), (3) '예지', 자기 자신과 언제나 동조적인 사고 성립(60세). 이 세 단계는 (1) 올바른 지성, (2) 훈련된 판단력, (3) 근본적 이성에 대응한다. 이 근본적 이성(eine gründliche Vernunft)으로서의 인간의 '예지'의 실천이 참된 자유와 구제의 길이다. 즉 칸트의 종교(Kantenstum)는 순수이성신앙*의 종교이자 도덕과 윤리의 완성이다. 하지만 인간은 개체(Individuum)로서는 궁극목표에 도달할 수 없으며, 유(Gattung)로서의 역사를 통해서만 그 완성이 약속된다. ⇒『인간학』, 이성, 이성신앙

―바바 요시유키(馬場喜敬)

인간성¹ 人間性 [(독) Menschheit]

칸트 철학에서의 '인간성' 개념은 칸트 철학의 내적인 발전과 함께 변화한다. 『순수이성비판』* 이전의 이른바 전비판기에서는 "인간성 일반의 잘못"[Ⅰ 12]이라는 표현에서도 보이듯이 칸트 철학 고유의 의미가 아니라 일반적인 일상적 의미에서 사용되고 있었다. 『순수이성비판』에 이르러 현상*과 사물 자체*의 이른바 칸트의 이원론이 확립되자 "완전성에서의 인간성"[B 59] 또는 "완전한 인간이라는 이념"[같은 곳]이라는 표현에서도 보이듯이, "자기 자신의 행위의 원형"[B 374]이라는 의미를 지니기에 이른다. 『정초』*에 이르러 "그것 자신에서의 목적"이라는 개념이 확립되자 "인간성의 이념"은 "그것 자신에서의 목적"으로서 파악되며, 나아가 '자율성'의 개념이 확립되자 "인간성의 존엄"이 강조되기에 이른다. 『실천이성비판』*에 이르면 그것은 "인간의 인격에서의 인간성"[Ⅴ 87]으로서 파악되며, "신성(불가침)"[같은 곳]한 것으로 여겨진다. 그것은 칸트 철학의 '인격성'* 개념과 거의 동일한 개념이라고 말할 수 있다. 그러나 『종교론』*에서는 '동물성의 소질', '인간성의 소질', '인격성의 소질'이 구분되며, '인간성의 소질'은 "자연적이긴 하지만 여전히 비교를 **행하는**(이를 위해서는 이성이 필요

해진다) 자애"[Ⅵ 26]이다. 이러한 '인간성'과 '인격성'의 구분이 반드시 엄밀하게 지켜지는 것은 아니지만, '인간성'에는 "악에의 성벽", 즉 "근원악"이 "그 자체의 속에 뿌리박고"[Ⅵ 32] 있으며, 그리하여 "도덕적 완전성을 갖춘 인간성"[Ⅵ 60]만이 "신의 뜻에 적합한 인간성의 이상"[Ⅵ 61]으로 되기에 이른다. 그러나『인류의 형이상학』*에서는 다시 『실천이성비판』의 그것과 동일한 개념 하에서 사용되고 있다. 덧붙이자면 『종교론』의 앞의 부분에서 '동물성의 소질'은 "자연적이고 단지 **기계적인** 자애, 즉 이성을 필요로 하지 않는 자애"이며, "인간의 조야한 자연성"[Ⅵ 387]으로서의 '동물성'으로부터 '인간성'에로 탈각할 것이 인간에게 부과된다. ⇒인격성

―사타케 아키오미(佐竹昭臣)

▣ J. Schwartländer, *Der Mensch ist Person. Kants Lehre von Menschen*, Kohlhammer, 1968(佐竹昭臣 『カントの人間論――人間は人格である』成文堂, 1986). 小倉志祥 『カントの倫理思想』東京大學出版會, 1972. 小西國夫 『カントの實踐哲學』 創文社, 1981.

인간성² 人間性 **인간다움** [(독) Humanität (영) humanity (불) humanité]

Humanität, humanity, humanité의 공통 어원은 hūmānitās. 키케로*에 의하면 후마니타스(humanitas; 인간적 교양)는 literae(문학적 교양)와 동일한 것이다. 르네상스기에 후마니타스는 중세의 기독교적 인간관으로부터의 탈각에 힘을 부여하는 거대한 운동이 되어 Divinity(신학)에 대한 인문학(Humanity)이 성립한다. 덧붙이자면 G. 비코는 humanitas(인간성)라는 말은 humanda(매장하는 것)에서 유래하며, '혼인'과 더불어 인간 문명의 원리라고 한다. 최근 매장은 네안데르탈인이 이미 행하고 있었다는 것이 밝혀졌다. '과거라는 깊은 샘'과 더불어 오늘날 광범위한 지역에 걸친 선주민 문화에서 새로운 후마니타스를 탐구하는 방향이 생겨나더라도 이상한 일은 아니다.

Menschheit(인간성)는 Tierheit(동물성)의 맞짝개념이지만, 아리스토텔레스*의 말 "인간은 동물 이상이든

가 동물 이하이다"는 인간성의 심연을 꿰뚫고 있다. 또한 포르트만/야스퍼스적 명제 "인간은 현존재*(Dasein)에서 이미 역사법칙에 따르고 있으며, 동물과는 다르다"는 새로운 생물학적 인간상을 대표한다.

칸트에 의하면 "후마니테트(Humanität)는 한편으로는 모든 사람의 보편적인 동감(관여의 감정)을 의미하며, 다른 한편으로는 가장 내적인 동시에 보편적으로 자기를 전달할 수 있는 능력을 의미한다. 두 힘의 특성은 서로 합하여 동물적인 협소함이라는 제한으로부터 구별되는 인간성(Menschheit)에 걸맞은 사교성(Geselligkeit)을 형성한다"[KU, 제60장]. "Humaniora{인문학. 칸트는 때때로 이 말을 사용한다}는 문헌학의 일부이자 고대{인}의 지식인바, 이 지식은 학문과 취미의 합일을 촉진하고 거칠고 사나움을 바로잡으며, 후마니테트 성립 아래 있는 사교성(Kommunikabilität)과 도회풍(Urbanität)을 촉진한다"[Logik Einl. VI]. "심미적{감성적} 후마니테트는 도회풍과 세련됨이다. 도덕적 후마니테트는 타자와의 공동성에서 선한 것에 대한 감각이다". 칸트의 견해는 키케로를 답습하는 가운데 18세기 모럴리스트에게서도 영향을 받은 후마니테트 개념의 역사적인 한 단계를 보이고 있다. ⇒키케로

—바바 요시유키(馬場喜敬)

固 馬場喜敬『フマニタス── 南と北』北樹出版, 1992. トーマス・マン 『ゲーテとトルストイ── フマニテエトについての諸斷章』新潮文庫.

『인간애로부터 거짓을 말할 수 있다는 잘못 생각된 권리에 관하여人間愛─權利─關─』{『거짓말 논문─論文─』} [(독) Über ein vermeintes Recht aus Menschenliebe zu lügen. 1797]

『베를린 잡지』(Berlinische Blätter) 1797년 9월 6일호에 게재된 칸트의 논문. 학술원판의 쪽수로 본문이 겨우 6쪽밖에 안 되는 짧은 논문이지만, 칸트 윤리학*의 구체적 적용을 둘러싼 후세의 논의에서 거의 언제나 인용되고 있으며, 다양하게 비판되거나 해석되거나 해 온 특이한 화제성을 지닌 논문이다.

이 논문을 집필한 직접적인 계기는 콩스탕*의 「정치적 반동에 대하여」(Des réactions politiques)라는 논문의

독일어 역을 칸트가 읽은 것이다. 즉 혁명 후의 프랑스에서 자유주의적인 입헌왕제파라는 말하자면 중간적 입장을 취하고 있던 콩스탕은 정치에서 이상적 원칙을 현실에 적용하기 위해서는 '중간적 원칙'이 필요 불가결하다는 것을 보이기 위한 반면교사로서, 친구의 생명을 살리기 위해 살인에 더하여 거짓말*을 하는 것도 죄라고 주장하는 "어떤 독일의 철학자"(콩스탕은 그것이 칸트라고 독역자에게 말했다고 한다)의 경직된 주장을 문제 삼아 "진실을 말하는 것은 의무이긴 하지만, 그 진실에 대한 권리를 지니는 자에 대해서만 그러한 것이다"라고 비판했던 것이다. 그에 대해 칸트는 자신이 그와 같은 주장을 한 적이 있다고 인정한 다음, 과연 위에서 언급된 것과 같은 사례에서의 허위의 언명이 그의 직접적인 상대방에게 부정을 행하는 것은 아니라 하더라도, 언명 일반의 신용을 없애 계약에 기초한 법*의 힘을 손상하기 때문에 "인류 일반에게 가해지는 부정"이라고 반론한다. 그리고 더 나아가 "진실성의 의무*"는 "모든 상황에서 타당한 무조건적인 의무"라고 칸트는 주장하는데, 거짓말 문제를 둘러싼 이러한 칸트의 극단적인 주장이 현실의 도덕적 딜레마(moral dilemma)에 대한 칸트 윤리학의 유효성을 의심하게 만들어 왔던 것이다. 그러나 다른 한편 이 논문의 후반에서 칸트는 "법이 정치에 합치해야만 하는 것이 아니라 정치가 언제나 법에 합치해야만 한다"는 등등으로 정치철학*에 관해 논의하고 있는바, 그것은 이 논문에서의 칸트의 주된 의도가 콩스탕과 겐츠 등과 같은 정치상의 무정견한 기회주의에 대한 비판에 있었다는 것을 이야기하고 있다. ⇒거짓말, 콩스탕

—다니다 신이치(谷田信一)

固 H. J. Paton, An Alleged Right to Lie: A Problem in Kantian Ethics, in: Kant-Studien 45, 1953/54. G. Geismann/H. Oberer (Hrsg.), Kant und das Recht der Lüge, Königshausen + Neumann, 1986. Chr. M. Korsgaard, The Right to Lie: Kant on Dealing with Evil, in: Philosophy and Public Affairs 15, 1986. S. Sedgwick, On Lying and the Role of Content in Kant's Ethics, in: Kant-Studien 82, 1991. 谷田信一「カントの『嘘』論文と政治の問題」帝京平成短期大學紀要 1, 1991.

인간학人間學 ⇨인간, 『인간학』

『인간학人間學』 [(독) *Anthropologie in pragmatischer Hinsicht*. 1798]

(1) 성립. 『순수이성비판』*, 90년대의 『단순한 이성의 한계 안에서의 종교』*, 『학부들의 투쟁』* 등 일련의 저작 외에 칸트에게는 『자연지리학』, 『인간학』, 『논리학』, 『교육학』 등 강의를 토대로 한 저서들이 있다. 대부분 제자들에 의해 편찬되었지만, 『인간학』은 최종 강의를 마친 후 곧바로 스스로 편찬을 떠맡았다. '인간학' 강의는 '자연지리학'*(1756년 여름학기에 시작)에 뒤이은 자유강좌로 1772/73년 겨울학기에 시작되어 칸트가 대학에서의 활동을 그만둔 1796년까지 계속되었다. 20여회에 이른 강의의 내용을 정돈한 저서는 『실용적 견지에서 본 인간학』이라고 이름 붙여져 1798년에 공간되는데, 『본래의 자연학(형이하학)에로의 형이상학의 이행』(이것은 미완성된다)을 제외하면 이것이 최후의 저서였다.

(2) 구성. 짧은 '서언', 전체의 4분의 3에 가까운 '제1부: 인간학적 훈육학(Anthropologische Didaktik)'과 훨씬 적은 쪽수의 '제2부: 인간학적 성격학(Anthropologische Charakteristik)'으로 이루어진다. '훈육학'은 '인간의 내면 및 외면을 인식하는 방식에 대하여' 말하며, 제1편: 인식능력*에 대하여(전59장), 제2편: 쾌·불쾌의 감정에 대하여(전13장), 제3편: 욕망능력에 대하여(전4장)로 나누어진다. '성격학'은 '인간의 내면을 외면으로부터 인식하는 방식에 대하여' 서술하며, A: 개인의 성격에 대하여, (1) 천성에 대하여, (2) 기질에 대하여, (3) 사고성격으로서의 성격에 대하여, B: 성의 성격에 대하여, C: 민족의 성격에 대하여, D. 종족의 성격에 대하여, E. 생물종족의 성격에 대하여, 인류의 성격의 기술로 세분된다.

'서언'에서 본 강의의 목적은 실생활에 불가결한 인간지와 세계지(학교개념Schulbegriff의 철학에서는 자칫 경시되지만, 세계개념Weltbegriff의 철학의 준비로서 중요)를 풍부하게 제공하는 것이라 하고, 아울러 정보원으로서 "제국의 중심지, 대도시 쾨니히스베르크"의 장점이 강조된다. '제1부: 훈육학'은 인간 이성 발전의 3단계설을 포함하며, '제2부: 성격학'에서는 3단계의 완성에 대하여 성격의 획득이 결정적으로 중요하다고 말해진다('참된' 인간의 탄생의 비밀).

위와 같은 것을 하나의 축으로 하고는 있지만, 이 강의는 많은 저작, 특히 영국과 프랑스의 문예작품들로부터의 인용, 수많은 잠언, 준칙*의 빈번한 인증, 나아가 항간의 일화와 삽화를 교차시켜 이루어지고, 칸트의 말투도 기지로 가득 차 청강자들을 매료시켰다고 한다(헤르더*도 그렇게 말하고 있다). 다만 48세에서 72세에 걸쳐 이루어진 각 학기의 본 강의가 언제나 동일한 가락으로 다 말해졌다고 하는 것은 분량의 면에서 보아도 생각될 수 없다. 여러 학기에 걸친 계속 강의 또는 학기마다 새로운 내용을 덧붙인 전개와 같은 사정이 생각되는 것이다. 또한 스스로 편찬한 데서 제외된 부분(유고로서 전집 2권분이 있다)과 『미와 숭고』*의 본문 및 유고 등이 본 강의 제1부와 제2부의 양적인 불균형을 보완한다는 점 등에도 주목하면 본 강좌의 의도를 좀더 잘 이해하는 데 도움이 될 것이다. "해를 거듭하고 원숙해지며 사려 깊게 된 자는 과거로 거슬러 올라가 좀더 좋은 조건에서 살 수 있게 된 경우에도 다시 한번 젊어지는 것을 선택하지 않을 것이다. 인간은 많은 세월을 거친 것을 기뻐하는 자이다. 인간은 가능한 한 오래 살 것을 바란다. 다만 좋은 조건하에서. 그것은 맡겨진 인생에 대한 공덕으로 간주할 수도 있고 의무로 취해질 수도 있기 때문이다. 하지만 몇 백 년이라는 오랜 삶이 가정되더라도 그것은 섭리의 호의라고 생각할 수 없는바, 인간에게 있어 위험한 시련으로밖에는 생각되지 않는다". 이것은 스스로 편찬한 데서 제외한 부분에 있는 한 구절이지만, 아주 늦은 만년의 칸트의 인간학적 고백으로서 깊은 운치를 지닌 것으로 듣지 않을 수 없다. ⇒『미와 숭고의 감정에 관한 고찰』{『미와 숭고』}, 성격, 인종

―바바 요시유키(馬場喜敬)

图 福鎌忠恕「カントの『人間學』」(馬場喜敬 編著『イマヌエル・カント──「福鎌忠恕によるヨーロッパ學」への誘い』에 수록, 北樹出版, 1995).

인격人格 [(독) Person]

형이상학의 주변적인 하나의 용어에 불과했던 인격 개념을 일거에 윤리학* 뿐만 아니라 철학 일반의 가장 주요한 개념으로 높인 것이 칸트였다.

직접적인 어원인 라틴어 페르소나(persona)는 기독교 스콜라 신학의 용어로서 삼위일체론에 관계되는 이 용법이 18세기까지 지배적이었다. 여기에 획기적인 전환을 가져온 것이 홉스*인데, 그는 『리바이어던』 등의 저작에서 로마법의 용법도 받아들이는 가운데 인격을 기체와 실체로부터 구별하여 배우의 역할처럼 교대 가능한 것으로 삼았다. 신은 성부, 성자, 성령이라는 세 개의 역할을 수행하는 것이다. 홉스는 이러한 역할로서의 인격 개념을 법철학에도 응용하여 귀책능력의 주체로 삼았다. 그 후 로크*가 자기의식의 주체인 심리학적 인격 개념을, 라이프니츠*가 영혼과 육체의 통일체인 신학적 인격 개념을 전개했다.

칸트는 그때까지의 견해들을 집대성했다. 특히 『인류의 형이상학의 정초』에서 이성적 존재자*로서의 인격을 오직 수단으로서의 상대적 가치밖에 지니지 못하는 '물건(Sache)'과 구별하여 '목적 자체'로서 '존엄*(Würde)'하고 절대적 가치를 지닌다고 한 것은 철학사적으로 결정적인 영향을 주었다. 또한 『실천이성비판』*에서 역사상 처음으로 인격과 인격성*을 명확하게 구별했다. 인격이 "스스로의 인격성에 복종하는 것으로서 예지계와 감성계의 두 세계에 걸쳐 있는 주만*인데 반해, 인격성은 이념*인바 "자연*의 전 메커니즘으로부터 독립된 자유*로운 자기입법자"라고 정의된다. 나아가 『인류의 형이상학』의 '법론*'에서는 인격이 "자신의 행위에 책임을 질 수 있는 주체*로서 정의되는 한편, 인격성은 로크 류의 심리학적 인격성과 홉스 류의 도덕적 인격성으로 구분된다. ⇒인격성, 존엄, 이성적 존재자, 책임{귀책}

―히라타 도시히로(平田俊博)

㊥ 平田俊博 『柔らかなカント哲學』 晃洋書房, 1996.

인격성人格性 [(독) Persönlichkeit; Personalität]

신학적 성격이 강하고 그때까지 혼동되는 경향이 있었던 인격*과 인격성이라는 두 용어를 처음으로 개념적으로 구별하여 인격을 실재하는 것으로서 또 인격성을 이념*으로서 명시함으로써 칸트는 인격성이라는 말을 윤리학*의 중심 개념으로까지 높였다.

인격성은 원래 기독교 신학의 삼위일체론의 용어였다. 페르소나의 추상 개념으로서 중세에 새롭게 조어된 라틴어 personalitas가 어원이다. 로크*가 인격의 동일성의 근거를 자기의식*에 두고부터 인격성은 의식*을 통해 과거의 행위들의 당사자가 되고 그 행위들의 책임*이 귀속되는 것이 되었다. 또한 라이프니츠*는 영혼의 인격성을 영혼의 불사성으로 해석하여 생전의 행위에 대한 사후의 평가를 가능하게 함으로써 인격성의 개념에 도덕적 성질을 부여했다.

칸트는 『순수이성비판』*의 '오류추리론'에서 영혼이 육체로부터 분리되어 사후에도 실재한다는 라이프니츠/볼프학파의 이성적 심리학*에서의 실체적 인격성(Personalität)을 교조적이고 초월적*인 개념이라고 하여 배척했다. 그 대신에 인격성(Persönlichkeit)의 초월론적 개념을 "통각*에 의한 일관된 결합*이 존재하는 주관*의 통일*"이라고 새롭게 정의하고 현실존재는 증명되지 않지만 실천적 사용을 위해서는 필요한 동시에 충분하다고 주장했다. 『실천이성비판』*에서는 예지계*와 감성계의 두 세계에 걸쳐 있는 실재적인 인격과 "자연*의 전 메커니즘으로부터 독립된 자유*로운 자기입법자"로서 예지적인 이념에 머무르는 인격성을 구별했다. 또한 "이성적 존재자*의 무한히 지속하는 실존과 인격성*"을 "영혼의 불사상*"이라고 부르며 도덕적 완성을 향한 영원한 노력을 위해 불가결한 것으로서 '요청*'했다. 『인류의 형이상학*』에서는 인격성의 개념을 공공연하게 둘로 구분했다. 한편은 '도덕적 인격성'이자 『실천이성비판』을 계승한 것으로서 "도덕적 법칙 하에 있는 이성적 존재자의 자유*'라고, 다른 한편은 '심리학적 인격성'이자 『순수이성비판』을 계승한 것으로서 "자신의 현존재*의 다양한 상태에서 자기 자신의 동일성을 의식하는 능력"이라고 정의되었다. 또한 그와는 별도로 『정초*』를 계승하여 인격이 귀책능력의 주체로서 정의되었다. 나아가 『단순한 이성의 한계 안에서의 종교*』에서 칸트는 삼위일체론에서 기원하는 인격성의 개념을 근대의 삼권분립론으로부터 설명했다. 아버지인 신*의 인격성은 도덕적 법칙의 입법자에, 도덕적 법칙 그 자체인 성령(로고스)의 인격성은 사법자에, 도덕적 법칙의 실천자로서의 예수의 인격성은 행정자에 비교되었다. 신인神人인 예수에게 있어 비로소 인격성은 인간*의 원형으로서의 인간성*과 일치한다고 하는 것이다. 칸트가 『실천이성비판』에서 인격의 내적인 인간성을 '신성한'이라고 형용하는 까닭이기도 하다.

칸트에 의해서 확립된 근대적 인격성 개념은 그 후 독일 관념론*에서 이성적 측면이 강조된 나머지 초개성적이고 형식적인 것으로서 전개되었다. 그와는 역으로 괴테*와 짐멜*은 개성적이고 구체적인 인격성을 추구하여 20세기에 이르러 셸러*의 현상학적 인격성(Personalität)의 개념으로 열매를 맺었다. ⇒자유, 인격, 인간성, 불사

　　　　　　　　　　　　　　　－히라타 도시히로(平田俊博)

📖 J. Ritter/K. Gründer, *Historisches Wörterbuch der Philosophie*, Bd. 7, Wiss. Buchg., Darmstadt, 1989. 平田俊博『柔らかなカント哲學』晃洋書房, 1996.

인격의 동일성人格-同一性 [(독) persönliche Identität]

상이한 시간과 공간을 통한 인격*(Person)의 동일성을 묻는 것으로서 데카르트*의 심신이원론과 관련하여 로크*가 명확한 형태로 정식화한 문제이다[『인간지성론』 2권 27장]. 로크는 생물학적 존재로서의 사람과 구별된 의미에서의 인격을 상이한 시간과 장소에서 사유*하는 존재로서의 동일한 자기 자신을 생각할 수 있는 사유하는 지성적인 존재자라고 한 다음 자기를 자기라고 부르는 의식(기억)으로부터 인격의 동일성을 논했다. 그 후 이 문제는 리드*와 흄* 등에게 계승되었으며, 오늘날에는 뇌 이식의 문제까지 포함하여 논의되고 있다.

칸트는 인격의 동일성을 영혼(Seele)의 동일성으로서 논하지만, 이 문제는 『순수이성비판』*의 '순수 이성의 오류추리'에 관하여'에서 사유하는 나(영혼)의 실체성(지속성)의 문제와 관련하여 논의되고 있다. 그 내용은 그때까지의 이성적 심리학에서의 영혼의 실체성으로부터 이루어지는 인격의 동일성 주장에 대해서 그것을 순수 이성의 오류추리로서 비판하는 것이다. 칸트는 "상이한 시간에서의 수적인 자기동일성을 의식하고 있는 바의 것은 그런 한에서 인격이다"[A 361], "그 상태의 모든 변화 가운데서 사유하는 존재자로서, 즉 주관 자신의 실체로서의 동일성"[B 408]이라고 인격의 동일성을 파악한다. 그러나 칸트에 따르면 이러한 인격의 동일성은 사유하는 나(영혼)가 언제나 동일하다는 의식으로부터는 추론되지 않는다고 한다. 요컨대 인격의 동일성은 다양한 표상* 가운데서도 사유하는 존재자로서의 주관*이 지니고 있는 의식, 즉 자기 자신은 언제나 동일하다고 하는 자기동일성의 의식으로부터는 증명되지 않는다는 것이다. 상이한 시간에서 수적으로 보아서는 동일인이라는 의미에서의 수적인 자기동일성을 의식하고 있는 것은 시간을 내감*의 형식*으로 하고 자기를 의식하는 모든 시간에서 자기를 지속하는 동일한 자기라고 필연적으로 판단하는 자기(나)인 것이다. 그러나 이러한 '나'도 타자로부터 보면, 타자는 나의 시간에서가 아니라 그 사람의 시간에서 보고 있는 것이기 때문에 '나'의 자기의 객관적인 지속성을 추론'할 수 없게 된다. 따라서 이러한 자기동일성의 의식으로부터는 객관적인 형태에서의 인격의 동일성이 얻어지지 않는 것이다. 거기에서의 자기동일성의 의식은 어디까지나 주관적 동일성이며, 따라서 자기의 동일성을 부정하는 변화가 주관에게서도 일어날 수 있는 것인바, 거기서 얻어지는 것은 변화된 주관에게도 주어진 동일한 명칭, 결국 논리적 동일성에 지나지 않게 된다.

이리하여 칸트는 객관적 실재로서의 인격의 동일성을 부정하지만, 『순수이성비판』의 제1판의 '인격성*의 오류추리'에 붙인 유명한 각주에서 탄력성이 있는 공이 그 상태를 두 번째 공에, 이어서 두 번째 공이 세 번째 공에 전달하는 것에 유비하여, 실체*가 그 상태를, 상태의 의식도 포함하여, 차례차례 두 번째, 세 번째 실체에 전달하고, 최후의 실체에서 그 이전의 변화된 상태 모두가 의식되고 있다 하더라도 최후의 실체는 이들 모든 상태를 통해서 동일한 인격이었다고

는 말할 수 없을 것이라고 말하고 있다. 이러한 칸트의 입장은 인격의 동일성의 논의에서 주류를 이루는, 기억의 연속성에서 인격의 동일성을 인정하고자 하는 이론에 대한 반론이다. ⇒순수 이성의 오류추리, 실체, 영혼

―데라나카 헤이지(寺中平治)

📖 S. Shoemaker/R. Swinburne, *Personal Identity*, Basil Black-well, 1984(寺中平治 譯『人格の同一性』産業圖書, 1986).

인과성因果性 [(독) Kausalität]

'인과성'은 칸트에서 몇 개의 층을 이루고 있다. 우선 그것은 판단표*에서의 추이율로부터 도출되는 범주*(카테고리)로서 "모든 현상*은 원인을 갖는다"라고 표현할 수 있는 단순한 사유 형식(순수 지성 개념)이다. 즉 그것은 경험*으로부터 획득*되는 개념*이 아니라 우리의 인식능력* 속에 선험적*으로 갖춰져 있는 개념이다. 이러한 범주로서의 인과성은 그것이 적용되는 곳이 '자연현상'인 경우와 '자유로운 행위'인 경우에서 서로 다른 모습을 보인다.

전자의 경우에 선험적인 사유 형식으로서의 인과성이 왜 경험에 일반적으로 적용되는가 하는 것이 커다란 문제로 된다. 여기서 등장하는 것이 '인과성의 도식'이다. 그것은 단순한 사유 형식으로서의 범주가 아니라 그 적용을 경험에 한정하는 기능을 안에 포함하고 있는 범주, 구체적으로는 경험의 근저에 있는 선험적 직관 형식으로서의 시간*을 안에 포함하는 인과성이다. 요컨대 '도식*'이라는 '제3자(ein Drittes)'를 매개로 하여 비로소 단순한 사유 형식으로서의 인과성이 경험에 적용될 수 있는 것이다. 칸트는 이러한 구도 하에 '원칙론'의 두 번째 원칙인 '경험의 유추'에서 인과성을 상세하게 논하고 있다. 그 경우에 칸트의 관심은 흄*처럼 인과적 사태의 일반적 구조를 밝히는(규칙설) 것이라기보다 오히려 인과성에서 현상의 유일한 객관적 순서짓기의 역할을 읽어내는 데 있다. 요컨대 시간 순서로서는 다양한 선후관계(Nacheinander)가 관측되지만, 인과성이란 그것들 속에서 단순한 지각의 순서가 아닌 현상 일반의 순서를 선별하는 역할을 짊어진

범주인 것이다. 그리고 칸트에게서는 현상 일반의 순서란 현상에서의 물체가 운동하는 순서에 다름 아니며, 좀더 구체적으로 말하면 그것은 물리적 보존량을 전제로 한 물리학의 법칙이 표현하는 순서이다. 그것의 가장 간단한 모델은 운동하는 물체 A가 운동하거나 정지해 있는 다른 물체 B에 운동량을 전달하는 법칙에서의 원인→결과의 순서이다. 여기서 운동량 mv는 보존되며, 충돌 후의 물체 B의 운동량 mbvb의 원인으로서 충돌 전의 물체 A의 운동량 mava가 요구된다. 칸트의 '원칙론'에서의 인과성론에는 이러한 물체의 충돌에서의 운동량 전달 모델이 숨어 있으며, 칸트의 자연 인과성이란 이러한 초등역학에서의 인과성을 현상 일반에까지 확대시킨 것이라고 말할 수 있을 것이다. 따라서 그 시야는 지극히 한정되어 있으며, 심적 인과성, 역향逆向 인과성, 복수 원인성, 연속적 인과성 등 현대 철학에서 논의되고 있는 인과성을 둘러싼 풍부한 테마들에 기여하는 것은 거의 기대할 수 없을 것이다.

다만 칸트에게는 '자유에 의한 인과성'이라고 불리는 또 하나의 인과성 개념이 있다. 그것은 자유로운 행위라는 마당에 적용되는 인과성인데, 그 내용은 더 나아가 행위 발현의 마당에서의 **행위의** 원인으로서의 의의와, 행위의 결과에 대한 **책임의** 원인으로서의 의의(규범적 인과성)라는 두 면을 지닌다. 전자는 '초월론적 자유'에 대응하는 인과성, 후자는 '실천적 자유'에 대응하는 인과성이라고 바꿔 말해진다. 그리고 하나의 가능성으로서 오히려 이 '자유에 의한 인과성' 속에서 물리학적 인과성 이외의 좀더 유연한 인과성 개념을 읽어내는 것이 가능할 지도 모른다.

덧붙여 주의하여 둘 것이 있는데, 그것은 이 '자유에 의한 인과성'이라는 개념에는 세계*를 개시하는 제1원인으로서의 의지라는 신학적 이미지가 겹쳐져 있으며, 그밖에 "원인으로서의 사물 자체*"라는 표현으로부터도 읽어낼 수 있는 것처럼 칸트는 경험을 넘어선 인과성을 거부하지 않는다는 것이다. 이것들을 여분의 것으로서 잘라낼 것인가 아니면 모종의 방법으로 받아들일 것인가는 칸트 해석에서 중요한 분기점이 될 것이다. ⇒범주, 도식, 자연법칙, 시간, 흄, 경험

―나카지마 요시미치(中島義道)

㊒ 植村恒一郎 「時間と運動」 『現代カント 硏究』 4, 晃洋書房, 1993. M. Bunge, *Causality: The Place of the Causal Principle in Modern Science*, Harvard College, 1959(黑崎宏 譯 『因果性 —— 因果原理の近代科學における位置』 岩波書店, 1972). 中 島義道 『時間と自由』 晃洋書房, 1994.

인륜人倫 [(독) Sittlichkeit]

Sittlichkeit는 에토스{(그) ἦθος}의 의미를 계승하며, Moral은 mores(라)에서 기원을 지닌다. 양자 모두 일정한 공동체에서 현실적으로 구속력을 지니는 관습과 규범의 체계를 의미하며, 칸트의 도덕철학*에서도 인륜의 원리는 "새롭게" 세워져 "처음으로 발견되는" 것이 아니라 상식*에 내재하여 실제로 작용하고 있는 것이다[KpV, Ⅴ 8 Anm., GMS, Ⅳ 403f.]. 다만 칸트는 이성적 존재자 일반에 타당한 인륜과 그 원리를 명확하게 하고자 하여 상식에서 내재적으로 작용하는 원리를 선험적으로 순수 실천 이성 속에서 구했다. 이러한 탐구가 가능하게 되는 것은 인륜이란 순수 이성이 구체적 현실 속에 침투하여 자기를 실현하는 것이라고 생각되기 때문이다. 순수 이성은 경험적으로 주어지는 근거와 질서에 따르는 것이 아니라 "완전한 자발성*으로써 이념*을 따라 어떤 고유한 질서를 형성한다. 이성은 경험적 제약들을 이 질서에 맞추며 이 질서에 따라 어떤 행위가 필연적이라고 선언하는"[B 576] 것이다. 여기서 언급되는 행위의 필연성*은 행위 그 자신의 필연성이지 수단으로서의 필연성이 아니다. 행위 그 자신의 필연성은 준칙*의 보편타당성, 즉 의지*는 자기의 준칙이 법칙이기도 하다는 것을 의지할 수 있다는 것에서 성립한다. 이러한 준칙의 보편적 입법(자율)이 행위의 필연성의 체계로서의 인륜의 원리이다. 인륜이란 이성과 의지의 동일성이며 자유*이다.

이제 하나의 행위의 필연성*, 즉 목적*을 실현하기 위한 수단으로서의 필연성은 결국 행복*의 원리 하에서의 필연성으로 수렴된다. 행복은 경험적으로 구상되는 이념이며, 이러한 목적 실현을 위한 준칙은 경험적 질서에 따르고 있고, 일반적인 질서를 가능하게는 하지만 보편적인 질서를 가능하게 하는 것은 아니다 [KpV, Ⅴ 36]. 그 준칙이 아무리 이성적인 것이라 하더라도 여기서의 행위의 필연성은 자연의 원인성의 그것이며, 따라서 인륜을 가능하게 하는 것이 아니라 공리성이 가능하게 될 뿐이다. 이와 같이 인륜적 체계와 행복의 체계는 구별된다.

그런데 준칙의 보편적 타당성을 언제나 필연적으로 의지할 수 있다고는 할 수 없는 우리와 같은 존재자에 있어서 인륜은 '당위*', '명법*', '구속성*' 혹은 '의무*'와 같은 개념에서 구성되게 된다. 이성*의 의지는 당위이다. 즉 인륜의 법칙은 도덕법칙*이며, 자기행복에 대한 경향성을 도외시해서라도 우리 의지의 직접적 규정근거이어야만 하는 것이다. 인륜은 도덕성*으로서 실현되어야만 하는 과제이다. 나아가 인륜은 적법성으로서도 실현되어야만 한다. 도덕성과 적법성의 구별은 각각의 것을 가능하게 하는 입법*의 차이에 기초한다. 도덕적 입법은 동기에도 관계하지만, 법적 입법은 동기까지는 문제 삼지 않는다. 그러나 양자 모두 자유의 법칙 하에 놓여 있으며, 자유로서의 인륜의 실현을 책무이게끔 한다. 인륜을 가능하게 하는 이성은 도덕적 이성임과 동시에 법적 이성이기도 하다. 준칙의 보편적 입법에 의해서 가능해지는 보편적 질서는 '목적 자체로서의 인격성'의 공동체이며, '목적의 나라*'라고 불린다. 목적의 나라는 도덕적 이성과의 관계에서는 감성계에서 실현되어야만 하는 도덕계(목적의 체계)이며, 법적 이성과의 관계에서는 감성계에서 실현되어야만 하는 법적 질서(권리의 체계)이다. ⇒도덕철학, 도덕성, 준칙, 당위, 자유

—사베츠도 요시히로(佐別当義博)

㊒ H. J. Paton, *The Categorical Imperative*, Hutchinson & Co., 1947(杉田聰 譯 『定言命法』 行路社, 1986). F. Kaulbach, *Immanuel Kants >Grundlegung zur Metaphysik der Sitten<*, Wissenschaftliche Buchgesellschaft, 1988. H. Koehl, *Kants Gesinnungsethik*, Walter de Gruyter, 1990.

『인륜의 형이상학人倫—形而上學』 [(독) Metaphysik der Sitten. 1797]

칸트의 가장 만년에 속하는 실천철학*의 체계서.

본서는 제1부 '법론의 형이상학적 원리', 제2부 '덕론*의 형이상학적 원리'로 이루어진다. 제1부는 사법*과 공법*으로 이루어지는 법철학*이다. 거기서는 소유*, 국가*, 외적 강제*, 영원한 평화*, 국제연맹* 등등의 철학적 근거짓기가 시도되며, 칸트의 여러 가지 중에서도 가장 정돈된 형태로 이루어진 법·정치철학*을 제공하고 있다. 제2부를 칸트는 좁은 의미에서의 '윤리학'이라고 부르고 있지만, 이것은 내용으로 보아 실질적 윤리학의 체계로 간주될 수 있다. 자기보존*, 자기도야, 타인의 행복의 촉진과 같은 구체적인 덕 의무가 체계적으로 전개되고 있다.

이와 같이 『인륜의 형이상학』은 법철학과 실질적 윤리학으로 이루어지는 실천철학 체계로서 구성되고 있지만, 처음부터 이와 같은 형태로 구상되고 있었던 것은 아니다. 칸트는 이미 1760년대 중반부터 세 차례 '인륜의 형이상학'의 공간을 예고하고 있었지만, 세 비판서의 집필과 체계서에 선행하여 도덕의 최고원리를 탐구하는 『인륜의 형이상학의 정초』*(1785)의 집필이 우선되어 계획은 뒤로 미루어지게 되었다. 이 사이 칸트는 내용적으로 '덕론'만으로 이루어지는 것과 같은 것을 구상하고 있었던 것으로 생각된다. '법론'의 필요성이 느껴진 것은 90년대에 들어서서부터이며, 이 부분의 서술에 궁박되어 계획은 좀더 연기되고, 1797년이 되어서 비로소 본서가 완성되었다.

이 책이 법론과 덕론으로 이루어진다는 것을 단서로 하여 칸트 해석상의 여러 난문이 생겨난다. 우선 한국어의 문제로서 법론과 덕론을 포함하는 상위개념으로서의 Metaphysik der Sitten을 어떻게 번역할 것인가 하는 문제가 생긴다. 일반적으로 헤겔*에서의 Sittlichkeit의 번역어를 전용하여 『인륜의 형이상학』이라고 번역하는 경우가 많지만, 칸트는 Sittenlehre를 Moral이라고도 바꿔 말하고 있고, 영국 모럴 필로소피의 외연의 넓이와 그것의 칸트와의 관련을 중시하여 『도덕형이상학』이라고 번역하는 경우도 있다. (또한 『윤리형이상학』이라고 번역하는 경우도 있다. – 옮긴이.)

그런데 이 책을 둘러싼 문제들 가운데 최대의 것은 '법론'도 '덕론'도 『정초』와 『실천이성비판』*(1788)에서 확립된 비판윤리학의 입장과 양립할 수 없는 것은 아닌가 하는 것이다. 즉 의지의 자율*, 도덕성*, 형식주의*와 같은 징표들로 특징지어지는 비판윤리학에는 법철학이나 실질적 윤리학이 인연이 없을 것이라는 것이다. 그러므로 『인륜의 형이상학』은 그 출판 이래로 비판주의*로부터의 일탈, 전비판기 초고의 모임, 노쇠의 산물 등의 엄혹한 비판을 받아왔다.

이에 반해 최근에는 비판철학의 계승 내지 발전으로서 '법론'과 '덕론'을 다시 파악하고자 하는 연구가 진전되고 있다. 법론이 초월론적* 방법에 의해서 구성되고 있다는 것을 논증하는 시도는 카울바하*의 연구를 비롯하여 여럿이 배출되고 있으며, 그레거와 회페 등은 덕론도 포함하여 『인륜의 형이상학』 전체가 정언명법의 적용에 의해서 구축되고 있다고 논하고 있다. 또한 이 연구들을 뒷받침하는 기초적 작업으로서 루트비히에 의한 법론과 덕론의 개정이 행해졌다. 『인륜의 형이상학』 텍스트에 대해서는 이전부터 (특히 법론 부분에 관해) 인쇄 단계에서의 실수 등에 의해 칸트의 본래 원고가 훼손되어 있는 것은 아닌가 하는 의심이 제출되고 있었지만, 루트비히는 자신의 상세한 연구에 기초하여 지금까지의 판들을 대폭적으로 손질하여 본래의 원고 재현을 시도하고 있다. 이러한 최신의 연구들에 의해 지금까지 경시 내지 무시되어온 칸트 실천철학체계의 전모가 분명해지고 있다. ⇒실천철학, 법론, 법철학, 정치철학, 공법, 사법, 덕론, 윤리학

–오노하라 마사오(小野原雅夫)

M. J. Gregor, *Laws of Freedom*, Basil Blackwell, 1963. F. Kaulbach, *Studien zur späten Rechtsphilosophie Kants und ihrer transzendentalen Methode*, Königshausen + Neumann, 1982. O. Höffe, Der kategorische Imperativ als Grundbegriff einer normativen Rechts– und Staatsphilosophie, in: R. Löw (Hrsg.), ΟΙΚΕΙΩΣΙΣ, VCH, 1987. B. Ludwig, *Kants Rechtslehre*, Kant-Forschungen Bd. 2, Felix Meiner Verlag, 1988. I. Kant (Neu hrsg. von B. Ludwig), *Metaphysische Anfangsgründe der Rechtslehre*, Felix Meiner Verlag, 1986; *Metaphysische Anfangsgründe der Tugendlehre*, Felix Meiner Verlag, 1990.

『인륜의 형이상학의 정초人倫−形而上學−定礎』**『정초**定

礎』; 『**원론**原論』┤ [(독) *Grundlegung zur Metaphysik der Sitten*. 1785]

비판기의 칸트 윤리학*의 성립을 알리는 중요한 저작으로서 서언과 3장으로 이루어진다. 서언에서는 철학을 논리학과 자연학* 그리고 윤리학으로 나누는 전통적 구분이 재확인되며, 윤리학은 '자유*의 법칙'과 그것을 따르는 대상들을 다루는 학이라고 규정된다. 이러한 윤리학 가운데서도 선험적*인 원리들에 기초하는 순수하게 이성적인 부문이 '인륜의 형이상학(도덕형이상학)'이지만 본서는 그 '정초'인바, 일상적인 도덕의식의 분석에서 출발하여 인륜의 형이상학을 건설하기 위한 초석으로 되는 '도덕성*의 최상의 원리'를 발견할 것을 목적으로 한다.

그리하여 제1장에서는 일반적으로 '선의지*'라고 불리고 있는 것이 다루어지며, 인간이 소유할 수 있는 다양한 좋은 것 가운데 이 선의지만이 무조건적으로 좋은 것이라는 점이 제시된다. 그런데 선의지란 '의무*에 기초하여(aus Pflicht)' 행위하는 것을 의욕하는 의지이며, 행위의 도덕적 가치는 그것이 단지 '의무에 적합하다(pflichtmäßig)'는 것에서가 아니라 '의무에 기초하여' 이루어지는 것에 놓여 있다. 의무는 법칙으로서 표상되기 때문에 선의지란 법칙의 표상에 의해서만 규정되는 의지이다.

제2장에서는 의지에 대한 법칙의 강제를 보이는 명법*에 관하여 조건부의 '가언명법'과 무조건적인 '정언명법'이 구별된다. 가언명법은 무언가의 기술적 목적의 실현을 조건으로 하는 '숙련의 명법'과 행복*의 실현을 조건으로 하는 '영리의 명법'으로 구분되지만, 무엇을 행복으로 볼 것인가 하는 것은 사람에 따라 다르기 때문에 영리의 명법은 보편적이라거나 필연적이라고 말할 수 없다. 이에 반해 무조건적인 정언명법은 누구에게나 보편적·필연적이며 이것만이 도덕적 명법의 이름에 값한다. 이러한 정언명법은 "너의 준칙이 보편적 법칙이 되기를 네가 그 준칙을 통해 동시에 의욕할 수 있는 그러한 준칙에 따라서만 행위하라'라고 정식화된다. 이것이 정언명법의 기본적 정식이며, 이로부터 더 나아가 자기와 타인의 인격*에서의 인간성*이 목적* 그 자체라는 것과, 인간이 그러한 '목적의

나라*'의 입법적 성원이라는 것을 보이는 파생적 정식이 도출되지만, 이러한 기본적 정식에서 가장 중요한 것은 의지*가 자기 자신에 대해서 법칙으로 되는 것과 같은 의지의 특성이며, 이것이 '의지의 자율*'이다. 그리고 이러한 자율의 원리야말로 도덕성의 유일한 최상의 원리인바, 의지가 의욕의 대상 속에서 법칙을 구하고자 하면 그것은 '의지의 타율'이 된다. 행복이 도덕성의 원리로 되지 않는다는 것도 이로부터 귀결된다.

제3장에서는 이 의지의 자율에 대한 해명의 관건이 되는 것이 '자유*'인바, 자유는 모든 이성적 존재자*의 의지의 특성으로서 전제되어야만 하게 된다. 그러나 자유는 자연필연성이 지배하는 감성계 속에서는 발견되지 않기 때문에 그것은 감성계와는 다른 예지계*(지성계) 속에 위치한다고 간주되어야만 한다. 인간은 감성계만이 아니라 예지계에도 소속하는 자로서 자유이다. 그러나 그렇다고 하더라도 '어떻게 해서 자유는 가능한 것인가'는 이미 해명 불가능하며, 칸트는 여기서 일체의 도덕적 탐구의 궁극적인 한계가 발견된다고 주장한다. ⇒선의지, 의무, 명법, 준칙, 목적의 나라, 의지의 자율

―우츠노미야 요시아키(宇都宮芳明)

图 宇都宮芳明『譯注·カント『道德形而上學の基礎づけ』以文社, 1989. H. J. Paton, *The Categorical Imperative*, London, 1947(杉田聰 譯『定言命法』行路社, 1986).

인식認識 [(독) Erkenntnis]

"나는 무엇을 알 수 있는가?"[B 833] 라는 물음은 칸트에게 있어 철학의 근본문제의 최초의 관문을 이루고 있었다. 이 물음 때문에 『순수이성비판』*이 씌어졌다고도 말할 수 있을 것이다. 거기서는 이론적 인식의 구조와 한계가 명확히 확인되었다. 이론적 인식이란 "현존하는 것"의 인식을 가리킨다[B 661]. 물론 인식을 넓은 의미에서 이해하면 존재·해야 할(sollen)' 사항을 표상*하는 '실천적 인식'도 가능하다[B 661]. 하지만 좁은 의미에서는 감정*과 의지*는 "전혀 인식이 아니다[B 66]. 강한 의미에서 인식이란 이론적 인식을 말하며, 더욱이 '이론적으로 인식한다'는 것은 두드러진

의미에서는 ‘단순한 현상’에 한정되며[B XXIX], ‘가능적 경험’ 속에서 주어지는 대상들에 관한 ‘자연인식’을 가리키는 것이었다[B 662f.]. 경험*을 초월하는 대상*에 관한 인식은 ‘사변적’인 것으로서 이것으로부터는 구별되었다[B 662]. 칸트는 특히 교조적인 사변적 형이상학의 견해를 파괴했다. 인간적 이성이 필연적으로 관심을 지닐 수밖에 없음에도 불구하고 갑론을박의 ‘싸움터’인 ‘형이상학’적인 물음에 결정적인 대답을 주기 위해[A VIIf.] 칸트는 이성*의 ‘자기인식’의 과업을 받아들여 ‘법정’을 열고 순수 이성 비판의 과제를 설정했다[A XIf.]. 그 결과 경험의 대상들에 관해서는 선험적*인 종합적 인식이라는 학적인 이론적 인식의 가능성*이 증명되는 한편, 경험을 초월하는 대상들에 관해서는 과연 이론적 인식이 거부되긴 하지만 실천적 입장에서 이루어지는 무제약자*에 대한 규정의 여지가 남을 수 있게 되었다[B XIX ff.].

그러한 칸트에게 있어 결정적이었던 것은 “우리의 모든 인식은 대상에 따라야만 한다”고 한 예전부터의 견해를 뒤집어 오히려 “대상이 우리의 인식에 따라야만 한다”고 하는 “사유방식의 변혁”[B XVI], 즉 이른바 코페르니쿠스적 전회*의 실천이었다. 이에 의해 우선 우리의 인식은 확실히 “경험과 함께 시작”되지만, 모두가 ‘경험에서 생기는 것은 아니다’라는 것이 밝혀지게 되며[B 1], 오히려 우리가 선험적인 원리를 가지고서야 비로소 자연인식이 수미일관한 것으로서 가능해진다는 것이 제시되었다. 사물에 대해서는 “우리 자신이 그것들 속에 집어넣은 것만을 선험적으로 인식한다”[B XVIII]는 것이다. 이리하여 선험적이고 필연적인 자연인식의 가능성이 제시되었다. 나아가 그것에 기초하여 경험을 초월하는 장면에 관해서도 통찰이 주어졌다. 칸트는 바로 이와 같이 하여 “대상들에 관한 선험적으로 가능해야만 하는 우리의 인식양식”을 자각적으로 반성하여 파악하는, 말하자면 이성의 자기인식에 다름 아닌 ‘초월론적’인 ‘인식’을 『순수이성비판』에서 전개했던 것이다[B 25]. 그는 경험적 인식의 근거짓기의 부분을 ‘형이상학’의 ‘제1부문’이라고 부르고, 경험을 초월하는 무제약자에 관한 논의를 ‘형이상학’의 ‘제2부문’이라고 부르기 때문에[B XVIIIff.], 칸트는

형이상학의 근거짓기를 완수했다고 할 수 있는바, 『순수이성비판』은 하이데거*가 지적했듯이 “형이상학의 형이상학”[『칸트와 형이상학의 문제』]이라는 시도의 전개였다고 말할 수 있을 것이다.

칸트에 있어 모든 인식은 ‘감관*’에서 시작되며, 이어서 ‘지성*’에 이르고, 마지막으로 ‘이성’에서 끝나게 된다[B 355]. 고차적인 인식능력*으로서 ‘지성’과 ‘판단력*’과 ‘이성’, 요컨대 ‘개념*’과 ‘판단*’과 ‘추론*’이 열거되기도 한다[B 169]. 저차적인 측에서는 ‘감관*과 상상력*’과 ‘통각*’이 상승방향으로 열거되며[A 115], 더 나아가 감관과 상상력 사이에 ‘포착*’이 들어온다고도 말할 수 있다. 그러나 간략하게 말하면, 인간적 인식의 두 가지 줄기는 ‘감성*’과 ‘지성’이며[B 29], 감관을 매개로 하여 인상을 받아들이는 ‘수용성*’의 능력인 감성과, 그 감성적 다양을 개념에 의해 종합 통일하는 ‘자발성*’의 능력인 지성과의 협동 속에서 비로소 객관적 실재성을 지닌 이론적 인식이 가능하게 된다[B 74]. 인식대상은 감성에 의해서 ‘주어지며’, 지성에 의해서 ‘사고된다’[B 74]. 인식은 대상의 ‘현존재*’를 산출하는 것이 아니라[B 125], 이미 주어진 현상*을 논리적으로 질서짓는 데 불과하다. 감성적 직관의 순수 형식으로서의 시간*과 공간*이 감성적 다양을 질서를 부여하여 수용하고, 그것을 더 나아가 포착과 상상력에 매개시키고, 최종적으로는 지성이 순수 지성 개념인 범주*에 의해서 ‘나는 생각한다*’라는 통각 하에서 자발적으로 종합 통일함으로써 객관적 인식은 성립한다. ‘이성’은 그 지성 인식에 통일을 부여하는 ‘규제적’ 역할을 지니는 데에 본질이 있으며, 오직 추론에 의해서만 무제약자를 완결적으로 인식하고자 할 때 가상*에 빠진다. ⇒코페르니쿠스적 전회, 객관적 타당성, 초월론적, 사변적, 이성, 『순수이성비판』{『제1비판』}

—와타나베 지로(渡辺二郎)

📖 岩崎武雄 『カント』 勁草書房, 1958; 『カント「純粋理性批判」 の研究』 勁草書房, 1965.

인식근거/존재근거 認識根據/存在根據 [(라) ratio cognoscendi/ ratio essendi]

초기의 저작 『새로운 해명』*에서 정의되고 있는 두 종류의 근거(ratio)를 가리키지만, 칸트는 라이프니츠 철학의 충족이유율*과 그에 대한 크루지우스*의 비판에 의거하여 이 두 개의 근거를 결정근거라고도 부르고 있다. 논리적으로 가능한 것의 원리인 모순율*은 형식논리학의 원리로는 될 수 있어도 실질적인 것의 원리로서는 충분하지 않으며, 이를 위해서는 결정근거가 필요로 된다. 존재근거는 선행적 결정근거(ratio antecedenter determinans)·생성근거(ratio fiendi)·'~가 있기 때문에'라는 근거(ratio cur)라고도 바꿔 말해지며, 다른 한편 인식근거는 후속적 결정근거(ratio consequenter determinans)·'~이기 때문에'라는 근거(ratio quod)라고도 불리고 있다. 존재근거란 현실적으로 존재하는 우연적인 것의 존재*를 위한 근거이며, 주어*와 술어의 결합*을 모순율에 기초하여 결정할 수 없는 명제에 관하여 결정되어야만 하는 명제 그 자체를 산출하는 근거를 의미한다. 다른 한편 인식근거란 결정되어야만 하는 명제나 사태를 산출하는 근거가 아니라 그것들이 미리 정립되어 있는 경우에 그것들을 단지 뒤로부터 설명하기 위한 근거이다. 칸트가 드는 예에 따르면, 일정 속도의 빛의 전파라는 사태를 가능하게 한다고 당시 생각되고 있던 공간에 충만한 에테르*의 탄력성이 빛의 전파의 존재근거이고, 다른 한편 그 전파를 설명하기 위한 특정한 하나의 사태인 목성의 위성의 식食이 빛의 전파의 인식근거이다.

또한 『실천이성비판』*에서는 도덕철학*의 핵심을 이루는 자유*와 도덕법칙*의 상호관계가 이들 두 종류의 근거의 차이에 근거하여 말해지고 있다. 그 '서문'에 따르면 자유는 도덕법칙의 존재근거이고, 도덕법칙은 자유의 인식근거이다[Ⅴ 4Anm.]. 요컨대 도덕법칙이 존재하기 위해서는 그것을 가능하게 하는 자유의 존재가 미리 전제되어야만 하며, 다른 한편 우리가 자유를 의식하여 그것을 용인할 수 있기 위한 조건이 도덕법칙이다. ⇒자유, 도덕법칙, 크루지우스

―쓰부라야 유지(円谷裕二)

인식능력認識能力 [(독) Erkenntnisvermögen]

비판기 이후 칸트는 인식능력을 주관의 수용성에 기초하는 하위 인식능력과 자발성에 기초하는 상위 인식능력의 둘로 나누고, 전자에게는 감성*을, 후자에게는 지성*을 배당한다. 이때의 지성은 넓은 의미의 지성이며, 그것은 더 나아가 (좁은 의미의) 지성, 판단력 및 이성*으로 구분된다. 이와 같이 인식능력에 상위/하위의 구별을 설정하는 것은 직접적으로 볼프학파의 경험적 심리학*의 주장에 의거한 것이다. 또한 칸트에 따르면 상위 인식능력의 위에서와 같은 구분은 일반논리학에서의 개념*·판단*·추론*이라는 구분에 대응하는 것으로서 지성은 개념의, 판단력은 판단의, 이성은 추론의 능력이다[B 169f.]. 덧붙이자면, 이성에게도 넓은 의미와 좁은 의미의 그것이 있는바, 넓은 의미의 이성은 상위 인식능력 모두와 감성의 순수형식으로서의 공간·시간*을 포함한다고 간주될 수 있다.

더 나아가 『판단력비판』*에서 ① 인식능력은 ② 쾌와 불쾌의 감정 및 ③ 욕구능력과 함께 자발적인 한에서의 심적 능력을 구성하게 되며, 각각에게 법칙을 부여하는 상위 인식능력으로서 지성, 판단력, 이성이 거론된다. 이때 각각의 선험적*인 원리는 합법칙성*, 합목적성*, 궁극목적*이며, 그 적용대상으로서는 자연*, 예술* 및 자유*가 대응한다[Ⅴ 196ff.].

덧붙이자면, 인식능력에 관해서는 다음과 같은 점들에 유의해야만 한다. (1) 칸트는 상위 인식능력에 판단력을 포함시키고 있지만, 볼프학파의 경험적 심리학에서는 판단력은 언제나 하위 인식능력으로 분류되었다. (2) 판단력은 『순수이성비판』*에서 『판단력비판』에 이르는 과정에서 규정적 판단력과 반성적 판단력으로 좀더 세분된다. (3) 상상력*은 "대상*을 그것이 현존함이 없이 직관*에서 표상하는 능력"[B 151]으로 정의되며 따라서 감성에 속하게 되지만, 실제로 그것에게는 종합*의 원천[B 104f.], 나아가서는 범주*의 도식의 원천[B 181]으로서 감성과 지성을 매개한다고 하는 중대한 역할이 주어져 있다. (4) 이상의 분류에 대해서 감성과 지성의 양자를 연결하는 "알려지지 않은 공통의 뿌리"[B 29]의 존재가 암시되어 있다. ⇒판단력

―시모노 마사토시(下野正俊)

图 九鬼周造「西洋近世哲學史稿 下」『九鬼周造全集』第7卷,

岩波書店, 1981.

인식론認識論 [(독) Erkenntnistheorie]

인식론이라는 말은 19세기의 20년대부터 30년대에 걸쳐 생겨나 E. 셸러의『인식론의 의의와 과제』(1862)라는 저작의 간행 이후 널리 보급되게 되었다고 말해진다. 넓은 의미에서는 인식 현상에 관계하는 모든 학문들이 인식론을 포함한다고도 말할 수 있지만, 좁은 의미에서 인식론이란 본래 아이슬러가 그의『철학적 개념들의 사전』(*1927)에서 규정했듯이 인식*의 본질・원리・기원・원천・조건・전제・범위・한계 등을 탐구하는 철학분야를 가리킨다고 볼 수 있을 것이다. 이러한 한정된 의미에서의 인식론은 물론 고대와 중세에도 없지는 않았지만, 고유한 형태로는 특별히 서양 근대 철학의 산물이었다. 더욱이 그 배경에는 코페르니쿠스, 케플러, 갈릴레오로부터 뉴턴*으로 이어지는 천문학과 물리학을 중심으로 한 근대 자연과학의 발흥이 놓여 있으며, 그와 아울러 바야흐로 인간적 주관이 자연*이라는 객관적 세계를 날카롭게 대상화하여 그 존재방식을 정확하게 파악하고 그에 대한 확실한 지식에 기초하여 인간중심주의적으로 세계를 지배하고 통제하고자 하는 근대적 세계관의 대두라는 근본 사태가 숨어 있었다. 아리스토텔레스* 이래의 목적론적 자연관이 붕괴하고 자연현상 속에 숨어 있는 성질과 실체적 형상을 발견한다고 하는 사고방식은 버려지고, 이제 자연은 인과율에 따르는 단지 기계적인 현상에 불과하다고 파악되기에 이르렀다. 이러한 인과율에 대한 지식에 기초하는 기계론적 자연관은 그에 대한 지식을 힘으로 하여 곧바로 그것의 기술적 이용을 시도하고 자연을 정복한다고 하는 기도를 포함하고 있었다.

칸트 이전의 근대 초기에 대륙 이성주의와 영국 경험주의의 두 흐름이 형성되어 전개된 인식론은 이러한 근대 과학의 등장과도 결부되어 나타난 필연적인 사고방식이었다. 그러나 그것들에는 장점과 단점이 수반되었다. 데카르트*에서 시작되는 이성주의*는 사유*하는 자아*의 명석판명한 앎 속에서 확실성*의 근거

를 보았다는 점에서 근대정신의 전형이었지만, 자칫하면 교조주의에 빠질 위험을 지니고 있었다. 로크*, 버클리*, 흄* 등의 경험주의*는 감각적 소여를 중시한다는 점에서 근대정신의 실증성을 대표했지만, 거꾸로 그로 인해 필연적인 법칙을 근거짓지 못하고 결국에는 회의주의*에 빠졌다. 이리하여 이 두 가지 인식론은 칸트에게서 종합 지양될 수밖에 없는 운명에 놓여 있었다.

칸트 철학의 인식론적 의의는 첫째로, 우리의 인식이 "경험*과 더불어 시작"되지만, 결코 "경험에서 생기는" 것은 아니라고 하여[B 1] 경험적인 감성적 소여와 선험적*이고 이성적인 인식형식의 종합*에서 객관적 타당성*을 지닌 인식의 성립 근거를 보았다는 점에 놓여 있다. 요컨대 감성적*인 다양*을 시간*과 공간*이라는 순수 형식에서 수용하는 능력인 감성*과 그 다양을 더 나아가 순수 지성 개념인 범주*에 의해서 종합 통일하는 자발성*의 능력인 지성*의 협동 속에서 객관적 인식의 성립 기반이 확인되었다고 하는 것이다. "내용 없는 사상은 공허하고, 개념* 없는 직관*은 맹목이다"[A 51/B 75]라고 말해지는 까닭이다. 그러나 둘째로, 그에 의해 객관적 실재성을 지닌 인식은 경험적 소여가 존재하는 한에서만 성립한다는 점이 명시되는바, 인간의 인식은 현상계에 한정되고 사물 자체*의 이론적 인식은 거부되며, 이리하여 원리*의 능력인 이성*의 추론에 의해서만 무제약적인 절대적 통일을 파악하고자 하는 교조주의적 형이상학의 시도는 완전히 허망한 것으로서 와해될 수밖에 없었다는 점이 중요하다. 하지만 그것은 사물 자체에 관한 이론적 인식의 불가능성에 대한 증명에 지나지 않는바, 칸트는 오히려 실천적 입장에서 자유*・영혼불사・신*의 존재라는 세 가지 이념을 필수적인 것으로서 요청*했다는 점이 명기되어야야 한다. 칸트 철학은 "신앙*을 위한 자리를 얻기 위해서 지식을 폐기해야만 했다"[B XXX]는 것이다. 단적으로 말하면, 과학의 이론적 인식을 근거지으면서도 그것의 한계를 명시함으로써 인식의 실천적 입장의 우위를 주장한 점에 칸트 철학의 인식론적 의의가 존재하는 것이다. 칸트 이후 현대까지 다양한 인식론이 등장했지만, 과학기술의 남용 위기에 처한 현대에는 모든 사람이 바야흐로 칸트 철학을

다시 깊이 공부해야만 한다고 말할 수 있을 것이다. ⇒코페르니쿠스적 전회, 객관적 타당성, 관념론, 사물 자체

—와타나베 지로(渡辺二郎)

圉 岩崎武雄『カント』勁草書房, 1958;『カント『純粹理性批判』の研究』勁草書房, 1965. 渡辺二郎『構造と解釋』ちくま學藝文庫, 1994.

인종人種 [(독) Rasse]

인종이란 오늘날 특히 정치적 개념이다. 이 점은 Rasse와 결합하여 만들어진 말들——Rassenpolitik(인종{차별}정책), Rassenideologie(인종차별 이데올로기), Rassenfanatismus(광신적 인종차별), Rassentrennung(인종격리책, 아파르트헤이트), Rassentheorie(인종론) 등 많은 용어들이 보여주는 대로이다. 이상의 것들 가운데 Rassentheorie는 야스퍼스가 이미 1931년『현대의 정신적 상황』(Die geistige Situation der Zeit)에서 사용하고 있다. "실존의 충실 가능성에 위협을 가하는" 세 개의 의사과학적·정치적·이데올로기적·반인간적인 사상의 하나(다른 두 가지는 정신분석(Psychoanalyse), 마르크스주의(Marxismus))로서 이것은 나치즘의 반유대사상을 가리킨다.

칸트의 이른바 인종론 삼부작(Von den verschiedenen Rassen der Menschen, 1775. Bestimmung des Begriffs einer Menschenrasse, 1785. Über den Gebrauch teleologischer Prinzipien in der Philosophie, 1788)에서 인종은 Race (Rassen) der Menschen, eine Menschenrace(-rassen)이어서 Rasse만으로 인종을 의미하는 예는 드물다. 여기서 Rasse는 자연인류학(Physische Anthropologie)적 개념임과 동시에 생물분류학적인 개념이기도 하다. Rasse는 Stamm, Abstammung, Klasse, Naturgattung, Gattung Art, Abartung Schlag, Famienschlag 등의 개념군 가운데 하나이며, 인종론은 위와 같은 개념 구별에 의해서 전개된다. 칸트는 첫 번째 작품인『다양한 인종에 대하여』에서 네 개의 인종을 거론하고 있다. "언뜻 보아 구별이 이루어지는 동시에 항구화되는 일체의 구별을 도출할 수 있기 위해서는 인류의 네 종족(vier Rassen)을 가정하

기만 하면 될 것이다. (1) 백인(종) die Rasse der Weißen, (2) 흑인 die Negerrasse, (3) 훈(흉노)족(몽고 또는 칼무크족 die hunnische(mungalische oder kalmuckische) Rasse, (4) 힌두 또는 힌두스탄족 die hinduische oder hindustanische Rasse". "이들 네 가지 인종(vier menschliche Rassen)에 의해서 인류의 모든 다양성이 이해된다. 그러나 모든 변종은 어쨌든 하나의 주요종족(Stammgattung)을 필요로 한다". 당시 자료의 부족으로 인한 칸트 인종론의 사변적 성격은 부인할 수 없지만, 선구적인 그 공적은 대단히 크다. ⇒자연지리학

—바바 요시유키(馬場喜敬)

일관적 규정—貫的規定 [(독) durchgängige Bestimmung]

"모든 존재하는 것은 일관적으로 규정되어 있다"[B 601]는 명제는 무릇 존재하는 것은 개별자라는 근대의 유명론적 존재론을 강단형이상학의 술어로 표현한 것이다. 요컨대 어떤 것이 일관적 규정을 받고 있다고 하는 것은 그것이 보편이 아니라 개별자라고 하는 것의, 따라서 단순한 개념 내지 가능적인 것이 아니라 현실적으로 존재하는 것이라고 하는 것의 논리적 표현인 것이다.

이 개념이 칸트에서 초점이 되어 나타나는 것은『순수이성비판』의 초월론적 변증론의 제3의 테마를 이루는 '초월론적 이상', 요컨대 신 개념을 도출할 때이다. 그러나 이 개념은 결코 칸트 고유의 개념이라고 할 수는 없는데, 칸트에 선행하는 강단 형이상학자들에게서 입장의 다름을 넘어서서 상당히 널리 받아들여지고 있었다. 그 경우 그 개념의 역할은 개별자(개체)와 보편을 구별하는 징표라는 논리적·존재론적인 것이며, 근대에 일반적인 유명론의 입장이 공통된 전제를 이루고 있다. 즉 보편은 그 개념 내용에서 미규정적인 부분을 남겨둠으로써 복수의 대상에 적용될 수 있는 데 반해, 개별자는 그 규정에 관해서 남겨둔 곳이 없이 다 규정함으로써 보편 내지 개념과 구별된 현실적인 존재자가 된다고 하는 것이 그 의미인 것이다. 요컨대 일관적 규정은 개별자와 보편을 구별하는 것임과 동시에 유명론이라는 전제 하에서는 현실적으로 존재

하는 것을 특징짓는 기준이기도 한 것이다.

칸트는 이 개념을 배중률로 소급시킴으로써 정밀화하고자 했다. 즉 배중률을 승인하는 한 어떤 개념에 관해서는 모순대당을 이루는 하나의 맞짝 술어 가운데 어느 쪽인가 한쪽만이 귀속되는(요컨대 규정을 받는) 것이 필연적이다. 따라서 모든 있을 수 있는 술어를 이와 같은 모순대당을 이루는 맞짝으로 종합할 수 있게 되면, 모순율*에 의해서 어떤 개념의 모든 내용(술어)을 미리 확정할 수 있다. 이 때 개념의 가능성으로부터 현실성에로의 이행이 달성된다. 그러나 모든 가능한 술어를 총람하는 것은 일반적으로 불가능하기 때문에 일관적 규정은 단지 '이념'[B 60]일 뿐이며, 가능성으로부터 현실성에로의 이행*을 선험적으로 수행할 수는 없다. 그러나 오직 신의 개념의 경우에는 모든 가능한 술어를 적극적인 것과 소극적인 것으로 나눈데 기초하여 결국 한편의 적극적인 것이 귀속한다는 점이 분명하기 때문에 신의 개념은 선험적으로 일관적으로 규정되어 있다고 말할 수 있는 것이다. 이와 같이 일관적 규정의 사고방식은 존재론적 증명을 그 귀결로서 지니는 원리로 되는 것이며, 칸트에 대해 지니는 의미는 칸트가 비판의 대상으로 삼는 형이상학의 근본에 존재하는 오류를 나타내는 데 놓여 있다. ⇒이행, 존재론

—후쿠타니 시게루(福谷 茂)

圏 福谷 茂「存在論としての先天的綜合判斷」『理想』635号, 1987.

일반논리학—般論理學 ⇨초월론적 논리학

『일반사고—般史考』⇨『세계시민적 견지에서 본 일반사의 이념』{『일반사의 이념』; 『一般史考』}

일본日本 [(독) Japan; Nippon]

칸트의 일본관은 '자연지리학(Physische Geographie)' 강의의 의도에 관련된다. 이 자유 강의는 1756년 여름 학기부터 시작되지만, 65/66년 겨울학기 강의계획 공고에서 이에 관해 "｛나는｝ 지구의 오늘날의 상태에 관한 역사 또는 가장 넓은 의미의 지리학을 실천 이성에 대해 준비하여 그에 도움을 주는 식견을 늘릴 의욕을 높이는 과학으로서 고안하여 **자연지리학**이라고 이름 붙였지만, 내용은 그 의도에 따라 점차 확대되어 **자연적·도덕적·정치적** 지리학이 되었다"고 말하고 있듯이, 96년(추정)의 최종 강의에 이르기까지 50회에 가까운 강의를 통해 그 내용은 지구의 형상과 역사적 변화, 인간의 도덕성과 그 역사적 변화로부터 국가들과 민족들의 상태 및 역사, 국토의 위치, 산물, 습속, 종교, 산업, 상업, 인구 등 대단히 다면적인 것으로 되었다.

일본은 "마다가스카르, 보르네오 다음으로 커다란 섬이다". "그것에는 크고 작은 다양한 섬들이 부속되어 있으며", 그 사이는 "좁은 교통수로가 분할하고 있다". 국토는 산지가 대단히 많고, 곳곳에 화산이 있으며, 어떤 것은 이미 진정되고 있지만, 또한 분화중인 것도 있다. 온천과 지진도 있다.

"일본에서는 어버이살해가 가장 두려운 범죄이며, 하수인은 잔혹한 방법으로 사형에 처해진다. 나아가 가족 전원도 죽임을 당하는 동시에 같은 마을 내의 이웃도 모두 투옥된다. 어버이살해와 같은 죄악은 돌연히 일어나는 것이 아니라 이웃은 미리 알 수 있어 당국에 고소했어야 했을 것이라는 판단 때문이다". 한편으로 "주인에게 존경의 염을 표현하기 위해 뒤따라 죽는 자살은 드물지 않다". 그러나 '할복'이 허용되는 것은 상위의 신분에 제한된다. 사체는 화장된다.

일본인은 최고의 실재를 승인하고 있지만, 그것은 높은 차원으로 넘어가는 것이기 때문에 일본인은 죽은 사람들의 신격화된 영혼에 기도를 바친다. 종교는 신도와 불교가 혼용된 것이다. 유교는 교양계급의 종교로 생각된다. 나가사키 부근에 여전히 남아 있는 과거의 기독교도는 그리스도의 십자가상과 마리아를 그린 형상을 발로 밟도록 매년 강제된다. 거부하는 자는 투옥된다. 또한 나가사키 항에서, 그것도 네덜란드인에게만 교역을 허가한(이른바 '쇄국') 것은 그들의 자기방위의 방법일 것이다.

그들은 수를 계산하는 데 주판을 사용한다. 두 가지 치료법, 즉 쑥을 사용하는 뜸과 금 또는 은으로 만들어진 긴 침을 사용하는 침술이 일반적이다. 일본인은 금·은·동·철·강(이것들은 모두 국내에서 생산된다)의 세공에 우수하다. 종이는 특정한 뽕나무의 나무껍데기 밑의 막으로 만든다. 옻나무로부터는 수피에 줄을 그어 칠을 얻는다. 칠을 입힌 그릇은 예술품이다.

『자연지리학』은 링크 판(1802)이 칸트의 승인을 얻은 것이지만, 이것에서는 일본 항목이 빠져 있다. 따라서 위의 내용은 일부를 제외하고 글라제나프 판(1954)에 의한 것이다. 어쨌든 본서는 맥락을 결여하고 있어, 성덕태자도 겐지 모노가타리(源氏物語)(무라사키 시키부(紫式部))도 킨카쿠지(金閣寺)(아시카요시부미(足利義滿))도 없으며 일본의 모습은 궁색하다. 프레겔 강 연안의 국제적 항구마을의 정보력에 기댄 칸트에게도 일본은 잘 보이고 있지 않았을 것이다. "일본은 현재 어떻게 존재하든지 간에 전혀 알려져 있지 않으며, 우리는 그 이상 알지 못한다". 칸트는 자료의 부족을 아쉬워했을 것이다. ⇒『미와 숭고의 감정에 관한 고 찰』¦『미와 숭고』¦

—바바 요시유키(馬場喜敬)

일본의 칸트 연구 日本–硏究

【I】 메이지 시기

메이지 초기 츠다 마미치(津田眞道), 니시 아마네(西周), 후쿠자와 유키치(福澤諭吉) 등에 의해서 콩트와 루소·, J. S. 밀이, 이어서 가토 히로유키(加藤弘之)에 의해서 진화론 사상이 널리 보급되었지만, 나라의 자세는 서서히 독일로 향하게 되었다. 1887년(메이지 20)에 독일인 붓세가 일본에 와 철학 강의를 시작하고, 90년 이노우에 데츠지로(井上哲次郎)가 독일 유학에서 귀국한 무렵부터 그러한 철학 연구의 방향이 강해졌다. 그 이전에 칸트는 서양철학 소개의 한 항목으로서 등장할 뿐이다. 예를 들면 니시 아마네의 『생성발온生性發蘊』에서는 칸트의 인식론*을 탁월하고 지극히 미묘하며 순전한 영지의 학설이라고 부르고 선천적 형식을 창문을 예로 들어 해설하고 있지만, 니시가 칸트를 어느 만큼이나 이해하고 있었던가는 의문이다. 아소 요시테루(麻生義輝)는 당시 칸트가 영원평화*론 등으로부터 자유주의자, 민권주의자로서만 파악되고 있었다고 말하고 있다. 그밖에는 이노우에 엔료(井上円了)가 창설한 철학관(현 도요 대학)의 강의록에 미야케 세츠레이(三宅雪嶺)가 제2기 제10급(1888)에 대해『순정도리비판純正道理批判』에 관해 약간 긴 강의를 한 것이 남아 있는 정도이다. 칸트 연구가 학술논문의 형태로 세상에 나온 것은 1892년 1월의 나카지마 리키조(中島力造) 「칸트의 비평철학(カント氏批評哲學)」[『철학잡지』 5권 29호]이 최초인 듯하다. 나카지마는 이보다 약 2년 반 전에도 「사물의 본성에 관한 칸트의 학설(物の当体に關するカントの說)」이라는 제목으로 『철학잡지』의 '잡보'란에 사물 자체* 개념을 소개하고 있다. 정리된 칸트 연구서로서 최초로 세상에 나온 것은 1896년의 기요노 츠토무(淸野勉)『주해 칸트 순수이성비판 해설(標注韓図純理批判解說)』이다. 그것은『순수이성비판*』의 초월론적 논리학* 가운데 제1부문인 분석론까지긴 하지만, 상세하게 원전을 다루고 자신의 해석도 담아낸 탁월한 연구서이다. 이 기요노의 책은 메이지 시기에 나온 칸트 관계의 유일한 단행본이라고 말할 수 있지만, 이밖에 이에 준하는 것으로 가니에 요시마루(蟹江義丸)『칸트 윤리학(カント氏倫理學)』(1901)이 있다. 육성회라는 곳에서 나온 「윤리학서 해설」이라는 시리즈의 제8분책의 하나로서 좋은 해설서이지만, 안타깝게도 가니에는 30대 초의 젊은 나이에 사망했다.

그밖에 메이지 시기의 칸트 관계 잡지 논문은 하타노 세이이치(波多野精一) 「흄이 칸트에게 미친 영향」[『철학잡지』 15권 155호, 1900], 모토라유 지로(元良勇次郎) 「심리학과 인식론의 관계, 특히 칸트의 공간론을 논한다」[『철학잡지』 22권 142호, 1907], 미야모토 와키치(宮本和吉) 「칸트 비판 이전 철학의 발달」[『철학잡지』 24권 271·272·274호, 1909] 외에 둘, 셋에 지나지 않지만, 칸트 전체의 소개가 많았던 그 이전의 것들과 비교하여 하타노와 모토라야의 그것처럼 특수연구로 분류될 수 있는 것이 나온 것이 이 무렵의 특징이다. 칸트 이해도 상당한 수준에 도달했다.

【Ⅱ】 다이쇼 시기

일본에서의 칸트 연구는 연구 논문의 수에서 보자면, 다이쇼로부터 쇼와 초기가 큰 산을 이루고 있다. 그것은 메이지 후반부터의 독일 애호가 초래한 일정한 '성과'의 표현이라고도 말할 수 있다. 칸트의 저작이 번역되기 시작한 것도 이 시기로 구와키 겐요쿠(桑木嚴翼)・아마노 테이유(天野貞祐) 역『철학서설』이『프롤레고메나』*의 번역으로서 1914년(다이쇼 3)에 출판된 것이 최초이다. 마찬가지로 다이쇼 초기에 신칸트학파*의 입장에서 도모나가 산쥬로(朝永三十郎)의『근세에서 자아의 자각의 역사』라는 탁월한 저작이 나오고 (1916), 이어서 구와키 겐요쿠『칸트와 현대의 철학』[岩波書店, 1917]이 나와 칸트 철학 연구는 점점 더 왕성해졌다. 구와키에게는「칸트의 사물 자체론에 대하여」[『철학잡지』 39권 448호, 1924]라는 논문도 있어 사물 자체 해석에 대해서는 상당한 패기를 지니고 있었다는 것을 읽어낼 수 있다.

하타노 세이이치「칸트의 종교철학*에 관하여」[『철학잡지』 28권 315호, 1913]는 칸트의 종교론에 관한 최초의 논문이지만, 초기 기독교에 관한 연구로 저명한 하타노는 칸트 이성종교의 결함을 예리하게 지적했다. 그밖에 사노 가츠야(佐野勝也)「칸트의 종교론」[『정유윤리회 강연집』 1924]이 있다. 또한 수는 적지만 주목해야만 할 것으로 평화론 관계의 것들이 있다. 이 시기는 일본이 '득의의 절정'에 있었던 한편, 평화에 대한 위기를 지식인들이 느끼고 있었던 때이기도 하다. 평화론은 니시 아마네 이래 최초로 일본인의 관심을 끈 것이었지만, 점차로 평화를 논하는 것 자체가 어렵게 되어 쇼와 시기에 들어서면 평화론에 관한 논문은 거의 없다. 가노코기 가즈노부(鹿子木員信)「칸트의『영원평화』를 논한다」[『철학잡지』 31권 353호, 1916], 노모나가 산쥬로「칸트의 영원평화론의 반면」[『철학연구』 6권 60호, 1921과「칸트의 평화관에 대하여」[『철학연구』 7권 70호, 1922], 토모에다 다카히코(友枝高彦)「영원평화의 사도로서의 칸트를 생각함」[『정유윤리회 강연집』 259집, 1924]이 잡지 논문의 전부이다. 이 가운데 도모나가 산쥬로의 두 논문은 개정 증보되어

단행본『칸트의 평화론』[改造社, 1922]이 되었다. 그는 칸트에게 있어 영원한 평화의 개념은 '국가계약'이 역사상의 사건이 아니라 초시간적인 이념*인 것과 마찬가지로, 예를 들어 현실적으로 도달될 수 없긴 하지만 인류가 언제나 그것으로 향해야만 하는 초시간적 이념이라고 하여 칸트의 평화론을 높이 평가한다. 이와 대조적인 것이 가노코기의 논문으로 그는 이미 천부인권의 시대는 갔으며, 칸트의 영원한 평화의 이념은 그 본질상 하나의 유령에 불과하다고 하여 평화론을 부정하고 있다. 그밖에 러시아 혁명의 영향으로 마르크스주의 철학이 들어오고 칸트주의와 마르크스주의*의 통일을 지향한 츠치다 교손(土田杏村)「칸트 철학과 유물사관」[『중앙공론』 1924]과 같은 논문도 나왔다. 이 시기에는 아베 요시시게(安倍能成)「칸트 철학에서의 자유의 개념」[『사상』 30호 <칸트 기념호> 1924], 오니시 요시노리(大西克礼)「칸트『판단력비판』의 성립에 관한 고찰」[같은 잡지 30-32호, 1924] 등 높은 수준의 논문이 많다. 특히 오니시의 논문은 나중의 대저의 선구라고도 말할 수 있는 역작이다.

다이쇼 시기의 단행본으로서는 오제키 마스지로(大關增次郎)『칸트 연구』[大同館, 1924], 다나베 하지메(田辺元)*『칸트의 목적론』[岩波書店, 1924]을 들 필요가 있다. 전자는 기본적으로 해설서지만, 1,000쪽을 넘는 커다란 책으로 말하자면 칸트 해석의 집대성을 의도했다. 다나베의『칸트의 목적론』은 일본의『판단력비판』* 연구에 있어서도 중요한 의미를 지니지만, 다나베 자신의 사상적 전개에서도 분기점으로 되었다. 그것은 단순한 '역사적 견지에서'가 아니라 '오히려 체계적 견지에서' 성립하는 것이자 '현실적으로 지나간 칸트가 아니라 오히려 마땅히 존재해야만 하는 칸트'를 묘사하고자 의도한 것이기 때문에, 직관적 지성이라든가 당위*와 존재*의 결합의 핵심어로 되는 극히 미묘한 개념 등 난해한 것들에서 다나베의 독창적인 사유가 곳곳마다 발휘된 연구서였다.

【Ⅲ】 쇼와 전기 (제2차 세계대전 종결까지)

쇼와에 들어서서 종전에 이르기까지의 20년 사이에 특히 주목해야만 하는 것은 오니시 요시노리『칸트「판단력비판」의 연구』[岩波書店, 1931]와 고사카 마사

아키(高坂正顯)*『칸트』[弘文堂書房「西哲叢書」15, 1939]
가 될 것이다.

『판단력비판』에 한정된 것이긴 하지만 오니시의
그것은 상세한 검토에 기초한 역작이다. 오니시는 다
나베와 달리 제1비판, 제2비판 등의 외부로부터『판단
력비판』을 검토하는 것이 아니라 '내재적 비판'을 관
철하여 대작의 연구서를 완성했다.

이 시기는 그 이전의 칸트 연구가 일단 완성되어
커다란 종합에 들어선 시기였다. 그의 인식론 이해로
부터 시작된 칸트 연구는 특수 연구의 시대를 거쳐
마지막으로 그 사상을 전체적으로 조망하고 또 평가하
고자 하는 데까지 이르렀다고 말할 수 있지만, 그런
의미에서도 칸트를 계몽주의의 완성이라고 하면서도
동시에 그 철학을 단순한 인간학으로부터 초월적 인간
학으로 고양시켰다고 하는 고사카의 저작은 그때까지
의 일본의 칸트 연구의 집대성이라고 말할 수 있을
것인가? 그밖에 와츠지 데츠로(和辻哲郎)*가 칸트에 관
해서 발표하고 있으며, 또한 니시야마 요헤이(西山庸
平), 스기무라 고조(杉村広藏), 미야모토 와키치(宮本和
吉) 등의 이름을 들 수 있다.

【Ⅳ】 쇼와 후기 (제2차 세계대전 이후)

전후 1970년(쇼와 45) 무렵까지의 칸트 관계의 논문
경향을 조사하면, 지방 대학의 설치에 수반되는 정기
간행물의 증가에 비례하여 칸트 관계의 논문도 급증하
지만, 눈에 띄는 것은 그 정기간행물들에 게재되는
논문은 도덕철학* 관계의 것이 대단히 많다는 점이다.
아마도 패전이라는 사건을 거쳐 오늘날까지의 가치관
이 붕괴해갔을 때 사람들이 먼저 추구한 것이 어떻게
살아야만 하는가 하는 물음에 대한 대답이었다는 점이
나타난 것일 터이다.

어쨌든 발표의 장이 비약적으로 증가함으로써 일본
의 철학 연구가 새로운 단계에 들어섰다고 말할 수
있을지도 모르겠다.

전후의 주목해야만 할 것을 몇 가지 들면, 하라 다스
쿠(原佑)『칸트 철학의 체계적 해석』[東海書房, 1947],
기시모토 마사오(岸本昌雄)『판단력비판 ── 칸트 연구
의 기초짓기를 위하여』[夏目書房, 1948]와『칸트의 세계
관』[理想社, 1949], 다케다 스에오(竹田壽惠雄)『칸트 연

구 ── 아날로기아의 문제를 중심으로』[刀江書院, 1950],
이와사키 다케오(岩崎武雄)『칸트와 독일 관념론』[有斐
閣, 1951] 등 흥미 깊은 것들이 있지만, 쇼와 30년대에
들어서면 미와타리 유키오(三渡幸雄)『칸트 비판철학
의 구조』[學術振興會, 1957]와『칸트 비판철학의 구조·
속편』[學術振興會, 1960]이라는 총 1,600쪽이 넘는 대저
가 나왔다. 이어서 쇼와 40년대에 앞서 언급된 이와사
키 다케오가『칸트「순수이성비판」의 연구』[勁草書房,
1965]를 내놓았다. 이와사키에 의하면, 칸트의 공적은
이른바 인식론적 주관주의 그 자체에 있는 것이 아니라
그것이 철학의 무한자적 입장에서 유한자적 입장으로
의 이행을 의미하고 있다는 데 놓여 있다. 또한 칸트
철학에서의 실험적 방법과 지성*과 이성*의 이원론적
입장의 상극에 관해서도 독자적인 해석을 전개하고
있어 이 시기의 기념비적 저작이라고 말해도 좋을
것이다.

최근의 칸트 연구계를 살펴보면, 철학 연구 그 자체
의 폭이 넓어지는 것에도 기인하겠지만, 새로운 입장
에서 또는 좀더 폭넓은 입장에서 칸트를 연구하고자
하는 경향이 강해져왔다. 사카베 메구미(坂部惠), 아리
후쿠 고가쿠(有福孝岳), 하카리 요시하루(量義治) 등이
탁월한 연구를 발표하고 있으며, 일본칸트협회도 발족
되어 일본의 칸트 연구는 착실하게 전진하고 있다.

─다케무라 야스오(武村泰男)

图 井上哲次郎『明治哲學界の回顧』岩波講座「哲學」11,
1931-32. 麻生義輝『近世日本哲學史』1942(복각 1974). 桑木
嚴翼『明治の哲學界』國民學術選書 1, 中央公論社, 1943. 船山
信一『明治哲學史研究』ミネルヴァ書房, 1959;『大正哲學史
研究』法律文化社, 1965. 武村泰男『日本におけるカント研究
の推移』(1)-(18), 理想社『カント全集』각권 부록 (월보),
1965-88.

일인칭 문제─人稱問題 ⇨타자론

입법立法 [(독) Gesetzgebung]

'입법하다(Gesetz geben)'는 '법칙을 주다'라는 의미

이기도 하다. 칸트에서 입법하는·법칙을 주는 것은 지성*과 이성*과 판단력*이다. 우선 첫째로 『순수이성비판』* 그 자체는 넓은 의미의 '지성의 입법'을 이야기한 것이라고 말할 수 있겠지만, 이 입법의 사태가 잘 밝혀지는 것은 '연역론'을 중심으로 한 기술이다. 그에 따르면 자연의 법칙이기도 한 지성의 보편적인 법칙의 근본형식은 순수 지성 개념, 즉 범주*이다. 지성은 경험*에서의 인식*의 대상*으로서의 자연을 그 '형식'에 관련하여' 가능하게끔 하기 위하여 범주에 의해서 자연에 선험적*으로 법칙들을 '지정하거나 미리 쓴다'. 그런 의미에서 지성은 자연에 대한 '입법자'이자 자연의 법칙들의 부여자 내지 원천이기 때문에 "지성이 없으면 어디에도 자연은 없고"[A 126], 자연은 지성의 소산에 다름 아니라고 말할 수 있다. 따라서 우리가 자연이라고 부르는 현상*에서 보이는 법칙들은 지성이 선행적으로 '들여놓은' 것이다. 이러한 들여놓음에서 가능적인 자연의 존재가 미리 결정됨으로써 이론적 인식의 필연성이 근거지어지는 것이다. 이 경우 지성이 자연에 대해서 주는(입법하는) 법칙은 범주에서 기원을 지니는 바의 자연을 구성하는 법칙들을 가리킨다.

둘째로, '이성의 입법'이 문제로 되는 것은 『실천이성비판』*을 비롯한 실천철학*에 관한 저작에서이다. 이성은 실천 이성으로서 자기 자신에게 법칙을 준다. 이러한 법칙은 '도덕법칙*'이라고 불리며, 감성적인 동인들에 의해서 이끌리는 경향이 있는 유한한 이성적 존재자*=인간*에 대해서는 '정언명법'의 형태로 의지를 법칙의 '단순한 형식에 의해서' 규정한다. 도덕법칙은 이성의 입법에서 유래하며, 나아가 이러한 법칙의 단순한 형식은 '이성에 의해서만 표상되는' 것이기 때문에 의지의 규정근거로서 보편성을 지닌다.

셋째로, '판단력의 입법'이 이루어지는 것은 『판단력비판』*에서이다. 칸트는 인간의 상위능력과 관련하여 인식능력*으로서의 지성과 욕구능력*으로서의 이성 사이에 쾌와 불쾌의 감정으로서의 판단력을 위치짓고 있다. 이러한 능력들을 입법에 관련지으면, 자연 개념에 의한 지성의 입법 영역(현상)과, 자유 개념에 의한 이성의 입법 영역(사물 자체*)과의 사이에는 양자를 나누는 "커다란 틈"[KU, V 195]이 있기 때문에 양자 사이에 다리를 놓아 체계적 통일을 시도하는 것이 반성적 판단력인 것이다. 지성과 이성과 반성적 판단력은 각각 '자율'을 포함하지만, 반성적 판단력만은 '자기자율*'로서, 즉 대상에 대해서가 아니라 자기 자신에 대해서 입법하는 것이다. 이러한 판단력은 '규정적 판단력'과 달리 특수적인 것만이 주어져 있고 이 때문에 보편적인 것을 발견하지 않으면 안 되는 까닭에 반성적인 것이다. 그러나 자연의 형식과 변용은 다양하기 때문에 '자연의 가능성 일반만을 지향하는 지성의 입법에 의한, 즉 저 법칙들에 의해서는 무규정적인 채로 존재하는 이러한 형식들과 변용들을 위한 법칙들이 없으면 안 된다. 그리하여 반성적 판단력은 하나의 원리를 필요로 하며, 이 원리를 자연에게가 아니라 '자기 자신에게만' 법칙으로서 주는 것인바, 이것이 '자연의 합목적성*'이다. 이러한 원리에 의해서 두 개의 영역 사이에 존재하는 저 '커다란 틈'에 '다리'가 놓여지고 체계적 통일이 이루어지는 것이다. ⇒연역, 도덕법칙, 판단력, 합목적성

―이노우에 마사카즈(井上昌計)

R. Eisler, *Kant-Lexicon*, Berlin, 1930. G. Deleuze, *La Philosophie critique de Kant*, PUF, 1963(中島盛夫 譯『カントの批判哲學』法政大學出版局, 1984). F. Kaulbach, *Immanuel Kant*, Walter de Gruyter & Co., 1969(井上昌計 譯『イマヌエル・カント』理想社, 1978). 矢島羊吉『カントの自由の概念』創文社, 1965. 有福孝岳『カントの超越論的主体性の哲學』理想社, 1990.

자기관계성自己關係性 [(독) Selbstbezüglichkeit (영) self-reference]

　초월론적 논증*을 둘러싼 논의 전개에서 그 논증형식의 독자성으로서 주장된 한 가지 특징이다. 스트로슨*에 따르면 초월론적 논증에서는 인간의 모든 사유와 인식* 내지 언어*에 의한 그 주장에 있어서 불가결한 동시에 기본적인 개념들의 체계인 '개념틀'이 해명된다. 그리고 회의주의*는 자기의 주장을 제시할 때에 그러한 틀을 사용하는 동시에 그 일부를 부정하는 자기모순을 범하고 있다는 것이 해명됨으로써 논박된다고 한다. 여기서는 자기의 주장의 근본적인 전제인 개념틀에 대한 부정적인 관계라는 의미에서 부정적인 자기관계성이 지적될 수 있다. 그에 반해 부브너는 어떤 종류의 긍정적인 자기관계성이 논증을 초월론적*으로 만든다고 주장했다. 그 내실은 초월론적인 논증에서는 모든 인식 주장을 정당화하는 근거로 되는 개념틀에 의해서 그러한 주장을 정당화하는 철학적인 주장도 정당화된다고 하는 것이다. 논증이 관계하는 주제가 그 논증 자체를 성립시키는 근거이기도 하다는 점에 자기관계성의 긍정적인 성격이 있다.

　부브너는 이러한 자기관계성을 초월론성의 본질로 삼음으로써 칸트의 인식론이 근원적인 자기의식*으로서의 통각*을 원리로 한다는 통설과 또한 그에 대한 비판에 대항하면서 칸트적인 초월론철학*을 새롭게 해석하며 옹호하고자 했다. 즉 그는 '언어론적 전회' 이래로 인식이 근원적으로 언어에 매개되어 성립한다고 하는 입장에서 자기의식도 언어적인 의사소통에 본질적으로 의존한다고 주장함으로써 통각을 원리로 하는 인식론의 타당성을 의심하고 있었던 데 반해, 개념틀의 기술과 자기관계성의 논증형식에 의해서 초월론철학을 설득력 있게 전개하고자 했던 것이다. 그러나 물어져야만 하는 것은 오히려 언어론적 전회를 표방하는 철학자들의 주장의 타당성이며, 칸트가 통각에 관해서 지니고 있던 견해의 내실일 것이다. 칸트 철학을 새롭게 해석하기에 앞서 칸트의 철학적 통찰을 남김없이 끌어내는 해석이 우선 추구되어야만 할 것이다. ⇒초월론적 논증, 통각, 스트로슨

—유아사 마사히코(湯淺正彦)

図 湯淺正彦「『自己關係性』について」カント硏究會 (大橋・中島・石川) 編『超越論哲學とはなにか』現代カント研究 1, 理想社, 1989. P. F. Strawson, *Individuals*, Methuen, London, 1959(中村秀吉 譯『個体と主語』みすず書房, 1978); *The Bounds of Sense*, London, 1966(熊谷・鈴木・横田 譯『意味の限界』, 勁草書房, 1987). B. Stroud, Transcendental Arguments, in: *The Journal of Philosophy*, vol. 65, 1968(田山令史 譯「超越論的議論」『現代思想』 임시 증간『カント』1994年 3月). R. Bubner, Zur Struktur eines transzendentalen Arguments, in: *Kant-Studien* 65, Sonderheft, 1974; Kant, Transcendental Arguments and the Problem of Deduction, in: *The Review of Metaphysics* 28, 1975; Selbstbezüglichkeit als Struktur transzendentaler Argumente, in: W. Kuhlmann/D. Böhler (Hrsg.), *Kommunikation und Reflexion*, Suhrkamp, 1982. R. Rorty, Transcendental Arguments, Self-Reference and Pragmatism, in: P. Bieri/R.-P. Horstmann/L. Krüger (eds.), *Transcendental Arguments and Science*, Dordrecht, 1979.

자기보존自己保存 [(독) Selbsterhaltung]

　영국 경험주의에서 자아의식은 사회적 의식으로서 자기보존(홉스*), 소유권(로크*), 이기심(스미스*)으로

서 외적이고 유물론적으로 파악되었다. 이에 반해 독일에서 자아의식은 후진성으로 인해 그것만으로 깊이 정신적으로 파악되었다. 성聖과 속俗에 대한 인간의 태도에 관한 뒤르켐의 연구는 유물론적 방법에 의해서 무시되어 온 요소에 빛을 비춤으로써 후자의 방향에 지지를 보내는 결과가 되었다. 뒤르켐의 종교적 의례에 관한 명제를 부연하여 파슨스는 동일한 신념을 고백하고 동일한 의례를 행하는 사람들은 이러한 사실 때문에 궁극적 가치태도의 공통체계를 공유하고 있다고, 즉 '도덕적 공동체'를 구성하고 있다고 주장했다. 하버마스는 이것을 받아들여 성스러운 사물에 대한 태도가 도덕적 권위에 대한 태도와 마찬가지로 귀의와 자기포기를 요구한다는 것, 예배의 행위에서 신자는 자기에 관한 공리주의적인 방향짓기를 단념하고 이해관계의 '자기보존' 명제, 즉 사적인 이해관심을 고려하지 않은 채 다른 모든 신자와 하나의 도덕적 공동체에 들어간다는 것을 역설했다. 거기에서 도덕적인 명령이 자기보존의 명령, 즉 개인적 이해와 연결된 관심*을 돌보지 않은 채 사심 없는 행위로 자기 극복할 것을 요구하는 칸트 윤리와 동일한 구조가 보인다. 또한 그것은 도덕의 성스러운 근거짓기도 가능하게 한다. 신성한 것은 인간에게 존경*을 요구하고 압도적임과 동시에 숭고*하기도 하다. 이러한 특징이 역으로 사심 없음과 자기극복에 동기를 부여하고, 자기 이해에 대한 관심을 잊게 만든다. 이것이야말로 『판단력비판』* §28에서 취급된 도덕적 인격의 보존 명제였다. 확실히 우리의 재산, 건강, 생명은 자연의 강대한 위력 앞에 한없이 작고 무력하지만, 동시에 자연*은 바로 우리의 인격성*에 대한 강제력으로 간주되지 않는 정신*의 우월성도 환기시키기 때문에 우리는 자연을 숭고하다고 느낀다. 이러한 정신의 고양된 힘에 근거하여 유물론적 자기보존과는 다른 도덕적 인격의 보존이 확립된다. 이러한 정신의 고양이라는 관점에서 보면, 숭고의 문제가 버크*에게서는 단순한 취미판단의 영역을 벗어나지 않는 데 반해, 칸트에게서는 도덕적 감정을 전제로 하여 인간의 존엄에서 발견된 것도 포함하는 것이라고 말해도 좋을 것이다. 또한 의무를 존경하고 위험한 유혹을 극복하는 인격*은 그 숭고함에 성스러

운 전율을 느끼게 한다『이론과 실천』]. 『인륜의 형이상학』* 덕론에서는 "인간의 동물적 본성에서의 자기보존" 의무로서 자살*의 금지가 설파되었다. 그러나 이것도 인간의 존엄이라든가 "도덕적인 자기보존"을 위해서이며, "인류의 도덕적 건전함"을 위한 윤리적 의무로 된다. "자살을 변호하는 기회를 부여하는 실례"로서 로마의 카토의 경우가 생각되지만, 그러나 칸트에 따르면 그 이후 이에 해당하는 것은 전혀 존재하지 않기 때문에, 오히려 역점은 "카이사르가 카토에 가하게 했을 모든 고문을 견디고 의연한 정신을 지닌 채 자기의 결심을 관철했다면 그의 태도는 고귀했을 것이다"에 두어질 것이다[파울 멘처 편『칸트의 윤리학 강의』]. 따라서 폭군의 비도덕적 명령에 대한 불복종이 초래하는 위험에서도 그리고 인내하는 순교의 정신에서도 똑같이 숭고를 느끼는 것이리라. ⇒자연권{자연법}, 시민사회, 숭고

―치넨 히데유키(知念英行)

⊞ L. W. Beck, Kant and the Right of Revolution, in: *Essays on Kant and Hume*, New Haven, 1978. T. Parsons, *The Structure of Social Action: A Study in Social Theory with Special Reference to A Group of Recent European Writers*, McGraw Hill, 1937(稲上毅 外 譯『社會的行爲の構造』3, 木鐸社, 1982). J. Habermas, *Theorie des kommunikativen Handelns*, 2 Bde., Suhrkamp, 1981 (藤澤賢一郎 外 譯『コミュニケイション的行爲の理論』中, 未來社, 1986). A. Schweitzer, *Die Religionsphilosophie Kants, von der Kritik der reinen Vernunft bis zur Religion innerhalb der Grenzen der blossen Vernunft*, 1899(齊藤・上田 譯『カントの宗敎哲學』下, 白水社, 1959). D. Henrich, *Selbstverhältnisse*, Stuttgart, 1982. 牧野英二「近代崇高論の地平」『法政大學文學部紀要』第39号, 1994.

자기애 自己愛 [(독) Selbstliebe]

이 말은 일반적으로는 인간*의 자기보존*의 충동에서 출발하여 자기 자신의 이익과 안위를 구하는 마음의 경향을 의미한다. 그것은 이기심과 동일시되어서는 안 되는바, 그것 자체가 비난받아야만 할 것은 아니다. 그러나 그것은 이기적인 자기욕망(Selbstsucht)으로 변

하기 쉬우며, 그런 한에서 비난받는 것이 된다. 칸트에게서는 『미와 숭고』*에서 다음과 같은 말이 보인다. "대다수의 사람들은 가장 사랑하는 자기를 노력의 유일한 기준으로서 응시하며, 사적인 이익을 추축으로 하여 모든 것을 그 주위로 회전시키고자 한다"[Ⅱ 227]. 거기서는 사회에서의 인간 감정의 유형들이 관찰되는 가운데 인간의 자기애적인 또는 이기적인 활동이 전체적으로는 공공이익에 기여한다는 낙천적인 관점이 보인다.

그러나 비판기 윤리학에서 도덕원리의 근거짓기가 문제로 되면, 자기애에 대한 견해는 엄혹하게 된다. 그것은 주로 두 가지 점에 관계된다. 첫째는 의지*의 규정근거에 관한 것으로서, 자기애의 원리는 자기행복의 원리와 더불어 경험적이고 실질적인 원리인바, 참된 도덕성의 원리일 수 없게 된다. 그 이유는 자기애의 원리가 경험적 대상이 부여하는 쾌*와 불쾌감에 의존하기 때문이다. 그러므로 그것은 각 사람에 대해서 자기행복을 위한 수단에 관해 조언할 수 있을 뿐이어서 모든 이성적 존재자*에 타당한 보편적 도덕법칙을 부여할 수 없다[Ⅴ 22ff.]. 둘째는 도덕법칙*이 자기애에 미치는 영향에 관계된다. 유일한 의지 규정 근거이어야만 할 도덕법칙은 동기 안에 들어오는 모든 경향성*을 방해하고 고통을 준다. 자기애에 대해서도 마찬가지이다. 여기서 자기애는 "자기 자신에 대한 각별한 호의로서의 자기욕망"이라고 말해지며, 오만을 의미하는 "자부의 자기욕망"과는 구별된다. 자기애는 도덕법칙에 선행하여 우리 안에서 활동하는 자연스러운 활동이다. 그것이 도덕법칙과의 일치로 제한됨으로써 손해를 받을 때 도리어 거기서 '이성적 자기애'가 생기지만, 다른 한편 '자부의 자기욕망'은 그에 의해 타도된다. 이러한 도덕법칙의 심성에 대한 이중적인 영향에 의해 법칙에 대한 존경*의 감정이 성립하게 된다[Ⅴ 73f.]. 이러한 이성적 자기애에 대한 파악방식에서 칸트의 자기애에 관한 최종적인 견해를 볼 수 있다. ⇒행복

−하마다 요시후미(浜田義文)

㊜ L. W. Beck, *A Commentary on Kant's Critique of Practical Reason*, Chicago, 1960(藤田昇吾 譯 『カント 「實踐理性批判」 の注解』 新地書房, 1985).

자기의식 自己意識 [(독) Selbstbewußtsein; Bewußtsein seiner selbst]

자기의식은 대상*과의 관련 및 직접적으로 수행되는가 아닌가에 따라 다음과 같이 구별된다. (1) 심신합일체로서의 인격의 지속적인 성질, 성격, 능력, 생활력 등에 관해 관찰・반성・회상하는 것(경험적 자기의식). 이에 의해 "나는 키가 크다", "나는 용기가 있다" 등과 같이 성질의 자기귀속을 행하는 일인칭 문장으로 대표되는 자기지가 얻어진다. 이런 종류의 인식은 가류적이다. (2) 행위와 체험의 주체로서의 자기의 현재의 수행 또는 상태를 관찰 등에 의해서가 아니라 그 현장에서 직접적으로 의식하고 있는 것(광의의 통각적 의식). 이것은 내부지각・운동감각・정서 등의 경우와 같이 단적으로 '나는 ~하고 있다'고 언명되든가(자기지각), 외부지각・사고・상상 등에 관해서처럼 '나는 ~하고 있다는 것을 의식하고 있다・알고 있다'는 형식을 취하든가 이다. 이것들은 대체로 불가류적이다. (3) 대상 관련을 제외한 순수 자기관계로서의 자기의식. 확실한 인식의 모형으로서의 데카르트*의 코기토 명제와, 대상을 사고한 데서 그 대상을 사상할 때에 나타나게 된 피히테*의 자기의식 등이 그 전형이다.

칸트는 '자기의식'과 '통각'을 같은 뜻으로 사용하며, 경험적 통각과 순수 내지 근원적 통각, 경험적 주체와 초월론적 주체를 엄격히 구별한다. 경험적 통각[B 152-156]은 대체로 (2)의 자기지각에 해당하며, 그 수행에 의해 "우리 자신에 대해 현상하는 대로의 우리"가 알려진다(경험적 자기인식). 인식인 까닭에 거기에는 인식의 다양이 없으면 안 되지만, 그것은 우리가 내감*을 스스로 촉발*하는 것, 예를 들면 주의*에 의해서 주어진다.

순수 통각은 "나의 모든 표상에 부가되는 것이 가능해야만 하는" 바의 "나는 생각한다*"[B 131]라는 '형식적 의식'이다. 경험*은 직관*의 다양을 지성*이 범주*에 따라서 종합적으로 통일함으로써 성립하지만, 그것이 가능해지기 위해서는 표상*이 '나의' 표상이고 표상이 주어지는 마당으로서의 의식*이 시간* 속에서 동일해야만 한다. 이것을 보증하는 것이 순수 통각이다. 데카

르트가 순수 자기의식을 대상의식에 선행시킨 데 반해, 칸트에 있어서 자기의식은 표상에로 향하는 표상인 까닭에 대상의식(감성적 직관)을 전제한다. 또한 데카르트와 피히테가 자기의식에서 자기인식이 이루어진다고 한 데 반해, 칸트는 자기의식과 자기인식을 구별하고[B 158], 초월론적 주체(자아*)는 본래 알 수 없다고 한다. 그 논증은 다음과 같다['연역론' 및 '오류추리' 장]. ① 단순한 자기의식에서는 인식에로 종합, 통일되어야만 하는 다양이 주어져 있지 않으며, 다양을 제공해야만 할 지적 직관은 인간에게는 결여되어 있다. ② 주체에 관해 판단을 내리고자 하게 되면 통각을 사용하게 되지만, 이것은 순환이다. ③ 자기관찰에 의해서 알고자 하더라도 관찰된 성질이 자기의 성질이라는 것을 확증하기 위한 비교의 상관자가 없다. 결국 자아는 "대상의 직관이나 개념이 아니라 의식의 단순한 형식에 불과하다"[A 382].

이리하여 초월론적 주체로서의 자아는 공허하며, 그러므로 알 수 없고, 경험적 자아로부터도 단절되어 있다. 피히테에서 헤겔*에 이르는 발걸음은 여기서 칸트 철학의 난점을 발견하여 자기 자신을 아는(오로지 의식하는 것이 아니라) 주체를 원리에 놓고 그 권능을 확대하는 방향으로 나아간 것이라고 볼 수 있다. ⇒통각, 자아, 피히테, 데카르트

—후지사와 겐이치로(藤澤賢一郞)

📖 W. Becker, *Selbstbewußtsein und Erfahrung. Zu Kants tr. Deduktion u. ihrer argumentativen Rekonstruktion*, Alber, 1984. D. Henrich, *Identität und Objektivität. Kants transzendentale Deduktion*, Carl Winter, 1976. B. Homburg, *Kants transzendentale Deduktion und die Möglichkeit von Transzendentalphilosophie*, Suhrkamp, 1988. C. T. Powell, *Kant's Theory of Self-Consciousness*, Oxford, 1990. E. Schaper/W. Vossenkuhl (eds.), *Bedingungen der Möglichkeit*, Klett-Cotta, 1984. P. F. Strawson, *The Bounds of Sense*, Metheun, 1966(熊谷·鈴木·橫田 譯 『意味の限界』勁草書房, 1987). D. Sturma, *Kant über Selbstbewußtsein. Zum Zusammenhang von Erkenntniskritik und Theorie des Selbstbewußtseins*, Hildesheim, 1985.

자기자율自己自律 [(독) Heautonomie]

칸트 윤리학*의 근본을 이루는 관념인 자율(Autonomie)에 다시 '그 자신의'를 의미하는 그리스어 접두어(ἑαυτοῦ)를 덧붙인 술어로서 『판단력비판』*에서 사용되는 원리*. 객관*의 합법칙적인 인식조건을 계획하는 지성*의 자율, 실천적인 법칙을 의사意思에 부여하는 이성*의 자율이 각각 자연*과 자유*에 대한 보편적인 입법*을 행하는 데 반해, 판단력*이 오로지 스스로에게 법칙을 부여한다는 점에 이 접두어를 중복하여 덧붙이는 근거가 놓여 있다. 판단력에서도 자율을 인정하는 것은 이 판단이 감정에 기초하는 주관적인 판단이면서 지성과 이성과 마찬가지로 선험적 종합판단*으로서 필연성*과 보편타당성을 요구하기 때문이다. 그러나 판단력은 객관의 개념을 산출하지 않으며 개념과 사례를 비교하여 양자가 선험적*으로 결합하는 주관적인 원리(준칙*)를 스스로에게 지정하는 데 불과하다. 따라서 자율을 더 나아가 자기자율이라고 부르는 것은 "판단력 그 자체가 그 자신에 있어 주관적으로 대상*이며, 또한 법칙이기도 하다"는 반성적 판단력뿐이다. 보편 아래로 특수를 포섭*하는 능력으로서의 규정적 판단력은 독자적인 입법적 원리를 지니지 않지만, 반성적 판단력은 자연의 특수화(Spezifikation)의 법칙을 스스로에게 지시하여 자연의 가능성*을 반성*하고, 지성과는 다른 선험적인 원리, 요컨대 합목적성*의 원리를 상정한다. 『판단력비판』 본문에서 이 원리는 주관적 합목적성으로서의 미*와 숭고*의 사례로부터, 또한 객관적 합목적성으로서의 자연목적*의 사례로부터 확인된다.

이러한 합목적성의 원리에 의해서 반성하는 판단력의 자기자율이라는 원리 그 자체는 『순수이성비판』*의 단계에서는 아직 등장하지 않지만, 칸트는 인식*의 체계적 통일의 관점에서 이미 그 착상을 준비하고 있었다고 생각된다. 지성 인식을 통일화하기 위해서는 체계적 통일의 이념이 필요하며, 특수한 현실과 경험법칙을 통일*하기 위해서는 경험*이 체계*로서 가능한 것처럼 보이는 것이 필요하다. 거기서 등장하는 것이 자연에 대해서가 아니라 스스로에게 법칙을 부여하는 판단력에게 고유한 고찰방법이다. 판단력의 이러한

자기자율의 원리는 체계적 통일이라는 이성의 요구에서 유래하며, 이성이 그 능력의 실현에 기울이는 관심을 다시 명확히 한 것에 다름 아니다. ⇒의지의 자율, 체계, 합목적성

　　　　　　　　　　　－소에지마 요시미치(副島善道)

📖 M. Souriau, *Le Jugement reflechissant dans la Philosophie critique de Kant*, Paris, 1926. A. H. Trebels, Einbildungskraft und Spiel, in: *Kant-Studien* 93, 1967. F. Kambartel, *System und Begründung als wissenschaftliche und philosophische Ordnungsbegriffe bei und vor Kant*, Frankfurt am Main, 1969. W. Bartuschat, *Zum systematischen Ort von Kants Kritik der Urteilskraft*, Frankfurt am Main, 1972. H. Mertens, *Kommentar zur Ersten Einleitung in Kants Kritik der Urteilskraft*, München, 1975(副島善道 譯『カント<第一序論>の注解』行路社, 1989).

자기촉발自己觸發 [(독) Selbstaffektion]

칸트 자기인식론의 핵심을 이루는 개념. 자기의식* 수준과 자기인식 수준에서의 자기촉발은 구별해야만 한다는 견해도 있다. 확실히『순수이성비판』*의 제2판 '감성론' 속에는 "표상*이 마음*(das Gemüt)에 의해 촉발*된다'[B 68]는 표현도 있는바, 자기의식 수준, 요컨대 표상 성립의 장면에서 자기촉발이 등장하고 있다는 해석도 가능하다. 그러나 역시 제2판 '연역론'에서 자기인식을 자기의식으로부터 구별하는 장면에서도 자기촉발(이 말 자체는 등장하지 않는다)이 주제화된다는 것에 주목해야만 한다. 즉 자기인식이란 단순한 '나는 생각한다*'라는 자기의식이 아니라 자기를 객관적 세계 속에 위치짓는 것이고, 이 장면에서 등장하는 자기촉발이란 외적 경험을 구성하는 초월론적 통각의 초월론적 종합작용이 내감*을 촉발하여 내적 경험을 구성하는 것이다. 따라서 이 구도는 제2판의 '관념론 논박*'에서의 "내적 경험은 외적 경험에 의존한다'는 테제에 직결된다. 자기촉발의 구체적인 예로서 칸트는 '주의'(Aufmerksamkeit, attentio)'를 들고 있지만, 이것은 자기촉발이 도덕법칙*에 대한 '존경(Achtung, attentio)'이라는 개념에까지 미칠 수 있다는 것을 시사한다. 또한『인간학』* 및 그 '수고로부터의 보론'에서 자기

촉발은 경험적 통각(내감)이 자기를 촉발한다는 단순한 정식에 그치고 있으며, 후년의『오푸스 포스투뭄』*에서는 자아*가 운동력(bewegende Kraft)을 지니고서 자기의 신체에 작용하여 신체가 그에 반작용한다는 소박한 물리적・생리적 과정으로 변화되고 있다. 덧붙이자면, 하이데거*, 메를로 퐁티, 데리다 등이 모두 자기촉발을 자기성 및 시간성이 생겨나는 근원형태로 간주하고 있지만, 칸트 해석으로서는 왜곡이라고 할 수 있다. ⇒촉발, 내감, 관념론 논박

　　　　　　　　　　　－나카지마 요시미치(中島義道)

📖 M. Heidegger, *Kant und das Problem der Metaphysik*, Vittorio Klostermann, 1951(木場深定 譯『カントと形而上學の問題』理想社, 1967). M. Merleau-Ponty, *La phénoménologie de la perception*(竹内芳郎 外 譯『知覺の現象學』I, II, みすず書房, 1967, 1974). J. Derrida, *La voix et la phénomène*, PUF, 1967(高橋允昭 譯『聲と現象』理想社, 1970), 中島義道『カントの時間構成の理論』理想社, 1987.

자발성自發性 [(독) Spontaneität]

자발성(Spontaneität)이란 자기 활동성(Selbsttätigkeit)과 같은 뜻이며, 직접적으로 자기 자신 안에서 자기 힘으로 능동적으로 스스로를 활동시키는 능력이다. 따라서 자기 존재의 원인과 근거를 자기 자신 속에 지니는 것만이 자발적(spontan)인 것인바, 칸트에서 자발성을 지니는 것은 어디까지나 경험적・감각적・감성적인 것이 아니라 순수하고 지성적・예지적인 것에 대응하며, 객관(존재)이 아니라 오히려 주관(활동)과의 연관에서 생각되고 있다. 나아가 이 두 가지 이질적인 요소들과 계기들의 종합적 통일이 칸트의 이론철학만이 아니라 실천철학*에서도 근간을 이루고 있다.

칸트에 따르면 인간적 인식은 감성*과 지성*이라는 두 개의 기둥을 지니며, 전자에 의해서 대상*이 우리에게 주어지고, 후자에 의해서 대상이 사유*된다[B 29]. 그러므로 우리의 인식*은 '표상을 수용하는' 능력으로서의 '인상의 수용성(Rezeptivität)'과 이 표상들을 통해 하나의 대상을 인식하는 능력으로서의 '개념*의 자발성'을 지니며[B 74], 개념은 '사유의 자발성'에 기초한

다[B 93]. 우리의 마음(Gemüt)이 모종의 방식으로 '촉발되는' 것에 의해 표상을 수용하는 마음의 수용성은 '감성'에 속하며, 표상을 발생시키는 능력 내지 인식의 자발성이 '지성'에 속한다. 인간의 직관*은 '감성적*'이며 '대상에 의해서 촉발되는' 존재방식을 하고 있으며, 이 감성적 직관의 대상을 사유하는 능력이 지성이다. 경험적 실재론과 초월론적 관념론의 종합으로서의 비판철학에서는 이들 가운데 한편에만 단독의 우월성을 부여할 수 없다. 촉발*을 통해 수용된 다양한 표상을 지성의 활동으로서의 '기능'에 의해 개념적 통일로 가져와야만 한다. 기능이란 "다양한 표상들을 하나의 공통적인 표상 하에서 질서짓는 활동의 통일(Einheit der Handlung)"[B 93]이다.

기능을 본령으로 하는 지성의 활동(Verstandeshandlung)으로서의 사유작용의 특질인 자발성의 내실로는 다양의 종합으로서의 결합*(Verbindung)이 생각된다. 확실히 "모든 표상들 가운데서 결합은 객관에 의해서 주어질 수 없으며 오직 주관 그 자체에 의해서만 수행될 수 있는 유일한 표상이다"[B 130]. 인간에게 있어 일반적으로 대상과 객관을 표상하는 것은 미리 그 대상과 대상의 표상을 자기 머릿속에서 생각해 그려보는 것(대상의 선행적 구축·표상) 없이는 불가능하다. 이러한 결합은 최종적으로는 범주*에 기초하여 인간이 사유하는 것, 즉 '나는 생각한다'는 초월론적 통각의 활동으로 귀착된다.

사유의 자발성은 칸트의 인식론 내부에서는 인간 이성의 자립적 구상, 이성의 자기실험으로서의 인식의 코페르니쿠스적 전회*, 자연법칙을 자연에 적용함으로써 자연의 입법자가 되는 인간 지성의 입장 등등의 국면들에서 엿보인다. 인간 지성(이론 이성)의 활동으로서의 사유의 자발성을 일반화하면, 그것은 바로 자유*의 문제인바, 사상·언론·의지·신앙 등등의 자유와 공통적인 것에 다름 아니다. 칸트는 순수 이성의 이율배반* 부분에서 세계의 사건의 절대적 자발성으로서의 제1원인, 부동의 동자를 실마리로 하면서도 그러한 교조적인 실체적 원인에서 끝나지 않는 것으로서의 인간 의지의 실천적 자유 가운데서 행위의 절대적 자발성을 간취했던 것이다. 즉 사건의 절대적 자발성

(초월론적 자유)으로부터 의지의 자유(자율)로서의 도덕적 행위의 자발성(실천적 자유)을 도출하고자 했던 것이다. ⇒자유, 주관{주체·기체·주어}

—아리후쿠 고가쿠(有福孝岳)

📖 I. Heidemann, *Spontaneität und Zeitlichkeit*, 1958. 有福孝岳 『カントの超越論的主体性の哲學』理想社, 1990.

자살自殺 [(독) Selbstmord]

칸트에서 자살은 모살謀殺(Mord, homicidium dolosum)의 일종이며, 하나의 범죄를 구성한다. 요컨대 자살은 '내적인 악의'라는 명백한 위법의식에 기초하여 자신을 살해하는 것이며, 동기를 묻지 않는 단순한 살인(Tötung, homicidium)에 속하지 않는다. 자살보다 넓은 개념으로서 자해(Selbstentleibung)가 있지만, 이것은 과실과 일시적인 격정에 의한 자손행위도 포함하며, 생명에 관계될 때가 있다면 신체의 일부를 손상시키는 데 그치는 경우도 있다.

그러나 칸트는 『인륜의 형이상학』*에서 자살을 법론*이 아니라 덕론*에서 논하고 있다. 자기의 타자에 대한 의무*, 예를 들면 가족과 국가*와 신*에 대한 의무의 방기라는 면보다 자기의 자기 자신에 대한 의무의 방기라는 면을 중시하는 것이다. 그런 점에서 자살을 금지한 기독교*의, 특히 프로테스탄티즘의 영향을 무시할 수 없다.

칸트에 따르면 인격*이란 "행위에서 귀책능력을 지니는 주체"이며, 인간은 "인격이라는 자격을 갖추고 있는 만큼 자신의 생명*을 유지할 의무"를 지닌다. 따라서 자살은 "자기 자신의 인격에 대한 범죄"가 된다. 다만 생명 그 자체가 목적*인 것은 아니다. 목적 자체일 수 있는 것은 인류성뿐이다. 자살은 자기의 생명과 함께 책임능력의 주체인 자신의 인격을 없앰과 동시에 자신의 인격의 내적인 인류성의 주체도 없애며, 결국 인류성 그 자체의 존재를 말살해버린다. 다시 말하면 자살은 생명적이고 신체적인 존재인 현상인(homo phänomenon)이 자신을 단순한 수단으로 삼음으로써 본래적인 목적 자체로서 보존해야만 하는 본체인(homo noumenon)을, 즉 자신의 인격의 내적인 인간성*을 모살

하는 것이다. 따라서 그것은 범죄인 것이다. 그 때 생명은 그 자체에 가치가 있는 것이 아니라 인격의 내적인 인간성이 실재하기 위한 불가결한 수단으로서 가치가 있다. ⇒자기보존, 생명

　　　　　　　　　　　　　　－히라타 도시히로(平田俊博)

　📖 平田俊博『柔らかなカント哲學』晃洋書房, 1996.

자아自我 [(독) Ich]

칸트에게서 '자아'는 우선 '통각*(Apperzeption)'으로서 파악된다. 이 용어는 라이프니츠*에게서 유래하며, 개개의 지각(perceptio)에 관한 반성적 의식(adperceptio)을 의미하지만, 이와 같은 심리적·사실적인 '경험적 통각'('내감*'과 등치된다)과 나란히, 특히 칸트의 경우에는 이러한 경험적 통각을 가능하게 하는 논리적·권리적인 능력으로서 등장한다. 그것은 '순수 통각'이나 '초월론적 통각'이라고 불리지만, 전자는 '근원적 통각'이라고 바꿔 말해지듯이 오로지 다른 어떠한 것으로부터도 도출되지 않는다는 점에 역점이 두어지며, 후자는 경험*을 일반적으로 가능하게 한다는 적극적인 기능면에 역점이 두어지는 개념이다. 양자는 단순하게는 동일시되지 않는다. 왜냐하면 "나는 생각한다*(Ich denke)는 모든 나의 표상*에 수반하지 않으면 안 된다"[B 132]고 하는 '나는 생각한다'의 기능(순수 통각)으로부터는 결코 객관적 타당성*을 지닌 '하나의 경험'을 구성하는 능력은 도출되지 않기 때문이다. 그것을 위해서는 꿈*과 착각을 포함한 다양한 표상계열 속에서 특히 대상*에 적중한 표상계열, 즉 '하나의 경험'을 구성하는 능력이 필요해질 것이다. 이러한 능력을 적극적으로 지닌 것으로서 등장하는 것이 '초월론적 통각'이다. 따라서 그것은 '초월론적 상상력'의 초월론적 종합작용, 즉 객관적 시간의 구성작용을 이미 안에 포함하고 있는 능력이다. 따라서 이러한 초월론적 통각의 존재 성격을 전적으로 심리적 측면을 결여한 단순한 논리적 구성물(극단적으로는 허구)이라고 단정하는 것은 섣부른 생각일 것이다. 오히려 초월론적 통각은 현상의 객관적 시간질서를 구성하는 능력이기도 한바, 어디까지나 구체적인 사실적 세계로

향한 능력이다. 그것이 예를 들어 논리적으로 요청된 것·형식적인 것이라고 하더라도 시간질서 하에 놓여 있는 경험적인 것의 개개의 사실성과 어떻게 연관되어 있는가에 관해 치밀한 논의가 전개되어야만 한다.

하나의 다리놓기를 칸트는 초월론적 통각이 내감(경험적 통각)을 촉발하는 '자기촉발'이라는 개념 하에서 실행하고 있다. 자기촉발에 의해 비로소 초월론적 통각은 각각의 개별적인 자아의 구체적인 체험계열, 즉 '내적 경험'을 손에 넣는다. 초월론적 통각 그 자체는 어떠한 의미에서도 인간적 자아는 아니다. 그것은 내감에 작용함으로써 비로소, 즉 '경험적 통각'에 다리를 놓음으로써 비로소 인간적 자아일 수 있는 것이다.

또한 특히 행위의 장면에서 시간*의 제약 하에 있어 경험적 성격을 지니는 '현상계의 주관(das Subjekt der Sinnenwelt)'과 시간의 제약에 따르지 않는 예지적 성격을 지니는 '행위하는 주관(das handelnde Subjekt)'이라는 대비가 출현한다. 그것은 실천철학*에서의 도덕법칙*에 따르는 자와 그것을 명령하는 자라는 이중의 자아 구도에 대응한다. 그러나 주의하지 않으면 안 되는 것은 칸트에서 '주관*'은 아직 'Subjektum(기체*)'이라는 의미를 남기고 있으며, 오로지 자아의 실체 성격을 나타낼 때에만 '초월론적 주관'이라는 개념이 사용된다는 점이다. '오류추리'에서 비판되는 것은 신체를 떠나서도 그 자체로 영원히 존재하는 실체로서의 '초월론적 주관'이며, 그것은 용이하게 '초월론적 대상'이라고 바꿔 말해진다. ⇒주관, 내감, 연역, 순수이성의 오류추리

　　　　　　　　　　　　　　－나카지마 요시미치(中島義道)

　📖 有福孝岳『カントの超越論的主体性の哲學』理想社, 1990.
　中島義道『カントの時間構成の理論』理想社, 1987.

자연自然 [(독) Natur]

그리스어로는 피시스. 말의 뜻으로부터 하자면, 그 것은 (1) 사태의 생겨나면서 그러한 모습, 요컨대 본성을 의미하는 경우와 (2) 생성된 결과, 소산으로서의 사물의 총체를 가리키는 경우의 둘로 풀어진다. 후자에 관해서 말하자면, 칸트는 초월론철학*에서는 자연

개념이 두 가지로 물어진다고 말한다[Prol. §36]. 하나는 ⓐ "질료적 의미에서의" 자연—"질료적으로 바라본 자연(natura materialiter spectata)"[B 163]—의 가능성이며, 더 나아가 이것은 "형상적 의미에서의" 자연—"형상적으로 바라본 자연(natura formaliter spectata)"[B 165]—의 가능성이다. 본래 칸트에서는 형상적으로 바라본 자연 개념이 주제적으로 물음의 대상이 된다.

그에 반해 또 하나 ⓑ 그 자신에서 '자기 목적적'으로 존재하는 총체로서의 자연, 즉 스스로 자기를 유기적으로 형성해가는 사물의 존재방식으로서의 자연상이 존재한다. 경험 인식이 향하는 대상영역으로서의 자연은 전자 ⓐ를 가리키며, 『순수이성비판』*은 그러한 자연 개념을 드러내고 있다. 『판단력비판』의 제2부, '목적론적 판단력의 비판'에서 묘사되는 자연은 후자 ⓑ를 가리킨다.

a) 그런데 '현상의 총체'로서 규정되는 자연, 질료적인 의미에서의 자연은 본래 칸트에서는 형상적으로 바라본 자연 개념, 요컨대 모든 현상이 그 아래에서 성립해야 할 '규칙의 총체'로서의 자연에 속한다. 생각건대 모든 현상*은 '지성*'에 의해서 보편법칙을 통해 통일적으로 연관지어진다. 거기서 '경험*(Erfahrung)'이 성립한다. '경험'이란 칸트에서는 단지 감성적*으로 성립하는 지각표상이 아니다. 모든 현상은 지성에 의해서 연관지어져 비로소 '경험'이 된다. '경험'이란 우리들이 구성하는 것이다. 자연도 결국 그 '경험'의 지평에서 지성적으로 구성되는 것이다. 따라서 "자연이란 현상들이 그 현존재*로부터 하여 필연적인 규칙, 요컨대 법칙에 따라서 {통일적으로} 연관지어져 있는 것"[B 263]으로 이해된다. 법칙적으로 연관지어지는 자연, 과학이 대상영역으로 하는 자연이란 범주*를 적용하는 인간 지성에 의해서 구성되는 것이다. 감성적으로 지각되는 대로의 산과 시내가 그대로 자연인 것은 아니다.

본래 산이 존재하며 시내가 흐르고 초목이 무성하며 거기서 다양한 생물이 사는 그러한 세계를 자연이라고 부를 수 있을 것이다. 거기서는 무기물, 유기물을 막론하고 다양한 물질이 존재하며 다양한 동식물이 각자의 삶을 영위하고 있다. 각각이 전체로서 통합되어 있으며(통일적으로 존재한다), 각각이 전체의 질서와 조화*에 기여하고 있고, 하나하나를 가지고 보아도 환경에 적합하기 위해 그때그때마다 적응하고 있다. 그런 까닭에 전통적으로 '자연의 현명함'이라든가 '조화의 기묘함'이라고 말해져 왔다. 그러한 자연계에 관해 생각하는 것은 범주적 지성에 의해서 구성되는 자연과는 다른, 다시 말하면 현상 세계를 인과연관의 체계로 보는 과학의 견해와는 다른 자연상을 묘사하는 것으로 된다.

b) 범주적 지성이 판단력*으로서는 규정적으로 활동하는 데 반해, 반성적으로 활동하는 판단력은 합목적성*을 원리*로 하여 사물의 현존재와 사물의 형태를 판정한다. 세계 안에 존재하는 사물은 부분으로서는 전체(= 목적*)에 합당하게 합목적적으로 존재하며, 그에 걸맞은 형태를 형성하고 있다. 모든 사물이 스스로 자기를 유기적으로 조직화해가는 존재방식(das sich selbst organisierende Wesen)[KU §65]을 취한다. 그런 의미에서 사물들은 모두 자기목적(자연목적*Naturzweck)적으로 존재한다. 오로지 서로가 목적으로 되고 수단으로 되는 관계가 아니라 각각이 자연산물로서 자기목적적으로 존재한다. 그러한 사물의 존재방식의 총체를 자연이라고 부르게 되면, 거기서는 인과의 연쇄(nexus effectivus)로서의 자연과는 다른 합목적적 연관의 체계, 목적의 계열(nexus finalis)로서의 자연상이 만들어진다 [KU §70, §81].

ⓐ와 ⓑ, 두 개의 자연이 칸트에서는 나중의 셸링*의 자연철학에서처럼 하나로 통일되는 것은 아니다. "자연목적을 자연산물로서 설명할 때에 기계론은 목적론적 원리와 한패로 어울린다"[KU §81]라고 칸트는 말한다. 한패로 어울린다(beigesellen)라는 형태로 그 둘은 연관된다. 그것이 자연 개념에서의 비판주의 철학자 칸트의 특징이다. ⇒셸링, 목적론, 자연학

—니시가와 도미오(西川富雄)

图 西川富雄 『續・シェリング哲學の研究—— 自然の形而上學の可能性』 昭和堂, 1994.

자연과학自然科學 [(독) Naturwissenschaft]

자연과학이란 자연*에 관한 인식*, 특히 자연의 합법칙성*에 관한 일정한 이론체계를 이루는 인식을 의미하지만, 특히 근대에서는 수학*의 적용과 실험이라는 방법적 의식에 뒷받침된 이론적 인식체계를 의미한다. 그런데 칸트는 이와 같은 이론체계로서의 자연과학이 전체로서 무언가의 필연성*으로 관철되어야만 한다고 생각한다. 그것은 사물의 본질*의 인식이 무언가의 확실성*과 필연성*을 수반하지 않으면 안 된다는 고대 그리스 이래의 전통적인 인식관을 칸트가 따르고 있기 때문이다. 요컨대 칸트가 말하는 자연과학은 단순한 자연 현상의 체계적 기술에 그치는 것이 아니라 자연의 본질 인식을 원리로 하는 설명체계를 의미하는 것이다. 이러한 자연의 본질 인식에 관계하는 원리적 부문이 칸트가 말하는 순수 자연과학 또는 자연과학의 순수 부문에 다름 아니다.

그런데 이러한 순수 자연과학은, 그것의 가장 기저적인 부문(초월론적* 부문)이 『순수이성비판』*에서 다루어지지만, 그것과는 별도로 『자연과학의 형이상학적 원리』*에서도 전개된다. 그것은 전자에서는 좀더 보편적인 '자연 일반의 가능성'이 규정되는 데 반해, 후자에서는 좀더 구체적이고 특수한 '물질* 일반의 가능성*'을 규정하는 것이 과제로 되기 때문이다. 이 후자의 순수 부문에서는 전자에서는 보이지 않는 고유성이 존재한다. 그 고유성이란 이 부문이 철학적 내지 형이상학적 부문과 수학적 부문의 두 가지를 지니며, 두 부문이 제휴하여 물질 일반의 본질 규정을 수행한다는 점이다.

여기서 자연과학이 순수 철학 내지 형이상학*을 필요로 하는 이유는 자연과학의 대상인 물질이 경험*에서 '현존재*'하는 것이고, 이 '현존재에 속하는 규정*', 즉 물질의 본질 규정에 관한 선험적*인 유일한 인식 양식이 형이상학에 다름 아니기 때문이다. 물론 이 형이상학은 사물의 본질을 훼손하는 교조적 형이상학이 아니라 경험의 가능성의 제약*으로부터만 사물의 본질을 규정하는 비판적 형이상학이어야만 한다. 다른 한편 자연과학이 수학의 적용을 필요로 한다는 주장에서는 근대의 수학적 자연과학만이 자연과학의 이름에 값한다고 생각하는 칸트의 견해가 표현되고 있지만,

이 주장의 근거는 물질의 근본규정이 '운동'에 존재하고 물질의 본질에 속하는 다른 모든 규정이 "운동으로 환원된다"[MA, Ⅳ 476]는 점에 놓여 있다. 이것은 결코 물질의 모든 움직임을 기본입자의 형태와 운동으로 환원하여 설명하고자 하는 데카르트*적 기계론을 의미하는 것이 아니라 힘*과 관성과 같은 물질의 본질속성을 운동과의 관계에서만 규정한다는 의미이며, 그런 점에서 근대의 수학적 자연과학의 기본 동향을 따르는 것이다.

나아가 칸트는 자연철학*과 자연과학을 동일시하는 경우도 있지만, 순수 철학으로서는 이것을 경험적인 자연과학과 분명히 구별하며, 경험적인 자연과학의 가능성의 근거짓기에만 관계하는 학*으로 위치짓고 있다. 칸트는 이와 같이 자연과학과 자연철학을 구별했지만, 칸트 이후 오늘날에 이르기까지 보이는 양자의 분리와 대립이라는 기본적 추세는 칸트가 의도한 것이 아니다. ⇒학, 자연, 자연철학, 수학, 『자연과학의 형이상학적 원리』

―이누타케 마사유키(犬竹正幸)

⊞ P. Plaaß, *Kants Theorie der Naturwissenschaft*, Vandenhoeck & Ruprecht, 1965(犬竹・中島・松山 譯 『カントの自然科學論』哲書房, 1992). G. G. Brittan, Jr., *Kant's Theory of Science*, Princeton U. P., 1978. M. Friedman, *Kant and the Exact Sciences*, Harvard U. P., 1992.

『자연과학의 형이상학적 원리』自然科學－形而上學的原理

[(독) *Metaphysische Anfangsgründe der Naturwissenschaft*. 1786]

비판기의 칸트 자연철학*을 대표하는 저작. 뉴턴*의 『프린키피아』(『자연철학의 수학적 원리』1686)가 간행된 지 정확히 100년 후에 출판되었다는 점, 나아가 양 저작의 표제에서 분명히 유사한 대응이 보인다는 점에서도 엿볼 수 있듯이, 칸트는 본서를 통해 뉴턴의 주저를 의식하면서 비판철학의 입장에서 근대의 수학적 자연과학의 형이상학적 근거짓기를 시도했다. 그와 동시에 본서는 칸트의 철학체계에서 광의의 자연*의 형이상학* 안의 물체적인 자연의 형이상학에 해당된

다. 본론은 ·운동학·, ·동역학*·, ·역학*·, ·현상학*·의 네 개의 장으로 이루어지지만, 본서가 다루는 주요과제는 서문에서 제시되고 있다. 그에 따르면 ·자연과학의 형이상학적 원리·는 본래의 자연과학*이 자연의 형이상학을 전제함과 동시에 수학*의 적용을 필요로 한다는 테제를 기둥으로 하고 있다. 칸트가 여기서 본래의 자연과학으로서 생각하고 있는 것은 물리학*, 특히 뉴턴 역학이지만(칸트는 화학*을 본래의 자연과학에서 제외하고 있다), 이와 같은 물리학 내지 역학에 관한, 당시 우세를 점하고 있던 반형이상학적·실증주의적 경향에 대항하여 칸트는 본래의 자연과학이 자연의 형이상학에 기초해야만 한다고 주장한다. 물론 그것은 경험*의 대상*이 될 수 없는 실체*와 성질을 꾸며내는 교조적 형이상학이 아니라 자연에 관한 객관적 경험을 가능하게 하는 조건으로서만 자기의 선험적* 인식*의 타당성을 주장하는 비판적 형이상학이다. 갈릴레오적인 운동의 상대성 원리와 관성의 법칙과 같은 근대 물리학의 기본법칙을 자연에 관한 과학적 경험을 가능하게 하는 조건으로서의 형이상학적 원리로서 세우는 데에 본서에서의 칸트 사색의 진면목이 존재한다.

그런데 자연과학의 기초에 놓여야만 하는 이 형이상학은 ·특수 형이상학적 자연과학·이라고 불려『순수이성비판*』의 원칙론이 전개하는 ·자연 일반의 형이상학과 구별되지만, 그것은 이 특수 형이상학이 ·경험의 대상 일반·보다도 구체적인 내용을 지닌 ·물질*·의 본질 규정에 관계하기 때문이다. 칸트는 물질의 근본규정을 ·운동·으로 파악하고 힘*과 관성과 같은 물질의 본질*에 속하는 다른 규정들을 운동에 관계지어 구성하는 것을 특수 형이상학의 임무로 간주한다. 여기서 보이는 힘과 운동의 결합, 또는 동역학적*인 것과 수학적*인 것의 결합이라는 생각은『순수이성비판』에서는 보이지 않는『자연과학의 형이상학적 원리』의 독자적인 사상으로서 주목할 만하다.

본서의 본론은 물질의 경험적 개념의 내용을 이루는 ·운동·, ·불가입성·, ·관성·을 출발점으로 하여 각각에 관한 형이상학적 원리를 논증하는 것을 내용으로 하고 있지만, 뉴턴의 중력을 물질의 내재력으로서 논증하고자 하는 ·동역학·의 논의와, 운동법칙과의 관계에서 절대공간을 이념*으로서 세우고자 하는 ·현상학*·의 논의 등 흥미진진한 논점을 여럿 포함하고 있다. 또한 ·동역학· 장의 말미에 첨부된 ·동역학에 대한 총주·는 물질의 다른 종류들을 운동력의 체계로 환원하는 구상을 지닌 것으로서 나중의『오푸스 포스투뭄』의 과제를 준비하는 것임과 동시에 셸링*의 자연철학에서 비판적으로 흡수되었다. ⇒현상학, 자연과학, 동역학, 물질, 역학, 동역학적/수학적

―이누타케 마사유키(犬竹正幸)

📖 P. Plaaß, *Kants Theorie der Naturwissenschaft*, Vandenhoeck & Ruprecht, 1965(犬竹·中島·松山 譯『カントの自然科學論』哲書房, 1992). 犬竹正幸「數學的自然科學の形而上學的 基礎づけの問題」P. プラース『カントの自然科學論』解說 Ⅰ.

자연권自然權{자연법自然法} [(독) Naturrecht]

기본적으로 말하여 칸트는 자연법을 이성의 법, 요컨대 "오로지 선험적*인 원리들에만 기초하는 법"[『인륜의 형이상학』* Ⅵ 237], "비법규적인, 따라서 오로지 선험적으로 모든 인간*의 이성*에 의해서 인식될 수 있는 법"[Ⅵ 296]이라고 이해하고 있다. 자연법을 실천이성의 제1원리라고 이해하는 입장은 중세의 토마스 아퀴나스에서도 보이지만, 칸트의 경우 인간 이성은 좀더 상위의 규준으로서의 신의 법, 또는 영원법으로부터 분리되어 있다는 점에서 토마스와는 명확히 구별된다. 오히려 칸트의 자연법 개념은 후고 그로티우스에서 시작되는 이성주의적 자연법론의 전통에 속한다.

칸트의 자연법 개념의 두드러진 특징은 그 형식성이다. 이성이 이루어야만 하는 것, 요컨대 올바른 것으로서 파악되는 것은 "동시에 보편적 법칙으로서 타당할 수 있는 준칙*에 따라서 행위하는 것"[Ⅵ 226]이며, 다시 말하면 올바른 행위란 "그 누구의 자유와도 모종의 보편적 법칙에 따라서 양립할 수 있는"[Ⅵ 230] 행위이다. 이 점에서도 칸트의 자연법 개념은, 자연법의 내용을 이루는 여러 규칙들은 인간 속에서 발견되는 자연본성적인 경향성*의 질서에 따라서 질서지어진다

고 한 토마스의 입장과 현저히 대립하고 있다.

홉스*, 로크*, 루소* 등 17-18세기의 대표적인 자연법(권)론자와 마찬가지로 칸트도 자연법을 자연 상태(Naturzustand)에 결부시켜 이해하고 있다. 그러나 칸트는 이 논자들과는 달리 자연상태가 사회상태에 선행하여 그것과 대립하는 것이 아니라 오히려 자연상태에서도 모종의 사회가 이미 존재하고 있으며, 자연상태에 대립하는 것은 공민적 상태(der bürgerliche Zustand)라고 생각한다[VI 242]. 자연상태에서의 자연법은 사법*(Privatrecht)이며, 공민적 상태에서의 자연법은 공민적인 법(das bürgerliche Recht) 또는 공법*(das öffentliche Recht)이다. 칸트는 자연상태를 공민적 상태에 선행하는 역사적 시기로서가 아니라 오히려 거기에서만 인격*의 자유와 권리가 유효하게 보증될 수 있는 공민적 상태가 차례로 좀더 완전하게 실현되어야만 하는 잠정적이고 불완전한 상태라고 이해하고 있다. 그것은 그가 국가들 내지 민족들로 이루어진 국제사회가 아직 자연상태에 있으며 그것을 법적 상태(der rechtliche Zustand)에 가깝게 해야만 한다는 것을 반복하여 강조하고 있는 것에 비추어서도 분명하다.

자연법(권)과 실정법의 관계에 관하여 칸트는 그의 시대의 많은 자연법(권)론자들과는 달리 실정법에 대한 자연법의 우세, 또는 자연권의 불가침성을 정치권력에 대항하여 주장하는 입장을 취하고 있지 않다. 오히려 칸트는 기본적으로 실정법을 이성에 의해서 근거짓는 것이 자연법의 역할이라고 생각했다. 즉 인격의 자유와 권리는 공민적 상태, 요컨대 강제력을 지니는 실정법 질서에 의해서만 유효하게 보증되지만, 입법자의 의지에만 의존하는 실정법이 올바른 것이기 위해서는 자연법이 부여하는 불가변적인 원리들에 의해서 규제될 필요가 있다고 주장했던 것이다. ⇒『인류의 형이상학』, 시민사회

—이나가키 료스케(稻垣良典)

圖 H. A. Rommen, *Die ewige Wiederkehr des Naturrechts*, Kösel, 1947(阿南成一 譯『自然法の歷史と理論』有斐閣, 1956). J. Finnis, *Natural Law and Natural Rights*, Oxford, 1980.

『자연단자론自然單子論』 ⇨『기하학과 결합된 형이상학의 자연철학에서의 사용, 그 일례로서의 물리적 단자론』{『물리적 단자론』;『자연단자론』}

자연목적自然目的 [(독) Naturzweck]

칸트의 목적론* 문맥에서 자연목적(Naturzweck), 자연*의 목적(Zweck der Natur), 자연에서의 목적, 자연적 목적(physische Zwecke)이라는 일군의 개념이 등장한다. 이들은 아름다운 것의 주관적인 형식적 합목적성이 "목적 없는 합목적성"이라고 말해지는 것에 반해, 목적론적 판단력*의 원리*를 이루는 객관적인 실질적(실재적) 합목적성이 언제나 이성*의 목적 개념을 전제한다는 것을 나타낸다. 이 개념들은 비판*에 의해서 자연학*에 내재적이고 자연탐구에 기여하는 자연목적론의 원리로서 위치지어진다. 전통적인 자연신학*적 사고는 초자연적인 요소를 자연목적론에 들여와 자연의 목적인에 관해 교조적·규정적으로 말하고자 했다. 이에 반해 칸트의 목적론적 판단력 비판은 자연목적론의 개념들이 기술*과의 아날로지(유추*)에 기초하는 반성적 판단력의 규제원리라는 점을 확인하고 강조한다.

『판단력비판』*에서 자연의 객관적인 실질적 합목적성은 외적 합목적성과 내적 합목적성으로 분류된다. 전자는 자연물 상호간의 유용성·유익성이라는 목적-수단 관계에 관련되지만, 그 판정은 어떤 자연물을 목적으로 간주할 것인가 하는 점에서 상대성을 면하지 못하며, 인간의 형편에 기초하는 자의적인 생각에 좌우되기 쉽다[§63]. 그리하여 칸트는 인간의 기술산물이 아니라 자연산물인 동시에 더 나아가 자연목적이라고 판정될 수 있는 사물의 고유성을 탐구하여 유기체*야말로 그 내적 합목적성 때문에 자연목적이라고 불리는 것이라고 결론짓는다[§§64-66]. 그리고 유기체론을 거점으로 하여 새롭게 자연 전체를 목적의 체계로 간주하는 외적 합목적성 원리의 가능성을 탐구하는 것이다[§67; §§82-83 참조]. 이와 관련하여 칸트의 텍스트에서 자연목적이라는 말은 많은 경우에 유기체를 가리킨다. 그로부터 자연목적은 내적 합목적성, 자연

의 목적은 외적 합목적성이라고 간주하는 해석도 널리 보이지만, 칸트 자신이 그와 같은 방식으로 자연목적과 자연의 목적이라는 말을 엄밀하게 나누어 사용하는 것은 아니다. 오히려 내적 합목적성과 외적 합목적성의 구별이 사물의 내적 가능성의 근거에 대한 물음과 사물의 현실존재의 의미에 대한 물음의 구별에 기초한다는 점을 파악해야만 할 것이다. ⇒합목적성, 목적론적 판단력

―모치즈키 도시타카(望月俊孝)

⑱ Articles of "end [telos, Zweck]" and "finality [Zweckmäßigkeit]", in: H. Caygill, *A Kant Dictionary*, Blackwell, 1995. K. Düsing, *Die Teleologie in Kants Weltbegriff*, Bouvier, 1968. J. D. McFarland, *Kant's Concept of Teleology*, Edinburgh U. P., 1970(副島善道 譯『カントの目的論』行路社, 1992). R. Löw, *Philosophie des Lebendigen. Der Begriff des Organischen bei Kant, sein Grund und seine Aktualität*, Suhrkamp. 1980. P. McLaughlin, *Kants Kritik der teleologischen Urteilskraft*, Bouvier, 1989.

자연법自然法 ⇨자연권{자연법}

자연법칙自然法則 [(독) Naturgesetz]

자연법칙은 일반적으로 현상들의 결합*을 일정한 방식으로 규정하는 조건으로서 이해되며, 단순한 경험적 사실의 보고를 넘어선 필연성*을 수반한다고 여겨지는데, 칸트는 흄*처럼 이 필연성을 상상력과 습관에 의해서 생기는 단순한 주관적인 필연성이라고 파악하는 것이 아니라, 자연*이라는 대상 그 자체에 타당*한 객관적 필연성으로 간주한다. 이러한 필연성을 수반한 자연법칙이 어떻게 해서 자연이라는 대상*의 존재*를 규정할 수 있는 것인가 하는 물음이 비판철학의 중요한 과제의 하나를 이루지만, 그때 칸트는 선험적* 자연법칙과 경험적 자연법칙의 구별을 설정하고, 『순수이성비판』*의 '분석론' 단계에서는 선험적 자연법칙에 관해서만 그것의 자연에 대한 타당성의 근거짓기를 행하고 있다. 즉 선험적 자연법칙은 순수 지성 개념으로서

의 범주*에서 유래하는 것으로서, 객관적 경험 일반의 형식*을 구성하며, 그에 의해 동시에 자연의 본질인 현상결합의 합법칙성*을 비로소 성립시키는 원리라는 것이 칸트의 해답인 것이다. 그러면 경험적 자연법칙의 법칙으로서의 자격, 요컨대 그 필연성은 어떻게 해서 기초지어지는 것일까? 칸트는 '분석론'의 단계에서는 선험적 자연법칙이 경험적 자연법칙의 형식을 이루는 것에 의해, 즉 경험적 자연법칙이 언표하는 사태들이 결합하는 그 방식을 규정하는 것에 의해 후자의 필연성이 기초지어진다고 생각하고 있다. 그러나 경험적 자연법칙이 법칙으로서의 자격을 얻는 것은 어디까지나 결합 내용의 필연성에 의할 터이다. 이 문제는 '변증론'에서 비로소 제기되며『판단력비판』*에서 전면적으로 전개된다.

이 문제는 보편적 자연법칙과 특수적 자연법칙의 관계 문제로서 다시 파악된다. 그때 보편적 자연법칙으로서는 선험적 자연법칙으로서의 지성원칙도 생각되지만, 이것은 특수적 자연법칙으로서의 경험적 법칙의 법칙성에는 관여하지 않는다. 칸트는 경험적 자연법칙이 지닌 필연성의 근거를 여러 가지 경험적 법칙이 합하여 체계적 통일을 형성한다는 데서 구한다. 즉 각각의 경험적 자연법칙은 그것만으로 단독으로 보이는 한에서는 그 필연성을 주장할 수 없는바, 하나의 전체적인 이론체계에 편입되어 그 체계*의 원리를 이루는 보편적 자연법칙에서 도출되는 한에서 그 법칙으로서의 자격을 얻는다고 하는 것이다. 물론 실제로는 이 이론체계나 그 원리*를 이루는 보편적 자연법칙도, 따라서 또한 특수한 경험적 자연법칙의 필연성의 요구도 언제나 경험적·잠정적인 것에 머물지만, 경험적 법칙이 법칙으로서의 자격을 요구하는 한에서 이러한 이론체계의 구축은 불가피한 요청이 되지 않을 수 없다. 이와 같은 칸트의 법칙관은 현대의 과학론에서 유력한 전체론적인(holistic) 법칙관과 통하는 점을 지니고 있다. 또한『순수이성비판』에서는 선험적 법칙으로서 자연 일반의 가능성에만 관계하는 초월론적 원리로서의 지성 원칙이 다루어지고 있는 데 반해,『자연과학의 형이상학적 원리』*에서는 그것과는 수준을 달리 하여 물질* 일반의 가능성*에 관계하는 형이

상학적 원리로서의 자연법칙이 다루어지고 있다. ⇒
자연, 필연성, 흄

　　　　　　　　　　　　　—이누타케 마사유키(犬竹正幸)

[參] R. E. Butts (ed.), *Kant's Philosophy of Physical Science*,
Reidel, 1986.

자연사自然史 [(독) Naturgeschichte (영) natural history (불)
l'histoire naturelle]

　자연사는 원래 박물학 또는 때때로 박물지로 번역되
었다. 그것은 자연적 사물(광물, 식물, 동물)에 대한
개별적 기술을 주된 내용으로 하고 있었다. 플리니우
스의 『박물지』(*Historia Naturalis*)는 고전적인 대표작
품이다. 그러나 근대에 이른바 스코틀랜드학파에서
자연사는 종교, 도덕, 언어, 사회계급 등을 대상영역으
로 하는 경우에도 사용되기에 이른다. 흄*의 『종교의
자연사』(*Natural History of Religion*), A. 스미스*의 『언어
기원론』(*Consideration Concerning the First Formation of
language*, 1759), J. 밀라의 『계층차이기원론』(*The Origin
of the Distinction of Ranks*, 1771)의 경우에 natural history는
오히려 도덕철학*이다.

　칸트가 Naturgeschichte라는 말을 사용한 최초의 저술
은 『천계의 일반자연사와 이론』*(*Allgemeine Naturges-
chichte u. Theorie des Himmels*, 1755)이다. 칸트는 이것을
영국의 T. 라이트에 의한 *An Original Theory and New
Hypothesis of the Universe*(1750)를 실마리로 하여 썼다고
말하지만, 이 표제에 natural history는 사용되고 있지
않다. 『천계의 일반자연사와 이론』은 부제를 "뉴턴*의
원칙들에 따라서 논의된 전 우주구조의 체제와 역학적
기원에 관한 시론"이라고 하고 있지만, 실제 내용은
뉴턴 학설을 원용하는 데만 그치지 않는다. 그것은
루크레티우스의 원자론적인 자연시, 캄파넬라 이래의
인간의 행성(천체) 거주 문학, 포프*『인간론』(*Moral
Philosophy*)이 융합되어 있는 특이한 작품을 이루고
있다. 거기에 스코틀랜드학파의 자연사 개념이 그림자
를 드리우고 있다.

　후에 칸트는 이른바 인종론 삼부작(『다양한 인종』,
『인종 개념의 규정』, 『목적론적 원리』)에서 시간*을

가미한 자연사 개념을 검토하기에 이른다. "지금까지
의 Naturgeschichte는 Naturbeschreibung{자연기술}이
며, 본래의 Naturgeschichte{자연사}와 구별해야만 한
다. 전자에 대해서는 Physiographie, 후자에 대해서는
Physiogonie라는 말을 제안하고 싶다"고 칸트는 말한다.
그러나 칸트는 그 이후 이 맞짝개념을 사용한 논고를
저술하지 않았다. ⇒『천계의 일반자연사와 이론』
{『천계론』}

　　　　　　　　　　　　　—바바 요시유키(馬場喜敬)

자연상태自然狀態 ⇨**자연권**{자연법}

자연소질自然素質 ⇨**소질**{자연소질}

자연신학自然神學 [(독) natürliche Theologie (영) natural theology
(불) théologie naturelle]

　칸트에서 자연신학이란 존재론적인 원리들을 특수
한 존재영역에 적응시키는 것이다. 그로부터 종래의
자연신학에 반해 비판적 발전과 계속성의 상반된 두
측면이 도입되었다. 전자는 신 존재에 대한 사변적
증명의 특정한 방식을 옹호하지 않고 사변적 증명
일반을 거부했다는 점이며, 후자는 그럼에도 불구하고
도덕적인 생활 규범의 분야에서는 일관되게 신 개념을
요구하고 있다는 점이다. 즉 신*은 여전히 계속해서
자연*을 초월한 선*을 추구하는 이성적 존재자*의 도달
점인 것이다. 칸트는 더 나아가 충족이유율*, 인과율,
존재* 등을 유신론적 배경에서 고찰하고, 이 관점에서
인식론*의 재구축과 형이상학*의 재평가에 이르렀다.

　전비판기에 칸트는 현존재*(Dasein)가 빈사와 한정
사가 아니라고 주장한다. 그것은 절대적 입장으로서
가능한 실재에 아무것도 부가하지 않으며, 오히려 존
재의 하나의 양식이다. 그러므로 '무한의 본질'이라는
신의 현존재의 선험적*인 분석은 어떠한 실재도 증시
하지 않는바, 존재론적 증명은 불가능하게 된다. 다른
한편 칸트는 여전히 만물의 내면적 가능성으로부터

이루어지는 신 존재증명은 가능하다고 하고 있다. 신의 비존재는 사물의 가능성에 관한 일관된 사고를 불가능한 것으로 만들기 때문이다.

비판기의 칸트 철학은 결과적으로 볼프* 류의 자연신학의 파괴를 초래했다. 인식의 일반적 조건을 경험*의 가능성과 가치적 대상의 가능성의 동일성에 두는 것으로부터 인식은 경험과 동일한 지평을 지니게 되지만, 일반형이상학과 그것의 자연신학에 대한 적용은 이러한 조건을 채우지 못하게 된다. 칸트는 신의 존재증명의 무효함을 보이기 위해 그 증명구조를 검토한다. 즉 모든 사변적 증명은 존재론적 증명(가장 완전한 이념), 우주론적 증명(우유성의 이념), 물리신학적 증명(우주만물의 질서의 이념)의 세 종류로 정리되지만, 뒤의 둘은 가장 완전한 존재의 이념을 분석적으로 포함하고 있기 때문에 존재론적 증명으로 총괄된다. 그럼에도 불구하고 앞에서 살펴본 이유에서 신의 존재론적 증명은 불가능한바, 신은 철학적 인식의 가능한 대상이 아니다. 따라서 자연신학은 포기되어야만 하는 것으로 된다.

한편 신의 사상은 칸트에게 있어 생활規범의 면에서 중요한 역할을 지닌다. 사변적 자연신학의 부정은 신과 윤리의 관계에 관한 그의 사상에 깊은 영향을 미쳤다. 덕과 행복*의 실질적 이율배반은 신 존재의 확실성을 요구하지만, 그 존재는 사변적*으로는 증명되지 않는다. 그러므로 칸트는 도덕률로부터만 신의 존재에 도달될 수밖에 없는바, 실천 이성의 절대화, 도덕적 행위의 근거와 대상의 분리를 주장하는 것이며, 『단순한 이성의 한계 안에서의 종교』*(1793)에서는 이성적 종교의 이념을 역사적 신앙에 종속되지 않는 것으로 간주하고 있다. ⇒신, 신의 존재증명, 이성, 이성신앙

—J. 올버그

图 量義治『宗教哲學としてのカント哲學』勁草書房, 1990. 氷見潔『カント哲學とキリスト教』近代文藝社, 1996. J. Collins, *God in Modern Philosophy*, Chicago, 1959. A. W. Wood, *Kant's Rational Theology*, Ithaca, 1978.

『**자연신학과 도덕의 원칙의 판명성** 自然神學—道德—原則—判明性 | 『**판명성**判明性』 | [(독) *Untersuchung über die Deutlichkeit der Grundsätze der natürlichen Theologie und der Moral*. 1764]

1761년 베를린 아카데미 철학부회에 의해 모집되고 1762년이 저물 무렵 제출되어 1764년에 공간된 칸트의 응모 논문. 베를린 아카데미에 의해서 부과된 테마는 "형이상학적 진리 일반, 특히 자연신학과 도덕의 제1원리는 기하학적 진리와 마찬가지의 판명한 증명에 참여할 수 있을까 없을까, 또한 위에서 말한 증명에 참여할 수 없다면 그것들의 본성은 어떠한 것이며 위에서 말한 확실성을 어느 정도까지 가져올 수 있을까, 또한 이 정도가 완전한 확신에 있어서 충분할까 아닐까?"라는 것이었다. 입선한 것은 멘델스존*의 논문『형이상학적 학들의 명증성에 관하여』. 칸트의 논문은 차점이었다.

칸트는 이 논문에서 자연신학*과 도덕의 제1원리에 대해 어떠한 수학적 판명성도 거부했다. 그 이유는 (1) 수학*에서의 절차는 종합적인 데 반해, 철학*에서의 그것은 분석적이다. (2) 수학에서는 "임의로 만들어진 개념*"이 문제이고 모든 것이 정의로부터 출발하는 데 반해, 철학에서는 불분명하게 "주어진 개념"이 문제이며, 정의는 처음에 있는 것이 아니라 최후에 온다. (3) 수학에서 개념들은 직관적 명증성을 지니는 데 반해, 철학적 개념들에는 근본적으로 그것이 없다. (4) 수학에서는 정의 불가능·분해 불가능한 근본개념과 증명 불가능한 근본명제(공리*)가 소수인 데 반해, 철학에서는—현재로서는—무수하다, 등등. 나아가 칸트는 도덕에 관해서도 선*의 분해 불가능한 개념들의 존재도 거론한다. 이와 같은 인식에 기초하여 칸트는 형이상학*에서의 근본진리의 확실성*을 수학 이외의 이성적 인식에서의 확실성과 동종적이라고 주장한다. 그것의 잠정적 방법으로서 그는 정의 이전의 직접적 확실성, 직접적으로 확실한 판단*을 출발점으로 하는 것을 제시한다. 그는 이것을 "확실한 내적 경험", "직접적으로 명백한 의식"이라고 부르며, 이와 같은 방법에 기초한 전례를 뉴턴 역학에서 발견한다.

나아가 칸트는 그 후로 향하여 정의 불가능한 근본개념과 증명 불가능한 근본진리를 "하나의 표"로 정리할

것을 제창하고 그것을 수행하는 것에서 "좀더 높은 철학"의 과제를 발견한다. 이러한 발상이 분명히 『순수이성비판』*에서의 범주표와 종합적 원칙의 체계적 표시로서 실현되고 있다는 의미에서 이 현상논문은 비판철학으로의 발판이라고 간주될 수 있다. 또한 범주*와 종합적 원칙의 근본성격을 재확인하기 위해서도 이러한 발상은 중요하다. 위에서 본 "임의로 만들어진 개념"과 "주어진 개념"이라는 개념 구분 및 수학적 인식의 직관적 명증성에 대립되는 철학적 인식의 근본적으로 개념적이고 추론적인 성격이라는 다름 등은 비판기에도 기본적으로 그대로 계승되고 있는바, 이 현상논문은 비판철학의 핵심어의 일관성을 확인하는 데서도 중요한 논문이라고 말할 수 있다. ⇒수학, 판명성

—이시카와 후미야스(石川文康)

참 Friedrich Paulsen, *Versuch einer Entwicklungsgeschichte der Kantischen Erkenntnistheorie*, Stuttgart, 1875. Rudi Martin, *Kants philosophische Anschauungen in den Jahren 1762–1766*, Freiburg, 1887. Alois Riehl, *Der philosophische Kritizismus*, Leipzig, 1908. 石川文康 『カント第三の思考』 名古屋大學出版會, 1996.

자연의 기술自然–技術 ⇒기술

자연지리학自然地理學 [(독) physische Geographie]

현대의 지리학은 지형과 기후 등을 취급하는 자연지리학과 취락과 경제 등을 문제로 하는 인문지리학으로 나누어지지만, 칸트의 자연지리학은 이런 의미에서의 자연지리학이 아니라 지표면상에서 보이는 자연적 현상과 인문적 현상의 양자를 고찰의 대상으로 한다. '지리학*'이라는 명칭은 통상적인 의미와 조금도 다르지 않게 사용되지만, 형용사 '자연적'에는 칸트의 독자적인 의미가 주어진다. 칸트에 따르면 지식을 정리할 때에는 논리적 분류와 자연적 분류 가운데 어느 한쪽의 방법이 취해진다. 개념들에 의한 분류가 논리적 분류이며, 시간*과 공간*에 의한 분류가 자연적 분류이다.

전자의 분류에 의해서 예를 들면 린네*와 뷔퐁*과 같은 자연의 체계가 얻어진다. 그러나 당시는 지사학地史學과 진화론이 등장하기 이전으로서 어떠한 자연*의 체계*도 인위적·자의적인바, 말의 엄밀한 의미에서 체계는 아니다. 후자의 분류에 의해서 자연의 지리적 기술이 얻어진다. 이 지식체계에서는 사물들은 모두 그것이 생기하는 장소에서 관찰된 그대로 기재되기 때문에 우리의 인위적인 의견에서 벗어나 문자 그대로 '자연적'이다. 이리하여 지표면상에 분포하는 특징적인 사태가 때로는 사소한 사태라 하더라도 그것이 실제로 관찰되는 장소에 의거하여 기재되어 장대한 지식체계가 구축된다.

그러나 지표면상에 존재하는 모든 것이 고찰의 대상*이 되는 것은 아니어서 기재의 대상이 되는 것은 지구를 '주거'로 하는 인간*에게 있어 유용한 것으로 한정된다. 탁월하게 이상적인 '주거'라고는 말할 수 없는 이 지표면상에서 살아가는 인간은 자기를 좀더 알게 되고 잘 살아가고 싶어 하는 원망을 지니고 있다. 이러한 '자연적' 원망을 채우기 위해 지표면상의 다양한 현상들을 받아들여 그것들이 실제로 관찰되는 장소에 따라 기재해가는 것이 칸트의 자연지리학이다. 칸트가 전 생애에 걸쳐 행한 자연지리학 강의를 집대성한 『자연지리학』에서 그 고찰은 당시의 거주 지역(에크메네) 전체로까지 확대되며, 해양, 대륙, 대기권, 지질, 인간, 동물, 식물, 광물의 모습들이 단순한 일반론으로서가 아니라 그것들이 실제로 관찰되는 장소에 따라 기재되고 있고, 나아가 그것들의 집적으로서 대륙별·국가별 지리지가 논해진다.

그러나 이와 같은 지식체계는 지표면을 채우고 있는 사물들을 체계적으로 정리하기에는 적합하지만, 설명의 원리*를 내포하고 있지 않다. 따라서 자연지리학이 자연과학*의 한 부문으로서 그리고 또한 사회과학의 한 부문으로서 진보와 발전의 문제를 풀고자 할 때 칸트의 지리학으로까지 소급하고자 하는 지리학자는 존재하지 않는다. 또한 칸트가 생각하고 있던 지리학의 내용은 해양학·기상학·지질학·생물학·경제학·상학·민족학·비교종교학 등으로 분화, 발전했다. 칸트가 언급한 지리학 중에서 현재에도 존속하

고 있는 것은 지역지리학뿐인데, 칸트는 이에 관해서 상술하고 있지 않다. 그러나 칸트의 자연지리학은 좀 더 섬세한 지식으로 향하는 예비학을 제공하는 것으로서는 대단히 걸출하며, 그와 같은 지식이 지식체계 전체 속에서 어떠한 위치를 차지하는가를 보이고 있다는 점에서 대단히 의미심장한 것이라고 생각된다. ⇒ 지리학

—후지이 마사미(藤井正美)

📖 R. Hartshorne, *The Nature of Geography: A Critical Survey of Current Thought in the Light of the Past*, Lancaster, 1961(野村正七 譯 『地理學方法論—— 地理學の性格』 朝倉書店, 1957). A. Hettner, *Die Geographie: ihre Geschichte, ihr Wesen und ihre Methoden*, Breslau, 1927. J. A. May, *Kant's Concept of Geography and its Relation to Recent Geographical Thought*, Toronto, 1970(松本正美 譯 『カントと地理學』 古今書院, 1992).

자연철학 自然哲學 [(그) φιλοσοφία φυσική (라) philosophia naturalis (영) natural philosophy (독) Naturphilosophie (불) philosophie de la nature]

【 I 】 원천과 원의

자연철학은 총체적인 자연관만이 아니라 신학과 윤리학*과도 제휴한 총체적인 세계관도 제시하는 글로벌한 철학이다. 헤시오도스의 서사시(BC 8세기 말)에서는 인간의 생활방식이 신들의 질서 및 자연의 질서와 일체가 된 방식으로 추구되고 있고, 신학과 존재론 즉 형이상학*을 '제1철학'이라고 부른 아리스토텔레스*는 그것이 대상으로 하는 형상의 설명에도 관계한다는 점에서 그것과의 관계 속에서 '자연철학(φιλοσοφία τῆς φυσικῆς)'을 '제2철학'이라고 부르고 있다(BC 4세기)[『형이상학』]. 라틴어 문헌에서 '자연철학(philosophia naturalis)'이라는 말이 최초로 나타나는 것은 대체로 후기 스토아학파에 속하는 세네카의 『도덕서간』일 것이다(AD 1세기). 그는 거기서의 학문분류에서 자연철학을 이성철학[논리학]과 도덕철학* 사이에 위치지어 "사태의 자연본성을 탐구하는" 것이라고 정의하고 있다.

【 II 】 고대 그리스와 서구 중세의 자연철학

고대 그리스의 자연철학은 총체적인 철학으로서의 성격을 농후하고도 전형적으로 보인다. 이오니아 전통의 출발점에 위치하는 탈레스(BC 6세기)는 자연의 원리를 물이라는 질료적인 것에서 구했지만, 다른 한편으로 "만물은 신들로 가득 차 있다"고도 생각하고 있었다. 동일한 전통의 최후에 위치하는 데모크리토스(BC 5세기)는 후에 근대 과학 형성의 하나의 기둥이 되기도 하는 기계론적인 원자론을 제창하는 동시에 인간의 쾌·불쾌, 행·불행, 정·부정 등에 관해서 많은 것을 이야기하고 있다. 또한 자연의 형상적 원리를 추구하는 이탈리아 전통의 출발점에 서 있는 피타고라스(BC 6세기)도 제자들과 함께 교단을 형성하고 영혼의 정화를 지향했다. 그들의 수학론, 우주론은 이러한 목적을 달성한다고 생각된 종교의식에 수반되는 연주음악에서 유래한다. 이에 반해 중세의 기독교적인 자연철학에서는 고대 그리스 철학의 일체성은 깨지고 신*과 자연*과 인간*은 계층적, 목적론적으로 구별되어 질서 지어진다. 인간은 신을 위해, 자연은 인간을 위해 존재한다는 이러한 위계질서에서 자연은 은총에 대한 대립자이다.

【 III 】 르네상스 자연철학과 독일 자연철학

16, 17세기의 르네상스기는 마술적인 자연철학이 번영한 시기임과 동시에 근대 과학이 성립해 가는 시기이기도 했다. 후자를 대표하는 것이 수학적 물리학이었던 데 반해, 전자를 대표하는 것은 연금술적 의학, 즉 의화학이었다. 그것의 근본사상은 대우주로서의 자연과 소우주로서의 인간이 조응하여 일체를 이룬다고 간주하는 세계관이다. 독일의 자연철학은 초월론적*, 낭만주의*적, 사변적* 자연철학 등으로 나누어진다. 두 번째 것은 헤르더* 또는 셸링, 오켄 등(셸링학파)과 바더, 노발리스 등의 다채로운 면면이 정신에 대한 자연의 근원성과 양자의 일체성을 설파하며, 세 번째 것, 즉 헤겔*의 자연철학은 이들과는 거꾸로 정신에 우위를 인정하는 형태의 개념적인 자연철학을 내세웠다. 괴테*의 자연철학은 이것들 가운데 어느 것과도 선을 긋고 구체적인 자연관찰을 중시했다. 두 번째와 세 번째의 독일 자연철학은 일반적으로 고대

그리스의 자연철학에도 공통되게 놓여 있는 자연사상을 전개하고 있지만, 더 나아가 그것을 근대 과학 성립 후의 18세기 말에서 19세기 전반에 걸쳐 근대 과학 비판으로서 수행하고 있다. 예를 들면 기계론에 대한 비판으로서의 셸링의 보편적 유기체론, 뉴턴* 광학에 대한 비판으로서의 괴테의 색채론 등을 들 수 있을 것이다.

【IV】 칸트의 자연철학

방금 지적한 독일 자연철학의 전반적 특징과 선을 긋는 것이 앞에서 초월론적 자연철학이라고 부른 칸트의 자연철학이다. 이것은 근대 과학의 눈부신 성공과 진전에 주목하고, 그 이유를 "이성*은 자신이 자기의 설계에 따라서 산출한 것만을 통찰한다"[B XIII]는 것에서 발견하는 방식으로(이른바 코페르니쿠스적 전회*) 근대 과학, 일반적으로 자연과학 일반을 초월론적으로 기초짓고자 하는 것이었다. 다만 그것은 뉴턴 역학이든 다른 무엇이든 기성의 자연과학의 기본적 성격들을 분석적으로 끌어내어 그 사고방법을 논리적으로 추적하는 방식으로 과학을 사후적으로 근거짓는 것이 결코 아니라, 모든 가능한 자연과학이 그에 따라야만 하는 초월론적 조건들(범주*)을 지시하는 방식으로 근거짓는 것이었다[『순수이성비판』*·'원칙론' 및 『자연과학의 형이상학적 원리』]. 칸트의 초월론적 자연철학은 과학의 근거짓기라는 점에서 포퍼 등도 주목하고 있는 것처럼 오늘날의 과학론의 선구를 이루는 것이지만, 그것의 사후적 근거짓기가 아니라는 점에서 오늘날의 어떠한 과학론과도 다른 독특한 유형의 과학론이 되고 있다. 또한 비판기 이전의 자연철학은 뉴턴 이후에 등장한 다양한 구체적인 자연론의 시도 가운데 한 종류(우주론 등)로서 헤아려져야만 하는 것이고, 또한 만년[『오푸스 포스투뭄』]의 에테르 연역 등의 자연철학은 셸링 자연철학의 구상과 유사한 힘들의 체계화 시도이다. ⇒ 셸링, 헤겔, 괴테

—마쓰야마 쥬이치(松山壽一)

📖 藤澤令夫『ギリシア哲學と現代』岩波書店, 1980. 伊東俊太郎『文明における科學』勁草書房, 1976. A. G. Debus, *Man and Nature in the Renaissance*, Cambridge, 1978(伊東・村上 譯『ルネサンスの自然觀』サイエンス社, 1986). 井上・小林 編『自然觀の展開と形而上學』紀伊國屋書店, 1988. 芦津丈夫『ゲーテの自然体験』リブロポート, 1988. 渡辺祐邦『授與と繼承』高山・藤田 編『シェリングとヘーゲル』晃洋書房, 1995. 松山壽一 『ドイツ自然哲學と近代科學』 北樹出版, 1992;『科學・藝術・神話』晃洋書房, 1994;『ニュートンとカント』晃洋書房, 1997. 犬竹正幸 外 編『自然哲學とその射程』晃洋書房, 1993. 伊坂靑司 外 編『ドイツ觀念論と自然哲學』創風社, 1994.

자연학 自然學 [(독) Physiologie]

Physiologie라는 말은 현재는 생리학이라는 의미로 이해되고 있지만, 칸트 시대에는 고대 그리스어의 원의에 따라 피시스(φύσις)의 학, 즉 사물의 본질 내지 사물의 자연본성에 관한 학을 의미했다. 그러므로 Physiologie에 대해서는 '자연학'이라는 역어가 적당하다. 그런데 칸트는 『순수이성비판』*에서 철학* 내지 형이상학*의 체계적 구분을 제시하고 있는바, 이 '자연학'에 특별한 위치를 부여하고 있다[B 869-875]. 그에 따르면 형이상학은 우선 (예비학*으로서의 비판*을 제외하면) '인륜의 형이상학'과 '자연의 형이상학'으로 구분된다. 이 경우의 '자연'은 '당위'에 대립된 '존재' 일반을 의미하며 가장 넓은 의미로 사용되고 있다. 다음으로 이 가장 넓은 의미의 자연의 형이상학에서 존재* 내지 대상*이 오로지 우리의 지성 속에서 사유*될 뿐 아니라 지성 바깥에서 '주어지는' 사태를 고려한 구분이 이루어진다. 거기서 '주어지는' 대상에 한정되는 것이 아니라 일반적으로 '존재한다'고 말해지는 모든 대상을 고려하는 학*은 '존재론' 또는 '초월론철학*'이라고 불리는 데 반해, '주어지는' 대상에 고찰을 한정하는 학은 '순수 이성의 자연학(Physiologie)'이라고 불린다. 요컨대 오로지 개념* 속에서 가능적으로 존재하는 것이 아니라 현실적으로 존재하는 것, 그러한 것의 존재와 본질*을 묻는 것이 칸트가 말하는 형이상학으로서의 자연학인 것이다.

칸트는 나아가 이 자연학을 '내재적 자연학'과 '초월적* 자연학'으로 구분한다. 내재적 자연학이란 가능적 경험의 대상으로서의 자연(가장 좁은 의미의 자연)을

고찰하는 학이며, 외감과 내감*의 구별에 조응하여 이성적 물리학 내지 물체적 자연의 형이상학과 이성적 심리학*으로 나누어진다(다만 이성적 심리학을 내재적으로 간주하는 것에는 문제가 있다). 또한 초월적 자연학은 이성적 우주론과 이성적 신학으로 나누어진다. 그런데 비판철학에 따르면 초월적 자연학은 학으로서 성립 불가능한 것이기 때문에 내재적 자연학, 나아가 이성적 물리학 내지 물체적 자연의 형이상학만이 실제로 가능한 유일한 자연학이다. 그것이 구체화된 모습이『자연과학의 형이상학적 원리』*에 다름 아니다. ⇒형이상학, 자연,『자연과학의 형이상학적 원리』

—이누타케 마사유키(犬竹正幸)

📖 H. Heimsoeth, *Transzendentale Dialektik. Ein Kommentar zur Kants der reinen Vernunft*, Bd. IV, Walter de Gruyter, 1971.

자유 自由 [(독) Freiheit]

【Ⅰ】 초월론적 자유

(1) 절대적 자발성. 우선 칸트는『순수이성비판』*의 '이율배반'* 장에서 세계의 사건을 설명하기 위한 '인과성'{원인성}(Kausalität)'의 하나로서 자유 ── 자유에 의한 원인성, 자유로부터의 원인성 ──를 고찰하고, 그러한 우주론적 세계원리로서의 자유의 전통적인 형이상학적 잔재를 불식하여 실천적인 도덕적 개념에로 환골탈태시키고자 한다. 그것은 고찰의 대상을 자연적 세계로부터 도덕적 세계로 전개함과 동시에 사유하고 인식하는 이론적인 초월론적 주관(주체)으로부터 의지하고 행위하는 실천적인 도덕적 주체에로 전환하는 것이다. 칸트의 '자유'론은 기본적으로 '초월론적 자유'와 '실천적 자유'에 관한 논의에서 성립하고 있다. 칸트가 이론적인 사변적 관점에서 세계에서의 사건을 설명하기 위한 출발점에 상정한 인과성으로서의 자유란 자연에서의 현상*의 계열을 절대적으로 시작케 할 수 있는 '원인의 절대적 자발성'으로서의 '초월론적 자유'이다. 모든 사건의 제1원인이자 자기원인인 '절대적 자발성'은 탁월한 의미에서의 자유의 본질이다.

그것은 자연과 현상을 규정하는 초월론적 자유의 적극적 측면을 지님과 동시에, 자연적인 경험적 원인에 영향 받지 않는 자연적 세계로부터의 독립성을 의미한다. 초월론적 자유 그 자체는 모든 경험적 사건을 초월해 있기 때문에 초시간적이면서 시간에서의 사건 일체를 절대적으로 시작케 할 수 있는 근원적인 활동능력이고 현상계에 대한 새로운 결정성의 근거이다.

(2) 자유 일반의 가능근거. 이러한 자기원인적인 근거, 제1원인적인 근거로서의 자유는 개념적으로 아리스토텔레스*에서의 부동의 제1동자, 스피노자*의 실체, 또는 이른바 신*의 개념에 상응하지만, 비판철학에서는 그러한 교조적인 형이상학적 실체에게 자유의 근거를 인정할 수 없다. 그리하여 칸트는 초월론적 자유의 근거를 동일한 하나의 대상을 두 개의 서로 다른 관점에서 현상 및 사물 자체*로서 고찰하는 이원론적 구별 안에서, 나아가 사물 자체적인 예지적 원인과 현상적인 경험적 결과의 관계 안에서 찾았던 것이다. 칸트의 근본전제에 따르면 현상계는 자연필연성을 지닌 법칙의 지배 아래 있는 까닭에 "현상이 사물 자체라고 한다면 자유는 구출될 수 없다"[B 564]. 무제약자*로서의 이념에 불과한 '자유'를 상정하는 논리는 현상이 존재하는 이상 그 존재론적·인식론적 근거·원인으로서의 사물 자체가 필연적으로 존재한다고 간주하는 사고방식과 궤를 같이 하고 있으며, 그와 아울러 인식의 구성적 원리가 아니라 규제적 원리로서 '인과성'의 범주*가 적용되고 있다. 그렇지만 자유를 오로지 사물 자체와 가상체의 정적인 성질로서만 간주하게 되면 그것은 경험적 자연계로부터 독립하여 전혀 관계를 지니지 않는 소극적 자유에 그쳐 현상계에 대한 적극적인 규정근거로 될 수 없다. 초월론적 자유란, 만약 그것이 없다면 본래 '실천적 자유'도, 즉 어떠한 자유의지나 도덕적 행위 그리고 책임귀속의 판단도 불가능하게 되는 바의 이 세계에서 자유 일반의 가능성 근거이다.

【Ⅱ】 인간의 주체적 자유

(1) 사유*의 자발성. 칸트는 실천적 행위 주체로서의 인간 안에서 자유의 탁월한 의의를 인정했지만, 이미 이론적 통각의 주체인 인간에게서도 자유의 근거를

간취했다. 인식의 코페르니쿠스적 전회*에 의해서 범주를 통해 대상*을 규정하는 인식 주체의 사유작용이 이미 '자발성*', '자기 활동성'이라는 자유의 특징을 지니는 것에서 명확해지듯이 이론적 사유 주체는 경험될 수 없는 초감성적 존재자, 즉 '예지자*(Intelligenz)'이기도 하다. 사유의 자발성의 담지자로서의 통각적 주체는 가능적 경험의 대상으로서의 자연에 대한 이론적 인식으로부터 초감성적 대상으로서의 자유와 인격에 대한 실천적 인식에로의 전개와 전회의 갈림길에 선다. 왜냐하면 사유의 자발성으로서의 이론적인 통각적 자유와 의지의 자율*로서의 실천적인 당위적 자유는 동일한 하나의 이성적 인격의 주체적 자유로서는 동근원적인 것이기 때문이다.

(2) 예지적 성격. 셸링*은 인간적 자유의 특수성을 명확히 규정하고 인간적 자유와 자유 일반의 '종차'를 제시하기 위해서는 단순한 관념론으로는 충분하지 않다고 칸트를 비판했지만, 칸트 자신은 '자유' 일반의 초월론적 원리를 행위 주체로서의 인간 의지의 자유에 적용하는 형태를 취하여 이론적 자유로부터 실천적 자유로 나아가는 길을 걸어간다. 그리하여 자유는 행위 주체의 '예지적 성격'으로 되지만, 이 성격은 이미 존재하는 사물적인 대상적 성격이라고 이해되는 것이 아니라 어디까지나 장래의 자기형성적인 주체적 과제로서 파악되어야만 한다. H. 코헨*이 '가상체의 자유'가 아니라 '자유라는 가상체'를 채택하여 사용하는 것도 이 때문이다.

【Ⅲ】 실천적 자유

(1) 당위. 그런데 이론 이성의 과제는 자연이 어떠한 존재방식을 취하고 있는가에 대한 사실적 구명으로서의 '존재*'의 사항이지만, 실천 이성의 사명은 인간이 무엇을 이루어야만 하는가를 분명히 하는 것으로서의 '당위*'의 사항이다. 나아가 당위의 명령은 존재의 사실적 구명과는 근본적으로 다른바, '존재'라는 이미 이루어진 사실에 만족하지 않은 채 세계의 상태를 변화시키도록, 즉 존재·해야만 하는 것을 실현하도록 행위 주체에게 강요한다. 일반적으로 인간이 어떤 행위를 수행할 수 있기 위해서는 그 행위를 의지하고 의욕할 필요가 있지만, 당위의 명법은 의욕에 대해서

척도와 목표를 주거나 금지와 신용을 가져다준다[B 576]. 당위의 가장 전형적인 것이 도덕법칙*이다. 예를 들면 후회의 현상과 양심*의 가책 등은 인간이 도덕법칙에 반하면서도 구속되어 있다는 것을 이야기하고 있으며, 이러한 구속성으로서의 당위의 자각(의무의 의식)이 실천적 자유의 객관적 실재성을 실증하고 있는 것이다.

(2) 자유의지. 이와 같이 초월론적 자유는 실천적 자유의 '존재근거'이고 후자는 전자의 '인식근거'이며, 따라서 또한 전자는 자유의 '권리문제*'에 관계하며 후자는 자유의 '사실문제*'에 관계하고 있다. 그러므로 인간에 의해서 현실적으로 행사되고 자각적으로 체험되는 자유는 '실천적 자유' 이외에는 있을 수 없다. 칸트에 따르면 자유에 기초하는 것, 자유에 의해서 가능한 것, 자유로운 의지﹛선택의지﹜(freie Willkür)에 관계하는 것은 모두 '실천적*'이다[B 371, 828, 830]. 따라서 실천적 자유란 의지﹛선택의지﹜가 감성*의 충동에 의한 강제로부터 독립해 있는 것[B 562]이지만, 인간의 의지는 단순한 동물적 의지가 아니라 자유로운 의지(arbitrium liberum)이다[B 562].

【Ⅳ】 도덕적·자율적 자유

일반적으로 '실천적*'이라는 것이 곧바로 '도덕적'이라는 것은 아니지만, 칸트 자신은 『인륜의 형이상학의 정초*』와 『실천이성비판*』에서 양자를 같은 뜻의 것으로 하고 있으며, 『순수이성비판』과 『판단력비판*』에서는 '실천'과 '자유'의 개념을 넓은 뜻으로 이해하고 있다. '의지의 자율*'에 생각이 이르고, '정언명법'의 정식들과 '순수 실천 이성의 근본법칙'을 기초짓고자 한 칸트에 따르면, 실천적 자유란 의지가 도덕법칙 이외의 어떠한 것으로부터도 독립(자유)하게 된다. 이러한 의지의 자율 사상은 '스스로 부과한 법률에 따르는 것이 바로 자유로운 것이다'라는 루소*의 사회계약 사상에 대응하고 있다. 자유로운 의지와 도덕법칙에 따르는 의지는 반드시 동일한 것일 수밖에 없고[GMS, Ⅳ 447], 자유로운 의지란 선에의 의지, 선한 의지이며, 실천적 자유란 선을 향한 자유인 것이다. 실천적 자유, 즉 도덕적 자유는 각 사람의 사적 행동규범으로서의 의지의 준칙(Maxime des Willens)과 보편적인 도덕법칙

의 합치 없이는 불가능하다. 실천적 자유 역시 초월론적 자유에서의 양면성에 상응하여 소극적으로는 일체의 감각적 충동과 경험적 욕망에서 독립하여 그리고 적극적으로는 도덕법칙만을 유일한 규정근거로 함으로써 의지의 준칙[*]이 도덕법칙을 채용하는 데서 성립한다. 그러므로 의지의 자율은 초월론적 자유의 한 측면으로서의 절대적 자발성의 실천적 구체화에 다름아니다.

【V】 악에 대한 자유

그런데 『단순한 이성의 한계 안에서의 종교』[*]에서 '악에 대한 자유'의 문제가 논의되고 있듯이 도덕적·자율적 자유의 개념만으로는 자유문제를 남김없이 다 다룰 수는 없다. 여기서 자유란 "선한 준칙의 채용 또는 악한(반법칙적) 준칙의 채용의 (우리에게 있어 끝까지 다 밝히기 어려운) 제1근거"인바, 선악의 두 방향 모두에 대한 동근원적인 능력으로서 자유가 부각된다. 그러나 칸트는 악에 대한 자유의 문제에 관해서도 도덕법칙을 중심으로 한 실천철학[*]의 틀을 무너뜨리고자 하지 않는다. 즉 악은 어디까지나 도덕법칙에 따라야만 했음에도 불구하고 이에 따를 수 없는 것이며, 도덕법칙이 또한 선악 판정의 기초를 이루고 있는 것이다. 악이란 의지의 준칙이 도덕법칙에 합치하지 않는 것이기 때문에 의지(자유)의 남용이자 오용이며, 선이란 의지(자유)의 정당한 행사이다. 선과 악에 대한 동근원적 능력으로서의 종교적 실존적 자유의 관점과 도덕적 자율적 자유의 관점은 차원의 다름을 전제하지 않으면 논리적으로는 모순된다. 악이라고 하더라도 자기의 자유의지에 의해서 이것을 이룬 것이기 때문에, 행위 주체는 악한 행위에 대한 책임을 스스로 받아들이지 않으면 안 된다. 따라서 칸트는 인류의 유전적 악인 '원죄'를 모든 경험적 현실적 악을 가능하게 하는 초감성적 근거('예지적 행위')로서의 '근원악'[*]으로 내재화하고, 어디까지나 자기의 의지 자유의 행사에 관한 사항인 자기책임의 문제로 규정했다.

【VI】 자유의 체계적 위치

칸트 철학에서의 '자유' 문제는 영혼의 불사 및 신의 존재와 더불어 세 개의 이념 도식으로서는 실천 이성의 요청[*]이지만, 다른 이념이 어디까지나 인간에게 있어 초월적인 데 반해, 오직 자유만은 내재적이다. 근본적으로 인간 이성의 자유로운 정신에 입각한 철학으로서의 칸트의 비판철학은 넓은 의미에서 '자유'의 철학으로 간주할 수 있을 것이다. 왜냐하면 "자유 개념은 그것의 실재성이 실천 이성의 명증적인 법칙에 의해 증명되는 한에서, 사변 이성도 포함한 순수 이성의 체계 전체 건물의 주춧돌을 이루며, 사변 이성에서 한갓된 이념들로서 떠다니고 있는 다른 모든 개념들(신 및 불사의 개념)은 이제 자유의 개념에 연결되어, 자유의 개념과 함께 그리고 자유의 개념에 의해서 부동의 객관적 실재성을 얻가'[KpV, V 3f.] 때문이다.

다양한 의미와 역할을 짊어지면서 다양한 국면에서 전개되는 칸트의 자유론이 비판 철학 전체를 관통하는 논리라는 점에서 그것이 과연 체계적 정합성을 지니고 있는지의 여부가 논의를 불러일으키고 있지만, 그것은 칸트 해석의 문제로서 다른 기회에 전개되어야만 하는 사항이다. ⇒의지, 의지의 자율, 선의지, 근원악, 당위, 예지자, 도덕법칙

－아리후쿠 고가쿠(有福孝岳)

📖 H. Cohen, *Kants Begründung der Ethik*, Berlin, ²1910. K. Fischer, *Die Geschichte der neueren Philosophie*, Heidelberg, ⁶1928. L. W. Beck, *A Commentary on Kant's Critique of Practical Reason*, Chicago, 1960(藤田昇吾 譯 『カント「實踐理性批判」の注解』 新地書房, 1985). 田辺元 『カントの目的論』 筑摩書房, 1948. 矢島羊吉 『カントの自由の概念』 福村出版, 1965. 有福孝岳 『カントの超越論的主体性の哲學』 理想社, 1990.

자유주의自由主義 ⇨정치철학

자율自律 ⇨의지의 자율

작용作用 [(독) Wirkung]

'작용' 또는 '작용결과' 등으로 번역된다. 라틴어 actio를 어원으로 하여 자연학적 용어법에서 나온다는 점에서는 '행위', '행위작용(Handlung)'과 똑같지만, 칸

트에서 Handlung이 작용의 발동적인 측면을 중시하고, 후에 실천철학*에서의 행위론*의 장면에서 중요한 개념으로 된 데 반해 Wirkung은 작용의 결과적 측면을 중시한 개념이다. 또한 『원론』의 제2장에서 법칙에 따라서 '작용하는(wirken)' 자연물과 법칙에 따라서 '행위할(handeln)' 수 있는 이성적 존재자*가 대비되고 있듯이, 그것은 자연물의 '자연작용(Naturwirkung)'에 관한 개념이라고도 말할 수 있다.

칸트의 저작에서 '작용' 개념은 『활력측정고』* 등의 초기 자연철학*에서는 오로지 운동법칙에서 보이는 물리적인 작용–반작용과 물체의 상호작용을 기술할 때에만 사용되고 있었다. 그 후에는 『증명근거』*와 『순수이성비판』* 등의 형이상학적, 사변적 저작들에서도 많이 사용되게 되었지만, 『순수이성비판』에서는 많은 경우 '원인(Ursache)'의 상대개념으로 되어 작용의 '결과'를 나타내는 개념으로서 사용되고 있듯이, 비판기에 이르러서도 물리적 개념의 유비적 사용이라는 취지가 크게 나타난다. 다만 거기서는 초기 자연철학에서 보인 작용의 상호적 내지 상대적 성격으로부터 대체로 원인–결과라는 일정한 방향성을 포함한 사용으로 전환되고 있는바, 그 차이는 주목할 만하다. 또한 이러한 용법들과는 조금 다르지만, 이 말을 '판단'*의 동의어로서 사용하고 있는 경우도 있다. ⇒행위론, 판단

―오하시 요이치로(大橋容一郎)

R. Bittner, Handlungen und Wirkungen, in: G. Prauss (Hrsg.), *Handlungstheorie und Transzendentalphilosophie*, Frankfurt a. M., 1986.

『장래의 형이상학을 위한 프롤레고메나』將來–形而上學– ⇨『학으로서 출현할 수 있는 장래의 모든 형이상학을 위한 프롤레고메나』{『프롤레고메나』}

장소론場所論 [(독) Topik]
'여러 가지 장소에 관한 교설'을 의미하는 (그) τοπικ ή가 어원. '장소(τόπος)'란 변론의 주제를 다루기에 적합한 장소를 말하며, 논의의 진전방식을 몇 개의 공통된 규칙으로서 분류한 것이다. 아리스토텔레스*의 장소론도 참다운 명제들로부터 모순 없이 추론을 형성할 수 있는 절차[*Topica*, I, 100]였다. 이와 같은 장소론을 사용하여 변론가들은 다양한 장소로부터 과제의 처리에 적절한 것을 찾아내 근거가 있는 논의로 보이게 하고 풍부한 언어로 변론을 수행했다. 칸트가 『순수이성비판』에서 '논리적 장소론'이라고 부르는 것이 이에 해당하며, '오류추리' 장에서는 '이성적 심리학*'이라는 것도 기관*으로서의, 요컨대 가상*의 논리학에 불과하다고 비판되고 있다. 이에 반해 칸트가 적극적으로 제시하는 것이 '초월론적 장소론'이다. '초월론적 장소론'은 (1) 일양성과 차이성, (2) 합치성과 모순성, (3) 내적인 것과 외적인 것, (4) 질료와 형식*이라는 네 가지 항목(반성 개념*)에 대해서만 행해진다. 그리고 칸트는 이러한 네 쌍의 반성 개념에 관해 라이프니츠*가 감성*과 지성*의 구별을 행하지 않은 채 잘못된 장소, 즉 순수 지성에서 그것들을 논했다고 '반성 개념의 다의성' 장에서 비판하는 것이다. 그 아래에 많은 인식*이 종속하는 개념* 또는 항목이 '논리적 장소'라고 불리는 데 반해, '초월론적 장소'란 '감성'과 '순수 지성'인 것이다. "각각의 개념에 그 사용 방식의 차이에 따라서 귀속되는 바의 이러한 위치를 판정하는 것 및 이러한 장소를 모든 개념에 대해서 결정하는 바의 규칙들에 따라서 지시하는 것은 초월론적 장소론(transzendentale Topik)으로 될 것이다"[B 324]. 여기서 칸트가 말하는 '규칙들'이란 위에서 언급한 네 쌍의 반성 개념을 가리킨다. 이리하여 초월론적 장소론이란 '초월론적 반성'에 의해서 수행되는 이론에 다름 아닌 것이다.

그런데 감성과 순수 지성을 구별하고, 각각에 따라 상이한 범주*의 사용을 시사한 초월론적 장소론은 또한 감성의 입장인 경험적 실재론과 순수 지성의 입장인 형이상학* 사이의 대화적–논쟁적 상황을 제시한다고 볼 수도 있다. 감성과 지성은 모두 타자에 기대어 자기의 한계와 각각 올바른 대상기술의 방식을 알 수 있기 때문이다. 칸트는 이른바 방법적 유아론에 빠지기는커녕, 거꾸로 흄*과 라이프니츠 등과의 비판적 대결에서

야말로 철학하고 있었던 것인바, 바로 그러한 철학자들의 공동의 장을 보이는 이론으로서의 영역을 초월론적 장소론은 포함하고 있다고도 말할 수 있을 것이다. ⇒반성 개념

―사카이 기요시(酒井 潔)

图 Aristoteles, *Topica*(村治能就 譯『アリストテレス全集』2, 岩波書店). 牧野英二「哲學的對話のトポスとしての超越論的場所論」『理想』635号, 1987. F. Kaulbach, *Das Prinzip Handlung in der Philosophie Kants*, Walter de Gruyter, 1978.

저항권抵抗權 [(독) Widerstandsrecht]

저항권이란 일반적으로 압정에 대한 인민의 저항의 권리이며, 이것이 근대 사회계약설, 특히 로크*에 의해서 혁명권도 포함하는 형태로 확립되었다. 이에 대해 칸트는 "국가*의 입법적 지배자에 대해서는 국민*의 어떠한 적법한 저항도 존재하지 않는다"[VI 320]고 논하여 저항권을 완전히 부정한다. 이러한 저항권 부인론을 처음으로 칸트가 공언한 것은 1793년[『이론과 실천』] 프랑스 혁명이 진전되는 가운데 루이 16세가 처형된 직후의 일이었다. 그러므로 칸트의 논의는 혁명 반대파로부터의 상찬과 혁명 옹호파로부터의 격렬한 비난을 초래했다.

그러나 칸트의 저항권 부인론은 그것이 수행한 이데올로기적인 기능을 도외시하여 그 논의의 틀에만 주목하게 되면, 순수하게 철학적으로 비판윤리학의 기본적 틀에 충실하게 구성되고 있음을 알아볼 수 있다.즉 저항의 옳고 그름은 행복*의 원리(행위의 결과)가 아니라 법*·권리*의 원리(행위의 형식, 절차의 정당성)에 의해서 형식주의*적으로 판정되어야만 한다. 우선 칸트는 저항권이라는 개념 그 자체의 불합리성을 지적한다. 일반적으로 칸트는 긴급권이라는 것을 인정하지 않는다. 긴급한 경우라고 해서 불법(Unrecht)적으로 행위할 권리(Recht)가 있다는 것은 모순이다. 이상적 국가체제(공화제)가 실현되어 있지 않다고 해서 법·권리 체계에 등을 돌린다든지 그 원천을 근저로부터 엎어버리는 것과 같은 권리를 인민이 가진다는 것은 논리적으로 불가능한 것이다.

그와 동시에 폭동과 혁명*과 같은 저항형태 그 자체의 위법성이 지적된다. 칸트가 말하는 법은 만인의 자유*를 공존시켜 평화로운 시민적 상태를 성립시키기 위한 조건이며, 그러므로 근원적으로 "폭력과는 대립하는"[VI 307] 개념이다. 따라서 이상적인 법적 상태의 수립을 지향하여 행해지는 모든 행위 역시 비폭력적인 것이어야만 하며, 그리하여 칸트는 '점진적 개혁'이라는 수단밖에 허용할 수 없었다. "어떠한 전쟁도 있어서는 안 된다"는 칸트의 "영원한 평화*"의 주장은 국가들 사이에서뿐만 아니라 한 국가 내에서도 타당한 것이다[VI 354].

칸트의 저항권 부인론에 대해서는 당시부터 엄격한 비판이 쏟아졌으며, 현재에 이르기까지 칸트 해석에서 회피되는 대상이 되고 있다. 그러나 마우스의 최신의 연구에 의하면, 저항권을 부인한 것은 칸트의 후진성을 의미하는 것이 아니라 오히려 칸트의 정치사상이 급진적이었음을 증시하고 있다. 저항권의 기원은 중세 이전으로 소급한다. 중세의 사회계약설은 지배자와 피지배자의 봉건신분제적인 관계를 미리 전제한 토대 위에서의 복종계약(pactum subjectionis)이며, 지배자에 의한 계약 위반이 있을 때 신민에게는 그에 대해 저항할 법적 권리가 있다고 하는 것이었다. 이에 반해 근대의 사회계약설은 현실의 지배관계를 전제하는 것이 아니라 자유롭고 평등한 개인들이 대등한 입장에서 맺는 결합계약(pactum unionis)이다. 이와 같은 틀에서는 국가는 바로 국민의 것이며, 그 경우 이미 저항권이라는 전근대적인 법제도에 의지할 필요는 없으며, 국민주권이라는 근대적 원리를 확립하는 것이 중요하다. 칸트에 의해서 바로 이와 같은 전회가 수행되었던 것이다.

그런데 칸트는 전제적 국가체제를 어떻게 변혁해야 할 것인가 하는 문제뿐 아니라 더 나아가 공화적 체제 하에서의 "소극적 저항"에 관해서도 논의하고 있다[VI 321]. 이것은 현대 민주주의 국가에서 위법적이긴 하지만 양심적·비폭력적으로 수행되는 '시민적 불복종'이라는 저항형태를 시사하는 것이라고 말할 수 있을 것이다. ⇒혁명, 계약, 국가, 주권

―오노하라 마사오(小野原雅夫)

翻 I. Maus, *Zur Aufklärung der Demokratietheorie*, Suhrkamp, 1992. J. Rawls, *A Theory of Justice*, Harvard U. P., 1971(矢島鈞次 監譯『正義論』紀伊國屋書店, 1979).

적대관계敵對關係 ⇨**대항관계**

적법성適法性 ⇨**도덕성**

전성설前成說 [(독) Präformation]

전성설은 원래는 생물의 개체 발생에 관한 학설로서 생물의 발생은 미리 형성되어 있는 것의 전개라고 주장한다. 17-18세기에 걸쳐 우세했지만, 발생이 진전됨에 따라 차례로 기관들이 형성되어 간다고 하는 후성설*이 곧 이어 우세해진다. 칸트는『판단력비판』* 81절에서 유기적 개체 발생의 목적론적 원리로서 이들 두 학설에 대해 언급한다(『증명근거』제4고찰에서도 언급되고 있다). 그러나 좀더 중요한 용례는『순수이성비판』*의 연역론 제2판에서 보인다. 여기서 칸트는 이 두 개념을 메타포로서 사용한다. 요컨대 경험*과 순수 지성 개념의 일치를 설명하는 데서 경험이 개념*을 가능하게 한다는 주장에 반해 개념이 경험을 가능하게 한다는 주장을 칸트는 순수 이성의 후성설이라고 부르는 것이다[B 167]. 그러나 그는 더 나아가 순수 이성의 전성설을 거론한다. 이에 따르면 순수 지성 개념은 생득적으로 주어져 있으며, 이것이 자연법칙*과 일치하는 것은 신의 의지에 의한다. 전성설이라는 것에서 칸트가 염두에 두고 있는 철학자는 크루지우스*일 것이다[Prol. §36]. 그는 사유*에서 불가분리적인 것은 존재에서도 불가분리적이라는 원리를 세우며, 더 나아가 이것을 참으로밖에는 인식되지 않는 것은 참이라고 하는 원리에 기초하게 했다. 그는 이 불가분리율로부터 충족이유율을 도출하여 인과관계를 설명했다. 칸트는 이러한 크루지우스의 주장을『판명성』* 등에서 주관적인 데 불과하다고 비판한다. 나아가 1772년 2월 21일의 헤르츠*에게 보낸 편지에서 크루지우스의 입장은 '지적 예정조화'로서 비판된다. 그리고 이 연역론에서 칸트의 크루지우스 비판은 결정적인 형태를 취한다. 요컨대 칸트는 크루지우스처럼 예정조화적으로 개념과 경험의 일치를 설명하는 것이 아니라 개념에 의해서 경험이 가능해진다는 것을 통해 이 일치를 설명하는 것이다. 칸트에 따르면 이에 의해 비로소 객체에서의 인과의 필연적 결합을 설명할 수 있는 것인바, 크루지우스의 입장에서는 인과관계는 필연적으로 결합되어 있는 것으로서만 사유될 수 있다고 주장할 수 있는 데 그친다[B 168]. ⇒크루지우스, 후성설

―야마모토 미치오(山本道雄)

翻 Gorden Treash, Kant and Crusius, Epigenesis and Preformation, in: *Proceedings of the Sixth International Kant Congress*, vol. 1, Ⅱ/1, University Press of America, 1989. 山本道雄「Chr. クルージウスの哲學, 付錄・飜譯資料: 決定根據律の, 通俗的には充足根據律の用法ならびに限界に關する哲學論稿」神戶大學『文化學年報』9, 1990;「なぜカントはクルージウスを理解できなかったか」神戶大學文學部紀要 23, 1996.

전쟁戰爭 [(독) Krieg]

전쟁에 관한 칸트의 주요 텍스트는『일반사고』*와『인륜의 형이상학』* 및『영원평화론』*이며, 칸트는 크게 나누어 역사철학적 관점과 법철학적 관점의 두 측면에서 전쟁의 의미를 고찰하고 있다. 역사철학적 관점에서는 인류사의 사실로서의 전쟁이 어떠한 역할을 수행했는가 하는 것이 전쟁이 초래하는 참화를 도외시한 채 어느 정도 적극적인 의의를 부여받고 있다.『일반사고』에서 전쟁은 그보다 더 나아가 근원적인 '적대관계(Antagonismus)' 내지 '비사교적 사교성' (ungesellige Geselligkeit)'이라는 피조물의 자연적 소질에 기초한, 따라서 자연에 의해서 그래야만 하는 사명을 부여 받은 사태로 되며, 개개의 사회가 형성되는 원인이나 더 나아가 국가들 사이에 법적 관계가 만들어지는 기회로 되고, 인류가 결과적으로 유로서의 일체화를 달성해가는 데서 원동력으로서의 위치에 두어진다. 이 점은『영원평화론』의 '제1보설'에서도 '전쟁에

의해 인류는 법적 관계에 들어간다'는 논점으로서 재확인된다. 이에 반해 법철학적 관점은『인륜의 형이상학』제1부 '법론'의 국제법'을 다루는 부분에서 나타나는데, 아무래도 자연상태에서는 타국에 대해 부단한 전쟁상태에 있는 국가'를 주체로 하여 전쟁 전, 전쟁 중, 전쟁 후로 나누어 국가의 권리가 논해지고 있다. 전쟁 전의 권리란 타국으로부터의 침해에 대해 자국의 권리를 추구하기 위한 방법으로서의 전쟁에 대한 권리이며, 전쟁 중의 권리란 전쟁의 종결을 가능하게 하는 형태에서의 전쟁 수행을 요구하는 것이고, 전쟁 후의 권리란 지속적인 평화를 수립하는 체제에 관한 요구이다. 여기서 칸트는 자연적 소질에 기초하고 있다는 의미에서 역사철학적으로는 불가피하지만, 커다란 참화를 수반한다는 점에서 도덕적으로는 근절되어야만 하는 전쟁에 대해 그것을 일정한 규칙 하에서 수행되는 법적 사태로 함으로써 문명 속으로 받아들이는 중간적 방책을 제시하고 있다. ⇒평화, 국제법

―후쿠타니 시게루(福谷 茂)

📖 P. Natorp, *Kant über Krieg und Frieden*, Erlangen, 1924.

전체성全體性 [(독) Totalität; Ganzheit; Ganzes]

전체성 개념은 칸트에게 있어 초월론철학'의 성공 여부가 그에 달려 있을 정도로 중요성을 지니는 개념이며, 비판전기로부터『순수이성비판』'의 성립에 이르는 칸트 사상의 발걸음을 특히 공간론이라는 무대에서 착수되어 수행된 새로운 전체성 개념의 획득에 이르는 길로서 파악하는 것도 가능하다. 칸트는 자기가 비판의 대상으로 삼은 종래의 형이상학'이 범한 오류의 근본을 그것의 잘못된 전체성 개념에 초점을 맞추어 파악하고 있었다. 따라서『순수이성비판』에서 건설적 부분을 이루는 초월론적 감성론 및 초월론적 분석론과 부정적 부분을 이루는 초월론적 변증론'을 각각의 전체성 개념에 입각하여 칸트가 새롭게 정초하고자 하는 전체성 개념과 종래 형이상학의 가상의 근원을 이루는 것으로서 부정하고자 하는 전체성 개념의 대조라는 각도에서 이해하는 것도 가능하다.

구체적으로 말하면,『순수이성비판』에서 칸트가 대결하고 있는 상대방은 '라이프니츠/볼프 철학'이라는 이름으로 지시되고 있지만, 이 유형의 철학의 근본적인 특징을 칸트는 단자론적인, 즉 단순한 요소가 복합됨으로써 비로소 전체가 구성된다는 점에서 파악하고, 이와 같은 전체의 존재방식에 대해 compositum(합성체)이라는 명칭을 부여했다[B 466]. 변증론에서는 이성의 변증론적 가상을 산출하여 이율배반'에 빠지는 전체성 개념의 기원이 피제약자로서 파악된 존재에 대해서 그 제약을 이루는 것을 차례차례 계열을 배진적으로 소급하여 순서에 따라 누적해가는 절차에서 구해지고 있으며, 그 산물이 초월론적 이념 = "제약의 계열에서의 종합의 절대적 전체"[B 441]라고 표현되고 있지만, 이것은 분명히 compositum적인 전체성 개념을 근저에 두고 있다. 칸트에 따르면 이와 같은 전체의 구성은 현상'인 경험'의 대상을 사물 자체'로서 취급해버리는 것에 다름 아니며, 본래 계열의 배진적인 종합에 의해서는 완결할 수 없는 것을 강행적으로 완결시켜버리는 데서 모순을 잉태하고 있다. 이에 반해 칸트가 특히 공간론에서 획득한 전체성 개념은 totum(총체)이라고 불리며, 부분은 전체의 제한으로서만 있을 수 있다고 하는 것을 특징으로서 지니고 있다. 당초 1769년에 절대공간의 존재방식으로 파악된 이러한 전체성 개념은『순수이성비판』의 초월론적 감성론에서는 공간'과 시간'으로 확대되며, 양자의 선험성과 가능성의 제약으로서의 형식성이 그에 기초하여 증명되는 결정적인 역할을 수행하고 있다 이와 같은 전체성이 지배하는 것이 '현상'이라고 하는 것이기 때문에, 공간과 시간을 넘어선 데서 더 나아가 근본적으로 초월론적인 각도에서 보았을 때 경험의 참된 모습으로서의 '유일한 가능한 경험'에서 이러한 전체성은 최후의 소재지를 보이는 것이다. 학으로서의 형이상학이 전체에 대한 물음을 버릴 수 없다고 한다면, 그것은 이러한 전체성에 입각한 방법으로 물음을 제기해야만 하는 것이다. ⇒공간, 이율배반, 유일한 가능한 경험

―후쿠타니 시게루(福谷 茂)

📖 A. J. Dietrich, *Kant's Begriff des Ganzen in seiner Raum-Zeitlehre und das Verhältnis zu Leibniz*, Heidelberg, 1916. Hans Heyse, *Idee und Existenz*, 1935. Alfred Baumler,

Das Irrazionalitätsproblem, Halle, 1923. 三宅剛一『學の形成と自然的世界』みすず書房, 1973(초판 1941).

점유占有 [(독) Besitz]

일반적으로는 물건의 처분권도 포함하는 소유*와는 구별되어 사용권만이 점유라고 불리지만, 칸트는 『인류의 형이상학』* 제1부 법론*의 사법私法론 제1장에서 이 말을 사법상의 권리(물권만이 아니라 채권 및 친족법상의 권리)의 '주체적 조건'이라는 의미에서 사용하고 있다. 그 조건이란 주체의 밖에 있는 대상(물건, 급부를 행하는 사람의 선택의지*, 배우자와 자녀인 상태)과 주체가 모종의 방식으로 결합되어 있는 것이며, 그것은 둘로 나누어진다. 하나는 내가 어떤 토지 위에 서 있거나 내게 어떤 타인의 선택의지에 의한 급부가 지금 행해지고 있는 것과 같은 시간적으로 지금, 공간적으로 여기서라고 하는 나와 대상과의 직접적인 결합인바, '감성적', '현상적', '물리적' 또는 '경험적 점유(empirischer Besitz)'라고 불린다. 그러나 예를 들면 내가 어떤 토지에 서 있다고 하는 사실만으로는 그 토지가 타인의 것일 수도 있기 때문에 그에 대한 권리를 주장할 수 없다. 오히려 내가 그 토지로부터 분리되더라도 그에 대한 권리가 주장될 수 있어야만 한다. 따라서 권리의 근거인 권원權原은 나와 그 대상의 경험적이지 않은 결합에서 구해지며, 그것이 '이성적', '본체적', '오로지 법적' 또는 '가상적 점유(intelligibeler Besitz)'라고 불린다. 그것은 다음의 세 가지 이성*의 이념*에 들어맞는 나와 그 대상의 결합을 의미한다. 즉 그것은 나의 선택의지의 외적 대상을 나의 것으로 삼는 것을 허락하는 "실천 이성의 법적 요청(rechtliches Postulat der praktischen Vernunft)"[VI 246], 나와 다른 사람의 외적 자유의 양립을 요구하는 "법의 법칙(Rechtsgesetz)"[VI 231], 그리고 국가의 이념인 "만인의 통합된 의지(vereinigter Wille aller)"에 의한 입법*에 들어맞는 결합이다. 이와 같이 경험적과 가상적이라는 비판철학의 기본적 개념을 사용하여 권원은 사실문제*가 아니라 권리문제*에 속한다는 것이 주장되고 있다. ⇒사실문제/권리문제, 사법, 소유

―다루이 마사요시(樽井正義)

참 K. Kühl, *Eigentumsordnung als Freiheitsordnung*, Alber, 1984. M. Brocker, *Kants Besitzlehre*, Campus, 1987. 樽井正義「私法における權利と義務」樽井・円谷 編『社會哲學の領野』晃洋書房, 1995.

정관靜觀 [(독) Kontemplation]

이 말은 고대의 관조(theoria)에서 유래하며, 중세 이후 관조적 생활(vita contemplativa)과 활동적 생활(vita activa)이라는 맞짝을 이루는 형태로 널리 보급되어 있었다. 칸트의 용법도 이러한 전통을 배경으로 하고 있다. 칸트에서는 경험계를 넘어선 지적 직관*이 부정되기 때문에, 본래 의미에서의 관조는 있을 수 없지만, 그는 이 말을 미적인 마음의 상태를 특징짓는 말로서 사용하며, 통례적으로 '정관'이라고 번역된다. 그는 『판단력비판』*에서 선*, 쾌적, 미*로부터 생겨나는 세 가지 종류의 쾌를 비교하고 있지만, 앞의 둘이 욕구능력*과 관련하여 관심*을 수반한 쾌인 데 반해, 미에서의 쾌는 실천적이 아니라 관심과 욕구로부터 벗어난 쾌이다. 그 때 우리는 미의 관조에 머무르고 있는 것이며, 이 상태가 정관인 것이다. 나아가 또한 미와 숭고*의 대비에 있어서 숭고한 마음의 운동, 감동의 상태에 대해 미는 감동으로 어지럽혀지지 않은 평정한 정관이라고 특징지어지고 있다. 다만 숭고에서의 상태도 미적인 상태라고 하여 그는 '이성추리적(vernünftelnde) 정관'[V 292]이라는 표현도 사용하고 있다. 정관은 칸트 이후의 미학에서 미적 태도를 특징짓는 개념으로서 중요한 역할을 담당했다. ⇒미, 예술

―구보 고지(久保光志)

정당화正當化 [(독) Rechtfertigung]

일반적으로 '정당화·변명'이나 '변호(Verteidigung)'는 특히 법정에서 어떤 행위와 발언에 대해서 제기된 부당한 비난과 혐의를 제거하고 그 정당성을 주장하는 것인바, 단지 죄를 인정한 후에 그렇게 할 수밖에 없었던 이유를 제출하여 해명하는 것과는 다르다. 그

러나 칸트에서 정당화·변명은 이러한 일반적인 의미에서의 용법 이외에 어떤 원리*나 원칙을 그것을 사용하는 권한에 관해 정당화한다는 의미에서 사용된다. 이 점에서는 '연역*'과 거의 같은 뜻으로 사용된다. 예를 들면 "범주*의 객관적 타당성*의 정당화[변명]"가 "연역"으로 바꿔 말해지고[A 96], 순수 실천 이성의 최상원칙의 "객관적인 동시에 보편적인 타당성의 정당화[변명]"가 "연역"이라고 불린다[KpV, Ⅴ 46]. 이 점은 당시의 법정 논증에서 '연역'의 별칭이었던 "인간에 의한(κατ' ἄνθρωπον) 증명"을 본 따 칸트가 "인간에 의한 변호·정당화"[B 767]라는 말을 사용하고 있는 데서도 짐작할 수 있을 것이다.

'정당화'란 자기의 주장과 원칙의 정당성을 모종의 방식으로 적극적으로 입증하는 것이다. 예를 들어 범주에 관해서 말하자면, 대상*의 사유*가 범주를 성립시킨다는 주장의 불합리함을 그저 지적할 뿐 아니라 대상의 사유가 범주에 의해서만 가능해진다는 것을 증명해야만 한다. 이에 반해 '변호'란 자기의 주장을 무효로 만들 상대방의 주장을 논박함으로써 자기의 주장의 올바름을 입증하는 것인데, 이에 의해 자신의 주장의 논거 그 자체가 강화된다는 것은 아니다. 예를 들면 이율배반에서의 정립명제와 반정립명제는 모두 자기의 주장의 올바름을 직접 입증하는 것이 아니라 상대방의 주장을 전제하면 불합리가 생긴다는 것을 가지고서 자신의 올바름을 입증하고자 하는 것인데, 이러한 방법에 의한 정당화를 '변호'라 부를 수 있다[B 804]. ⇒연역, 구명, 증명

—닛타 다카히코(新田孝彦)

㊥ D. Henrich, Kant's Notion of a Deduktion and the Methodological Background of the First *Critique*, in: E. Förster (ed.), *Kant's Transcendental Deduktions*, Stanford U. P., 1989. 石川文康「法廷モデルと無限判断」『講座ドイツ觀念論』2, 弘文堂, 1990.

정립定立 [(독) Position; Setzung]

Position은 라틴어 ponere에서 유래하며, setzen, Setzung은 그것의 독일어 번역이다. 칸트는 '정립'을 '존재*·유(Sein)'와 동일시한다. 비슷한 예는 이미 토마스 등에서도 보이지만, 칸트는 특히 정립이라는 관점에서 '현존재*(Dasein, Existenz)'의 개념을 명확히 하고자 했다. 전비판기에 속하는 『신의 현존재 논증의 유일하게 가능한 증명근거』*(1762)에서 신의 존재론적 증명을 반박하기 위해 "현존재는 무언가의 사물의 어떠한 술어나 규정도 아니다"[Ⅱ 72]라는 테제가 제출된다. 그 논거가 되는 것이 정립에 관한 '상대적'과 '절대적'의 구별이다. '상대적 정립'이란 '신은 전능이다'라고 하는 경우처럼 술어를 사물과의 '관계에서(beziehungsweise)' 정립하는 것이며, 판단에서의 결합 개념으로서의 계사 '이다'에 의해서 표현된다. 이러한 관계의 정립은 그것이 모순율*을 따르는 한에서 그 사물의 '가능성*'이기도하다. 이에 반해 '신은 있다'고 하는 경우처럼 사물이 그것의 일체의 술어와 더불어 '그것 자체에서 독립적으로(an und für sich selbst)' 정립될 때 '있다'는 '현존재' 내지 '현실성(Wirklichkeit)'을 의미한다. '현존재'는 '절대적 정립'인 한에서, 상대적으로 정립되는 '사물의 술어'(real한 술어로서의 '실재성(Realität)'), 상대적 정립을 표현하는 계사로서의 '이다', 그리고 모순율에 입각한 상대적 정립으로서의 '가능성'으로부터 구별된다. 정립의 방식이 이와 같이 구별되는 근거는 전비판기에서는 궁극적으로 신*에서의 '지성*'과 '의지*'와의 구별에 있다. 전지한 신의 지성에서의 가능적 세계와 현실적 세계를 비교해보는 경우 '무엇이 정립되어 있는가?'에 관해서는 아무런 차이도 있을 수 없다. 그리하여 창조주로서의 신의 의지에 독자적인 의미를 인정하게 되면 '어떻게 정립되어 있는가?'가 구별되어야만 하는 것이다.

『순수이성비판』*(1781)에서도 존재에 관한 동일한 테제가 반복된다. "존재{있는 것}는 분명히 어떠한 실재적(real)인 술어도 아니다. 다시 말해 사물의 개념에 부가될 수 있는 어떤 것의 개념이 아니다. 그것은 사물 혹은 어떤 종류의 규정의 그것 자체에서의 정립에 불과하다"[B 626]. 여기에서도 현존재로서의 '존재·있다'와 계사로서의 '존재·이다'의 다름이 제기된다. 그러나 그 근거는 이미 신에서가 아니라 주관*에 대한 초월론적 반성을 자기 일로 삼는 비판철학에 걸맞게

인간의 인식능력*에서의 '지성'과 '감성'* 사이의 구별에서 구해진다. 존재명제는 어떤 사물의 개념을 넘어서서 그 이상의 것을, 즉 지성 안에 있는 그 개념에 대해서 그것에 대응하는 대상 그 자체가 지성의 '밖'에, 요컨대 '감성적 직관'에서 정립되어 있다는 것을 말하는 종합명제로서 파악된다. 존재명제의 종합적 성격에는 감성과의 결합에서만 대상의 실재적 인식을 성취할 수 있다고 하는 인간 지성의 고유성이 반영되어 있다. 그에 따라서 또한 가능성, 현실성, 필연성*이라는 양상 개념은 사물의 개념이 인간의 인식능력들에 대해서 어떻게 관계하는가의 그 '어떻게'를 표현하는 것으로 된다. 양상* 범주의 객관적 사용의 원칙인 '경험적 사유 일반의 요청'이 '객관적으로 종합적'이 아니라 '주관적으로 종합적'이라고 말해지는 것은 그 때문이다. ⇒신의 존재증명, 존재, 순수 이성의 이상, 가능성

―스미 시노부(角 忍)

㊝ M. Heidegger, *Kants These über das Sein*, Klostermann, 1963 (辻村公一・H. ヴフナ― 譯, 「有に關するカントのテ―ゼ」 『ハイデッガ―全集』 9, 創文社, 1985).

정신精神{영靈} [(독) Geist]

이 말은 그리스어의 pneuma(숨・공기)에서 유래하는 것이기도 한바, 그리스 등에서는 인간의 마음*(Herz, Gemüt) 및 영혼*(Seele)과도 통하는 다소 물활론적인 함의를 지니는 경우가 많았다.

정신이 인간 주체의 기둥이 되게 된 것은 르네상스 이후의 일이다. 우선 신*과의 대비로부터 정신을 '실체*'로서 파악하는 것의 옳고 그름이 논의된다. 데카르트*는 '근대 철학의 아버지'라는 이름에 걸맞게 사유*와 연장을 실체로 삼음으로써 유한한 인간 정신에 높은 지위를 부여한다. 범신론의 입장에서 이러한 입장에 반대한 스피노자*는 오직 신만을 실체라고 하고 정신과 물체는 그 '속성'으로 삼았다. 라이프니츠*도 세계는 실체로서의 무수한 '모나드*'로 이루어진다고 생각한다. 그러나 그는 그 모나드를 '자기 안에 세계 전체를 내포하는 개체성'이라고 하고 모나드 사이의 차이를 산출하는 것은 내적인 세계의 자각의 정도라고

함으로써 동적이고 주체적인 정신 이해에 길을 연다.

그것을 받아들여 로크*와 흄*은 경험 중시의 입장에서 정신을 다양한 관념과 지각이 나타나는 마당으로서 이해하고자 한다. 그러나 정신이 이성과의 관계를 포함하여 개개인 또는 세계의 지배원리로 되는 것은 독일 관념론*에서이다. 헤겔*에서는 『정신현상학』(1807)에서 보이듯이 인간의 마음의 활동과 세계의 지배원리로서의 '절대정신'이라는 두 측면에서 파악되고 있다. 인간* 측에서 '정신'은 '의식*(대상의식)・자기의식・이성*' 다음에 위치지어지며, 이론 측면과 심리 측면을 주된 것으로 하는 '이성'과의 대비로부터 인륜・교양・도덕에 관계하는 능력으로 되고 있지만, 이것은 조금 특수한 이해라고 말할 수 있을 것이다.

칸트에서는 '철학적 정신', '철저성의 정신', '미적 정신' 등 대단히 일반적인 용법을 포함하여 이른바 인간의 마음의 활동 전반을 가리키지만, 완전한 것의 예로서 신*에 대해서도 사용되고 있다. 주의해 두고 싶은 것은 인간과 신의 양자에 관해 똑같이 '영'의 의미로도 사용되고 있다는 점이다.

그것은 우선 인간의 '정신'이지만, 신체에 대응되고 있는 것은 '영혼'의 방향으로, '정신'은 그 하나의 활동으로 되고 있다. '영혼'이 감성적인 활동도 포함하는 것인 데 반해, '정신'은 이성과 의지*에 관계하는 능력이 되고 있기 때문이다. 이러한 성격의 것으로서 '정신'은 진・선・미의 모든 영역에 관계하게 되지만, "이념*에 의해서 생기 있게 하는 마음(Gemüt)의 원리"[『인간학』, VII 246]라는 것이 그 정의라고 말할 수 있을 것이다. 인간의 '정신'은 '이념(Idee)'을 추구함으로써 이성적일 수 있는 것이다. 『천체론』 등에서는 정신의 물질에 대한 의존도 논해지고 있지만, 대부분은 자연으로부터 자유롭다는 데서 그 특성이 구해진다. 특히 '자유의 정신'은 인간의 본성을 이루는 것으로서 중시된다.

다른 한편 '영'의 의미에서는 "우리를 모든 진리로 이끄는 신의 영"[Rel., VI 112]이 근저에 놓인다. '우리의 영'은 그 부분으로서 이 세상에 있으며, '좋은 영' 또는 '악한 영'으로서 행동에 관계하게 된다. 『시령자의 꿈*』 등에서는 그 '영'이 비물질적인 것으로서 신체로부터 분리되어 활동할 가능성이 물어지고 있지만, 여

기서도 이성을 지니는 것이 동물 등의 '영'과의 차이로 되고 있다. ⇒마음, 영혼

―다무라 이치로(田村一郞)

📖 G. W. F. Hegel, *Phänomenologie des Geistes*, J. A. Goebhardt, 1807(金子武藏 譯『精神の現象學』上·下, 岩波書店, 1971·1979). 坂部惠『理性の不安 ―― カント哲學の生成と構造』 勁草書房, 1976.

정신병 精神病 ⇒병 | 정신병 |

정언명법 定言命法 ⇒명법

정위 定位 | 방향짓기 方向-; 방위 方位 | [(독) Orientierung]

'정위'라는 ―― 현대 독일어로서 대단히 활동적인 의미를 지니는 ―― 개념을 칸트는 직접적으로는 멘델스존'의 대표작『아침 시간』(1785) 제10장에서 계승하며, 이른바 범신론 논쟁을 계기로 한 논고『사유에서의 방위』(1786)에서 자기의 사색을 전개하기 위해 원용했다. 그 때 칸트는 우선 동쪽 방향을 확정하는 것과 같은 순수하게 지리학적인 정위로부터 출발하며, 더 나아가 어두운 방 안을 손으로 더듬어 돌아다니는 것과 같은 수학적(공간적)인 정위로 논의를 진전시킨다. 그러한 두 종류의 정위 시에 근거가 되는 것은 칸트에 따르면 좌우를 구별하는 '주관적인 감정'이다. 하지만 이러한 구체적인 경험에서 출발하는 공간파악 그 자체는 이미 전비판기의『공간에서의 방위』*(1768)에서 시도되고 있다. 즉 칸트는 거기서 3차원 공간에서의 불일치 대칭물*을 구체적인 예로 하여 '방위(Gegend)'의 구별을 설명하고, 그로부터 더 나아가 뉴턴*적인 절대공간의 명증성을 추론했던 것이다.

그러나『사유에서의 방위』에서 칸트는 앞의 두 종류의 정위로부터 유비적으로 더 나아가 논리적인 ―― 말하자면 사유공간에서의 ―― 정위의 문제를 주제로 하여 논의하고 있다. 일반적으로 순수 이성은 경험의 대상들에서 출발한다 하더라도 그것들의 한계를 넘어

서서 사유를 확장하고자 하지만, 그 때에 근거가 되는 것은 객관적 근거가 아니라 '주관적인 구별의 감정'이다. 즉 사유 일반의 정위는 이성*의 객관적 원리가 불충분할 때에 이성의 주관적 원리에 의한 '견해'라는 형태를 취한다. 그것은 칸트에 의하면 '이성의 욕구'가 지니는 권리이다. 요컨대 주관적 근거로서의 이성은 객관적 근거에 의해서는 알 수 없는 사항을 전제하여 받아들일 뿐의 권리를 지니는 것이다. 이러한 이성의 욕구는 최종적인 동시에 구체적으로는 '이성신앙*'이라는 형태를 취한다. 따라서 "순수한 이성신앙은 사변적인 사색자가 초감성적인 대상들의 영역을 스스로 이성에 의해서 순시할 때 그에 의해 정위하는 도표 내지 자석"[Ⅷ 142]이다. 미완의 현상논문『형이상학의 진보』의 서언에서도 칸트는 마찬가지로 '정위' 개념에 의해 교조주의 및 회의주의에 대한 비판철학의 독자성을 이야기하고 있다[XX 300f.도 참조]. ⇒견해, 이성신앙

―미야지마 미츠시(宮島光志)

📖 坂部惠「啓蒙哲學と非合理主義の間 ―― メンデルスゾーン ― ヤコービ ― カント」哲學會 編『カント哲學の研究』有斐閣, 1966. 宮島光志「『理性の地理學』再考 ―― <航海メタファー>を導きとして」『カント』(『現代思想』臨時 增刊), 靑土社, 1994. W. Stegmeier, Wahrheit und Orientierung. Zur Idee des Wissens, in: V. Gerhardt/N. Herold (Hrsg.), *Perspektiven des Perspektivismus*, Königshausen & Neumann, 1992.

정의 定義 [(독) Definition]

예세『논리학 강의』의 설명[IX 142-145]은 볼프학파의 전통 속에 놓여 있다. 거기서 논의되고 있는 것은 정의와 가까운 것인 '해명과 기술', '유명적 정의와 실재적 정의', '정의의 주요요건', 나아가 '정의를 음미하기 위한 규칙'이다. 칸트 고유의 '정의'론의 맹아는『판명성』*에서 찾아볼 수 있다. 거기서는 수학*은 종합적으로, 요컨대 개념을 임의로 결합하는 것을 통해서 '정의'에 도달하지만, 철학은 분석적*으로, 요컨대 혼란스러운 개념의 분석을 통해서 '정의'에 도달한다고 말해지고 있다[Ⅱ 276]. 하지만『판명성』단계에서는

종합적 및 분석적 '방법' 개념과의 교차도 보이고 있지만, 『순수이성비판』*에서는 방법 개념과 분리되어 이러한 수학적 정의와 철학적 정의의 연관만이 다루어지게 된다[B 755-760].

넓은 의미에서의 정의에는 '해명(Exposition)', '석명(Explikation)', '표명(Deklaration)'(나아가 '기술(Deskription)'[ⅩⅩⅣ 917]과 '설명(Erklärung)')도 포함되지만, 좁은 의미의 정의란 어떤 사물의 상세한 개념을 그 한계 내에서 근원적으로 서술하는 것이다. 상세하다는 것(Ausführlichkeit)은 어떤 개념을 주어로 한 경우에 술어로 될 수 있는 징표가 (애매하지 않고) 명료하게 그리고 더 나아가 완전히 열거되는 것을, 한계란 그러한 징표의 매거가 그 이상의 완전성을 갖지 않는다고 하는 엄밀함(Präzision)을, 그리고 근원적이란 이러한 한계 규정이 어디에서도 도출된 것이 아니기 때문에 증명을 필요로 하지 않는다고 하는 징표를 말한다.

좁은 의미의 '정의'는 '경험적 개념'에서도 '선험적*으로 주어진 개념'에서도 불가능하다. 예를 들어 '황금'이라는 경험적 개념에서는 무거움, 색, 강인함, 산화하지 않는다와 같은 징표들이 들어진다 하더라도 그것으로 모든 징표가 말해지는 것은 아니다. 또한 '실체*', '원인', '권리'와 같은 선험적인 개념에 관해서도 개념의 분해가 상세한가 하는 것은 계속해서 의심스러울 수밖에 없으며, 따라서 철학적 정의는 있을 수 없게 된다. 그리하여 칸트는 경험적 개념에 대해서는 '석명'으로, 선험적인 개념에 대해서는 '해명'으로 좁은 의미의 '정의'를 대신한다. 이에 반해 '배시계(Schiffsuhr)'와 같은 '임의로 생각된 개념'의 경우에는 과연 개념을 정의할 수 있지만, 대상이 아직 주어져 있지 않기 때문에 대상을 정의했다고는 말할 수 없다. 그리하여 이와 같은 개념에서는 '표명'으로 좁은 의미에서의 대상의 '정의'를 대신하게 된다. 좁은 의미의 정의는 '선험적으로 구성될 수 있는 임의적인 종합*을 포함하는 개념', 요컨대 수학의 개념에 대해서만 승인된다. 수학에서는 개념이 정의에 의해 비로소 주어지는 것이기 때문이다.

또한 '정의'의 문제는 분석판단*과 종합판단의 구별의 문제와도 관계된다. 그 경우 '정의'를 승인하지 않은 상태에서도 두 판단을 구별하는 시금석이 존재하는지의 문제 등이 제기된다. ⇒수학, 분석적, 분석판단

—나가쿠라 세이이치(長倉誠一)

〔참〕 Reiner Stuhlmann-Laeisz, Kants Logik, Walter de Gruyter, 1976. 長倉誠一「カントにおける分析判斷と綜合判斷」『哲學』38号, 日本哲學會, 1988. 山本道雄「クリスティアン・ヴォルフの論理學思想について」 神戸大學大學院文化學研究科『文化學年報』14, 1995. L. W. Beck, Kant's Theory of Definition, in: Philosophical Review 65, 1956.

정의正義 [(독) Gerechtigkeit (라) iustitia]

법*의 법칙들이 지배하는 국가*에서 그 한 국민*의 자유*와 다른 국민의 자유가 양립하고 있는 것, 국민 한 사람 한 사람의 자유와 국가 권력에 의한 그 보호 내지 규제가 최고도로 조화되어 있는 것을 칸트는 정의에 합당하다고 생각하고, 그러한 정의를 충분히 실현한 사회체제를 만드는 것을 자연*에 의해서 인류에게 부과된 최고의 과제로 간주하고 있다[Ⅷ 22]. 요컨대 법의 이념에 따르는 것이 그대로 넓은 의미에서의 정의이며, 그리하여 칸트에서의 법*(Recht)이라는 말의 영역으로서 정의(justice)를 배당하는 연구자도 있다. 그러나 『인륜의 형이상학』* 제1부 법론*에서 이 말은 아리스토텔레스* 이래의 전통에 따르며, 형용사가 덧붙여짐으로써 한정된 좁은 의미에서 사용되고 있다.

사적 권리에 관한 사법*의 영역에서는 세 가지의 정의가 거론된다[Ⅵ 297, 306]. 자신의 권리*를 정당하게 주장하는 것을 한 사람 한 사람에게 인정하는 '보호의 정의(beschützende Gerechtigkeit, iustitia tutatrix)', 계약 등에 의한 상호관계에서 타인의 권리를 서로 부당하게 침해하는 것이 없는 '교환의 정의(wechselseitig erwerbende Gerechtigkeit, iustitia commutativa)', 그리고 각각의 사람에게 각각의 권리를 할당하고 그것을 보증하는 '배분의 정의(austeilende Gerechtigkeit, iustitia distributiva)'가 그것들이다. 이 세 가지는 자연상태로부터 국가로 라는 사회계약의 맥락에서 설명된다. 보호와 교환의 정의는 자연상태에서도 성립할 수 있지만, 거기서는 사적 권리를 둘러싸고 다툼이 생겨나더라도 그것이 조정되는 것은 아니다. 그러므로 그로부터 벗

어나 배분의 정의를 관장하는 재판소를 지니는 상태로의, 요컨대 사법권을 갖춘 국가로의 이행이 법의 필연적인 의무가 된다. 만인의 통합된 의지 하에 있는 국가에서 비로소 각각의 인간*이 지니는 권리가 확정되는 것이며, 그것 없이는 권리는 잠정적인 데 머문다. 그런 까닭에 보호와 교환의 정의는 '내적 올바름의 법칙(lex iusti)' 및 '외적 올바름의 법칙(lex iuridica)'이라고 불리는 데 반해, 배분의 정의는 단적으로 '정의의 법칙(lex iustitia)'이라고 불린다[VI 236f., 306].

공법*인 형법의 영역에서는 더 나아가 '형벌의 정의(Strafgerechtigkeit, iustitia punitiva)', 이른바 응보의 정의가 거론된다[VI 474, 511]. 형벌은 '응보의 법(Wiedervergeltungsrecht, ius talionis)'에 따라서 부과되어야만 한다. 게다가 범죄와 동일한 질의 형벌은 불가능한 것이기 때문에 벌금과 징역의 양의 많고 적음에 의한 응보로 될 수밖에 없다고 이야기하는 헤겔*과는 달리, 칸트는 질과 양의 양면에서 범죄와 동등한 형벌을 요구한다. 그가 살인에 대한 사형과 강간에 대한 거세를 정당화하는 근거는 이러한 엄격한 응보의 추구에서도 찾아진다. 또한 제2부 덕론*의 말미에서는 이른바 천벌이라는 형태에서의 인간에 대한 신*의 정의에 관해, 그것은 인간의 이성*에 있어 초월적*이어서 모순 없이는 생각되지 않는바, 그것에 대한 언급은 인간과 인간의 관계에만 관계하는 윤리학*의 한계를 넘어서는 것이라고 주장되고 있다[VI 288f.]. ⇒법{권리}, 사법, 형법, 국가

―다루이 마사요시(樽井正義)

[참] H. Williams, *Kant's Political Philosophy*, Blackwell, 1983.
T. Pogge, Kant's Theory of Justice, in: *Kant-Studien* 79, 1988.
A. D. Rosen, *Kant's Theory of Justice*, Cornell U. P., 1993.

『정초定礎』 ⇨ **『인륜의 형이상학의 정초』**{『정초』; 『원론』}

정치政治 [(독) Politik]

칸트에게 있어 정치란 법*의 이성적 이념에 따라 공법* 영역에서 그것의 실현을 도모하는 것이며, 그 구체적 과제는 국내에서는 만인의 통합된 의지*에 의

한 입법*이 지배하는 공화제로, 또한 국가* 간에 있어서는 영원한 평화*로 끝없이 접근하는 것이다. 정치도 법과 마찬가지로 외적 행위에 관계하며, 내적 동기에 관계하는 도덕과는 구별되지만, 윤리학*에 속하는 것에 변함이 없다. 따라서 정치에서는 윤리가 엄격하게 추구되며, 이 점에서 근대의 철학자들 가운데서는 특이한 사상이 전개되고 있다. 고대에서의 정치는 플라톤*과 아리스토텔레스*에서 보이듯이 덕과 올바르게 선한 삶의 방식과 결부되어 생각되고 있었지만, 근대에서의 정치는 그러한 헬레니즘과 기독교*의 윤리로부터 분리되었다. 예를 들면 마키아벨리에서는 덕이라는 말로 불리기는 했지만, 그것은 열강에 기대어 국가를 지키는 군주의 기량이며, 홉스*에서는 국가에 안정을 가져오는 합리적이고 실증적인 실용지라고 이해되고 있었다. 어쨌든 결과로서 실현되어야만 하는 공공의 복지라는 목적을 윤리에 적합한 것으로 본다 하더라도 그것을 실현하는 수단으로서의 정치는 권력*을 유지하고 국가를 장악하는 실용지 내지 기술인바, 윤리와는 관계없는 것으로 생각되었다. 이리하여 가치중립적인 사회과학으로서의 근대 정치학에로의 길이 열린다.

그러나 칸트는 수단으로서의 정치 그 자체에서도 윤리를 추구한다. 정치에 관한 체계적인 저작은 남아 있지 않지만, 비판전기 후의 저작들을 통해서 '정직(Ehrlichkeit)'이 가장 좋은 정치라는 입장은 일관되게 견지되고 있다[II 5; VIII 370]. 정치가 단순한 '영리함(Klugheit, 사려)'에 불과하다는 것, 요컨대 행복*이라는 목적*을 실현하는 수단을 지시하는 데 그친다는 것은 도덕의 경우와 마찬가지로 부정된다. 정치의 목적에 관해서도 '공공의 복지가 최고의 법이다'라는 법언에서의 복지란 "국가의 체제가 법의 원리들과 최대한으로 일치된 상태"라고 이해되며[VI 318], 나아가 영원한 평화의 추구도 행복을 위해서가 아니라 윤리상의 의무로서 이야기된다[VIII 377]. 말할 필요도 없이 자신의 행복을 위해 도덕을 왜곡하는 '정치적 도덕가'는 단호히 배척되며, 그 대극에서 '국가를 위한 사려(Staatsklugheit)'와 도덕의 양립을 도모하는 '도덕적 정치가'가 추구된다[VIII 372]. 그 때의 '정치의 원칙'으로서

제시되는 것은, 보편적 법칙 하에서의 한 사람의 자유*
와 다른 모든 사람의 자유의 양립이라는 법의 정의로부
터 직접적으로 도출되는 '공리*'에 따르며, 평등의 원
리에 기초하는 만인의 통합된 의지의 '요청'에 응하고,
자유와 평등의 원리에 따라서 공동체 내의 협조를
도모하는 '문제'에 몰두한다고 하는 것이다[Ⅷ 429].
또한 현실의 정치가 이 원칙에 따르고 있다고 판단되는
기준 내지 따른다는 보증은 정치가 관계하는 전 국민
또는 나라들에 대한 공개를 견딜 수 있다는 것, 요컨대
공개성*이라는 원칙에서 찾아진다. ⇒국가, 평화, 법
　　　　　　　　　　　　　　　－다루이 마사요시(樽井正義)

䂖 H. Reiss, *Kants politisches Denken*, Lang, 1977(樽井正義
　　譯『カントの政治思想』藝立出版, 1989). 小野原雅夫「平和の
　　定言命法 —— カントの規範的政治哲学」樽井・円谷 編『社
　　會哲學の領野』晃洋書房, 1995. H. Williams, *Kant's Political
　　Philosophy*, Blackwell, 1983.

정치철학 政治哲學 [(영) political philosophy]

　근대의 정치철학은 정치*를 국가*를 지배하는 가치
중립적인 실증적 지식이라 하고, 나아가서는 가치에
반하는 것도 허락되는 기술*로 간주하지만, 칸트는
이것을 비판하여 정치철학이란 가치에 관한 윤리학*
의 일부라는 것을 강조하고 있다. 그의 정치철학은
일반적으로는 인도주의(humanism)와 자유주의(liberal-
ism)에 의해서 특징지어진다. 그 인도주의는 자기와
타자 모두 인격*으로서 인정하고 그들의 인간성*을
목적*으로서 취급하도록 명령하는 정언명법과, 그것
의 법*에서의 표현인 자기와 타자의 외적 자유가 양립
하도록 명령하는 법의 법칙에 정치에서도 따르도록
요구하는 것에서 간취될 수 있다. 또한 국민을 자유롭
고 평등하게 자립하고 있다고 규정하여 각자의 행복*
추구의 자유를 인정하고[Ⅵ 314], 그 자유를 국민의
행복을 도모한다는 명목으로 규제하는 가부장적 정부
를 최대의 전제로서 부정한다는[Ⅷ 290] 점에서 칸트
는 로크*, 스미스*를 거쳐 밀에 이르는 자유주의 맥락에
위치지어질 수 있다. 그러나 국민의 권리*, 특히 사적
소유는 만인의 통합된 의지로서의 국가에 의해서 원리

적으로 보호와 제한을 받고 있고, 예를 들면 국가는
생활이 곤란한 국민을 부양하기 위해 유복한 국민에게
과세하는 권한을 갖는다고 한다는 점에서[Ⅵ 325f.]
최소국가를 옳다고 보는 자유주의와는 일정한 선을
긋고 있다. 요컨대 그의 정치철학에서는 국가권력에
의한 지배(Herrschaft)의 축소를 도모하는 것보다도 그
지배가 정당성을 지니기 위한 근거를 이성*의 법칙과
이념*에 의해서 제시하는 것에 과제의 중점이 놓여
있는바, 그의 자유주의는 인도주의와 협조하는 형태로
좀더 사회주의에 가까운 복지국가를 지향하는 방향에
있다고 말할 수 있다.

　이러한 두 가지 특징은 현대의 정치철학에서 널리
받아들여지고 있다고 말할 수 있겠지만, 더 나아가
칸트의 철학은 적지 않은 연구자들에 의해 구체적인
시사도 주고 있다. 하버마스는 정치의 원칙과 실천이
정당성을 지닌다고 판단되는 기준으로서 칸트가 제기
한 '공개성(Öffentlichkeit, 공공성)' 개념을 비판적으로
계승하여 현대 사회에서 그 형성을 도모하고자 하는
담론윤리학*을 제창하고 있다. 롤즈는 칸트의 정치
내지 법철학*이 아니라 실천철학*에 주목하여 이성을
지니고 경향성*을 배제하는 자율적인 인간이 정언명
법을 자기의 도덕법칙*으로서 받아들인다고 하는 칸
트의 논증과, 원초적 상태에서 무지의 베일에 덮여
자신의 이해가 보이지 않는 까닭에 자유로운 인간에
의해서 정의*의 원리가 자신들의 사회의 기본법칙으
로서 채택된다고 하는 그의 정치철학에서의 설명 사이
에 강한 유사성을 주장하고 있다. 또한 실천 이성만이
아니라 미학적 및 목적론적 판단력에도 관심이 기울여
지고 있는바, 아렌트*는 동일하지 않고 다양한 주관의
공동성에 의해서 형성되는 정치의 장에서는 이성이
아니라 미학적 판단력이 중요한 역할을 수행한다는
것을 강조하고 있다. ⇒취미, 판단력, 정치, 명법, 담론
윤리학, 법{권리}

　　　　　　　　　　　　　　　－다루이 마사요시(樽井正義)

䂖 J. Habermas, *Strukturwandel der Öffentlichkeit*, Suhrkamp,
　　²1990(細谷・山田 譯『公共性の構造轉換』未來社, 1974). J.
　　Rawls, *A Theory of Justice*, Harvard U. P., 1971(矢島鈞次
　　監譯『正義論』紀伊國屋書店, 1979). H. Arendt, *Lectures on*

Kant's Political Philosophy, R. Beiner (ed.), Univ. of Chicago Press, 1982(浜田義文 監譯『カント政治哲學の講義』法政大學出版局, 1987). R. Beiner/W. J. Booth, *Kant and Political Philosophy*, Yale U. P., 1993.

『제1비판第一批判』 ⇨『순수이성비판』{『제1비판』}

『제2비판第二批判』 ⇨『실천이성비판』{『제2비판』}

『제3비판第三批判』 ⇨『판단력비판』{『제3비판』}

제한성制限性 ⇨ 무한판단

조화調和 [(독) Harmonie]

칸트는 이미 『천계론』* 등에서 고대 그리스 이래의 우주에서의 '영원한 조화'에 대해 언급하고 있다. 그러나 전통적으로 조화 개념은 우주 전체의 조화(harmonia mundana)와 동시에 인간의 영혼* 내부의 조화(harmonia humana)로서도 생각되어 왔다. 『판단력비판』*에서의 칸트의 조화 개념에는 이러한 두 사상이 반영되어 있다.

칸트에게서 어떤 대상*이 그 개념*에는 관계없이 오로지 직감되고 표상된 대상의 형식*에 관하여 우리 주관* 속에 마음에 들어함(쾌*)을 생기게 할 때, 그 대상이 미*라고 불린다. 그리고 이와 같은 쾌가 생기는 근거는 조화에 있다. 여기서는 세 종류의 조화가 생각되고 있다. 하나는 대상의 형식과 마음에 들어하며 받아들이는 우리의 인식능력* 사이의 조화이다. 둘째로, 그와 같은 마음에 들어함의 상태에서 성립하는 인식능력 내부의 상상력*과 지성* 사이의 조화이다. 마지막으로 자연*의 대상과 이것을 미로 보는 우리 자신도 포함한 일체의 존재자의 총체로서의 자연 전체의 조화이다. 중요한 것은 두 번째의 인식능력 내부의

조화이다. 상상력이란 감각적으로 직감된 다양*한 표상을 정리하는 능력이다. 지성이란 상상력에 의해서 주어진 다양한 표상을 일정한 법칙 내지 질서에 기초하여 포섭*하고 통합하는 능력이다. 보통의 경험적 인식에 있어 우리는 표상을 이것에 일의적으로 대응하는 개념 내지 법칙으로 통합한다. 그러나 미적 경험에 있어서는 대상의 형식에 관해 그 표상의 다양성을 일정한 질서 하에 통합하는 조화가 의도하지 않고서 생겨남으로써 우리 내부에 쾌의 감정이 스스로 생긴다. 여기서 말하는 미적인 조화란 라이프니츠* 이래 바움가르텐*을 거쳐 당시 일반적으로 미의 규정으로 되고 있던 '다양에서의 통일*'이라는 개념을 인식능력 내부의 활동으로서 근거짓고자 했던 것이라고 말할 수 있다.

우리 내부의 의도 없는 조화는 그 근저에 놓여 있는 초월적*인 의도*를 상정하지 않으면 안 된다. 여기서 상정된 어떤 종류의 합목적성*은 동시에 아름다운 자연대상과 우리 사이의 조화라는 사실의 근저에서도 상정되며, 이리하여 일체의 자연존재 사이의 합목적적 조화가 상정된다. 칸트에게 있어 미는 harmonia humana로부터 harmonia mundana로의 전망을 여는 것이다. ⇒ 유희, 미, 판단력, 합목적성

―니시무라 기요카즈(西村清和)

📖 *Historisches Wörterbuch der Philosophie*, Bd. 3, Wissenschaftliche Buchgesellschaft, 1974. 西村清和『カントにおける合目的性概念の位相』『美學史論叢』勁草書房, 1983.

존경尊敬 [(독) Achtung (라) reverentia]

유한한 이성적 존재자*가 도덕법칙에 대해 품을 수밖에 없는 도덕적 감정을 가리킨다. 그것은 그 존재자의 유한성 때문에 그러함과 아울러, 유한하면서도 무한존재자와 동일한 형식(초월론적 자유)을 능력으로서 지니는 까닭에도 그러한 것이다. "우리들에게 있어 법칙인 바의 이념*에 도달하는 데에 우리들의 능력*이 적합하지 않다는 감정*이 존경이다"[KU, V 257]. 이것은 이 존재자에게 있어서의 가장 원초적인 도덕적 현상이다. 본래 존경은 '신성*'한 도덕법칙으로 향하지

만, 그와 더불어 자유*의 주체인 '인격*'으로도 향한다. 그리고 단순한 '사물(Sache)'에 대해서는 결코 생기지 않는다. 법칙에 대한 존경이야말로 도덕적 행위의 집행원리(principium executionis)이다. 동시에 그것은 판정원리(principium diiudicationis)이기도 하다. 행위는 존경에 기초해서만 이루어져야 한다. 또한 행위의 도덕성*은 그것이 법칙에 대한 존경에 기초하여 이루어지는가의 여부에 의거하여 판정되어야만 한다. 존경도 감정인 이상 감성*에서 생겨난다. 그러나 이것은 도덕법칙이라는 "지성적 근거에 의해 야기된다"[KpV, V 130]. 따라서 그것은 "우리들에게 전적으로 선험적*으로 인식될 수 있고 또 그 필연성*이 통찰될 수 있는 유일한 감정이다"[같은 곳]. 그러므로 이 감정에 대해서는 감각론적인(pathologisch) 설명도, 자연주의적인 설명도 주어질 수 없다. 그것은 초월론적 자연전제론(transzendentale Physiokratie)에 반대하여 인간도 포함한 이성적 존재자 일반의 감성적 자연과의 비연속성을 입증하는 감성 측면에서의 논거이기도 하다.

"존경의 대상은 오로지 법칙이다"[IV 401Anm]. 법칙은 이성의 "순수 능력"[KpV, V 3]의, 즉 "초월론적 자유"[KpV, V 4]의 산물이다. 따라서 법칙은 순수 의지의 내용이다. 도덕법칙은 "우리들이 자기 자신에게, 그렇지만 그 자체로 필연적인 것으로서 부과하는 법칙"[IV 401 Anm]이다. 다시 말하면 "우리들의 의지*의 결과"[같은 곳]인 것이다. 따라서 법칙은 무제약적인 실천적 필연성을 수반하여 표상된다. 그럼에도 불구하고 유한한 의지*는 경향성*과 하위의 욕구능력 때문에 오히려 자애의 원리에 기초하여 자기를 규정하고자 한다. 더 나아가 법칙과 준칙*의 상하관계를 전도시켜버리는 것마저도 의지규정에서 일어난다(근원악*). 도덕법칙이 정언명법으로서만 표상될 수 있다는 사실은 유한한 의지의 유한성을 보여주는 것이다. 법칙과의 합치(신성성)의 이념에 자기의 의지가 적합하지 않다는 것의 의식 내지 감정은 유한한 이성적 존재자의 실천적 피제약성 때문에 이 존재자에서 멈추지 않는다. 역으로 "의지의 도덕법칙에 대한 완전한 적합성은 신성성*이다"[KpV, V 122]. 그것은 법칙에 대한 존경 때문에 우리들이 도달해야만 하는 실천적 이념이다.

왜냐하면 바로 그 능력이 있기 때문에 존경의 감정이 가능해지기 때문이다. 그리고 예를 들면 자기의 능력을 완전하게 드러낸 실례(복음서의 성자)는 신성성의 이념에 대응하는 인격이지만, 이러한 인격에 대해서도 유한한 이성적 존재자는 자기의 능력 때문에 존경의 염을 금할 수 없는 것이다. ⇒도덕법칙

―기타오카 다케시(北岡武司)

㊐ J. G. Fichte, *Versuch einer Kritik aller Offenbarung*, Königsberg, 1792(北岡武司 譯『啓示とは何か』法政大學出版局, 1996). H. Cohen, *Kants Begründung der Ethik*, Bruno Cassirer, Berlin, 1910. L. W. Beck, *A Commentary on Kant's Critique of Pratical Reason*, Chicago, 1963. G. Anderson, *Die Stellung der Metaphysik der Sitten in Kants Ethik*, Halle, 1920. F. Delekat, *I. Kant*, Quelle & Meyer, 1969. H.-J. Hess, *Die obersten Grundsätze Kantischer Ethik und ihre Konkretisierbarkeit*, Bonn, 1971. O. O'Neill, *The Construction of Reason: An Exploration of Kant's Practical Phioloophy*, Cambridge, 1989. H. E. Allison, *Kant's Theory of Freedom*, Cambridge, 1990. M. Willaschek, *Praktische Vernunft. Handlungstheorie und Moralbegründung bei Kant*, Stuttgart, 1992.

존엄尊嚴 [(독) Würde]

도덕성*과 이것을 소유한 인격*에게 주어지는 절대적 가치의 명칭. 칸트는 『원론』*에서 보편적 입법자로서의 이성적 존재자*의 체계적 결합을 상정하여 이것을 "목적의 나라*"라고 부르고 "목적의 나라에서는 모든 것은 가격을 지니거나 존엄을 지닌다. 가격을 지니는 것은 다른 어떤 것의 등가물로서 치환될 수 있다. 이에 반해 모든 가격을 넘어서서 등가물을 허락하지 않는 것은 존엄을 지닌다"[IV 434]고 말한다. 여기서 가격을 지니는 것은 물건이며, 존엄을 지니는 것은 인격이다. 본래 이성적 존재자는 이성적이라는 바로 그 점에서 목적* 그 자체이며 절대적 가치를 지닌다. 이에 반해 물건은 경향성*의 대상으로서는 시가를 지니고 정의情意의 단순한 유희의 만족 대상으로서는 감정價감정價를 지니지만, 어느 것이든 상대적 가치에 불과하며, 오직 수단으로서만 존재한다. 그러나 인간

을 목적 그 자체이게끔 하는 바의 도덕성은 내적 가치, 요컨대 존엄을 지닌다. 이러한 이성적 존재자의 체계적 결합이 목적의 나라인바, 여기서는 이성적 존재자가 결코 단지 수단으로서 다루어지는 것이 아니라 언제나 동시에 목적으로서 다루어져야만 한다는 법칙 하에 서는 것이다. 이리하여 목적의 나라에서는 이성적 존재자가 스스로 이 법칙에 복종한다는 점에서 이 나라의 성원이며, 스스로 입법자로서 다른 의지에 복종하는 것이 아니라는 점에서는 이 나라의 원수이다. 존엄은 오로지 이와 같은 이성적 존재자와 그 근거를 이루는 도덕성에만 귀속되는 것이다. ⇒이성적 존재자, 목적의 나라

―구마모토 추케이(隈元忠敬)

참 三渡幸雄 『カント哲學の基本問題』 同明舍, 1987.

존재 存在 | 유有 | [(독) Sein]

칸트의 정의에 따르면 "존재란 분명히 어떠한 실재적 술어도 아니다(kein reales Prädikat). 즉 사물의 개념에 보탤 수 있는 어떤 것의 개념이 아니다. 그것은 단지 그 자체에서의 사물의 정립(Position), 또는 어떤 종류의 규정 그 자체의 정립에 지나지 않는다. 논리적 사용에서 그것은 단지 판단*의 계사(Copula)이다"[B 626]. 『순수이성비판』에서의 판단표*, 범주표, 순수 지성의 원칙*의 체계는 모두 양*, 질*, 관계, 양상*의 네 종류로 크게 구별되며, 나아가 마지막의 '양상'은 앞의 셋에 대해 특이성을 갖추고 있다. 즉 '판단의 양상'은 "판단의 내용에 대해서는 아무것도 덧붙이지 않는(왜냐하면 양, 질, 관계 외에는 판단의 내용을 구성해야만 하는 것은 없기 때문에), 오로지 사유 일반에 대한 관계에서의 계사의 가치에만 관계하는 것이다"[B 994.]. 생각건대 우리의 판단은 우선 개연적인 것으로부터, 즉 논리적 가능성(A는 B일지도 모른다)으로부터, 실연적인 것 즉 논리적 현실성(A는 B이다)을 거쳐, 최종적으로는 단언적인 것, 논리적 필연성(A는 B이어야만 한다)에 이른다. 이와 같이 판단에서 보이는 양상의 세 가지 계기는 동시에 인간적 사유의 세 단계를 지시한다. 요컨대 계사 '이다'는 대상의 대상성, 실체의

실체성, 사물의 객관적 내용, 사물의 실재성, 결국 사물의 본질*로서의 '그것은 무엇인가'의 무엇에 관해서는 아무것도 말하지 않는다 하더라도 사물의 존재방식, 어떻게, 즉 '양상・양태*(Modalität)'를 드러내고 있는 것이다.

'존재'의 용법은 서두의 인용문에서 분명해지듯이 '이다'라는 판단의 계사와 '가 있다'라는 존재 명제의 두 종류로 크게 구별된다. 요컨대 '이다・있다'의 논리적 사용과 존재론적 사용, 다시 말하면 주어술어 관계에 한정된 용법으로서의 객관(사물)의 상대적 정립과, 술어를 사상한 용법으로서의 객관(사물)의 절대적 용법으로 구별되는 것이다. 나아가 사물의 존재(현존재 Dasein)는 개념*으로부터는 도출할 수 없다. 예를 들면 머릿속(개념)의 가능적인 1만원과 호주머니 속의 현실적인 1만원에서는 대상성(실재적 술어・실재성)은 1만원으로서 동일해도 현실의 재산 상태에서는 하늘과 땅 차이가 존재한다. "따라서 우리의 대상 개념이 무엇을 얼마나 많이 포함하고 있다 하더라도 이 개념에 대해 실존재(Existenz)를 부여하기 위해서는 우리는 그 개념으로부터 벗어나야만 한다"[B 629]. 따라서 "만약 가능성*, 현실성*, 필연성*의 정의를 단적으로 순수 지성으로부터만 길어내고자 했다면, 누구도 가능성, 현실성, 필연성을 명백한 동어반복에 의해서밖에는 해명할 수 없었을 것이다. 왜냐하면 개념의 논리적 가능성을 사물이 초월론적[실재적] 가능성으로 슬쩍 바꿔치기하는 것은 단지 미숙한 자만을 기만하고 만족시킬 뿐이기 때문이다[{ }안은 칸트 자신의 사용본에 의한 수정)[B 302]. 제1비판에 이르는 침묵의 10년 사이에 찾아낸 방도는 분명히 순수 지성의 능력이 아니라 감성적 직관 및 상상력*을 포섭한 통각*으로서의 인간적 인식능력의 특질을 보는 방향에 다름 아니다.

즉 "이런 모든 개념들[가능성, 현존재, 필연성]은 모든 감성적 직관(우리가 지니고 있는 유일한 것)이 제거되는 경우에는 무엇에 의해서도 **입증되지 않는다**[B 302f. Anm.]는 것뿐만 아니라, "모든 판단의 논리적 형식은 거기에 포함되어 있는 개념의 통각에 의한 객관적 통일 속에 있다"[B 140]는 것이다. 그러므로 칸트는 "논리학자들이 판단 일반에 관해 주고 있는

설명, 그들의 말에 따르면 '판단이란 두 개의 개념 사이의 관계의 표상'이다'라는 설명에 만족할 수 없었다'[B 140]. 왜냐하면 "이 관계가 모두 어디서 성립하는가 하는 것이 여기서는 규정되어 있지 않기" 때문이다[B 141]. 칸트의 견해에 따르면 "판단이란 주어진 인식을 통각의 객관적 통일로까지 가져오는 방식에 다름 아닌" 것이며, "판단에서의 관계사 '이다'는 주어진 표상의 객관적 통일을 주관적 통일로부터 구별하기 위해 그것(주어진 인식을 통각의 객관적 통일로까지 가져오는 것)을 겨냥하고 있다"[B 141f.].

재생적 상상력(reproduktive Einbildungskraft)은 여러 가지 표상의 계기에 관해 주관적 타당성을 지니는 데 불과한 연상의 법칙(Gesetz der Assoziation)에 따르는 것이며, 이에 의해서는 예를 들어 어떤 물체를 들어올릴 때 "나는 중압을 느낀다(Ich fühle einen Druck der Schwere.)"고 말할 수 있다 하더라도 "그 물체는 무겁다/무겁게 있다(Der Körper ist schwer.)"라고는 말할 수 없다. 후자가 의도하는 것은 "두 개의 표상(물체와 무거움)은 객관 안에서, 즉 주관의 상태의 차이에 관계 없이 결합되어 있는 것이며, 단지 지각 안에서(이것이 아무리 반복된다 하더라도) 함께 하는 것으로 되는 것은 아니다"라는 것이다[B 142]. 판단 그 자체는 예를 들면 '물체는 무겁다'와 같이 경험적, 우연적이라 하더라도 이 판단이 말하고자 하는 것은 이들 표상이 "직관'의 종합에서의 통각의 **필연적 통일**에 의해서, 즉 모든 표상—그로부터 인식이 나오는 한에서—의 객관적 규정의 원리—모든 통각의 초월론적 통일의 원칙에서 도출되는 원리—에 따라서 상호적으로 속한다"는 것에 다름 아니다[B 142]. 그러므로 가능적 경험의 대상에 관해 'S는 P이다'라는 것이나 심지어 'S가 있다'라는 것은 통각의 초월론적인 근원적 통일을 전제하는 것이며, 이러한 활동 없이는 존재 개념의 논리적 계사적 용법이나 객관의 절대적 정립으로서의 존재 개념은 성립할 수 없다.

그런데 '현존재의 해석학'으로서의 '실존의 분석론'을 전개한 하이데거'에 따르면, 지금까지 서양의 형이상학의 역사는 존재와 존재자의 구별(존재론적 차이)을 망각(존재망각)한 데서 성립한다. 생각건대 인간의

감각과 지성에서 구체적으로 파악되는 것은 우선은 존재자이지 존재 그 자체가 아니다. 그러나 칸트에서는 '현존재' 개념이 하이데거처럼 인간 존재에만 한정되는 것이 아니라 또한 현존재・현실성과 실재성'의 구별에서 명확해지듯이 존재와 존재자가 확연히 구별된다. ⇒현존재, 양상, 정립, 실재성, 하이데거

　　　　　　　　　　　　　　　—아리후쿠 고가쿠(有福孝岳)

㊟ M. Heidegger, *Sein und Zeit*, Halle, 1927(桑木務 譯 『存在と時間』 岩波文庫, 1960–64); *Kants These über das Sein*, Frankfurt a. M., 1963(辻村公一 譯 『有についてのカントのテーゼ』 理想社, 1972). 九鬼周造 『人間と實存』 岩波書店, 1939. Platon, Sophistes (vgl. 635). G. Schneeberger, *Kants Konzeption der Modalbegriffe*, Basel, 1952. 有福孝岳 「カントにおける樣相の問題」(Ⅰ, Ⅱ), 京都哲學會 編 『哲學研究』(Ⅰ) No. 529, 1975, (Ⅱ) No. 531, 1975.

존재근거存在根據 ⇨**인식근거/존재근거**

존재론存在論 [(독) Ontologie (라) ontologia]
【Ⅰ】 전사

현재 일반적으로 존재론은 형이상학'과 같은 뜻으로 사용되는 경우가 많지만, 그 기원에서 말하자면, 형이상학이 이미 고대에 가능했던 말인 데 반해, 존재론은 대단히 늦게 17세기 중엽에 조어되어 18세기가 되어서야 비로소 그 지위를 확정한 철학용어이다. 이 점은 이 말이 근대의 철학적 상황에 대응하여 만들어졌다는 것을 의미한다. 통상적으로는 고클레니우스의 『철학사전』(1613, 1615)과 오라토리오회 수도사 뒤아멜의 저작에 말로서는 처음 나타나며, 특히 데카르트파에 속하는 클라우베르크가 그의 저서 『존재학』(*Ontosofia*, 1656)에서 'ontosofia 또는 ontologia'라는 표현을 사용하고 정의를 내린 것이 이 근대적 철학용어의 출발점이다. 클라우베르크는 이 말에 대해 그것이 특수한 존재들의 하나의 종이 아니라 그것들 모두를 포섭하는 공통 유로서 그것들에 내재하는 '존재 그 자체(ens quatenus ens est)'를 대상으로 하는 까닭에 그와

같이 이름 붙여진 것이라는 명확한 사명을 부여하는바, 형이상학이라는 고대 이래의 전통을 등에 짊어진 용어를 대중적인 호칭이라 하여 배척하면서 존재론이야말로 좀더 적확한 개념이라는 자각 하에 이 말을 사용하고 있다는 것이 인정된다는 점에서 중시되어야만 한다. 형이상학이 바로 자연적 존재로부터 신*에 이르기까지의 영역들을 상향적으로 포괄하는 절차에 근거하여 비로소 존재*를 논한다는 점에 그 특질을 지니고 있었던 데 반해, 존재론은 그 존재의 영역들 모두에 공통된 것으로서의 존재라는 대단히 추상적인 대상을 미리 상향적 절차 없이 정립한 다음 그것에 초점을 맞추어 취급한다는 점에서 두드러진 대조를 보이고 있다. 형식적으로는 존재 그 자체라는 형이상학의 최종적 테마가 독립되게 된 것이 존재론이라고 말할 수 있지만, 동시에 그것은 최고도의 일반적이고 추상적인 수준에서 말해지는 존재라는 개념을 자기에게 고유한 대상으로서 받아들인다는 점에서, 철학은 이미 신학에서 원리를 구하는 것으로부터 해방되어 신학과는 별개의 입각점을 지니는 학으로서의 자각을 획득했던 것이며, 존재론이라는 말의 등장은 그 사실과 자부심을 표현하는 것이었다.

이와 같은 존재론이라는 용어의 함축을 전면적으로 내세운 것이 볼프*이다. 볼프의 주저는 『제1철학 또는 존재론』이라는 제목을 달고 있는데, '존재 일반의 개념'을 다룬 제1부와 '존재의 다양한 종류'를 논한 제2부로 이루어지는 구성에서 '존재론'이라는 이름하에 협의의 존재론과 전통적 형이상학의 대상이 둘 다 받아들여져 있다는 것을 확인할 수 있다. 내용적으로도 존재 그 자체를 논하기 위한 가장 추상적인 수준으로서 형식논리학이 철학과 일체화한 결과인 근대적 '존재론'의 우위를 기반으로 한 형태로 형이상학이 완전히 재편성되고 있다.

【Ⅱ】 칸트

『순수이성비판』* 이후의 칸트의 철학은 "존재론이라는 불손한 명칭"은 "순수 지성의 분석론이라는 겸손한 명칭에 자리를 양보해야만 한다"[B 303]는 말로 상징되듯이 근대적인 색채를 농후하게 지니는 존재론이라는 말에 대해서도 한층 더 비판적이며, "대상*이

아니라 우리가 대상을 인식하는 방식에 관계한다"[B 25]는 초월론철학*의 정의에서도 이미 <존재 그 자체>를 무비판적으로 논하는 것은 배척된다. 그러나 이것은 칸트가 철학 그 자체로부터 존재론이라는 말을 배제하고자 했다는 것을 의미하지 않는다. 오히려 칸트는 존재론이라는 학을 형식논리학에 대한 의존으로부터 한층 더 순화하고 고유한 방법론을 부여하여 철학적으로 기초짓고자 했다. 이를 위한 수단이야말로 "대상을 인식하는 방식"으로의 초월론적 전회이며, 그것을 거친 후에 칸트는 "순수 이성의 건축술"[B 860-879]에서 비판철학의 기반 위에 선 새로운 형이상학의 체계를 제시하는바, 거기서는 제1부문으로서 '존재론'이 놓여 있다[B 874]. 뿐만 아니라 존재론은 초월론철학과 동일시되기까지 한다[B 873]. 초월론철학도 그 방법을 도외시하여 그 성과에만 주목하게 되면 결국 "주어져 있을 객관을 상정하지 않은 채" 고찰된 "대상 일반에 관한 모든 개념 및 원칙의 체계"[같은 곳]에 다름 아니기 때문이다. 여기에 위에서 말한 근대적 존재론과의 연속성이 있으며, 이리하여 초월론철학의 성과를 다시 존재론 또는 형이상학이라는 명칭과 체재 하에서 제시하는 것은 칸트에 의해 최종적으로 지향되고 있던 것이라고까지 말할 수 있을 것이다. 다만 그 경우 체계구성 자체가 <입법자로서의 인간 이성>이라는 칸트 철학이 획득한 최고원리에 기초하는 '자연의 형이상학'과 '인륜의 형이상학'으로의 구분을 전제로 하여 "협의의 형이상학"[B 873]인 바의 전자 속에 초월론철학을 내용으로 하는 존재론이 속한다고 하는 전적으로 독자적인 것으로 된다는 것이 근거에 놓이지 않으면 안 된다. 여기에 존재론의 역사에서 칸트가 지니는 독창성이 놓여 있다. ⇒형이상학, 볼프

―후쿠타니 시게루(福谷 茂)

Ⓑ Mariano Campo, *Cristiano Wolff e il razionalismo precritico*, Milano, 1939. J. Ferrater Mora, On the Early History of Ontology, in: *Philosophy and Phenomenological Research* 24, 1963.

종교 宗教 [(독) Religion]

칸트에게 있어 참된 종교는 도덕적 마음가짐에 기초

한 도덕적 종교이며, 신*을 순수 실천 이성의 이성신앙*에 의해서 믿는 이성종교이다. 그리고 종교는 행복*에 대한 희망*에서 생겨나지만, 칸트에 의하면 참된 행복은 최고선*의 하나의 요소로서의 행복이자 도덕성*과 결부된 행복인바, 이것은 최고선을 가능하게 하는 신에 의해서 배분된다. 그러나 인간은 현세에서는 완전한 도덕성에 도달하는 것이 불가능하기 때문에, 완전한 도덕성과 결부된 완전한 행복, 즉 축복은 사후에야 비로소 가능하다. 그렇지만 이러한 사후의 축복을 희망하는 것이 허락되는 것은 현세에서 도덕성의 원리에 따르고 도덕성의 완성을 향해 성실하게 산 인간에게 한정된다. 따라서 이성종교의 대상이 되는 신도 현명·자비·정의*와 같은 도덕적 특성을 갖춘 신이며, 전지·전능·편재와 같은 신의 형이상학*적 특성도 이러한 도덕적 특성에 적합한 형태로 이해되어야만 한다.

그런데 칸트는 또 한편으로 신은 지상에서도 전 인류 사이에서 최고선이 실현될 것을 요구하고 있으며, 인간도 신에게 협력하여 이 최고선의 촉진을 위해 노력해야만 한다고 주장한다. 칸트가 여기서 지상에서의 최고선의 한 요소로서 생각하는 행복은 도덕적으로 살아가는 인간이 그 누구든 그 결과로서 스스로의 현존에 만족할 수 있는 상태이며, 그것을 확보하는 정의의 체제 실현을 향해 노력하는 것이 "인류의 인류 그 자체에 대한 의무"이다. 칸트가 『단순한 이성의 한계 안에서의 종교』*에서 내건 '윤리적 공동체'의 이념은 이러한 체제 하에서 인류 전체가 도덕적으로 완성되는 것을 추구했던 것으로서 이것이 이성신앙에 의한 이성종교가 지향하는 궁극의 이념*이다.

이러한 도덕적 이성종교에 반해 오로지 자기 행복의 원리에 따라서 신을 섬기고, 도덕적으로 살지 않고서도 신에게 빌면 행복을 누릴 수 있다고 하는 종교는 '은혜를 구하는 {단순한 제사의} 종교'이며, 이것은 '불순한 종교'이다. 신의 은혜를 신과 마음이 통하는 것에 의해 불러일으킬 수 있다고 하는 '광신과 기적을 기대한다든지 오로지 제사에 힘씀으로써 신에게 의롭다 인정받는다고 하는 '미신'은 이러한 불순한 종교에서 생겨난다. 또한 기성의 종교에서 보이는 다양한

'계시신앙*'은 문서와 역사적 사건에 기초한 경험적인 '역사적 신앙'이며, 이것은 순수한 이성적 소유에 기초한 이성신앙과 구별되지만, 그러나 칸트는 이러한 계시종교 속에서도 이성종교와 합치하는 부분이 발견된다고 하며, 그 중에서도 특히 기독교*를 그와 같은 종교로서 중시한다. 칸트의 해석에서 예수는 보편적인 도덕적 이성종교를 신앙에 있어 불가결한 최고조건으로서 설교하고, 이어서 이를 위한 수단으로서 의례 및 제도와 규범을 설교했던바, 기독교가 불순한 종교에 빠지게 되는 것은 예수가 제시한 이 질서를 신자들 쪽에서 전도시키기 때문이다. ⇒이성신앙, 『단순한 이성의 한계 안에서의 종교』, 기독교

—우츠노미야 요시아키(宇都宮芳明)

图 宇都宮芳明「カントと理性信仰」北海道大學文學部紀要 42-3, 1994;「カントの宗教論」같은 책, 43-3, 1995. Joseph Bohatec, *Die Religionsphilosophie Kants*, Hamburg, 1938. Georg Picht, *Kants Religionsphilosophie*, Stuttgart, 1985.

『종교론宗教論』 ⇨『단순한 이성의 한계 안에서의 종교』{『종교론』}

종교철학宗教哲學 [(독) Religionsphilosophie]

칸트의 종교철학은 진·선·미를 구명하는 인식론*, 도덕철학*, 미학*으로 이루어진 비판철학의 체계와 별개의 원리에 기초하는 고유한 연구영역을 형성하지 않는다. 오히려 그것은 각각의 영역에서 행사되는 이성*의 능력을 끝까지 확인하는 칸트의 사색 가운데에 불가피하게 포함되어 있다고 말해야만 한다. 왜냐하면 칸트에게 있어 진선미에 관한 인간의 이성능력을 한계짓는 것은 인간*이 신*에 관계하는 방식을 또는 신에 대한 인간의 존재해야만 하는 위치를 인간학적 관점에서 비판적으로 한정하는 것을 의미했기 때문이다. 그런 의미에서 칸트 종교론의 근본 특징은 특히 『실천이성비판』*의 입론 그 자체에 함의되어 있다. 즉 그것은 도덕법칙*을 자기의 의무*로서 스스로 나서서 준수하는 도덕적 행위야말로, 좀더 말하자면 무제

약적인 도덕법칙을 의지의 주관적 원리(준칙˚)로 하는
선의지를 자기 존재의 형식으로 함으로써 자기가 완전
한 도덕적 존재로 되는 것(도덕성의 실현)이야말로
신의 명령의 이행, 인간의 신에 대한 참된 봉사가 된다
고 하는 것이다. 이런 한에서 칸트는 진정한 플라톤주
의자라고 말할 수 있을 것이다. 왜냐하면 플라톤˚ 역시
신에 대한 경건이라는 인간의 원초적인 정신적 각성에
포함되는 종교적 의식을 인간의 자기 존재를 성립시키
는 정·선·미라는 윤리적 개념에 의해서 다시 파악
하고자 했기 때문이다. 이러한 논점에서 보면 실천
이성의 궁극목적˚으로서의 최고선˚의 개념에서 도덕
적인 행위 및 존재˚와 행복의 필연적 결합을 보증하는
'신의 현존재'를 요청하는 문맥에서 등장하는 신의
문제는 환원되지 않은 채로 남겨진 문제라고 할 수
있을 것이다.

칸트의 종교철학으로서는 『단순한 이성의 한계 안
에서의 종교』˚라는 단독의 저작이 있다. 이 저작은
위에서 말한 『실천이성비판』의 입론을 변경함이 없이
선˚과 악의 문제와 기독교˚ 및 신약성서의 문제를 인간
의 도덕성˚과 악덕의 현실존재에 눈을 돌려 논의한,
이를테면 그 응용편이라고 말할 수 있을 것이다. 그
주제는 인간 본성에서의 '선에 대한 근원적 소질'과
'근본악'을 둘러싼 문제이다. 거기서는 근원악˚의 기
원, 그 극복의 가능성, 선의 원리의 지배 문제가 성서적
개념 및 표상˚과 교차되어 논의된다. 이 논고의 가장
중요한 초점은 준칙이다. 왜냐하면 악의 근거는 인간
의 감성과 이성의 부패 등이 아니라 "의지˚가 자기의
자유˚를 행사하기 위해 자기 자신에서 만든 규칙 가운
데에, 결국 준칙 가운데에만 놓여 있기"[VI 21] 때문이
다. 그렇지만 칸트가 선악에 선행하는 근원적인 선택
의 자유를 인정하는 것은 아니다. 의지의 자유는 어디
까지나 도덕법칙의 의식과 나눌 수 없게 성립하는
것이고, 악의 근거로도 되는 자유는 가상적 개념에
불과하다. 그러므로 "도덕적인 준칙을 받아들이는 최
초의 주체적 근거는 탐구할 수 없는"[VI 21] 것이다.
분명히 여기서 칸트는 『창세기』의 아담의 타락 이야기
를 염두에 두고 악의 기원의 이해할 수 없음을 잘
통찰하고 있지만, 바울처럼 거기서 인간이 자기의 무

력함을 자각하고 절망할 수밖에 없는 악의 지배력의
깊이(원죄)를 보고 있지는 않다. 이 한 가지 점이 칸트의
종교론을 기독교 신앙의 입장에서 떼어내 신약성서의
신앙고백 정식을 무시하게끔 한다. 『종교론』을 구성
하는 각 편의 '철학적 종교론'이라는 표제가 시사하듯
이 칸트의 종교철학은 어디까지나 인간의 이성을 신뢰
하는 도덕적 이성종교의 길을 새롭게 여는 것이었다고
말할 수 있을 것이다. ⇒신, 기독교, 근원악, 종교, 윤리
신학

—가이 히로미(甲斐博見)

A. Schweitzer, *Die Religionsphilosophie Kants*, Freiburg i.
B., 1899(Neudruck: Hildesheim, 1974). Georg Picht, *Kants
Religionsphilosophie*, Stuttgart, 1985. R. Wimmer, *Kants Kriti-
sche Religionsphilosophie*, Berlin/New York, 1990. 量義治「理
性宗教とキリスト教」『カント讀本』法政大學出版局, 1989.
近藤功「カントの宗敎論」『講座ドイツ觀念論』2, 弘文堂,
1990.

종별화種別化 ⇨ **특수화**{종별화}

종합綜合 [(독) Synthesis]

종합은 칸트 인식론˚의 핵심적인 개념들 가운데 하
나이다. 유한한 인간의 인식˚ 즉 경험˚은 감성˚과 지성˚
의 두 요소로 이루어지며, 감성에는 공간˚을 형식˚으로
하는 외감과 시간˚을 형식으로 하는 내감˚이 있다. 그러
나 외감이라 말하고 내감이라 말하더라도 하나의 감성
에 속하며, 감성과 지성이라 말하더라도 하나의 마음
에 속한다. 각각은 인식의 국면들을 비추어주긴 하지
만 궁극적으로는 하나로 합일하는바, 통일적으로 파악
되어야만 한다. 종합은 이 문제를 푸는 핵심적 개념이
며, 종합을 이해하고자 할 경우에는 언제나 이 점을
염두에 두어야만 한다. 제1비판 개정의 큰 이유들 가운
데 하나도 이 인식능력들의 통일, 그러므로 종합 개념
에 관한 사색의 발전과 진화에 놓여 있다.

스트로슨˚은 종합의 이론이 경험적 심리학이나 마
음에 관한 분석적 철학에 속하지 않는 꿈같은 이야기라

고 하여 이 이론으로부터 독립하여 경험의 본질적 특징인 객관성과 통일의 필연적 조건을 이해하고자 한다. 그러나 직관*이든 인식이든 그것이 다양한 부분을 내적으로 포함하는 대상*의 직관이자 인식이라면, 거기에 다양의 종합이 놓여 있다는 것은 논리적이라고도 할 수 있지 않을까? 또한 그의 주장의 배경에는 시공과 범주*가 주관 안에 있다는 그의 초월론적 관념성*에 대한 심리학적 해석을 계속해서 불식시키지 못하고 있는 점이 놓여 있는 것으로 생각된다. 종합의 이론에서 독립해서도 경험의 가능성의 필연적 조건의 탐구는 어느 정도 가능할지도 모르지만, 나중에 말하듯이 선을 긋는 운동에 의해서, 나아가서는 경험의 주체로서의 자기의 신체운동에 의해서 이루어지는 시공의 존재와 본질구조의 선험적*인 개시 및 범주의 도식화에 관해서는 산출적 상상력의 순수종합과 무관하다고 이해할 수 없다.

【I】『순수이성비판』제1판과 제2판에서의 차이

직관의 다양*으로부터 대상의 인식이 생겨나기 위해서는 다양을 통람하고 받아들여 종합해야만 한다. 두 판 모두 이러한 사유*의 자발성*을 종합이라고 파악하여 이 개념을 처음으로 도입한다[A 77/B 102]. 종합은 창조적이지 않은 수용적 직관이 대상의 인식이 되기 위해 필요한, 다시 말하면 사유할 뿐 직관하지 않는 인간의 지성에 있어서만 필요한 자발성인 것이다. 그러나 두 판에는 차이도 있어 그 특징을 들자면, 제1판은 다양의 종합통일이라는 인식의 세 요소를 기본적으로 감성, 상상력*, 지성으로 나누며, 종합을 상상력의 기능으로 하는 가운데 감성과 지성을 결합하는 상상력의 역할을 강조한다. 제2판은 사유의 자발성을 다양의 종합통일이라는 세 요소를 포함하는 결합으로 파악하며(모든 결합*을 일반적으로 종합이라고도 부르지만), 이것을 모두 지성의 기능으로 한다. 또한 종합에 관한 고찰의 진전은 직관 그 자신이 통일을 지닌다고 하는 견해에 이른다. 이것은 다양의 종합이 행해지는 것이 감성에서인가 그렇지 않으면 지성에서인가 하는 종합의 장소 구별을 요구하지만, 제1판에서는 이 구별이 그다지 명확하지 않으며 제2판에 이르러서 명확해진다. 따라서 두 판의 차이가 어떠한 경우에서 생겨났는

지를 주의 깊게 살펴볼 필요가 있다.

제1판은 사유의 자발성을 종합으로 파악하는 가운데 다양은 감성이 주고 상상력이 이것을 종합하며 종합을 통일하여 개념으로 하는 것은 지성이라고 하는 바, 종합은 곧바로 상상력의 기능에 한정된다. 종합에 주어지는 언뜻 보아 상이한 신분에 관해서는 감성과 지성을 통일하는 상상력의 기능을 강조하는 제1판 쪽을 2판보다 중시하는 하이데거*의 해석이 시사적이다. 그는 감성과 지성이 하나의 유한한 인식의 두 요소인 한에서 요소 상호간의 견인은 요소의 통일이 요소 자신보다 이전에 그것들 속에 설정되어 있다는 것을 암시하며, 이 통일은 근원적인 것으로서 두 요소 그 자체가 합일에서 비로소 발현하는 동시에 그것들의 통일에서 보존되는 방식으로 요소를 합일하고 있다고 말한다. 이러한 해석 방향을 더듬어 가면 상상력의 종합은 지성의 가능성*을 형성하고 또한 필연적으로 지성의 통일에 이른다고 할 것이고, 직관의 다양도 순수하든 경험적이든 종합으로부터 독립하여 주어지는 것이 아니라 그의 성립에 종합 자신이 내적으로 관여한다고 생각되어야만 한다.

【II】 순수 종합

이 점을 순수 직관으로서의 시공에 관한 순수 종합으로부터 살펴보자. 시공 표상은 일반적으로 감성이 제시하는 선험적*인 다양의 포착*, 재생 및 개념에 의한 재인에서 성립하게 되지만, 다양의 소여에 관해서는 견해가 서서히 그리고 미묘하게 변화한다. 다양은 우선 감정이 제공하며 종합에 선행하여 그 "앞에 가로놓인다"[A 76/B 102]는 것에서 시작된다. 그러나 통일의 의식이 없으면 다양의 의식도 있을 수 없다. 다양의 표상*에는 이미 '공관(Synopsis)'이 포함되어 있다. 그리고 "감관*에 의한 다양의 선험적인 공관"[A 94]이라는 표현을 보는 한에서, 여기서 다양은 감성이 주고 또한 감관에 속하는 까닭에 공관하는 것도 감관이라고 주장된다. 그러나 감관은 어디까지나 수용적이지 자발적이지 않다. 때문에 직관이 다양을 포함한다는 것에서 감관에 공관을 귀속시키게 되면 공관에는 언제나 하나의 종합이 대응하는 것으로 변경되며, 직관에 직접 작용하고 직관이 다양을 제시하는 그 때 함께 나타나는

종합을 포착으로서 파악한다. 이러한 포착에 의해 "직관의 통일"[A 99]이 성립한다. 다양을 직관 자신에서 종합하고 공관하는 것은 포착이며, 공관된 것만이 감관에 속한다고 하지 않으면 안 된다. 여기서는 포착과 불가분하다고 여겨지는 상상력의 선험적인 재생의 종합도 가능하지만, 이 종합은 제1판에서도 후에는 산출적 상상력의 기능이라고 여겨지고 있다[A 123]. 요점은 다양의 소여가 감성뿐 아니라 산출적 상상력이 직접적으로 감성에 작용하여 다양을 다양으로 하는 가운데 자기의 활동 속에 받아들임으로써 성립한다는 것이다(하이데거는 여기서 내적인 순수 촉발을 보지만, 이것은 제2판에서 뚜렷하게 드러나게 된다). 감성에 직접 미치는 상상력의 이러한 작용이 포착이다. 상상력의 종합은 이리하여 다양을 감성에서 종합하며, 하나의 형상의 직관을 가능하게 한다. 그러나 직관이 하나의 인식이 되기 위해서는 상상력의 종합이 통각°과 결합되어 지성적으로 되어야만 하는데, 다시 말하면 직관이 통각이라는 하나의 의식°에서 결합되어 "인식의 통일"[A 116]을 지니지 않으면 안 된다. 지성 측에서 보면, 상상력의 종합에 관계하는 통각의 통일이 지성인바, 상상력을 전제하고 포함하는 한에서 지성인 것이다. 이리하여 상상력의 종합은 감성과 지성을 통일한다.

직관 자신이 통일을 지닌다면 일정한 직관의 성립에는 감성만이 아니라 포착도 관계하며, 또한 포착은 상상, 재인과 불가분하기 때문에, 삼중의 종합 모두가 필요할 것이다. 이 점을 제1판은 확실히 보고 있다. 그러나 이것들은 또한 다양한 직관으로부터 인식의 통일을 가져오는 것이라고도 여겨진다. 삼중의 종합은 직관의 통일과 인식의 통일 각각에 어떻게 관계하는 것일까? 제1판은 앞에서 말한 종합의 장소를 구별하고 있다고 생각되지만, 그것이 명확하지는 않다. 이 점이 삼중의 종합의 존재방식도 애매하게 만든다.

제2판은 다양의 종합통일을 모두 지성의 작용으로 하지만, 감성에서 종합하는 것인가, 지성 자신(통각)에서인가 하는 종합의 장소 구별을 명확히 하는 동시에 내감의 촉발° 문제를 도입함으로써 다양의 소여 및 종합의 사태를 선명하게 만든다. 지성은 우선 상상력

의 초월론적 종합이라는 이름 하에서 감성에 직접 작용한다[B 150ff.]. 그것은 공간에 한 점을 정립하고 선을 그으며, 또는 일정한 도형의 형상을 직관적으로 구성한다. 종합해야만 하는 다양은 감성에 의해 주어지는 것이 아니라 감성을 선험적으로 규정°하고 촉발함으로써 스스로 산출한다. 이어서 이것을 감성에서 종합함으로써 일정한 공간 표상을 획득°하는 것이다. 이러한 사태는 공간성을 사상하면 선의 표상에 의해 순차적으로 내감을 촉발하며, 이리하여 시간 표상을 원초적으로 획득하는 사태이기도 하다. 그러나 일정한 형상의 직관이 더 나아가 인식이 되기 위해서는 지성은 통각이라는 이름 하에서 직관을 개념에 의해 자기 자신에서 종합, 통일해야만 한다. 상상력의 초월론적 종합에 의해 한 점을 정립하고 선을 긋는 것, 또는 한 점의 운동은 시공의 존재와 본질구조°(공간의 삼차원성, 시간의 일차원성)를 선험적으로 개시하지만, 빠뜨려서는 안 되는 것은 상상력의 종합이 지성 작용의 한 국면인 한에서 당연히 범주들에도 입각해 있으며, 이 점에 주목하는 경우 한 점의 운동 및 그에 대한 직관은 범주들을 도식화하는 것이기도 하다는 점이다[B 288ff.]. 이러한 종합은 시공의 존재와 본질구조를 개시하고 경험의 대상에 적용 가능한 의미를 부여하며 또 이에 의해 시공을 매개로 하여 주어지는 경험의 대상 일반의 선행적인 존재 이해를 가능하게 하는 것이다.

여기서 지성의 종합에 관계하는 구별들을 이해할 수 있게 된다. 지성이 직접 감성에 작용하여 감성에서 활동하는 경우 그 작용은 상상력이다. 지성은 상상력의 이름 아래 감성에 작용하여 선험적으로 직관의 다양을 산출하고 감성에서 종합함으로써 일정한 형상 및 그 직관을 가져온다. 상상력은 다양을 산출하는 한에서 경험적으로 연상하는 재생적 상상력과 구별되어 산출적(produktiv)이며, 그 종합은 선험적인 다양에 관계하는 한에서 순수°(rein)하다. 또한 감성에서 활동하여 형상을 가져오는 한에서 형상적(figürich)이며(형상적 종합synthesis speciosa), 시공 및 경험의 대상 일반에 관해 선험적인 인식을 가능하게 하고, 또한 경험적 직관을 종합, 통일하여 대상에 대한 관계를 부여하는

한에서 초월론적*(transzendental)이다. 하이데거는 초월론적 종합을 경험의 대상 일반의 존재 파악을 가져오는 까닭에 존재론적 종합이라고 이름 부르며, 또한 경험적 진리의 가능근거, 초월론적 진리도 가져오는 까닭에 순수 진리적 종합이라고도 부른다. 다른 한편 지성의 종합은 단지 감성적 직관이 아니라 직관 일반의 다양에 관계하며, 그런 까닭에 일체의 상상력을 결여하여 오직 범주에 의해 지성에서만 이루어지는 경우 지성적이다(지성적 종합synthesis intellectualis). 그러나 상상력의 형상적 종합에 의한 일정한 형상의 직관도 지성 자신에서 지성적으로 종합, 통일(통각)되어 개념으로 되지 않으면 인식으로는 되지 않는다. 어떠한 인식도 보편적인 동시에 객관적으로 진위를 묻는 것이기 위해서는 지성적 종합의 위상을 지녀야만 하는 것이다.

【Ⅲ】 경험적 종합

경험적 종합에 관해서도 순수 종합의 경우와 거의 마찬가지 것을 말할 수 있다. 다만 감성과 지성이 모두 하나의 마음의 활동이라는 관점에서 내감의 촉발 및 직관의 다양의 성립에 관한 제2판의 도달점에 대해서만 언급해두고자 한다. 지성이 종합할 수 있는 직관의 다양은 그저 외감에 의해서만 주어지지 않는다. 지성은 상상력의 초월론적 종합의 이름 아래 외적 촉발에 기초하는 외감의 표상에 의해서 내감을 촉발하며, 내감에서 종합해야만 한다. 이리하여 비로소 지성이 종합할 수 있는 일정한 외적 직관이 성립함과 동시에, 그것은 또한 자기를 내적으로 직관하는 것이기도 하다. 이러한 직관의 경험적 의식이 지각판단에서 표현되는 지각이다. 감성에 직접 작용하여 지성이 종합할 수 있는 직관을 가능하게 하는 상상력의 작용은 포착이라고 불린다. 따라서 외적이든 내적이든 지성이 종합할 수 있는 직관이 성립하기 위해서는 외감과 내감, 상상력의 이름 아래 활동하는 지성이라는 이들 3자의 협동이 불가결하다. 지성은 나아가 통각이라는 이름 아래 이러한 직관을 범주에 따라 자기에게서 종합, 통일한다. 이리하여 경험판단에서 표현되는 일정한 인식이 성립하는 것이다. 어떤 사물을 외적으로 직관하는 것은 동시에 그것을 직관하고 있는 자기 자신을 내적으로

직관하는 것이며, 또한 외적 경험은 동시에 그 경험을 하는 자기 자신을 내적으로 경험하는 것이기도 하다. 외적 직관과 내적 직관, 외적 경험과 내적 경험은 하나의 사태가 지닌 양상의 차이인 것이다.

직관의 위상에서 말하면, 시공을 형식으로 하여 무언가 어떤 것, 예를 들면 눈앞의 컵을 지금 나의 바깥에서 직관하는 경우, 즉 '지금'이라는 시간성과 함께 '나의 바깥'이라는 공간성에도 주의할 때 그 컵은 '나의 바깥'의 사물, 즉 외적 현상의 양상을 지니며, 공간성이 사상되어 '지금'이라는 시간성만이 주의될 때, 요컨대 내가 의식하고 있는 사이에만 존재하고 의식하지 않으면 없어지는 존재방식을 하는 점만이 주의될 때, 그것은 '나의 안'의 표상, 즉 내적 현상의 양상을 지니는 것이다. ⇒범주, 결합, 포착, 연역, 지성, 감성

—이와쿠마 사토시(岩隈 敏)

圏 M. Heidegger, *Kant und das Problem der Metaphysik*, Frankfurt am Main, ³1965(木場深定 譯『カントと形而上學の問題』理想社, 1967). H. Hoppe, *Synthesis bei Kant*, Berlin, 1983. P. F. Strawson, *The Bounds of Sense*, London, 1966(熊谷・鈴木・横田 譯『意味の限界』勁草書房, 1987).

종합적 방법綜合的方法 [(독) synthetische Methode]

전통적으로는 기하학적 방법으로서의 종합적 방법과 분석적 방법*의 대립이 일반적이지만, 기하학적 방법과는 별도로 아리스토텔레스*로 거슬러 올라가는 논증적 방법도 '종합적 방법'이라는 이름으로 불렸다. 볼프*는 이것을 이어받아 종합적 방법이라는 것에서 삼단논법의 대전제, 소전제 그리고 결론에 이르는 논증적 방법을 생각하고 있었다. 이 방법은 유클리드의 『원론』의 서술양식, 요컨대 정의, 공리, 공준으로부터 논리적으로 정리와 과제(문제)가 도출되는 과정과 겹쳐서 파악되었지만, 그로부터 체계적인 저작 그 자체의 구성법으로도 되고, 스피노자*의 "기하학적 질서에 따라서 논증된" 『에티카』 등에서 잘 알려지게 되었다. 칸트는 『실천이성비판』* 제1부 제1편 '순수 실천 이성의 분석론'의 제1장 '순수 실천 이성의 원칙에 관하여'에서 기본개념의 정의로부터 시작하여 정리로 그리고

더 나아가 과제로 나아가지만, 이러한 서술양식은 이러한 종합적 방법을 이어받은 것이라고 말할 수 있다.

칸트에 따르면 '종합적 방법'이란 원리*로부터 귀결에로 또는 단순한 것으로부터 합성된 것에로 나아가는 것이며, '전진적 방법(progressive Methode)'이라고도 불린다. 이에 반해 '분석적 방법'이란 조건지어진 것과 근거지어진 것으로부터 출발하여 원리에로 나아가는 것이며, '배진적 방법(regressive Methode)' 또는 '발견의 방법'이라고도 불린다[IX 149]. '전진적', '배진적' 방법이라고 바꿔 부르는 것도 전통적인 것이지만, 『순수이성비판』*에서 '배진적 종합'과 '전진적 종합'이 대치되어 있는 것[B 438]에서는 그 흔적을 찾아볼 수 있다. 비판기에 '종합적 방법'이라고 말해지는 경우에는 『판명성』*에서의 형이상학*의 완전성*과 확실성*이 의존하는 '방법'이라는 의미는 상실되고 있다.

『프롤레고메나』*에서 칸트는 『순수이성비판』은 종합적 교수법(Lehrart)('방법(Methode)'의 다른 표현으로서는 그 밖에 '방도(Verfahren)'와 '길(Weg)'이 사용되는 경우도 있다)에 따랐지만, 그것은 학*의 모든 부분을 하나의 특수한 인식능력*의 구조계기로서 자연스러운 결합상태에서 보이기 위해서였다[IV 263]고 말한다. 체계적인 동시에 완전하기 위해서 『순수이성비판』은 종합적 방법에 의해 작성되어야만 했다는 것이다. 범주*와 순수 지성의 원칙* 전체가 체계적인 통일성을 지니는 것으로서 하나의 순수 이성으로부터 제시되었다는 것이다. 이에 반해 『프롤레고메나』는 분석적 방법에 의해서 작성되었다고 말해진다. 선험적 종합판단*이 순수 수학과 순수 자연과학에서 현실적으로 존재하고 있다는 것으로부터 그것의 '어떻게 해서 가능한가'를 묻는 것, 요컨대 전제되어야만 하는 조건에로의 상승의 의미에서 말해지고 있는 것이다[IV 275f.]. 『정초』*에서는 상식적인 도덕적 인식으로부터 출발하여 최종조건으로서의 '도덕성의 최상의 원칙'인 '자율'에 이르는 '분석적 방법'을 거쳐 역으로 원리로부터 통상적인 인식에로 하강하는 길, 요컨대 '종합적 방법'을 취한다[IV 392]고 말해진다. 제3장은 종합적 방법을 취하고 있지 않지만, 어쨌든 이러한 용법도 서술양식의 의미이다. ⇒종합, 분석적 방법, 선험적 종합판단

－나가쿠라 세이이치(長倉誠一)

📖 長倉誠一 「幾何學的方法の再編」『理想』645 号, 1990. Hans-Jürgen Engfer, *Philosophie als Analysis*, Frommann-Holzboog, 1982.

종합판단綜合判斷 ⇨선험적 종합판단, 분석판단

주관主觀⎰주체主體·기체基體·주어主語⎱ [(독) Subjekt]

주관(주체) 또는 주어라고 번역되는 독일어 Subjekt의 라틴어 subiectum은 '근저에 놓여 있는 것, 근저에 있는 것(das Daruntergeworfene, das zugrunde Gelegte/Liegende)'을 의미하며, 원래는 아리스토텔레스 철학에서의 '실체', '기체'에 대응하는 말이다. 주관-객관의 이원론을 형성하는 한쪽 날개로서의 주관, 즉 대상, 비아, 자연에 대응하는 주관·자아*·인간*을 의미하게 된 것은 17세기 이후이다. 자아 주관에서는 인간적 활동의 국면들에 따라서 심리학적 주관, 논리적 인식 주관, 실천적 행위 주관(주체) 또는 감정적 미적 주관 등이 생각되며, 이것을 자아의 개체적 주관으로서 생각하면 사회성의 근본을 이루는 자기와 타자의 관계도 주관 개념으로부터 나오게 되는 것이다. 일반적으로 이론적 인식론적 색채를 강조할 때에는 '주관', 실천적 행위의 능동성을 두드러지게 할 때에는 '주체'라는 식으로 나누어 사용되고 있다.

칸트에서의 '주관 문제는 우선 인식론적 사유 주관으로서의 '사유*하는 자아'의 문제로부터 시작되어야만 한다. '나는 생각한다'라는 작용은 "나의 모든 표상에 수반할 수 있어야만 한다"[B 131]. 왜냐하면 그렇지 않으면 내가 생각하지 않은 것이 나의 표상*에 들어오게 될 것이기 때문이다. 그러므로 자아는 자기의 사유의 '절대적 주어'이다. 즉 그것은 어떤 다른 것의 술어로서는 생각되지 않는 것이다. 모든 사유는 그것이 내속하는 공통된 주어로서의 자아에 대한 관계 속에서 성립한다. 자아는 '모든 사고 안에 있으며, 그 표상은 모든 사유에서 언제나 반복하여 현전하지만, 그것은 '멈춰 서 있는 직관이 아니며, 따라서 실체로서는 인식

될 수 없다. '통각*의 주관'으로서의 '논리적' 또는 '지성적' 자아(초월론적 통각)와 '지각의 주관'으로서의 '심리적' 또는 '감성적' 자아(경험적 통각)는 구별되어야만 한다[『형이상학의 진보』, XX 270]. 논리적 자아는 "수용성으로서가 아니라 순수 자발성으로서, 순수 의식에서, 그것 자체에서 존재하는 주관"을 시사하지만, 스스로의 본성에 대한 인식을 이룰 수는 없다[같은 책, 271].

내감의 대상인 주관은 현상에 지나지 않으며, 그 자체에서 존재하는 주관이 아니다. '사유하는 주관'으로서의 통각적 자아는 사고의 '초월론적 주관'을 의미하며, 자기의 술어로서의 사고 작용에 의해서만 인식되지만, 우리가 그것에 관해 단독으로는 어떠한 개념도 지닐 수 없는 X의 의식(인식이 아니다)에 불과하며, '규정하는 자기'는 순수하게 그것 자체로서는 인식의 어떠한 대상도 아니고, 모든 표상*의 형식이자 내용이 공허한 단순한 표상이다[B 404]. "모든 판단*에서 나는 …… 언제나 판단을 구성하는 관계를 규정하는 주관이다. 사유하는 나는, 사유에서는 언제나 주어로서 그리고 단지 사유에 속하는 술어와 같은 것과는 다른 어떤 것으로서 간주되어야만 한다"[B 407].

'존재자 그 자체', '객관 일반', '사고의 주관', '사유의 근거'로서의 사유하는 자아에서 "나는 사유하면서 현실적으로 존재한다"는 명제가 성립하며, 이것은 이미 단순한 논리적 기능이 아니라 규정하는 자기로서의 사유 주관의 존재방식(현존재)을 한정하는 것이다.

그러나 '사유하는 주관의' 논리적 '통일'은 영혼*이라는 실체의 실재적인 단순성과 혼동되어서는 안 된다. 사고의 전체는 '많은 주관'에 나누어 주어질 수 있다고 하더라도, 주관으로서의 '사유하는 자아'는 분할될 수도 나누어 주어질 수도 없는바, 그것은 모든 표상과 의식의 형식적 통일이다. 사유의 주관은 '나'라는 말에 의해서 '초월론적'으로 특징지어지는 데 불과하다. 사유하는 자아는 "그 표상이 물론 단순해야만 하는 어떤 것 일반(초월론적 주관)을 의미한다"고 하더라도 "하나의 주관에 대한 표상의 단순성은 그렇다고 해서 주관 그 자체의 단순성의 인식은 아니다"[A 355]. 모든 실체에서의 '본래의 주체'('실체적인 것')는 알려질 수

없다. "왜냐하면 우리의 지성의 특징은 모든 것을 논변적으로 개념에 의해서, 요컨대 단순한 술어—그것에서는 절대적 주체가 언제나 결여되어 있어야만 하는 술어—에 의해서 생각하는 것을 본질로 하고 있기 때문이다"[Prol. §46].

그런데 인간적 자아는 단지 지성적 사유주관으로서만이 아니라 의지적 행위주체로서도 존재하는바, 이 경우에는 그것 자체가 무엇인가에 대한 지적 욕구를 잠시 미루어 놓고서 행위의 절대적 주체로서 활동할 수 있다. 왜냐하면 실천적 행위주체는 실현해야만 하는 이상적 자기를 스스로의 영원한 이념적 과제로서 설정할 수 있기 때문이다. 즉 인식론적 이론 이성의 관점에서 단지 초월론적 주관, 예지자*라고 불린 것이 실천 이성의 관점에서는 본래의 자기, 선의지*로서 그 의미가 부여되는 것이다. 인간의 다양한 활동에 따라서 다종다양한 주관이 가능해진다는 것은 확실히 당연하다. ⇒자아, 의식, 영혼, 내감, 통각, 순수 이성의 오류추리, 인간, 관념론

—아리후쿠 고가쿠(有福孝岳)

📖 有福孝岳 『カントの超越論的主體性の哲學』 理想社, 1990.

주관적 보편성主觀的普遍性 [(독) subjektive Allgemeinheit] 『판단력비판*』에서 (미학적) 취미판단에 고유한 보편성*으로서 도입되는 개념*. 칸트에 따르면 인식판단은 개념에 의해서 규정된 대상*의 객관적 실재성에 관계하며, 따라서 논리적 보편성을 지닌다. 이에 반해 취미판단은 개념 없이 표상*을 오로지 주관 자신의 쾌와 불쾌의 감정에 관계시킨다. 그러므로 예를 들면 미각에 좋은 것과 같은 쾌적한 것에 관한 감관취미는 어떠한 의미에서도 보편성을 요구할 자격을 지니지 않는다. 그러나 아름다운 것에 관한 반성취미, 요컨대 협의의 취미판단은 '주관적 보편성에 대한 요구'를 수반하고 있는바, 이것은 미학적 보편성이라고도 불린다.

객관*에 관한 개념에 기초한 논리적 보편성은 판단 내용에 관한 동의를 모든 이에게 요청*(postulieren)할 수 있는 권한을 의미한다. 왜냐하면 인식판단은 "모든

사람의 표상력이 그것과 조화하도록 강제되는 보편적인 관계점(Beziehungspunkt)"[Ⅴ 217]으로서의 객관에 관계하고 있기 때문이다. 이에 반해 어떠한 객관에도 관계하지 않는 취미판단의 주관적 보편성은 개념의 매개 없이 모든 이의 동의를 요구(ansinnen)할 수 있는 권한을 의미한다. 원래 칸트에 따르면 미˚란 지성˚과 상상력의 '자유로운 유희'에 의해서 생기는 인식능력들의 조화로운 기분의 감정이지만, 이 조화로운 기분이라는 쾌의 감정은 공통감각˚의 전제 아래 전달 가능해야만 한다. 그리고 공통감각을 우리가 실제로 전제하고 있다는 것은 "우리가 감히 취미판단을 내리고 있다"[Ⅴ 239]는 사실에 의해서 증명되고 있는 것이다. 요컨대 취미판단이 주관적 보편성을 지닌다고 하는 것은 사람들이 언제나 자기의 판단에 대한 동의를 타자에게 요구한다는 전제 하에 아름다운 것에 관해서 판단을 내리고 있다는 것이며, 다시 말하면 취미˚를 지니는 것 자체가 인간의 본질적인 사교성을 단적으로 보이고 있다는 것이다. ⇒공통감각, 취미, 미, 미학적 판단, 보편성

―히라노 다카시(平野登士)

📖 A. Arendt, *Lectures on Kant's Political Philosophy*, The University of Chicago, 1982(浜田義文 監譯『カント政治哲學の講義』法政大學出版局, 1987).

주권主權 [(독) Souveränität]

칸트의 주권 개념은 반드시 일의적인 것이 아니라 어떤 때는 입법권과 등치되고 어떤 때는 입법·집행·사법의 삼권 전체를 의미하는 것으로 간주되고 있다. 또한 그것의 담지자에 관해서도 국민주권을 주장하는 것으로 이해되는 기술도 있지만, 다른 한편 군주를 입법자＝주권자로 한다든지 군주에 의한 삼권의 독점적 장악을 시인하는 것처럼 보이는 기술도 있다. 이러한 언뜻 보아 혼란스러운 기술의 배경에는 '순수 공화제' 국가의 이상과 당시 현실의 국가˚ 사이에서의 그의 사상적 고투가 놓여 있다. "법 아래에서의 일군의 인간의 결합"으로서의 국가의 존립에 있어 입법권은 그 대전제이며, 이 점에서 입법권이야말로 주권의 핵심이다.

그리고 "입법권은 오로지 국민˚의 결합된 의지에만 귀속될 수 있다"[Ⅵ 313]고 하고 있는바, 이러한 기술로부터는 국민 주권의 사상을 읽어낼 수 있지만, 주의해야만 하는 것은 그것이 '이념에서의 국가'의 설명이라는 점이다. 현실의 국가에 관해서는 군주는 "입법하는 원수"[Ⅵ 320]라고 하면서 동시에 집행권자라고도 말해지며, 나아가 군주가 사법에 개입할 권한도 시사되고 있다. 여기서는 명확히 군주 주권이 내세워지고 있다. 그러나 이러한 통치형태(전제)는 삼권, 특히 입법권과 집행권의 분리(공화제)를 주장하는 칸트 본래의 입장과는 양립하지 않는다. 그리하여 현실의 국가는 습관에 의해서 필연적이라고 간주되고 있을 뿐이며, 국가 존립의 원점에 놓여 있는 "근원계약의 정신"[Ⅵ 340]은 국민에게 다만 복종을 요구할 뿐인 현실의 국가를 순수 공화국이라는 유일하게 적법한 체제로 점차 접근하게끔 구속하게 된다. 순수 공화국이란 어떠한 특정한 인격에게도 의존하지 않고 법칙이 '스스로 지배하는(selbstherrschend)' 체제이다. 다만 그가 공화제와 민주제의 혼동을 경계하여 민주제는 오히려 전제에 연결된다고 하고 있는 것으로부터 보자면, 당장은 군주제를 전제로 한 분권제가 칸트에게 있어 순수 공화제에 비교적 가까운 체제였다고 말할 수 있을 것이다. 그러나 이러한 입장이 이상국가의 존립기반으로서의 국민주권과 어떻게 관계되는 것인가는 칸트의 기술에서 반드시 명확한 것은 아니다. ⇒공화국, 국가

―다나카 마코토(田中 誠)

📖 K. Bories, *Kant als Politiker*, Felix Meiner, 1928. P. Burg, *Kant und die Französische Revolution*, Duncker & Humbolt, 1974.

주어主語 ⇨주관{주체·기체·주어}

주의注意 [(독) Aufmerksamkeit (라) attentio]

주의는 지성 활동의 도구 측면임과 동시에 의지˚와도 관계되며, 17·18세기의 철학자들의 지성론에 있어 적지 않은 관심사였다. 주의란 "표상˚을 의식˚하고자

하는 노력'[Ⅶ 131]이라고 하는 칸트의 설명도 동일한 맥락에 놓여 있다. 이 개념은 주로 경험적 심리학의 대상인 까닭에 그의 초월론철학'의 전면에는 약간의 예[B 156-157 Anm.]를 제외하고 등장하지 않지만, 통각 등 인식론적 개념들의 전시를 생각하는 경우에는 무시할 수 없을 것이다[Tuschling을 참조. Ⅱ 395도]. '추상(abstractio)'의 작용도 주의의 일종이며, 이것은 개념의 형성, 나아가서는 논리학의 성립에 있어 불가결하게 된다[Ⅱ 190; Ⅸ 94]. 나아가 도덕법칙'에 대한 존경도 주의의 일종인바, 연마될 것이 요구되며[Ⅵ 401], 다른 한편 자기의 심신에 대한 지나친 주의는 질병과 광기로 연결되는 까닭에 피해야만 한다고 말해진다[Ⅶ 206f., 104-111]. 주의가 실천적' 및 실용적'인 견지에서도 칸트의 커다란 관심사였음은 확실하다.

－다카하시 가츠야(高橋克也)

☞ D. Braunschweiger, *Die Lehre von der Aufmerksamkeit in der Psychologie des 18. Jahrhunderts*, Herman Haacke, 1899.
B. Tuschling, Widersprüche im transzendentale Idealismus, in: *Probleme der "Kritik der reinen Vernunft"*, Walter de Gruyter, 1984.

주체主體 ⇨ 주관{주체·기체·주어}

준칙準則 [(독) Maxime]

'준칙'이란 칸트의 규정에 따르면 "의욕의 주관적 원리" 또는 "행위의 주관적 원리"로서 개인이 스스로의 행위 지침으로서 스스로에게 설정하는 규칙을 가리킨다. 예를 들어 스스로 행위할 때 타인에게 손해를 끼쳐서라도 자기의 이익을 구하려고 하는 사람은 "타인에게 손해를 끼쳐서라도 자기의 이익을 구한다"는 것을 준칙으로 삼고 있다. 그러나 그는 타인이 그에게 손해를 끼치고서 자기의 이익을 구하는 것을 인정하지 않기 때문에, 이 준칙은 그에게만 통용되는 준칙으로서 누구나 보편적인 실천적 법칙으로서 이 준칙에 따라야만 한다고 인정할 수 없다. 그러나 인간이 도덕적으로 살기 위해 따르지 않으면 안 되는 도덕법칙'은 누구에게나 들어맞는 객관적인 보편적 실천법칙이어야만 하기 때문에 이로부터 칸트의 정언명법이 제시된다. 즉 "너의 준칙이 보편적 법칙이 되기를 네가 그 준칙을 통해 동시에 의욕할 수 있는 그러한 준칙에 따라서만 행위하라"가 그것으로, 인간'은 도덕적으로 살려고 하는 한 이 정언명법에 따라 자기의 준칙이 자신에게만 통용되는 예외적인 준칙이 아니라 그것이 언제나 누구에게나 타당'한 보편적 법칙이 될 것을 의욕할 수 있는 준칙에 따라 행위해야만 한다.

또한 칸트는 이와는 별도로 통상적인 인간 지성과 이성' 그리고 판단력'에 대해 그것들을 올바르게 사용하는 경우에 따라야만 할 규칙을 준칙이라고 부른다. 예를 들어 통상적인 인간 지성을 사용할 때 따라야만 하는 준칙은 (1) 스스로 생각할 것, (2) 그 밖의 모든 사람의 입장에서 생각할 것, (3) 언제나 자기 자신과 일치하여 생각할 것이다. (1)은 "편견에 사로잡히지 않는 사고방식의 준칙", (2)는 "확장된 사고방식의 준칙", (3)은 "일관된 사고방식의 준칙"이며, 칸트는 또한 이 세 가지 준칙을 각각 "지성의 준칙", "판단력의 준칙", "이성의 준칙"이라고도 부르고 있다. ⇒명법, 의지의 자율

－우츠노미야 요시아키(宇都宮芳明)

☞ 宇都宮芳明『譯注·カント「道德形而上學の基礎づけ」』以文社, 1989.

중국中國{청淸} [(독) China]

중국에 관한 기술은 칸트의 얻어 들은 지식의 결정인 『자연지리학』에 집중되어 있으며, 그 기술로부터 당시 유럽의 중국에 관한 지식의 일단을 엿볼 수 있다. 즉 사회제도 측면에서는 도시의 구획정비, 관리등용제도, 예와 충효의 덕이, 산업 측면에서는 차, 명주, 도자기와 죽·칠세공, 한방약으로부터 가마우지를 훈련시켜 물고기를 잡는 것과 같은 풍습까지가 알려져 있었다. 다만 국민성과 관습에 관해서는 편견의 요소도 보이며, 특히 중국인의 성질은 감정을 표출하지 않고 점착질이자 기만으로 가득 차 있다고 되어 있다. 또한 음식습관과 음악 및 회화 등의 취미판단에 관해서도

부정적인 느낌과 생각이 눈에 띈다. 불교 이해는 주로 선교사의 보고에 기초하고 있으며, 불성의 비초월성을 종교적인 불완전성이라고 하며 윤회전생설과 명상 등의 수행을 부정하고 있다. 언어에 관해서는 중국어의 음절, 억양, 한자가 표의문자라는 것, 한자의 발음이 민족마다 다르다는 것, 나아가 필적에서의 서체의 다름까지 알려져 있었다. 또한 칸트는 중국의 학문에 관해 『논리학』에서 개념*과 규칙*에 기초한 추상적 연구라는 방법론이 확립되어 있지 않다는 점을 지적하고 있다.

―가츠니시 요시노리(勝西良典)

증명證明 [(독) Beweis]

【 I 】 전통의 계승

전통적인 '증명' 개념의 분류에서 말하자면, 칸트에서 보이는 것은 우선 '직접(direkt, ostensiv)증명'과 '간접(indirekt, apagogisch)증명'이다. 이것은 아리스토텔레스* 이전으로 소급되는 것이다. 나아가 '진리에 의한 증명(Beweis kat'aletheian)'과 '인간에 의한 증명(Beweis kat'anthropon)'의 구분도 보인다. 전자 '진리에 의한 증명'은 전통적으로는 참으로 학적인 증명을 의미하기 때문에 '객관적 증명'이라고도 불렸다. 후자는 논쟁 상대에 대해서만 유효한 증명을 의미하여 '주관적 증명'이라고도 불렸지만, 이것은 특히 '인간에 호소하는 논증(argumentum ad hominem)'이라는 번역어로 일반적으로 알려져 있다. 하지만 오늘날 이들 그리스어와 라틴어 모두 번역어가 확정되어 있지 않은 상태이다.

【 II 】 직접증명 · 간접증명

칸트에 따르면 철학에서 문제로 되는 것은 "초월론적*이고 종합적인 명제"[B 810]의 증명, 요컨대 '초월론적 증명'이다. 예를 들면 '생기하는 것'이라는 주어 개념이 주어졌다고 해서 그로부터 곧바로 '원인'이라는 술어 개념이 도출되는 것이 아니라, 주어 개념 바깥의 '가능한 경험'이 '기준'으로 되지 않으면 두 개의 개념이 '결합'되어 "모든 생기하는 것은 원인을 갖는다"라는 순수 지성의 원칙*은 성립하지 않는다. 그리하여 이 명제의 증명은 이들의 '결합'을 결여해서는 '경

험* 그 자체가, 따라서 '경험의 객관'이 불가능하다는 것을 나타내는 것이라고 말해지고 있다. 다만 '원칙'과 '경험'은 실제로는 서로 증명근거가 되는 관계에 놓여 있다[B 765]. 그런데 순수 이성의 이념에 관한 명제에는 그러한 '기준'이 없다. 이러한 점을 근거로 하여 초월론적 증명에 대해서는 세 개의 규칙이 세워진다[B 814-817]. 첫째, 지성 원칙은 객관적으로 타당하지만 이성 원칙은 규제적 원리로서만 타당하다. 둘째, 초월론적 증명에는 오로지 하나의 가능한 증명근거밖에 없다. 셋째, 초월론적 증명은 언제나 직접적(직시적)이어야만 하며, 결코 간접적이어서는 안 된다. 이 세 가지가 초월론적 증명의 규칙으로서 거론되고 있다.

칸트에 따르면 직접증명이란 진리*를 그 근거로부터 증명하는 것이다. 앞의 순수 지성 원칙의 증명과 범주*의 초월론적 연역(증명)은 그 예라고 말할 수 있다. 이에 반해 간접증명(간접귀류법)이란 어떤 명제가 참이라는 것을 그 반대명제가 거짓이라는 것으로부터 추론*하는 경우의 증명이다. 간접귀류법이 성립하기 위해서는 두 개의 명제가 '모순대당'의 관계로 되어야만 한다[IX 71]. 그것은 두 명제가 '반대대당'의 관계에 있는 경우에는 둘 다 거짓인 경우도 있을 수 있고, 두 명제가 '소반대대당'의 관계에 있는 경우에는 둘 다 참일 수도 있기 때문이다. 그런데 수학적 이율배반의 정립과 반정립은 '반대대당'의 관계에 있고, 역학적 이율배반의 정립과 반정립은 '소반대대당'의 관계에 있다[XX 291]. 따라서 이율배반*에 대해 엄밀한 의미에서의 간접증명을 인정할 수는 없으며, 칸트 자신도 간접증명은 "수학*에 그 본래의 장소가 있다"[B 820]고 말하고 있다. 그러나 칸트는 이율배반에 의해서 "현상의 {초월론적} 관념성"이 간접적으로 증명된다[B 534]고 말하고 있다. 이 점에서 칸트는 이율배반에서 '간접증명'을 보고 있었다고 말할 수 있다. 그 경우 '직접증명'은 '감성론에서의 증명'에 대해 말해지고 있는 것이다.

【 III 】 진리에 의한 증명 · 인간에 의한 증명

로크*는 상대의 동의를 얻기 위한 네 가지 증명의 하나로서 '인간에게 호소하는{인간에의 호소에 의한} 논증{증명}'을 들고 있지만, 그 경우 '진리에 의한

증명'과 대립시키고 있는 것은 아니다. 칸트도 로크와 마찬가지로 전자를 단독으로 사용하는 경우도 있다[VII 52 Anm., VIII 134]. 그 둘을 대립시키고 있는 예는 우선 제1비판에 있다. '지식'으로부터 '신앙*'에로의 이행을 염두에 두고서 칸트는 이념에 관한 "이성의 명제'의 소유에 대해 "진리에 의한" "증명"은 충분하게 이루어지지 않지만, "인간에 의한" "변명"이 성립한다[B 767]고 말한다. 『형이상학의 진보』에서는 도덕적 논증으로서의 '인간에 의한 논증'과 이론적·교조적 논증으로서의 '진리에 의한 논증'이 대립되며, 전자는 개별적인 사람들에게서 보이는 사고방식에 대해서가 아니라 "이성적 세계 존재자 일반으로서의 인간"에게 타당한 것이며, 후자는 인간이 알 수 있는 이상의 것을 확실하다고 주장하는 것이라고 말해진다[XX 306]. 나아가 『판단력비판』*에서는 '진리에 의한 증명'은 "대상 그 자체가 무엇인가"를 결정하는 증명, '인간에 의한 증명'은 "대상이 우리{인간 일반}에게 있어 무엇인가"를 결정하는 증명이며, 전자는 더 나아가 '규정적 판단력'에 있어 충분한 원리에 기초하는 것이고, 후자는 '반성적 판단력'에 있어 충분한 원리에 기초하는 증명이라고 하고 있다[V 463]. 이러한 칸트의 용법은 전통적 의미를 기초로 하고 있다 하더라도 그것과는 동떨어진 함축을 지니기에 이르고 있는 것이지만, 아직 일관된 용법의 확립을 보는 데에는 이르고 있지 못하다. ⇒진리, 이율배반

―나가쿠라 세이이치(長倉誠一)

图 John Locke, *An Essay Concerning Human Understanding*, 1690(大槻春彦 譯 『人間知性論』 4, 岩波書店, 1977). Rudolf Eisler, *Wörterbuch der philosophischen Begriffe*(Erster Band), E. S. Mittler & Sohn, ⁴1927. Carl Friedrich Bachmann, *System der Logik*, F. A. Brockhaus, 1828. Heinz Heimsoeth, *Transzendentale Dialektik*, Walter de Gruyter, ⁴1971.

『**증명근거**證明根據』 ⇨『**신의 현존재 논증의 유일하게 가능한 증명근거**』{『증명근거』}

지각知覺 [(독) Wahrnehmung]

버클리*의 '존재하는 것은 지각되는 것이다'라는 테제는 지각에서 독립된 대상*의 존재*(독립성)와 이러한 대상의 항상적 존재(항상성*)에 관한 흄*의 회의주의*를 불러일으켰다. 이러한 상황에 대응하기 위해 스코틀랜드의 헨리 홈(케임즈 경)은 지각에 관한 철저한 분석의 필요성을 설파하고, 독립성과 항상성은 지각이 성립하기 위해 불가결한 개념이며, 그것은 결국 실체－속성의 개념도식이 지각경험의 근저에 놓여 있는 것에서 유래한다고 논했다. 동시에 지각에 관계하는 기관은 단적으로 '외감(external sense)'이라고 간주되며, 지각과 의식*의 구별이 암묵적으로 전제되고 있다. 이러한 전제를 명확히 표명한 것이 토머스 리드*인데, 그는 지각과 의식이 마음*의 활동(operation)으로서 근본적으로 다르다고 말했다. 의식에 대한 이러한 방파제는 의식이 오로지 감각에 관계하여 말해지는 것이고, 따라서 감각적 의식의 성립을 지각이 성립하는 하나의 무대로 간주하는 것은 버클리/흄 류의 '관념의 이론'으로 되돌아간다고 생각되었기 때문이다.

칸트 지각론의 다양한 특징은 바로 스코틀랜드 사상과의 차이라는 관점에서 바라볼 수 있다. 첫째, 스코틀랜드 사상과 달리 칸트는 라이프니츠*의 표상*(Vorstellung, representation)의 전통에 연결되기 때문에, 지각에서 의식을 단적으로 배제하는 것은 도저히 생각될 수 없다. 따라서 지각은 "의식을 수반하는 표상"[B 376]이라는 규정에서 보이듯이 의식에 의해 지각을 정의하는 것이 가장 두드러진 특징이다. 둘째, 지각이 이와 같이 생각되고 있는 이상, 스코틀랜드 사상에서와 같은 지각 '분석'의 의의는 보이지 않는다. 오히려 칸트는 지각의 '분석'이 아니라 지각의 '종합'으로서 어떻게 경험*이 성립하는가를 논의하는 과제에 몰두하고 있다. 『프롤레고메나』*에서 지각판단－경험판단*의 논의가 그것이다. 셋째, 스코틀랜드 사상과 달리 지각과정에서는 의식*이 불가결하다고 생각하기 때문에, 지각, 감각*, 의식을 둘러싼 독특한 이론을 전개하게 되었다. 즉 0도 감각의 지각은 있을 수 없다, 요컨대 "어떠한 심리학적 어두움도 없다(keine psychologische Dunkelheit)"[IV 307]고 하는 '지각의 예취*'[B 207-218]

가 그것이다.

심리학의 전통은 지각을 무의식적 과정으로 간주하는 스코틀랜드 사상의 계승이었지만, 최근에 지각과 의식에 관한 이론가들의 발언이 활발해지고 있다. 종래에 의식은 감각과 같은 변연계邊緣系에 관해서만 말해지고, 지각적으로 고도한 과정과 의식의 관계에 관해서는 신중하게 회피되어 왔던 것이다. 그럼에도 불구하고 90년대 이후 바로 그와 같은 의식을 과학적으로 탐구하는 것이 지상명제로 되었다. 그런 의미에서 칸트의 논의는 오늘날 바로 뜨거운 논쟁거리로 될 수 있는 가능성을 지니고 있다 말할 수 있을 것이다. ⇒의식, 버클리, 리드

—아사히로 겐지로(朝廣謙次郎)

📖 Henry Home(Lord Kames), *Essays on the Principles of Morality and Natural Religion*, 1751(Reprinted Edition, 1976, Georg Olms Verlag, Hildesheim). Thomas Reid, *Essays on the Intellectual Powers of Man*, 1785(Philosophical Works, Georg Olms Verlag, Hildesheim, 1983). F. Click/C. Koch, The Problem of Consciousness, in: *Scientific American*, September, 1992.

지각의 예취知覺-豫取 [(독) Antizipationen der Wahrnehmung] 『순수이성비판』* '원칙론'의 두 번째 원칙. 범주표에 따라서 '질'의 원칙이라고도 불린다. 그것은 구체적으로는 "단일성으로서 파악되며, 거기서는 부정성 = 영으로의 접근에 의해서만 다수성이 표상되는 것과 같은 양"[A 168/B 210]이라는 내포량의 원칙이지만, 내포량을 시간화하는 '도식론'*을 거쳐 이러한 영으로의 무한계열은 그대로 시간계열로 간주되고 있다. 이러한 규정 하에서 힘과 속도와 운동량과 같은 물리량과 함께 '빨강'과 '열'과 같은 감각량도 내포량으로서 통합되고 있다.

칸트 자신이 이 원칙을 '기묘한 원칙이라고 부르고 있지만, 그 '기묘함'은 두 개의 층을 이룬다. 하나는 칸트 인식론에서는 선험적인 것이 모두 형식적인 것 측에 배분되고 있음에도 불구하고 질료적인 것에서 유래하는 '힘'과 '색' 속에서도 선험성이 발견되게끔 하는 기묘함이며, 또 하나는 물리량과 감각을 동일시

하는 기묘함이다. 전자는 칸트 인식론*의 근간에 관계하는 기묘함이며, 선험적 형식*이 어떻게 해서 질료를 포착할 수 있는가 하는 물음에 기초한다. 칸트는 이 물음에 계속해서 마음을 써, 후에 『오푸스 포스투뭄』*에서 질료 측에도 선험성이 숨어 있는 방향을 모색하고 있다. 그리고 후자의 기묘함은 이 원칙이 『자연과학의 형이상학적 원리』*(1786)의 두 번째에 위치하는 '동역학*의 형이상학적 원리'에 대응한다는 점을 고려할 때 비로소 이해될 수 있다. 거기서는 물질 일반의 원칙이 논의되고 있으며, 나아가 그 물질관은 진공 속에서 입자들이 어지러이 날고 있는 것이 아니라 다양한 농도를 지닌 물질이 서로 경계를 접하게끔 하고 있는 것과 같은 것이다. 따라서 물질의 '농도'야말로 동일한 연장량을 지니는 어떤 물질 A와 다른 물질 B를 구별하는 지표로 된다. 요컨대 두 번째 원칙이란 모든 물질은 무언가의 농도를 필연적으로 지닌다고 하는 원칙인바, 이러한 동역학적 자연이 '지각의 예취'에 그대로 들어오고 있다. 칸트가 이 원칙을 '지각의' 원칙이라고 부른 것은 그가 로크*에서 보이듯이 우리의 신체를 '치는' 물질의 '힘'이 그대로 물질의 '농도'를 반영한다고 생각했기 때문일 것이다. 칸트가 '예취'를 '선취(πρόληψις)'라는 에피쿠로스*가 사용하는 그리스어에서 유래한다고 단정하는 것도 그것을 뒷받침해준다.

요컨대 외연량으로서의 시간*과 공간*이라는 넓이 속에서 내포량으로서 다양한 농도의 물질이 서로 싸우고 있다고 하는 자연관이 그대로 '마음'(Gemüt) 속으로 받아들여지는바, 우리의 지각상황이란 외연량으로서의 시간과 공간의 넓이 속에서 다양한 농도의 감각이 서로 싸우고 있는 상황으로 간주되는 것이다. 따라서 코헨*처럼 이것을 '미분법'의 원칙이라고 이해하는 것은 원칙론을 억지로 뉴턴 물리학의 기초론으로 간주하는 자세에 기초한 것으로서 인정하기 어렵다. 이 원칙은 오히려 신체의 상하좌우의 양(외연량)에 더하여 신체를 치는 양(내포량)이라는 두 개의 독립된 원칙을 인정하는 칸트의 자연관이 얼마나 뉴턴적인 자연과 다른지를 보여주는 원칙인 것이다. ⇒『자연과학의 형이상학적 원리』, 동역학, 양

—나카지마 요시미치(中島義道)

쫩 中島義道「身体に對する自然」 竹市·坂部·有福 編『カント哲學の現在』世界思想社, 1993. 犬竹正幸「純粹自然科學と經驗的自然科學の間」『現代カント研究』4, 晃洋書房, 1993. 坂部惠『理性の不安』勁草書房, 1976.

지각판단知覺判斷 ⇨ 경험판단

지리학地理學 [(독) Geographie]

자연학*의 한 부문으로서 시간*의 모습에서 잇따라 생겨난 사건들을 문제로 삼는 역사학과는 대비되게 공간*의 모습에서 동시에 일어난 현상들을 취급하는 지식 형태. 칸트의 자연철학*은 뉴턴 역학으로 세계를 이해할 것을 하나의 큰 목표로 하고 있지만, 다른 한편 린네*와 뷔퐁* 류의 자연*의 파노라마를 드러낼 것도 염두에 두고 있다. 그러나 칸트가 산 시대는 생물 분류학이 발전하고 있었긴 하지만 지사학地史學과 진화론이 등장하기 이전이며, 어떠한 자연의 개관도 인위적인 창조물에 불과했다. 칸트의 지리학은 이러한 자의성을 회피하고, 나아가 지표면상에서 생기하는 모든 현상*을 남김없이 묘사하고자 하는 것이다. 즉 지표면상에서 나타난 일체의 자연현상과 사회현상을 그것이 생기하는 장소와 함께 기록하는 것이 칸트의 지리학이다. 이리하여 지표면상에 대규모로 확장되어 있는 특징적인 사태가, 때로는 자세한 사태에서조차, 그것이 지구를 '주거'로 하는 인간*에게 있어 유용한 한에서 그것이 생기하는 장소와 함께 기재되었다. 이러한 사고방식은 지리학에 대한 일반적인 관점에서 벗어나지는 않지만, 이와 같은 관점을 도입한 점에서 지리학적 지식이 수용되는 틀의 제공에는 성공하고 있을지라도, 지리학에 고유한 '설명양식'을 확립한 것은 아니다. 따라서 칸트의 저서『자연지리학』에서는 박식함이 유감없이 발휘되지만, 그 '본론'의 내용은 대체로 박물학적 지식의 나열과 국가별 지지地誌의 기록이며, 오늘날에는 골동품적 가치밖에 인정되지 않는다고 말해도 지나친 말이 아니다. 칸트 이후의 눈부신 과학의 발전과 함께 칸트가 생각한 지리학의 내용은 측지학, 해양학, 기상학, 지질학, 생물학, 경제학, 상학, 민족학, 비교종교학 등으로 분화, 발전해 왔다. 칸트가 언급한 지리학 가운데서 현재에도 존속하고 있는 것은 지역지리학뿐이지만, 이에 관해 칸트는 상술하지 않는다. 칸트의 지리학은 지식의 총체를 구축하고자 하는 강한 의욕의 나타남이며, 좀더 정교하고 치밀한 지식에 대한 예비학을 제공하고 있다. ⇨자연지리학

—후지이 마사미(藤井正美)

쫩 R. Hartshorne, *The Nature of Geography: A Critical Survey of Current Thought in the Light of the Past*, Lancaster, 1961(野村正七 譯『地理學方法論 —— 地理學の性格』朝倉書店, 1957). A. Hettner, *Die Geographie: ihre Geschichte, ihr Wesen und ihre Methoden*, Breslau, 1927. J. A. May, *Kant's Concept of Geography and its Relation to Recent Geographical Thought*, Toronto, 1970(松本正美 譯『カントと地理學』古今書院, 1992).

지배支配 ⇨ 정치철학

지성知性 [(독) Verstand (라) intellectus]

일반적으로 능동적인 '상위' 인식능력*을 의미하며, 수동적인 '하위' 인식능력인 감성*과 대립된다. 이 경우 '지성'은 개념*의 능력*으로서의 지성, 포섭*의 능력으로서의 판단력*, 추론*의 능력으로서의 이성*을 포괄한다. 다만 상위 인식능력을 총칭하여 '이성'이라고 말하는 경우도 있다. 감성이 대상*으로부터 촉발*되는 것에서 표상*(직관*)을 받아들이는 수용성인 데 반해, 협의의 지성은 표상(개념)을 스스로 산출하는 자발성*이다. 칸트에 의하면 지성과 감성은 경험주의*와 이성주의* 쌍방의 견해와는 반대로 표상의 전적으로 상이한 원천이며, 나아가 인식은 본래 이 두 가지 이종적인 능력이 함께 일함으로써 비로소 성립한다.

어떠한 인식도 대상의 인식인 한에서 대상의 직접적·개별적 표상인 직관에 관계하지 않을 수 없다. 그러나 우리 인간*에게 있어 직관은 감성에 기초하기 때문에 지성은 직관의 능력이 아니다. 인간은 신*이

지니는 것과 같은 '지성적 직관(intellektuelle Anschauung)'에 관여할 수 없는 것이다. 그런데 직관 이외의 것에 의한 인식의 방식으로서는 대상의 간접적·일반적 표상인 개념밖에 없다. 따라서 인간의 지성은 개념에 의한 인식능력, 요컨대 사유*의 능력에 지나지 않는다. 간접적 표상으로서의 개념은 판단*의 형태로만 사용될 수 있는 한에서 지성은 판단의 능력으로 간주된다. 또한 개념이 많은 것에 들어맞는 일반적인 것을 포함한다는 점에서 지성은 규칙*의 능력으로 간주된다.

칸트는 『순수이성비판』*의 '초월론적 연역'에서 이러한 지성능력의 구명을 통해 순수 지성에 의한 선험적 인식의 가능성을 해명함과 동시에 그 한계*를 규정했다. 지성의 파악 방식에는 제1판과 제2판의 연역*에서 얼마간 차이가 있다. 인식은 다양*, 종합*, 통일(Einheit)이라는 세 가지 계기로 구성되지만, 제1판에서 그 각각은 감관*, 상상력*, 통각*(자기의식*)의 능력에 기초한다. 경험 인식은 감관을 통해 공간*과 시간* 안에서 주어지는 직관의 다양을 종합하고 하나의 의식(개념)에서 통일하는 데서 성립한다. 그 근저에는 순수 상상력('산출적 상상력')과 순수 통각이 놓여 있다. 순수 통각의 통일은 표상 일반의 다양의 통일의 근거(초월론적 통일)로서 직관의 다양의 종합적 통일의 원리를 이룬다. 그러나 이러한 종합적 통일은 시공의 선험적인 다양을 결합하는 상상력의 순수 종합(초월론적 종합)을 매개로 해서만 성립한다. 지성의 본질은 그 두 가지 능력의 상호관계에서 보인다. "**상상력의 종합에 대한 관계에서의 통각의 통일은 지성이다. 그리고 통각의 그와 같은 통일은 상상력의 초월론적 종합에 대한 관계에서는 순수 지성이다**"[A 119]. 상상력의 초월론적 종합이 통각의 필연적인 통일만을 지향하는 경우 그 통일의 활동은 '상상력의 초월론적 기능'이라고 말해진다. 이것은 순수 지성 개념(범주*)에 다름 아니며, 시공 안에서 주어지는 현상*의 다양의 종합이 따라야만 하는 필연적 규칙을 나타내는 한에서 경험의 형식을 이룬다.

제2판에서는 상상력에 귀착되는 종합과는 별도로 순수한 범주에 의한 '순수하게 지성적인' 종합이 상정

된다. '생각한다'는 것은 '내'가, 그것도 동일한 '내'가 생각하는 것이다. '내가 생각한다(나는 생각한다 Ich denke)'라는 형태로 표현되는 자기의식은 사유의 가능성*의 필연적 조건인 이상, 직관에서 주어지는 다양은 생각될 수 있기 위해서는 동일한 '내가 생각한다'에 속하지 않으면 안 된다. 그러나 직관의 다양에 관한 통각의 분석적 통일(동일성)은 그 근거로서 직관의 다양의 선험적인 결합*, 즉 '통각의 근원적-종합적 통일'을 전제한다. 그러므로 직관의 다양은 사유되어야만 하는 한에서 통각의 종합적 통일 아래 복종해야만 한다. 그러나 표상 일반의 다양을 통각의 통일로 가져오는 것은 판단의 논리적 기능이며, 범주란 **직관 일반**의 다양에 적용되는 한에서의 판단의 논리적 기능에 다름 아니다. 따라서 직관의 다양이 통각의 종합적 통일 아래로 가져와지는 것은 '지성적 종합'으로서의 범주에 의한 것이다. 모든 결합의 원천인 '근원적'인 종합적 통일이 통각의 상상력에 대한 관계 안에서가 아니라 통각 그 자신 안에서 인정되는 것은 통각의 통일이 지성적 종합에 의한 통일에 기초하는 것으로서 '근원적으로 종합적'인 것으로 보이기 때문이다. '내가 생각한다'의 근저에는 '내가 결합한다'는 활동이 놓여 있다. 지성의 본질은 범주에 의해서 "선험적으로 결합하고 주어진 표상의 다양을 통각의 통일 아래로 가져온다"[B 135]는 데 있다. 그런데 범주는 직관 일반의 대상의 사유 형식으로서 선험적인 개념을 이루지만, 대상의 단순한 사유는 직관을 결여하는 한에서 아직 인식이 아니다. 그러나 우리에게 가능한 직관은 시공을 형식으로 하는 감성적 직관이기 때문에 범주는 **우리의 감관의 대상**인 현상에 관계하는 경우에만 인식으로 될 수 있다. 현상에 대한 범주의 적용은 우리의 감성에 대한 지성의 '최초의 적용'인 상상력의 초월론적 종합'을 매개로 하여 가능해진다. 상상력에 의한 선험적인 결합('형상적 종합')은 그 자체가 초월론적*이지만, 그것이 단지 통각의 초월론적 통일만을 지향하는 경우, 따라서 '지성적 종합'에 입각하여 행해지는 경우 특히 '상상력의 초월론적 종합'이라고 불린다(제1판에서 말하는 '상상력의 초월론적 기능'에 상응). 이러한 활동은 지성의 형식(범주)에 의한 감성의 형식(시간)의

선험적인 규정으로서 경험의 형식을 이룬다.

이리하여 연역론은 지성의 순수 개념이 **경험적** 인식의 가능성의 원리라는 것 그리고 '양'과 '원인'과 같은 범주는 확실히 지성에서 선험적 근원을 지니는 대상 일반의 개념이라고 하더라도 우리의 직관의 감성적 성격 때문에 그 사용이 사물 일반, 사물 자체에 미치는 것이 아니라 현상에 제한된다는 것을 보인다. 그러나 현상이 사물 자체가 아니라 표상에 불과하다고 하는 초월론적 관념론의 입장에서는 경험의 가능성의 조건은 동시에 경험 대상의 가능성의 조건이며, 범주는 경험 대상의 대상성을 구성한다. 그로부터 '순수 지성의 원칙'이라는 형태로 제시되는 순수 지성 인식은 동시에 자연의 일반법칙에 다름 아니며, 지성은 자연에 대해서 선험적으로 법칙을 정하는 '입법'자라는 것이 밝혀진다. ⇒연역, 인식, 인식능력, 범주

―스미 시노부(角 忍)

H. J. de Vleeschauwer, *La déduction transcendentale dans l'œvre de Kant*, De Sikkel, 1937.

지속성持續性 ⇨**항상성**

지적 직관知的直觀 [(독) intellektuale Anschauung]

대상을 감성에 의하지 않고서 직접적으로 인식하는 예지적 능력. 칸트에 따르면 인간의 직관은 마음이 대상으로부터 모종의 방식으로 촉발됨으로써 비로소 가능해지는 '감성적 직관'이다. 이러한 감성적 직관은 논변적 지성과 협력하여 객관적인 대상 인식을 가능하게 한다. 그러나 그는 이러한 수용적인 감성적 직관을 직관의 유일한 모습으로 삼지 않고 자발적이고 예지적인 직관에도 가능성의 여지를 남겼다[B 307, 342]. 예를 들면『판단력비판』에서 자연목적의 개념과 인간적 지성의 고유성에 관한 부분에서 칸트는 "형상을 필요로 하는 지성"에 대한 "원형적인 지성" 또는 우리의 "논변적 지성"에 대한 신적인 "직관적 지성"에 대해 언급하고, 자연의 초감성적인 "실재근거"(우리에게 있어서는 미지의 사물 자체로서의 "기

체")를 직관할 수 있는 "지적 직관"에 대해 말하고 있다[KU §77].

칸트는 감성적 직관과의 대비 하에 지적 직관의 가능성을 유보하는 데에 그쳤지만, 그의 유한한 이성의 입장을 넘어서서 '절대자'를 파악하는 절대적 이성의 입장에 입각한 독일 관념론의 시대에 이르면 지적 직관은 철학의 최고의 원리로까지 고양된다. 칸트의 비판철학을 계승하여 이론이성과 실천이성의 근저로부터 지의 체계를 근거짓고자 하는 피히테는 스스로를 절대적 주체로서 정립하는 자아의 근원적 활동('사행(Tathandlung)')을 철학의 유일한 원리로 삼는다. 이러한 자아의 활동을 직접적으로 의식하는 것이 피히테에서의 '지적 직관'이다. 이와 같이 피히테에서 지적 직관은 철학자에서의 자아의 자기인식과 관련하여 이해되었지만, 그의 절대자아의 철학을 이어받으면서 스피노자주의를 받아들여 새로운 관념론의 입장을 개척한 셸링에 이르면 지적 직관은 자연과 인식 활동의 좀더 폭넓은 연관에서 '주관과 객관의 동일성'을 파악하는 활동으로 된다. 예를 들면『초월론적 관념론의 체계』에서 지적 직관은 주관적인 것과 객관적인 것의 동일성을 내적으로 파악하는 활동으로서 모든 철학의 오르가논으로 간주된다. 이러한 '지적 직관'을 객관화하는 것으로서 '미적 직관'이 그의 '초월론철학'의 요점이 된다. '동일철학'의 시기에는 자연으로부터 인간의 역사 세계를 관통하는 절대자의 운동을 그 '절대적 동일성'에서 파악하는 활동이 지적 직관으로 된다. 요컨대 그것은 특수한 것 속에서 보편적인 것을, 또한 유한한 것 속에서 무한한 것을 발견하고 이 양자를 생동하는 통일 속에서 간취하는 능력인 것이다. 이와 같이 '지적 직관'은 존재와 인식, 실재적 원리와 관념론적 원리의 '절대적 무차별'을 파악하는 활동인 것이지만, 셸링의 입장은 이러한 절대적 무차별로부터 어떻게 해서 차별의 세계가 나오는지를 설명할 수 없기 때문에 헤겔로부터 엄혹한 비판을 받게 된다. 헤겔에게 있어 지적 직관은 이미 철학적 반성의 주요한 대상이 아니다. 헤겔의 '절대자, 요컨대 타자존재에서 자기를 매개하는 '절대정신'에 있어서는 직관에서의 동일성과 반성에서의 차이를 구별하는 것은

이미 허용될 수 없기 때문이다. ⇒직관, 피히테, 셀링

—미네 히데키(嶺 秀樹)

📖 F. Copleston, *A History of Philosophy*, vol. 7, Doubleday, 1965(小坂國繼 外 譯『ドイツ觀念論の哲學』以文社, 1984).

지혜知慧 ⇨철학

직관直觀 [(독) Anschauung]

대상*에 직접적으로 관계하는 표상*을 직관이라고 한다. 이러한 직접적 표상은 유일한 대상(개체)에 관계하는 개별적 표상이며, 많은 대상에 간접적으로 (징표를 매개로 하여) 관계하는 보편적 표상으로서의 개념*과 대립한다. 이러한 대립은 예를 들면 공간* 및 시간*은 개념이 아니라 직관이라는 주장에서 나타나지만, 때때로 '개념'이라는 말은 직관을 포괄하는 넓은 의미에서 사용된다(전비판기에서는 직관이 '개별적 개념(conceptus singularis)'이라고 특징지어진다). 지각*은 그 대상이 현실적인 것으로서 의식*되는 한에서의 직관, 또는 이러한 경험적 직관의 의식이다. 개념은 단지 대상의 가능성*을 표현한다. 직관과 개념은 모든 인식*의 두 가지 요소인바, "개념 없는 직관은 맹목"이지만 또한 "내용 없는 사유는 공허"하여[B 75] 직관은 개념에 의한 모든 사유*가 인식이라고 하는 한에서 매개로서 지향되어야만 하는 것이다. 왜냐하면 인식의 대상은 직관에 의해서만 주어지기 때문이다.

직관은 우리 인간에게 있어서는 감성적*이다. 즉 대상이 우리에게 주어지는 것은 그것이 우리의 마음*을 모종의 방식으로 촉발*함으로써만 가능한 것이다. 감성적 직관은 대상의 현존재*에 의존하는 "파생적 직관"이며, 그것이 귀속하는 존재자의 "현존재를 규정"한다[B 72]. 감성*이 유일 가능한 직관양식이라고는 주장될 수 없지만, 지적 직관*, 즉 대상을 그 현존재에 관해 산출하는 '근원적 직관'은 원존재자에게만 귀속될 수 있을 것이다. 이와 같은 신적 지성의 직관과는 달리 감성적 직관의 다양*은 자기의식*에 의해서 자발적으로 주어지는 것은 아니기 때문에, 그것이 하나의

대상으로서 성립하기 위해서는 지성*의 종합*에 의해서 통각*의 통일로 가져와질 필요가 있다. 당연한 것이지만, 다양은 이러한 종합과는 독립적으로 주어져 있지 않으면 안 된다. 그러므로 직관은 사유하는 모든 활동에 선행할 수 있는 것이게 되지만, 이것과 개념(범주*)이 '모든 직관의 가능성'의 조건이라는 것 사이에 모순은 존재하지 않는다. 모든 직관은 다양을 포함하지만, 오로지 이 다양으로부터 바라본 직관, 요컨대 그 자신은 인식이 아닌 '직관의 요소'를 나타내는 '직관'과, 이 다양이 통일로 가져와진 경우의 직관, 즉 '규정된 직관'을 나타내는 '직관'이 구별되어야만 한다. 후자는 대응하는 직관을 지니는 개념과 더불어 '대상에 관계하는 표상'으로서의 '인식(cognitio)'에 속한다. 주어진 대상의 인식(경험적 인식)이 경험*이라고 한다면, 경험이란 개념들 아래로 가져와지고 그에 의해 규정된 경험적 직관 그 자체(예를 들면 '물이 어는 것을 지각'하는 것)라고 말할 수 있을 것이다.

직관이 감각*에 의해서 대상에 관계하는 경우에 그것은 경험적이라고 불린다. 감각은 경험적 직관의 요소로서 '직관의 질료'라고 불리지만, 직관과 감각은 구별되는바, '단순한 직관' 또는 '직관'이라는 표현은 경험적 직관의 근저에 존재하는 순수 직관*을 의미한다. 이것은 '경험적 직관의 형식'인바, 어떤 것이 경험적으로 직관된다고 하는 것은 그것이 '현상한다'는 것에 다름 아닌 이상 순수 직관은 또한 '현상의 형식'을 이룬다. 그러나 좁은 의미에서의 '직관의 형식'은 '순수 직관의 다양한 것'에 대해서도 그 관계들의 필연적 조건을 이루며, 기하학적 형태의 표상과 같은 '형식적 직관'에 대해서도 그 근저에 존재한다. 직관 내지 '직관하기(Anschauen)'의 형식은 외적 직관의 형식인 공간과, 내적 직관 내지 자기직관의 형식인 시간으로 나누어진다. 모든 표상은 외적인 사물을 대상으로 하는가 아닌가에 관계없이 그 자신이 마음의 규정·내적 상태로서 시간에 속하기 때문에, 시간은 간접적으로 외적 현상의 조건이기도 하다. 요컨대 우리는 내적 직관을 통해 모든 외적 직관을 파악하는 것이다. 지성이 '내감*을 규정'함으로써 대상에 대한 관계를 획득하는 '표상'으로서의 내적 직관은 이와 같이 외적 직관을 매개하는

것이지만, 다른 한편 내적 직관의 '본래의 소재'는 외감에서 유래하며, 또한 자기인식으로서의 내적 직관(내적 경험)은 외적 직관을 전제로 한다. 내적 경험에서의 시간 규정의 의식은 나의 외적인 지속적인 것의 직접적 의식으로서의 외적 경험과 필연적으로 결부되어 있으며, 시간에서의 나의 현존재의 규정은 공간에서 내가 지각하는 사물의 현존재에 의해서만 가능한 것이다.

공간과 시간에서의 직관 양식을 인간의 감성에 제한할 필요는 없지만, 또한 다른 직관 양식이 불가능하다고도 말할 수 없다. 우리의 직관 양식을 사상한 경우의 (감성적) 직관은 '직관 일반'이라고 불리는데, 특히 범주의 연역*이라는 장면에서 문제로 된다. 범주는 직관 일반에서의 다양의 종합적 통일의 개념이고 단순한 지성에 의해서 직관 일반의 대상에 관계하지만, 이러한 관계는 인식을 줄 수 없다. 범주에 '의미와 의의'를 가져오는 것은 우리의 감성적 직관, 그것도 결국은 경험적 직관이다. 요컨대 범주는 경험적 직관에 적용될 수 있는 것으로서만 객관적 실재성 내지 객관적 타당성*을 지닌다. 또한 범주에 의해서 '나의 현존재를 규정'하는 작용이 통각인 한에서 통각이란 내적 경험을 성립시키는 사유(지성)의 활동이지만, 이것과 대응하여 감성적으로 우리의 '현존재를 규정'하는 방식으로 내적 경험을 성립시키는 것이 직관이다. 현존재 일반의 의미가 '나의 현존재'에 입각하여 물어져야만 한다면, 어떤 것이 우리에게 '주어져 있다'는 것에서 성립하는 직관이야말로 이 물음이 전개되는 장소인 것이다. ⇒순수 직관, 형식, 공간, 시간, 개념, 지각

—구고 다카유키(久吳高之)

[참] J. König, *Der Begriff der Intuition*, Halle, 1926. P. Cummins, Kant on Inner and Outer Intuition, *Nous* Ⅱ, 1968. J. Hintikka, On Kant's Notion of Intuition(Anschauung), In: T. Penelhum/J. MacIntosh (eds.), *The First Critique*, Wadsworth, 1969; Kantian Intuitions, in: *Inquiry* XV, 1972. K. Wilson, Kant on Intuitions, in: *Philosophical Quarterly* XXV, 1975.

직시적直示的 [(독) ostensive]

라틴어원 ostendere(보게 하다)가 보여주듯이 직시적 증명이란 귀결을 직접 보여주는 증명*이며, 직접증명과 동일하다. 이러한 뜻을 끌어들여 '현시적', '명시적'이라고 번역되기도 한다. 칸트는 직시적 증명을 다음과 같이 정의한다. "직접적 혹은 직시적 증명은 모든 종류의 인식에서 진리에 관한 확신에 대해서 동시에 그 진리의 원천에 대한 통찰을 결부시키는 증명이다"[B 817]. 칸트는 순수 이성의 초월론적 증명의 조건을 세 가지 들고 있는데, 그 세 번째로서 그것은 직시적이어야만 한다고 주장한다. 왜냐하면 순수 이성의 초월론적 증명에서는 이율배반*에서 단적으로 보이듯이 간접증명을 사용하는 것에서 언제나 주관적 표상과 객관적 인식의 바꿔치기가 일어나기 때문이다. 그러므로 증명은 "증명근거의 초월론적 연역을 수반한 합법적인 증명, 즉 직접증명"[B 822]에 의해서 행해져야만 하는 것이다. 이로부터 직시적이라는 말은 대상의 구성*이 가능하다는 의미를 포함하는 것이 되기도 하며[B 745], 예를 들면 이념*은 "발견적인 개념이지 직시적인 개념이 아니다"[B 699]. ⇒증명

—시모노 마사토시(下野正俊)

진리眞理 [(독) Wahrheit (영) truth]

칸트에게는 적어도 세 가지의 진리 개념이 존재한다. (1) 첫째는 일반논리학에서의 '형식적 진리 개념', (2) 둘째는 초월론적 논리학*에서의 '초월론적 진리', (3) 셋째는 각각의 판단의 '경험적 진리'이다.

(1) 인식*의 모든 내용을 사상하고 논리형식, 사유 일반의 형식*만을 고찰하는 일반논리학, 형식논리학[B 79]에서도 '인식과 그 대상*의 일치(Übereinstimmung)'라는 전통적인 대응(correspondence)설적인 진리 개념이 전제되어 있다. 그러나 이 대응설적인 명목적 정의가 순환논증*(Diallele)을 포함하는 점에 칸트는 주의한다[IX 50]. 즉 어떤 인식이 참인 것은 그 인식이 대상*과 일치하는 경우라고 정의된다 하더라도 대상과 인식이 비교 가능한 것은 그 대상을 인식하고 있는 경우에 한정된다. 그렇다면 이러한 진리 정의는 단지 "대상에 관한 나의 인식은 대상에 관한 나의 인식과

일치한다'라는 동어반복에 불과하다[XXIV 386](현대에 대응설의 획기적인 전진은 타르스키에 의한 것이다). 그러나 칸트가 프레게*처럼 대응설과 그 밖의 진리 정의가 무엇이든 모두 순환을 포함한다는 점을 이유로 진리의 정의 불가능성을 주장한 것은 아니다. 또한 다른 한편으로 "대상 인식 A가 참인 것은 대상 인식 A가 성립하는 경우에 한정되기"(동치설) 때문에 진리 개념은 없어도 상관없는 여분이라는 여분(redundancy)설을 주장한 것도 아니다.

원래 형식적 진리는 객관*에 대한 관계를 전혀 지니지 않기 때문에, 대상과의 일치라고 하더라도 내용적·질료적이 아니라 오로지 인식의 (형식에 관한) 자기 자신과의 일치(Zusammeneinstimmung)라는 형식적 규준, 결국 모순율* 등의 인식의 일반적인 형식적 법칙들과의 일치라는 단순한 논리적 규준, 즉 소극적인 불가결한 조건에 불과하다[IX 50-51; B 85]. 요컨대 칸트는 판단의 진리성의 일반적인 형식적 조건이란 그 인식이 자기모순적이지 않다는 것[B 189], 논리적으로 가능하다는 것에서 구하고 있다. 그러나 이것이 칸트가 대응설을 포기하고, 진리란 다른 무모순적인 인식·명제군과의 정합성(coherency)에 있다는 '정합'설을 채용했다고 하는 것은 아니다.

(2) 오히려 칸트는 초월론적 논리학에서 인식, 대상, 일치라는 것의 근본적인 성립조건을 묻고 있다. 칸트의 단적인 대답은 "경험 일반의 가능성*의 조건들은 동시에 경험의 대상들의 가능성의 조건들이기도 하다"[B 197]는 것이다. 여기서의 '경험*'이란 우리의 객관적 인식을 의미하지만, 이러한 인식을 가능하게 하는 조건(직관*의 시공적 형식과 범주*, 도식*)이 우리의 인식 대상(현상*)을 가능하게 하는 조건에 다름 아니라는 것이다. 그러한 경우에 선험적 종합판단*은 "객관적 실재성"을 지니며[B 195-197, 269], 동시에 "초월론적*으로 참"[B 185, 269]이라고 말해진다. 따라서 '초월론적 진리'란 우리의 인식(경험 일반)의 가능성 조건과 경험 대상의 가능성 조건의 일치에서 구해지는바, 여기서 대응설의 조건·원천을 포함하는[B 247, 296] 동시에 대상 전체(현상)의 가능성을 결국 인식의 가능성 조건 전체와의 합치에서 구하는 정합설적이라고도

또 순환적이라고도 이해될 수 있는 진리 개념이 엿보인다. 객관적 실재성을 결여한 '이념*'은 '가상*'(Schein)'이라고 불린다. 그러나 문제는 이율배반*론에서 가능적 경험을 넘어서는 '이념'에 관하여 가령 '세계의 무한분할'의 가능성과 불가능성의 어느 쪽도 거짓일 수 있다[B 532]고 하는 한편, '자유*'와 '필연성*'이 모두 참일 수 있다고 한다는 점이다. 이 주장이 정합적이기 위해서는 가상이 초월론적 허위와 겹쳐져야만 할 것이다.

(3) 초월론적 진리는 개별적인 '인식과 대상의 일치'가 아니라 "모든 경험적 진리에 선행하여 그것을 가능하게 하는"[B 185] 전제조건을 이룬다. 초월론적으로 참이고 경험적 대상에 관계하여 객관적으로 실재적인 그러한 정언적이거나 인과적인 개개의 판단의 경험적 진리성은 가능적 경험의 개개의 대상과의 일치·불일치에 의해서 검증 내지 반증된다. 경험적 진리는 우리의 인식과 그 가능적 경험의 대상의 일치라는 대응설적인 관념에서 구해지는바[B 236], "경험적 진리는 공간*과 시간*에서 충분히 확보되어 있다"[B 520]. 범주도 "경험적 사용만이 가능하며, 가능적 경험의 대상, 즉 감성계에 적용되지 않을 때에는 어떠한 의미(Bedeutung)도 지니지 않는다"[B 724; B 306-308 참조]. 따라서 우리의 가능적 경험을 넘어선, 초월론적으로 참이지 않은 이념·가상에 관한 판단은 경험적으로는 진위가 문제로 되지 않는 무의미한 형이상학적 판단인 것이다. ⇒인식

—노모토 가즈유키(野本和幸)

圖 岩崎武雄 『眞理論』 東京大學出版會, 1976. A. Tarski, The Semantic Conception of Truth, 1944(飯田隆 譯 「眞理の意味論的概念」 『現代哲學基本論文集』 II, 勁草書房, 1987). 野本和幸 「カント哲學の現代性」 『講座ドイツ觀念論』 2, 弘文堂, 1990; 『現代の論理的意味論』 岩波書店, 1988; 『意味と世界』 法政大學出版局, 1997.

질質 [(라) qualitas (독) Beschaffenheit; Qualität]

전통적인 형이상학적 범주의 하나로서 직접적으로는 양*(quantitas)에 대립한다. 라이프니츠*로부터 볼프

학파에서는 일반적으로 존재자가 지니는 다양한 양태(우유성) 가운데 타자와의 상호관계에서 독립된 절대적인 것(그 자신만으로 파악될 수 있는 것)이 질이라고 하였다(또한 라이프니츠는 양을 대상으로 하는 통상적인 대수학과 구별하여 질을 대상으로 하는 '보편수학'을 구상했다). 또한 질 개념은 '가능한 것(possibile)', '실재성, 사태성(realitas)'. '완전성(perfectio)'과 같은 개념들과 등치되거나 또는 그것들에 대한 설명을 위해 사용되었다(예를 들면 "완전성이란 적극적이고 절대적인 단순한 질이다" 등등).

전비판기의 칸트에게 질 자체에 관한 논술은 그리 많지 않지만 "실재성*이 서로 구별되는 것은 …… 그것들의 질에 의해서가 아니라 도度에 의해서이다"[『낙관주의 시론』 II 31]라고 하고 있듯이 위와 같은 볼프학파적인 개념 연관과의 관계에서 문제를 고찰하고 있다고 볼 수 있다. 『순수이성비판』*에서 질은 우선 판단*의 논리형식을 분류하기 위한 네 개의 기본항목(질・양・관계・양상*)의 하나로서 도입되며, 그 후에도 이 넷은 이 저작 전체를 통한 분류원리로서 중요한 역할을 담당하지만, 본래의 범주*(순수 지성 개념)로서의 질 그 자체는 판단의 논리형식의 질적인 구별(긍정판단・부정판단・무한판단)에 대응하여 '실재성・부정・제한'이라는 세 가지를 내포하는 개념으로서 정의되게 된다. 이러한 칸트의 논의 방식은 질 개념의 형이상학적 함의를 제거하고 오로지 그 논리적 기능만을 문제로 하고 있다는 인상을 주지만, 사실은 그렇지 않다는 것은 여기서도 '실재성' 개념이 위에서 언급한 볼프학파적인 개념 연관을 거의 그대로 물려받은 형태로 등장하고 있다는 데서도 분명히 드러난다. 그와 동시에 여기서는 질과 실재성의 관계를 둘러싼 칸트의 독자적인 중요한 전개가 보이며, 특히 '지각의 예취*'에 관한 논의에서 일반적으로 "감각*의 질은 결코 선험적*으로는 표상할 수 없다"[B 217]라고 하면서 "우리는 크기 일반에 관해서는 다만 하나의 질, 즉 연속성을 선험적으로 인식할 수 있을 뿐이며, 다른 한편 모든 질(현상의 실재적인 것)에 관해서는 그 내포량을—요컨대 그것들이 도를 지닌다는 것을—선험적으로 인식하는 것 이상은 할 수 없다"[B 218]고 말하

고 있는 것은 소극적인 표현임에도 불구하고 주목된다. 여기서 시사된 질, 실재성, 내포량(도)과 같은 개념의 선험적인 연관은 뒤로 거슬러 라이프니츠적인 보편수학과 무한소 해석과의 관계도 포함하여 흥미로운 문제를 제기하고 있으며, 코헨*이 『무한소의 방법의 원리와 그 역사』(1883)에서 이 문제의 선구적인 연구를 행한 것 외에 최근에도 들뢰즈『차이와 반복』(1968) 등에서 그와 관련된 중요한 고찰이 전개되고 있다. ⇒양, 실재성

―오카모토 겐고(岡本賢吾)

圏 G. W. Leibniz, Dissertatio Arte Combinatoria, in: G. W. Leibniz, *Philosophischen Schriften* Bd. IV, hrsg. C. I. Gerhardt, Olms (reprint), 1978(山內志朗 譯 「結合法論」『哲學 vol. 1』 哲學書房, 1988); De Synthesi et Analysi universali seu Arte inveniendi et iudicandi, in: G. W. Leibniz, *Philosophischen Schriften* Bd. VII, hrsg. C. I. Gerhardt, Olms (reprint), 1978(伊豆藏好美 譯「普遍的結合と普遍的分析」『哲學 vol. 1』 哲學書房, 1988). H. Cohen, Das Prinzip der Infinitesimal-Methode und seine Geschichte, in: *Hermann Cohen Werke* Bd. 5, Olms, 1984. G. Deleuze, *Différence et Répétition*, PUF, 1968(財津理 譯『差異と反復』河出書房新社, 1992).

질풍노도疾風怒濤 [(독) Sturm und Drang]

18세기 후반 독일의 문학운동. '질풍노도'라는 호칭은 Fr. M. 클링거의 동명의 희곡에서 유래하며, 19세기의 문학사 서술을 통해 정착했다. 운동의 범위는 관점에 따라 다르지만, 1770년대를 중심으로 하며, 젊은 문학자들―청년 괴테*와 헤르더*, J. M. R. 렌츠, 클링거 등이 짊어졌다. 하만*은 그들보다 앞 세대에 속하지만, 그의 사상과 인격은 이 운동에 많고 큰 영향을 미쳤다. 또한 실러*는 80년대부터 본격적인 문학적 활동을 개시하지만, 그 초기는 '질풍노도'에 속한다. '질풍노도'는 봉건적으로 폐쇄된 당시의 독일 사회에서 지배적인 프랑스적 궁정문화와 일면적 합리정신에 항의하고, 감정・상상력・개성의 전적인 해방을 추구했다. 고전주의적인 규범으로 파악되지 않는 창조적 천재(Genie)를 고창하고, 셰익스피어를 그 전형으로서

우러러보았다. 궁정적인 것에 대항하여 민중적인 것, 민족적인 것이 강조되지만, '질풍노도' 운동에는 유럽적인 배경, 특히 루소'의 영향이 강하다. 사회비판적인 경향은 계몽주의가 지닌 잠재력의 급진화로 볼 수도 있을 것이다. '질풍노도'를 대표하는 작품으로는 헤르더의 평론 「셰익스피어」(1773), 괴테의 『젊은 베르테르의 슬픔』(1774), 희곡 『괴츠 폰 베를리힝겐』(1773), 렌츠의 희곡 『가정교사』(1774), 『군인들』(1776), 실러의 희곡 『군도』(1781) 등이 있다.

칸트는 '질풍노도'와는 입장을 달리 하지만, 이 운동에 관계하는 사상가와 문학자는 다양한 형태로 칸트와 결부되어 있다. 하만은 1750년대 말부터 60년대에 걸쳐 칸트와의 교류를 깊이 하며, 헤르더는 60년대 전반에 칸트의 강의를 감격을 지니고서 청강한다. 렌츠도 1768년부터 71년까지 쾨니히스베르크 대학에서 공부하며 칸트의 강의를 통해 루소의 사상세계로 이끌렸다. 1770년 칸트의 교수 취임에 즈음해서는 칸트를 찬양하는 시를 써 건넨다[XII 401ff.에 수록]. 실러가 칸트 철학 연구를 개시하는 것은 '질풍노도'기 이후인 1790년대이다. ⇒천재, 계몽, 하만, 헤르더, 루소, 괴테, 실러

—가사하라 겐스케(笠原賢介)

図 R. Pascal, *Der Sturm und Drang*, Kröner, ^{2}1977. S. A. Jørgensen/K. Bohnen/P. Øhrgaard, *Geschichte der deutschen Literatur Bd. VI. Aufklärung, Sturm und Drang, frühe Klassik 1740–1789*, Beck, 1990.

짐멜 [Georg Simmel 1858. 3. 1–1918. 9. 26]

유대계 독일인으로서 철학자, 사회학자. 베를린에서 태어나 스트라스부르에서 사망한다. 탁월한 시대감각과 유려한 문체를 가진 특이한 사색가. 예술론, 사회심리학, 종교론 등 폭넓은 분야에 걸쳐 근대 사회를 사상적으로 분석해 나갔다. 칸트 관계의 주된 저작으로서는 『칸트. 16개 강의』(1905)와 『칸트와 괴테』(1906)가 있다. 문제설정으로서는 '역사적 이성'의 문제와 '상대적 선험'의 개념 등 신칸트주의 서남독일학파와 공통점이 많다. 역사와 사회에 관해 개별인식론을 구상하고, 역사인식과 사회인식의 '선험적인 조건'을 제시하는 것을 칸트적인 의미에서의 철학의 과제라고 생각했다. 다른 한편 칸트 철학 전체를 근대의 전형적인 문화현상으로서도 파악하여, 현대의 문화사적인 칸트 해석의 선구자이기도 하다. 괴테'의 생명론적 세계관과 칸트의 주지주의적 세계관을 대립시켜 양자의 상극 속에 근대의 세계관을 위치짓고, 양자의 융합에서 장래의 세계관의 가능성을 찾는다.

—기타가와 사키코(北川東子)

図 北川東子 『ジンメル── 生の形式』現代思想の冒険者たち 1, 講談社, 1997.

집합集合 | **집적**集積 | ⇨**결합, 체계**

참으로 여김 [(독) Fürwahrhalten] ⇨**견해**

책무責務 ⇨**구속성**

책임責任{**귀책**歸責} [(독) Verantwortung; Zurechnung]

칸트의 논술에서는 '귀책(Zurechnung)'과 '책임(Ver-antwortung)' 둘 다 보이지만, 주제적으로 말해지고 있는 것은 오로지 전자이다. 다만 전자에 대해서는 일반적으로 친숙함이 없기 때문에 항목 명으로서는 후자를 선행시켰다.

'책임이 있다'는 것은 어떤 사람의 행위 결과가 그 사람의 자유*로운 의지결정의 결과로서 그 사람에게 돌려지는 것을 의미하지만, 그와 같은 책임의 주체로의(객관적 내지 주체적인) 귀속(의 인지)을 '귀책'이라고 말한다{덧붙이자면, jm. et. zurechnen은 어떤 사물을 어떤 사람의 평정{Rechnung}에 넣는다{돌린다}는 것을 의미한다}. 칸트는 이러한 인지 내용의 측면에 주목한다. 칸트에 따르면 귀책이란 "어떤 행위가 인격의 자유로부터 일어난 것인 한에서 어떤 실천적 법칙과의 관계에서 그것에 관해 내리는 판단'을 가리킨다. 따라서 귀책에는 그 전제로서 "자유로운 행위"와 "법칙"이 존재하지 않으면 안 된다[Vorl. 69].

이 법칙은 칸트에서는 결국 이성의 도덕법칙*이다. 이리하여 귀책은 "{행위의} 공적과 죄과에만 관계하지만"[Refl. Nr. 7125, XIX 254], 통상적으로 그것도 "다만 경험적 성격에 관계되는 데 불과하다. 그러나 그것은 어디까지가 순수한 자유의 결과이고 어디까지가 단순한 자연본성에, 즉 책임을 물을 수 없는 기질의

결함 또는 기질의 혜택 받은 성질에 돌려져야만 하는가는 누구도 구명할 수 없으며, 따라서 또한 완전히 공정하게는 판정하기 어렵다"[B 579a]. 그럼에도 불구하고 우리는 인간의 악한 행위를 (아무리 그의 자연기질과 기회원인으로부터 자연법칙적으로 설명된다 하더라도) 비난할 수 있다. 이러한 비난은 '(실천)이성의 법칙'에 기초하는 것이며, 그 때 사람은 이성을 그의 모든 경험적 조건에도 불구하고 "그 사람의 행위를 다른 모양으로 규정할 수 있었고 또 규정해야만 했던 하나의 원인"으로 간주하는 것이다. 이리하여 행위는 인간의 경험적일 수 없는 지성적(예지적) 성격*에 의해서 측정되게 된다. 이성*은 "소행의 모든 경험적 조건에도 불구하고 완전히 자유로운 것"으로 간주된다[B 583]. 다시 말하면 인간은 이성적인 귀책능력이 있는 존재자, 즉 '인격*'의 소질을 지니는 것으로 보이는 것이다. 따라서 "행위는 그것이 자유인 한에서 귀책된다"[Refl. Nr. 6809, XIX 168]는 것이며, "귀책의 정도는 자유의 정도에 따르게"[Vorl. 75] 된다. 그리고 이러한 귀책에서 전제되는 그 가능근거로서의 자유란 절대적 자발성으로서의 "초월론적 자유"이며, 또한 선험적*인 "실천적 자유"이기도 한 것이다[V 93-97].

또한 법칙을 시민법으로 보면, 귀책의 법적 이해가 전개될 수 있다. 귀책(imputatio)은 "어떤 사람이 그것에 의해서 행위의 창시자(causa libera)로 간주되는 판단"이며, 그 경우 그 행위는 소행(factum)이라고 불리고 법칙 하에 서게 되지만, "어떤 소행을 법칙 하에서는 사태로서 인정하고 (공적 또는 죄과로 하는inmeritum aut demeritum) 내적인 귀책은 판단력*(iudicium)에 속하는바, 이 판단력은 행위의 귀책의 주관적 원리로서 행위가 소행으로서 행해졌는가 아닌가를 법적으로

유효하게 판단한다. 그에 이어서 이성의 결정(선고), 즉 행위의 법적 결과와의 결합(유죄의 판결 혹은 석방)이 이루어지는” 것이다. 이리하여 “그 판단이 소행에 기초하는 법적인 귀결을 수반하는 경우에는 법적 효력을 지니는 귀책(imputatio iudiciaria s. valida)이지만, 그렇지 않은 경우에는 단순한 판정적 귀책(imputatio diiudicatoria)일 것이다”.

그런데 “법적 효력을 갖는 귀책을 이루는 권능을 지니는 (자연적 또는 도덕적{인륜적}인) 인격은 재판관 또는 법정(iudex s. forum)이라고 불린다”. 이에 반해 “인간의 내적인 법정의 의식이 양심*이다”. 그리고 양심은 또한 “신 앞에서 자기의 소행 때문에 완수되어야만 하는 책임(의 판정)의 주관적 원리”로 간주될 수 있다. 이런 의미에서 귀책은 종교적 의의를 띠는 것으로 된다[이상 VI 227, 438f.].

덧붙이자면, 최근 리델은 크링스의 (실재적, 실천적, 초월론적) 자유 개념을 그 나름대로 받아들여 말하는 바의 ‘의사소통적인 자유’와 관련하여 그 근본현상으로서 ‘책임’ 개념을 이해, 전개하고 있다. 초월론적인 자유는 실천적 자유에서 실현되지만, 그 때 이른바 의지*의 자유성은 의사소통적인 자유의 형식적 아프리오리이며, 그에 반해 실질적 아프리오리가 간과되어서는 안 되는바, 여기서 책임 개념의 전개가 보이는 것이다. 책임에는 ‘타자에 대해서 책임을 지닌다’는 쌍무적 요구 관계가 포함되어 있으며(덧붙이자면 Verantwortung에는 Antwort{응답}와 연관되는 점이 있다), 더욱이 거기에는 의사소통적인 질서에 대한 요구라는 사태적인 요구가 존재한다. 즉 책임성에는 개체적 인격을 넘어서서 의사소통적인 질서 유지의 가능조건이라는 의미가 있으며, 그 (책임을 지지 않으면 안 되는) 임무를 받아들임으로써 인간은 ‘인격*이 되는 것이다. 이와 같은 책임의 현실성이야말로 인간에게 가능한 자유를 최종적으로 근거짓는 것이어서 ‘무엇에 대해서 자유인가’는 ‘무엇에 관해 책임이 있는가’로부터 분명해지는 것이다. 책임 없이 자유는 존재하지 않으며, 타자에 대한 자유에서 비로소 자신에 대해서도 자유일 수 있다는 것이다. 또한 이러한 리델의 주장에 대해서는 (그의 근원적인 초월론적 자유의 입

장에서) 그것을 윤리의 논리에로의 또는 당위의 존재에로의 전이(Metabasis)라고 하는 크링스로부터의 비판도 존재한다. 이것을 요약하자면, 특별히 칸트적인 의미에서, 책임은 자유의 인식근거이고 자유는 책임의 존재근거라고 말할 수 있지 않을까? ⇒자유

―반 히로시(伴 博)

[참] {본문 안의 약어 Vorl.은 멘처의 칸트 윤리학 강의를 나타낸다.} P. Menzer, *Eine Vorlesung Kants über Ethik*, Pan Verlag Rolf Heise, 1924. G. Gerhardt (Hrsg.), *I. Kant, Eine Vorlesung über Ethik*, Fischer, 1990. M. Riedel, Freiheit und Verantwortung, in: *Prinzip Freiheit*, Festschrift für H. Krings zum 65. Geburtstag, Alber, 1979(河上・青木・リーブリヒト 編譯『解釋學と實踐哲學』 以文社, 1984에 수록, 또한 크링스로부터의 비판에 관해서는 상기의 *"Prinzip Freiheit"*를 참조). 矢島羊吉『カントの自由の概念』創文社, 1965. 小西國夫『カントの實踐哲學』創文社, 1981.

……처럼 [(독) Als ob]

전체적으로 구성주의적 색채가 강한 칸트 인식론*에서 세계*의 절대적 통일, 나아가 신*과 자유* 그리고 불사* 등 경험*을 넘어선 개념들의 대상*은 감성* 및 지성*이라는 인식능력*에 의해 구성되는 것은 아니지만, 그렇다고 해서 무의미한 것은 아니다. 오히려 이것들은 『순수이성비판*』의 첫머리에 있는 것처럼 “부과되어 있지만 대답될 수 없는” 물음에 속하며, 인간 이성이 최고로 관심을 지니는 개념들인 것이다. 이러한 개념들은 (수학적 개념과 같이) 개념규정이 요컨대 그 대상을 구성할 수 있는 ‘구성적* 원리’ 하에서가 아니라 개념*에 대응하는 대상*이 마치 가능한 것*처럼* 간주하는 ‘규제적* 원리’ 하에서 탐구된다. 다만 경험에 관해서 ‘구성적’인 범주 역시 양*과 질*과 관계와 양상에서 차이가 있다. 순수 직관*에서의 수학적 대상은 그 개념규정이 이를테면 대상을 구성할 수 있지만, 관계의 범주, 예를 들어 인과성*이라는 개념은 물질*의 현존재*(Dasein)에 의존하며 인과성 하에 있는 물리학적 대상을 우리가 문자 그대로 구성할 수 있다는 뜻은 아니다. 이 국면에서는 인과성 역시 ‘규제적’인 데 불과

하다. 또한 『판단력비판』*에서는 이러한 자연인과성 하에서 파악된 기계적 자연에 대해 목적*을 지니는 의지*의 기술*에 기초하고 있는 것*처럼* 파악된 기교적 자연이 인정되고 있다. 다시 말하면 일반적으로 '……처럼'이란 개념체계 X에 의해 대상 A를 구성은 할 수 없지만 우리의 관심에 기초하여 마치 A가 가능한 것*처럼* 간주하는 원리*이다. 이러한 관점에서는 '……처럼'은 진리*가 있는 것*처럼*, 세계에 통일*이 있는 것*처럼* 방대한 미지의 대상을 탐구하는 발견적 원리이기도 하며, 자연히 과학자의 연구태도와 겹쳐진다. 그러나 칸트의 '……처럼'은 과학의 진보에 더하여 도덕적 진보를 함의한다. 신이 존재하는 것*처럼*, 불사인 것*처럼*, 자유인 것*처럼* 살아가는 것이 개인의 도덕적 완성에서 불가결한 것인바, 이것이야말로 '이성*'의 근간을 이루며, 다시 말하면 칸트 철학의 가장 큰 틀을 형성하고 있는 것이다.

그 후 바이힝거*는 이러한 '……처럼'을 그 극한으로까지 확장하여 형이상학적 개념만이 아니라 수학*·자연과학*·사회과학 등의 이론 개념은 모두 우리가 유용성에 기초하여 삶을 가공한 것, 실재하는 것이 아니라 실재하는 것*처럼*인 것에 불과하다는 '허구주의'를 제창했다. 이것은 단순한 외관을 하고 있지만, 실은 콰인*으로부터 로티까지의 신실용주의와 쿤의 패러다임론, 하버마스와 아펠*의 담론윤리학* 등, 칸트 철학에서의 굳건한 이성신앙과 구성주의에 대한 비판이라는 현대 철학의 기본 조류와도 중첩되는 광범위한 영향력을 지니는 것으로서 무시할 수 없다. ⇒바이힝거, 구성적/규제적

―나카지마 요시미치(中島義道)

图 中島義道「ファイヒンガーの虛構主義」『時間と自由』晃洋書房, 1994. H. Vaihinger, *Die Philosophie des Als Ob*, Felix Meiner, 1911. E. Adickes, *Kant und die Als-Ob-Philosophie*, Fromann, 1927.

『천계론天界論』 ⇨『천계의 일반자연사와 이론』|『천계론』|

『천계의 일반자연사와 이론天界――般自然史-理論』|『천계론天界論』| [(독) *Allgemeine Naturgeschichte und Theorie des Himmels*. 1755]

비판전기의 자연철학적 저작들 가운데 대표작. 라플라스학설보다 먼저 성운설*을 이야기한 저작으로서 유명. 칸트는 처녀작(1749)에 이어 지구의 역사에 관련한 두 편의 논문(1754)에서 시도한 자연사적 고찰을 발전시켜 그것을 이 저작(1755)에서 우주발생론(Kosmogonie)으로서 체계적으로 논술한다. 이에 따르면 우주의 발생은 입자들의 와동渦動에 의한다. 즉 공간*에 분산되어 있는 입자들이 밀도가 높은 물체에 그것의 인력 작용에 의해 이끌리고, 이에 의해서 생기는 입자들의 낙하가 이들 입자들 사이에서 작용하는 척력에 의해 직선운동으로부터 측방에로 구부러지며, 거기서 입자들의 소용돌이, 성운이 생기고, 규칙성을 갖춘 우주가 생기는 것이다. 이러한 우주의 규칙성의 원인에 관한 물음, 즉 뉴턴*이 해결을 방기한 물음을 칸트는 뷔퐁*의 암시에 따라 원심력의 기원의 물음으로서 세우고, 그 해답을 중력에서 구한다. 또한 여기서의 우주의 규칙성의 문제에 관해 그는 그 자신 이후에『낙관주의 시론』(1759)에서 논하는 라이프니츠*의 최선관의 입장에 서 있었다.

앞에서 말한 입자의 와동에 의한 우주발생론의 이론적 전제는 독특한 입자론과 인력-척력설인바, 전자는 에피쿠로스*/루크레티우스의 원자론과 유사하며, 후자는 뉴턴의 물질이론에 속한다. 전자의 유사성은 칸트 학설을 무신론으로 여기게 만들 위험을 내포하며, 후자의 도입은 이러한 예상되는 무신론 공격을 피할 것을 지향한 것이었다. 칸트는 이 시기에 우주의 미*로부터 창조자의 존재를 증명하는 자연신학*의 입장에 선다고 표명하고 있다. 8년 후의 신학론『증명근거*』에 우주발생론의 개설이 수록되어 있는 것은 그의 자연사상과 신학사상의 밀접한 관련을 잘 보여주고 있다. 이러한 개설 수록의 또 하나의 의도는 람베르트*가『우주론 서간』(1761)에서 설파한 성운설에 대해 칸트가 그의 우선권을 주장하는 데 있었다. 그의『천계론』은 출판사의 파산 때문에 간행되지 못했기 때문이다. 덧붙이자면, 라플라스는 그의 성운설을 칸트의 그것과

401

는 관계없이 제기하고 있으며(1796), 그것이 칸트/라플라스의 성운설이라고 불리기에 이르는 것은 다음 세기 중반의 일이다. ⇒자연사, 람베르트, 성운설, 뷔퐁

—마쓰야마 쥬이치(松山壽一)

📖 P. Menzer, *Lehre von der Entwicklung in Natur und Geschichte*, Berlin, 1911. 浜田義文『若きカントの思想形成』勁草書房, 1967. 川島秀一『カント批判倫理學』晃洋書房, 1988. 松山壽一『ニュートンとカント』晃洋書房, 1997.

천재天才 [(독) Genie]

천재는 영국과 프랑스의 영향 하에 독일에서 18세기 중반 이후 폭넓게 논의의 대상이 되어 모범의 모방과 규칙에 대항하는 새로운 미학*의 핵심을 이루는 개념으로 되었다. 칸트도 많은 모티브를 선행자의 논의에 빚지고 있는데, 『판단력비판』*에서 보이는 천재론은 어떤 의미에서는 그것을 집대성한 것으로 볼 수 있다. 칸트에 의하면 예술*은 기술*로서 규칙*을 전제함에도 불구하고 일정한 규칙에서 도출될 수 없는 것이기 때문에 천재의 타고난 자연*이 예술에 규칙을 부여하는 것인바, 예술은 천재의 산물이어야만 한다. 그리하여 천재는 "그에 의해 자연이 기술에게 규칙을 부여하는 타고난 마음의 소질"[KU, Ⅴ 307]이라고 정의된다. 그리고 그는 천재를 다음과 같은 네 가지 점에서 특징짓는다. (1) 일정한 규칙에 의해 익힌 모방에 대립하는 독창성, (2) 그러나 그것이 나중의 판정과 제작에 대한 범례로 된다는 점, (3) 천재는 어떻게 이념*이 생겼는지를 알지 못하며, 자연이 규칙을 부여한다는 점, (4) 학문은 익혀 모방할 수 있는 것이기 때문에 천재는 예술에 한정된다는 점. 그 다음으로 칸트는 천재의 원리*로서 "미학적인 의미에서의 정산"을 들고 이것을 "미학적 이념의 묘사 능력"이라고 주장한다. 미학적 이념은 "그것에 어떤 일정한 사고, 즉 개념이 적합할 수 없는 채 많은 것을 사고될 수 있게 하는 상상력*의 표상*"[Ⅴ 314]이며, 이것이 인식능력들의 활동을 생기 있게 만들어 정신을 부여하는 것인바, 따라서 천재란 이 이념을 발견하고 그것에서 표현을 찾아내는 재능이다. 이리하여 미학적 이념은 감성적*인 이미지이면서

지성*을 넘어서서 이성 이념과 맞짝을 이루는 것이고, 또한 이러한 미학적 이념의 논의는 예술미를 초감성적, 이념적인 것에 결부시킴으로써 『판단력비판』의 구성에서도 중요한 의의를 지니고 있다. 덧붙이자면, 학문의 천재를 인정하지 않는 점은 칸트의 독자적인 것이지만, 그의 최종적인 견해가 어떠한 것이든 그의 강의록 등에서는 철학에 대해서 천재를 인정하는 말이 보이며, 이것이 '철학은 결코 배울 수 없으며, 기껏해야 철학함*만을 배울 수 있다'는 유명한 말의 배경을 이루고 있었다는 점을 지적해두고 싶다[Vgl., XXIV₁ 299, 321]. ⇒예술

—구보 고지(久保光志)

📖 O. Schlapp, *Kants Lehre vom Genie und die Entstehung der "Kritik der Urteilskraft"*, Vandenhoeck & Ruprecht, 1901. G. Tonelli, Kant's Early Theory of Genius, in: *Journal of the History of Philosophy* Ⅳ, 1966. J. Schmidt, *Die Geschichte des Genie-Gedankens*, Bd. 1, Wissenschaftliche Buchgesellschaft, 1988.

철학哲學 [(독) Philosophie; Weisheitslehre]

칸트에 따르면 철학적 이성 인식은 '개념*'에 기초하며, 수학적 이성 인식은 '개념의 구성'에 기초한다[B 865, vgl. B 741, 760]. 나아가 순수한 철학은 순수 이성에 기초하는 인식*이며, 경험적 철학은 경험적 원리에 기초하는 이성 인식이다[B 868]. 또한 '순수 철학'은 경험적인 '응용철학'에 대한 '선험적*인 원리'를 지니는 것으로서 응용철학과 긴밀히 연관되지만, 양자가 혼동되어서는 안 된다[B 876]. 그러므로 순수 철학은 인식의 방식을 주의 깊게 구별하고, 그때마다 공통된 원천으로부터 개념을 도출하며, 개념 사용의 방식을 확실히 규정하고, "선험적인 개념의 매거와 분류에서의 완전성"[Prol. §43]을 주어야만 한다. 그렇지만 칸트에 따르면 "이성*"에 관해서는, (선험적인) 모든 이성의 학문들 가운데서 수학*만을 배울 수 있으며, 철학(그것이 역사학적인 것이라면 모를까)을 배울 수는 없고, 기껏해야 철학함만을 배울(philosophieren lernen) 수 있을 뿐이다[B 865]. 따라서 수학자와 논리학자는 단지

이성의 기술자(Vernunftkünstler)일 뿐이며, 이에 반해 철학자는 자립적인 사색과 자유로운 이성 사용에 기초하여 진리와 가치를 스스로 창설하는 이성의 입법자(Gesetzgeber der Vernunft)이어야만 한다[vgl. B 867].

칸트는 철학의 개념을 '학교개념(Schulbegriff)'과 '세계개념(Weltbegriff)'으로 분류한다. 전자는 "학문으로서만 추구되며, 이러한 지식의 체계적 통일, 따라서 인식의 논리적 완전성 이상의 어떤 것도 목적으로 하지 않는 인식 체계의 개념"이며, 후자는 "모든 인식이 인간 이성의 본질적 목적에 관한 학문(teleologia rationis humanae)이다"[B 865f.]. 세계개념에 따르는 철학자는 이성적 인식의 "모든 것을 시도하고, 인간 이성의 본질적 목적을 촉진하기 위해 이것을 도구로서 이용하는 이상에서의 교사(Lehrer im Ideal)"[B 867]이다. 생각건대 "학파의 독점"을 억누르고 "인간의 관심"에 대답하여 "인간의 이익"을 도모하는 것이야말로 철학의 원초적 과제이다[B XXXII].

이러한 '인간 이성의 본질적 목적에 관한 학문'으로서의 철학은 도덕과 종교도 포함하는 의미에서의 전인간적인 철학이고, 그것이야말로 '지혜에 대한 사랑', '애지의 학'으로서의 철학의 전통적인 개념에 입각한 것이며, 이러한 철학은 학문(Wissenschaft)과 지혜(Weisheit)의 통일인바, 지혜 없는 학문도 학문 없는 지혜도 무의미하다. 칸트에 따르면 "학문 없는 지혜는 우리가 결코 도달할 수 없는 완전성의 그림자에 지나지 않음"과 동시에 "학문은 다만 지혜의 기관으로서만 내적인 참된 가치를 지닌다"[『논리학』 예세 편, IX 26]. 그러므로 학문을 지혜로서 활용할 수 없는 인간은 철학자가 아니다. "지식은 모든 인식과 숙련성(Geschicklichkeit)의 합목적적 결합이 통일에 도달할 수 없는 한에서 철학자를 만들지 못함"[같은 책, IX 25]과 동시에 "지혜에 이르는 길은 만약 그것이 다닐 수 없는 길이나 미로가 되어서는 안 된다고 한다면, 우리 인간에게 있어서는 반드시 학문에 의해서 개통되어야만 한다"[KpV, V 141]. 이런 까닭에 "(비판적으로 추구되고 방법적으로 도출된) 학문은 지혜의 가르침에 이르는 좁은 문이다"[같은 책, V 163].

그런데 지혜란 최고선*에 관한 "개념의 지침"만이 아니라 "행동의 지침"이기도 해야만 한다[KpV, V 108]. 따라서 세계개념에 따르는 철학이란 궁극적으로는 "최고선의 이념을 실천적으로, 즉 우리의 이성적 행동의 준칙을 위해 충분히 규정하는"[같은 곳] "최고선의 교설"로서의 "지혜의 교설(Weisheitslehre)"에 다름 아니다. 지혜는 단지 무엇을 하는 것이 의무*인지를 아는 데 불과한 "실천철학에 정통한 자"가 아니라 의무의 의식이 동시에 행동의 동기인 "실천적 철학자" 안에서만 이루어진다[MS, VI 375Anm.]. 이와 같이 "교설과 실례에 의한 지혜의 교사"로서의 "실천적 철학자"야말로 "본래의 철학자", "참된 철학자"[『논리학』 예세 편, IX 24, 26]이며, 이론과 실천의 통일을 자기의 명제로 하는 '언행일치'의 철학자이다. 이와 같은 "지혜의 지식에서의 스승(Meister in Kenntnis der Weisheit)"[KpV, V 108]으로서의 철학자, "지혜의 이념과 완전히 일치하는" 인간은 어디까지나 "이상에서의 교사"[B 867]이자 "생각 안에서만 존재하는"[B 597] 데 불과하다 하더라도, 인간이 그와 같은 철학자의 이념을 자기 안에서 이상으로서 지닌다는 것은 이미 그것에 도달할 수 있는 가능성을 자기 안에 지닌다는 것을 의미한다. 칸트에서의 '세계개념에 따르는 철학'의 근저에서는 모든 지식과 학문을 최고선의 실현을 위해 이용하고자 하는 근본의도, '도덕적 목적론' 내지는 '실천 이성의 우위'에 기초한 철학적 세계관이 엿보인다. 그런 까닭에 칸트는 "인간의 전체 규정에 관한 철학은 도덕이라고 불리며", 도덕철학이 다른 모든 이성 활동에 대해서 지니는 탁월성 때문에 고대인들 사이에서는 '철학자' 즉 '도덕가(Moralisten)'를 의미하고 있었다고까지 말하는 것이다[B 868].

덧붙여 말하자면, 칸트에서의 철학 개념을 구명하기 위해서는 이론철학과 실천철학*의 관계, 초월론철학*, 자연철학*, 역사철학* 등의 개념들을 해명해야만 하지만, 그것들에 관해서는 각 항목을 참조하길 바란다. ⇒세계, 학, 실천철학, 초월론철학, 자연철학, 역사철학

—아리후쿠 고가쿠(有福孝岳)

図 有福孝岳 「世界概念の哲學」 『哲學研究』 No. 510, 京都哲學會, 1969; 「哲學と道德と宗敎」 『アルケー』 No. 5, 京都大學學術出版會, 1997.

철학함哲學– [(독) philosophieren]

칸트는 Philosophie라는 명사형이 철학이 포함해야만 하는 **역동성(Dynamik)**을 표현할 수 없다고 하여 philosophieren이라는 일반적으로 사용된 적이 없는 동사형을 군이 사용하여 철학에 독자적인 의미를 부여하고자 했다. 그것을 우리는 『순수이성비판*』의 '방법론*' 제3장 '순수 이성의 건축술'에서 보게 된다[B 865]. 거기서 칸트는 "경험의 도움 없이 자기 자신에서 자기 확장에 성공할 수 있는 수학*"[B740]과, 또한 철학*에 관해 "많은 학생들과 모든 학파의 틀을 넘어서지 않는 사람들의 경우처럼, 단지 그 인식이 **역사학적(historisch)**, 즉 **주어진 것으로부터의 인식(cognitio ex datis)**에 불과한 경우"를 "**이성적(rational)**, 즉 원리로부터의 인식(cognitio ex principiis)"에서 구별하고, "우리는 모든 이성의 학문들 가운데서 수학만을 배울 수 있다. 그러나 철학을 (그것이 역사학적인 것이라면 모를까) 배울 수는 없다. 이성*에 관해서는 기껏해야 철학함만을 배울 수 있을 뿐이다. …… 다양하게 변화하는 주관적 철학을 평가하기 위한, 모든 철학하는 시도에 대한 평가의 원형을 철학이라고 부른다면, 그와 같은 철학은 단지 가능적인 이념일 뿐이다. 그러나 우리는 감성*으로 뒤덮여 가려진 유일한 소로를 찾아내고, 지금까지 실패해온 모상을, 인간에게 허락되어 있는 한에서 원형과 일치시킬 수 있도록 다양한 길을 추구한다. 그에 이르기까지 사람들은 철학을 배울 수 없다. …… 다만 철학함만을 배울 수 있을 뿐이다. 즉 자기의 보편적 원리를 준수하고자 하는 이성의 재능을 현존하는 무언가의 시도들에 의해서 연마할 수 있을 뿐이다"[B 866]라고 말한다. 배울 수 있는 '역사학적인 철학'과 '철학함만을 배울 수 있을 뿐인 철학'의 구별은 철학의 '학교개념(Schulbegriff)'과 '세계개념(Weltbegriff)'의 구별로 나아가며, 또한 철학자는 '이성기술자(Vernunftkünstler)'여서는 안 되고 '인간 이성의 입법자(Gesetzgeber der menschlichen Vernunft)'여야만 한다는 주장으로 전개된다. 그리고 이것의 근저에 놓여 있는 것은 칸트 철학의 traszendent(초월적*)로부터 transzendental(초월론적*)로의 역동화이다. ⇒철학

—다카미네 가즈미(高峯一愚)

蜀 高峯一愚 『カント純粋理性批判入門』論創社, 1979.

체계體系 [(독) System]

【 I 】 기본적 의미

하나의 이념* 하에서의 다양한 인식*의 통일체. 그 경우 이념이란 하나의 전체에 관한 이성 개념이며, 이 이성 개념이 인식의 다양성의 범위와 그 부분들의 위치를 규정한다. 체계는 이 이념을 결여한 경우의 다양한 인식의 집적(Aggregat)과 대립한다. 그런 의미에서 체계는 전체의 이념이 부분에 선행하는 경우에 가능해지며, 부분이 전체에 선행하는 경우에는 집적이 생길 뿐이다. 하나의 학*은 참으로 학으로서 수립될 수 있기 위해 이념을 필요로 하며 체계를 형성해야만 한다. 칸트는 체계를 형성하는 방법을 라이프니츠* 이래의 동시대의 용어를 사용하는데, 직접적으로는 람베르트*의 『건축술구상』을 계승하여 건축술*이라고 불렀다. 그리하여 그의 이와 같은 체계 개념은 건축술 개념과 중복된다. 체계의 개략을 엔치클로페디*라고 한다. 다만 비판기 이전의 칸트는 동시대의 철학체계, 특히 볼프학파의 체계론에 대해 회의적이었다. 이것은 그의 체계론이 기본적으로 수학적 방법을 모방하는 데서 성립하고 있던 것에 반해, 칸트는 철학*과 수학*의 학문적 성격의 차이를 일관되게 주장하고 있었기 때문이다. 칸트가 자기의 체계론을 수립한 것은 1770년대의 중엽이라고 추정된다. 1771년 『순수이성비판*』을 집필하기 시작할 즈음 그는 그 계획이 '체계광'의 일과 다르다는 뜻을 강조하고 있으며, 그것을 체계적으로 구축하려는 의도를 지니고 있지 않았다. 그러나 그는 1776년 자신의 계획을 비로소 '체계적'이라고 특징짓게 되며, 이 책이 완성된 1781년에는 그것을 '나의 체계'라고 부르기에 이르렀다.

【 II 】 철학의 체계

개념*에 의한 이성 인식의 체계를 가리킨다. 그것은 개념의 구성에 의한 이성 인식으로서의 수학으로부터 구별되며, 형식적 부문과 실질적 부문의 둘로 크게 구별된다. 형식적 부문은 지성*과 이성의 형식*을 테마로 하며, 사유의 일반적 규칙을 다룬다. 이것은 논리학

을 의미한다. 실질적 부문은 이론철학과 실천철학*으로 분류된다. 전자는 자연과학*, 후자는 도덕으로 된다. 그것들이 선험적*이고 순수*한 대상*을 실질로 하는 경우 형이상학*이라고 불리며, 방금 거론한 구분에 따라서 각각 '자연의 형이상학'과 '도덕의 형이상학'이 된다. 실질이 경험적인 경우 각각 경험적 자연과학과 실천적(실용적) 인간학으로 된다. 이성 비판, 특히『순수이성비판』은 선험적이고 순수한 테마를 다루고 있지만, 원래 본래적인 형이상학으로의 '예비학*(Propädeutik)', 즉 '형이상학의 형이상학'으로서 기도되었기 때문에 그 자신은 방금 거론한 철학체계에 속하지 않고 독립된 체계를 이룬다.

【III】 초월론철학*의 체계

칸트는『순수이성비판』에 기초하여 선험적인 순수 인식 전체로 이루어지는 하나의 학을 구상하고 있었다. 그것은 순수 이성의 모든 원리의 일대 체계이며, 실천적 요소, 즉 도덕적 관심과 쾌・불쾌라는 테마를 전혀 포함하지 않으며 오로지 사변적*인 순수 이성의 철학인바, 초월론철학(Transzendentalphilosophie)이라고 불린다. 이것은 전통적 존재론* 또는 일반형이상학의 별명으로 간주될 수 있다. 그는 그것을 완성시킬 수는 없었다. 그러나 그는『순수이성비판』이 그것을 위한 선험적인 근본개념들(범주)과 원칙들을 완전히 매거하고 있고, 그로부터 선험적인 파생개념이 도출될 수 있다고 주장하며, 이 책을 초월론적 철학의 겨냥도라고 생각하고 있었다.

【IV】 순수 이성의 체계

칸트는 순수 이성이 하나의 체계를 이룬다고 생각하고 있었다. 우선 그는『순수이성비판』에서 이른바 판단표*를 도출하는 실마리로 지성의 근본개념인 범주*를 '양*', '질*', '관계*', '양상*'의 네 항목에 각각 세 개의 계기를 배치하여 합계 12개를 발견했다. 그리고 그 표시를 완전하게 하여 체계적이라고 간주했다. 그 체계적 표시는『순수이성비판』에서의 다른 모든 체계적 표시는 물론이려니와『실천이성비판』*,『판단력비판』*이라는 이성 비판 전체에 걸쳐 체계성을 일관되게 규정하고 있다.『순수이성비판』에서의 지성의 원칙, 무*의 표, 모든 이념의 표, 이율배반*의 제시,『실천이성

비판』에서의 자유*의 범주표,『판단력비판』에서의 취미판단의 양식 분류,『자연과학의 형이상학적 원리』*에서의 구분 등, 모든 체계적 구분은 범주 체계에 기초하고 있다. 현상계에 적용되어야만 하는 범주가 이성의 고유한 관심에 의해 무제약자*로까지 확대되면 이념이 된다. 이념은 범주와 지성의 원칙과 같이 현상(경험*)을 성립시키는 원리가 아니라 초월론적 가상*을 산출한다. 그것의 전형적인 예가 이율배반이다. 그러나 그 이념도 지성에 의한 다양한 인식을 체계화하는 원리로 될 수 있다. 절대자(신*)라든가 세계의 절대적 전체와 같은 이념은 그와 같은 체계 구축을 행하는 원리이다. 그리하여 지성의 원칙이 현상을 구성한다는 의미에서 '구성적* 원리'라고 불렸던 데 반해, 이념은 다양한 지성 인식을 규제한다는 의미에서 '규제적* 원리'라고 불린다. 그런 의미에서 이성은 본성적으로 체계적 관심을 지니며, 이성 자신이 하나의 체계를 이루고 있다. 다만 지성의 원칙이 현상과 완전히 일치하는 객관적 원리인 데 반해, 이념은—절대자와 절대적 전체가 그러하듯이—현상계에 대응물을 지니지 않는 이성의 주관적 원리이다.

【V】 상위 인식능력의 체계

칸트는『판단력비판』에 이르러 그때까지 단절된 구분으로서 생각하고 있던 자연* 영역과 도덕 영역을 체계적으로 통일하고자 한다. 즉 지성에 의한 입법과 이성에 의한 입법을 관련짓는 것이다. 그는 세 개의 마음의 능력들에 대응하는 세 개의 상위 인식능력들(지성・판단력*・이성)이 합목적성*을 원리로 하는 판단력을 매개로 하여 하나의 체계를 이루는 것으로 했다. 각각의 인식능력이 독자적인 선험적 원리를 지니며, 자연・기술*・도덕을 성립시킨다. 그 사정은 아래와 같이 표시될 수 있다.

마음의 능력	(광의의)인식능력	선험적인 원리	산물
1. (협의의)인식능력	지성	합법칙성	자연
2. 쾌・불쾌의 감정	판단력	합목적성	기술
3. 욕구능력	이성	궁극목적	도덕

이것들은 그 순서에 따라 각각『순수이성비판』,『판단력비판』,『실천이성비판』의 주요 테마로 간주될 수

있다. 그런 의미에서 3비판서에 걸친 이성 비판 그 자체도 전체로서 하나의 체계를 형성하고 있다고 말할 수 있다.

【VI】 목적론적 체계

(1) 자연의 산물은 모두 기계론적 자연법칙에 지배되고 있지만, 그렇다고 해서 유기체*에서 전형을 보듯이 오로지 기계론적으로 남김없이 판정될 수는 없으며, 모두 목적*과 수단의 관계에 의해서, 즉 합목적성의 원리에 의해서 기술적인 자연으로서 판정될 수 있다. 이 원리도 위에서 말한 이성의 주관적 원리, 즉 규제적 원리이며, 또한 자연을 어떻게 반성할 것인가 하는 반성적 판단력의 원리이다. 그 결과 규제적 원리가 체계구축적인 원리라는 것을 반영하여 자연 전체가 목적의 체계로 판정된다. 이것을 자연의 목적론적 체계 또는 목적의 체계라고 말한다.

(2) 목적이라는 개념은 필연적으로 그 배후로 소급할 수 없는 궁극목적*이라는 개념에 이른다. 이성적 존재자*(지상에서는 인간*)는 목적의 주체로서 존엄*이라는 가치를 지니는 도덕적 주체이며, 오로지 수단으로서가 아니라 서로 목적 자체로서, 즉 궁극목적으로서 존재한다. 이와 같은 목적 자체로서의 존재자는 서로 접근하여 하나의 체계적으로 결합된 전체를 이루게 되지만, 이러한 체계를 칸트는 '목적의 나라'라고 불렀다. ⇒ 건축술, 이념, 구성적/규제적, 『판단력비판』 {『제3비판』}

—이시카와 후미야스(石川文康)

[참] E. Adickes, *Kants Systematik als systembildender Faktor*, Berlin, 1887. Gerhard Lehmann, System und Geschichte in Kants Philosophie, in: *Beiträge zur Geschichte und Interpretation der Philosophie Kants*, Berlin, 1969. Ingeborg Heidemann, Die Kategorientafel als systematische Topik, in: *Akten des 4. Internationalen Kant-Kongresses*, Bonn, 1974. Norbert Hinske, Die Wissenschaften und ihre Zwecke. Kants Neuformulierung der Systemidee, in: *Akten des 7. Internationalen Kant-Kongresses*, Ⅰ, Bonn/Berlin, 1991. Nathan Rotenstreich, Die Struktur des Systems und die drei Kritiken, in: *a. a. O.* Fumiyasu Ishikawa, Kants Erwerbung der Systematologie der Vernunftkritik, in: *Proceeding of the Eighth International Kant Congress*, Milwaukee, 1985. 石川文康『カント 第三の思考』名古屋大學出版會, 1996.

초감성적 자연超感性的自然ㅣ초감성적 본성超感性的本性ㅣ
[(독) übersinnliche Natur]

자연*이란 일반적으로는 '사물'과 '사건'이 법칙적인 연관 하에 현존하는 존재방식을 말한다. 이성적 존재자*임과 동시에 감성적 존재자이기도 한 인간은 경험적으로 조건지어진 법칙들에 의해 지배되는 경향이 있다. 예를 들면 쾌*를 추구하여 방종하게 내달린다든지 오직 이익을 위해서만 정직하게 행동한다든지 하는 존재방식을 인간의 감성적 자연(본성)이라고 말한다. 그 경우 이성*은 경험적인 조건들에 의해 지배된다는 의미에서 타율(Heteronomie)이다. 그것은 이성적 존재자의 존재방식으로서는 어울리지 않는다. 칸트에서 초감성적 자연(본성)이 문제로 되는 것은 그러한 감성적 자연의 존재방식에 지배되지 않고서 이성적 존재자에 어울리게 이성 법칙 하에 있는 존재방식이 추구되는 장면에서이다. 요컨대 감성적 욕구의 법칙에 지배되지 않고서 이성이 순수하게 자기를 다스릴 때 그러한 존재방식(이성의 자율Autonomie)이 초감성적 자연(본성)의 존재방식이 되는 것이다. 따라서 초감성적 자연이란 순수한 실천 이성의 자율 하에 존재하는 본성을 가리킨다. 그리고 이러한 자율의 법칙이란 도덕법칙*에 다름 아니며, 초감성적 자연의 법칙이기도 하다.

순수하게 이성 속에서 인지되는 초감성적 자연은 또한 '원형적 자연(natura archetypa)'라고 불리는 것이기도 하다. 그에 반해 감성적 자연의 존재방식은 '모상적 자연(natura ectypa)'이라고 불린다[KpV, Ⅴ 43f.]. 결국 의지*가 그에 복종하는 자연(본성) 및 그러한 자연의 법칙들과, 역으로 의지에 복종하는 자연(본성) 및 그러한 자연의 법칙들이 존재하는바, 그 구별이 어디에 놓여 있는지를 말하자면, 전자의 자연에서는 당연히 의지를 규정하는 근거가 바깥의 객체, 경험적 조건들의 측에 놓여 있고, 후자의 자연에서 의지의 규정근거는 의지 자신, 요컨대 순수한 이성 그 자체 속에 놓여 있다고 하는 것에서 찾아진다. 후자의 경우가 선*을 이룰 수 있는 의지의 자유*, 의지의 절대적 자발성을 가리키는바, 순수 (실천) 이성의 자율을 가리킨다. 초감성적 자연의 의의는 여기에 놓여 있다(이상의 것에 대해서는 주로 『실천이성비판』* 제1편 제1장 Ⅰ '순수 실천 이성의 원칙의 연역에 대하여'[Ⅴ 42ff.]를 참조). ⇒『실천이성비판』{『제3비판』}, 이성적 존재자

―니시가와 도미오(西川富雄)

초월론적超越論的 [(독) transzendental]

『순수이성비판』*의 가장 중심적인 술어. '선험적*'인 인식의 가능성'을 묻는다고 하는 이 저작의 근본 짜임새를 나타내는 말로서 그의 주요 부문의 각각의 표제가 이 형용사를 달고 있다. '순수 이성의 비판'은 형이상학*의 원천인 순수 이성 그 자체에 관계되지만, 이것은 그 자신이 순수 이성의 일이지 않을 수 없다. 그러므로 이 비판은 순수 이성의 자기인식이다. 그리고 여기서 성립하는 순수 이성의 자기관계야말로 '초월론적'이라는 개념의 핵심을 이룬다. 그러나 이 술어는 '초월적'(transzendent)'이라는 술어와 함께 긴 역사를 배경으로 하고 있다.

【Ⅰ】 전통적 의미

아리스토텔레스*의 어떠한 범주*에도 적용되는 방식으로 그것을 초월(transcendere)하는 개념을 나타내는 술어로서 현재분사 transcendens(복수형 transcendentia)와 형용사 transcendentale(복수형 transcendentalia) ―― 각각 독일어의 transzendent와 transzendental에 해당된다――가 스콜라 철학에서 오랜 동안 동일한 의미로 사용되었다. 존재자의 모든 가능한 구분을 넘어서는 이러한 '초월자'는 기본적으로는 '존재', '하나', '진', '선'의 넷이지만, 이러한 '초월적 명사'는 그 외연적 동일성에 의해 상호간에 '치환'될 수 있다고 생각되었다. 스코투스는 존재 이외의 초월자를 '존재의 변상變狀(passiones entis)'으로서 구별하고, 나아가 그것을 '단일태(unicae)'와 '선언태(disiunctae)'로 구분했다. 후자는 '원인 내지 결과', '우연 내지 필연'처럼 선언적인 방식으로만 존재와 외연을 같이 하는 개념이지만, 이

러한 어느 정도 느슨한 용법은 그 후에도 어느 정도 계승되게 되었다.

'초월론적'과 '초월적'의 두 개념은 칸트와 동시대의 저명한 철학자들에 의해서도 사용되었다. 그것은 존재론* 내지 '근본학(Grundwissenschaft)'의 개념들(실체*, 힘*, 원인 등)에 대한 술어였다. 람베르트*에서 근본학의 대상을 이루는 것은 "물체계에도 정신계에도 적용"되는 "제1의 근본개념들"이며, 그것들은 "보편적인 것"에 대한 관계에서 "초월적 개념"이라고 불린다(그에 따르면 우리가 일반적으로 어떤 개념을 "그{원래의} 대상{예를 들면 '물체계'의}을 넘어서서 전적으로 상이한 종류의 대상에로 가져오는' 경우에 그 개념은 '초월적'이라고 불릴 수 있다). 테텐스*에게 있어서도 근본학과 존재론은 이와 같은 초월적 개념에 관계하며, 그런 까닭에 '초월적 철학'이라고 칭해지지만, 초월적 개념이란 "사물 내지 객관 그 자체 일반에 관한 우리의 표상*"을 이루는 "보편적 지성 개념"에 다름 아니다. 에버하르트*에 의하면 "초월론적 내지 존재론적 개념"은 "그 보편성 때문에 초월론적이라고 불렸다'고 한다. 칸트 역시 "실재성, 실체, 힘 등의 초월론적 개념'에 관해 말하며[B 750], 이것은 "존재론적 술어(순수 지성 개념)'[Ⅴ 181]에 대한 명칭이지만, 그 용법은 동시대의 용법과 무관계할 수 없다. 그는 '하나', '진', '선'을 단순한 "논리적인 요건과 징표'라고 하여 "초월론적 술어'로부터 배제하지만[B 113f.], 모종의 방식으로 '존재 일반'에 대한 관계를 보존해온 해당 술어의 전통은 칸트에 의해서 바로 비판적으로 계승되는 것이다.

【Ⅱ】 '서론'의 정의

(1) 대상 일반에 관한 개념들. 제1비판 '서론'에서의 이 술어에 대한 정의(정의 Ⅰ이라고 부른다)는 제1판에서는 "나는 대상*이 아니라 오히려 대상 일반에 관한 **우리의 선험적인 개념들**에 관계하는 모든 인식을 초월론적이라고 부른다"[A 11f.]는 것이었지만(정의 Ⅰ A), 제2판[B 25]에서는 돋움체 부분이 "우리의 인식양식에, 이것이 선험적으로 가능해야만 하는 한에서"로 변경되었다(정의 Ⅰ B). "대상 일반에 …… 관계하는"의 제2판 원문은 "die sich ... mit *unserer Erkenntnisart von*

Gegenständen, so fern diese a priori möglich sein soll, über-haupt beschäftigt"(이탤릭체는 상이한 부분)이다. 제2판에서도 '대상 일반'이라고 읽을 수 있다는 점에 관해서는 A 129f.[A 115를 비교]를 참조. '대상 일반에 관한 선험적인 개념들'이라는 표현에서는 근본개념으로서의 순수 지성 개념, 즉 범주가 염두에 놓여 있다. 범주는 "대상 일반에 관계하는 유일한 개념들"[B 346]이며, "대상 일반—{그에 대한} 직관이 어떠한 양식의 것이든 간에— 에 관한 개념"[XI 40]이다[vgl. B 128, 154; XX 272].

'대상 일반'이 직관양식과의 관계에서 생각되고 있다는 점은 전통과의 커다란 차이점이다. 범주는 '직관 일반'의 다양*의 종합적 통일을 나타내는 개념으로서 이해되며, "어떤 것이 그 아래에서만 …… 대상 일반으로서 {= 일반적으로 대상으로서} 사유*되는 조건"이 된다. 이리하여 "대상 일반에 관한 개념들은 선험적인 조건으로서 경험 인식의 근저에 존재"하지만[B 125f.], "순수 지성 개념에 의한 대상 일반의 사유는 …… 이 개념이 감관*의 대상에 관계되는 한에서만 인식으로 될 수"[B 146] 있으며, 범주는 '사물 일반에 (사물 자체*의 인식으로서) 관계되지 않고 결국 "감관의 대상 일반"[B 150]으로서의 "대상 일반"의 인식[A 115]일 수밖에 없다는 것, 이것이 분석론의 결론이었다. 범주의 보편성은 형이상학의 중심적인 문제성을 이룬다. 정의 I A는 이러한 문제성의 표시를 포함하는 술어의 제시이다.

범주가 그 보편성 때문에 경험*의 한계*를 넘어서서 '무제약자'로까지 확장*되어 '이념*'으로 되는 사태는 변증론도 '대상 일반에 관한 선험적인 개념들에 관계하는 인식'일 수 있게끔 한다. 감성론은 초월론적 비판에 불가결한 방식으로 그것에 속하는 까닭에 '초월론적'이라고 불린다. 그러므로 정의 I의 '일반'을 '대상'으로 분리하여 '개념들' 내에 공간*과 시간*을 포함시킬 필요는 없다. 또한 그것은 불가능하다. 정의 I에 뒤따르는 문장에 따르면 "이와 같은 개념들의 체계"가 "초월론철학"이지만, 이것은 "범주의 체계"[Prol. §39] 또는 "모든 지성 개념 및 원칙의 체계"[XX 260]이며, 공간과 시간 그 자체를 항목으로서 포함하는 것은

아니다. 또한 방법론의 설명[B 873]에 의하면, 초월론철학은 '존재론'으로서 "대상 일반에 관계하는 모든 개념 및 원칙의 체계"이지만, 이 설명 전체와 정의 I의 대응은 부정하기 어려울 것이다.

(2) '인식양식'의 모습들. 정의 I B의 '인식양식'이라는 말은 중층적인 의미를 지닌다. 그것은 '이것이 …… 한에서'라는 부문장과 합쳐져 "선험적 종합판단은 어떻게 해서 가능한가"라는 "보편적 과제"[B 19]에 호응하며, "대상에 관한 인식양식"이란 표현은 분석판단*과 종합판단이라는 "이중의 인식양식의 구별"[B 10]을 시사한다. 또한 그것이 '형이상학'이라는 "어떤 특수한 양식의 인식"[B 870f., vgl. B 21]을 언표한다는 것은 "가능해야만 하는 한에서"라고 하는 바로 "그 가능성이 의심*되는 인식에 적합한 표현으로부터 알 수 있다. 그리고 그것이 직접 무엇을 가리키는가는 '범주의 체계에 관해서'라는 제목의 서술[Prol. §39]에서 "어떤 특수한 양식의 인식"을 이루는 "개념 내지 원칙"에 대해 바로 그 말이 사용되고 있다는 것에서 간취될 수 있을 것이다.

'대상이 아니라 오히려'라는 표현은 '초월론철학'의 설명[B 873]에서의 "주어져 있는 객관*을 상정하지 않고"라는 구절과 '초월론적'과 '논리적'의 잦은 대립이 보여주듯이 직관의 대상을 인식하는 직접적인 방식으로는 결코 대상에 관계하지 않지만, 대상 일반에 관한 인식양식에 또는 오히려 대상에 대한 그 관계에 관계하는 간접적인 방식으로 대상에 관계한다는 것을 함의한다. 이리하여 정의 I B는 다음과 같은 구조를 지닌다. 첫째, '대상이 아니라'에 의해서 직관의 대상에 대한 관계가, 그러므로 초감성적으로 주어진 대상에 대한 관계를 참칭하는 초월적 인식[같은 곳 참조]과, 순수 직관의 대상에 관계하는 수학적 인식과 경험적 직관의 대상에 관계하는 물리학적 인식이 배제되며, 둘째, '대상에 관한 우리의 인식양식'까지의 부분(원문에서)에 의해서 논리학적 인식이 제외된다[B IXf. 참조]. 셋째, '이것이 선험적으로 가능해야만 하는 한에서'는 '초월론적'을 형이상학적 인식에 관계지으며, 마지막으로 '대상 일반에 관한 …… 인식양식에'라는 규정은 그것을 **존재론적**인 인식양식에 대한 관계에 (의미상

으로) 한정하게 된다.

【Ⅲ】 다른 정의들

분석론에서의 정의[B 80]에 따르면, 선험적 인식은 반드시 초월론적인 것이 아니라 "어떤 표상*(직관 내지 개념)이 오로지 선험적으로 적용되거나 가능하다"라는 것과 그 "어떻게 해서'에 관계하는 선험적 인식만이 그렇게 불린다. 요컨대 이 정의는 "(넓은 의미의) 개념이 어떻게 해서 선험적으로 대상에 관계할 수 있는가"라는 "초월론적 연역 일반'의 물음[B 116f.]을 근거로 하여 "인식의 선험적인 가능성 내지 사용"을 초월론적 인식의 내용이라고 규정하는 것이다. 『프롤레고메나』*의 정의[Ⅳ 373 Anm.](정의Ⅲ)에 의하면, "모든 경험에 (선험적으로) 선행하지만, 다만 경험 인식을 가능하게 하는 이상의 무엇으로도 규정되어 있지 않은 것"이 초월론적이다. 선험적 인식의 가능성은 이 인식이 "경험의 가능성의 근거"를 이루는 것에 기초하기 때문에 이러한 용법이 생겼다고 생각된다. 그렇다면 정의Ⅲ은 정의Ⅱ로부터 파생된 것이다. 이 점에 비추어 정의Ⅱ에서 유래하는 용법을 일괄하여 <대상 인식 일반의 가능성의 근거에 관한 말>이라는 정식을 세우는 것이 가능할 것이다[vgl. A. 102]. 그러나 정의Ⅰ의 '초월론적'은 이 정식 안에 묶여지지 않으며, 오히려 그것을 이하에서 말하는 것과 같은 방식으로 포함한다. 정의Ⅱ는 정의Ⅰ로부터 파생하는 것이다.

【Ⅳ】 순수 이성의 존재론적 자기관계

칸트가 자주 '초월론적'과 '초월적'을 혼동했다고 하는 견해는 정의Ⅰ의 오해에 기초한다. 그 '관계하는'을 '비판적'인 의미로 국한해야만 한다는 고정관념에서 자유로워지면, '초월론적 대상'과 '초월론적 사용' 등등의 '초월론적'은 <경험의 한계를 넘어선>이라는 의미(어의)가 아니라 정의Ⅰ에 온전히 합치된다는 점이 납득될 수 있다. 그것은 직관에서 주어진 대상에 이르는 것이 아니라 '사물 일반' 내지 '어떤 것 일반(실재성*)의 개념을 포함하는 존재론적 개념들에 관계하는 순수 사유를 의미한다[A 251, 253, B 298, 303]. '초월론적 자유', '초월론적 심리학' 등의 표현은 우리가 "가능적 경험을 벗어날" 때 "결코 …… 주어진 객관에 이르지 못하며 단지 우리의 이성* 안에 그 기원을 지니

는 개념들에 관계한다"는 사태[Prol. §56]를 언표한다. 정의Ⅰ이 이 술어로 표시하고 있는 것은 형이상학의 장소와 문제성을 이루는 한에서의 <순수 이성의 존재론적 자기관계>에 다름 아니다. 이러한 자기관계는 반드시 '비판적'이지는 않지만, 그 <표시>는 언제나 '비판적'인 의의를 지닌다. 비판적 형이상학에서 이성은 "그 인식의 원천을 대상과 그 직관 안에서가 아니라 …… 자기 자신 안에 지니기"[Ⅳ 336] 때문에 순수 이성의 자기관계는 초월론적 비판 전체의 근저에 존재한다. 변증론에 관해 말하자면 이념에 관계하는 비판적 고찰은 직관의 어떠한 대상도 주어져 있지 않은 곳에서 "단지 개념들에 관계하는 초월론적 고찰"[B 586]로서 수행되어야만 한다. 또한 문제들의 '비판적 해결' 역시, 여기서의 과제가 '초월론적 과제'로서 주어진 대상으로부터 나오지 않고 순수 이성의 존재론적 자기관계로부터만 발현하는 까닭에, 바로 후자(우리 자신) 안에서, 요컨대 "초월론적 해답"[B 665]으로서 발견되어야만 한다는 통찰[B 504ff.]에 기초한다. '초월론적 이념'이라는 호칭도 이러한 자기관계에서 유래한다.

분석론에 관해 말하자면, 범주를 그것으로서 확인하는 것(형이상학적 연역) 자체가 이러한 자기관계에서 성립한다. '초월론적 개념'이라는 명칭은 이에 기초한다. 또한 순수 지성 개념의 초월론적 연역은 '순수 지성으로부터 경험적 원천 없이' 행해져야만 하며, 경험적 사용과 도식기능으로 해소되지 않은 순수 범주에 의한 초월론적 사유 없이는 사용과 도식화에 관해서도 말할 수 없다. 감성론에 관해 말하면, 공간과 시간의 '초월론적 관념성*'은 경험적으로 주어진 대상 아래 머무는 것에 의해서는 결코 확인되지 않는다. '초월론적 대상의 개념' 없이는 우리는 무자각적으로 주어진 대상(경험적 대상으로서의 현상*)을 "단순한 지성에 주어진 대상"[B 528](사물 자체)으로 이해하고, '경험적 실재성'과 '초월론적 실재성'과의 유착에 빠진다. "초월론적인 것과 경험적인 것의 구별" 그 자체가 "초월론적 구별"[B 62]로서 "인식의 비판"에 속한다[B 81]. 초월론적 비판은 주어진 대상을 '상정'(그 현존재를 전제)하면서 그것에 관계하는 것이 아니라, 우리 자신

의 존재론적 인식양식에 관계함으로써 인식 대상이 '주어져 있다'는 것(현존재)의 의미를 개시하는 것이다. ⇒초월론철학, 존재론, 비판, 초월적

—구고 다카유키(久呉高之)

㉑ H. Knittermeyer, Der Terminus transzendental in seiner historischen Entwicklung bis zu Kant, in: Kant-Studien XXV, 1920. G. Martin, Einleitung in die Allgemeine Metaphysik, Reclam, 1965. N. Hinske, Kants Weg zur Transzendentalphilosophie, Kohlhammer, 1970; Kants Begriff der Transzendentalen und die Problematik seiner Begriffsgeschichte, in: Kant-Studien LXIV, 1973. T. Pinder, Kants Begriff der transzendentalen Erkenntnis: Zur Interpretation der Definition des Begriff 'transzendental' in der Einleitung zur Kritik der reinen Vernunft (A 11f./B 25), in: Kant-Studien LXXVII, 1986. 久保元彦「超越論的批判と形而上學」;「超越論的論理學と眞理の論理學」;「<眞理とはなにか>という問いについて」『カント研究』創文社, 1987. 久呉高之「超越論的認識」浜田義文 編『カント讀本』法政大學出版局, 1989.

초월론적 관념성 超越論的觀念性 [(독) transzendentale Idealität]

공간 및 시간은 현상의 가능성의 조건으로서 선험적인 객관적 타당성을 지니지만, 이것은 시공이 감성의 주관적 조건으로서 대상의 직관에 선행하며, 경험적 직관의 대상으로 비로소 가능하게 한다는 점에 기초한다. 그러므로 이 대상 즉 현상은, 다시 말하면 시공에서 직관되는 것은 감성에 의존하는 '단순한 현상' 내지 '단순한 표상'이지 감성에서 독립하여 그 자체로 존재하는 것이 아니다. 이와 같이 '현상은 사물 자체 그것이 아니기' 때문에 현상의 형식인 시공에 대해 사물 자체에 관한 객관적 타당성은 인정될 수 없다. 이것이 시공의 초월론적 관념성이다. 칸트의 설명에서 그것은 "이성(= 순수 지성)에 의해서 그것 자체에서, 즉 우리의 감성의 성질을 고려하지 않고서 고찰되는 경우의 사물에 관한 관념성", 다시 말하면 '초월론적 대상'으로서의 사물 자체에 관한 실재성(사물성)의, 또는 그 인식의 결여이다. 이와 같은 실재성은 '초월론적 실재성' 내지 '절대적 실재성'이라고 칭해지

지만, 이에 반해 경험적 대상(현상)에 관한 시공의 실재성 내지 객관적 타당성은 '경험적 실재성'이라고 불린다.

직접적으로는 '현상의 초월론적 관념성'의 교설(현상은 사물 자체가 아니라는 테제)이 '초월론적 관념론'이며, 이것은 경험적 대상(특히 물체)의 현실성을 '용인'하는 '경험적 실재론'과 양립하는바, 오히려 그것에 기초를 부여한다. 물론 현상의 관념성은 시공의 관념성에서 도출되지만, 후자는 전자와 달리 두 개의 층을 이룬다. 칸트는 공간의 초월론적 관념성을, 만약 우리가 "모든 경험의 가능성의 조건을 제거"하여 공간을 "사물 자체 그것의 근저에 놓여 있는 어떤 것으로서 상정"하게 되면 "공간은 무다"라고 말하는 것이라고 설명하지만[B 44], 이것은 취직논문의 "시간은 그 자체에서 절대적으로 정립되면 상상적 유(ens imaginarium)다"라는 언명[Ⅱ 401]에 대응한다. 이 시대에 '상상적 유'는 비판기에 '무'의 필두로 거론되는 "사유물(Gedankending)"을 나타내고 있으며[XXVIII 543, 555], 이 점과 사물 자체의 인식(직관) 불가능성의 주장을 합하여 생각하게 되면, 시공의 초월론적 관념성은 사물 자체의 형식으로서의 시공(관점 없는 계기와 병존)의 논리적 가능성 및 무의미성(감성화될 수 없는 것)을 함의하는 것으로 이해된다. 그러나 만약 우리가 '모든 경험의 가능성의 조건을 제거'하지 않고서 직관의 형식으로서의 시공을 문제로 하게 되면, 이러한 시공이나 이 시공과 동질의 시공은 '감관'에 대한 일체의 관계없이 존재'하는 '사물 자체'의 개념에 비추어 그것의 형식일 수 없다. 왜냐하면 직관 형식은, 지각의 주체(감관)를 말하자면 관점(지금, 여기라는 특이한 관계항)으로 하는 '나의 바깥'과 '과거'와 같은 관계의 마당·지평임과 동시에, 이러한 경험적 관계가 그때마다 그 현실화·구체화인 '잠재적 관계' 내지 보편적 구조(예를 들면 항상적인 <지금>이 <지나간 것> 일반에 대해 지니는 관계인 "내적 직관의 지속적 형식"[B 224])으로서 우리의 직관에 속하며, 그러므로 감관 없이 성립할 수 없는 질을 지니기 때문이다. 당연한 것이지만, 이러한 형식에서 직관되는 것(현상)은 사물 자체와 질적으로 다르지 않을 수 없다. ⇒공간, 시간, 형식, 사물

자체, 초월론적

－구고 다카유키(久吳高之)

G. Schrader, The Transcendental Ideality and Empirical Reality of Kant's Space and Time, in: *The Review of Metaphysics* IV, 1951. G. Martin, *Immanuel Kant: Ontologie und Wissenschaftstheorie*, de Gruyter, 1969. H. Allison, *Kant's Transcendental Idealism: An Interpretation and Defense*, Yale U. P., 1983. 久保元彦「內的經驗 (三) (四)―― 超越論的觀念論と超越論的 觀念性 (上) (下)」『カント硏究』創文社, 1987. 久吳高之「カン トにおける現象の觀念性―― 表象としての現象」牧野・福 谷 編『批判的形而上學とはなにか』理想社, 1990.

초월론적 구명超越論的究明 [(독) transzendentale Erörterung] 『순수이성비판』*의 중심 문제는 선험적 종합판단*은 어떻게 해서 가능한가 하는 것이다. 칸트에 따르면 종합판단에서는 개념* 외에 직관*이 필요하다. 그러므로 선험적*인 종합판단에서는 선험적 직관과 선험적 개념이 요구된다. 그리하여 비판*의 과제를 해결하기 위해서는 선험적 직관이라는 것이 있다고 한다면 그것은 무엇이고 또 선험적 직관은 어떻게 해서 가능한가를 우선 해명하지 않으면 안 된다. 칸트는 '초월론적 감성론'에서 공간*과 시간*의 개념을 '형이상학적 구명'에 의해서 해명하고, 양자가 경험*에서 유래하지 않고 현상*의 근저에 존재하는 필연적인 표상*이라는 것으로부터 선험적인 기원을 보이며, 나아가 그것의 유일성과 무한성으로부터 시공의 표상이 근원적으로는 개념이 아니라 직관이라는 것을 보인다. 이어서 '초월론적 구명'에 의해서 시공을 선험적인 종합적 인식의 가능성이 그로부터 통찰될 수 있는 원리*로서 설명한다.

공간과 시간에 대해서는 필증적 확실성을 지닌 선험적인 종합적 인식이 현실적으로 기하학과 일반운동론이라는 형태로 존재한다. 이러한 사실은 시공의 표상이 본래 선험적 직관이어야만 한다는 점을 증시하고 있다. 그러면 어떻게 해서 이러한 선험적 직관이 가능한 것인가? 선험적 직관이란 대상의 지각에 선행하는 직관이다. 그럼에도 불구하고 직관은 지각*의 질료를 이루는 감각*을 포함하는 한에서 후험적*인 '경험적 직관'이다. 따라서 선험적 직관은 감각을 뒤섞지 않은 '순수 직관'으로서 오로지 대상의 '직관의 형식'만을 포함해야만 한다. 그러나 이것은 사물 자체*에 속하는 객관적 형식일 수 없다. 만약 직관의 형식이 객관 자체로부터 추출된다고 하면, 우리는 이러한 객관*을 우선 지각하지 않으면 안 되기 때문이다. 그러므로 선험적 직관은 주관 안에 존재하는 감성*(수용성)의 형식으로서만 가능하다. 그로부터 시공이 우리 인간의 감성적 직관의 형식에 다름 아니라는 것이 귀결된다. 또한 역으로 그 경우에 한해서 시공에 관한 선험적인 규정*도 가능하다. 이리하여 공간과 시간이 감성의 주관적 형식이라는 전제 하에서만 순수 수학과 순수 역학이 어떻게 해서 가능한가 하는 그 가능성을 직관의 측면에 관해서 파악할 수 있다. 이상의 두 개의 구명*으로부터 시공의 초월론적 관념성*이 귀결되며, 시공에 관한 개념들은 사물 자체가 아니라 우리의 감관*의 대상인 현상에, 따라서 감성계에 대해서만 타당하다는 것이 밝혀진다. ⇒직관, 초월론적, 선험적 종합판단

－스미 시노부(角 忍)

H. Vaihinger, *Kommentar zu Kants Kritik der reinen Vernunft*, Bd. 2, Stuttgart/Berlin/Leipzig, 1922.

초월론적 논리학超越論的論理學 [(독) transzendentale Logik] 칸트는 논리학은 아리스토텔레스 이래로 오늘날에 이르기까지 진보도 퇴보도 하지 않았다고 말하고 있다 [B판 서문]. 이러한 폐쇄되고 완결된 학으로 간주되어 온 전통적 논리학(일반논리학)에 대해 칸트는『순수이성비판』*에서 전적으로 독자적인 논리학의 건설을 시도했다. 그것이 초월론적 논리학이다.

(1) 일반논리학과 초월론적 논리학. 논리학은 칸트에서는 "지성 규칙 일반의 학"[vgl. B 76]을 의미한다. 그리고 칸트는 논리학을 '일반논리학'과 '초월론적 논리학'으로 구별한다. 일반논리학은 모든 내용을 제거한 단순한 형식에서 본 인식*에 관해 "진리*의 기준"[B 83f.]을 명시한다. 그러나 이 논리학은 "대상*과 인식의 모든 관계"[B 79]를 전부 사상하고, "인식의 근원에

전혀 관여하지 않으며", 이미 성립해 있는 인식의 "단순한 논리형식만"을 문제 삼는다.

이에 반해 초월론적 논리학은 대상에 관한 우리 인식의 '근원'을 문제 삼는다. 이것은 대상과 완전히 선험적*으로 연관되는 개념*에 관한 학인바, 이 논리학은 일반논리학과는 달리 인식의 기원, 범위 및 객관적 타당성*을 규정하고자 하는 것이다. 그런 의미에서 이것은 '진리의 논리학'이라고 불린다. 초월론적 논리학은 개별적인 내용을 지닌 개개의 구체적인 인식의 진위를 문제로 하는 것이 아니라 오히려 그와 같은 경험적 인식에 선행하여 그것을 도대체가 가능하게 하는 "초월론적 진리"[B 185]의 확립을 안목에 두고 있었다. 이에 의해 경험적 인식이 객관적 타당성을 주장할 수 있기 위한 근거와 권리를 기초짓고자 했던 것이다. 일반논리학은 확실히 진리의 필요조건이며 진리의 소극적인 시금석이다. 이것에 모순되는 인식은 거짓이다. 이에 반해 초월론적 논리학은 인간에 의한 객관적 인식이란 어떠한 것이어야만 하는지를 확정하고자 했던 것이며, 따라서 모든 참된 인식과 거짓된 인식을 가능하게 하는 애초의 조건을 문제로 삼았던 것이다. 초월론적 진리에 모순되는 <인식>은 인식이 아니다. 그것은 처음부터 참이라든가 거짓이라든가 하는 어떠한 가능성도 지니고 있지 않은 것이다.

칸트는 구체적 대상과의 만남에 선행하여 "가능적 경험 일반의 형식을 선취적으로 인식하는 것"[B 303]을 기도하며 인식의 객관적 타당성에 관해 운위할 수 있는 "경험의 지평"을 확립하는 것이야말로 초월론적 논리학이 지향한 것이라고 주장했다.

(2) 진리의 논리학과 가상의 논리학. 『순수이성비판』의 요소론은 첫 번째 부문인 '초월론적 감성론'과 두 번째 부문인 '초월론적 논리학'으로 나누어져 있는 바, 초월론적 논리학이라는 말은 『순수이성비판』을 크게 구분하는 표제로서도 사용되고 있다. 이 두 번째 부문은 더 나아가 '초월론적 분석론'과 '초월론적 변증론'으로 구별된다. 전자에서 칸트는 '초월론적 진리'를 확립했지만, 그것은 언제나 "순수 이성의 자연적이고 불가피"한 "초월론적 가상"에 의해서 위협받을 가능성을 내포하고 있다. 그런 의미에서 초월론적 논리학은

'진리의 논리학'과 '가상*의 논리학'의 둘로써 완성되는 것이다.

초월론적 가상이란 범주*의 경험적 사용을 전면적으로 넘어서서, 우리를 순수 지성의 확장이라는 환상으로 미혹하는 자연적이고 불가피한 이성*의 경향이다. 일반논리학은 인식의 내용에는 전혀 관계하지 않고 지성*의 형식적 조건에만 관계하기 때문에, 이것을 '기관'으로서 사용하며, 경험의 한계를 넘어서면 "가상의 논리학"[B 86]이 된다. 여기서 문제로 되는 것은 중세부터 서로 연결되어 있는 신*, 영혼*, 세계*라는 세 가지 존재론적이고 형이상학적인 개념이다. 칸트는 영혼에 대해서는 '오류추리론', 세계에 대해서는 '이율배반론', 신에 대해서는 '이상론'을 전개하며, 경험을 넘어서서 이들로 인식의 확장을 꾀하는 것을 <가상의 논리학>으로서 경계한다. 이들 세 개의 이념에 대해서는 구성적 사용은 허용되지 않으며, 지성 인식의 체계적 통일을 지향하는 데 불과한 규제적 사용만이 인정된다. ⇒인식, 진리, 가상, 객관적 타당성

―구로사키 마사오(黑崎政男)

📖 G. Prauss, Zum Wahrheitsproblem bei Kant, in: *Kant-Studien* 60, 1969.

초월론적 논증 超越論的論證 [(영) transcendental arguments (독) transzendentale Argumente]

1960년대부터 80년대에 걸쳐 주로 구미의 철학자들에 의해서 칸트의 초월론철학*에 특유한 논증형식을 해명하는 동시에 그러한 형식을 갖춘 철학적 논증을 구성하는 것이 시도되었다. 이것이 '초월론적 논증'을 둘러싼 논의이다. 그 근저에는 전통적 인식론의 재구축이라는 의도가 놓여 있었다. 즉 상식과 과학을 형성하는 외계에 관한 지식을 그에 대한 회의주의자의 이론異論을 논박하면서 정당화하는 것이 근대 철학에서의 전통적인 인식론의 프로그램이었지만, 그것은 예를 들어 콰인*의 "자연화된 인식론"과 같은, 인간의 신념 형성의 사실적인 과정에 관한 경험과학적인 접근에 의해 도전 받고 있었다. 그에 대해 전통적 인식론을 옹호하기 위해 칸트 철학에 특유한 인식론적인 논증을

현대적으로 재구성하는 것이 시도되었던 것이다.

발단은 스트로슨*의 기술적 형이상학의 구상과 그에 기초한 칸트 해석이었다. 전자의 구상의 핵심을 이루는 것은 인간의 모든 사유와 인식에 있어 불가결한 동시에 기본적인 개념들의 체계로서의 '개념틀'에 관한 기술적인 탐구였다. 이에 의해 회의주의자는 자기의 주장을 제시할 때에 그러한 틀을 사용하는 동시에 그 일부를 부정하는 자기모순을 범한다고 하는 점을 지적함으로써 회의주의자를 논박하는 전략이 제공되었다. 스트로슨은 이러한 개념들의 기술을 『순수이성비판』*에서의 '초월론적'*인 논증의 핵심으로 보고, 이러한 관점에서 초월론적 연역과 관념론 논박*에 관한 독자적인 해석을 전개했다. 그 후 칸트 연구자 이외의 연구자들도 참여하여 초월론적 논증의 독자적인 형식을 칸트 해석의 수준과 일반적인 수준의 양쪽에서 추구하는 가운데 그 영역과 한계를 구명하는 방향에서 논의가 전개되었다. 예를 들면 부브너와 로티는 어떤 종류의 자기관계성*에서 초월론적 논증의 독자성을, 스트라우드는 어떤 종류의 검증원리의 전제에서 그 한계를 보았다. 이러한 논의는 칸트 연구에 커다란 자극을 주었다. 그러나 다른 한편으로 예를 들면 스트로슨의 칸트 해석에서 심적 능력들의 체계가 작동하는 방식의 탐구와 초월론적 관념론이라는 측면이 분리된 것이 보여주듯이, 칸트의 논증의, 아니 철학의 초월론적 성격이 과연, 그리고 또한 어디까지 적절히 파악되었던가에 대해서는 의문이 남으며, 그러한 새로운 물음이 칸트 연구에서의 절박한 과제로 되었다. ⇒자기관계성, 연역, 초월론적, 스트로슨

—유아사 마사히코(湯淺正彦)

참 P. F. Strawson, *Individuals*, Methuen, London, 1959(中村秀吉 譯 『個体と主語』 みすず書房, 1978); *The Bounds of Sense*, Methuen, London, 1966(熊谷・鈴木・横田 譯 『意味の限界』 勁草書房, 1987). B. Stroud, Transcendental Arguments, in: *The Journal of Philosophy*, vol. 65, 1968(田山令史 譯 「超越論的議論」 『現代思想』 臨時増刊 『カント』 1994. 3月). R. Bubner, Zur Struktur eines transzendentalen Arguments, in: *Kant-Studien* 65, Sonderheft, 1974; Kant, Transcendental Arguments and the Problem of Deduction, in: *The Review of Metaphysics* 28, 1975; Selbstbezüglichkeit als Struktur transzendentaler Argumente, in: W. Kuhlmann/D. Böhler (Hrsg.), *Kommunikation und Reflexion*, Suhrkamp, 1982. R. Rorty, Transcendental Arguments, Self-Reference and Pragmatism, in: P. Bieri/R.-P. Horstmann/L. Krüger(eds.), *Transcendental Arguments and Science*, Dordrecht, 1979.

초월론적 변증론超越論的辨證論 [(독) transzendentale Dialektik]

'순수 이성 비판'은 '분석론', '변증론', '방법론*'으로 성립되어 있다. '분석론'에서는 인식*의 참된 조건들이, '변증론'에서는 인식의 거짓된 조건들이 서술되고 있다고 말할 수 있을 것이다. 따라서 변증론은 전체가 '오류론'이다. 내용적으로는 종래의 전통적인 사상에 대한 비판이기도 하지만, 그것은 원전에 입각하여 직접적으로 반론하는 모습을 취하지 않고 어느 정도 칸트 자신에 의해서 정리되고 분류된 것에 대한 비판의 모습을 취한다. 주목해야만 하는 것은 여기에서의 인식의 '오류*'란 칸트에 의하면 오해, 잘못된 생각과 같은 것이 아니다. 그것은 인간의 이성*에 깊이 뿌리박고 있는 것이다. 예를 들면 인간에게는 다양한 욕구가 있으며, 그것이 영혼의 불사를 원하고, 불운과 불행에 처해서는 신의 존재를 희구한다. 이 점이 인간의 판단을 그르치게 한다. 그러나 그것은 모든 인간의 이성 깊숙이 들어 있는 것이다. 따라서 '이성 비판'이란 인간의 이성에 얽혀 있어 떠나지 않는 잘못을 파헤치는 것, 인간이 공통적으로 지니고 있는 잘못된 사고방식의 근거를 제시하는 것이다. 따라서 칸트에 따르면 이론적으로는[제1비판] 신의 존재나 영혼의 불사는 인정되지 않는다. 또한 이 비판*에서의 결과는 칸트 철학의 기본적인 사고방식의 표명이기도 한 까닭에, 칸트 철학을 아는 데서 가장 중요한 것들 가운데 하나이다.

변증론에서 비판의 대상이 되는 세 개의 학은 '심리학', '우주론', '신학'이다. 심리학이란 현재 말해지고 있는 의미에서의 심리학이 아니다. 그것은 '영혼론'이라고 말해야만 할 것이다. 요컨대 인격으로서 개인 속에 마음*(영혼)이 단적으로 단순하게 존재한다고 하

는 사고방식에 대한 비판이다. 제1비판의 '제1판'에 따르면, 제1오류추리는 마음(영혼)이 실체로서 존재한다고 하는 사고방식에 대한 비판이며, 제2오류추리는 마음(영혼)이 단순한 것이라고 하는 것에 대해서, 제3오류추리는 자기 자신의 동일성을 의식하고 있는 것으로서의 인격에 대해서, 또한 제4오류추리는 마음(영혼)이 현존재한다는 것에 관해서, 또는 그것과 관련한 외적 대상들에 대해서 그것들이 단적으로 보이는 그대로 존재한다고 하는 사고방식에 대한 비판의 표명이다.

우주론은 천체론이 아니다. 세계의 기본적 구조에 관한 논의에서 다루어지는 것들은 (1) 세계는 시공적으로 유한한가(정립*), 무한*한가(반정립), (2) 세계에서의 물체는 단순한 부분으로부터 성립하는 것인가(정립), 그렇지 않으면 단순한 부분으로부터 성립하지 않는 것인가(반정립), (3) 원인성에 관하여 자유*로부터의 원인성이 생각되는 것인가 아니면 그와 같은 자유로운 원인성이 아니라 세계의 모든 것은 필연적으로 생기는 것인가, (4) 세계의 궁극원인으로서 어떤 필연적인 존재자가 존재하는 것인가 아닌가 하는 문제들이다. 칸트에 의하면 이러한 논의들은 이율배반(안티노미)에 말려들어간다. 여기서 규제적 원리에 의한 칸트의 이율배반 해결에서 칸트의 기본적인 사고방식이 나타난다. 형식적으로 결론을 말하자면, (1)과 (2)에서는 정립과 반정립이 모두 거짓, (3)과 (4)에 관해서는 모두 참으로 된다. 특히 (3)에 관해 말하면, 가상적인 것을 상정함으로써 어떤 상태를 자기 자신으로부터 시작케 하는 능력 또는 원인성을 승인한다. 그것의 구체적인 예로서 칸트는 인간*의 행위의 자유를 생각하고 있으며, 여기에서 도덕의 기초가 놓인다. 또한 (3)과 (4)의 해결은 칸트가 현상계와 가상계를 구별하는 근거로도 되고 있으며, 또한 오류추리의 결론에서는 초월론적 관념론의 입장을 취하는 근거가 제시된다.

신학은 신의 존재증명*에 관계한다. 칸트는 종래의 신의 존재증명을 다음과 같은 세 가지로 분류할 수 있다고 생각한다. (A) 물리신학적 증명은 경험에 의해서 발견되는 어떤 특수한 성질, 예를 들면 질서와 합목적성* 등으로부터 시작하여 최고원인으로까지 거슬러 올라가는 증명이며, (B) 우주론적 증명은 어떤 경험적

인 현존재로부터 원인성에 의해 필연적인 존재자에 도달하여 그로부터 최고원인으로서의 신을 도출하는 증명이고, (C) 존재론적 증명은 모든 경험을 사상하고 전적으로 선험적*인 개념으로부터 최고원인의 현존재를 추론하는 증명이다. 이러한 세 가지 증명에 관해 칸트의 비판은 (C), (B), (A)의 역순으로 행해진다. 요컨대 존재론적 증명이 가장 기본적인 것으로 그에 대한 논박이 이루어진 후 다른 두 가지는 각각 서로 다른 방식으로 그것에 의존하고 있다는 것이 제시되는 것이다. ⇒순수 이성의 오류추리, 이율배반, 신의 존재증명, 이성

―호소야 아키오(細谷章夫)

⊠ H. Heimsoeth, *Transzendentale Dialektik*, I–IV, Walter de Gruyter, 1966~71. G. Martin, *Immanuel Kant*, Walter de Gruyter, 1951(門脇卓爾 譯『カント──存在論および科學論』岩波書店, 1962). 細谷章夫「超越論的弁証論」浜田義文 編『カント讀本』法政大學出版局, 1983.

초월론적 시간규정超越論的時間規定 ⇨**도식론**

초월론철학超越論哲學 [(독) Transzendentalphilosophie]
　【Ⅰ】 칸트까지
　F. 아이피누스의 저작(1714)에 "philosophia transcendentalis"라는 표현이 보이며, 그것은 '형이상학'과 등치되고 있지만, 칸트의 초기 저작(1756)에서도 동일한 표현이 형이상학에 관계되어 있다. 또한 72년의 서간에서는 "나는 초월론철학을, 요컨대 전적으로 순수*한 이성*의 모든 개념*을, 일정한 수의 범주*들로 가져오고자 했다"고 되어 있다. 테텐스*는 '존재론*'을 '초월적 철학'이라고 칭했지만(1775), 그에게는 '초월적*(transzendent)'과 '초월론적*'의 구별이 없었다. 초월론철학이란 "초월적 개념"에서 성립하며 "모든 사물 일반"에 관계하는 "보편적 원칙들"의 이론이다. '초월적 개념'이란 람베르트*에서와 마찬가지로 "지성적인 사물"과 "물체적 대상"에 공통된 것을 표시하는 "보편적 지성 개념"이며, 그런 의미에서 "사물 내지 객관

그 자체 일반에 관한 우리의 표상"에 다름 아니다. 『순수이성비판』*에서 '초월론철학'은 '초월론적'의 정의를 매개로 하여 전통적 존재론에 대한 연관을 유지하고 있다. 즉 "대상 일반에 관한 우리의 선험적인 개념들"에 관계하는 모든 인식이 초월론적이라고 불리며[A 11f.], "이와 같은 개념들의 체계", 요컨대 "범주들의 체계"[Prol. §39]가 초월론철학이 되는 것이다. '대상 일반'에 관한 칸트의 독자적인 (직관양식과의 관계에서의) 이해와 '선험적 인식의 가능성'의 문제화에서 초월론철학은 존재론적 개념들에 관계하는 초월론적 비판으로 된다.

다른 설명[B 873]에서 그것은 "지성* 및 이성 그 자신만을 대상 일반에 관계하는 모든 개념 및 원칙의 체계*에서 주어져 있는 객관을 상정하는 것 없이 고찰"하는 "형이상학의 사변적 부문"이며 "존재론"이다. "초월론철학은 현존재*한다고 상정되는 어떤 것이 아니라 오직 …… 인간의 정신에 관계한다"[XXI 78]는 단편에 따르면, 다른 몇 개의 구절들[B 622, 521ff.]과 마찬가지로 위의 '주어져 있는'은 '현존재한다'와 같은 뜻이다. 초월론철학에 맞서 놓이는 "순수 이성의 자연학"이 "주어진 대상*의 총괄"로서의 "자연"을 고찰하는 데 반해, 마찬가지로 "자연의 형이상학"에 속하는 초월론철학[B 873]은 "보편적 법칙들에 따라서 규정되어 있는 한에서의 사물들의 현존재"로서의 "자연"[Prol. §14]에 관계한다. 여기에는 주어진 대상을 무반성적으로 받아들여 그의 현존재를 전제하는 태도와, 그와 같은 '상정'을 하지 않고서 대상이 '주어져 있는' 것으로서의 현존재의 의미를 묻는 칸트의 자세와의 대비가 놓여 있다. 후자는 초월론철학의 적극적 논의 전체가 "모든 직관의 가능성"으로 향해 있다는 점[B 136]에서 나타난다. ⇒초월론적, 존재론, 비판

―구고 다카유키(久吳高之)

㊟ H. Knittermeyer, Von der klassischen zur kritischen Transzendentalphilosophie, in: Kant-Studien XLV, 1953. N. Hinske, Die historischen Vorlagen der Kantischen Transzendentalen Philosophie, in: Archiv für Begriffsgeschichte XII, 1968; Kants Weg zur Transzendentalphilosophie, Kohlhammer, 1970. 久保元彦「超越論的批判と形而上學」『カント研究』創文社, 1987. 久吳高之「超越論的認識」浜田義文 編『カント讀本』法政大學出版局, 1989.

【Ⅱ】 칸트 이후

칸트 이후 초월론철학의 발걸음은 다양한 분야에 걸쳐 있지만, 굳이 거기서 하나의 통일성을 구한다면, 그것은 인식*과 자유*의 가능성의 제약을 둘러싼 근거짓기의 역사라고 말할 수 있을 것이다. 칸트가 인식의 가능성과 타당성의 제약을 의식*의 초월론적인 구조들과 그것의 선험적*인 신분에서 구했던 데 반해, 칸트 이후의 (넓은 의미의) 초월론철학은 오히려 이러한 제약들을 칸트가 손대지 않았던 영역 속에서 추구해가게 된다.

구체적으로는 신칸트학파*가 칸트의 이론을 계승하는 동시에 인식에서의 논리와 당위*의 선험성을 강조한 데 반해, 칸트가 반성할 수 없었던 중요한 경험의 가능성의 제약*을 처음으로 제시한 것은 언어분석과 현상학일 것이다.

즉 기호*로서의 언어*에서 경험 및 인식객관의 타당성의 제약을 간취한 퍼스*, 이러한 언어의 기능이 (상호주관성만이 아니라) 주관성 그 자체도 구성하는 수행론적인 기능을 지닌다는 점을 분명히 한 아펠*, 나아가 '나는 생각한다*'로서의 통각과는 구별된 '나는 할 수 있다'로서의 신체의 (지각에 대한) 선험성을 강조하는 메를로 퐁티, 그리고 주체 그 자체의 존재성격을 배려-구조라는 시간적 제약 안에서 구하고 그로부터 주체의 경험에 대한 존재이해의 역사적 선여성先與性을 명확히 한 전기 하이데거*, 이들의 이론은 모두 처음부터 칸트가 정립한 주관*의 개념 바깥에서 경험의 새로운 가능성의 제약을 구함으로써 칸트가 빠진 연역론의 난점을 회피하는 동시에 인식 객관의 타당성을 보증할 것을 지향한 것이라고 말할 수 있을 것이다.

그러나 초월론철학이란 또한 엄밀한 의미에서는 칸트가 그 연역론에서 시도한 것처럼 대상들과 경험들의 결정적인 가능성의 제약을 주관* 안으로부터 주관을 넘어서서 근거짓고자 하는 동향을 지니는 철학이다. 그런 한에서 초월론철학이란 모든 것이 인식하는 사유* 속에서 사고된 것으로서, 즉 초월론적인 원리에

기초한 주관적인 능력의 성과로서 나타날 것을 요구하는 철학이기도 하다. 이런 의미에서의 초월론철학을 참으로 계승하여 발전시킨 것은 피히테*와 후설*일 것이다. 주관성 안에서 의식이 아니라 지식의 가능성의 제약을 철저하게 묻고, 근원적인 지식의 존재를 앞에 둔 자기의식*의 자기부정이라는 프로그램을 통해서 인식의 확실성을 기초짓고자 한 후기 피히테, 역으로 자기의식의 가능성의 제약을 지향적 생의 시간 흐름에서 구하고, 대상의 의미구성의 마당으로서의 초월론적인 주관성이, 동시에 초월론적인 상호주관성의 구성에로 향하는 마당이라는 것을 보이고자 한 후기 후설, 이들은 모두 칸트의 연역론과 더불어 초월론적인 사유방법의 철저화 속에서 제시되는 유아론 및 교조주의의 극복이라는 과제에 대답하고자 한 시도라고 말할 수 있을 것이다.

다른 한편 이것과는 다른 맥락에서 초월론철학의 통각*은 실천철학*과의 관계에서는 자유의 초월론적 의식 그 자체로 간주되어 왔다. 이미 피히테는 (지식 그 자체의 사실적인 행위성을 보이는) '사행'이라는 개념을 사용하여 자유의 실천적 의식이 모든 이성*의 이론적인 반성작용의 근저에 숨어 있다는 것을, 즉 모든 철학적인 근거짓기 작용이 이러한 지 그 자체의 실천적인 수행성격에 기초하는 자유로운 '자기근거짓기 요구'에 뿌리박고 있다는 것을 분명히 했지만, 칸트 이후의 초월론철학의 근거짓기 작용은 이런 의미에서는 자유의 '자기근거짓기 작용'의 궤적 그 자체를 보여주고 있다고 말할 수 있을 것이다. 이 점은 단지 라우트와 크링스가 주장하는 초월론적인 반성 개념 및 프라우스가 제창하는 이음매 없는 이론 이성과 실천 이성의 이행관계가 이러한 자유의 초월론적인 의식의 자기표명과 자기실현의 형태상의 차이라는 것을 의미할 뿐 아니라, 예를 들면 쿨만이 제창하는 '행위지'에 대한 '엄밀한 반성'이라는 방법론적인 전략에 대해서도 꼭 들어맞는다. 왜냐하면 적어도 거기서는 아펠과 하버마스가 주장하는 '공동체의 선험적인 것'이라는 발상이 단순한 초월론적인 언어수행론의 입장을 넘어서서, 비연역적인 방식으로긴 하지만, 다시 행위지 그 자체에 포함되는 지의 실천적인 성격으로부터 보증하고자

하는 한에서, 문제의 중심은 이미 자유의 초월론적인 자기표명과 자기실현 방식의 차이에로 다시 되돌아가기 때문이다.

—우다가와 나오토(宇田川尚人)

⊞ J. G. Fichte, *Grundlage der gesamten Wissenschaftslehre*, 1794(隈元忠敬 譯『全知識學の基礎』溪水社, 1986); *Wissenschaftslehre*, 1804; *Über das Verhältnis der Logik zur Philosophie oder transzendentale Logik*, 1812. E. Husserl, *Cartesianische Meditationen*, 1950(船橋弘 譯『デカルト的省察』世界の名著, 中央公論社, 1970); *Ideen zu einer reinen Phänomenologie und phänomenologischen Philosophie*(渡辺二郎 譯『イデーン I』みすず書房, 1979, 84); *Die Krisis der europäischen Wissenschaften und die transzendentale Phänomenologie*, 1954(細谷·木田 譯『ヨーロッパ諸學の危機と超越論的現象學』中央公論社, 1974). M. Heidegger, *Sein und Zeit*, 1927(松尾啓吉 譯『存在と時間』勁草書房, 1960). M. Merleau–Ponty, *Phénoménologie de la perception*, 1945(竹內芳郎 外 譯『知覺の現象學』1·2, みすず書房, 1967, 74). K.–O. Apel, *Transformation der Philosophie*, Suhrkamp, 1976(磯江景孜 外 譯『哲學の變換』二玄社, 1986).

초월적 超越的 [(독) transzendent]

본래 넘어서 있는 것, 요컨대 경험* 또는 경험의 가능성을 넘어서 있는 것을 의미한다. 칸트에 따르면 일반적으로 개념*이 경험 및 그 가능성(가능적 경험)을 넘어서서 사용되면 모순*에로 이끌리는바, 그것은 잘못된 사용이 된다. 그리하여 개념이 가능적 경험의 한계를 넘어서 있는지의 여부가 개념의 사용에 있어 중요하게 된다. 그 사용이 가능적 경험을 넘어서 있을 때에는 '초월적'이라고 말하며, 그 한계 내에 있을 때에는 올바른 사용으로서 '내재적(immanent)'(때로는 '토착적(einheimisch)')이라고 말한다.

번역어에 있어 이것과 유사한 말로 '초월론적(transzendental)'이 있다. '초월론적'과 '초월적'은 기본적으로 의미가 다르다. 칸트에 따르면 통상적인 경험을 분석해가면 예를 들어 경험에서 유래하는 우리들의 지식에는 사실상 경험에 없는 선험적*인 것이 포함되

어 있다고 한다. 따라서 칸트의 인식론은 경험의 분석을 통해 지식 내부에 있는 선험성을 추구하는 것이었다. 따라서 초월론적이란 실제로는 다소 다의적으로 칸트가 사용하지만, 기본적으로는 경험이 성립하는 조건으로서 그와 같은 선험성을 인정하는 사고방식을 말한다.

본래 가능적 경험 내에서의 사용을 지향하는 순수 지성 개념(범주*)은 선험적인 원리를 필요로 하지만, 그것은 경험적이고 내재적이다. 그러나 순수 이성 개념에는 경험을 넘어설 뿐 아니라 경험의 한계를 넘어서 갈 것을 명령하는 원칙들이 존재한다. 이것이 초월적이다. 그러면 모든 이성 개념은 초월적인 것인가? 그렇지는 않아서 이성 개념들 가운데서도 규제적 원리는 이념의 내재적 사용으로서 그 정당성이 승인된다. 그것이 내재적이라고 말해지는 것은 어디까지나 경험을 근거로 하여 그 연장선상에서 예를 들면 가상적인 것을 상정하기 때문이다. 그 상정에 의해 경험이 좀더 잘 설명되는 것이라면 그와 같은 규제적 원리는 인정된다. 그러나 칸트 철학 전체에서 보면, 특히 『실천이성비판』을 시야에 넣게 되면 사정은 달라진다. 이론적 의도에서 '초월적'이라고 말해지는 것이 실천적 의도에서는 '내재적'이라고 말해지기 때문이다. 제1비판에서 예를 들면 '신'과 '불사'의 이념들이 '초월적'이라고 하여 배제되었던 것이 여기서는 '내재적'이자 '구성적'이라고까지 말해지기 때문이다[KpV, V 244]. 이러한 사정을 칸트 자신은 사변적 이성을 제한하는 비판은 그런 한에서 소극적이지만, 순수 이성의 실천적 사용을 확신하자마자 곧 적극적인 것으로 된다고 말하고, 또한 "신앙에 자리를 주기 위하여 지식을 폐기해야만 했다"고 말한다[B XXX]. ⇒구성적/규제적, 초월론적

―호소야 아키오(細谷章夫)

촉발觸發 [(독) Affektion]

촉발에서는 외적 촉발과 자기촉발*(내적 촉발)이 구별되지만, 여기서는 외적 촉발만을 다루고자 한다. 외적 촉발이란 우리가 외계존재를 수용할 때 우선 외적인 대상*에 의해서 촉발되어야만 한다는 사태를 가리킨다. 칸트에서 외적 촉발자는 드물게 어떤 것이나 기체라고도 표기되었지만, 원리적으로는 대상(단·복수), 사물 자체*(단·복수), 사물 그 자체(단·복수) 및 초월론적 대상(단수)과 초월론적 객관(단수)이라고 간주되고 있다. 다른 한편 피촉발자는 우리, 주체*, 마음 및 감관(단·복수)으로 표기되지만, 일반적으로는 주체의 감관들을 의미하고 있었다. 그런데 초월론적 대상이 단수로 표기되는 데 반해, 사물 자체와 사물 그 자체는 그들의 6할 이상이 복수형으로 표기되고 있었다는 사실은 충분히 주목받을 만하다. 이와 같이 외적 촉발에 대해 촉발자를 묻는 것은 결국 "사물 자체의 전제 없이는 칸트 철학에 들어설 수 없으며, 사물 자체를 전제해서는 칸트 철학에 머물 수 없다"고 저 야코비*를 한탄하게 만든 사물 자체의 문제를 묻는 것이지 않을 수 없다.

칸트가 체계적 견지에서 촉발을 논한 것은 『형식과 원리』*(1770)가 최초이다. 거기서 우리의 감관의 촉발자는 '공간 가운데 있는 것', 즉 객관*의 다양*이었다. 이때 시간과 공간을 감성적 인식의 정신에 내재하는 형식적 원리로 본다는 점에서는 이미 비판철학의 영역에 도달하고 있었음을 알 수 있지만, 촉발에 관해서는 칸트는 경험적 촉발에만 서 있었다. 『순수이성비판』*에 이르러 칸트가 대상에 관해 "동일물을 현상*으로서 그리고 사물 자체로서 본다"고 하는 비판철학적인 "이중의 관점"에 입각해 있었던 데서 촉발자와 피촉발자가 무엇인가를 둘러싸고 다양한 견해가 착종되기에 이르렀다. 이하에서는 외적 촉발의 촉발자가 어떻게 이해되어 왔던가에 관해 역사적으로가 아니라 경험적인 것으로부터 좀더 초월론적*인 것에로 라는 형태로 유형학적으로 분류하고, 각각에 대해 복수의 해석자를 들어 검토해보고자 한다. (1) 경험적 대상에 의한 촉발―사이구사 히로토(三枝博音), G. 프라우스, (2) 사물 자체에 의한 촉발―H. 힌데크스, 이와사키 다케오(岩崎武雄), G. 마르틴. (3) 현상과 사물 자체에 의한 이중촉발―바이힝거*, 아디케스*. (4) 초월론적 대상에 의한 촉발― 기무라 모토모리(木村素衛), H. 헤링.

그런데 유물론 사상에 서 있는 사이구사가 여러 대상이 마음을 촉발한다는 경험적 촉발을 주장한 것은

당연했다. 다른 한편 프라우스는 사물 자체란 "그 자체에서 보인 사물"이라는 사물 자체에 대한 독자적인 관점을 전개한 후 특정한 장미나 빗방울에 해당하는 경험적 사물 자체를 촉발자로 간주했다. 그러나 칸트 자신은 경험적 사물 자체를 초월론적으로는 현상이라고 규정하고 있었다. 사물 자체를 촉발자로 보는 입장은 다수파에 속하지만, 그에 대한 성격부여는 다양하다. 힌더크스는 "현상하는 대상"에 주목한다. 현상하는 대상은 본질적으로 감성*에서 주어진 대상이지만, 현상하는 대상이 감관을 촉발하는 한 거기서는 초월적*으로 작용하는 사물 자체가 생각되고 있다. 그는 감관의 촉발에서 동시에 '표상*'이 야기되는 한에서 현상하는 대상은 현상을 의미한다고 설명한다. 이와사키는 칸트의 문헌에 입각하여 촉발하는 사물 자체를 승인했지만, 그러나 그것은 비판철학에 있어 약점이라고 비판했다. 마르틴은 세 종류로 구별된 사물 자체의 세 번째 것으로서 "현상의 실체" 또는 정신을 지니지 않는 "물체의 기체"를 들고, 더 나아가 그것에서 네 개의 계기를 열거한다. 그리고 그는 그 두 번째 계기에서 감관을 촉발하는 자발성을 승인한다. 나아가 세 번째 계기로서 "사물 자체의 질서능력"을 들고, 사물 자체는 질서능력을 지니는 것(ordnungsfähig)이어야만 한다고 말한다. 이 정도로 사물 자체에 대해 적극성을 인정하는 견해는 드물다.

바이힝거는 사물 자체에 의한 촉발과 현상에 의한 촉발은 둘 다 칸트의 철학체계와 모순된다고 해석한 후 어쩔 수 없는 선택으로서 망설이면서 현상과 사물 자체에 의한 이중촉발을 주장했다. 이에 반해 흔들림 없는 확신을 가지고서 이중촉발론을 주장한 아디케스는 경험적 촉발과 초월적 촉발을 유기적 일체로서 파악하고자 한다. 그러고 나서 그는 두 촉발의 공동의 짜임새를 설파하기에 이르렀지만, 아디케스 역시 칸트를 넘어설 수밖에 없다. 그의 "사물 자체가 자아 자체를 촉발한다"는 생각을 고사카 마사아키(高坂正顯)*는 엄격하게 비판했다. 기무라는 초월론적 대상에서 촉발의 주체로서의 사물 자체와 중첩되는 측면과 인식의 객관성 보증에 관한 측면을 구별하고 전자에서 감관을 촉발하는 인과관계를 승인했다. 그러나 이것은 모습을

바꾼 사물 자체에 의한 촉발이었다. 헤겔에 의하면 사물 자체가 그때그때마다의 구체적인 개별 현상의 제약이지만, 초월론적 대상은 현상 일반의 보편적 규정근거로서 현상과 사물 자체의 구별을 비로소 가능하게 만든다. 그리고 그는 사물 자체와 같은 뜻으로 이해되지 않는 "좁은 의미에서의 초월론적 대상"이야말로 모든 촉발의 기초라고 주장한다.

그런데 여기에 이르러 우리는 칸트에서의 초월론적 대상을 촉발의 주체라고 하기보다 오히려 초월론적 주관, 즉 좁은 의미로는 초월론적 통각의 상관자로 하여 그와 마찬가지로 의식의 지평을, 하이데거*의 말에 따르자면 "초월의 지평"을 형성하는 것으로 받아들이고 싶다. 사물 자체는 그와 같은 초월론적 대상에 뒷받침된 다수의 존재로서 스스로는 시간과 공간 바깥에 있으면서 시간과 공간 안의 주관의 감관들과 상대하여 감관을 촉발한다. 그에 의해 촉발된 주관 측에서는 다수의 "사고에 있어 언제나 원초적인 것"으로서의 여러 가지 감각, 요컨대 표상이 성립할 수 있을 것이다.
⇒자기촉발, 사물 자체, 아디케스

—이와타 준지(岩田淳二)

图 木村素衛「カントにおける der transzendentale Gegenstand と affiziert werden とに就て」『獨逸觀念論の研究』岩波書店, 1925. 三枝博音『哲學するための序說』國土社, 1948. 岩崎武雄『カント「純粹理性批判」の研究』勁草書房, 1965. H. Vaihinger, *Kommentar zu Kants K.d.r.V.*, Bd. 2, Union Deutsche Verlagsgesellschaft, 1892. E. Adickes, *Kant und das Ding an sich*, Rolf Heise, 1924; *Kants Lehre von der doppelten Affektion Unseres Ichs*, J. C. B. Mohr, 1929. H. Hinderks, *Über die Gegenstandsbegriff in der K.d.r.V.*, Haus zum Falken, 1948. H. Herring, *Das Problem der Affektion bei Kant*, Kölner Univ., 1953. G. Martin, *Immanuel Kant: Ontologie und Wissenschaftstheorie*, Kölner Univ., 1960. G. Prauss, *Kant und das Problem der Dinge an sich*, Herbert Grundmann, 1974. 岩田淳二「ヒンダークスのカント觸發論解釋とその批評」『哲學』23, 1968; 「木村・高坂・今谷の三氏におけるカント觸發論の解釋」『同志社哲學』13, 1968; 「E. アディケスとH. ヘリングのカント觸發論の解釋とその批評」金城學院大學論集 35, 1968; 「三枝・三渡・岩崎の三氏に於けるカント觸發論の解釋」同 43,

1970; 「ファイヒンガーにおけるカント觸發論の解釋とその批評」同 55, 1973; 「G. プラウスにおけるカント觸發論の解釋とその批評」同 93, 1982; 「マルチンにおけるカント物自体の解釋と觸發の思想」同 133, 1990.

최고선最高善 [(독) das höchste Gut]

최고선 개념은 고대 그리스 철학에서 그 철학적 교설의 정점을 이루는 개념이었다. 그러나 다른 한편으로 기독교 고대·중세에서는 단적으로 신을 의미하며, 나아가서는 신에 의해서만 가능하게 되는 도덕적 완전성으로서 파악되었다. 칸트는 최고선 개념에 관하여 한편으로는 그러한 기독교*의 정신적 전통에 편승하면서 고대 그리스 철학의 교설들과의 대결을 수행했다. 칸트는 비판기 이전부터 여러 차례 스토아주의*와 에피쿠로스주의*에 대해 비판적으로 음미하고 있다. 그 때 양자에 공통된 난점으로서 도덕성*과 행복*의 이종성을 인정하지 않는다는 것, 그 결과 한편으로부터 다른 편이 각각 분석적으로 도출되고 만다는 것을 들고 있다. 그에 반해 칸트는 인간의 유한성에 대한 자각에 기초하여 덕과 행복을 엄격히 구별한다. 거기에는 도덕성의 유일한 궁극적 규범을 도덕법칙*에서 확인하는 칸트의 근본통찰이 놓여 있다. 그리하여 도덕법칙 이외의 것은 도덕적 판단의 규범적 전망으로부터 배제된다. 그 결과 최고선은 규범의 근거짓기라는 문제연관에서 분리되어 오히려 목적능력으로서의 도덕적 의지의 "필연적 최고목적이자 그 진정한 대상"[V 115]이 된다. 그런 의미에서 최고선은 궁극적인 목적으로서 목적론적인 문제구성 하에 놓인다.

칸트에게서 최고선은 다의적으로 전개되고 있다. 예지계*와 감성계에 모두 속하는 유한한 인간 존재에게 있어 도덕성과 행복은 모두 실천적인 의미에서의 선이며, 최고선의 불가결한 구성요소로 된다. 다만 칸트에서 전자는 최상의 선이라고 불리는 데 반해 후자는 제약된 관점에서만 선으로 간주된다. 그 경우 후자는 어디까지나 전자의 결과로서 전자에 종속된 방식으로 규정된다. 이리하여 도덕성이 행복의 제약을 이루는 한에서 도덕법칙은 양자의 선험적*으로 필연적인 결합(= 도덕적 최고선)의 촉진을 명령한다. 이러한 최고선에는 근원적 최고선(신)과 파생적 최고선(도덕적 세계)의 두 가지 서로 다른 양상이 존재하며, 전자가 후자를 가능하게 하는 근거로 간주된다. "순수 실천 이성의 대상의 무제약적인 총체성"[V 107]으로서의 최고선에는 이러한 두 가지 양상이 포함된다.

그러나 유한한 인간 의지가 도덕법칙의 신성성과 합치하는 것은 이 세상에서는 이루어질 수 없다. 그리하여 도덕성(최고선의 첫 번째 요소)을 충족시키기 위하여 인격의 무한한 향상 진보의 가능성의 근거로서 '영혼의 불사'가 요청된다. 나아가 인간이 도달하는 도덕성은 덕인바, 도덕법칙 그 자체가 명령하는 신성성은 아니다. 따라서 경험적 세계에서 덕은 행복을 획득하기 위한 충분조건이 아니다. 그리하여 도덕적 최고선의 궁극적 달성을 위해 '신*의 존재'가 실천적으로 요청*된다. 그 경우 신은 도덕적 신앙의 대상으로서 종교적 최고선의 차원을 구성한다. 나아가 이러한 신의 창조의 궁극목적*은 인류이며 그의 도덕적 완전성이다. 그런 의미에서 칸트는 종교적 최고선을 도덕적 최고선의 개인적 차원을 넘어서서 "윤리적 공동체*"[VI 96], "신의 나라"[V 230; VI 93]라고도 파악한다. 이러한 윤리적 공동체의 달성은 유한한 도덕적 의식에게 의무로 되지만, 그것은 도덕적 최고선의 달성을 전제한다. 그러나 다른 한편 칸트는 영원한 평화*를 정치적 최고선으로 파악하고[VI 355], 역사 내재적인 실현을 지향하여 노력해야만 하는 법의무로 간주했다(= 법적 최고선). 이러한 의미에서의 최고선은 역사철학적 지평에서 전개되어야만 한다.

이상과 같이 최고선은 도덕과 종교, 법의 차원에서 각각 고유한 위치가를 지니면서 다의적으로 구성되어 있다. 그러므로 최고선은 칸트 실천철학*의 전 도정을 동적으로 파악하는 데서 가장 중요한 열쇠개념들 가운데 하나이다. ⇒도덕성, 행복, 궁극목적, 요청, 신, 영원한 평화, 도덕법칙

―야마모토 세이이치(山本精一)

圖 F. Delekat, *Immanuel Kant*, Quelle & Meyer, 1963. K. Düsing, Das Problem des höchsten Gutes in Kants praktischer Philosophie, in: *Kant-Studien* 62, 1971. R. J. Sullivan, *Immanuel*

Kant's Moral Theory, Cambridge U. P., 1989. R. Wimmer, _Kants Kritische Religionsphilosophie_, de Gruyter, 1990. 牧野英二 「歷史哲學における最高善の意義」樽井・円谷 編『社會哲學の領野』晃洋書房, 1994(개정판의 上, 『遠近法主義の哲學』弘文堂, 1996에 수록).

최선설最善說 ⇨낙관주의

최종 근거짓기最終–根據– [(독) Letztbegründung]

최근에 특히 언어행위론 분야에서 자주 사용되는 이 표현은 철학사적으로는 사유*가 인식*과 행위의 최종적인 타당성과 정당성을 어떻게 보증할 수 있을 것인가 하는 문제에 대한 접근의 변형이라고 볼 수 있다.

이 문제는 이미 독일 관념론*에서 철학의 체계를 기술할 때의 출발점의 정당성을 둘러싼 난문으로서 나타났지만, 이 문제에 '논리적'인 의미를 부여한 것은 신칸트학파*이다. 우선 나토르프*는 엄밀한 학문의 기초를 객관적으로 구하고자 하는 증명작업이 그 증명의 최종적인 전제의 근거짓기를 둘러싸고서는 이미 귀납과 연역*이라는 학적 방법에 의해서 달성될 수 없다는 것을 간취하고 있으며, 또한 리케르트*는 이 최종적인 전제가 증명이라는 작업에 의해서 비로소 근거지어지는 것과는 다른 종류의 명증성*을 요구한다는 것을 명확히 했다. 여기서는 공히 인식이론이 언제나 이미 전제된 무언가를 어떤 '근거'로부터 근거짓고자 하는 한, 최종적인 근거짓기에 관해서는 필연적으로 어떤 종류의 논점선취가 생길 수밖에 없다는 점이 제시되고 있다. 한편으로 이 문제를 현상학의 입장에서 고찰한 것이 후설*이다. 그는 엄밀한 학을 지탱하는 술어적인 명증성이 판단할 때에 전–술어적인 명증성과 결합하는 것에서 새로운 명증성과 비명증성을 획득한다는 것에 착안하여 명증성의 참된 기반을 철학자의 '나는 생각한다*'에 기초한 논증행위가 아니라 '생활세계'라는 전–객관적 · 전–논리적인 지평에 귀속시키고자 했다. (그에게 있어 '생활세계'란 전–객관적 · 전–논리

적임에도 불구하고 최종적으로 근거지어져 있다고 간주되는 가치 영역을 의미한다.)

이에 대해 언어철학 분야에서 이 문제는 이른바 '근거짓기 논쟁'이라는 형태로 첨예화된다. H. 알버트는 논증의 논점선취와 최종적인 전제의 무매개성에 얽혀 있는 앞의 문제를 새롭게 '뮌히하우젠 트릴레마'라는 형태로 정식화하고, 최종 근거짓기를 지향하는 모든 논증은 필연적으로 '논증의 무한소급'이나 '순환논증' 또는 '논증 작업 그 자체의 임의적 중단'에 빠질 수밖에 없다는 것을 명확히 했다. 이에 대해 아펠*은 그의 초월론적*인 언어수행론의 입장에서 '근거짓기'라는 행위 그 자체의 재검토를 요구하고, 최종적인 '근거짓기'가 비–연역적으로 행해질 수 있다는 점을 강조했다. 그는 알버트에 반대하여 "수행론적인 자기모순에 빠지는 것 없이는 부정될 수 없고, 순환 없이는 근거지어질 수 없는" 형식을 지닌 통찰이야말로 최종적으로 근거지어져 있다는 것의 의미와 자격을 보증한다고 생각했던 것이다.

인식의 최종적인 타당성을 요구하는 이러한 초월론적인 논증의 논의를 전제로 하여, '최종적'으로 원리를 근거짓고자 하는 동향은 최근 또 하나의 다른 차원으로 향하고 있다. 그것은 모든 인간이 최종적으로 그 중요성을 인정해야만 하는 '도덕적인' 원리를 의사소통공동체 및 윤리공동체라는 관점에서 찾고자 하는 것이다.

—우다가와 나오토(宇田川尚人)

③ J. Mittelstrass, _Der Flug der Eule_, Suhrkamp, 1989: Wider den Dingler-Komplex, in: _Die Möglichkeit von Wiss_, 1974. C. F. Gethmann/R. Hegselmann, Das Problem der Begründung zwischen Fundamentalismus und Dezisionismus, in: _Z allg. Wiss Theorie_ 8, 1977.

추론推論 [(독) Schluß]

『순수이성비판*』에서의 가장 일반적인 구분에 따르면, 추론은 직접적 추론과 간접적 추론의 둘로 분류된다. 직접적 추론이란 지성적 추론이라고도 불리며, "추론된 판단*이 이미 최초의 명제 안에 잠재해 있고, 제3의 표상*의 매개 없이 이 명제로부터 도출된다"[A

303/B 360]는 분석적 절차를 의미한다. 간접적 추론은 "결론을 끌어내는 것에 근거가 되는 인식 이외에 또 다른 하나의 판단을 필요로 하는'[같은 곳] 추론으로서 이성적 추론이라고도 불리며, 이른바 삼단논법의 추론이다. 이것은 '원리*로부터의 인식'이라고도 불리지만, 이 경우의 '원리'란 삼단논법의 대전제로서 이용되는 보편적 인식의 일반적 명칭이다. 칸트의 구체적 설명으로는 이성적 추론에서는 우선 지성*이 하나의 규칙(대전제)을 사고하고, 판단력이 이 규칙의 조건(Bedingung) 하에 하나의 인식을 포섭하며(소전제), 그 위에서 인식을 이 규칙의 술어에 의해서 선험적으로 규정한다(결론)고 하는 종합적 절차가 취해진다[A 304/B 360]. ⇒원리, 이성

―이코타 마사루(伊古田 理)

중족이유율充足理由律 [(독) Der Satz des zureichenden Grundes (라) principium rationis sufficientis]

"이유 없이는 아무것도 생기지 않는다"는 전통의 원리를 주제화하고 그 위에 형이상학*의 체계를 구축하고자 한 것은 라이프니츠*였다. 수학*과 논리학 등의 영원진리의 기준을 주는 모순율*에 대해 역사적 사태 등 사실진리의 기준을 주는 이유율이 구별된다. 사물은 "왜 이렇게 있고 그 이외에는 아닌 것인가?"라는 충분한 이유에 의해서 존재하며, 이유 없이는 신*도 행위할 수 없다. 그리고 이러한 충족이유율의 말하자면 계系에 해당하는 것이 최선세계관이자 구별불가능자 동일의 원리인 것이다. 충족이유율이 우연적 세계의 진리*를 의미하고, 나아가 그 때 주어*에 술어가 내재하는 분석판단*의 진리를 시사한다는 점에 라이프니츠의 특징이 놓여 있다.

칸트는 이유율이 형이상학의 토대를 이룬다고 하는 그 의의를 충분히 인정하면서도 이유율 자체의 구조에 관해서는 라이프니츠와 달리 그것을 '종합판단, 요컨대 주어에 술어가 포함되어 있지 않은 확장판단이라고 간주한다. 나아가 그것은 '선험적'* 판단이어야만 한다. 그렇지 않으면 그것은 갑론을박의 전장을 초래하고 절망 또는 더 나아가서는 회의주의*로 이끌 것이다

[Prol. §4]. 이러한 선험적 명제 그 자체는 '초월론적*'인 증명, 요컨대 주어 개념과 술어 개념의 결합에서 비로소 경험*의 객관*이 가능해진다는 것을 제시하는 방법에서만 증명된다. 만일 이유율을 어떤 개념에서 다른 개념을 도출하는 방식으로 증명한다 하더라도 그것은 헛수고이다. 『순수이성비판』*에서 이유율은 범주*와 순수 직관으로 이루어진 최고의 종합인식인 '원칙'의 체계 가운데 '경험의 유추'의 두 번째에 배정되며, "모든 변화는 원인과 결과를 결합*하는 법칙에 따라서 생기한다"고 표현되어 있다. 요컨대 감성적 소여(변화, 일어난 것)에 포함되어 있지 않은 '원인과 결과'라는 결합이, 그럼에도 불구하고 직관*에 적용될 수 있는 근거는 현상세계의 사건과 인과법칙 사이에 '유비'가 놓여 있다는 점에 있는 것이다. 이 유추*는 직관의 형식*으로서의 시간*의 선후라는 양태에 기초한다. 이와 같이 충족이유율은 칸트에게 있어서도 형이상학의 본령인 선험적 종합판단*의 전형이다. 그러나 현상계에서 충족이유율은 그 자체가 시간을 매개로 한 '유추'라는 초월론적 제약이며, 인과성*의 범주가 감성적 소여에 적용되는 것을 보증하고 있다. ⇒선험적 종합판단, 인과성, 모순율

―사카이 기요시(酒井 潔)

G. W. Leibniz, *Monadologie; 24 Sätze* (『ライプニッツ著作集』8, 9, 工作舍, 1990). M. Heidegger, *Der Satz vom Grund*, Neske, 1957.

취미趣味 [(독) Geschmack]
【Ⅰ】 시대상황

취미(gusto, goût, taste)는 근대 철학의 가장 중요한 개념 가운데 하나로서 모종의 식별능력을 의미한다. 그것은 미학적 함의에 그치지 않고 이론철학적·실천철학적 함의를 지니는 광범위한 영역에 걸쳐 사용된 개념이다. 18세기 계몽사상가의 다수는 이 개념의 정체와 타당성을 둘러싸고 다양한 입장에서 논의를 계속했다. 칸트 역시 전비판기부터 이 개념에 주목하여 그것을 많이 사용하고 있지만, '취미판단(Geschmacksurteil)'이라는 용어는 『제1비판』* 제1판에서 처음으로

사용된다. 그러나 어쨌든지 간에 80년대까지의 취미 개념은 아직 칸트 고유의 용법이라고는 말할 수 없으며, 그것은 제3비판에서 비로소 확립되기에 이른다. 『판단력비판』*에서 칸트는 "어떻게 해서 취미판단은 가능한가"라는 물음을 초월론철학*에 속하는 과제로서 위치짓고, 제1・제2비판의 선험적 종합판단*의 가능성에 대한 물음의 경우와 마찬가지로 이 판단*의 연역*을 수행하고 있다. 이러한 시도에 의해서 그는 취미를 이론적 인식판단과도 또 실천적 판단과도 다른 원리에 기초하는 미학적인 취미판단의 활동으로서 순화했다. 이 일은 취미에 대한 경험주의적 근거짓기의 입장과 이성주의적 근거짓기의 입장을 말하자면 종합하는 시도라고 이해할 수 있다.

【Ⅱ】 취미의 다의성

'취미'는 원래 다의적이다. 그것은 멋과 맛, 결국 감흥을 불러일으키는 상태를 의미함과 동시에, 어떤 것의 맛을 감지하는 능력도 의미한다. 그러나 후자의 '미각' 역시 여전히 애매한 개념이다. 예를 들면 "카나리아 섬의 포도주는 맛이 좋다"는 판단은 엄밀한 의미에서 취미판단이라고는 말할 수 없다. 혀와 입, 목구멍의 미각에 관한 쾌적한 것에 관해서 각 사람은 자기 나름의 취미(감각*)을 지니기 때문이다. 이와 같은 '미각'을 칸트는 '감관취미(Sinnengeschmack)'라고 부른다. 그에 반해 엄밀한 의미에서 취미라고 불릴 수 있는 것은 자연미와 예술미를 판정하는 능력에 한정된다. 이것을 칸트는 '감관취미'와 구별하여 '반성취미(Reflexionsgeschmack)'라고 부른다. 후자는 전자처럼 그것을 맛보는 판단 주체의 사적 감각에 기초하는 쾌적함의 정도를 표명하는 판단과는 달리 미학적 판단력의 반성*의 활동에 기초하는 보편성*을 지니는 판정을 의미한다.

【Ⅲ】 취미판단

칸트는 취미에 기초하는 판단의 고유성을 범주표를 실마리로 하여 질*・양*・관계*・양상*의 순서로 고찰한다. 예를 들면 "이 장미꽃은 아름답다"라는 판단은 어떠한 인식판단과도 달리 판단 대상의 '현존'에 관한 판정을 나타내는 것이 아니라 취미판단 대상의 '표상*'에 대한 '관심 없는 만족감(Wohlgefallen ohne Interesse)'

의 상태를 표현하는 데 불과하다. 미*란 관심 없는 만족감의 대상을 의미한다. 또한 이 판단은 단지 이 판단을 내리는 주체에게만 타당한 사적 판단이 아니다. 그것은 모든 판단 주체에 대한 보편적 타당성, 엄밀하게 말하면 '주관적인 보편타당성'을 '요구하는(ansinnen)' 판단이다. 이 판단은 논리적 양에서 보는 경우에는 언제나 단칭적이다. 따라서 "장미꽃 일반이 아름답다"고 말하게 되면, 이것은 개별적 판단의 일반화에 의한 논리적 판단이지 미학적 판단이 아니다. 셋째로, 취미판단은 '목적 없는 합목적성(Zweckmäßigkeit ohne Zweck)'이라는 주관적인 원리에 기초하는 판단이다. 이것은 자연*의 대상 및 예술작품 속에서 목적 내지 의도를 발견하고자 하는 것이 아니라 오로지 미의 감상자의 심성에서의 상상력*과 지성*의 우연한 조화 상태를 표현하는 반성적 원리에 다름 아니다. 마지막으로 이 판단은 인식판단에서의 범주*와 같이 대상을 규정하는 개념을 결여하고 있다. 또한 실천적 판단과 같이 객관적 필연성을 지니지 않는다. 따라서 그에 의해서 주장되는 필연성*은 '개념 없는(ohne Begriffe)' 필연성, 즉 주관적 필연성에 그친다. 이 판단은 언제나 지금 여기서 특정한 대상에 대해 내려지는 한에서 개별적인 것에 의거하여 주장되는 '범례적 필연성(exemplarische Notwendigkeit)'을 의미한다.

【Ⅳ】 현대의 해석

칸트는 취미판단의 가능성 근거를 '공통감각*(sensus communis)'의 이념에서 구함으로써 연역을 완수했다. 판단자의 미적 쾌의 감정을 표현하고 동시에 모든 판단자에 대한 쾌의 보편적 전달가능성을 요구하는 취미판단의 활동에 관해서는 가다머*처럼 취미 개념을 좁게 한정하고 그 본래의 기능을 왜곡하는 것이라는 엄격한 비판이 존재한다. 다른 한편으로 아렌트*처럼 그것의 다원주의적인 공동주관성의 역할에 주목함으로써 미학적 판단력을 정치적 판단력으로 바꿔 읽고자 하는 해석도 있다. 또한 리델은 해석학적 비판주의의 입장에서 취미판단을 근거짓는 반성적 판단력의 역사철학적 의의에 주목하고 있다. 또한 하이데거*는 칸트의 취미 개념에 대한 쇼펜하우어*의 비판은 오해이며, 나아가 이 오해가 니체*와 딜타이*를 매개로 하여 오늘

날까지 영향을 미치고 있다는 사실을 지적하고 있다. ⇒공통감각, 판단력, 『판단력비판』{『제3비판』}

—마키노 에이지(牧野英二)

參 H.-G. Gadamer, *Wahrheit und Methode*, Mohr, 1960(轡田收 外 譯 『眞理と方法』 I, 法政大學出版局, 1986). A. Arendt, *Lectures on Kant's Political Philosophy*, U. of Chicago P., 1982(浜田義文 監譯 『カント政治哲學の講義』 法政大學出版局, 1987). M. Riedel, *Verstehen oder Erklären?*, Klett-Cotta, 1978. M. Heidegger, *Nietzsche*, Neske, 1961(薗田宗人 譯 『ニーチェ』 I, 白水社, 1986). 牧野英二 『遠近法主義の哲學』 弘文堂, 1996.

취미판단趣味判斷 ⇨취미

츠다 마미치(津田眞道) ⇨일본의 칸트 연구

친화성親和性 [(독) Affinität]

(1) 인식론*에서의 친화성 개념. 칸트에 따르면 "다양*의 연상 가능성의 근거가 객관 속에 존재하는 한에서 그것은 다양의 친화성이라고 일컬어진다"[A 113]. 현상*의 표상*의 다양은 일정한 규칙에 기초하여 서로 수반 내지는 계기한다. 이와 같은 규칙이 없는 곳에서 상상력*은 도대체가 잘 활동하지 못한다. 진사辰砂가 때때로 빨갛고 때때로 검으며 또한 때때로 무겁고 때때로 가벼울 때 상상력은 빨간 진사와 무거운 진사를 언제나 연상할 수 있는 것이 아니다. 그것을 가능하게 하는 것이 현상의 친화성이며, 칸트는 이것을 특히 '경험적 친화성'이라고 부른다. 이러한 경험적 친화성에서는 흄*의 상상력에 의한 연상의 문제가 생각되고 있다. 흄에 따르면 이러한 연상의, 특히 인과성의 필연성은 선험적*인 논증에 의해서도 경험적 논증에 의해서도 증명될 수 없는바, 우리의 습관*의 산물에 불과하다. 이에 반해 칸트는 연상의 필연성을 근거짓고자 한다. 이를 위해 그는 경험적 친화성에 대해 '초월론적 친화성'을 대립시킨다. 후자는 전자의 선험성의 '기초'이며, 이에 의해 전자가 가능해진다. 결국 칸트는 이러한 초월론적 친화성에 의해서 자연*의 통일(자연의 제일성)의 필연성을 논증하고자 하는 것이다. 이들 두 개념은 『순수이성비판』 제1판 연역론에서 사용되고 있지만, 제2판 연역론에서는 술어로서는 모습을 감춘다. 그러나 문제로서는 이들 두 개념은 '재생적 상상력'과 '산출적 상상력'의 개념들과 밀접하게 연관되어 있다.

(2) 규제적 이념으로서의 친화성 개념. 자연은 다양한 종에 속하는 이런저런 개체들로 이루어지지만, 이들은 좀더 고차적인 유의 관점에서는 동종성의 원리 아래에 서며, 좀더 저차적인 종의 관점에서는 다종성의 원리에 복종한다. 이들 두 가지의 원리를 결합하는 것이 연속성의 원리라고도 일컬어지는 친화성의 원리이다. 이것은 좀더 고차적인 유로 상승할 때에도, 좀더 저차적인 종으로 하강할 때에도 전개의 연속적 단계를 상정한다. 이 원리는 이념의 규제적 용법으로서 발견적* 가설의 역할을 수행할 수 있다. ⇒상상력, 연역, 이념

—야마모토 미치오(山本道雄)

參 Robert Paul Wolff, *Kant's Theory of Mental Activity*, Harvard U. P., 1963. Henry E. Allison, Transcendental Affinity: Kant's Answer to Hume, in: L. W. Beck (ed.), *Kant's Theory of Knowledge*, Reidel, 1987. Richard E. Aquila, *Matter in Mind*, Indiana U. P., 1986.

카논 [(독) Kanon] ⇨순수 이성의 규준

카르납 [Rudolf Carnap 1891. 5. 18~1970. 9. 14]

독일에서 태어난 철학자. 논리실증주의*의 대표적 인물들 가운데 한 사람. 예나에서 프레게* 밑에서 공부하고, 빈과 프라하를 거쳐 1935년 이후 미국의 대학에서 교편을 잡았다. 철학자로서 그의 지위를 확립한 저작 『세계의 논리적 구축』(1928)은 종래에 프레게에서 출발하는 현대논리학의 수법을 사용하여 현상주의를 엄밀한 방식으로 전개한 것으로 간주되어 왔는데, 최근에는 여기서 '대상 구성'이라는 신칸트학파*적인 모티브를 보는 연구자도 있다. 논리실증주의의 전성기에 그는 철학을 '과학의 논리학'으로 규정하고 철학에서 일체의 형이상학적 요소를 배제할 것을 요구했다. 이 시기의 대표적 저작은 『언어의 논리적 구문론』(1934)이다. 미국으로 옮긴 후 그의 일의 두 기둥은 의미론과 귀납논리학이다. 전자를 대표하는 저작인 『의미와 양상』(1947)은 이후의 가능세계 의미론의 선구로서 중요하다. 후자는 『확률의 논리적 기초』(1950)로 대표된다. ⇒논리실증주의

─이이다 다카이(飯田 隆)

카시러 [Ernst Cassirer 1874. 7. 28~1945. 4. 13]

브레슬라우(현 폴란드령 브로츠와프)에서 유대계 독일인으로서 태어남. 베를린, 라이프치히, 하이델베르크 대학에서 공부한 후, 신칸트학파*의 마르부르크 학파의 코헨* 및 나토르프*의 지도하에 데카르트 연구로 학위를 취득. 1906년 베를린 대학 사강사, 1919년 함부르크 대학 교수, 히틀러 정권 성립(1933) 이후에는 영국, 스웨덴에서 활동하고 미국에서 죽음. 라이프니츠 저작집 및 카시러판 칸트 전집을 편집했으며, 특히 후자의 부록으로서 칸트 철학의 전반에 걸친 해설서 『칸트의 생애와 학설』을 덧붙였다.

데카르트*, 라이프니츠*, 칸트의 연구로 시작하여 근대의 인식론*에 대한 역사적, 체계적 저작을 저술하고(『근대의 철학과 과학에서의 인식문제』), 또한 스승인 코헨의 사유 일원론의 영향 하에 저술한 초기의 『실체개념과 함수개념』에서 수학 및 수학적 자연과학의 본질을 아리스토텔레스적인 실체개념에서가 아니라 동적으로 구성적인 수학적 함수개념에서 구했다. 카시러에 따르면 과학적 인식은 의식*에서 독립된 현실을 모사함으로써 성립되는 것이 아니라 반대로 현실 그 자체가 정신의 창조적인 형성 작용으로서의 함수개념에 의해 가능하게 된다. 여기서는 분명히 칸트가 『순수이성비판』*에서 시도한 코페르니쿠스적 전회*라는 사유방식의 혁명이 반영되어 있다. 그러나 이와 같은 함수개념은 수학*이나 자연과학*과 같은 특정한 정밀과학의 근거짓기에 한정되는 것이 아니라 인간의 모든 정신적 표현형식, 즉 언어*, 신화, 종교*, 예술*, 과학 등의 근거짓기의 원리로까지 확대될 수 있다고 생각하였으며, 이러한 의도 하에 저술된 것이 세 권으로 이루어진 주저 『상징형식의 철학』(제1권 『언어』, 제2권 『신화적 사고』, 제3권 『인식의 현상학』)이다. 여기서 과학적 인식의 원리에 한정되었던 함수개념이 상징개념으로서 다시 파악됨으로써 문화 일반의 원리로까지 높여졌다. 이리하여 칸트의 '이성 비판'이 '문화 비판'으로 심화될 수 있었지만, 이 주저를 요약, 해설한 만년의 저작 『인간에 대하여』에서 그는 인간을

'상징적 동물'이라고 부르기에 이른다.

이상과 같이 카시러는 근대의 정밀과학이나 철학을 근거로 삼아 인식비판으로부터 문화 일반의 기본원리의 탐구로 향하면서 동시에 그 성과를 정신사적·사상사적 방향으로부터도 확인하기 위해 다수의 저작을 저술한다. 예를 들어 16세기에서 19세기에 걸친 독일 정신사를 종교와 철학 그리고 문학과 정치학*의 연관에서 서술한 『자유와 형식』이라든가 18세기의 사상동향을 당시의 자연과학, 심리학, 인식론, 종교, 역사, 국가와 사회, 미학과 예술이라는 다면적인 시야로부터 통일적으로 파악하려고 한 『계몽주의의 철학』, 나아가 망명생활 중에 전체주의에 대한 걱정과 두려움을 품고서 고대 그리스로부터 20세기에 이르기까지의 정치철학을 논한 『국가의 신화』 등이 거론될 수 있다.

—쓰부라야 유지(円谷裕二)

📖 본문에서 거론된 것 이외의 주요저작. *Leibniz' System in seinen wissenschaftlichen Grundlagen*, 1902. *Zur Einstein'schen Relativitätstheorie. Erkenntnistheoretische Betrachtungen*, 1921. *Die Begriffsform im mythischen Denken*, 1922. 『言語と神話』 (1925), 國文社. *Individuum und Kosmos in der Philosophie der Renaissance*, 1927. *Determinismus und Indeterminismus in der modernen Physik*, 1936. 『人文科學の論理』(1942), 創文社. 『十八世紀の精神』(1945), 思索社.

📖 P. A. Schilpp (ed.), *The Philosophy of Ernst Cassirer*, 1949, Reprint. Tudor Publishing, New York, 1958. J. M. Krois, *Cassirer*, Yale U. P., 1987.

카울바하 [Friedrich Kaulbach 1912. 6. 15~92. 5. 10]
현대 독일의 철학자. 1912년 뉘른베르크 근교 본호프에서 태어나 1992년 같은 곳에서 사망했다. 에를랑겐, 뮌헨, 프라이부르크 대학에서 수학과 철학을 공부하고, 브라운슈바이크, 뮌스터, 뉘른베르크에서 가르쳤다. 에를랑겐 대학에서는 도호쿠 대학 교수와 『활쏘기의 선』의 저자로서 유명한 신칸트학파의 철학자 E. 헤리겔 밑에서 공부하며 박사논문 「수학적 대상의 논리와 범주론」(Zur Logik und Kategorienlehre der mathematischen Gegenstände)을 마무리하였고, 오랜 종군생활을 거쳐 전후 브라운슈바이크 대학에서 H. 글로크너 밑에서 교수자격논문 「학문적 상징표현의 철학적 정초」(Philosophische Grundlegung zu einer wissenschaftlichen Symbolik)를 완성했다.

본래 '자연철학'적 관심에서 출발한 카울바하의 철학적 독창성이 최초로 발휘된 작품은 아리스토텔레스*, 라이프니츠*, 칸트에서의 '운동 개념'을 체계적으로 연구한 『운동의 철학적 개념』(1965)이다. 이후 잇따라 저작들을 출판했지만, 카울바하의 철학적 사색의 중심과 기저를 이룬 것은 무엇보다도 칸트로서, 이 칸트 연구는 『칸트 철학에서 행위의 원리』(1978)라는 대저로 집대성되었다. 본서에서 카울바하는 칸트 철학 전체를 '행위(Handlung)'의 개념을 중심으로 체계적, 원리적으로 해석한다는 획기적인 새로운 관점을 열었던 것이다. 그 때 카울바하는 3비판서는 물론이고 전비판기의 저작들과 『오푸스 포스투뭄』(『유작』)으로까지 시야를 확대하여 "칸트 사유와의 끊임없는 대화에 의해" 독창적인 칸트 해석을 수행함과 동시에 자기 자신의 고유한 철학을 전개하고 있다. 그는 위에서 언급한 철학자들 이외에도 니체 철학에 대한 획기적인 연구 『니체의 실험철학의 이념』(1980)과 형이상학, 윤리학, 행위론, 신체론, 공간론, 법철학 등을 둘러싼 역사적, 체계적 연구를 전개함과 아울러 독자적인 철학적 관점을 피력했다. 나아가 만년에는 오래전부터의 관심사인 '원근법의 철학' 제1권을 마무리하고, 최후까지 독자적인 철학체계의 확립을 목표로 했다. 이와 같이 카울바하는 엄밀한 학문적 연구를 뜻하고 있지만, 단순히 신실하게 공부하는 칸트학자의 영역에 머무르지 않고 독창적으로 사색하는 철학자이다.

—아리후쿠 고가쿠(有福孝岳)

📖 *Die Metaphysik des Raumes bei Leibniz und Kant*, 1960. *Der philosophische Begriff der Bewegung*, 1965. *Einführung in die Meatphysik*, 1972. 『倫理學とメタ倫理學』(1974)(有福孝岳 外 編譯 『倫理學の根本問題』에 수록, 晃洋書房). 『イマヌエル・カント』(1969), 理想社. 『純粋理性批判案内——學としての哲學』(1981), 成文堂. 『行爲の哲學』(1982), 勁草書房. *Nietz- sches Idee einer Experimentalphilosophie*, 1980. *Studien zur späten Rechtsphilosophie Kants und ihrer transzendentalen*

Methode, 1982. 小島威彦 編譯『ニーチェにおけるモナドロジー』明星大學出版部, 1981. 小島威彦・山下善明 譯『カントの行爲の理論』明星大學出版部, 1981. 小島威彦 編譯『カントとニーチェの自然解釋』明星大學出版部, 1982.

카테고리 ⇨범주

『칸트 슈투디엔』 ⇨『칸트 연구』{『칸트 슈투디엔』}

『칸트 연구-研究』{**『칸트 슈투디엔』**} [(독) *Kant-Studien*] 『칸트 연구』는―그리고 그것과 분리될 수 없는 나중의 칸트협회 역시― 할레의 철학교수 바이힝거*의 음덕으로 탄생했다.

바이힝거는『……처럼의 철학』의 저자로서 알려져 있지만, 그는 그 부제를 "관념론적 실증주의에 기초한 인간성의 이론적, 실천적, 종교적 허구의 체계"라고 이름 지어 자기 자신이 신칸트(학)파*의 특정한 학파의 학자로 간주되지 않도록 노력했다. 그러나 그의 칸트 이해는 적지 않게 프리드리히 알베르트 랑게의 영향을 받은 것이며, 1911년에 처음으로 출판된 이 저작은 1877년에 슈트라스부르크의 에른스트 라스에게 제출된 교수자격논문의 개정판이었다. 바이힝거는 1884년에 우선 할레의 철학원외교수가 되었으며, 1894년에 교수가 되었다.

급격하게 악화된 눈병 때문에 교육활동을 폭넓게 수행할 수 없게 된 바이힝거는 그로 인해 지적 활력의 대부분을 자신의 허구론의 새로운 전개와『칸트 연구』및 칸트협회에 바쳤다.

자신의 철학 경력을 회고하면서 바이힝거는 자서전에서 1896년에 자신의 "칸트 연구를 촉진할 목적으로"『칸트 연구』를 창간했다고 쓰고 있다. 당초에는 개인의 자발적 활동으로 이루어졌지만, 그 후 1897년에 출판된『칸트 연구』(아디케스*, E. 부트루, Edw. 케어드, C. 칸토니, J. E. 크레이튼, 딜타이*, B. 에르트만, K. 피셔, M. 하인체, R. 라이케, 빈델반트* 등의 협력으로

가능했던 철학잡지) 제1권의 출현에 의해 대대적인 사업으로 출발했던 것이다.

"철학 그리고 철학에서 근거를 추구하는 한에서의 과학은 아마도 지금부터 오랫동안 칸트를 표어로 한다"고 바이힝거는 확신했다. 나아가 칸트의 정신을 지닌 대학이 "계속되는 기관지에 의해서만 보증될 수 있는" 칸트에 관한 포괄적 연구에 도전하는 것도 그에게는 자명한 일이었다. 이 창간자는『칸트 연구』의 통합적인 성격을 다음과 같은 한 구절로 강조하고 있다. "물론 칸트는 근대사상에 대한 열쇠라고 말해져 왔다. 어떠한 전문분야에 들어가고자 해도 ……, 근대사상이라는 직물의 모든 곳에서 칸트의 학설이 그 실로 되어 있다. 대립하는 체계의 주장자들도 칸트적인 지평에서는 일치한다. …… 현대 철학 전체는 칸트사상에 의해 또는 칸트와 대결하는 것에 의해 관통되어 있다. …… 모든 사상적 싸움의 장이"『칸트 연구』이어야만 하는 것이다.

마지막 측면이 두드러졌다. 바이힝거는 칸트 철학을 당연히 "모든 문화국가의 공통의 재산"이라고 간주했다. 그리하여 영어, 불어, 이탈리아어, 독일어 논문이 똑같이 게재된다고 하는『칸트 연구』의 국제적 성격을 확립했던 것이다. 이 젊은 잡지는 그럭저럭 국제적으로 주목 받기에 이르렀다. 바이힝거는 *Révue de Métaphysique et Moral*(파리), *Révue Néo-Scolastique*(루뱅), *Museum*(프로닝겐), *The Open Court*(시카고),『六合雜誌』(도쿄) 등에 "우호적인 환영의 말"을 기고한다. 이에 관련하여 바이힝거는 "해 떠오르는 나라로부터의 인사에 특히 감사한다"고 적고 있다.

칸트 사후 100년에 해당하는 1904년에 바이힝거는 칸트협회를 성립하고 1910년까지 단 한 사람의 사무총장이었다. 그리고 할레 대학의 역대 재무관리인이 이 협회의 위원을 이어 맡을 수 있었다.

『칸트 연구』와의 관련에 대해 칸트협회의 규약 제1조(1904년 4월 22일에 할레에서 개최된 제1회 대회에서 의결되었다)는 다음과 같이 적고 있다. "…… 본회{칸트협회}는 칸트 철학의 연구를 촉진・보급할 것을 목적으로 한다. 이 목적을 위해 본회는 다음의 것을 수행한다. (a) 칸트 연구에 특히 공헌해온 기관지, 1896

년 이래 계속되고 있는 …… 잡지『칸트 연구』의 원조……". 현재의 사단법인 칸트협회(본)의 규약 제1조 제2항에는 현재에 이르기까지의 연속성이 확고하게 기록되어 있다. "사단법인 칸트협회는 칸트 철학의 연구를 촉진·보급할 것을 목적으로 한다. 이를 위해 이미 현존하지 않는 사단법인 칸트협회(할레)의 임무를 이어 맡는다. 본회는 이 목적을 달성하기 위해 다음의 작업을 수행한다. (a) 칸트 연구에 공헌하는 출판물의 간행, 특히 철학잡지『칸트 연구』의 편집……".

『칸트 연구』와 칸트협회의 연계는 독일 국내만이 아니라 철학적 문화 전반에 대해서 중요한 영향을 가져온 사건으로서 기억되어야만 한다. 칸트협회는 끊임없는 회원 수의 증가를 기록해왔다. 1906년에 118명, 1910년에 349명, 1920년에는 이미 2,427명에 달해 1921년에는 3,000명 이상의 회원을 헤아리고 있었던 것이다. 1922년에는 4,000명을 넘어설 것으로 예측되어 "칸트협회는 세계에서 최대의 철학협회"라고 기록되었다. 그리고 1933년에는 약 5,000명의 회원을 보유했던 것이다. 회원의 이러한 증가는 각 회원에게 책 한권이 무료로 배부되기 위해『칸트 연구』의 발행부수의 빠른 증가로 연결되었다.

"칸트 연구의 다양한 방향에 대해 입구를 막지 않는 것, 변명적인 것, 논쟁적인 것, …… 악명 높은 칸트 문헌학에 대해서도 ……", 그것이『칸트 연구』에 있어 걸맞다고 할 수 있다. 1887년부터의 이미 간행된 내용을 일람해 보면, 이러한 바이힝거의 바램이 원칙적으로 관철되고 있는 것이 분명히 드러난다. 설령 칸트 연구의 시야가 확대되어 다수의 기고자가 칸트 철학의 근접영역에조차 뿌리박고 있지 않다 하더라도 말이다. 이러한 바이힝거의 의도가 실현되고 있다는 것은『칸트 연구』가 차례로 다음과 같은 단골 기고자들의 이름을 싣고 있는 데서 보증된다. O. 리프만, E. v. 하르트만, R. 오이켄, 짐멜*, F. 파울젠, 나토르프*, J. 폴켈트, C. 슈툼프, B. 바우흐, R. 회니히스발트, E. 슈프랑거, K. 요엘, 그 후로 카시러*, H. 드리슈, P. 헤베를린, N. 하르트만*, N. 켐프 스미스, R. 슈타이닝거, J. 슈텐첼, F. 틸리, P. 틸리히, E. 우티츠, Th. 치엔 등.

이 밖에『칸트 연구』의 역사를 결정적으로 만든 두 사람의 이름을 기록하지 않으면 안 된다. 그들은 아르투르 리베르트와 파울 멘처이다.

리베르트(1928년부터 베를린 대학 철학 원외교수, 30년부터 베를린 상업학교 철학 원외교수, 유대 가계인 까닭에 33년 교원자격 박탈, 망명, 46년 베를린 대학 교육학부 초대학부장)는 1910년에 칸트협회 부사무총장이 되었으며, 12년부터 카시러, M. 프리사이젠-쾰러와 함께 칸트협회가 발행한 '철학논문집'의 공동편집자가 되었다. 바이힝거와 브루노 바우프와 함께 그는『칸트 연구 별책』을 제25호부터 편집하고『칸트 연구』를 제22권(1918)부터 처음에는 바이힝거와 프릿슈아이젠 켈러와 함께, 1924년부터 33년까지는 멘처와 함께 편집했다.『칸트 연구』와 칸트협회라는 복합적 조직 속에서 리베르트는 탁월한 통합적 인물이었다.

멘처(1906년부터 마르부르크의 철학 원외교수, 08년부터 할레 대학 철학교수, 38년 퇴직, 45년 이후 다시 문을 연 할레 대학의 철학교수로서 다시 계약하게 되었는데 이전의 강제퇴직의 취소를 청원하여 48년에 임지에 도착했다. 1897년 프로이센 과학아카데미에 의해 칸트 전집 담당 사무관으로 임명되어 있었기 때문에 그는 한편으로『칸트 연구』와 칸트협회의 밀접한 결합을 위해 노력했고, 다른 한편으로 학술원판 칸트 전집에 크게 기여했다)는 1924년부터 33년까지 리베르트와 함께『칸트 연구』의 편집자를 맡았다.

1927년의 칸트협회 대회에서 바이힝거는 건강상의 이유에서 단 한 사람의 사무총장 직을 사임하고 리베르트가 후임자가 되었다. 그가 이 직에 있을 때 과학 아카데미 위원회는 그에게 협력적이었다. 할레 대학의 그때마다의 철학교수는 아카데미의 위원이기도 했기 때문에 당연히 멘처도 리베르트를 지원했다. 멘처는 뛰어난 아카데미의 학자이자 연구자였을 뿐 아니라 사회적 활동에서도 마찬가지로 걸출했다. 1933년의 정권획득 후 곧바로 나치는 모든 사회사업상의 직무로부터 멘처를 추방했기 때문에 그가 칸트협회와『칸트 연구』로부터 추방되는 것도 시간 문제였다. 국가사회주의에 권력이 장악되고부터 정세는 점점 어쩔 수 없을 정도로 비참해지고 있었다.

리베르트의 운명에 대해서는 이미 말한 바 있다.

그의 후임은 짧은 기간 베를린의 철학 사강사였던 헬무트 쿤이 맡았다. 그도 유대 가계였기 때문에 1935년에 칸트협회의 과학사무관의 직에서 추방되고 교수 자격을 상실했다. 그리고 37년에 미국으로 망명했다.

1934년 할레에서 칸트협회 대회가 개최되었다. 그것은 30주년을 기념한 대회이기도 하였다. 거기서 칸트협회는 하나의 새로운 규약—이후 결코 사단 등기부에 등록하지 않고, 그렇게 함으로써 일련의 유대인들의 혼란에 배려한다—을 정했다. 그 결과 멘처는 한동안 이전과 마찬가지로 위원이라고 생각되었다. 그러나 나치정권에게 멘처는 칸트협회와『칸트 연구』를 '언론통제' 하에 두지 못하는 상징이었다. 비록 다른 이유에서긴 하지만 새로운 위원회는 그를 사직시켰다. 그로부터 이루어진 일은 전적으로 어리석은 것이었다. 나치정권은 당초 칸트협회와『칸트 연구』를 유지하는 것에 흥미를 갖고 있었다.『칸트 연구』와 칸트협회라는 이제는 지도자 없는 사업을 다시 활성화시키기 위하여 전혀 다른 인물의 이름(한스 하이제)이 거론되고 있었던 것이다. 왜냐하면 세계 최대의 철학협회와 세계적으로 발행부수 최대의 그 잡지의 회원과 예약 구매자가 알게 모르게 파괴적으로 감소되고 있었기 때문이었다.

1935년 사회학교수 한스 하이제가 칸트협회의 위원장에 취임했다. 교육·과학·국민교육성의 두 사람의 관리와 함께 그는 대략 1935년부터『칸트 연구』를 편집하였으며 37년에 사임했다. 1938년 4월 27일에 열린 칸트협회 대회에서 이 협회의 해산이 결의되어 그것이 관할 사단등기부에 1938년 5월 21일자로 남아 있다.

하이제는 다시 한번 등장한다. 그는 아우구스트 파우스트, 페르디난트 바인한들, 귄터 루츠와 함께 이른바『복간 칸트 연구』의 공동편집자로서 책임을 담당했던 것이다. 1942년/43년에 간행된 제42권의 서문은 뭔가 조소적인 인상마저 준다. "그리고『칸트 연구』가 …… 이제 대전의 한 가운데이자 모든 육체적이고 정신적인 능력이 완전하게 임전체제에 들어서 있는 이 시기에 새로이 다시 간행되게 된다면, 이것은 두 가지 사실을 증명하는 것이리라. 첫째는 독일 정신이

지금까지보다 활력이 실로 풍부하다는 것이며, 둘째는 이 출판과 새로운 유럽사회의 출발이 직접 결부되어 있다는 것이다".

공교롭게도 바이힝거 문하의 레이몬트 슈미트가 칸트협회와『칸트 연구』가 소멸한 참된 이유를 노골적으로 공표했다. "이른바 칸트협회는 그 잡지『칸트 연구』와 함께 개성적인 발전을 이루었다……. 독일철학은 칸트의 이름에서 국제적인 규모의 유대인 기업체로 되었던 것이다……".

1945년 이후 칸트협회를 새롭게 설립하는 것은 새로이 생겨난 정치적 흐름을 고려할 때 곤란하다는 것이 명확했다. 칸트협회와『칸트 연구』가 살아 숨 쉬어 왔던 곳은 소련 점령지라는 말하자면 이교도의 지구였기 때문이다.

당초 리베르트는 칸트협회와『칸트 연구』를 새롭게 설립하는 계획을 지니고 있었다. 그러나 그의 노력은 그의 돌연한 죽음으로 수포로 돌아갔다. 그럼에도 불구하고 리베르트의 의도를 실현하고자 하는 움직임이 분명히 존재하고 있었다. 동베를린의 기독교민주신문『노이에 차이트』의 1947년 7월 3일자에는 다음과 같이 기록되어 있다. "그것(철학협회)은 아르투어 리베르트의 정당한 유지를 지켜야만 하며, 명성 높은 오랜 칸트협회의, 즉 이전의 지상에서 최대의 철학협회의 정규적인 계속을 표명해야만 한다. 다만 당분간은 그 이름을 사용하지 않은 채로 ……". 그 '철학협회'에서는 1945년에 소련 점령지구에서 설립된 문화연합, 즉 당초에는 다원적 이데올로기를 허용하고 있었던 조직에 속할 것인지 말 것인지가 문제로 되고 있었다. 칸트협회의 이전의 위원인 아르투어 피어칸트 교수를 의장으로 하여 '철학협회'의 제1회 회합이 개최되었다. 그 회합에서 한스 라이제강 교수는 사회주의자들에 의해서 고소되어 1948년에 예나 대학의 철학 강좌를 잃었다고 말했다. 같은 해 할레에서 멘처는 자신의 강좌를 잃어버렸다. 소련 점령지구 내에서 점차로 정착되기 시작한 마르크스/레닌 철학의 적이라는 이미지가—배경에는 정치가 있었지만—확실히 그 원인이었다. 소련 점령지구, 요컨대 이후의 독일민주공화국에서 칸트협회와『칸트 연구』를 새롭게 설립하고자 하는

노력은 처음부터 무리라고 생각되었다. 멘처는 그렇게 예감했다고 말한 바 있다.

1945년 이후의 독일 서부, 요컨대 후의 독일연방공화국에서 칸트협회와 『칸트 연구』는 대개 지방지부 차원에서 산발적으로 부활했다. 『철학연구지』는 공식적으로는 이미 존재하지 않는 칸트협회를 '집합점'으로 했으면 하는 의사를 표시하고, 그 후 다음과 같이 보고하고 있다. "1946년에 칸트협회 하노버 지부가 새롭게 설립되어 니콜라이 하르트만과 하인츠 하임죄트*가 이미 강연을 행했다. 그리고 1952년에는 뮌헨에서 『칸트협회 바이에른 지부』의 대회가 개최되었다".

같은 해 '칸트협회 라인란트 베스트팔렌' 지부가 부활했다. 그 임시 집행위원회에서 우리는 고트프리드 마르틴(예나에서 철학강사, 1948년 쾰른에서, 53년 마인츠에서 원외교수가 된 후 본의 철학교수)의 이름을 발견할 수 있다. 칸트협회와 『칸트 연구』의 새로운 역사는 대부분 그의 이름과 결부되어 있다. '칸트협회 라인란트 베스트팔렌' 지부는 칸트협회의 출판물을 계속해 내는 것을 가장 긴급한 과제로 간주하고, 부활의 상징으로서 『칸트 연구 별책』 제66호를 출판했다. 1953년에 마르틴은 『칸트 연구』를 소생시켜 처음에는 멘처와 함께, 나중에는 혼자서 그것을 편집했다. 마르틴은 칸트협회를 새롭게 설립하기 전에 칸트협회의 전통적인 대회를 이어 받으려고 생각하고 있었다. 이 시도는 크게 성공하여 1960년에는 각국의 협력 하에 제1회 국제칸트학회가 개최되었고 오늘날까지 점차 규모를 크게 하면서 6회의 학회가 개최되었다.

1969년에 마르틴은 사단법인 칸트협회(본)를 설립했다. 그보다 1년 전 이미 그는 『칸트 연구』의 편집자의 직을 게어하르트 푼케 교수와 요아힘 코퍼 교수에게 맡기고 있었다. 편집자 교대와 관련하여 새로운 편집자의 소신이 다음과 같이 보고되었다. "이 잡지는 초월론철학의 논문과 과학이론의 논문에 대해, 나아가 체계적인 것과 역사적인 종류의 것에 대해 문호를 개방하고 있는 것과 마찬가지로 다양한 기초연구에 대해서도 넓게 문호를 열고 있다. 그리고 칸트의 철학은 이후에도 중심에 위치하고 있을 것이다".

마르틴이 1972년에 사망한 후 푼케는 칸트협회 초대 위원장에 선출되었다. 칸트협회와 『칸트 연구』는 그 후 21년간 그의 노력에 힘입은 바 컸다. 특히 그는 『칸트 연구』의 창설자 바이힝거의 생각대로 일상적인 조직운영 외에 협회와 『칸트 연구』가 외부와 교섭을 갖도록 마음 쓰고 있었다. 칸트협회는 그를 그때까지 바이힝거만으로 한정되어 온 명예위원장에 임명하고 표창했다.

1993년에 푼케가 루돌프 마르타 교수에게 칸트협회의 위원회를 맡길 때에는 그가 그의 능력, 소질, 지식, 사회활동을 포괄적으로 칸트협회와 『칸트 연구』의 직무에 경주할 수 없게 될 것이라고는 누구도 예상할 수 없었다. 1994년에 마르타는 갑자기 사망하게 되었다. 푼케는 마르타에 관해 다음과 같이 쓰고 있다. "그는 『칸트 연구』의 공동편집자로서, 칸트협회의 위원회의 성원으로서, 제2대 위원장으로서 여러 방면에 걸쳐 지속적으로 칸트 철학의 촉진을 위해 힘을 다해왔을 뿐 아니라 협회의 그 출판물의 명성을 내외에 널리 알리는 데에도 힘을 기울여왔다. 그리고 반드시 기억해야만 할 것은 마르타가 마인츠에 칸트 포르슝겐*을 설립했다는 것이다".

마르타의 죽음에 의해 푼케는 다시 『칸트 연구』의 유일한 편집자라는 역할에 헌신하고 있다. 현재 약 300인의 회원을 가지고 있는 칸트협회의 초대 의장은 토마스 제봄 교수가 맡고 있다. ⇒바이힝거, 독일의 칸트 연구

–Th. 콘라드/사토 츠토무(佐藤 勞) 옮김

『칸트 포르슝겐』 [(독) *Kant-Forschungen*]

1982년에 마르부르크의 필립 대학 철학과에 설립된 '칸트문고(Kant-Archiv)'의 연구 업적을 소개하기 위해 1987년부터 함부르크의 펠릭스 마이너사에 의해 간행되고 있는 학술지. 같은 연구소의 R. 브란트 및 W. 슈타르크에 의해 시작된 이 총서는 1997년까지 7권을 헤아린다. 이 대학의 칸트문고에는 제2차 세계대전의 전화를 피한 칸트의 자필 유고집과 청강자에 의한 강의 노트 등 칸트 문헌학에서 귀중한 자료가 다수 보존되어 있다. 이들 중요한 미공개 자료를 엄밀한

교정·주석을 덧붙여 연구자들에게 소개하는 것이 『칸트 포르슝겐』의 주요목적 가운데 하나이다. 아직 역사가 일천한 간행물이긴 하지만, 19세기 끝 무렵부터 계속해서 간행되어 온 학술잡지 『칸트 연구』*(『칸트 슈투디엔』)와 더불어 금후 독일에서의 대표적인 칸트 연구지의 지위를 굳혀 갈 것으로 예상된다.

지금까지도 이 잡지는 『순수이성비판』* 이후의 칸트의 관념론 논박*을 둘러싼 사색의 전개를 아는 데서 불가결한 자료인 일련의 미발표 원고('레닌그라드 단편'이라고 불린다)의 소개와 이미 간행된 저작의 상세한 텍스트 비판(제2권, 제3권) 등에 의해 학계에 반향을 불러일으키고 있다. 하지만 이 잡지의 연구내용은 이와 같은 협의의 문헌학적인 것에 그치지 않고 칸트의 '판단표*'에 관한 브란트의 논문(제4권)처럼 면밀한 역사적 문헌 해석을 무기로 한 칸트 철학 해석의 시도도 보인다. 앞에서 서술한 『칸트 연구』 등과 비교하면 이 『칸트 포르슝겐』이 전반적으로 문헌고증학적인 성격이 강한 연구지라는 것도 사실이다.

이 잡지가 금후의 칸트 연구에서 주목되는 데는 또 하나의 이유가 있다. 제2차 세계대전 이후의 베를린에서의 학술원판 칸트 전집의 편찬, 간행이 동서 독일의 분단과 더불어 괴팅겐으로 옮겨지고 나아가 그곳에서 지도적 입장에 있던 G. 레만의 죽음에 이어 1987년 이후 브란트를 중심으로 한 마르부르크 그룹에 일임되게 된 사정이 그것이다. 그리하여 『칸트 포르슝겐』에게는 학술원판 칸트 전집에 수록되지 않은 칸트의 유고와 강의록을 빠짐없이 소개한다는, 말하자면 학술원판 전집의 보충이라고도 말해야만 할 역할이 맡겨지게 되었다. 나아가 브란트 등의 견해에 따르면 종래의 학술원판 전집에 의해서 제공되어 온 칸트의 텍스트는 교정 등의 측면에서 반드시 만족할 만한 것이 아니라 금후의 연구에 의해 정정되지 않으면 안 된다. 종래의 칸트 연구가 의거해 온 전집판의 텍스트 그 자체에 대한 비판이라는 그러한 역할 역시 『칸트 포르슝겐』에 수록될 연구들에게 기대된다 할 것이다. 이 관점에서 보아도 이 잡지는 지금부터의 칸트 연구에서 무시하기 어려운 의의를 지니게 될 것이라 예상된다.

1997년 여름까지 출판된 『칸트 포르슝겐』 각권의 제목과 간행년도는 다음과 같다.

제1권: '칸트의 생애, 저작, 강의를 둘러싼 새롭게 발견된 자필 원고와 자료', 1987.

제2권: 'B. 루트비히 저, 『칸트의 법론』', 1988.

제3권: '칸트의 『미와 숭고의 감정에 관한 고찰』에 대한 메모의 신판과 주석', 1991.

제4권: 'R. 브란트 저, 『판단표』', 1991.

제5권: '칸트의 자필 원고, 자료, 기록', 1994.

제6권: 'H. F. 클렘메 저, 『칸트의 학교』', 1994.

제7권: 'H. F. 클렘메 저, 『칸트의 주관철학——자기의식과 자기인식의 관계를 둘러싼 체계적·발전사적 연구』', 1996.

덧붙이자면, 이 잡지에 관한 최신 정보에 관해서는 인터넷에서 마르부르크 대학의 '칸트문고'의 홈 페이지에서 열람할 수 있다. ⇒『칸트 연구』{『칸트 슈투디엔』}

—W. 슈타르크·사토 슌지(佐藤俊二)

ブラント(菅澤龍文 譯)「新發見のカントのレフレクシオーン」『法政大學哲學年誌』19, 1987. 石川文康「カント解釋における遡源志向」牧野·中島·大橋 編『カント——現代思想としての批判哲學』情況出版, 1994.

커다란 빛 ⇒1769년의 커다란 빛

케스트너 [Abraham Gotthelf Kästner 1719. 9. 27–1800. 6. 20]

수학자·물리학자이자 풍자작가. 괴팅겐 대학 교수. 19세기 최대의 수학자 가운데 한 사람인 가우스의 스승이다. 『대수학의 제1원리』(¹1758)를 저술하고, 마이너스 개념을 대수학에서 확립한 것으로 알려져 있다. 칸트와 관련하여 말하자면, 칸트의 『부정량의 개념』* 이 케스트너의 이 책의 영향으로 집필되었다는 것이 특기할 만하다. 이것은 칸트가 단순한 논리적 대립 외에 실재적 대립이 있다는 것을 철학적으로 근거짓는 계기가 되었다. 이 구별은 그대로 분석적 대립·종합적 대립으로 치환되기 때문에 칸트 철학의 핵심어 가운데 하나인 '종합적'의 유래를 발견하는 데서 결정적이다. 다만 케스트너 자신은 1765년에 칸트의 이 저술에 대해 『괴팅겐학보』에 서평을 게재하여 "논리학에 어떠한 공헌도 수행하지 못한다"고 평가하고 있다. 『대수학의 제1원리』는 판을 거듭하여 19세기에 이르기까지 수학에서의 기초적 문헌으로서 폭넓게 영향을 미쳤다. ⇒『부정량의 개념을 세계지에 도입하려는 시도』{『부정량의 개념』}

―이시카와 후미야스(石川文康)

㊐ Anfangsgründe der Arithmetik Geometrie ebenen und sphärischen Trigonometrie, und Perspective, 1758. Rezension von Kants "Versuch, den Begriff der negativen Größen in die Weltweißheit einzuführen", in: Göttingischen Anzeigen von gelehrten Sachen, 90. Stück, den 29. Juli 1765; Wiederabgedrückt in: Albert Landau (Hrsg.), Rezensionen zu Kantischen Philosophie 1781–87, 1991.

㊐ 石川文康 『カント 第三の思考』 名古屋大學出版會, 1996.

코페르니쿠스적 전회 ―的轉回 [(독) kopernikanische Wende]

일반적으로 사물에 대한 견해와 가치관이 180도 전환되는 것을 의미한다. 칸트의 경우 『순수이성비판』*에서의 초월론적 관념론의 입장을 특징짓는 술어이다. 초월론적 관념론이란 공간*과 시간*이 우리 인식 주관의 형식, 특히 감성*의 형식이며 사물 그 자체의 성질이 아니라고 하는 학설을 말한다. 칸트는 이 학설을 이미 『취직논문』(1770)에서 수립하고 『순수이성비판』에서는 그에 대한 직접증명을 '초월론적 감성론'에서 행하고 있다. 이 입장을 그 자신은 "코페르니쿠스의 제1의 사상과 동일" 또는 "사유방식의 전변", "완전한 혁명"이라고 부른다. 사물에 대한 일상적인 견해는 대상*이 우선이고 인식*이 그것을 따른다는 암묵적인 태도 위에 성립하지만, 초월론적 관념론은 그것을 역전시켜 "대상이 우리의 인식을 따라야만 한다"고 주장한다. 『순수이성비판』의 제1판은 일반적으로 칸트가 기대했던 식으로는 이해되지 않았을 뿐 아니라 커다란

오해를 산출했다. 페더*/가르베*에 의한 「괴팅겐 비평」은 초월론적 관념론을 외계의 존재*를 단순한 가상으로 간주하는 버클리* 류의 경험적 관념론과 동일시하고 있었다. 그러나 칸트의 초월론적 관념론이 의미하는바, 즉 공간과 시간을 주관(감성)의 성질이라고 하는 주장이 의미하는 바는 그것들이 우리의 인식 대상이 아닌 사물 자체*에 관해서는 단지 관념성을 지니는 데 지나지 않는다(초월론적 관념성)는 것에 있었던 것이지―그것들이 우리의 인식 대상인 현상에 관해서는 실재성*을 지닌다(경험적 실재성)고 하는 데서도 알 수 있듯이―결코 외계의 존재를 환상과 가상*으로 폄하하는 것은 아니다. 그리하여 이러한 초월론적 관념론의 참된 의의를 독자에게 이해시키기 위해 칸트는 제2판의 서문 속에서 그 입장을 코페르니쿠스의 사고방법, 즉 그의 전회와 평행적으로 설명했다. 그 평행성을 두 가지 점으로 정리하면 다음과 같다. (1) 주관과 객관*이 전도되어 있다는 것. (2) 가상을 꿰뚫어 본다는 것. 그 결과 선험적* 인식이 가능해진다는 것이다. (1)은 당연한 것이지만, (2)에 관해 이야기하자면 이것은 이성 비판의 본래의 일과 관계하여 칸트의 코페르니쿠스적 전회의 본질적 의도를 아는 데서 중요하다. 왜냐하면 코페르니쿠스 자신에 의한 전회는 천체운동의 가상(겉보기 운동)을 꿰뚫어보고 그의 참된 운동을 기술하기 위해 감행되었던 것이지만, 마찬가지로 이성 비판은 원래 가상에 빠지는 이성에 대한 비판으로서, 즉 이성 고유의 초월론적 가상을 꿰뚫어보고 사물의 참된 모습을 밝히기 위해 착수되었기 때문이다. 그 가상은 이성이 제시하는 네 개 조의 이율배반*이라는 모습으로 드러난다. 이율배반이란 이성이 동일한 주제에 관해 상반되는 두 개의 주장을 동시에 증명하는, 말하자면 이성의 자기모순을 말한다. 상반되는 명제는 각각 테제와 안티테제라고 불린다. 예를 들면 첫 번째 이율배반의 경우 테제는 "세계는 공간·시간적으로 유한하다"고 말하며, 안티테제는 "세계는 공간·시간적으로 무한하다"고 말한다. 이것은 이성이 자기동일성을 상실한다는 것을 의미하지만, 그것은 분명히 불합리하다. 따라서 이율배반은 모순*처럼 보여도 사실은 참된 모순이 아니라 가상모순을 이루고 있는 것일 수밖에

없다. 첫 번째 이율배반에 관해 말하자면, 공간과 시간이 세계 그 자체가 지니는 양*이라고 하는 암묵적인 일상적 상정이 올바르다면, 테제와 안티테제의 어느 쪽인가가 참이고 또 한쪽이 거짓이라는 모순 관계는 피할 수 없다. 그러나 초월론적 관념론의 주장을 이어받아 공간과 시간이 세계 그 자체(객관 = 사물 자체)의 형식이 아니라 거꾸로 주관의 형식이라고 상정하게 되면, 세계는 그 자체로서 공간·시간적으로 유한한 크기를 갖거나 무한한 크기를 갖는 것이 아니기 때문에 테제와 안티테제의 주장은 모두 거짓이 되고 모순은 해소된다.

칸트는 코페르니쿠스의 사고방법이 지닌 탁월한 점을 그로부터 일거에 모든 것이 설명될 수 있다고 하는 것에서 발견한다. 그것은 천동설의 계승자 티코 브라헤가 근본가설로 설명할 수 없는 현상들에 부딪칠 때마다 많은 보조가설을 세울 수밖에 없었던 것과 대비하여 말해지고 있다. 그리고 이것은 공간과 시간의 주관성을 주장하는 칸트의 코페르니쿠스적 전회에도 꼭 들어맞는다. 즉 그에 의해 (1) 초월론적 가상이 통찰되고, 이율배반이 해결되는 것이다. 이것을 칸트는 "재음미하는 실험"의 성과라고 부르고 있다. (2) 동시에 선험적 인식의 가능성도 보증된다. 왜냐하면 우리가 대상에서 선험적으로 인식할 수 있는 것은 원래 우리 자신이 대상 속에 투입한 것, 즉 주관의 성질 이외에는 있을 수 없기 때문이다. (1)은『순수이성비판』의 '초월론적 변증론*'에서 이루어지며, (2)의 성과가 '초월론적 분석론'이다. 그리고 공간과 시간의 주관성이 '초월론적 감성론'에서 내세워진다는 것을 고려하면, 코페르니쿠스적 전회의 사상은『순수이성비판』의 전 영역에 미치는 것이라 할 것이다. ⇒관념론, 이율배반, 가상

—이시카와 후미야스(石川文康)

S. Morris Engel, Kant's Copernican Analogy, in: *Kant-Studien* 54, 1963. F. Kaulbach, Die Copernicanische Denkfigur bei Kant, in: *Kant-Studien* 64, 1973; *Philosophie als Wissenschaft. Eine Anleitung zum Studium von Kants Kritik der reinen Vernunft*, Hildesheim, 1981(井上昌計 譯『純粹理性批判案內』成文堂, 1984). Fumiyasu Ishikawa, Zur Entstehung von Kants Kopernik-anischer Wende: Kant und Lambert, in: Gerhard Funke (Hrsg.), *Akten des Siebenten Internationalen Kant-Kongresses*, 1992. 石川文康『カント 第三の思考』名古屋大學出版會, 1996.

코헨 [Hermann Cohen 1842. 7. 4–1918. 4. 4]

신칸트학파* 마르부르크학파의 창시자. 1873년에 마르부르크 대학에서 교수자격을 취득하고 76년에 동 대학의 철학강좌 정교수에 취임한 후 1912년에 정년을 맞이하기까지 일관되게 그 자리에 있었다. 이 사이에 나토르프*, 카시러*, 니콜라이 하르트만* 등이 그의 지도를 받았다. 퇴임 후에는 베를린으로 거처를 옮겨 유대신학교에서 교편을 잡는 한편 저술활동에 종사했다.

코헨은 칸트의 3비판에 관한 그 나름의 해석을 제시한『칸트의 경험이론』(1871),『칸트에 의한 윤리학의 정초』(1877),『칸트에 의한 미학의 정초』(1889)를 토대로 하여『순수 인식의 논리학』(1902),『순수 의지의 윤리학』(1904),『순수 감정의 미학』(1912)이라는 철학 체계 3부작을 공간한다. 이러한 저작들에서도 분명하듯이 코헨의 철학이 지향하고 있던 것은 칸트 철학의 체계적인 정비와 순화였다. 거기서는 특히 초월론적*인 방법의 의의가 강조되며, 가설(Hypothesis)을 사용하여 전개되는 수학* 안에서 과학의, 더 나아가서는 인식 일반·사유 일반의 방법적 범례가 간취되고 있다. 사물 자체*가 단호히 부정될 뿐만 아니라 직관*과 사유*(내지 개념*)의 칸트적인 구별도 포기되며, 시간*과 공간*도 오로지 사유와의 관계에서만 파악된다. 코헨의 입장에서 보면 바로 사유가 대상*, 즉 존재*를 스스로 산출한다는 것에서 일체의 경험*의 본질이 추구되어야만 한다. 그러므로 철학의 과제는 과학과 인륜과 예술로서 객체화되는 것의 가능성의 조건을 의지*와 감정*도 포함하는 넓은 의미의 사유 안에서 구하고, 그것들을 사유의 법칙으로서 방법적으로 근거짓는 것에 놓여 있게 된다. 그러나 사유의 근원성을 주장하는 이러한 논의 속에서는 현실의 사유가 의거하는 기반 그 자체에 대한 물음이 처음부터 배제될 수밖에 없으며, 사유의 역동적인 전개에 대해 언급될 수 있다

하더라도 "사유의 성과가 새로운 사유를 요구한다"와 같은 대단히 추상적인 해석 이상의 논의가 전개될 수는 없다. 코헨의 논의가 오늘날 거의 고려되지 않는 이유의 하나는 그것의 번쇄한 체계성에 있다기보다도 사유 그 자체를 비판적으로 돌이켜 생각하고자 하는 자세가 거기서는 거의 인정되지 않는다고 하는 점에 있을 것이다. ⇒사유, 신칸트학파, 나토르프

─구츠나 게이조(忽那敬三)

㊟ *Werke*, 1978-.

⊞ H. Holzhey, *Cohen und Natorp*, Basel/Stuttgart, 1986. H.-L. Ollig (Hrsg.), *Materialien zur Neukantianismus-Diskussion*, Darmstadt, 1987. E. W. Orth/H. Holzhey (Hrsg.), *Neukantianismus*, Würzburg, 1994.

콜리지 [Samuel Taylor Coleridge 1772. 10. 21-1834. 6. 25]

콜리지는 젊은 시절 낭만파의 대표적인 시인이며, 시작詩作에서 멀어진 후의 저작활동에 의해서는 영국 문학사상 최대의 비평가 가운데 한 사람으로도 평가되지만, 잊어서는 안 되는 것은 그가 칸트 이후의 독일 관념론 철학의 동시대적인 독자이자 소개자이기도 했다는 사실이다. 1798년부터 이듬해에 걸쳐 괴팅겐에서 공부하며 독일 철학을 접한 그는 자기의 이성적 계몽주의로부터의 탈피와 낭만주의로의 이행에서 지성*과 이성*의 엄격한 구별이라는 칸트의 『판단력비판』*으로부터의 영향을 인정하고 있으며, 피히테*에게는 혐오를 숨기지 않았지만, 셸링*의 자연철학에 대해서는 깊이 공감했다. 그는 구상한 체계적인 철학서를 결국 완성하지 못했지만, 독일의 철학서들에 대한 메모와 평론, 강연 등에 아로새겨진 통찰과 주해가 최근에 높이 평가되고 있으며, 비교사상의 관점에서도 주목받고 있다. 낭만파에서의 문학과 철학의 접근이라는 점에서는 드 퀸시도 주목되며, 그에게는 『임마누엘 칸트의 최후의 나날』이라는 작품이 있다.

─후쿠타니 시게루(福谷 茂)

콩스탕 [Benjamin Henri Constant de Rebecque 1767. 10. 25-1830. 12. 8]

스위스에서 태어나 그 후 각지를 전전하지만, 1795년에 스탈 부인과 함께 파리로 나오고부터는 영국적인 입헌왕정을 주장하는 자유주의파로서 정치활동을 수행한다. 그리고 그가 1797년에 쓴 「정치적 반동에 관하여」라는 논문의 독일어역을 칸트가 읽고서 반론으로서 쓴 것이 『거짓말 논문』*이었다. 1802년부터 프랑스를 떠나지만, 1814년 이후에는 다시 파리에서 정치가로서 활약. 자신의 여성관계를 짙게 투영한 소설 『아돌프』(1806년 집필, 1816년 출판)에 의해 작가로서도 유명. ⇒『인간애로부터 거짓을 말할 수 있다는 잘못 생각된 권리에 대하여』{『거짓말 논문』}

─다니다 신이치(谷田信一)

㊟ 『アドルフ』(1816), 岩波文庫; 新潮文庫; 白水社. *Werke*, 4 Bde., 1970-71. *Oeuvres Complètes*, 1993-.

⊞ G. Dodge, *Benjamin Constant's Philosophy of Liberalism: A Study in Politics & Religion*, Univ. of North Carolina Press, 1980. Jules Vuillemin, On Lying: Kant and Benjamin Constant, in: *Kant-Studien* 73, 1982. D. Wood, *Benjamin Constant. A Biography*. Routledge, 1993.

콰인 [Willard Van Orman Quine 1908. 6. 25-]

미국의 철학자·논리학자. 20세기 후반의 영어권 철학에서 가장 커다란 영향력을 지닌 철학자이다. 하버드 대학에서 학위를 취득한 후 1년간의 유럽 체제 중에 카르납*을 비롯한 논리실증주의자와 친교를 맺었다. 1951년에 발표되어 후에 논문집 『논리적 관점에서』(1953)에 수록된 「경험주의의 두 가지 도그마」는 칸트 이래의 '분석적'-'종합적'의 구별에 이의를 제기하는 것과 더불어 논리실증주의*의 검증주의적 의미론을 날카롭게 비판함으로써 그 후의 분석철학의 흐름을 크게 변화시켰다. 주저로 여겨지는 『단어와 대상』(1960)에서는 '번역의 불확정성' 테제를 주창했지만, 이것은 자신의 언어에서조차 의미를 확정할 수 없다는 귀결을 지닌다. 그 결과는 각 사람의 신념과 의도에 대해 언급하는 어법을 '사실'에 관계하는 것이 아닌 '제2급'의 것으로 하는 것이다. 또한 인식론*은 자연화

433

되어야만 한다는 그의 견해에 따르면 인식론의 임무는 신념의 정당화에 있는 것이 아니라 자연적 과정의 하나로 간주된 인식활동의 구조를 심리학을 비롯한 과학들의 지식을 사용하여 명확히 하는 데 있다.

―이이다 다카이(飯田 隆)

쾌快 [(독) Lust]

쾌 또는 불쾌의 감정(das Gefühl der Lust oder Unlust)은 외적인 대상*에 의해 발생되었으면서도 그 대상의 객관적인 성질에 관한 것은 아니어서 어떠한 인식*의 요소로도 될 수 없는 주체의 심적 상태의 변양을 나타낸다. 대상의 감각에서의 감관적인 쾌 = 만족*(Vergnügen)은 주체에서 현재의 표상상태를 보존하게끔 하고, 감관적인 불쾌 = 고통(Schmerz)은 현재의 표상상태를 멀리하게끔 한다. 『인간학*』에 따르면 쾌와 불쾌는 "획득과 결여(+ 와 0)가 아니라 획득과 손실 (+ 와 -)처럼", 요컨대 "단지 반대의 것(논리적 대립)으로서만이 아니라 모순하는 것(실재적 대립)으로서도" 대립하고 있다. 주체의 생명감정과의 관계에서 쾌는 "생명의 촉진의 감정"인 데 반해, 불쾌는 "생명의 저지의 감정"이다. 칸트는 여기서 생명*이란 쾌와 불쾌라는 "양자의 대립의 지속적인 운동"이며, 모든 만족에는 고통이 선행하기 때문에 고통에서 비로소 자기의 생명이 느껴진다고 하고 있다.

그러나 도덕론 및 미학 이론에서 그는 반드시 고통이 선행하는 것은 아닌 쾌의 감정에 대해 고찰하게 된다. 『실천이성비판*』에서 쾌와 불쾌의 감정은 우선 "대상이나 행위와, 생명의 주관적인 조건과의 일치, 즉 욕구능력*과의 일치의 표상"으로 간주되어 욕구능력과의 관계가 강조되지만, 그 자체는 도덕의 원천일 수 없다. 무엇인가 행위의 원인인 감각적인 쾌와 불쾌는 단지 "감수적(pathologisch)"인 것에 불과하며, 쾌가 도덕적인 것이기 위해서는 그것이 행위의 법칙에 대한 준수의 결과이지 않으면 안 된다. 요컨대 전자는 그저 경험적인 원리에 의거하고 있을 뿐인 데 반해, 후자의 근저에는 이성* 안에 의지*를 규정하는 선험적인 원리가 놓여 있으며, 이 도덕적인 감정은 "존경*(Achtung)"이라고 불린다.

쾌와 불쾌의 감정은 『판단력비판*』에서 적극적인 역할을 수행한다. 여기서 주제로 되는 것은 욕구능력과 결합한 "실천적인 쾌"가 아니라 대상의 아름다운 형식에 의해 발생되는 "관상적인 쾌 또는 비非행위적인 쾌"이다. 미학적 판단*에서 주체*는 대상의 현실존재에 대한 욕구와 관심으로부터 벗어날 뿐만 아니라 대상이 무엇인가의 개념에 규정되지 않은 채 다만 그 표상의 형식적 상태(합목적성*)에 의해 "촉발*되는 대로 자기 자신을 느낀다". 즉 "아름다운 것(das Schöne)"에 대한 쾌의 감정은 "쾌적한 것(das Angenehme)"에서의 단순한 감각적 향유의 쾌나 "선한 것(das Gute)"의 개념에서 기인하는 지성적인 쾌와는 다를 뿐만 아니라, 인식 일반의 조건인 상상력*과 지성*의 "자유로운 유희(das freie Spiel)"라는 주체의 마음 상태의 의식화에 다름 아닌 것으로서 그것이 "생명의 촉진의 감정"으로서 느껴지는 것이다. 미학적 판단력은 쾌와 불쾌의 감정의 선험적 구성원리(합목적성의 원리)를 포함하며, 이에 따라 미적 판단의 보편타당성이 요구되게 된다. ⇒ 만족, 생명, 존경, 미, 미학

―나가노 준코(長野順子)

📖 J. Kuhlenkampff, *Kants Logik des ästhetischen Urteils*, V. Klostermann, 1978. P. Guyer, *Kant and the Experience of Freedom. Essays on Aesthetics and Morality*, Cambridge U. P., 1933.

쾌락주의快樂主義 ⇨ 행복주의

쾌적快適 ⇨ 쾌, 만족

쾨니히스베르크 사교계-社交界

칸트는 한 평생 쾨니히스베르크를 거의 떠난 적이 없다. 이 사실은 칸트의 인생과 사상적 활동에 쾨니히스베르크 사람들과 풍토가 반영되어 있다고 예상하게 만든다. 칸트의 교우관계를 살펴보면 그에 대한 시사

점을 얻을 수 있을 것이다.

칸트는 세련된 사교가이기도 했다. "칸트를 단지 그 저작과 강의에서밖에 알지 못하는 사람은 칸트를 절반밖에 알지 못한다'고 말하는 야흐만의 말은 비판철학자 칸트가 지닌 사교성의 풍부함을 잘 드러낸다. 그의 사교의 장은 63세에 프린세진가 3번지에 거주하기까지는 점심식사를 위해 나갔던 여관과 초대 받은 사저였다. 그 후에는 자택에서의 회식이 중심이 되었다. 『인간학』에서 "혼자 식사하는 것은 철학하는 학자에게 있어 건강하지 못하다'고 쓰고 있는 것처럼 그는 체스터필드의 "연회 친구는 우미의 여신 글라디아(3인)보다 적어도, 예술의 여신 무사이(9인)보다 많아도 안 된다'는 규칙을 따르고 있었다. 다만 칸트의 집에는 6인분의 설비밖에 없었기 때문에 그가 동시에 초대할 수 있었던 것은 최대 5인이었다.

칸트의 이러한 생활을 뒷받침해준 것은 프로이센 군대를 제대한 후 약 40년에 걸쳐 하인으로서 봉사한 람페였다. 칸트는 람페를 대단히 신뢰했지만, 두 사람의 만년에 주인의 호의를 남용하게 되었기 때문에 1802년 그를 해고하고 바지안스키 목사의 소개로 카우프만을 고용했다.

【Ⅰ】 칸트와 카이절링 백작가

청년 칸트가 사교술을 익힌 것은 가정교사로서 그가 관계한 세 번째 집이자 틸지트 근방에 영지를 소유하고 있던 카이절링 백작 가이다. 1744년 게프하르트 요한 폰 카이절링 백작은 트루프제스-발트부르크 백작의 딸인 샤를로테 카롤리네 아말리에와 결혼했다. 칸트의 가장 오랜 초상화를 그린 것은 그녀이다. 칸트는 1754년에 쾨니히스베르크로 돌아오지만, 카이절링 백작도 1755년에 그곳의 로스가르텐 구의 저택을 구입한다. 백작이 1761년에 요절하자 백작 부인은 고인의 조카인 크리스티안 하인리히 폰 카이절링 제국백과 재혼한다. 제국백은 로스가르텐 구의 저택을 쾨니히스베르크 제일의 귀족저택으로 개축했다. 제국백이 공적 생활에서 은퇴한 1772년 이후 카이절링 가가 이 저택에 거주하게 되어 이곳이 쾨니히스베르크 사교계의 하나의 중심이 되었다. 칸트는 이 가문의 언제나 중요한 손님이었다. 이것은 카이절링 백작 부인이 고트세트*의 『전체

철학의 제1근거』를 불어로 번역한다든지 1786년에 프로이센 학술원 회원으로 천거되는 등의 교양 있는 인물이었다는 점과 관계가 있을 것이다. 칸트는 1791년에 사망한 그녀에 대한 회상을 『인간학』의 하나의 주해에서 시사함으로써 영원한 것으로 만들고 있다.

【Ⅱ】 칸트와 상인·서적상

칸트가 즐겨 교제한 것은 당시 쾨니히스베르크의 신흥 상인들이이다. 그들이 서방지역의 선진적 정신을 전해주었던 것도 그 하나의 이유일 것이다. 그 가운데서도 칸트의 친구라고 불려야만 하는 것은 잉글랜드 출신의 위탁판매상 그린이다. 자신과 동년배로서 똑같이 독신인 그린 가를 칸트는 거의 매일 오후 방문했다. 칸트 자신은 『순수이성비판』*에 미리 그린에게 비평을 받지 않은 문장은 하나도 없다고 말했다고 전해진다. 그린 가에서 칸트가 자주 만난 것이 루프만과 머더비이다. 필라우 출신의 은행가 루프만은 칸트에게 루소*의 초상화를 선물한 사람이기도 하며, 그들의 교제는 30년에 걸쳤다. 칸트는 그린 사후에 생활양식을 완전히 변화시켜 밤 모임에 출석하기를 그만두었으며, 루프만 사후에는 점점 사교계로부터 몸을 빼게 되었다. 스코틀랜드 출신의 머더비는 그린의 조카로 공동경영자, 상속인이다. 칸트는 머더비 가를 일요일마다 방문했다. 또한 머더비는 칸트의 재산 관리인이기도 했다. 칸트와 교류가 있던 상인으로서는 푸할츠 출신의 은행가 야코비도 있다. 그의 저택도 쾨니히스베르크 사교계의 하나의 중심이었다.

칸트와 관계가 있던 서적상으로서는 1750년의 할퉁 서점, 60년대의 칸터 서점, 80년대의 하르트크노호 서점, 90년대의 니콜로비우스 서점이 대표적이다. 칸터 서점은 당시의 쾨니히스베르크에서 지적 호기심이 있는 사람들이 모이는 장소로서 칸트는 거기서 가장 높은 자리에 있었다. 칸터는 칸트도 기고한 적이 있는 『쾨니히스베르크 학술·정치신문』을 발행했다. 칸터 서점의 점원이었던 하르트크노호는 우선 미타우에서 그리고 그 후에는 리가에 자신의 서점을 열고 『순수이성비판』, 『실천이성비판』*을 출판했다. 니콜로비우스는 그 아버지가 칸트의 오랜 친구로서 그가 쾨니히스베르크에서 개업하자 칸트는 얼마 안 되는 원고료로

많은 저작을 출판하도록 했다.

【Ⅲ】 칸트와 정치가

추밀원 고문관, 쾨니히스베르크 시장을 역임한 힙펠은 칸트의 식탁 동아리에서 가장 유명한 인물 가운데 한 사람이다. 그는 칸트 강의를 청강한 적도 있다. 그는 또한 풍자작가, 극작가이기도 했다. 그의 저작 『여성을 좋은 시민으로 만들기 위하여』는 독일 여성해방운동의 선구를 이루는 것이었다. 칸트는 그를 "중심인물", "기획 입안의 두뇌"라고 불렀지만, 그의 신비주의적 경향에 대해서는 비판적이었다. 그 외에 칸트와 직접 교류가 있던 정치가로서는 곧 이어 메테르니히의 오른팔로서 이름을 떨친 겐츠*가 있다. 그는 칸트의 제자로서 『판단력비판』*의 교정에도 참가했다.

체틀리츠와 베르너는 쾨니히스베르크에 살았던 것은 아니지만 칸트의 인생의 정점과 위기에 관여한 정치가이다. 체틀리츠는 프리드리히 대왕* 아래에서 사법대신과 종무 겸 문부대신을 맡아 자유주의적 정책을 펼쳤다. 그는 또한 김나지움을 설립하고 아비투어를 도입했다. 그는 칸트에게 경도되어 70년대에는 자연지리학* 강의록을 입수하여 읽는다든지 칸트를 좋은 조건으로 할레 대학으로 초빙하고자 했다. 칸트는 그에게 『순수이성비판』을 헌정한다. 베르너는 프리드리히 대왕에게는 경시되었지만, 다음 프리드리히 빌헬름 2세의 총애를 받는 신하로서 체틀리츠를 대신하여 사법대신 겸 종무국장관에 취임하고 그 직후 반동적인 종교칙령을 내놓았다. 칸트에게 종교*에 관해 침묵을 강요하는 정부훈령도 그의 서명과 함께 발표되었다. 이 훈령과 그에 대한 칸트의 태도표명은 『학부들의 투쟁』* 서문에서 볼 수 있다. 베르너는 다음 왕의 즉위 후 면직되었다.

【Ⅳ】 칸트와 먼 곳의 지인들

스위스 취리히의 목사 라바터도 쾨니히스베르크에서 멀리 떨어져서 칸트와 교류가 있었다. 그는 문필가이자 인상학자로서 독일을 편력하고 저명인사들과 친교를 맺었으며 '남방의 마술사'라고 불렸다. 그는 또한 침묵기에 있던 칸트에게 편지를 써서 발언을 재촉했다. 칸트는 답신에서 자신의 도덕적 신앙에 대해 언급하고 있다.

또한 할레 대학의 철학·국민경제학 교수 야콥은 칸트 철학을 강의하고 『철학연감』 등의 편집에 제휴하는 한편, 90년대에는 흄*의 『인간본성론』을 번역했다. 그는 또한 베르너의 반동기에 그 창끝이 칸트 철학으로 향하고 있다는 것을 전하는 편지를 칸트에게 보낸다.

【Ⅴ】 칸트의 동료

쾨니히스베르크 대학교수로서 칸트와 관계가 있던 사람으로서는 우선 그와 논리학·형이상학* 강좌를 경쟁하여 그것을 얻어낸 부크가 있다. 그가 수학 강좌로 바뀌었을 때 칸트는 교수직을 얻어 동료가 되었다. 이 대학 교수진에 칸트의 제자에 해당하는 사람들로서는 슐츠, 크라우스*, 겐지헨, 링크가 있다. 목사를 거쳐 수학교수가 된 슐츠는 칸트에게 철학적 능력을 높이 평가 받고 『칸트 교수의 순수이성비판 해명』을 저술하였으며 칸트 철학의 보급에 공헌했다. 실천철학·행정학 교수 크라우스는 칸트와 가장 밀접한 친교를 나눈 사람이다. 그는 아담 스미스*의 『국부론』을 번역, 도입하였으며 프로이센 개혁의 기초를 놓았다. 곧이어 그는 하만*의 신비적 경향에 가까워졌다. 수학자 겐지헨은 칸트의 의뢰를 받아 『천계의 일반자연사와 이론』*의 발췌를 작성하여 그것과 허셸의 『우주의 구조』의 번역을 합쳐 출판했다. 그는 칸트 사후에 그의 장서의 모든 유품을 받았다. 동양어학 교수였던 링크는 그 후 단치히의 목사가 되어 칸트의 강의 초고를 정리하여 『자연지리학』, 『교육학』을 출판했다.

그밖에 칸트와 교류가 있던 교수로서는 로이쉬*, 하겐, 하세가 있다. 물리학 교수인 로이쉬는 칸트와 전기에 관한 공동연구를 하고 쾨니히스베르크 최초의 피뢰침을 설치했다. 또한 그는 칸트의 유언집행인이다. 의학교수 하겐은 『실험화학 강요』를 쓴 화학자로서 화학적 제약학의 창시자이다. 그는 라부아지에의 물의 분해, 합성 이론에 반대한 칸트에게 그것을 인정하도록 했다고 한다. 동양어학 교수이자 신학교수이고 신학종무 고문관이었던 하세는 『칸트의 식탁 동료의 한 사람이 전하는 그의 최후의 말』을 쓴 사람이지만, 베르너의 반동기에 필화사건을 일으켜 근신하게 된다.

【Ⅵ】 칸트의 전기작가

칸트의 전기작가인 보로우스키, 바지안스키, 야흐

만은 모두 성직자이다. 보로우스키는 칸트의 최초의 청강생이자 칸트가 교수취임 자격 취득을 위한 공개토론 때에 반대토론을 맡은 사람이기도 하다. 그가 쓴 『칸트의 생애와 성격』의 전반부는 칸트 자신의 교열을 거쳤다. 그는 만년에 프로테스탄트 역사상 유일한 대감독에 취임하였으며 또한 귀족이 되었다. 바지안스키 목사는 칸트의 청강생은 아니지만 조수로 일한 적도 있으며, 칸트 만년의 비서 역할을 했다. 『만년의 칸트』를 쓴 그는 칸트의 최후의 말을 들은 사람이다. 야흐만 형제는 모두 칸트의 청강생이며, 조수를 맡았다. 형 요한 벤야민은 칸터의 사위가 되었으며, 쾨니히스베르크에서 개업의로 일했다. 동생 라인홀트 베르나르드는 마리엔부르크의 초등학교 교장 겸 설교사가 되었는데, 칸트 자신이 쓴 서문을 실은 『칸트 종교철학의 음미』를 쓴 것 외에 칸트 자신의 바람에 따라 『칸트 — 한 친구에게 보내는 편지』를 썼다. ⇒루소, 겐츠, 프리드리히 대왕, 『학부들의 투쟁』

—미코시바 요시유키(御子柴善之)

❀ F. Groß (Herg.), *Immanuel Kant, Sein Leben in Darstellungen von Zeitgenossen*, Die Biographien von L. E. Borowski/R. B. Jachmann/E. A. Ch. Wasianski, Deutsch Bibliothek, 1912(芝烝 譯 『カント その人と生涯』 創元社, 1967). N. Weis, *Königsberg Immanuel Kant und seine Stadt*, Westermann, 1993(藤川芳朗 譯 『カントへの旅—その哲學とケーニヒスベルクの現在』 同學社, 1997). F. Gause/J. Lebuhn, *Kant und Königsberg bis heute*, Rautenberg, 1989(이 책 구판의 일본어 역: 竹內昭 譯 『カントとケーニヒスベルク』 梓出版社, 1984). H. Ischreyt (Hrsg.), *Königsberg und Riga*, Niemeyer, 1995.

크누첸 [Martin Knutzen 1713. 12. 14–51. 1. 29]

쾨니히스베르크 대학의 논리학·형이상학의 원외교수. 경건주의* 신앙을 지녔으며, 철학에서는 볼프학파에 속했다. 크누첸은 라이프니츠*의 예정조화설이 물체들 사이의 상호영향을 인정하지 않는 것에 대해 반대하고, 물리적 영향의 존재를 주장하는 입장에 섰다. 그는 이 생각을 심신문제에 대해 전개하고 성과를 거뒀다. 그는 물질 운동의 기계론의 생각으로 기울어

뉴턴*의 사상에 접근했다. 그의 이름이 오늘날에도 알려져 있는 것은 그가 칸트가 학생 시절에 가장 존경한 스승이었기 때문이다. 칸트는 크누첸의 강의를 열심히 듣고 그로부터 새로운 자연과학*에 이르는 길 안내를 받았다. 크누첸이 학생 칸트에게 빌려준 뉴턴의 책이 칸트의 뉴턴에게 경도되는 발단을 이뤘다. 크누첸의 이름은 칸트의 저작 속에서 한 번도 거론되지 않지만, 처녀작인 『활력측정고』*에서 그의 간접적인 영향이 보인다. 초기 칸트의 사상형성에서 뉴턴의 영향의 크기를 생각하면, 그 길을 연 크누첸의 칸트에 대한 중요성은 쉽게 이해된다. ⇒뉴턴

—하마다 요시후미(浜田義文)

❀ *Philosophischer Beweis von der Wahrheit der christlichen Religion*, 1740.

❀ Benno Erdmann, *Martin Knutzen und seine Zeit*, Leipzig, 1876(Nachdruck Hildesheim, 1973). 浜田義文 『若きカントの思想形成』 勁草書房, 1967.

크라우스 [Christian Jakob Kraus 1753. 7. 27–1807. 8. 25]

독일의 철학자, 경제학자. 칸트의 가장 우수한 제자들 가운데 한 사람이며, 칸트와는 필생의 교우관계를 맺는다. 1781년 이래 쾨니히스베르크 대학의 교수로서 윤리학과 국가학을 가르친다. 사후 유고집이 출판되기까지 눈에 띄는 저작활동은 행하지 않았지만, 관방학과 경제학에 조예가 깊고 독일에서의 아담 스미스* 소개자이다. 영국의 선진적인 정치경제 제도에 공감하고 슈타인 등에 의한 이후의 프로이센 개혁에 영향을 미쳤다.

—사토 슌지(佐藤俊二)

크루지우스 [Christian August Crusius 1715. 1. 10–75. 9. 3]

1740년대부터 50년대에 걸쳐 라이프치히를 중심으로 커다란 영향력을 미친 경건주의 철학자. 볼프 철학에 대한 가장 날카로운 체계적 비판자. 그의 볼프 비판은 자유의지론의 입장에서 하는 볼프 자유론 비판과, 볼프*가 유일한 철학원리로서 모순율*을 정립한 것에

대립하여 이것과는 논리적으로 독립된 두 개의 원리(불가분리율, 불가결합률)를 모순율에 덧붙여 제시한 점으로 집약된다. 이들 비판은 충족이유율*의 제약과 그 이론적 지위에 대한 반성에 관계된다. 특히 불가분리율로부터 충족이유율을 도출하고 있는 점은 주목되어야 한다. 칸트에 대한 크루지우스의 영향은 『새로운 해명』*에서 가장 현저하지만, 곧 뒤로 물러선다. 초기 칸트는 크루지우스의 자유론에 반대하며, 또한 불가분리율에 대해서 정확한 이해를 보이고 있지 않다. 그러나 이미 칸트 만년의 동시대인인 C. Chr. 슈미트와 J. S. 베크는 불가분리율에서 선험적 종합판단*의 선례 형태를 보고 있으며, 현대의 연구자에게서도 유사한 해석이 보인다. ⇒경건주의, 볼프, 전성설

—야마모토 미치오(山本道雄)

📖 *Die philosophischen Hauptwerke*, 4 Bde., 1964–.

📘 Anton Marquardt, *Kant und Crusius*, Kiel, 1885. C. Festner, *Christian August Crusius als Metaphysiker*, Halle, 1892. H. Heimsoeth, *Metaphysik und Kritik bei Chr. A. Crusius*, Bonn, 1956. S. Carboncini, *Die transzendentale Wahrheit und Traum*, frommann–holzboog, 1991. 山本道雄「Chr. クルージウスの哲學 —— 付録: 飜譯資料 <決定根據律の, 通俗的には充足根據律の用法ならびに限界に關する哲學論稿>」神戸大學『文化學年報』9, 1990;「なぜカントはクルージウスを理解できなかったか」神戸大學文學部紀要 23, 1996.

클라이스트 [Heinrich von Kleist 1777. 10. 18–1811. 11. 21]
　19세기 초두에 활약한 독일의 극작가・소설가. 본래는 자연 속에서 신의 의도를 읽어내고자 하는 계몽주의 사상가였지만, 칸트 철학에 접하기에 이르러 인간*에게는 무릇 진리*를 발견할 수 있는 능력이 없다고 깨닫고 '칸트 위기'(1801)라고 불리는 심각한 정신적 위기를 체험한다. 인간이 녹색의 안경을 끼고 세계를 보면 세계는 녹색으로 보일 것이다. 마찬가지로 인간의 지성*이 파악하는 것은 모두 환영이며, 오로지 진리처럼 보이는 데 불과하다. 그가 해석하는 칸트 철학은 계몽주의를 부정하고 지성과 신앙*의 화해를 불가능하게 만드는 것이다. 칸트 위기를 통해 자기분열로

괴로워하는 비합리적인 인간의 운명에 대해 생각하게 된 그는 그로부터 문학의 세계에 들어서서 지성보다도 심정(신적인 것과의 직접적인 교감을 가능하게 하는 내적 기관)에 의거하고자 했다. 그러나 내적 법칙과 외적 법칙, 심정과 지성 사이에는 건널 수 없는 심연이 있다. 그리하여 세계는 부조리하고 기괴한 것이 될 수밖에 없다. 그의 뛰어난 극작품의 다수를 관통하고 있는 것은 이러한 고통스러운 생각이다. 그의 사상과 작품에는 부조리한 현대를 선취하고 있다고 보이는 점이 많다.

—다카하시 요시토(高橋義人)

키케로 [Marcus Tullius Cicero BC 106. 1. 3–43. 12. 7]
　로마 공화정 말기의 정치가・웅변가이자 철학적 저술가로서도 유명. 격동기에 파란으로 가득 찬 생애를 보냈으며 최후에는 정적에게 암살되었다. 그의 철학적 입장은 절충주의이며 독창성이 결여되어 있다. 그러나 그의 최대의 공적은 그리스 철학의 라틴어 번역에 의한 로마세계로의 계승, 보급에 있다. 그가 고안한 라틴어 번역의 철학적 술어는 근대 서구 국어들에 받아들여져 근대 철학의 발전에 연속성을 부여했다. 칸트와의 관계에 관해 말하자면, 칸트는 청소년 시대부터 키케로의 문장에 친숙했으며 저작 속에서 그의 이름이 몇 차례 나타난다. 그는 "키케로는 사변철학에서는 플라톤*의 제자이며, 도덕학에서는 스토아학파였다"[IX 31]고 말한다. 또한 참된 대중성*을 배우기 위해 읽어야만 할 책으로서 키케로의 철학적 저작들이 거론된다. 중요한 것은 『인륜의 형이상학의 정초』*의 저술이 가르베*가 역주한 키케로의 『의무론』(1783)에 의해 촉발된 측면이 있다는 점이다. 이 가르베 역주서는 『이론과 실천』 속에서도[VIII 285] 언급되고 있다. ⇒선의지

—하마다 요시후미(浜田義文)

📖 *De officiis/Vom pflichtgemäßen Handeln, Lateinisch/Deutsch. Übersetzt, Kommentiert u. hrsg. von Heinz Gunermann*, Reclam, Stuttgart, 1978. 『義務について』岩波文庫. 『世界の名著 13 キケロ他』, 中央公論社.

图 浜田義文『カント哲學の諸相』法政大學出版局, 1994.

키프케¹ [Johann David Kypke 1692. 2. 19–1758. 12. 10]
1727년 이래 쾨니히스베르크 대학의 논리학·형이상학 교수. 1732년 이래 같은 대학 신학 교수. 논리학 및 형이상학 강좌의 칸트의 정식 전임자(키프케 사후 취임한 부크는 수학 강좌의 후임자). 같은 대학에서 키프케는 논리학을 분석론(analytica)과 변증론(dialectica)을 두 근본부분으로 하여 강의했다. 이것은 칸트의 『순수이성비판』*의 '초월론적 논리학'*이 '초월론적 분석론'과 '초월론적 변증론'*으로 나뉘어 있는 것의 연원을 아는 데서 중요하다. 가정교사 생활에서 쾨니히스베르크로 돌아온 칸트는 사강사 시대를 맞이하여 키프케 집에서 거주하며 거기서 강의를 행했다.

─이시카와 후미야스(石川文康)

키프케² [Georg David Kypke 1724–79]
쾨니히스베르크 대학에서의 칸트의 동료. 1746년 이래 쾨니히스베르크 대학 동양어 조교수, 1755년 이래 교수. 칸트의 은사 크누첸*이 미완으로 남긴 로크*의 『인간지성론』의 독일어 번역을 크누첸의 사후 1755년에 완성시켜 출판했다. 이 해는 칸트가 가정교사 생활에서 쾨니히스베르크로 돌아와 사강사 생활을 시작한 해이기도 하며, 키프케에 의한 독일어역은 칸트가 영어를 읽을 수 없었기 때문에 로크에 대한 이후 오랜 동안의 칸트의 관심을 방향짓는 것으로서 특기할 만하다. 요한 다비드 키프케*는 이 키프케의 큰아버지이다 (학술원판 칸트 전집 XIII권에 아버지라고 되어 있는 것은 잘못이다).

─이시카와 후미야스(石川文康)

타당妥當 [(독) Geltung]

서남독일학파, 빈델반트*, 리케르트*, 라스크, 바우흐 등의 핵심어. 타당이란 독일어에서 일상적으로는 가치*, 타당성(Gültigkeit, Giltigkeit)과 거의 같은 뜻으로 사용되며, 법, 논리, 윤리 등의 분야에서 규범성과 효용성을 가리키는 개념이다. 칸트의 경우 실재(Realität)가 객관적 가능성의 조건을 충족할 때 객관적 타당성*을 지닌다고 말해진다. 그리고 그는 시간관계의 경험적 인식이 어떠한 때에도 성립하는 것을 객관적 타당이라고 불렀다[B 256]. 후의 서남칸트학파와의 관계에서 말하자면 헤르바르트*의 타당의 용법을 확장하여 가치의 초시간성을 강조한 로체의 고찰을 특별히 언급해야만 한다. 그에 따르면 일반적으로 참으로 존재하는 것, 즉 현실적인 것은 사물과 사건, 관계와 같은 존재와, es gilt하는(타당한) 명제와 같은 타당의 어느 쪽인가이다. 앞의 셋이 시간적으로 제약을 지니는 데 반해, 진리가치인 타당은 오히려 칸트의 취지와 반대로 초시간적인 것으로 되었다. 이로부터 로체는 성스러운 질서가 존립하는 타당계를 플라톤의 이데아계로 이해하고 안셀름의 입장을 모방하여 형이상학적인 것으로 삼았다. 이러한 성격은 빈델반트에게 있어서도 타당 개념이 스피노자 해석과 중첩된 결과 짙게 남겨졌다. 이후 타당은 물론 비이론적 가치도 가리켰지만, 판단론 문맥에서의 이론적 가치로서 이 개념은 되살아났다. 라스크는 대상 자체의 형식으로서 감성적 질료를 지니는 존재자는 존재, 비감성적 질료를 지니는 타당자는 타당이라는 영역 범주를 갖추고 있다고 주장했다. 이러한 대상으로부터 판단 주관에 대해서 독립적인 '진리*'와 '반진리'라는 판단의 기준인 이론적 타당자가 파생된다. 이에 반해 리케르트는 초기에 진리가치로

간주한 초월적 당위가 실은 라스크와 마찬가지로 객관적으로 독립, 자존하는 가치의 주관적인 발로에 지나지 않는다고 타당을 원용하여 주장했다. 즉 판단*의 객관적 기준이 타당에 다름 아닌 것이다. 나아가 가치철학의 체계화로 나아간 리케르트는 비이론적 가치도 포함한 타당의 일반적 성격을 우리가 무관심할 수 없고 태도를 취할 수밖에 없는 것이라고 규정했다. 그렇지만 판단이 사실문제로서 진리가치에 따른다는 것(타당성)과, 논리적으로 판단에 대해 진리가치가 기준으로 된다는 것(타당)과의 관계가 불분명한바, 이 문제는 서남독일학파의 후예인 바우흐에 의해서 가까스로 자각되게 되었다. 또한 프레게*를 매개통로로 하여 로체의 사상은 후설*의 사상을 촉발하는 계기로 되었다고도 말해진다. ⇒신칸트학파, 빈델반트, 리케르트

—구키 가즈토(九鬼一人)

📖 H. Lotze, *Logik*, Felix Meiner, ²1912. W. Windelband, *Präludien*, Mohr, 1884. H. Rickert, *Gegenstand der Erkenntnis*, Mohr, 1892(山內得立 譯 『認識の對象』 岩波書店, 1916); *System der Philosophie*, Mohr, 1921. E. Lask, *Die Logik der Philosophie und die Kategorienlehre*, Mohr, 1911(久保虎賀壽 譯 『哲學の論理學並びに範疇論』 岩波書店, 1930). B. Bauch, *Wahrheit, Wert und Wirklichkeit*, Felix Meiner, 1923. G. Wagner, *Geltung und normativer Zwang*, Karl Alber, 1987.

타율他律 ⇨의지의 자율

타자론他者論 [(독) Theorie des Anderen]

일반적으로 칸트 철학에는 '타자론'이 없다고 말해진다. 이론철학에서는 하나의 초월론적 통각이 하나의 가능적 경험을 구성하는 방식에 역점이 두어지며 이 과정에서 타자는 등장하지 않는다. 확실히 『순수이성비판』*·'감성론'과 『판단력비판』*에서는 술맛과 그에 의한 만족 등과 같은 감각*과 감정* 수준에서 복수의 경험적 자아들 사이의 차이성이 인정되고 있다. 실천철학*에서도 의무*는 '자기에 대한 의무'와 '타인에 대한 의무'로 구별되고 있으며, 특히 '약속을 지켜야만 한다'와 '소유권을 침해해서는 안 된다' 등의 법 의무에는 스스로 의무를 준수함과 더불어 이 의무들에 따르지 않는 타자를 책망하는 행위가 함의되어 있지 않으면 안 된다. 그러나 이러한 사례를 아무리 일일이 다 든다 하더라도 칸트에게 있어 경험적 자아 사이의 차이는 탐구해야만 하는 주제가 아니라 하나의 전제된 사실이라고 말할 수 있을 것이다. 나아가 시야를 넓히면 『프롤레고메나』*에서 칸트는 지각판단이 자신에게만 타당한 판단인 데 반해, 경험판단*은 타자에게서 그 타당성을 '구하는' 판단이라고 하는 구별을 받아들여 상호주관성에로의 방향을 내세우고 있다. 이러한 사상은 『판단력비판』으로 이어져 미학적 판단이란 모든 사람에게 보편적 타당성을 '요구하는' 판단이며, 그런 한에서 그것은 논증에 의한 객관적 보편성과는 다른 상호주관적 보편성, 즉 '주관적 보편성'을 지닌다. 그러나 여기서 등장하는 사실은 각 사람이 미학적 판단의 타당성을 '요구하는' 한에서 필요한 존재자에 불과하다. 확실히 칸트는 자신만의 신념에 틀어박혀 있는 태도를 일관되게 비난하고, 타자를 향해 열린 태도(복수複數주의)를 권장하고 있다. 오직 사적인 타당성을 지닐 뿐인 견해는 타자에게 전달되지 않는 '아집(Überredung)'이자 가상*이다. 『판단력비판』에서도 "자신을 타자의 입장에서 생각하는 것"을 특히 "판단력의 준칙"이라고 부르며 중시하고 있으며, 『인간학』*에서도 에고이즘*을 비난하고 세계시민으로서 행동할 것을 장려하고 있다. 그러나 이 구절들 역시 인간에게 있어서 진·선·미에 도달하기 위해서는 타자와의 공존이 필요하다고 하는 선언 이상의 것이 아닌바, 엄밀하게는 '타자론'이라고 말하기 어려울 것이다.

이러한 가운데서 하나 주목해야만 할 것은 『순수이성비판』의 '오류추리'이다. '나'라는 말은 그것을 발화하는 자에게 공통된 내적 실체를 표현하는 것이 아니라는 '오류추리'의 논의 전체가 이 말이 지시하는 것은 무엇인가 라는 현대 영미 철학 전체에서의 '일인칭 문제'의 선구로 간주될 수 있다. 특히 제1판 '제3오류추리'에서 칸트는 나의 인격의 동일성*이 타자가 나를 관찰하여 도출하는 동일성과는 다르다고 주장하고 있으며, 또한 동일한 기억을 지닌 서로 다른 인격도 가능하다는 것을 주장하고 있지만, 여기서 일인칭 이해의 특이성과 뇌 이식이라는 현대적 주제와의 접속을 볼 수도 있을 것이다.

그러나 칸트 철학 속에서 예를 들어 타자가 인정된다고 하더라도 그것은 어떠한 미지의 것도 지니지 않으며, 나에게 어떠한 공포도 주지 않고, 동일한 이성이 명령하는 대로 행위하는 이성적 존재자*에 불과하다고 한다면, 그것은 나에게 있어 심각한 타자가 아니다. 오히려 칸트에게 있어 참된 타자는 '신*'이며, 『순수이성비판』 '순수 이성의 이상*'에서의 '신의 존재증명*' 비판이야말로 그에게 있어 심각한 비판적 타자론이라고 말할 수 있을 것이다. ⇒자아, 에고이즘, 경험판단, 미학적 판단, 순수 이성의 오류추리, 신의 존재증명

—나카지마 요시미치(中島義道)

圖 円谷裕二 「カント法哲學における自他關係論」 『現代カント研究』 3, 晃洋書房, 1992. 中島義道 「私の時間·他者の時間」 『現代思想としてのカント哲學』 情況出版, 1994.

테텐스 [Johann Nicolaus Tetens 1736. 9. 16–1807. 8. 15] 독일 계몽기의 철학자. 슐레스비히에서 태어남. 1776년부터 1789년까지 킬에서 철학 교수로 일하고, 그 후 덴마크 정부에서 재무관계의 고위관리로서 활동.

라이프니츠*, 볼프*의 영향 하에 있음과 동시에, 영어권, 불어권의 경험주의*에 촉발되어 경험적 심리학*의 방법에 의해 인간 본성을 논했다. 1775년의 『보편적 이론철학에 관하여』는 형이상학의 기초가 되는 '초월적 철학*'을 구상하지만, 그것을 위한 방법은 내적 경험에 나타난 감각, 사고, 의지 등의 마음의 활동을 관찰하

고 기본적인 개념의 생성을 기술한다고 하는 로크와 유사한 것이다. 이러한 방법은 1777년의 『인간 본성과 그 발전에 관한 철학적 시론』으로도 계승된다. 테텐스의 생각에는 자기 자신이 초래한 것이든 외적 원인이 초래한 것이든 우리의 마음에 생긴 변용을 감수하는 것이 마음의 활동의 발단이다(Fühlen, Empfinden). 이러한 감각이 마음에 남기는 흔적이 표상이며, 그것은 '기호*'로서 기능함으로써 인식과 실천에 기여한다(Vorstellen). 표상*으로부터 개념*을 형성하는 것은 사고활동(Denken)에 의한 가공(Bearbeitung)이다. 그러나 다른 한편 사고와 또한 행위는 마음*에 감각을 불러일으키고 심적인 생의 회로에 참여한다. 감수의 능력을 축으로 하여 인식능력과 실천능력의 관련을 세세하게 기술할 수 있는 틀로 되고 있는 것이다. 또한 감정을 중시하는 데로부터 테텐스는 줄처와 더불어 인식*, 의지*, 감정*이라는 마음의 활동의 삼분법을 창시했다고 말해지지만, 이러한 삼분법은 테텐스에 있어서는 그다지 엄밀하지 않다.

칸트와의 관계는 상호적이다. 『보편적 이론철학』에는 칸트의 『판명성』*과 『형식과 원리』*가 영향을 미치고 있으며, 다른 한편 1777년의 『철학적 시론』은 제1비판 집필 중의 칸트가 참조했다고 한다. 그것은 제1비판 제1판 연역론의 심리학적인 경향에 반영되어 있다고 말할 수 있을 것이다. 테텐스의 입장은 '초월론적'이 아니라 '경험적'인 분석에 그치고 있다고 하여 칸트 자신이 결국에는 배척하고 있는[Refl. 4901, vgl. XXIII]만큼 그 후에도 칸트의 입장에서는 평가가 낮지만, 브렌타노, 딜타이*, 실용주의 등으로 연결되는 것으로서 적극적으로 평가하는 사람들도 있다. ⇒경험적 심리학

—다카하시 가츠야(高橋克也)

㊅ Über die allgemeine speculativische Philosophie, 1775(repr., 1913). Philosophische Versuche über die menschliche Natur und ihre Entwicklung, 1777(repr. in: J. N. Tetens, Die philosophischen Werke Ⅰ&Ⅱ, 1979).

㊈ Wilhelm Uebele, Johann Nicolaus Tetens nach seiner Gesamtentwicklung betrachtet, mit besonderer Berücksichtigung des Verhältnisses zu Kant, Verlag von Reuther & Reichard, 1912. Lewis White Beck, Early German Philosophy, Cambridge, 1969. Jeffrey Barnouw, The Philosophical Achievement and Historical Significance of Johann Nikolaus Tetens, in: Studies in Eighteenth-Century Culture, Vol. 9, 1979. Hans-Ulrich Baumgarten, Kant und Tetens. Untersuchungen zum Problem von Vorstellung und Gegenstand, M&P Verlag für Wissenschaft und Forschung, 1992. Christian Hauser, Selbstbewußtsein und personale Identität. Positionen und Aporien ihrer vorkantischen Geschichte. Locke, Leibniz, Hume und Tetens, Fromman-Holzboog, 1994.

텔레오노미 ⇨목적론¹

토의윤리학討議倫理學 ⇨담론윤리학

통각統覺 [(독) Apperzeption]

【Ⅰ】 일반적 의미

통각이라고 번역되는 독일어 Apperzeption은 라틴어 ad + perceptio(= An/Zu + Wahrnehmung)에 대응하는 말이다. 따라서 통각은 '지각에 의거하여, 지각에 대해서'라는 식으로 지각*과의 관계없는 통각의 개념 그 자체가 성립하지 않는다. 이러한 통각 개념을 최초로 도입한 라이프니츠*에 따르면 지각은 외부세계를 비추는 내적 상태이며, 통각은 모나드*의 내적 상태의 의식적 반성이다. 이에 반해 칸트에서의 통각은 경험적 통각과 순수한 근원적 통각으로 나누어진다[B 132]. 전자는 경험적이고 심리적인 상대적 자기의식이며, 후자는 초월론적 통각으로서 모든 인식 내용으로서의 지각을 통일하면서 자기 자신을 통일하는 양면성을 지닌다. 어쨌든 칸트에서의 통각은 '나는 생각한다'(Ich denke)'라는 사유하는 자아의 활동 없이는 불가능하다.

【Ⅱ】 사유 작용과 통각적 자아

데카르트*가 사유 작용을 다른 감각 작용과 구별함으로써 말하자면 추상된 사유 작용의 주체로서의 '지성적 심적 자아'를 추구했던 데 반해, 칸트는 사유하는

자아를 '초월론적 통각'으로서 직관*, 상상력*, 지성*을 자기의 내용으로 포섭할 수 있다는 것에서 근거짓고자 했다. 사유하는 자아의 특색을 '통각'으로서 파악한 점에 칸트 인식론의 커다란 특색이 존재한다. 지성이란 일반적으로 사유*의 능력, 판단*의 능력, 인식*의 능력, 규칙*의 능력이라고 말해지지만, 지성의 활동도 인간 주체에서는 사실은 상상력과 통각의 종합*에 의해서 가능하게 되는 것이다. "통각의 통일은 상상력의 종합에 관계지어지면 지성으로 된다. 특히 이 동일한 통일이 상상력의 초월론적 종합에 관계지어지면 순수 지성으로 된다"[A 119]. 이와 같이 인간적 사유에서는 "모든 개념*(범주*)의 운반체"[B 399, 406]로서의 통각이 주연을 담당함으로써 통각은 경험적 요소로서의 지각을 범주를 구사하여 통일로 가져오고, 지각과 지성을 매개하며, 스스로는 지각을 포함한 지성으로서 활동하고 있는 것이다. 통각 개념 안에는 바로 경험적 실재론이자 초월론적 관념론으로서의 칸트 비판철학의 진면목이 간직되어 있는 것이다.

【Ⅲ】 지각의 통일

"나는 생각한다(Ich denke) 라는 것은 나의 모든 표상에 수반되어야만 한다"[B 131], "(순수 통각의) 항존 불변의 자아*'는 우리의 모든 표상의 상관자를 이룬다'[A 123]라고 칸트가 말하고 있듯이, 통각은 언제나 표상 내용, 즉 지각을 종합하고 통일한다. 일반적으로 인간의 인식 내용(표상*)은 판단 형식에 의해서 표현된다. 즉 판단 주어와 판단 술어의 결합에 의해서 인식 내용이 말해지며, 나아가 그 인식을 스스로 지각하는 판단(인식) 주관이 본래는 판단(인식) 활동의 처음부터 끝까지 전제되고 있다. 따라서 "표상의 다양*의 종합에서의 의식*의 형식적 통일"[A 105]이라는 표현 안에는 인식 내용을 이루는 바의 판단 주어(대상*)의 통일(초월론적 대상)과 판단 술어의 통일(순수 지성 개념) 및 인식 주관의 통일(초월론적 통각)의 동시적인 성립이 함의되어 있다. 여기서 보이는 판단 내용(판단 주어 + 판단 술어)과 판단 주관과의 상관관계는 요컨대 객관(대상)과 개념(범주)과 주관(자기)의 '정립鼎立적 관계성'을 이야기하고 있다. 생각건대 이것은 '진리'가 "인식(개념)과 객관과의 합치*'라고 말해지는 까닭이다[B 236, 296, 670]. 인식론상의 코페르니쿠스적 전회*라고 말해지는 것의 내실이 실은 통각을 중심으로 한 자아(주관)와 개념(범주)과 대상(객관)의 3자의 동시성과 상호관계 안에 있다는 점에 놓여 있으며, 이 점이 칸트의 인식론으로서의 초월론적 철학이 단순한 주관주의가 아니라는 것을 입증하고 있다. 이와 같이 "통각의 종합적 통일은 사람들이 모든 지성 사용을 전체 논리학마저도, 나아가 그 논리학에 따라서 초월론-철학(Transzendental-Philosophie)을 그것으로 결부시켜야만 하는 최고점이며"[B 134 Anm.], "통각의 종합적 통일의 원칙은 모든 지성 사용의 최상의 원리이다"[B 136].

【Ⅳ】 자각의 통일

'나는 생각한다(Ich denke)'라는 명제에서의 '자아'는 한편으로 "모든 사고의 논리적 통일"이지만, 다른 한편으로 "내가 생각하고 있는 하나의 대상으로서, 요컨대 나 자신과 또한 나 자신의 무제약적 통일로서 표상된다"[A 368]. 모든 사유와 판단의 불변적 주관으로서의 자아의 사유는 경험적 직관의 대상으로 될 수 없기 때문에 그 자신은 어떠한 내용적 표상도 아니며 단순한 형식적 표상이다. 이에 의해 통각은 자기의 단일성('수적 통일', '가장 순수한 객관적 통일'[A 107])과 동일성('자기 자신의 동일성의 근원적이고 필연적인 의식'[A 108])을 지닌다. 바로 그렇기 때문에 '나는 생각한다'라는 근원적 통각은 여러 가지 표상으로서의 대상의식처럼 그때마다 서로 다른 하나하나의 특수한 표상도 아니고 또 현실적 경험인 것도 아니기 때문에 유일한 것이자 전체적인 것이며, "이러한 순수한, 근원적인 불변의 의식"[A 107]은 "(순수 통각의) 항존 불변의 자아"[A 123], "동일한 자기"[B 135]이다. 그러나 '항존 불변의 자아'는 실체적 존재가 아니라 어디까지나 "기능의 동일성", "자기 자신의 활동의 동일성"으로서만 파악되며[A 108], 자아, 즉 '나는 생각한다'는 "작용"[B 157 Anm., 423 Anm.], 그것도 "자기 활동성의 작용"[B 130], "자발성의 작용"[B 132]이며, 나아가 '통각'은 "하나의 능력"이다[A 117 Anm.].

이와 같이 이론적 인식론적으로는 소극적으로밖에 파악될 수 없는 '자아' 그 자체가 어떻게 해서 초월론적 통각으로서 현상 인식의 정점에 설 수 있는 것일까?

자기 자신에 관해 무한정적인 방식으로밖에 파악될
수 없었다고 하는 사실은 자아가 어디까지나 '사유하
는 주관'이어서 그 이외의 모든 것을 '한정할 수 있자'
만, 자기 자신은 타자에 의해서 한정될 수 없다고 하는
자기의 '한정능력'의 무진장성・무한성을 증시하고
있다. 이와 같이 '직관되지 않고' 다만 '사유하는' 활동
의 주관으로서의 자아는 이것을 한정하고자 해도 영원
히 지적으로는 규정할 수 없는 잉여이며, 기껏해야
"어떤 것 일반, X, 의식의 단순한 형식, 가장 내용이
공허한 표상, 가장 빈약하면서 최소의 표상, 비경험적
인 대상"이어서 단순한 자기의식에 그쳤다.

그러므로 경험적 통각의 근저에 '항존 불변의 자아'
로서 초월론적 통각을 전제한다 하더라도, 후자는 어
디까지나 이론적 인식론적 주관의 기능의 동일성으로
서만 이해되어야만 하며, 객체적 실체처럼 단독으로
존재하는 것이 아니다. 즉 "사유하는 자아는 자기 자신
을 범주에 의해서 인식하는 것이 아니라 오히려 범주
를, 그리고 범주에 의해서 모든 대상을 통각의 절대적
통일에서, 요컨대 자기 자신에 의해서 인식한다"[A
402]. 단순한 사유적・논리적 주관을 실체적 주어로서
절대화할 때, 매개념 다의의 허위로부터의 오류추리에
빠지는 것이다. 사유하는 자아의 통각적 자각은 '현상'
도 '사물 자체'도 아닌 자아의 존재방식, 즉 다만 "내가
있다는 것(daß ich bin)"[B 157]에 불과하며, 그것은 자아
의 현존재의 근원적 사실이지만, 실체적 인식은 아니
다. ⇒자아, 주관{주체・기체・주어}, 순수 이성의
오류추리, 영혼, 지성, 통일, 판단, 나는 생각한다
―아리후쿠 고가쿠(有福孝岳)

📖 W. F. Schoeler, *Die transzendentale Einheit der Apperzeption
Immanuel Kants*, Bern, 1959. 有福孝岳『カントの超越論的主
体性の哲學』理想社, 1990.

통속성通俗性 ⇨**대중성**

통속철학通俗哲學 ⇨**대중철학**

통일統一 [(독) Einheit]
【Ⅰ】 분석적 통일과 종합적 통일
한국어의 '하나'와 마찬가지로 Einheit라는 말은 '통
일', '단일성' 그리고 '단위' 등 상이한 의미를 지닌다.
통일을 생각하는 것은 또한 이들 서로 다른 Einheit의
연관을 생각하는 것이 된다. 칸트는 초월론적 "Einh-
eit"(통일)로부터 양*의 범주*의 하나인 "Einheit"(단일
성)를 구별하지만, 동시에 그 관련에 대해 말한다. Einh-
eit라는 하나의 말로 표현되는 것들이 서로 관계를
보존하면서도 서로 나누어지는 것이다. 여기서 초월론
적 관념론에 이르는 철학사가 묘사된다.

우선 구별은 다음과 같이 제시된다. 자기의식*인
통각*에 의한 직관*의 다양*의 종합적 통일은 일체의
인식*의 객관적 조건이며[B 138, 154], 논리학 전체와
또한 초월론철학*도 거기서 결합해야만 할 최고점,
지성*의 활동 그 자체이다[B 134]. 한편 그 통각의 분석
적 통일은 다양한 표상*에 통일을 부여하며, 개념들끼
리의 결합*(Verbindung)을 사고하는 판단*의 논리적 형
식을 형성한다[B 105]. 이러한 판단의 기능*에 기초하
는 것이 범주이다. 단일성은 이러한 범주에 포함되어
있다[B 131]. 다수의 표상으로부터 일반적 개념을 추출
하는 이러한 분석은 그러나 동일한 지성에 의한 통일,
이것을 전제한다[A 79/B 104, 105]. 결합 없이 분석도
없다[B 130]. 분석적 통일은 종합적 통일을 전제한다.
이와 같이 범주의 한 항목인 Einheit, 단일성은 통일인
Einheit로부터 통각의 분석적 통일, 종합적 통일의 구별
과 동시에 분리된다.

【Ⅱ】 통일과 단일성
통일의 사상은 철학과 함께 시작된다. 토마스 아퀴
나스는 이러한 흐름 가운데서『신학대전』제1부 열한
번째 물음에서부터 신의 '하나(unum)'를 묻는다. 여기
서 unum은 Einheit처럼 동일한 단어에 머물면서도 '통
일', '단일성', '단위'라는 의미 사이를 움직이며 그것들
의 관련과 차이를 분명히 해간다. 논의는 아리스토텔
레스*의『형이상학』과 밀접하게 호응한다.

존재하는 것은 나누어질 수 없는 것, 통일되어 있는
것으로서 존재한다. 따라서 하나가 사물의 존재의 통
일을 의미한다면, 어떤 것이 하나라고 말하는 것은

그것이 존재한다고 말하는 것에 아무것도 새롭게 부가할 수 없다[제1부 제11문 제1항, 『형이상학』 제10권 2장 1054a 10]. 피타고라스, 플라톤*은 이러한 '하나', 요컨대 '통일' 및 '존재'와 치환될 수 있는 '하나'를 불가분한 존재의 바로 그 '실체'로 본다. 나아가 그들은 '하나'를 수의 원리로서의 '단일성, 요컨대 '단위'와 동일시한다. 이리하여 단위로 이루어지는 것인 수[『형이상학』 제10권 1장 1052b 20]가 모든 것의 실체로 된다. 그러나 통일로서의 하나는 모든 것에 대해 '~는 하나다'라고 말할 수 있는 보편성*에 의해서 실체라고는 말할 수 없는바, 모든 분류를 넘어서 있다[같은 곳 제1항, 『형이상학』 제10권 2장 1053b 20]. 그렇다면 신*은 하나라는 것은 무엇을 말하는 것인가? 신의 '하나'는 '단일성'이 아니다. 단일성은 대상으로부터의 추상이며, 사물에 관한 술어에 불과하다. 신의 '하나'는 '존재하는 것'과 치환될 수 있는 '통일'로서의 '하나'이다. 그리고 신은 세계에 이러한 통일을 부여한다. 그러나 이 '하나'를 말하는 것은 분할의 부정, 따라서 결여를 말하는 것이며, 신의 완전성에 반한다. 신은 여기서 우리들의 이해의 존재방식에서만 하나인 것이다[같은 곳 제3항]. 단일성으로서의 하나는, 즉 사물로부터의 '추상', 통일인 신의 하나는 우리들의 '이해'의 존재방식이라고 분명히 말해지며[modum apprehensionis 제3항 반문에 대한 대답], 하나는 '사람'과 불가분의 것으로 된다. 『형이상학』에서 신을 집어넣고 그의 하나를 둘러싸고 이루어지는 통일과 단일성의 구별은 칸트에게 있어 '사람'이 아니라 '나', 요컨대 '자기의식', '통각'과 관계지어지는바, 하나는 나와 불가분하게 된다.

【Ⅲ】 신의 통일과 나의 통일

『감성계와 예지계의 형식과 원리』*(1770)에서 만물의 실체결합의 통일은 모든 실체의 '일자(uno)'에 대한 의존의 결과이다[§20]. 『순수이성비판』*에서는 일자는 그림자를 감춘다. 자연*(Natur)의 가능성*은 현상*을 필연적으로 연결하는 법칙에 의하지만, 이것은 나의 의식*에서의 필연적 통일의 조건에 따르게 된다[『프롤레고메나』* §36, Ⅳ 319]. 통일은 통각에게 맡겨지며, 동시에 구별되어 있던 '통일'과 '단일성'이 이번에는 관련지어진다.

'내가 한 사람'의 '하나'가 Einheit(numerische Identität), Simplizität, Einfachkeit 등으로 다시 말해지면서도, 이 한 사람의 의식은 마음을 하나의 대상으로 하는 인식이 아니라는 것이 다음과 같이 설명된다. 표상을 하나의 자기의식에서(in einem Selbstbewußtsein) 통일하는(vereinigen) 것에서 표상은 나의 표상이 된다[B 134]. 그러나 이러한, 통각에 의한 전체 표상의 종합적 통일, 즉 의식의 통일 그 자체는 생각하는 것의 조건이어서 직관을 결여하는바, 이러한 통일을 아는 것(kennen)은 자기를 단일한 실체로서 인식하는 것(erkennen)이 아니다[B 157, 407–408, 420, 422]. 그런데 내가 '한 사람'이라는 것은 내가 계속해서 '동일'하다는 것으로서[B 402], 자신이 '동일'하다는 이러한 의식은 현상의 종합이 필연적 '통일'을 지난다고 하는 의식이다[A 108]. 여기서 나의 '단일성'은 자기의식에서의 표상의 '통일'과 같은 뜻으로 된다. 나아가 이러한 통일 있는 표상이란 하나의 대상의 인식이다[A 102/B 137]. 따라서 '하나의 대상'도 인식되지 않을 때 '의식의 통일'도 없다[B 138]. 내가 전체 표상의 통일을 짊어지면, 이러한 통각에 의한 통일, 요컨대 내가 한 사람이라는 것은 대상의 단일성에서 드러나며, 또한 하나의 대상은 이러한 통일에 의해서 비로소 인식되는 것이다[B 138]. 토마스의 신은 그의 통일이 그의 단일성이 아니며, 세계의 통일을 하나의 대상에서 제시하지 않는다. 그에 반해 초월론적 관념론에서는 '나의 하나'를 매개로 하여 세계의 통일이 하나의 대상에서 드러난다. 우리가 '하나', 'Einheit'를 다양한 의미에서 구분하여 사용하고 그 관련을 생활 속에서 인정하고 있다는 것, 이것은 칸트에게 있어 그의 관념론*의 올바름의 증명일 것이다. ⇒통각, 수, 종합

―다야마 레시(田山令史)

❷ F. Brentano, *Von der mannigfachen Bedeutung des Seienden nach Aristoteles*, Freiburg, 1862(岩崎勉 譯 『アリストテレスの存在論』 理想社, 1932). G. Frege, *Die Grundlegung der Arithmetik: Eine logisch mathematische Untersuchung über den Begriff der Zahl*, Breslau, 1884. C. Kahn, *The Verb Be in Ancient Greek*, Dordrecht, 1973. 松本正夫 『存在論の諸問題』 岩波書店, 1967. 山田晶 『中世哲學研究 2 トマス・アクィナスの

《エッセ》研究』創文社, 1978. 稲垣良典『トマス・アクィ
ナス哲學の研究』創文社, 1970. G. Martin, *Immanuel kant:
Ontologie und Wissenschaftstheorie*, Berlin, 1951(門脇卓爾 譯
『カント── 存在論および科學論』岩波書店, 1962). F. F.
Strawson, *Philosophical Logic*, Oxford, 1967.

특수화特殊化 ⎰ 종별화種別化⎱ [(독) Spezifikation]

라틴어 species에서 유래한다. 논리적으로는 '유類'
개념 아래 위치하는 '종'의 개념을 의미한다. 보통의
경우에는 종차를 덧보태는 것. 예를 들면 유를 종으로,
종을 하위종 등으로 나누어가는 것.『순수이성비판』
의 변증론, 부록에서 논의되듯이 자연*의 경험적
(empirisch) 탐구에는 체계적인 통일성(통합)이 필요하
다. 이를 위해서는 탐구의 절차에서 (1) 다양*한 것을
좀더 고차적인 유에 포섭*해가는, 말하자면 상향의
절차와, (2) 유적인 것, 동종적인 것을 좀더 하위의
종으로 변용해가는 종별화의, 말하자면 하향의 절차,
나아가 (3) 그것들을 중재하여 체계적 연관짓기를 도모
하는 친화성*, 친연성의 법칙이 요구된다. (1)은 '동질
성의 원리', (2)는 '특수화의 원리'라고 불리며, 전통적
으로는 '존재하고 있는 것의 다양은 이유 없이 감소되
어서는 안 된다고 표현된다. (3)은 형태들 사이의 '연속
성의 법칙'이라고 불린다. 이러한 원리들은 경험과학
자를 이끄는 준칙*이긴 하지만, 그것들 자신은 경험적
인 것이 아니라 아무래도 초월론적*인, 그런 의미에서
이념적인 의미를 지닌다. 그런 한에서 구성적*이 아니
라 규제적*으로 사용된다.『판단력비판』* 서론, 특히
첫 번째 서론(아울러 §5)에서 칸트는 린네*의 박물학을
염두에 두는 가운데 반성적 판단력이 자연 전체를
하나의 시스템으로서 체계화하기 위해서는 특수한
것으로부터 일반적인 것으로 상승하는 유별화*의 절
차와 일반적 개념으로부터 특수개념으로 하강해가는
종별화의 절차를 필요로 한다고 말한다. ⇒분류⎰유별
화⎱, 자연

―니시가와 도미오(西川富雄)

표

파스칼 [Blaise Pascal 1623. 6. 19–62. 8. 19]

프랑스 중부 클레르몽 페랑에서 태어남. 이 조숙한 천재는 수학과 물리학에서의 수많은 업적과 얀센주의로의 회심을 통해 '인간의 위대함과 비참함'이라는 이중성(모순)의 심연에로 돌진하여 '신음하며 신'을 추구한다'는 철저한 신앙인의 경지에 이르렀다. '기하학의 정신'과 '섬세의 정신'에 의해, 나아가 불안을 자각시키는 것에 의해 신비적인 심정적 동의에서 무신앙자를 신앙'에로 이끌고자 하는 그의『팡세』는 '이성'과 신앙'이라는 인간의 본질적 이중성의 근본문제, 아우구스티누스 이래의 원죄의 문제를 근대적인 형태로 다시 제기하는 것이었다. 칸트의 스승 크누첸'은 자기의『기독교 신앙의 진리에 관한 철학적 증명』(⁴1747)을 "기적과 교리에 관한 파스칼의 말에 대한 설명"[vgl. ib. §75, S. 206 Anm.]이라고 부르고 있지만, 칸트는『인간학』' 제1부 제1편 '인식능력에 대하여'의 §24 '내적 감관에 대하여'에서 특히 파스칼의 이름을 들고 그의 종교적 심정의 철저성을 "광신적이고 공포를 자아내는 내적 감각"이라고 평하고 있다.

―나카무라 히로오(中村博雄)

『パスカル著作集』全7卷 別卷2冊, 教文館.『パスカル全集』全6卷, 白水社.

Jean Mesnard, *Pascal*, Desclée de Brouwer, Paris, 1965(福居純 譯『パスカル』ヨルダン社, 1974); *Pascal*, Hatier, Paris, 1967 (安井源治 譯『パスカル』みすず書房, 1992). Jean Brun, *La philosophie de Pascal*(Collection QUESAIS–JE? No. 2,711)(竹田篤司 譯『パスカルと哲學』白水社, 1994). Ernst Cassirer, *Die Philosophie der Aufklärung*, Tübingen, 1932(中野好之 譯『啓蒙主義の哲學』紀伊國屋書店, 1977).

판단判斷 [(독) Urteil]

(1) 개설. 판단이란 일반적으로 그 대강에서 말하면 'X는 있다', 'S는 P이다'와 같은 문장에서 표현되는 것들을 그 긍정·주장 내지 부정·부인을 통해 현실과 관계시키는 것으로서 칸트의 표현으로는 "객관적으로 타당한 관계"[B 142]이다. 문장 안의 주어 또는 술어로 표현되는 사고내용을 개념'이라고 부르며, 판단의 연쇄를 추론'이라고 부른다. 판단은 그 대상'을 술어의 성질에 따라서 세계 내의 사실에 관계하는 이론적 판단, '이루어야만 한다'처럼 행위의 결정과 '좋다·나쁘다' 등의 규범적 평가에 관계하는 실천적 판단, '쾌적하다', '아름답다' 등과 같이 주체의 감정 상태에 관계하는 미학적 판단'으로 크게 구별된다. 이론적 판단은 참과 거짓을 물을 수 있다. 규범적 내지 실천적인 판단에 대해서는 파생적인 의미에서 참과 거짓 내지 올바름과 올바르지 않음이 말해진다(20세기의 비인지주의 윤리학에서는 인지적 내용을 갖지 않는 단순한 표출이라고 여겨진다). 미적 판단과 취미판단에 대해서는 진위를 물을 수 없다고 하는 견해가 주류이다. 칸트의 제1비판은 이론적 판단을, 제2비판은 실천적 판단을, 제3비판은 미학적 판단을 주로 취급한다. 이하에서는 이론적 판단에 대해서만 말하고자 한다.

(2) 판단의 위치짓기. 칸트 이전의 근대 철학자들은 판단으로 성립되기 이전의 '관념'(표상')이 그것만으로 인식가치를 지닌다고 생각하며 그에 준거하여 철학적 문제를 고찰했다. 이에 반해 칸트는, 이론철학의 과제를 "어떻게 해서 선험적 종합판단'은 가능한가'라는 물음에 집약한 데서도 알 수 있듯이, 판단을 제1차적인 것으로 간주한다. 이러한 전회는 존재론적으로 말하면 세계'가 사물의 모임이 아니라 사실의 모임이라

고 하는 것인바, 말은 문장 중에서만 의미를 지닌다고 하는 현대 분석철학의 사고방식과도 통한다. 칸트에게 있어 사유*는 본질적으로 판단작용이다.

(3) 판단의 초월론적 기능. 판단의 성립에 대해서는 주어와 술어로서 따로따로 주어진 개념의 **결합***이라고 하는 아리스토텔레스* 이래의 견해와, 주어 개념의 '근원**분할**'이라고 하는 헤겔* 등의 견해가 있다. 칸트는 전자를 채택하여 판단이란 "하나의 의식 속에서의 표상의 합일"이라고 생각한다. 표상의 결합은 흄*이 꿰뚫어보았듯이 대상 그 자체에서는 발견되지 않는다. 그러나 이러한 결합이 없으면 경험 역시 존재하지 않는다. 그러므로 표상의 결합은 주관의 자발적 활동, 즉 지성*에 의해서 산출되지 않으면 안 된다. "지성의 모든 활동은 판단으로 환원된다"[B 94].

표상의 결합으로서의 판단은 세 가지 요인으로 이루어진다. ① 감성에 의해서 수용된 대상*의 직접적 표상, 즉 **직관의 다양**. ② 이 다양을 초월론적 상상력에 의해서 서로 관련지어 합치는 것, 즉 **종합**. ③ 이 종합을 개념 하에서 하나인 대상으로 규정하는 것, 즉 **통일**. 종합적 통일이 가능해지기 위해서는 소여의 표상이 하나의 의식 속에서 '나의 표상'으로 되어 있지 않으면 안 되지만, 이것을 보증하는 것이 모든 표상에 수반해야만 하는 '나는 생각한다'라는 형식적 의식, 즉 근원적 통각(자기의식*)의 초월론적 통일이다. 종합적 통일은 규칙에 따라 이루어지지만, 이 규칙이 다름 아닌 범주이다. 감성에서 주어진 직관의 다양(무엇이라고도 말하기 어려운 맹목적인 잡다)은 이상과 같은 종합적 통일에 의해서 '이것은 무엇 무엇이다'라고 말할 수 있는 유의미한 통일을 이룬다. 즉 판단에 의해서 대상은 비로소 규정된 특정한 대상으로서 나타난다(현상*).

(4) 판단의 분류. 칸트는 판단의 두 가지 관점에서 분류하고 있다. 우선 인식론적 관점에서는 술어 개념이 주어 개념에 포함되어 있는가의 여부(분석적 대 종합적), 또한 주어와 술어의 결합이 경험에서 얻어지는가의 여부(경험적 대 순수 또는 선험)라는 두 가지 기준에 의해서 분석판단(언제나 순수), 경험적 판단(언제나 종합적, 『프롤레고메나』* §18에서는 객관적

타당성*을 지니는 경험판단*과 주관적으로만 타당한 지각판단으로 하위 구분한다), 선험적 종합판단의 세 종류가 내세워진다. 분석적이고 경험적인 판단(을 라이프니츠*는 생각했지만)은 없다. 이러한 분류법은 라이프니츠의 사실의 진리와 추론의 진리, 흄의 참된 지식과 개연적 지식이라는 이분법을 수정한 것으로서 현재에 이르기까지 다양한 영향을 주어왔다.

판단은 또한 표상결합의 양식의 논리적 형식에 의해서도 분류된다. 칸트는 네 항목 세 계기로 이루어지는 독자적인 판단표를 제창했다. 모든 판단은 양·질·관계·양상*의 네 측면을 지니지만, 앞의 셋이 판단의 내용에 기여하는 데 반해, 양상은 대상과 주관의 관계('사고 일반에 관한 계사의 가치')에 관계하는 데 불과하다. 양상 항목 가운데 확언적 판단은 분석판단과 선험적 종합판단처럼 판단 내용의 필연성을 언명하는 판단이다. 이러한 필연성은 분석판단의 경우에는 주어와 술어의 동일성에서, 또한 선험적 종합판단의 경우에는 내용이 지성 법칙에 의해서 규정되어 있다는 점에서 유래한다. 덧붙이자면, 판단표*의 도출이 적절한가, 양상판단의 위치짓기는 적합한가, 판단표는 완전한가, 등에 대해 칸트 당시부터 현대에 이르기까지 해석상의 문제로 되고 있다. ⇒분석판단, 선험적 종합판단, 미학적 판단, 취미

─후지사와 겐이치로(藤澤賢一郎)

㊹ G. Prauss, *Erscheinung bei Kant. Ein Problem der "K.d.r.V"*, Walter de Gruyter, 1971(觀山·訓覇 譯『認識論の根本問題』晃洋書房, 1979). G. Stuhlmann-Laeisz, *Kants Logik*, Walter de Gruyter, 1976. D. Henrich, *Identität und Objektivität. Kants transzendentale Deduktion*, Carl Winter, 1976. J. Reich, *Die Vollständigkeit der Urteilstafel*, 1932, ³1986, Felix Meiner. M. Wolff, *Die Vollständigkeit der Kantischen Urteilstafel, mit einem Essay über Freges Begriffschrift*, Klostermann, 1995.

판단력判斷力 [(독) Urteilskraft]

【Ⅰ】 판단력 일반

라틴어의 '심판(judicium)'이라는 개념의 번역어로서 18세기 독일 사상사에 도입되었다. 칸트가 판단력

을 지성* 및 이성*과 명확히 구별하여 사용한 것은 『제1비판』*에서이다. 판단력은 지성 및 이성과 함께 세 개의 상위 인식능력의 하나에 속한다. 그것은 보편적인 것(규칙)을 인식하는 능력으로서의 지성과, 보편적인 것에 의해서 특수적인 것을 규정(원리*로부터 도출)하는 능력으로서의 이성 사이에 중간항으로서 위치하며, 양자를 매개하는 기능을 지닌다. 판단력 일반은 특수적인 것을 보편적인 것 아래에 포섭된 것으로 생각하는 능력이다. 판단력은 그 기능의 다름에 따라서 '규정적 판단력(bestimmende Urteilskraft)'과 '반성적 판단력(reflektierende Urteilskraft)'으로 구분된다. 전자는 보편적인 것(규칙*·원리·법칙)이 주어져 있는 경우에, 특수적인 것을 그 아래로 포섭하는 판단력을 의미한다. 다른 한편 특수적인 것만이 주어져 있고 이것에서 보편적인 것을 판단력이 발견해야만 하는 경우 이 판단력은 반성적 판단력을 의미한다.

【Ⅱ】 규정적 판단력

(1) 초월론적 판단력. 『제1비판』에서의 판단력은 포섭*과 규정*의 활동이 불가분하게 결합되어 있다. 판단력은 규칙 아래로 포섭하는 능력, 요컨대 어떤 것이 어떤 소여의 규칙 하에 있는지 아닌지를 구별하는 능력이지만, 이것은 하나의 특수한 재능이다. 이 재능은 가르쳐질 수 없고 훈련되는 것만이 가능한 "이른바 타고난 기지의 독특한 것(das Spezifische des sogenannten Mutterwitzes)"[B 172]인바, 그 결여는 어떠한 학교교육에 의해서도 보완될 수 없다. 실례는 '판단력의 보행기(Gängelwagen der Urteilskraft)'이며, 이 재능을 결여한 사람에게 경험과 실례는 불가결하다. 그런데 개념*을 사용하기 위해서는 이와 같은 판단력의 기능이 필요하다. 순수 지성 개념이 직관*의 대상*에 적용되고, 따라서 범주*가 감성화되기 위해서는 이러한 보편적인 것 아래로의 포섭의 조건들을 선험적*으로 지시하는 초월론적 판단력이 필요하다. '원칙의 분석론'은 순수 지성 개념을 현상에 적용하는 방식을 제시하는 것이며, '판단력의 초월론적 교설'은 오로지 판단력을 위한 '규준(Kanon)'을 제공한다. 이러한 과제는 '순수 지성의 도식론*'과 원칙의 체계의 표시에 의해서 수행되고 있다.

(2) 실천적 판단력. 『제2비판』*에서도 판단력은 보편적인 선의 이념 내지 도덕법칙*을 특수적인 행위에 적용하기 위해 중요한 역할을 수행하고 있다. 하지만 이 경우에는 이질적인 양자를 매개하는 제3자는 '도식*'이 아니라 '범형'이며, 후자를 전자 아래로 포섭하는 규정적 판단력은 도덕적 실천적 판단력이라고 볼 수 있을 것이다. 여기서는 행위 그 자체가 아니라 그 준칙*이 정언명법에 적합하다는 것을 음미하고 판정함으로써 도덕적 판단력을 위한 '규준'이 전개되고 있다.

【Ⅲ】 반성적 판단력

(1) 판단력의 원리. 좁은 의미의 인식능력*과 욕구능력* 사이에는 쾌*와 불쾌의 감정이 존재하고 있다. 칸트는 이러한 감정의 활동을 반성적 판단력 안에서 발견했다. 지성이 순수 지성 개념을, 이성이 이념*을 지니는 것처럼 반성적 판단력도 '선험적인 원리'를 지녀야만 한다. 그것은 '자연의 합목적성*(Zweckmäßigkeit der Natur)'이라고 불린다. 이 원리는 순수 지성 개념 내지 이성의 이념처럼 객관* 내지 의지*의 규정에 관계하는 것이 아니라 오로지 주관*의 반성*을 자기 일로 삼는 '주관적 원리'에 불과하다. 지성 및 이성은 자연* 및 자유* 개념에 의한 입법*이 행해지는 영역을 지닌다. 다른 한편 반성적 판단력은 대상을 규정하는 고유한 영역을 지니지 않는다 하더라도 주관 자신에 대해서 선험적으로 입법적일 수 있다. 따라서 '지성의 자율'이나 '이성의 자율'과 달리 그것은 판단력의 '자기자율*(Heautonomie)'을 지닌다. 판단력은 이러한 원리에 기초하여 자연 개념의 영역으로부터 자유 개념의 영역에로의 '이행*(Übergang)'을 수행함으로써 이론철학과 실천철학*의 체계적 통일을 가능하게 하는 것이다.

(2) 미학적 판단력과 목적론적 판단력. 반성적 판단력은 미적 자연 및 예술작품의 판정에 관계하는 취미* 및 취미판단을 가능하게 하는 미학적 판단력과 유기적 자연의 인식에 관계하는 목적론적 판단력으로 구분된다. 전자에서 자연의 합목적성은 주관의 쾌·불쾌의 감정에 대해서 구성적*인 원리를 이루는 데 반해, 후자에서 그것은 자연인식의 일부를 이루는 유기체*의 인식에서의 규제적* 원리에 머문다. 그러므로 '자연의

449

합목적성'은 전자에서는 주관적·형식적인 데 반해, 후자에서는 객관적·실질적 합목적성을 의미한다. 덧붙여 이야기하자면, 『제1비판』에서의 이성의 가설적 사용과 『제3비판』*의 반성적 판단력의 관계에 대해 양자를 동일하다고 간주하는 A. 슈타들러 등의 해석이 있지만, 엄밀히 살펴보면 양자 사이에는 차이가 있으며, 따라서 구별되어야만 한다.

오늘날 칸트의 미학적 반성적 판단력을 정치적 판단력으로서 다시 독해하고자 하는 아렌트*의 시도와 P. 부르디외의 사회적 판단력의 비판 등 현대 사회에서의 판단력의 의의 및 역할을 재평가하는 기운이 높아지고 있다고 말할 수 있을 것이다. ⇒취미, 합목적성, 목적론적 판단력, 『판단력비판』{『제3비판』}

—마키노 에이지(牧野英二)

⟨参⟩ 高峯一愚『カント判斷力批判注解』論創社, 1990. 中村博雄 『カント判斷力批判の硏究』東海大學出版會, 1994.

『판단력비판判斷力批判』{『제3비판第三批判』} [(독) Kritik der Urteilskraft, 1790]

【 I 】 비판철학의 완성

아름다운 것에 대한 판정능력인 취미*의 원리에 대해 논하는 것은 1770년대 초두의 '감성*과 이성*의 한계*'라는 제목의 저작 계획에서 이미 칸트 체계구상의 일부를 이루고 있었다. 그것의 이론적 부문과 실천적 부문 가운데 제1비판에서는 전자만이 이성의 초월론적* 비판이라는 문맥 하에 주제화되었다. 취미비판은 이 때 학*일 수 없고 또 초월론철학*에도 속하지 않는다고 생각되었다. 그러나 제2비판 공간을 전후하여 제1비판 제2판에서는 초월론적 취미미판의 여지가 열리며, 같은 해 말 라인홀트*에게 보낸 서간에서 칸트는 취미의 선험적*인 원리의 발견을 알린다. 이 시점에서 칸트는 인식능력*·쾌*와 불쾌의 감정*·욕구능력*이라는 심적 능력의 구분에 따라 초월론철학을 이론철학·목적론*·실천철학*의 세 부문으로 나누며, 그 가운데 목적론의 철학을 준비하는 것으로서 취미의 비판을 저술할 예정이었다. 그러나 제3비판은 최종적으로는 취미와 목적론의 쌍방에 관한 판단력*의 비판

으로서 출현한다. 비판철학의 완결을 목전에 두고서 칸트도 지나친 무리를 했던 것인지 지나치게 길어진 첫 번째 서론을 고쳐 쓰고 『판단력비판』의 출간에 다다른 것은 1790년 봄의 일이었다.

【 II 】 체계적 통일의 사상

이 제3의 주저에서 철학체계 구상은 이론과 실천 두 부문 체제로 되돌아간다. 선행하는 두 개의 비판에 의해 전자에서는 지성*이, 후자에서는 이성이 선험적인 구성원리를 제공한다는 것이 분명하게 되었다. 이제는 자연 개념의 영역에 대한 지성의 입법*과, 자유 개념의 영역에 대한 이성의 입법에 기초하여 자연의 형이상학과 도덕의 형이상학을 구축하는 것이 과제로 된다. 그러나 체계의 기초를 확보하고 지반을 공고히 하는 준비론(예비학)으로서의 비판은 아직 완결되어 있지 않다. 상위 능력의 하나, 즉 판단력의 비판이 결여되어 있는 것이다. 더욱이 여기서는 비판에 철저하지 않으면 안 된다. 판단력의 선험적인 원리는 규제적*이지 구성적*이지는 않기 때문이다. 제3비판은 새로운 체계를 근거짓지 않는다. 그러나 그것은 비판의 보충이 아니다. 그것은 체계 일반의 건축술*에 관한 고찰이자 체계적 통일 그 자체의 가능성을 묻는 것으로서 철학체계 구축에 빠질 수 없는 준비론인 것이다.

본서가 전개하는 자연*의 합목적성* 개념은 결국 체계적 통일의 가능성의 규제원리에 다름 아니다. 그 도입의 역할을 짊어지는 논리적 형식적 합목적성은 자연의 초월론적 보편법칙과 경험적 특수법칙(단일성과 다양*)의 체계적 통일에 관계한다. 이 원리를 개별적 사물에 적용함에 있어서는 아름다운 것과 유기체*가 개개의 체계*로서 파악되며, 그에 근거하여 다시 자연 전체가 미*와 목적*으로 가득 찬 하나의 체계로서 판정된다. 더 나아가 자연의 추상적 전체로부터 실질적 부분들을 편력하여 구체적 전체로 고양시켜 귀환하는 본서의 논술구성이 그 자체로 하나의 체계적 통일을 이루고 있다. 제1부가 현대의 미학*, 제2부가 생물학*에 관계한다고 하는 외적인 사정으로 인해 종래 제3비판의 연구는 둘로 분단되는 경향에 있었다. 그러나 미의 감성론과 목적의 논리학이라는 2부 구성은 감성과 이성의 한계를 확인한다고 하는 비판의 당초의 방침에

도 닿아 있는 것이다. 제3비판에 대한 통일적 해석을 호소하는 최근의 연구동향에 맞추어 우리는 바로 이 책의 내적인 통일구조를 찾아내야만 한다.

【Ⅲ】 논술의 주요동기

(1) 반성적 판단력. 본서의 주역은 반성적 판단력이다. 규정적 판단력이 지성과 이성의 선험적인 구성원리에 종속하고 소여의 보편에 특수를 포섭함으로써 이론적·실천적인 객관적 인식에 관여하는 데 반해, 반성적 판단력은 다른 상위 능력에 의존하지 않고서 경험적 소여로서의 특수에 관해 고찰하며 이에 걸맞은 보편을 차례대로 추구하여 상승한다. 이러한 판단력의 반성을 이끄는 규제원리가 자연의 합목적성이며, 이것을 전제함으로써 비로소 인식 일반의 체계적 통일이 가능해진다. 제3비판은 판단력에 관해서 규정적과 반성적, 구성적과 규제적을 엄격히 구별하며, 취미판단과 자연목적론에서 독단적 규정을 경계하는 가운데 반성의 마당에서 자립한 판단력을 집중적으로 조명하는 것이다.

(2) 자연의 기교. 반성적 판단력은 기교적이다. 자연의 합목적성의 원리는 판단력의 기술적 근본성격에 뒷받침되어 자연과 기술*의 유추(아날로지)로서 전개된다. 아름다운 자연이란 기술인 것처럼 보이는 현상이며, 천재*의 아름다운 기술이란 자연인 것처럼 볼 수 있는 기술이고, 유기체란 현실에서 기술인 것처럼 보이는 것으로서 판정되는 자연산물이다. 본서는 자연의 기교라는 아날로지 개념에 의지하여 수행되는 판단력의 세계편력의 책이다. 이러한 편력을 통해 현상*의 총체로서의 추상적 자연은 기술과의 구별과 유사성을 받아들이는 가운데 단순한 기계적 자연으로부터 합목적적 자연에로 구상화되며, 이해와 해석의 의미를 짊어진 것으로서 성장해간다.

(3) 자연에서 자유*로. 자연의 이러한 변모는 자연 개념의 영역에서 자유 개념의 영역에로의 이행*이라는 본서의 근본과제에 대응한다. 자연-기술-자유. 기술 아날로지를 매개로 한 판단력의 이행의 무대는 경험*이라는 지반이다. 자연과 자유의 영역은 입법에 관해 엄격히 구별되지만 두 입법의 수행 장소는 경험의 지반인바, 여기에서 자연의 합법칙성*과 자유의 궁극목적*의 양립 가능성에 대한 물음이 제기된다. 도덕성*이라는 궁극목적은 이 세계에서 실현 가능한 것인가? 이러한 근원적인 물음의 제기에 대해서 적어도 그 실현의 사유 가능성을 여는 것이 바로 자연의 합목적성의 개념이다.

(4) 초감성적 기체. 이행의 주도 동기는 '우리의 안과 바깥'에서 반복·변주된다. 쾌적성으로부터 미를 매개로 하여 숭고*, 도덕적 선으로 상승하는 인간 주체의 감정의 추이가 내적 이행의 동기를 연주하며, 기계적인 물질적 자연으로부터 유기체의 생명을 매개로 하여 자연의 최종목적, 세계의 존재의 궁극목적(도덕성)에로 상승하는 목적론적 사유의 추이가 외적인 동기를 연주한다. 두 개의 연주곡은 도덕의 차원에서 종합된다. 이론에서 무규정에 그친 자연의 초감성적 기체는 이행을 통해 규정 가능하게 되고, 실천법칙에 의한 의지규정(자율의 자유)에로 매개된다. 이에 기초하여 반성의 상승운동은 더 나아가 신의 도덕적 존재증명에로 상승하며, 자연과 자유의 초감성적 기체가 우리 안과 밖에서 하나인 도덕적 창조신이라고 규정되게 된다. 이행의 완수, 그것은 심연으로 격리된 자연과 자유(이론과 실천)의 가교라기보다는 인간에게 있어 입법권이 나누어질 수밖에 없는 두 영역이 근본적으로는 동일한 초감성적 기체를 지니며, 그런 까닭에 경험의 지반에서도 잇닿아 있을 수 있다는 것을 확인하는 작업이었다. 이론과 실천은 하나의 이성의 두 측면이다. 철학은 두 부문으로 이루어지는 하나의 체계일 수 있는 것이다.

【Ⅳ】 전망

전체를 세부에 걸쳐 순식간에 다 아는 신적 지성의 직관지는 지의 이상이다. 그러나 이러한 지적 직관을 갖지 못한 인간의 논변적*(비량적) 지성은 보편과 특수, 형식과 질료의 통일을 추구하여 경험세계를 폭넓게 편력, 답사해야만 한다. 더욱이 지의 단순한 논리체계(학교철학)가 아니라 모든 인간이 관심을 기울이는 세계개념에 따른 철학을 지향할 때 철학은 이성의 궁극목적과 인간의 인식 전체의 관계를 묻고 탐구하는 '인간 이성의 목적론'이 된다. 제3비판은 유한성을 자각하며 세계*와 대면하는 인간 이성에게 특수와 개별

451

자들에 대한 체계적 반성의 가능성을 연다. 더욱이 체계란 철학의 절대적 완성을 참칭하는 것이 아니다. 칸트가 지향하는 체계는 이성의 역사 속에 놓여 있다. 그것은 궁극목적의 실현을 지향하면서도 특정한 시대에 부정성으로부터 실정성에로 전환하여 스스로 체계일 수 있다고 결의한 비판적 이성의 기념비적 건축의 일이다. 그에 더하여 도덕성을 궁극적인 거점으로 하는 칸트의 목적론은 자연의 최종 목적을 인간의 행복*이 아니라 인간성의 도야로서의 문화*라고 판정하고 있지만, 여기서 행복과 문화는 모두 가장 넓은 의미의 기술이성에 속하는 사항이다. 제3비판은 도덕적 이성에 의해서 기술이성을 방향짓는 역사와 문화의 비판이론에로 우리를 이끈다. 그것은 기술적 합리성을 최고 원리로 하는 현대 문화에 대한 근본적인 비판의 가능성도 열고 있는 것이다. ⇒합목적성, 미, 기술, 예술, 유기체, 자연목적, 판단력, 목적론적 판단력, 역사, 문화

—모치즈키 도시타카(望月俊孝)

图 田辺元『カントの目的論』岩波書店, 1924(『田辺元全集』筑摩書房, 第3卷). H. W. Cassirer, *A Commentary on Kant's Critique of Judgement*, Mathuen, 1938(Reprint: Barnes & Noble, 1970). K. Düsing, *Die Teleologie in Kants Weltbegriff*, Bouvier, 1968. W. Bartschat, *Zum systematischen Ort von Kants Kritik der Urteilskraft*, Klostermann, 1972. F. Kaulbach, *Ästhetische Welterkenntnis bei Kant*, Könighausen, Neumann, 1984. J. Kulenkampff, *Materialien zu Kants >Kritik der Urteilskraft<*, Suhrkamp, 1974. H. Mertens, *Kommentar zur ersten Einleitung in die Kritik der Urteilskraft. Zur systematischen Funktion der Kritik der Urteilskraft für das System der Vernunftkritik*, Berchmans, 1975(副島善道 譯『カント「第一序論」の注解──批判哲學の全体像から』行路社, 1989). G. Krämling, *Die systembildende Rolle von Ästhetik und Kulturphilosophie bei Kant*, Alber, 1985. H. Klemme, "Bibliographie", in: Immanuel Kant, *Kritik der Urteilskraft*(7. Aufl. der PhB.), Meiner, 1990. J. Peter, *Das transzendentale Prinzip der Urteilskraft. Eine Untersuchung zur Funktion und Struktur der reflektierenden Urteilskraft bei Kant*, de Gruyter, 1992. D. Teichert, *Immanuel Kant: >Kritik der Urteilskraft<. Ein einführender Kommentar*(mit Ausgewählter Literatur), UTB für Wissenschaft, 1992.

판단표判斷表 [(독) Urteilstafel]

『순수이성비판』*에서 칸트는 모든 순수 지성 개념, 즉 범주*를 남김없이 발견하는 실마리로서 판단표를 제시한다. 칸트에 의하면 인간적 지성의 인식은 개념*에 의한 인식이지만, 감성*이 촉발*에 기초하는 인식*인데 반해, 지성*은 '기능*(Funktion)'에 기초한다. 또한 여기서의 기능이란 "다양한 표상*들을 하나의 공통의 표상 아래 질서짓는 활동의 통일*"[A 68/B 93]을 가리킨다. 그리고 이러한 개념들을 지성이 사용하는 것은 지성이 그것들에 의해서 판단하는 경우에 다름 아니다. 그런 까닭에 우리는 지성을 판단*의 능력이라고 부르며, 지성의 일체의 작용을 판단으로 환원할 수 있다고 말할 수 있다. 그리고 이런 한에서 지성의 기능은 판단에서의 통일의 기능이 완벽하게 제시되게 되면 모두 발견된다고 생각된다. 그리고 이와 같은 판단에서의 통일의 기능의 완벽한 표시로서 제시되는 것이 판단표이다. 판단표는 판단 일반의 모든 내용을 사상하여 판단에서의 단순한 지성형식에만 주목할 때에 얻어지는 것으로서 '양*', '질*', '관계*', '양상*'의 네 가지 항목으로 구분되며, 각각의 항목은 세 개의 계기를 포함한다(별표 참조).

판 단 표		
각 항목 뒤에 괄호로 제시되고 있는 것이 대응하는 범주		
1. 양	전칭 (→단일성) 특칭 (→다수성) 단칭 (→전체성)	
2. 질	긍정 (→실재성) 부정 (→부정성) 무한 (→제한성)	3. 관계 정언 (→내속과 자체 존재) 가언 (→원인성과 의존성) 선언 (→상호성)
4. 양상	개연 (→가능성 – 불가능성) 실연 (→현존재 – 비존재) 확연 (→필연성 – 우연성)	

이와 같은 "하나의 판단에서의 다양한 표상들에 통일을 부여하는 이러한 동일한 기능이 하나의 직관*에서의 다양한 표상들의 단순한 종합*에도 통일을 부여한다"[A 79/B 105]는 것에 기초하여 판단표로부터 범주의 형이상학적 연역*에로 나아가는 것이 가능해진다.

또한 판단을 일반적으로 표상들을 통일하는 기능으로 하는 것은 이론적 인식에서의 대상의 규정 이외(예를 들면 취미판단)에서도 범주에 기초하는 분류가 유효하다는 것의 근거를 이루기도 한다.

판단표에 의해서 범주의 완전한 체계를 발견할 수 있는 것은 '판단하는 능력'이라는 공통원리에 기초하고 있기 때문이라고 칸트는 생각한다. 그러나 그의 구상은 어떻게 해서 이 표가 완전하며 이 이외의 것은 생각되지 않는지를 칸트 자신이 해명하지 않는다는 점에서 문제를 안고 있다. 원리적인 면에서도 '판단하는 능력'이라는 공통원리와 구체적인 개개의 항목의 관계는 어떤 것인지가 명확히 되고 있지 않으며, 역사적으로 보아도 특히 칸트가 "몇 가지 점에서 논리학자들의 보통의 방식과는 다른 것으로 볼 수 있다'고 단정하고 있는 점에서도 명확하게 드러나듯이 칸트의 여기서의 분류는 선행하는 유례를 찾아볼 수 있는 것인바, 그런 점에서도 판단표의 유래는 논의를 불러일으키고 있다. 이것은 결과로서 구체적인 범주 체계의 보편성*, 완전성*, 유일성 등에 관계하는 문제이기도 하며, 현대에도 많은 논의가 이루어지고 있다. 이러한 문제점은 일찍부터 의식되어 헤겔*은 이 점에 대해 "판단의 종류들……이 단지 관찰로부터만 취해져 오로지 경험적으로만 파악되고 있다'『엔치클로페디』제42절]고 비난하고 있으며, 또한 1790년대의 셸링*과 피히테*의 저작에서도 이러한 범주를 상호적으로 연관지음으로써 도출하고자 하는 몇몇 시도가 보인다. ⇒범주, 판단

　　　　　　　　　　　　　　　　　─이코타 마사루(伊古田 理)

참 H. Heimsoeth, Zur Herkunft und Entwicklung von Kants Kategorientafel, in: *Kant-Studien* 54, 1963. G. Tonelli, Die Voraussetzungen zur kantischen Urteilstafel in der Logik des 18. Jahrhunderts, in: Kaulbach/Ritter (Hrsg.), *Kritik und Metaphysik*, Walter de Gruyter, 1966. K. Reich, *Die Vollständigkeit der kantischen Urteilstafel*, 1932(R. Schoetz, ²1986). R. Brandt, *Die Urteilstafel. Kritik der reinen Vernunft A67-76; B92-101*, Felix Meiner, 1991. M. Wolff, *Die Vollständigkeit der kantischen Urteilstafel*, Klostermann, 1995. J. G. Fichte, *Über den Begriff der Wissenschaftslehre oder sogenannten Philosophie*, 1794. F. W. J. Schelling, *Über die Möglichkeit einer Form der Philosophie überhaupt*, 1794(大阪大學出版局에 의해 일본어 역이 근간). G. W. F. Hegel, *Enzyklopädie der philosophischen Wissenschaften im Grundrisse*, 1817(眞下・宮本 譯『小論理學』岩波書店, 1996).

판명성 判明性 [(독) Deutlichkeit]

데카르트*는 그의『철학의 원리』제1부 제45절에서 '명석한 지각(clara perceptio)'을 '주의하는 정신에 현전적으로 명백한 지각'으로, 또한 '판명한(distincta) 지각'을 명석함과 동시에 '다른 모든 것으로부터 분리되어 묘사되어 있어' 명석한 것 이외의 아무것도 포함하지 않는 지각으로 규정하고 있다. 이에 대응하는 규정을 그의 주저인『성찰』에서는 발견할 수 없다. 데카르트 철학에서 '명석판명'이라는 것은 진리*의 탐구에서의 사유*의 전개가 결실되는 곳에서 말해지는 것인데, 『철학의 원리』의 규정도 그와 같은 형이상학*의 방법이라는 틀 안에서 이해되어야만 한다. 그러나 철학사적으로는『철학의 원리』의 규정이 말하자면 한 사람의 발걸음을 내딛는 것으로 된다. 라이프니츠*의『인식, 진리, 관념에 대한 성찰』에 의하면 '인식*(cognitio)' 내지 '개념*(notio)'은 '애매(obscura)'한 것과 '명석'한 것으로 나누어진다. 명석한 것은 '혼란(confusa)'하든가 '판명'하다. 판명한 인식은 '불충전적(inadaequata)'이든가 '충전적(adaequata)'이며, '상징적(symbolica)'이든가 '직관적(intuitiva)'이다. 데카르트의 규정과 다른 점은 '명석'이라는 분류 하에 '혼란스럽다'고 하는 것이 포섭되어 있는 것, 판명이라는 것을 '징표(nota)'에 기초하여 파악하고 있는 것, 판명이라는 것을 좀더 분류하고 있는 것이다. '명석', '판명'이라는 개념이 논리적인 재파악 하에서 제시되고 있다고 말할 수 있다.

이러한 점들은 그 대강에서 칸트에서도 발견된다. 칸트의『논리학』에 따르면 "만약 내가 표상*을 의식*하고 있게 되면, 그 표상은 명석(klar)하며, 내가 그것을 의식하고 있지 않게 되면, 그것은 애매(dunkel)하다'[IX 33]. 이러한 명석한 표상은 의식의 정도에 주목하여 '판명성'과 '비판명성(Undeutlichkeit)'으로 구분된다.

나아가 판명성은 '미감적(ästhetisch)' 내지 '감성적*(sinnlich)'과 '논리적(logisch)' 내지 '지성적(intellektuell)'으로 나누어진다. 전자는 인식이 감성*의 법칙에 따르는 경우의 판명성이며, 후자는 인식이 지성*의 법칙에 따르는 경우의 판명성이다. 이러한 구별은 라이프니츠에서는 보이지 않는다. 논리적 판명성은 '징표의 객관적 명석성(Klarheit der Merkmale)'에 기초하며, 미감적 판명성은 징표의 주관적 명석성에 기초한다. 명석성의 정도가 한층 더 높은 것, 징표의 명석성으로서 성립하는 것이 판명성이게 된다. 주관적 명석성이라는 점에서는 심리주의적으로 이해된 데카르트적인 '명석' 개념과의 연관이 발견되며, 또한 판명성을 '징표'에 기초짓는다는 점에서는 라이프니츠에 의한 이 개념의 논리화 이전에 위치한다. '판명성'은 칸트에서는 "명석한 개념을 판명하게 하는 것이 논리학의 일이다"라고 말해지는 그의 논리학상의 개념이라고 말할 수 있다[IX 33-35, 61-63]. ⇒명증성, 데카르트

—무라카미 가츠조(村上勝三)

『판명성判明性』 ⇨『자연신학과 도덕의 원칙의 판명성』{『판명성』}

판정判定 ⇨가치판단

퍼스 [Charles Sanders Peirce 1839. 9. 10-1914. 4. 14]

미국의 논리학자, 과학자, 철학자. 일반적으로 미국 실용주의의 비조로서 간주된다. 퍼스는 칸트 철학의 연구로부터 출발하여 처음에는 칸트의 범주표를 독일 관념론자들처럼 형이상학적 진리를 명확히 하기 위한 사변적 도구라고 생각하고 있었지만, 곧바로 이러한 생각을 단념하고, 오히려 '가설형성-연역-귀결적 검증'이라는 과학의 논증형식 또는 탐구방법 그 자체가 실재의 인식을 구성하는 형식적 제약이라고 하는 새로운 생각에 도달했다. 그리고 이와 같은 과학의 탐구방법이라는 형식적 제약에 기초하는 객관적 인식의 근거

짓기라는 시도를 위해 한편으로 인식 내용을 '표상*'으로 하는 칸트의 생각을 '기호*'로서 다시 분석하는 기호론적 인식론을 구상함과 동시에, 다른 한편으로 인식 주관을 개별적인 인간 정신들로 삼지 않고 탐구자의 '공동체'에 두는 이론을 산출했다. 이것이 오늘날 아뻴* 등에 의해서 강조되는, 퍼스에서의 칸트 철학의 '기호론적 전회'이다.

퍼스의 이와 같은 인식론적 근거짓기는 그가 1877-78년에 발표한 『과학의 논리의 예증들』에서 전개되고 있지만, 그는 거기서 우리의 인식 내용을 명석하게 하기 위한 준칙*으로서 개개의 인식을 실험적 상황에서의 행위와 귀결의 가언적 명제로 고쳐 쓰라고 하는 '실용주의의 준칙'을 제창하고 있다('실용적'이라는 말도 칸트의 실천철학*에서의 용법을 답습한 것이다). 일반적으로 실용주의*라고 불리는 철학은 이러한 준칙을 인간 인식에 관한 조작주의의 주장으로 이해하고, 나아가 그 위에서 인식의 진리성을 개인에서의 유용성과 등치시키는 이론이라고 간주되고 있지만, 이와 같은 이해는 퍼스의 친구 제임스의 것이지 퍼스 자신의 것은 아니다. 퍼스에게 있어 실용주의의 준칙은 어디까지나 개개의 인식이 탐구자 공동체에서 상호적으로 비판되는 것이 가능해지기 위한 예비적인 방법으로서 과학의 논리에 짜 넣어졌던 것이다. ⇒실용주의

—이토 구니타케(伊藤邦武)

㊄ 『パース著作集』 全3卷, 勁草書房.

㊞ Karl-Otto Apel, *Der Denkweg von Charles S. Peirce*, Suhrkamp Verlag, 1975. 伊藤邦武『パースのプラグマティズム』勁草書房, 1985.

퍼트넘 [Hilary Putnam 1926-]

하버드 대학 교수. 현대 미국을 대표하는 철학자. 현대논리·수학·과학의 전체에 가장 정통하고 있다. 논리실증주의*로부터 출발. 이윽고 콰인*을 따라 분석적*-종합적이라는 이분법과 물리적 환원주의를 배척하고, 또한 심적 성질을 계산기의 프로그램처럼 간주하는 기능주의를 주장. 수학적 플라톤주의를 받아들이

며, 세계*는 마음에서 독립해 있고, 진리*는 사실과의 대응에 있으며, 또한 과학은 세계에 관한 참되고 완전한 유일한 기술로의 수렴을 지향한다는 실재론*을 채택했다. 또한 말의 지시는 개인의 심적 상태가 아니라 언어활동의 사회적 분업과 협업 및 실재세계에 의존한다고 주장. 그러나 1970년대 후반부터 말의 지시는 인과적으로는 불확정적이며, 복수의 참다운 세계기술이 가능하고, 개념도식에 의존한다고 하는 '내재주의'를 채택하고, '형이상학적 · 외재적 실재론'을 버린다. 한편 '진리'를 개개의 합리적 정당화로부터는 독립적이지만 그 이상화로 간주하고, 동시에 각 개념도식 내부에서의 수렴을 인정함으로써 '상대주의'를 배척하고 '내재적 실재론'을 주장한다. 이것은 초월론적 관념론과 비판적 실재론을 함께 주장하는 칸트의 입장에 가깝다고 퍼트넘은 스스로 인정한다.

―노모토 가즈유키(野本和幸)

㊟『理性 · 眞理 · 歷史』(1981), 法政大學出版局.『實在論と理性』(1983), 勁草書房.

페더 [Johann Georg Heinrich Feder 1740. 5. 15-1821. 5. 22] 괴팅겐 대학 교수. 당시 대중철학의 아카데미 세계에서의 대표자의 한 사람. 칸트의 비판자. "항상적인 가상은 실재성{진리}이다"라는 고유한 테제를 세우고, 가상 비판을 기조로 하는 칸트 철학과 정면에서 대립한다. 유명한「괴팅겐 비평」의 저자의 한 사람. 즉『순수이성비판』* 제1판에 대한 서평을『괴팅겐학보』에 가르베*와 함께 집필하고, 칸트의 초월론적 관념론을 버클리*로 대표되는 전통적인 경험적 관념론과 동일시하는 판단을 내렸다. 그에 대해 칸트는『프롤레고메나』*에 많은 분량의 부록을 마련하여 반론을 시도했다.『순수이성비판』 제2판에 새롭게 마련된 '관념론 논박*'도 페더 논평에 대한 반론의 의미를 지닌다.『공간과 인과성』에서도 페더는 칸트가 주장하는 인과율의 선험성에 반대하여 시종일관 칸트 철학의 반대자임을 관철했다. 그러나 칸트는 1767/68년부터 1785/86년에 걸쳐 대학에서의 엔치클로페디* 강의에서 모두 합쳐 11회에 걸쳐 페더의『철학적 학문들의 기초』를

교과서로서 사용하고 있었다. ⇒대중철학, 관념론 논박

―이시카와 후미야스(石川文康)

㊟ *Grundriß der philosophischen Wissenschaften*, 1767. *Logik und Metaphysik*, 1777. *Institutiones logicae et metaphysicae*, 1777. *Raum und Kausalität*, 1787.

㊿ Erich Pachaly, *J. G. H. Feders Erkenntnistheorie und Metaphysik in ihrer Stellung zum Kritizismus Kants*, Borna/Leipzig, 1906. Max Wundt, *Die deutsche Schulphilosophie im Zeitalter der Aufklärung*, Tübingen, 1945. 石川文康『カント第三の思考』名古屋大學出版會, 1996;「論爭家としてのカント―― 觀念論論駁をめぐって」『現代思想』22-4, 1994.

페시미즘 ⇨비관주의

평등平等 [(독) Gleichheit]
　평등의 관념은 칸트 법론*에서 특별한 지위를 점하고 있다. 인간의 불평등 극복의 문제를 정치철학적 고찰의 중심에 놓은 루소*와 그의 깊은 사상적 연계가 제시되는 것도 이 문제를 둘러싸고서이다. 그러나 루소에게 있어 인간의 평등은 인간적 자유에 병렬되는 지위를 지니고 있던 데 반해, 칸트의 경우에 평등은 좀더 근원적인 자유의 개념에서 도출되는 것으로서 생각된다. 칸트에 의해서 인간의 유일한 근원적 · 생득적 권리의 대상으로서 인정되는 것은 '자유*'(내적 자유 = 자율로서의 자유)이며, 시민적 평등은 (시민적 독립 등과 더불어) 이 자유의 개념에 이미 내포되어 있는 부차적 관념으로 되는 것이다. 이러한 사정으로부터 시민의 평등을 주로 '법 아래에서의 평등'이라는 관점에서 파악하는 한편, 적극적 참정권을 지니지 않는 '수동적 시민'과 그것을 지니는 '능동적 시민'을 구별하고 재산의 많고 적음에 의한 정치적 지위의 차별을 정당화하는 그의 논리가 나온다. 이러한 차별은 수동적 시민이 자력으로 능동적 시민으로 올라간다는 것을 방해해서는 안 된다는 금지규정에 의해 상대화되고 있긴 하지만, 루소적인 평등 관념의 이론적 애매

화라는 점은 부정할 수 없다.

다만 이와 같은 공식적인 견해와는 별도로 그의 법론 전개의 실질적인 내용에 주목하게 되면, 예를 들어 "어떤 사람의 자유가 다른 사람의 그것과 자유의 보편적 법칙에 따라서 조화되기 위한 조건들의 총체"라는 법의 정의에서도 나타나 있듯이, 어떤 사람과 다른 사람은 서로 교환되는 위치를 점하는 데 지나지 않으며, 누구도 특별한 특권적 지위에 서는 것은 인정되지 않는다는 점에서 인간적 평등은 법론의 기저에 흐르는 기본사상이라고까지 말할 수 있는 것이다. 칸트의 유고집과 법론 준비초고에서 빈번히 나타나는 루소 풍의 급진적인 평등주의적 사상은 이러한 기본사상의 표출이라고도 생각된다.

칸트의 법철학과 사회철학의 총체에서 평등사상을 어떻게 위치지을 것인가 하는 문제에 관해 논자 사이에 커다란 견해 차이가 나타나는 것도 이런 정도의 이유가 있는 것으로 생각된다. ⇒자유, 법론, 『인륜의 형이상학』, 법{권리}, 루소

—미시마 요시오미(三島淑臣)

📖 R. Saage, *Eigentum, Staat und Gesellschaft bei Immanuel Kant*, Stuttgart/Berlin/Köln/Maniz, 1973. G. Luf, *Freiheit und Gleichheit: Die Aktualität im politischen Denken Kants*, Wien/New York, 1978. W. Kersting, *Wohlgeordnete Freiheit: Immanuel Kants Rechts- und Staatsphilosophie*, Suhrkamp, 1993.

평화 平和 [(독) Frieden]

칸트에서 평화가 테마로 되는 가장 중요한 텍스트는 『영원한 평화를 위하여』(1794)지만, 거기서의 평화를 포함하여 칸트의 평화 개념에 대해 중요한 해명을 주는 것은 『철학에서 영원한 평화』(1796)이라는 소논문이다. 이 논문에서는 칸트가 말하는 평화가 단지 평온하고 사고가 없는 상태인 것이 아니라 오히려 긴장을 잉태한 균형 상태라고도 말해야 하는 동적 상태를 가리키는 것이라는 점을 엿볼 수 있다.

평화란 소극적으로 말하면 '적의의 종식'이지만, 이미 『영원한 평화를 위하여』의 평화도 오로지 국가들을 주체로 하여 그들 사이에 성립하는 것으로서 생각되고 있고 전쟁 상태가 자연적인 국가들 사이에서 창설되어야만 하는 것이라는 점에서 적극적인 의미부여가 이루어지고 있다. 거기서 칸트는 독자적인 의미에서의 공화제를 국내체제로 하는 국가가 세계시민법에 의해서 통제된 평화연합을 결성하는 것을 모든 전쟁이 영원히 종료되기 위한 구체적인 방책('영원한 평화를 위한 확정조항')으로서 제출하고 있다. 평화를 위한 가장 적극적인 이념은 '세계공화국'이라는 것을 인정하면서도 칸트는 국가들을 단위로서 생각하는 것을 현실적이라고 판단하는 것이다. 이와 같이 "독립하여 서로 이웃하고 분리된" 국가들을 전제로 하여 그들 사이에서 비로소 평화를 구상하는 것은, 어떤 특정한 국가가 세계지배를 바라고 전제적인 일원적 세계왕국은 무정부상태로 전락한다는 통찰을 지닌 칸트에게 있어서는 그 방지를 위해 단지 현실적일 뿐만 아니라 오히려 대단히 실질적인 역할을 지녔다고 말할 수 있을 것이다. 칸트는 세계시민법을 우호를 성립시키는 조건들로 한정함으로써 평화연합이 바로 국가들의 독립성을 살리는 데서 사명을 지닌다는 것을 보이고, 유럽의 상업주의적 국가의 다른 지역으로의 비우호적인 진출에 대한 엄격한 비판과 그에 직면한 일본의 쇄국정책에 대한 찬양에 의해 주체적인 국가에 의해서 동적으로 유지되는 평화라는 이미지를 강조하고 있다. ⇒『영원한 평화를 위하여』{『영원평화론』}, 영원한 평화, 전쟁

—후쿠타니 시게루(福谷 茂)

📖 G. Schönrich/Y. Kato (Hrsg.), *Kant in der Diskussion der Modern*, Frankfurt, 1996. J. Bohman/M. Lutz-Bachmann (eds.), *Perpetual Peace*, Cambridge (Mass.), 1997.

포르스터 [Georg Forster 1754. 11. 26~94. 1. 10]

신학, 의학, 언어학, 지리학, 자연사 등에 걸쳐 박학한 존 라인홀트 포르스터(1729~98)를 아버지로 하여 단치히 근교의 나센푸벤에서 태어났다. 아버지의 가르침 아래 정규 교육을 거의 받지 않았으며, 65년 열 살 때 러시아의 카타리나 2세의 요청을 받은 아버지를

따라 불가 지방의 독일인 지구의 조사를 향해 떠났다. "세상이라는 커다란 학교"에서 "자연이라는 훌륭한 책"을 읽고 공부하는 첫 걸음이었다. 72–75년 J. 쿡의 제2차 세계항해에 아버지와 함께 참여하여 뉴질랜드, 타히티 등을 탐사, 그 성과를 『세계여행기』(*Die Reise um die Welt*)로 펴내 커다란 반향을 불러일으킨다. 70년 3–4월, A. v. 훔볼트와 함께 라인강 하류 지역, 영국, 프랑스로 여행. 남해의 섬들 각지에서의 인류학적 관찰은 칸트의 인종론에 의문을 품게 하여 『인종론 재고』(1786)를 쓴다. 이 책은 칸트의 반론(『철학에서의 목적론적 원리의 사용에 대하여』 1788)을 불러내지만, 논쟁은 발전되지 않았다. 92년 마인츠 임시행정위원회 부대표가 되지만, 93년 마인츠에서 파리로 떠나며, 그곳에서 죽는다.

—바바 요시유키(馬場喜敬)

⊞ 『フォルスター作品集 ── 世界旅行からフランス革命へ』 三修社, *Werke*, 2 Bde., 1968. *Voyage Round the World*, 1977. *Die Reise um die Welt in den Jahre*, 1722–75/1778–80. *Noch etwas über die Menschenrasse: An Herrn Dr. Biester*, 1786. *Ansichten vom Niederrhein*, 1791–1792.

포섭包攝 [(독) Subsumtion]

일반적으로 포섭은 주어 개념이 술어 개념 하에 포섭된다고 하는 논리적 관계를 나타낸다. 이에 대해 칸트에게 고유한 포섭은 판단의 객관적 타당성을 묻는 '적용(Anwendung)'의 문제를 나타낸다. 더 나아가 포섭은 원리로부터의 인식인 이성의 추론에서도 관철된다.

이러한 포섭이 단적으로 말해지는 것은 "특수한 것을 보편적인 것 아래에 포함되어 있는 것으로서 생각하는 능력"[V 179]인 판단력*에서이다. 확실히 '반성적 판단력'도 주어진 특수한 것을 아직 주어져 있지 않은 보편적인 것(법칙) 아래로 포섭할 것을 지향한다[vgl. V 385]. 그러나 포섭작용이 고유한 의미에서 활동하는 것은 '규정적 판단력'에서이다. 규정적 판단력은 법칙 내지는 개념*으로서의 보편적인 것이 이미 주어져 있고 이 "보편적인 것 하에 특수적인 것을 포섭한다"[V 179]. 그렇다면 이러한 포섭은 어떠한 제약 하에서

가능해지는 것일까? 이러한 "포섭의 제약을 선험적*으로 보이는"[V 183] 것이야말로 '초월론적 판단력'에 다름 아니다. 이 점에서 포섭은 '적용'의 가능성과 직결된다.

본래 특수적인 것인 대상*을 보편적인 것인 개념 하에 포섭하기 위해서는 "언제나 대상의 표상*은 개념과 동종적이어야만 한다"[B 176]. 그러나 "순수 지성 개념은 원래 경험적 직관과는 전적으로 이종적이며, 어떠한 직관*에서도 결코 발견될 수 없다"[같은 곳]. 그러므로 다음과 같은 점이 물어진다. 즉 "어떻게 해서 순수 지성 개념 하에 직관을 포섭하는 것이 가능하며, 따라서 어떻게 해서 범주*를 현상*에 적용하는 것이 가능한 것인가?"[같은 곳] 이 물음에 답할 수 없다고 한다면 "개념은 무내용이고, 따라서 단순한 논리적 형식"[B 175]에 불과한 것으로 된다. 그리하여 이러한 이종적인 것들 사이에 한편으로 범주와 동종적(지성적)이고, 다른 한편으로 현상과 동종적(감성적*)인, 그러한 매개적 표상이 요구되게 된다. 이것이 상상력*의 산물로서의 초월론적 도식이다. 초월론적 판단력이 선험적으로 나타내는 포섭의 제약이란 바로 이 도식이다[vgl. B 304]. 이러한 제약 하에서 지성*의 규칙으로서의 개념에 실재성*(적용)이 주어진다. 포섭은 적용의 원리와 기저에서 공통적인 것이다. ⇒판단력, 도식, 도식론, 상상력

—기무라 히로시(木村 博)

포착捕捉 [(독) Apprehension (라) apprehensio]

포착에 관한 파악방식은 『제1비판』 제1판부터 2판에 걸쳐 크게 진전된다. 제1판에서 그것은 우선 "마음*의 변용으로서의 표상*들의, 직관*에서의 포착"[A 97], 즉 마음의 변용으로서의 표상들을 직관에서 포착하는 것이며, 지성*의 자발성*에 기초를 지니는 포착, 재생, 재인이라는 삼중의 종합* 가운데 하나이다. 그러나 이러한 삼중의 종합의 기능이 명확하지는 않다. 일정한 직관은 그 자신 속에 다양*을 포함하는 까닭에, 이러한 다양으로부터 "직관의 통일(Einheit der Anschauung)"[A 99]이 생기기 위해서는 다양을 통관하여 그로

부터 이 통관을 총괄할 필요가 있다. 이러한 활동이 포착이다. 여기서 포착은 경험적이든 순수*하든 하나의 직관 자신이 지니는 통일*(직관의 통일)을 가져오는 것이며, 삼중의 종합이 본래 하나의 자발성의 국면들의 다름에 지나지 않는다고 한다면, 그 모두가 직관의 가능성*의 조건으로서 필요할 것이다. 그러나 다른 한편 그것은 각각이 통일을 지니는 직관의 다양을 범주*에 의해 종합 통일하여 진위를 물을 수 있는 일정한 경험적 인식을 형성하는 것이기도 하다. 그것은 하나의 인식*이 지니는 통일, "인식의 통일(Einheit der Erkenntnis)"[A 116]을 가능하게 하는 것이다. 제1판에서는 여기에 종합의 사태에 관한 애매함이 놓여 있다.

제2판에서는 이 점이 명확하다. 포착은 수용적인 경험적 직관 그 자체를 가능하게 한다. 그것은 우선 내적 직관과 관련하여 말해진다. 내적 직관에 있어 그 소재로 되는 것은 외감의 표상 이외에는 없다. 자기 의식*의 능력은 내적 상태를 직관할 때 마음 안에 존재하는 것을 구하는(포착하는) 경우, 마음을 외감의 표상에 의해 촉발*해야만 한다. 이리하여 비로소 외적 직관이 표상으로서 성립함과 동시에 자기 자신의 직관이 성립한다[B 68]. 마음(내감*)을 외감의 표상에 의해 시간*의 형식에 따라서 촉발하는 것은 상상력*의 초월론적 종합이라는 이름 아래 활동하는 지성*이다[B 153f.]. 이에 의해 외적 직관은 지성이 종합할 수 있는, 지성에 고유한 직관으로서 비로소 자기 내에 받아들여지지만 (in sich aufnehmen)[A 120/B 153f.], 이러한 받아들임이 포착이며, 동시에 자기의 내적 직관이기도 하다. "나는 포착의 종합 하에서 다양을 하나의 경험적 직관에서 합성하는 것을 이해한다"[B 160]. 제2판은 이와 같이 포착을 명확히 하나의 경험적 직관 및 그 의식*인 지각* 그 자체의 가능근거로 삼는다. 지성이 종합할 수 있는 직관이 성립하기 위해서는 감성이 외적으로 촉발될 뿐 아니라 내적으로도 촉발되어야만 한다. 그리고 나 바깥의 사물을 외적으로 직관하는 것은 동시에 또한 나의 마음을 내적으로 직관하는 것이기도 하며, 양자는 동일사태의 양상의 다름인 것이다. 어떤 것, 예를 들면 눈앞의 컵을 시공을 형식으로 하여 지금 나의 바깥에서 직관하는 경우, 그것을 외적으로 직관하고

있는 것 자체를 동시에 내적으로 직관하고 있어야만 한다. 그렇지 않으면 외적 직관은 불가능하다. 그리고 이 컵의 직관에서 '지금'이라는 시간성과 더불어 '나의 바깥'이라는 공간성에도 주의할 때, 컵은 '나의 바깥'의 사물, 즉 외적 현상의 양상을 지니며, 공간성이 사상되어 '지금'이라는 시간성만이 주의될 때, 요컨대 내가 의식하고 있는 사이만 있고 의식하지 않게 되면 없어지는 존재방식을 취하는 점만이 주의될 때, 동일한 컵은 '나의 안의 표상, 즉 내적 현상의 양상을 지니는 것이다.

지각은 언제나 감각을 포함하는 경험적 표상이지만, 제1판은 이러한 경험적 지각의 가능근거로서의 포착의 경험적 종합과, 공간* · 시간의 선험적*인 다양을 종합하여 시공표상을 가능하게 하는 포착의 순수 종합을 구별하지만, 제2판에서는 위의 인용이 보여주듯이 포착은 언제나 경험적 직관을 가능하게 하는 경험적인 것에 한정되며, 선험적인 시공표상을 가능하게 하는 것은 포착이 아니라 산출적 상상력의 순수 종합이게 된다. 물론 포착과 순수 종합의 양자는 배타적이지 않은데, 경험적 포착이 시공을 형식으로 하여 행해지고 선험적인 시공표상을 가능하게 하는 것이 순수 종합인 한에서, 산출적 상상력의 순수 종합은 경험적 포착의 초월론적 근거로서 포착의 사태와 함께 기능하고 있다고 말할 수 있을 것이다. ⇒결합, 상상력, 자기촉발, 종합

—이와쿠마 사토시(岩隈 敏)

〖참〗 M. Heidegger, *Kant und das Problem der Metaphysik*, Frankfurt am Main, ³1965(木場深定 譯『カントと形而上學の問題』理想社, 1967). H. Hoppe, *Synthesis bei Kant*, Berlin, 1983. A. Maier, *Kants Qualitätskategorien*, Berlin, 1930.

포퍼 [Karl Raimund Popper 1902. 7. 28~94. 9. 17]

유대계의 자식으로서 빈에서 태어나 제2차 대전 후에는 영국을 거점으로 하여 활약한 철학자, 과학사상가. 그의 업적은 다양한 분야에 걸쳐 있지만, 과학철학의 영역에서는 대담한 추측과 반박에 의해서 과학이 동적으로 발전해가는 논리를 주창하고, 사회철학의

영역에서는 열린 다원적 사회라는 이상 하에서의 점진적 사회공학을 제창했다. 그의 사상 전반은 비판적 합리주의의 이름으로 불리고 있다.

그는 '앎에 의한 자기해방'이라는 점에서 칸트의 비판철학을 높이 평가하는 한편, 피히테* 이후의 독일 관념론*을 칸트로부터의 일탈로서 격렬하게 비난한다. 또한 영국 경험주의의 타블라 라사설에 반대하여 인식 주체의 발생적(심리적) 선험*을 강조하지만 지식의 가류주의라는 입장에서 인식의 타당성의 선험을 인정하지 않으며, 인식은 반박이라는 과정을 거쳐 잠정적으로 확증된다(따라서 언제나 반박에 열려 있다)고 하는 견해를 채택한다. 덧붙이자면 후기의 그는 세계1(물질), 세계2(의식), 세계3(문화)의 상호작용이라는 관점으로부터 독자적인 진화론적 인식론과 심신론을 전개했다. ⇒비판주의

―야마와키 나오시(山脇直司)

☞『果てしなき探究―知的自伝』上・下 (1974), 岩波書店.

포프 [Alexander Pope 1688. 5. 21-1744. 5. 30]

18세기 영국의 대표적 시인. 런던에서 태어남. 조부는 국교도 목사였지만, 아버지는 린넬 상인으로서 리스본에서 견습 중 로마 가톨릭으로 개종. 자식인 알렉산더도 가톨릭이 된다. 12세 무렵 병을 앓을 때 라틴어와 그리스어를 독학하여 훗날 호메로스의『일리아스』(Ilias, 1715-20),『오디세이아』(Odyssey, 1725/26)의 영역을 완성할 바탕을 형성한다. J. 드라이든을 사숙. 21세에 시집『목동가』(Pastoral, 1709)를 출판. 23세에 나온『비평론』(An Essay on Criticism, 1711)은 고전주의 문학론의 대표가 된다. 1733/34년 볼링브로크 경에게 보낸 서간 형식의 시작품『인간론』(An Essay on Man)은 널리 읽혔다. "존재하는 것은 무엇이든 옳다'(Whatever is, is right), "존재의 거대한 연쇄'(Great Chain of Being)에서의 신의 섭리의 올바름을 노래한다. 칸트는『천계의 일반자연사와 이론』*의 여섯 군데에서 그로부터 인용하고 있는 외에, 만년에는 뉴턴*과 루소*를 화해시키는 역할의 의미를 지니게끔 하고 있다. ⇒『천계의 일반자연사와 이론』{『천계론』}

―바바 요시유키(馬場喜敬)

☞ Complete Book, 10 vols.

☞ A. Lovejoy, Great Chain of Being, 1936(內藤健二 譯『存在の大いなる連鎖』晶文社, 1975). 夏目漱石「ポープといわゆる人工派の詩」『文學評論』下, 岩波文庫.

표상表象 [(독) Vorstellung]

【Ⅰ】 개념사

'표상(Vorstellung)'의 개념은 볼프학파에서는 주로 perceptio의 독일어 번역으로서 사용되었다. 이 개념은 라이프니츠*가 고차적인 모나드*의 자기의식적 성격 (apperceptio)에 대해서 저차적인 모나드의 지각적 성격을 나타내기 위해 사용한 것으로서 반성적 자기의식을 지니지 않는 직접적인 지각*을 의미하고 있다. 그러나 동시에 라이프니츠에게 있어서는 생동하는 힘 내지 작용인 모나드의 내적 상태가 '표상'으로 되며, 이런 의미에서의 '표상'은 힘 내지 활동성도 의미한다. 다른 한편 칸트의 동시대에도 바움가르텐* 등은 Vorstellung이라는 말을 repraesentatio의 번역어로서 사용하고 있었다. 테텐스*는 이것을 감각적 인상을 복사하여 관념으로 만드는 작용이라고 하여 imaginatio라고도 부르고 있지만, 이러한 용법들에는 영국 경험주의의 이성적 심리학에서의 심적 작용의 능력을 부르는 호칭으로서의 표상력이라는 사고방식이 반영되어 있다. 나아가 표상에는 철학적 용법 이외에도 일상적인 '마음속에 떠올림', '관념' 등의 의미가 이미 놓여 있는바, 칸트 시대의 '표상'의 개념이 다의적인 것이었음을 엿볼 수 있다.

【Ⅱ】 칸트의 표상 개념

칸트 자신은 표상론에 대해 마이어*의『이성론』등 볼프학파의 학설을 원용하여 말하고 있는데,『순수이성비판』*과『논리학 강의』에서는 직관*과 (지성*・이성*) 개념도 포함하는 넓은 의미의 표상의 단계가 기술되고 있지만, 그 용어법이 반드시 일관된 것은 아니다. 즉『순수이성비판』에서는 표상 일반(repraesentatio)이라는 유 아래 '의식적 표상 내지 지각(perceptio)'이 놓이며, 그것은 '주관적 지각인 감각*(sensatio)'과 '객관적

459

지각인 인식*(cognitio)'으로 구분된다. 인식은 '직관이든가 개념이든가(intuitus vel conceptus)'이며, 나아가 '개념'은 '경험적 개념'과 '순수 개념'으로 나누어진다. 지성에만 근원을 지니는 순수 개념은 '지성 개념(notio)'이며, 그것이 경험*의 가능성*을 넘어서면 '이성 개념', '이념'으로 불린다고 하는 구분의 예가 제시된다. 또한 『논리학 강의』에서는 다른 단계적 구분이 제시되며, 그에 따르면 '의식적 표상(지각)', '비교적 표상(구별)', '의식적 비교(인식)', '개념적 인식(이해)', '이성적 인식(통찰)', '선험적인 이성적 인식(파악)'이 나누어지게 된다. 또한 대상*에 의한 표상의 규정*으로부터 표상에 의한 대상의 규정으로 코페르니쿠스적 전회*를 수행한 칸트의 인식론*에서 표상은 이성 능력에 의해서 처리되는 소여, 사물의 표상, 표상상表象像임과 동시에 표상하는 능력, 표상의 방식, 표상작용이기도 한데, 이러한 구분이 선험적*인 표상과 후험적*인 표상, 대상의 직접적 표상과 대상의 표상의 (간접적) 표상이라는 구분과 더불어 칸트의 표상 구분의 기본을 이루고 있다.

이와 같이 칸트에서 '표상'은 대단히 포괄적인 넓은 의미의 개념임과 동시에, 개개의 인식구조의 성격짓기에 본질적인 관계를 지니는 것이기도 하며, '직관'과 '개념'의 표상으로서의 성격을 어떻게 이해할 것인가 하는 것이 중요한 문제로 된다. 특히 『순수이성비판』의 중핵을 이루는 이른바 초월론적 연역은 표상의 가능의 제약에 대한 논증이며, 초월론적 통각의 종합적 통일도 표상의 통일*이다. 나아가 그러한 초월론적 원리가 가능하게 하는 것은 대상 그 자체가 아니라 표상에 대한 대상의 관계이다. 이러한 점에서 칸트의 사변적 인식론은 표상의 객관적 타당성*을 묻는다고 하는 표상이론의 성격을 그 특징으로 한다. 이런 의미에서 칸트의 인식론은 인식 주관과 인식 대상의 이원론*에 입각해 있다고 하기보다 오히려 라이프니츠 이래의 표상주의를 비판적으로 계승하면서 그 약점이었던 경험적 관념성의 벽을 돌파하고자 한 것이라고 말해야만 하며, 이것은 당시 영국과 독일 대중철학에 유행하고 있던 반표상주의에 대해서 칸트가 의식적으로 취한 입장이라고도 간주될 수 있다.

또한 표상과 유사한 술어로 '형상(Bild)'이 있지만, 『순수이성비판』의 '도식론*'에서 칸트는 산출적 상상력의 경험적 능력에 의한 산물인 '형상'은 '도식*'을 매개로 해서만 '개념'과 결부될 수 있는 것에 그치며, '간접적 표상', '표상의 표상', '고차적인 표상'이라고도 불리는 '개념'에 합치하는 것은 아니라고 기술하고 있다. 또한 상상력*의 초월론적 산물인 '도식' 그 자체도 '형상'에는 꼭 들어맞는 것이 아니긴 하지만, 그 자신으로서는 내감*에서의 표상 결합*의 시간적 규정에 관한 산물이며, 통각*의 통일에 따르는 표상 그 자체는 아니다. ⇒개념, 감각, 지각, 범주, 이념

─오하시 요이치로(大橋容一郎)

📖 C. Knüfer, *Grundzüge der Geschichte des Begriffs "Vorstellung" von Wolff bis Kant*, Hildesheim, 1975. M. Kuehn, *Scottish Common Sense in Germany. 1768–1800*, Kingston, 1987. 大橋容一郎「表象概念の多義性」『講座ドイツ観念論』2, 弘文堂, 1990.

푸코 [Michel Foucault 1926. 10. 15–84. 6. 25]

프랑스의 철학자. 지식의 기본적 틀이 무의식적인 동시에 불연속적으로 변천된다고 지적하고, 지식의 기반에 주체*가 있다는 생각을 물리쳤다. 칸트적 인간관의 비판자이다. 박사논문 『광기의 역사』(1961)에 더하여 칸트의 『인간학』*의 불어역과 해설을 부논문으로서 제출. 인간의 유한성에 대한 묘사에서 『인간학』의 특징을 보았다. 이어서 『언어와 사물』에서 근대의 앎의 상대화를 행한다. 요컨대 표상*의 질서에 신뢰를 둔 고전주의 시대와는 달리 칸트의 시대에 사물 안에서나 자기 안에서 표상을 벗어나는 불투명한 것을 껴안은 주체, 즉 '인간'이 지식의 고유한 영역을 이루는 주체로서 처음으로 등장한다고 하는 것이다. 그러나 그것은 '인간'을 모든 진리*에 대한 물음의 특권적인 장으로 삼는 틀에 속박된 시대의 시작이며, 그럼에도 불구하고 지금 그 끝이 가깝다고 하는 것이다. 다른 한편 만년의 푸코는 진리 문제와는 다른 측면에서 칸트의 공적을 인정한다. 즉 칸트의 『계몽이란 무엇인가』*를 철학이 자신들의 현재에 관한 비판적 존재론을 시도한

최초의 예라고 말하는 것이다.

—다카하시 가츠야(高橋克也)

㊢ *Introduction à l'anthropologie de Kant*, 1961(미간). 『言葉と物』(1966) 新潮社. 『知の考古學』(1969), 河出書房新社. Qu'est-ce que les Lumières?, in: *Dits et écrits*, IV, 1995.

푸펜도르프 [Samuel Pufendorf, Freiherr 1632. 1. 8 – 94. 10. 26]

법학자이자 역사 저술가. 작센의 도르프켐니츠에서 태어나 베를린에서 사망. 하이델베르크 대학의 자연법과 국제법 교수. 그 후 스웨덴의 룬드 대학 교수를 거쳐 스톡홀름과 베를린에서 궁정사료 편찬자. 그로티우스와 홉스*의 자연법사상으로부터 크게 영향 받았다. 푸펜도르프에 의하면 자연법*은 신*의 의지에 기초하지만, 이성*을 매개로 하여 알려질 수 있다. 그의 기본적 자연법은 인간의 '존엄'과 '자유'에 의한 '사교성(socialitas)'을 원리로 한다. 인간의 자연상태는 이미 사회상태이며, 국가 건설의 목적은 자연법의 확실한 집행에 있다. 그의 사회계약설은 결합계약, 정부 형태의 결정, 복종계약에 의한 주권(최고권력)의 확립이라는 3단계를 밟아간다. 국민주권론은 지배자(군주와 황제)의 주권과의 주권분할로 되기 때문에 부인된다. 이것은 그 후 거의 한 세기 이상 독일의 지배적인 학설로 되었다. 덧붙이자면, 외적 강제에 의한 법과 내적 의무짓기에 의한 도덕을 구별함으로써 그는 칸트에 의한 양자의 구별에 대한 선구가 되었다. 칸트의 『영원평화론』*에서 아주 간단하게 거론된다. ⇒국가, 자연권{자연법}, 홉스

—스가사와 다츠부미(菅澤龍文)

㊢ *Elementorum jurisprudentiae universalis libri duo*, 1660. *De statu imperii Germanici ad Laelium fratrem, dominum Trezolani, liber unus*, 1667. *De jure naturae et gentium libri octo*, 1672. *De officio hominis et civis juxta legem naturalem*, 1673.

㊂ Hans Welzel, *Die Naturrechtslehre Samuel Pufendorfs*, Berlin, 1958. Horst Denzer, Samuel Pufendorf und die Verfassungsgeschichte, in: Samuel von Pufendorf, *Die Verfassung des deutschen Reiches*, Frankfurt am Main, 1994.

프랑스어권의 칸트 연구-語圈-硏究

【I】 19세기: 정신주의의 전통과 과학적 지식의 섭취

프랑스 철학에서의 칸트 해석과 비판, 계승을 생각할 때 가장 먼저 문제 삼아야만 하는 것은 멘느 드 비랑*이다. 비랑에게 있어서는 칸트 해석이라기보다 칸트도 의식한 다름 아닌 독자적인 사상구축을 보아야만 하겠지만, 프랑스 철학의 칸트론에 하나의 기본적인 관점을 주었다는 점에서 그냥 지나칠 수 없다. 즉 주체의 능동성, 정신성에 대한 이론과 경험*의 이론이 하나여야만 한다는 관점이 그것이다. 경험 그 자체를 반성에 의해서 심화시킴으로써 '자유*'를 비롯하여 형이상학*의 문제들에 접근하고자 하는 정신주의의 전통이 그에게서 시작된다. 칸트에 의한 형이상학적인 것과 경험의 분리 이후 더욱 더 정교한 방식으로 경험과 형이상학을 다시 결합시키고자 시도하는 입장이 프랑스에 많은 배경에는 아마도 이러한 전통이 놓여 있을 것이다. 그런데 비랑 이후의 칸트론은 칸트 철학을 회의주의*로 매듭짓는 쿠쟁 등 당분간은 본격적인 것이 아니며, 정신주의와 칸트의 적극적인 융화는 라슐리에가 최초이다. 그는 『귀납법의 기초』(1871) 등에서 자연의 질서가 사유*의 요구에 호응한 법칙들로 이루어진다는 생각을 칸트에게서 빌려와 현상에서의 인과성과 목적성(자유)의 조화를 논했다.

다른 한편 19세기의 프랑스는 실증주의*의 시대이기도 했지만, 이 실증주의에서 영향 받으면서도 과학들의 한계를 논하는 데서 철학의 의의를 발견하고자 하는 사람들이 있는바, 그들은 정신주의의 정도는 아니지만 관련된 계보를 이루고 있다. 그리고 그들의 과학비판과 자유의 옹호에도 칸트의 사상이 영향을 주고 있다. 이 계보는 르누비에의 신비판주의를 원조로 한다(『일반적 비판 시론』 전4권, 1851-1864). 르누비에는 세계를 관계 내지 의식*의 체계로 보고 사물 자체*의 실재성을 부정한다. 다른 한편 인간의 자유는 인식*, 판단*에서 이미 선택의 힘으로서 발휘되고 있다고 생각되며, 주지주의적인 방식으로 옹호된다. 그밖에 이 계보에 속하는 사람으로 칸트를 중시하는 사람들은 쿠르노, 부트루, 푸앵카레 등이다.

부트루는 또한 라슐리에의 제자이며, 칸트 철학의 강의를 행했다(1896-1897. 1926년에 『칸트의 철학』으로서 출판). 그에 의하면 뉴턴 물리학을 모범으로 하는 과학관에 제약된 칸트는 법칙과 필연성을 동일시했지만, 법칙이란 근사적인 것에 불과하며, 절대적으로 필연적이라고는 말할 수 없다. 이러한 오해는 존재와 법칙을 구별하는 지성*의 추상에서 유래한다. 그럼에도 불구하고 철학은 추상에 의지하지 않은 채 의식의 근저에 놓여 있는 활동성을 반성하는 것을 통해 존재에 접근해야만 한다. 이리하여 자유와 인과법칙의 이율배반도 그의 추상성 때문에 비판되며, 오히려 살아 있는 실재 속에서 양자가 드러내는 침투와 분리의 이중의 관계를 조금씩 이해해가야만 할 것이 제창된다. 부트루에 의한 자유 문제의 중시는 그의 제자 델보스의 『칸트의 실천철학』(1905)의 탄생에 기여하게 되었다.

【Ⅱ】 20세기의 전반: 정신의 철학과 존재론

그런데 자유를 옹호하고 과학적 지식의 진보를 섭취하면서도 그 한계를 논하고자 하는 19세기 말의 분위기로부터는 생철학에 의해 칸트와 대결하는 베르그송*과 같은 사람이 나타났지만, 다른 한편 마찬가지로 정신주의를 양분으로 하면서도 주지주의적·관념론적 입장에서, 또한 행위와 가치를 축으로 하는 입장에서 각각 칸트를 소화하는 사람들이 나타났다. 나아가 1930년대의 존재론의 부흥도 칸트 철학의 재해석을 촉진하게 된다.

주지주의의 전형은 프랑스의 신칸트학파*로서 제2차 대전 시기까지 프랑스 아카데미즘의 중심으로 활약한 석학 브룅슈비크이다. 브룅슈비크는 인식의 조건의 분석이라는 칸트적 문제를 다루면서도 연역*에 의하지 않고서 자연과학의 진보에서 간취되는 것과 같은 역사성의 모습으로부터 이성*의 행동을 기술하고, 학문적 지식의 진보 안에서 정신의 창조와 자기의식의 과정을 보는 '실증주의적 관념론'을 전개했다. 그에 의하면 형식*과 내용, 감성*과 지성의 구별은 칸트에서만큼 고정적이 아니라 정신의 활동들의 역사적 나타남으로서 간주되어야만 한다(『수리철학의 단계들』 1912, 『물리적 인과성과 인간적 경험』 1922). 이러한 역사성의 도입은 이율배반론에서도 교조주의*의 자취

를 간취할 수 있게 하는 것인바, 브룅슈비크로 하여금 초월론적 변증론*이 아니라 분석론에 의거한 이성적 심리학*(정신의 철학)을 구상하게끔 한다(『서양철학에서의 의식의 진보』 1927 등).

관념론을 철저화함으로써 개성적인 칸트론을 남겨 프랑스의 칸트 연구에 이정표를 세운 것은 『칸트의 관념론』(1931)의 저자 라시에즈 레이다. 라시에즈 레이는 칸트의 인식론을 실재론적 잔재로부터 순화할 것을 목표로 삼고 경험을 구성하는 정신의 활동의 자율성을 만년의 『오푸스 포스투뭄』*을 중시하는 가운데 비판기 칸트 이상으로 철저화하고자 한다. 즉 구성하는 사유의 활동은 세계 내에서의 시간규정을 벗어나 있으며, 영원한 극을 지니게 되는 것이다. 다른 한편 감성도 단지 수동적인 데 불과한 것이 아니라 자아*가 자기를 수동적인 것으로서 정립하는 그 활동을 근원으로 하는 것이라고 해석되며, 구성하는 정신의 자율의 영역 내에 짜 넣어진다. 비판철학의 의의는 그에 의하면 "사유가 자기를 소유하게 되는 것"의 구조 구명에 길을 연 것이다. 그러나 그는 칸트에 만족하지 않고 플라톤 풍의 '사랑'을 내적 경험 속에서 보고자 한다.

『오푸스 포스투뭄』까지 시야에 포함한 인식론 연구라는 점은 벨기에 출신의 드 블레쇼베르에게서도 공통적이다. 다만 『칸트 저작에서의 초월론적 연역』(전3권, 1934-1937) 이후의 그의 작업은 문헌학적, 발전사적인 칸트 연구이다. 앞의 저서는 유고를 구사하여 범주*의 연역의 형성과정을 재구성한 작업과 초월론적 연역의 구조 분석, 칸트 만년까지의 귀추에 대한 추적으로 이루어진다.

다음으로 행위와 의지의 문제를 중시하여 내면성의 탐구를 수행하는 계보로서는 논문 『칸트에서의 내적 경험』(1924)의 나베르, 『의무』(1931)의 르 센느, 그리고 정신주의적 실존주의의 라벨이 거론된다. 그들은 내적 경험을 가치의 경험으로 보는 점에서 브룅슈비크와는 다른 길에서 '정신의 철학'을 탐구했다.

그런데 1930년대에는 신칸트학파*의 퇴조와 호응하여 프랑스에서도 존재론의 부흥이 일어난다. 라벨에 의한 신의 존재론적 증명의 부흥도 그에 기여하는

것이다. 조금 시간이 흘러 벨기에의 신토마스주의자 마레샬 신부가 『형이상학의 출발점』 제3권-5권(1944-49)에서 초월론적 관념론의 존재론적인 전제를 추구하는 것을 통해 칸트의 형이상학 비판 이후에도 여전히 스콜라적 존재론이 가능하다는 것을 논증하고자 했다.

【Ⅲ】 전후의 연구들: 역사와 형이상학에 대한 관심

프랑스에서는 존재론 부흥을 전후하여 현상학과 실존철학의 수용도 전진되고 있었다. 또한 30년대부터 50년대까지 계속된 코제브에 의한 헤겔 철학 강의가 초래한 영향도 크다. 이러한 토양에서 어떠한 칸트론이 생겨났던 것일까?

우선 헤겔', 마르크스의 섭취가 실존철학과 결부되는 것에서 역사에서의 공동체의 운명이 문제화된다. 골드만의 『칸트에서의 인간공동체와 세계』(1949)는 그러한 분위기 속에서 출현했다. 마르크스주의와 실존철학에서 출발하고 칸트의 장점을 '유한성의 철학'에서 바라본 부이유멩(『칸트의 유산과 코페르니쿠스적 전회』 1953, 『칸트의 물리학과 형이상학』 1955)도 동일한 경향을 지니는데, 그는 칸트의 자연과학 사상에 비춘 인식론의 해석을 저술하고 이후 과학철학의 방향으로 나아간다. 또한 코제브에 감화 받은 에릭 베이유는 헤겔의 국가론을 논했지만, 코제브와는 달리 역사를 열린 것으로 보고 개별과 우연적인 것에 대한 설명을 추구했다. 그는 칸트로 되돌아와 『칸트의 문제들』(1963. 1970년에 제4장을 추가)을 썼지만, 그것은 칸트 철학의 중요한 문제를 인식론이나 형이상학에서가 아니라 역사 및 정치와 불가분한 철학적 인간학에서 보는 것이었다. 코제브 자신의 칸트론(1955)은 초월론적 논리학을 헤겔에게로 끌어당긴 것인데, 그의 사후 출판되었다(1974). 또한 역사에 관한 베이유의 포스트 헤겔적 칸트주의는 리쾨르의 철학에도 영향을 주었다. 리쾨르는 현상학, 실존철학, 나베르의 '반성철학' 등을 양분으로 하여 '의지의 철학'을 전개하고 그 후 해석학으로 전환했지만, 다양한 분야에 걸친 그의 작업에서도 인간의 유한성과 열린 역사에 대한 관심으로부터 칸트가 되살아나고 있다는 것을 볼 수 있을 것이다.

특히 종교론, 도식기능의 이론, 시간론에 대한 독자적인 섭취가 주의를 끈다.

다음으로 인식론 연구에 눈을 돌려보면, 앞에서 말한 부이유멩의 작업 외에 라시에즈 레이에게 응답하는 작업이 몇 가지 나타난다. 다발의 『칸트의 형이상학—도식기능에서 보는 칸트 형이상학에 대한 몇 가지 관점』(1951)이 그것이다. 조금 뒤에 루세의 『칸트의 객관성의 교설』(1967)이 나타나는데, 이것은 후설', 하이데거'의 현상학에 촉발되어 피히테', 라시에즈 레이의 절대적 관념론에 저항하며, 주관이 외계에 대해서 열려 있다는 생각을 칸트 해석에서 철저화한 것이다.

그러나 칸트 연구로서는 특히 1960년대 이후 인식론보다는 형이상학(존재론), 종교론, 도덕철학을 논한 것들이 눈에 띈다. 그것의 두드러진 예는 알키에이다. 그의 『형이상학에 대한 칸트의 비판』(1968)은 고전적인 형이상학에 대한 칸트의 비판에서 역으로 형이상학의 구원을 찾아내고자 한다. 요컨대 칸트는 우리가 지성에 의해서 인식하고 있는 것은 '존재'가 아니라고 제시함으로써 오히려 '존재'에 대한 개념화 불가능한 경험을 구출하는 작업을 행했다는 것이다. 그 다음으로 모로의 『철학자의 신—라이프니츠, 칸트와 우리』(1969)는 존재론적 증명의 문제에 관해서는 기본 문헌의 하나이다. 르브룅의 『칸트와 형이상학의 종언』(1970)은 칸트의 존재론과 제3비판의 해석이다. 이 밖에 『종교론』과 도덕철학의 연구도 같은 시기에 여럿 나타난다. 베이유의 저작도 종교론에 대한 독해를 포함하고 있다.

마지막으로 이상과 같은 전후의 경향과는 크게 달리 형이상학과 근대적 휴머니즘을 비판하는 포스트모던의 철학자들이 60년대 말부터 칸트를 비판과 탈구축적 독해의 대상으로 삼아 온 것을 덧붙여야만 한다. 어쨌든 프랑스 계열의 칸트 해석이 언제나 크든 작든 계속해서 자유로운 것이었음은 확실하다. 다만 필로넨코의 독일 관념론 연구에서 보이듯이 칸트에게 충실하고자 하는 해석과 면밀한 철학사적 연구도 증가하고 있는데(페라리, 마르티 등), 그것들 가운데 이후의 칸트 연구사에 남는 것이 포함되어 있다는 것은 틀림없을 것이다. ⇒멘느 드 비랑, 베르그송, 데리다, 들뢰즈

—다카하시 가츠야(高橋克也)

⑳ Maximilien Vallois, *La formation de l'influence kantienne en France*, Paris, 1925. Rudolf Heinz, *Frnazösische Kantinterpretation im 20. Jahrhundert*, H. Bouvier u. Co. Verlag, 1966. Jean Lacroix, *Kant et le kantisme*, PUF, 1966(木田・渡辺 譯『カント哲學』白水社文庫クセジュ, 1971); *Panorama de la philosophie française contemporaine*, PUF, 1968(常俊・野田 譯『現代フランス思想の展開』人文書院, 1969). 九鬼周造「現代フランス哲學講義」『九鬼周造全集』第8卷, 岩波書店, 1981. 增永洋三『フランス・スピリチュアリスムの哲學』創文社, 1984.

프래그머티즘 ⇨실용주의

프레게 [Gottlob Frege 1848. 11. 8–1925. 7. 26]

현대 논리학의 창시자, 산술의 철학에 관해 논리주의를 제창, 또한 현대의 논리적 의미론과 언어철학의 틀을 설정한 분석철학의 비조. 러셀, 비트겐슈타인*, 카르납* 등에게 깊은 영향을 주었다.

현대의 명제논리, 술어논리의 공리체계를 일거에 제공한 『개념표기법』(1879)은 논리학 역사상 아리스토텔레스* 이래의 획기적 의의를 지닌다. 제2의 주저 『산술의 기초』(1884)에서 그는 기하학과 순수역학을 선험적*이자 종합적이라고 간주하는 칸트에게 찬성하면서도 칸트와는 달리 산술은 논리학에서 도출되는 선험적이고 분석적이라고 하는 '논리주의'의 입장을 창도했다. 주저 『산술의 기본법칙』 제Ⅰ부(1893)에서는 한층 더 엄밀한 체계적 정비가 이루어지며, 대상언어와 메타언어, 통어론과 의미론이 명확히 구별된다. 주어–술어 분석을 대신하는 문장의 함수론적 분석과 양화가 도입되며, "모든 자연수에는 후속자가 존재한다"와 같은 다중양화구조가 처음으로 명석하게 되었다. 의미론적으로 중요한 것은 "말의 의미는 문장이라는 맥락에서 문제된다"고 하는 '문맥원리'와 "복합적 표현의 의미는 구성요소 표현의 의미에 의해서 확정된다"고 하는 '합성원리'를 명확히 주장한 것이다. 또한

고전논리의 전제인, 문장은 참과 거짓 어느 쪽인가의 진리치를 갖는다고 하는 '이치원리'를 표명하고 있다. 문장의 진리치, 술어(함수사)가 표시하는 개념(함수), 고유명사의 지시대상을 그 각 표현들의 의미(Bedeutung)라고 일컬었다.

통상적인 외연논리의 범위 바깥의 간접화법과 신념 귀속문과 같은 '간접적' 문맥에서 고려되어야만 하는 또 하나의 의미론적 인자를 프레게는 의의(Sinn)라고 일컫는다. 문장의 의의는 그 문장이 그 아래에서 참으로 되는 조건(진리조건)·사상(Gedanke)이며, 말의 의의는 문장의 진리조건에 대한 공헌이다. 프레게의 철학적 논문들에서는 자연언어에 대해서도 의미와 의의의 구별, 의의에는 지시대상이 주어지는 방식이 포함되어 있다는 생각, 나아가 표현에 각 사람이 결합하는 주관적 표상, 각 표현의 특유한 색조, 또한 문장을 주장하고 질문할 때에 듣는 사람에게 동의와 승낙여부를 강요하는 '힘' 등에 대해서 흥미진진한 언어철학적 고찰이 이루어지고 있다.

산술의 철학에 대해서는 『산술의 기초』, 『산술의 기본법칙』 Ⅱ, Ⅲ부(1893, 1903)에서 논리주의 프로그램의 구체화가 시도되고 있다. 그 기도는 러셀의 역설에 의해 좌절되었다고 간주되어 왔지만, 최근 집합에 호소하지 않고서 개념들 사이의 일대일 대응만을 사용하여 수의 동일성 규준을 부여함으로써 무모순적인 자연수론을 프레게가 제공하고 있었다는 것이 제시되어 재평가가 이루어지고 있다.

—노모토 가즈유키(野本和幸)

⑰ 『槪念文字』(1897), 東海大學出版會(초역). *Die Grundlagen der Arithmetik*, 1884. *Funktion, Begriff, Bedeutung*, 1962.『フレーゲ哲學論集』岩波書店. *Grundgesetz der Arithmetik*, 1893, 1903. *Schriften zur Logik und Sprachphilosophie*, 1971. *Wissenschaftliche Briefwechsel*, 1976.

㉟ M. Dummett, *Frege: The Philosophy of Language*, Duckworth, 1973. M. D. Resnik, *Frege and The Philosophy of Mathematics*, Cornel U. P., 1980. W. Carl, *Frege's Theory of Sense and Reference*, Cambridge U. P., 1994. A. Kenny, *Frege*, Penguin Books, 1995. Demopoulos (ed.), *Frege's Philosophy of Mathematics*, Harvard U. P., 1995. 野本和幸『フレーゲの論理的意味

論』岩波書店, 1988;『意味と世界』法政大學出版局, 1997. 飯田隆 『言語哲學大全』 I, 勁草書房, 1987.

『프롤레고메나』 ⇨『학으로서 출현할 수 있는 장래의 모든 형이상학을 위한 프롤레고메나』｛『프롤레고메나』｝

프리드리히 대왕-大王 [Friedrich Ⅱ., der Große 1712. 1. 24-86. 8. 17]

프로이센 왕, 재위 1740-86년. 적극적인 영토 확장 정책을 취하고, 슐레지엔 전쟁, 7년 전쟁, 제1차 폴란드 분할 등을 통해 프로이센을 유럽의 군사대국으로 밀어 올렸다. 내정에서는 신분제를 온존시키는 한편, 중앙 집권적인 관료 기구를 정비하여 군주로의 권력 집중을 꾀하고, 중상주의적인 부국강병책, 사법 및 교육제도의 개혁, 법전의 편찬, 신앙의 자유의 용인 등 '위로부터의 근대화'를 추진하였다. 또한 학예를 애호하고 계몽사상에 공명하여 부왕이 추방한 볼프*를 할레 대학에 복귀시키고, 볼테르, 라메트리를 비롯한 명성 있는 프랑스의 계몽사상가들을 궁정에 초청했다. 왕은 '군주는 국가 제1의 종복'을 표어로 내거는 '계몽절대주의'의 군주로서 알려지지만, 그의 치적에 대한 평가는 다양하게 나누어진다. 칸트는 『계몽이란 무엇인가』*(1784)에서 동시대를 "계몽*의 시대, 즉 프리드리히의 세기"[Ⅷ 40]라고 찬양하고, 왕의 말 "얼마든지 무엇에 대해서든 뜻대로 논의하라, 다만 복종하라"[Ⅷ 37]를 칭송하고 있다. ⇒계몽,『계몽이란 무엇인가 라는 물음에 대한 회답』｛『계몽이란 무엇인가』｝

―가사하라 겐스케(笠原賢介)

㊀ Antimachiavel ou Essai de critique sur "Le Prince" de Machiavel, 1740(일본어역 『君主經國策批判』 興亡史論刊行會, 1919). De la littérature allemande, 1780.

㊁ F. Hartung, Der aufgeklärte Absolutismus, in: Historische Zeitschrift 180, 1955(「啓蒙絶對主義」, 成瀬治 編譯『傳統社會と近代國家』岩波書店, 1982). 浜田義文『若きカントの思想形成』勁草書房, 1967. W. Dilthey, Friedrich der Große und die deutsche Aufklärung, in: Wilhelm Dilthey Gesammelte

Schriften Bd. Ⅲ, Teubner, [5]1976(村岡哲 譯『フリードリヒ大王とドイツ啓蒙主義』創文社, 1975).

프리스 [Jakob Friedrich Fries 1773. 8. 23-1843. 8. 10]

심리주의적 칸트주의의 정초자. 작센에서 태어나 경건주의 계열의 교육기관에서 공부한 후 예나 대학을 졸업했다. 하이델베르크 대학 원외교수를 거쳐 1816년 예나 대학으로 돌아왔지만, 19년 프로이센 정부와의 충돌로 철학 강의를 금지 당하며, 24년 이후 수학 및 물리학을 가르쳤다. 저술은 소설과 물리학 책까지 포함하여 대단히 많지만, 철학적으로는 『이성의 새로운 비판』(1807, [2]1828-31)이 중심을 이룬다. 그 밖에 심리학, 법철학, 종교철학, 정치철학에 걸쳐 업적이 있다. 프리스는 칸트의 초월론적 차원을, 따라서 철학을 심리학으로 환원하고자 했지만, 선험적*인 것의 존재와 인식의 객관적 타당성*은 승인했다. 이성 비판이란 그에게 있어서는 자기 관찰에 기초한 실험적 학문이다. 다만 이러한 실험은 계측될 수 없으며 수량화에는 어울리지 않는다. 업적의 폭이 넓은 데 대응하여 프리스학파에는 종교학자 부세와 R. 오토, 생물학자 슐라이덴이 속하며, 20세기 초엽에는 L. 넬슨에 의해 신프리스학파가 설립되었다.

―후쿠타니 시게루(福谷 茂)

㊀ Neue oder anthropologische Kritik der Vernunft, [2]1828-31.

플라톤 [Platōn BC 427-347]

고대 그리스의 철학자. 아테네에서 태어남. 소크라테스의 영향 하에 철학에 뜻을 둔다. 세계 최초의 대학·연구기관이라고도 말해야만 하는 아카데메이아를 창설. 아리스토텔레스*도 여기서 공부한다. 플라톤 철학은 소크라테스 사상의 계승, 발전이라고 말할 수 있지만, 이것에 접하는 자로 하여금 부단한 탐구를 촉구하는 개방적인 성격을 지니며, 이후의 철학과 사상만이 아니라 문학과 예술에도 헤아릴 수 없는 영향을 끼친다. 플라톤 철학의 주요 테마로서는 인식·존재·가치(선)의 원리로서의 이데아론, 철학의 방법

내지 철학 그 자체로서의 문답법(디알렉티케), 인간과 도덕을 논하는 관점으로서의, 그리고 우주를 관통하는 움직임의 원리로서의 영혼(프쉬케)론, 나아가 철인왕의 사상으로 결실되는 정치철학 등을 들 수 있다.

칸트의 저작에서 플라톤에 대한 언급은 우발적이긴 하지만 비교적 많다(처음 출현은『미와 숭고』[Ⅱ 240]의 '플라톤적 사랑']. 그것만으로도 칸트에게 있어 플라톤이 고대를 대표하는 철학자의 한 사람일 뿐 아니라 칸트에게 매우 친숙했던 철학자의 한 사람이었음을 추측할 수 있다. 순수한 철학적 문제 맥락에서의 플라톤에 대한 최초의 언급은『형식과 원리』[Ⅱ 396, 413]에서라고 생각된다. 그러나 칸트의 플라톤 이해를 살펴보기 위한 비교적 정리된 유일한 기술은『순수이성비판』[B 370-375]에서 찾아볼 수 있다. 그곳에서 칸트는 플라톤의 이데아를 초경험적인 "사물 자체"의 원형", "가능적 경험에 대한 열쇠"(경험 성립의 조건)라고 한다. 또한 칸트는 플라톤이 특히 실천적*인 사항에서 이데아를 인정했다고 하고, 행위와 판단의 규준으로서의 덕의 이데아의 원형성을 강조하면서 도덕·입법*·종교*의 영역에서의 이데아의 의의를 높이 평가한다. 더 나아가 칸트는 자연 및 우주만물 역시 원형으로서의 이데아를 지닌다고 하는 플라톤의 학설에 대해 언급한다. 플라톤의 정치철학*에 대해서는 그의 철인왕 및 법의 지배의 이념에 강한 공감을 표시한다. 일반적으로 칸트의 플라톤 이해는『국가』로 대표되는 '초월적 이데아론의 플라톤'이라고 말할 수 있지만, 거기에는『티마이오스』를 전거로 한다고 생각되는 우주론*도 시야에 받아들여지고 있다. (세부적인 점에서는 문제를 포함한다. 이데아의 유출설[B 370], 아리스토텔레스적인 이데아 비판[B 371 Anm.], 종에 대응하는 이데아[B 374] 등.) 칸트는 플라톤 철학의 이상주의적 성격을 평가하여 이에 공감하면서 인식론적 측면에서는 엄격하게 비판한다[B 9, 500 etc.]. ⇒플라톤주의, 이념, 원형, 최고선

－오쿠다 가즈오(奧田和夫)

Ⓐ『プラトン全集』岩波書店, 角川書店.

Ⓑ 田中美知太郎『プラトン』Ⅰ-Ⅳ, 岩波書店, 1979-84. 藤澤令夫『イデアと世界』岩波書店, 1980. Diogenes Laertius, *Vitae*

Philosophorum(加來彰俊 譯『ギリシア哲學者列傳』上, 岩波文庫, 1984).

플라톤주의-主義 [(독) Platonismus]

일반적으로 플라톤*의 철학을 계승하는 사고방식을 의미하며, 개별적인 감각적 사물로부터 초월, 분리하여 존재하는 이데아의 존재를 세계의 설명근거로 삼는 입장을 말한다. 그 경우 플라톤이 중기 대화편에서 사용한 영혼의 육체로부터의 분리, 상기로서의 지식의 획득, 원형(파라데이그마)으로서의 이데아와 그 모사로서의 현상세계의 구별(이른바 '두 세계설')과 같은 일련의 설명방식도 포함하여 생각되는 경우가 많다. 본래 플라톤의 철학을 계승하게 될 그의 학원인 아카데메이아에서는 이미 플라톤이 살아 있을 때부터 그의 이데아론에 대한 비판이 이루어지며, 제2대 학원장인 스페우시포스는 이데아 대신에 수학적 대상을 제1의적인 존재라고 하고, 또한 크세노크라테스는 이데아를 수학적 대상과 동일시했다. 이에 반해 아리스토텔레스*는 이데아의 분리존재를 부정하고 질료에 내재하여 개체를 형성하는 종으로서의 형상을 설파했지만, 이것들은 모두 플라톤에 대한 비판적 응답이다. 이와 같이 당시의 철학학파들 내에서는 예외적인 학설의 자유가 보장되고 있던 아카데메이아에서는 서서히 회의주의적인 경향이 강해지고, 아르케실라오스와 카르네아데스 등의 신아카데메이아학파에서는 그 다수가 아포리아로 끝나는 플라톤의 초기 대화편과『테아이테토스』등이 회의주의의 전거로 되며, 또한 그와 같은 회의주의적인 소크라테스 상도 형성되었다. 이에 대한 반동으로서 안티오코스에 의해서 고아카데메이아로의 복귀가 주창되지만, 그의 입장은 스토아학파의 영향 하에 있었다. 이에 필론과 플루타르코스, 알비누스 등을 더하여 중기 플라톤주의라고 부른다. 그러나 뭐라고 말하든 이후의 시대에 플라톤주의라고 말하면, 플로티노스를 비롯한 신플라톤주의를 가리키며, 양자는 자주 구별 없이 사용되었다. 또한 필론과 클레멘스, 오리게네스 등 알렉산드리아의 기독교적 플라톤주의자와 이른바 '카파도키아의 세 별'— 바실레이오스,

나지안조스의 그레고리오스, 니사의 그레고리오스 등의 동방 교부들에게서도 플라톤주의의 영향을 볼 수 있다. 서방교회에서는 회심의 계기로 플라톤학파의 책과의 만남을 거론한 아우구스티누스가 유명하지만, 그것이 플로티노스인지 그렇지 않으면 포르피리오스인지 식자들 사이에서도 의견이 나누어진다. 그 포르피리오스에게는 기독교 비판이 존재하지만, 서로 비슷한 입장을 공유하는 까닭에서의 대항의식을 읽어낼 수 있다. 또한 그의 제자로 신플라톤주의의 입장에서 플라톤 대화편의 주석을 저술한 프로클로스는 기독교의 영향 하에 있던 필로포노스에 의해서 비판되었다. 중세 세계에 들어서서부터는 특히 스콜라 신학에서의 아리스토텔레스의 압도적인 영향 하에서도 여전히 플라톤의 철학은 우주상의 범형이 된 『티마이오스』와 신학에 기초를 제공한 『파르메니데스』의 두 저술을 통해 계속해서 결정적인 영향을 주었다. 르네상스 시기에는 피치노와 피코 델라 미란돌라 등에 의해서 플라톤의 철학은 전면적으로 부활되며, 또한 주로 수학적인 사고가 플라톤주의의 이름에 의해 중세적 세계상을 전환시키는 데서 지렛대가 되었다.

1770년의 취직논문에서 이른바 두 세계설이 나타나 있긴 하지만, 칸트와 플라톤주의의 본격적인 접촉이 생긴 것은 비판기 이후이다. 비판기 이전의 칸트는 자연철학적 관심과 경험주의적 경향에서 특색을 지니며, 또한 순수 이성 비판의 성립과정에서 두드러지는 것은 범주, 분석론, 변증론, 장소론과 같은 오히려 아리스토텔레스주의적인 술어의 대두이다. 그러나 확립된 칸트 철학은 아리스토텔레스주의적 술어와 체계성의 외피 아래 선명하게 플라톤주의적 색채를 분명히 했다. 구체적으로는 초감성적인 것을 감성적인 것으로부터의 연속에서가 아니라 바로 단절에서 추구하는 점, 또한 이성의 본질로서 이념(Idee)에 의해 표현되는 근원적인 것에 대한 끊임없는 희구를 생각하는 점에서 칸트는 침묵의 10년을 거쳐 비로소 플라톤주의와의 해후를 완수했다고 말할 수 있다. 플라톤에 대한 칸트의 역사적 지식의 상세한 내용과는 별도로, 인식론으로부터 존재론에로 다다른다는 점에서의 양자의 접근은 특히 신칸트학파에 의해 주목되어 나토르프의

『플라톤의 이데아론』, 니콜라이 하르트만의 『플라톤의 존재논리』 등의 업적이 산출됐다.

현대에도 특히 수학과의 관련에서 인식에서 독립하여 수학적인 존재의 실재를 인정하는 입장을 구성주의와 직관주의 등과 대비하여 '플라톤주의'라는 이름으로 부르는 경우가 있다. 칸트와 관련해서는 마르부르크학파의 코헨과 나토르프가 플라톤을 중시하며, 또한 카시러는 뉴턴 역학의 전신으로서 헨리 모어와 커드워스 등의 케임브리지 플라톤주의에서의 공간 개념의 연구를 수행했다. 또한 과학사 분야에서는 코이레, 미술사 분야에서는 파노프스키에 의해서 플라톤주의의 영향에 대한 연구가 이루어지고 있다. 화이트헤드가 지적한 것처럼 바로 유럽의 철학은 플라톤에 대한 각주이며, 플라톤은 그 시대마다 새롭게 다시 읽혀지고 있다.

─간자키 시게루(神崎 繁)·후쿠타니 시게루(福谷 茂)

📖 H. Heimsoeth, Plato in Kants Werdegang, in: *Studien zu Kants philosophischer Entwicklung*, G. Olms, 1967.

피히테 [Johann Gottlieb Fichte 1762. 5. 19-1814. 1. 29]

칸트 이후의 독일 철학을 독일 관념론으로서 정향한 철학자. 칸트 철학의 핵심을 초월론적 통각과 정언명법에서 발견하고, 양자를 동일한 사태의 양면으로 해석하며, 실천 이성의 우위라는 칸트 자신의 사고방식에 기초하여 이론 이성과 실천 이성을 통일하고, 이로써 학적 철학('학문론')의 구축을 지향했다.

이러한 프로그램을 실행하기 위해서는 우선 칸트에게 있어 경험의 가능성의 조건의 하나로서 전제되어 있었을 뿐이었던 자기의식을 철학적 고찰의 주제로 하여 그 가능성의 조건과 생성을 탐구해야만 한다. 그럼에도 불구하고 자기의식의 자연적이라고 볼 수 있는 반성 모델은 난점을 내포하고 있다. 그리하여 피히테는 자아가 앞서 기체로서 존재하고 뒤로부터 자기를 반성적으로 의식한다고 하는 것이 아니라 자아가 자기를 정립하고 그 때 동시에 자기의식도 함께 발생하는 것이어야만 한다고 생각했다. 칸트는 공간·시간, 직관, 사유, 범주, 상상력 등 의식의 다양한

규정들 내지 능력들에 대해서 그 존재를 사실로서 전제한 다음 고찰했지만, 피히테는 이러한 수법에 불만을 품고 자아의 자기정립의 활동('사행')을 분석-종합하는 과정에서 그것들을 도출한다. 따라서 자기의식은 대상의식을 제약할 뿐 아니라 규정하기도 한다. 즉 "의식 안에서 나타나는 것은 모두 자기의식의 조건들에 의해서 근거지어지고 주어지며 도출되는 것이다"『두 번째 서론』]. 이러한 초월론적 관념론을 철저화하면, 초월적 실재론적으로 해석된 사물 자체*는 허구로서 배척된다. 학문론은 의식*의 규정 전체를 도출해내어 경험의 구조를 제시함으로써 끝나게 되지만, 그 끝남은 동시에 자기의식의 가능성의 증시이어야만 한다. 그러므로 자기의식의 가능성과 구조의 해명은 경험의 가능성과 구조의 해명과 일치한다[이상은 『전체 학문론의 기초』, 『학문론의 새로운 서술의 시도』, 『새로운 방법에 의한 학문론』 등에 의한 것이다].

그러나 의식과 자기의식의 가능성의 조건이 빠짐없이 드러난다 하더라도 그것들이 그것만으로 현실화하는 것은 아니다. 현실화하기 위해서는 타자로부터의 '자유로운 활동에 대한 촉구'와 그에 대한 응답이, 그리고 그에 이어서 '상호승인'이 필요하다. 이것들의 사실적으로만 충족되는 상호주관적인 조건은 인간이 현실적 자기의식을 갖춘 인간으로 되기 위한 조건임과 동시에 법과 도덕의 기초이기도 하다. 이리하여 자아 내지 자기의식적인 주체는 근원적으로 상호주관적이며 실천적이다『자연법론』, 『도덕론의 체계』].

이상은 예나 시기의 사상이지만, 1801년 이후의 피히테는 자아의 자기정립의 배후에 그 자체로서는 알려질 수 없는 절대자를 세우고, 자아는 이 절대자의 현상 내지 상이라고 다시 해석한다. 자기의식은 절대자의 상이 자기 안에서 자기 자신을 다시 그려낸다고 하는 그림 속의 그림에 비유할 수 있는 활동을 통해서 성립한다. 이러한 착상은 자기의식의 자기관계적인 구조와 통일을 제시하기에 적합한 한편, '신의 형상으로서의 인간', '숨은 신'과 같은 기독교적인 사상과 조화를 이룬다. ⇒자기의식, 자아

—후지사와 겐이치로(藤澤賢一郎)

㊟ *Fichtes Werke*, hrsg. v. I. H. Fichte, 11 Bde, 1834/35, 1845/46 (rep. 1971). *J. G. Fichte Gesamtausgabe*, 4 Reihen, 1964–. 『フィヒテ全集』哲書房, 1995–.

㊐ P. Baumanns, *Fichtes ursprüngliche System. Sein Standort zwischen Kant und Hegel*, Frommann, 1972. M. Gueroult, *L'évolution et la structure de la doctrine de la science chez Fichte*, Olms, 1930(rep. 1980). D. Henrich, *Fichtes ursprüngliche Einsicht*, Frankfurt a. M., 1967(座小田・小松 譯 『フィヒテの根源的洞察』法政大學出版局, 1986). 廣松・坂部・加藤 編 『講座 ドイツ觀念論』3, 弘文堂, 1990. Ch. M. Jalloh, *Fichte's Kant-Interpretation and the Doctrine of Science*, CCR, 1988. 限元忠敬 『フィヒテ「全知識學の基礎」の研究』溪水社, 1986. A. Philonenko, *Theorie et Praxis dans la pensée morale et politique de Kant et de Fichte 1793*, J. Vrin, 1968. M. J. Siemek, *Die Idee des Transzendentalismus bei Fichte und Kant*, F. Meiner, 1984.

필연성 必然性 [(독) Notwendigkeit]

범주표에서 가능성*・현실성*과 함께 양상*의 항목에 속하는 범주*. 판단*의 양상은 '판단의 내용'에 전혀 관여하지 않은 채 판단의 '계사(Copula)의 가치'를 나타낸다. 요컨대 양상의 범주는 객관* 그 자체를 규정하는 것이 아니라 객관이 범주에 의해서 규정될 때의 주관적인 신빙*의 정도를 규정하는 것이며, 필연성의 범주는 판단에서의 긍정 내지 부정이 다른 모습으로는 있을 수 없다고 하는 계사의 가치를 규정하는 것이다. 칸트는 필연성이라는 판단의 성격을 '엄밀한 보편성'과 더불어 판단내용이 선험적*이라는 것의 징표로 간주하고, 경험은 현실성이라는 계사의 가치 이상의 것을 제공할 수 없다고 생각한다[B 4].

이와 같이 칸트가 인식의 선험성과 필연성이 서로 하나를 이루는 관계를 주장한 배경으로는 원인과 결과의 필연적 결합(necessary connexion)의 관념을 어떠한 인상에서도 유래하지 않는 불확실한 것이라고 한 흄*의 영향이 지적된다. 즉 칸트는 필연적 결합의 표상*이 경험*에서 기원을 지니지 않는다고 하는 흄의 경고를 인정한 다음, 오히려 흄과는 반대 방향에로, 요컨대

필연적 결합의 원리로서의 선험적인 순수 개념의 도출과 그 정당화에로 향하는 것이다. 이런 의미에서 흄의 인과율 비판에 대한 칸트의 최종적인 대답은 제2판의 연역론에서 찾아볼 수 있다. 거기서 칸트는 우선 서두에서 다양한 것 일반의 '결합*(Verbindung)'의 개념을 도입하고 "모든 표상 속에서 결합은 객관을 통해서는 주어질 수 없으며, 주관 자신에 의해서만 수행될 수 있는 유일한 것"[B 130]이라는 점을 확인한다. 요컨대 (정당하게도 흄이 지적한 대로) 원인과 결과의 결합이라는 표상은 경험적·감성적 기원을 지니지 않으며, 그것은 오로지 주어진 것을 종합, 통일하는 지성*의 자발성*의 산물로서 그 필연성을 보장 받는 것이다.

실천철학*에서도 필연성은 도덕법칙*의 선험성의 징표로 간주된다. 이 경우 이론철학에서의 이른바 자연필연성이 어디까지나 현상계의 형식인 데 반해, 실천철학에서는 도덕법칙에 따르는 예지적 존재자의 행위의 필연성으로서 실천적 필연성이 이야기된다. "의무*란 법칙에 대한 존경에 기초하는 행위의 필연성이다"[IV 400].

인식판단의 객관적 필연성과 도덕적 판단의 실천적 필연성의 공통성은 양자가 모두 규정적 판단력에 의한 선험적인 규칙의 구성적* 사용의 산물이라고 하는 점에 놓여 있다. 따라서 형식적 합목적성이라고 하는 마찬가지 모습으로 선험적인 원리를 근거에 놓는 가운데, 반성적 판단력에 의해서 성립하는 취미판단에 대해서는 "범례적(exemplarisch) 필연성"[V 237]이라는 특별한 표현이 사용된다. 이것은 어떤 보편적 법칙의 실례로서의 개별적 취미판단이 지니는 필연성인 것이지만, 개별적 인식판단과 개별적 도덕적 판단에 대해서는 각각의 필연성의 근거로서 보편적 규칙(지성의 원칙·도덕법칙)을 제공할 수 있는 데 반해, 취미판단에 관해서는 본래 이 판단은 보편적 규칙에 의해서 규정되어 있지 않고, 따라서 그 규칙 그 자체를 제시할 수 없게 된다. ⇒선험적/후험적, 우연성, 결합, 도덕법칙, 양상

―히라노 다카시(平野登士)

쀍 H. Vaihinger, *Kommentar zu Kants Kritik der reinen Vernunft*, Bd. 1, Stuttgart, ²1922.

필요必要{**욕구·요구**欲求·要求} [(독) Bedürfniß]

Bedürfniß란 본래 주체에서의 어떤 종류의 결핍 상태를 가리키며, 이러한 결핍을 극복하고자 하는 운동의 원인을 이룬다. '필요'라는 일반적인 의미는 이러한 '결핍'에서 유래한다. 칸트의 술어로서의 Bedürfniß에는 두 가지 의미가 있다. 첫째는 신체적·감성적 결핍에 기초하는 저차적인 Bedürfniß = '감성적 욕구'이다. 이러한 욕구는 필연적이기는 하지만, 경향성*(Neigung)과 결부된 "경향성의 욕구(Bedürfniß des Neigung)"[IV 413 Anm.]이다. 그러나 둘째로, 이성*의 본질·본성 때문에 이성이 지니는 고차적인 Bedürfniß = '이성의 필요'가 생각된다. 이성의 필요는 더 나아가 이론 이성의 필요와 실천 이성의 필요로 구분된다. 이론 이성으로서는 동서남북과 좌우라는 공간 내의 위치관계를 객관적으로 정의할 수 없다. 주관은 "좌·우라는 나의 양 측면을 구별하는 단순한 감정에 의해서만 방향을 정한다"[VIII 135]. 이러한 나의 감정이 다른 주관이 지니는 감정과 합치해 있다는 것을 보증하는 어떠한 근거도 이론 이성에게서는 발견되지 않는다. 그러나 이것이 보증되지 않으면 이론 이성에 의한 인식은 근본적으로 불가능하다. 이러한 보증은 요청될 수밖에 없다. 이것이 '이론 이성의 필요'이다. 다른 한편 '실천 이성의 필요'는 신*·자유*·불사*에 대한 Bedürfniß를 가리킨다. 이것들은 이론 이성으로서는 인식할 수 없지만, 이것들 없이는 도덕적 행위가 성립하지 않는다. 이러한 고차적인 Bedürfniß들은 이성에서의 규제원리로서 기능하는 것이다. 칸트는 욕구와 혼동되는 경우가 많은 '욕망(Begierde)'을 도덕적으로는 중립적인 것으로 본다는 점에서 욕망을 악으로 생각하는 루터주의와 선을 긋고 있다. 헤겔*은 이것을 좀더 진전시켜 주객의 분열과 그 극복이라는 관점에서 욕구와 욕망을 이론화한다. 즉 욕구란 "자기 자신에서의 타자존재의 감정, 자기 자신의 부정의 감정 내지는 결핍의 감정"[Suhrkamp Werke Bd. 4 S. 118]이며, 이러한 타자존재를 극복하고자 하는 것이 욕망이다. 욕구에서의 타자존재는 자기 분열이다. 헤겔은 모든 사람이 욕구를 매개로 하여 결합하는 근대 시민사회*를 정신의 분열태로서의 '욕구의 체계'라고 부른다. 타자존재의 극복을 지향

하는 욕망이 교양˙ 형성이라는 자기 부정을 어쩔 수
없게 만드는 것도 이러한 사회의 분열을 보여주고
있다. ⇒계몽, 교양, 쾌, 경향성

　　　　　　　　　　　　　　　　　　−이시카와 이오리(石川伊織)

㊎ 幸津國生『哲學の欲求』弘文堂, 1991. 牧野英二『遠近法主
　義の哲學』弘文堂, 1996.

하니야 유타카 [埴谷雄高 1910. 1. 1~97. 2. 19]

현대 일본의 소설가이자 평론가. 본명은 한냐 유타카(般若豊). 전후 50년 가까이 단속적으로 계속해서 써온 그는 일본에서는 파격적으로 관념적·형이상학적 색채가 강한 장편소설 『사령』과 때때로 에드가 포풍의 우주론적 환상도 내포한 수많은 평론에 의해 널리 알려지고 많은 영향을 주었다. 전시에 좌익운동으로 검거되어 미결수 독방에서 지낼 때에 칸트의 『순수이성비판』*에서 받은 결정적인 충격이 도스토예프스키의 형이상학적인 소설의 영향과 더불어 그의 창작의 원동력을 이루고 있다. 『순수이성비판』의 영향은 특히 '초월론적 변증론*'에서 온다. 그는 자아*의 오류추리에서 "인간 정신의 자기 격투가 냉엄하게 말해지고 있다"는 것을 보고, 우주론*에서 "우주와 인간의 장대한 격투를 본다'. 근대 일본에서 칸트 사유가 지니는 충격력을 가장 깊은 차원에서 수용한 것의 한 사례일 것이다. ⇒초월론적 변증론

—사카베 메구미(坂部 惠)

하르트만 [Nicolai Hartmann 1882. 2. 20~1950. 10. 9]

신칸트학파* 마르부르크학파에서 공부한 후, 그의 인식론에 대한 근본적인 비판으로부터 독자적인 존재론을 전개하며, 오늘날에는 거의 잊혀 있긴 하지만 생전에는 하이데거*와 견줄 정도의 영향력이 있었던 독일의 철학자. 1907년 마르부르크 대학의 코헨*과 나토르프* 밑에서 박사학위를, 1909년에 교수자격을 취득하며, 제1차 세계대전 중의 종군생활을 거쳐 20년에 마르부르크 대학의 원외교수, 22년에 나토르프의 후임으로서 정교수가 되었지만, 25년에 쾰른 대학으로 옮기며, 31년부터 제2차 세계대전이 끝나는 45년까지는 베를린 대학에서, 그 후에는 괴팅겐 대학에서 교편을 잡았다.

하르트만의 존재론적인 논의의 출발점에 놓여 있는 것은 우리의 일상적인 사유에서 언제나 이미 전제되어 있는, 인간의 인식으로부터는 독립해 있는 자체적인 세계의 존재이다. 요컨대 확실히 일상적 사유는 다양한 모순과 문제를 안고 있어 그것은 그것대로 문제학(Aporetik) 속에서 구체적으로 검토된 데 기초하여 그 해결이 시도되어야만 하지만, 일상적 사유를, 따라서 또한 인식에 선행하는 세계의 자체적 존재를 전체로서 의문에 붙이는 것은 불가능하게 여겨졌던 것이다. 그러나 우리의 인식이 세계의 존재를, 예를 들어 완전하지는 않다 하더라도 파악하고 있다는 것도 부정할 수 없다. 그러므로 칸트와는 달리 존재* 그 자체의 원리로 되는 존재범주와 존재의 인식에 있어 기능하고 있는 인식범주의 부분적인 일치가 주장되게 된다. 이러한 일치를 가능한 한에서 확장하고자 하는 것이 그의 존재론이며, 그것은 아래에서 언급되는 1935년 이후의 네 책으로 이루어진 저작에서 특히 체계적으로 전개되고 있다. 그 가운데서 가장 잘 알려져 있는 것은 실재적인 세계의 존재를 물질적·유기적·심적·정신적인 존재층으로 구분하고, 그것들의 관계를 범주법칙으로서 명확히 하는 계층이론이겠지만, 그것의 체계적 내실 그 자체가 반드시 풍부한 매력을 지닌다고는 말할 수 없다. 오히려 그의 철학의 진면목은 각각의 시점에서의 일상적 사유를 논의의 원점에 두고 그로부터 다양한 문제를 찾아내 다면적인 관점에서 가장 타당한 해답을 제출해가는 시도인 바의 영원히 완결되지 않는 비판적–분석적 존재론이라는 구상 자체에서

찾아질 것이다.

—구츠나 게이조(忽那敬三)

📖 *Grundzüge einer Metaphysik der Erkenntnis*, 1921. *Ethik*, 1925. *Das Problem des geistigen Seins*, 1933. *Zur Grundlegung der Ontologie*, 1935. *Möglichkeit und Wirklichkeit*, 1938. *Der Aufbau der realen Welt*, 1940. *Philosophie der Natur*, 1950.

📘 H. Heimsoeth/R. Heiss (Hrsg.), *Nicolai Hartmann, Der Denker und sein Werk*, Göttingen, 1952. K. Kanthack, *Nicolai Hartmann und das Ende der Ontologie*, Berlin, 1962. J. Wirth, *Realismus und Apriorismus in Nicolai Hartmanns Erkenntnistheorie*, Berlin, 1965. A. J. Buch (Hrsg.), *Nicolai Hartmann 1882–1982*, Bonn, 1982. 忽那敬三「<階層理論>の基礎的枠組」『エピステーメーII』第1号, 朝日出版社, 1985.

하만 [Johann Georg Hamann 1730. 8. 27–88. 6. 21]

신앙철학자이자 언어철학자. 쾨니히스베르크에서 태어남. 칸트의 원탁의 벗. 대학 중퇴 후, 리가의 옛 학우 베렌스의 상회 일을 돕고, 런던에서 정치적 공작에 관계하지만 실패하며, 종교적 회심을 체험. 귀국 후 베렌스와 칸트에 의해 계몽주의로 복귀하도록 권유받지만, 이를 거부. 이것이 하나의 계기가 되어 집필한 『소크라테스 회상록』(1759)은 청년들에게 커다란 자극을 주며, 『문헌학자의 십자군』(1762)과 함께 헤르더*와 괴테*의 질풍노도*, 나아가서는 낭만주의*에 영향을 미친다. 칸트의 소개로 세관에 취직하며, 프랑스인 감독 하에서 박봉의 번역관이 되고, 프리드리히 체제와 베를린적인 계몽주의에 대한 비판이 많아진다. 『동방으로부터의 박사들』(1760)과 연관되어 '북방의 현자(박사)(Magus im Norden)'로 알려진다. 칸트 『순수이성비판』*에 대한 『이성의 순수주의에 대한 메타비판』(*Metakritik*, 1784)에서 언어의 입장으로부터 칸트의 순수주의와 형식주의*를 비판한다. 신앙*에 관해서는 야코비*에게 큰 영향을 준다. 키르케고르가 하만을 높이 평가했기 때문에 실존주의의 선구자라고 해석되었지만, 최근에는 '이성 비판'의 언어론적 내지 해석학적 전환의 선구자로서 평가되고 있다. 또한 칸트 『계몽이란 무엇인가』*에 대한 비판 서간(1784)은 계몽*의 변증

법의 발견이라고도 평가된다. 칸트 비판에 직접 관련된 다른 논문과 서간을 열거하면 다음과 같다. 『낙관주의 시론』의 비판 서간(1759), 『자녀를 위한 물리학서를 쓰고자 한 철학교사에게 보내는 두 통의 연애편지』(1763), 『미와 숭고의 감정에 관한 고찰』 서평(1764), 『인류의 최고의 자료에 대한 최근의 해석에 관한 프롤레고메나』(1774), 『순수이성비판의 서평』(1781), 흄의 『인간지성에 관한 탐구』의 소개 서간(1759), 『회의자의 야상』(1771, 『인간본성론』의 '본편의 결론'의 번역), 『자연종교에 관한 대화』 번역(1780). ⇒야코비

—이소에 가게아츠(磯江景孜)

📖 *Sämtliche Werke* 1–6, *Briefwechsel* 1–7.

📘 R. Unger, *Hamann und die Aufklärung*, 2 Bde., Max Niemeyer Verlag, 1925. J. Nadler, *Johann Georg Hamann*, Otto Müller Verlag, 1949.

하이데거 [Martin Heidegger 1889. 9. 26–1976. 5. 26]

20세기 독일의 철학자. 메스키르히(Baden)에서 태어나 프라이부르크(i.Br)에서 서거. 마르부르크(1923–28), 프라이부르크(1915, 28–45)의 각 대학에서 가르치고, 프라이부르크에서는 총장(1933)도 역임했다. 그의 주저 『존재와 시간』(1927)은 방법적으로는 후설*의 현상학에 결부되지만, 물어져야만 할 '사태 그 자체'는 여기서는 '존재*의 의미'이고, 이 존재의 의미는 말할 나위도 없이 오랜 형이상학적 존재론을 재흥시키는 데서는 해명되지 않는바, 우선 '존재의 의미에 대한 물음'이 인간의 존재 이해에 관한 '기초적 존재론'에서 준비되어야만 한다. 이러한 존재 이해는 인간 존재, 즉 '현존재(Dasein)'의 '현(Da)'으로서, 시간의 물음에 대한 유일한 충분한 기반을 제공한다. 동일한 '세계–내–존재'이긴 하지만, 인간은 '손안에 있음(Zuhandensein)'으로서의 실천적 도구적 사물과 '눈앞에 있음(Vorhandensein)'으로서의 이론적 중립적 대상과 달리, 현존재는 스스로의 가장 깊은 근저에서 기분을 지닌, 이해(요해) 작용을 영위하는 존재자이며, 주위의 세계를 배려하고 다른 인간을 고려하는 '염려(Sorge)'적 존재자, 죽음을 통해 스스로의 가장 자기다운 존재가

능에로 불러일으켜지며, 불안을 감지하는 것(Sichäng-stigen)에 의해 자기의 무를 자각하는 존재자이다. 죽음에의 존재로서의 염려적 현존재는 시간에서의 존재(Sein in der Zeit), 시간성(Zeitlichkeit)이다. 이와 같이 하이데거는 시간을 존재 이해의 지평으로서 증시하고자 하지만, 성공하고 있는지의 여부는 커다란 문제라고 하더라도, 적어도 이것을 계기로 하여 딜타이*의 역사해석학에 존재론적 전회・전개를 가져오며, 나아가서는 루터와 키르케고르의 '실존' 사상을 순수한 차안성에로 옮겨놓음으로써 존재의 의미와 인간의 본질에 관한 새로운 교설, 즉 실존철학을 성립시켰다.

그러나 인간을 제1의적으로 인식 주관으로서가 아니라 염려적 현존재로서 정의한『존재와 시간』도 아직 초월론적 주관적 전통 속에 머물고 있다. 후기 하이데거에 따르면, 현존재는 '자명한 것'으로서 자동적으로 이해되는 것이 아니며, 실존은 '탈-존(Ek-sistenz)'으로서 파악되어야만 한다. '전회' 이후에 존재는 이미 현존재의 시간적-탈자적 지평에서의 현존재의 기투 측으로부터가 아니라 선취될 수 없는 '역운(Geschick)'으로서의 '존재의 진리(Wahrheit des Seins)'의 역사에서 이해되며, 이 역사 속에서 인간에게 그때마다 그의 획기적-시간적인 세계이해와 자기이해의 근원적 가능성이 비로소 개시되는 것이다. 서구적-유럽적인 형이상학의 형태들을 분석하면서 하이데거는 그 '존재의 진리'의 역사를 동시에 존재의 은폐와 진리의 철회의 역사로서 해석한다. 이러한 역사 속에서 과학과 기술도 형이상학의 수미일관한 각인으로서 (형이상학은 존재자의 개시성과 존재의 은폐성 속에서의 사유로서) 해석되며, 그리하여 존재와 존재자의 '존재론적 차이'에 무지한 '존재망각'이 생겨났다고 간주된다. 이러한 주장들을 통해 하이데거의 철학은 전통적인 서양형이상학 및 그것에 뿌리박은 근대 기술에 대한 비판적 대결로서의 현대문명론이라는 일면도 갖추고 있다. 하이데거의 사색은 그 후의 실존철학과 실존주의의 형성을 위해 기여하며, 결실이 풍부한 인간학적 연구의 지반을 제공하고, 철학을 넘어서서 광범위한 사상적 영향을 주었다. 이러한 정신적 영향활동에 의해 하이데거는 나치스 문제 등에서 보이는 것과 같은 모순을 내포하면서

도 지난 수십 년 간 가장 영향력 있고 가장 주목해야만 할 독일의 세계적 사상가로 되었던 것이다.

또한 하이데거의 칸트 해석에 관해 말하자면,『칸트와 형이상학의 문제』(1929)는 원래『존재와 시간』의 속편으로서 씌어진 것이자 '존재의 시간성(Temporalität)'을 해명하는 과정의 산물이다. 거기서 하이데거는『순수이성비판』*의 핵심적 문제를 현상과 범주*를 매개하는 '도식'론 속에서 간취함으로써 초월론적 시간 규정으로서의 도식을 성립시키는 초월론적 상상력과 시간의 의미와 역할을 두드러지게 하여 제2판보다도 제1판을 탁월한 것으로 간주하지만, 이것은 통각*과 지성*의 입장을 강조하고 두 판의 근본적 차이를 인정하지 않는 칸트 자신의 입장으로부터의 일탈이기도 하다. 또한 하이데거는『사물에 대한 물음—칸트의 초월론적 원칙론에 기대어』(1962)에서 '형이상학의 근본물음(Grundfragen der Metaphysik)'으로서의 '사물이란 무엇인가, 실체란 무엇인가'라는 철학의 전통적인 문제의 구명으로부터 출발하여『순수이성비판』의 '초월론적 원칙론'의 해석을, 그것도『칸트와 형이상학의 문제』와는 달리 비교적 충실한 방식으로 칸트 해석을 수행하며, '모든 종합판단의 최상의 원칙'의 근거를 인간(인식능력)과 사물(경험의 대상) 사이의 원환적 행정으로서 부각시키고자 한다. 나아가 논문「존재에 관한 칸트의 테제」(1963)는『순수이성비판』에서의 제4의 '순수 지성의 원칙'으로서의 '경험적 사유 일반의 요청들'의 해석을 전개한다. 여기서는 인식의 객관적 내용(Was)에 관한 것이 아니라 인식의 주관적 양태・양상(Wie)을 드러내는 '존재', 즉 주어와 술어의 '계사'로서의 '이다'와 주어를 단적으로 정립하는 '~가 있다'고 하는 '존재・있음'을 '어떠한 실재적 술어(Reales Prädikat)도 아니다'[B 626]고 하면서도 여전히 하나의 '초월론적 술어(transzendentales Prädikat)'로서 특징짓는다. 이상에서 말한 바와 같이 하이데거의 칸트에 대한 관계는 다양한 칸트론 안에서 분명히 드러나 있으며, 그의 칸트 해석은 물론 시사하는 바가 풍부한 깊은 사색을 전개하고 있기는 하지만, 보통의 칸트 연구와는 근본적으로 달라서 어디까지나 자기의 철학적 사색의 일단으로서 수행되고 있는바, 칸트 이

473

해로서는 특이한 위치를 점하고 있다. ⇒존재{유}, 후설

—아리후쿠 고가쿠(有福孝岳)

⊞ 『ハイデッガー選集』理想社, 33卷, 1952-, 『ハイデッガー全集』創文社, 102卷 , 1985-.

⊠ O. Pöggeler, *Der Denkweg Martin Heideggers*, Pfullingen, 1963(大橋・溝口 譯『ハイデッガーの根本問題——ハイデガーの思惟の道』晃洋書房, 1979). I. Koza, *Das Problem des Grundes in Heideggers Auseinandersetzung mit Kant*, Ratingen bei Düsseldorf, 1967. 渡辺二郎『ハイデッガーの存在思想』勁草書房, 1962; 同『ハイデッガーの實存思想』勁草書房, 1962. 辻村公一『ハイデッガー論攷』創文社, 1971.

하임죄트 [Heinz Heimsoeth 1886. 8. 12-1975. 10. 9]

20세기 독일의 근대 철학사 연구자이자 또한 대표적인 칸트 연구자. 신칸트학파 가운데서 자라났지만 그로부터 벗어나 M. 분트, N. 하르트만*과 더불어 이른바 '존재론적 칸트 해석'(G. 마르틴)의 기수들 가운데 한 사람이 된다. 쾰른에서 태어나 그곳에서 사망. 하이델베르크에서 빈델반트*에게, 이어서 마르부르크에서 코헨*, 나토르프*에게 사사. 마르부르크 대학, 쾨니히스베르크 대학을 거쳐 1931년 이후 쾰른 대학 교수. 이 사이에 칸트 연구 논문으로서 「비판적 관념론의 형성에서의 형이상학적 동기들」(1924), 「칸트 철학에서의 인격성*의 의식과 사물 자체」(1924) 등을 잇달아 발표. 만년에 『초월론적 변증론——칸트 '순수이성비판' 주해 I-IV』(1966-71)를 출판.

『서양 형이상학의 여섯 가지 커다란 논제와 중세의 종언』(1922)에서 하임죄트는 칸트의 비판철학이 신*과 자유*와 영혼*의 불사성을 주제로 하는 '실천적・교조적 형이상학(praktisch-dogmatische Metaphysik)'을 지향했다고 한다. 「인격성의 의식과 사물 자체」라는 논문에 의하면, 우선 순수 통각에서 <현상으로서의 나>도 의식 일반*도 아닌 단적인 규정작용으로서의 '자발성*'의 의식이 얻어진다. 그것은 자기촉발*의 의식이며, 요컨대 '사물 자체{나 자체}'와의 친밀한 자기접촉이다. 이어서 그것을 기반으로 하여 도덕의식에서 새

로운 '자발적 활동'이 무제약자*로 향하며, '신적인 근원적 존재자'에 관한 모종의 '실천적・교조적*인' 앎이 가능해진다. 『초월론적 변증론』에서는 제1비판의 변증론이 위에서 언급한 새로운 형이상학의 토대짓기를 의도하고 있었다고 주장한다. 이상의 칸트 해석의 전제로서 그가 '사물 자체'를 실체 개념으로서 이해하고 있다는 점은 중요하다. 또한 자료로서『반성』, 『오푸스 포스투뭄』*을 구사하여 논하고 있는 수법도 특징적이다.

그의 칸트 연구를 G. 마르틴은 높이 평가하고 있다 [『임마누엘 칸트』1951]. 하이데거*도 『존재와 시간』(1927)에서 그의 칸트 해석에 주목하여 평가한 다음 비판하고 있다[§64 주]. ⇒자기촉발, 자발성, 독일의 칸트 연구

—시부야 하루요시(澁谷治美)

⊞ *Die sechs großen Themen der abendländischen Metaphysik und der Ausgang des Mittelalters*, 1922. *Studien zur Philosophie Immanuel Kants I , metaphysische Ursprünge und ontologische Grundlagen*, 1956(그 가운데 「인격성의 의식과 사물 자체」, 「형이상학적 동기들」, 「근대 형이상학에서의 공간 논쟁」의 세 논문을 모은 다음과 같은 두 개의 일본어역이 있다. 『カント哲學の形成と形而上學的基礎』未來社, 『カントと形而上學』以文社). *Transzendentale Dialektik: Ein Kommentar zu Kants Kritik der reinen Vernunft* I-IV, 1966-71(이것의 제1부의 일본어역『カント「純粹理性批判」註解 超越論的弁證論 魂・世界および神』晃洋書房). *Studien zur Philosophie Immanuel Kants II, Methodenbegriffe der Erfahrungswissenschaften und Gegensätzlichkeiten spekulativer Weltkonzeption*, 1970.

⊠ 小倉志祥「監譯者解說」ハイムゼート『カントと形而上學』以文社, 1981.

하타노 세이이치(波多野精一) ⇨일본의 칸트 연구

학學 [(독) Wissenschaft]

"체계적 통일은 보통의 인식*을 비로소 학이게끔 하는 것, 다시 말하면 보통의 인식의 단순한 수집으로

부터 하나의 체계*를 만들어내는 것에 다름 아니다'[B 860]. 『순수이성비판』* '초월론적 방법론'의 '순수 이성의 건축술*' 서두에서 칸트는 이와 같이 쓰고 있다. 체계란 하나의 이념 내지 이성 개념 밑에서의 다양*한 인식들의 통일*로서, "학적 이성 개념은 목적*과 이 목적에 합치하는 전체의 형식*을 포함하고 있다'. 학적 연구를 이끄는 이념은 처음에는 "맹아처럼 이성 속에 숨어 있으며", 창시자 본인에게조차 충분히 명확하게 자각되지 않는 것이 일반적이다. 칸트가 학문을 점차 자라나 전모를 드러내는 분절된 '체계'라는 유기체* 모델에서 생각하고 있다는 점은 분명할 것이다. 이러한 학은 실천적 학도 포함하며, 오히려 거기서 극점에 도달한다. "인간 이성의 본질적 목적들(teleologia rationis humanae)"[B 867]이야말로 학의 전체를 완성시키며, '세계 개념'에 있어서 생동하는 지혜로서의 철학을 소생시키는 바로 그것이다.

칸트는 이와 같은 학의 이념에서 고대 그리스 이래의 '에피스테메'와 '프로네시스' 전통을 분명히 계승하고 있다. 그러나 칸트의 학 개념에는 그것과는 다른 근대의 수학적 자연과학과 볼프학파의 이성주의에서 유래하는 것이 존재하는데, 수학*과 철학*의 인식의 성격 규정과 또한 서로의 위치관계를 둘러싸고 1760년대부터 비판기에 이르기까지 학의 개념규정의 근간에 관한 개념들이 계속해서 고쳐 주조되는 것이다. 철학을 "개념*으로부터의 인식", 수학을 "구성*으로부터의 인식"이라고 규정하여[B 865] 양자를 말하자면 단적으로 구분하고 볼프학파의 근거율의 적용을 제한하는 것에서 고대 이래의 학의 개념에 이르는 길이 확보된다. 규제적 원리라 하더라도 또한 '테크네'와 '아르스' 전통도 되살아나는 것이다. ⇒체계, 철학

—사카베 메구미(坂部 惠)

圏 C. G. Brittan, *Kant's Theory of Science*, Princeton U. P., 1978. 大橋容一郎「槪念の位置について──『超越論的方法論』の主題に關する考察」カント研究會 編『超越論的哲學とは何か』理想社, 1989. 量義治『カント形而上學の檢証』法政大學出版局, 1984.

『**학부들의 투쟁**學部-鬪爭』 [(독) *Der Streit der Fakultäten*. 1798]

본서는 칸트 자신에 의해서 간행된 최후의 저작이지만, 본래 한 권의 저서로서 집필을 의도한 것이 아니라 성립 시기와 집필 의도를 달리 하는 세 개의 논문을 나중에 '하나의 체계*'로서 묶은 것이다. 제1부 '철학부와 신학부의 투쟁'은 1794년 10월에 칸트에게 발포된 종교칙령에 의한 공표 금지 처분이 내려지기 이전에 집필되었다고 보이는 종교론이다. 제2부 '철학부와 법학부의 투쟁' 역시 출판 허가가 내려지지 않았던 까닭에 공표할 수 없었던 역사철학적 과제를 다룬 논문이며, 1797년 10월 이전에 집필되었다. 제3부 '철학부와 의학부의 투쟁'은 1798년에『실용약학 및 외과의 술 잡지』에 게재된 논문으로서 양자의 투쟁을 영혼*의 자리를 둘러싼 철학적인 학으로서의 심리학과 의학적인 학으로서의 생리학의 대립으로서 파악하고 있다.

본서의 의도는 중세 이래의 대학에서 상급학부에 속하는 신학부·법학부·의학부와 하급학부로서의 철학부의 관계를 학문론적으로 고찰하고, 철학부가 상급학부로 됨으로써 상급학부들과 하급학부 사이의 대항관계가 최종적으로 조정 가능해질 수 있다는 것을 주장하는 것이다. 먼저 상급학부·하급학부라는 호칭의 근거가 고찰되며, 그것이 학문의 내실에 관한 것이 아니라 국가에 대한 관계 방식에 의거한다는 점이 명확히 된다. 다음으로 상급학부들 사이의 순위에 관해 다루며, 나아가 상급학부들과 하급학부의 투쟁이 "위법적인 투쟁"과 "합법적인 투쟁"으로 구별되어 논해지고 있다. 실용적인 학문들을 강의하는 상급학부와는 대조적으로 철학부는 행복을 위한 지식이 아니라 학적인 진리 탐구의 장소로서 대학에서 유일하게 국가와 정부로부터의 명령과 간섭에서 독립하여 오로지 이성의 입법 하에 서는 것이다. 그렇지만 칸트는 검열*제도 그 자체를 전면적으로 배척하고 있지 않다. 오히려 칸트의 논의는 국가권력과 그 검열제도에 대한 대단히 전략적으로 교묘한 비판적 시도라고 볼 수 있다. 또한 칸트의 주장에 대해서는 셸링*의 『학문론』(1803)에 의한 엄격한 비판이 있다.

—마키노 에이지(牧野英二)

牧野英二『遠近法主義の哲學』弘文堂, 1996. 小倉志祥「カ
ント全集』第13卷 譯者解說, 理想社, 1988. J. Derrida, *Derrida
du Japon*(高橋允昭 編譯『他者の言語』 法政大學出版局,
1989).

『학으로서 출현할 수 있는 장래의 모든 형이상학을 위한 프롤레고메나 學–出現–將來–形而上學–』{『프롤레고메나』} [(독) *Prolegomena zu einer jeden künftigen Metaphysik, die als Wissenschaft wird auftreten können*. 1783]

이 저작은 『순수이성비판』* 제1판 출판 2년 후인
1783년에 공간되었다. 『순수이성비판』의 자매편이라
고 할 수 있다.

10년 이상의 깊은 사색 끝에 출판된 『순수이성비판』
은 난해하기 때문에 칸트 스스로 "처음에는 아주 적은
독자밖에" 기대할 수 없다고 헤르츠에게 보낸 편지
[1781. 5. 11]에서 말하고 있다. 그러나 예상보다도 더
판매가 되지 않고, 출판사는 남은 부수의 폐기를 고려
할 정도였다. 처음에는 누구도 공공연히 찬동도 공격
도 하지 않은 채, 말하자면 "오랜 동안 침묵으로 경의를
표시하는" 상태였다.

그리하여 칸트는 『순수이성비판』의 근본사상을 독
자를 위해 이해하기 쉽도록 간결하게 설명하고자 이
책을 저술했다. 프롤레고메나란 예비적 해설을 의미하
는 것으로서 이 저작은 주저보다 훨씬 짧지만, 그러나
『순수이성비판』 입문이면서도 주저와 마찬가지로 난
해한 저작이다. 이 저작의 서두에서 칸트는 이 책이
학생이 사용하기 위한 것이 아니라 장래의 교사가
사용하기 위한 것이라고 단정하고 있다. 표제에서 알
수 있는 것처럼 이 저작의 주제는 "학문으로서의 형이
상학의 가능성" 문제이다.

이 저작의 출판에 앞서 『순수이성비판』에 대한 익명
의 (가르베*와 페더*가 쓴) 서평이 『괴팅겐 학보』(1782)
에 게재되었다. 칸트의 학설은 버클리 류의 주관적
관념론의 모방이라는 이 부정적인 서평에 대해 칸트는
이 책에 '비판의 연구에 앞서 비판에 주어진 판단의
견본'이라는 부록을 덧붙였다. 거기서 칸트는 "이 비평
은 『비판』의 근본문제를 전혀 통찰하지 못한 채 오해

하는 데서 자기의 이익을 찾아내는 악의에 가득 찬
것"이라고 반론하고, 버클리 철학과 자신의 입장의
다름을 다음과 같이 표현했다. 즉 엘레아학파로부터
버클리*에 이르는 모든 관념론자의 주장은 "감관*과
경험*에 의한 인식은 모두 단순한 가상*에 불과하며,
진리*는 순수한 지성*과 이성*의 관념 속에서만 존재한
다"는 것이지만, 자기의 관념론*의 원칙은 "단순한 순
수 지성이나 순수 이성으로부터 이루어지는 사물 인식
은 모두 단순한 가상에 다름 아니며 진리는 경험 속에
서만 존재한다"는 것이다. 나아가 칸트는 버클리주의
라는 비판에 대해 『순수이성비판』 제2판에서 '관념론
논박*'을 쓰기에 이르렀다.

이 저작에는 표제가 보여주는 대로 학으로서의 형이
상학에 대한 절망이 여기저기서 발견된다. 또한 이
저작에는 제18절에서의 '경험판단'과 '지각판단'의 제
시 등, 『순수이성비판』과는 다른 여러 가지 논점이
포함되어 있다. ⇒『순수이성비판』{『제1비판』}, 관념
론 논박, 가르베, 페더, 버클리

─구로사키 마사오(黑崎政男)

한계 限界 [(독) Grenze]

칸트는 자주 '한계'를 말한다. 그 가운데서 주된 것은
경험*(인식)의 가능성의 한계이며, 이와 관련하여 '한
계개념*'이 말해진다. 또한 (첫 번째) 이율배반과 관련
하여 공간·시간*의 한계 문제가 논의되며, 또 (연장
을 지니는) 사물과 공간과 관련하여 한계가 말해지는
경우도 적지 않다. 또는 정의*와의 관계에서 개념*과
관련하여 한계(규정*)가 말해지기도 한다.

한계의 개념은 비판의 사상과 관련되는 것으로 볼
수 있다. 왜냐하면 '비판'(Kritik)은 "어떤 것을 나눔(κρ
ίνω)으로써 그 각각의 분지에 관해 그 의의와 제약
또는 한계를 확인하는 것'을 본래 뜻으로 하는 것으로
서 이해되기 때문이다. 이른바 (이론적) 인식은 직관*
과 사유*의 결합에서 성립되지만, 그것은 확실한 인식
이 감성적 직관과 지성적 사유의 결합에서, 요컨대
(광의의) 경험*에서 성립한다는 것에 다름 아니다.
즉 '(가능적) 경험'이라는 대지는 우리 인간의 인식을

'의의' 있게 하는(그 진리성을 성립시키는) 영역임과 더불어 그 '한계'는 동시에 우리 인간의 확실한 (이론적) 인식의 한계이기도 하다는 것이다.

일반적으로 '한계'는 한계지어지는 것에서 보이는 경향이 있지만, "한계짓는 것은 한계지어지는 것과 구별되어야만 한다"[B 543]고 한다면, 그런 의미에서 "경험은 스스로를 한계짓지 않는다'. 그것을 한계짓는 것은 "순수한 지성적 존재자의 영역"인 것이다[Prol. §59]. 그러므로 '제한(Schranken)'은 단지 부정적인 것이지만, '한계(Grenze)'는 동시에 어떤 긍정적인 것으로 된다[Prol. §57]. 또한 N. 하르트만*이 말하는 것처럼 한계에는 "추이 가능(verschiebbar)"한 것과 "추이 불가능(unverschiebbar)"한 것이 있다고 한다면, 위에서 말한 것은 주로 후자의 종류의 것이라고도 말할 수 있을 것이다'한계'에 관해서는 특히 『프롤레고메나』 §§57-59, '한계개념'에 관해서는『순수이성비판』 A 255/B 311을 참조]. ⇒한계개념, 비판, 경험의 가능성의 제약

-반 히로시(伴 博)

📖 N. Hartmann, *Grundzüge einer Metaphysik der Erkenntnis*, 5 Kapitel, Walter de Gruyter, 1921. P. F. Strawson, *The Bounds of Sense, An Essay on Kant's Critique of Pure Reason*, Methuen, 1966(熊谷・鈴木・横田 譯『意味の限界 — 純粋理性批判論考』勁草書房, 1987).

한계개념限界概念 [(독) Grenzbegriff]

한계개념의 사상은 칸트적인 '비판*'적 발상에서 나오는 것으로 이해된다. 인간의 인식* 활동은 감성*과 지성*이라는 두 가지 기본적인 인식능력('두 개의 줄기')의 협동에 의하는 것으로 이해된다. 즉 감성적*인 직관*에서 인식의 질료가 주어지고, 그 때의 감성의 형식(공간*과 시간*)에 더하여 지성의 형식(범주*)이 활동함으로써 그 직관의 다양*의 (종합적) 통일에서 객관적인 인식이 성립하는 것이다. 그런 까닭에 원래 감성적 직관에서 시작되는 그 인식의 대상은 그런 의미에서는 넓은 의미에서의 감성적인 것(감성에 속하는 것), 또는 현상적인 것, 현상적 존재자(현상체

Phänomenon)라고 말할 수 있다. 다시 말하면 그것은 가능적 경험의 대상이라는 것이다.

위에서 말한 '비판'적 발상에서 보면, 여기서는 그러한 감성적인 것을 한계짓는 것이 생각될 것이다. 그런데 "한계짓는 것은 전적으로 그것 바깥에 있는 것이어야만 한다"[Prol. § 59; Refl. Nr. 4958, XVIII 41]. 즉 그 자신은 이미 감성적인 것, 현상적인 것이 아니라, 말하자면 지성적 존재자(Verstandeswesen), 가상적인 본체적 존재자(예지체*Noumenon)일 것이다. 이것이 '한계개념'에 다름 아니다. 즉 이 '예지체라는 개념은 감성의 월권을 제한하기 위한 단순한 한계개념이며, 따라서 소극적으로만 사용된다'고 말해지는 것이다[B 311].

칸트는 이 말에 이어서 그것을 '적극적인 것'으로서 정립하는 것을 경계하고 있다. 이것은 넓은 의미의 이론 이성의 견지에서는 당연한 것이라고 말할 수 있을 것이다. 그러나 이것도 비판(적 분별)의 관점에서 보면, 동일한 이성(의 사용)에서도 실천 이성의 견지에 서라면 앞에서 경계된 '감성계와 예지계*(가지계)'라는 두 세계의 대비가 여기서는 가능해지고, '현상인(homo phaenomenon)'과 '본체인(예지인)(homo noumenon)'이라는 대비가 적극적인 의미에서 말해질 수 있게 되는 것이다. 그런 의미에서 저 '한계개념'이라는 것은 그 ('표면(정면)'에서는 허락되지 않지만 '이면(배면)'에서는 어떤 종류의 적극적인 것을 감추고 있다고도 보일 것이다('한계'의 항 참조).

그런데 칸트는 그 '한계개념'을 "제약들의 감소에서 남는 것"이라고도 보고 있다[Refl. Nr. 4522, XVII 581]. 요컨대 그것을 감성적인 것의 측면에서 보면, 일종의 체감화의 극한에서 볼 수 있는 것처럼 생각되는 것이다. 이와 같은 관점에서 그 '한계개념'을 해석한 것이 신칸트학파*, 특히 마르부르크학파의 창시자 코헨*의 칸트 해석이다. 거기서는 마치 수학에서의 극한 0으로 향하여 무한히 수렴하는 수열처럼 한계개념은 사유의 무한*한 근원적 운동을 가능하게 하는 것으로서 파악된다. 코헨은 특히 '내포량'의 원칙을 근거로 하여 그런 종류의 칸트 해석을 전개했지만, 보기에 따라서는 극한적인 '의식 일반*'과 '초월적인 당위(Sollen)'를 이야기하는 서남독일학파의 리케르트*의 인식론에서도 이

러한 종류의 발상에 다소나마 연결되는 것을 볼 수 있을지도 모른다. ⇒비판, 한계, 예지체

—반 히로시(伴 博)

⑬ H. Cohen, *Kants Theorie der Erfahrung*, ¹1871, ²1885. H. Rickert, *Der Gegenstand der Erkenntnis*, ¹1892, ⁶1928(山內得立 譯『認識の對象』岩波文庫, 1927). 西田幾多郎『自覺に於ける 直觀と反省』岩波書店, 1919. 左右田喜一郎『文化價値と限界 槪念』岩波書店, 1922. P. F. Strawson, *The Bounds of Sense, An Essay on Kant's Critique of Pure Reason*, Methuen, 1966(熊谷・鈴木・橫田 譯『意味の限界—純粹理性批判論考』勁草書房, 1987).

할러 [Albrecht von Haller 1708. 10. 16–77. 12. 12]

해부학자, 식물학자, 시인. 스위스의 베른에서 태어남. 괴팅겐 대학 교수가 되어 해부학 교실을 설치하며, 근대 실험생리학적 연구를 행하고, 식물원을 설립. 1747년『기초생리학』(*Prima Lineae Physiologie*), 52년『인체생리학』(*Elementa physiologiae corporis*)을 저술한다. 알프스의 아름다움을 처음으로 묘사한 시인. 칸트는『천계의 일반자연사와 이론』*에서 "별들이야말로 필시 아름답게 빛나는 영혼*의 자리일 터/지상에 악덕이 지배하듯, 그 자리에선 덕이 주인이리"라는 그의 시를 인용하고 있다. ⇒『천계의 일반자연사와 이론』{『천계론』}

—바바 요시유키(馬場喜敬)

합리론合理論 ⇨**이성주의**

합목적성合目的性 [(독) Zweckmäßigkeit]

일반적으로 목적*이란 아직 현실성*을 지니지 않는 표상* 내지 개념*이다. 그러한 목적 개념에 적합한 존재방식을 현실의 무언가(행위 등)가 취하게 되면 그것이 합목적성을 지닌다고 말할 수 있다. 이러한 사태는 관점을 달리 하면 개념이 현실의 무엇인가를 규정하는 사태라고도 생각되기 때문에 합목적성을 개념이 현실

에 대해 지니는 원인성이라고도 할 수 있다.

『반성』등도 고려하면 합목적성은 칸트의 초기부터 관심사였다고 말할 수 있지만, 여기서는 공간된 저작에 시야를 한정하고자 한다. 학술원판 전집 제1–9권에서 합목적성이 두드러지게 논의되는 것은『판단력비판』*이며, 합목적성 및 합목적적이라는 말의 사용횟수 가운데 70% 정도를 차지한다. 그 밖에 눈길을 끄는 것은『순수이성비판』* 및 역사철학*에 관한 저작이다.

『순수이성비판』에서는 주로 이성*의 규제적 사용을 논의하는 부분에서 자연*의 합목적성이 말해진다. 이성의 기본적 성격은 전체성·통일성을 욕구하는 것인데, 이것은 이론적 분야에서는 자연 전체가 보편적인 (특수적인 것도 포함한) 연관체라는 이념, 즉 자연의 체계적 통일의 이념을 세운다는 것을 의미한다. 그러나 이 이념에 적합한 존재방식을 자연이 갖추고 있다는 것은 객관적 타당성*을 지니는 인식판단으로서는 성립하지 않는다. 그러므로 자연의 합목적성은 자연인식을 규제적*으로 이끄는 형식적 원리인 데 그친다.

『판단력비판』은 전체로서『순수이성비판』에서의 형식적 원리의 내용을 채우는 합목적성에 관계한다. 다양한 합목적성 개념의 명료한 구별과 정리는 독립된 연구를 필요로 하는 어려운 일이지만, 큰 틀에서 보면, 제1부에서는 주관적(경험 주체의 마음의 능력에 관계하는) 합목적성이, 제2부에서는 객관적(주체의 감성과 기대와는 독립적인) 합목적성이 다루어진다. 주관적 합목적성은 형식적인 것과 실질적인 것으로 구분되는데, 논구되는 것은 미* 및 숭고*에 관계하는 전자이다. 미 및 숭고의 경험*은 이론적 인식과는 다른 방식에서 인식 주체의 마음의 능력들의 전체적 통일을 가져오는 존재방식을 현실의 사물이 보여주는 경험이지만, 다만 현실의 사물의 실재에 관해서(실질적으로)가 아니라 그 표상에 관해서 형식적으로 합목적성이 경험되는 것이다. 이 경우 마음의 능력의 조화와 통일을 넘어서는 어떠한 목적도 없으며, 사물 측에도 그 표상의 합목적성을 넘어서는 어떠한 의도*나 목적도 없다. 그리하여 '목적 없는 합목적성'이라는 언뜻 보아 모순된 특징부여가 이루어진다. 제2부의 객관적 합목적성도 형식

적인 것(기하학적 도형에서 보인다)과 실질적인 것으로 구분되지만, 논구되는 것은 유기체* 및 자연 전체에 관계하는 후자이다. 칸트는 이것을 목적론적이라고 형용하고, 나아가 내적인 것과 외적인 것으로 구별한다. 유기체는 그의 모든 부분이 전체와의 관계에서만, 즉 마치 전체가 부분을 결정하고 있는 것처럼 존재하며, 또한 모든 부분이 그 밖의 부분을 산출하는 것과 같은 전체이다. 이것이 내적이라고 형용된다. 다음으로 자연 전체가 하나의 유기적 전체로서 모두가 목적과 수단의 연관에서 다 드러나게 된다면 객관적·실질적·외적인 합목적성이지만, 칸트는 이에 더하여 외적 합목적성을 완성하는 것으로서 자연 전체가 그것으로 향하는 최종목적인 문화*를 생각한다. 나아가 이러한 자연목적*론을 보완하는 도덕적 목적론에 기초하여 창조의 궁극목적*으로서의 도덕을 생각한다. 역사철학에 관한 저작에서는 주로 문화 및 도덕과의 관계에서 합목적성이 논의된다. ⇒목적, 구성적/규제적, 미학적 판단, 미, 숭고, 유기체, 목적론, 목적론적 판단력, 문화

―다케야마 시게미츠(竹山重光)

Giorgio Tonelli, Von den verschiedenen Bedeutungen des Wortes Zweckmäßigkeit in der Kritik der Urteilskraft, in: *Kant-Studien* 49, 1957–58. *Immanuel Kants Werke auf Computer*, Institut für die angewandte Kommunikations- und Sprachforschung e. V., 1988.

합법칙성合法則性 [(독) Gesetzmässigkeit]

합법칙성은 세 비판서에서 각각 문제로 되고 있다. 첫째는『순수이성비판』*에서의 이론적 인식, 즉 인식론* 방향에서의 것으로 지성*의 '입법*'과 관련이 있다. 이 입법에 따르면 지성은 자연*의 법칙들의 원천, 나아가 자연의 '형식적' 통일의 원천이다. 지성이 이러한 형식적 통일로 될 수 있는 것은 순수 지성 개념 = 범주*에 의해서이며, 범주에 의해서 자연의 모든 현상*은 그 '형식*과 관련해서' 비로소 가능해질 수 있는 것이다. 그런 의미에서 자연은 그 필연적 합법칙성(형식에서 본 자연)의 근원적 근거로서의 범주에 의존한

다. 그런데 범주는 통각*을 자신의 담지자로 하고 있기 때문에 자연은 그 합법칙성에 관련하여 통각에 따라야만 하며 "통각의 통일이 경험에서의 모든 현상의 필연적 합법칙성의 초월론적 근거이다"[A 127]. 따라서 자연이라든가 현상이라고 칭해지는 것은 스스로의 '형식적 가능성'을 통각을 매개로 하여 지성에서 얻음으로써 통각에 기초하는 필연적인 이론적 인식이 성립하는 것이다.

둘째는『실천이성비판』*으로 대표되는 실천적 인식, 특히 '도덕법칙*'에서의 의지 규정에 관한 것이다. 도덕법칙은 유한한 이성적 존재자* = 인간*에 대해서 '정언명법'의 형태로 의지를 규정하지만, 그 경우 목적과 실질을 모두 제거하여 "법칙의 단순한 형식"에 의해서만, 즉 "단순한 합법칙성 일반"[GMS, IV 402]에 의해서만 의지*를 규정한다. 행위의 보편적 합법칙성이 요구되는 까닭이다.

셋째는『판단력비판』*에서 '반성적 판단력'의 '자연의 합목적성*'의 원리와 관련하여 문제로 된다. 이 판단력은 지성의 입법에 의한 영역과 이성의 입법에 의한 영역 사이에 놓여 있는 틈에 다리를 놓고 체계적 통일을 지향한다. 그리하여 이 판단력은 자연을 자연의 지성적 합법칙성과 실천 이성에 의한 궁극목적*과의 일치로 간주한다. 그리고 이 판단력*은 자연에 대해 '합법칙성'의 원리를 적용하여 자연을 합법칙적 자연 사태에서 이 목적이 실현되도록 되어 있는 것처럼 판단한다. 이와 같이 자연을 합목적적이라고 하는 것에 의해 저 다리가 놓이는 것인바, 요컨대 체계적 통일이 이루어지는 것이다. ⇒입법, 범주, 통각, 도덕법칙

―이노우에 마사카즈(井上昌計)

W. O. Döring, *Das Lebenswerk Immanuel Kants*, Lübeck, ²³1916 (龍野健次郎『カント哲學入門』以文社, 1971). 矢島羊吉『カントの自由の概念』創文社, 1965. 有福孝岳『カントの超越論的主体性の哲學』理想社, 1990.

항상성恒常性 [(독) Beharrlichkeit]

'경험*의 유추* 가운데 '제1유추'에 따르면 "현상*'들의 모든 변전에서도 실체는 항상적이며, 자연에서의

그 양은 증감하지 않는다"[B 224]. 제1유추에서의 항상성 개념은 도식론에서의 ‘지속성’ 개념을 전제하고 있다. 그에 따르면 “실체의 도식'은 시간에서의 실재적인 것의 항상성이다. 요컨대 다른 모든 것이 변전하는 한편으로 스스로 지속하는 바의, 경험적 시간 규정 일반의 기본으로서의 실재적인 것의 표상'이다"[B 183]. 이리하여 시간'의 지속성과 실체의 항상성이 밀접하게 연관되어 있다는 것이 밝혀진다. 칸트에 따르면 “모든 현상'은 그 현존재에 관하여 시간에서의 그 상호관계를 규정하는 규칙 하에 선험적'으로 복종한다"[A 177]. 제1유추는 다른 두 개의 유추와 함께 이 규칙들을 문제로 삼는다. 칸트는 시간의 양상으로서 항상성, 계기, 동시존재의 세 가지를 구별한다. 제1유추는 항상성을, 나머지 두 가지는 각각 제2유추, 제3유추가 문제로 삼는다. 그러나 칸트에 따르면 시간이란 거기서 계기와 동시존재가 그것의 규정으로서만 표상되고 스스로는 지속하는 것인 이상, 항상성은 다른 두 개의 시간 규정과 나란히 서는 것이 아니라 오히려 이 두 개의 규정을 가능하게 한다. 따라서 제1유추는 특정한 시간 규정의 성립조건이 아니라 시간 규정 그 자체의 성립조건을 묻는 것이라고 간주할 수 있다. 제1유추의 논증에서 특히 문제가 되는 것은, 시간 그 자체는 지각'되지 않는 까닭에 현상 속에서 시간 일반을 표상하는 기체가 발견되어야만 한다고 하는 주장에 있을 것이다. 이곳은 제1유추의 논의의 옳고 그름에 관한 부분인바, 왜냐하면 이에 따라 항상적인 것이 도출되는 것이고, 칸트에 따르면 “이 항상적인 것에서만 시간규정이 가능하게 되기” 때문이다[B 226]. 이 논의의 타당성과 해석을 둘러싸고 다양한 학설이 제시되고 있으며, 해석자들 사이에서 일치를 보지 못하고 있다. ⇒유추, 실체

―야마모토 미치오(山本道雄)

圏 Jonathan Bennett, *Kant's Analytic*, Cambridge, 1966. Arthur Melnick, *Kant's Analogies of Experience*, University of Chicago Press, 1973. W. H. Walsh, *Kant's Criticism of Metaphysic*, Edinburgh, 1975. H. E. Allison, *Kant's transcendental Idealism*, Yale U. P., 1983. 山本道雄「カントの『第一類推』について」神戸大學『近代』62, 1986.

행복幸福 [(독) Glückseligkeit]

칸트에게 있어 행복은 기본적으로 이성적 존재자'의 감성계에서의 존재조건과 관계되는 개념이며, 자연'이 베푸는 것에 관한 만족을 의미한다. 행복은 이성적-감성적이라는 이중의 존재성격을 지니는 인간'이 감성계에서 달성해야만 하는 자연적 목적으로 간주되며, “모든 경향성'의 만족"[B 834; GMS, IV 399]이라고 규정된다. 그러나 경향성은 이성'과 마찬가지로 의지에 대해 동기짓는 힘을 지니고 나아가 이성에 대립하여 의지를 감성적·주관적 조건에 종속시키기 때문에, 경향성과 결부된 행복의 원리는 도덕에 불가결한 이성의 선험적' 원리(도덕법칙')를 불가능하게 만들고 도덕의 존립 자체를 위태롭게 한다고 생각된다. 이와 같은 이유에서 칸트는 의지'의 규정근거로서의 도덕의 원리로부터 행복의 원리를 엄격하게 배제한다. 그러나 이것은 행복이 인간의 생활에 있어서, 아니 도덕에 있어서조차 적극적 의의를 지닐 수 없다는 것을 의미하는 것은 아니다. 칸트의 윤리학'에서 행복은 (1) 도덕의 원리, (2) 자연적 목적, (3) 도덕적 목적의 수단, (4) 도덕적 목적의 일부분이라는 네 가지 역할에 관해 각각의 타당성이 음미되고 있는데, (1) 이외의 세 가지 역할에 관해서는 긍정적으로 다루어지고 있다고 분명히 말할 수 있다. 특히 도덕적 최고목적인 ‘최고선'에서 행복은 덕과의 균형이라는 제약 하에서 불가결한 구성요소를 이루고 있다[제2비판 ‘변증론' 참조]. 최고선은 감성계와 예지계를 결합하는 실천적 유대를 이루는 중요한 개념이지만, 그 실현의 마당을 이 두 세계 가운데 어느 것에서 구해야만 할 것인가는 칸트의 텍스트에 의거하는 한 반드시 명료하지는 않으며[B 842; KpV, V 115, 119, 122, 125; VI 5, 7n; VIII 279, etc.], 오늘날에도 많은 논의를 불러일으키고 있다. 칸트는 몇 군데에서 자연적 행복 개념과는 다른 ‘예지적 행복'과 ‘도덕적 행복', 또는 경향성과 욕구'로부터 완전히 독립된 자족상태를 가리키는 ‘축복' 등에 대해 언급하고 있지만, 칸트 스스로 그러한 행복개념들이 자기모순을 포함한다고 분명히 말하고 있으며[MS, VI 377, 387], 특히 비판기 이후에는 그러한 ‘행복의 유사물들'에 ‘자족'이라는 말을 적용함으로써 감성적 만족으로

서의 본래의 행복과 구별하고 있다. 위에서 언급한 최고선 개념을 둘러싼 논의는 적어도 어느 정도까지는 이와 같은 행복 개념의 다의성과 관련된다고 해석할 수 있을 것이다. ⇒최고선

—고마츠 미츠히코(小松光彦)

📖 V. S. Wilke, *Kant on Happiness in Ethics*, State University of New York Press, 1994. J. R. Silber, Kant's Conception of The Highest Good as Immanent and Transcendent, in: *The Philosophical Review* 68, 1959. K. Düsing, Das Problem des Höchsten Gutes in Kants Praktische Philosophie, in: *Kant–Studien* 62, 1971. 牧野英二『遠近法主義の哲學』弘文堂, 1996.

행복주의 幸福主義 [(독) Eudämonismus]

행복*의 획득을 윤리 및 행위의 목적과 규준이라고 하는 교설. '행복'을 의미하는 그리스어 에우다이모니아εὐδαιμονία로부터의 조어. 행복주의의 대표적인 예는 '덕과 행복의 일치'를 역설한 플라톤*, 아리스토텔레스*, 그리고 스토아주의*이며, 그 기원은 적어도 소크라테스로까지 거슬러 올라간다. 쾌락주의의 입장을 취하는 에피쿠로스주의*는 덕을 쾌락 획득의 수단으로 생각한다는 점에서 다르지만, 쾌락 즉 행복이기 때문에 '행복주의'에 포함시킬 수 있다. 행복은 선 및 쾌락의 문제와 깊이 관계되지만, 근대의 공리주의*도 이 문제권역에 속한다.

칸트는 그의 도덕설의 입장에서 행복주의에 강하게 반대한다. 사람들이 행복에 대한 욕구를 지니는 것은 확실하다. 그러나 그 욕구란 본래 자연적이고 감성적인 경향성에 속하며, 경향성*에서 생기는 행위는 예를 들어 어느 정도 '의무*에 합당한' 행위라고 하더라도 '의무에서' 생기는 행위가 아닌 한에서 도덕적일 수는 없으며 좋은 행위가 아니다. 경향성을 만족시키는 것은 단순한 감성적·주관적 '자기행복'에 불과하며, 여기에 도덕의 원리를 둘 때 그것은 타율의 개념에 기초하는 경험적 원리, 거짓된 도덕원리가 된다. "오이데모니가 엘레우테로노미(Eleutheronomie, 내적 입법의 자유원리)를 대신하여 원칙으로서 세워지게 되면, 그 결과는 모든 도덕학의 오이타나지(안락사)이다"[VI

378]. 요컨대 행복론자는 효용과 자기의 행복에만 자기 의지의 최고의 규정근거를 두는 "실천적 에고이스트"[VII 130]이다. 그러나 칸트가 자기행복의 의의를 전혀 인정하지 않는 것은 아니다. 자기행복의 확보는 "자기의 의무의 실현에 대한 수단을 포함하는" 간접적인 의무"[V 93; IV 399]이기 때문이다. 칸트는 행복주의를 비판하지만, 그 함의는 행복을 배척하고 그 무가치함을 논하는 것이 아니라, 도덕적으로 살고자 할 때 사람들은 자기의 행복과 이익을 목적으로 해서는 안 되며 무엇보다도 선*을 의욕하고 선을 이루는 것에 유의해야 한다는 것에 한정된다. ⇒행복, 선의지, 최고선, 에피쿠로스주의, 공리주의

—오쿠다 가즈오(奧田和夫)

행위론 行爲論 [(영) theory of action (독) Theorie von Handeln]

현대의 행위론은 영미의 분석철학에서 전개되며, 칸트의 행위론도 그에 호응하는 형태로 논의되고 있다. 행위론이 대상으로 하는 '행위'란 행위자의 '내면' 즉 행위의 의향성, 의도*, 의욕 등과 그 '외면' 즉 신체운동, 근육활동, 나아가서는 행위에 의해서 일으켜진 외적 세계의 변화까지 포함하여 의미하는 것이지만, 칸트에게는 이러한 행위 전반을 주제로 한 논의, 특히 신체운동에까지 미치는 논의는 없다. 그러나 인간의 행위에는 자연의 사건과는 단적으로 다른 '의지행위(intentional action)'의 영역이 있으며, 이것은 칸트도 공유하고 있다. '의지행위'란 앤스콤에 따르면 행위자가 자신의 행위에 대해서 '무엇을', '왜'라는 물음을 받는 경우에 특별한 관찰을 하지 않고서 대답할 수 있는, 즉 알고 있는 것이다.

칸트에 앞서는 볼프*의 『일반적 실천철학』은 의지 일반 내지 의지의 활동과 조건을 고찰한 행위의 철학이었다. 칸트는 『일반적 실천철학』을 경험적 요소와 선험적* 요소를 혼동하는 것이라고 비난하지만[IV 390], 이렇게 할 때에 보이는 칸트에 의한 순수 윤리학으로의 정의는 행위론의 영역인 실천적 영역을 도덕적인 예지적 세계로 좁히는 것에 상응하며, 칸트에서의 행위론의 결여를 초래하는 하나의 원인이기도 하다.

제1비판의 '초월론적 자유' 즉 '자유에 의한 원인성'은 자연인과성에 따르는 현상들의 계열을 단적으로 개시하는 원인성이다. 이의 구체적인 예로 들어진 "내가 의자에서 일어선다"는 예[B 478]는 비트겐슈타인*의 물음 "내가 내 손을 든다는 데서 내 손이 올라간다를 빼면 무엇이 남는가"[『철학적 탐구』 621절]라는 문제 범위와 겹친다. 초월론적 자유란 "의자에서 일어서자"라는 의지*의 수행이지만, '초월론적'인 한에서 '일어서는' 신체운동을 빼면 공허한 의지에 그친다. 칸트가 초월론적 자유를 '규제적 이념'이라고 말하는 것도 그 때문이지만, 여기서는 '의지행위'로서가 아니라 의지 그 자체를 행위로부터 분리하여 논의하는 것의 불가능성이 제시되고 있다고도 말할 수 있다. '의지행위'에 관한 언급은 『정초』에 있다. '의지'란 "법칙의 표상"에 따라서 "자신을 행위로 규정하는 능력"이다[IV 412, 427]. '법칙의 표상' 즉 주관적 준칙에 따르는 행위는 '의지행위'이다. 왜냐하면 준칙*에 따라서 행위하는 자에게 있어서는 자신이 준칙에 따르고 있는 것이 관찰에 의하지 않고서 분명하기 때문이다. 그런데 '의지'는 원리(준칙)와 동시에 '목적*'을 지니는바, 여기서 가언명법에서의 목적과 수단의 관계로부터 이루어지는 행위 설명을 맡아볼 수 있다. 하지만 '준칙'은 '의지의 자율*'과의 관계에서 정언명법 하에서의 도덕적 행위 설명으로도 인도되는데, 그 때의 주제는 도덕원리이지 개개인의 구체적 '행위'가 아니다. 따라서 '준칙'은 앤스콤의 의지행위론과의 분기점을 이룬다.

칸트의 '행위론'을 내건 것으로서는 카울바하*의 '초월론적 행위론'도 알려져 있지만, '초월론적'인 한에서 그것은 개개인의 '의지행위'론과는 이질적이다. ⇒의지, 준칙

　　　　　　　　　　　　　　　　　─나가쿠라 세이이치(長倉誠一)

[참] G. E. M. Anscombe, *Intention*, Basil Blackwell, 1957(菅豊彦 譯『インテンション』産業圖書, 1984). 中島義道『時間と自由』晃洋書房, 1994. 黒田亘『行爲と規範』勁草書房, 1992. H. J. Paton, *The Categorical Imperative*, Hutchinson, 1947(杉田聰 譯『定言命法』行路社, 1986). 久呉高之「意志の自由と行爲」吉澤伝三郎 編『行爲論の展開』南窓社, 1993. 大橋容一郎

「カントの行爲論」牧野・中島・大橋 編『カント──現代哲學としての批判哲學』情況出版, 1994.

허초점虛焦點 [(라) focus imaginarius]

거울 속의 상은 거기로 실물의 빛이 모이기 때문에 그것 자체가 마치 실물인 것처럼 보인다. 그와 같이 빛이 모이는 점을 허초점이라 한다. 이것은 주관적인 것이 객관적인 것으로 뒤바뀜으로써 생기는 가상*의 성질을 광학적으로 언표했던 것이기 때문에 가상 비판으로서의 이성 비판의 관점을 잘 표현하고 있다. 처음 나타나는 것은 『시령자의 꿈*』의 스베덴보리* 비판에서이며, 거기서 이 용어는 꿈*과 같은 것을 현실로 생각하는 것의 위험성을 이야기하기 위해 사용되고 있다. 『순수이성비판*』에서는 이성*이 산출하는 개념, 즉 이념*은 지성*의 원칙과 같이 인식*을 객관적으로 성립시키는 구성적 원리가 아니라, 지성에 의한 인식들을 체계적으로 통일시키고자 하는 이성의 주관적 원리, 즉 규제적 원리에 불과한 것으로 되지만, 그와 같은 규제적 원리가 마치 객관적・구성적*인 것으로 간주되는 것을 경고하기 위해 칸트는 그것을 유비적으로 허초점이라고 불렀다. ⇒이념, 구성적/규제적

　　　　　　　　　　　　　　　　　─이시카와 후미야스(石川文康)

허치슨 [Francis Hutcheson 1694. 8. 8-1746]

아일랜드 출신의 영국의 도덕철학자. 글래스고 대학에서 공부하고 아일랜드에서 저술 활동에 종사한 후, 1730년 글래스고 대학 교수가 되었다. 도덕철학*의 저작들을 통해 스코틀랜드 계몽사상의 유력한 추진자로 되었다. A. 스미스*가 학생 시절에 가장 존경한 스승으로서도 알려져 있다. 그는 전통적 교회신앙을 고수하는 종교적 입장과, 홉스* 류의 이기적 윤리학설을 동시대에 전개한 맨더빌* 사상에 반대했다. 샤프츠버리*의 도덕감정론*을 적극적으로 계승하며 그 완성자로 여겨진다.

그는 도덕감정이 인간의 행위와 감정에 관해 선악을 쾌와 불쾌에 의해 감지하며, 그것을 시인 또는 부인하

는 상위 감각이라고 주장한다. 그러나 여기서 도덕감 정은 미의 감각과 구별되어 고유성이 두드러진다. 그 활동은 지각작용을 특징으로 하며, 이성 및 반성과의 차이가 강조된다. 이성이 시간을 들여 행위의 이해관 계를 추량하여 선악을 판정하는 데 반해, 도덕감정은 행위를 최초로 한 눈에 보고 즉각적으로 쾌와 불쾌를 통해 선악을 식별할 수 있다. 그것은 감각의 직접성을 지니고서 활동하며, 이해관계에 좌우되지 않는다. 그 것이 호감을 느끼는 것은 타인의 행복을 원하는 기분이 며, 인애(benevolence)로 귀착된다. 본능에 뿌리박은 보 편적 인간애인 인애를 보고서 도덕감정은 칭찬할 수밖 에 없다. 그러나 자기애도 인애와 더불어 행위의 주요 원리인바, 인애와 결합하는 한에서 시인된다. 그리고 사회에서의 '최대다수의 최대행복'이 가장 바람직한 것으로 여겨지지만, 도덕감정은 의무를 부여하는 성격 을 결여할 뿐으로 그것을 실현할 능력을 지니는지는 의심스럽다. 그러나 확실한 직각적 도덕원리가 모든 이의 가슴 속에 생래적으로 자리 잡고 있다고 보는 점에서 허치슨의 윤리학적 사고의 근대 시민적 경향을 간취할 수 있다. 스미스는 허치슨 학설의 중요성을 인정한 다음, 선악 판정의 객관적 문제와 인애의 근거 짓기의 취약함에 대해 비판했다. 또한 칸트는 허치슨 을 도덕감정론의 대표자로서 중시하고, 자기의 비판윤 리학을 수립할 때 그 학설을 꼼꼼히 검토했다. ⇒도덕 감정론

─하마다 요시후미(浜田義文)

🔲 *Collected Works of Francis Hutcheson*, 7 vols., Olms, 1969-71. 『美と德の觀念の起原』(⁴1738), 玉川大學出版部.

🔳 W. R. Scott, *Francis Hutcheson*, 1900(reprinted, New York, 1966). 浜田義文『カント倫理學の成立』勁草書房, 1981. 板橋 重夫『イギリス道德感覺學派』北樹出版, 1986.

헤겔 [Georg Wilhelm Friedrich Hegel 1770. 8. 27-1831. 11. 14]

46세의 칸트가 쾨니히스베르크 대학 교수에 임명되 어『감성계와 예지계의 형식과 원리』*를 발표한 1770 년에 헤겔은 슈투트가르트에서 태어났다. 칸트가 79세

로 사망했을 때(1804년 2월 12일) 헤겔은 예나 대학의 사강사로서 셸링*과 함께『철학비판지』를 간행하고 있었다. 1831년 베를린에서 사망. 칸트와의 사이에는 면식도 서신교환도 없었다.

헤겔은 칸트의 정신을 계승하여 체계화한다고 하는 의도 하에서 독창적인 법철학, 역사철학을 포함하는 체계를 구축했다. 그의 철학은 자주 '독일 관념론의 완성'이라고 말해지지만, 칸트→피히테*→셸링→ 헤겔이라는 계열을 밟아 독일 관념론*이라는 철학운 동이 완성되었다고 하는 견해는 오늘날 의문시되고 있다.

칸트의 계승이라는 과제는 헤겔에게 있어 인간 정신 에게 무리가 없는 종교관을 내세우는 것이었다. 그는 ""이성*과 자유*가 변함없이 서로 하인들이라는 말이다. 그리고 우리의 합일점은 보이지 않는 교회의 이념이 다"[95년 1월]라고 셸링에게 써 보내지만, 칸트의 종교 성이 도덕성의 완성이라는 이념을 중심으로 하는 것인 데 반해, 청년 헤겔의 '보이지 않는 교회'의 이념은 도덕성을 떠난 정신적 공동체라는 방향성을 지니고 있었다. 후에 헤겔은 도덕성(Moralität)을 유한한 입장 이라고 하여 비판하고, 인륜성(Sittlichkeit)을 좀더 고차 적인 것이라고 간주함으로써 칸트주의로부터 결정적 으로 결별한다.

칸트 철학의 기본적인 특색인 주관*과 객관*의 대립 관계, 감성계와 예지계*라는 두 세계설, 존재*와 당위* 의 구별은 헤겔에게 있어서는 비판적으로 극복해야만 하는 과제였다. 칸트가 내세운 양극적인 대립관계가 본래는 대립을 포함하면서도 내재적으로 통합을 향해 가는 과정이라고 하는 점을 분명히 함으로써 헤겔은 변증법을 수립한다. 칸트가 믿은 주관과 객관의 관계 를 헤겔은 보는 것과 보이는 것의 양편을 보고 있는 반성*이라는 가공의 관점이 만들어낸 것에 지나지 않 는다고 비판했다. 칸트의 '사물 자체'는 인식할 수 없 다'는 주장은 주관이 절대로 도달할 수 없는 곳에, 요컨대 의식*의 마당의 피안에 반성이 사물 자체를 설정했기 때문에 그 주장 자체에 진리가 있는 것은 아니라고 비판했다.

칸트는 감성*의 다양성을 범주*(틀을 이루는 개념*)

에 의해서 통합하는 인식론을 수립했지만, 모든 인식의 틀을 이루는 범주를 매개하는 방법(형이상학적 연역)으로서는 논리학의 판단표*로부터 이끌어내는 수법을 채택하고, 대상*이 범주의 통일을 포함하고 있다는 것에 대한 설명(초월론적 연역)은 따로 행한다고 하는 무리한 설명 방식을 취하고 있었다. 이에 대해 헤겔은 판단표로부터 범주를 도출하는 방식에 필연성이 없다고 비판하고, 근원을 이루는 존재가 자기전개를 이루어 다양한 범주로 변모해가는 내재적인 필연성을 보임으로써 범주 매개의 문제를 해결하고, 그 과정으로부터 동시에 범주가 자신에게서 자신을 현실화하는 구조가 분명하게 된다고 생각했다.

최초의 존재* 속에서 다양한 차이가 드러난다. 그러면 '존재'라는 범주가 '현존재*'(Dasein, 정재)라는 범주로 된다. 이리하여 현존재의 차이가 순수화되고 독립적인 관념으로 되면, 그것이 '본질*'이다. 이 본질이 다양하게 구체화된 모습, 순수하게 단순한 모습, 그 양편을 매개하는 것이라는 세 개의 기능을 겸비한 것으로 되면, 그것이 '개념'이라고 불린다. 이리하여 범주가 도출되는 과정이 동시에 현실을 파악하는 다양한 차원(존재, 본질, 개념)의 전개로 되는 식으로 헤겔의 '논리학'은 구성되고 있다. 이러한 논리학을 축으로 하여 자연철학과 정신철학이 체계적으로 전개됨으로써 칸트의 3비판서를 통일적으로 전개한다고 하는 과제를 완수했다고 헤겔은 믿었다. ⇒독일 관념론, 셸링, 피히테

—가토 히사타케(加藤尙武)

㊞ 『精神現象學』(1807), 岩波書店, 『大論理學』(1812~16), 岩波書店, 以文社. 『エンツィクロペディー』(³1830), 岩波書店(일본어 번역은 『精神哲學』『小論理學』). 『法の哲學』(1820), 中央公論社. 『美學講義』 河出書房. 『哲學史講義』 河出書房.

㊞ 加藤尙武 『ヘーゲル哲學の形成と原理』 未來社, 1980. 久保陽一 『初期ヘーゲル哲學硏究』 東京大學出版會, 1993. 幸津國生 『哲學の欲求』 弘文堂, 1991. 山崎純 『神と國家』 創文社, 1995.

헤르더 [Johann Gottfried von Herder 1744. 8. 25~1803. 12.

18]

독일의 철학자, 문학자. 동프로이센의 모룽겐에서 태어난다. 1762년부터 64년까지 쾨니히스베르크 대학에서 의학, 신학, 철학을 공부하고 비판전기의 칸트 강의에 출석하여 커다란 감명을 받음과 동시에 특히 하만*, 샤프츠버리*, 루소* 등을 즐겨 연구한다. 64년부터 69년까지 리가에서 교사, 71년부터 76년까지 뷔케부르크의 궁정목사, 76년 이후 바이마르의 교회목사로 일한다. 초기의 논고 「존재에 관한 시도」(1764)와 저서 『최근의 독일문학: 단편들』(1767~68)은 『판명성*』(1764) 시기의 칸트의 영향을 짙게 보이고 있지만, 여기서는 이미 헤르더의 독자적인 관점을 찾아볼 수 있다. 특히 라이프니츠* 류의 힘의 개념을 기초에 두고 이성의 생성을 언어의 매개 하에서 고찰하는 자세는 『언어의 기원에 관한 논구』(1772)로 결실된다. 『비판논총』(1769)은 예술*을 규칙으로 환원하는 이성주의를 비판하고, 예술을 인간의 감성적 조건으로부터 고찰하면서 예술의 역사적 전개도 시야에 받아들인다. 그 사상은 『오시안』, 『셰익스피어』(1773), 『조소』(1778)에서 전개된다. 69년에 리가를 떠나 프랑스에서 디드로, 달랑베르* 등과 교유함과 동시에 계몽주의의 일면성을 비판하기에 이른다. 이 비판은 각 시대, 각 민족의 고유한 가치를 강조하고, 일종의 감정이입에 의한 역사이해를 설파하는 『인간성 형성을 위한 또 하나의 역사철학』(1774)에서 논술된다. 『인류사의 철학에 대한 이념』(1784~91)은 자연만이 아니라 인류의 역사도 신의 나타남으로 간주하고, 자연철학*과 역사철학*을 독자적으로 결합하는 그의 주저이다. 그는 다양한 풍토, 역사적 전통을 매개로 하여 그때마다 다른 모습으로 현상하는 인류사의 다양성 속에서 인간의 본질로서의 '인간성'이 현현하고 있다는 것을 강조한다. 이러한 '다양성'의 강조 배경에는 다양한 형태 속에서 동일한 신의 나타남을 간취하고자 하는 헤르더의 변신론*이 놓여 있으며, 그것은 존재할 수 있는 것은 모두 존재한다고 하는 '가능성 즉 현실성'이라는 명제로 정식화된다(이 점은 『신에 관한 대화』(1787)에서 상술된다). 그의 역사철학은 신 즉 자연이라는 스피노자*적 자연관을 역사적 세계로 확장하여 동태화하는 것이며, 이후의 독일 관

넘론*에서의 스피노자 수용에 영향을 미쳤다. 칸트는 『헤르더 논평』(1785)에서 헤르더의 역사철학은 가능성 즉 현실성이라는 이념을 규제적*으로가 아니라 구성적*으로 사용한다는 점에서 교조주의적이라고 헤르더를 비판했다. 그에 대해 헤르더는 역사를 규제적 이념에 의해서 접근선적으로 파악하는 것은 역사를 정태화하는 것으로 된다고 다시 비판한다. 나아가 만년의 헤르더는 칸트의 제1비판, 제3비판 제1부에 대한 비판으로서 『순수이성비판에 대한 메타비판』(1799), 『칼리고네』(1800)를 저술하고, 비판기의 칸트가 이성*을 언어*로부터, 미적 감정을 감성적 조건으로부터 순화시켰다고 비판한다. 헤르더의 사상은 현대의 철학적 인간학, 해석학, 문화철학, 언어철학에 커다란 영향을 주고 있으며, 아직까지도 계속해서 커다란 보고를 이루고 있다. ⇒범신론, 역사철학

―오타베 다네히사(小田部胤久)

㊜ 『世界の名著 ヘルダー・ゲーテ』(「人間性形成のための歴史哲學異說」「シェイクスピア」「彫塑」를 포함), 中央公論社. 『言語起源論』(1772), 大修館書店. 『神についての對話』(1787), 第三書房.

㊟ I. Berlin, *Vico and Herder. Two Studies in the History of Ideas*, London, 1976(小池銈 譯 『ヴィーコとヘルダー』 みすず書房, 1981). 大村晴雄 『ヘルダーとカント』 高文堂出版社, 1986.

헤르바르트 [Johann Friedrich Herbart 1776. 5. 4–1841. 8. 14]

철학자이자 교육학자. 예나 대학에서 공부하고, 괴팅겐 대학에서 교육학을 강의한 후, 1809년부터 25년간 쾨니히스베르크 대학의 칸트의 강좌를 이어받는다. 근대적 의미에서의 학문으로서의 교육학*을 처음으로 구축하고 교육이론의 기초를 만들었다고 말해지지만, 인간의 성장발달을 근거짓는다고 하는 관심에 기초한 그의 업적은 철학*과 심리학, 윤리학*, 미학*, 수학* 등 여러 영역에 걸쳐 있다. 칸트의 인식론*상의 전회를 자신의 경험의 철학의 기점으로 삼으면서도 초월론적* 입장에서는 인간의 변용을 설명할 수 없다고 비판하고,

어디까지나 실재론의 입장에 서서 인간의 성장발달을 경험 파악의 형식의 점차적인 개선과정으로 파악했다. 또한 칸트의 윤리적 형식주의를 비판하는 한편, 그의 취미* 개념이 지니는 주관적 보편성에 착안하여 그것을 행위를 가능하게 하는 인식*과 판단력*으로서 파악함으로써 미학*에 의해서 교육학을 근거짓고자 했다. 그의 교육학의 안목에 놓여 있는 도덕적 취미의 양성은 칸트 미학에 의존하는 것이다. ⇒교육학. 취미

―스즈키 아키코(鈴木晶子)

㊜ 『世界の美的表現』(1804), 明治圖書. 『一般教育學』(1806), 明治圖書. 『教育學講義綱要』(1835), 協同出版.

㊟ 鈴木晶子 『判斷力養成論研究序說――ヘルバルトの教育的タクトを軸に』 風間書房, 1990.

헤르츠 [Marcus Herz 1747. 1. 17–1803. 1. 19]

칸트의 청강생. 1766–70년까지 쾨니히스베르크 대학에서 의학과 철학을 공부한다. 70년 칸트의 (논리학 및 형이상학) 정교수 자격청구논문의 공개 토론 때 칸트의 지명으로 '응답자', 요컨대 '특정변호인'을 맡는다. 그 다음 주 위 논문의 사본과 람베르트*와 멘델스존*에게 보낸 칸트의 서간을 지니고서 고향 베를린으로 돌아와 74년에 의학박사의 학위를 취득한 후, 의원을 개업. 사숙을 열어 칸트 철학을 강의하는 등, 칸트와 수도 베를린의 지식층을 중개하는 역할을 수행했다. 70년대의 헤르츠에게 보낸 서간(10여 통)은 '침묵의 11년간'(1770–81)의 비판철학의 내적 성숙의 경과를 전해주는 직접자료로서 대단히 중요하다. 마음을 허락한 이 애제자에게 "형이상학*의 비밀 전체의 관건을 이루는 무언가 본질적인 것이 내게는 결여되어 있다는 것을 깨달았습니다"[1772. 2. 21], "순수 이성의 비판인, 나의 초월론철학*이 완성되면, 다음으로 형이상학에로 향할 것입니다"[1773년 말]라고 칸트는 솔직하게 말하고 있다. ⇒쾨니히스베르크 사교계

―구로즈미 도시오(黑積俊夫)

㊟ L. W. Beck, Kant's Letter to Marcus Herz, February 21, 1772, in: *Studies in the Philosophy of Kant*, Greenwood Press, 1965.

혁명革命 [(독) Revolution]

칸트 철학의 용법에서 이 말은 크게 나누어 협의의 정치적 혁명과 비유적으로 사용되는 '사유방식의 혁명(Revolution der Denkungsart)'이라는 두 가지 계통으로 구별된다. 칸트가 성인이 된 다음 시기는 통상적으로 혁명이라고 표현되는 미국의 독립전쟁에 이어지는 유럽사에서의 혁명의 시대였는데, 이 말이 영어 및 불어로부터 독일어에 도입된 것 자체가 18세기 말(헤르만 파울)이기 때문에『순수이성비판』*(제1판, 1781)에서의 이 말의 사용은 독일어에서의 꽤 이른 용례이다. 미국 및 프랑스의 정치적 혁명을 주시하고 있던 칸트의 태도 변천은『계몽이란 무엇인가』*(1784),『인류의 형이상학』*(1797),『학부들의 투쟁』*(1798)을 추적함으로써 살펴볼 수 있다. 개혁주의자로서의 칸트는 순수하게 정치적인 현상으로서의, 특히 테러리즘을 수반하는 혁명에 대해서는 부정적이지만, 그와 동시에 그것을 철학적, 사상적 관점에서 파악하는 경우에는 대단히 중요한 의의를 인정한다. 따라서 칸트에서 이 말의 가장 근본적인 의미가 발휘되는 것은 정치적 혁명의 경우에서가 아니라 비유적인 의미에서 사용될 때이며, 오히려 비유적 용법에서야말로 이 말의 칸트적이고 철학적인 의미가 가장 선명하게 드러난다. 양자가 연속성을 지니는 데서, 정치적 혁명 그 자체에 대한 부정적 태도와 그것이 지닌 이념적 의미에 착안했을 때의 긍정적 태도라는 외견상의 동요가 생겨난다.

『순수이성비판』제1판에서도 여러 철학들의 등장을 혁명이라는 말로 잡아내는 주목해야만 할 용법이 보이지만[A 853/B 881], 이 말이 대대적으로 사용되는 것은 제2판 서문의 '사유방식의 혁명'에서이다. 제2판의 출판 시점(1787년 4월)에서도 아직 프랑스혁명(1789)은 발발하지 않았기 때문에 칸트가 그 영향을 받아 이 말을 사용하기 시작했던 것은 아니라는 것이 분명하며, 오히려 칸트는 그에 앞서 형성된 독자적인 혁명 개념에 합치한다고 판단했기 때문에 프랑스혁명에 주목했다고 말할 수 있다. 구체적으로 이야기하면,『계몽이란 무엇인가』에서 '계몽'*이라는 말의 실질을 이루는 '이성의 공공적 사용'과 그에 의해 구성되는 '공중'이라는 이념에서 보이는 것과 같은, 주관적인

협소함에 이르는 폐쇄로부터 벗어나 타자와 공유하는 세계에 발을 내딛는 것이 '혁명'이라는 개념에서 추상적으로 미리 포착되고 있었던 것이다. 이와 같은 공공성의 창출이 '혁명'이라고 불렸던 이유는,『순수이성비판』에서 분명하게 되었듯이, 학이라는 공공성을 가능하게 한 '사유방식의 혁명' 그 자체가 코페르니쿠스의 지동설에 비유되어 생각된 전회(= Revolution의 원래의 의미) 구조를 지니고 있었기 때문이다. 제1비판에서는 이 이른바 코페르니쿠스적 전회라는 '혁명'에 의해 인간 이성이 그리스 이후 공공연한 '학의 왕도'를 걷게 되었다는 역사철학적인 관점이 제시되며, 이 점에서 그것이 동시기의『세계시민적 견지에서 본 일반사의 이념』*(1784)과 일체를 이루는 구상에 속한다는 것이 분명하게 되고, 나아가 혁명 개념의 칸트적 의미와 그 중요성이 시사되는 것이다. ⇒코페르니쿠스적 전회, 아렌트

—후쿠타니 시게루(福谷 茂)

📖 Hannah Arendt, *On Revolution*, HJB, 1965(志水速雄 譯『革命について』筑摩書房, 1996); *Lectures on Kant's Political Philosophy*, University of Chicago Press, 1982(浜田義文 監譯『カント政治哲學の講義』法政大學出版局, 1990). 福谷 茂「純粹理性批判における歷史の問題」工藤喜作 外 編『哲學思索と現實の世界』에 수록, 創文社, 1994.

현상現象 [(독) Erscheinung]

칸트의 인식론에서 가장 중요한 개념. 현상은 기본적으로 인식*의 객관적 타당성*을 주장할 수 있는 대상*, 또는 영역을 의미한다. 현상의 배후에서 그 원인으로 상정되는 불가지의 '사물 자체*(Ding an sich)', 또는 현상과 동일한 '표상*(Vorstellung)'에서도 개개의 개별적 주관의 상태에 구속되는 '가상(Schein)', 이러한 사물 자체와 가상은 인식의 대상으로서는 최종적으로는 '주관적인 것'에 불과하며, 현상은 말하자면 그것들의 좁은 사이에 위치한다는 것, 이렇게 인식된 현상만이 객관적 타당성을 주장할 수 있는 대상이다. 이와 같은 현상 개념은『순수이성비판』*의 성립에 선행하는 이른바 <침묵의 10년>의 사색에서 확립되며, 철학의 역

사를 구획하는 인식론의 성립 기초가 되었다.

(1) 현상 개념의 확립 과정. 1770년의 취직 논문 『감성계와 예지계의 형식과 원리』*에서는 다음과 같이 말해지고 있었다. 현상(페노메논)은 감성*의 수용성에 대응하며, 예지체*(누메논)는 감관에 도달하지 않는 것을 인식하는 지성의 능동성에 대응한다. 감성은 "현상하는 대로의 대상"을 인식하고, 지성은 "존재하는 대로의 대상"을 인식한다. 인식은 감성의 법칙에 복종하는 한에서 감성적 인식이며, 지성의 법칙에 복종하는 한에서 지성적 인식이다. 이와 같이 1770년의 단계에서는 감성적 인식은 "주관의 특수한 소질에 의존"하며, "그 변양은 주관의 다름에 따라 다르다"와 같은 인식에 불과하게 된다. 다른 한편으로 그와 같은 "주관적 조건을 벗어나 대상을 존재하는 대로 인식하는" 것은 지성적 인식이다. 이 시점에서 지성(오성)은 말하자면 사물 자체를 인식하는 것이 가능했다(지성의 실재적 사용).

칸트의 사색은 한편으로 지성의 실재적 사용을 단념하면서, 다른 한편으로 감성의 개별적 주관성을 넘어서는 방도를 모색한다. 비판기의 언어를 사용하자면, 전자의 대상은 '사물 자체'이며, 후자의 대상은 '가상'인 것이 된다. 그런데 감성만이 독립적으로 인식을 행하는 경우에는 어떻게 하더라도 '주관적 조건'에서 벗어날 수 없다. 70년대에 칸트가 생각한 것은 감성과 지성이 공동으로 해서야 비로소 하나의 인식이 성립한다는 관점이다.

1775년경의 초고로 추정되는 Duisburg'scher Nachlass에 이러한 사색의 흔적이 보인다. 현상의 인식은 "지성에 의해서 객관적인 것"으로 간주된다. 지성에 의해서 현상은 그것이 "주어질 때의 개별성에는 의존하지 않으며", "단순한 감각에서 구별되어 대상의 개념과 관계"한다. 그렇지 않은 경우에는 "다만 마음의 내적인 변양이 있을 뿐"이다. 『순수이성비판』에서는 감성과 지성의 "양자가 합일하는 것에 의해서만 인식은 성립한다"[B 75]고 되어 있다. 감성과 지성은 70년 논문에서처럼 인식의 '종류의 구별'이 아니라, 인간의 인식이 성립하기 위한 '요소의 구별'로 된 것이다.

(2) 현상의 성립. 시간*・공간*이라는 '순수 직관'은 현상 성립에 불가결하다. 왜냐하면 "감성의 순수 형식을 매개로 해서만 대상은 현상으로서 나타나는바, 요컨대 대상은 경험적 직관의 객관이 될 수 있는"[B 121f.] 것이고, 순수 직관은 "현상으로서의 대상들의 가능성의 선험적인 조건"을 포함하기 때문이다. 또한 현상의 성립에는 범주*의 활동도 불가결하다. 현상은 "그것이 범주의 통일에 의해서 대상으로 간주되는 한에서 현상이라고 불리는"[A 248f.] 것이기 때문이다.

(3) 현상과 가상. 확실히 현상은 칸트에서 "단적인 표상(Vorstellung)에 불과"[A 250]하긴 하지만, 그렇다 하더라도 현상은 단순한 가상(Schein)과는 다르다. 현상에는 언제나 "현실에 주어진 것으로서의 대상"이 대응한다. 그런 의미에서 현상은 "감관*과의 관계에서 대상 자신에 관해" 객관적으로 사태를 언표한다. 이에 반해 가상의 경우에는 "대상 자체에 관한" 사태를 결코 표현하지 못하며, 단지 언제나 개개의 주관과의 관계에 구속된 상태를 나타내는 데 불과하다[B 69 Anm. f.를 참조].

(4) 현상과 사물 자체. 칸트는 현상과 사물 자체의 관계에 관하여 다음과 같이 말한다. 우리는 사물 자체를 "예를 들어 인식(erkennen)할 수 없다 하더라도 적어도 사유(denken)할 수 있음에 틀림없다"[B XXVI f.]는 것은 유보되어 있다. 그렇게 생각하지 않으면 현상은 "현상하는 어떤 것 없이 존재한다는 불합리"[같은 곳]가 생기기 때문이다. 그러나 인식의 대상으로서는 현상에 한정된다. 우리가 인식을 지닐 수 있는 것은 "사물 그 자체로서의 어떠한 대상에 관해서가 아니라 사물이 감성적 직관의 대상인 한에서만, 다시 말하면 현상으로서의 대상에 관해서만 이다"[같은 곳]라는 것을 『순수이성비판』의 분석론은 증명하고자 했던 것이다. ⇒ 예지체, 표상, 사물 자체, 가상

―구로사키 마사오(黑崎政男)

Th. Haering, *Der Duisburg'sche Nachlass und Kants Kritizismus um 1775*, Tübingen, 1910. G. Prauss, *Erscheinung bei Kant*, Berlin, 1971(觀山・訓覇 譯 『認識論の根本問題』 晃洋書房, 1979).

현상학現象學 [(독) Phänomenologie]

원래 람베르트*가 『새로운 오르가논』(1764)에서 '사고법칙론(Dianoiologie)', '진리론(Alethiologie)', '기호론(Semiotik)'과 나란히 철학사상 처음으로 수립한 학문의 명칭. 오늘날의 현상학이라는 명칭의 최초 출현. 다만 그것은 '정신 현상'(헤겔) 또는 '의식 현상'(후설) 등에서 보듯 오늘날 이 명칭에 의해 표상되는 것과 같은 현상*에 관한 학이 아니라 '가상*'에 관한 학'을 의미하고 있었다. 람베르트는 현상학을 좀더 구체적으로 '초월적 원근법(transzendente Perspektive)' 및 '초월적 광학(transzendente Optik)' — 모두 '초월론적'이 아니라는 데 주의 — 으로서 구상하고, 도덕적 가상, 천문학적 가상, 병리학적 가상 등 모든 유형의 가상을 열거하고 있다. 칸트는 람베르트의 이러한 발상을 받아들여, 람베르트 자신은 부정적이었던 세계 전체를 가상으로 간주하는 관념적 가상의 생각을 밀고 나가, 『순수이성비판』*의 '초월론적 변증론*'을 당초 '현상학 일반' 또는 '일반적 현상학'으로서 구상했다. 그것은 『순수이성비판』이 이성에게 고유한 가상, 즉 초월론적 가상을 비판하는 것을 주목적으로 하여 착상되었다는 것을 생각하면 쉽게 납득된다. 즉 칸트는 이성에게 고유한 초월론적 가상을 비판함에 있어 가상 비판의 동시대의 전례인 람베르트의 현상학을 관념적 가상론으로 바꿔 읽어 한정하는 형태로 모범으로 삼았던 것이다. 결과적으로 『순수이성비판』의 주요 부분은 '초월론적 논리학'으로서 저술되고 가상론은 '초월론적 변증론'으로서 수행되었기 때문에, 현상학이라는 명칭은 철회되었지만, 이 책에서의 현상학이 지니는 잠재적인 의의는 칸트가 이 책의 초고를 람베르트가 교열해주기를 바랐다는 사실에서도 살펴볼 수 있다.

현상학이라는 명칭은 『순수이성비판』에서는 철회되었지만, 『자연과학의 형이상학적 원리』* 제4부는 '현상학의 형이상학적 원리'로서 성립해 있다. 칸트는 여기서 다만 등속직선운동과 등가속원운동만을 주목하고 있다. 어떤 좌표계 K1에 위치하는 관찰자에게 있어서의 등속직선운동 B1은 이것과 등속직선 운동하는 다른 좌표계 K2에 위치하는 관찰자에게 있어서는 다른 속도를 지닌 운동 B2이지만, B1도 B2도 가능한 운동이며, 양자 사이에 참된 운동과 가상의 운동의 구별은 없다. 그러나 등가속원운동의 경우에는 원운동하는 물질 상의 좌표계 K1에 위치하는 관찰자에게 있어서의 운동(공간의 반대 방향의 운동)과 그 바깥에 위치하는 좌표계 K2에 위치하는 관찰자에게 있어서의 운동(물질의 원운동)은 등가가 아니다. 여기서는 가속도가 활동하고 있고, 물질의 원운동은 현실의 운동 = 참된 운동이고, 이것과 반대 방향의 공간의 운동은 가상의 운동이다. 여기서 칸트는 (가속도 운동에서는 상대성을 인정하지 않고 가속도의 활동이 없는 등속직선운동에서만 상대성을 인정한다) 갈릴레이의 상대성 원리를 따르고 있다. 참된 운동과 가상의 운동은 어디까지나 이 틀 안에서의 구별이며, 이미 현대 물리학에서는 무가치하다고 말할 수 있을 것이다. 그러나 칸트 해석상에서는 여기서 '경험*'과 '현상'과 '가상'이라는 핵심어의 원형을 찾아볼 수 있다. 등속운동하고 있는 물체에 위치하는 관찰자, 원운동하는 물체에 위치하는 관찰자, 그리고 원운동의 바깥에 위치하여 원운동을 관찰하는 관찰자에게 있어 모두 그 눈에 비치는 운동은 '현상'이다. 그러나 서로 등속 운동하는 물체의 운동은 가능적이며, 등가속 원운동하는 현실적이고, 그것과 반대 방향의 공간의 운동은 현실적이지 않다는 양상*의 구별이 성립하는 마당이 '경험'이다. 그리고 특히 원운동하는 물질에 위치하는 관찰자가 반대 방향의 공간의 운동을 현실적이라고 간주할 때, 그것은 '가상'이다. ⇒코페르니쿠스적 전회, 람베르트, 현상, 『자연과학의 형이상학적 원리』

―이시카와 후미야스(石川文康) · 나카지마 요시미치(中島義道)

參 石川文康 「カントのコペルニクス的轉回」 『カント 第三の思考』 名古屋大學出版會, 1996. 中島義道 「ランベルトの現象學」 『講座ドイツ觀念論』 1, 弘文堂, 1990.

현시顯示 [(독) Darstellung]

상상력* · 판단력* · 지성*의 각각을 인식작용의 관점에서 정의할 때 판단력에 할당된 활동. 상상력은 다양한 직관*의 포착의 능력(apprenhensio '이해')이며, 지성은 다양한 개념의 종합적 통일의 능력(apperceptio comprehensiva '포괄적 통각')이고, 판단력은 개념*에 대응하는 대상*을 직관* 가운데서 현시하는 능력 (exhibitio '정시呈示')이다. 즉 판단력은 다양한 직관을 상상력을 통해 지성 개념 아래로 가져옴으로써 상상력과 지성을 종합*한다. 개념이 직관을 동반하지 않는 경우 대상은 생각될 뿐 주어지는 것이 아니며, 또한 직관이 개념을 동반하지 않는 경우 대상은 주어질 뿐 생각되는 것이 아니다. 개념에 직관이 선험적*으로 주어지면(예를 들면 수학적 인식), 개념은 구성된다고 말해지며, 개념에 직관이 경험적으로 주어지면 개념의 실례가 구해진다고 말해진다. "개념을 인식을 위해 사용할 때 판단력이 이루어야만 하는 것은 {중략} 개념에 하나의 대응하는 직관을 덧붙이는 것"[KU, V XLIX]이며, 판단력의 이러한 조작이 '현시'이다.

이 경우의 판단력이란 보편에 의해서 특수를 규정하는 규정적 판단력이며, 그의 현시는 도식*적이다. 한편 표상*을 객관의 개념*에 포섭하지 않는 반성적 판단력에는 보편이 주어져 있지 않기 때문에 여기에는 개념 혹은 규칙의 능력 일반으로서의 지성과 상상력 일반이 있는 데 지나지 않으며, 양자는 "직관 혹은 현시의 능력(상상력)이 개념의 능력(지성)에 포섭된다"[『판단력비판에의 첫 번째 서론』, VII 220]고 하는 "자유"로운 조화*"의 관계에 있는 것으로서 종합된다. 나아가 『판단력비판』*에서는 이러한 조화의 관계를 전제하는 천재*(미적 예술에의 재능)가 "미적 이념의 현시의 능력"[KU, V 192]으로 구체화된다. 이전의 현시능력이 개념에 직관을 부여하는 작용을 의미했던 데 반해, 미적 이념은 "어떠한 개념도 완전하게는 적합할 수 없는 직관"[KU, V 204]이기 때문에, 여기서는 이러한 이념*을 상징적으로 현시한다고 하는 기교적인 절차가 의미되기에 이른다. 또한 그 때 상상력과 판단력의 기능이 서로 교체되어 설명되고 있는 점에 대해 주의해야만 한다. ⇒판단력, 천재

—소에지마 요시미치(副島善道)

W. Biemel, Die Bedeutung von Kants Begründung der Ästhetik für die Philosophie der Kunst, in: Kant-Studien 77, 1959. H. Mörchen, Die Einbildungskraft bei Kant, Tübingen, 1970. F. Kaulbach, Immanuel Kant, Berlin, 1969(井上昌計 譯『イマヌエル・カント』理想社, 1977). R. H. Wetstein, Kants Prinzip der Urteilskraft, 1981.

현시적現示的 ⇨**직시적**

현실성現實性 [(독) Wirklichkeit]

칸트에서의 '현실성' 개념은 '가능성*', '필연성*'과 함께 '양상*' 개념의 하나이다. '현실성'에는 '현존재*(Dasein)'라는 말에 해당하는 것도 있지만, '실재성*(Realität)'과는 구별하지 않으면 안 된다. '실재성'은 인식대상의 규정성의 것으로서 그것이 더해짐으로써 개념 내용이 증가하지만, '현실성'은 대상*의 개념 내용에 관한 것이 아니라 대상의 존재*를 단적으로 긍정하는 활동이다. "경험*의 질량적 조건(감각*)과 관련된 것은 현실적이다"[B 266]. 그리고 대상의 감각이 주어짐으로써 비로소 사유*하는 '나와 그 대상이 경험이라는 맥락 속에 위치지어지는 것이다. 이리하여 '현실성' 개념을 대상 그 자체의 규정성이 아니라 범주*에 포함시킴으로써 칸트는 볼프*와 바움가르텐*의 이론을 비판하고 있다. 전자는 사물이 개념적으로 완전하게 규정*되는 것을 개체의 원리*라고 간주했다. 그것을 이어받아 후자는 그러한 '완전한 규정성'을 현존재의 계기로 삼았다. 칸트는 그러한 존재론적・형이상학적 설명을 부정하고 '양상' 개념을 경험적 사용에 한정했다. 이러한 제1비판에서의 생각은 이미 『증명근거』*(1763)에서도 현존재는 결코 무언가의 술어 또는 규정이 아니라는 형태로 말해지고 있었다[II 72]. 그것은 사물의 단순한 개념*으로부터는 결코 존재를 도출할 수 없다는 것을 의미하기도 한다.

나아가 '현실성'이 '가능성'과 구별된다는 것은 두드러지게 인간 이성의 본성을 표현하고 있다. 감성*과 지성*의 구별이 발생하지 않는 곳에서는(직관적 지성) 사유되는 것이 그대로 존재한다고 말해지지만, 그것은 결코 인간의 지성이 아니다. 즉 인식*의 실현을 위해 필요하게 되는 감성과 지성은 각각 전적으로 이질적인 요소라는 것이다. "사물의 가능성을 현실성과 구별하는 것은 인간의 지성에게는 불가피하게 필연적이

다"[KU §76]. ⇒감성, 현존재, 지성, 양상

―후쿠다 기이치로(福田喜一郎)

📖 A. Maier, *Zwei Untersuchungen zur Nachscholastischen Philosophie*, Edizioni di Storia e Letteratura, ²1968. M. Heidegger, *Kants These über das Sein*, Vittorio Klostermann, 1963(辻村公一 譯 『有についてのカントのテーゼ』 理想社, 1972).

현존재 現存在 [(독) Dasein]

현존재는 우선 사물이 무엇인가라는 것에 관한 본질 존재(Wassein, So-sein)와 형이상학적 존재(Sein) 등과는 달리, 사람과 사물과 사태가 일정한 시공간적 장소(Da)를 점하는 방식으로 존재하는 것을 의미한다. 따라서 하이데거가 현존재를 특별히 인간에게만 한정한 것과는 달리 칸트에서 현존재는 실존(Existenz), 현실성*(Wirklichkeit) 등과 같은 뜻이며, '현존재'라는 순수 지성 개념(범주*)은 범주표에서 양상*의 범주의 두 번째 계기이고[B 106, Prol. §21], 역학적 범주 부류에 속한다[B 110].

칸트가 "존재는 어떠한 실재적 술어도 아니다"[B 626]라고 하고 있듯이, 현존재·현실성·실존성의 개념과 실재성*(Realität)의 개념은 근본적으로 다르다. 현실성은 양상의 범주이고 실재성은 질*의 범주인 것에서 분명한 것처럼, 현존재는 사물의 본질을 규정하는 것이 아니라 사물이 어떻게 존재하는가 라는 사물의 양상을 나타낼 뿐이다. 이에 반해 실재성은 사물이 무엇인가, 즉 사물의 본질*로서의 실체*의 실체성을 결정하는 것이다. 하지만 현존재를 지니지 않는 사물은 인간에게 있어 현실적 인식의 대상이 될 수 없다. 따라서 모든 경험의 대상은 인간에 의해 인식되기 위해서는 현존재로서 시공간 내에서 현상하여 현실적으로 감각되고 지각되지 않으면 안 된다.

요컨대 "사물의 단순한 개념 속에서는 사물의 현존재의 어떠한 성격도 발견되지 않는다"[B 272]. 지각(감각)이란 "현실성의 유일한 성격"[B 273]이다[B 272, 748f., 751f. 참조]. 대상의 현존재와 관련하여 단순한 개념으로부터 다른 대상의 현존재에 도달할 수 없다[B 264. 793도 참조]. 선험적*인 개념은 사유*의 대상을 산출하지만, 그것은 사유의 형식에 관해서일 뿐이며 "현존재에 관해서는 아니다"[B 125, 196, 303. A 128ff.도 참조]. 따라서 '경험적 사유 일반의 요청들'의 원칙의 세 종류는 모두 '사물의 가능성*', '사물의 현실성*', '사물의 필연성*'이라는 식으로 '사물'에 관계하는 것이며, 사물은 어디까지나 단순한 개념의 존재와는 달리 시간적 공간적 현상물이다. 현상*이라든가 실체라든가 지속성이라고 말해지는 것도 (변화에서조차) 모두 '현존재'를 전제해서만 비로소 말해질 수 있는 것이다. 생각건대 실체 개념으로서의 지속성은 "(현상에서의) 사물의 현존재를 표상하는 방식에 다름 아니다"[B 229]. 실체의 개념은 "현존재의 모든 규정"의 근저에 가로놓여 있다[Prol. §25. B 223도 참조]. "지속적인 것을 통해서만 현존재는 시간계열의 다양한 부분들에서 교호적으로 양*(Größe)―그것은 지속(Dauer)이라고 불린다― 을 획득한다"[B 226].

또한 칸트는 이러한 현실성의 요청 부분에서 데카르트*와 버클리*의 관념론을 (그것이 외계의 실재성과 그에 대한 의식을 의심스럽게 한다는 이유에서) 논박하기 위해 사유하는 자아의 현존재와 외적 사물의 현존재의 확실성 내지 양자의 상호연관성을 증명하고 있다[B 274ff.]. 여기서 칸트가 밝히고자 하는 것은 자아 주관의 객관적 인식은 불가능하다 할지라도 자기의식의 현실성은 사물의 현존재와 마찬가지 정도로 확실하다는 것이다. 나아가 신*의 현존재, 즉 '신이 있다'는 것이 어떠한 방식으로 주장될 수 있는가 하는 물음이 칸트의 체계적 관심을 몰아세우고 있다고 말할 수 있을 것이다. 그에 대한 증거를 제시하자면, 칸트는 3비판서 모두에서 신의 현존재에 관해 언급하고, 그때 존재론적 신 개념을 버리고 도덕신학적, 도덕적 목적론적 신 개념에서 해결을 발견하고자 했다[B 661f., 635도 참조]. ⇒존재, 양상, 실체, 실재성, 하이데거

―아리후쿠 고가쿠(有福孝岳)

📖 M. Heidegger, *Sein und Zeit*, Halle, 1927(桑木務 譯 『存在と時間』 岩波文庫, 1960~64); *Kants These über das Sein*, Frankfurt a. M., 1963(辻村公一 譯 『有についてのカントのテーゼ』 理想社, 1972). G. Schneeberger, *Kants Konzeption der Modalbegriffe*, Basel, 1952. 有福孝岳 「カントにおける様相の問題」

(Ⅰ, Ⅱ), 京都哲學會 編『哲學研究』(Ⅰ) No. 529, 1975, (Ⅱ) No. 531, 1975.

형법刑法 [(독) Strafrecht]

『인륜의 형이상학』*에서 전개되는 칸트의 형벌 이론은 그 과장된 반공리주의와 동해보복주의 때문에 자주 비판적이고 야유조로 언급된다. 칸트에 따르면 정의*가 소멸되면 인류가 이 세상에서 살 가치가 없으며, 또한 그것이 무언가의 공리적 가치와 교환되어버리면 정의가 아니게 된다. 그 정의란 동해보복의 원칙(lex talionis)인바, 그것은 '정언명법'이다. 고대의 프로타고라스, 근대의 베카리아 등은 "과거의 악 때문에가 아니라 미래의 선(범죄의 억지)을 위해 벌한다"는 목적형론·예방설을 주창했지만, 칸트는 그것이 인격*을 수단으로서 취급하는 것이자 정언명법에 반한다고 말한다. 이 '응보형론의 절대주의'라고 불리는 형법사상은 한 나라가 해산할 때에는 최후의 살인범을 처형한 후 해산해야만 한다는 주장으로 집약된다. 물론 해방하면 다시 범죄를 저질러 공익을 해치는 것과 같은 공리주의적 이유 때문이 아니라 그것이 정당한 보복이기 때문이다. ⇒정의

—나가오 류이치(長尾龍一)

형상形象 ⇨도식, 표상

형식形式 [(독) Form]

칸트 철학 전체를 관통하는 근본개념 가운데 하나로 질료(Materie)와 대립한다. 가장 넓은 의미로는 규정될 수 있는 것을 질료, 그 규정*을 형식이라고 말하지만, 칸트의 독자적인 개념으로서는 일반적으로 경험적으로 주어지는 다양*으로서의 질료에 대해 그 법칙적 질서로서 선험적*으로 우리 안에서 발견되는 근본적 규정을 말한다. 그것은 우리의 판단들의 근저에 존재하고, 그에 따라서 경험적인 것이 규정되어 진·선·미가 성립하는 주관적인 조건 또는 원리*이다. 그 보편성·필연성*에 의해서 형식은 뭔가 객관성을 띤다. 실천철학*의 영역에서는 행위와 준칙*의 질료(행위의 목적*)가 아니라 그 형식에서, 즉 의지*의 준칙이 보편적 입법의 원리로서 타당할 수 있는 '의지의 형식'에서 도덕적 판단이 기초지어지며, 미학적 판단*에 관해서는 판단력*의 선험적인 원리로서 감각*을 질료로 한 표상*에 관계하는 마음의 힘들의 자유로운 놀이에서의 연관 내에서 목적 결합의 질료인 일체의 목적을 결여한 '합목적성*의 형식'이 확인된다. 그러나 형식의 개념이 가장 커다란 역할을 담당하는 것은 '경험 일반의 형식'을 묻는 방식으로 대상의 인식*(진리)에 관계하는 '순수 이성의 비판'에서이다. "형상은 사물의 존재를 부여한다(Forma dat esse rei)"는 스콜라 철학의 테제에 새로운 의미가 불어넣어진다.

칸트의 Form이 '형상'이 아니라 '형식'이라고 번역되는 것은 그것이 본래 대상* 속에서 (대상으로서) 인식되는 것이 아니라 오히려 우리의 인식 방식·양식에 속하는 것이기 때문이다. 우리의 인식의 두 가지 기둥인 감성*과 지성* 각각에 형식이 존재하며, 감성 또는 감관*의 형식, 즉 직관 형식은 외감(외적 직관)의 형식인 공간*과 내감(내적 직관)의 형식인 시간*을 포함한다. 지성의 형식, 사유 형식을 이루는 것은 양*·실체*·원인 등의 순수 지성 개념(범주*)이다. 이것들은 확실히 "대상의 형식"이지만[XX 274], 대상에서 경험적으로 얻어지는 규정이 아니라 경험*에서 어떤 것이 우리에게 있어 '대상'으로 되기 위한 필연적 조건으로서 대상에 속하는 규정이며, 원래 '직관하는 것'과 '사유하는 것'의 형식으로서, 다시 말하면 선험적 직관 양식 또는 인식 양식으로서 주관*에 속하는 것이다. 경험 일반의 형식은 경험의 대상의 대상성을 이루며, 그에 따라 경험적 실재성 또는 객관적 타당성*을 지닌다.

'현상의 형식'이라는 술어를 직관 형식으로 제한하는 것은 '현상*'이 경험적 직관의 무규정한(사유 형식에 의해 객관적으로 규정되어 있지 않은) 대상을 의미하는 것에서 이해될 수 있지만, 또한 현상의 다양(질료인 감각)이 "어떤 관계들에서 질서지어질 수 있게 하는 것"이라는 이 술어의 정의[B 34]도 사유 형식에는 들어맞지 않는다. 현상 그 자체를 질료로 하는 '경험'의

형식인 범주는 '다양의 결합 형식'이며, 이에 의해 다양은 현실적으로 질서지어진다. 다른 한편 직관 형식은 그에 따라 다양이 주어지는 일종의 질서이지만, 다양을 질서짓는 결합*의 양식이 아니라 오히려 지성에 의한 일체의 질서짓기를 가능하게 하는 감성적 조건이다. 이 점은 '직관의 형식'과 선험적인 다양의 통일*을 포함하는 '형식적 직관'과의 대비에도 관계된다. 후자의 통일은 전자에 의해서가 아니라 사유 형식(양의 범주)에 의해서 이루어진다. 후자의 예로 들어지는 것은 "대상으로서 표상된 공간"(기하학적 형태와 같은)이지만, 일반적으로 "순수 직관의 객관으로서의 공간과 시간"이 그에 속한다. 이에 대해 시공은 "주관적으로 보면 감성의 형식"으로 되듯이 직관 형식은 직관의 (따라서 또한 형식적 직관의) 가능성의 주관적 조건이며, 직관적 표상 그 자체는 아니다. 다만 이 구별이 파악되기 어려운 경우도 많다.

사유 형식은 직관의 다양의 종합적 통일을 또는 통각*의 근원적–종합적 통일의 조건들을 이루며, 감성적 직관 일반(우리의 직관이든 아니든 상관없이)의 모든 다양은 그 아래에 들어선다. 그것은 "가능적 직관의 다양에서 대상을 규정하는 양식"이다. "사유 일반의 형식"(논리적 형식)에 속하는 논리적 원칙(모순율* 등)과 판단의 논리적 기능(주어–술어의 관계 등) 그 자체와는 다른 것인 범주는 "대상의 **순수** 사유의 규칙"을 이루며, "초월론적 내용"을 지닌다. 결국 범주는 직관 일반(감성적*이든 아니든 상관없이)의 대상에 관계되는 한에서의 판단 기능(실체–속성의 관계 등)으로서 "대상 일반에 대한 선험적인 개념들"을 이룬다. 사유 형식이란 "대상 **일반**의 사유의 형식", 즉 "어떤 것이 그 아래에서만 …… 대상 일반으로서 = 일반적으로 대상으로서〉 사유되는 조건"[B 125]이다.

전통적으로 '형상(forma)'은 '사물의 존재(esse rei)', '본질*', '본성(natura)', '내적 가능성' 등으로 치환되었지만, 공간·시간은 '현상계의 본질'을, 범주는 '물체적 자연의 내적 가능성'을 이루며, 보편적 법칙들에 따라 규정되는 한에서의 '사물의 현존재*'로서의 '자연*(Natur)'은 '경험의 본질적 형식'에서 성립한다. 칸트는 자연의 보편적 법칙들과 '경험 일반의 가능성'을

등치시키지만, 이 '가능성*'은 〈가능하게 만드는 것〉 즉 '가능성의 조건'으로서의 본질 내지 형식을 나타낸다. 그리고 경험적 인식의 가능성의 조건이라는 선험적인 인식근거*만이 경험의 대상의 존재근거(그 현존재를 규정하는 것)로서 인정될 수 있다. 경험 일반의 형식에 대한 물음은 우리에게 주어질 수 있는 대상(현상으로서의 사물)의 '존재를 부여'하는 것에 대한 물음인 것이다. ⇒초월론적 관념론, 공간, 시간, 범주, 선험적/후험적

―구고 다카유키(久吳高之)

⟦참⟧ P. Rohs, *Form und Grund*, Bouvier, 1969. H. Graubner, *Form und Wesen: Ein Beitrag zur Deutung des Formbegriffs in Kants Kritik der reinen Vernunft*, Bouvier, 1972. R. Pippin, *Kant's Theory of Form*, Yale U.P., 1982. 久保元彦「形式としての空間」;「カントにをける傳統的な『形相』概念の位置について」『カント硏究』創文社, 1987. 植村恒一郎「カントにおける『直觀の形式』── その認識論的含意をめぐって」竹市·坂部·有福 編『カント哲學の現在』世界思想社, 1993.

『**형식과 원리**』形式─原理』 ⇨『**감성계와 예지계의 형식과 원리**』{『**가감계와 가지계의 형식과 원리**』;『**형식과 원리**』}

형식주의形式主義 [(독) Formalismus]

질료 내지 실질(Materie)에 대한 형식*(Form)의 우위, 중요성을 설파하는 입장을 가리킨다. 슐체*가 칸트의 인식론*을 이 명칭으로 부른 이래 칸트 철학의 근본특성을 표현하는 명칭으로서 주로 그 비판자들에 의해 사용되어 왔다. 또한 칸트의 형식주의는 이하에서 보는 것처럼 선험주의, 주관주의와 불가분적이다.

【Ⅰ】 인식론에서의 형식주의

칸트 인식론의 중심과제는 경험 일반의 선험적*인 형식의 발견과 그 기능*의 해명에 있다. 이 과제의 해결을 지향하는 칸트의 이론을 경험 일반의 기초적 구조를 해명하는 정적이고 분석적인 이론으로서 해석할 수도 있지만, 그것을 주관*에 의한 경험 형성의

동적 이론으로서 파악하고, 따라서 경험*의 형식에 대해서도 그것을 주관에 의한 경험 형성을 가능하게 하는 형식으로서 파악하는 해석이 오히려 일반적이다.

칸트는 경험을 형성하는 주관에 내재적인 형식으로서 공간*·시간*과 범주*(카테고리)를 인정한다. 사전에 이들 형식을 지니는 주관에 대해서 감각* 또는 직관*의 다양*이 인식의 소재(Stoff)·질료(Materie)로서 주어지지만, 주관은 우선 감성*(Sinnlichkeit)으로서 이들 소재를 공간 및 시간의 형식에 따라 받아들인다. 그러나 소재·질료의 소유는 아직 인식이 아니며, 인식을 형성하기 위해서 주관은 그것들을 종합, 통일하는 방식으로 가공하지 않으면 안 된다. 이러한 가공을 행하는 주관이 지성*(Verstand)이며, 이 가공에 의해서 개념*(Begriff) 및 판단(Urteil)이 형성되지만, 이 가공은 지성에 내재적인 선험적 형식(범주와 판단형식)에 따라서 행해지며, 또한 지성은 이들 형식을 경험의 세계 전체에 적용함으로써 경험의 선험적 원리들(예를 들면 인과율)을 획득하고, 이들 원리에 따라서 개별 경험들을 경험 전체 안에서 결부시켜 질서 있게 만든다.

이와 같이 칸트의 인식론은 형식주의적이며, 거기서는 형식이 경험을 형성하는 근본원리로서 질료에 대해 우위를 점하지만, 그러나 인간의 인식은 감각*이라는 또 하나의 제약에서 벗어날 수 없으며, 따라서 감각에서 독립적인 형식 원리를 지니면서도 현상*의 세계라는 한계를 넘어설 수 없다고 생각된다.

【Ⅱ】 윤리학에서의 형식주의

(1) 도덕적 행위의 요건: 칸트 윤리학의 중심과제는 우리의 도덕적 의식을 분석함으로써 그 기초에 가로놓여 있는 선험적인 원리를 찾아내는 데 있으며, 이를 위해 칸트는 우선 도덕적 행위를 의무*와 관계시켜 파악하고 그 요건으로서 ① 행위가 의무에 적합하다(pflichtmäßig)는 것, ② 행위가 의무에 기초하여(aus Pflicht) 이루어진다는 것의 두 가지 규준을 끄집어낸다. 첫 번째 규준에서는 행위의 내용이 문제로 되는 데 반해, 두 번째 규준에서는 행위를 수행하고자 하는 의지*의 규정근거가 문제로 되고 있으며, 의무(내지 의무의식)와 나아가 그 근저에 놓여 있는 도덕법칙*에 의해서 의지가 규정되고 있을 때에만 행위가 도덕적일

수 있다고 주장된다. 두 번째 규준에서 볼 때 오로지 그렇게 하고 싶다는 욕구에 기초하여 이루어진 행위와 행위가 초래하는 결과를 의욕하는 까닭에 이루어진 행위는 그 어느 것도 도덕적 행위가 아니게 된다. 또한 칸트는 욕구와 그 대상, 그리고 욕구의 충족에 수반되는 쾌*를 모두 의지의 실질(Materie)이라는 말로 총괄하고, 따라서 실질을 의지의 규정근거로 하는 행위는 모두 도덕적이지 않다고 주장한다.

(2) 도덕적 마음가짐의 순수 형식: 도덕적 행위에서 의지의 규정근거에 대해 칸트는 객관적 규정근거와 주관적 규정근거를 구별한다. 우선 의무 및 그 근저에 놓여 있는 도덕법칙(이 법칙을 칸트는 인간*만이 아니라 신*도 포함한 이성적 존재자* 일반에게 타당한 신성한 법칙으로 간주한다)은 객관적 규정근거이다. 그러나 이들이 실제로 우리의 의지를 규정하기 위해서는 우리 속에 미리 도덕법칙 일반에 대한 존경*(Achtung)과 의무(라고 생각하는 것) 일반을 모든 경향에 거슬러서도 완수하고자 하는 각오(이러한 근본적인 각오도 칸트는 '준칙*(Maxime)'이라고 부른다)가 없으면 안 된다. 이 두 가지는 의지의 모든 실질을 넘어선, 그리고 모든 개별적인 의무의식도 넘어선 도덕적 마음가짐(Gesinnung)의 근본형식, 순수 형식이다.

(3) 자기입법의 순수 형식: 의무를 완수하고자 하는 각오는 의무 및 그 근저에 놓여 있는 도덕법칙에 대해서 알고자 하는 일반적 의지를 함의하지만, 우리가 소유하고 있는 것은 우선 행위의 주관적 원리인 준칙과 의무의식뿐이기 때문에 참으로 의무를 완수하기 위해서 사람들은 단순한 의무의식을 넘어서서 의무에 관한 참된 지식을 지니고, 이 지식에 기초하여 행위의 준칙을 도덕법칙에 적합하도록 형성해야만 한다. 이러한 방식으로 행위의 준칙의 형성을 칸트는 자기입법(eigene Gesetzgebung)이라고 부르며, 이를 위한 선험적 형식이 예를 들면 행위의 준칙의 보편성*, 목적 자체로서의 인간성*과 같은 형태로 주관 속에 있다고 주장한다.

칸트의 윤리학상의 형식주의에 대한 비판으로서는 선험적인 실질적 가치의 존재를 주장하는 셸러*와 하르트만*의 비판이 중요하다.

493

【Ⅲ】 미학에서의 형식주의

여기서도 칸트는 이미 형식주의적 견해를 채택하고 있으며, 취미판단의 근거를 감각적 요소에서 구하지 않고 그 요소들 사이의 형식 관계에서 구하며, 이것이 주관의 인식활동에 대해 적합하고 합목적적인 것으로서 (개념에 의한 매개 없이) 직접적으로 의식됨으로써 취미판단이 성립한다고 생각한다. ⇒형식, 엄격주의, 셸러

―오카무라 노부타카(岡村信孝)

📖 G. E. Schulze, *Aenesidemus oder über die Fundamente der von dem Herrn Prof.* Reinhold in Jena gelieferten Elementar-Philosophie, 1792(Aetas Kantiana, Bruxelles, 1969). P. F. Strawson, *The Bounds of Sense, An Essay on Kant's Critique of Pure Reason*, Methuen & Co. Ltd., 1966(熊谷・鈴木・横田 譯『意味の限界――「純粋理性批判」論考』勁草書房, 1987). M. Scheler, *Der Formalismus in der Ethik und die materiale Wertethik*, Neuer Versuch der Grundlegung eines ethischen Personalismus, Halle, 1916(吉澤・岡田・小倉 譯『倫理學における形式主義と實質的價値倫理學――一つの倫理學的人格主義を基礎づけようとする新しい試み』『シェーラー著作集』1-3, 白水社, 1976-80). N. Hartmann, *Ethik*, Berlin/Leipzig, 1926.

형이상학形而上學 [(독) Metaphysik (라) metaphysica]

【Ⅰ】 전사前史

형이상학이라는 술어의 원어는 단지 아리스토텔레스의 저작을 정리함에 있어 자연학 책 다음에 제1철학 관계의 저작이 놓이게 된 데서 유래하는 우연적인 것일 뿐이라는 설명이 르네상스 이래로 전통적으로 이루어지고 있다. 그러나 이미 중세에 자연학을 넘어선 존재와 원리의 탐구라는 실질적인 의미가 이 말에 부여되고 있었다. 아리스토텔레스에서도 제1철학의 다른 이름은 신학이었기 때문에 이런 의미에서의 형이상학의 내용이 결국 신에 이르는 것은 기독교적 중세에서 대단히 자연스러운 일이었다. 그리고 형이상학이 신*을 중심 대상으로 하는 것은 근대에도 변하지 않았다. 그러나 근대에는 전통적인 형이상학의 개념에 중요한 변화가 일어났다. 중세 스콜라 철학의 총결산을 완수하여 근대 철학에 배경과 용어들을 제공한 것은 프란시스코 수아레스에서 시작되는 '제2 스콜라 철학'이지만, 거기서는 아리스토텔레스 자연학이 미치는 범위를 좁은 의미의 자연에 한정함으로써 그 범주에 제약되지 않고서 존재를 처음부터 좀더 철학적으로 논하고자 하는 방향으로의 전개가 보였다. 요컨대 형이상학의 원형에서는 자연적 존재의 근거를 탐구하면 자연히 신에 이르는 구조가 있었지만, 근대에서는 이와 같은 신이라는 목적지를 지향한 점진적인 방법이 아니라 미리 보편적인 형이상학의 차원을 설정하고 그로부터 전 존재자를 조감하고자 하는 경향이 대두했던 것이다. 이것은 신학에 대한 철학의 자립화이기도 한바, 이와 같은 경향을 추진해 나가는 데서 철학의 입장에서 가장 추상적으로 모든 존재자를, 따라서 신적 존재마저도 하나의 하위 구분으로서 포괄하는 관점을 지닌 철학적 사고로서 '존재론*(Ontologia)'이 새롭게 등장하며, 그것이 형이상학의 실질적 내용을 떠맡게 된다.

칸트에게 있어 전제를 이루는 볼프*의 주저는 내용적으로는 형이상학이지만, 굳이『제1철학 또는 존재론』(*Philosophia prima sive ontologia*, 1730)이라 하여 '존재론'이라는 말을 책 제목으로서는 철학사상 처음으로 정면에 내세워 이름 짓고 있는 것은 위에서 말한 사정에 비추어 상징적이며, 이 책에서 일반 형이상학 = 존재론과, 그 아래 포섭되는 개별 형이상학 = 자연신학(신), 심리학(인간), 우주론(세계)라는 도식의 기초가 완성되었다. 이 도식은 초월론적 변증론*의 세 가지 주제로서 칸트에서도 그대로 받아들여진다. 칸트의 강의 교본이기도 한 바움가르텐*의 책은 다시『형이상학』(1740)이라는 제목이 붙어 있는데, 이 총제목에서 존재론의 우위 아래 우주론・심리학・자연신학의 순서로 세 부문이 정연하게 들어 있는 구조가 유지되고 있으며, 이것은 형이상학의 정의 그 자체가 "인간의 인식의 제1원리의 학"이라고 갱신되는 것에 기초하고 있다. 그리고 볼프나 바움가르텐은 논술에 있어서 '형이상학'이라는 말을 그것이 지니는 전통적인 함의로 인해 가능한 한 회피하는 특징을 보이며, 바움가르텐

의 정의는 '형이상학'이라는 오랜 용어에 대해 그것을 존재·신·세계·인간'이라는 대상 그 자체로부터 떼어내는 대신 대상에 대한 인식(존재론 이하의 부문들)을 그 내용으로서 부여하는 형태로, 요컨대 이를테면 메타 수준의 인식으로서 되살려냈다고 말할 수 있다. 여기에 칸트의 '형이상학'과의 접점이 존재한다.

【Ⅱ】 칸트

형이상학이라는 말은 칸트의 사상발전사에서 그 내용에 관해서는 시기에 따라 다양하게 정의되면서도 그 형식에 관해서는 일관되게 이를테면 인식과 그 서술이 최종적으로 지향해야만 하는 완성 형태를 가리키는 말로서 유지된다. 이런 의미에서 형이상학은 '비판(Kritik)'과 그 내용에서 반드시 대립하는 것은 아니지만, 그 형식 내지 체계상의 위치에서는 대립개념을 이룰 수 있을 것이다. 즉 칸트에서의 형이상학이라는 말의 용법의 특징은 그것이 그 자체로서 존립할 수 있는 것으로서 생각되었던 것이 아니라 언제나 비판'이 그에 선행해야만 하고 또 오히려 비판의 성과를 학적, 체계적으로 정리한 서술로서 외적으로 그 사명이 주어져 있다는 점에 있는 것이다. 이 점은 칸트가 대학에서 강의할 때에 교과서로 삼고 있었던 것이 바움가르텐의 『형이상학』이라는 대단히 형식적으로 정리된 책이었다는 것과 관계될 것이다. 예를 들어 칸트가 『순수이성비판』 제2판의 서문에서 장래의 과제로서 말하고 있는 '자연의 형이상학'과 '인륜의 형이상학'의 두 부문으로 이루어지는 체계구상[B XLⅢ]은 본래 자연으로부터 신까지를 통일적·연속적으로 파악하는 것을 특색으로 하는 형이상학의 고대·중세적인 의미에서 보면 전적으로 터무니없지만, 위와 같은 경위를 거쳐 칸트로 계승된 근대적인 '형이상학'의 어의와 역할을 바탕으로 하여 비로소 이해되는 것이다. ⇒존재론, 볼프, 바움가르텐

—후쿠타니 시게루(福谷 茂)

📖 Piero Di Vona, *Studi sulla Scolastica della Controriforma*, La Nuova Italia, 1968. Mariano Casula, *La Metafisica di A. G. Baumgarten*, Mursia, 1973. 細谷貞雄, 「形而上學」 出隆 編 『哲學の基礎問題』 上卷에 수록, 實業之日本社, 1948.

『형이상학의 꿈에 의해 해명된 시령자의 꿈形而上學-解明-視靈者-』『시령자의 꿈視靈者-』

[(독) *Träume eines Geistersehers, erläutert durch Träume der Metaphysik.* 1766]

1766년 초두에 나온 것으로서, 이율배반'의 발상의 원형과 '인간 이성의 한계의 학'으로서의 형이상학'의 구상을 포함한다는 점에서 전비판기로부터 비판 준비기로의 분수령을 이루는 중요한 저작.

저작의 성립은 늦어도 1763년경부터 칸트가 '시령자 스베덴보리'의 이적들과 사상에 대해 보통 이상의 관심을 지니고서 사람들을 시켜 조사한다든지 분량이 많은 저작(『신비한 천체』 8권, 1749~56)을 구입하여 읽는다든지 하는 것에서 시작된다. 즉 "호기심이 있고 한가한 친구들"의 요구에 응해[Ⅱ 367] 이런 종류의 영계 견문기에 대해서 어떻게 생각해야 하는지를 보이기 위해 "요청된 저작"[1766. 2. 7일자의 멘델스존'에게 보낸 편지]이 이 책이다. 스베덴보리는 자연과학' 등의 영역에서 일류의 실적을 지닌 학자에서 변하여 원격투시와 타계·천계의 영혼들과의 교류 등에 의해 당시 유럽에서 평판을 불러일으킨 사람이었지만, 칸트는 이제 성숙돼가고 있는 그 자신의 형이상학 비판의 텍스트 사례이자 도약대이기도 한 기회로서 이 인물과의 대결을 선택했던 것이다.

저작의 성격은 이런 종류의 영계 이야기를 한편으로 상식에서 배척하는 데로 기울면서도 다른 한편으로 무의적으로 그것에 이끌리는 칸트 자신의 모습을 있는 그대로 고백하고, 허공에 매달린 상태의 분열된 자아'를 어느 쪽의 극단을 절대화하지 않으면서 드러낸다는 칸트 생애에서 전무후무한 독특한 구성의 것이다. 전체는 '도그마적인' 제1부와 '역사적인' 제2부로 이루어지며, 제1부에서 시령현상을 설명해야만 하는 (1) 심령주의적인 것과 (2) 상식주의적·유물론적인 것의 두 가지 상반된 형이상학적 설명이론을 제시하고, 제2부에서 스베덴보리의 이적들을 제시함으로써, 1부와 2부가 서로 서로를 비판하는 구성을 취한다. 마지막으로 '인간 이성의 한계의 학'으로서의 형이상학의 구상 및 이후의 '실천 이성의 요청'과 통하는 내세관이 제시된다.

저작을 위치짓자면 그것은 단순한 비판철학에 대한

예비적 저작이라고 말하는 데서 끝나지 않는다. 18세기의 사상 전개 속에 놓고 보면 디드로의 『라모의 조카』 및 루소*의 『대화—루소, 장 자크를 심판한다』와 유사한 현대성이 강한 선구적 작품이다. ⇒스베덴보리, 한계

—사카베 메구미(坂部 惠)

坂部惠『理性の不安—— カント哲學の生成と構造』勁草書房, 1976.

『형이상학의 진보形而上學–進步』 ⇨『형이상학의 진보』에 **관한 현상논문** {『형이상학의 진보』}

『형이상학의 진보』에 관한 현상논문形而上學–進步–懸賞論文 {『형이상학의 진보**形而上學–進步』} [(독) Preisschrift über die Fortschritte der Metaphysik]

이 논문은 1791년에 베를린 왕립 아카데미에 의해 공모된 "라이프니츠* 및 볼프* 시대 이래로 독일에서 형이상학이 이룬 진보는 어떠한 것인가"라는 현상 과제에 칸트가 응모하고자 하여 미완성으로 끝마친 원고를 1904년 링크가 정리한 것이다. 이 논문에서 칸트는 형이상학*의 진보를 세 단계로 나눈다. 첫 번째 단계는 라이프니츠/볼프 시대 이래의 것으로서 이론적 교조적 학설의 단계라고 불린다. 거기서 달성된 것은 (1) 무차별자 동일성의 원칙, (2) 충족이유율*, (3) 예정조화의 체계, (4) 단자론으로 정리되며, 그것이 형이상학의 진보를 위해 의도된 것은 확실하지만 거기서는 가능적 경험의 조건인 공간*·시간*이 고려되고 있지 않기 때문에 그것이 과연 진보의 이름에 어울리는지는 의심스럽다고 비판된다. 이 비판적 존재론*의 단계에서도 이성*은 무제약적인 것으로 진보할 것을 요구받고 있지만, 공간·시간에서의 세계*에 관해서는 무제약자를 요구하는 순수 이성의 추론은 수학적으로나 역학적으로 이율배반에 빠지며, 이 점은 순수 이성에 의한 인식을 불가피하게 직관*에서의 가능적 경험에 제한한다. 이것이 제2단계의 정지 상태로서의 회의적 훈련이라고 불리는 것이다. 수학적 이율배반의 양 명제는

현상*에 대해서 사물 자체*처럼 생각하는 것이며, 양자 모두 참일 수 있다. 자유*도 절대적 필연자도 가능성으로서는 부정되고 있지 않다. 이러한 이론적인 자연*의 형이상학에 곧바로 실천적인 도덕의 형이상학을 가지고 들어오는 것은 잘못이지만, 거기에 자연의 합목적성*을 스스로 가지고 들어오는 것은 이성에 의해 주어진 인식근거*이지 독단이 아니다. 이 인식근거에 기초하여 이론적으로는 독단이 되는 것이 실천적으로는 객관적 타당성*을 지닌다. 이것이 제3단계의 실천적 교조적 훈련이며, 아카데미의 과제는 이에 의해 대답될 수 있다.

—가도와키 다쿠지(門脇卓爾)

형이상학적 구명形而上學的究明 ⇨**초월론적 구명**

『형이상학적 인식의 제1원리의 새로운 해명形而上學的認識 –第一原理–解明』 {『새로운 해명解明』} [(라) Principiorum priorum cognitionis metaphysicae nova dilucidatio, 1755]

31세의 칸트가 쾨니히스베르크 대학 철학부의 사강사에 취임하기 위해 제출한 세 장으로 이루어진 취직논문으로서, 그가 쓴 최초의 본격적인 철학서이다. 이른바 '교조적 선잠' 시대의 경향을 가장 두드러지게 보이는 저작으로서 생전에는 재간행이 허락되지 않았지만, 거기에 기록된 그의 때로는 투철하고 때로는 불균형한 사색은 선행자들의 단순한 모방이나 번안과는 인연이 없는 독자성을 지닌다.

제1장에서 칸트는 볼프*에서와 같이 모순율*을 유일하고 절대적인 것으로 보는 것을 강하게 비판한다. 하지만 그것은 당시 반볼프주의의 최선봉으로 지목되고 있던 크루지우스*의 경험주의적 반론을 본떠서 이루어진 것이 아니다. 즉 칸트는 모순율이 형식적 원리에 불과하며 인간의 세계 인식에는 그 이외에도 실질적 원리가 필수적이라고 말하고 있는 것이 아니다. 비판의 안목은 볼프의 극단적인 논의가 어떻게 해서 이성주의*(Rationalismus, 합리론) 본래의 방법론에서 일탈하고 있는지를 내재적으로 규탄하는 데 있다.

이어지는 제2장에서 근거율(이른바 충족이유율*)을 논의하는 칸트에게서도 마찬가지로 크루지우스처럼 그것을 실질적 원리라고 판단하여 모순율이라는 형식적 원리에 대립시키는 문제의식은 없다. 칸트는 존재*를 둘러싼 판단*의 진리*의 원리*가 동시에 존재 그 자체의 원리라고 하는 이성주의의 기본자세를 조금도 의심하고 있지 않다. 그러나 다른 한편 그러한 그도 '근거' 개념의 구별과 명확화에 관해서는 실재와 개념의 엄격한 구별에 입각한 크루지우스의 (언뜻 보아) 명쾌한 논점을 채용하는 것에서 이 장에서의 논의의 혼란이 생겨난다. 어쨌든 이성주의의 전제를 철저하게 안으로부터 깊이 생각하고자 하는 청년 칸트의 태도는 자연스럽게 안이한 경험주의로 전회하는 것을 막았다. 논술의 '혼란'은 이러한 굴절이 나타나는 것에 다름 아니다.

제3장에서는 같은 해 출판된 『천계의 일반자연사와 이론』*에서 눈부시게 전개된 뉴턴* 역학적 세계상에 형이상학적인 기반이 주어지고 있다. 자연철학* 분야는 청년 칸트의 진면목을 펼치는 무대인바, 사실 이와 관련하여 그는 이미 라이프니츠*/볼프류의 이성주의적 자연학을 버리고 있었다. ⇒ 크루지우스, 충족이유율

—이시카와 모토무(石川 求)

G. Martin, Die Bedeutung von Leibnizens analytischer Logik im achtzehnten Jahrhundert, in: *Leibniz: Logik und Metaphysik* (Anhang), Walter de Gruyter, 1967. Chr. Kanzian, *Originalität und Krise: Ansätze zur Interpretation der Frühschriften Immanuel Kants*, Peter Lang, 1994. 石川 求, 「クルージウスと若きカント── 秘められた離反の構圖」 『思索』 23号, 1990.

호이겐스 [Christiaan Huygens 1629. 4. 14-95. 7. 8]

네덜란드의 물리학자, 천문학자, 수학자. 라이덴 대학에서 법률과 수학을 공부하는 한편, 데카르트*의 자연학에 경도되어 1650년경부터 수학, 물리학에 관한 연구 성과를 공표한다. 수학 분야에서는 구적론과 확률론에서 탁월한 업적을 거두며, 물리학 분야에서는 빛의 파동설, 충돌론, 원심력론 등의 연구로 유명. 기본적으로 데카르트적 기계론의 입장에 서지만, 체계적 사고보다도 구체적인 문제의 수학적 처리에 뛰어났다. 칸트와의 관계에서는 충돌론이 중요하다. 사후 발표된 『충돌에 의한 물체의 운동에 대하여』(1703)에서는 운동의 상대성원리와 역학적 에너지 보존법칙에 기초하여 물체의 완전 탄성 충돌의 문제를 해결하고 있다. 칸트도 『자연과학의 형이상학적 원리』*에서 운동의 상대성원리에 기초한 충돌론을 전개하고 있지만, 칸트에서는 운동하는 물체가 지니는 작용력이라는 개념이 충돌 현상의 설명원리로 되고 있다는 점 및 공통 중심에 정위하는 좌표계가 참된 운동과 참된 충돌법칙을 제공하는 유일한 장으로서 생각되고 있다는 점이 호이겐스와 결정적으로 다르다. ⇒ 『자연과학의 형이상학적 원리』

—이누타케 마사유키(犬竹正幸)

Euvres complètes de Christiaan Huygens, 1888-1950.

홉스 [Thomas Hobbes 1588. 4. 5-1679. 12. 4]

홉스의 다양한 영역에 걸친 업적 가운데 칸트가 읽은 것은 아마도 『시민론』(*De cive*)뿐인 듯하며, 『이론과 실천』(1793) 및 『단순한 이성의 한계 안에서의 종교』* 등에서 명시적인 언급이 있지만, 『인륜의 형이상학』* 법론과 『영원한 평화를 위하여』*에서의 사회계약설을 기조로 하는 칸트의 정치철학의 구조를 규정하고 있는 것도 홉스이다.

칸트는 홉스에 대해 언급하면서 자연상태는 전쟁상태이고, 그것은 벗어나야만 하는 상태라고 말한다. 그 벗어남은 자유*롭고 평등한 주체*에 의한 합의(근원계약der ursprünliche Contract)에 의해서 행해지며, 여기서 자연 상태(status naturalis)는 공민 상태(status civilis)로 이행한다. 이리하여 설립된 권력*은 국민에 대해 존엄성(Würde)을 지니며, 국민이 그것에 적극적 저항을 수행하는 것은 어떠한 경우에도 허용되지 않지만, 이의 제기 내지 소극적 저항은 허용되는 경우가 있다. 권력은 교회 설립권을 지니지만, 그 권한은 공적 예배에 미칠 뿐 내면에는 미치지 않는다.

이러한 점들에서 홉스적인 칸트도 (1) 국가와 사형수의 관계는 자연상태로 돌아간다고 하는 홉스에 반해,

계약을 체결한 것은 ‘본체인(homo noumenon)’, 범죄를 저지른 것은 ‘현상인(homo phaenomenon)’이라고 하여 사형수에 대한 법의 구속을 인정하고, (2) ‘형벌은 과거의 악 때문이 아니라 미래의 선을 위해 행해진다’고 하는 홉스에 반해, 응보를 ‘정언명법’이라고 하며, (3) 권력분립을 부정하는 홉스에 반해, 정치체제는 입법권과 정부가 분리된 공화정체이어야만 한다는 것, 특히 (4) 홉스는 국제사회의 자연상태적인 성격을 극복할 의도를 보이지 않고 오히려 유럽의 주권국가에 대한 분해를 촉진하는 쪽에 서는 데 반해, ‘자연상태는 벗어나야만 한다(Exeundum esse e statu naturali)’고 하는 홉스의 명제를 국제사회에 적용하여 평화를 위한 국제조직의 수립을 주창하는 것 등에서 홉스로부터 벗어난다. ⇒법철학

—나가오 류이치(長尾龍一)

📖 『リヴァイアサン』(1651) 岩波文庫.

화학化學 [(독) Chemie]

화학과 칸트의 관계는 시대와 사람의 밀접한 영향관계의 한 가지 좋은 예이다. 칸트는 『자연과학의 형이상학적 원리』* 서문[IV 470/1]에서 수학*이 적용될 수 없다는 이유로 화학을 정밀과학이 아니라 단순한 기술, 실험적 학설에 불과하다고 단정했다. 때는 마침 화학혁명의 태동기로서, 혁명을 결정지은 라부아지에의 『화학원론』(1789)이 간행되기 3년 전이었다. 라부아지에는 경험적 사실의 존중과 더불어 수학적인 명증성에 대한 존중을 언급하고 있으며, 대수학의 연산에서 그 모범을 구하고 있다. 이 발언에 앞서 이미 그는 베르톨레 등과 함께 친화력(선택적 인력)표 작성에 몰두하고 있었다. 정량화학의 선구적 업적인 『화학량론 원론』이 간행된 것은 1792-94년이지만, 그 저자 리히터는 앞의 칸트의 발언에 자극받아 라부아지에의 『원론』이 간행된 해에 「화학에서 수학의 사용」이라는 학위논문을 칸트가 있는 쾨니히스베르크 대학에 제출한다. 칸트의 유고에서는 에테르* 개념과 관련하여 화학혁명의 성과가 흡수되고 있다. ⇒『자연과학의 형이상학적 원리』, 자연과학, 에테르

—마쓰야마 쥬이치(松山壽一)

📖 柴田和子「ラヴワジェと近代化學誕生」『科學の名著 ラヴワジェ』朝日出版社, 1988. 松山壽一『ドイツ自然哲學と近代科學』北樹出版, 1992. Michael Friedman, *Kant and the Exact Science*, Cambridge, Mass., 1992.

확신確信 [(독) Überzeugung]

확신은 ‘참으로 간주함’의 세 단계, 요컨대 ‘생각 없음’, ‘지知’, ‘신앙*’을 설명하는 경우에 술어로서 사용된다. 이 세 단계는 개인의 내면과 누구에게나 들어맞는 객관성의 양면으로부터 설명되고 있다. ‘지’로서의 ‘참으로 간주함’에서는 개개인이 참이라고 예감할 뿐인 ‘생각 없음’과는 구별되어 누구에게나 타당한 ‘객관적 근거’와의 관련이 요구된다. ‘신앙’으로서의 ‘참으로 간주함’에서는 이러한 ‘객관적 근거’가 요구되지 않는다. 그러나 ‘지’와 ‘신앙’은 둘 다 개개인이 지니는 ‘확신’을 징표로 한다. 하지만 양자에 공통된 ‘확신’이 ‘지’나 ‘신앙’에서 분리되어 그것만으로 꺼내지는 것은 아니기 때문에 ‘확신’의 의미에서도 때에 따라 미묘한 설명의 차이를 엿볼 수 있다. 칸트는 대략 ‘지’와 ‘신앙’의 다름에 대응하는 형식으로 ‘확신’을 ‘논리적’ 확신과 ‘실천적’ 확신으로 구별하고, 전자는 “객관이 확실하다”는 경우의, 그리고 후자는 “내가 확실하다고 확신하고 있다”는 경우의 ‘확신’이라고 특징짓고 있다[IX 71].

—나가쿠라 세이이치(長倉誠一)

확실성確實性 [(독) Gewißheit]

칸트에 따르면 우리는 하나의 인식*이 불가능하다는 것을 인식하는 한 그것이 오류라는 것을 확신한다. 이 확실성의 정도는 그것을 객관적으로 파악하게 되면 진리*의 필연성*의 징표에 있어서 충족적인 것에 의해 좌우되지만, 그것이 주관적으로 고찰되는 한에서는 이 필연성의 인식이 보다 많은 직관*을 포함하는 한에서 확실성은 좀더 크게 된다. 칸트는 확실성 개념을 언제나 수학*과 철학*을 대비시켜 고찰한다. 전비판기

의 『판명성』[*] 논문에서는 그 두 학문의 확실성의 다름이 정의[*]의 차이로부터 파악되고 있다. 수학은 대상개념을 정의에 의해 비로소 종합적으로 산출하기 때문에 정의가 정의된 사물에 대해 우리가 소유할 수 있는 최초의 사상으로 되는 데 반해, 철학은 분석에 의해 소여개념을 한정하기 때문에 정의가 거의 언제나 최후의 것으로 된다. 또한 수학은 일반적 인식을 기호[*] 하에서 구체적으로 고찰하는 데 반해, 철학은 그것을 기호와 나란히 추상적으로 고찰한다. 그런 까닭에 "철학적 확실성은 일반적으로 수학적 확실성과 본성을 달리 한다"[Ⅱ 290]. 이러한 사고방식은 제1비판에서도 답습된다. 철학적 정의는 주어진 개념의 분석적 설명이며, 수학적 정의는 창출된 개념의 종합적 구성이다[A 730/B 758]. 그러므로 "철학적 인식은 개념으로부터의 이성인식이고, 수학적 인식은 개념의 구성으로부터의 이성인식이다"[A 713/B 741]. 철학적 확실성은 논변적[*](diskursiv)이며, 수학적 확실성은 직관적(intuitiv)이다. 그리고 후자는 전자보다 명석하다.

그런데 "주관적 충족성은 (나 자신에서의) 확신[*]이라고 불리며, 객관적 충족성은 (만인에서의) 확실성이라고 말해진다"[A 822/B 850]라고 하고 있듯이 확신과 확실성은 구별된다. 완전한 확실성이란 "보편성[*]과 필연성"의 것이다[A 823/B 851]. 주관적으로도 객관적으로도 충분한 견해[*]로서의 지식(Wissen) 내부에는 이성[*]에 기초한 합리적 확실성으로 수학적 확실성과 철학적 확실성이 있으며, 또한 경험[*]에 기초한 경험적 확실성으로 본인의 경험에 의한 경우의 근원적 확실성과 타인의 경험을 개입시키는 경우의 파생적(역사적) 확실성이 있다[Ⅸ 70~71]. 합리적 확실성은 필연성의 의식과 결합해 있다는 점에서 경험적 확실성과 구별된다. ⇒정의, 견해, 확신

—이노우에 요시히코(井上義彦)

확연적 판단確然的判斷 ⇨판단

활력논쟁活力論爭 ⇨『활력의 참된 측정에 관한 고찰』{「활

력측정고」}

『활력의 참된 측정에 관한 고찰活力-測定-考察』{『활력측정고活力測定考』} [(독) Gedanken von der Wahren Schätzung der lebendigen Kräfte. 1749]

칸트의 쾨니히스베르크 대학 졸업논문(1746)이자 처녀작(1749년 출판)인 저작. 운동과 힘[*]의 개념을 둘러싼 당시의 자연과학[*], 자연철학[*]계의 '활력논쟁'을 조정하는 형식으로 형이상학적 세계관과 수학적·자연과학적 세계관의 통합을 시도한 야심작.

운동의 측도를 운동량 mv로 하는 데카르트주의와, 효과(일)량 mv²로서의 운동력으로 간주하는 라이프니츠주의와의 사이에 이루어진 이른바 '활력논쟁'은 고전동역학의 기본개념의 정의를 둘러싼 논쟁임과 동시에 세계의 인식방법을 둘러싸고 세계를 기하학화하고자 하는 수학적 자연과학과, 수학을 넘어선 세계 전체에 역학을 확장하고자 하는 형이상학적 자연철학의 주도권 다툼이기도 하였다. 본 저작에서 칸트는 기본적으로 라이프니츠파의 형이상학적 역학인 역동론(Dynamism)의 입장을 취하여 운동체의 내재력으로서 측도의 제곱에 비례하는 활력(vis viva) 및 그것을 보완하는 내장력(Intension)의 존재를 주장하는 한편, 그 힘들의 인식 방법에 대해서는 '숨겨진 성질'을 묻지 않는 데카르트적인 수학적 방법의 확실성을 승인하여 그로부터 라이프니츠파의 수학적 증명을 불확실하다고 비판하고 있다.

물리학상의 문제로서의 활력논쟁은 이미 1743년 달랑베르[*]의 『역학론』에 의해 쓸데없는 언어상의 다툼이라고 논파되어 대체로 해소되어 있었다. 나아가 본 저작에서는 관성 등의 고전물리학에 관한 칸트의 오해에서 기인한 입론도 이곳저곳에서 발견되기 때문에 종래에 이 저작은 자연과학적으로 실패한 저작으로 간주되어 왔다. 그러나 다차원기하학이나 탄성체의 운동론[*] 등 개개의 고찰에서는 흥미진진한 관점도 포함되어 있다. 또한 철학적으로 보면, 수학적 방법과 형이상학적 방법이라는 세계의 '인식 방식'에 주목하여 본래의 형이상학[*]의 중시를 강조하면서도 현상의

형이상학에 대해서는 비판하는 것, 수학적 인식의 확실성을 일정한 범위에서 인정하는 한편 그 지평을 넘어서는 형이상학적 인식과의 조화*를 지향하는 것, 이 조화로 향한 새로운 통합적인 인식방법 및 그에 기초하는 새로운 ·학*·을 제시하고자 하는 것 등에서는 비판기에 이르는 칸트 사상의 근본자세가 나타나 있다. ⇒달랑베르

―오하시 요이치로(大橋容一郎)

㊜ 浜田義文『若きカントの思想形成』勁草書房, 1967. 龜井裕『活力測定考譯注・解說』『カント全集』1, 理想社, 1976. 大橋容一郎「活力と死力」松山・犬竹 編『現代カント研究』4, 晃洋書房, 1933.

『활력측정고活力測定考』 ⇨『활력의 참된 측정에 관한 고찰』{『활력측정고』}

회의론懷疑論 ⇨회의주의

회의적 방법懷疑的方法 [(독) skeptische Methode]

근대에 이르러 자유로운 사유의 방법이 일반화함에 따라 회의적 사유방법이 주목 받기 시작했다. 그러나 고대의 회의주의에서 볼 수 있는 회의주의, 즉 인식의 확실한 근거와 의미를 모두 부정하는 회의주의는 근대에는 발견되지 않는다. 회의적 사유방법은 근대에는 특히 초경험적인 차원에 그 오류의 기원이 있는 까닭에 경험적으로는 그것을 발견할 수 없는 사변철학 분야에 응용되고 있었다. 이 사유방법은 또한 실천철학*과 특히 종교* 분야에 응용되어 인간이 스스로의 인식능력*의 한계에 직면할 때에 계시의 진리를 부각시키는 데 사용되었다. 실천철학을 위해 이론적 인식에 제한을 가하는 것은 칸트 비판철학의 가장 중요한 의도이기도 했다. 그것은 신앙*에 장소를 마련해주기 위해 지식을 제거하지 않으면 안 되었다는『순수이성비판』* 제2판의 서문에서 볼 수 있는 간결한 표현으로부터도 확인할 수 있을 것이다.

'회의적 방법'이라는 개념에 관해서 이야기하자면, 이것은 칸트에서 유래한다. 회의적 방법은 칸트에게서 확실한 철학적 의미를 얻은 것이다. 칸트의 저서에서 볼 수 있는 회의적 방법은 상세하게 음미해 보면 일반적인 회의적 방법과 특수한 그것으로 구별될 수 있다.『순수이성비판』에 따르면 이 두 개의 회의적 방법은 어느 것이든, 모든 인식*의 토대를 붕괴시키고 인식에 대한 신뢰와 확신을 가능한 한 이르는 곳마다 빼앗아버리려고 하는 회의주의*와 다를 뿐만 아니라 시종일관 어떤 특수한 입장을 완고하게 주장하는 교조주의*와도 다르다. 주로 논리학 강의에서 보이듯이 일반적인 회의적 방법에서는 학문적 탐구의 방법이 문제로 된다. 이 방법은 진리* 또는 확실성*에 대한 판단*을 일시적으로 중지 또는 연기하는 데서 성취된다. 칸트는 이 방법을 철학적 회의주의의 전통으로부터 받아들였다. 이에 반해 칸트에 의한 새로운 방법인 특수한 회의적 방법은 정신을 지도하는 기관*으로서의 이성*의 정당성을 유지하기 위해 바로 전 생애에 걸친 오랜 사색의 결과로서 산출된 것이다. 이러한 노고로 가득 찬 사색에서 칸트가 끊임없이 문제 삼았던 것은 형이상학*의 영역에서의 오류*의 기원인바, 거기서는 정신을 지도하는 기관으로서의 이성에 결정적인 타격을 주는 요인을 그 근원에서부터 배제할 것이 의도되고 있었다[B 451f]. 일반적인 회의적 방법이 소여 자료의 불확실성을 문제로 하는 데 반해, 특수한 회의적 방법은 의식적으로 근거와 반대근거를 동등하게 취급하는 데서 성립한다[Refl. 2,664]. 명제와 반대명제의 의식적인 대립에 의해 이 특수한 회의적 방법은 서로 모순되는 주장의 대립이나 논쟁에서 오해되고 있는 것을 찾아내고, 그릇된 가상*의 덮개를 제거하며, 마지막으로 이성 그 자체의 본성에서 유래하는 초월론적*인 모순*을 폭로할 것을 지향한다[Refl. 4,985].

회의적 방법은 그 내적 필연성에서 비판적 방법을 산출한다. 특수한 회의적 방법에 의해 형이상학 영역에서의 오류를 이성 자신 속에서 발견한 후 칸트는 인간 이성을 정밀히 조사하여 이성으로부터 필연적으로 귀결되는 오류를 해결, 제거하기 위해 비판적 방법을 필요로 했던 것이다. ⇒회의주의

―이 엽/가와무라 가츠토시(河村克俊) 옮김

📖 Yeop Lee, 'Dogmatisch-Skeptisch'. Eine Voruntersuchung zu Kants Dreiergruppe 'Dogmatisch, Skeptisch, Kritisch' dargestellt am Leitfaden der begriffs- und entwicklungsgeschichtlichen Methode, Phil. Diss. Trier, 1989. N. Hinske, Artikel 'Methode, Skeptische', in: J. Ritter (Hrsg.), Historisches Wörterbuch der Philosophie, Bd. 5, Darmstadt, 1980. G. Tonelli, Kant und die antiken Skeptiker, in: H. Heimsoeth (Hrsg.), Studien zu Kants philosophischer Entwicklung, Studien und Materialien zur Geschichte der Philosophie Bd. 6, Hildesheim, 1967. L. Weber, Das Distinktionverfahren im mittelalterlichen und Kants skeptische Methode, Misenheim am Glan, 1976.

회의주의懷疑主義 [(독) Skeptizismus]

칸트에서 '회의주의'는 '교조주의*'와 대립하는 개념임과 동시에 자신의 철학인 '이성의 비판'에 이르는 한 발자국 앞 단계로서 위치지어져 있다[B 789].『순수이성비판』의 '방법론' 제1장 제2절 후반에 있는 "자기자신과 다투는 순수 이성을 회의적으로 만족시키는 것의 불가능성에 대하여"라는 제목이 붙어 있는 한 절에 따르면, 인간의 인식*에 관한 순수 이성의 발걸음은 세 단계를 지닌다. 첫 번째 단계인 '교조주의'는 순수 이성의 '유년시대'라고도 말해야 할 것으로서, 이성*은 무조건적으로 객관을 인식할 수 있다고 생각하고 있으며, 이성 그 자신에 대한 반성*을 결여하고 있다. 그에 반해 두 번째 단계인 '회의주의'는 흄*이 행했던 것처럼 인식을 오로지 경험*에서만 기인하고 있는 것으로 생각하며 이성에 대해 완전한 불신을 표명하는 입장이다. "그러므로 회의주의는 인간 이성에서 휴식의 장소이다. 왜냐하면 이성이 자기의 교조적인 방황으로부터 깨어날 수 있기 때문이다"[B 789]. 그러나 교조주의와 달리 "회의적으로 반박하는 것 그 자체는 우리가 무엇을 알 수 있을까 또는 반대로 무엇을 알 수 없을까에 대하여 어떠한 결정도 하지 않는다"[B 791]. 그러므로 "회의주의는 거기에 오래 머무르기 위한 거주지는 아니며"[B 789], 따라서 우리는 세 번째 단계인 '이성의 비판'에로 나아가야만 한다. 칸트는 또한 제1판의 '오류추리론'에서도 영혼*의 영원성이라는 '변증론적인' 문제에 대해서 행해진 논박을 '교조적', '회의적', '비판적'의 세 종류로 분류하고 있다[A 388]. 이와 같이 칸트에서의 '회의주의'는 '교조주의'로부터 '비판*'에 이르기 위해 불가결한 것으로 이해되고 있으며, 칸트는 예를 들어 '변증론'에서의 '가상*'을 폭로하는 것인 회의적인 논박을 '회의주의'와 구별되는 '회의적 방법*'이라고 명명하여 '초월론철학*'의 중요한 방법으로서 적극적으로 긍정하기도 한다[B 451f.]. ⇒회의적 방법, 교조주의, 비판, 흄, 이성

―우에무라 쓰네이치로(植村恒一郎)

📖 H. Heimsoeth, Transzendentale Dialektik, W. de Gruyter, 1971.

회화繪畵 ⇨예술론

획득獲得 [(독) Erwerbung]

획득(또는 취득)은 사법私法* 용어이지만, 칸트는 이 개념을 시간*과 공간*이라는 선험적*인 형식이나 순수 지성 개념인 범주*의 인식론적 성격을 특징짓기 위해서도 사용하고 있다.

사법론에서 획득(취득)이란 "내가 어떤 것을 내 것으로 만드는 것"[MS, VI 258]이다. 획득(취득)되는 것은 (1) 나의 지배력 내에 있고, (2) 내게 그것을 사용할 능력이 있으며, 나아가 (3) 내가 자신의 것으로 하려고 의지하는 바의 것이다. 근원적 획득(취득)(ursprüngliche Erwerbung)은 단지 최초의 획득(취득)인 것이 아니라 다음의 세 가지 계기를 포함해야만 한다. 즉 (1) 누구에게도 점유*되어 있지 않은 것의 포착(Apprehension), (2) 관계된 것의 점유의 표시(Bezeichnung), 그리고 (3) 전유(Zueignung)이다. 따라서 근원적 획득(취득)이란 "어떤 대상을 어떠한 점유자도 없는 것으로서"[MS, VI 274] 획득(취득)하는 것이다. 칸트는 획득(취득)의 논의에 앞서 점유에 의한 사적 권리에 적법성을 부여하는 근거를 논하고 있지만, 거기서는 현실적으로 어떤 토지를 점유하고 있는 경험적 점유 외에 가상적 점유가

있다고 지적하고 있다. 획득(취득)의 논의는 이것을 받아들여 획득(취득)의 권한과 그 방법을 논한 후 획득(취득) 그 자체를 문제로 하고 있으며, 가상적 점유 개념을 "순수하게 법적인 실천 이성의 원리"[MS. Ⅵ 268]로부터 전개하고 있다.

그런데 『순수이성비판 무용론』(1790)에서 칸트는 시간, 공간이라는 선험적 형식이나 범주가 "근원적으로 획득돤" 것이라고 하여 위에서 본 사법 용어를 사용하여 생득설에 반대하고 있다[Ⅷ 221f.]. 애초에 생득설에 반대해 획득설의 입장을 취한 것은 1770년 교수취임 논문[Ⅱ 395, 406] 이래 일관된 그의 태도인데, 철학사적으로 보아도 말브랑슈 류의 생득설에 반대한 18세기의 동향에 따른 것이라고 말할 수 있다. 획득설은 획득의 근거로서의 능력을 생득적이라고 간주하면서 이 능력의 행사 그 자체는 경험의 결과라고 생각한다. 라이프니츠*의 『인간지성신론』(1703–05)에서는 이와 같은 획득설이 보이며, 생득설에 관한 문헌에서는 자주 소질생득설로서 언급된다. 이러한 동향 속에서 칸트가 본래 사법 용어인 '근원적 획득'이라는 개념을 사용한 것은 단지 능력의 생득설을 규정할 뿐만 아니라 한 걸음 더 나아가 획득 행위 그 자체를 문제 삼고자 한 것이라고 말할 수 있을 것이다. 한 가지 덧붙이자면, 동시대의 스코틀랜드에서는 토머스 리드*가 "근원적 지각(original perception)"이 어떤 종의 기호*로서 "획득된 지각(acquired perception)"의 기초로 된다고 논의하고 있는데, 이렇듯 분명히 칸트의 근원적 획득설은 18세기 후반의 생득설 문제를 둘러싼 대단히 흥미진진한 견해를 체현하고 있다. ⇒점유

─아사히로 겐지로(朝廣謙次郞)

㊜ 樽井正義「私法における權利と義務」 樽井・円谷 編『社會哲學の領野』, 晃洋書房, 1994.

후설 [Edmund Husserl 1859. 4. 8–1938. 4. 27]

현상학적 철학의 창시자. 당시의 오스트리아(현재의 체코)의 소도시 프로스니츠에서 태어나 라이프치히, 베를린의 각 대학에서 수학, 물리학을 공부한다. 베를린의 수학자 K. 바이어슈트라스 밑에서 박사학위를 취득. 빈 대학의 브렌타노에게서 영향을 받아 철학에로 전향하며, C. 슈툼프 밑에서 조교로 일한 후, 87년 할레 대학에서 『수의 개념에 대하여』로 교수자격을 취득하고 사강사가 된다. 91년 『산술의 철학』을 출간하고, 1900/01년에는 현상학*의 출현을 알리는 『논리연구』를 발표한다. 1901년부터 괴팅겐 대학의 교수가 되며, 13년에 중기의 대표작 『이념 Ⅰ』을 발표. 16년에는 리케르트*의 후임으로서 프라이부르크 대학에 초빙되어 28년까지 일한다. 그 후에도 연구와 강연활동을 활발히 전개하여 『형식논리학과 초월론적 논리학』(1929), 『데카르트적 성찰』(1931), 『유럽 학문의 위기와 초월론적 현상학』(1936)을 발표한다. 전후 루뱅, 쾰른 등의 후설 문고를 중심으로 후설의 유고의 정리가 행해져 『후설 전집』으로서 계속해서 간행되고 있다.

칸트 철학에 비판적인 볼차노, 브렌타노를 대표자로 하는 독일・오스트리아학파의 전통에서 출발한 점도 있어 초기의 후설은 칸트에 대해서 명확히 부정적이었다. 그러나 나토르프*의 영향에 의해서 브렌타노에게서 이어받은 심리주의적인 견해에 비판적으로 되어 이념적인 존재를 인정하고, 그에 대한 인식 가능성에 관한 문제의 해명에 몰두하는 가운데 칸트에 대한 평가는 긍정적인 것으로 변화한다. 특히 1905년부터 07년에 걸쳐 '현상학적 환원'의 방법을 제창하고 자기의 입장을 초월론철학*의 전통 속에 위치짓기에 이르는 과정에서 칸트 철학의 연구가 결정적인 역할을 수행했다. 실제로 후설의 구성적 현상학은 칸트의 '구성*' 개념을 판단*의 차원으로부터 지각의 차원으로, 능동성으로부터 수동성으로 확대한 것으로 간주하는 것도 불가능하지는 않다. 그러나 환원에 의해서 '순수 의식'의 영역을 주제화한다는 견해, 나아가 궁극적 명증성에 기초한 학*의 근거짓기라는 철학의 이념 등에서는 분명히 데카르트*의 영향이 간취된다. 후설의 초월론철학의 영위는 최후까지 데카르트와 칸트라는 양극이 형성하는 긴장관계 속에서 전개되었던 것이다. ⇒초월론철학

─무라타 준이치(村田純一)

㊜ Iso Kern, *Husserl und Kant*, Martinus Nijhoff, Den Haag, 1964.

후성설後成說 [(영) epigenesis]

유기체*의 자기조성능력을 주장하는 생물학적 입장.『순수이성비판』* 제2판의 연역론의 말미(27절)에서 유기체의 발생을 설명하는 세 가지 생물학적 입장과의 유비에 의해서 선험적* 개념*과 경험*의 필연적 합치를 설명하는 세 가지 가능한 설명양식을 논할 때 칸트는 자신의 입장을 후성설로서 특징짓는다. 세 가지 설명양식이란 다음과 같다. (1) 경험이 범주*를 가능하게 한다. 이것은 예를 들면 실체 개념이 단순관념의 복합에 의해서 생긴다고 하는 로크*로 대표되는 경험주의*의 입장이며, 유기체(질서 지어진 경험)가 다른 유기체의 작용 없이 무기물(무질서한 직관의 다양)에서 스스로 생겨난다고 간주하는 '우연발생설(generatio aequivoca)'에 대응한다. (2) 범주가 경험을 가능하게 한다. 이것은 경험의 가능성의 조건이 경험의 대상*의 가능성의 조건이라고 하는 칸트의 입장이며, 유기체 안에는 무기물(직관*의 다양*)을 섭취하여 이것을 유기적 형태들로 조성하는 능력(직관의 다양을 통일하는 범주)이 있다고 주장하는 '후성설'에 대응한다. (3) 범주라는 사유를 위한 주관적 소질과 자연의 객관적 법칙은 양자를 창조한 '창시자(Urheber)'에 의해서 그 조화가 미리 정해져 있다. 이것은 예정조화를 이야기하는 라이프니츠*의 입장이며, 배아 내에 있는 완전하게 형태화된 유기체가(애매한 표상이) 그대로 확대되어 성장한다(명석하게 된다)고 간주하는 '전성설*의 체계(Präformationssystem)'에 대응한다.

18세기에서의 후성설의 대표적인 제창자로서는 C. 볼프와 블루멘바흐 등이 거론되지만, 볼프는 유기체의 자기조성능력을 '본질력(vis essentialis)'이라고, 또한 블루멘바흐는 '형성충동(Bildungstrieb)'이라고 각각 이름 짓고 있다. 생물학상의 개념으로서도 후성설을 지지하는 칸트는『판단력비판』* 제81절에서 블루멘바흐의 형성충동의 개념을 소개하고, 그를 후성설의 최대의 공헌자로서 평가하고 있다. ⇒사실문제/권리문제, 전성설, 단자, 유기체

―히라노 다카시(平野登士)

圏 J. Wubnig, The Epigenesis of Pure Reason, in: *Kant-Studien* 60 Jahrgang, Heft 2, 1969.

흄 [David Hume 1711. 4. 26~76. 8. 25]

스코틀랜드의 에든버러에서 태어난 철학자. 칸트가 흄의 인과성* 분석에 의해서 "교조적 선잠*에서 깨어나" 철학 탐구의 전적으로 새로운 방향을 걷게 되었다고 하는『프롤레고메나』*(서문)의 말은 잘 알려져 있다.

흄은 모든 학문이 많든 적든 인간 본성에 대해 관계를 지니기 때문에, 인간 본성에 원리들을 경험과 관찰에 기초하여 해명하는 '인간의 학'이 학문들의 체계를 견고한 기초 위에 구축하는 것을 가능하게 하는 기초학으로 된다고 생각한다. 인간 본성의 원리들에 대한 해명은 마음의 기본적 활동인 지성과 정념의 탐구로 향하지만, 전자에 관해서는 지성의 범위와 힘, 그 대상으로 되는 관념의 본성, 추론에서의 심적 작용의 본성을 해명한다. 흄은 우선 모든 의식내용을 '지각(perception)'이라고 부르며, 이것을 직접적인 '인상(impression)'과 그것이 기억과 상상에서 재생된 '관념(idea)'으로 나눈다. 인상과 관념 사이에는 원형과 모사, 원인과 결과의 관계가 놓여 있다. 상상의 활동에 의한 관념 상호간의 결합에서는 규칙성이 보이며, 유사, 근접, 인과의 관계가 관념들 사이의 말하자면 만유인력과 같은 것으로 생각된다.

흄은 지식의 대상을 '관념의 관계'와 '사실문제*'로 나눈다. 그가 적극적 의미를 인정하여 주된 관심을 기울인 것은 후자이며, 거기서 중요한 역할을 수행하는 것은 인과관계에 기초하는 개연적 추론이다. 인과의 추론은 이성에 의한 논증적 추론이 아니라 원인 및 결과로 간주되는 두 종류의 사태가 과거에서 언제나 인접과 계기의 관계에 있었다고 하는 항상적 수반의 경험(감각인상과 기억)에 기초하는 상상력의 관념연합에 다름 아니다. 인과관계의 핵심을 이루는 원인과 결과의 '필연적 결합'에 대해서는 그 인상과 관념을 우리가 지닐 수 없다. 그것은 관념연합의 습관에 의한 마음의 한정이 초래하는 신념이다. 흄의 이러한 분석은 인과관계의 객관적 필연성을 뒤흔드는 것으로서 사람들에게 심대한 영향을 미쳤다.

다음으로 외적 대상의 존재의 신념, 인격의 동일성에 대한 신념도 이성에 기초하는 것이 아니라 상상력의

활동에 귀착된다. 전자의 신념은 지각작용의 중단에도 불구하고 일관성과 항상성을 보이는 감각인상에 상상력이 연속존재와 독립존재를 돌리는 것에서 생긴다. 후자의 신념도 상상력이 인격을 구성하는 다양한 지각의 모임을 유사와 인과성에 의한 지각들 사이의 관념연합에 의해서 용이하고도 매끄럽게 전할 수 있다는 것으로부터 불변의 동일성을 지니는 것이라고 헛되이 생각하는 데서 생긴다.

이와 같은 흄의 인과, 외적 대상, 인격의 동일성 등에 관한 고찰은 한편으로 '관념'의 진리를 '인상'으로 소급하여 구하는 경험주의*의 철저화가 향하는 곳, 곧 극도의 회의주의*의 양상을 드러내지만, 다른 한편 이러한 존재들에 대한 우리의 상식적 신념의 불가피성의 사실을 직시하고, 이러한 신념들이 인간 본성에서 생성되는 모습을 설명했다. 그 설명에서 상상력과 관념연합이 커다란 역할을 수행한다는 것은 말할 필요도 없다.

흄의 행위론과 도덕론에서도 이성을 대신하여 정념이 주도적 역할을 담당한다. 행위의 원인(동기)*이 될 수 있는 것은 정념이며, 이성은 부차적 역할을 담당하는 데 지나지 않는다. 행위와 동기의 도덕적 평가도 정념에 기초한다고 하는 도덕감정설이 주장되어 비이성주의의 입장이 보존되고 있다. ⇒교조적 선잠, 흄 체험, 경험주의

　　　　　　　　　　　　　　－츠카자키 사토시(塚崎 智)

　『人性論』(1739–40), 岩波書店. 『道德原理の硏究』(1751), 哲書房. 『自然宗敎に關する對話』(1779), 法政大學出版局.

　神野慧一郎 『ヒューム硏究』 ミネルヴァ書房, 1984; 『モラル・サイエンスの形成 —— ヒューム哲學の基本構造』 名古屋大學出版會, 1996. 齋藤・田中・杖下 編 『ディヴィッド・ヒューム硏究』 御茶の水書房, 1987. 木曾好能 譯・解說 『人間本性論 第一卷 知性について』 法政大學出版局, 1995.

흄 체험–體驗

칸트는 『프롤레고메나』*에서 인과율의 객관적 타당성*을 둘러싼 흄*의 경고가 자신으로 하여금 '교조적 선잠'*에서 깨어나 이성 비판으로 향하게 했다고 하는 취지를 '정직하게 고백'하고 있다. 흄에 의하면 원인과 결과를 결합*하는 법칙, 즉 인과율은 단순한 허구, 결국 가상*에 불과하다고 말한다. 그 점에서 흄은 칸트에게 있어 가상 비판의 선구자였다. 거기서 칸트는 그 체험을 '수년 전'의 일이라고 하고 있지만, 실제로는 십수 년 전, 즉 1760년대라고 생각된다. 그 체험은 동일한 인과율을 둘러싼 것이라고 해도 칸트는 오로지 인과율을 형이상학적 테마에 적용할 수 있는가 아닌가, 즉 인과율이 '제1원인'이라는 테마에서 성립하는가 아닌가 하는 문제의식에서 파악하고 있으며, 그 점에서 흄의 경고를 문제로 하고 있었다. 그것은 후년의 가르베*에게 보낸 서간에서 칸트가 순수 이성의 이율배반*이야말로 자신을 '교조적 선잠'에서 깨어나게 하고 이성 비판으로 향하게 했다는 것을 전적으로 동일한 어조로 말하고 있는 것과 일치한다. 그런데 칸트의 실제 흄 체험은 1750년대 후반으로까지 소급된다. 칸트의 전기 작가 보로우스키에 의하면 이미 이 시기에 칸트는 흄 — 필시 1755년에 독역된 『인간지성에 관한 탐구』 — 을 읽고 있었다. 또한 1759년 하만*도 칸트에게 흄 철학의 의미를 써 보낸다. 『프롤레고메나』의 기술로부터 분명해지듯이 칸트는 이미 『인간지성에 관한 탐구』의 독일어역(1755)을 읽고 있었다(다만 거기서 칸트의 흄으로부터의 인용은 실제의 문장에서 보아도 쪽 수의 제시부터 부정확하다). 이와 같이 칸트가 이미 초기 무렵부터 흄과 대결해온 것은 분명하다. 이율배반론에서 칸트가 회의적 방법*을 사용한 것에서도 알 수 있듯이 칸트에 대한 '프로이센의 흄'이라는 특징 부여가 있을 정도이다. 『순수이성비판』*에서 칸트는 이성 비판을 '순수 이성의 지리학'이라고 부르고, 흄이 이성을 평면적으로 파악하여 그 지평(Horizont, 수평선)을 측정했지만 그것은 가상지평이며 참된 지평은 이성을 구체로서 파악함으로써 가능하다고 말하고 있지만, '순수 이성의 지리학'의 선구자가 흄이라는 것을 인정하고 있다. 다만 흄은 회의주의*에 몸을 맡기는 나머지 수학적 인식의 선험성을 설명할 수 없었다고 비난한다. 그러나 칸트 연구에서 자주 문제로 되는 것은 칸트가 흄의 『인간본성론』을 읽었는지의 여부이다. 이에 관해서도 칸트는 『순수이성비판』과 『프롤레

고메나』의 곳곳에서 이성 비판이라는 일을 곤란한 항해에 비유하고 있을 뿐 아니라, 이미『증명근거』*에서도 거기서의 자신의 시도를 전적으로 동일한 내용에 비유하고 있는데, 그것은 흄의『인간본성론』에서 보이는 항해 메타포와 일치한다. 위에서 지적한 이성의 지평(수평선)을 측정한다는 발상도 항해 메타포를 기반으로 하게 되면 생각될 수 있다. 어쨌든 칸트는 흄을 이성 비판의 참된 선구자로서『순수이성비판』*에서나『실천이성비판』*에서 최대의 평가를 내리고 있다. ⇒ 흄, 인과성, 교조적 선잠

―이시카와 후미야스(石川文康)

▣ Benno Erdmann, Kant und Hume um 1762, in: *Archiv für Geschichte der Philosophie* I, 1888. Karl Groos, Hat Kant Hume's Trietise gelesen?, in: *Kant-Studien* 5, 1901. Dieter-Jürgen Löwisch, Kants Kritik der reinen Vernunft und Humes Dialogue concerning Natural Religion, in: *Kant-Studien* 56, 1965/66. Lewis White Beck, Lambert und Hume in Kants Entwicklung von 1769-1772, in: *Kant-Studien* 60, 1969. Lother Kreimendahl, *Kant: Der Durchbruch von 1769*, Köln, 1990. 石川文康『カント入門』筑摩書房(ちくま新書), 1995.

희망希望 [(독) Hoffnung]

칸트는『순수이성비판』*에서 "나의 이성*의 모든 관심(사변적* 내지 실천적* 관심)은 다음의 세 가지 물음으로 정리된다"[B 832f.]고 말한다. 즉 첫 번째 물음은 "나는 무엇을 알 수 있는가", 두 번째 물음은 "나는 무엇을 행해야만 하는가", 그리고 세 번째 물음은 "나는 무엇을 희망해도 좋은가"라는 물음이다. 나아가 칸트는 첫 번째 물음에 대해서는 형이상학*이, 두 번째 물음에 대해서는 도덕이, 그리고 세 번째 물음에 대해서는 종교*가 대답하는 것으로 하고 있다[IX 25; XI 429]. 따라서 칸트에서 '희망'의 문제는 종교의 문제였다. 그러나 칸트는『순수이성비판』의 같은 곳에서 세 번째 물음을 "내가 행해야만 할 것을 행한다면 나는 무엇을 희망해도 좋은가"라고 바꿔 말한다. 즉 칸트에 있어서 '희망'의 문제는 종교의 문제이긴 하지만, 그것은 두 번째 물음(도덕)과 뗄 수 없이 결합된 물음이다.

『실천이성비판』*에서 칸트는 "최고선*을 세계 속에서 실현하는 것이 도덕법칙*에 의해서 규정될 수 있는 의지*의 필연적 목적이다"[V 122]라고 말한다. 즉 도덕적 행위는 최고선을 그 필연적인 목적으로 하는 행위이다. 그리고 이 최고선의 최상의 조건은 의지가 도덕법칙에 완전히 적합한 것, 즉 의지의 신성성(완전한 도덕성)이며, 그 두 번째 요소는 이 "도덕성에 적합한 행복*"이라고 말한다. 그러나 "이성적이긴 하지만 유한한 존재자"인 인간의 이성*에 있어서는 "도덕적 완전성*의 보다 낮은 단계로부터 보다 높은 단계로의 무한*하게 계속되는 진행만이 가능"한 데 불과하다. 하지만 그 완전성이 실천적·필연적으로 요구되는 한에서 "영혼의 불사"가 이론적으로 상정되고 "요청*"된다. 그와 동시에 이러한 도덕적 확신 하에서 도덕성의 완성을 지향하여 해이하지 않고 노력할 때, 이 "변하지 않는 결의"는 "무한한 진행{영혼의 불사}"을 "희망"하기에 이른다"고 칸트는 말한다. 즉 이 "변하지 않는 결의"를 품고서 노력하는 사람에게만 "마음을 위로하기에 충분한 희망을 스스로 품는 것이 당연히 허락된다"[V 123]는 것이다. 한편으로 최고선을 성취하기 위해서는 또다시 "행복과 도덕성의 조금도 어긋나지 않는 일치의 근거"가, 즉 세계의 창조자인 "신*의 현존재"가 실천적·이론적으로 "요청"된다. 하지만 이 요청은 또다시 "모든 의무*를 신의 명령*이라고 하는 인식"을 불러일으킨다. 왜냐하면 인간은 오로지 "도덕적으로 완전하고(신성하고 자비로우며) 동시에 전능한 의지"와 일치함으로써 비로소 최고선에 도달할 것을 "희망"할 수 있기 때문이다. 이리하여 칸트의 도덕론은 최고선의 개념을 매개로 하여 종교에 도달하며, "우리가 행복에 값할 수 있도록 마음 쓰는 정도에 따라 언젠가는 행복을 떠맡을 수 있게 되리라는 희망이 생긴다"[V 130]고 말한다. 세 번째 '희망'의 물음에 대해서는 종교가 답할 수 있다고 한 의미도 여기에 있다. 하지만 칸트는 신의 "자비로운 활동"을 "희망"하는 것도 어디까지나 도덕성의 조건을 충족시키는 한에서만 허용된다고 한다.『종교론』*의 신의 "조력"에 대한 "희망"의 문제에서도 중요한 것은 "조력의 가치가 있게 되는 것"[VI 52]이며, 이 점은 변하지 않는다.

칸트의 종교가 도덕적 종교로 되는 이유도 여기에 있다.

—사타케 아키오미(佐竹昭臣)

J. Schwartländer, *Der Mensch ist Person. Kants Lehre von Menschen*, Kohlhammer, 1968(佐竹昭臣 譯『カントの人間論 ── 人間は人格である』成文堂, 1986). 宇都宮芳明「カントの宗敎論」北海道大學文學部紀要 43-3, 1995.

힐베르트 [David Hilbert 1862. 1. 23-1943. 2. 14]

20세기 전반의 대표적 수학자의 한 사람. 쾨니히스베르크에서 태어나 그 대학 교수를 거쳐 1895-1930년까지 괴팅겐 대학 교수. 1900년 파리의 국제수학자회의에서 23개의 '수학의 문제'를 제출한 것은 유명하다. 불변식론, 대수적 수체론, 기하학 기초론, 적분방정식론과 같은 광범위하게 걸쳐 있는 분야에서 수많은 업적을 남겼지만, 철학과의 관련에서 특히 주목되는 것은 1910년대 이후의 수학기초론에 관한 연구이다. 형식주의라고 불리는 그의 입장은 유한한 회수의 조작에 의해서 실행 가능한 사실만을 대상으로 하는 '유한의 입장'에서 출발하여 공리화된 수학의 무모순성을 증명하고자 하는 것이다. 「무한에 대하여」라는 제목의 논문(1925)에서 "우리의 의견은 철학자들, 특히 칸트와 일치하는 것이다. 칸트는 이미 …… 수학은 논리와 전적으로 독립적인 내용을 지니며, 따라서 결코 논리에 의해서만 근거지어지는 것이 아니라고 가르치고 있다"고 말하고 있듯이, 그는 칸트의 수학*에 관한 교설을 높이 평가하고 있었다.

—이노우에 요이치(井上洋一)

Zahlbericht, 1897.『ヒルベルト 幾何學の基礎/クライン エルランゲン・プログラム』(*Grundlagen der Geometrie*, 1899; *Über das Unendliche*, 1925를 수록), 共立出版. *Gesammelte Abhandlungen*, 3 Bde.

힘 [(독) Kraft]

칸트 청년기의 자연철학*에서뿐만 아니라 비판기의 자연철학과 자연형이상학에서도 중심적인 역할을 담당하는 중요한 개념. 물질적 자연에 속하는 '운동력'과 심적 자연에 속하는 정신적인 '능력*'으로 크게 구별되지만, 여기서는 전자만을 다룬다.

【I】 힘 일반의 개념

칸트에 따르면 힘은 근본개념으로서의 인과성 범주에서 파생된 "파생적 순수 지성 개념"[B 108] 또는 "실체*의 원인상"[B 676]이다. 그러나 힘이 실체의 원인성이라고 하더라도 단자*론처럼 다른 일체의 존재자와 교섭하지 않는 단자적 실체의 내적 규정으로서의 힘이 생각되고 있는 것이 아니라 "순전한 관계의 총괄"[B 321]로서의 현상적 실체에서 그러한 (물리적) 관계의 양식으로서 힘이 생각되고 있다. 이 힘은 좀더 구체적으로는 '운동력(bewegende Kraft)'로서 규정된다. 즉 운동하는 물질들이 상호적인 인과관계에 있다고 보이는 경우에 물질*의 작용*으로서의 힘은 다른 물질의 운동을 불러일으키는 힘 또는 운동을 전달하는 힘으로서 운동력으로 규정된다. 여기서 칸트가 운동력을 작용을 미치는 쪽의 물질에 귀속시켜 생각한다는 점은 작용을 받는 쪽의 물질의 운동변화의 상관자로서만 힘을 생각하는 뉴턴 역학과 기본적으로 다른 점으로서 양자의 역학 이론의 결정적인 차이를 이끄는 것이다.

그런데 운동력이 작용을 미치는 쪽의 물질에 귀속되어 파악되는 경우 그 귀속은 두 가지 방식으로 생각된다. 하나는 물질의 본질*에 속하는 것으로서의 힘, 또 하나는 물질에 우연히 갖추어진 것으로서의 힘이다. 『자연과학의 형이상학적 원리』*에서 전자는 '동역학'에서 다루어지며, 후자는 '역학*'에서 다루어진다.

【II】 동역학에서의 힘

동역학에서 주요하게 취급되는 힘은 물질의 본질에 속하는 힘, 근원적 힘(ursprüngliche Kraft)이다. 칸트는 물질의 보편적 성질로서의 불가입성을 물질에 본질적으로 갖추어진 인력과 척력의 상호작용의 결과로서 설명한다. 이 인력과 척력 개념은 『천계의 일반자연사와 이론』*(1755)에서 등장한 이후 일관되게 칸트 물질론의 기본개념으로서 견지되지만, 개념사적으로는 뉴턴*으로부터 보스코비치*에 이르는 계보에 연결되는 개념이다. 칸트의 이러한 동역학적 물질론은 한편으로 물질의 모든 행동을 기본입자의 형태와 운동으로 환원하고자 하는 기계론적 원자론을 배척하고, 다른 한편으로 중력을 물질의 고유한 힘으로서 말하는 것을 피하는 뉴턴을 대신하여 그의 중력 개념을 옹호한다고 하는 전략적 의도를 지닌다(다만 거시 영역에서 작용하는 중력과 미시 영역에서 작용하는 입자 사이의 인력이라는 뉴턴이 행한 구별은 칸트에게서는 보이지 않는다). 또한 '동역학' 본론이 물질 일반의 가능성의 원리로서의 근원적 인력과 척력을 취급하는 데 반해, 그 끝부분에 붙어 있는 '동역학에 대한 총주'는 물질의 종적 차이를 설명하는 원리로서 다양한 운동력을 취급하고 있으며, 이것은 후의 『오푸스 포스투뭄』*의 과제를 준비하는 것으로서 중요하다.

【Ⅲ】 역학에서의 힘

역학에서 다루어지는 힘은 우연적인 힘, 즉 물질이 운동 상태에 있는 한에서 지니는 힘이다. 칸트는 이와 같은 힘에 의해서 운동의 전달, 특히 물질의 충돌에서의 운동 전달을 설명하고자 한다. 그 때 역학의 기본법칙으로서 관성의 법칙과 작용과 반작용의 법칙이 세워지며, 이 점에서 뉴턴 역학과의 유사성이 보이기는 하지만, 양자에게서는 핵심적인 힘 개념이 전적으로 다르다. 뉴턴의 경우에는 운동과 변화를 불러일으키는 힘은 오로지 '외력'으로서 작용을 받는 쪽의 물체의 운동 상태의 변화(운동량의 변화)를 척도로 하는 데 반해, 칸트의 경우 그 힘은 작용을 미치는 쪽의 물체에 정위되어 생각되고 있어 작용물체의 운동량이 척도로 된다. 이와 같은 힘 개념은 작용과 반작용의 법칙에 저촉될 것이지만, 칸트는 이러한 난점을 충돌물체의 공통 중심에 정위하는 좌표계에서만 운동과 힘의 객관적인 규정이 성립한다고 주장함으로써 타개하고자 한다. 이와 같은 역학은 뉴턴 역학과는 전혀 일치하지 않는다. 칸트는 또한 충돌에서 힘이 상쇄되어 영으로 된다고 생각하지만, 이와 같은 힘에 대한 생각은 라이프니츠*와 호이겐스*가 충돌 문제를 해결할 때에 의거

한 운동 에너지 보존원리에 대한 무이해를 보여주는 것이다.

【Ⅳ】 근본력(Grundkraft)

근본력이란 다른 여러 힘들이 그로부터 파생되어야만 하는 원리로서 생각되는 힘을 의미하며, 엄밀하게는 경험적으로 발견되는 다양한 힘들의 체계적 통일을 성취하기 위한 이성*의 이념*으로서 생각된다. 그렇지만 중력과 자력과 같은 경험적이고 상대적인 근본력의 존재가 그에 의해 부정되는 것은 아니다. 다만 그와 같은 경험적인 근본력들의 새로운 통일을 끝까지 추구하고자 한다는 과제를 나타내는 것으로서 이념으로서의 근본력이 세워지는 것이다. 그런데 물질 일반의 본질을 이루는 근원적인 인력과 척력 역시 근본력이라고 불린다. 그러나 이러한 인력과 척력은 이념과 같은 규제적* 원리가 아니라 물질 일반의 가능성의 선험적인 구성적* 원리이다. 다만 다양한 곡선운동에 대응하는 다양한 운동력을 이러한 인력 및 척력과 물질의 관성과의 합성력으로서 설명한다고 하는 순수한 수학적인 장면에서 근본력이라고 불리는 데 불과하다. 또한 『오푸스 포스투뭄』에서는 물질의 종적 차이를 설명하기 위해 이념으로서의 근본력으로부터 다양한 운동력의 체계를 도출한다고 하는 시도가 보인다. ⇒동역학, 뉴턴, 능력, 물질, 라이프니츠, 역학, 『자연과학의 형이상학적 원리』, 『오푸스 포스투뭄』, 『유작』

—이누타케 마사유키(犬竹正幸)

图 M. Jammer, *Concepts of Force*, Harvard U. P., 1957(高橋・大槻 譯『力の概念』講談社, 1979). E. Mach, *Die Mechanik in ihrer Entwicklung*, 1883(伏見讓 譯『マッハ力學 —— 力學の批判的發展史』講談社, 1969). 山本義隆『重力と力學的世界 —— 古典としての古典力學』現代數學社, 1981. 松山壽一『ドイツ自然哲學と近代科學』北樹出版, 1992. 犬竹正幸「カントにおける實在性(Realität)と客觀的實在性(objektive Realität) —— 實在性としての力」『哲學』46号, 日本哲學會, 1996.

부 편

✠ 칸트 강의록 해설 ✠

들어가며

칸트 연구의 제1차 문헌은 물론 그 자신의 저작이다. 그러나 그것과 더불어 그가 대학에서 강의한 기록, 즉 '강의록'은 오늘날 불가결한 자료가 되고 있다. 여기서 말하는 '강의록'이란 칸트 자신이 준비한 강의 노트를 말하는 것이 아니라 칸트의 강의 수강자가 필기한 기록이다. 현재 학술원판 칸트 전집의 제4부, 제XXIV권 이후는 이들 강의록으로 채워져 있다. 이들은 학술원판에 수록되어 있는 분량에서 말하면 생전의 저작 또는 공간물의 그것에 필적하거나 그것을 상회한다. 주요한 것으로서는 '논리학 강의', '인간학 강의', '자연지리학 강의', '도덕철학 강의', '형이상학 강의', '이성신학 강의'가 거론된다. 또한 '자연법 강의', '철학적 엔치클로페디 강의'의 존재도 중요하다. 나아가 단편적으로 남아 있는 것으로서는 '수학 강의', '물리학 강의' 등 다양한 분야에 걸쳐 있다.

실제로 칸트가 어느 해, 어느 학기에 어떠한 강의를 행했는지, 또한 어떠한 텍스트를 사용하고 있었는지 등 상세한 기록은 E. 아르놀트의 보고에 의해 알 수 있다. 또한 그의 보고의 기초로 된 1720년부터 1804년에 이르는 쾨니히스베르크 대학의 전체 강의요강은 R. 라이케에 의해 수집되어 제2차 세계대전을 사이에 두고 오랫동안 행방불명이었지만, 1990년대 초에 R. 포초에 의해 바르샤바에서 재발견되어 1993년에 간행되었다[이 부편의 「18세기 쾨니히스베르크 대학의 강의요강」 참조]. 이에 의해 쾨니히스베르크 대학에서의 학생 칸트를 기른 정신풍토와, 대학교사 칸트의 교수활동 및 그 배경을 알 수 있다.

칸트의 강의록 간행은 오랜 역사를 지닌다. 가장 초기의 간행은 이미 칸트의 생전으로 소급되며, 그 대표적인 것으로서 칸트의 대리인으로 『자연지리학』을 간행한 링크와의 사이에 진위논쟁을 빚은 포르마에 의한 『임마누엘 칸트의 자연지리학 강의』(1803)가 거론된다. 그 후 단발적으로 몇몇 강의록이 간행되었다. 대표적인 것을 들자면, K. H. L. 푈리츠에 의한 『임마누엘 칸트의 형이상학 강의』(1821), Fr. Ch. 슈탈케에 의한 『임마누엘 칸트의 인간지 또는 철학적 인간학』(1831), 두 플레르에 의한 『임마누엘 칸트의 심리학 강의』(1888), P. 멘처에 의한 『칸트의 윤리학 강의』(1924), A. 코발레프스키에 의한 『임마누엘 칸트의 철학적 주요강의』(1924, 이는 인간학 강의, 논리학 강의, 형이상학 강의에 걸쳐 있다), G. 레만에 의한 『철학적 엔치클로페디 강의』(1961), 『임마누엘 칸트 ― 헤르더의 노트에 의한 1762-1764년의 강의로부터』(1964) 등이다. 이것들과 병행하여 이미 19세기 후반부터 E. 아디케스, B. 에르트만, E. 아르놀트, M. 하인체 등이 자료의 수집・보존과 텍스트 비판에 힘쓰고 있었던 것을 잊어서는 안 된다.

본래 학술원판 칸트 전집이 간행되기 시작한 1900년의 시점에 딜타이는 학술원판의 틀 내에서 강의록 간행을 계획하고 있었다. 그러나 그 계획이 실행에 옮겨지기 시작한 것은 겨우 1966년에 이르러서이다. 계획 실현이 늦어진 것은 본래 텍스트 비판의 매우 커다란 어려움이 있었기 때문이지만, 그에 더하여 제2차 세계대전의 전화에 의해서 자료가 소실되어버렸다고 하는 치명적인 이유에 기인한다. '인간학 강의'는 1995년에 이르러 비로소, 제8회 국제칸트학회(미국 멤피스)에서 W. 슈타르크에 의해 학술원판 제XXV권으로서 간행된다는 것이 공표되었다. 나아가 새롭게 세 개의 논리학 강의록이 발견되어 현재 마르부르크 대학 칸트 연구소에서 R. 브란트와 W. 슈타르크의 관리 하에 놓여 있는데, 현 시점에서 간행의 전망은 세워져 있지 않다. 이와 같이 학술원판의 강의록 간행은 오늘날 여전히 유동적이며, 또한 자연지리학 강의는 위에서 거론한 포르마판(진위논쟁은 별개로 하여)과 글라제나프 판 등 복수의 자료가 보존되어 있음에도 불구하고 수록되어 있지 않는 등, 미완의 상태에 있는 것이 현 상태이다.

본서에서는 학술원판을 존중하면서도 강의록의 특수성을 감안하여 이하에서 '논리학 강의', '인간학 강의', '자연지리학 강의', '도덕철학 강의', '형이상학 강의', '이성신학 강의'를 개별적으로 해제하고자 한다. 자연지리학에 관해서는 '강의록'이라는 틀로는 학술원판에 수록되어 있지 않지만, 칸트가 생전에 즐겨 강의하고 '인간학 강의'와 더불어 칸트의 실상을 전해주는 대단히 중요한 텍스트이기 때문에 본서에 특별히 취급하고자 한다.

—이시카와 후미야스(石川文康)

📖 Emil Arnoldt, *Kritische Excurse im Gebiete der Kant-Forschung*, Königsberg, 1894. Gerhard Lehmann, *Einleitung*, in: Kant's gesammelte Schriften (Akademie-Ausgabe), XXIV2 953–, Berlin 1966. Riccardo Pozzo (Hrsg.), *Vorlesungsverzeichnisse der Universität Königsberg(1720-1804)*, Stuttgart, 1993.

논리학 강의 [(독) Logik-Vorlesungen; Vorlesungen über Logik]

칸트는 쾨니히스베르크 대학에서 교수 활동 최초의 학기인 1755/56년의 겨울학기부터 퇴임하는 1796년의 여름학기에 이르기까지 지속적으로 논리학 강의를 행했다(도중에 강의가 이루어지지 않은 학기도 여기저기서 눈에 띄지만). 그 사이 일관되게 G. F. 마이어의 『논리학 강요』를 텍스트로 하여 사용하고 있었다. 따라서 현존하는 논리학 강의록은 기본적으로 이 텍스트의 단락들에 따라서 정리되어 있다. 생전에 제자인 예세에 의해서 『논리학』이 간행되었지만, 칸트의 논리학 강의에서 보이는 철학 사상은 거기서 보이는 이상으로 훨씬 더 풍요롭다. 20세기에 들어서서 일부가 개별적으로 간행되었는데, 현재 학술원판 칸트 전집에 제4부 강의록에서 제XXIV권의 2분책에 걸쳐 수록되어 있다. 그것은 종합된 것 6종류와 단편 3종류를 합해서 모두 9종류의 '논리학 강의'에 달한다. 그 '논리학 강의'는 '형이상학 강의', '도덕철학 강의' 등 학술원판에 수록되어 있는 다른 여러 가지 강의록들 가운데서도 가장 종류가 풍부하다. 그것들을 수록된 순으로 제시하면 다음과 같다.

1. 『헤르더의 논리학』 (단편) [XXIV₁]
2. 『블롬베르크의 논리학』 [XXIV₁]
3. 『필립피의 논리학』 [XXIV₁]
4. 『푈리츠의 논리학』 [XXIV₂]
5. 『부졸트의 논리학』 [XXIV₂]
6. 『도나 분트라켄의 논리학』 [XXIV₂]
7. 『빈의 논리학』 [XXIV₂]
8. 『힌츠의 논리학』 (단편) [XXIV₂]
9. 『호프만의 논리학』 (단편) [XXIV₂]

각각의 명칭은 모두 필기자, 소유자 또는 원판의 출처에서 유래한다.

이 강의록들의 의의는 당시 논리학이 오늘날의 논리학과 달리 추론규칙 등을 다룰 뿐 아니라 볼프의 전통에 따라서 철학입문의 역할을 겸하고 있고 철학의 예비지식과 사고방법에 관한 풍부한 소재와 광범한 서술을 포함하고 있었다는 점이다. 그러므로 위에서 제시한 강의록은 연대에 의해서 칸트의 사고 발전을 잘 반영하고 있으며, 비판철학의 형성을 추적하는 데서 중요한 지침으로 된다. 세 개의 단편을 제외하고 여섯 개의 종합된 초고의 윤곽은 다음과 같다.

(1)『블롬베르크의 논리학』.『빈의 논리학』과 마찬가지로 이 강의록은 연대가 제시되어 있지 않다. 그러나 필기자 블롬베르크가 1761년부터 아마도 1764년까지 쾨니히스베르크 대학에서 공부하고 있었던 것으로부터 적어도 내용 자체는 이 연대의 강의에 기초하고 있다고 말할 수 있다. 다만 슐랍에 의하면 결정고는 다른 사람의 손으로 이루어져 1771년에 완성되었다고 한다. 그러나 이 학설에 대해 레만은 의심을 품고 있다. 어쨌든 블롬베르크의 준거가 된 칸트의 강의가 1760년대 전반의 것이라는 점에는 두 가지 중요한 의의가 놓여 있다. 하나는『필립피의 논리학』이 70년대,『푈리츠의 논리학』이 80년대,『부졸트의 논리학』과『도나 분트라켄의 논리학』이 90년대의 것이라는 점에서『블롬베르크의 논리학』의 존재에 의해 칸트의 논리학 강의와 교수 활동의 60년대, 70년대, 80년대, 90년대를 어떻든지 간에 모두 추적할 수 있다는 점이다. 둘째로 60년대 전반은 흄과의 대결과 선험적 종합판단이라는 발상의 성립 등을 둘러싸고 칸트의 철학편력의 말하자면 격동기에 해당한다는 점에서 그것들의 형적을 확인하기 위해『블롬베르크의 논리학』은 유력한 자료로 될 수 있다는 점이다. 나아가 이 초고는 논리학 강의 중에서도 가장 분량이 풍부하다는 점이 특기할 만하다. 내용과 그 구분은 전체 강의록 중에서 마이어의『논리학 강요』에 가장 충실하다.

(2)『필립피의 논리학』. 필기자 필립피에 의한 '1772년 5월'이라는 성립 연도가 제시되어 있다. 적어도 'W. A. F. 필립피'라는 인물이 '1770년 4월 6일'에 쾨니히스베르크 대학에 재적 절차를 밟고 있다는 점이 판명되어 있다. 이 초고에서 처음으로 서두 부분에 철학사에 관한 서술이 보이게 된다.

(3)『푈리츠의 논리학』. 성립된 해로서 '1789년'이 제시되어 있다. 이 초고는 제2차 세계대전의 공습에 의해 1943년에 소실되었지만, 전후 수고의 복사본이 발견되고 이어서 라이프치히 대학 도서관에서 재발견되었다. 서두에 상당히 긴 철학사 서술이 보여 칸트의 철학 및 철학사관을 한층 더 잘 엿볼 수 있다.

(4)『부졸트의 논리학』. '1790년 9월 8일'이라는 성립 연월일이 명기되어 있다. 부졸트는 필기자가 아니라 소유자. 1788년 쾨니히스베르크에 재적하고 있다는 기록이 있다. 그밖에 그의 이름을 달고 있는 '자연지리학'도 있다. 이 논리학 강의에서 처음으로 서두에 '프롤레고메나'라는 명칭이 내걸린 서론이 나타난다. 종합된 여섯 개의 논리학 강의들 가운데 가장 분량이 적다.

(5)『도나 분트라켄의 논리학』. 1792년 여름학기의 강의에 기초하며 '1792년 4월 23일'이라는 날짜가 내걸려 있다. 날짜는 강의가 개시된 월일이라고 추정된다. 1924년 코발레프스키에 의해서『임마누엘 칸트의 철학적 주요강의』로서 인간학 강의, 형이상학 강의와 더불어 공간되었다. 서두에 '프롤레고메나'를 동반하고 있으며, 그것에 이어지는 본론은 다른 논리학 강의와 달리 '통각' 개념의 서술로부터 시작하며, 나아가 곧 이어서 '미적 인식'에 관한 서술이 보이는 등, 마이어의『논리학 강요』에서 벗어난 독자성이 농후하게 나타난다. 특히 미적 인식에 관한 언급은『판단력비판』의 성립과 밀접하게 관계된다고 생각된다.

(6)『빈의 논리학』. 명칭은 저본에 '빈 대학 도서관'의 스탬프가 찍혀 있는 것에서 유래한다. 성립 연대는 제시되어 있지 않지만, 다양한 정황 증거에 기초하여 예루잘렘에 의해 1796년 여름학기의 칸트의 최후 논리학 강의가 원천을 이룬다고 생각되고 있다. 서두에 '프롤레고메나'가 놓여 있는 것은 다른 90년대 강의록들과 공통적이다. 내용의 구분은 전체 강의록들 가운데 가장 대략적이다. 어쨌든 이 논리학 강의는 생전의 출간물들과는 별개로 칸트의 최후시기·완숙기의 철학 사상을 반영하고 있다는 의미에서 귀중한 자료임에는 틀림이 없다.

논리학 강의에서는 연대를 따라감에 따라서 마이어의『논리학 강요』에 대한 충실도가 줄어들며, 비판철학의 용어법이 눈에 띄게 될 뿐 아니라 이성 비판의 의의에 관한 언명도 두드러져 간다. 그런 의미에서 논리학 강의는 칸트의 사색의 발전을 그 때마다 증언하기에 알맞은 이정표의 의미를 지닌다. 예를 들면『도나 분트라켄의 논리학』에서는 "인간의 인식 지평을 규정하는 것은 인간 정신의 가장 귀중하고 가장 어려운 일들 가운데 하나이다"[XXIV₂ 712]라는 인상적인 언명이 보인다. 또한 일련의 논리학 강의는『순수이성비판』의 '초월론적 논리학'에 숨어 있는 난문에 대한 계발적인 암시를 제공한다. 예를 들면 무한판단과 반성 개념에 관해 많은 보완적 언명이 보인다. 또한 논리학 강의는 다른 강의록에 비해서 소재가 풍부한 데 더하여 마이어의 텍스트를 따르면서도 필치가 자유로워 철학의 읽을거리로서의 의미가 있으며, 칸트가 사색한 현장을 재현해준다.

다만 동일한 주제에 관한 서술에서 자주 강의록들 사이에 불일치가 이곳저곳에서 발견되며, 경우에 따라서는 분명히 필기자의 실수로 생각되는, 다른 것과 전적으로 반대되는 언명이 보이는 것도 사실이다. 따라서 형이상학 강의를 비롯한 다른 강의록들의 경우와 마찬가지로 강독과 인용에 있어서는 텍스트 비판의 감각이 요구된다.

—이시카와 후미야스(石川文康)

📖 W. Jerusalem, Ein Kollegienheft von Kants Vorlesungen über Logik, in: *Kant–Studien*, 1913. Emil Arnoldt, *Kritische Excurse im Gebiete der Kant–Forschung*, Königsberg, 1894. Arnoldt Kowalewski, *Die philosophischen Hauptvorlesungen Immanuel Kants*, Königsberg, 1924 (Nachdruck Hildesheim, 1965). Gerhard Lehmann, Einleitung zu Kants Vorlesungen über Logik, *Kant's gesammelte Schriften* (Akademie–Ausgabe), XXIV₂ 953–, Berlin, 1966. Norbert Hinske, Zwischen Aufklärung und Vernunftkritik. Die philosophische Bedeutung des Kantischen Logikcorpus, in: *Aufklärung*, Jahrgang 7, Heft 1, Hamburg, 1993(石川文康 譯「啓蒙と理性批判の間―― カントの論理學文獻の哲學的意味」『批判哲學への途上で』晃洋書房, 1996). Elfriede Conrad, *Kants Logikvorlesungen als neuer Schlüssel zur Architektonik der Kritik der reinen Vernunft*, Stuttgart-Bad Cannstatt, 1994. 石川文康『カント 第三の思考―― 法廷モデルと無限判斷』(특히「カントの体系論」), 名古屋大學出版會, 1996.

인간학 강의 [(독) Vorlesungen über Anthropologie]

학술원판 칸트 전집의 최종부분이 되는 강의록들의 간행은 1960년대 이후 G. 레만의 지도하에 정력적으로 행해져 왔다. 그러나 그 가운데서 1997년에 이르기까지 간행되지 않은 채로 머물고 있는 것이 인간학에 할당될 예정의 제XXV 권과 자연지리학 강의에 할당될 예정의 제26권이다. 1987년의 레만의 사망에 따라 남겨진 이 두 권의 편집 책임은 마르부르크의 R. 브란트의 손에 맡겨지게 되었다. 마르부르크 대학은 칸트의 수고와 청강자의 강의노트 등의 미발표 자료의 보존, 소개를 목적으로 하는 '칸트문고'를 1982년에 설립했으며, 오늘날 문헌학적 방면에서의 칸트 연구의 중심지로 되었다고 말할 수 있을 것이다. 이 두 권 가운데 순서상으로는 제XXV 권의 인간학 강의가 94년부터 작업이 개시된 자연지리학 강의보다도 앞서 간행될 예정이지만, 그와 같은 방대한 자료에 기초한 편집 작업으로 이루어지는 까닭인지 간행 시기가 1997년 여름이라는 당초의 예정보다 다소 늦어지고 있다[1]. 그러므로 이하에서는 브란트의 협력자인 W. 슈타르크가 1995년의 제8회 국제칸트회의에서 공식적으로 발표한 학술원판 제XXV 권 편집 작업 중간보고를 토대로 그 작품의 예상되는 개요를 아래에서 제시하고자 한다. 덧붙이자면, 이 작품에 대한 몇 가지 새로운 정보는 마르부르크 대학의 학보와 신문지상에 때때로 게재되었으며, 최신의 정보에 대해서는 인터넷에서 그 대학의 '칸트문고'의 홈페이지 등에서 열람할 수 있다.

95년의 슈타르크의 중간보고에 따르면 칸트의 인간학 강의의 현존하는 텍스트로서는 18세기에 필기된

• • • • • • • • • • • •

1) 본 사전 간행 직전인 97년 가을에 전집 XXV권이 간행되었지만, 시간적인 제약으로 인해 상세한 사항에 대해서는 후일을 기약해 두고자 한다.

19종류의 노트와, 1830년대에 인쇄된 두 개의 간행본이 사용 가능하다. 이 가운데 칸트의 실제의 강의에 좀더 가까운 곳에서 성립된 필기노트 쪽이 텍스트로서의 가치가 높다고 생각된다. 이 재료들을 비교 검토해본 결과 아래와 같은 연대에 속한다고 생각되는 다섯 개의 강의가 비교적 완전한 형태로 남아 있다는 것이 판명되었다. 즉 1772/73년, 1775/76년, 1777/78년, 1781/82년, 1784/85년의 각 학기에 행해진 강의 노트가 그것들이다 (다만 이 가운데 1780년대에 속한다고 생각되는 두 개의 강의에 관해서는 다른 학기에 행해진 것일 가능성도 버릴 수 없다). 이 다섯 개의 강의 노트에 더하여 두 개의 단편적인 노트(1788/89의 겨울학기 및 1790년대 초두에 속한다고 생각되는 것)가 학술원판 제25권에 소개될 예정이다.

슈타르크에 의하면 이 텍스트들은 특히 다음의 세 가지 점에서 앞으로의 칸트 연구에서 주목될 것으로 예상된다. (1) 지금까지 '침묵의 10년'이라고 불려온 1770년대 칸트의 사색 전개가 인간학이라는 하나의 학과에 입각해서긴 하지만 상세하게 더듬어지게 된다는 점. 예를 들면 『순수이성비판』의 '순수 이성의 오류추리'를 둘러싼 장의 성립사 등에 대해서도 처음으로 빛을 비출 수 있게 될 것이다. (2) 인간학 강의에서 칸트는 동시대의 실로 다양한 문헌을 인용하고 있으며, 그에 의해 칸트가 당시의 최첨단의 학문들에 대해 보이고 있던 왕성한 관심을 엿볼 수 있다. (3) 이른바 칸트의 역사철학적인 관심은 그의 공공연히 드러난 저작활동만을 보는 한 1780년대 중반 이후에 표면화한 것으로 볼 수 있지만, 사실은 그 문제 관심들의 맹아가 1780년 이전의 인간학 강의에서도 명료하게 찾아질 수 있다는 점.

칸트 철학의 전체성을 묘사하고자 할 때 인간학이 대단히 중요한 위치를 점하리라는 것은 지금까지도 많은 연구자들에 의해서 지적되어 왔다. 이들 강의노트의 간행은 우리들이 지금까지 떠올려온 칸트의 이미지를 대폭적으로 다시 그릴 정도의 충격력을 숨기고 있을 가능성이 있다고 말할 수 있을 것이다.

–W. 슈타르크・사토 슌지(佐藤俊二)

Werner Stark, Kurze Vorstellung von Band XXV der Akademie-Ausgabe von Kants gesammelten Schriften, 'Vorlesungen über Anthropologie': Inhalt und Verfahren, in: *Proceeding of the Eighth International Kant Congress*, 1995.

자연지리학 강의 [(독) Vorlesungen über physische Geographie]

칸트는 1756년부터 1796년까지의 40년 동안 48회의 자연지리학 강의를 행했지만, 칸트의 모든 강의들 가운데서 이 연속강의만큼 청강생에게 인기가 있었던 것은 달리 없었다고 말해진다. 당시 자연지리학의 교과서는 없어, 칸트는 박물학과 지구물리학, 여행기 등의 저서로부터 강의 자료를 수집하여 장대한 지식체계를 만들어냈다. 1770년대 중반부터 청강생의 손에 의한 강의노트가 나돌며, 머지않아 그 20여종의 필사본이 집대성되어 1801년 포르마 판 『자연지리학』이 출판되었다. 그러나 이 판을 칸트는 인정하지 않으며, 1802년에 공식적인 링크 판이 간행되었지만, 그것은 칸트 자신의 저서가 아니어서 진위논쟁이 결국 법정투쟁으로까지 넘겨진다고 하는 복잡한 사정을 지닌 출판물로 되었다.

링크 판은 아래에서 보이듯이 두 개의 서론과 세 개의 본론으로 구성된다.

서론, 수학적 예비개념, 제1부(제1편. 물에 대하여, 제2편. 땅에 대하여, 제3편. 대기권, 제4편. 지구의 역사), 제2부(제1편. 인간, 제2편. 동물계, 제3편. 식물계, 제4편. 광물계), 제3부(제1편. 아시아, 제2편. 아프리카, 제3편. 유럽, 제4편. 아메리카). 서론에서는 지리학적 지식의 성격, 지식체계에서의 지리적 지식의 위치, 지리적 지식의 유용성 등이 서술된다. 수학적 예비개념에서는 지구의 크기와 형태, 천문학적 힘들이 지구에 미치는 영향 등이 고찰된다. 본론의 제1부에서는 해양, 대륙, 대기권, 지구의 역사가 단순한 일반론이 아니라 실제로 현상들이 관찰되는 장소에 입각하여 다루어진다. 그 지식의 넓이와 깊이 모두 경탄할 만한 것으로서 학생들과 청강생들의

515

절찬을 받은 것도 충분히 납득할 만하다. 제2부에서는 인류, 생물계, 광물계에 대해서 그것이 분포된 장소와 함께 세밀하게 기술된다. 제3부는 대륙별·국가별 지지地誌인데, 예를 들면 그 가운데서의 '일본' 항에서는 나가사키에서 에도까지의 경관이 훌륭하게 묘사되는 등, 국민성·종교·학문과 기술·산물에 관한 고찰로부터 일본의 전체상이 기재되어 있다. 이와 같은 고찰이 당시의 거주 지역 전체로 확대되고, 더욱이 상당히 정확하게 기재되고 있기 때문에, 지리학 지식은 학생들의 호기심을 불러일으켰을 뿐 아니라 경제인들은 물론이고 일반인들의 기대에도 충분히 답할 수 있는 것이었다는 점은 확실하다고 생각된다.

이와 같이 뭇사람들의 시선을 모으고 판권을 둘러싸고 법정논쟁까지 전개된 저서임에도 불구하고 칸트 사후 그 저서는 머지않아 출판계에서 몰락했다. 지리학이라는 학문의 성격상 어쩔 수 없는 것이긴 하지만 카시러판 칸트 전집에서 『자연지리학』은 탈락한다. 대범하고 쾌활한 인간 칸트는 배경으로 물러나고 엄격하고 까다로운 철학자 칸트만이 찬연히 빛나게 되어 철학자들 사이에서 칸트의 지리학에 주목하는 사람은 전혀 없다고 할 만한 상태가 되었다. 다른 한편 지리학자들 사이에서도 소박한 과학주의에 안주하여 연구가 이루어지고, 근대 지리학의 창시자로 말해지는 폰 훔볼트와 리터에 대한 영향도 말해질 정도의 긴밀함은 존재하지 않게 됨으로써 칸트 경시의 전통은 20세기까지 넘겨졌다. 링크 판 『자연지리학』은 학술원판 칸트 전집 제IX권(1923)에 수록되어 있긴 하지만, 칸트가 심혼을 기울여 마무리한 세 개의 본론은 철학 측에서나 지리학 측에서 오늘날 골동품적 가치밖에 인정받고 있지 못하는 것은 아닌가 생각된다. 20세기에 들어와서 비로소 지리학에서의 칸트의 중요성은 『자연지리학』의 '본론'이 아니라 '서론'에서 발견해야만 한다는 사고방식이 제시되었다. 이러한 주장을 기저로 하여 1965년 캐나다의 지리학자 조셉 메이는 칸트 철학 전체에서의 『자연지리학』의 위치를 명확히 했다.

칸트에게 있어 '자연'은 이중의 의미를 지닌다. 한편은 '자연의 합법칙성'에 준거하는 것으로서, '순수 자연과학은 어떻게 해서 가능한가?'라는 물음에 대답하는 것을 일부 목적으로 하는 『순수이성비판』에서 논의되고 있듯이, 뉴턴 역학으로써 파악할 수 있는 한에서의 세계가 '자연'이다. 거기서는 어디까지나 '자연의 통일성'이 중시되지만, 다른 한편 '자연'은 다른 의미를 지닌다. 즉 우리의 경험 대상으로서 '자연'은 그 '다양성'으로써 스스로를 현현시킨다. 칸트에게 있어 후자의 의미에서의 '자연'을 사상하는 것은 자연의 일면적인 이해에 빠진다는 것을 의미하는바, 그에게는 린네나 뷔퐁과 마찬가지로 자연의 파노라마를 체계적으로 구축하고자 하는 강한 바람이 있었다. 그러나 칸트에게 있어 린네의 자연의 체계는 자의적인 논리적 분류를 행하고 있기 때문에 엄밀한 의미에서 '체계'라고 부를 수 없었다. 따라서 칸트가 린네나 뷔퐁과 같은 자연의 파노라마를 드러내고자 할 때, 엄밀한 의미에서의 체계성을 부여할 수 있기 위해서는 좀더 소극적인 방법을 취할 수밖에 없었다. 이리하여 선택된 방법이 『자연지리학』의 방법이다.

'서론'에서 원문을 인용하면, "우리는 우리의 경험적 지식을 개념들에 따라서 또는 그 지식이 실제로 발견된 시간과 장소에 따라서 그 어느 쪽인가로 분류할 수 있다. 개념들에 의한 분류는 논리적 분류이며, 시간과 공간에 의한 분류는 자연적 분류이다. 전자를 통해 우리는 자연의 체계를, 예를 들면 린네의 그것을 얻는다. 후자를 통해 우리는 자연의 지리적 기술을 얻는다. 내가 소는 네 발을 가진 종족인 동시에 갈라진 발굽을 지닌 동물로 분류할 수 있다고 말할 때 이것은 내가 머릿속에서 수행한 분류, 즉 논리적 분류이다. 자연의 체계는 말하자면 자연의 등록부이며, 그 속에서 나는 사물을 하나하나 그것에 고유한 분류망에 위치짓는다. …… 이에 반해 자연적 분류에 따르면 사물은 그것이 지구상에서 점하고 있는 장소에 따라서 관찰된다. 체계는 분류망 안의 위치를 제공한다. 그러나 자연의 지리적 기술은 지구상의 모든 것이 실제로 발견되는 장소를 드러낸다. …… 그러나 지금까지 만들어진 자연의 체계는 올바르게는 오히려 자연의 긁어모음이라고 불려야만 한다. 왜냐하면 체계란 사물의 다양한 성격이 그로부터 도출되는 바의 전체라는 이념을 전제하고 있기 때문이다. 우리는 지금도 여전히 자연의 체계를 지니고 있지 못한 것이다". 당시 생물분류학은 발달하고 있었지만, 지사학과 진화론은 아직 등장하지 않았고 어떠한 자연의 체계도 박물학의 영역을 넘어설 수 없었다. 박물학이 지니는 산만성의 폐해를 제거하기 위하여 칸트가 선택한 방법이 생물지리학의 관점을 지표면상에 존재하는 모든 것으로 확장하는 것이었다. 지구를 '주거'로 하는 인간에게 있어 유용한 모든 지식을 그것이 알려지는 장소와 함께 써 두어가는 …… 이것이 『자연지리학』의 방법이었다. 칸트의 자연지리학 강의는 대학 일학년 학생들에게 할당된 일반교양의 색채가 농후한 것으로서 곧 정치한 지식에로 고양되는 입문적인 지식도 포함하며, 한 쌍의 곤충, 한 조각의 암석, 해수의 염도에서 시작하여 미개민족의 풍습에 이르기까지 이상할 정도로 광범위하게 그것들이 분포하는 장소와 함께 기재되었다. 다시 원문에서 인용하면, "자연지리학은 그러므로 세계의 인식의 출발점으로 되는 부문이다. 그것은 세계 인식의 예비학이라고 불리는 이념에 속한다. 이에 대한 교육은 지금도 여전히 대단히 부족하다. 그럼에도 불구하고 이 지식이야말로 바로 생각될 수 있는 인생의 모든 상황들에서 유익하다. 따라서 경험에 의해서 차례로 채워지는 동시에 바로잡혀 가는 하나의 지식형태로서 우리는 그것에 정통할 필요가 있다".

그러나 지표면상에 존재하는 모든 것이 고찰의 대상이 되는 것은 아니다. 여기에서 지구를 '주거'로 하는 인간에게 있어 유용한 것에 한정된다고 하는 제약이 부과된다. 이러한 제약은 무엇을 의미하는 것인가? 원문에 따르면 "세계에 대한 지식의 다른 부문은 인간의 지식을 포괄한다. 다른 사람들과의 교제는 우리의 지식을 넓혀준다. 그럼에도 불구하고 이런 종류의 모든 경험들에 대해서 어떤 예비적 수련을 제공할 필요가 있다. 그리고 그것은 인간학이 수행하는 임무이다". 이상하리만치 경험주의에 대해 아양 부리는 태도로부터 칸트가 깨어남에 따라 칸트의 흥미는 인간의 '주거'인 지구로부터 지구를 주거로 하는 '인간'에게로 이행한다. 1772년 칸트는 지리학으로부터 인간학을 구별하여 인간학의 강의를 개시했다. 나아가 칸트가 『윤리학 강의』(멘처 편)에서 "인간학은 인간의 현실적인 행동을 관찰하여 그 행동이 준수하는 실천적・주관적 규칙을 정식화하고자 노력한다. 다른 한편 도덕철학은 올바른 행위, 즉 행해져야만 하는 행위를 정식화하고자 노력한다"고 말할 때, 즉 1780년대의 비판기를 맞이하게 되면, 지리학은 철학상의 중요성을 거의 상실해버린다.

그에 더하여 칸트의 지리학은 지식의 체계화 도정을 보여주고 있지만, 칸트가 말하는 장소와 공간은 사물이 점유하는 용기에 지나지 않았다. 이 용기에는 이 물품이, 저 용기에는 저 물품이 들어 있다는 것을 기재할 뿐, 어떤 용기 속에 다양한 사물이 어떻게 서로 관계하고 있는지, 또한 용기들은 상호적으로 어떻게 관계하고 있는지에 대한 설명이 거의 존재하지 않는다. 현대적인 표현을 빌리자면, 칸트의 공간은 단순한 좌표공간으로서 대상을 기재할 때의 틀을 제공하지만, 설명의 원리를 내포하지 않으며 '지역적 통합'이 시도되고 있지 않다. 거기서 환경론적 고찰의 맹아를 관찰하는 것도 불가능하지는 않지만, 특별한 '지리학적 설명양식'은 존재하지 않는다. 따라서 근대 및 현대의 지리학은 칸트의 지리학과 결별하여 소박한 과학주의에 안주한 채 자기의 길을 모색하며, 칸트 자신이 예언했듯이 많은 지리학적 지식은 측지학・해양학・기상학・지질학・생물학・경제학・상학・민족학・비교종교학 등으로 분화・발전하고 있었다. 칸트가 언급한 지리학에서 현재도 존속하고 있는 것은 지역지리학뿐이지만, 칸트는 이에 대해 상술하고 있지 않다. 칸트가 '서론' 말미에서 "이 연구의 유용성은 실로 광대하다. 그것은 우리의 지식의 목적에 없었던 배열을 제공하며, 우리 자신의 즐거움에 도움이 되고, 또한 사교적 대화에 풍부한 소재를 제공한다"고 말할 때, 이러한 대범함은 칸트 철학 속에서 어떻게 위치지어지는 것일까?

—후지이 마사미(藤井正美)

참 R. Hartshorne, *The Nature of Geography: A Critical Survey of Current Thought in the Light of the Past*, Lancaster, 1961(野村正七 譯 『地理學方法論—— 地理學の性格』 朝倉書店, 1957). A. Hettner, *Die Geographie: ihre Geschichte, ihr Wesen und ihre Methoden*,

Breslau, 1927. J. A. May, *Kant's Concept of Geography and its Relation to Recent Geographical Thought*, Toronto, 1970(松本正美 譯『カントと地理學』古今書院, 1992).

도덕철학 강의 [(독) Vorlesungen über Moralphilosophie]

(1) 강의록의 출판. 쾨니히스베르크 대학에서의 칸트의 강의 모습을 알기 위한 자료로서는 유고집(전집 제XIV-XXIII권)에 모아놓은 많은 내용이 기입되어 있는 강사용 텍스트와 메모 외에, 청강생에 의한 기록이 전해져 왔다. 딜타이가 학술원판 전집 제I권(1902)의 서언에서 기록하고 있듯이 이 자료들을 토대로 각 시기의 강의 내용을 재현하는 것은 중요한 연구과제의 하나이다[1]. 그러나 전집에 강의록을 수록한다는 계획은 지체되어 진전되지 못했다[2]. 특히 도덕철학에 관해서는 뒤에서 이야기할 P. 멘처 편의 강의록과 헤르더에 의한 강의록이 개별적으로 간행되는 한편, 유고의 정리를 정력적으로 진전시키고 있던 아디케스의 죽음(1928)으로 인해 작업이 정체된 채[3] 많은 자료가 전쟁의 혼란 속에서 상실되고 말았다.

지금까지 발견(또는 재발견)된 자료를 토대로 출판된 것으로 칸트 탄생 200년을 기념하는 P. 멘처 편『칸트의 윤리학 강의』(1924)[4], G. 레만의 편집에 의한 학술원판 전집 제XXVII권『도덕철학강의』(1979), G. 게르하르트 편『윤리학에 대한 강의』(1990)[5]가 있다. 이 가운데 멘처와 게르하르트에 의한 편집은 그 표제가 보여주듯이 명확히 '윤리학'을 (뒤에서 이야기하듯이 '보편적 실천철학'과의 조합에서) 다룬 강의에 과녁을 겨누고 있다. 또한 이것은 1770년대 후반부터 80년대 전반, 요컨대『정초』의 출판(1785) 시기까지의 강의의 재현을 목표로 삼은 것이다. 이에 반해 학술원판에서는 1760년대부터 90년대에 이르는 넓은 시기의 자료를 모아 '인륜의 형이상학'과 '자연법'을 표제로 하는 강의의 기록도 수록하고 있다.

(2) 강의록의 편집. 우선 멘처 판의 강의록에서는 신학생 Th. F. 브라우엘(1779년 3월 입학)에 의한 '보편적 실천철학' 및 '윤리학'의 강의록(1780년 10월 12일 개시)을 기본으로 하여 이와 동시기의 것으로 생각되는 Th. 구츠넬과 Chr. C. 므롱고비우스의 기록에 의한 수정을 덧붙이고 있다. 이 원자료들 가운데 브라우엘과 구츠넬에 의한 것은 현존하지 않는다.

다음으로 학술원판에서는 우선 다음과 같은 네 가지 강의록을 연대순으로 수록하고 있다. ① 1964년에 공간된 헤르더에 의한 1762-64년 강의록[6]에서 '실천철학'에 관한 부분. ② G. B. 포발스키(1777년 3월 입학)에 의한 '실천철학'의 기록. ③ G. L. 콜린즈(1784년 9월 입학)에 의한 1784-85년의 '도덕철학'의 기록. ④ 칸트의 법률고문 J. Fr. 비길란티우스에 의한 1793-94년의 '인륜의 형이상학'의 기록. ①을 제외하고 이것들은 모두 미간행자료이다.

• • • • • • • • • • • •

1) 딜타이가 행한 도덕철학 관계의 강의록 정리 성과는 학술원판 전집 제XXVII권에 콜린즈에 의한 강의록의 이본(Varianten)으로서 수록되어 있다. vgl. XXVII$_{b2}$ 1267ff.

2) vgl. Gerhard Lehmann, *Kants Tugenden. Neue Beiträge zur Geschichte und Interpretation der Philosophie Kants*, Walter de Gruyter, 1980, S. 174f.

3) 유고집에 수록된 자료와 강의록을 연결하는 작업은 전집에서는 주석에 맡겨져 있다. 아디케스는 주로 유고의 연대를 특정한다는 목적에서 이런 종류의 작업을 자연학, 인간학, 논리학, 형이상학 등에 대해서 면밀하게 행했다. 그러나 아디케스 사후, 실천철학 관계의 유고(전집 제XIX권)에 대해서는 두 종의 작업이 충분히 행해지지 못했기 때문에, 강의록(전집 제XXVII권) 쪽에서 이것을 보완해야만 했다. vgl. XIV XXXIV,; XXVII$_{b2}$ 1038ff.

4) Paul Menzer (Hrsg.), *Eine Vorlesung Kants über Ethik*, Berlin, 1924(小西・永野 譯『カントの倫理學講義』三修社, 1968).

5) Immanuel Kant, *Eine Vorlesung über Ethik*, Gerd Gerhardt (Hrsg.), Fischer Taschenbuch, 1990.

6) Hans Dietrich Irmscher (Hrsg.), *Immanuel Kant, aus den Vorlesungen der Jahre 1762-1764. Auf Grund der Nachschriften Johann Gottfried Herders*, Köln, 1964.

이에 더하여 학술원판에는 바움가르텐의 *Ethica philosophica*의 제2판(1751) 및 제3판(1763)이 수록되어 있다. 이것은 유고집(전집 XIX 권)에 수록된 *Initia philosophiae practicae*(1760)와 함께 도덕철학의 강의에 텍스트로서 사용되었던 것이다[7]. 나아가 권말에는 그 권의 간행 직전에 재발견된 G. 파이어아벤트에 의한 1784년의 '자연법' 강의의 기록과 멘처가 사용한 므롱고비우스의 강의록이 부록으로서 수록되어 있다. 이 가운데 전자는 나토르프가 학술원판 전집 제VI 권(1907)의 『인류의 형이상학』 제1부를 편집할 때 단지히 시립도서관에서의 소장이 확인되고 있었음에도 불구하고 참조할 수 없었던 자료의 일부이다.

마지막으로 게르하르트 판은 절판된 지 오래인 멘처 판의 『윤리학강의』와, 이것과 시기적, 내용적으로 겹쳐지는 학술원판의 콜린즈의 강의록을 대조함으로써 1770년대 후반부터 80년대 전반에 걸친 강의를 재현한 것이다. 표기 면에서는 구두점의 정정이나 각주에 의해 문장의 뜻을 명확히 하는 외에 축약된 표현을 복원하는 작업이 행해지고 있다. 또한 단순히 병렬되어 있던 장 구분법이 계층적으로 다시 정리되어 전체의 구조가 알기 쉽게 되었다.

(3) 강의록의 내용. 여기서는 학술원판에 수록된 네 개의 강의록들의 내용을 바움가르텐의 텍스트와의 관계를 중심으로 간단히 소개해두고자 한다. 우선 1760년대 전반의 헤르더에 의한 강의록에는 심적 능력의 분류에서 시작되는 서론 뒤에 기록이 중단된다든지 자료가 탈락된 부분을 제외하고 *Ethica*의 절 번호(§1-378; 텍스트는 §500까지)가 붙어 있다. 각 절마다의 기록은 그 길이가 다양하지만, 이에는 강의 내용 그 자체 이상으로 청강자의 흥미가 반영되어 있다고 생각된다. 칸트는 *Ethica*의 장 구분법의 순서를 따르면서도 "선을 행하라(Fac bona)" 대신에 "너의 도덕적 감정에 따라 행위하라"를 "유일한 도덕적 규칙"으로 하는[XXVII₁ 16] 등, 많은 독자적인 견해를 제시하고 있다.

다음으로 1770년대 후반의 포발스키에 의한 강의록에서는 전체가 33개의 절로 나누어지며, 그 가운데 21절까지 가 *Initia*에 대응하며, 남은 12절이 *Ethica*에 대응한다(쪽 수에서는 후반부가 전반부의 배 이상). 전반부는 도덕의 역사의 개관으로 시작하며, 자유로운 행위, 책무, 명법, 도덕법칙, 법, 자연법, 입법, 형벌, 책임 등을 다룬 후, 양심을 논의하며 끝난다. 후반부는 윤리학의 위치짓기를 일반적으로 제시한 후, 종교, 자기 자신에 대한 의무, 타인에 대한 의무에 대해 말한 후 인간의 사명을 논의하며 마친다.

이와 같은 전체의 구성은 1780년대 전반의 콜린즈에 의한 강의록에서도 변하지 않는다. 즉 전부 59개가 있는 절들 가운데 최초의 16절이 *Initia*에 대응하며, 뒤의 43절이 *Ethica*에 대응한다(쪽 수에서는 후반부가 전반부의 네 배 이상). 다만 전반부에는 '보편적 실천철학', 후반부에는 '윤리학'이라는 표제가 붙어 있어 명확히 구별된다. 포발스키에 의한 강의록과 비교하면 전반부에서는 책무와 도덕적 강제, 도덕성의 원리, 책임에 대한 취급이 크다는 것이 눈에 띈다. 또한 후반부에서는 각종의 의무에 대한 구체적인 검토의 풍부함이 눈길을 끈다. 또한 이와 같은 특징은 멘처 판의 강의록에서도 마찬가지로 보인다.

마지막으로 1790년대의 비길란티우스에 의한 강의록에서는 1780년대까지와는 달리 새롭게 '인류의 형이상학' 이 표제로 내걸리며, 그 서두에서는 이 표제에 대한 해설이 행해진다. 그러나 전부 146개의 절로 이루어지는 이 강의록에서는 역시 곳곳에서 바움가르텐의 텍스트에 대한 언급이 보이며, 최초의 63절까지가 *Initia*에 대응하며, 남은 83절이 *Ethica*에 대응한다는 것을 알 수 있다. 전반부에서는 법 의무와 그 원리에 대한 검토가

---

7) 레만에 따르면 칸트가 처음으로 *Ethica*를 강의에 사용한 것은 1756-57년으로 추정된다. 또한 1759년의 『겨울학기 공고』에는 "당면하여 보편적 실천철학과 덕론을 모두 바움가르텐에 따라서 강의할 것이다"[II 311]라는 예고가 있으며, 이것은 *Initia*와 *Ethica*의 조합을 예상케 해준다. 그러나 실제로는 1762-63년까지의 강의에서 사용된 것은 *Ethica*뿐이며, *Initia*와 *Ethica*의 조합으로 강의가 행해진 것은 1764-65년부터이다. 덧붙이자면, 1763-64년에는 일시적으로 바우마이스터의 *Elementa Philosophiae*가 사용되었다고 추측된다. vgl. XXVII₂₂ 1039; G. Lehmann, *Kants Tugenden*, S. 28, 174.

상세하게 수행되는 등, 법론으로서의 성격이 강해지고 있다. 또한 후반부에서는 텍스트의 순서를 변경하여 종교에 관한 고찰을 각종의 의무에 관한 검토 뒤로 돌린 점이 눈길을 끈다. 전체적으로 역시『인륜의 형이상학』(1797)에 연결되는 구성을 이루고 있다.

(4) 연구에서의 의의. 말할 필요도 없이 이들 강의록들은 칸트의 실천철학의 발전사를 추적하기 위한 중요한 실마리가 된다. 지금까지 특히 관심을 모아온 것은 정언명법을 최상의 원리로 하는 칸트 윤리학 체계의 성립 시기이다. 최초로 강의록을 편집한 멘처는『순수이성비판』(1781) 이전에는 "체계의 기초"는 존재했지만, 그것을 통일하는 "지도이념"이 결여되어 있다고 생각했다[8]. 그러나 이러한 견해는 J. 슈무커 등의 연구에 의해서 정정되고 있다. 즉 의무의 체계의 전개는 이미 1760년대 전반에는 개시되고 있으며, 1770년대에 들어서서 부터는 이미 이 점에 관한 본질적인 변화가 보이지 않는다고 하는 것이다[9]. 이러한 견해는 실천철학의 분야에서의 전비판기와 비판기의 구별에 의문을 던지며, 그에 대한 재검토를 요구하는 것이다.

또한 이와 같은 의무의 체계 성립 시기에 대한 논의는 비판기의 저작에 대한 해석에도 커다란 영향을 미친다. 만약 칸트의 의무의 체계가 비판기에 특유한 초월론적 관념론을 기다려 비로소 완성된다고 생각하게 되면,『정초』의 최초의 두 장에 대한 해석은 그 제3장과『실천이성비판』의 해석에 크게 의존하게 된다. 이것과는 반대로 의무의 체계가 비판기 이전에 확립되어 있었다고 생각하게 되면,『정초』의 제3장과『실천이성비판』의 의의는 이것과는 다른 맥락에서 찾아지게 될 것이다. 슈무커는 "발전사적으로 보아 칸트의 윤리학은 본질적으로 그의 형이상학에서의 주관적-비판적 입장에서 독립되어 있다"고 말함으로써 이 후자의 해석을 지지하고 있다[10].

나아가 1760년대 중반부터 일관되게 바움가르텐의 두 개의 텍스트를 사용하여 행해진 강의로부터 최종적으로『인륜의 형이상학』(1797)의 구성이 떠오른다고 하는 경위를 생각하면, 전비판기로부터의 의무의 체계의 연속성은 한층 더 두드러지게 된다. 칸트가 서간에서『인륜의 형이상학』의 간행 계획을 반복해서 말하게 되는 것은 역시 1760년대 중반부터이다[11]. 이것은 법론 및 덕론으로 열매 맺는 의무의 체계의 전개를 바움가르텐의 윤리학과의 대결이라는 관점에서 다시 검토할 것을 요청하고 있다. 법론에 대해서는 더 나아가 1767년부터 1788년까지 아헨발의 Jus naturalis를 사용하여 행해진 '자연법'에 관한 강의의 존재가 주목될 것이다. 이와 같이 강의록을 실마리로 하여 칸트의 의무의 체계의 전개를 추적하는 작업은 이미 말했듯이 비판기의 저작의 해석에도 영향을 줄 가능성을 감추고 있으며, 칸트의 실천철학 전체의 평가에 관계되는 중요성을 지닌다.

―야하타 히데유키(八幡英幸)

형이상학 강의 [(독) Vorlesungen über Metaphysik]

칸트의 형이상학 강의는 수강자의 노트라는 형식으로 오늘날에 전해지고 있다. 서적으로 공간된 문헌으로는 K. 푈리츠의 편집에 의한『임마누엘 칸트의 형이상학 강의』(1821), A. 코발레프스키의 편집에 의한『임마누엘 칸트의 철학적 주요강의』(1924)가 있는데, 오늘날에는 학술원판 제 XXVIII– XXIX 권(1968–83)에서 앞의 둘을

• • • • • • • • • • • •

8) P. Menzer (Hrsg.), *Eine Vorlesung Kants über Ethik*, S. 328Anm.

9) vgl. Josef Schmucker, *Die Ursprünge der Ethik Kants*, Meisenheim am Glan, 1961, S. 373ff; 木場猛夫『カントの道德思想形成 ― 前批判期 ―の研究』風間書房, 1987, p. 460f.

10) J. Schmucker, *Die Ursprünge der Ethik Kants*, S. 393.

11) 1765년 12월 31일자의 람베르트에게 보낸 서간에서는『실천철학의 형이상학적 기초』라는 명칭으로, 1768년 5월 9일자의 헤르더에게 보낸 서간에서는 『인륜의 형이상학』이라는 명칭으로 저작의 계획이 제시되어 있다. vgl. X 56, 74.

포함하는 가장 풍부한 형이상학 강의록들을 찾아볼 수 있다. 전집 판은 1760년대의 Metaphysik Herder로부터 Metaphysik K3(1794/95)에 이르는 9종으로 분류된 형이상학 강의록들을 채록하고 있다. 다만 수강자에 의한 필기노트라는 성격으로 인해, 또한 다수가 나중의 사본, 편집을 거쳐 온 경우로 인해 위에서 언급한 강의록들은 모두 직접 필기된 연대의 특정, 실제의 강의 내용을 충실히 전하고 있는 정도와 같은 점에서 검토되어야만 할 사항도 남기고 있다. 노트 필기의 연대 특정을 비롯한 문헌학적 작업은 B. 에르트만, E. 아르놀트, M. 하인체, P. 멘처 등을 비롯하여 다수의 연구자들에 의해 진척되어 왔다. 그리고 연대 확정과 교정 작업에 있어서는 비판기의 저작이 참조 문헌으로서 중시되어 왔다. 이러한 경향은 아르놀트에서 분명히 드러난다. 그에 의하면 비판기 이후의 칸트의 견해에 간행된 비판철학의 저작과 일치하지 않는 점이 있다면, 그것은 교육상의 배려나 잘못 가운데 어느 하나로 간주될 수 있다. 또한 비판기 이전의 칸트의 견해에서 발견되는 비판철학과의 불일치는 비판기의 사상이 아직 형성되지 않은 것의 증명 내지 역시 마찬가지로 배려나 오류의 어느 하나이다. 이와 같이 특히 제1비판을 도달해야만 할 칸트 사상으로서 규범으로 간주하는 경향은 단지 문헌학적 요청과, M 분트에 의한 형이상학적 칸트 해석의 등장이 1920년대 이후였다는 것에서만 찾아지는 것이 아니다.

필리츠 판은 간행된 형이상학 강의로서 지금까지 유일한 것이며, 또한 분량의 면에서 풍부한 노트(L1, L2)에 의거하고 있다. 'L1' 가운데 필리츠가 간행한 부분은 특수형이상학을 다루며, 그 추정연대는 1770년대로 여겨진다. 이것은 비판기 직전의 이른바 '침묵의 10년'에 해당된다. 'L2'는 존재론(일반형이상학)을 다루며, 『순수이성비판』의 두 판이 간행된 직후의 시기에 필기된 것으로 여겨진다. 전자에 있어서는 특수형이상학의 각 부문(우주론, 심리학, 신학)이 『비판』의 변증론의 각 부(L1의 순서에 따르며, 이율배반, 오류추리, 초월론적 이상와 대상영역에서 대응을 이루고 있으며, 나중에 『비판』에서 결실되는 견해를 예상케 하는 시행착오가 이곳저곳에서 발견된다. 후자에서는 『비판』을 간행한 저자의 입장이 비교적 분명하게 간취된다. 이러한 성질의 원고(강의 노트)가 말하자면 규범으로 간주된 간행저작(『비판』)과 비교 검토하게 되면, 특수형이상학이 나중에 변증론에서 전개되는 부정적 결론에 이르러야만 하는 미숙한 전단계적 사상으로 간주되고, 일반형이상학이 무엇보다도 우선 『비판』의 해설적 역할을 담당하는 것으로 간주되었다고 하더라도 그것은 지당한 경위일 것이다. 이러한 날카로운 논조를 펼치는 사람으로는 존재론, 우주론, 경험적 심리학을 단순한 역사적 관심사로 하고 이성적 심리학과 신학에서만 의의를 찾는 하인체를 들 수 있다. 그러나 이러한 경향은 칸트의 형이상학관을 소극적으로 어림잡은 것이며, 나아가서는 '비판철학'이 지니는, 그 자체 발전사적인 사건으로서의 동적 성격을 간과하는 것일지도 모른다. 칸트가 강의한 형이상학은 그에게 고유한 '비판철학'에 원형적 틀과 소재 내지 내재적 비판 대상을 제공했으며, 또한 존재론은 그것과 비판, 나아가서는 초월론철학과 (넓은 의미의) 형이상학에서의 체계적 연관이라는 점에서 칸트가 나중까지 위치짓기에 고심했던 바로 그것이다.

1770년대의 형이상학 강의와 '비판철학'과의 관계를 구체적으로 제시해보자. 『순수이성비판』(제2판)에서 데카르트적 코기토(Ich denke)는 한편으로 사유 일반에 속하는 한에서 순수하게 지성적, 자발적인 규정작용이지만, 다른 한편 경험적 표상이 그 표상에 질료를 부여하지 않으면 그 작용이 성립하지 않는 바의 것이다. 그것은 미규정적 지각을 나타내는 명제이며, "나는 실존한다(Ich existiere)"를 포함하는 한에서 경험적 명제이다[B 420ff.]. 이리하여 제시되는 자기의식의 이중성은 경험적 인식이 성립하는 한에서 자발적 작용이 그 인식의 가능제약을 이루는 방식으로 본래적 결합의 모습에서 말해지며, 이러한 결합을 표현하는 "나는 사유하면서 실존한다(Ich existiere denkend)"는 마찬가지로 경험적 인식이다. 그리고 양자의 대립상은 자기인식이 주제화되는 장면에서 등장한다. 『형이상학의 진보』에서는 주체로서의 나와 객체로서의 나는 각각 통각과 지각의 주체로 바꿔 말해지며, 나아가 후자는 경험적 의식으로서의 심리학적인 나라고 말해진다[XX 270]. 『비판』 제1판에 따르면 "규정적 자기(사유작용)가 피규정적 자기(사유주체)와 다른 것은 인식이 그 대상과 다른 것과 마찬가지다"[A 402]. 이러한 논의는 Metaphysik L1의 '이성적 심리학' 장에서도 등장하지만, 거기에서는 존재하지 않지만 비판기 이후의 저작에서는 일관되게 논의되는 것이 실체화된 통각을 거부한다고 하는 결론이다. 그러나 이러한 결론은 인식(현상의 규정)과 그 대상(실존)의 구별에 의해서 얻어진다. 사유의 규정작용이 경험에서 지니는 작용으로서의 우유성을 어디까지나 현상에서의 그것으로 하고, 경험 인식의 제약·피제약 연관에 입각해서만 파악할 수 있는 것은 경험에 고유한 영역을 정립한 이성 비판에 의해서 비로소 가능하게 되었던 것이다. 『비판』은 우유성의 실체에 대한 관계를 종속이라고 하지 않고 내속이라고 한다. 이제 조금 깊이 들어가자면, 우유성은 '원칙론'에서 시간에서의 내속이라는 규정을 획득하게 됨으로써 "실체 그 자체의 실존하는 방식"[B 441]으로 위치지어졌다. 이리하여 경험의 주체는 "나는 생각하면서 실존한다"에서 단적으로 파악되기에 이르렀던 것이다.

이러한 과정은 또한 영혼을 우주를 표상하는 힘으로 간주하는 볼프의 규정에 대한 내재적 비판이다. 표상능력은 비판에 의해서 고유한 원리와 권역을 획득한다. 이런 의미에서는 도덕적 주체를 초월론적 주관성과는 다른 경지에 두는 『실천이성비판』을 기다려, 순수 통각과 경험적 통각의 상보성에서만 가능하다고 하는 자기의식론의 고유한 영역이 확정된다고 말해도 좋을 것이다. 초월론적 자유는 초월론적 주관성의 문제영역에 위치하고 있기 때문이다. 이와 같이 '비판철학'에 고유한 계기는 볼프, 바움가르텐 등의 형이상학에 이미 존재하고 있는 개념들에 두루 독자적인 사색을 가한 형이상학 강의에 대체로 그 기원을 빚지고 있다. 예를 들면 '쾌, 불쾌의 감정'과 '상상력'의 기원인 '형성력'과 같은 '비판철학'에 독자적인 견해가 제시되는 계기가 'L1'에서 정신의 능력들로서 논의되고 있다. 이러한 능력들을 유일한 실체에 돌리는 것이 아니라 독자적인 원리를 포함하며 영역을 이루는 것으로서 조탁해내는 과정이 '비판철학'이었다고 말할 수 있을 것이다. 또한 거슬러 올라가 Metaphysik Herder에 등장하는 실재적인 근거와 이념적인 근거의 같음과 다름을 둘러싼 사색은 종합판단의 가능성에 대한 탐구의 원형을 이루는 것이라고 말할 수 있을 것이다.

마지막으로 이렇게 하여 형성되는 '비판철학'이 칸트 철학의 전체적 체계에서의 위치라는 점에서 마찬가지로 형이상학과의 연관에서 논의되고 있다는 점을 소개해 두고자 한다. 형이상학의 정의는 볼프에 따르면 "인간 인식의 제1원리"이지만, 1784/85년의 칸트에 의하면 "엄밀하게는 이성인식의 체계"[XXIX₁ 360]이다. 전자의 정의에 따르면, 본래 형이상학에 포함되지 않는 것이 다수 그 부분을 점하게 된다. 칸트가 자주 이러한 사례로 드는 것이 경험적 심리학이다. 그리고 칸트가 생각하는 본래적 형이상학이 그 체계를 이루기에 앞서 예비학으로서 기능하고 전자에 원리를 제공하는 것이 이성 비판이다. 그 결과 이성 비판은 이전의 형이상학으로부터 비본래적인 부분을 분리하여 스스로 받아들임으로써 형이상학을 "모든 다른 종류의 인식으로부터 충분히 정화한다"[B 870]. 볼프가 규정한 의미에서의 형이상학은 칸트에서는 오히려 비판이 수행한다. 그렇다면 엄밀한 의미에서의 형이상학이란 어떠한 체계를 이루는 것일까? 그것은 비판과 어떠한 관계에 서는 것일까? 『순수이성비판』에 따르면 순수 철학(넓은 의미의 형이상학)은 이성 비판, 자연의 형이상학, 인륜의 형이상학으로 크게 구별된다[B 869ff.]. 그리고 자연의 형이상학은 존재론이라고 바꿔 말해지는 초월론철학을 포함한다고 여겨진다. 나중에 『형이상학의 진보』에서는 이성 비판과 초월론철학은 동일시되지만, 1794/95년의 Metaphysik K3에서는 다시 이성 비판과 초월론철학은 구별되며, 후자는 자연의 형이상학의 내재적 부문으로 여겨지고, 나아가 순수 이성 비판의 소산으로 말해진다[XXVIII₁/₂ 822ff.]. 느슨하게 파악하게 되면, 어쨌든 칸트의 의도는 그가 시도하는 본래적 형이상학에 확고한 체계를 부여하는 것에 있었다고 말할 수 있다. 이러한 취지의 첨예한 표현이 비판을 예비학으로 하여 본래적 형이상학과 구별하는 규정이었다.

그러나 초월론철학이 비판과 구별되고 나아가 비판의 산물로 되게 되면, 비판과 형이상학의 '초월론 부문'과의 이러한 중간항(초월론철학 = 기초형이상학)을 점하는 것이 무엇인가는 확정되어야만 할 문제이다. 예를 들면 『자연과학의 형이상학적 원리』가 검토되어야만 할 후보로 될 것이다. 또한 형이상학에 원리를 제공하는 비판이 형이상학에 의해서 다시 되돌려 파악된다고 하는 위상을 지니게 되면, 이러한 되돌려 파악함의 내실이 무엇보다도 우선 해명되어야만 한다. 여기서는 『비판』[B 107f.]에서 범주의 파생개념으로 여겨지고 초월론철학의 완전한 체계에서는 간과될 수 없는 것으로 간주되는 준술어(Prädikabilia)를 거론하는 데 그친다. 준술어는 체계의 완성이 아니라 체계에 대한 원리의 완성만을 문제로 하는 『비판』의 의도를 이유로 그에 대한 상세한 서술이 『비판』과는 다른 기회로 미루어졌다. 새로운 좀더 진척된 탐구가 기대되는 바이다.

―이치요시 츠네야스(市吉経泰)

⊞ G. Lehmann (Hrsg.), in: *Kant's gesammelte Schriften* XXVIII, Berlin, 1972. K. Pölitz (Hrsg.), *Immanuel Kant's Vorlesungen über die Metaphysik*, Erfurt, 1821(甲斐・齋藤 譯 『カントの形而上學講義』 三修社, 1971).

이성신학 강의 [(독) Vorlesungen über rationale Theologie]

(1) 연대와 판본. 학술원판 칸트 전집의 XXVIII권 제2분책 제2부(G. 레만 편, 1972)에 칸트가 1783년 겨울학기 및 84년 여름학기에 처음으로 행한 이성신학의 연속강의가 수록되어 있다. 나아가 같은 판 전집 XXVIII권 제1분책에도 이성신학에 관한 항목이 실려 있다. 이 연속강의는 1786~87년에 재차 행해졌다. 이와 같이 칸트는 이성신학에 관한 강의를 1780-90년, 즉 3비판서 및 제1비판 개정판의 출판과 시기를 같이 하여 행하고 있다. 이성신학 강의는 이 점에서 비판기 칸트의 발전사적 연구의 재료로서나, 또한 종교적 문제들과 씨름함으로써 이 사이의 발전이 생겨난 것의 증좌로서도 대단히 중요한 자료이다.

그러나 동시에 이 간행판의 강의록을 연구하는 데 있어서 그 기록, 출판준비의 과정에 문제가 없다고는 말할 수 없는바, 주의가 필요하게 된다. 가장 잘 알려져 있는 강의내용의 기록은 1817년에 라이프치히에서 출판되고 1982년에 재판된 카를 필리츠 편의 『칸트의 철학적 종교론』이지만, 이 기록은 칸트 자신이 쓴 것이 아니라 D. 링크가 보존하고 있던 학생의 노트 사본에 기초한 것이다. 이것과는 별개로 동일한 내용을 기록했다고 생각되는 두 개의 학생 노트, 즉 Natural Theologie Volkmann과 Danziger Rational Theologie가 있다. 이 두 개의 노트는 고타의 주립도서관에서 도난되기 이전에 R. 바움바흐에 의해서 필사되어 있었다. 현재 인쇄되어 있는 것은 이 사본들 쪽이다. 나아가 Danziger Rational Theologie의 마지막에는 하나의 단편이 덧붙여져 있지만, 이것은 1786~87년의 두 번째 연속강의에서 유래할 확률이 대단히 높으며, 현재는 학술원판 XXVIII권 제2분책 제2부에 Rational Theology의 단편으로서 부가되어 있다. 각 판을 보면, 필리츠의 것은 인쇄의 오식을 그대로 놔두고 있는 등 수정이 이루어져 있지 않은 경우와, 필리츠 자신에 의한 것으로 생각되는 과도적인 정정이 이루어져 있는 경우가 있다. 다른 두 가지가 학생의 노트 사본 그대로인 데 반해, 필리츠의 것은 그 기초로 되는 학생의 원문과 비교할 수 없다. 마지막에 부가된 단편에 대해서도 마찬가지이다. 그렇지만 이러한 강의 기록은 칸트의 다른 이미 출간된 책과 함께 이용하면 유익한 자료가 될 수 있다.

(2) 강의의 개요와 학문 구분. 사변적 신학(speculative Theologie)에 관한 칸트의 탐구는 그의 비판철학의 본질적 부분을 점하며, 여기서 칸트는 '초월론적 희망'이라는 개념에 의해 자연의 영역과 도덕적 자유의 영역을 결합한다. 이 '초월론적 희망'은 인간 존재의 한계 속에서 이성의 궁극 목적의 달성을 지향하는 것이며, 이에 의해 칸트의 이론 전체가 종교적인 의미를 지니게 된다.

칸트는 이성신학, 즉 신에 관한 이론에 근본적인 구별을 부여하고 있다. 이 구별은 원형적과 모상적이라는, 지성의 종류에 대해 행해진 구별에 대응하는 것이다. 원형적 신학은 신 자신의 자기인식이며, 인간의 지식에 의한 것이 아니다. 따라서 그것은 '신적 신학'이라고 불린다. 이에 반해 모상적 신학은 신에 대한 인간의 지식에서 유래하는 것으로서 다음과 같은 세 종류로 이루어진다고 생각된다. ① 경험적인 계시신학, ② 이성적인 인간 이성의 신학, ③ 종교 내지는 인간과 신의 관계에 대한 자연신학의 적용. ①의 경험적 신학과 ②의 이성적 신학의 구별은 역사적 지식(계시는 역사적으로 제약된다)과 철학적 지식을 준별한 볼프의 영향 및 계시종교와 이성종교를 구별하는 계몽사상 일반의 영향을 함께 반영하고 있다.

칸트에 의해서 이성신학은 "최고의 존재자에 대한 우리의 인식의 체계"라고 정의된다. 이러한 신학의 철학적 형태로서 사변적 이성신학과 윤리적 이성신학이라는 두 가지 형태가 구별된다. 사변적 신학 쪽은 더 나아가 초월론적이든가 자연적이든가 이다. 사변적 초월론적 신학은 경험에 의존하지 않는 가장 현실적이고 완전한 존재를 분석한다. 이러한 형태의 신학은 감각으로부터 오는 잘못된 신 개념의 사상을 순화하여 존재론적 신학에 귀착된다. 즉 무조건적으로 이해된 존재 개념이 지니는 내면적·이성적 필연성에 귀착되는 것이다. 사변적 초월론적 신학은 이성에 하나의 이념을 부여함으로써 규제적인 기능을 수행한다. 그 이념은 사상 일반을 좀더 잘 통일시키기 위해 노력하도록 끊임없이 이성을 강제하는 것이다. 다른 한편 사변적 자연신학에는 형이상학적인 것과 자연학적인 것이 있다. 즉 그것은 우선 '이' 세계의 자연본성—주로 우연성과 필연성—에 대한 고려에 기초하여 창조주의 자연본성에 도달하는 것이며, 그러고 나서 '이' 세계의 창조주에 대한 지식이 형성되기 위해 '이' 세계의 자연본성—주로 질서의 경험—에 대한 고려를 사용하는 것이다. 따라서 칸트에 의하면 사변적 자연신학은 인간의 경험에서 출발하여 신에 도달하고자 하며, 사변적 초월론적 신학과 마찬가지로 규제적 기능을 지닌다. 왜냐하면 인과관계의 질서 속에 놓여 있는 완전성이라는 이념, 즉 현실에 존재하는 것의 원인성에 존재하는 완전성이라는 이념에 의해서 탐구 일반이 활성화되기 때문이다.

(3) 해석과 의의. 위에서 말한 연속강의에 의해서 칸트의 인식론과 그의 신에 관한 사상, 나아가 인간의 악에 관한 그의 사고방식에는 긴밀한 관계가 있다는 것을 알 수 있다. 이에 의해 칸트의 철학 전체가 이론이성과 실천이성의 통일에 기초하고 있다는 최근의 해석(R. 벨클레이. S. 니만)이 한층 더 중요해진다.

칸트는 그 저서에서 알 수 있듯이 신의 존재에 관한 모든 증명을, 『신의 현존재 논증의 유일하게 가능한 증명근거』라는 하나의 주목할 만한 예외를 제외하면, 모두 존재론적 증명에 의존하게끔 하고 있다. 그럼에도 불구하고 그 때의 '존재'란 칸트의 독자적인 이해에 기초한 것이며, 그것이 또한 그에 의해서 존재론적 증명의 취약성으로 간주되고 있다고 하는 자기순환이 생겨난다. 즉 칸트에게 있어 '존재'란 참된 술어가 아니다. 술어란 어떤 개념을 좀더 완전한 것으로 하기 위해 그 개념에 덧붙여지는 바의 개념이다. 그럼에도 불구하고 칸트에게 있어 존재란 어떤 것의 단순한 상태, 즉 일종의 규정일 뿐이다. ······이다'라는 계사는 무언가의 내용을 기술하고 있는 것이 아니라 오히려 속성을 주체와 관계시키는 판단의 계사인 것이다. 실재성은 종합적으로 개념에 부가되는 것이기 때문에, 칸트에 의하면, 사람은 예를 들어 대상 속에서 어떠한 실재성을 생각했다고 하여도, 더 나아가 그것이 '존재'하는가 어떤가를 언제나 물을 수 있게 된다.

언뜻 보아 존재론적 증명의 취약성을 보이는 칸트의 이러한 논리적인 구성은 실천적인 그것과는 거리를 두고 있는 것으로 판단된다. 그러나 실제로 칸트는 이러한 논리적 구성을 신에 대한 인간의 사고방식을 순화하기 위해 사용할 뿐 아니라 인간의 도덕적인 사고방식을 일정한 도정에 따르도록 하기 위해 사용하고 있다.

칸트는 객관적 실재성을 지니는 개념을 산출하기 위해서는 가능적 경험의 원리들이 필요하다고 하는 그 자신의 인식론상의 입장에 기초하여 사람들이 어떻게 하여 어떤 것에 대한 종합판단을 인정하는 것 없이 그것이 가능하다는 것을 알 수 있는가 하는 문제를 제출한다. 하나의 개념이 논리적으로 가능한 것은 그 개념이 모순율을 위반하지 않을 때이지만, 이것은 다만 개념으로서는 무엇이 존재할 수 있고 무엇이 존재할 수 없는가 하는 둘 사이의 대비를 제시할 뿐이다. 칸트에 의한 존재론적 증명에 대한 의구심은 어떻게 해서 사람들이 하나의 '개념'의 가능한 존재로부터 하나의 '사물·것'의 가능한 존재로 이행할 수 있는가 하는 점에 놓여 있다. 이러한 이행에는 아래와 같은 오직 하나의 길밖에 없다. '가장 완전한 것'을 가정하는 것은 그 자체 속에 다른 모든 것의 가능성의 근거를 포함하고 있는 어떤 '것'을 가정한다는 것을 의미한다. '사물·것'은 칸트에 의하면 부분적으로 실재하고 부분적으로 실재하지 않는 것으로서 존재한다. 이런 종류의 존재는 '모든 실재를 포함하는 것'의 존재를 전제하며, '모든 실재를 포함하는 것'은 실재성을 한계짓는 것을 통해 '사물·것'을 구성한다. 인간은 이 이외의 방식으로 실재에 대해 생각할 수 없다. 부정은 언제나 긍정적 실재를 전제하며, 이 실재성을 한계짓는 것을 통해 실재가 존재하기에 이르는 것이기 때문이다. 신 존재의 이러한 증명은 칸트에 의하면 긍정적인 것이긴 하지만, 필연적인 것은 아니다. 왜냐하면 이 증명은 '모든 실재를 포함하는 것'의 주관적 필연성을 제공하는 데 불과하기 때문이다. 즉 이 증명은 인간 이성 그 자체의 본성에 뿌리박고 있는 데 불과한 것이다.

그러나 칸트의 고찰은 이론적인 영역에 한정된 채로 머물지 않는다. 피한정적인 '부정적 실재'가 '긍정적 실재'를 전제한다는 생각은 '이성적 이념'과 그것에 대응하는 '미감적 이념'에 관한 그의 사상의 발전 속에서 근본적인 역할을 담당하며, 나아가 이 이념들은 교호적으로 끝없는 도덕에서의 진보라는 칸트의 도덕적 이념 속에서 중요한 역할을 수행하게 된다. 신이 '원형적 지성'을 지니고 인간이 '모상적 지성'을 지닌다는 것과 동일한 방식으로, 신은 신성한 존재이고 인간은 유덕한 존재이다. 인간에게 있어 행복은 정적인 소유가 아니라 어떤 종류의 동적인 진행·진전이다. 이리하여 악은 선의 씨앗이 불완전하게 성장한 것이라고 간주될 수 있다. 인간은 완전한 선이 어떤 것인가라는 것에 대한 '이성적 이념'을 필연적으로 지니며, 그로부터 악을 단순한 부정으로서 이해할 수 있다. 인간에게 있어 악이란 좀더 선한 것을 바라며 선한 것으로 향하기 위해 필요한 것으로 되는 것이다.

칸트는 윤리신학이 신에 관한 참된 철학적 사색의 하나의 형태라는 것을 보이고자 했다. 공간된 저서에서 칸트는 우리는 신이 존재한다는 것을 알지 못하며 오히려 믿어야만 한다고 분명히 말하고 있다. 신이 존재한다는 것을 사변적으로 아는 것은 보상에 대한 기대와 벌에 대한 두려움이라는 비윤리적 동기에 기초하여 윤리적으로 행동하는 것과 마찬가지를 의미한다. 결국 계시의 진리성과 정당성을 헤아리기 위한 기준을 제공하는 것은 칸트에게 있어서는 윤리인 것이다.

—J. 올버그

⟦참⟧ J. Collins, *The Emergence of the Philosophy of Religion*, New Haven, 1967. K. Pölitz (Hrsg.), *Immanuel Kants Vorlesungen über die philosophische Religionslehre*, Leipzig, ²1830(近藤功 譯『カントの哲學的宗教論』朝日出版社, 1986). W. Fink/G. Nicolas, in: *Kant, Leçons sur la théorie philosophique de la religion*, Paris, 1993. S. Nieman, The Unity of Reason, in: *Reading Kant*, Oxford U. P., 1994. R. Velkley, Freedom and the End of Reason, in: *On the Moral Foundation of Kant's Critical Philosophy*, Chicago U. P., 1989.

✠ 18세기 쾨니히스베르크 대학사 ✠

대학사는 역사의 자료에서 알 수 있는 것이자 그렇게 해야만 하는 것이다. 이것은 '지식사회학'이라는 20세기가 되어 비로소 마련된 분야에서의 중요한 발견들 가운데 하나이다. 하지만 쾨니히스베르크의 알마 알베르티나(쾨니히스베르크 대학)에서는 1770년에 당시 '학식의 역사'라고 불리고 있던 철학사가 역사연구에서의 마지막으로부터 두 번째의 과목으로서 예정되어 있던 것을 아울러 생각하면, 이 주장은 바로 그 옛날에 널리 알려져 있었던 것으로 된다. '학식'의 내용을 연구하고자 하면, 우선 처음에 학식의 발전이 그에 따라 이루어진 형식을 다루어야만 한다. 독일어권의 계몽운동에서는 실제로 대학이, 정확히 말하면, 영방대학이 '학식'을 기르는 형식이었다. 왜냐하면 널리 알려져 있다시피 독일어권의 계몽을 담당한 것은 독일 국민의 신성로마제국의 개개의 영방국가의 대학과 아카데미에 의한 광범한 운동이었기 때문이다. 이 점이 지역적인 넓이가 훨씬 적은 의미밖에 지니지 않았던, 예를 들면 프랑스어권이나 영어권의 계몽운동과 확실히 다른 점이다. 영국, 프랑스, 이탈리아, 스페인이라는 서유럽의 나라들에서는 계몽의 시대에 대학이 의의를 상실하는 데까지 약체화하고 있었던 데 반해, 신성로마제국의 대학은 의연히 중심적인 지위를 보유하고 있었던 것이다(참조: 함머슈타인「계몽의 시대의 독일 대학」, Nokter Hammerstein, Die deutschen Universitäten im Zeitalter der Aufklärung, in: Zeitschrift für historische Forschung 10, 1983, S. 73–89).

18세기의 쾨니히스베르크 대학의 역사를 조사하는 데 있어 특히 주목해야 할 것은 다음의 네 종류의 자료이다. (1) 학칙집. 이것은 1544년 이래 갱신되어 왔지만, 1749–56년의 최초의 대학사의 부록으로서 편집되어 있다(참조: 아르놀트『사료를 덧붙인 상세한 쾨니히스베르크 대학사』, Johann Daniel Heinrich Arnoldt, Ausführliche und mit Urkunden versehne Historie der Königsberger Universität, Königsberg, 1746–1749, 2 Teile; 같은 저자『쾨니히스베르크 대학사 보충』, Ders., Zusätze zu seiner Historie der Königsberger Universität, Königsberg, 1756). (2) 학적부. 이것은 1910–17년에 완전히 갖추어졌다(참조: 에를러 편『쾨니히스베르크 알베르투스 대학의 학적부』, Die Matrikel der Albertus Universität zu Königsberg i. Pr., hrsg. von Georg Erler, 3Bde., Leipzig, 1910–1917.(Neudruck: Nendeln/ Liechtenstein, 1976)). (3) 강의요강. 이것은 겨우 최근에야 복각되었다(참조: 포초 편『1720–1804년의 쾨니히스베르크 대학의 강의요강』(편자에 의한 서문이 덧붙여짐), Vorlesungsverzeichnisse der Universität Königsberg 1720–1804, mit einer Einleitung herausgegeben v. Richard Pozzo, Stuttgart–Bad Cannstatt, 1996). (4) 학생수첩. 이것은 좀더 충분히 연구해 보아야만 할 것이다(참조: 예를 들면 1770년에 간행된 다음의 것.「네 학부 전체의 학생용, 이수방법 안내」, Methodologische Anweisungen für die Studierende in allen 4 Facultaeten, Königsberg, 1770). 이것은 다음과 같은 4부로 이루어져 있다. 1. 신학과 교회봉사를 뜻하는 학생을 위한 안내. 대학에서 어떠한 학문을 어떠한 순서와 조합으로 공부해야 할까? 2. 법률학과 국무 특히 사법업무를 뜻하는 학생을 위한 안내. 대학에서 어떠한 학문을 어떻게, 어떠한 순서와 조합으로 공부해야 할까? 3. 의학을 뜻하는 학생을 위한 안내. 대학에서 학문들을 어떻게, 어떠한 순서와 조합으로 공부해야 할까? 4. 철학, 문헌학, 그 밖에 철학과가 수업을 행하는 학문을 대학에서 어떻게, 어떠한 순서와 조합으로 공부해야 할까?(Exemplar in GStAPK Berlin, XX HA StA

Königsberg, EM 139 b 25 Bd. 5, S. 104r–129v.)

대학이 주지의 것이자 또한 당시로서는 당연하기도 한 한계를 수반하면서도 쾨니히스베르크 시의 생활에 결여될 수 없는 것이었고, 따라서 자극을 초래하는 요인 — 이 요인은 이 도시에 대해 독일, 폴란드, 발트제국, 러시아, 그 밖의 유럽제국 사이의 중개자로서의 기능을 수행하게 했다 — 이 되고 있었던 점에 대해서는 18세기가 경과하는 가운데 여러 차례 쇠퇴현상(학생 수의 대폭적인 변동)을 알아볼 수 있음에도 불구하고 의문의 여지가 없다. 그것은 칸트의 말을 빌려 단언할 수 있다. 쾨니히스베르크는 확실히 "일국의 중심을 이루는 대도시"라고 부를 수 있다. "거기에는 그 나라의 정부의 기관들이 있으며, 하나의 대학(학문의 개척을 위한)을 지니고, 또한 그에 더하여 해외무역을 위한 요충지이며, 그 지방의 내륙부에서 흘러오는 하천을 통한 왕래에서도, 또한 다양한 언어와 풍습을 지니는 원근의 지방들과의 왕래에서도 혜택을 받고 있다"[『인간학』, VII 120 Anm.](1798).

18세기 후반의 쾨니히스베르크의 문화가 퍼진 지역을 지리적으로 확정하게 되면, 그것은 오데르 강의 하구로부터 보스니아 만에 이르는 발트 해 연안의 폭 100에서 200㎞, 전체 길이 약 1,300㎞의 띠 모양의 지역이라고 말할 수 있다. 덧붙이자면, 이 지역에서의 쾨니히스베르크의 영향력은 거리가 떨어짐에 따라 눈에 띄게 약해진다. 알마 알베르티나는 1544년의 건학 당시(학장 Georg Sabinus) 315명의 신입생을 맞아들였다. 1720년의 여름학기(학장 Heinrich Lysius)의 신입생은 128명이었다. 건학 200주년 기념인 1744/45년의 겨울학기(학장 Johann Jakob Quandt)에 이 대학은 187명의 신입생을 맞이하며, 대학 전체의 학생 수는 1032명이 되었다. 1770년의 여름학기(학장 Friedrich Samuel Böck)의 신입생은 122명, 칸트의 『순수이성비판』 출판 당시인 1781년의 여름학기(학장 Ch. R. Braun)의 신입생은 161명이었다. 1544년부터 1787/88년 겨울학기까지의 학생 수와 학장 이름의 보고는 (당시 웅변학 교수였던) 카를 엘레고트 만겔스도르프가 1789년 3월 27일부터 5월 23일에 행한, 다양한 대학 후원자들을 위한 7회 연속의 기념연설에서 보인다(Exemplar in GStAPK Berlin, XX HAStUB Königsberg, Nr. 139/2–ehem. Gottholdsche Bibliothek, Sign.: TI 3 fol.[Gh].).

네 개의 학부는 다음과 같은 서열 아래 있었다. 우선 신학부, 다음으로 법학부, 그 다음은 의학부 그리고 마지막으로 다소 넓은 의미의 철학부가 잇따르는 것이다. 철학부에서는 문헌학, 역사학, 수학의 강의와 함께 좁은 의미의 철학 강의가 이루어졌다. 대학의 행사가 열릴 때마다 교수진의 서열에도 경중의 차이가 만들어졌다. 우선 처음이 학장 대리와 학부장들, 다음으로 최고참의 정교수로부터 신참의 원외교수까지, 마지막으로 사강사가 뒤따랐다.

단 하나의 예지만 제시해 보면, 논리학의 역사에서 레기오몬타누스(이 명칭은 쾨니히스베르크의 라틴어화)가 기여한 것은 칸트 이전의 시대에도 대단히 흥미로운 것이었다. 17세기의 쾨니히스베르크에서는 크리스티안 드라이어의 저작을 통해 '인식론(Gnostologie)' 방면이 번성하는 한편, 아리스토텔레스를 본보기로 한 토포스론 연구도 그 절정을 맞이했다. 후자는 유명한 레기오몬타누스 변증론(Dialectica regiomontana)과, 멜히오르 차이틀러와 파울 라베에 의해서 마무리된 '변증론'과 '분석론'의 대단히 상세한 구별에서 보인다. 쾨니히스베르크의 최후의 아리스토텔레스주의자들은 데카르트주의와 절충주의 그리고 볼프주의와의 상호작용 속에서 칸트 철학이 그로부터 생겨나게 되는 토양을 준비했던 것이다. 임마누엘 칸트가 그로부터 나타나는 원천과 환경을 가능한 한 완전하게 재구성한다는 점에서 중요한 준비 작업이 최근 지오르지오 토넬리에 의해서 이루어졌다는 것을 잊어서는 안 된다. 그는 논문 「쾨니히스베르크의 상황들과 칸트 철학의 형성」(Conditions in Königsberg and the Making of Kant's Philosophy, in: *bewußt sein. Gerhard Funke zu eigen*, hrsg. von A. A. Bucher/H. Drüe/T. Seebohm, Bonn, 1975, S. 126–144)에서 "쾨니히스베르크에서는 1725년까지 아리스토텔레스주의가 우세했다"[같은 책, S. 128]는 견해를 주장하고 있다. 토넬리의 지식사회학적 방법의 사용은 쾨니히스베르크 대학사에 대단한 이익을 가져다주었다(참조: 토넬리 「1745년부터 1768년의 칸트에서의 방법론적 요소들과 형이상학적 요소들, 지식사회학적 시론(철학사의 연구와 고찰)」, Giorgio Tonelli, Elementi metodologici e metafisici in Kant dal ·1745 al 1768. Saggio di sociologia della conoscenza(= Studi e ricerchedi storia della filosofia, bd. 29), Torino, 1959, S. Ⅵ). 분석론과 변증론의 구별과 같은 아리스토텔레스의 교설이 쇠퇴하지 않은 상황만하더라도 생각해볼 만할 일일 것이다. 요한 다피트 퀴프케가 1729/30년 겨울학기까지 강의예고에서 하나같이 이 구별에 대해 언급하고 있었던 것이다.

대학사와 관련하여 잊어서는 안 되는 것은 프로이센에서는 1817년에 이르러서야 '문부성(문화사업·교육·의료업무를 관할하는 관청)'이 설치되었다는 점이다(초대대신은 슈타인 춤 알텐슈타인 남작이었다). 프로이센 개혁 이전 시대에 중앙과 지방의 대학 관리 당국의 업무의 상호관계에 관한 것으로서 쾨니히스베르크에 대해서는 다음의 것에 주목해야 할 것이다. 베를린-달렘에 있는 (국립 쾨니히스베르크 역사문서관) 제20분실에는 국무대신부(동프로이센 정부)의 공문서가 보관되어 있는데, 그 제139부문(쾨니히스베르크 대학)에는 강의요 강의 필사 원안이 있다(특히 unter der Signatur GStAPK Berlin, ⅩⅩ 139 b(= Vorlesungen) 25, 11 Bde., 1733~1792). 이것은 그 원안의 인가를 얻기 위하여 쾨니히스베르크 대학의 학술평의회가 국무대신부에 신청한 것이다. 국무대신부는 이 원안을 국왕의 부서로, 상세히 말하면, 1747년에 설치된 '왕립대학상급관리국'으로 다시 보냈다. 이것은 최고의 대학 관리 당국의 자격을 지니는 기관으로서 지방의 대학 당국에 지시를 내리는 기관이기도 했다(좀더 참조해야 할 것: 보른하크 『프로이센의 대학 관리의 역사, 1810년까지』, Conrad Bornhak, Geschichte der preussischen Universitätsverwaltung bis 1810, Berlin, 1900, S. 174 ff., 특히 S. 183). 베를린에서 보내오는 칙령에 따라 국무대신은 관할 아래 있는 대학 당국을 지도했는데, 알마 알베르티나와 관련하여 이 점에서 중심적으로 관여한 것은 대신 체틀리츠 남작이다. 체틀리츠 남작은 1770년부터 사법대신의 자리에 있었고, 동시에 1771년 1월부터는 당시의 문화성이었던 이른바 '루터파 종교성'의 장관을, 1788년 7월 3일의 프리드리히 대왕의 죽음 직전에 해임되기까지 맡았다(참조: 레트비쉬 『카를 아브라함 체틀리츠 남작』, Conrad Rethwisch, Karl Abraham Freiherr von Zedlitz, in: Allgemeine Deutsche Biographie, Bd. 44, Leipzig, 1898, S. 744~748, 이 항목에 관해서는 S. 745; 좀더 참조해야 할 것으로는 트렌델렌부르크 『프리드리히 대왕과 그 대신 체틀리츠 남작, 프로이센의 교육제도를 둘러싸고』, Adolf Trendelenburg, Freiherr der Große und sein Staatsminister Freiherr von Zedlitz. Eine Skizze aus dem preußischen Unterrichtswesen, Berlin, 1859).

그 밖의 참고문헌으로서는 다음과 같은 것들이 있다. 골트벡 『프로이센 왕립 쾨니히스베르크 대학 보고』, Johann Friedrich Goldbek, Nachrichten von der königlichen Universität zu Königsberg in Preußen, o. O., Königsberg, 1782; 바치코 『쾨니히스베르크 시의 역사와 기술의 시도』, Ludwig v. Baczko, Versuch einer Geschichte und Beschreibung der Stadt Königsberg, Königsberg, ¹1787, ²1804; 로젠크란츠 『쾨니히스베르크 소묘』, Karl Rosenkranz, Königsberger Skizzen, 2 Bde., Danzig, 1842(Neudruck in Auswahl hrsg. v. E. Holtz, Königsberg, 1940/41); 젤레 『프로이센의 쾨니히스베르크 알베르투스 대학사』, Götz v. Selle, Geschichte der Albertus Universität zu Königsberg in Preußen, Würzburg o. J., ¹1944, ²1956; 가우제 『프로이센 쾨니히스베르크 시사』, Fritz Gause, Die Geschichte der Stadt Königsberg in Preussen, 3Bd., Köln u. Wien, ²1972; 말터/슈타파 『1945년 이후의 쾨니히스베르크에서의 칸트, 자료』, Rudolf Malter/Ernst Staffa unter Mitarbeit von Peter Wörster, Kant in Königsberg seit 1945. Eine Dokumentation (= Schriften der Mainzer Philosophischen Fakultätsgesellschaft, Bd. 7), Wiesbaden, 1983; 말터 편 『임마누엘 칸트에 대한 언급 집성』, Immanuel Kant in Rede und Gespräch, hrsg. v. Rudolf Malter (= Philosophische Bibliothek, Bd. 329), Hamburg, 1990; 슈타르크 「쾨니히스베르크의 칸트 수고의 소재에 대하여 ─ 발견된 것과 결여되어 있는 것」, Werner Stark, Zum Verbleib der Königsberger Kant-Handschriften: Funde und Desiderate, in: Deutsche Zeitschrift *für Philosophie* 39(1991), S. 285-293; 포초 「1719년부터 1804년의 쾨니히스베르크 대학 강의 목록」, Riccard Pozzo, Catalogus Praelectionum Academiae Regiomontanae 1719-1804, in: *Studi-Kantiani* 4(1991), S. 163-187; 같은 저자 「쾨니히스베르크 대학 관계의 재발견 자료」, Ders., Ein wiederaufgefundenes Dokument über die Universität Königsberg, in: *Mitteilungen der Alexander der Humbold-Stiftung* 59(Juli 1992), S. 64-65; 코넨 편 『칸트를 둘러싼 쾨니히스베르크 사람들——바치코, 라우존, 셰프너, 힙펠, 하만』, *Königsberger um Kant: Baczko, Lauson, Scheffner, Hippel, Hamann*, hrsg. v. Joseph Kohnen, Berlin, 1993; 같은 편자 『쾨니히스베르크, 18세기 독일 정신사의 특별한 한 장에 대한 기여』, *Königsberg. Beiträge zu einem besonderen Kapitel der deutschen Geistesgeschichte des 18. Jahrhunderts*, hrsg. v. Joseph Kohnen, Frankfurt a. M./Berlin/Bern/New York/Paris/Wien, 1994; 이쉬라이트 편 『계몽의 중심지: 제2권 쾨니히스베르크와 리가』, *Zentren der Aufklärung. Bd. II: Königsberg und Riga*, hrsg. v. Ischreyt(= Wolfenbütteler Studien zur Aufklärung, Bd. 16), Heidelberg, 1995; 린데만-슈타르크/슈타르크 「18세기 쾨니히스베르크의 존립에 관한 고찰과 발견」, Anke Lindemann-Stark/Werner Stark, Beobachtungen und Funde zu Königsberger Beständen des 18. Jahrhunderts, in: *Nordost-Archiv, Neue Folge* Bd. IV(1995), S. 63-100.

—R. 포초/번역: 미코시바 요시유키(御子柴善之)

✠ 18세기 쾨니히스베르크 대학의 강의요강 ✠

쾨니히스베르크 대학 강의요강(필자의 편집에 의한 신판, Stuttgart–Bad Cannstatt 1996)은 18세기의 쾨니히스베르크 대학사에 있어 중요한 자료이다. 그것이 지닌 중요성은 임마누엘 칸트의 전기와 발전사를 비추어볼 때 두드러진다. 표지에서 볼 수 있듯이 요강은 라틴어로 씌어 있었다. 강의는 중세 이래의 관례에 따라 공적(publicus) 강의와 사적(privatus) 강의로 구분되었다. 재학생 전원이 출석할 수 있는 공적 강의를 행한 것은 정교수이다. 사적 강의에는 청강료를 지불한 사람만이 출석할 수 있었다. 다른 모든 행사, 예를 들면 학문적 토론(Disputatio), 시험(Examinatio), 복습수업(Repetitio)과 같은 수업도 당연한 일이지만 유료였다. 1770년 여름학기까지의 강의요강은 2절판지에 인쇄되어 있었다. 순서는 학부의 서열(신학 강의 후에, 법학 강의, 의학 강의, 마지막으로 철학 강의로 이어진다)에 따르며, 또한 교수의 서열(최초로 학부장, 그에 이어서 최고참의 정교수로부터 신참의 원외교수까지)에 따르고 있었다. 요강은 표지를 포함하여 4쪽이다.

1764년부터 1771년까지 프로이센의 대학 전체의 상급 감독관(Oberkurator)의 자리에 있던 대법관 퓌르스트 남작이 1770년 4월에 새로운 규칙을 공포했다. 이 규칙 개정에 따라 1770/71년 겨울학기 이후의 요강은 2절판형인 점에는 변함이 없지만, 4절판으로 크게 접혀져 있었기 때문에 일반적으로 표지를 포함하여 8쪽이다. 그에 더하여 사강사에 의한 공고도 게재되며, 요강의 체재는 내용적인 구분을 도입함으로써 쇄신되었다. (예를 들면 뭉뚱그려졌던 철학 강의는 세분화되어 문헌학, 역사, 수학, 철학의 강의로 된다.) 1770/71 겨울학기 이후에는 표지 속에 공들여 수사적으로 꾸며진 라틴어의 짧은 말도 보인다. 그것은 그때그때마다의 학장 내지 대리하는 수사학 교수가 젊은 대학생들을 향해 쓴 것이다. 지방신문도 라틴어로 쓴 공식목록(보존용 견본을 언제나 대학 당국은 베를린의 국무대신부(Etats–Ministerium)로 송부해야만 했다)으로부터의 발췌를 독일어로 공표했다.

강의요강과 관련하여 유의해야 할 것은 프로이센에서는 1817년에 이르러서야 '문부성(문화사업·교육·의료업무를 관할하는 관청)'이 설치되었다는 점이다(초대대신은 슈타인 춤 알텐슈타인 남작이었다). 따라서 프로이센 개혁 이전 시대에 중앙과 지방의 대학 관리 당국의 업무의 상호관계에 관해서는 다음의 것에 주목해야 할 것이다. 베를린–달렘에 있는 (국립 쾨니히스베르크 역사문서관) 제20분실에는 국무대신부(동프로이센 정부)의 공문서가 보관되어 있는데, 그 제139부문(쾨니히스베르크 대학)에는 강의요강의 필사 원안이 있다. 이것은 그 원안의 인가를 얻기 위하여 쾨니히스베르크 대학의 학술평의회가 국무대신부에 신청한 것이다. 국무대신부는 이 원안을 국왕의 부서로, 상세히 말하면, 1747년에 설치된 '왕립대학상급관리국'으로 다시 보냈다. 이것은 최고의 대학 관리 당국의 자격을 지니는 기관으로서 지방의 대학 당국에 지시를 내리는 기관이기도 했다. 이 기관에서 보내오는 칙령에 따라 국무대신부는 관할 아래 있는 대학 당국을 지도했다. 지금 이 항목에서 다루어지고 있는 쾨니히스베르크 대학도 지도를 받았다.

오늘날 강의요강을 해명하는 것에서 수많은 지금까지 제기되어 온 문제들에 대한 대답이 가능해진다. 그것은 개개의 학자들의 발전사에 관한 문제만이 아니다. (칸트에 대해서만 하더라도 대학교원으로서, 또는 관직에 있는 자로서 그가 수행한 역할을 생각해보라.) 나아가 당시의 대표적인 수업과목과 수업에서 다루어지는 언어에 관한 문제, 특정한 교과서의 사용에 관한 문제에 대해서도 대답이 가능하게 된다. 특히 강의요강의 해명에 의해서 기본적으로 사용된 교과서의 발행부수를 역으로 추리하는 것도 가능해진다. 그런데 여기서는 칸트 연구에 관한 이하의 세 가지 문제를 검토하는 것이 이 항목의 목적에 적합하다. 1720년부터 1740년 사이의 쾨니히스베르크 대학 철학부는 어떤 구성으로 이루어져 있었던가? 또는 칸트의 철학부 입학 직전의 이 시기에 어떤 철학이 주류였던가? 칸트가 알베르티나(쾨니히스베르크 대학)에서 보낸 학생시대, 즉 1740/41년 겨울학기부터 대체로 1745/46년 겨울학기 사이에 그는 어떤 수업을 통과하며, 어떤 참고도서를 사용했을까? 학부가 정한 어떤 제약 하에서 칸트는 1755/56년 겨울학기 이후 자신의 수업을 행할 수 있었던 것일까?

(1) 1720년–1740년의 강의요강은 쾨니히스베르크에서는 오랜 동안 아리스토텔레스주의가 그 명맥을 유지하고 있었다는 지오르지오 토넬리의 추측의 올바름을 증명하고 있다. 예를 들면 1729/30년 겨울학기까지 논리학은 여전히 아리스토텔레스 식으로 <변증론 연습>과 <분석론 연습>으로 이분되는 것으로서 공고되고 있다. 칸트의 용어법과 관련하여 이 사실이 지니는 의의는 명백하다. 그것이 무엇이든 아리스토텔레스주의에 대한 다른 선택지로서 성립한 철학의 발판이 문제로 된다. 1720년부터 40년에 걸친 20년간은 볼프 철학이 도입되는 시대이다. 그것은 많은 강의 공고가 볼프의 저작, 특히 『독일어 논리학』과 『라틴어 논리학』에 대해 언급하고 있다는 점에서 뒷받침된다. 랑게, 부데, 볼프 사이의 논쟁도 쾨니히스베르크에서 즉각적으로 나타난다. 그러나 모든 교수가 볼프주의자가 된 것은 아니었다. 오히려 볼프주의자는 심각한 적대자를 경건주의에서 발견하며, 또한 그 제2의 철학적 반대자를 토마지우스와 부데의 절충주의에서 발견했던 것이다. 실제로 강의 공고에서는 고대, 근대, 당대의 철학들의 조정을 도모하고자 하는 타협의 제안이 자주 보인다. 1723년 여름학기에는 요한 야코프 로데(1690–1727)가 그러한 공고를 행하고 있다. "오랜 동안 계승되어 온 **페리파토스학파 논리학**의 교설, 근대의 **데카르트학파**의 교설, 그리고 좀더 최근의 **절충파**의 교설을 상술하고 화해시킬 것이다". 1728/29년 겨울학기에는 요한 고트프리트 테스케(1704–1772)가 이성철학(Philosophia rationalis)을 강의했는데, 그것에는 "언제나 통일된, 최근과 그 이전의 철학자들의 견해에 의한다"고 덧붙여져 있다. 1731년 여름학기에는 요한 다피트 퀴프케(1692–1758)가 다음과 같은 양자택일을 제기하고 있다. "만약 청강생이 있게 된다면 페리파토스학파의 체계에 따른 철학과정을 시작하든가, 아니면 고대의 저 순정한 철학사유법에 대한 찬동이 얻어지지 않는다면 다른, 즉 B. 부데우스 또는 S. R. 발히우스의 체계에 따른 철학과정을 시작할 준비가 되어 있다". 나아가 또한 1743/44년 겨울학기에는 토마스 부르크하르트(1744년 사망)가 "아리스토텔레스 절충철학 또는 정선精選철학의 올바름"을 지지하고 있다. 토넬리의 가설(「쾨니히스베르크의 상황들과 칸트 철학의 형성」, Conditions in Königsberg and the making of Kant's Philosophy, in: *bewußt sein. Gerhard Funke zu eigen*, hrsg. von A. A. Bucher/H. Drüe/T. Seebohm, Bonn, 1975, S. 126–144)을 뒷받침하기 위하여 우선 확인되어야만 하는 것은 1720년 여름학기 이후에도 적어도 세 명의 논리학 교수, 즉 로데, 퀴프케, 부르크하르트가 각자의 강의공고에서 아리스토텔레스 내지 아리스토텔레스주의자에 대해 언급하고 있었다고 하는 점이다. 이 점에서 토넬리가 제기한 "쾨니히스베르크에서는 1725년까지 아리스토텔레스주의가 우세했다"[같은 책, S. 128]는 주장이 완전히 뒷받침될 수 있다. 게다가 "변증론–분석론 연습, 형이상학 연습, 윤리학–정치학 연습"이라는 수업명의 부여방식에는 아리스토텔레스주의의 유산을 확실히 알게 한다는 것이 아직도 생생히 남아 있다. 다음의 강의공고도 마찬가지 점을 보이고 있는 것으로 생각된다. "방법론, 상세하게 말하면, 비평학·석의학·교수학·토론술이라는 관련학문들을 동반하는 논리학의 특수 부수 부문". 마지막으로 잊어서는 안 되는 것은 아리스토텔레스주의자의 고대의 순정한 철학사유법이 여전히 명백한 권위를 지니고 있었던 것은 특히 '철학과정(Cursus philosophicus)'이라는 형태로 철학 수업을 행하는 관습에서 유래한다는 점이다. 즉 파울 라베에 따른 제목을 끌어들인다면, 철학 수업은 철학적 특수학 개설, 즉 변증론·분석론·윤리학을 포함하는 정치학·물리학·형이상학이라는

형태로 행해졌던 것이다.

(2) 칸트의 학생시대(1740–1746/48)는 대단히 중요한 연구대상이어서 몇 행으로 다룰 수 없다. 예를 들면 논리학 수업의 기초에 관한 다음과 같은 단순한 문제를 생각해볼 수 있을 것이다. 칸트는 어떤 교수들과 참고도서를 선택할 수 있었던 것일까? 이것은 전적으로 평범한 문제인 것이 아니다. 우선 마르틴 크누첸 (1713–1751)인데, 그는 1734년 여름학기부터 1745/46년 겨울학기까지 크리스티안 볼프(1679–1754)의『이성철학』을 강의하고, 1746년 여름학기 이후에는 자신의『이성철학원론』(46년에는 견본쇄, 47년 여름학기 이후에는 인쇄되어 자유롭게 입수할 수 있었다)을 바탕으로 하여 강의했다. 테스케, 콘라트 고틀리프 마르크바르트 (1694–1749), 카를 하인리히 라포르트(1702–1753)는 볼프의『라틴어 논리학』에 따라서 논리학 수업을 했다. 논리학과 형이상학의 정교수 퀴프케는 1741년 여름학기까지 요한 프란츠 부데(1667–1729)의『실용·철학원론』 (*Elementa philosophiae instrumentalis*)에 대해서, 1741/42년 겨울학기 이후 58/59년 겨울학기까지는 프리드리히 크리스티안 바우마이스터(1709–1785)의『이성철학원리』(*Institutiones philosophiae rationalis*)에 대해서 강의했다. 틀림없이 카를 안드레아스 크리스티아니(1707–1780)도 동일한 강의를 행했을 것이다. 마지막으로 부르크하르트 인데, 그도 1743/44년 겨울학기에 아직도 에피누스의 강의를 하고 있었다. 정리해서 말하자면, 청년 칸트가 받은 강의가 정통적 아리스토텔레스주의의 참고도서에 기초한 것이 아니라는 점은 확실하지만, 그렇다고 해서 독일어로 씌인 참고도서에 기초한 것도 아닌바, 결국 볼프주의에 관한 일반적인 믿음에 기초한 것도 아니라는 것이다. 이렇게 보면, 칸트의 초기 자료가 지니는 다채로움이 적잖이 확대된다.

금지된 강의에 대하여. 1724년부터 1739년 시기의 금지강의는 잘 알려져 있다시피 볼프 철학에 관계되어 있었다. 쾨니히스베르크에서는 크리스티안 가브리엘 피셔(1686–1751)가 그것을 이유로 하여 1725년에 알베르티나의 물리학 원외교수직을 상실했다.

(3) 1747년 여름학기부터 1803/04년 겨울학기까지의 강의요강(Catalogus Praelectionum)을 검토함으로써 아르놀트와 쇤되르퍼가 발표한 성과를 보완하여 좀더 잘 이해하는 것이 가능해진다. (1747년 시점에서 웬일인지 칸트는 알베르티나를 떠났던 듯하다. 그에게 강의자격(venia legendi)이 주어지는 것은 1755년 여름학기의 일이다. 칸트가 정교수직에 있었던 것은 1770년 여름학기부터 1796년 여름학기까지이다.) 1803/04년 겨울학기까지라는 것은 이것이 칸트의 이름이 요강에 실린 마지막이기 때문이다. 덧붙이자면, 아르놀트와 쇤되르퍼에 의한 『칸트가 행한, 또는 공고한 데 그치는 강의 전체의 가능한 한에서 완전한 요강, 강의와 관련된 메모와 주석을 덧붙임』(쇤되르퍼 편『에밀 아르놀트 저작집』제5권 수록, Emil Arnoldt, *Gesammelte Schriften*, hrsg. von Otto Schöndörffer, Bd. 5, Berlin, 1909, S. 172–344)에 대해서는 그것이 보완의 여지를 남기는 것이긴 하지만, 칸트의 사강사 시대에 공고한 수업에 관하여 오늘날 둘도 없는 것으로 되었다는 점을 잊어서는 안 된다. 왜냐하면 1770/71년 겨울학기까지의 요강에는 정교수와 원외교수의 강의 공고가 게재되어 있는 데 불과하기 때문이며, 나아가서는 아르놀트와 쇤되르퍼가 사용한 관련 학술 자료의 대부분이 오늘날 행방불명되었기 때문이다. 요컨대 칸트의 강의 공고는 그가 임명된 1770년 여름학기 이후에 비로소 게재되었던 것이며, {그 이전의 것은 아르놀트 등의 저서에 의지할 수밖에 없기 때문이다.}

국무대신부에 의한 학설의 자유에 대한 간섭에 대해서도 동시에 고려할 필요가 있다. 프로이센 왕국에서는 예를 들면 1776년 이후에 크리스티안 아우구스트 크루지우스(1715–1775)의 철학서에 대해서 그와 같은 강의금지가 행해지고 있었다. 그것은 1776년 여름학기 이후의 강의요강에 크루지우스의 이름이 보이지 않는 것에서 나타난다. 쾨니히스베르크의 교수진 가운데서는 프리드리히 요한 부크(1722–1786)가 1760/61년 겨울학기와 1761/62년 겨울학기에 '크루지우스의 형이상학'을, 1762년 여름학기에 '크루지우스의 논리학'을 강의하며, 1763년 여름학기에는 '철학이론에서 크누첸의 크루지우스와의 논쟁{연습}'을 강의했다. 그는 그 후에도 1767년 여름학기부터 1770년 여름학기까지 학기마다 언제나 이 수업을 공고하고 있다. 그러나 부크는 1770/1771년 겨울학기에 요한 하인리히 페더(1740-1821)의 당시 막 출판된 『논리학과 형이상학』으로 옮아갔다. 예상할 수 있듯이 칸트도 마찬가지로 1770/71년 겨울학기에 참고도서로서 페더의 것을 사용하기 시작하여 '페더의 입문서에 따른 형이상학'이라고 하고 있다. (그러나 칸트는 1772/73년 겨울학기에는 손에 익은 바움가르텐의 『형이상학』으로 돌아온다.) 1770/71년 겨울학기는 사강사들에게 있어 경험적 접근으로 가득 찬 크루지우스 철학이 젊은이들을 합법적으로 매료시킬 수 있었던 마지막 시간이었다. 사강사 미하엘 예슈케(사강사직 1761-1777)는 1770/71 겨울학기, 1771/72 겨울학기, 1772/73 겨울학기에 크루지우스를 입문서로 한 논리학과 형이상학을 예고했다. 사강사 마르틴 크리스티안 요스비히(1769년에 사강사가 되었다)도 1771년 여름학기에 논리학과 형이상학만이 아니라 물리학과 실천철학도 크루지우스를 입문서로 하여 강의할 계획이었으며, 1772/73년 겨울학기와 1773년 여름학기에는 논리학과 물리학을 크루지우스를 입문서로 하여 강의할 예정이었다. 1762년부터 학생들의 호평을 받으면서 수업을 진행하고 있던 크루지우스주의자 다니엘 바이만(1732-1795)은 1773년 여름학기에 크루지우스에 따른 논리학을 공고하고, 1773/74년 겨울학기부터 1775/76년 겨울학기까지는 크루지우스를 안내자로 한 논리학, 형이상학, 실천철학, 자연법의 전체상을 공고했다. 다음으로 아우그스트 빌헬름 브로하티우스(1744년생)인데, 그는 1773년 여름학기에 형이상학과 '크루지우스의 입문서에 따른 논리학'을, 나아가 1773/74년 겨울학기에는 '크루지우스를 입문서로 한 철학과정' 전체를, 1774년 여름학기부터 1775/76년 겨울학기까지는 논리학과 형이상학을 공고했다. 그러저러한 형편 속에서 크루지우스 철학의 강의 금지가 나타났던 것인데, 1776년 여름학기가 되자마자 브로하티우스와 바이만도 그런 이유로 페더로 옮아갔던 것이다. 덧붙이자면, 브로하티우스는 학부에 머물렀지만, 바이만은 1780년 여름학기에 자리에서 물러났다.

―R. 포초/번역: 미코시바 요시유키(御子柴善之)

부 록

- 칸트 관계 역사지도
- 칸트 상세 연보
- 학술원판 칸트 전집 수록 작품 목록
- 한국어판 칸트 저작 및 연구문헌 일람
- 일본어판 칸트 저작 일람
- 칸트 구미어 문헌표

✠ 칸트 관계 역사지도 ✠

미코시바 요시유키(御子柴善之)

◀ 지도 A. 현재의 칼리닌그라드 주

　칸트가 생애를 보낸 쾨니히스베르크는 현재는 칼리닌그라드라고 불리는 러시아의 도시이다. 쾨니히스베르크 및 그 일대는 1945년에 소련군에 의해 점령되어 칼리닌그라드 주가 되었다. 그러나 1991년의 발트 세 나라의 독립에 의해 칼리닌그라드 주는 폴란드와 리투아니아 공화국 사이에 놓인 러시아 공화국의 따로 떨어져 있는 지역으로 되었다.

　덧붙이자면 현 리투아니아 공화국의 수도 리가는 출판업자 하르트크노흐에 의해 『순수이성비판』과 『실천이성비판』이 출판된 도시이다. 또한 독일연방공화국의 예나는 칸트의 생전에 이미 초기 칸트주의가 꽃피운 도시이다.

📖 百瀨宏・志摩園子・大島美穂『環バルト海 地域協力のゆくえ』岩波新書.

◀ 지도 B. 18세기 프로이센의 확대와 그에 따른 폴란드 분할

　칸트가 활약한 시대는 프로이센이 확대된 시대였다. 그것은 다른 방식으로 보면 폴란드 분할의 시대였다고 말할 수 있다. 1772년의 제1차 분할에 의해 프로이센은 300년 이상에 걸쳐 폴란드의 지배하에 있던 에름란트와 서프로이센을 스스로의 판도에 통합했다. 나아가 1793년의 제2차 분할에서 단치히와 토룬을 통합했다. 그리고 1795년의 제3차 분할에 의해서 폴란드는 유럽 지도에서 소멸한다. 덧붙이자면, 지도 안의 토룬은 천문학자 코페르니쿠스의 탄생지이기도 하다.

📖 Gause, *Geschichte des Preußenlandes*, Rautenberg, 1966. 中島澈「カントとケーニヒスベルク」國土館大學敎養論集 第35号, 1992.

▼지도 C. 1930년대의 쾨니히스베르크 시가도

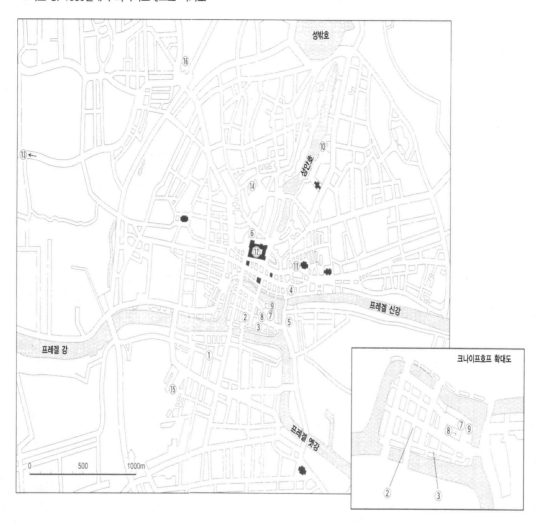

현재의 칼리닌그라드 시는 제2차 세계대전에서의 철저한 파괴를 거쳐 칸트 생전과의 연속성을 찾기 어려울 정도로 변모해 있다. 따라서 여기서는 세계대전 전인 1930년대의 쾨니히스베르크의 지도를 토대로 주로 칸트와 관련이 있는 장소를 숫자로 제시했다.

① 칸트의 생가 (Sattlergasse)

칸트의 부모 집은 이미 1740년에 다시 건축되었다. 또한 이 부근은 1769년과 1811년의 화재와 도로 확장에 의해 칸트 탄생 당시의 모습을 간직하고 있지 않다.

② 퀴프케의 집 (Köttelstraße 11)

가정교사 생활 후 칸트는 쾨니히스베르크로 돌아와서부터 자택을 구하기까지 여섯 개의 방을 옮겨 다녔다고 말해진다. 처음의 방은 크나이프호프의 노이슈타트에 있으며, 두 번째의 방이 이 ②의 대로 근처이다. 이것은 대학의 동료 퀴프케의 집이며, 칸트는 여기서 강의도 했다고 한다.

③ 마기스터 골목길 (Magistergasse)

프레겔 강변의 이 길은 당시에는 교수로(Professorenstraße)라고 불리고 있었다. 여기는 전망은 좋았지만 지나다니는 배와 마차의 소음으로 칸트는 괴롭힘을 당했던 듯하다.

④ 칸터 서점

구 뢰베니히트 사무소를 개축한 아파트에 서적상 칸터가 점포를 차리고 있었다. 그 집의 3층에 칸트는 방을 빌려 강의도 했는데, 이웃집의 닭 울음소리에 괴로움을 겪게 되었다.

⑤ 우시장 부근

칸터 서점을 나온 칸트는 훗날의 린덴로(Lindenstraße)에 있는 우시장 근처와 홀츠문(Holztor) 근처에 방을 빌렸다.

⑥ 칸트의 자택 (Prinzessinstraße 3)

칸트는 1783년 12월 30일에 성 근처에 자택을 구입하여 거기서 남은 인생을 보냈다. 이 집은 칸트의 사후 1836년에 병균전문의 K. G. 데베린이 구입하며, 1881년에는 베른하르트 리트케 상회에 넘겨지고, 1893년에는 해체되었다. 덧붙이자면, 칸트의 자택에 면해 있는 도로는 1924년에 칸트로(Kantstraße)라고 개명되었다.

⑦ 칸트의 묘소

칸트는 대성당 북면의 측랑에 접한 교수납골당에 매장되었다. 1810년에는 거기에 유보당遊歩堂(스토아 칸티아나)이 만들어졌지만, 그 후의 황폐화를 거쳐 1881년에 새롭게 예배당이 세워지며, 나아가 1924년에 현재에 이르는 예배당이 갖추어졌다.

⑧ 대성당

크나이프호프 지구의 교회이기도 했던 쾨니히스베르크 대성당은 1944년의 영국 공군의 폭격에 의해 소실되었다. 그 후 최근까지 폐허인 채로 보존되어 왔지만, 현재는 재건이 시작되고 있다. 덧붙이자면, 칸트의 묘소는 기적적으로 폭격의 피해를 면했다.

⑨ 구 쾨니히스베르크 대학

칸트 시대의 대학. 제2차 세계대전 전에는 크나이프호프 고등중학교로 되어 있었지만, 현존하지 않는다.

⑩ 카이저링 백작 저택

카이저링 제국백작 부처가 1772년 이후 거처한 저택. 칸트는 이 집의 중요한 단골손님이었다. 부처의 사후 이 저택은 매각되었다.

⑪ 뢰베니히트 교회

⑫ 성

쾨니히스베르크 성은 1944년에 영국 공군의, 1945년에 소련군의 공격을 받아 소실되었다. 그 후 폐허인 채로 약 20년간 존재했지만, 1969년에 정지작업이 이루어져 유적지에는 공원과 시청사가 만들어졌다.

⑬ 모디텐에 이른다

시가의 중심에서 이 방향으로 수 킬로미터 전진한 곳이 모디텐이다. 거기에 있는 삼림관 보프저의 작은 집에서 칸트는 『미와 숭고의 감정에 관한 고찰』을 썼다. 그 작은 집은 최근까지 현존했지만, 지난날의 모습을 간직한 형태이긴 하지만 개축되었다.

⑭ 쾨니히스베르크 대학

제2차 세계대전 전에는 광장(Paradeplaz)에 면하여 대학교사가 있고 광장에는 칸트의 동상이 있었다. 교사는 전쟁으로 파괴되고, 동상은 행방불명이 되었다. 같은 장소에 오늘날 대학교사가 하나 있고, 그 속에 칸트 박물관이 있다.

⑮ 쾨니히스베르크 중앙역

⑯ 쾨니히스베르크 북역

참 보로우스키 외, 芝烝 譯 『カント その人と生涯』 創元社, 1967. 가우제, 竹內昭 譯 『カントとケーニヒスベルク』 梓出版社, 1984(이 번역의 원서의 개정증보신판: F. Gause, J. Lebuhn, *Kant und Königsberg bis heute*, Rautenberg, 1989). H. Sietz, *Königsberg–Kaliningrad*, Edition Temmen, 1992. 野田又夫 책임편집 『カント』 世界の名著 39, 中央公論社, 1979. 鵜澤和彦 「イマヌ エル・カントの哲學修業時代 ── 家庭教師時代の研究生活」 哲學年誌 第22号, 1990.

✠ 칸트 상세 연보 ✠

스가사와 다츠부미(菅沢龍文)
히라노 다카시(平野登士)
오노하라 마사오(小野原雅夫)

본 연보의 기본방침과 특색

(1) 칸트 생애의 주요한 사건을 다룬다. (2) 칸트의 저작을 망라한다. (3) 다른 관련된 사상가들 및 그들의 저작들에 대해서 관련되는 한에서 언급한다. (4) 사회적 사건에 대해서 주요한 것에 한하여 언급한다. (5) 참조서간을 제시한다. (6) 칸트 및 그의 관련 사항들을 월일로 비교적 자세하게 제시한다. (7) 덧붙이자면, 본 연보는 『現代思想』(靑土社) 칸트 특집(1994년 3월 임시증간)에 게재된 연보를 토대로 하여 개정한 것이다.

주요 참조문헌

○ 학술원판 칸트 전집(특히 서간집 X – XIII 권)과 理想社 판 칸트 전집, F. 마이너 사의 철학문고 판 칸트 왕복서간집. 특히 편자와 역자의 주와 해설.

○ Karl Vorländer, *Immanuel Kant; Der Mann und das Werk*, Hamburg 1977.

○ *Rezensionen zur Kantischen Philosophie 1781–87*, Herausgegeben von Albert Landau, Albert Landau Verlag Bebra 1991.

○ *Immanuel Kant in Rede und Gespräch*, herausgegeben und eingeleitet von Ruduluf Malter, Hamburg 1990.

○ *Königsberg: Beiträge zu einem besonderen Kapitel der deutschen Geistesgeschichte des 18. Jahrhunderts*, Begründet und herausgegeben von Joseph Kohnen, Bern 1994.

○ 아르세니 굴리가(西牟田久雄・浜田義文 譯) 『カント──その生涯と思想』 法政大學出版局, 1983.

○ E. 카시러(門脇卓爾・高橋昭二・浜田義文 監修) 『カントの生涯と學說』 みすず書房, 1986.

○ 보로우스키 외(芝烝 譯) 『カント──その人と生涯』 創元社, 1967.

○ 프릿츠 가우제(竹內昭 譯) 『カントとケーニヒスベルク』 梓出版社, 1984.

○ 浜田義文 『若きカントの思想形成』 勁草書房, 1967.

○ 坂部惠 『カント』 講談社, 1979.

○ E. 바이글(三島憲一/宮田敦子 譯) 『啓蒙の都市周遊』 岩波書店, 1997.

○ 이미 편찬된 연보들.

범례

○ 주어가 명확히 칸트일 때 주어를 생략한다.

○ 칸트의 저작은 견고딕으로 제시하며, 저자명은 생략한다.

○ 항목 머리에 월일 등을 덧붙이지 않은 항목에 대해서는 칸트와 직접 관계되는 항목에는 ☆을 덧붙이고, 그 밖의 항목에는 * 를 덧붙인다.

541

1724년

4월 22일   임마누엘 칸트, 동프로이센의 수도 쾨니히스베르크(현재 러시아 공화국 내 칼리닌그
라드)에서 태어난다. 아버지 요한 게오르크 칸트(1683-1746, 말가죽으로 만든 도구
직인)와 어머니 안나 레기나 로이터(1697-1737) 사이의 아홉 자녀 가운데 넷째. 형제
가운데 성인으로 소식이 알려져 있는 것은 세 사람의 누이, 마리아 엘리자베트(1727-96
년, 구둣방 장인과 결혼), 안나 루이제(1730-74, 직물 장인과 결혼), 카타리나 바바라
(1731-1807, 가발 장인과 결혼)와, 한 사람의 남동생 요한 하인리히(1737-1800, 목사)이
다. 자신의 가계에 대해 칸트는 스코틀랜드로부터의 이민 자손이라고 말하고 있지만,
최근의 연구에 의하면 확신할 수 있는 가장 오랜 선조는 발트 해 연안 민족 출신으로
생각된다.

1726년 (2세)

*   스위프트 『걸리버 여행기』 출판.

1727년 (3세)

*   경건주의의 신학자 프랑케 사망(1663-).

1729년 (5세)

*   레싱 탄생(-81).

*   모제스 멘델스존 탄생(-86).

1730년 (6세)

☆   성 게오르크 양로원 부속 소학교에 입학.

*   하만 탄생(-88).

1732년 (8세)

☆   프리드리히 학원에 입학. 원장은 어머니 안나 레기나가 신봉하던 경건주의의 목사
프란츠 알베르트 슐츠.

1733년 (9세)

*   스위프트 『스위프트 박사의 최신의 작시술, 별명, 시에서의 포행의 기술』(『돈강법
또는 숭고반전법』의 독어역) 출판. 후에 칸트가 『뇌병시론』과 『실용적 견지에서
본 인간학』에서 인용.

1734년 (10세)

*   연소설을 이야기한 화학자 슈탈 사망(1660-). 칸트 『순수이성비판』 제2판 '서문'에서
언급.

*	세르반테스 『돈키호테』(제1부 1605, 제2부 1615) 독어역 출판.

1735년 (11세)

*	마르틴 크누첸 『물적 영향에 의해 설명되어야 하는 심신의 교통에 대한 철학적 해명』 출판. 라이프니츠의 예정조화설에 반해 물적 영향설을 주창한다.
*	린네 『자연의 체계』 출판

1737년 (13세)

12월	어머니 안나 레기나 사망(1697–).
*	크누첸이 1744년의 혜성 출현을 예언한다(『쾨니히스베르크 지식인 신문』).

1738년 (14세)

*	볼프 『일반실천철학』 제1권(39에 제2권) 출판. 이것은 『도덕철학 또는 윤리학』 (1750–53)의 예비학. 칸트 『인륜의 형이상학의 정초』의 '서문'에서 언급.

1739년 (15세)

*	바움가르텐 『형이상학』 출판. 후에 칸트는 이것을 강의에서 사용한다.
*	프로이센 황태자 프리드리히(나중의 프리드리히 대왕) 『반마키아벨리』 집필. '군주는 인민의 제1의 공복'이라고 하는 계몽군주론. 다음해에 볼테르의 주선으로 네덜란드에서 출판된다.
*	흄 『인간본성론』 제1편과 제2편을 출판(다음해 제3편을 출판).

1740년 (16세)

9월	쾨니히스베르크 대학 입학. 철학부에서 공부한다. 논리학과 철학의 원외교수 마르틴 크누첸의 지도를 받는다. 어머니 쪽의 큰아버지 리히터에게서 학자금을 원조 받는다.
*	크누첸 『기독교적 진리의 철학적 증명』 발표(『쾨니히스베르크 주보』).
*	바움가르텐 『윤리학』 출판. 후에 칸트는 제2판(51)을 강의에서 사용한다.
*	포프 『인간론』 독역서 출판(영어 초판 33–34). 후에 이 독역서로부터 칸트 『천계의 일반자연사와 이론』의 속표지에서 인용한다.
*	크리스티안 볼프 『자연법』(–48, 전8권) 출판.
*	프로이센 국왕 프리드리히 빌헬름 1세(재위 13–) 사망. 프리드리히 2세(대왕) 즉위.
*	오스트리아 계승전쟁(–48).

1741년 (17세)

*	흄 『도덕정치논집』 제1편 출판.
*	쥐스밀히 『인류의 출생과 사망과 번식으로부터 증명되는 인류의 변화에서의 신의 질서』 출판. 후에 칸트가 『신의 현존재 논증의 유일하게 가능한 증명근거』와 『세계시민적 견지에서의 일반사의 이념』 그리고 『학부들의 투쟁』에서 출생·혼인·사망

등의 통계적 법칙성을 말할 때의 전거로 된다.

1742년 (18세)

* 흄『도덕정치논집』개정증보 제2판, 이어서 같은 책 제2편을 출판

1743년 (19세)

* 달랑베르『역학원리』출판. 칸트가 후에 대학졸업논문에서 다루는 문제에 대한 대답이 제시되어 있다. 이것을 칸트는 알지 못했다.

1744년 (20세)

* 쾨니히스베르크에서 마르틴 크누첸이 연초에 나타난 혜성을 망원경으로 관측한다 (『크누첸『혜성에 대한 이성적 사상』).

* 크누첸『혜성에 대한 이성적 사상』출판.

* 크루지우스『이성적 생활의 인도』출판.

1745년 (21세)

* 크루지우스『우연적인 이성진리와 대립하는 한에서의 필연적인 이성진리의 구상』 출판

1746년 (22세)

3월 아버지 요한 게오르크 사망(1683-).

여름 『활력의 참된 측정에 관한 고찰』을 써서 대학을 졸업. 운동체의 힘과 속도와의 관계에 관한 데카르트학파와 라이프니츠학파의 논쟁을 조정할 것을 도모한다.

* 프랑스의 수학적 물리학자 모페르튀가 베를린 과학아카데미의 총재가 된다.

1747년 (23세)

☆ 리투아니아의 유첸 마을 칼뱅파 목사 다니엘 안데르쉬 가의 가정교사가 된다.

* 크루지우스『인간 인식의 확실성과 신뢰성에 이르는 길』출판.

* F. 허치슨 사망(1694-).

1748년 (24세)

* 가정교사를 하고 있던 마을의 개척민 아이의 세례 입회의 대부를 맡으며, 그 때 스스로를 '철학연구자'라고 칭한다.

* 흄『인간 지성의 철학적 시론』(58년에『인간 지성의 연구』로 개제) 출판.

* 몽테스키외『법의 정신』출판.

* 마이어『모든 예술과 미술의 기초』출판.

* 오일러의「공간과 시간에 관한 성찰」(『왕립과학·문예아카데미지』) 발표.

1749년 (25세)

8월 23일 　『활력의 참된 측정에 관한 고찰』의 『괴팅겐학보』에서의 소개를 의뢰함과 동시에 속편을 집필할 의도를 표명한다(에두아르트 할러에게 보낸 서간).

☆ 　처녀작 『활력의 참된 측정에 관한 고찰』 출판. 이 출판에서도 큰 아버지 리히터의 도움을 받는다.

* 　스베덴보리 『신비한 천체』 출판 개시(-56, 전8권).

* 　뷔퐁 『박물지』 출판 개시(-1804, 전44권). 칸트가 『지진론』 외에 자주 언급한다.

* 　프랭클린이 피뢰침을 발명.

* 　괴테 탄생(-1832).

1750년 (26세)

4월 　『활력의 참된 측정에 관한 고찰』의 서평이 나온다(할러 주최 『괴팅겐학보』).

* 　바움가르텐 『미학』 출판(제1권, 58년에 제2권).

* 　루소 『학문예술론』 출판.

* 　토마스 라이트 『우주의 독창적 이론 또는 새로운 가설』 출판.

* 　모페르튀 『도덕철학론』 독역서 출판(불어 초판 1749).

1751년 (27세)

☆ 　지난해 여름부터 이 해 사이에 안데르쉬 가의 가정교사를 그만두고 다음 가정교사 자리인 휠젠 가로 향한다.

* 　토마스 라이트 『우주의 독창적 이론 또는 새로운 가설』의 광고가 나온다(『함부르크 자유론보』). 칸트는 이것을 읽고서 『천계의 일반자연사와 이론』에 대한 자극을 얻는다.

* 　흄 『도덕원리의 연구』 출판.

* 　디드로 편 『백과전서』 출판(-72).

* 　스승 마르틴 크누첸 사망(13-).

1752년 (28세)

* 　제임스 브래들리 「약간의 항성에 대해서 관측된 외관상의 운동에 관한 서간」(1747년 출판된 왕립런던물리학협회 회보 게재)의 서평이 나온다(『함부르크잡지』). 대체로 이것을 칸트는 나중의 『천계의 일반자연사와 이론』에서 사용한다.

* 　마이어 『이성주의』 출판. 55년 이후에 칸트가 논리학 강의에서 사용한다.

* 　베를린 아카데미가 「지구의 자전은 변화했는가」에 대한 현상논문을 모집.

1753년 (29세)

* 　베를린 아카데미가 라이프니츠에 의거하는 포프의 낙관주의에 대해 현상논문을 모집(55년 마감).

* 　대영박물관 창립.

*	G. 버클리 사망(1684–).

1754년 (30세)

6월 8일과 15일	「지축의 회전에 의해 지구가 겪는 변화」 발표(『쾨니히스베르크 주보』). 다만 52년의 아카데미 현상논문에는 응모하지 않는다.
8월 10일–9월 14일	「지구는 노쇠하는가」 발표(『쾨니히스베르크 주보』).
☆	이 해 여름까지는 휠젠 가에서의 가정교사를 그만두고 쾨니히스베르크로 돌아온다(휠젠에게 보낸 서간).
*	라이마루스 『자연종교의 가장 중요한 진리』 출판.
*	Ch. 볼프 사망(1679–).

1755년 (31세)

봄	익명으로 『천계의 일반자연사와 이론』 출판. 그러나 출판업자의 파산으로 인해 부활제 견본시에서는 카탈로그 게재에 그친다. 같은 해 『함부르크 자유론보』에 호의적 서평이 실린다.
4월 17일	마기스터 논문 「불에 대하여」 발표(4주 후에 구두시험, 1839년의 로젠크란츠/슈베르트 판 칸트 전집에서 처음 공간).
6월 12일	마기스터 학위 수여식.
9월 27일	교수자격논문 『형이상학적 인식의 제1원리의 새로운 해명』에 대한 공개 토론. 같은 해 출판.
겨울학기	쾨니히스베르크 대학 사강사 취임. 논리학, 수학, 물리학, 형이상학을 강의.
11월 1일	성인들의 축일에 리스본의 대지진이 일어난다.
☆	크나이프호프에 있는 퀴프케 교수 집에 거주하며, 거기서 강의를 시작한다.
*	아헨발 『자연법』 제3판 출판(50년·53년의 제1·제2판은 퓌터와의 공저 『자연법강요』). 나중의 개정 제5판(63)을 자연법 강의에서 사용한다.
*	흄 『인간 지성의 철학적 시론』 독역서 출판(영어 초판 1748).
*	루소의 『인간불평등기원론』 출판.
*	마이어 『형이상학』 출판(–59).

1756년 (32세)

1월–4월	리스본의 대지진에 대한 세 논문 「지진의 원인에 대하여」, 「지진에서 주목해야 할 사건」, 「지진론 속편」 발표(『쾨니히스베르크 주보』). 지진의 원인을 자연과학적으로 구명한다.
4월 8일	크누첸 사후에 공석이 된 수학과 철학의 원외교수 자리를 신청. 성공하지 못한다.
4월 10일	『물리적 단자론』에 대한 공개 토론. 이에 의해 정식으로 교수자격을 얻는다. 그 후 연내에 출판.
4월 25일	여름학기 강의계획 「바람의 이론의 해명에 관한 새로운 주해」 발표.
5월 1일	지난해에 익명으로 출판된 『천계의 일반자연사와 이론』이 칸트의 저술로서 소개된다

(『쾨니히스베르크 주보』).

여름	하만을 알게 된다. 하만은 그의 형제에게 보낸 편지에서 칸트를 "탁월한 두뇌의 소유자"라고 부른다.
겨울학기	윤리학 강의 개시
*	베를린왕립아카데미의 현상논문 「정역학 및 역학의 원리들의 진리는 필연적인 것인가 우연적인 것인가」가 1758년용의 문제로서 제출된다.
*	흄 『도덕원리의 연구』 독역서 출판(영어 초판 51).
*	허치슨 『도덕철학체계』 독역서 출판(영어 초판 55).
*	7년 전쟁이 시작된다.

1757년 (33세)

부활제	여름학기 강의계획 「자연지리학 강의 개요. **부록: 서풍론**」 발표.
*	로크 『인간지성론』 독역서 출판(영어 초판 1690).
*	버크 『숭고와 미의 관념의 기원에 대한 철학적 연구』 출판.

1758년 (34세)

1월 22일	러시아군 쾨니히스베르크(동프로이센) 점령(-62, 7월).
부활제	여름학기 강의계획 「운동과 정지의 새로운 개념」 발표.
12월 14일	쾨니히스베르크 대학의 논리학·형이상학 교수 자리를 러시아의 엘리자베트 여제에게 신청. 같은 달에 작고한 J. D. 퀴프케의 후임인사였지만, 성공하지 못한다.
*	멘델스존이 버크의 『숭고와 미의 관념의 기원에 대한 철학적 연구』를 소개하고 비평한다.
*	스베덴보리 『천계와 지옥』 출판(제2판 62).
*	엘베시우스 『정신론』 출판. 칸트 『인간학』에서 인용.

1759년 (35세)

7월 27일	칸트가 권유하는 프랑스 백과전서 부분번역의 일을 하만이 거절한다. 하만이 칸트에게 F. 허치슨과 D. 흄의 사상에 대해 전한다(칸트에게 보낸 하만의 서간).
겨울학기	역학 강의
10월 7일	겨울학기 강의 예고 『낙관주의 시론』 출판.
10월 28일	"나는 매일 강단이라는 모루 앞에 앉아 같은 리듬으로 무거운 철추를 계속해서 흔들고 있습니다"라고 말한다(린드너에게 보낸 서간).
*	해부학자 C. A. 볼프가 『발생론』에서 발생학상의 후생설을 발표.
*	A. 스미스 『도덕감정론』 출판.
*	볼테르 『캉디드』 출판.
*	실러 탄생(-1805).

1760년 (36세)

☆	「풍크 씨의 요절을 애도하며」 발표.
*	루소 『신 엘로이즈』 출판(같은 해 독역).
*	맨더빌 『꿀벌의 우화』 제2부 독역서 출판(영어 초판 29).
*	바움가르텐 『실천철학강요』 출판. 이것을 강의에서 사용한다.
*	네덜란드의 해부학자이자 의사인 캄벨 『해부학·병리학 개설』 출판(-62). 칸트 『판단력비판』, 『인간학』 등에서 캄벨에 대해 언급.

1761년 (37세)

*	람베르트 『우주론서간』 출판. 이에 의해 람베르트는 칸트 『천계의 일반자연사와 이론』을 알지 못한 채로 마찬가지의 우주론을 발표.
*	루소 『생피에르의 영원한 평화론의 발췌와 비판』 출판.
*	루소 『신 엘로이즈』 출판.

1762년 (38세)

7월 7일	쾨니히스베르크 대학의 학장이자 시학교수였던 보크의 사망에 따라 그 후임인사에 칸트의 이름이 거론되지만 사퇴한다.
12월	『신의 현존재 논증의 유일하게 가능한 증명근거』 출판. 이 책은 빈에서 금서로 다루어지게 된다.
☆	『삼단논법의 네 가지 격의 잘못된 번거로움』 출판. 거기서 형식논리학을 "사상누각"이라고 부른다.
☆	루소 『에밀』 출판. 출판 후 곧 이 책을 읽은 칸트는 루소로부터 "인간을 존중한다"는 것을 배웠다고 나중에 고백한다(『『미와 숭고의 감정에 관한 고찰』 메모』).
*	헤르더, 쾨니히스베르크 대학에서 칸트의 강의를 청강한다(64년까지).
*	루소 『사회계약론』 출판(1763, 독역).
*	허치슨 『미와 덕의 관념의 기원』 독역서 출판(영어 초판 25).
*	헨리 홈 『비평의 원리』 출판.
*	셰익스피어 『마음대로 하세요』(1599-1600)를 빌란트가 독역 출판.
*	피히테 탄생(-1814).
*	바움가르텐 사망(14-)

1763년 (39세)

6월 21일	베를린 아카데미의 현상논문 『자연신학과 도덕의 원칙의 판명성』(전 해에 집필)이 차석(1위는 멘델스존)에 당선되어 다음 해 부활제 후 출판.
☆	친우인 덴마크인 사관에게서 "스베덴보리 씨의 이야기"를 듣는다(8월 10일자의 크노프로흐 양에게 보낸 서간).
☆	『부정량의 개념을 세계지에 도입하려는 시도』 출판.
*	7년 전쟁 종결. 이에 의해 프로이센은 유럽의 열강에 가담한다.

1764년 (40세)

2월 13일–27일 「뇌병시론」 발표(『쾨니히스베르크 학술정치신문』).

3월 23일 「질버슐락의 저작 "1762년 7월 23일에 출현한 밝은 유성에 관한 이론"의 논평에 대한 보충」 발표(『쾨니히스베르크 학술정치신문』).

8월 5일 다시 시학교수직 취임을 요청하는 칙서가 발표되지만, 칸트는 이를 사퇴한다.

11월 쾨니히스베르크 대화재로 시청사가 불탄다. 후에 이 유적지의 새로운 건물에 칸터 서점이 만들어진다.

☆ 『미와 숭고의 감정에 관한 고찰』 출판.

* 람베르트 『새로운 오르가논』 출판.

* 토마스 리드 『상식의 원리에 기초한 인간 정신의 연구』 출판(불역서 68, 독역서 82, 출판).

* 빙켈만 『고대 미술사』 출판.

* 베카리아 『범죄와 형벌에 대하여』. 나중에 칸트가 이 책의 사형폐지론에 대해서 『인륜의 형이상학』에서 반론.

1765년 (41세)

가을 「1765–1766년 겨울학기 강의계획 공고」 발표.

11월 13일 람베르트와의 서신교환이 시작된다(칸트에게 보낸 서간).

12월 31일 「자연철학의 형이상학적 원리」와 「실천철학의 형이상학적 원리」의 발표를 시사한다 (람베르크에게 보낸 서간).

* 라스페에 의해 라이프니츠 『철학저작집』 출판(이의 독어역 판 68–80). 이 가운데서 『인간지성신론』이 처음으로 공표된다.

* 니콜라이 『일반독일문고』 창간.

1766년 (42세)

연초 『형이상학의 꿈에 의해 해명된 시령자의 꿈』 출판.

연초 멘델스존에게서 처음으로 서간을 받는다(다만 미발견).

2월 7일 『시령자의 꿈』을 멘델스존에게 보낸다. 멘델스존은 이듬해 『일반독일문고』에 비평을 쓰며, 이 저작이 "영혼의 본성에 관한 약간의 새로운 생각"을 담고 있다고 평가한다.

2월 14일 쾨니히스베르크 왕립도서관 부사서관에 취임하며, 연봉 62탈러를 받는다.

☆ 이 무렵부터 영국 상인 조지프 그린과 친교를 맺는다. 칸트는 그린에게서 시간 엄수의 정신을 배운다.

* 할러 『인체생리학 원론』 출판. 발생학에서의 후생설을 부정.

* 레싱 『라오콘』 출판.

1767년 (43세)

여름학기 자연법 강의 개시.

겨울학기	철학개론 강의 개시.
*	멘델스존 『페돈』 출판.
*	헤르더 『최근의 독일문학: 단편들』 출판.
*	빌헬름 폰 훔볼트 탄생(-1835).
*	통계학자이자 목사인 쥐스밀히 사망(1707-).

1768년 (44세)

☆	「공간에서의 방위 구별의 제1근거에 대하여」 발표(『쾨니히스베르크 주보』 6-8호).
*	이 무렵 칸터 서점의 3층으로 옮겨 거주한다.
*	샤프츠버리 『성격』 독역서 출판(영어 초판 11).
*	퍼거슨 『시민사회의 역사에 대한 시론』(1766)의 독역서 출판.
*	슐라이어마허 탄생(-1834).
*	제임스 쿡이 남태평양 학술조사대 대장에 임명된다. 세 번에 걸친 항해가 시작된다.

1769년 (45세)

10월	에어랑겐 대학의 논리학·형이상학의 교수에 초빙되어 칸트는 이것을 일단 승낙하지만, 12월 15일자 서간에서 쾨니히스베르크 대학에 공석이 생길 "현저한 징후", 자신의 "허약한 체질" 등을 이유로 사퇴한다.
☆	후년에 "69년의 커다란 빛"이라고 스스로 부른 사상적 전회를 경험한다.
*	미하엘리스 『비학식인을 위한 주를 덧붙인 구약과 신약성서의 번역』 출판 개시(-83). 이것을 칸트가 높이 평가했다(1774년 4월 8일자 하만에게 보낸 서간).
*	코히우스 「경향성에 대하여」(1767, 베를린 과학아카데미 현상논문 수상작품) 발표(그 밖에 가르베 등의 경향성에 관한 논문을 포함하는 논집). 후에 칸트가 『도덕형이상학』에서 이에 대해 비판적으로 언급한다.
*	페더 『논리학과 형이상학』 출판.
*	나폴레옹 탄생(-1821).

1770년 (46세)

1월	예나 대학으로부터 초빙 받지만, 사퇴한다.
3월 15일	쾨니히스베르크 대학의 신학·수학 교수 랑한젠의 사망에 따라 칸트는 당시 논리학·형이상학의 교수직에 있던 부크를 랑한젠의 후임으로 하고, 자신을 논리학·형이상학의 정교수로 추천할 것을 청원한다(3월 16일자 쿠페르베르크 남작에게 보낸 서간).
3월 31일	논리학·형이상학의 정교수에 임명된다.
8월 21일	정교수 취임논문 『감성계와 예지계의 형식과 원리』 출판.
9월 2일	감성의 원리에 타당성과 제한을 결정하는 '일반현상학'을 덧붙여 71년의 부활제 견본시에 출판할 계획을 람베르크에게 알리며 조언을 청한다(람베르트에게 보낸 서간).
겨울학기	광물학 강의.

*	체틀리츠, 프로이센 법무대신에 취임. 이후 각종 대신직에 오른다.
*	애덤 스미스 『도덕감정론』 독역서 출판(영어 초판 1759).
*	비티 『진리에 관한 시론』 출판(71년에 『괴팅겐학보』에서 독일어 서평, 72년에 독역서 출판).
*	헤겔 탄생(–1831).

1771년 (47세)

6월 7일　취임논문의 가필과 수정을 단념하고, 새롭게 "감성과 이성의 한계"라는 제목의 저작을 기획한다. 이 계획에 따르면, 이 책은 "감성계를 위해 규정된 근본개념 및 법칙의 관계와 취미론과 형이상학 및 도덕의 본성을 이루는 것의 윤곽을 아울러 포함하는" 것으로 주장된다(헤르츠에게 보낸 서간).

8월 23일　「모스카티의 저서 "동물과 인간의 구조 사이에 있는 신체상의 본질적 차이에 대하여"의 논평」 발표(『쾨니히스베르크 학술정치신문』).

* 람베르트 『건축술』 출판.
* 줄처 『예술의 일반이론』 출판(–74).
* 독일의 박물학자 팔라스 『러시아의 여러 국경을 통한 여행』(–76) 출판. 방대한 자료수집에 의해 학적으로 기여한다.

1772년 (48세)

2월 21일　"감성과 이성의 한계"(제1부: 이론적 부문, 1. 현상학 일반 2. 형이상학, 제2부: 실천적 부문, 1. 감정·취미 및 감성적 욕망의 보편적 원리들 2. 도덕성의 제1근거)의 상세한 구상을 밝히고, 이것이 "이론적 인식 및 오로지 지적인 한에서의 실천적 인식의 본성을 포함하는 순수 이성의 비판"이라고 말한다(헤르츠에게 보낸 서간).

5월　왕립도서관 부사서관 사임.

겨울학기　인간학 강의 개시

* 헤르더 『언어기원론』 출판.
* 스웨덴의 셸레가 실험에 의해 산소를 발견.
* 제1차 폴란드 분할에 의해 동프로이센이 서프로이센과 육지로 이어지게 된다.

1773년 (49세)

연말　현재 종사하고 있는 "초월론적 철학" = "순수 이성의 비판"의 완성 후 본래의 형이상학, 요컨대 "자연의 형이상학과 도덕의 형이상학"에 착수하여 "우선 후자를 출판"할 계획을 밝힌다(헤르츠에게 보낸 서간).

* 만년의 칸트를 보살펴 준 사람이자 칸트의 전기 작가이기도 한 바지안스키가 칸트의 강의를 청강하고 조교도 맡았다(–80).
* 가르베에 의한 버크 『숭고와 미의 관념의 기원에 관한 철학적 연구』 독역서 출판(영어 초판 1757).
* 『신간 지도 및 지리, 통계, 역사에 관한 도서 및 논문에 대해 정보를 소개하는 주보』(편자

의 이름에 따라 약칭 『뷔싱 주보』) 베를린에서 발간(-87).

1774년 (50세)

4월 2일　하만이 헤르더의 『인류의 최고의 기록』을 칸트에게 증정.

초여름　서간에서 테텐스에 대해 언급한다(로이쉬에게 보낸 보낸 서간).

여름학기　자연신학 강의 개시

*　라이마루스 『변명 또는 신의 이성적 숭배자를 옹호하는 글』의 유고의 일부가 레싱에 의해 『볼펜뷔텔 단편들』로서 발표된다(77년과 78년에도 마찬가지 모양으로 발표. 완전한 형태로는 1814, 출판). 이신론의 입장에서 기성의 기독교를 비판. 발표자 레싱은 사람들로부터 비난받는다. 나중에 칸트 『종교론』에서 언급.

*　헤르더 『인류의 최고의 기록』 출판.

*　쿡의 최초의 항해기가 독역된다.

*　바제도우에 의해 데사우에 '범애학사' 설립(77, 폐교).

1775년 (51세)

봄　「여름학기 강의계획; 다양한 인종에 대하여」 발표.

4월 28일　기독교의 가르침으로부터 도덕적 교설만을 끄집어내는 도덕적 신앙을 주장(라바터에게 보내는 서간).

*　셸링 탄생(-1854).

*　크루지우스 사망(15-).

*　미국 독립전쟁이 시작된다.

1776년 (52세)

3월 28일　「범애학사론」 발표(『쾨니히스베르크 학술정치신문』). 같은 날 친우인 영국 상인 로버트 머더비의 자식의 범애학사 입학을 위해 소개서간을 쓴다(볼케에게 보내는 서간).

여름학기　철학부 학부장.

겨울학기　교육학 강의 개시.

11월 24일　주저 완성을 방해하는 "최후의 장애를 이번 여름 겨우 극복했다"는 취지를 써 보낸다(헤르츠에게 보내는 서간).

*　플라트너 『철학적 아포리즘』(2권) 출판.

*　애덤 스미스 『국부론』 출판.

*　헤르바르트 탄생(-1841).

*　흄 사망(11-).

*　바이스하우프트가 비밀결사 '광명회'를 창설. 칸트는 그의 '조명설'에 대해 『종교론』, 『학부들의 투쟁』 등에서 언급.

*　미국 독립선언, 인권선언.

1777년 (53세)

8월 18일	멘델스존, 칸트의 강의를 청강하고, 20일까지 쾨니히스베르크에 체재한다.
8월 20일	"내가 순수 이성 비판이라고 부르는 것"이 "돌과 같이 가로놓여" 있으며, 이것을 제거하는 일은 이번 겨울에는 완료된다고 말한다(헤르츠에게 보낸 서간).
☆	이 무렵 칸터 서점의 3층에서 우시장 근처로 옮긴다.
*	테텐스 『인간 본성과 그 전개에 관한 철학적 시론』 출판.
*	람베르트 사망(28-).

1778년 (54세)

2월 21일	국무대신 체틀리츠가 칸트의 자연지리학 강의를 청강자의 노트로 읽고, 완전한 강의 노트를 칸트에게 요구한다(칸트에게 보낸 서간).
3월 28일	체틀리츠에게서 연봉 800탈러에 칸트를 할레로 초빙하고 싶다는 제의를 받는다(쾨니히스베르크에서의 연봉은 236탈러)(칸트에게 보낸 서간). 그러나 "모든 변화는 그것이 나의 상태를 개선해줄 것이 대단히 확실하다고 하더라도 나를 불안하게 한다"는 이유로 칸트는 이를 사퇴한다(4월 초순 헤르츠에게 보낸 서간).
4월 초순	"현재 착수하고 있는 일"이 이번 여름에는 완성될 것이라는 예상을 말함과 동시에, 테텐스의 『시론』에 대해 코멘트한다(같은 헤르츠에게 보낸 서간).
*	레싱 『역사교육론』 출판.
*	볼테르 사망(1694-).
*	루소 사망(12-).

1779년 (55세)

7월 4일	「인종에 대한 논문의 속고」를 계획한다(엥겔에게 보낸 서간).
겨울학기	철학부 학부장.
*	흄 『자연종교에 대한 대화』 출판.
*	레싱 『현자 나탄』 출판.
*	블루멘바흐 『자연사 입문』 출판.

1780년 (56세)

9월 9일	출판업자 요한 프리드리히 하르트크노흐가 하만에게서 『순수이성비판』의 일을 듣고서 출판을 제안한다(칸트에게 보낸 서간).
☆	쾨니히스베르크 대학 평의회 회원이 된다.
*	레싱 『인류의 교육』 출판. 칸트의 역사철학 논문에 영향을 미치며, 칸트 『인간학』에서도 언급된다.
*	페스탈로치 『숨은이의 해질녘』 출판.
*	갈바니가 개구리 다리에 의해 동물전기를 발견.

1781년 (57세)

2월 15일	레싱 사망(29-). 그 2, 3개월 전에 레싱은 야코비에게 반대하여 스피노자주의의 편을

	들었다. 이것이 훗날의 야코비와 멘델스존 사이의 '범신론 논쟁'의 계기가 된다.
5월	『순수이성비판』 출판. 속표지에 국무대신 체틀리츠에 대한 헌사를 싣는다.
5월 중순	『순수이성비판』은 "형이상학의 형이상학"을 포함한다고 말한다. 또한 멘델스존이 『순수이성비판』을 돌보지 않은 것에 불만을 털어놓는다(헤르츠에게 보낸 서간).
6얼 8일	자신의 저서 『천계의 일반자연사와 이론』의 은하론이 '억측'이라고 말한다(비스터에게 보낸 서간).
*	영국의 천문학자 윌리엄 허셸이 토성 바깥에서 천왕성을 발견. 칸트의 『천계의 일반자연사와 이론』에서의 추측이 적중한다.

1782년 (58세)

1월 19일	『순수이성비판』에 대한 익명 서평이 나온다(『괴팅겐학보』). 이것은 크리스티안 가르베에 의한 서평을 편자 페더가 축소하는 동시에 가필하여 완성한 것으로서 칸트의 관념론이 버클리의 관념론과 유사하다고 주장한다. 이 서평에 대해 칸트는 불만을 품는다.
2월 4일	「람베르트의 왕복서간의 공고」 발표(『쾨니히스베르크 학술정치신문』).
4월 18일	「의사에 대한 성명」 발표(『쾨니히스베르크 학술정치신문』).
9월 10일	쿠어란트에 사는 동생 요한 하인리히에게서 쿠어란트에서는 칸트의 이성 비판이 사상가의 평판을 얻고 있다는 소식을 전달받는다(칸트에게 보낸 서간).

1783년 (59세)

봄	『장래의 모든 형이상학을 위한 프롤레고메나』 출판. 서문에서 흄의 경고에 의해 "교조적 선잠"에서 깨어났다고 말한다. 부록에서 지난해의 『괴팅겐 학보』의 『순수이성비판』 서평을 반박한다.
4월 10일	멘델스존이 『순수이성비판』은 "신경을 소모시키는" 저작이라고 말한다(칸트에게 보낸 서간).
7월 13일	가르베가 지난해의 『괴팅겐학보』에서의 『순수이성비판』 서평의 평자라고 스스로 말하며, 그 서평이 다시 고쳐지고 있기 때문에 본래의 원고를 발표한다고 전한다(칸트에게 보낸 서간). 본래의 원고가 같은 해에 발표된다(『일반독일문고』).
8월 7일	『순수이성비판』은 12년 이상 생각한 재료의 논술을 4, 5개월 정도에 마무리했다고 말한다. 또한 『순수이성비판』에 대한 "최초의 당혹스러움"이 점차 사라질 것이라고 말한다(가르베에게 보낸 서간).
8월 16일	멘델스존 『예루살렘』을 "그 명민함과 정치함 그리고 사려깊음에 감탄하면서" 읽었다고 전한다(멘델스존에게 보낸 서간).
8월 26일	동료 요한 슐츠의 『순수이성비판』 이해는 정확하다고 만족하며, 『순수이성비판』이 "거의 누구에게도 이해되고 있지 않다"고 불만을 털어놓는다(슐츠에게 보낸 서간).
12월 30일	화가 베커 미망인의 집을 5,500굴덴에 사는 계약을 맺는다. (이 집이 칸트 최후의 주거지로 된다. 1893년에 헐린다.)
☆	「슐츠의 인륜론 시론에 관한 논평」(『논평적 도서목록』). 요한 하인리히 슐츠(변발의

슐츠라고도 불리며, 칸트의 동료 요한 슐츠와는 다른 사람)의 숙명론적 자유론을 비판한다.

* J. H. 슐츠『모든 이를 위한 인륜론에로의 입문』제1부・제2부 출판(제3부・제4부는 90년 출판).
* 괴테와 요한 에리히 비스터가『베를린 월보』를 시작한다. 이후 칸트의 논문 다수가 최초로『베를린 월보』에 발표된다.
* 멘델스존『예루살렘』출판.
* Ch. 가르베에 의한 키케로『의무론』역주서 출판.

1784년 (60세)

1월 5일　멘델스존이 "칸트를 이해할 수 없다"고 고백한다(라이마루스에게 보낸 멘델스존의 서간).

2월　『고타학술신문』에 "인류의 궁극목적은 가장 완전한 국가체제의 수립이다"라는 칸트의 역사철학 구상이 소개된다.

2월 17일　요한 슐츠 저『순수이성비판 해설』출판 준비를 기뻐한다(슐츠에게 보낸 서간). 이『해설』은 연내에 출판된다. 거기서 슐츠는『순수이성비판』이 대부분의 지식인에게 있어 "상형문자"와 같다고 말한다.

3월 4일　칸트의 60세 기념의 축하회. 앞면에 칸트 초상, 뒷면에 멘델스존이 고안한 상과 명문이 새겨진 기념 메달이 증정된다.

4월　헤르더『인류사의 철학의 구상』출판(-91).

5월 1일　이전의 제자 휠젠의 자식의 가정교사를 주선한다(휠젠에게 보낸 서간).

9월　멘델스존「계몽이란 무엇인가 라는 문제에 대하여」발표(『베를린월보』).

11월　「세계시민적 견지에서의 일반사의 이념」발표(『베를린월보』).

12월　「계몽이란 무엇인가라는 물음에 대한 대답」발표(『베를린월보』).

12월 31일　『인륜의 형이상학의 정초』의 원고를 미카엘축제의 20일 정도 전에 출판업자에게 넘겼다고 말한다(비스터에게 보낸 서간).

* 『베를린월보』를 주관하는 비스터가 베를린 왕립도서관 책임자로 된다.
* 디드로 사망(13-).

1785년 (61세)

1월 4일　「헤르더 논평」(제1논평)(『일반문예신문』)에서 헤르더『인류사의 철학의 구상』제1부를 비판.

2월　C. L. 라인홀트가 익명으로 칸트에게 반론, 헤르더『인류사의 철학의 구상』을 옹호(『도이처 메르쿠르』).

2월 8일　하만은 칸트가 자신의 체계에 사로잡혀 헤르더를 공평하게 판정할 수 없다고 말한다(헤르더에게 보낸 서간).

3월　「달의 화산에 대하여」발표(『베를린월보』).

3월　라인홀트의 반론에 대한「항변」(제2 헤르더 논평)을 발표(『일반문예신문』3월호

	부록).
부활제	『인류의 형이상학의 정초』출판.
4월 7일	예나 대학 교수 C. G. 슈츠가 『순수이성비판』과 더불어 "철학의 새로운 시대가 시작되었다"고 말한다(『일반문예신문』).
5월	「위조출판물의 불법성에 대하여」발표(『베를린월보』).
5월 8일	헤르더『인류사의 철학의 구상』에는 칸트를 혹독하게 비판한다고 생각되는 부분이 적지 않다고 하만이 헤르더에게 말한다(헤르더에게 보낸 서간).
7월 12-30일	슈츠가 요한 슐츠『순수이성비판 해설』의 상세한 논평을 발표(『일반문예신문』). 이에 의해 『순수이성비판』이 널리 이해되게 된다.
여름	멘델스존『아침 시간, 신의 현존재에 대한 강의』출판. 그 직후에 야코비『스피노자의 학설에 대하여, 멘델스존에게 보내는 서한』출판. 이에 의해 레싱의 스피노자주의를 둘러싼 양자의 '범신론 논쟁'이 공공연하게 된다.
가을	헤르더『인류사의 철학의 구상』제2부 출판. 칸트의 이름을 거론하지 않고서 다시 「세계시민적 견지에서의 일반사의 이념」의 내용을 비판한다.
9월 13일	헤르더『인류사의 철학의 구상』제2부의 논평을 떠맡는다(슈츠에게 보낸 서간).
9월 13일	이 여름에『자연과학의 형이상학적 원리』를 완성했기 때문에,『인류의 형이상학』의 마무리에 착수한다고 알린다(같은 슈츠에게 보낸 서간).
겨울학기	예나 대학에서 K. C. E. 슈미트가『순수이성비판』발췌를 만들어 강의를 시작한다(11월 13일 칸트에게 보낸 슈츠 서간).
10월 11일	예나 대학 법학 교수 고틀리프 푸페란트가『인류의 형이상학의 정초』가 "전체 도덕성을 처음으로 확립했다"고 말한다. 또한 칸트에게『자연법의 원칙에 관한 시론』을 증정한다(칸트에게 보낸 서간).
11월	「인종의 개념의 규정」발표(『베를린월보』).
11월 8일	비스터에게서 야코비의『서한』에 관한 "철학적 광산"에 대해서 말하도록 의뢰 받는다(칸트에게 보낸 비스터 서간).
11월 15일	헤르더『인류사의 철학의 구상』제2부에 대한『헤르더 논평』(제3논평) 발표(『일반문예신문』).
11월 말	멘델스존의『아침 시간』을 "교조적 형이상학의 최후의 유산"이라고 평한다(슈츠에게 보낸 서간). 이 서간을 슈츠가 다음해 1월 9일 발행된『일반문예신문』에 게재.
*	허셸의 망원경 관측에 의한 우주 연구의 성과가 발표된다. 그의 은하구조론 등이 칸트『천계의 일반자연사와 이론』의 생각과 일치한다.
*	울리히『논리학과 형이상학 강의』출판.

1786년 (62세)

1월	「인류사의 추측상의 기원」발표(『베를린월보』).
1월 4일	멘델스존 사망(29-).
연초	멘델스존의 야코비에 대한 반론서『레싱의 친구들에게』출판. 이어서(5-6월 상순에) 야코비『스피노자 학설에 관한 서한에 대한 멘델스존의 비난을 반박한다』출판.

2월	슈츠는 칸트의 공간 개념을 스피노자주의라고 하는 야코비의 생각을 전하고, 칸트에게 설명을 요구한다. 그밖에 칸트를 무신론자라고 생각하는 사람들이 있다고 전한다(칸트에게 보낸 서간).
2월 16일	플라트 「임마누엘 칸트의 인류의 형이상학의 정초」 발표(『튀빙겐학보』). 이것은 칸트의 증명이 "변증적 가상"이라고 비판한다.
2월 27일	헤르츠가 칸트에게 '범신론 논쟁'에서 멘델스존에게 편들어 야코비에게 반론하도록 촉구한다(칸트에게 보낸 서간). 칸트는 야코비의 "명성을 얻기 위한 젠체하는 천재광"이 "진지하게 반박할 가치가 없다"고 대답한다(4월 7일 헤르츠에게 보낸 서간).
3월 6일	칸트는 "멘델스존 문제"로 머리가 가득 차 있다고 하만에게 전한다(야코비에게 보낸 서간).
3월	대학 학장에 취임(임기는 반 년).
부활제	『자연과학의 형이상학적 원리』 출판.
4월 7일	『순수이성비판』이 다 팔렸기 때문에 제2판이 반 년 후에 출판될 것이라고 말한다(베링에게 보낸 서간).
4월 18일	「자연법의 원칙에 관한 푸페란트의 시론에 대한 논평」 발표(『일반문예신문』).
5월	피스토리우스가 「『인류의 형이상학의 정초』의 논평」을 발표(『일반독일문고』). 그 속에서 칸트를 비판하고, 선의 개념을 도덕원리보다 앞서 확립해야 한다고 주장.
5월 말(또는 6월 초)	비스터에게 "야코비에게 어떠한 모욕적 공격도 하지 말도록" 권고한다(6월 11일 칸트에게 보낸 비스터 서간).
8월	라인홀트가 칸트 철학의 신봉자가 되어 「칸트 철학에 관한 서한」을 발표(-87, 9월 『도이처 메르쿠르』). 이것은 90-92년에 출판된다.
8월	「멘델스존의 "아침 시간"에 관한 야콥의 시론에 대한 몇 가지 소견」을 야콥의 저서에 붙여 출판.
8월 17일	프리드리히 2세(대왕) 사망(12-, 재위 40-).
9월	프리드리히 빌헬름 2세가 쾨니히스베르크의 왕궁에 와서 즉위 선서. 그 때에 칸트는 대학 학장으로서 초대되어 왕에게 인사말을 한다.
10월	「사유에서 방위를 정한다는 것은 어떠한 것인가」 발표(『베를린월보』). 멘델스존과 야코비에 대해서 비판한다.
10/11월	자연과학자 게오르크 포르스터가 『도이처 메르쿠르』의 논문에서 칸트의 인종론을 비판. 칸트는 이 비판에 대해 『철학에서 목적론적 원리의 사용에 대하여』(1788)에서 응답한다.
12월 7일	베를린 아카데미의 회원에 선출된다.
*	티텔 『칸트의 도덕 혁신』 출판. 티텔은 칸트의 도덕 혁신에는 "새로운 원리"가 아니라 "새로운 방식"이 있는 데 불과하다고 비판.
*	C. C. E. 슈미트 『순수이성비판 강의 강요』(제2판 88, 제3판 94) 출판.
*	칸트의 친우이자 상인인 조지프 그린 사망(26경-).

1787년 (63세)

4월	『순수이성비판』 제2판 서문 탈고.
5월 9일	쾨니히스베르크에서 행해진 멘델스존을 기리기 위한 모임에서 18년 만에 연극을 관람한다(『청년과 그 친구들을 위한 독일 신문』 고타, 6월 13일자).
6월	『순수이성비판』 제2판 출판. "이해하기 쉬운 서술"을 위해 대폭적으로 고쳐 쓰지만, 명제와 증명근거의 변경은 없다고 새로운 서문에서 말한다.
6월 25일	『실천이성비판』을 마무리하여 인쇄에 들어가고, "취미 비판"에 착수할 뜻을 전한다(슈츠에게 보낸 서간).
8월 29일	실러가 「세계시민적 견지에서의 일반사의 이념」에 의해 최초로 칸트 연구로 이끌렸다고 말한다(쾨르너에게 보낸 실러 서간).
10월 12일	라인홀트가 자기의 저술 「칸트 철학에 관한 서한」에 대한 칸트의 "공적 증언"을 요구한다(칸트에게 보낸 라인홀트 서간). 칸트는 「목적론적 원리」(88)에서 공적으로 그 논문을 칭찬한다.
12월 28일	「철학에서 목적론적 원리의 사용에 대하여」의 원고를 라인홀트에게 보낸다. 또한 "취미판단"의 "선험적인 원리"를 발견했다고 전한다(라인홀트에게 보낸 서간).
연말	『실천이성비판』이 1788년의 연호를 붙여 간행된다.
*	헤르더 『인류사의 철학의 구상』 제3부가 출판되지만, 칸트는 이에 대해 논평하지 않는다.
*	페더 『공간과 원인성 ―― 칸트 철학 음미를 위하여』 출판. 여기서 선험적인 인식이 부인된다.
*	레베르크 『종교에 대한 형이상학의 관계』 출판. 거기서 『순수이성비판』의 입장을 원용.
*	야코비 『신앙에 관한 데이비드 흄 ―― 관념론과 실재론』 제1부 출판.

1788년 (64세)

1월-2월	「철학에서 목적론적 원리의 사용에 대하여」(「목적론적 원리」) 발표(『도이처 메르쿠르』).
1월 19일	라인홀트가 『실천이성비판』을 '태양'에 비유한다(칸트에게 보낸 서간).
8월 6일	레베르크 「실천이성비판 논평」 발표(『일반문예신문』). 거기서 칸트의 도덕법칙이 감성계에 대해서 영향력을 지니지 않는다고 비판된다.
7월 3일	요한 프리드리히 뵐너가 체틀리츠를 대신하여 법무대신에 취임하며, 종교와 문교행정도 담당.
7월 9일	뵐너의 종교 칙령 발포.
9월	대학 학장에 재임된다.
가을	요한 고트프리트 키제베터가 비판철학의 궁정강의를 준비하기 위해 베를린으로부터 1년간 쾨니히스베르크 대학에 국비 유학. 칸트는 키제베터를 위해 작은 글을 집필.
12월 19일	신검열령 시행.
☆	『실천이성비판』 출판(1787 말 참조)
*	베를린 아카데미가 "라이프니츠 및 볼프의 시대 이래로 독일에서 형이상학이 이룬

실제의 진보는 어떠한 것인가?"라는 물음에 대답하는 현상논문을 모집(당초 92, 그 후 연기되어 95 마감).

* 요한 아우구스트 에버하르트가 칸트 철학에 반대하는 『철학잡지』를 간행하기 시작한다(92년 폐간).

* C. C. E. 슈미트 『칸트저작 간이용어사전』이 『강의강요』(86)로부터 분리 독립되고 증보된 형태로 제2판으로서 출판된다(제3판 95, 제4판 98).

* 쇼펜하우어 탄생(–1860).

* 하만 사망(30–).

1789년 (65세)

여름학기	실러가 예나 대학의 신임교수로서 보편사 강의를 시작한다. 가장 오랜 시대에 대해서는 칸트의 「인류사의 추측상의 기원」을 사용한다.
4월	출판업자 J. F. 하르트크노흐(1740–) 사망. 그 출판업을 같은 이름의 자식이 인계한다.
4월 7일	헤르츠가 칸트에게 잘로몬 마이몬을 소개. 마이몬은 '원고'를 보내 칸트에게 의견을 구한다(칸트에게 보낸 헤르츠 서간과 마이몬 서간). 이 원고는 이듬해 『초월론적 철학에 관한 시론』으로서 출판된다.
5월 12일 · 19일	에버하르트가 『철학잡지』에서 『순수이성비판』을 공격한 내용에 대하여 칸트가 반론을 라인홀트에게 전한다(라인홀트에게 보낸 서간).
5월 26일	칸트는 마이몬의 '원고'가 자기의 학설과 일치하지 않기 때문에 칭찬의 글을 쓰지 않고서 '원고'를 헤르츠에게 반송한다(헤르츠에게 보낸 서간).
6월 14일	라인홀트가 자기의 저술 「에버하르트의 잡지의 논평」을 『일반문예신문』에 게재한다고 전한다(칸트에게 보낸 서간). 이것은 같은 해의 레베르크 「에버하르트의 잡지의 논평」(『일반문예신문』)에 이어서 같은 해에 실현.
7월 14일	프랑스 혁명 발발.
8월 30일	프랑스 혁명에 대하여 "현재의 유럽의 위기"라고 평한다(야코비에게 보낸 서간).
9월 21일	에버하르트의 『철학잡지』에 대한 반론을 미카엘제까지 마무리하겠다는 뜻을 알린다(라인홀트에게 보낸 서간).
12월 1일	에버하르트에 관한 저작과 『판단력비판』을 이듬해 부활제 무렵까지 가져다 주겠다고 알린다(라인홀트에게 보낸 서간).
12월 14일	「F. H. 야코비를 위하여」라는 성명을 야코비에게 맡긴다. 멘델스존과 야코비의 논쟁에서 야코비의 명예를 손상시켰다고 하는 에니취의 이야기를 부정한다. 그러나 야코비는 이 글을 공표하지 않는다.
12월 19일	뵐너의 검열령 발포.
*	라인홀트 『인간표상능력의 새로운 이론의 시도』 출판. 그 서론 「칸트 철학의 지금까지의 운명」(같은 해에 이미 『도이처 메르쿠르』에 발표).
*	요한 슐츠 『칸트 순수이성비판의 음미』(제1권) 출판.
*	에니취 편 『모제스 멘델스존 소저작집』 출판.
*	벤섬 『도덕 및 입법의 원리 서설』 출판.

*	시에예스 『제3신분이란 무엇인가』 출판.
*	라부아지에 『화학요론』 출판. 여기서 질량보존의 법칙이 언명된다. 이 책은 교과서로서 유럽에서 널리 사용되어 근대 화학을 보급한다. 칸트는 80년대 말 이후에 라부아지에에 대해 언급한다(유고와 90년대 저작들).

1790년 (66세)

1월-3월	『판단력비판』의 원고를 세 차례로 나누어 출판업자 라가르드에게 우송하며, 부활제에서의 출판을 강력히 요청한다. 이 무렵 '서론'을 다시 쓴다(라가르드에게 보낸 서간).
부활제	『판단력비판』 출판. 『새로운 순수이성비판은 오랜 비판에 의해서 모두 무용하게 될 것이라는 발견에 대하여』(에버하르트 반박 논문) 출판.
5월 15일	마이몬이 『판단력비판』을 증정 받은 것에 대한 사례편지에서 『세계영혼에 대하여』(같은 해 7월 출판)의 기본구상을 피력.
초여름	『칸트 소저작집·주석을 붙임』이라는 위조출판물에 대한 경고 「성명」을 발표(『일반문예신문』).
8월	수학자 케스트너에 의한 칸트 수리철학 비판의 논문들(『철학잡지』)에 대해서 요한 슐츠가 칸트와 상담한 다음 반박문을 발표한다(『일반문예신문』).
*	쾨니히스베르크 대학에 교육학 연구실(주임교수 발트)이 설치된다. 이후 칸트는 교육학 강의를 담당하지 않는다.
*	마이몬 『초월론적 철학에 관한 시론』 출판.
*	A. 스미스 사망(23-).

1791년 (67세)

2월 18일	라인홀트 「칸트의 『순수이성비판』 제2판, 제3판에 대한 비평」 발표(『일반문예신문』).
여름학기	철학부 학부장.
4월	사상적 출판물에 대한 직접적 검열제도가 시행된다.
4월	프리드리히 폰 겐츠 「법의 근원과 최고원리」를 발표(『베를린월보』). 칸트 철학의 정신에 입각한 순수 이성에 기초하는 자연권을 주장한다.
6월 14일	같은 해 시중에 칸트의 『도덕론』이 발행되지 않았기 때문에 당국이 칸트의 저술을 금지했다는 이야기가 퍼지고 있다는 것을 알게 된다(키제베터 서간).
7월 1일	피히테가 가정교사를 하고 있던 바르샤바에서 돌아오는 도중에 칸트를 방문한다. 이듬해 피히테는 『모든 계시의 비판의 시도』를 약 한 달 만에 완성하여 칸트에게 원고를 보낸다.
9월	「변신론에서의 모든 철학적 시도의 실패에 대하여」를 발표(『베를린월보』).
9월 2일	피히테가 칸트에게 경제적 원조를 부탁한다. 같은 달, 칸트는 『모든 계시의 비판의 시도』의 출판을 주선한다.
9월 20일	마이몬이 라인홀트의 의식률 비판을 써 보냄과 동시에 마이몬의 『철학사전』(같은 해 출판)에 대한 평가를 구한다.
9월 27일	야콥 지기스문트 베크에게 비판철학의 해설서를 쓰는 일을 주선하고 전면적으로

협력할 것을 약속한다(칸트에게 보낸 하르트크노흐 서간, 베크에게 보낸 서간).

10월 9일　　칙령에 의해 출판물의 검열이 엄격해진다.

*　　키제베터가 다시 칸트를 방문하여 철학을 배운다.

*　　괴팅겐 대학 신학부 교수 슈토이들린『기독교의 체계에 대한 비판고』출판. 칸트에게 증정(11월 9일자 칸트에게 보낸 서간).

*　　스넬『칸트 판단력비판의 서술과 해명』(미적 판단력 비판의 해석서) 출판.

*　　슈파칠『목적론적 원리의 간명한 서술의 시도 —— 칸트 목적론적 판단력 비판의 개요』출판.

*　　「겐지헨에 의한 칸트의『천계의 일반자연사와 이론』으로부터의 발췌」가 천문학자 허셸의 독역 논문의 부록으로서 출판된다.

*　　칸트의 좋은 벗이었던 카이절링 백작 부인 사망(1729-).

1792년 (68세)

2월 2일　　피히테『모든 계시의 비판의 시도』가 할레 대학 신학부의 검열에 의해 인쇄가 허가되지 않게 된 데 대해 칸트는 순수 이성 신앙이 계시와 기적을 배제하는 것이 아니라는 점을 인정하는 방향에서 개정할 것을 피히테에게 조언한다(피히테에게 보낸 서간). 결국 피히테는 이 조언을 받아들이지 않았다.

부활제　　피히테『모든 계시의 비판의 시도』출판. 할레 대학 신학부의 학부장이 바뀌었기 때문에 인쇄 허가가 주어졌다. 다만 출판업자의 주저로 인해 익명으로 출판.

4월　　「인간의 본성에서의 근본악에 대하여」(나중의『단순한 이성의 한계 안에서의 종교』 첫 번째 논문)를 발표(『베를린월보』). 선택의지의 자유와 악의 관련을 논의한다.『베를린월보』는 이 해 초부터 발행지를 프로이센 국외로 옮겨 검열을 받을 필요가 없었음에도 불구하고 칸트는 굳이 검열을 받는다. 당국은 이 논문이 학자들을 위한 것이라고 판단하여 인쇄를 허가한다.

6월　　「인간의 지배를 둘러싼 선 원리와 악 원리의 싸움에 대하여」(나중의『종교론』두 번째 논문)에 대해 출판 불가의 결정이 내려진다.

6월 30일　　『모든 계시의 비판의 시도』의 저자가 칸트라고 하는 서평이 발표된다(『일반문예신문』).

7월 30일　　비스터에게 가르베 비판 논문(『이론과 실천』의 첫 번째 논문)을 맡길 것을 약속한다(비스터에게 보낸 서간).

8월 20일　　『모든 계시의 비판의 시도』의 저자가 피히테이고, 자신은 전혀 무관계하다는 취지의 「성명」을 발표한다(『일반문예신문』). 이에 의해 피히테는 일약 유명인이 된다.

8월 하순 이후　　『종교론』첫 번째, 두 번째 논문과 남은 두 논문(「선 원리의 악 원리에 대한 승리」,「선 원리의 지배 하에서의 봉사와 거짓된 봉사에 대하여」)을 합하여 쾨니히스베르크 대학 신학부에 제출한다. 신학부에게는 검열권이 없다는 대답을 듣고는 예나 대학 철학부에 판정을 구하여 인쇄 허가를 얻는다.

12월 4일　　G. E. 슐체의 익명의『에네지데무스』(같은 해 간행)에서의 회의주의에 대한 비판을 말한다(베크에게 보낸 서간).

*	가르베 『도덕, 문학, 사회생활에서 얻어지는 다양한 대상에 관한 시론』 출판. 거기서 칸트 도덕론에 대한 비판을 전개한다. 후에 칸트가 『이론과 실천』에서 이에 대해 반론한다.
*	미하엘리스 『도덕학』이 지난해에 저자가 사망했기 때문에 슈토이들린에 의해서 출판된다. 칸트는 『종교론』과 『학부들의 투쟁』에서 언급.
*	슈말츠 『순수자연법』 출판. 여기서 인간성의 권리에 기초하는 법을 구상.

1793년 (69세)

1월	프랑스 왕 루이 16세가 처형된다. 영국, 네덜란드, 스페인 등의 대불동맹이 결성된다.
3월	피히테가 『프랑스 혁명에 관한 공중의 판단을 시정하기 위한 기여(제1부)』를 익명으로 출판. 또한 「의지론」을 증보하는 등의 개정을 덧붙인 『모든 계시의 비판의 시도』 개정판 제2판을 공간.
부활제	『단순한 이성의 한계 안에서의 종교』(『종교론』) 출판. 서문에서 상위학부와 하위학부의 관계에 대해서 논의하며, 검열제도에 대해서 에둘러 비판한다.
4월 2일	피히테는 "최대의 인간적 자유의 체제"(『순수이성비판』 '변증론')의 이념에 기초하는 법철학의 기획을 칸트에게 전한다(칸트에게 보낸 서간).
5월 4일	『단순한 이성의 한계 안에서의 종교』를 슈토이들린에게 증정(슈토이들린에게 보낸 서간).
5월 12일	『인륜의 형이상학』의 법적 · 정치적 사항을 다루는 장의 논술이 진전되지 않으며, 자신보다 앞서 이 일을 수행해 주었으면 한다고 피히테에게 전한다(피히테에게 보낸 서간). 같은 달, 피히테는 이 일을 위해서는 반평생을 필요로 하며, 거꾸로 자신이 『인륜의 형이상학』을 참고로 하고 싶다고 응답한다(칸트에게 보낸 서간).
8월 18일	베크에 대해 해설서 작성의 편의를 위해 「판단력비판에의 서론」의 첫 번째 초고(이른바 『첫 번째 서론』)를 맡긴다.
9월	「"그것은 이론적으로는 올바르지만, 실천적으로는 쓸모없다"는 속언에 대하여」(『이론과 실천』) 발표(『베를린월보』). 제1부는 가르베에 대한 이의제기로서 도덕 일반을, 제2부는 홉스에 대한 반론으로서 국법을, 제3부는 멘델스존에 대한 반론으로서 국제법을 다룬다.
10월 5일	비스터는 칸트 「속언」 제2부에 의해서 칸트가 프랑스 혁명의 동정자라는 이야기가 일소될 것이라고 상찬한다. 또한 실러 「우미와 존엄에 대하여」에서의 칸트 도덕철학 논평에 응할 것을 요망한다(칸트에게 보낸 서간).
10월 11일	가르베는 칸트 「속언」의 제2부에서의 저항권 부인에 대해 기이하게 여긴다는 생각을 표명한다(비스터에게 보낸 가르베 서간).
겨울학기	인륜의 형이상학 강의(비길란티우스 기록). '법론'과 '덕론'으로 이루어진다.
겨울	겐츠 「이론과 실천 사이의 관계에 관한 칸트 교수의 추단에 대한 보충」을 발표(『베를린월보』). 거기서 이론의 실천에 대한 적용의 문제, 통치형태 등에 관해서 칸트에 대한 반론을 제기한다.
12월 13일	종교론 검열에 대한 철학부의 무저항을 비판(키제베터에게 보낸 서간).

*	젠츠에 의한 에드먼드 버크『프랑스 혁명에 관한 성찰』 독역서 출판(영어 초판 1790).
*	실러「우미와 존엄에 대하여」를 발표(『탈리아』). 거기서 칸트 도덕철학의 엄숙주의 비판을 전개한다.
*	베크『칸트 교수의 권고에 의한 교수의 비판서로부터의 해설적 개요, 제1권, 사변적 이성 비판 및 실천 이성 비판을 포함』 출판.
*	제2차 폴란드 분할.

1794년 (70세)

봄	**『단순한 이성의 한계 안에서의 종교』 개정 제2판 출판.** 실러의「우미와 존엄에 대하여」에 대한 반박 등을 증보한다.
봄	레베르크「실천에 대한 이론의 관계에 대하여」를 발표(『베를린월보』). 칸트의 형식적 법칙에는 일정한 목적정립이 결여되어 있기 때문에 경험적 내용이 부가되어야 한다고 주장한다.
4월 10일	레베르크「실천에 대한 이론의 관계에 대하여」에 대해 비판한다(비스터에게 보낸 서간).
5월 18일	「만물의 종언」의 원고를 비스터에게 송부. 같은 서간에서 자신의 집필과 출판활동이 금지되는 날이 가깝다고 예감하며, 그 경우의 이 논문의 취급과 자신의 처신 등에 대해 말한다.
5월 이후	**「달이 기후에 미치는 영향에 대하여」를 발표(『베를린월보』).**
6월	「프로이센 일반국법」 시행.
6월 13일	실러는『단순한 이성의 한계 안에서의 종교』 제2판에서의 칸트의 자신에 대한 비평에 대해, 두 사람 사이의 오해를 풀어주었다고 하여 사의를 표한다(칸트에게 보낸 실러의 서간).
6월 17일	베크는 비판철학에 대한 오해를 피하기 위해서는 감성론에서가 아니라 의식의 종합적 통일에서 출발할 필요가 있다고 생각하고, 이러한 착상에 기초하는 비판철학의 입문서(나중의『비판철학 판정을 위한 유일 가능한 입각점』)를 쓰는 것에 관해 칸트의 의견을 구한다(칸트에게 보낸 서간). 다음 달 칸트는 이에 대해 의문을 품으면서도 저술을 추천한다는 취지의 답장을 보낸다(베크에게 보낸 서간).
6월 27일	캄페(전 범애학사 교장)는 칸트가 자기의 학설을 철회하든가 아니면 사직하든가 하는 궁지에 빠져 있다는 이야기를 듣고, 만년을 자신의 집에서 보내도록 하는 도움을 제안한다(칸트에게 보낸 서간). 이에 대해 칸트는 다음 달 그 이야기가 잘못이며, 만일의 경우에도 스스로 살아갈 수 있다고 전한다(캄페에게 보낸 서간).
여름	**「만물의 종언」 발표(『베를린월보』).**
7월 28일	러시아의 페테르부르크 과학아카데미의 회원에 선출된다.
10월 1일	칸트의 종교와 신학에 관한 강의와 저술을 금지하는 프리드리히 빌헬름 2세의 칙령이 나온다.
10월 12일	칸트는 칙령에서의 혐의에 관해서는 전혀 부정하면서도 "폐하의 충실한 신하로서" 칙령을 감수한다고 표명.

11월 24일　　“신학, 도덕(및 종교), 자연법(및 국가법, 국제법)”에 몰두하고 있으며, 이러한 “가장 넓은 의미의 형이상학”에 대한 엄격한 검열이 머지않아 완화될 것이라는 견해를 피력한다(라가르드에게 보낸 서간).

12월 4일　　슈토이들린이 창간한 신학잡지에 기고할 예정이었던 논문 「학부들의 투쟁」(나중의 『학부들의 투쟁』의 제1부)이 이미 완성되어 있지만, 검열이 엄격하기 때문에 당분간 발표를 미룬다는 뜻을 전한다(슈토이들린에게 보낸 서간).

＊　　베크『칸트 교수의 권고에 의한 교수의 비판적 저작들로부터의 해설적 개요, 제2권, 판단력비판 및 자연과학의 형이상학적 원리를 포함』출판. 권말에 칸트가 맡긴『첫 번째 서론』의 약 5분의 3의 축어적 발췌를 「판단력비판 서론에 대한 주」로서 덧붙인다.

＊　　슈토이들린『회의주의의 역사와 정신』출판. 칸트에게 증정(6월 14일자 칸트에게 보낸 서간).

＊　　피히테『전체 학문론의 기초』, 『학자의 사명』출판. 칸트에게 증정(10월 6일자 칸트에게 보낸 서간).

＊　　가르베에 의한 A. 스미스『국부론』독역서 출판(-96, 영어 초판 76).

1795년 (71세)

4월 5일　　프로이센과 프랑스 사이에 바젤협약이 체결되며, 대불동맹은 소멸. 곧이어 조약 본문과 어긋나는 ‘비밀조항’이 그 속에 담겨 있다는 것이 밝혀진다.

8월 10일　　해부학자 젬메링이『영혼의 기관에 대하여』의 원고를 보내준 데 대한 감사편지에서 **「영혼의 기관의 대하여」**에 관한 자신의 견해를 피력. 이듬해 간행된 젬메링『영혼의 기관에 대하여』에 부록으로서 게재된다.

10월　　**『영원한 평화를 위하여』**출판.

＊　　겨울학기의 형이상학을 도중에 중단하는 등, 서서히 강의활동을 축소시켜간다.

＊　　피히테『학문론 강요』출판. 칸트에게 증정.

＊　　슐로서가『시라쿠사의 국가개혁에 관한 플라톤의 서한』의 독어역에 「역사적 서설과 주석」을 붙여 발표. 칸트적 이성철학에 대한 비판을 전개한다.

＊　　제3차 폴란드 분할에 의해 폴란드 멸망(10월 24일).

1796년 (72세)

3월　　피히테『자연법의 기초』출판. 칸트에게 증정.

봄　　프랑스 국가공안위원회의 아베 시에예스가 프랑스 헌법 초안에 대해 칸트에게 의견을 구하고자 하지만 실현되지 않는다. 또한 파리 정부가 칸트를 “입법자, 공안의 창설자”로서 프랑스에 초청하고자 한다는 이야기가 신문에 보도된다.

여름학기　　학장을 사퇴한다.

5월　　**「철학에서 최근 고양된 존귀한 어조」**를 발표(『베를린월보』). 거기서 플라톤, 피타고라스의 신비주의를 비판하는 형태로 슐로서와 레오폴드에 대한 비판을 전개한다.

6월 14일　　쾨니히스베르크 대학 학생들에 의한 칸트의 송별회가 개최된다.

여름　　프리드리히 슐레겔 「칸트 영원평화론에 촉발된 보편적 공화주의」를 발표(『도이취』).

호의적인 논평이지만, 영원한 평화의 보장론이 목적론적 원리의 초월적 사용으로 될 두려움이 있다고 비판한다.

7월 23일   최종 강의(논리학)를 행한다.

8월 경   라이마루스가 칸트의 「존귀한 어조」에서의 수학 상의 잘못에 대해서 지적한다(『베를린월보』).

10월 경   「오해에 기초한 어떤 수학 상의 논쟁의 조정」을 발표(『베를린월보』). 라이마루스에 대한 재비판을 시도한다.

겨울   베크가 『비판철학 판정을 위한 유일 가능한 입각점』을 『칸트 교수의 권고에 의한 교수의 비판적 저작들로부터의 해설적 개요, 제3권』으로서 출판. 또한 같은 해 『비판철학 강요』도 출판.

12월 6일   「폰 힙펠의 저자로서의 자격에 대한 성명」 발표(『일반문예신문』). 힙펠의 익명의 저서 『결혼에 대하여』와 『형세가 좋아지는 인생행로』가 칸트의 저작은 아닌가 하는 의혹에 답한다.

☆   『영원한 평화를 위하여』 개정 제2판 출판. '두 번째 추가조항. 영원한 평화를 위한 비밀조항'을 증보. 또한 출판업자 니콜로비우스는 무허가의 불어역 출판에 대해서 칸트와 상담한 다음 개정 제2판의 불어역을 출판한다.

*   의학자 크리스토프 빌헬름 후페란트 『장생술, 즉 인간의 수명을 연장하는 기술』 출판. 칸트에게 증정(12월 12일자 칸트에게 보낸 서간).

*   피히테 「칸트 영원평화론 논평」을 발표(『철학잡지』). 호의적인 논평이지만, 칸트가 법을 형식적으로 규정한 것, 세계시민법을 상업정신에 의해서 근거짓고자 한 것에 대해서 반론을 제기한다.

*   기르탄너 『칸트의 박물학적 원리에 대하여』 출판.

*   셸링 「자연법의 연역」 발표(니트함머 편 『철학잡지』).

*   라플라스 『우주론 체계』 출판. 여기서 칸트가 『천계의 일반자연사와 이론』에서 주창한 것과 유사한 성운설을 설파한다.

1797년 (73세)

1월 19일   『인륜의 형이상학, 제1부, 법론의 형이상학적 원리』 출판.

2월 18일   부터베크가 칸트 『법론』에 대한 비판을 발표(『괴팅겐학보』).

2월 말   피히테가 「학문론의 새로운 서술의 시도, 제1장」(이른바 「첫 번째 서론」)을 발표(『철학잡지』). 칸트가 발견한 위대한 진리를 보급하는 것에서 칸트 자신은 실패했기 때문에, 칸트로부터 독립적으로 체계를 구축한다고 공언. 각주에서 베크의 『입각점』을 다루며, 자기의 관념론을 정당화하는 책으로서 추천한다.

4월 19일   양생법에 관한 논문 「자기의 병적인 신체적 감각에 대한 마음의 힘」의 구상을 말한다 (Ch. W. 후페란트에게 보낸 서간).

5월 29일   「슐레트바인과의 저작상의 다툼에 관한 성명」을 발표(『일반문예신문』). 슐레트바인으로부터의 왕복서간에 의한 논쟁의 제의를 고령을 이유로 거절하고, 비판철학에 대한 훌륭한 이해자 요한 슐츠를 대리인으로서 소개한다.

6월-연말	요한 슐츠는 베크에 대해서 그의 『입각점』이 피히테적 관념론으로의 일탈이며, "칸트 교수의 권고에 의한"이라는 표제를 철회해야 할 것이라고 강요한다. 베크는 칸트에 대해서 재삼 변명하지만(칸트에게 보낸 서간), 칸트는 그의 입장을 비판철학으로부터 의 일탈이라고 간주한다(티프트룬크에게 보낸 서간).
7월	「철학에서 영원한 평화 조약의 임박한 체결의 고지」를 발표(『베를린월보』 종간호). 슐로서에 대한 재비판을 전개.
7월 10일	『법론』에서의 '물권적 채권'이라는 개념에 대한 불만에 답한다(C. G. 슈츠에게 보낸 서간).
8월 경	『인륜의 형이상학, 제2부, 덕론의 형이상학적 원리』 출판.
9월 6일	「인간애로부터 거짓을 말할 수 있다는 잘못 생각된 권리」를 발표(비스터 편집의 새로운 잡지 『베를린잡지』). 콩스탕의 비판에 답하는 형태로 어쩔 수 없는 상황에서의 거짓말도 인정하지 않는 엄격한 논의를 전개한다.
9월	카를 아르놀트 빌만스(할레 대학 의학생)가 학위논문 『순수신비주의와 칸트의 종교론 과의 유사성에 대하여』(같은 해 간행)를 칸트에게 증정한다. 이에 덧붙여진 서간을 칸트는 본인의 허가를 얻어 나중의 『학부들의 투쟁』에서 제1부의 보충으로서 게재한 다.
10월 23일	「다시 시작하는 물음. 과연 인류는 좀더 선한 것으로 향하는 끊임없는 진보 속에 있는가」의 원고(나중에 『학부들의 투쟁』의 제2부로서 수록)가 비스터에 의해서 프로 이센 당국의 검열에 부쳐지며, 인쇄를 허가하지 않는 결정이 내려진다.
11월 16일	프로이센 국왕 프리드리히 빌헬름 2세 사망(44-, 재위 86-). 프리드리히 빌헬름 3세 즉위.
12월 30일	검열제도가 개선되고 있는 베를린 정세를 알게 된다(칸트에게 보낸 요한 에른스트 뤼데케 서간).
*	반자만 콩스탕의 「정치적 반동에 대하여」(96 간행)의 독어역 발표(『1797년의 프랑스』). 여기서 콩스탕은 곤궁한 상황에서의 거짓말에 관하여 칸트를 비판한다.
*	슐로서 『비판철학을 연구하고자한 한 청년에 대한 서간』(서론은 1796년 8월 1일자) 출판. 권말에 「철학에서 최근 고양된 존귀한 어조」를 부록으로서 게재. 지난해의 칸트에 의한 비판에 대해 반론.

1798년 (74세)

2월 6일	논문 「자기의 병적인 신체적 감각에 대한 마음의 힘」(후에 『학부들의 투쟁』의 제3부로 서 수록된다)을 Ch. W. 후페란트에게 송부한다. 같은 해 후페란트 편 『실용의학 및 외과의술의 잡지』에 게재되며, 동시에 후페란트에 의한 서문과 주를 붙여 예나 대학 출판국에서도 간행된다.
4월 5일	「학부들의 투쟁」과 「다시 시작하는 물음」을 합쳐 『학부들의 투쟁』이라는 한 권의 책으로 만드는 구상을 말한다. 또한 두 번째 논문을 분리하여 티프트룬크 편집 『칸트 소론집』에 수록하는 것을 허락한다(티프트룬크에게 보낸 서간).
5월 9일	「학부들의 투쟁」, 「다시 시작하는 물음」 및 「마음의 힘」을 합쳐 한 권의 책으로

통합하는 구상을 말한다(니콜로비우스에게 보낸 서간). 이 전후에 할레 대학 철학부에 이 원고들에 대한 검열을 요구한다. 에버하르트 등의 지지를 얻어 출판허가가 내려진다.

여름 『법론의 형이상학적 원리』 개정 제2판 출판. 「부록. 법론의 형이상학적 원리에 대한 주석적 메모」를 증보. 부터베크에 대한 반론을 시도한다. 이 부록은 제1판을 구입한 사람들을 위해 별책으로서도 출판된다.

9월 21일 현재 "자연과학의 형이상학적 원리로부터 물리학에로의 이행"이라는 과제에 종사하고 있다고 말한다. 또한 순수 이성의 이율배반이 자신을 교조적 선잠으로부터 깨어나게 했다고 회상한다(가르베에게 보낸 서간).

9월 29일 『실용적 견지에서 본 인간학』(강의록) 출판.

늦은 가을 『학부들의 투쟁』 출판. 제1부 '철학부와 신학부의 투쟁', 제2부 '철학부와 법학부의 투쟁', 제3부 '철학부와 의학부의 투쟁'이라는 표제를 붙인다. 속표지에는 첫 번째 논문을 기고할 예정이었던 슈토이들린에 대한 헌사를 게재한다. 또한 서문에 종교에 관한 강의와 저술을 금지한 1794년의 칙령과 칸트의 답장을 전문 게재하고, 프리드리히 빌헬름 2세가 사망한 지금 그 금지령에서 해방되었다고 선언한다.

☆ 『출판업에 대하여』 출판. 칸트가 니콜라이에게 보낸 2통의 서간 형태를 취하며, 첫 번째 서간에서 메자 비판, 두 번째 서간에서 니콜라이 비판을 전개한다(아래의 * 프리드리히 니콜라이 참조).

* 프리드리히 니콜라이 『젬프로니우스 군디베르트의 생활과 의견』 출판. 비판철학을 웃음거리로 만든다. 또한 같은 해 니콜라이는 유스투스 메자의 유고 『이론과 실천에 대하여』를 출판. 이 책은 칸트에 반대하여 세습귀족을 옹호하고자 한다.

* 티프트룬크 『칸트 교수의 법론의 형이상학적 원리의 해명과 판정을 위한, 사법 및 공법에 관한 철학적 연구』 두 권으로 이루어진 책이 지난해 여름부터 이 해에 걸쳐 출판된다.

* 베크 『칸트 인류의 형이상학 주해』(『법론』에 대한 주석서) 출판.

* 셸링 『자연철학의 구상』 출판.

* 불레 『초월론적 철학의 구상』 출판.

1799년 (75세)

봄 헤르더 『순수이성비판의 메타비판』 출판.

8월 28일 「피히테의 학문론에 관한 성명」을 발표(『일반문예신문』). 피히테의 체계를 전혀 근거 없는 체계로서 비난하고, 비판철학이 영원히 불멸할 것이라고 선언한다.

9월 28일 피히테가 「칸트의 성명에 대한 반론」을 발표(『일반문예신문』). 셸링의 서문이 덧붙여진다.

* 티프트룬크 편집 『임마누엘 칸트 소논문집』 출판. 이에는 『학부들의 투쟁』의 세 논문이 순서가 동일하게 수록되어 있으며, 나중에 출판업자 니콜로비우스와의 사이에서 판권 다툼이 벌어진다.

* 볼타가 전지를 발명.

1800년 (76세)

9월　　　『논리학』강의(예세 편집 강의록) 출판.

☆　　　야흐만『칸트 종교철학의 음미』출판. 빌만스의『순수신비주의와 칸트의 종교론의 유사성에 대하여』에 반대하여 칸트 종교철학을 신비주의로부터 옹호하고자 하는 것. 이 책을 위하여 칸트는 「칸트의 종교철학에 관한 야흐만의 시론을 위한 서문」을 부친다.

☆　　　크리스티안 고틀리프 밀케『리투아니아어·독일어 사전』출판. 칸트는 「후기」를 부친다.

*　　　이 해부터 노쇠가 심해지고, 바지안스키가 칸트를 돌봐준다.

*　　　링크와 예세에게 수고와 강의노트를 맡기고, 헤르더에 대한 반론의 일을 위임한다. 같은 해 링크는『메타비판에 의한 침략사에 대한 잡록』을 출판하여 그 일에 부응한다.

*　　　하만『순수 이성의 순수주의에 대한 메타비판』출판.

*　　　셸링『초월론적 관념론의 체계』출판.

1801년 (77세)

5월 29일　서적상 포르마에 의해서 같은 해, 무단으로 출판된『칸트 자연지리학』에 대한 「항의성명」을 발표.

10월　　　헤겔『피히테 철학과 셸링 철학의 차이』출판.

11월 14일　대학 평의원을 사임하는 최후의 공식 「성명」 발표.

1802년 (78세)

1월　　　약 40년간 칸트를 모신 하인 마르틴 람페를 해고, "람페의 이름은 이제부터 잊어버려야만 한다"고 메모에 적는다.

봄　　　『자연지리학』강의(링크 편집 강의록) 출판. 이후 링크와 포르마 사이에 판권을 둘러싼 다툼이 법정과 잡지에서 1805년까지 계속된다.

*　　　예세가 도르파트 대학(현재 에스토니아의 타르투 대학)의 철학교수로서 초빙된다. 칸트에게 보낸 서간과 칸트의 글이 적혀 있는 장서를 지참하며, 그 후 도르파트 대학도서관 창립자 모르겐슈타인에게 기증.

*　　　헤겔『자연법 논문』발표. 칸트의 정언명법을 비판.

1803년 (79세)

4월 9일　사망한 동생의 막내딸 헨리헤테에게 부친을 대신하여 결혼을 축복하는 편지를 보낸다. 현존하는 칸트 최후의 서간. 다만 이 서간은 서명을 포함하여 모두 바지안스키에 의한 대필.

☆　　　『교육학』(링크 편집 강의록) 출판.

*　　　헤르더 사망(1744-).

1804년 (79세)

2월 3일	혹심하게 쇠약해지면서도 검진하러 온 의사 에르스너 박사(당시 쾨니히스베르크 대학 학장)를 일어나서 맞이하며, "아직 인간성에 대한 감정을 잃고 있지 않습니다"고 알린다.
2월 12일	막내 누이 카타리나와 바지안스키가 지켜보는 가운데 노쇠에 의해 서거. 포도주를 물로 묽게 하고 사탕을 섞은 것을 입에 넣고 "좋다"고 말한 것이 최후의 말.
2월 28일	대학 묘지에 매장. 칸트는 가능한 한 검소한 장례를 원했지만, 16일간에 걸쳐 시내의 시민이 칸트에게 이별을 고하며, 장례 대열에는 수천 명의 시민이 참가했다.
부활제	『**형이상학의 진보**』에 관한 **현상논문** 출판. 1788년에 베를린 아카데미 현상논문 모집에 대한 미완의 응모 논문을 링크가 편집한 것.
4월 23일	대학 추도 기념제 거행.
*	셸링 「임마누엘 칸트」 발표(『프랑켄 국가학술신문』).
*	보로우스키, 야흐만, 바지안스키 『임마누엘 칸트에 대하여』(전3권) 출판.

✠ 학술원판 칸트 전집 수록 작품 목록 ✠

사토 슌지(佐藤俊二)

범례

1. 학술원판 칸트 전집의 원제는 다음과 같다. Kant's gesammelte Schriften, begonnen von der Königlich Preußischen Akademie der Wissenschaften. Berlin, 1900ff.

이 전집은 현재 Walter de Gruyter 서점에서 간행 중인데, 아직 완결되어 있지 않다. 이하의 목록은 1997년 7월 현재 발간되어 있는 권들만을 대상으로 하여 작성된 것이다.

2. 이 전집은 아래와 같이 4부로 구성되어 있다.

제1부 저작 [제 I 권–제IX권]

제2부 왕복서간 [제 X 권–제XIII권]

제3부 자필 유고 [제 XIV 권–제 X XIII 권]

제4부 강의 [제 XXIV 권–제XXIX권]

이 가운데 일단 완결된 것은 제3부까지이다. 제4부의 강의록은 이미 상당한 권들이 나와 있지만, 자연지리학 강의와 인간학 강의에 각각 해당될 예정의 제XXV권과 제XXVI권이 현재 간행되지 않은 상태이다¹⁾. 따라서 이 두 권에 관한 자료는 기재할 수 없었다.

3. 제1부의 전9권은 마찬가지로 Walter de Gruyter 서점에서 페이퍼백의 보급판으로도 발간되고 있다. 덧붙이자 면, 이 페이퍼백 판에서는 각 권 말미의 주들이 두 권짜리의 별쇄부록으로서 간행되고 있다. 원제는 다음과 같다. Kants Werke. Akademie Textausgabe, Bd. I–IX, Berlin 1968; Anmerkungen, 2 Bde., Berlin/New York 1977.

4. 이하의 목록은 학술원판 각 권의 목차를 토대로 작성된 것이다. 각 권마다 수록 저술명칭과 쪽 수를 열거했다. 또한 학술원판 이외의 칸트 전집과 저작들 가운데 아래의 것들에 대해 각 저술의 수록 권수를 명기했다.

V판 = Immanuel Kant, Sämtliche Werke, hrsg. von Karl Vorländer, 10 Bde., Leipzig, 1905ff.

C판 = Immanuel Kants Werke, hrsg. von Ernst Cassirer, 11 Bde., Berlin, 1912–1922.

W판 = Immanuel Kant Werkausgabe in 12 Bde., hrsg. von Wilhelm Weischedel, Frankfurt, 1968. (Suhrkamp Taschenbuch)

i판 = 『カント著作集』全18卷, 岩波書店, 1921–1939.

r판 = 『カント全集』全18卷, 高坂正顯・金子武藏・原佑 編集, 理想社, 1965–1988.

나아가 Felix Meiner의 Philosophische Bibliothek(= PhB판) 및 Reclam의 Universal Bibliothek(= R판)에 수록되어 있는 칸트 작품에 관해서는 각 문고의 문고 번호를 제시했다²⁾.

• • • • • • • • • • • •

1) 본 사전 간행 직전인 97년 가을 XXV권이 간행되었지만, 시간적 제약으로 인해 상세한 내용은 다음을 기약한다.

2) PhB판과 R판에 수록된 칸트 작품들은 그 대부분이 하나하나의 작품마다 단행본 형식으로 간행되어 있지만, 소논문은 다음의 문고번호와 제목을 지니는 논문집으로 묶여 있다.

<PhB판> TA24 = Ausgewählte Kleine Schriften.

5. i판, r판 이외에 일본어역이 있는 작품에 관해서는 '번역'이라고 제목을 붙인 난에 번호를 기입하여 뒤에 나오는 '칸트 일역서 목록'에 있는 <그 밖의 번역> 난의 정리번호와 대조할 수 있도록 했다.

6. 숫자의 오른 쪽 위에 *가 붙은 것은 초록 내지 부분록(초역 내지 부분역)이라는 것을 의미한다.

7. 제1부의 수록 작품, 즉 칸트 생전에 활자화된 것이 있는 작품에 대해서만 원제를 덧붙였다. 다만 지면을 고려하여 너무 긴 제명을 지닌 작품에 관해서는 원제와 그 일본어역 모두 적당히 간략화한 형태로 표기할 수밖에 없었다.

8. 학술원판 칸트 전집은 편집자의 주와, 칸트가 강의용으로 사용한 교과서의 본문 텍스트 등 칸트 자신의 손으로 이루어지지 않은 문장에 대해서도 상당한 지면을 할애하고 있다. 그 중에서도 특히 중요하다고 생각되는 것에 관해서는 목록에 올려놓았다. [ ]으로 묶여 있는 것이 그에 해당한다.

----

471 = Kleinere Schriften zur Geschichtsphilosophie, Ethik und Politik.

298 = Geographische und andere naturwissenschaftliche Schriften.

<R판> 9694 = Schriften zur Geschichtsphilosophie.

제 I 권 전비판기 저작집 I 1747-1756년 (1902년 초판/1910년 재판)

저술명(연대)	쪽	V	C	W	PhB	i	r	번역
활력의 참된 측정에 관한 고찰(1747) Gedanken von der wahren Schätzung der lebendigen Kräfte.	1-182	7	1	1			1	
지구의 회전에 의해서 지구가 겪는 변화(1754) Untersuchung der Frage, ob die Erde in ihrer Umdrehung um die Achse einige Veränderung erlitten habe.	183-192	7	1		298			5
지구는 노쇠하는가 라는 문제의 자연학적 고찰(1754) Die Frage, ob die Erde veralte, physikalisch erwogen.	193-214	7	1		298			
천계의 일반자연사와 이론(1755) Allgemeine Naturgeschichte und Theorie des Himmels.	215-368	7	1	1			10	5
불에 관한 성찰의 간략한 서술(1755)3) Meditationum quarundam de igne succincta delineatio.	369-384	7	1					6
형이상학적 인식의 제1원리의 새로운 해명(1755)4) Principiorum primorum cognitionis metaphysicae nova dilucidatio.	385-416	5	1	1		15	2	
지진의 원인에 대하여(1756) Von den Ursachen der Erderschütterungen.	417-428	7	1		298		1	
지진에서 주목해야 할 사건의 자연사적 기술(1756) Geschichte und Naturbeschreibung der merkwürdigsten Vorfälle des Erdbebens.	429-462	7	1		298			
지진론 속편(1756) Fortgesetzte Betrachtung der seit einiger Zeit wahrgenommenen Erdschütterungen.	463-472	7	1		298			
기하학과 결합된 형이상학의 자연철학에서의 사용, 그 일례로서의 물리적 단자론(1756)5) Metaphysicae cum geometria iunctae usus in philosophia naturali, cuius specimen I. continet monadologiam physicam.	473-487	7	1	2			1	
바람의 이론의 해명에 관한 새로운 주(1756) Neue Anmerkungen zur Erläuterung der Theorie der Winde.	489-503	7	1		298			

• • • • • • • • • • • •

3) 라틴어 작품. V판은 제7권에 O. Buec에 의한 독역을 수록하고, 다시 보권(제9권)에 라틴어 원문을 수록하고 있다. 또한 칸트의 라틴어 작품 전체를 영역한 책으로서 이하의 것이 있다. Kant's Latin Writings, translated by L. W. Beck, M. J. Gregor, J. Handyside, R. Meerbote and J. A. Reuscher, 2nd, Revised Edition, New York, 1992. (이하에서는 KLW로 약칭.) 덧붙이자면 『불에 대하여』의 번역은 L. W. Beck이 담당하고 있다.

4) 라틴어 작품. V판은 제5권에 K. Vorländer에 의한 독역을 수록하고, 보권(제9권)에 라틴어 원문을 수록하고 있다. W판은 M. Beck에 의한 독역을 라틴어 원문과의 대역 형식으로 수록하고 있다. 또한 KLW에는 J. A. Reuscher에 의한 영역이 수록되어 있다. 나아가 현재 간행중인 영어판 칸트 전집 The Cambridge Edition of the Works of Immanuel Kant, Cambridge, 1992ff.(이하에서는 CE로 약칭)의 Theoretical Philosophy 1755-1770 권에는 D. Walford와 R. Meerbote에 의한 영역이 수록되어 있다.

5) 라틴어 작품. V판은 제7권에 O. Buec에 의한 독역을 게재하고, 보권(제9권)에 라틴어 원문을 수록하고 있다. W판은 N. Hinske에 의한 독역을 라틴어 원문과의 대역 형식으로 수록하고 있다. 또한 KLW에는 L. W. Beck에 의한 영역이 수록되어 있다.

제Ⅱ권 전비판기 저작집Ⅱ 1757-1777년 (1905년 초판/1912년 재판)

저술명(연대)	쪽	V	C	W	PhB	R	i	r	번역
자연지리학 강의 개요. 부록:서풍론(1757) Entwurf und Ankündigung eines Collegii der physischen Geographie.	1-12	7	2		298			1	
운동과 정지의 새로운 개념 및 자연과학의 제1근거와 연관된 그것의 귀결들(1758) Neuer Lehrbegriff der Bewegung und Ruhe und der damit verknüpften Folgerungen in den ersten Gründen der Naturwissenschaft.	13-26	7	2	2	298				7
낙관주의 시론(1759) Versuch einiger Betrachtungen über den Optimismus.	27-36	6	2	2				2	
풍크 씨의 요절을 애도하며(1760) Gedanken bei dem frühzeitigen Ableben des Herrn Johann Friedrich von Funk.	37-44	8	2					16	
삼단논법의 네 가지 격의 잘못된 번거로움(1762) Die falsche Spitzfindigkeit der vier syllogistischen Figuren erwiesen.	45-62	5	2	2			15	2	
신의 현존재 논증의 유일하게 가능한 증명근거(1763) Der einzig mögliche Beweisgrund zu einer Demonstration des Daseins Gottes.	63-164	6	2	2	47Ⅱ		14	2	
부정량의 개념을 세계지에 도입하는 시도(1763) Versuch den Begriff der negativen Größen in die Weltweisheit einzuführen.	165-204	5	2	2			15	2	
미와 숭고의 감정에 관한 고찰(1764) Beobachtungen über das Gefühl des Schönen und Erhabenen.	205-256	8	2	2			15	3	8
뇌병시론(1764) Versuch über die Krankheiten des Kopfes.	257-272	8	2	2				16	
질버슐락의 저작『1762년 7월 23일에 출현한 밝은 유성에 관한 이론』의 논평(1764)6) Recension von Silberschlags Schrift: Theorie der am 23. Juli 1762 erschienenen Feuerkugel.	272a-272d				298				
자연신학과 도덕의 원칙의 판명성에 관한 고찰(1764) Untersuchung über die Deutlichkeit der Grundsätze der natürlichen Theologie und der Moral.	273-302	5	2	2			14	3	
1765-1766년 겨울학기 강의계획 공고(1765) M. Immanuel Kants Nachricht von der Einrichtung seiner Vorlesungen in dem Winterhalbenjahre von 1765-1766.	303-314	5	2	2				3	
형이상학의 꿈에 의해 해명된 시령자의 꿈(1766) Träume eines Geistersehers, erläutert durch Träume der Metaphysik.	315-374	5	2	2	286	1320	14	3	9
공간에서의 방위 구별의 제1근거에 대하여(1768) Von dem ersten Grunde des Unterschiedes der Gegenden im Raume.	375-384	5	2	2	286			3	
감성계와 예지계의 형식과 원리(1770)7) De mundi sensibilis atque intelligibilis forma et pricipiis.	385-420	5	C	2	251		12	3	
모스카티의 저서『동물과 인간의 구조 사이에 있는 신체상의 본질적인 차이에 대하여』의 논평(1771)	421-426	7	2	12	298			16	

Recension von Moscatis Schrift: Von dem körperlichen wesentlichen Unterschiede zwischen der Structur der Thiere und Menschen.								
다양한 인종에 대하여(1775) Von den verschiedenen Racen der Menschen.	427–444	8	2	11				3
범애학사론(1776–77) Aufsätze, das Philanthropin betreffend.	445–452	8	2					16

제III권 (1904년 초판/1911년 재판)

저술명(연대)	쪽	V	C	W	PhB	R	i	r	번역
순수이성비판(제2판, 1787) Kritik der reinen Vernunft.	1–552	1	3	3–4	37a	6491	1–2	4–6	2, 10–13

제IV권 (1903년 초판/1911년 재판)

저술명(연대)	쪽	V	C	W	PhB	R	i	r	번역
순수이성비판(제1판, 1781) Kritik der reinen Vernunft.	1–252	1	3	3–4	37a	6491	1–2	4–6	2, 10–13
학으로서 출현할 수 있는 장래의 모든 형이상학을 위한 프롤레고메나(1783) Prolegomena zu einer jeden künftigen Metaphysik, die als Wissenschaft wird auftreten können.	253–384	3	4	5	40	2468	6	6	1, 4, 14, 15
인륜의 형이상학의 정초(1785) Grundlegung zur Metaphysik der Sitten.	385–464	3	4	7	41	4507	7	7	1, 16, 17
자연과학의 형이상학적 원리(1786) Metaphysische Anfangsgründe der Naturwissenschaft.	465–565	7	4	9			11	10	18[*]

제V권 (1908년 초판/1913년 재판)

저술명(연대)	쪽	V	C	W	PhB	R	i	r	번역
실천이성비판(1788) Kritik der praktischen Vernunft.	1–164	2	5	7	38	1111	3	7	3, 19–22
판단력비판(1790) Kritik der Urteilskraft.	165–485	2	5	10	39a	1026	4	8	3, 24–26

제VI권 (1907년 초판/1914년 재판)

저술명(연대)	쪽	V	C	W	PhB	R	i	r	번역
단순한 이성의 한계 안에서의 종교(1793) Die Religion innerhalb der Grenzen der bloßen Vernunft.	1–202	4	6	8	45	1231	5	9	

• • • • • • • • • • • •

6) 이 작품은 본래 학술원판의 초판에서 8권에 부록으로서 수록된 것인데, 그 후의 페이퍼백판에서는 연대대로 제2권에도 삽입되게 되었다.

7) 라틴어 작품. V판은 제7권에 K. Vorländer에 의한 독역을 게재하고, 보권(제9권)에 라틴어 원문을 수록하고 있다. PhB판은 K. Reich에 의한 독역을 라틴어 원문과의 대역 형식으로 수록하고 있다. W판은 N. Hinske에 의한 독역을 역시 라틴어 원문과의 대역 형식으로 수록하고 있다. KLW에는 L. W. Beck에 의한 영역이 수록되어 있다. 또한 CE의 Theoretical Philosophy 1755–1770 권에는 D. Walford와 R. Meerbote에 의한 영역이 수록되어 있다.

인류의 형이상학(1797) Die Metaphysik der Sitten.	203–493	3	7	8				11	1
제1부: 법론의 형이상학적 기초 　Metaphysische Anfangsgründe der Rechtslehre.	203–372				360		9		
제2부: 덕론의 형이상학적 기초 　Metaphysische Anfangsgründe der Tugendlehre.	373–493				430		8		23

제VII권 (1907년 초판/1914년 재판)

저술명(연대)	쪽	V	C	W	PhB	R	i	r	번역
학부들의 투쟁(1798) Der Streit der Facultäten.	1–116	5	7	11	252	9694*		13	35*
실용적 견지에서 본 인간학(1798) Anthropologie in pragmatischer Hinsicht.	117–333	4	8	12	44	7541	16	14	4, 32–34
인간학 보충8)	395–415	4	8	12	44	7541		14	

제VIII권 1781년 이후의 논고 (1912년 초판/1923년 재판)

저술명(연대)	쪽	V	C	W	PhB	R	i	r	번역
람베르트 왕복서간의 공고(1782) Anzeige des Lambert'schen Briefwechsels.	1–4				298				
의사에 대한 성명(1782) Nachricht an Ärzte.	5–8				298				
슐츠의 인륜론 시론에 관한 논평(1783) Recension von Schuz's Versuch einer Anleitung zur 　Sittenlehre,	9–14	6	4	12	47 I			16	
세계시민적 견지에서의 일반사의 이념(1784) Idee zu einer allgemeinen Geschichte in weltbürgerlicher 　Absicht.	15–31	6	4	11	TA24, 47 I	9694	13	13	28, 29
계몽이란 무엇인가라는 물음에 대한 대답(1784) Beantwortung der Frage: Was ist Aufklärung?	33–42	5	4	11	TA24	9714	13	13	28, 29
헤르더의 『인류사의 철학의 구상』에 관한 논평(1785) Recensionen von J. G. Herders Ideen zur Philosophie der 　Geschichte der Menschheit. Theil 1. 2.	43–66	6	4	12	TA24, 47 I	9694		13	
달의 화산에 대하여(1785) Über die Vulkane im Monde.	67–76	7	4		298			1	
위조출판물의 불법성에 대하여(1785) Von der Unrechtmäßigkeit des Büchernachdrucks.	77–88	6	4		47 I			16	
인종의 개념의 규정(1785) Bestimmung des Begriffs einer Menschenrace.	89–106	8	4	11				13	
인류사의 추측상의 기원(1786)	107–124	6	4	11	TA24,	9694	13	13	28, 29

• • • • • • • • • • • •

8) 이 텍스트는 본래 제7권의 주의 일부로서 덧붙여져 있던 것으로서 페이퍼백판의 제7권에서는 할애되어 있다. C판 · W판 · PhB판 · R판에서 이
　보충은 『실용적 견지에서 본 인간학』의 각주 또는 권말 주에 끼워 넣어져 있다.

Muthmaßlicher Anfang der Menschengeschichte.					47 I				
후페란트의 『자연법의 원칙에 관한 시론』에 대한 논평 (1786) Recension von Gottlieb Hufeland's Versuch über den Grundsatz des Naturrechts.	125–130	6	4	12	47 I			16	
사유에서 방위를 정한다는 것은 어떠한 것인가?(1786) Was heißt: Sich im Denken orientieren?	131–148	5	4	5	TA24		15	12	
멘델스존의 『아침시간』에 관한 야콥의 시론에 대한 몇 가지 소견(1786) Einige Bemerkungen zu L. H. Jakob's Prüfung der Mendelssohn'schen Morgenstunden,	149–156	6	4	5				16	
철학에서의 목적론적 원리의 사용에 대하여(1788) Über den Gebrauch teleologischer Principien in der Philosophie.	157–184	8	4	9		9694		12	
새로운 순수이성비판은 오랜 비판에 의해서 모두 쓸모없게 될 것이라는 발견에 대하여(1790) Über eine Entdeckung, nach der alle neue Kritik der reinen Vernunft durch eine ältere entbehrlich gemacht werden soll.	185–252	5	4	5				12	
변신론에서의 모든 철학적 시도의 실패에 대하여(1791) Über das Misslingen aller philosophischen Versuche in der Theodicee.	253–272	6	6	11				12	
"그것은 이론적으로는 올바르지만, 실천적으로는 쓸모없다"는 속언에 대하여(1793) Über den Gemeinspruch: Das mag in der Theorie richtig sein, taugt aber nicht für die Praxis.	273–314	6	6	11	443, 47 I	9694		13	29
달이 기후에 미치는 영향에 대하여(1794) Etwas über den Einfluß des Mondes auf die Witterung.	315–324	7	6		298			1	
만물의 종언(1794) Das Ende aller Dinge.	325–340	6	6	11	TA24	9694	13	13	28, 29
영원한 평화를 위하여(1795) Zum ewigen Frieden.	341–386	6	6	11	443 47 I	1501	13	13	3, 30, 31
철학에서 최근 고양된 존귀한 어조(1796) Von einem neuerdings erhobenen vornehmen Ton in der Philosophie.	387–406	5	6	6				12	
오해에 기초한 어떤 수학상의 논쟁의 조정(1796) Ausgleichung eines auf Mißverstand beruhenden mathematischen Streits.	407–410	5	6	6				16	
철학에서 영원한 평화 조약의 임박한 체결의 고지(1796) Verkündigung des nahen Abschlusses eines Tractats zum ewigen Frieden in der Philosophie.	411–422	5	6	6	TA24			13	
인간애로부터 거짓을 말할 수 있다는 잘못 생각된 권리에 대하여(1797) Über ein vermeintes Recht aus Menschenliebe zu lügen.	423–430	6		8	47 I			16	

저술명(연대)	쪽	V	C	W	i	r	번역
출판업에 대하여(1798) Über die Buchmacherei.	431–438	6			47 I		16
야흐만의 『칸트 종교철학의 음미』에 대한 서문(1800) Vorrede zu Reinhold Bernhard Jachmanns Prüfung der Kantischen Religionsphilosophie.	439–442	8	8				16
밀케의 『리투아니아어–독일어 사전』의 후기(1800) Nachschrift zu Christian Gottlieb Mielckes Littauisch = deutschem und deusch = littauischem Wörterbuch.	443–446	8	8				16
질버슐락이 저서 『1762년에 출현한 밝은 유성에 관한 이론』에 대한 논평(1764)[각주 5] 참조 Recension von Silberschlags Schrift: Theorie der am 23. Juli 1762 erschienenen Feuerkugel.	447–450				298		
[울리히의 『엘레우테리올로기』에 관한 크라우스 집필의 논평(1788)] Kraus' Recension von Ulrich's Eleutheriologie.	451–460						

제IX권 (1923년 초판)

저술명(연대)	쪽	V	C	W	i	r	번역
논리학{예셰 편집}(1800) Logik. Ein Handbuch zu Vorlesungen.	1–150	4	8	6	10	12[*]	
자연지리학{링크 편집}(1802) Physische Geographie.	151–436	9				15	36[*]
교육학{링크 편집}(1803) Über Pädagogik	437–499	8	8	12	17	16	33–35

제X권 1747–1788년의 서간 (1900년 초판/1922년 개정 제2판)[9]

저술명(서간번호)	쪽	V	C	PhB	i	r
왕복서간(Nr.1–Nr.342)	1–159	8[*]	9[*]	52a/b[*]	18[*]	17[*]

제XI권 1789–1794년의 서간 (1900년 초판/1922년 개정 제2판)

저술명(서간번호)	쪽	V	C	PhB	i	r
왕복서간(Nr.343–Nr.647)	1–536	8[*]	9[*], 10[*]	52a/b[*]	18[*]	17[*], 18[*]

- - - - - - - - - - - -

9) 서간집에 배당된 제10권–제12권은 학술원판 전집에서는 가장 일찍 1900년부터 1902년에 걸쳐 베를린의 Georg Reimer 서점에서 간행되었다. 그 초판에서는 보충으로 다루어지고 있던 적지 않은 수의 서간과 새로 발견된 서간이 1922년의 개정 제2판에서는 연대에 맞춘 부분에 다시 끼워 넣어졌다. 그리하여 20세기 초두에 Georg Reimer 서점에서 간행된 제1판과 현재 Walter de Gruyter 서점에서 간행되고 있는 판 사이에는 각 서간의 게재순서, 게재 권수, 게재 쪽 등에서 상당한 차이가 생겨났다. 이 목록에서는 개정 제2판의 자료를 기재했다.

제XII권 1795-1803년의 서간 및 부록 (1902년 초판/1922년 개정 제2판)

저술명(서간번호/연대)	쪽	V	C	W	PhB	i	r
왕복서간(Nr.648-Nr.897)	1-346	8*	10*		52a/b*	18*	18*
서간 Nr.671: 죔머링 저 『영혼의 기관에 대하여』의 부록10)	31-35	8		11			16
날짜가 없는 서간(Nr.898-Nr.903)	347-356						
공개성명	357-372		8				16
1. 공고(1790)	359						
2. 정정(1792)	359-360	8					
3. 서적상에게(1793)	360	8					
4. 힙펠의 저자로서의 자격에 관한 성명(1796)	360-361	8					
5. 슐레트바인과의 저작상의 다툼에 관한 성명(1797)	362-370	8					
6. 피히테의 학문론에 관한 성명(1799)	370-371	8					
7. 포르마에 의해 불법적으로 출판된 자연지리학에 관한 공시(1801)	372	8					
자필 성명과 유언장	373-392						
1. 부르크하르트와의 다툼에 관한 초안(1784-1786년 무렵)	375-380						
2. 프리드리히 빌헬름 2세의 칙령에 대하여?(1795?)	380-381						
3. 프랑스공화국 총재정부의 정당성(1798)	381-382						
4. 유언장(1798-1803)	382-390						
5. 매장에 관한 지시(1799)	391						
6. 유언장의 보완(1799)	391						
7. 칸트 소유의 황금 메달의 양도에 관한 지시(1801)	392						
대학 동료의 죽음을 애도하는 조시(7편)	393-398	8*					
청강자로부터 칸트에게 증정된 시(4편)	399-412						
수첩의 페이지(12점)	413-418						
공문서(발췌 24통)	419-442		10*		52a/b*	18*	18*

제XIII권 주와 색인 (1922년 초판)

저술명(서간번호/연대)	쪽	C	PhB	r
[서간집의 주]	1-596			
보충: 서간 Nr.654b(1795)	597-600		52a/b	18
[서간집의 색인]	601-699			

제XIV권 수학/물리학과 화학/자연지리학 (1911년 초판)

저술명(단편번호)	쪽	V	r
수학의 반성(Nr.1-Nr.19)	1-62		
물리학과 화학의 반성(Nr.20-Nr.82)	63-538		
자연지리학의 반성(Nr.83-Nr.110)	539-635	9*	15*

• • • • • • • • • • •

10) 1795년 8월 10일의 날짜를 지니는 죔머링에게 보낸 서간(서간번호 Nr.671)에서 칸트가 동봉한 개요. 이것을 죔머링은 이듬해 간행된 자기의 논문 『영혼의 기관에 대하여』에 부록으로 삼았다. 학술원판·C판·PhB판은 이것을 서간의 일부로서 취급하며, V판·W판·r판은 독립된 논문으로서 취급하고 있다.

제XV권 제1분책 인간학 (1923년 초판)

저술명(단편번호)	쪽	R	r
A. G. 바움가르텐의 『경험적 심리학』에 대한 주해(Nr.111–Nr.158)	1–54		
[A. G. 바움가르텐 저 『경험적 심리학』의 본문 텍스트]	3–54		
인간학의 반성(Nr.158a–Nr.1110)	55–493	7541*	14*

제XV권 제2분책 인간학 (1923년 초판)

저술명(단편번호)	쪽	R	r
인간학의 반성{계속}(Nr.1111–Nr.1481)	494–654	7541*, 9694*	14*
인간학 강의 초안	655–899	7541*, 9694*	14*
1770년대의 인간학 강의 초안(Nr.1482–Nr.1502)	657–798		
1780년대의 인간학 강의 초안(Nr.1502a–Nr.1524)	799–899		
부록1: 토론의 초안(Nr.1525)[11]	901–936		
부록2: 의학(Nr.1526–Nr.1561)[12]	937–980		

제XVI권 논리학 (1924년 초판)

저술명(단편번호)	쪽
논리학의 반성(Nr.1562–Nr.3488)	1–872
[G. F. 마이어 저 『이성주의 요강』의 본문 텍스트]	3–872

제XVII권 형이상학 (1924년 초판)

저술명(단편번호)	쪽	비고
A. G. 바움가르텐의 『형이상학』에 대한 주해(Nr.3489–Nr.3702)	1–226	바움가르텐의 『형이상학』의 서두 부분은 히가키 요시시게
[A. G. 바움가르텐 저 『형이상학』의 본문 텍스트]	5–226	(檜垣良成)에 의한 역주가 히로시마 대학 문학부 철학연구과의 『심포지온』 복간 제38호 제2분책(1992)의 28–57쪽에 게
형이상학의 반성(Nr.3703–Nr.4846)	227–745	재되어 있다.

제XVIII권 형이상학 (1928년 초판)

저술명(단편번호)	쪽
형이상학의 반성{계속}(Nr.4847–Nr.6455)	1–725
J. A. 에버하르트의 『자연신학 입문』에 관한 메모(Nr. 6206–Nr.6310)	489–606
[J. A. 에버하르트 저 『자연신학 입문』의 본문 텍스트]	489–606

· · · · · · · · · ·

11) 「감성적 가상과 시적 공상」이라는 제목의 라틴어로 이루어진 원고. KLW에는 R. Meerbote에 의한 영역이 수록되어 있다.

12) 단편 Nr.1526은 「신체에 관한 철학적 의술」이라는 제목의 라틴어로 된 원고이며, 이것도 KLW에 M. J. Gregor에 의한 영역이 수록되어 있다.

제 XIX 권 도덕철학/법철학/종교철학 (1934년 초판)

저술명(단편번호)	쪽
A. G. 바움가르텐의 『제1실천철학 입문』에 대한 주해(Nr.6456~Nr.6576)	1~91
[A. G. 바움가르텐 저 『제1실천철학 입문』의 본문 텍스트]	5~91
도덕철학의 반성(Nr.6577~Nr.7322)	92~318
G. 아헨발의 『자연법』에 대한 주해(Nr.7323~Nr.7520)	321~442
[G. 아헨발 저 『자연법』의 본문 텍스트]	323~442
법철학의 반성(Nr.7521~Nr.8080)	443~614
종교철학의 반성(Nr.8081~Nr.8112)	615~654

제 XX 권 (1942년 초판)

저술명	쪽	V	C	W	PhB	i	r	번역
『미와 숭고의 감정에 관한 고찰』에 관한 메모	1~182	8※					16	
『미와 숭고의 감정에 관한 고찰』에 관한 이곳저곳의 단편	183~192						16	
판단력비판의 첫 번째 서론	193~252		5	10	39b		8	25~27
『형이상학의 진보』에 관한 현상논문	253~332	5	8	6		17	12	
『형이상학의 진보』에 관한 이곳저곳의 단편	333~352							
에버하르트 반박서의 준비 원고	353~378							
에버하르트의 잡지의 서평	379~424		6					
종교철학 서문 초안	425~440						9	
법론에 관한 메모	441~467							

제 XXI 권 오푸스 포스투뭄(유작) 제1분책 (1936년 초판)

저술명	쪽	비고
제1원고군~제6원고군	1~645	현재 간행 중인 영어판 칸트 전집 The Cambridge Edition of the Works of Immanuel Kant, edited by P. Guyer & A. Wood, Cambridge 1992ff.(이하 CE라고 약칭)에 E. Forster/M. Rosen에 의한 초역이 수록되어 있다.

제 XXII 권 오푸스 포스투뭄(유작) 제2분책 (1936년 초판)

저술명	쪽	비고
제7원고군~제13원고군	1~624	앞에서 언급한 초역.

제 XXIII 권 준비원고와 보충 (1956년 초판)

저술명	쪽	r
1754년의 현상 문제에 관한 단편	1–8	
『천계의 일반자연사와 이론』의 서문 초안	9–14	
『순수이성비판』 제1판의 보충	15–50	6
『프롤레고메나』 준비원고	51–66	6
『실천이성비판』 준비원고	67–72	7
『철학에서의 목적론적 원리의 사용에 대하여』 준비원고	73–76	
『울리히 서평』 준비원고	77–82	
『변신론에서의 모든 철학적 시도의 실패에 대하여』 준비원고	83–86	
『단순한 이성의 한계 안에서의 종교』 준비원고	87–124	9
『이론과 실천에 관한 속언』 준비원고	125–144	16*
『달이 기후에 미치는 영향에 대하여』 준비원고	145–148	
『만물의 종언』 준비원고	149–152	
『영원한 평화를 위하여』 준비원고	153–192	16*
『철학에서 최근 고양된 존귀한 어조』 준비원고	193–196	
『오해에 기초한 어떤 수학상의 논쟁의 조정』 준비원고	197–206	
『인류의 형이상학』 제1부 '법론의 형이상학적 기초' 준비원고	207–370	16*
『인류의 형이상학』 제2부 '덕론의 형이상학적 기초' 준비원고	371–420	16*
『학부들의 투쟁』 준비원고	421–464	16*
『야흐만 시론』 준비원고	465–468	
『형이상학의 진보』의 보충	469–476	
『오푸스 포스투뭄』의 보충	477–488	
왕복서간의 보충	489–500	
수첩의 보충	501	

제 XXIV 권 제1분책 논리학 강의 (1966년 초판)

저술명	쪽	비고
I. Herder의 논리학	1–6	II는 영역이 CE의 아래의 권에 수록되어 있다.
II. Blomberg의 논리학	7–302	Lectures on Logic, translated by J. M. Young, Cambridge 1992.
III. Philippi의 논리학	303–496	

제 XXIV 권 제2분책 논리학 강의 (1966년 초판)

저술명	쪽	비고
IV. Pölitz의 논리학	497–602	VI, VII의 영역이 CE의 Lectures on Logic 권에 수록되어 있다.
V. Busolt의 논리학	603–686	
VI. Dohna–Wundlacken의 논리학 Kowalewski판에 의함	687–784	
VII. 빈 논리학	785–940	
VIII. Schlapp의 논리학 요강	941–952	
Hintz의 논리학으로부터	943–944	
Hoffmann의 논리학으로부터	944–952	

제 XXVII 권 제1분책 도덕철학 강의 (1974년 초판)

저술명	쪽	비고
I. Herder의 실천철학	1–90	P. Menzer가 1924년에 간행한 Eine Vorlesung Kants über Ethik(뒤에 있는 '칸트 일역서 목록' No. 37 참조)은 III과 거의 동일한 내용이다.
II. Powalski의 실천철학	91–236	또한 I의 부분 영역과 III의 전체 영역이 CE의 아래의 권에 수록되어 있다.
III. Collins의 도덕철학	237–473	Lectures on Ethics, translated by P. Heath

제 XXVII 권 제2분책 제1부 도덕철학 강의 (1975년 초판)

저술명	쪽	비고
IV. Vigilantius의 인륜의 형이상학	475–732	IV의 영역이 CE의 Lectures on Ethics 권에 수록되어 있다.
[A. G. 바움가르텐 저 『철학적 윤리학』의 본문 텍스트	733–1028	
[1751년의 『철학적 윤리학』의 본문]	735–870	
[1763년의 『철학적 윤리학』의 본문]	871–1028	

제 XXVII 권 제2분책 제2부 도덕철학 강의 (1979년 초판)

저술명(단편번호)	쪽
[다른 글들]	1205–1316
Kaeler의 도덕철학	1205
Brandt/Aron의 철학적 도덕론	1206–1220
마르부르크 실천철학	1220–1248
1791년의 도덕 강의	1248–1267
Dilthey의 철학적 도덕론	1267–1316
Feyerabend의 법철학	1317–1394
Mrongovius의 도덕론	1395–1581

제 XXVIII 권 제1분책 형이상학 강의와 이성신학 강의 (1968년 초판)

저술명	쪽	비고
1. Herder의 형이상학	1–166	II–3은 Pölitz가 1821년에 간행한 Immanuel Kant's Vorlesungen über Metaphysik의 후반부에 해당된다. 뒤에 있는 '칸트 일역서 목
1. Herder의 형이상학. 바움가르텐 『형이상학』의 §§1–450을 텍스트로 하는 강의. 본래의 원고에 의함	3–53	

저술명	쪽	비고
부록: 존재론에 관한 이곳저곳의 단편 본래의 원고에 의함	53~56	록' No. 38을 참조.
2. Herder의 형이상학. 바움가르텐 『형이상학』의 §§531~846, 946을 텍스트로 하는 강의. Menzer의 필사 초고에 의함	57~140	I, II-3, III은 CE의 아래의 권에 부분 영역 이 수록되어 있다. Lectures on Metaphysics,
3. 이곳저곳의 단편. 본래의 원고에 의함	141~152	translated by K. Ameriks & S. Naragan.
4. 형이상학에 대한 서론, 자연학의 형이상학적 기초론 본래의 원고에 의함	153~166	
II. 형이상학 L1	167~350	
1. 형이상학 L1, K1, H Heinze의 단편	169~182	
2. 형이상학 L1 Heinze의 존재론 요강	183~192	
3. 형이상학 L1 Pölitz에 의한 우주론, 심리학, 신학	193~350	
III. Volckmann의 형이상학	351~460	
IV. Schön의 형이상학 존재론	461~524	

제 XXVIII권 제2분책 제1부 형이상학 강의와 이성신학 강의 (1970년 초판)

저술명	쪽	비고
V. 형이상학 L2	525~610	V-1은 위에서 언급한 Pölitz 편 Vorlesungen
1. Pölitz에 의한 서론, 프롤레고메나, 존재론	527~578	über Metaphysik의 전반부에 해당된다. '칸
2. 본래 원고에 의한 특수형이상학	579~610	트 일역서 목록' No. 38을 참조. 또한 V-1의
VI. Dohna의 형이상학 본래의 원고에 의함	611~704	전체 영역 및 V-2와 VI와 VII-2의 부분 영역
부록: 비판적 교정을 거친 존재론	703~704	이 CE의 Lectures on Metaphysics의 권에 수 록되어 있다.
VII. 형이상학 K2	705~816	
1. 프롤레고메나, 존재론, 우주론, 경험적 심리학 Heinze의 요강	707~750	
2. 심리학, 신학 Heinze의 단편	751~812	
3. 경험적 심리학 Schlapp의 요강	813~816	
VIII. 형이상학 K3	817~838	
1. 형이상학 K3 Arnoldt의 요강	819~834	
2. 형이상학 K3 Schlapp의 요강	835~838	
IX. Herder의 형이상학의 보충	839~962	
1. Herder의 형이상학의 후반부 본래의 원고에 의함	843~932	
2. 청색 노트로부터의 보충	933~946	
3. 존재에 관한 시론	947~962	

제 XXVIII권 제2분책 제2부 형이상학 강의와 이성신학 강의 (1972년 초판)

저술명	쪽	번역	비고
I. Pölitz에 의한 철학적 종교론	989~1126	39	I 의 전체 영역이 CE의 아래의 권에 수록되어 있다. Religion and Rational Theology, translated by A. W.
II. Baumbach에 의한 Volckmann의 자연신학	1127~1226		Wood.
III. Baumbach에 의한 단치히 이성신학	1227~1320		
IV. 후기 이성신학의 단편	1321~1332		

제XXIX권 제1분책 제1부 소강의와 보충 I (1980년 초판)

저술명	쪽	비고
I. 철학 엔치클로페디	1–46	Mrongovius의 도덕론 II 는 CE의 Lectures on Ethics 권에 부분 영역이 있다.
II. Herder의 수학	47–66	
III. Herder의 물리학	67–72	
IV. 베를린 물리학	73–92	
V. 단치히 물리학	93–170	
[W. J. G. 카르스텐 저 『자연의 지식』(1783)의 본문 텍스트	171–590	
Mrongovius의 도덕론 II	593–642	

제XXIX권 제1분책 제2부 보충 II (1983년 초판)

저술명	쪽	비고
Mrongovius의 형이상학	743–940	Arnoldt의 형이상학(K3)은 CE의 Lectures on Metaphysics 권에 Vigilantius 의 형이상학으로서 영역되어 있다. 또한 같은 권에는 Mrongovius의 형이상학의 영역도 수록되어 있다.
Arnoldt의 형이상학(K3)	941–1040	
Mrongovius의 논리학	1041–1048	
이성신학 Magath의 다른 글	1049–1077	

✠ 한국어판 칸트 저작 및 연구문헌 일람 ✠

이신철(李信哲)

(수록 범위는 2009년 3월 현재까지의 단행본으로 출간된 칸트 저작의 번역들과 저서 및 번역서를 포함한 연구문헌들로 제한했다. 수록 순서는 연대순으로 하되, 같은 역자 내지 저자의 동일저작의 판본이 여럿인 경우 개정작업과 독자의 편의 등을 고려하여 최근 것을 수록하기도 했다.)

Ⅰ. 칸트 저작의 번역들

『칸트 도덕형이상학』, 박태석 옮김, 형설출판사, 1965.
『도덕철학원론』, 정진 옮김, 을유문화사, 1970.
『순수이성비판』, 최재희 옮김, 박영사, 1972 · 1974 · 1983.
『영구평화를 위하여』, 정진 옮김, 정음사, 1974.
『도덕형이상학원론, 영구평화론』, 이규호 옮김, 박영사, 1974.
『실천이성비판』, 최재희 옮김, 박영사, 1975.
『도덕철학서론』, 최재희 옮김, 수록:『실천이성비판』, 최재희 옮김, 박영사, 1975.
『비판철학서론』, 최재희 옮김, 박영사, 1977.
『프로레고메나』, 서동익 옮김, 『세계의 대사상 16』에 수록, 휘문출판사, 1981.
『도덕형이상학의 기초』, 서동익 옮김, 『세계의 대사상 16』에 수록, 휘문출판사, 1981.
『판단력비판서설』, 이석윤 옮김, 『세계의 대사상 16』에 수록, 휘문출판사, 1981.
『종교철학』, 한철하 옮김, 『세계의 대사상 16』에 수록, 휘문출판사, 1981.
『보편사의 이념』, 이석윤 옮김, 『세계의 대사상 16』에 수록, 휘문출판사, 1981.
『인류사의 억측적 기원』, 서동익 옮김, 『세계의 대사상 16』에 수록, 휘문출판사, 1981.
『영원한 평화를 위하여』, 서동익 옮김, 『세계의 대사상 16』에 수록, 휘문출판사, 1981.
『순수이성비판, 세계사상대전집 14』, 정명오 옮김, 대양서적, 1983.
『이성의 한계 안에서의 종교』, 신옥희 옮김, 이화여자대학교출판부, 1984 · 2001.
『도덕형이상학』, 박태훈 옮김, 형설출판사, 1989.
『순수이성비판』, 이상백 옮김, 성창출판사, 1990.
『순수이성비판』, 김희정 옮김, 일신서적출판사, 1991.
『순수이성비판』, 이명성 옮김, 홍신문화사, 1991.
『실천이성비판』, 강태정 옮김, 일신서적출판사, 1991.
『칸트의 역사철학』, 이한구 옮김, 서광사, 1992.

『순수이성비판』, 윤성범 옮김, 을유문화사, 1992.

『순수이성비판』, 정명오 옮김, 그레이트북, 1994.

『실용적 관점에서 본 인간학』, 이남원 옮김, 울산대학교출판부, 1998.

『칸트의 형이상학 강의』, 이남원 옮김, 울산대학교출판부, 1999.

『순수이성비판』, 전원배 옮김, 삼성출판사, 1999.

『순수이성 비판 서문』, 김석수 옮김, 책세상, 2002.

『칸트의 교육사상』, 장찬익 옮김, 배영사, 2002.

『도덕 형이상학을 위한 기초 놓기』, 이원봉 옮김, 책세상, 2002.

『실천이성비판』 백종현 옮김, 아카넷, 2002.

『판단력비판』, 이석윤 옮김, 박영사, 2003.

『아름다움과 숭고함의 감정에 관한 고찰』, 이재준 옮김, 책세상, 2005.

『판단력 비판』, 김상현 옮김, 책세상, 2005.

『윤리형이상학 정초』, 백종현 옮김, 아카넷, 2005.

『순수이성비판 1』, 백종현 옮김, 아카넷, 2006.

『순수이성비판 2』, 백종현 옮김, 아카넷, 2006.

『순수이성비판: 서양 철학을 재정립한 위대한 고전』, 이명성 옮김, 홍신문화사, 2006.

『칸트의 교육학 강의: 교사와 부모를 위한 칸트의 교육론』, 조관성 옮김, 철학과현실사, 2007.

『순수이성비판. 실천이성비판』, 정명오 옮김, 동서문화사, 2007.

『감성계와 지성계의 형식과 원리들』, 최소인 옮김, 이제이북스, 2007.

『영구 평화론: 하나의 철학적 기획』, 이한구 옮김, 서광사, 2008.

II. 칸트 관련 단행본 연구문헌

『칸트의 코페르니쿠스적 비극』, 최일운 지음, 전북대학교논문편집위원회, 1963.

『인류의 스승 칸트: 그의 생애와 사상』, 최현 지음, 창원사, 1963.

『칸트』, 박종홍 지음, 대양서적, 1970 · 1983.

『칸트』, 최재희 지음, 청산문화사, 1974.

『칸트의 변증법』, A. 데버린 지음, 한정석 옮김, 경문사, 1975.

『대철학자 칸트의 일생』, R. B. 야흐만 · L. E. 보로우스키 지음, 이영철 옮김, 글벗집, 1976.

『칸트의 순수이성비판 연구』, 최재희 지음, 박영사, 1976 · 1978 · 1983.

『칸트 철학 연구: 자연과 자유의 통일』, 김용정 지음, 유림사, 1978.

『칸트의 형이상학』, 마르틴 하이데거 지음, 최재희 옮김, 박영사, 1979.

『칸트와 형이상학』, 최재희 지음, 박영사, 1979.

『칸트의 생애와 철학』, 최재희 지음, 태양출판사, 1981.

『칸트의 교육철학』 임태평 지음, 학문사, 1983.

『윤리학』, 박선목 지음, 학문사, 1983.

『칸트』, 우베 슐츠 지음, 최혁순 옮김, 행림출판사, 1984.

『칸트와 현대철학』, 하영석 외 지음, 형설출판사, 1984 · 1995.

『칸트철학연구: 최재희전집. 1』, 최재희 지음, 삼지원, 1985.

『칸트. 순수이성비판 입문』, A. C. 유잉 지음, 김상봉 옮김, 한겨레, 1985.

『칸트의 교육철학: 칸트사상에 있어서 교육학 개념』, 임태경 지음, 학문사, 1985.

『칸트의 생애와 사상: 순수이성비판을 중심으로』, 한단석 지음, 형설출판사, 1985.

『칸트 철학 입문』, W. O. 되에링 지음, 김용정 옮김, 중원문화사, 1985.

『실천이성비판: 순수이성비판 연구』, 최재희, 박영사, 1986.

『칸트』, F. 코플스톤 지음, 임재진 옮김, 중원문화사, 1986.

『칸트 교육사상 연구』, 김병옥 지음, 집문당, 1986.

『정신의 발견 1, 괴테. 칸트. 헤겔』, W. 카우프만 지음, 권응호 옮김, 학일, 1986.

『칸트 철학사상의 이해』, 한단석 지음, 양영각, 1987.

『칸트 철학에로 가는 길』, 박선목 지음, 부산대학교출판부, 1987.

『독일관념철학과 변증법』, 강대석 지음, 한길사, 1988.

『칸트의 순수이성비판』, T. E. 윌커슨 지음, 배학수 옮김, 서광사, 1988.

『칸트 대 비트겐슈타인』, 수잔 프롬 지음, 동국대학교출판부, 1988.

『도덕과 종교: 칸트와 마리땡을 중심으로』, 배석원 지음, 이문출판사, 1988.

『근대독일철학』, 요세프 슈페크 편, 원승룡 옮김, 서광사, 1988.

『칸트의 도덕철학』, H. J. 페이튼 지음, 김성호 옮김, 서광사, 1988.

『서양근세철학: 베이컨에서 칸트까지』, 강대석 지음, 서광사, 1989.

『변증법의 현대적 전개(1): 칸트로부터 헤겔까지』, W. 뢰트 지음, 임재진 옮김, 중원문화사, 1989.

『칸트의 비판철학』, S. 쾨르너 지음, 강영계 옮김, 서광사, 1989.

『칸트. 헤겔. 마르크스는 이미 낡았는가!』, 岩佐茂 外 지음, 김갑수 옮김, 보성출판사, 1989.

『칸트』, 고마키 오사무 지음, 민중사상연구소 옮김, 참한문화사, 1990.

『칸트와 형이상학』, 박선목 지음, 학문사, 1990.

『교육이론: 칸트와 듀이』, 임태평 지음, 이문출판사, 1990.

『인식과 존재』, 문성학 지음, 서광사, 1991.

『칸트 철학의 분석적 이해』, C. D. 브로드, 하영석 · 이남원 옮김, 서광사, 1992.

『칸트 판단력비판 연구』, 김광명 지음, 이론과실천, 1992.

『칸트와 초월철학: 인간이란 무엇인가』, 한자경 지음, 서광사, 1992.

『칸트 비판철학의 형성과정과 체계』, F. 카울바하 지음, 백종현 옮김, 서광사, 1992.

『근대철학사: 데카르트에서 칸트까지』, R. 샤하트 지음, 정영기 외 옮김, 서광사, 1993.

『칸트와 더불어 철학하기』, 게르노트 뵈메 지음, 구승회 옮김, 청하, 1993.

『순수이성비판의 기초개념』, A. V. 폰 키벳 지음, 이신철 옮김, 한울, 1994.

『칸트적 이상주의와 자유의 전망』, 김용민 지음, 한마음사, 1994.

『칸트철학의 인간학적 지평』, 한정석 지음, 경문사, 1994.

『윤리학과 현대사회』, 박선목 지음, 학문사, 1994.

『칸트와 형이상학: 칸트연구 제1집』, 한국칸트학회 엮음, 민음사, 1995.

『칸트와 선험화용론』, 김진 지음, 울산대학교출판부, 1995.

『칸트 철학사상연구』, 한단석 외 지음, 형설출판사, 1995.

『칸트 미학 이론』, D. W. 크로퍼드 지음, 김문환 옮김, 서광사, 1995.

『칸트의 비판철학』, 질 들뢰즈 지음, 서동욱 옮김, 민음사, 1995.

『칸트철학과 물자체』, 문성학 지음, 울산대학교출판부, 1995.

『루소 칸트 괴테』, E. 캇시러 지음, 유철 옮김, 서광사, 1996.

『칸트: 비판철학의 이해를 위하여』 하기락 편, 형설, 1996.

『칸트와 윤리학: 칸트연구 제2집』, 한국칸트학회 엮음, 민음사, 1996.

『칸트 대 비트겐슈타인: 비트겐슈타인의 게임이론과 칸트의 인식론』, 수잔 프롬 지음, 김용정 외 옮김, 동국대학
        교 출판부, 1996.

『주체는 죽었는가: 현대 철학의 포스트 모던 경향』, 강영안 지음, 문예출판사, 1996.

『칸트 철학: 자연과 자유의 통일』, 김용정 지음, 서광사, 1996.

『과학과 철학』, 김용정 지음, 범양사출판부, 1996.

『칸트』, J. 켐프 지음, 김성호 옮김, 지성의샘, 1996 · 2005.

『칸트와 미학: 칸트연구 제3집』, 한국칸트학회 엮음, 민음사, 1997.

『임마누엘 칸트』, 오트프리트 회페 지음, 이상헌 옮김, 문예출판사, 1997.

『쾨니히스베르크의 조용한 혁명: 칸트』, 폴 스트래던 지음, 구영모 옮김, 편앤런, 1997.

『칸트의 도덕철학 연구』, 임혁재 지음, 중앙대학교출판부, 1997.

『칸트철학의 인간학적 비밀』, 문성학 지음, 울산대학교출판부, 1997.

『자아의 연구: 서양 근 · 현대 철학자들의 자아관 연구』, 한자경 지음, 서광사, 1997.

『칸트. 칸트에서 헤겔까지 1』, 리하르트 크로너 지음, 연효숙 옮김, 서광사, 1998.

『칸트 실천이성비판 논고』, 백종현 지음, 성천문화재단, 1998.

『칸트와 생태주의적 사유』, 김진 지음, 울산대학교출판부, 1998.

『독일철학과 20세기 한국의 철학』, 백종현 지음, 철학과현실사, 1998.

『자연과 자유 사이』, 강영안, 문예출판사, 1998.

『자기의식과 존재사유: 칸트철학과 근대적 주체성의 존재론』, 김상봉 지음, 한길사, 1998.

『가치와 당위: 가치윤리학의 형성과 전개』, 하영석 지음, 형설출판사, 1998.

『칸트. 순수한 이성의 한계 안에서의 종교』, 김진 지음, 울산대학교출판부, 1999.

『토마스에서 칸트까지: 칸트연구 제4집』, 한국칸트학회 엮음, 철학과현실사, 1999.

『칸트와 그의 시대: 칸트연구 제5집』, 한국칸트학회 엮음, 철학과현실사, 1999.

『순수이성비판』, 랄프 루드비히 지음, 박중목 옮김, 이학사, 1999.

『칸트의 활동이론』, 김석현 지음, 이론과실천, 1999.

『정언명령』, 랄프 루드비히 지음, 이충진 옮김, 이학사, 1999.

『칸트 판단력비판』, 공병혜 지음, 울산대학교출판부, 1999.

『칸트』, 로저 스크러턴 지음, 시공사, 1999.

『선험철학과 요청주의』, 김진 지음, 울산대학교출판부, 1999.

『호모 에티쿠스: 윤리적 인간의 탄생』, 김상봉 지음, 한길사, 1999.

『인간이란 무엇인가: 칸트의 네가지 물음』, 프리드리히 데싸우어, 분도, 1999.

『인식과 에로스: 칸트적 패러다임에 대한 비판』, R. M. 스코트 지음, 허라금 · 최성애 옮김, 이화여자대학교

출판부, 1999.

『이성과 권리 — 칸트 법철학연구』, 이충진 지음, 철학과현실사, 2000.

『도덕은 무엇으로부터 오는가 — 칸트의 도덕철학』, 강영안 지음, 소나무, 2000.

『칸트의 숭고미에 대하여』, 장 프랑수아 리오타르 지음, 김광명 옮김, 현대미학사, 2000.

『칸트와 독일이상주의: 칸트연구 제6집』, 한국칸트학회 엮음, 철학과현실사, 2000.

『칸트와 불교』, 김진 지음, 철학과현실사, 2000.

『칸트와 현대 유럽철학: 칸트연구 제7집』, 한국칸트학회 엮음, 철학과현실사, 2001.

『칸트와 현대 영미철학: 칸트연구 제8집』, 한국칸트학회 엮음, 철학과 현실사, 2001.

『칸트와 형이상학의 문제』, 마르틴 하이데거 지음, 이선일 옮김, 한길사, 2001.

『후설과 칸트』, 이소 케른 지음, 배의용 옮김, 철학과현실사, 2001.

『칸트의 생애와 사상』, 카를 포르랜더 지음, 서정욱 옮김, 서광사, 2001.

『칸트와 헤겔』, 한단석 편, 사회문화연구소, 2001.

『칸트의 인식론』, 김정주 지음, 철학과현실사, 2001.

『칸트의 학설은 근본적·총체적으로 틀려 있다』, 한병호 지음, 진리세계사, 2001.

『칸트의 선험철학 비판』, 이정일 지음, 인간사랑, 2002.

『칸트 정치철학 강의』, 한나 아렌트 지음, 김선욱 옮김, 푸른숲, 2002.

『용수와 칸트』, 김종욱 지음, 운주사, 2002.

『칸트와 정치철학: 칸트연구 제9집』, 한국칸트학회 엮음, 철학과현실사, 2002.

『칸트 철학과 현대: 칸트연구 제10집』, 한국칸트학회 엮음, 철학과현실사, 2002.

『칸트: 칸트와 도덕법칙』, 랠프 찰스 서더랜드 워커 지음, 이상헌 옮김, 궁리, 2002.

『별이 총총한 하늘 아래 약동하는 자유』, 빌헬름 바이셰델 엮음, 손동현 외 옮김, 이학사, 2002.

『칸트』, 랠프 워크 지음, 이상헌 옮김, 궁리, 2002.

『나르시스의 꿈: 서양정신의 극복을 위한 연습』, 김상봉 지음, 한길사, 2002.

『칸트와 생태사상』, 김진 지음, 철학과현실사, 2003.

『칸트와 헤겔: 주체성과 인륜적 자유』, 이정일 지음, 동과서, 2003.

『쉽게 읽은 칸트 — 판단력 비판』, 디터 타이헤르트 지음, 조상식 옮김, 이학사, 2003.

『칸트의 교육이론』, 김영래 지음, 학지사, 2003.

『칸트와 문화철학: 칸트연구 제11집』, 한국칸트학회 엮음, 철학과현실사, 2003.

『칸트 철학과 현대 해석학: 칸트연구 제12집』, 한국칸트학회 엮음, 철학과현실사, 2003.

『칸트 「실천이성비판」』, 박정하 지음, 서울대학교 철학사상연구소, 2003.

『윤리 개념의 형성』, 백종현 지음, 철학과현실사, 2003.

『칸트 <순수이성비판>의 새로운 이해』, 한단석 외, 사회문화연구소, 2003·2004.

『칸트철학과 한국 사회 문화』, 한국칸트학회 엮음, 2004.

『칸트의 순수이성비판 읽기』, H. M. 바움가르트너 지음, 임혁재 외 옮김, 철학과현실사, 2004.

『현대에 도전하는 칸트』, 노르베르트 힌스케 지음, 이엽 외 옮김, 이학사, 2004.

『칸트와 불교』, 김진 지음, 철학과현실사, 2004.

『실재의 윤리: 칸트와 라캉』, 알렌카 주판치치 지음, 이성민 옮김, b, 2004.

『칸트 평전』, 만프레트 가이어 지음, 김광명 옮김, 미다스북스, 2004.

『칸트 미학의 이해』, 김광명 지음, 철학과현실사, 2004.

『원효의 판비량론 비교 연구: 원효의 논리로 본 칸트의 이율배반론』, 김상일 지음, 지식산업사, 2004.

『몸과 미학: 칸트, 니체, 프로이트, 라캉, 지젝』, 권택영 지음, 경희대학교 출판국, 2004.

『칸트 「순수이성비판」』, 김재호 지음, 서울대학교 철학사상연구소, 2004.

『칸트와 현대 사회철학』, 김석수 지음, 울력, 2005.

『칸트에서 헤겔까지』, 이와사끼 다께오 지음, 한단석 옮김, 신아사, 2005.

『칸트 관념론과 윤리학』, 손승길 지음, 동아대학교출판부, 2005.

『칸트와 성경』, 서홍교 지음, 한국학술정보, 2005.

『트랜스크리틱: 칸트와 마르크스 넘어서기』, 가라타니 고진 지음, 송태욱 옮김, 한길사, 2005.

『칸트』, 최인숙 지음, 살림, 2005.

『칸트와 요청주의』, 김진 지음, 울산대학교출판부, 2005.

『칸트와 세계관의 철학』, 김진 지음, 울산대학교출판부, 2005.

『칸트 「판단력 비판」』, 김상현 지음, 서울대학교 철학사상연구소, 2005.

『칸트와 동북아시아 평화: 세계화, 민족주의, 그리고 영구평화론』, 박봉현 지음, 오름, 2005.

『포스트모던 칸트』, 한국칸트학회 엮음, 문학과지성사, 2006.

『이성과 비판의 철학: 칸트와 독일관념론을 중심으로』, 맹주만 지음, 철학과현실사, 2006.

『칸트 철학에의 초대』, 한자경 지음, 서광사, 2006.

『칸트 윤리학과 형식주의』, 문성학 지음, 경북대학교출판부, 2006.

『칸트의 철학』, 임혁재 지음, 철학과현실사, 2006.

『칸트의 비판철학: 능력들에 관한 이론』, 질 들뢰즈 지음, 서동욱 옮김, 민음사, 2006.

『칸트 판단력비판 연구』, 김광명 지음, 철학과현실사, 2006.

『도덕신학과 도덕신앙: 칸트 종교철학의 실제』, 김영태 지음, 전남대학교출판부, 2006.

『칸트가 들려주는 순수이성비판 이야기』, 박민수 지음, 자음과모음, 2006.

『이성과 비판의 철학: 칸트와 독일관념론을 중심으로』, 강순전 지음, 철학과현실사, 2006.

『칸트 「윤리형이상학 정초」』, 김재호 지음, 서울대학교 철학사상연구소, 2006.

『근대 세계관의 역사: 칸트·괴테·니체』, 게오르그 짐멜 지음, 김덕영 옮김, 길, 2007.

『칸트의 인간관과 인식존재론』, 문성학 지음, 경북대학교출판부, 2007.

『다시 읽는 칸트의 영구평화론』, 폴커 게르하르트 지음, 김종기 옮김, 백산서당, 2007.

『칸트처럼 생각하기: 가이어 아저씨와 떠나는 철학 여행』, 만프레트 가이어 지음, 조병희 옮김, 사계절, 2007.

『세계사적 역사인식과 칸트의 영구평화론』, 백승균 지음, 계명대학교출판부, 2007.

『칸트와 헤겔에 있어서 인륜적 자유: 당위론적 의무와 목적론적 일치의 지평에서』, 이정일 지음, 한국학술정보, 2007.

『칸트 순수이성비판의 현대적 의의』, 한단석 지음, 신아출판사, 2007.

『칸트가 들려주는 순수이성비판 이야기』, 박영욱 지음, 자음과모음, 2007.

『목적의 왕국: 칸트 윤리학의 새로운 도전』, 크리스틴 M. 코스가드 지음, 김양현 옮김, 철학과현실사, 2007.

『부정적인 것과 함께 머물기: 칸트, 헤겔, 그리고 이데올로기 비판』, 슬라보예 지젝 지음, 이성민 옮김, 도서출판 b, 2007.

『칸트 그리고 헤겔』, 윤병태 지음, 용의숲, 2007.

『칸트에서 헤겔로: 칸트 철학과의 대결을 통해 본 헤겔 철학의 특성』, 강순전 지음, 철학과현실사, 2008.
『존재와 진리: 칸트 「순수이성비판」의 근본문제』, 백종현 지음, 철학과현실사, 2008.
『루소와 칸트 교육에 관하여』, 임태평 지음, 교육과학사, 2008.
『책임인가 자율인가?: H. 요나스 대 I. 칸트』, 김종국 지음, 한국학술정보, 2008.

✠ 일본어판 칸트 문헌 일람 ✠

(서명은 『 』에, 단행본에 수록된 번역 저작명과 논문명은 「 」으로 묶었다.)

사토 슌지(佐藤俊二)

I. 岩波판 칸트 저작집

제1권 『純粹理性批判 上卷』, 天野貞祐 역, 1921.

제2권 『純粹理性批判 下卷』, 天野貞祐 역, 1931.

제3권 『實踐理性批判』, 波多野精一・宮本和吉 역, 1918.

제4권 『判斷力批判』, 大西克礼 역, 1932.

제5권 『宗教哲學』, 安倍能成 역, 1932.

제6권 『プロレゴーメナ』, 桑木嚴翼・天野貞祐 역, 1926.

제7권 『道德哲學原論』, 安倍能成・藤原正 역, 1919, 1923 개정.

제8권 『道德哲學』, 白井成允 역, 1926.

제9권 『法律哲學』, 恒藤恭・船田享二 역, 1933.

제10권 『論理學』, 田辺重三 역, 1929.

제11권 『自然哲學原理』, 戶坂潤 역, 1928.

제12권 『可感界並に可想界の形式と原理とに就いて』, 武田信一 역, 1929.

제13권 『一般歷史考 其他』, 1926.
  「世界市民的見地に於ける一般歷史考」, 木村素衛 역
  「啓蒙とは何ぞやの問題に對する解答」, 田中經太郎 역
  「人間歷史の臆測的起原」, 木村素衛 역
  「萬物の終局」, 田中經太郎 역
  「永遠平和の爲に」, 高坂正顯 역

제14권 『神の存在の証明根據 其他』, 1935.
  「神の現存在の可能なる証明根據」, 松岡義和 역
  「自然神學及び道德學の原理の判明性に關する研究」, 田中經太郎 역
  「或る視靈者の夢」, 長島喜三 역

제15권 『美と崇高との感情性に關する觀察 其他』, 1939.
  「形而上學的認識第一原理の新解釋」, 武田信一 역
  「三段論法に四格を分けるのは精し過ぎた謬であること」, 佐藤信衛 역
  「負量の考を哲學に應用する試み」, 佐藤信衛 역
  「思考の方角を定めるとは」, 佐藤信衛 역
  「美と崇高との感情性に關する觀察」, 上野直昭 역

제16권 『人間學』, 坂田德男 역, 1937.

제17권 『教育學 其他』, 1938.

    「教育學」, 木場深定 역

    「一七九一年のベルリン王立學士院の懸賞論文『形而上學はライプニッツ・ウォルフの時
       代 以後, ドイツに於て眞に如何なる進步を爲したるか』に就て」, 安倍能成・金子弘 역

제18권 『書簡集』, 篠田英雄 역, 1937.

Ⅱ. 理想社 판 칸트 전집

제1권 『自然哲學論集』, 龜井裕 역, 1966.

    「活力測定考」

    「地震論」

    「物理的單子論」

    「自然地理學講義草案」

    「月の火山」

    「天候におよぼす月の影響」

제2권 『前批判期論集(一)』, 山下正男 역, 1965.

    「形而上學的認識の第一原理」

    「オプティミズム試論」

    「三段論法の四つの格」

    「神の現存在の論証」

    「負量の概念」

제3권 『前批判期論集(二)』, 川戶好武 역, 1965.

    「美と崇高の感情に關する考察」

    「自然神學と道德の原則の判明性」

    「1765–1766年冬學期講義計劃公告」

    「視靈者の夢」

    「空間における方位」

    「可感界と可想界の形式と原理」

    「さまざまな人種」

제4권 『純粹理性批判(上)』, 原佑 역, 1966.

제5권 『純粹理性批判(中)』, 原佑 역, 1966.

제6권 『純粹理性批判(下)』, 原佑・湯本和男 역, 1973.

    「純粹理性批判」, 原佑 역

    「純粹理性批判(第一版) 補遺」, 原佑 역

    「プロレゴーメナ」, 湯本和男 역

    「プロレゴーメナ準備原稿」, 湯本和男 역

제7권 『人倫の形而上學の基礎づけ 實踐理性批判』, 深作守文 역, 1965.

　　　「人倫の形而上學の基礎づけ」

　　　「實踐理性批判」

　　　「實踐理性批判準備原稿」

제8권 『判斷力批判』, 原佑 역, 1965.

　　　「判斷力批判」

　　　「判斷力批判準備原稿」

제9권 『宗敎論』, 飯島宗享·宇都宮芳明 역, 1974.

　　　「宗敎論」

　　　「宗敎哲學序文草案」

　　　「宗敎論準備原稿」

제10권 『自然の形而上學』, 高峯一愚 역, 1966.

　　　「天界の一般自然史と理論」

　　　「自然科學の形而上學的原理」

제11권 『人倫の形而上學』, 吉澤伝三郎·尾田幸雄 역, 1969.

제12권 『批判期論集』, 門脇卓爾 역, 1966.

　　　「思考の方向を定める問題」

　　　「哲學の目的論的原理」

　　　「純粹理性批判の無用論」

　　　「弁神論の哲學的試みの失敗」

　　　「哲學における最近の尊大な語調」

　　　「形而上學の進步に關する懸賞論文」

　　　「論理學 (緒論)」

제13권 『歷史哲學論集』, 小倉志祥 역, 1988.

　　　「世界市民的意圖における普遍史のための理念」

　　　「啓蒙とは何か? この問いの答え」

　　　「J. G. ヘルダー 『人類の歷史哲學考』についての論評」

　　　「人種の槪念の規定」

　　　「人類歷史の臆測的起原」

　　　「理論と實踐に關する俗言」

　　　「萬物の終末」

　　　「永遠平和のために」

　　　「哲學における永遠平和條約の近い締結の告示」

　　　「學部の爭い」

제14권 『人間學』, 山下太郎·坂部惠 역, 1966.

　　　「人間學」

　　　「人間學遺稿」

제15권 『自然地理學』, 三枝充悳 역, 1966.

　　　　　「自然地理學」
　　　　　「自然地理學補遺」
제16권『教育學・小論集・遺稿集』, 尾渡達雄 譯, 1966.
제17권『書簡集Ⅰ』, 門脇卓爾・磯江景孜 譯, 1977.
제18권『書簡集Ⅱ』, 觀山雪陽・石崎宏平 譯, 1977.

Ⅲ. 그 밖의 번역

a. 총서

1. 『世界の名著32 カント』, 野田又夫 편, 中央公論社, 1972(『中公バックス 世界の名著39 カント』, 中央公論社, 1979와 동일한 내용).
　　　　　「プロレゴーメナ」, 土岐邦男・觀山雪陽 譯
　　　　　「人倫の形而上學の基礎づけ」, 野田又夫 譯
　　　　　「人倫の形而上學 <法論>」, 加藤新平・三島淑臣 譯
　　　　　「人倫の形而上學 <德論>」, 森口美都男・佐藤全弘 譯
2. 『新裝版 世界の大思想15 カント(上)』, 河出書房新社, 1974(13.과 동일한 내용).
　　　　　「純粹理性批判」, 高峯一愚 譯
3. 『新裝版 世界の大思想16 カント(下)』, 河出書房新社, 1974(『實踐理性批判・判斷力批判・永遠平和の ために』, 樫山欽四郎・坂田德男・土岐邦男 譯, 河出書房新社, 1989와 동일한 내용).
　　　　　「實踐理性批判」, 樫山欽四郎 譯
　　　　　「判斷力批判」, 坂田德男 譯
　　　　　「永遠平和のために」, 土岐邦男 譯
4. 『完譯 世界の大思想2 カント』, 河出書房新社, 1983.
　　　　　「學問として出現しうる將來のあらゆる形而上學のための序說」, 門脇卓爾 譯
　　　　　「實際的見地における人間學」, 塚崎智 譯

b. 전비판기

5. 『カント・宇宙論』, 荒木俊馬 譯, 恒星社, 1952.
6. 『立體化學・火について』(古典化學シリーズ12), 田中豊助・石橋裕・原田紀子 譯, 內田老鶴圃, 1985
7. 「運動靜止論」, 井上洋一 譯(現代思想 1994, 3월 임시증간호『カント』青土社, 수록)
8. 『美と崇高との感情性に關する觀察』, 上野直昭 譯, 岩波文庫, 1948(칸트 저작집 제15권으로부터 이 논문만을 문고화).
9. 「形而上學の夢によって解釋された視靈者の夢」, 金森誠也 譯(『靈界と哲學の對話 カントとスヴェーデンボリ』金森誠也 편역, 論創社, 1991, 수록).

c. 이론철학

10. 『純粹理性批判』全3卷, 天野貞祐 譯, 岩波文庫, 1929–37(칸트 저작집 제1권과 제2권의 문고화).
11. 『純粹理性批判』全4卷, 天野貞祐 譯, 講談社學術文庫, 1979(10.의 개정판).
12. 『純粹理性批判』全3卷, 篠田英雄 譯, 岩波文庫, 1961–62.
13. 『純粹理性批判』, 高峯一愚 譯, 河出書房新社, 1989(2.의 개정판).
14. 『プロレゴーメナ』, 桑木嚴翼・天野貞祐 譯, 岩波文庫, 1927(칸트 저작집 제6권의 문고화).
15. 『プロレゴメナ』, 篠田英雄 譯, 岩波文庫, 1977.
16. 『道德形而上學原論』, 篠田英雄 譯, 岩波文庫, 1960, 1976 개역.
17. 『譯注・カント「道德形而上學の基礎づけ」』, 宇都宮芳明 譯注, 以文社, 1989.
18. 「『自然科學の形而上學的原理』序文」, 犬竹正幸 譯(P. 플라스 저, 犬竹正幸・中島義道・松山壽一
　　　역 『カントの自然科學論』, 晃洋書房, 1992, 수록).

d. 실천철학
19. 『實踐理性批判』, 波多野精一・宮本和吉 譯, 岩波文庫, 1927, 1959 개역(칸트 저작집 제3권의 문고화)
20. 『實踐理性批判』, 波多野精一・宮本和吉・篠田英雄 譯, 岩波文庫, 1979(19.의 개역).
21. 『實踐理性批判』, 豊川昇 譯, 角川文庫, 1952.
22. 『譯注・カント「實踐理性批判」』, 宇都宮芳明 譯注, 以文社, 1990.
23. 『道德哲學』, 白井成允・小倉貞秀 譯, 岩波文庫, 1954(칸트 저작집 제8권의 개역・문고화).

e. 미학・목적론
24. 『判斷力批判』전2권, 大西克礼 譯, 岩波文庫(칸트 저작집 제4권의 문고화)25. 『判斷力批判』전2권
　　　篠田英雄 譯, 岩波文庫, 1964.
26. 『譯注・カント「判斷力批判」』전2권, 宇都宮芳明 譯注, 以文社, 1990.
27. 『判斷力批判への第一序論』, 副島善道 譯・교정, 行路社, 1991.

f. 역사철학・사회철학
28. 『啓蒙とは何か 他三篇』, 篠田英雄 譯, 岩波文庫, 1950.
　　　　「啓蒙とは何か」
　　　　「世界公民的見地における一般史の構想」
　　　　「人類の歴史の臆測的起原」
　　　　「萬物の終り」
29. 『啓蒙とは何か 他四篇』, 篠田英雄 譯, 岩波文庫, 1974(28.의 개역증보판).
　　　　「啓蒙とは何か」
　　　　「世界公民的見地における一般史の構想」
　　　　「人類の歴史の臆測的起原」
　　　　「萬物の終り」
　　　　「理論と實踐」
30. 『永遠平和の爲に』, 高坂正顯 譯, 岩波文庫, 1949(칸트 저작집 제13권에서 이 논문만을 문고화).
31. 『永遠平和のために』, 宇都宮芳明 譯, 岩波文庫, 1985.

g. 강의

32. 『人間學』, 坂田德男 역, 岩波文庫, 1952(칸트 저작집 제16권의 문고화).
33. 『カント 教育學・人間學』(世界教育學宝典[西洋篇] 17), 清水清 역, 玉川大學出版局, 1959.
34. 『人間學・教育學』(西洋の教育思想5), 三井善止 역, 玉川大學出版局, 1986.
35. 『教育學講義他』(世界教育學選集60), 勝田守一・伊勢田耀子 역, 明治圖書出版, 1971.
36. 「『自然地理學講義』序論」, 松永正美 역(J. A. 메이 저, 松永正美 역『ント と地理學』古今書院, 1992,
    수록. 메이의 영역으로부터의 중역).
37. 『カントの倫理學講義』, 파울 멘처 편, 小西國夫・永井ミツ 역, 三修社, 1968.
38. 『カントの形而上學講義』, 카를 푈리츠 편, 甲斐實道・齋藤義一 역, 三修社, 1971.
39. 『カントの哲學的宗教論』, 카를 푈리츠 편, 近藤功 역, 朝日出版社, 1986.

✠ 칸트 구미어 문헌표 ✠

사토 츠토무(佐藤 勞)

이치요시 츠네야스(市吉経泰)

에가와 다카오(江川隆男)

후쿠타니 시게루(福谷 茂)

일본어 칸트 문헌에 관해서는 사토 츠토무가 편집한 「일본어 칸트 문헌목록」이 이하의 칸트 연구회 편 『현대 칸트 연구』에 수록되어 있다. 즉 원래 理想社에서 간행된 『현대 칸트 연구 Ⅱ』가 1970년대, 晃洋書房에서 간행된 『현대 칸트 연구 3』이 1980년대의 문헌을 망라하고 있다. 일본어 칸트 문헌에 관해서는 그것들을 참조할 수 있을 것이다. 또한 전자는 晃洋書房에서 다시 간행되었다.

본 사전에서는 구미어 칸트 문헌들을 1) 논집, 2) 배경, 3) 칸트 철학 전반을 다룬 저작, 4) 인식론·논리학, 5) 형이상학·존재론, 6) 자연철학, 7) 윤리학·인간학·교육학, 8) 미학·목적론, 9) 법철학·정치철학·역사철학, 10) 종교철학, 11) 영향사·비교연구·그 외 등으로 크게 구별하고, 각 항목 내에서 간행년도 순으로 표기했다. 문헌은 단행본으로서 출판된 저작을 원칙으로 했지만, 공저인 서적도 포함하며, 또한 필요하다고 생각되는 한에서 잡지 논문도 수록했다. 동일 문헌이 복수의 항목에서 제시되는 것은 굳이 피하지 않았다. 게재 방식과 관련하여 부제명과 복수의 출판지는 과감히 포기하였으며, 일본어역도 표기하지 않았다.

작성에 있어서는 기존의 목록들에 더하여 사토 츠토무가 제공한 데이터베이스를 사용했다. 원전에 해당한다고 할 수 있는 것은 지극히 일부에 그치며, 가능한 한 복수의 자료 검토를 위해 애썼지만, 자료 상호간의 차이가 상당히 발견되었음을 덧붙여둔다. 잘못된 점을 발견하실 경우 알려주시길 부탁드린다.

1) 논집

Die Universität Königsberg (Hg.), *Zur Erinnerung an Immanuel Kant*, Halle 1904.

Frischeisen–Köhler, Max/Liebert, A. (Hg.), *Jubiläums–Heft zur Feier der Wiederkehr des 200. Geburtstages von Immanuel Kant*, Berlin 1924.

Die Albertus Universität in Königsberg (Hg.), *Immanuel Kant. Festschrift zur zweiten Jahrhundertfeier seines Geburtstages*, Leipzig 1924.

Feldkeller, P. (Hg.), *Immanuel Kant zum Gedächtnis*, Darmstadt 1924.

Whitney, G. T./Bowers, D. F. (eds.), *The Heritage of Kant*, Princeton 1939.

Smith, A. H., *Kantian Studies*, Oxford 1947.

Lotz, J. B. (Hg.), *Kant und die Scholastik heute*, München 1955.

Heimsoeth, H., *Studien zur Philosophie Immanuel Kants*, Bonn 1956.

Tonelli, G., *Elementi metodologici e metafisici in Kant dal 1745 al 1768*, Torino 1959.

Beck, L. W., *Studies in the Philosophy of Kant*, Indianapolis 1966.

Gram, M. S. (ed.), *Kant. Disputated Questions*, Chicago 1967.

Wolff, R. P. (ed.), *Kant. A Collection of Critical Essays*, Garden City 1967.

Heimsoeth, H./Henrich, D./Tonelli, G. (Hg.), *Studien zu Kants philosophischer Entwicklung*, Hildesheim 1967.

Scaravelli, L., *Scritti kantiani*, Firenze 1968.

Beck, L. W. (ed.), *Kant Studies Today*, La Salle 1969.

Penelhum, T./MacIntosh, J. J. (eds.), *The First Critique*, Belmont 1969.

Heimsoeth, H., *Studien zur Philosophie Immanuel Kants*, Bonn 1970.

Beck, L. W. (ed.), *Proceedings of the Third International Kant Congress*, Dordrecht 1972.

Akten des 4. Internationalen Kant-Kongresses, Berlin 1974.

Guzzo, A., *Storia della filosofia e della civiltà 9. Kant*, Padova 1975.

Werkmeister, W. H. (ed.), *Refletions on Kant's Philosophy*, Gainesville 1975.

Proceedings of the Ottawa Congress on Kant, 1974, Ottawa 1976.

Beck, L. W., *Essays on Kant and Hume*, New Haven 1978.

Lehmann, G., *Kants Tugenden. Neue Beiträge zur Geschichte und Interpretation der Philosophie Kants*, Berlin 1980.

Kopper, J./Marx, W. (Hg.), *200 Jahre Kritik der reinen Vernunft*, Hildesheim 1981.

Gramm, M. S. (ed.), *Interpreting Kant*, Iowa City 1982.

Walker, R. C. S. (ed.), *Kant on Pure Reason*, Oxford 1982.

Micheli, G./Santinello, G. (a cura di), *Kant e due secoli dalla "Critica"*, Brescia 1984.

Tonelli, G., *Da Leibniz a Kant*, Napoli 1987.

Guyer, P. (ed.), *The Cambridge Companion to Kant*, Cambridge 1992.

2) 배경

Baumann, J., *Wolffsche Begriffsbestimmungen*, Leipzig 1910.

Reininger, R., *Kant. seine Anhänger und seine Gegner*, München 1923.

Ward, J., *Immanuel Kant*, London 1923.

Fischer, K., Entstehung und Grundlegung der kritischen Philosophie, in: *Immanuel Kant und seine Lehre*, Erster Teil, Heidelberg [6]1928.

Reich, K., *Rousseau und Kant*, Tübingen 1936.

Wundt, M., *Die deutsche Schulphilosophie im Zeitalter der Aufklärung*, Tübingen 1945.

Tonelli, G., *Elementi metodologici e metafisici in Kant dal 1745 al 1768*, Turin 1959.

Löwisch, D. J., *Immanuel Kant und David Humes Dialogues Concerning Natural Religion*, Bonn 1964.

Cassirer, E., *The Philosophy of the Enlightment*, Princeton 1951.

Beck, L. W., *Early German Philosophy*, Cambridge, Mass. 1969.

Buchdahl, G., *Metaphysics and the Philosophy of Science, The Classical Origins Descartes to Kant*, Oxford 1969.

Hinske, N., *Kants Weg zur Transzendentalphilosophie*, Stuttgart 1970.

Gause, F., *Kant und Königsberg*, Rautenburg 1974.

Weber, L., *Das Distinktionsverfahren im mittelalterlichen Denken und Kants skeptische Methode*, Meisenheim 1976.

Ferrari, J., *Les sources françaises de la philosophie de Kant*, Paris 1979.

Gawlick, G./Kreimendahl, L., *Hume in der deutschen Aufklärung*, Stuttgart 1987.

Kuehn, M., *Scottish Common Sense in Germany, 1768–1800*, Kingston 1987.

Brandt, R./Klemme, H. (Hg.), *David Hume in Deutschland*, Marburg 1989.

Schneewind, J. B., *Moral Philosophy from Montaigne to Kant*, 2 vols., Cambridge 1990.

Günther, O., *Das Verhältnis der Ethik Thomas Hill Greens zu derjenigen Kants*, Egelsbach 1993.

3) 칸트 철학 전반을 다룬 저작

Fischer, K., *Kants Leben und die Grundlagen seiner Lehre*, Mannheim 1860.

Wallace, W., *Kant*, Oxford 1882.

Cantoni, C., *Kant*, Milano 1883f.

Caird, E., *The Critical Philosophy of Kant*, London 1889.

Kronenberg, M., *Kant*, München 1896.

Paulsen, F., *Kant*, Stuttgart 1898.

Ruyssen, T., *Kant*, Paris 1900.

Die Universität Königsberg (Hg.), *Zur Erinnerung an Immanuel Kant*, Halle 1904.

Simmel, G., *Kant*, Leipzig 1906.

Külpe, O., *Kant*, Leipzig 1907.

Riehl, A., *Der philosophische Kritizismus*, Leipzig [2]1908.

Watson, J., *The Philosophy of Kant*, London 1908.

Aster, E. v., *Kant*, Leipzig 1909.

Cantecos, G., *Kant*, Paris 1909.

Gillouin, R., *Kant*, Paris 1909.

Bauch, B., *Kant*, Leipzig 1911.

Wenley, R. M., *Kant and his Philosophical Revolution*, Edinburgh 1911.

Gross, F. (Hg.), *Immanuel Kant*, Berlin 1912.

Lindsay, A. D., *The Philosophy of Kant*, London 1913.

Kroner, R., *Kants Weltanschauung*, Tübingen 1914.

Döring, W., *Das Lebenswerk Immanuel Kants*, Lübeck 1916.

Brückmann, R., *Immanuel Kant*, Königsberg 1918f.

Cassirer, E., *Kants Leben und Lehre*, Berlin [2]1921.

Landtman, G., *Immanuel Kant*, Helsingfors 1922.

Kühnemann, E., *Kant*, München 1923.

Die Albertus Universität in Königsberg (Hg.), *Immanuel Kant. Festschrift zur zweiten Jahrhundertfeier seines Geburtstages*, Leipzig 1924.

Feldkeller, P. (Hg.), *Immanuel Kant zum Gedächtnis*, Darmstadt 1924.

Frischeisen–Köhler, M./Liebert, K. und A., *Jubiläums–Heft zur Feier der Wiederkehr des 200. Geburtstages von Immanuel*

Kant, Berlin 1924.

Vorländer, K., *Immanuel Kant*, Leipzig 1924.

Wundt, M., *Kant als Metaphysiker*, Stuttgart 1924.

Whitney, G. T./Bowers, D. F. (eds.), *The Heritage of Kant*, Princeton 1939.

Smith, A. H., *Kantian Studies*, Oxford 1947.

Körner, S., *Kant*, Harmondsworth 1955.

Heimsoeth, H., *Studien zur Philosophie Immanuel Kants*, Bonn 1956.

Tonelli, G., *Elementi metodologici e metafisici in Kant dal 1745 al 1768*, Torino 1959.

Beck, L. W., *Studies in the Philosophy of Kant*, Indianapolis 1965.

Delekat, F., *Immanuel Kant*, ^{2}1966.

Beck, L. W. (ed.), *Kant Study Today*, La Salle 1967.

Gram, M. S. (ed.), *Kant. Disputed Questions*, Chicago 1967.

Heimsoeth, H./Henrich, D./Tonelli, G. (Hg.), *Studien zu Kants philosophischer Entwicklung*, Hildesheim 1967.

Wolff, R. P. (ed.), *Kant*, Garden City 1967.

Kemp, J., *The Philosophy of Kant*, London 1968.

Scaravelli, L., *Scritti kantiani*, Firenze 1968.

Beck, L. W. (ed.), *Kant Studies Today*, La Salle 1969.

Lehmann, G., *Beiträge zur Geschichte und Interpretation der Philosophie Kants*, Berlin 1969.

Heimsoeth, H., *Studien zur Philosophie Immanuel Kants* Ⅱ, Bonn 1970.

Hinske, N., *Kants Weg zur Transzendentalphilosophie*, Stuttgart 1970.

Beck, L. W. (ed.), *Proceedings of the Third International Kant Congress*, Dordrecht 1972.

Rotenstreich, N, *Experience and Its Systematization*, The Hague ^{2}1972.

Prauss, G. (Hg.), *Kant*, Köln 1973.

Akten des 4. Internationalen Kant-Kongresses, Berlin 1974.

Drescher, S. (Hg.), *Wer war Kant*, Tübingen 1974.

Hartnack, J., *Immanuel Kant*, Atlantic Highlands 1974.

Kopper, J./Malter, R. (Hg.), *Immanuel Kant zu ehren*, Frankfurt 1974.

Wilm, E. C. (ed.), *Immanuel Kant*, Folcroft 1974.

Buhr, M., *Grösse und Grenzen der Philosophie Immanuel Kants*, Berlin 1975.

Guzzo, A., *Storia della filosofia e della civiltà 9, Kant*, Padova 1975.

Ley, H./Ruben, P. u. a. (Hg.), *Zum Kantverständnis unserer Zeit*, Berlin 1975.

Ritzel, W., *Immanuel Kant*, 1975.

Werkmeister, W. H. (ed.), *Reflections on Kant's Philosophy*, Gainesville 1975.

Proceedings of the Ottawa Congress on Kant 1974, Ottawa 1976.

Grinishin, D. M., *Immanuel Kant*, Leningrad 1976.

Ward, J., *A Study of Kant and a Lecture of Kant*, London 1976.

Pascal, G., *La Pensée de Kant*, Paris 1977.

Beck, L. W., *Essays on Kant and Hume*, New Haven 1978.

Bernhard, T., *Immanuel Kant*, Frankfurt 1978.

Broad, C. D., *Kant*, Cambridge 1978.

Giannetto, G., *Kant e l'interpretazione*, Napoli 1978.

Kaulbach, F., *Das Prinzip Handlung in der Philosophie Kants*, Berlin 1978.

Kojève, A., *Kant*, Paris 1978.

Marquard, O., *Skeptische Methode im Blick auf Kant*, Freiburg 1978.

Thom, M., *Immanuel Kant*, Paul-Rugenstein 1978.

Walker, R. C. S., *Kant*, London 1978.

Fischer, N., *Die Transzendenz in der Transzendentalphilosophie*, Bonn 1979.

Gerhardt, V./Kaulbach, F., *Kant*, Darmstadt 1979.

Konhardt, K., *Die Einheit der Vernunft*, Königstein 1979.

Tevzadze, G., *Immanuel Kant*, Tbilisi 1979.

Werkmeister, W. H., *Kant's Silent Decade*, Tallahassee 1979.

Clavel, M., *Critique de Kant*, Paris 1980.

Gabel, G., *Immanuel Kant*, Hamburg 1980.

Hinske, N., *Kant als Herausforderung an die Gegenwart*, Freiburg 1980.

Lehmann, G., *Kants Tugenden*, Berlin 1980.

Meyer, E., *Vom bekannten zum unbekannten Kant*, 1980.

Schmid, C. C. E., *Wörterbuch zum leichten Gebrauch der Kantischen Schriften*, Darmstadt 1980.

Shell, S. M., *The Rights of Reason*, Toronto 1980.

Werkmeister, W. H., *Kant*, La Salle 1980.

Copper, J/Marx, W. (Hg.), *200 Jahre Kritik der reinen Vernunft*, Hildesheim 1981.

Fischer, P. H., *Kritik und Zensur*, Erlangen 1981.

Gulyga, A., *Immanuel Kant*, Frankfurt 1981.

Heintel, P./Nagl, L. (Hg.), *Zur Kant Forschung der Gegenwart*, Darmstadt 1981.

Kaulbach, F., *Philosophie als Wissenschaft*, Hildesheim 1981.

Secrétan, P., *Méditations kantiennes*, Lausanne 1981.

Gram, M. S. (ed.), *Interpreting Kant*, Iowa 1982.

Philonenko, A., *Etudes kantiennes*, Paris 1982.

Scruton, R., *Kant*, Oxford 1982.

Böhme, G./Böhme, H., *Das Andere der Vernunft*, Frankfurt 1983.

Braun, C. W. H., *Kritische Theorie versus Kritizismus*, Berlin 1983.

Höffe, O., *Immanuel Kant*, München 1983.

Sandvoss, M., *Immanuel Kant*, Stuttgart 1983.

Daniel, C., *Kant verstehen*, Frankfurt 1984.

Gram, M. S., *The Transcendental Turn*, Gainesville 1984.

Gram, M. S. (ed.), *Kant-Disputed Questions*, Atascadero 1984.

Micheli, G./Santinello, G. (a cura di), *Kant e due secoli dalla "Critica,"* Brescia 1984.

Moreau, J., *La Problématique Kantienne*, Paris 1984.

Reijin, W. v., *Philosophie als Kritik*, Frankfurt 1984.

Schaper, E./Vossenkuhl, W. (Hg.), *Bedingungen der Möglichkeit*, Stuttgart 1984.

Wood, A. W. (ed.), *Kant*, Ithaca 1984.

Kennington, R. (ed.), *The Philosophy of Immanuel Kant*, Washington D. C. 1985.

Ritzel, W., *Immanuel Kant*, Berlin 1985.

Böhme, G., *Philosophieren mit Kant*, Frankfurt 1986.

Pascal, G., *Kant*, Paris 1986.

Prauss, G. (Hg.), *Handlungstheorie und Transzendentalphilosophie*, Frankfurt 1986.

Stuckenberg, J. w. H., *The Life of Immanuel Kant*, Lancam 1986.

Taylor, R., *A Critique of Kantianism*, San Diego 1986.

Benitez, J. A., *Filosofia y libertad en Kant*, Barcelona 1987.

Brandt, R./Stark, W. (Hg.), *Kant–Forschungen*, Hamburg 1987.

Hiltscher, R., *Kant und das Problem der Einheit*, Würzburg 1987.

Ouden, B. Den/Moen, M. (eds.), *New Essays on Kant*, New York 1987.

Hahn, R., *Kant's Newtonian Revolution in Philosophy*, Carbondale 1988.

Oberer, H./Seel, G. (Hg.), *Kant*, Würzburg 1988.

Buchdahl, G., *The Dynamics of Reason, Essays on the Status of Kants Philosophy*, Oxford 1989.

Ishikawa, F., *Kants Denken von einem Dritten*, Frankfurt 1989.

Schaper, E./Vossenkuhl, W. (eds.), *Reading Kant*, Oxford 1989.

Dancy, R. M. (ed.), *Kant and Critique*, Dordrecht 1993.

4) 인식론 · 논리학

Meyer, J. B., *Kants Psychologie*, Berlin 1870.

Tombo, R., *Über Kants Erkenntnislehre*, Rostock 1870.

Cohen, H., *Kants Theorie der Erfahrung*, Berlin 1871.

Montgomery, E., *Die kantische Erkenntnislehre widerlegt vom Standpunkt der Empirie*, München 1871.

Hölder, A., *Darstellung der kant'schen Erkenntnistheorie*, Tübingen 1873.

Paulsen, F., *Versuch einer Entwicklungsgeschichte der kantischen Erkenntnistheorie*, Berlin 1875.

Laas, E., *Kants Analogien der Erfahrung*, Berlin 1876.

Schenke, G., *Die logischen Voraussetzungen und ihre Folgerungen in Kants Erkenntnistheorie*, Jena 1876.

Stadler, A., *Die Grundsätze der reinen Erkenntnistheorie in der kantischen Philosophie*, Leipzig 1876.

Thiele, G., *Kants intellektuelle Anschauung als Grundbegriff seines Kritizismus*, Halle 1876.

Biese R., *Die Erkenntnislehre des Aristoteles und Kants in Vergleichung ihrer Grundprinzipien*, Berlin 1877.

Leclaire, A. V., *Kritische Beiträge zur Kategorienlehre Kants*, Prag 1877.

Smolle, L., *Kants Erkenntnislehre vom psychologischen Standpunkt aus betrachtet*, 1877.

Erdmann, B., *Kants Kriticismus*, Leipzig 1878.

Kuhne, R., *Über das Verhältnis des humeschen und kantischen Erkenntnistheorie*, Berlin 1878.

Steckelmacher, M., *Die formale Logik Kants in ihren Beziehungen zur transzendentalen*, Breslau 1879.

Volkelt, J., *Immanuel Kant's Erkenntnistheorie nach ihren Grundprinzipien analysirt*, Leipzig 1879.

Vaihinger, H., *Commentar zu Kants Kritik der reinen Vernunft*, Stuttgart 1881/2.

Morris, S., *Kant's Critique of Pure Reason*, Chicago 1882.

Lasswitz, K., *Die Lehre Kants von der Idealität des Raumes und der Zeit im Zusammenhang mit seiner Kritik des Erkennens*, Berlin 1883.

Muenz, W., *Die Grundlagen der kantischen Erkenntnistheorie*, Breslau 1885.

Bohringer, A., *Kants erkenntnistheoretischer Idealismus*, Freiburg 1888.

Stimpfl, J., *Ist den metaphysischen Grundlage von Kants Erkenntnistheorie idealistisch oder realistisch auszufassen?*, Basel 1890.

Hartmann, E. von, *Kants Erkenntnislehre und Metaphysik*, Leipzig 1894.

Apel, M., *Kants Erkenntnistheorie und seine Stellung zur Metaphysik*, Berlin 1895.

Apitzsch, A., *Die psychologischen Voraussetzungen der Erkenntniskritik Kants*, Halle 1897.

Nimz, F., *Die affizierenden Gegenstände in Kants Kritik der reinen Vernunft*, Erlangen 1897.

Burckhardt, W., *Kants objektiver Idealismus*, Greifswald 1898.

Wartenburg, M., *Kants Theorie der Causalität*, Leipzig 1899.

Reininger, R., *Kants Lehre vom inneren Sinn*, Wien 1900.

Scheler, M., *Die transzendentale und psychologische Methode*, Leipzig 1900.

Aster, E. von, *Über Aufgabe und Methode in den Beweisen der Analogien der Erfahrungen Kants Kritik der reinen Vernunft*, Berlin 1903.

Drexler, H., *Die doppelte Affektion des erkennenden Subjekts in kantischen System*, Beuthen 1904.

Knothe, P., *Kants Lehre vom inneren Sinn und ihre Auffassung bei Reiniger*, Erlangen 1905.

Kuberka, F., *Kants Lehre von der Sinnlichkeit*, Halle 1905.

Kuntze, K., *Das Problem der Objektivität bei Kant*, Heidelberg 1905.

Cohen, H., *Kommentar zur Immanuel Kants Kritik der reinen Vernunft*, Leipzig 1907.

Levy, H., *Kants Lehre vom Schematismus der reinen Verstandesbegriffe*, Halle 1907.

Biema, E. van, *L'espace et le temps chez Leibniz et chez Kant*, Paris 1908.

Ewald, O., *Kants kritischer Idealismus als Grundlage von Erkenntnistheorie und Ethik*, Berlin 1908.

Rademaker, F., *Kants Lehre vom inneren Sinn*, Berlin 1908.

Amrhein, H., *Kants Begriff vom <Bewußtsein überhaupt> und ihre Weiterbildung bis auf die Gegenwart*, Berlin 1909.

Pritchard, H. A., *Kant's Theory of Knowledge*, Oxford 1909.

Burchardt, K., *Kants Psychologie im verhältnis zur transzendentalen Methode*, Berlin 1911.

Guttmann, J., *Kants Begriff der objektiven Erkenntnis*, Breslau 1911.

Markus, E., *Logik. Eine Einführung in Kants Kategorienlehre*, Herford 1911.

Birven, H. C., *I. Kants transzendentale Deduktion*, Berlin 1913.

Monzel, A., *Die Lehre vom inneren Sinn bei Kant*, Bonn 1913.

Buchenau, A., *Grundprobleme der Kritik der reinen Vernunft*, Leipzig 1914.

Messer, A., *Kommentar zu Kants Kritik der reinen Vernunft*, Stuttgart 1922.

Apel, M., *Kommentat zu Kants Prolegomena*, Leipzig 1923.

Kemp Smith, N., *A Commentary to Kant's Critique of Pure Reason*, London 1923.

Adickes, E., *Kant und das Ding an sich*, Berlin 1924.

Adler, M., *Das Soziologische in Kant's Erkenntniskritik*, Wien 1924.

Ewing, A. C., *Kant's Treatment of Causality*, London 1924.

Garbais, F. W., *Das Problem des Bewußtseins in der Philosophie Kants*, Wien 1924.

Schmidt, R., *Kants Lehre von der Einbildungskraft*, Leipzig 1924.

Cornelius, H., *Kommentar zu Kritik der reinen Vernunft*, Erlangen 1926.

Fechner, O., *Das Verhältnis der Kategorienlehre zur formalen Logik*, Hinstorff 1927.

Adickes, E., *Kants Lehre von der doppelten Affektion unseres Ichs als Schlüssel zu seiner Erkenntnislehre*, Tübingen 1929.

Maier, A., *Kants Qualitätskategorien*, Berlin 1930.

Mörchen, H., *Die Einbildungskraft bei Kant*, 1930.

Nink, C., *Kommentar zu Kants Kritik der reinen Vernunft*, Frankfurt 1930.

Reich, K., *Die Vollständigkeit der kantischen Urteilskraft*, Berlin 1932.

Vleeschauwer, H.-J. de, *La déduction transcendentale dans l'oeuvre de Kant*, 3 vols., Antwerpen–Paris–Gravenhage 1934–37.

Paton, H. J., *Kant's Metaphysic of Experience*, 2 vols., New York 1936.

Cramer, W., *Das Problem der reinen Anschauung*, Tübingen 1937.

Ballauf, Th., *Über den Vorstellungsbegriff bei Kant*, Eleda 1938.

Ewing, A. C., *A Short Commentary on Kant's Critique of Pure Reason*, London 1938.

Vleeschauwer, H.-J. de, *L'évolution de la pensée kantienne*, Paris 1939.

Hagelstein, O., *Der Gegenstand in der kantischen Philosophie*, Berlin 1944.

Massolo, A., *Introduzione all'analitika kantiana*, Firenze 1946.

Noll, B., *Das Gestaltproblem in der Erkenntnistheorie Kants*, Bonn 1946.

Aebi, M., *Kants Begründung der deutschen Philosophie*, Basel 1947.

Havet, J., *Kant et le problème du Temps*, Paris 1947.

Hinderks, H., *Über die Gegenstandsbegriffe in der Kritik der reinen Vernunft*, Basel 1948.

Lugarini, L., *La logica trascendentale kantiana*, Milano 1950.

Grayeff, F., *Deutung und Darstellung der theoretischen Philosophie Kants*, Hamburg 1951.

Herring, H., *Das Problem der Affektion bei Kant*, Köln 1953.

Cassirer, H, W., *Kant's First Critique*, London 1955.

Coninck, A. de., *L'analytique transcendentale de Kant*, Louvain 1955/6.

Bauer, H., *Untersuchungen zur Problematik der transzendentalen Deduktion der Kategorien in Kants Kritik der reinen Vernunft*, Frankfurt 1956.

Caramella, S., *Commentari alla ragione pura*, Palermo 1956.

Barone, F., *Logica formale e logica trascendentale*, Torino 1957.

Salvucci, P., *La dottrina kantiana dello schematismo trascendentale*, Urbino 1957.

Heidemann, I., *Spontaneität und Zeitlichkeit*, Köln 1958.

Jäger, Th., *Die Struktur der kantischen Beweise in den Analogien der Erfahrung*, Heidelberg 1958.

Muralt, A. de, *La conscience transcendentale dans le criticisme kantien*, Paris 1958.

Weldon, T. D., *Kant's Critique of Pure Reason*, Oxford 1958.

Wuchterl, K., *Die Theorie der formalen Logik bei Kant und in der Logistik*, Heidelberg 1958.

Herrmann, H., *Das Problem der objektiven Realität bei Kant*, Mainz 1959.

Scholer, W. F., *Die transzendentale Einheit der Apperzeption von Immanuel Kant*, Berlin 1959.

Chiodi, P., *La deduzione nell'opera di Kant*, Torino 1961.

Bird, G., *Kant's Theory of Knowledge*, London 1962.

Schulz, H., *Innerer Sinn und Erkenntnis in der kantischen Philosophie*, Köln 1962.

Delius, H., *Untersuchungen zur Problematik der sogenannten synthetischen Sätze apriori*, Göttingen 1963.

Santinello, G., *Conoscere e pensare nella filosofia di Kant*, Padova 1963.

Wolff, R. P., *Kant's Theory of Mental Activity*, Cambridge, Mass. 1963.

Bennett, J., *Kants's Analytic*, Cambridge 1966.

Strawson, P. F., *The Bounds of Sense: An Essay on Kant's Critique of Pure Reason*, London 1966.

Roussett, B., *La doctrin kantienne de l'objectivité*, Paris 1967.

Jansohn, H., *Kants Lehre von der Subjektivität*, Bonn 1969.

Rabade Romeo, S., *Kant: Problemas gnoseologicas de la critica de la razon pura*, Madrid 1969.

Swing, T. K., *Kant's Transcendental Logic*, New Haven 1969.

Holzhey, H., *Kants Erfahrungsbegriff*, Basel 1970.

Prauss, G., *Erscheinung bei Kant*, Berlin 1971.

Graubner, H., *Form und Wesen: ein Beitrag zur Deutung des Formbegriffs in Kants Kritik der reinen Vernunft*, Bonn 1972.

Hintikka, J., *Logic, Language-Games and Information: Kantian Themes in the Philosophy of Logic*, Oxford 1973.

Melnick, A., *Kant's Analogies of Experience*, Chicago 1973.

Beck, L. W. (ed.), *Kant's Theory of Knowledge*, Dordrecht 1974.

Prauss, G., *Kant und das Problem der Dinge an sich*, Bonn 1974.

Sachta, P., *Die Theorie der Kausalität in Kants Kritik der reinen Vernunft*, Meisenheim 1975.

Walsh, W. H., *Kant's Criticism of Metaphysics*, Edinburgh 1975.

Henrich, D., *Identität und Objektivität*, Heidelberg 1976.

Stuhlmann-Laeisz, R., *Kants Logik*, Berlin 1976.

Wilkerson, T. E., *Kant's Critique of Pure Reason*, Oxford 1976.

Lütterfelds, W., *Kants Dialektik der Erfahrung*, Meisenheim 1977.

Hossenfelder, M., *Kants Konstitutionstheorie und die transzendentale Deduktion*, Berlin 1978.

Miles, M. L., *Logik und Metaphysik bei Kant*, Frankfurt 1978.

Smyth, R., *Forms of Intuition*, The Hague 1978.

Torretti, R., *Manuel Kant: Estudio sobre los fundamentos de la filosofia critica*, Buenos Aires 1980.

Findlay, J. N., *Kant and the Transcendental Object*, Oxford 1981.

Wolff, M., *Der Begriff des Widersprüchs. Eine Studie zur Dialektik Kants und Hegels*, Meisenheim 1981.

Ameriks, K., *Kant's Theory of Mind*, Oxford 1982.

Aschenberg, R., *Sprachanalyse und Transzendentalphilosophie*, Stuttgart 1982.

Pippin, R. B., *Kant's Theory of Form*, New Haven 1982.

Aquila, R., *Representational Mind. A Study of Kant's Theory of Knowledge*, Bloomington 1983.

Nagel, G., *The Structure of Experience. Kant's System of Principles*, Chicago 1983.

Rescher, N., *Kant's Theory of Knowledge and Reality*, Washington D. C. 1983.

Becker, W., *Selbstbewußtsein und Erfahrung*, Freiburg 1984.

Cramer, K., *Nicht–reine synthetische Urteile a priori*, Heidelberg 1985.

Baum, M., *Deduktion und Beweis in Kants Transzendentalphilosophie*, Königstein 1986.

Hinsch, W., *Erfahrung und Selbstbewußtsein*, Hamburg 1986.

Guyer, P., *Kant and the Claims of Knowledge*, Cambridge 1987.

Aquila, R., *Matter in Mind. A Study of Kant's Transcendental Deduction*, Bloomington 1989.

Carl, W., *Der Schweigende Kant*, Göttingen 1989.

Forster, E. (ed.), *Kant's Transcendental Deductions*, Stanford 1989.

Gurwitsch, A., *Kants Theorie des Verstandes*, Dortrecht 1990.

Powell, C. T., *Kant's Theory of Self–Consciousness*, Oxford 1990.

Schwyzer, H., *The Unity of Understanding*, Oxford 1990.

Gibbons, S., *Kant's Theory of Imagination*, Oxford 1994.

Kitscher, P., *Kants Transcendental Psychology*, Oxford 1994.

5) 형이상학 · 존재론

Hartmann, E. von, *Das Ding an sich und seine Beschaffenheit*, Berlin 1871.

Asmus, P., *Das Ich und das Ding an sich*, Halle 1873.

Erdmann, B., *Die Stellung des Dinges an sich in Kants Ästhetik und Analytik*, Berlin 1873.

Steffen, R., *Kants Lehre vom Dinge an sich*, Leipzig 1876.

Lehmann, R., *Kants Lehre vom Dinge an sich*, Berlin 1878.

Riedel, O., *Die monadologischen Bestimmungen in Kants Lehre vom Ding an sich*, Hamburg 1884.

Drobisch, M. W., *Kants Dinge an sich und seine Erfahrungsbegriffe*, Leipzig 1886.

Hicks, G. D., *Die Begriffe Phänomenon und Noumenon in ihrem Verhältnis zu einander bei Kant*, Leipzig 1897.

Fischer, E., *Die geschichtliche Vorlagen zur Dialektik in Kants Kritik der reinen Vernunft*, Berlin 1905.

Sentroul, Ch., *L'objet de la métaphysique selon Kant et selon Aristote*, Louvain 1905.

Oesterreich, K., *Kant und die Metaphysik*, Berlin 1906.

Evelin, F., *La Raison pure et les antinomies*, Paris 1907.

Jordan, B., *Kants Stellung zur Metaphysik bis zum Ende der 60er Jahre*, Leipzig 1909.

Baumgart, D., *Das Möglichkeitsproblem der Kritik der reinen Vernunft, der modernen Phänomenologie und der Gegenstandstheorie*, Berlin 1920.

Kellermann, B., *Das Ideal im System der kantischen Philosophie*, Berlin 1920.

Wundt, M., *Kant als Metaphysiker*, Stuttgart 1924.

Heyse, H., *Der Begriff der Ganzheit und die kantische Philosophie*, München 1927.

Barie, G. E., *Oltre la critica*, Milano 1929.

Heidegger, M., *Kant und das Problem der Metaphysik*, Bonn 1929.

Lachièze-Rey, P., *L'idealisme kantien*, Paris 1931.

Noll, B., *Kant und Fichtes Frage nach dem Ding*, Frankfurt 1936.

Mylius, I., *Das transzendentale Ideal in der transzendentalen Frage Kants*, Freiburg 1941.

Marechal, J., *Le Point de départ de la métaphysique. La Critique de Kant*, Paris 1944.

Daval, R., *La Métaphysique de Kant*, Paris 1951.

Martin, G., *Immanuel Kant: Ontologie und Wissenschaftslehre*, Köln 1951.

Schneeberger, G., *Kants Konzeption der Modalbegriffe*, Basel 1952.

Vuillemin, J., *Physique et métaphysique kantiennes*, Paris 1955.

Miller, O. W., *The Kantian Thing-in-Itself or the Creative Mind*, New York 1956.

Zahn, M., *Das Problem der Einheit und des Zweckes in der Philosophie Kants*, München 1957.

Kaulbach, F., *Die Metaphysik des Raumes bei Leibniz und Kant*, Köln 1960.

Heidegger, M., *Die Frage nach dem Ding*, Frankfurt 1962.

Dryer, D., *Kant's Solution for Verification in Metaphysics*, London 1966.

Heimsoeth, H., *Transzendentale Dialektik*, 4 Bände, Berlin 1966-71.

Blaha, O., *Die Ontologie Kants*, Salzburg-München 1967.

Gramm, S., *Kant, Ontology and the Apriori*, Evanston 1967.

Alquié, F., *La critique kantienne de la métaphysique*, Paris 1968.

Sellars, W., *Science and Metaphysics: Variations on Kantian Themes*, London 1968.

Carabellese, P., *La filosofia dell'esistenza in Kant*, Bari 1969.

Takeda, S., *Kant und das Problem der Analogie*, Den Haag 1969.

Bittner, R., *Über die Bedeutung der Dialektik Immanuel Kants*, Heidelberg 1970.

Bröcker, W., *Kant über Metaphysik und Erfahrung*, Frankfurt 1970.

Granel, G., *L'équivoque ontologique de la pensée kantienne*, Paris 1970.

Lebrun, G., *Kant et la fin de la métaphysique*, Paris 1970.

Al-Azm, Sadik, *The Origins of Kant's Argument in the Antinomies*, Oxford 1972.

Bennett, J., *Kant's Dialectic*, Cambridge 1974.

Vogel, K., *Kant und die Paradoxien der Vielheit*, Meisenheim 1974.

Kalter, A., *Kants vierter Paralogismus*, Meisenheim 1975.

Marty, F., *La naissance de la métaphysique chez Kant*, Paris 1980.

Macann, C. E., *Kant and the Foundations of Metaphysics*, Heidelberg 1981.

Secréten, Ph., *Méditation kantienne*, Lausanne 1982.

Wike, V., *Kant's Antinomies of Reason*, Washington D. C. 1982.

Andersen, S., *Ideal und Singularität*, Berlin 1983.

Piché, C., *Das Ideal. Ein Problem der Kantischen Ideenlehre*, Bonn 1984.

Meyer, M., *Science et métaphysique chez Kant*, Paris 1988.

Buchdahl, G., *Kant and the Dynamics of Reason*, Cambridge 1992.

Laywine, A., *Kant's Earlier Metaphysics and the Origin of the Critical Philosophy*, Atsacardo (Calif.) 1993.

Neimann, S., *The Unity of Reason. Rereading Kant*, New York 1994.

6) 자연철학

Bendavid, L., *Vorlesung über die metaphysische Anfangsgründe der Naturwissenschaft*, Wien 1798.

Schwab, J. C., *Prüfung des Kantischen Begriffs von der Undurchdringlichkeit*, Leipzig 1807.

Busse, F. G., *Kants metaphysische Anfangsgründe der Naturwissenschaft*, Dresden 1828.

Stadler, A., *Kants Theorie der Materie*, Leipzig 1883.

Stöhr, A., *Analyse des reinen Naturwissenschaft Kants*, Wien 1884.

Keferstein, H., *Die philosophische Grundlage der Physik nach Kants metaphysischen Anfangsgründen der Naturwissenschaft und das Manuskript Übergang von der metaphysischen Anfangsgründen der Naturwissenschaft zur Physik*, Hamburg 1892.

Drews, A., *Kants Naturphilosophie als Grundlage seines Systems*, Berlin 1894.

Adickes, E., *Kant contra Haeckel*, Berlin 1901.

König, E., *Kant und die Naturwissenschaft*, Braunschweig 1907.

Adickes, E., *Kant als Naturforscher*, 2 vols. Berlin 1924.

Martin, G., *Kant's Metaphysics and Theory of Science*, Manchester 1953.

Vuillemin, J., *Physique et métaphysique kantiennes*, Paris 1955.

Plaass, P., *Kants Theorie der Naturwissenschaft*, Göttingen 1965.

Schäfer, L., *Kants Metaphysik der Natur*, Berlin 1966.

Hintikka, J., *The Philosophy of Mathematics*, Oxford 1969.

Hoppe, H., *Kants Theorie der Physik*, Frankfurt 1969.

Tuschling, B., *Mataphysische und transzendentale Dynamik in Kants Opus postumum*, Berlin 1971.

Martin, G., *Arithmetik und Kombinatorik bei Kant*, Berlin 1972.

Tuschling, B., Kants Metaphysische Anfangsgründe der Naturwissenschaft und das Opus postumum, in: Prauss, G. (Hg.), *Kant, Zur Deutung seiner Theorie von Erkennen und Handeln*, Köln 1973.

Buchdahl. G., The Conception of Lawlikeness in Kant's Philosophy of Science, in: Beck, L. (ed.), *Kant's Theory of Knowledge*, Dordrecht 1974.

Hintikka, J., *Knowledge and the Known*, Dordrecht 1974.

Palter, R., Absolute Space and Absolute Motion in Kant's Critical Philosophy, In: Beck, L. (ed.), *Kant's Theory of Knowledge*, Dordrecht 1974.

Gloy, K., *Die Kantische Theorie der Naturwissenschaft*, Berlin 1976.

Brittan, G., *Kant's Philosophy of Science*, Princeton 1978.

Enskat, R., *Kants Theorie des geometrischen Gegenstandes*, Berlin 1978.

Albrecht, W., *Geometrie des Anschauungsraumes*, Bayreuth 1979.

Bieri, P./Horstmann, R. P./Krügel, L. (eds.), *Trnaszendental Arguments and Science*, Dordrecht 1979.

Schüßler, I., *Philosophie und Wissenschaftspositivismus*, Frankfurt 1979.

Couturat, L., *Les principes des mathématiques*, Paris 1980.

Löw, R., *Philosophie des Lebendigen. Der Begriff des Organischen bei Kant, sein Grund und seine Aktualität*, Frankfurt 1980.

Stromeyer, I., *Transzendentalphilosophie und physikalische Raum–Zeit–lehre*, Mannheim 1980.

Kruck, G., *Die erkenntnistheoretische Grundlagen der Mathematik*, Zürich 1981.

Hahn, R., *Die Theorie der Erfahrung bei Popper und Kant*, Freiburg 1982.

Okruhlik, K., Kant on the Foundations of Science, in: Shea, W. (ed.), *Nature Mathematized*, Dordrecht 1983.

Parsons, C., *Mathematics in Philosophy*, Ithaca 1983.

Kitcher, P., Kants Philosophy of Science, in: Wood. A. (ed.), *Self and Nature in Kant's Philosophy*, Ithaca 1984.

Parsons, C., Remarks on pure natural Science, in: Wood. A. (ed.), *Self and Nature in Kant's Philosophy*, Ithaca 1984.

Zumbach, C., *The Transzendent Science*, The Hague 1984.

Palumbo, M., *Immaginazione e matematica in Kant*, Roma 1985.

Waidhas, D., *Kants System der Natur*, Frankfurt 1985.

Butts, R. (ed.), *Kant's Philosophy of Physical Science*, Dordrecht 1986.

Heinen, P, *Die Vorstellung einer Selbstorganisation*, Aachen 1986.

Bencivenga, E., *Kant's Copernican Revolution*, New York 1987.

Büchel, G., *Geometrie und Philosophie. Zum Verhältnis der beiden Vernunftwissenschaften im Fortgang von der Kritik der reinen Vernunft zum Opus postumum*, Berlin 1987.

Mudroch, V., *Kants Theorie der physikalischen Gesetze*, Berlin 1987.

Büchel, G., *Geometrie und Philosophie*, Berlin 1988.

Hahn, R., *Kant's Newtonian Revolution in Philosophy*, Carbondale 1988.

Friedman, M., Kant and Newton, in: Bricker, P./Hughes, R. I. G., (eds.), *Philosophical Perspectives on Newtonian Science*, Cambridge, Mass. 1990.

Friedman, M., Causal Laws and the Foundations of Natural Science, in: Guyer, P. (ed.), *The Cambridge Companion to Kant*, Cambridge 1992.

Friedman, M., *Kant and the Exact Science*, Cambridge, Mass. 1992.

7) 윤리학 · 인간학 · 교육학

Brastberger, G. U., *Untersuchungen über Kants Kritik der praktischen Vernunft*, Jena 1792.

Zwanziger, J. C., *Kommentar über die Kritik der praktischen Vernunft*, Leipzig 1794.

Bendavid, L., *Vorlesung über die Kritik der praktischen Vernunft*, Wien 1796.

Rowland, J., *An Essay Intended to Interpret and Develop Unsolved Ethical Questions in Kant's Groundwork of the Metaphysics of Ethics*, London 1871.

Arnold, E., *Über Kants Idee vom höchsten Gut*, Königsberg 1874.

Dorner, A., *Über die Prinzipien der Kantischen Ethik*, Halle 1875.

Frederichs, F., *Über Kants Prinzip der Ethik*, Berlin 1875.

Schurman, J. G., *Kantian Ethics and the Ethics of Evolution*, London 1881.

Porter, N., *Kant's Ethics*, Chicago 1886.

Koppelmann, W., *Kants Lehre vom kategorischen Imperativ*, Leipzig 1888.

Riedel, O., *Die Bedeutung des Ding an sich in der Kantischen Ethik*, Stolp 1888.

Vorländer, K., *Die Kantische Begriff des Moralprinzips*, Solingen 1889.

Deussen, P., *Der kategorische Imperativ*, Kiel 1891.

Foerster, F. W., *Der Entwicklungsgang der Kantischen Ethik bis zur Kritik der reinen Vernunft*, Berlin 1893.

Vorländer, K., *Der Formalismus der Kantischen Ethik in seiner Notwendigkeit und Fruchtbarkeit*, Marburg 1893.

Arnoldt, E., *Kants Vorlesungen über Anthropologie*, Königsberg 1894.

Limbourg, M., *Kants kategorischer Imperativ*, Wien 1894.

Brennekam, M., *Ein Beitrag zur Kritik der Kantischen Ethik*, Greifswald 1895.

Gneiße, K., *Das sittliche Handeln nach Kants Ethik*, Kolmar 1895.

Thon, O., *Die Grundprinzipien der Kantischen Moralphilosophie in ihrer Entwicklung*, Berlin 1895.

Cresson, A., *La Morale de Kant*, Paris 1897.

Menzer, P., *Der Entwicklungsgang der Kantischen Ethik bis zum Erscheinen der Grundlegung zur Metaphysik der Sitten*, Berlin 1897.

Schmidt, K., *Beiträge zur Entwicklung der Kantischen Ethik*, Marburg 1900.

Orestano, F., *Der Tugendbegriff bei Kant*, Leipzig 1901.

Bauch, B., *Glückseligkeit und Persönlichkeit in der Kritischen Ethik*, Stuttgart 1902.

Dohna, S. G. z., *Kants Verhältnis zum Eudämonismus*, Berlin 1902.

Haegerström, A., *Kants Ethik im Verhältnis zu seinen erkenntnistheoretischen Grundgedanken systematisch dargestellt*, Uppsala 1902.

Delbos, V., *Essai sur la formation de la philosophie pratique de Kant*, Paris 1903.

Goldschmidt, L., *Kant, über Freiheit, Unsterblichkeit, Gott*, Gotha 1904.

Messer, A., *Kants Ethik*, Leipzig 1904.

Koppelmann, W., *Die Ethik Kants*, Berlin 1907.

Crimi, M., *L'etica di Kant e il suo valore educativo*, Palermo 1909.

Strecker, R., *Kants Ethik*, Gießen 1909.

Cohen, H., *Kants Begründung der Ethik nebst ihrer Anwendung auf Recht, Religion und Geschichte*, Berlin ²1910.

Heincke, P., *Immanuel Kants Grundlegung zur Metaphysik der Sitten*, Berlin 1911.

Schmidt, W., *Der Begriff der Persönlichkeit bei Kant*, Langensalza 1911.

Wartenberg. M., *Über die Kantische Kritik der praktischen Vernunft und ihr Verhältnis zur Kritik der reinen Vernunft*, Lemberg 1911.

Sternberg, K., *Beiträge zur Interpretation der kritischen Ethik*, Berlin 1912.

Ahles, K., *Kants Sittenlehre im Anschluß an dessen Grundlegung zur Metaphysik der Sitten*, Lörrach 1913.

Buchenau, A., *Kants Lehre vom kategorischer Imperativ*, Leipzig 1913.

Miller, E. M., *Moral Action and Natural Law in Kant*, Melbourne 1913.

———————— *Kant's Doctrine of Freedom*, London 1913.

Nelson, L., *Die kritische Ethik bei Kant, Schiller, und Fries*, Göttingen 1914.

Käubler, B., *Der Begriff der Triebfeder in Kants Ethik*, Leipzig 1917.

Alt, H. L. J., *Die materialen Imperative bei Kant*, Gießen 1919.

Willems, C., *Kants Sittenlehre*, Trier 1919.

Ziegeler, E., *Kants Sittenlehre*, Leipzig 1919.

Stange, C., *Die Ethik Kants*, Leipzig 1920.

Kuenburg, M., *Der Begriff der Pflicht bei Kant*, Gießen 1921.

Marcus, E., *Der kategorische Imperativ*, München 1921.

Heußner, A., *Hilfsbüchlein für Kant-Leser 2. Die Grundlegung zur Metaphysik der Sitten*, Göttingen 1922.

Delbos, V., *La philosophie pratique de Kant*, Paris 1926.

Küenburg, M., *Der Begriff der Pflicht in Kants vorkritischen Schriften*, Innsbruck 1927.

Broad, C. D., *Five Types of Ethical Theory*, London 1930.

Krüger, G., *Philosophie und Moral in der Kantischen Kritik*, Tübingen 1931.

Laupichler, M., *Die Grundzüge der materialen Ethik Kants*, Berlin 1931.

Reich, K., *Kant und Ethik der Griechen*, Tübingen 1935.

Jones, W. T., *Morality and Freedom in the Philosophy of Kant*, Oxford 1940.

Paton, H. J., *The Categorical Imperative*, London 1947.

Moritz, M., *Studien zum Pflichtbegriff in Kants kritischer Ethik*, Lund 1951.

Teale, A. E., *Kantian Ethics*, Oxford 1951.

Klausen, S., *Kants Ethik und ihre Kritiker*, Oslo 1954.

Ross, Sir D., *Kant's Ethical Theory*, Oxford 1954.

Schmucker, J., Der Formalismus und die materialen Zweckprinzipien in der Ethik Kants, in: Lotz, J. B. (Hg.), *Kant und die Scholastik heute*, Pullach 1955.

Vialatoux, J., *La morale de Kant*, Paris 1956.

Duncan, A. R. C., *Practical Reason and Morality*, London 1957.

Callot, E., Au cœur de la moralité, La liberté chez Kant, in: *Questions de doctorine et d'histoire de la philosophie*, Annecy 1959.

Beck, L. W., *A Commentary on Kant's Critique of Practical Reason*, Chicago 1960.

Moritz, M., *Kants Einteilung der Imperativ*, Lund 1960.

Schlipp, P. A., *Kant's Pre-critical Ethics*, Evanston, III, [2]1960.

Schmucker, J., *Die Ursprünge der Ethik Kants in seinen vorkritischen Schriften und Reflexionen*, Meisenheim 1961.

Stockhammer, M., *Kants Zurechnungsidee und Freiheitsantinomie*, Köln 1961.

Bobbio, N., Deux notions de la liberté dans la pensée politique de Kant, in: Weil, E. (ed.), *La philosophie politique de Kant*, Paris 1962.

Fleischer, M., Das Problem der Begründung des kategorischen Imperativs bei Kant, in: Riedel, M. (Hg.), *Rehabilitierung der praktischen Philosophie 1.*, Mainz 1963.

Gregor, M. J., *Laws of Freedom, A Study of Kant's Method of Applying the Categorical Imperative in the Metaphysik der Sitten*, Oxford 1963.

Iorio, P. Di., *La Libertá nella Critica della ragione pura e nella Critica della ragione practica di Kant*, Napoli 1963.

Sciacca, G. M., *L'idea della Libertá fondamento della conscienza etico–politica in Kant*, Palermo 1963.

Alquié, F., *Introduction à la lecture critique de la raison pratique*, Paris 1966.

Bartuschat, W., Das Problem einer Formierung des kategorischen Imperativs bei Kant, in: Gadamer, H. J. (Hg.), *Das Problem der Sprache*, München 1967.

Kemp, J., Kant's Examples of the Categorical Imperative, in: Wolff, R. P. (ed.), *Kant*, London 1968.

Lübbe, H., Dezisionismus in der Moraltheorie Kants, in: *Epirrhosis, Festgabe für Carl Schmitt*, Berlin 1968.

Schwartländer, J., *Der Mensch ist Person*, Stuttgart 1968.

Williams, T. C., *The Concept of the Categorical Imperative*, Oxford 1968.

Zeltner, H., Kants Begriff der Person, in: Arnold, W./Zeltner, H. (Hg.), *Tradition und Kritik*, Stuttgart 1968.

Marcuse, H., Kant über Autorität und Freiheit, in: *Ideen zu einer kritischen Theorie der Gesellschaft*, Frankfurt 1969.

Zwingelberg, H. W., *Kants Ethik und das Problem der Einheit von Freiheit und Gesetz*, Bonn 1969.

Acton, H. B., *Kant's Moral Philosophy*, London 1970.

Jones, H. E., *Kant's Principle of Personality*, Madison 1971.

Pazig, G., *Ethik ohne Metaphysik*, Göttingen 1971.

Cramer, K., Hypothetische Imperativ?, in: Riedel, M. (Hg.), *Rehabilitierung der praktischen Philosophie* Bd. 1., Freiburg 1972.

Hutching, P. Æ., *Kant on Absolute Value*, London 1972.

Ilting, K. H., Der Naturalistische Fehlschluß bei Kant, in: Riedel, M. (Hg.), *Rehabilitierung der praktischen Philosophie* Bd. 1., Freiburg 1972.

Travaglia, S., *Metafisica ed etica in Kant*, Padova 1972.

Carnois, B., *La cohérence de la doctrine kantienne de la liberté*, Paris 1973.

Henrich, D., Der Begriff der sittlichen Einsicht und Kants Lehre vom Faktum der Vernunft, in: Prauss, G. (Hg.), *Kant*, Köln 1973.

Schwemmer, O., Vernunft und Moral, in: Prauss, G. (Hg.), *Kant*, Köln 1973.

Wolff, R. P., *The Autonomy of Reason*, New York 1973.

Alquié, F., *La Moral de Kant*, Paris 1974.

Forschner, M., *Gesetz und Freiheit*, München 1974.

Hoerster, N., Kants kategorischer Imperativ als Test unserer sittlichen Pflichten, in: Riedel, M. (Hg.), *Rehabilitierung der praktischen Philosophie* Bd. 2., Freiburg 1974.

Bittner, R./Cramer, K. (Hg.), *Materialien zu Kants Kritik der praktischen Vernunft*, Frankfurt 1975.

Henrich, D., Die Deduktion des Sittengesetzes, in: Schwann, A. (Hg.), *Denken im Schatten des Nihilismus*, Darmstadt 1975.

Nell, O., *Acting on Principle*, New York 1975.

Benton, R. J., *Kant's Second Critique and the Problem of Transzendental Arguments*, Den Haag 1977.

Aune, B., *Kant's Theory of Morals*, Princeton 1979.

Rossvaer, V., *Kant's Moral Philosophy*, Oslo 1979.

Henrich, D., Ethik der Autonomie, in: *Selbstverhältnisse*, Stuttgart 1981.

Stevens, R. P., *Kant on Moral Practice*, Macon 1981.

Böckerstette, H., *Aporien der Freiheit und ihre Aufklärung durch Kant*, Stuttgart 1982.

Prauss, G., *Kant über Freiheit als Autonomie*, Frankfurt 1983.

Cox, J. G., *The Will at the Crossroads. A Reconstruction of Kant's Moral Philosophy*, Washington 1984.

Potter, N. T./Timmons, M., *Morality and Universality*, Dordrecht 1985.

Atwell, J. E., *Ends and Principles in Kant's Moral Thought*, Dordrecht 1986.

Seidler, V. J., *Kant, Respect and Injustice*, London 1986.

Lo, P. C., *Treating Persons as Ends*, Lanham 1987.

Höffe, O. (Hg.), *Grundlegung der Metaphysik der Sitten*, Frankfurt 1989.

Nisters, T., *Kants kategorischer Imperativ als Leitfaden humaner Praxis*, München 1989.

Neil, O. O'., *Constructions of Reason*, Cambridge 1989.

Schnoor, C., *Kants kategorischer Imperativ als Kriterium der Richtigkeit des Handelns*, Tübingen 1989.

Sullivan, R. J., *Immanuel Kant's Moral Theory*, Cambridge 1989.

Velkley, R. L., *Freedom and the End of Reason*, Chicago 1989.

Yovel, Y. (ed.), *Kant's Practical Philosophy Reconsidered*, Dordrecht 1989.

Allison, H. E., *Kant's Theory of Freedom*, Cambridge 1990.

Köhl, H., *Kants Gesinnungsethik*, Berlin 1990.

8) 미학 · 목적론

Abicht, J.-H., *Versuch einer Metaphysik des Vergnügens nach kantischen Grundsätzen, zur Grundlegung einer systematischen Thelematologie*, Leipzig 1789.

Bendavid, L., *Über der Kritik der Urteilskraft*, Wien 1796.

Barni, J., *Examen de la Critique du jugement*, Paris 1850.

Maennel, R., *Was ist nach schön?*, Gera 1872.

Stadler, A., *Kants Teleologie und ihre erkenntnistheoretische Bedeutung*, Berlin 1874.

Fenner, H., *Die Ästhetik Kants*, Bützow 1875.

Adam, C. E., *Essai sur le jugement esthétique*, Paris 1885.

Blencke, F., *Die Trennung des Schönen vom Angenehmen in Kants Kritik der ästhetischen Urteilskraft*, Leipzig 1889.

Cohen, H., *Kants Begründung der Ästhetik*, Berlin 1889.

Falkenheim, H., *Die Entstehung der Kantischen Ästhetik*, Berlin 1890.

Michaelis, C. T., *Zur Entstehung von Kants Kritik der Urteilskraft*, Berlin 1892.

Tufts, J. H., *The Sources and Development of Kant's Teleology*, Freiburg 1892.

Grundmann, R., *Die Entwicklung der Ästhetik*, Leipzig 1893.

Basch, V., *Essai critique sur l'esthétique de Kant*, Paris 1896.

Major, D. R., *The Principle of Teleology in the Critical Philosophy of Kant*, Ithaca 1897.

Brockdorff, V. von, *Kants Teleologie*, Kiel 1898.

Romundt, H., *Der Platonismus in Kants Kritik der Urteilskraft*, Berlin 1901.

Schlapp, O., *Kants Lehre vom Genie und Entstehung der Kritik der Urteilskraft*, Göttingen 1901.

Chapman, W. J., *Die Teleologie Kants*, Halle 1904.

Zahn, H., *Das Schöne nach Kants Kritik der Urteilskraft*, Hamburg 1904.

Frost, W., *Die Grundlage des Begriffs der Urteilskraft bei Kant*, Königsberg 1905.

Vogt, W., *Die ästhetische Idee bei Kant*, Erlangen 1906.

Menzer, P., *Kants Lehre von der Entwicklung in Natur und Geschichte*, Berlin 1911.

Meredith, J. C., *Kant's Critique of Aesthetic Judgment*, Oxford 1911.

Macmillan, R. A. C., *The Crowning Phase of the Critical Philosophy. A Study in Kant's Critique of Judgment*, London 1912.

Kresge, E. E., *Kant's Doctrine of Teleology*, Allentown 1914.

Pekelharing, C., *Kants Teleologie*, Groningen 1916.

Roretz, K., *Zur Analyse von Kants Philosophie des Organischen*, Wien 1922.

Ungerer, E., *Die Teleologie Kants und ihre Bedeutung für die Logik der Biologie*, Berlin 1922.

Baeumler, A., *Kants Kritik der Urteilskraft. Ihre Geschichte und Systematik*, Halle 1923.

Horkheimer, M., *Über Kants Kritik der Urteilskraft als Bindeglied zwischen theoretischer und praktischer Philosophie*, Frankfurt 1925.

Souriaux, M., *Le jugement réfléchissant dans la Philosophie de Kant*, Paris 1926.

Bröcker, W., *Kants Kritik der ästhetischen Urteilskraft. Versuch einer phänomenologischen Interpretation und Kritik des Ⅰ. Teils der Kritik der Urteilskraft*, Marburg 1928.

Celesia, P., *Studi kantiani*, Roma 1929.

Dunham, B., *A Study in Kant's Aesthetics*, Lancaster 1934.

Cassirer, H. W., *A Commentary on Kant's Critique of Judgment*, London 1938.

Marc-Wogau, K. *Vier Studien zu Kants Kritik der Urteilskraft*, Uppsala 1938.

Klausen, S., *Grundlinien der kantischen Ästhetik. Ein Beitrag zur Bestimmung der Lage von Kants Theorie des «Geschmacks» in der neueren ästhetischen Forschung*, Oslo 1943.

Denckmann, G., *Kants Philosophie des Ästhetischen. Versuch über die philosophischen Grundgedanken in Kants Kritik der ästhetischen Urteilskraft*, Heidelberg 1947.

Menzer, P., *Kants Ästhetik in ihre Entwicklung*, Berlin 1952.

Anceschi, L., *Ⅰ presupposti storici e teorici dell'estetica kantiana*, Milano 1955.

Tonelli, G., *Kant, dall'estetica metafisica all'estetica psioempirica*, Torino 1955.

Negri, A., *La comunità estetica in Kant*, Galatina 1957.

Zahn, M., *Das Problem der Einheit und des Zweckes in der Philosophie Kants*, München 1957.

Biemel, W., *Die Bedeutung von Kants Begründung der Ästhetik für die Philosophie der Kunst*, Köln 1959.

Freudenberg, G., *Die Rolle von Schönheit und Kunst im System der Transzrndentalphilosophie*, Meisenheim 1960.

Gadamer, H.-G., *Wahrheit und Methode. Grundzüge einer philosophischen Hermeneutik*, Tübingen 1960.

Walsh, W. H., *Kant's Moral Theology*, London 1963.

Baumanns, P., *Das Problem der organischen Zweckmässigkeit*, Bonn 1965.

Lenfers, D., *Kants Weg von der Teleologie zur Theologie. Interpretationen zu Kants Kritik der Urteilskraft*, Köln 1965.

Trebels, A. H., *Einbildungskraft und Spiel. Untersuchungen zur kantischen Ästhetik*, Bonn 1967.

Düsing, K., *Die Teleologie in Kants Weltbegriff*, Bonn 1968.

Heidemann, I., *Der Begriff des Spiels und das ästhetische Weltbild in der Philosophie der Gegenwart*, Berlin 1968.

Pareyson, L., *L'Estetica di Kant. Lettura della Critica del Giudizio*, Milano 1968.

Schwartlander, J., *Der Mensch ist Person, Kants Lehre von Menschen*, Stuttgart 1969.

Heintel, P., *Die Bedeutung der Kritik der ästhetischen Urteilskraft für die transzendentale Systematik*, Bonn 1970.

Juchem, H.–G., *Die Entwicklung des Begriffs des Schönen bei Kant*, Bonn 1970.

Lebrun, G., *Kant et la fin de la métaphysique. Essai sur la Critique de la faculté de juger*, Paris 1970.

McFarland, J. D., *Kant's Concept of Teleology*, Edinburgh 1970.

Saatröwe, J., *Genie und Reflexion. Zu Kants Theorie des Ästhetischen*, Neuburgweier 1971.

Uehling, Jr./Theodore, E., *The Notion of Form in Kant's Critique of Aesthetic Judgement*, The Hague 1971.

Bartuschat, W., *Zum systematischen Ort von Kants Kritik der Urteilskraft*, Frankfurt 1972.

Hermann, I., *Kants Teleologie*, Budapest 1972.

Kuypers, K., *Kants Kunsttheorie und die Einheit der Kritik der Urteilskraft*, Amsterdam 1972.

Neumann, K., *Gegenständlichkeit und Existenzbedeutung des Schönen*, Bonn 1973.

Coleman, F. X. J., *The Harmony of Reason, A Study in Kant's Aesthetics*, Pittsburgh 1974.

Crawford, D. W., *Kant's Aesthetic Theory*, Madison 1974.

Kulenkampff, J. (Hg.), *Materialien zu Kants der teleologischen Urteilskraft*, Heidelberg 1975.

Karja, H., *Heuristische Elemente der Kritik der teleologischen Urteilskraft*, Heidelberg 1975.

Mertens, H., *Kommentar zur ersten Einleitung in Kants Kritik der Urteilskraft. Zur systematischen Funktion der Kritik der Urteilskraft für das System der Vernunftkritik*, München 1975.

Guyer, P., *Kant and Claims of Taste*, Cambridge 1976.

Marcucci, S., *Intelletto e intellettualismo nell estetica di Kant*, Ravenna 1976.

Bittner, R./Pfaff, P. (Hg.), *Das ästhetische Urteil*, Köln 1977.

Khodoss, F., *Kant. Le Jugement esthétique*, Paris 1977.

Kudielka, R., *Urteil und Eros. Erörterungen zu Kants Kritik der Urteilskraft*, Tübingen 1977.

Kulenkampff, J., *Kants Logik des ästhetischen Urteils*, Frankfurt 1978.

Schaper, E., *Studies in Kant's Aesthetics*, Edinburgh 1979.

Kohler, G., *Geschmacksurteil und ästhetische Erfahrung. Beiträge zur Auslegung von Kants Kritik der ästhetischen Urteilskraft*, Berlin 1980.

Löw, R., *Philosophie des Lebendigen. Der Begriff des Organischen bei Kant, sein Grund und seine Aktualität*, Frankfurt 1980.

Wettstein, R. H., *Kants Prinzip der Urteilskraft*, Königstein 1981.

Auxter, T., *Kant's Moral Teleology*, Macon 1982.

Chédin, O., *Sur l'esthétique de Kant et la théorie critique de la représentation*, Paris 1982.

Cohen, T./Guyer, P. (ed.), *Essays in Kant's Aesthetics*, Chicago 1982.

Kübler, G., *Kunstrezeption als ästhetische Erfahrung*, Göttingen 1983.

Müller, G., *Philosophische Ästhetik versus ästhetisches Manifest*, Konstanz 1983.

Kaulbach, F., *Ästhetische Welterkenntnis bei Kant*, Würzburg 1984.

Zumbach, C., *The Transcendent Science. Kant's Conception of Biological Methodology*, Den Haag 1984.

Dode, R. E., *Ästhetik als Vernunftkritik*, Frankfurt 1985.

Krämling, G., *Die systembildende Rolle von Ästhetik und Kulturphilosophie bei Kant*, Freiburg 1985.

Düsing, K., *Die Teleologie in Kants Weltbegriff*, Bonn 1986.

Guillermit, L., *L'élucidation critique du jugement de goût selon Kant*, Paris 1986.

Rogerson, K. F., *Kant's Aesthetics. The Roles of Form and Expression*, Lanham 1986.

Hahnengress, K. H., *Naturerkenntnis und ästhetische Reflexion*, Wuppertal 1987.

James, M., *Reflections and Elaborations upon Kantian Aesthetics*, Uppsala 1987.

Kemal, S., *Kant and Fine Art. An Essay on Kant and the Philosophy of Fine Art and Culture*, Oxford 1987.

MaClosky, M. A., *Kant's Aesthetic*, New York 1987.

Model, A., *Metaphysik und reflektierende Urteilskraft bei Kant. Untersuchungen zur Transformierung des leibnizschen Monadenbegriffs in der Kritik der Urteilskraft*, Frankfurt 1987.

Dörflinger, B., *Die Realität des Schönen in Kants Theorie rein ästhetischer Urteilskraft. Zur Gegenstandsbedeutung subjektiver und formaler Ästhetik*, Bonn 1988.

Reardon, B. M. G., *Kant as Philosophical Theologian*, Basingstoke 1988.

Harper, A. W. J., *Essays on Kant's Third Critique*, London 1989.

McLaughlin, P., *Kants Kritik der teleologischen Urteilskraft*, Bonn 1989.

Fricke, C., *Kants Theorie des reinen Geschmacksurteils*, Berlin 1990.

Ginsborg, H., *The Role of Taste in Kant's Theory of Cognition*, New York 1990.

Makkreel, R. A., *Imagination and Interpretation in Kant. The Hermeneutic Impact of the Critique of Judgment*, Chicago 1990.

Lyotard, J.–F., *Leçons sur l'Analytique du sublime*, Paris 1991.

Ritha, R., *Reale Geschehnisse der Freiheit. Zur Kritik der Urteilskraft in Lacanscher Absicht*, Wien 1993.

Savile, A., *Kantian Aesthetics Pursued*, Edinburgh 1993.

Karl–Heinz S./Martina Thom. (Hg.). *Naturzweckmäßigkeit und ästhetische Kultur. Studien zu Kants Kritik der Urteilskraft*, St. Augustin 1993.

9) 법철학 · 정치철학 · 역사철학

Vorländer, K., *Kant und der Sozialismus*, Berlin 1900.

Medicus, F., *Kants Philosophie der Geschichte*, Berlin 1902.

Brotherus, K. R., *Immanuel Kants Philosophie der Geschichte*, Helsingfors 1905.

Menzer, P., *Kants Lehre von der Entwicklung in Natur und Geschichte*, Berlin 1911.

Vorländer, K., *Kant und Marx*, Tübingen 1911.

Köster, K., *Der Junge Kant im Kampf um die Geschichte*, Berlin 1914.

Moog, W., *Kants Ansichten über Krieg und Frieden*, Leipzig 1917.

Boette, W., *Kant und der Krieg*, Marburg 1919.

Vorländer, K., *Kant als Deutscher*, Darmstadt 1919.

——————— *Kant und der Gedanke des Völkerbundes*, 1919.

Goedeckemeyer, A., *Die Idee vom ewigen Frieden*, Leipzig 1921.

Lisser, K., *Der Begriff des Rechts bei Kant*, Berlin 1922.

Zickendraht, K., *Kants Gedanken über Krieg und Frieden*, Tübingen 1922.

Görland, A., *Kant als Friedensfreund*, Leipzig 1924.

Natorp, P., *Kant über Krieg und Frieden*, Erlangen 1924.

Haensel, W., *Kants Lehre vom Widerstandsrecht*, Berlin 1926.

Breitinger, M., *Das Gemeinschaftsproblem in der Philosophie Kants*, Langensalza 1924.

Borries, K., *Kant als Politiker*, Leipzig 1928.

Kress, K., *Die soziologischen Gedanken Kants im Zusammenhang seiner Philosophie*, Berlin 1929.

Dulkeit, G., *Naturrecht und positives Recht bei Kant*, Leipzig 1932.

Hoffmeister, J., *Die Problematik des Völkerbundes bei Kant*, Tübingen 1934.

Goldmann, L., *Mensch, Gemeinschaft und Welt in der Philosophie Immanuel Kants*, Zürich 1945.

Friedlich, C. J., *Inevitable Peace*, Cambridge, Mass. 1948.

Stemberger, R. *Immanuel Kant als Philosoph und Soziologe*, Wien 1953.

Composto, R., *La quarta critica kantiana*, Palermo 1954.

Müller, J., *Kantisches Staatsdenken und der preussische Staat*, Kitzingen 1954.

Sigl, R., *Kants Kulturbegriff*, Bern 1954.

Gablenz, O. H. v. d., *Kants politische Philosophie und die Weltpolitik unserer Tage*, Berlin 1956.

Pasini, D., *Diritto, societa e stato in Kant*, Milano 1957.

Dölpinghaus, W., *Der Begriff der Gesellschaft bei Kant*, Köln 1959.

Roggerone, G. A., *I principii metafisici del diritto nel sistema kantiano*, Siracusa 1959.

Schreckenberger, W., *Legalität und Moralität. Rechtsphilosophische Untersuchungen zum Rechtsbegriff bei Kant*, Heidelberg 1959.

Lumia, G., *La dottrina kantiana del diritto e dello stato*, Milano 1960.

Stockhammer, M., *Kants Zurechnungsidee und Freiheitsantinomie*, Köln 1961.

Müller, W., *Kant und der Friede*, Düsseldorf 1962.

Vlachos, G., *La pensée politique de Kant*, Paris 1962.

Weyand, K., *Kants Geschichtsphilosophie*, Köln 1964.

Saner, H., *Kants Weg vom Krieg und zum Frieden*. Bd. 1, München 1967.

Datschew, G., *Das Problem Krieg–Frieden in der deutschen Philosophie. S. Frank, I. Kant*, Berlin 1968.

Bobbio, N., *Diritto e stato nel pensiero di Emmanuele Kant*, Torino 1969.

Murphy, J. G., *Kant. The Philosophy of Right*, London 1970.

Ritter, Ch., *Der Rechtsgedanke Kants nach frühen Quellen*, Frankfurt 1971.

Cerroni, U., *Kant e la fondazione della categoria giuridica*, Milano 1972.

Carnois, B., *La coh rance de la doctrine kantienne de la libert*, Paris 1973.

Saage, R., *Eigentum, Staat und Gesellschaft bei Immanuel Kant*, Stuttgart 1973.

Burg, P., *Kant und die Französische Revolution*, Berlin 1974.

Goyard–Fabre, S., *Kant et le problèm du droit*, Paris 1975.

Galston, W. A., *Kant and the Problem of History*, Chicago 1975.

Gallie, W. B., *Philosophers of Peace and War. Kant, Clausewitz, Marx, Engels and Tolstoi*, Cambridge 1978.

Busch, W., *Die Entstehung der kritischen Rechtsphilosophie Kants 1762–80*. Berlin 1979.

Psychopedis, K., *Untersuchungen zur politischen Theorie von Immanuel Kant*, Göttingen 1980.

Schell, s. M., *The Rights of Reason. A Study of Kant's Philosophy and Politics*, Toronto 1980.

Yovel, Y., *Kant and the Philosophy of History*, Princeton 1980.

Cattaneo, M. A., *Dignit umana e pena nella filosofia di Kant*, Milano 1981.

Arendt, H., *Lectures on Kant's Political Philosophy*, Chicago 1982.

Deggau, H.-G., *Die Aporien der Rechtsphilosophie Kants*, Stuttgart 1983.

Riley, P., *Kant's Political Philosophy*, Totowa 1983.

Williams, H., *Kant's Political Philosophy*, New York 1983.

Kersting, W., *Wohlgeordnete Freiheit. Immanuel Kants Rechts– und Staatsphilosophie*, Berlin 1984.

Booth, W. J., *Interpreting the World. Kant's Philosophy of History and Politics*, Toronto 1986.

Langer, C., *Reform nach Prinzpien. Untersuchungen zur politischen Philosophie Immanuel Kants*, Stuttgart 1986.

Lyotard, J.-F., *L'enthousiasme. la critique kantienne de l'histoire*, Paris 1986.

Philonenko, a., *La théorie kantienne de l'histoire*, Paris 1986.

Küsters, G.-W., *Kants Rechtsphilosophie*, Darmstadt 1988.

Ludwig, B., *Kants Rechtslehre*, Hamburg 1988.

Tosel, A., *Kant révolutionnaire. droit et politique*, Paris 1988.

Proust, F., *Kant le ton de l'histoire*, Paris 1991.

Muglioni, J.-M., *La philosophie de l'histoire de Kant*, Paris 1993.

Schell, S. M., *The Embodiment of Reason. Kant on Spirit, Generation and Community*, Chicago 1996.

10) 종교철학

Kaftan, J., *Die religionsphilosophische Anschauung Kants in ihrer Bedeutung für die Apologetik*, Basel 1874.

Hildebrand, J., *Die Grundlinien der Vernunftreligion Kants*, Cleve 1875.

Mayer, E. W., *Das Verhältnis der kantischen Religionsphilosophie zum Ganzen des kantischen Systems*, Halle 1879.

Schrempf, Chr., *Die christliche Weltanschauung und Kants sittlicher Glaube*, Göttingen 1891.

Flotow, K. v., *Aus Kants kritischen Religionslehren*, Königsberg 1894.

Schweitzer, A., *Die Religionsphilosophie Kants von der Kritik der reinen Vernunft bis zur Religion innerhalb der Grenzen der blossen Vernunft*, Freiburg 1899.

Mengel, W., *Kants Begründung der Religion*, Leipzig 1900.

Sasao, K., *Prolegomena zur Bestimmung des Gottesbegriffes bei Kant*, Halle 1900.

Romundt, H., *Kants philosophische Religionslehre*, Gotha 1902.

Sanger, E., *Kants Lehre vom Glauben*, Leipzig 1903.

Bauch, B., *Luther und Kant*, Berlin 1904.

Troeltsch, E., Das Historische in Kants Religionsphilosophie, in: *Kant–Studien* 9, 1904.

Thilo, Ch. A., *Kants Religionsphilosophie*, Langensalza 1905.

Guttmann, J., *Kants Gottesbegriff in seiner positiven Entwicklung*, Berlin 1906.

Hoekstra, T., *Immanente Kritik zur Kantischen Religionsphilosophie*, Kampen 1906.

Weyhing, E., *Kants Gottesbegriff in den drei Kritiken*, Giessen 1909.

Sentroul, Ch., *La philosophie religieuse de Kant*, Bruxelle 1912.

Wehnert, B., *Luther und Kant*, Meerane 1918.

Dentice, D'Accadia C., *Il razionalismo religioso di Kant*, Bari 1920.

Deneffe, A., *Kant und die katholische Wahrheit*, Freiburg 1922.

Webb, C. C. J., *Kant's Philosophy of Religion*, Oxford 1926.

Carabellese, P., *La filosofia di Kant. 1: L'idea teologica*, Firenze 1927.

Krumme, J., *Kants ontologischer Gottesbeweis in seiner Schrift "Der einzig mögliche Beweisgrund zu einer Demonstration des Dasein Gottes"*, Münster 1927.

Rust, H., *Kant und das Erbe des Protestantismus*, Gotha 1928.

Baumbach, R., *Das Irrationale in Kants Religionsphilosophie*, Marburg 1929.

England, T. E., *Kant's Conception of God*, London 1929.

Jansen, B., *Die Religionsphilosophie Kants*, Berlin 1929.

Schmalenbach, H., *Kants Religion*, Berlin 1929.

Bohatec, J., *Die Religionsphilosophie Kants in der Religion innerhalb der Grenzen der blossen Vernunft*, Hamburg 1938.

Eklund, H., *Die Würde der Menschheit. über die erkenntnistheoretischen Voraussetzungen der Religionsphilosophie bei Kant*, Uppsala 1947.

Glasenapp, H. von, *Kant und die Religionen des Ostens*, Kitzingen 1954.

Wisser, B., *Kant als Gelehrter und Lehrer im Bereich der Religionsphilosophie*, Mainz 1958.

Klausen, S., *Das Problem der Erkennbarkeit der Existenz Gottes bei Kant*, Oslo 1959.

Schultz, W., *Kant als Philosoph des Protestantismus*, Hamburg 1960.

Redmann, H. G., *Gott und Welt. Die Schöpfungstheologie der vorkritischen Periode Kants*, Göttingen 1962.

Bruch, J.-L., *La philosophie religieuse de Kant*, Paris 1968.

Lamacchia, A., *La filosofia della religione in Kant. Vol. 1*, Manduria 1969.

Wood A., *Kant's Moral Religion*, Ithaca 1970.

Reboul, O., *Kant et le problème du mal*, Montreal 1971.

Depland, M., *Kant on History and Religion*, Montreal 1973.

Laberge, P., *La théologie kantienne précritique*, Ottawa 1973.

Mancini, Ⅰ., *Kant e la teologia*, Assisi 1975.

Wood, A., *Kant's Rational Theology*, Ithaca 1978.

Lötzsch, F., *Vernunft und Religion bei Kant*, Köln 1978.

Menendez Urena, E., *La critica kantiana de la sociedad y de la religion*, Madrid 1979.

Schmucker, J., *Die Ontologie des vorkritischen Kants*, Berlin 1979.

Cortina, A., *Dios en la filosofia transcendental de Kant*, Salamanca 1981.

Schroll-Fleischer, N. O., *Der Gottesgedanke in der Philosophie Kants*, Odense 1981.

Gomez Caffarena, J., *El teismo moral de Kant*, Madrid 1983.

Sala, G., *Kant und die Frage nach Gott*, Berlin 1989.

11) 영향사 · 비교연구 · 기타

Spicker, G., *Kant und Berkeley*, Berlin 1875.

Nolen, D., *La critique de Kant et la métaphysique de Leibniz*, Paris 1875.

Frohschammer, J., *Über die Bedeutung der Einbildungskraft in der Philosophie Kants und Spinozas*, München 1879.

Seth, A., *The Development from Kant to Hegel*, London 1882.

Michalsky, O., *Kants Kritik der reinen Vernunft und Herders Metakritik*, Breslau 1883.

Kühnemann, e., *Kants und Schillers Begründung der Ästhetik*, München 1895.

Salomon, L., *Zu den Begriffen der perzeption und Apperzeption von Leibniz bis Kant*, Bonn 1902.

Rausch, a., *Sokrates und Kant*, Halle 1904.

Sentroul, C., *L'Objet de la métaphysique selon Kant et selon Aristotle*, Louvain 1905.

Bloch, J., *Die Entwicklung des Unendlichkeitsbegriffs von Kant bis Cohen*, Erlangen 1907.

Jacoby, G., *Herders und Kants Ästhetik*, Leipzig 1907.

Vorländer, K., *Kant-Schiller-Goethe*, Leipzig 1907.

Görland, A., *Aristoteles und Kant*, Gießen 1909.

Kelly, M., *Kant's philosophy as rectified by Schopenhauer*, London 1909.

Kesseler, K., *Kant und Schiller*, Bunzlau 1910.

Coignet, C., *De Kant à Bergson, réconciliation de la religion et de la science dans un spiritualisme nouveau*, Paris 1911.

Tsanoff-Radoslav, A., *Schopenhauers Criticism of Kant's Theory of Experience*, New York 1911.

Bowne, B. P., *Kant and Spencer. A Critical Study*, London 1912.

Natorp, P., *Kant und die Marburger Schule*, Berlin 1912.

Steriad, A., *L'interprétation de la doctrine de Kant par l'école de Marburg*, Paris 1913.

Simmel, G., *Kant und Goethe*, Leipzig 1916.

Marck, S., *Kant und Hegel*, Tübingen 1917.

Wichmann, O., *Platon und Kant*, Berlin 1920.

Sturm, A., *Kant, Schopenhauer, Nietzsche und deren Wirkung auf das deutsche Gemüt*, Langensalza 1921.

Vorländer, K., *I. Kant und seine Einflüsse auf das deutsche Denken*, Bielefeld 1921.

Barth, H., *Ethische Grundgedanken bei Spinoza, Kant und Fichte*, Tübingen 1923.

Ehrlich, W., *Kant und Husserl*, Halle 1923.

Litt, T., *Kant und Herder als Deuter der geistigen Welt*, Leipzig 1930.

Serrus, C., *L'esthétique transcendentale de Kant et la science moderne*, Paris 1930.

Keeler, L. W., *The Problem of Error from Plato to Kant*, Rome 1934.

Knox, I., *The Aesthetic theories of Kant, Hegel and Schopenhauer*, London 1936.

Seidemann, A., *Bergsons Stellung zu Kant*, Endigen 1937.

Delbos, V., *De Kant aux post-kantiens*, Paris 1940.

Verneaux, R., *Renouvier disciple et critique de Kant*, Paris 1944.

Seidel, F., *Goethe gegen Kant. Goethes wissenschaftliche Leistung als Naturforscher und Philosoph*, Berlin 1948.

Klaunzler, P., *Wesen und Aufgabe der Imaginatio in der Erkenntnismetaphysik des Thomas von Aquin vergleichen mit der Lehre des Schematismus der transzendentalen Einbildungskraft bei Kant*, Würzburg 1949.

Sawicki, F., *Lebensanschauungen moderner Denker, Bd. 1: Kant und das 19. Jahrhundert*, Paderborn 1949.

Gavin, a., *Aquinas and Kant*, London 1950.

Pareyson, L., *L'Estetica dell'Idealismo tedesco, v. 1: Kant, Schiller, Fichte*, Torino 1950.

Brunschvicg, L., *Écrits philosophiques, T. Ier: L'humanisme de l'Occident, Descartes, Spinoza, Kant*, Paris 1951.

Reiner, H., *Pflicht und Neigung. Die Grundlegung der Sittlichkeit erörtert und neu bestimmt mit besonderer Bezug auf Kant und Schiller*, Meisenheim 1951.

Specht, E. K., *Der Analogiebegriff bei Kant und Hegel*, Köln 1952.

La Selle, Mgr H. de, *Un duel à quatre. Saint Thomas, Kant, Bergson, Sartre*, La Chapelle du Chêne 1954.

Vuillemin, J., *L'héritage kantien et la révolution copernicienne, Fichte, Cohen, Heidegger*, Paris 1954.

Hildebrandt, K., *Kant und Leibniz. Kritizismus und Metaphysik*, Meisenheim 1955.

Lotz, J. B., (Hg.), *Kant und die Scholastik heute*, München 1955.

Nivelle, A., *Les théories esthétiques en Allemande, de Baumgarten à Kant*, Paris 1955.

Lisa, e., *Kant, Einstein y Picasso*, Escuela de Arte Moderna de Buenos Aires, 1956.

Padarello, R., *Heidegger e il problema kantiano*, Torino 1960.

Kroner, R., *Von Kant bis Hegel*, Tübingen 1961.

Milmed, B., *Kant and Current Philosophical Issues. Some Modern Developments of his Theory of Knowledge*, New York 1961.

Seebohm, T., *Die Bedingungen der Möglichkeit der Transzendentalphilosophie. Edmund Husserls transzendental- phänomeno-logischer Ansatz, dargestellt im Anschluss an seine Kant-Kritik*, Bonn 1962.

Günzler, C., *Das Teleologieproblem bei Kant und Goethe*, Freiburg 1964,

Julia, D., *La question da l'homme et le fondement de la philosophie. Réflexion sur la philosophie pratique de Kant et la philosophie spéculative de Fichte*, Paris 1964.

Kern, I., *Husserl und Kant*, Den Haag 1964.

Barthélemy-Madaule, M., *Bergson adversaire de Kant*, Paris 1966.

Heinz, R., *Französische Kantinterpreten im 20. Jahrhundert*, Bonn 1966.

Löwith, K., *Gott, Mensch und Welt in der Metaphysik von Descartes bis zu Nietzsche*, Göttingen 1967.

Philonenko, A., *Théorie et Praxis dans la pensée morale et politique de Kant et Fichte en 1793*, Paris 1968.

Lauener, H., *Hume und Kant*, Bern 1969.

Moreau, J., *Le Dieu des philosophes (Leibniz, Kant et nous)*, Paris 1969.

Decléve, H., *Heidegger et Kant*, The Hague 1970.

Stegmüller, W., *Aufsätze zu Kant und Wittgenstein*, Darmstadt 1972.

Böhme, G., *Zeit und Zahl. Studien zur Zeittheorie bei Platon, Aristoteles, Leibniz und Kant*, Frankfurt 1974.

Burg, P., *Kant und die Französische Revolution*, Berlin 1974.

Pasqualucci, P., *Rousseau e Kant*, Milano 1974.

Reboul, O., *Nietzsche critique de Kant*, Paris 1974.

Knüfer, C., *Grundzüge der Geschichte des Begriffs "Vorstellung" von Wolff bis Kant*, Hildesheim 1975.

Mall, R. A., *Naturalism and Criticism*, The Hague 1975.

Ludendorff, M., *Ein Wort der Kritik an Kant und Schopenhauer*, Hohe Warte 1976.

Seth, A., *The Development from Kant to Hegel with Chapters on the Philosophy of Religion*, London 1976.

Debru, C., *Analyse et représentation. De la Méthodologie à la théorie de l'espace: Kant et Lambert*, Paris 1977.

Bachmaier, P., *Wittgenstein und Kant*, Frankfurt 1978.

Beck, L. W., *Essays on Kant and Hume*, New Haven 1978.

Kaloyeropoulos, N. A., *La théorie de l'espace chez Kant et chez Platon*, Genève 1980.

Kaufmann, W., *Goethe, Kant, and Hegel*, New York 1980.

Malherbe, M., *Kant ou Hume ou la raison et le sensible*, Paris 1980.

Holz, Fr., *Kant et l'Academie de Berlin*, Frankfurt 1981.

Wolff, M., *Der Begriff des Widerspruchs. Eine Studie zur Dialektik Kants und Hegels*, Königstein 1981.

Wolfgang, F. (Hg.), *Hume und Kant*, Freiburg 1981.

Alphéus, K., *Kant und Scheler*, Bonn 1982.

Brands, H., *"Cogito ergo sum", Interpretationen von Kant bis Nietzsche*, Freiburg 1982.

Domandl, S., *Wiederholte Spiegelungen von Kant und Goethe zu Stifter*, Linz 1982.

Farr, W. (Hg.), *Hume und Kant*, Freiburg 1982.

Hahn, R., *Die Theorie der Erfahrung bei Popper und Kant*, Freiburg 1982.

Régnier, P. M., (éd.), *L'héritage de Kant*, Paris 1982.

Vernes, J.-R., *Critique de la raison aléatoire ou Descartes contre Kant*, Paris 1982.

Henrich, D. (Hg.), *Kant oder Hegel? Über Formen der Begründung in der Philosophie*, Stuttgart 1983.

Kittmann, S., *Kant und Nietzsche*, Frankfurt 1984.

Pleines, J.-E., *Eudaimonia zwischen Kant und Aristoteles*, Würzburg 1984.

Siemek, M. J., *Die Idee des Transzendentalismus bei Fichte und Kant*, Hamburg 1984.

Vitiello, V., *Ethos ed Eros in Hegel e Kant*, Napoli 1984.

Stanguennce, A., *Hegel critique de Kant*, Napoli 1984.

Erdmann, K. D., *Kant und Schiller als Zeitgenossen der Französischen Revolution*, London 1986.

Priest, S. (ed.), *Hegel's Critique of Kant*, Oxford 1987.

Savile, A., *Aesthetic Reconstructions. The Seminal Writings of Lessing, Kant and Schiller*, Oxford 1987.

Blum, G., *Zum Begriff des Schönen in Kants und Schillers ästhetischen Schriften*, Fulda 1988.

Brenner, W. H., *Elements of Modern Philosophy. Descartes Through Kant*, Engelwood Cliffs 1989.

Eiben, J., *Von Luther zu Kant. Der deutsche Sonderweg in die Moderne. Eine soziologische Betrachtung*, Wiesbaden 1989.

Eusebi, L. (Hg.), *La funzione della pena, il commiato da Kant e da Hegel*, Milano 1989.

Godlove, T. F., *Religion, Interpretation, and Diversity of Belief. The Framework Model from Kant to Durkheim to Davidson*, Cambridge 1989.

Kim, K.-T., *Der dynamische Begriff der Materie bei Leibniz und Kant, dargestellt im Zusammenhang der Entstehung der klassischen Naturwissenschaft und deren metaphysischer Grundlegung*, Konstanz 1989.

Muehleck-Müller, C., *Schönheit und Freiheit. Die Vollendung der Moderne in der Kunst. Schiller-Kant*, Würzburg 1989.

Artosi, A., *Induzione e ipotesi nella metodologia scientifica di Leibniz e Kant*, Rerrara 1990.

Bellinazzi, P., *Conoscenza, Morale, Diritto. Il futuro della metafisica in Leibniz, Kant, Schopenhauer*, Pisa 1990.

Bowie, A., *Aesthetics and Subjectivity. From Kant to Nietzsche*, Manchester 1990.

Castillo, M., *Kant et l'avenir de la culture, avec une traduction de Réflexions sur l'anthropologie, la morale et le droit*, Paris 1990.

Gianetto, G., *Pensiero e disegno. Leibniz e Kant*, Napoli 1990.

Hatfield, G., *The Natural and the Normative. Theories of Spatial Perception from Kant to Helmholtz*, Cambridge 1990.

Kaulbach, F., *Philosophie des Perspektivismus. 1. Teil: Wahrheit und Perspektive bei Kant, Hegel und Nietzsche*, Tübingen 1990.

Kerner, G. C., *Three Philosophical Moralists: Mill, Kant, and Sartre. An Introduction to Ethics*, Oxford 1990.

Philonenko, A., *Le transcendental et la pensée moderne. Études d'histoire de la philosophie*, Paris 1990.

Stern, R., *Hegel, Kant, and the Structure of the Object*, London 1990.

Wellner, K., *Das Bewußtsein. Beschreibung und Kritik der Transzendentalphilosophie bei Kant, Fichte und Schelling*, Frankfurt 1990.

Anderson, P. S., *Ricœur and Kant. Philosophy of the Will*, Atlanta 1993.

Bellinazzi, P., *Morale e diritto. Le «invarianti archetipiche» della dottrina dello Stato in Platone, Kant, Schopenhauer*, Pisa 1993.

Bezzola, T., *Die Rhetorik bei Kant, Fichte und Hegel. Ein Beitrag zur Philosophiegeschichte der Rhetorik*, Tübingen 1993.

Folscheid, D., *La philosophie allemande de Kant à Heidegger*, Paris 1993.

Hubbert, J., *Transzendentale und empirische Subjektivität in der Erfahrung bei Kant, Cohen, Natorp und Cassirer*, Frankfurt 1993.

Morton, M., *The Critical Turn. Studies in Kant, Herder, Wittgenstein, and Contemporary Theory*, Detroit 1993.

Williams, T. C., *Kant's Philosophy of Language*, Queenston 1993.

Žižek, S., *Tarrying with the Negative. Kant, Hegel, and the Critique of Ideology*, Durham 1993.

색 인

【색인 범례】

1. 본문 항목의 표제어 및 기술에서의 중요 용어를 색인에 올리며, 우리말 사항 색인, 구미어 색인, 인명 색인, 저작명 색인으로 나누었다.
2. **【배열】**
　① 우리말 사항 색인, 인명 색인, 저작명 색인은 색인 용어의 가나다순으로 했다(배열 기준은 권두의 '사용 안내' 참조).
　② 구미어 색인은 색인 용어의 알파벳순으로 배열했다. 다만 그리스어 문자로 표기되어 있는 것은 말미의 한곳에 묶었다.
　③ 구미어 색인에서는 색인 용어 앞의 관사 종류들은 저작의 원제목 등의 일부 예외를 제외하고 생략했다.
3. **【출현 쪽의 표기】**
　① 색인 용어 뒤의 숫자는 해당어가 출현하는 쪽이다.
　② 굵은 숫자는 항목의 표제어 쪽이다.
4. 동의어와 유의어, 따로 붙인 표기는 [ ] 안에 병기했다.
5. 관련하여 참조해야 할 용어는 ⇨로 지시했다.

✠ 우리말 색인 ✠

✠ 구미어 색인 ✠

(T)

(U)

✠ 인명 색인 ✠

(ㅁ)

(ㅂ)

(ㅅ)

（ㅇ）

(ㅎ)

❖ 저작명 색인 ❖

(ㅅ)

(ㅈ)

(ㅊ)

(ㅋ)

(ㅌ)

현 대 철 학 사 전 I

칸 트 사 전

초판 1쇄 발행_2009년 10월 1일
    2쇄 발행_2019년 2월 15일

지은이_편집고문_사카베 메구미+아리후쿠 고가쿠
        편집위원_구로사키 마사오+나카지마 요시미치+마키노 에이지+오하시 요이치로+이시카와 후미야스+후쿠타니 시게루
옮긴이_이신철
펴낸이_조기조

기획_이성민 / 조영일
표지디자인_미라클인애드
출력_엔컴
인쇄_상지사
펴낸곳_도서출판 b

등록_2006년 7월 3일 제2006-000054호
주소_08772 서울시 관악구 난곡로 288 남진빌딩 302호
전화_02-6293-7070(대) / 팩시밀리_02-6293-8080
홈페이지_b-book.co.kr / 이메일_bbooks@naver.com

정가_80,000원

ISBN 978-89-91706-21-7 93100
ISBN 978-89-91706-20-0 (세트)